btb

Buch

Romanführer gibt es genug, aber sie haben einen kleinen Nachteil: sie stehen nur zum Nachschlagen im Regal – man kann sie nämlich nicht lesen. Dagegen Rolf Vollmann! Er zählt nicht nur Autoren auf, er ist selber einer, und sein Buch ist eine große Erzählung, die davon handelt, was die großen Erzähler vor ihm alles erzählt haben. Und da Vollmann auch ein leidenschaftlicher Romanliebhaber ist, kann sich, wer sein Buch zur Hand nimmt, darauf verlassen, daß er alle Bücher, von denen er spricht, auch wirklich gelesen hat. Damit steht er wahrscheinlich einzig da.

Es sind gut tausend Romane aus allen europäischen und amerikanischen Literaturen und dreihundert Romanciers, die Vollmann uns in diesem Buch der Verführungen vorstellt. Romane, die ihm gefallen haben und von denen er glaubt, daß auch wir sie mit Lust und Liebe lesen werden, bringt er uns sehr nahe; bei andern, die er für überschätzt hält, nimmt er kein Blatt vor den Mund.

National-Literaturen und stilgeschichtliche Einteilungen spielen dabei keine Rolle für ihn. Er sieht die Romanzeit seit 1800 als ein einziges, grenzenloses Geniereich, in dem sich jeder, der Lust dazu hat, frei und unvoreingenommen bewegen kann. Übrigens beschränkt sich Vollmann nicht allein aufs Erzählen. Kleine essayistische Abschweifungen handeln von allen möglichen Themen, die einem passionierten Leser bei seinen Streifzügen durch den Kopf gehen mögen.

Autor

Rolf Vollmann wurde 1934 geboren. Sein berühmter biographischer Essay *Jean Paul, Das Tolle neben dem Schönen,* stammt aus dem Jahr 1975. *Winter-Wanderschaft,* ein Buch über Friedrich Nietzsche, *Die Reise um die Welt,* ein Kinderbuch, *Shakespeares Arche. Ein Alphabet von Mord und Schönheit* sind alle in der ANDEREN BIBLIOTHEK erschienen. Der Autor lebt und arbeitet in Tübingen.

Rolf Vollmann

Die wunderbaren Falschmünzer

Ein Roman-Verführer
1800 bis 1930

btb

Das Werk lag zuerst als Band 146 und Band 147 der
ANDEREN BIBLIOTHEK, herausgegeben von Hans Magnus
Enzensberger, vor. Im März 1997 folgte die einbändige und
ungekürzte Erfolgsausgabe im Eichborn Verlag, Frankfurt am Main,
auf der auch diese Taschenbuchausgabe basiert.

Umwelthinweis:
Alle bedruckten Materialien dieses Taschenbuches
sind chlorfrei und umweltschonend.

btb Taschenbücher erscheinen im Goldmann Verlag,
einem Unternehmen der Verlagsgruppe Bertelsmann.

1. Auflage
Genehmigte Taschenbuchausgabe Dezember 1999
Copyright © Vito von Eichborn GmbH & Co. Verlag KG,
Frankfurt am Main, Februar und März 1997
Umschlaggestaltung: Design Team München
Umschlagfoto: Photonica/Kanzaki
RK · Herstellung: Augustin Wiesbeck
Made in Germany
ISBN 3-442-72297-7

I

1800

A U F B R U C H. »Es weht ein großer Wind
mein Herr«, sagt ETA Hoffmanns Kater Murr[1] –
»es weht ein großer Wind mein Herr« – und wir
hier, am Anfang dieses Buchs, sehen diesen großen Wind
so, daß er auf das unendlich offne Meer der Romane nun
aus der Bucht, aus der sie aufbrechen, alle die wundervollen Schiffe treibt, die unsre Lust sein werden. Morgen-
frisch in ihrem strahlendschönen Boot fährt Jane Austen
fort aus der Bucht auf das helle noch ganz leere Wasser,
dann kommen sie von überall her (am Ufer in seinem
Landhaus sitzt der alte Wieland und blickt halb besorgt

---

[1] Hoffmann, 1820, hat das von Laurence Sterne, in dessen *Empfindsamer Reise*, 1768, in dem Fragment, auf dem La Fleur dem reisenden Yorick die Butter gebracht hat – die Butter wiederum auf einem
grünen Blatt (». . . als ich die Butter verzehrt hatte«, sagt Yorick, »warf
ich das Johannisbeerblatt aus dem Fenster und wollte es mit dem
Makulaturblatt ebenso machen; als ich aber innehielt, um vorher noch
eine Zeile zu lesen, und mich das zu der zweiten und dritten hinriß,
dachte ich, daß es zu etwas Besserem tauge . . .«), heißt es, als der arme
Notar auf der Seinebrücke der Schildwache mit dem Stock so in deren
Hutschnur gerät, daß ihr der Hut vom Kopf geweht wird, und unten

 *1800* und halb neidvoll dem unvermuteten Morgentreiben zu), alles drängt, auf romantischen Barken, auf Liebeskatamaranen, auf dunklen Booten, was immer sie haben, und immer mehr auf prächtigen Seglern fort aus der Bucht ins Offne, und das Meer ist bald voll von Schiffen …

Es weht ein großer Wind … Daß am Anfang unsres Bildes die Bucht und das Meer vorn so frühmorgendlich leer sind, und die Austen so strahlend sichtbar ist, liegt an der Willkür des Blicks, den wir hier ungefähr ins Jahr 1800 hinein senken. Hätten wir um die Jahrhundertmitte davor die Szene betrachtet, dann wären eben Laurence Sterne und Marivaux und Fielding und Richardson und alle losgefahren gewesen, und das Meer wäre schon voll von Schiffen, wenn dann, kaum zu sehn zwischen all den andern, auf ihrem doch so strahlendschönen Boot Jane Austen die Bucht verlassen hätte …

(Und es ist ja auch – aber nur in Klammern, das wird ja alles bucht- und uferlos – keine Frage, daß das Mittelalter die Zeit der wunderbarsten Romane ist, ein Meer voll von Träumen: König Artus, Tristan, Parzival und Gawain, ganz zu schweigen von den schönen Träumerinnen, Isolde und Viviane und der Fee Morgan, und vom großen armen Merlin; und kennen Sie die schöne Geschichte von Wigalois und seinen sinnverwirrenden Abenteuern, oder Reinfrids Fahrt an den Magnetberg? und dann Ariost mit diesen Schönen, die auf ihre Liebsten warten, und Tasso mit seiner Armida – das große wunderreich-wehende Binnenmeer Europas …)

---

ein Bootsmann fängt ihn auf: »Das wäre ein böser Wind, sagte der Bootsmann, der niemandem etwas Gutes zuwehte …«; die Schildwache, ein Gascogner, nimmt sich daraufhin den Kastorhut des armen Notars und sagt, »das wäre ein böser Wind …« – Castor ist der Name des Bibers, und genau einen solchen Biberhut trägt mit großem Gefallen an sich selber in Gides *Verliesen des Vatikans* Lafcadio, als er den armen nichtsahnenden Fleurissoire aus dem Zug wirft, und es schmerzt Lafcadio ein wenig, daß Fleurissoire in einer letzten Bewegung ihm den teuren Biberhut vom Kopf reißt und mit in die Tiefe nimmt, wo er ihm gar nichts nützt – –

A L T E   L E K T Ü R E N . Ich fange aber **1800**  dennoch erst, und sehe ganz ab von diesen ver- gangnen Träumen, ich fange erst mit dem Jahre 1800 ungefähr an; gelegentlich, wenn unsre Leute dann schon Roman auf Roman schreiben, stirbt einer der Alten, die alles das geschrieben hatten, was unsre Leute lasen, ehe sie selber mit dem Schreiben begannen, dann werfen wir Blicke zurück[2]. Und natürlich ist es eine schöne Sache, kennenzulernen nämlich, was an Lektüre eigentlich jene hatten, die dann die unsre geschrieben haben (dieses ganze Buch beschreibt fast nur unsre Lektüren, das ist sein Ziel, insofern ist es geschichtslos – darauf kommen wir noch gelegentlich): aber nichts, nichts hier zwingt uns, das zu lesen, was jene lesen mußten, die dann erst das schreiben konnten, was wir nun lesen dürfen[3].

Einmal, in seiner *Modeste Mignon* von 1844, einem späten ganz ungewöhnlich leichten und zauberhaften Roman, erzählt Balzac von den frühen Lektüren seiner schönen Heldin (»... ein paar kleine Sommersprossen ... besagen, daß Modeste vollauf eine Tochter der Erde ist... Obwohl zugleich feingezeichnet und geschwellt, drücken ihre ein wenig spöttischen Lippen Wollust aus. Ihr Körper

---

[2] »... der schönste üppigste Wiesengrund, auf dem das zartgrüne Gras von der Morgenluft angeweht in sanften endlosen Wellen hinfloß und auf dem die in weiter Ferne zerstreuten einzelnen Baumgruppen wie Schiffe auf der unübersehbaren See zu schwanken schienen. Nirgends war ein fester Punkt zu sehn, und die ganze ungeheure Landschaft schwamm buchstäblich vor seinem Auge, sich wiegend und wogend, gleich dem vom sanften Ostwinde angesäuselten Mee-resspiegel ... gegen Osten sank die ungeheure Wiese in Niederungen, aus denen Baumgruppen mit Rohr- und Palmettofeldern herüber-wallten und, sowie sie von der Luft bewegt in Wellen schlugen, im Sonnenglanze gleich Segeln aufzutauchen schienen...« – Sealsfield, *Tokeah*, 1833.

[3] »... die Zeit besitzt ein Lehnsbuch, auf dessen Seiten sie fort-während berühmte Namen aufzeichnet. So oft aber ein neuer Name eingetragen wird, schwindet ein alter ...« – Longfellow, *Hyperion*, 1839; natürlich wehren wir uns in einem Buch wie diesem aber vehe-ment gegen diese treulose Mechanik des Vergessens.

ist geschmeidig, ohne zerbrechlich zu sein...« – soviel zuerst zu ihrer Schönheit, Modeste war wohl so etwas wie das Bildnis seiner Geliebten als eines jungen Mädchens, Balzac hatte sich seine angebetete Eveline Hanska zum Vorbild für sie genommen; die Hanska, jetzt, 1844, eine wunderschön mollige Mittvierzigerin, war berühmt für ihre unstillbare Leselust; jetzt ihre Lektüren:), sie hatte, schreibt Balzac, »ihrer Seele als Weidegelände die modernen Meisterwerke dreier Literaturen« gegeben, nun zählt er auf: Lord Byron, Goethe, Schiller, Walter Scott, Hugo, Lamartine, Crabbe, Moore, dann »die Romanliteratur von Rabelais bis Manon Lescaut«[4]; es habe sich aus dieser ganzen Lektüre, schreibt Balzac weiter, in Modeste »eine absolute Bewunderung für alles Geniale erhoben. Für Modeste war ein neues Buch ein großes Ereignis; sie freute sich über ein meisterliches Werk ..., sie war bedrückt, wenn solch ein Werk ihr nicht das Herz verheerte«. Ein paar Seiten später werden noch einmal einige Lieblingsdichter Modestes genannt, jetzt jene, denen sie sich am liebsten sofort zu Füßen geworfen hätte, denn sie habe, schreibt Balzac, sehr jene junge Engländerin bewundert, die auf seine Bücher hin den jüngeren Crébillon um seine Hand gebeten hatte, und monatelang hätten die Liebesbriefe zwischen Sterne und seiner Eliza ihr ganzes Glück ausgemacht, bis hin zu Tränen; Modeste, schreibt nun Balzac, »lebte also noch eine Zeitlang aus dem Verstehen nicht allein der Werke, sondern auch der Charaktere ihrer Lieblingsdichter: Goldsmith, der Verfasser des *Oberman*, Charles Nodier

---

[4] von Byron werden natürlich *Childe Harold* genannt und *Manfred*, ganz sicher aber hat Modeste heimlich auch den *Don Juan* gelesen; bei Goethe ist natürlich vom *Werther* die Rede; Lamartine war für Modeste ein romantischer Lyriker; Crabbe hatte sehr realistische Dorferzählungen geschrieben, mit Moore ist Thomas gemeint, ein Freund Byrons, großer irischer Nationallyriker; Manon Lescaut ist die Titelheldin von Prévosts wunderbarem Gefühlsroman, der dem jungen Goethe so tief in der Seele saß.

und Maturin, die Ärmsten, die am meisten von Leid
Geplagten, waren ihre Götter«.

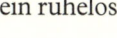

An diesem Punkt (Modeste verliebt sich dann bald in
einen lebenden Modedichter, oder genauer verliebt sie
sich in seine Briefe, die aber ein andrer ihm schreibt,
eine schöne Geschichte), an diesem Punkt habe ich damals die Lektüre Balzacs für ein Weilchen unterbrochen
zugunsten der Lieblingsdichter seiner Heldin. Goldsmith,
ein armer Kerl, den der berühmte Dr. Johnson dann be-
mutterte, hatte 1766 den *Pfarrer von Wakefield* veröffentlicht, einen kleinen Roman, den sehr bald ganz Europa
las, dasselbe Europa, das Sternes *Empfindsame Reise* und
die auch von Modeste so bewunderten Briefe an seine
Eliza verschlang, und es las Goldsmiths Buch vorwiegend
als ein ländliches Idyll, und verhehlte sich doch ganz
die stark satirischen Züge des Werks. *Oberman* ist das
1804 herausgekommene Buch von Étienne Pivert de
Senancour, einem Mann, der gelähmt, arm, unberühmt
und glücklos liebend noch lebte, als Balzac ihn nennt;
Oberman, der Romanheld, ist ein Mann, der an der Welt
verzweifelt und in Schweizer Tälern vergeblich nach
ihrem Sinn sucht; unter den romantischen jungen Leuten
war das Buch bis weit ins Jahrhundert hinein berühmt,
seit Sainte-Beuve es 1833 mit einem Vorwort herausgegeben hatte (1840 schrieb George Sand noch ein Vorwort
zu diesem bewunderten Buch, 1863 gab sie das Buch
noch einmal heraus), ein Kultbuch geradezu, Liszt, 1836
vierundzwanzigjährig mit seiner schönen d'Agoult in der
Schweiz unterwegs, nannte eines seiner Klavierstücke
Vallée d'Oberman, er hat auch mit dem Kreis, der sich
damals um Sainte-Beuve geschart hatte, die Sand gehörte
dazu, den alten Senancour noch in Saint-Cloud an der
Seine besucht. »Wenn das innere Leben«, schreibt der
Romanheld, er schreibt wie – seit Richardson und Rousseau – Werther und viele andre Briefe an einen Freund,
»wenn das innere Leben nur ein ruheloses Nichts ist, wäre

es dann nicht besser, es für ein ruhigeres Nichts dahin-
zugeben?«[5]

Nodier war am berühmtesten für seinen *Jean Sbogar*
aus dem Jahre 1818, einen wunderbar temporeichen und
zugleich tragisch-geheimnisvollen Roman, der teils beim
Schloß Duino (dem nachmals Rilkeschen), teils in Venedig
spielt, und worin eine ebenso romantische wie emanzi-
pierte junge Dame (Nodier findet es schön, daß sie eher
liest als stickt, hier mußte Balzacs Modeste begeistert
sein) sich in einen großen dunklen Räuberanführer oder
Rebellenfürsten verliebt, das heißt, sie fürchtet den unbekannten Räuber-Rebellen, und verliebt sich in Venedig
in einen überaus anziehenden reichen geheimnisumwit-
terten alterslosen Mann, der aber, wir wissen das lange vor
ihr, eben jener Jean Sbogar ist. Schön in diesem Buch
ist noch eine nächtliche Kutschenfahrt unten am Schloß
Duino vorbei, Nodier inszeniert das wie eine Traum-
sequenz. Charles Robert Maturin schließlich, aus Dublin,
ein Freund Scotts und Byrons (auch Nodier übrigens hat
Schottland bereist und Scott besucht), veröffentlichte
im Jahre 1820 *Melmoth der Wanderer*, einen sehr umfangreichen Schauerroman, ja den Schauerroman aller
Schauerromane; Balzac war davon so angetan, daß er
über den Titelhelden selber eine kleine Erzählung schrieb,
und noch Oscar Wilde, am Ende des Jahrhunderts, nannte
sich, als er nach seiner Entlassung aus dem Zuchthaus
verborgen an der französischen Küste lebte, Sebastian
Melmoth, obwohl er sich natürlich viel einfacher Dupont
hätte nennen können; Melmoth hat sich gegen Macht
und Jugend Satan verschrieben, jetzt aber, schon seit Jahrhunderten, sucht er jemanden, der ihn erlösen könnte –

---

[5] zwei Jahre vorher hatte Ugo Foscolos Jacopo Ortis, ebenfalls in
Briefen, seiner unglücklich Geliebten zugerufen: »Kommt es Dir nicht
vor, als sähest Du in mir einen Kranken, der sich langsamen Schrittes,
unter Verzweiflung und Qualen zum Grabe schleppt und es nicht über
sich bringt, mit einem einzigen Schlag der Pein, die ein unvermeid-
liches Verhängnis ihm auferlegte, zuvorzukommen?«

das mußte der kühnen Modeste gefallen, und sie wird nachts, wenn es einen Mond über ihrem Haus gab, mit sehr dunklen Augen hinaufgeblickt haben, nachdem sie bei Maturin eben gelesen hatte: ».. . und jener Mond zog dahin wie ein kühnes Schiff, welches mutterseelenallein den spiegelglatten, schimmernden Ozean durchpflügt, während tausend Sterne rings in ihrem stillen Glanz erstrahlten, den Positionslaternen begleitender Schiffe vergleichbar, die Kurs genommen haben auf unentdeckte, ferne Welten, die sie dem sterblichen Auge weisen mit jenen Lichtern, die es liebte«.[6]

Und es stellte sich nun also, nach meiner Lektüre all dieser Lieblingsdichter der schönen Modeste, ich weiß nicht ob zu meinem Bedauern, denn es gibt so unendlich viel zu lesen, ich weiß aber auch nicht ob zu unserm Glück, denn wir verlieren immer dabei, es stellte sich nun heraus, daß fast alle diese Bücher, der *Jean Sbogar* als einziges wohl ausgenommen, etwas sonderbar Vergangnes an sich hatten, und keines dieser Bücher, außer also dem *Jean Sbogar,* wenn ich sie einer Modeste von heute gäbe, würde ihr wohl das Herz auch nur von fern so verheert haben, wie sie das verlangte von ihren Lektüren. Natürlich gibt es ein gelehrtes Lesen, das bei der Lektüre des *Oberman,* des *Jacopo Ortis,* des *Melmoth* begreifen kann, was damals das Herz Modestes berührt haben mag; dieses Lesen ist aber sehr unterschieden vom Lesen Modestes damals: wir lesen jetzt nur noch Balzacs *Modeste Mignon* ähnlich direkt wie Modeste damals den *Oberman,* und eben vielleicht noch den *Jean Sbogar* (desselben Nodier *Krümelfee* wiederum ist mittlerweile ganz unlesbar geworden). Jedem also, wenn er nur ein bißchen geübt ist und die nötige Leidenschaft mitbringt, jene Lust an Meisterwerken mitsamt ihren Seelenverheerungen (genau

---

[6] in Arnims *Isabella* sagt das Mädchen: »Ich bin heute bei meines Vaters Büchern gewesen und habe da so schöne Geschichten gefunden, daß ich gern ein Gespenst werden möchte.«

1800 das stelle ich mir unter meinen Lesern vor, oder unter denen, für die ich diesen Romanführer schreibe), jedem würde ich Balzacs *Modeste Mignon* ans Herz legen, keinem aber von Modestes oder eben Balzacs Lektüren mehr als allenfalls jenen Nodier. Wenn es also, und das war vorhin der Punkt, von dem aus wir hierhin, zu Balzac, abgeschweift sind, wenn es also um die Lektüren derer geht, die dann unsre Lektüren geschrieben haben, so sind wir ganz frei von allen historischen Rücksichten, ja man könnte sagen, daß eben diese Freiheit der wahre, von erleichtertem Herzen kommende Dank ist, den wir jetzt jenen abstatten können, die, für uns nun, damals sich schreibend losgemacht haben von dem, was ihnen selber doch, so sehr sie es liebten und lobten und ihren schönsten Heldinnen ans Herz legten, offenkundig zu wenig war, zu eng: und die damals dann aufgebrochen sind auf das offene Meer ihrer und unsrer Welt, kühn, listig, mit großen Visionen.

WENDEPUNKTE. Dieses Bild mit dem offnen Meer und den Schiffen darauf bleibt nicht stehn, wir drehen es. Eben sahen wir sie alle aufbrechen, fortfahren aus der Bucht, aus der sie, eigentlich nun unsern Blicken entschwindend, hinauswollten aufs offene Meer. Jetzt drehn wir das Bild, wir sind woanders, wir sind dort, wohin sie alle fort sind – und nun sehn wir sie alle von weit her aus jener im Dunst der Ferne schon halb entschwundenen Bucht das ganze Meer bedeckend nicht mehr von uns weg-, sondern herfahren zu uns, ein ganzes Meer voll mit Schiffen aus dem fernen Morgendunst den ganzen Sommertag unsres Leselebens hersegelnd zu uns ... Dann steht das Bild still, die ganze glitzernde Fläche liegt ausgebreitet ruhig da – und die Zeit, eine damals fast unübersehlich vor sich hin strömende Zeit, ist unter dem Licht unsres Tags zu einer einzigen leuchtenden Fläche geworden, auf der wir uns bewegen, wie wir wollen.

– Man könnte glauben, ich käme ins Schwärmen, also in etwas, wozu die Welt sonst wenig Anlaß gibt. Aber die Kunst ist eben nicht die Welt, die Romane sind nicht das Leben, sie sind, ja, was? eine zweite Welt, das sicher, eine gelesene, und darin weltentrückte Welt[7] – doch, das läßt sich erst einmal so sagen; eine Welt auch, in der wir wählen können, und in der das Wählen sich lernen läßt, und das Lernen immer noch reine Lust ist – und das erlaubt dann doch wohl auch eine gewisse Art des Schwärmens, des erfahrenen Schwärmens, wenn ich so sagen darf. Immer natürlich bezieht der Roman sich auf die Welt, aber es gibt tausend Arten, in denen er selber das tut, und in denen wir Leser ihn noch einmal auf seine und unsre Welt beziehen, und wir bleiben anders als bloß im Leben frei zwischen dem Leben und der gelesenen Welt. –

Mit dem Jahre 1800 also will ich anfangen; allzuviel Gewicht werden wir aber auf solche Zahlen nicht legen, sie gliedern hier nur ein bißchen den unendlichen Strom des Geschriebenen. Dennoch haben große Zahlen etwas, dem sich keiner so ganz leicht entzieht. Das Jahr 1800 etwa ist natürlich in diesem unaufhörlichen Strom nur eine fast beliebige Marke, keines unsrer Bücher ist auf dieses Jahr hin geschrieben worden, keines ist unterblieben, die Verleger und Drucker haben weitergemacht wie vorher, und hinterher haben sie ebenso weitergemacht. Gleichwohl, irgendwie berauscht, ganz wie wir das allmählich auch sein werden, waren sie alle schon vom Ende eines Jahrhunderts und dem Anbruch eines neuen – nichts also spricht dagegen, daß auch wir uns ein bißchen

---

[7] »... aber sag mir nur, wo du das verfluchte Buch herbekommen hast, fragte die Alte weiter, wenn ich mit dir ernsthafte Sachen rede, denkst du an nichts, als an das Buch. – Ich habe es aus des Vaters Kammer geholt, sagte Bella, es liegen da noch mehrere, nimm dir auch eins...« – Arnim, *Isabella*, 1812.

 **1800** beeindrucken lassen, auch wenn wir wissen, daß diese Zahlen nicht viel sind. Und so werden wir das Jahr 1800 ausbeuten, wie wir nur können, zugleich aber werden wir uns eingestehn, daß etwa auch die Jahre 98 und 99 davor schon ganz die Rolle des großen Jahrs 00 hätten übernehmen können, noch geeigneter wären vielleicht einige Jahre im schon neuen Jahrhundert. Große Sprünge in der Entwicklung, große Neuansätze oder so etwas wie plötzlich aufkommende Nähen zu uns sind ohnehin in der Regel nur Fragen des Gesichtspunkts, den man bevorzugt.

Ja, beinahe jedes beliebige Jahr, wenn man nur genau hinsieht und ganz bestimmte Aspekte wählt, ist ein entscheidendes Jahr; 1876 zum Beispiel schrieb George Eliot ihr letztes Buch, den *Daniel Deronda*, und Henry James sein erstes, den *Roderick Hudson*; James hatte einige Zeit davor, ohne noch einen eignen Roman veröffentlicht zu haben, die Kollegin Eliot wegen bestimmter Schreibgewohnheiten getadelt (genauer wegen ihres Mangels an dramatischem Aufbau), die in seinen Augen Fehler waren, Verstöße gegen die Idee des Genres, wie er sie leuchten sah am Himmel seines Hirns; 1876 veröffentlichte sie dann das Buch, in dem sie (wie seinerzeit, auf ganz anderm Gebiet, Rameau sich entschloß, den Geist der neuen Strömung, für die Pergolesis Musik stand, für seine Oper fruchtbar zu machen) James' Kritik für sich aufnahm – aber eben im selben Jahr brachte James dann das Buch heraus, das reiner und eine eigne neue Tradition begründend verwirklichte, was sich die Eliot nur noch gerade hatte aneignen können.

Solche Wendejahre, immer für bestimmte Aspekte, die ihrerseits aber tatsächlich verblüffend häufig in den Kern der Sache gehn, gibt es – hunderte, möchte man sagen; viele hängen mit Todesdaten, mit letzten Büchern zusammen, viele mit ersten Büchern, denn junge Autoren wollen Furore machen, viele mit zweiten Büchern, denn oft wollen junge Autoren mit dem ersten Buch sich erst einmal etablieren, in der Nähe des Erfolgs, den schon die

andern hatten – ein hübsches Beispiel dies dafür, daß ein sehr ins Auge springender Gesichtspunkt (der des ersten Buchs) nur dann so unwidersprechlich plausibel ist, wenn er den andern möglichen Aspekt verdrängt, nämlich den des ersten noch angepaßten und dann erst zweiten wahren Buchs. Die meisten großen Wendemarken und Angelpunkte sind so nur Ausdruck von Blindheiten gegen die Fülle dessen, was immer auch noch da ist – das gilt dann natürlich auch, über dieses Problem der wichtigen[8] Zeitschwellen hinaus, für jede größere Theorie über den Roman. Große Theorien über den Roman sind eigentlich immer nur möglich, wenn man (nach meinem Kenntnisstand auf diesem Gebiet) ungefähr ein Viertel bis ein Drittel der Romane wegläßt, für die sie gelten sollen, oder andersherum: wenn man genug Romane kennt, dann sieht man, wie viele davon jeder Theorie zum Opfer gefallen sind; und man kann darum gegen Theorien, je globaler sie sein wollen, immer nur alle die Romane ins Feld führen, die ihr zum Opfer gebracht worden sind. Theorien sind meistens auch nur das Spielzeug derer, die nicht gern lesen.

---

[8] ein gewisser vornehmer Ton verlangt seit einiger Zeit für bedeutungsvolle Wertungen das Wort *wichtig*: ein wichtiger Roman also, statt, wie etwa unsre Kronzeugin Modeste sagen würde: ein herrlicher Roman, ein herzaufwühlender und seelenverheerender Roman. *Wichtig* in diesem Sinne meint dann eine Wertung in einem bestimmten Zusammenhang, meistens einem historischen, und zwar eine Wertung, die einordnet: wichtig ist ein Buch (besser: ein Werk) dann etwa für eine bestimmte Epoche, für ein bestimmtes Genre, für eine bestimmte Nationalliteratur, für einen bestimmten Autor, für eine bestimmte Entwicklung – und jedenfalls für den Leser, wenn er was auf theoretische Begriffe gebracht haben will. Dagegen habe ich hier nur Leser im Sinn, die lesen wollen, sonst nichts, und ich ordne nicht ein (wenigstens nicht absichtlich), und schon gar nicht historisch; meine Idee ist geradezu, daß alle lesbaren Romane – eben einfach lesbar, oder sozusagen gleichzeitig sind: so daß sie also schön oder weniger schön, oder was immer Modeste da sagen würde, sind, aber eigentlich niemals wichtig oder unwichtig (und egal also, ob sie das nun sind oder nicht).

1 ✦ 8 ✦ 0 ✦ 0

In diesem Jahr beginnen zwei gewaltige Romane zu
erscheinen, nämlich Wielands *Aristipp und einige seiner
Zeitgenossen* und Jean Pauls *Titan*, und Novalis stellt den
ersten und einzig vollendeten Teil seines *Heinrich von
Ofterdingen* fertig. Was Wieland und Jean Paul angeht, so
berühren sich da wirklich noch einmal zwei Epochen;
Wieland entwirft in fast einhundertfünfzig Briefen jenes
Bild der hellenistischen Antike, in dem er am liebsten
zeigte, was der Mensch in seinen Augen war: nämlich
immer derselbe; ein wundervolles Buch; und mit jenem
Schmerz, den nur der kennt, der die Süßigkeit vergangner Wunder empfinden kann, liest man, als ob Wieland
das über sein Buch schreibt, im 86. Brief, von der schönen Lais an Aristipp geschickt, diesen Satz: »... und ich
erinnere mich zuweilen des Aufenthaltes zu Sardes, und
aller seiner Herrlichkeiten, als eines seltsamen Morgen-
traumes, der im Erwachen unvermerkt an der aufgehenden Sonne zerrinnt, und, wie angenehm er auch war, kein
Bedauern daß er ausgeträumt in der Seele zurückläßt.«
Jean Pauls wildes Riesenwerk sprengt alle Maßstäbe und
alle Fesseln; während einer in einer duftenden Natur noch
einmal Gottes Nähe atmet, vergewaltigt ein andrer ein
schönes Mädchen; Vernünftige, die aber wahnsinnig
werden, Schurken, die wir begreifen, Frauen, die uns
verwirren, teils weil sie so schwärmen, teils weil sie sind
wie welche von uns – all das wirbelt hier so schauer-
lich-erhaben durcheinander, daß wir im Anhang, in der
Reise mit dem Ballonfahrer Giannozzo, ermattet und
frei geworden zugleich, uns, wenn auch in den Untergang, doch herüberfahren sehn zu uns selber. Wielands
Buch ist immer höflich geschrieben, voll unverschrek-
kender Schönheiten, Jean Paul will Leser, die keinen
Dämon und nichts fürchten; Wieland will sich angenehm

machen[9], das ist eine wunderbare Tugend, Jean Paul ist
bedenkenlos, das macht ihn schwierig, wenn wir zu wissen
meinen, was Romane sollen, und macht ihn faszinierend
und, wie Modeste sagen würde, herz- und seelenverhee-
rend, wenn wir, was Romane sollen, mit den seinen vergessen. Das berühmte Fragment von Novalis geht schön
los, wenn der junge Mann träumt, er bade: Abendrot
umfließt ihn, himmlische Empfindungen sind in seinem
Innern, Gedanken mischen sich wollüstig in ihm, nie-
gesehene Bilder kommen, »und jede Welle des lieblichen
Elements schmiegte sich wie ein zarter Busen an ihn«;
dann aber verliert sich alles in Dichtung und mittelalterliche Trachten, und man sieht sehr unangenehm einen
tiefen Spalt sich auftun zwischen dem, womit die hohe
Literaturwissenschaft allein zufrieden ist, und dem, was
wir lesen möchten. Das ist bestimmt ein Jammer, aber es
ist so, wir kommen noch darauf zurück.

Wir werfen, wie angekündigt, einen Blick auf die allerletzten Jahre des nun zu Ende gegangnen Jahrhunderts.
1795 hatte Goethe seinen *Wilhelm Meister* herausgebracht,
der junge Tieck, wild, smart, sophisticated, romantisch
und modern, brachte drei Sachen auf einmal heraus, nämlich erstens *Abdallah*, eine temperamentvolle und schwer-
mütigschöne Gespenster- und Schauergeschichte (Beck-
fords *Vathek* war 1786 erschienen, neun Jahre sind nicht
viel, ein lesenswertes kleines Büchlein übrigens, Anne
Radcliffes Schauerromane, über die sich dann Jane Austen
so mokiert, machten seit dem Ende der achtziger Jahre
Furore; 96 kam dann Lewis' *Mönch*, den Höhepunkt dieser

---

[9] hier geht einem auf, daß Thomas Mann nicht, wie er gern glaubte,
an Goethe anknüpft, sondern eben an Wieland; sein Josephsroman
schließt sich in der Sache an Wielands Verlebendigungen der Antike an,
nur daß, was bei Wieland gegenwärtige Bildung und spürbare Nähe
war, bei Mann eine gewisse Bonhomie und verklärte Simplizität ist;
daher bei Mann dieses ermüdende immerwährende Aufpolieren durch
den Stil, der bei Wieland noch den schönen Glanz der Selbstverständlichkeit hat.

1800 Entwicklung, Maturins *Melmoth,* haben wir schon als Lektüre Modeste Mignons kennengelernt), zweitens brachte Tieck in diesem Jahre 1795 den kleinen, dann leider abgebrochenen Roman *Peter Lebrecht* heraus, eine amüsante selbstironische Erzählung aus dem bürgerlich-ländlichen Milieu[10], drittens *Die Geschichte des Herrn William Lovell,* einen in Briefform geschriebenen glänzenden psychologischen Reißer, dessen Held ein ebenso kaltblütiger wie tiefempfindender Verführer ist; seit dem großen Richardson, dessen *Pamela* und *Clarissa* und *Grandison,* vieltausendseitig, auch in Briefen, vom bürgerlichen Publikum, dem weiblichen besonders, verschlungen wurden, war dieses Thema eines der beliebtesten im Roman, auch Jean Paul in seinem *Titan* verwendet Elemente daraus. Tiecks Stärke, neben der Inszenierung schöner Morde und schwer durchschaubarer Intrigen, ist die Darlegung des zerrissenen Innern seines Helden – man kann darin natürlich eine eigentümlich romantische Attitude sehn, aber der sogenannte Zerrissene ist gerade immer im jeweils zeitgemäßen modernen dem Trivialen sich nähernden Roman, zum Beispiel bis hin zu Spielhagen und andern Unbekannten, ein sehr beliebter Gegenstand – und exakt der ist er hier auch bei Tieck. Von Jean Paul erschien in diesem Jahre der *Hesperus,* sein zweites großes Buch nach der *Unsichtbaren Loge* von 94.

Wir machen einen kleinen Sprung ins Jahr 98, da hatte wieder Tieck auf sich aufmerksam gemacht mit *Sternbalds*

---

[10] »Wenn ich in der Ferne zwei Wesen sehe, und weiß nicht, was ich aus ihnen machen soll, so schließe ich aus den gegenseitigen Verbeugungen, daß es Menschen sind« – so schreibt er dann, ein bißchen jeanpaulisierend, ein bißchen nach Sternes *Empfindsamer Reise.* – Einmal heißt eine Frau mit Nachnamen Möhring, wie Mathilde bei Fontane; das hat absolut nichts zu bedeuten, das ist vermutlich bloß einer dieser tausend Fäden, die der Leser gezogen sieht, wenn er nur lange genug in der schönen Beziehungswahnwelt dieser tausend Romane weilt, oder wie es in Maupassants *Yvette* einmal heißt: »Wenn man die Welt durch fünfzehntausend Romane betrachtet, muß sie in einer merkwürdigen Beleuchtung dastehn.«

Wanderungen, zum Verzagen altdeutsch, mit Dürer und
Pirkheimer und geschlitzten Gewändern und allem, am
Schluß (das Ganze ist ein Fragment) kommt Sternbald
nach Italien, da wird es sommernachtschön und sinnlich,
aber das sei nicht mehr das Eigentliche, sagen jene, die
eher Dichtung wollen als Roman, und leider bricht das
Buch auch an gerade dieser Stelle ab[11]. Dann aber kommt,
und wird im nächsten Jahre noch einmal kommen, Charles Brockden Brown, ein Mann aus Philadelphia, Sohn
eines Quäkers, jetzt, 98, mit dem Roman *Wieland* (mit
unserm Wieland hat dieser Brownsche wenig zu tun,
nur die Familie im Roman soll in Deutschland entfernte
Verwandte unsres Wieland haben); formal ist das ein
Schauerroman, der dadurch besticht, daß die Erzählerin,
ins Geschehen verstrickt, beinah selber zur Totschlägerin
wird – Bigotterie, Aberglaube und ein Bauchredner (die
Erklärung unirdischer Stimmen) bringen hier tief aus den
Seelen Dinge ans Licht, die uns, je tiefer wir ins Buch
kommen, immer unheimlicher vertraut werden; Shelley
und seine Schwester (die Verfasserin des *Frankenstein*), die
mit ihrem Freund Byron zusammen gern Schauerromane
lasen, waren ganz begeistert von Browns *Wieland*. 1799
erschien dann Browns Meisterwerk, *Arthur Mervyn oder
die Pest in Philadelphia*; während die Seuche die Stadt
verheert (eine der großen Schilderungen dieser Art, weit
weg und einige Zeit vor Manzoni), sucht ein junger Mann
sein Glück; er ist der Erzähler, und je mehr er redet, desto
weiter entfernt sich das Bild, das wir von ihm kriegen, von
dem Bild, das er von sich hat – ein Kunstgriff, dem wir

---

[11] Arno Schmidt auf seine verrückte und vor lauter wütender Defensive oft etwas danebenzielende Art hat schön gesehn, daß Tieck sich
gerade als Nichtdichter, nämlich als Romancier, sehr gut liest; Tieck
selber würde sich sicher nicht eindeutig festlegen lassen wollen, aber
daß auch der hohe und kunstreichste Roman kaum leben kann, wenn
er das Triviale und Reißerische ganz verschmäht, das war wohl den
meisten guten Schriftstellern einigermaßen klar, und wie nicht denen,
die, wie er, auf Erfolg aus waren.

1800 sonst erst bei Dostojewski und Stevenson begegnen, also gegen Ende des Jahrhunderts, den hier aber schon Brown ebenso diskret wie virtuos handhabt[12]; so liebt der Erzähler ein schönes Mädchen und fühlt sich am Ende ganz mitgenommen, wenn er, zu seinem ausgedrückten Schmerz, eine andre kriegt, von der er lediglich einräumen kann, sie habe Geld, die Schöne hatte keines. – Man darf keine Wahrheit deshalb aufgeben, weil sie einer andern Wahrheit widerspricht; und so lesen wir Jean Paul mit einer Lust, die nicht größer sein könnte, und sagen dennoch bei Browns *Arthur Mervyn*: jetzt, jetzt sehn wir Land; vielleicht rührt unser Hang zur Geschichtsschreibung ja daher, daß uns die Gegensätze immer so schmerzen, und daß wir sie lieber ordnen als aushalten. –

In dieses Jahr 1799 fällt noch Friedrich Schlegels *Lucinde*, skandalös geworden damals durch die schöne Feier der sinnlichen Liebe, darüber hinaus aber für uns etwas sonderbar wegen der Idee, durch alle Stufen hindurch über die faßbare Welt weit hinaus solle und könne die Liebe den Menschen mit sich versöhnen und alles zu sich und ins Reine bringen. Hier ließe sich die historisch klingende These aufstellen, daß Romane, die eine große Idee über die Welt versinnbildlichen wollen, nichts werden, sie werden erst was (bei Thomas Hardy etwa), wenn die Einsicht in das beinahe grundsätzliche Scheitern

---

[12] wir treiben hier keine Geschichte des Romans; wenn ich manchmal von *schon* oder *erst* und so weiter rede, dann bezieht sich das immer auf unsre Vorurteile; immer sieht man scheinbar späte Erfindungen schon ganz am Anfang, wie hier die naiv-heimtückische Perspektive, die der Autor einem Ich-Erzähler gibt, und was wir postmodern nennen möchten und vom Roman sogar fordern könnten, haben dann ganz am Anfang Sterne und Diderot und andere längst gemacht. Am meisten, glaube ich, unterscheiden sich neue Romane von alten dadurch, daß die Leute in diesen Zigaretten rauchen und in jenen noch in Kutschen fahren. Eine Gattungsgeschichte des Romans, wenn sie sich an der Kunstform orientieren will, beruht wie eine vorhin schon von mir beargwöhnte Theorie des Romans lediglich auf mangelnder Lektüre.

solcher Ideen den Autor treibt; aber auch diese Idee trägt keine Geschichte des Romans, denn es zeigt sich, daß die lesbaren Romane erst dann entstehn, wo keine solchen großen Ideen mehr in den Köpfen herrschen. Der Roman, auf diese Ideen bezogen, ist das posthistorische Genre *par excellence* – daher wieder rührt sicher die geringe Achtung, die ihm jene entgegenbrachten, die, besonders bei uns, bis weit ins neunzehnte Jahrhundert hinein solche Ideen noch für den Inbegriff von Dichtung und Kultur hielten. Ich räume dabei ein, daß es ein Vorurteil sein könnte, an jene großen Ideen nicht mehr zu glauben, weil sie am Ende seien; aber der Roman lebt von diesem Vorurteil, wenn es eines ist, und daß er lebt, und zwar seit damals, ist nun wirklich keines.

Ein Wort noch, am Schluß dieses ersten Kapitels, zu den vielen Briefromanen, denen wir begegnet sind (Richardson, Wieland, Tieck; Goethes *Werther* besteht auch aus Briefen, bei Balzacs Lektüren waren wir den Briefromanen von Senancour und Foscolo begegnet): schweigend, meistens auch verschwiegen, denn jeder wußte das, steht im Hintergrund all dieser Romanbriefstellerei der große Rousseau mit seiner *Julie* aus dem Jahre 1761 – die hatten nun wirklich alle, alle gelesen[13]. Im neuen Jahrhundert hören die Briefromane allmählich auf, Balzac hat noch einen schönen Versuch gemacht in seinen hinreißenden

---

[13] auch ich habe das getan, muß über diese Lektüre aber, außer so ganz am Rande, natürlich nichts sagen, mein Buch beginnt erst um 1800; daß diese Bücher ihre Größe haben, steht außer Zweifel; aber es bedarf nervenzehrender Mühen, ziemlicher historischer Einfühlung und gewaltiger Geduld, das eigne Gemüt bereit zu machen für dergleichen beinahe unvordenkliche Schwingungen des ästhetischen Sinns; Goethe spricht irgendwo in einem Brief einmal davon, daß jede Persönlichkeit durch das Schreiben gewissermaßen einen Bann ausübe, der aber mit der Qualität des Geschriebenen selber gar nichts zu tun haben müsse – in genau diesem Sinne bannt Rousseau den Leser, der sich in seinen Sog begibt, und wenn das Buch aus ist, taucht man ins eigne Element auf, und will, so himmlisch es da manchmal auch gewesen sein mag, nicht noch einmal ins fremde hinab.

Memoiren zweier Jungvermählter von 1842; sonst aber kann man gerade bei Balzac sehn, daß in dem Maße, in dem der Roman gewissermaßen zur natürlichen Form des Erzählens wird, kunstreiche Übungen wie dieses Einbetten alles Erzählten in Briefe überflüssig werden. Wo nicht erzählt werden muß, etwa von Schicksalen, die ganz und gar anders sind als die unsern, könnte natürlich, wenn es nur um das Innre der Seelen geht, weiterhin viel in Briefen geschrieben worden sein; vielleicht waren dann aber mit der Zeit weder die Autoren noch die Leser so brennend interessiert an bloß sich aussprechenden Seelen. Aber wie dem auch sei, die Epoche des großen Briefromans endete im großen ganzen mit dem Beginn der unsern hier.

Ganz zum Schluß: im Jahre 1796 wurde, in Magdeburg, in eine alte preußische Beamtenfamilie hinein, Karl Leberecht Immermann geboren, der Verfasser der wunderbaren *Epigonen;* im Jahre darauf, 1797, kamen in Murten im Kanton Fribourg Albert Bitzius zur Welt, der dann als Jeremias Gotthelf so schrecklich wurde; auf dem Schloß Loches in der Touraine, adlig, Alfred de Vigny, der später einen außerordentlich eleganten historischen Roman schrieb (*Cinq-mars*, 1826); und in Somers Town Mary Wollstonecraft Shelley, diese uns schon bekannte Freundin Byrons mit dem starken Hang zu Gespenstern; 1798 wurde in Breslau, als Sohn eines Kanzleidirektors (aber seine Eltern starben in seiner frühen Kindheit beide), Willibald Alexis geboren, eine sehr eigenartige und trotz seiner gräßlichen Bredowschen Hosen keineswegs verlachenswerte Erscheinung unter unsern heimischen Romanciers; 1799 kam, in Tours, Balzac zur Welt, ohne den das ganze Romanelesen nichts wäre; und in Moskau, adlig auch er (starb im Duell wie später der nicht minder bewundernswerte und leider ebenso adlige Lermontow), wurde Puschkin geboren, der uns hier angeht, wenn auch wohl nur am Rande, mit seinem *Eugen Onegin*, einem Roman in Versen nämlich – der Roman der neueren Zeit ist ein Erzeugnis der Prosa, keine Frage, aber an den Rändern ist der Roman die offenste Form, die man sich vorstellen kann, Goethes *Hermann und Dorothea* ist doch auch ein Roman, und Modeste Mignon liest Byron immer auch wie einen bloß aus der simplen Prosa verwegen herauskostümierten Romancier.

In den nächsten Kapiteln, wenn wir dem Chaos dieser Anfänge entkommen sind, werde ich ordentlicher schreiben, ohne diese vielen Fußnoten, nicht so furchtbar durcheinander, mit einem Wort: vernünftiger, ich versprech es.

II

1801 *BIS* 1805

1 ✦ 8 ✦ 0 ✦ 1

In diesem Jahre stirbt, knapp neunundzwanzigjährig, an der Schwindsucht, Novalis in Weißenfels, und in Berlin stirbt Daniel Chodowiecki, einer der großen frühen Freunde aller Romanleser.

Grabschrift (1) für

NOVALIS. »Wo gehn wir denn hin? – Immer nach Hause«, heißt es im letzten ausgeführten Kapitel des *Heinrich von Ofterdingen* – gerade solche enigmatischen und so geheimnisreich-tröstlichen Worte haben den jungen Dichter bis heute zum Kultautor all jener gemacht, denen, in einer schönen Paradoxie, der reine Intellekt die raunende Muschel der Welt ist; Heinrich von Ofterdingen übrigens ist jener Tannhäuser, den Wagner dann so schön im Venusberg seine Seele

1801 verlieren läßt; bei Novalis sucht Heinrich die blaue Blume, das ist etwas ganz andres[1]. Wie alle seine Freunde (Tieck, die Brüder Schlegel, Brentano, die Philosophen Schelling, Fichte) las er begeistert Goethes *Wilhelm Meister*, für seine eigne Arbeit war ihm aber Wielands *Geschichte des Agathon* von 1766 ein großes Vorbild, besonders wegen Wielands Geschick, Gedanken gesprächsweise zum Gegenstand des Erzählens zu machen. Heinrich bei Novalis verliebt sich dann in Mathilde (»Auf einem lichthimmelblauen Grunde lag der milde Glanz der braunen Sterne«, heißt es über ihre Augen), eine Tochter Klingsohrs; Klingsohr, bei dessen Gesprächsführung man aber nicht sehr gern an den großen Wieland zurückdenkt, räsoniert ausführlich über Poesie[2]; kurz davor hat Heinrich geträumt, Mathilde

---

[1] – nämlich doch eher das, was für die mittelalterlichen Romanciers der Gral war; wobei man aber natürlich nicht die erotische Komponente bei der blauen Blume außer acht lassen darf, die, in Novalis' so ganz und gar von Liebe durchsäuerter Welt (»O sauge, Geliebte, gewaltig mich an«), doch sicher nicht weit weg vom Venushügel blüht.

[2] bei ETA Hoffmann, einem Leser des Novalis, hat, in den *Serapionsbrüdern*, 1817, Klingsohr sinnvoll ein Lehrbuch des Meistersangs verfaßt, das der Teufel Nasias eines Nachts dem verliebten Heinrich schenkt, Heinrich selber hat ein »unruhiges zerrissenes Wesen« – so etwas kennen wir ja schon –, und Mathilde ist die schöne junge Witwe des Grafen Cuno von Falkenstein, die sich dann aber dem verläßlichen, unzerrißneren Wolfram von Eschenbach zuwendet; Klingsohr kommt ursprünglich aus Wolfram von Eschenbachs Parzival-Roman (auch bei Wagner hat er dann ein Zauberschloß mit -garten und singt: »Die Zeit ist da . . .«) und durchgeistert danach den deutschen Roman, in Gutzkows großem *Zauberer von Rom* ist ein Klingsohr, Friedrich, Sohn des ermordeten Deichgrafen, wieder einer der wilden Zerrissenen jener Zeit und landet, bittres Los der frühen Ketzer, als Archivar im Vatikan. Den Garten, den Klingsor bei Wagner hat, findet man oberhalb von Amalfi, in Ravello, an der Villa Rufolo, man hat einen wunderbaren Blick aufs Meer; als ich einmal in einem Taxi hinauffuhr, machte der Fahrer mich oben an einem Felshang auf eine weiße Villa aufmerksam, die, so dieser freundliche Mann, meinem Kollegen Gore Vidal gehöre. Bei Hesse, 1920, ist Klingsor ein Maler, dem beim Malen und bei allem zuzuschauen aber überhaupt keinen Spaß mehr macht. Wagners Mutter übrigens stammte aus jenem Weißenfels, in dem Novalis starb, man sollte aber nichts darauf geben; das Dörfchen Röcken, in dem Nietzsche geboren wurde, liegt auch dort, an der

küsse ihn, und »sie sagte ihm ein wunderbares geheimes Wort in den Mund, was sein ganzes Wesen durchklang. Er wollte es wiederholen, als sein Großvater rief, und er aufwachte. Er hätte sein Leben darum geben mögen, das Wort noch zu wissen.« –

Grabschrift (2) für

C H O D O W I E C K I. Daniel Nikolaus Chodowiecki wurde 1726 in Danzig geboren, seit 1764 war er in immer leitenderen Positionen an der Berliner Akademie der bildenden Künste tätig. Er illustrierte Cervantes' *Don Quixote* (den, nebenbei, Tieck jetzt im Jahre 1801 gerade neu übersetzt hatte), Goldsmiths *Pfarrer von Wakefield,* den wir als Lektüre von Balzacs Modeste Mignon kennen, Goethes *Werther,* Sternes *Empfindsame Reise* und hundert andre Bücher, deutsche Romanleser bis weit ins Jahrhundert hinein werden sich Lotte und Yorick und hundert andre Romanfiguren immer nach Chodowieckis Manier vorgestellt haben; ganz anders als später der große Doré war Chodo-

---

Straße zwischen Weißenfels und Leipzig, aber es ist klar, daß man auch darauf nichts geben darf, vieles hängt zusammen, aber das meiste ganz sinnlos. Gregor-Dellin in seinem Wagnerbuch meint, aus Novalis' Nacht-Hymnen spreche der Geist von Wagners *Tristan,* daran ist schon eher was; und es ist ein schönes Spiel, sich Novalis, der so ganz und gar katholisch und abendländisch war, als einen Besucher Bayreuths im *Tristan* und im *Parsifal* vorzustellen. Nicht unvermerkt will ich aber dann lassen, daß Nietzsche, ganz spät, 1888, in seinem *Fall Wagner,* den alten Freund einen »Zauberer« und den »Klingsor aller Klingsore« nennt, und man erinnert sich an Hoffmann, bei dem es heißt, Heinrich singe, eben weil er aus Klingsohrs Buch gelernt habe, keine Lieder, die von Herzen kommen, ja, beim Sängerkrieg, sagt Hoffmann, habe Heinrich »die Schönheit und Holdseligkeit der Dame Mathilde allein auf heidnische und ruchlose Art« gepriesen (das kannte Wagner, so läuft das ja auch im *Tannhäuser*); ein gewisser Theodor in der Rahmenerzählung der *Serapionsbrüder* sagt dann, »Cyprian« – das ist bei Hoffmann der Erzähler dieser Wartburggeschichte – »habe ihm das schöne Bild von dem im tiefsten Gemüt begeisterten Heinrich von Ofterdingen wie es ihm aus dem Novalis aufgegangen, durchaus verdorben« – und da wären wir dann wieder.

1801 wiecki wenig angetan von den schwarzen Flecken auf der Seele des Menschen und von den Wirrnissen seines Geistes. So bescheinigt ihm noch der *Große Meyer* von 1905, »überall zeigt er sich als tiefen Kenner des menschlichen Herzens«, während es im nächsten Band von Doré heißt, »auch gebrach es ihm an Wahrheit und Tiefe der Empfindung«; wir heute sehen aber auch jene Romanfiguren, die Chodowiecki gezeichnet hat, weit genauer mit Dorés Augen. Modeste glaube ich tat das auch schon, Doré hat über 400 Blätter zu Balzac gemacht, zu Chodowieckis Bildern hätte Modeste vielleicht etwas spöttisch gesagt, Mädchen, die mit diesem Blick ihre eignen Lieblingsdichter läsen, sollten lieber nur noch sticken. Lichtenberg, der kein netter Mensch war und fand, daß die schönste Stelle im *Werther* die sei, wo dieser »Hasenfuß« sich endlich erschieße, schreibt in einem Brief einmal, »Chodowiecki ist ein hochmütiger Bengel, und am Ende kann er doch wahrlich nichts zeichnen, als Gesichterchen und Steifstiefel«[3]. –

✦

Bücher. Clemens Brentano bringt *Godwi* heraus, und Chateaubriand seine *Atala.* – Brentanos Buch beginnt mit Briefen, in denen der Held die Entwicklung seiner Seele und vor allem seiner Sinne sehr hübsch mit dem Vokabular jener intellektuellen Verführungsreden schildert, an deren Kraft von der *Lucinde* bis hin zu Kierkegaard die jungen Leute fest glaubten, wenn sie über den Kopf in den Schoß wollten, aber nur mit dem Kopf, wenn es ginge. »Süß waren ihre Lippen«, schreibt Godwi an seinen Freund (der später im Buch gern mit eben dieser Küssenden schlafen würde, leider ist sie, das weiß aber nur sie, er weiß das nicht, seine Mutter – das sind dann so Züge, die mit vielem versöhnen, womit diese jungen Autoren

---

[3] am Hofe, heißt es in Jean Pauls *Titan* einmal, habe »jeder Nerve Steifstiefeln an und jedes Herz einen Reifrock«.

uns heute so ennuyieren), süß also »waren ihre Lippen, es schwamm ein stilles liebendes Hingeben auf ihnen, und im Gefühle des Übergehens eines andern Wesens und seines Genusses in mich und den meinigen lag der entzückende Traum einer Ewigkeit der Wollust des Kusses«[4]. Im zweiten Teil des Buchs hören die Briefe auf, im Buch wird über das Buch debattiert, das geht in Romanen fast niemals gut, und so auch in diesem nicht; Brentano hat das Buch später für ganz mißlungen gehalten; man muß keinem Autor recht geben, der so was über seine frühen Sachen sagt, außer hier Brentano.[5]

---

[4] »Doch auf dem Gipfel des Rausches entsinkt uns der Becher, und kalt strömt die Wirklichkeit...«, heißt es denn auch sogleich nach dem Kuß-Satz, und diesem voraus geht: »Ach hätte ein Kuß kein Ende, Molly hätte mich gern behalten ... Es lag viel Wahrheit in dem Kusse, und da er offenbar ganz anderer Meinung als Molly war« – die den jungen Liebhaber verabschieden will –, »so mußte wohl ein anderer Umstand sie zwingen, vielleicht gar die Furcht, bald durch die sinnliche Wahrheit der Küsse im Rausche der Leidenschaft die geistreiche Heuchelei ihrer Enthaltsamkeit im Rausche der Eitelkeit enthüllt zu sehen.« Diese intellektuelle Verklausulierung des Sinnlichen reduziert am Ende für den Leser denn doch das Sinnliche auf ein oder zwei Gedanken, aber mehr als jede andre Gattung, auch weil ihre Werke dem Leser doch sehr viel Zeit abverlangen, lebt der Roman gerade davon, daß das Sinnliche bleibt, was es ist, Gedanken machen können wir uns selbst.

[5] außer Frage steht dabei, daß diese gewissermaßen selbstreflexiven Ideen, wie Brentano sie im zweiten Teil seines Romans verwirklicht, ganz außerordentlich sophisticated und brillant sind, selbst die allgemeine Lektüre Sternes und seiner wunderbaren Scherze immer vorausgesetzt, und daß Brentanos Erfindungskraft hier groß ist. Aber das Ergebnis für den unbefangnen Leser (eine Fiktion von mir) ist doch, wie häufig bei Brillanz, wo sie plötzlich auftritt, eher deprimierend, und man fragt sich, ob nicht große Romanciers der zwanzig Jahre davor, die doch außerordentlich abgefeimt waren, solche Ideen nicht zwanzigmal schon verworfen hatten; bemerkenswert ist hier eine Äußerung Renoirs, wonach seine jungen Kollegen sich toll vorkommen, weil sie Sachen machen, die auch die Alten schon hätten machen können, aber aus größerer Klugheit nicht gemacht hätten – ich räume natürlich gern ein, daß es nun wieder unklug sein könnte, ausgerechnet Renoir zu zitieren, aber er hat Monets Frau so wunderschön gemalt. Ferner will ich zu bedenken geben, daß die mittelalterlichen großen Romanciers, jetzt Gottfried und Wolfram, Brechungen in ihren

1801   Chateaubriand, der spätere Staatsmann aus St.-Malo in der Bretagne (Außenminister, für Frankreich bedeutend wie später Disraeli für England, neben Benjamin Constant der andre berühmt gebliebne Politiker, der für uns in Frage kommt als Autor schöngeistiger Bücher), langjähriger treuer Freund der wunderschönen Madame Récamier, der Vielgeliebten, Reinen, die David 1814 so verführerisch gemalt hat – man begreift oft die Begeisterung mancher Romanciers für ihre schönen Frauenfiguren besser, wenn man sich solche zeitgenössischen Porträts ruhig auch mit einem gewissen Enthusiasmus ansieht – Chateaubriand weilte 1791 ein halbes Jahr in Nordamerika, die Verhältnisse waren politisch nicht nach seinem Geschmack, er suchte wohl mehr Unverdorbenheit als er fand, und so befreundete er sich mit der halb wilden, halb idyllischen Natur, dem Urwald und so weiter. Er erzählt todtraurige Liebesgeschichten[6], in denen das Aufeinandertreffen von Heiden- und Christentum eine Rolle spielt, die uns, wenigstens in Chateaubriands Akzentuie-

---

Romanen haben, von denen selbst Brentano entzückt gewesen wäre (Wolfram merkt an, wie freundlich er mit dieser und jener Figur umgehe, Gottfried schiebt anstelle einer Schilderung eine literaturhistorische Exkursion ein, und so weiter); nur sind diese Brechungen dann derart noch einmal wieder zurückgebogen, daß sich der Schwung des Ganzen nicht verliert.

[6] es sind zwei, *Atala* von 1801 und *René* von 1802, beide werden in der Regel zusammen abgedruckt, mit Recht; beide Stücke waren einmal als Teile eines großen Epos über die Natchez gedacht, dieses unvollendete Buch erschien dann erst aus dem Nachlaß Chateaubriands; *Atala* kam 1801 als selbständige kleine Veröffentlichung heraus, *René* 1802 als Vorabdruck aus dem berühmten Werk *Le Génie du christianisme ou les Beautés de la religion chrétienne*, einem Werk, in das dann auch *Atala* eingefügt war. In *René* leidet der Titelheld am großen Weltschmerz, Goethes *Werther* ist noch mit im Spiel, er nimmt sich eine Natchezfrau und erzählt dem Häuptling sein früheres Leben; in *Atala* erzählt ein Indianergreis dem jungen *René* die Geschichte seiner großen Liebe zur Christin Atala. Die beiden kleinen Romane spielen im Gebiet der Natchez, in Louisiana – das ist genau die Gegend, die dann, über dreißig Jahre später, zum Schauplatz der wunderbaren Erzählungen Sealsfields wird.

rung, weniger zusagt als seinen Zeitgenossen; aber auch für diese war wohl die Einbettung eines herrlich sentimentalen Geschehens in eine wunderbar fremde Natur der Hauptpunkt, ich zitiere einen Satz aus *Atala:* »Es war eine wunderbare Nacht. Die Luftgeister schüttelten ihre blauen, mit dem Duft der Fichten getränkten Locken, unter den Tamarinden am Fluß verspürte man den leisen Geruch von Ambra, den die schlafenden Krokodile ausströmen. Inmitten des klarblauen Himmels glänzte der Mond und ließ sein schimmerndes Licht...«[7] – und dann, sagt der Alte, »trug ich auf meinen Armen Atala in die Tiefe des Waldes hinein und sprach Worte zu ihr, die mein Mund heute vergebens suchen würde« – (und Sie hier haben sicher Heinrich noch im Ohr, und seinen Traum von Mathilde, und das Wort, das er nicht mehr findet). – Ich glaube, irgendwo in Ernst Jüngers Tagebüchern habe ich Chateaubriand zitiert gefunden, der von den Sprachen irgendwelcher ausgestorbenen Völker sagt, Papageien, die bei ihnen gelebt hätten, seien eine Weile lang noch die einzigen gewesen, die ihre Sprache in Bruchstücken durch die Wipfel der Wälder hin gesprochen hätten.

---

[7] im *René,* in seiner Erzählung seiner Jugend, berichtet der Held dem alten Wilden, dem das dann so fremd ist wie uns jenes Louisiana, wie er einmal den Ätna bestiegen hat: »Ich sah in der unermeßlichen Weite des Horizontes unter mir die Sonne aufgehn, ich sah zu meinen Füßen Sizilien liegen, zu einem kleinen Fleck zusammengedrängt, und das Meer in alle Fernen gebreitet...« – ich selber habe vor vielen Jahren auch auf dem Gipfel des Ätna gestanden, ich weiß, daß der Blick hinreißend ist, wenn die Sonne aufgeht, aber Sizilien ist alles andre als bloß ein Fleck, es bleibt unübersehbar, seine dreieckige Form und mit ihr das Meer sind, wenigstens nach Westen hinüber, aber auch im Nordwesten und Südwesten, allenfalls an Wolkenflöckchen über kleinen vorgelagerten Inseln zu erkennen. Chateaubriand übertreibt oft ein bißchen, man weiß übrigens auch nicht, man kann sogar daran zweifeln, ob er selbst überhaupt weit bis in den Süden Amerikas hinein und bis nach Louisiana gedrungen ist.

 *1802* Geboren wurde in diesem Jahre in Clamecy an der Yonne Claude Tillier, sein Vater war Schlosser, er veröffentlichte 1843 den Episodenroman *Mein Onkel Benjamin*.

1 ✦ 8 ✦ 0 ✦ 2

In diesem Jahr erschien der eben schon erwähnte *René* von Chateaubriand, Achim von Arnim brachte einen kleinen Roman heraus, *Hollins Liebesleben*, Ugo Foscolo veröffentlichte *Die letzten Briefe des Jacopo Ortis*, dieses Buch kennen wir als Lektüre Modestes, und Anne Louise Germaine de Staël schrieb *Delphine*, einen vierbändigen Roman in Briefen, die eine große tragische und gewaltig intrigenumsponnene Liebesgeschichte erzählen; für uns liest sich das Buch, anders als die *Corinne* (auf die wir kommen, 1807) ganz außerordentlich umständlich und quälend, auch Jean Paul, der dann die *Corinne* recht wohlwollend rezensierte, konnte der *Delphine* kaum etwas abgewinnen. Die Staël, gut zehn Jahre älter als die wirklich sehr schöne Récamier, die einen Bankier erst heiraten mußte, war von vornherein die Tochter eines Bankiers, in ihrem Salon verkehrte dann die Récamier; sie entfloh der anfangs begrüßten Großen Revolution an den Genfer See, dort begann ihre europaweit bewunderte Affäre mit Benjamin Constant; ihre Romane verherrlichen immer auch die schöpferischen Kräfte der Frau, und das Recht auch der Frauen auf die Freiheit, die die Männer sich einfach nehmen. – Foscolo schickte seinen *Jacopo Ortis* an Goethe, mit einem ausdrücklichen Hinweis auf dessen *Werther*, das Buch ist voller wunderlicher Anspielungen, und ganz an Lotte und Werther, die da im Gewitterregen am Fenster stehn und leise »Klopstock« flüstern[8], ganz an

---

[8] Lichtenberg, ein urbaner Mann, macht sich in Briefen aus London sehr lustig über Klopstock und seine grauenhaft altmodischen

diese beiden sozusagen dreifach Entzückten (Liebe, Gewitter, Klopstock) erinnert ein Abend, wo erst, »mit ihrer ganzen süßen Schwärmerei«, wie Foscolo seinen Jacopo schreiben läßt, Teresa sagt: »... glaubst du nicht auch, Petrarca habe oft diese Einsamkeit besucht, im stillen Schatten die verlorene Freundin ersehnend«, und wo es dann heißt: »... das kleine Mädchen«, Isabellina, Teresas Schwester, »hatte uns indessen verlassen, sprang Blumen sammelnd hier- und dahin und warf sie den umherschwebenden Johanniswürmchen nach. Teresa saß unter dem Maulbeerbaum, ich neben ihr und sprach, das Haupt an den Stamm gelehnt, einige Oden der Sappho; der Mond ging auf ...« – man muß zugeben, daß die Erwähnung der Sappho und auch des Petrarca groß ist, wenn man an Klopstock denkt, aber erstens haben die Späteren es damit immer leichter, und die Euganeischen Hügel sind nun einmal schöner als Wetzlar und Umgebung[9]; Goethe aber, zum tausendsten Mal auf einen *Werther* angesprochen, der ein Vierteljahrhundert hinter ihm lag, und als ob er nichts Besseres gemacht habe seither, wird nicht amüsiert gewesen sein. – Arnims Erstling, *Hollins Liebesleben*, ein wenig wie Brentanos *Godwi* teils aus Briefen bestehend, teils aus berichtender Prosa, enthält auch sehr viel mehr *Werther* als uns noch guttut so

1802

Oden; kein Wunder also, daß ihm Werther und Lotte gleich im Gewitter außerordentlich unsympathisch werden.

[9] und ich möchte auch lieber eine im Mondschein mir die Sappho hersagen als im Regen Klopstock nennen hören; aber wenn man näher hinsieht, dann hat damals der Name Klopstock, mit dem Regen dabei, am Fenster des ländlichen Ballsaals, eine wunderbare und ganz genaue Intimität gehabt in dieser bürgerlich-heimeligen Atmosphäre; beinahe läßt sich diese Stimmung noch einmal wiedergewinnen, wenn wir, wie Kellers Heinrich, wie Prousts Marcel, uns kühn hinabgleiten lassen in die Zeit vor jenen Erfahrungen, die jetzt unser Stolz, unser Glück sein wollen; und wir atmen dann ein Zuhause, aus dem wir zwar längst fort sind, dessen – jetzt also, ohne das Lesen, verlorene – Süße uns aber ahnen läßt, wie sehr wir heimlich, unbewußt, den Verrat büßen, auf dem unser Leben beruht.

aus zweiter Hand. Vor allem macht er bei weitem noch nicht so strahlend wie dann die *Gräfin Dolores* von 1810 klar (in dieses Buch hat Arnim eine sehr schöne Kurzfassung seines *Hollin* eingearbeitet), oder wie die schon zitierte *Isabella* oder dann die *Kronenwächter,* daß Arnim das wahre Genie unter den Prosaisten seiner romantischen Generation ist; alle Tugenden Jean Pauls sind hier aufgehoben und vereinigen sich mit der Intimität und Klarheit des Goetheschen Schreibens (wenigstens seit der *Theatralischen Sendung*) zu einer so fließend-lebendigen Sprache, wie sie seither im deutschen Roman – eben leider niemals mehr auch nur annähernd erreicht worden ist (und sicher auch nicht, und seis aus Blindheit, erreicht werden wollte, denn Arnim war bald noch vergessener als Jean Paul: aber das sind ganz andre Geschichten).

Anmerkungen (1) zur

S T A Ë L . Daß ihr eben erwähntes Beharren auf der schöpferischen Kraft der Frau richtig ist, bezweifelt sicher keiner; tatsächlich aber beginnt mit eben diesem Beharren darauf in ihren Romanen die großartige Rolle der schreibenden Frauen in diesem Genre. In der trivialen Literatur hatte ich schon Anne Radcliffe erwähnt, über die sich Jane Austen dann gleich 1803, im *Kloster Northanger,* so mokant erhebt, nicht erwähnt habe ich, und werde auch sonst nicht erwähnen, Sophie von La Roche, die der junge Wieland in Biberach so gern gehabt hätte, und deren *Geschichte des Fräuleins von Sternheim,* ein Briefroman von 1771, noch stark im Gefolge Richardsons eins der großen Erfolgsbücher jener Zeit war; Goethe lernte die beliebte Autorin 1773 kennen und verliebte sich in ihre Tochter Maximiliane, die ältere biographisch ausgerichtete Goetheforschung vertrat die hübsche These, die dunklen Augen Lottes im *Werther* rührten von Maximiliane her, der schönen Schwarzäugigen. – Dann aber kommen Jane Austen, dann George Sand, die unvergleichliche, die ein halbes Jahrhundert beherrscht, dann, ein kurzes Gewitter, die Brontëschwestern; und dann die große George Eliot, in Madrid die Pardo Bazán, und dann die Deledda, die Jewett, Wharton, Colette, Cather, Woolf: das ganze Genre ist von Anfang an schon und dann immer stärker mit-geprägt und geprägt von den Frauen, und zwar so sehr, daß es im Grunde (so gut das auch tut) ganz überflüssig ist, dauernd wieder hervorzuheben, daß diese und daß jene nun Frauen sind, die da schreiben. Natürlich behält Virginia Woolf recht, wenn sie, mit so großem Nachdruck wie die Staël und immer wieder die Sand, auf die ständige Benachteiligung der Frauen hinweist, die, wenn sie schrei-ben wollen, oft nicht einmal ein eignes Zimmer haben, diese Selbstverständlichkeit auch der schäbigsten männ-lichen Romanciers, und auch nicht die viele Zeit, die ein richtiggehender Roman nun einmal kostet. Um so erstaunlicher, und dann eben doch hervorhebenswert, ist die Fülle der Frauen, die sich dann doch in diesem Genre durchsetzten; und wenn man dann die offenkun-dige Affinität zwischen dem Genre und dem weiblichen Schreiber bedenkt, dann erschrickt man beinahe ange-sichts des gewaltigen Potentials, das da immer dicht unter der Oberfläche geharrt haben muß, und des dann doch nur so Wenigen, das sich hat behaupten können in der Männerwelt, auch wenn darin die Frauen oft bestimmten, was gelesen wurde. – Aber lasen denn die Frauen immer gerne Frauen? Die Sand schrieb ums Leben, und sie machte das wunderbar; aber sie mußte nicht bloß den Haushalt versorgen, sondern das war auch ihr Ehrgeiz – was stimmt da nicht? –

Geboren werden in diesem Jahre 1802 in Besançon Victor Hugo, Sohn eines Generals und der Tochter eines Ree-ders; ferner, in Villers-Cotteret im Departement Aisne,

1802 Alexandre Dumas, der Ältere, Sohn ebenfalls eines Generals, und zwar nicht des Grafen Mathieu Dumas, eines späteren Befehlshabers aller Nationalgarden und Pairs von Frankreich, sondern des Generals Alexandre Davy de la Pailleterie, der seinerseits auf Santo Domingo (große Insel, das heutige Haiti) als Sohn eines französischen Marquis und einer einheimischen Schwarzen geboren worden war; diesen (den General) hielten die Italiener nach Napoleons ägyptischem Feldzug in Neapel fest, er erkrankte in der Haft und konnte so nicht auf Dauer, wie der ganz andre Mathieu, den Ruhm befestigen, den auch er zweifellos verdient hätte. Und geboren wird ferner, in Sebenico in Dalmatien (Sibenik heute), aus einer vornehmen Familie, Niccolò Tommaseo; von ihm habe ich den Roman *Glaube und Schönheit* aus dem Jahre 1840 gelesen, der eines seiner besten Werke sein soll, und so ungerecht das nun immer scheinen mag, so will ich doch von ihm nichts weiter lesen, er frömmelt schwer erträglich, predigt autoritäre Frauentugenden und den Männern einen franzosenfeindlichen Chauvinismus; schon De Sanctis in seiner großen Literaturgeschichte (1870, revidiert von Benedetto Croce) hält ihn für einen kaum erwähnenswerten Geist; zu Lebzeiten berühmt, steht er hier, wie nur ganz wenige (etwa Gustav Freytag bei uns), denn eigentlich könnte er überhaupt fehlen, lediglich zur Markierung jener untersten Grenze, die das große gerechte Vergessen gezogen hat, und jenseits deren uns, wie die Beispiele zeigen, keine Lust mehr erwartet – die Lust aber ist es, die uns hier leitet.

1 ✦ 8 ✦ 0 ✦ 3

In diesem Jahre stirbt in Hamburg, etwas hinaus über die Jahre jenes Ruhms, der Einfluß verleiht, aber hochgeehrt, Klopstock, knapp neunundsiebzigjährig, in Aschaffenburg stirbt, siebenundfünfzigjährig, Wilhelm Heinse, und im fernen Tarent Pierre Ambroise François Choderlos de Laclos.

Grabschrift (3) für

KLOPSTOCK. Er wurde 1724 in Quedlinburg geboren, dort ist ihm ein sehr schönes Museum gewidmet, aus dem aber Leute, die ihn entweder zu sehr lieben oder die der Teufel holen soll, das Bild seiner Mutter gestohlen haben, einer offenbar außerordentlich schönen Frau; sein Vater war Advokat, dann Gutsbesitzer, oben über der rotufrigen Saale, dort sieht es noch aus wie damals. Er, der Sohn nun, war Hauslehrer in Langensalza, am Haus erinnert eine Tafel an ihn, im Heimatmuseum steht irgendwo in einer Ecke, versteckt, das Bild des Mädchens, das er damals liebte, er nennt sie in Gedichten Fanny, sie hatte ein Pferdegesicht. Klopstock schrieb dort schon jene tönenden Oden und hatte das große Epos *Der Messias* angefangen, mit dem er, wenn auch ein bißchen spät, Milton entthronen oder doch die deutsche Muse in Miltons Höhen führen wollte. Der berühmte Bodmer, großer Milton-Übersetzer, lud ihn daraufhin nach Zürich ein, fand in ihm aber ganz das Gegenteil jenes bigotten Karrieristen, als den sich Wieland dann ein paar Jahre später bei ihm gab; Klopstock war ein schöner weltläufiger ruhmsüchtiger junger Mann, der Frauen liebte. Aber natürlich setzt sich jemand, der das ultimative Epos über Jesus schreiben will, wenn anderswo Sterne am *Tristram Shandy* sitzt, und Fielding seinen *Tom Jones* herausbringt und Voltaire den *Candide*, nicht

unbedingt mit an die Spitze der Entwicklung, oder dorthin, wo, wie die Sand dann sagt, wenn sie über den
modernen Roman redet, der Geist seine Freiheit übt.
Klopstock war, als er jung war, das große Genie seiner
Zeit; aber dann hat er eigentlich alles falsch gemacht –
aber auch dazu gehörte Größe, nur haben wir nichts von
ihr, es ist ein Jammer mit Klopstock.

Grabschrift (4) für
H E I N S E . Heinse war der Sohn eines thüringischen Stadtschreibers, bei Ilmenau; Wieland
und Gleim förderten den spritzigen talentierten
jungen Mann, der dann 1774, zur großen Freude der
ganzen aufgeweckten Jugend, einen kleinen pornographischen Roman im antiken Gewand schrieb, *Laïdion*[10];
kurz vorher hatte er, ein bißchen ebenfalls antik unterhalb des feinen Geschmacks, von Petronius dessen wilden
Roman über die *Begebenheiten des Enkolp* übersetzt;
wunderschön ist immer noch seine Übersetzung von
Tassos *Befreitem Jerusalem* (in Prosa; in Wolfenbüttel liegt
sie, zweisprachig, herrlich gedruckt; ich habe sie gelesen,
die Seiten wollten kaum voneinander und dufteten fast
noch nach Leim), ein sonderbares Bruchstück ist die
Ariostübersetzung. Sein großer eigner Roman, aus dem
Jahre 1787, ist *Ardinghello und die glückseligen Inseln*, eine
manchmal etwas forciert sich gebende Künstlergeschichte
aus dem italienischen sechzehnten Jahrhundert, mit Re-
naissance-Einschlag gewissermaßen, dem ersten, Mode

---

[10] diesem Muster folgte dann, 120 Jahre später, Pierre Louÿs,
Freund Gides und Valérys, erst 1894, mit seinen *Liedern der Bilitis* –
Heinse übrigens hatte seiner *Laïdion* ganz außerordentlich elegante
Stanzen angehängt, pornographisch auch sie natürlich, technisch das
Beste jener Tage –, dann mit den kleinen Romanen *Aphrodite* und
König Pausolos. Nach Louÿs Sachen gibt es mittlerweile sehr hübsche
Fernsehfilmchen, Goethe und seine Freunde haben seinerzeit die Vor-
lage Heinses sicher ähnlich genossen.

wurde das erst später, aber voller Schwung und schöner Bedenkenlosigkeit; Kunstbeschreibungen, meistens langweilig und störend in Romanen, sind hier, besonders im fünften Teil des zweiten Bandes, wirklich voll Feuer und Sinnlichkeit, Tizians Venus ist fast schöner als sie selbst, und sogar das berüchtigte große Bacchanal am Schluß des ersten Bandes verblaßt gegen ihr Bild. Eine der Heldinnen heißt übrigens Lucinde, Schlegels Heldin hätte aber wenig Chancen gegen sie, und der Erzähler entdeckt in ihr »Züge von fürchterlicher Heftigkeit«. Laube, der ihn auch ediert hat, war ein großer Verehrer Heinses, ganz sicher auch Gutzkow, dessen frühe Frauengestalten so heidnisch-schön sein möchten wie bei Heinse. Als Heinse den Roman schrieb, war er längst kurfürstlicher Bibliothekar; und so sind die Notizen zu seinem Roman so viel wilder als das Buch, daß selbst ich davon nur in einer Note etwas bringen kann[11]. Das spätere neunzehnte Jahrhundert hielt wenig von dieser gottlosen Sinnlichkeit, erst um Gide herum, nach Nietzsche (der Heinse gelesen hatte), kam eine ähnliche freie Generation ans Licht jetzt unsres Jahrhunderts.

---

[11] ich zitiere nach der vortrefflichen Reclam-Studienausgabe von Bäumer die Notiz zu Fiordimonas vorsichtigem Vorschlag im Roman, »Brüder und Helden, jeder wert, ein Mann zu sein, sollten sich eine Freude daraus machen, ein schönes Weib gemeinschaftlich zu lieben … Und ist eine junge Schönheit nicht imstande, ihrer viele zu vergnügen?« – hier füge ich an, daß Tizians Venus Heinse zu der Bemerkung animiert: »Sie ist lauter Huld, es recht zu machen in reizender sömmerlicher Lage, und gibt sich ganz preis, und wartet mit gierigem Verlangen auf den Kommenden. Man siehts ihr deutlich an, daß das Jungfräuliche schon einige Zeit von ihr gewichen ist, und sie scheint nur Besorgnis vor mehrern zugleich zu haben wegen der Eifersucht.« Fiordimona fährt in ihrem Vorschlag zur Bekämpfung der Eifersucht fort: »Verliert der eine etwas, wenn der andre auch von der Quelle trinkt, woran er schon seinen Durst gelöscht hat?« – in seinen Notizen hatte es in schöner Genauigkeit gerade des Durcheinanders wegen und noch etwas weitergehend geheißen: ». . . ein schönes Weib gemeinschaftlich wie einen kernhaften Braten teilen. Der Schwanz ist weiter nichts als eine andre Zunge unten am Bauche, und wenn er ein zart Gefühl hat, so schmeckt er die Verschiedenheiten der Fotzen

1803 Grabschrift (5) für

C HODERLOS DE LACLOS. Er kritisierte Vaubans Befestigungen und verlor sein Offizierspatent, war Sekretär des Duc d'Orléans (den »unergründlichen Laclos« nennt ihn der große Michelet – der ihn aber offenbar nicht mag – in seiner *Geschichte der französischen Revolution*, 1847 ff., und berichtet, Schmeichler des Herzogs von Orléans hätten Laclos gern dessen »schwarze Seele« genannt), schrieb, als Sekretär der Jakobiner, Reden für Robespierre, der ihn deshalb verschont haben soll, als man dem Herzog den Prozeß machte, wurde unter Napoleon Artillerieoffizier, dann General und Inspekteur der Südarmee (daher Tarent als Sterbeort). Heinrich Mann, der zuzeiten gern so geschrieben hätte wie Choderlos – und wiederum Michelet nicht mochte –, hat ihm 1905 einen feinen pathetischen Essay gewidmet, er nennt ihn einen »sanften Dichter« und einen »Menschen mit Künstlerinstinkten«, schrecklich verliebt und alles; dieser Essay diente als Vorwort zu seiner Übersetzung[12] von Choderlos' berühmtem und einzigem

---

wie jene der Weine.« Man sieht sehr schön, daß der Subtext, den man oft mitzulesen glaubt, häufig der stille Nachglanz jenes Textes ist, der dem Autor wirklich leuchtend vorschwebte – jenes »Trinken an der Quelle« ist dann nur noch das blasse Bild der Realität, die gemeint war; und wenn K. R. Eissler mit seinen Ideen, die er etwa auf Goethe anwendet, auch nur ein bißchen recht hat (und das hat er, glaube ich), dann wird gerade die poetische Kraft des Bildes davon abhängen, aus wieviel erfahrener (erlebter, gewünschter, erträumter) Realität es sich speist.

[12] was die Romanciers, sehr oft in ihren frühen Jahren natürlich, den geldlosen, alles so übersetzt haben, das wäre ein erstaunliches eignes Kapitel. Oft sieht es natürlich aus, als wären da Neigungen im Spiel, etwa wenn Heinrich Mann Choderlos übersetzt, nachdem er, im Jahr davor, einen sehr hübschen kleinen Roman von Anatole France übersetzt hatte, nämlich die *Komödiantengeschichte*, tatsächlich ist France ein bewundertes Vorbild Manns gewesen – oder eben geworden, denn Heinrich Mann, anders als Thomas, war gewissermaßen stilistisch anfechtbar, beinahe aus Prinzip aber auch, und so lassen sich Neigung und Beeinflussung nicht immer leicht unterscheiden. – Ganz willkürlich nenne ich noch Annette Kolb, die einen ganz frühen Science-

Roman, den *Gefährlichen Liebschaften* von 1782, einem Buch, das, in Briefen abgefaßt, schildert, wie zwei, früher  hätte man gesagt: lasterhafte Adlige eine junge Frau in den Abgrund verführen. Man spürt in diesem Buch die so gänzlich vorurteilslose Psychologie der alten Moralisten, auch in seiner marmorkalten Eleganz steht das Buch in der Tradition etwa der Madame Lafayette und ihrer *Prinzessin von Clèves*, die aber die Guten sich retten läßt; man ist gern geneigt, Choderlos rein als Sittenschilderer zu nehmen, und die Sitten waren eben böse; es könnte aber auch sein, daß er, was er sah, eher wie de Sade schilderte, mit dunklem Applaus (in unserm Jahrhundert lebt diese Tradition wohl in Montherlant fort, und ich erinnere mich an einen glänzenden Kriminalroman eines gewissen Monteilhet, der ganz dem Schema der *Gefährlichen Liebschaften* folgte). Baudelaire hat ihn gemocht.

Jane Austen, deren erster großer Roman *Sense and Sensibility* erst im Jahre 1811 erschien, hatte natürlich schon

---

fiction-Roman übersetzt hat, nämlich *L'Eve future* von Villiers de l'Isle-Adam; und in eben unsern Zusammenhang hier, oben im Text, gehört der junge Spielhagen, der, gleich nach ihrem Erscheinen in Frankreich, drei jener späten Arbeiten Michelets übersetzt hat, die so wunderlich pathetisch, gefühlvoll und poetisch sind, daß uns ganz schwindlig dabei wird, nämlich *Die Liebe*, 1859, *Die Frau*, 1860, *Das Meer*, 1861 – in diesem Jahre 1861 erschienen dann, Spielhagens großer erster Wurf, die *Problematischen Naturen*; auch scheint es nicht ganz ungefährlich zu sein, heutzutage verlegerisch mit diesen späten Büchern Michelets zu tun zu haben, Franz Greno brachte 1986, außerhalb seiner wunderbaren »Anderen Bibliothek«, Michelets *Vogel* heraus (französisch zuerst 1856), mit herrlichen Farbtafeln nach Audubon ... Audubons *The Birds of America* erschien 1828–40, das ist die Zeit Sealsfields in den Savannen Louisianas, und wenn ich nun sage, daß, für die Natur etwa in Sealsfields Büchern, die Betrachtung dieser Vogelbilder so lehrreich ist wie für das Verständnis der Frauenfiguren in den Romanen der Jahrhundertwende damals etwa das Betrachten der schon erwähnten Madame Récamier auf dem Gemälde Davids, so mag das ein wenig lächerlich und weithergeholt klingen, aber als Audubon sich für sein Vorhaben schulen wollte, ging er nach Paris und wählte sich als Lehrer – eben David.

1803 lange vorher angefangen zu schreiben. 1790 schon, sie war fünfzehn, hatte sie sich gefeit gezeigt gegen alle gängigen Empfindungen und läßt eine gewisse Laura in der Skizze *Liebe und Freundschaft* über eine andre Fünfzehnjährige und ihren Verehrer sagen: »Er galt als zartfühlend, gebildet und umgänglich; über solche Banalitäten maßten wir uns kein Urteil an, aber da wir überzeugt waren, daß er kein empfindsames Gemüt hatte, *Werthers Leiden* nicht kannte und auch seine Haarfarbe von Kastanienbraun denkbar weit entfernt war, zweifelten wir nicht daran, daß Jeannette nichts für ihn empfand, jedenfalls nichts für ihn empfinden durfte.« Eine ähnlich süße Albernheit sind *Die drei Schwestern* – kleine Übungen, die wir natürlich entbehren könnten, die aber, da wir sie nun einmal haben und sie, wenn wir die Austen erst einmal lieben (und das müssen wir alle), auch nicht wieder hergeben wollten, uns die spätere so verdächtig mild lächelnde ausgewachsene junge Dame der besseren Gesellschaft ganz bezaubernd beleuchtet als die kesse Göre zeigen, die sich dann in den offiziellen Büchern ganz versteckt. Jetzt, 1803, machte Jane Austen das Druckmanuskript von *Northanger Abbey* fertig und schickte es einem Verleger, die Verfasserin kriegt zehn Pfund dafür, er tat aber sonst nichts, das Buch erschien erst viele Jahre später, nachdem sie ihm das Manuskript wieder abgekauft hatte (sie starb vor der Veröffentlichung), der Verleger hatte nicht gemerkt, daß die Verfasserin mittlerweile berühmt geworden war. Gleich am Anfang dieses sehr hübschen Romans verteidigt die Autorin, indem sie fast unversehens das Wort für ihre Heldinnen ergreift, das Genre des Romans; sie beschimpft die Romanschriftstellerinnen, die sich mit ihren blödesten Kritikern verbünden, indem sie ihre Heldinnen Romane immer nur naserümpfend zur Hand nehmen lassen, und fährt dann sehr schön fort: »Doch ach! wenn die Romanheldinnen sich nicht gegenseitig beistehen wollen, von wem sollen sie dann Förderung und Verständ-

nis erwarten? ... Wir dürfen uns nicht gegenseitig im Stich
lassen; schon hat man uns Wunden geschlagen. Obwohl
unsre Geistesprodukte größeres und aufrichtigeres Vergnügen bereitet haben als jedes andre literarische Genre
der Welt, ist über keine andre Gattung so hergezogen
worden. Aus Dummheit, Stolz und modischem Anpas-
sungsbedürfnis sind unsre Feinde so zahlreich wie unsre
Leser ...« – das zitiere ich gern.

Ich nehme aus den beiden nächsten Jahren jetzt gleich
zwei andre Arbeiten Jane Austens hinzu, die beide erst
aus dem Nachlaß veröffentlicht wurden. 1804 begann
sie einen Roman, an dem zu schreiben sie dann aber
sehr bald wieder aufhörte, *Die Watsons*; es geht da um ein
Mädchen, das, aus der wohlhabenderen Umgebung einer
Tante, bei der sie gewohnt hat und die zu beerben sie
eigentlich hoffen kann, wieder zurückgeschickt ins Elternhaus, wo es arm hergeht mit mehreren Geschwistern,
jetzt nur darauf hoffen kann, möglichst gut zu heiraten –
eins dieser irgendwie doch realistischen Themen, durch
die die Austen uns immer so nah ist; schon ist auch die
junge Dame in dem Romanfragment eins dieser Wesen,
die uns jedesmal verblüffen durch die schöne Sicherheit,
mit der sie den bloßen Verführern unter den Männern
dann doch nicht in die Arme fallen. Von 1805, vermutlich
jedenfalls, stammt *Lady Susan*, ein kleiner Briefroman,
dessen Titelheldin eine schöne intrigante Abenteuerin ist;
Jane Austen ist hier sehr stark in Verstellung, Zynismus
und Desillusionierung – all das läßt sie in ihren großen
Romanen sein, dort steht sie dann, wenn auch mit einem
winzigen Abstand, immer auf der Seite der Wahrheit,
aber nun sieht man, wie richtig das alte Wort ist (Plato?
weiß nicht mehr genau), daß die Wahrheit eigentlich nur
sagen kann, wer gründlich lügen gelernt hat; diesen Punkt
unterschätzen wir sehr oft bei älteren Romanciers.

❖

1804 Geboren werden in diesem Jahr 1803 noch, in Paris, als Sohn eines Malers und Kunstkritikers, Prosper Mérimée, ein Freund Stendhals; und in London George Edward Bulwer, Lord Lytton, deshalb meistens Bulwer-Lytton genannt, Sohn des Generals Bulwer und seiner Frau, einer geborenen Lytton (reich und mit dem Familiensitz Knebworth), wie Disraeli Politiker, in den späten fünfziger Jahren Kolonialminister bei den Konservativen; er schrieb in sämtlichen Sparten, Arno Schmidt hat zwei seiner späten Romane übersetzt, sein großer Bestseller waren die seit 1908 pausenlos verfilmten *Letzten Tage von Pompeji* – der Geschmack der Filmproduzenten und -regisseure ist, eigentlich von Anfang an, in einer Hinsicht untrüglich, in andrer aber kaum der unsre, wir werden das noch sehn.

1 ✦ 8 ✦ 0 ✦ 4

Jean Paul bringt die *Flegeljahre* heraus. Wir haben den *Titan* gehabt, diesen großangelegten glänzenden Roman, worin sich Jean Paul in manchen Dingen Zwang antat, denn in gewissem Grade wollte er heraus aus der scheinbaren Selbstversponnenheit, worin er, wenn auch noch so schön, befangen schien seit der *Loge* und dem *Hesperus*, noch mehr seit dem *Siebenkäs* und dem *Quintus Fixlein* – sogar hat man ihm nachsagen wollen, er habe sich allzusehr verleugnet im *Titan*, oder sei dort sogar, so sehr habe er eben gegen sich selber schreiben müssen, gescheitert: aber nichts davon ist wahr, Jean Paul ist in jedem Buch mehr, als worauf man ihn gern festlegen möchte, und gerade dieses unvermutbare Mehr spielt er im *Titan* großartig aus. Aber der große Roman brachte ihm nicht den Ruhm, den er wollte, ich glaube, er hatte das Publikum überschätzt, er war zu weit gegangen, als er gewisser-

maßen den besten seiner prospektiven Leser entgegengehn wollte. Die Konsequenz war jetzt nicht, daß er dorthin wieder zurückkehrte, wo das Publikum ihn halten
wollte, sondern daß er aus den frühen Sachen jene Züge
wieder aufnahm, an denen ihm lag, egal jetzt, ob es dieselben waren, die ihn beim Publikum so beliebt gemacht
hatten, und sie radikal und rücksichtslos in den Mittelpunkt rückte; jetzt schreckte er im Grunde vor nichts
mehr zurück, und es ist kaum etwas bewundernswerter
als die Unbedenklichkeit, mit der er nun tat, was er wollte,
und als die Lust am Gelesenwerden, die ihn das, was er
eigentlich wollte und eigentlich auch tat, doch auch wieder
verstecken ließ in das allen schmeichelnde Gefühl, er liebe
seine Leser und sei einverstanden mit ihren Grenzen.
Nun werden die dauernden Brüche und Grenzüber-
schreitungen das Hinreißendste an ihm, keiner hat aus
der starren Trägheit des Vergehens die Unsterblichkeit so
herausgeprügelt wie er.

Und von Senancour erscheint nun jener *Oberman*,
den Balzacs Modeste so mochte. Wenn wir gerecht sein
wollen, und in Maßen wollen wir das ja hier, dann sind die
ersten sechzig, siebzig Seiten dieses Buchs verheißungsvoll und schön; es ist einfach hübsch, wenn einer von sich
sagt: »Ich merke mir nie, wo ich bin, im Gegenteil, ich
verlaufe mich, wo ich kann«; aber dann kommen wir dahinter, daß der arme Kerl das alles ganz ernst meint; wir
sind noch mehr beeindruckt vielleicht; andrerseits verliert
sich das nun manchmal doch ins Nichtartistische, ins
Grundsätzlichverlorene, und die Langeweile am Leben,
die der Held nicht los wird, springt auf uns über. Ich bin
sicher, daß Modeste dann ans nächste Buch gegangen
ist; Senancour hat immer mehr auch die Angewohnheit,
wie früher Rousseau, und wie später Tolstoi, jenes Leben
zu schildern, und solche Zustände, die er beide gern
hätte für den Menschen – hier hilft nur noch rücksichts-
loses Überblättern, wenn der Autor uns weiter lieb bleiben

1804 soll.[13] Ich habe das Gefühl, daß Modeste zwar die tiefe Solidarität hatte, die Jane Austen von Romanhelden verlangt; daß sie andrerseits aber sehr ungeduldig sein konnte.

◆

---

[13] über das Weiter- und Überblättern als eine unumgänglich nötige Methode gerade für den leidenschaftlichen Leser hat Somerset Maugham einige sehr vernünftige Überlegungen angestellt (1954, *Zehn Romane und ihre Autoren*); er ist ein sehr guter Romancier, er weiß, daß man seine Ratschläge auf ihn selber anwenden wird; und er rät, einfach immer wieder Seiten zu überschlagen, kaum ein Buch sei exakt so lang, wie es nur sein sollte, und man tue also dem Autoren kein Unrecht, im Gegenteil; natürlich ist klar, daß das richtige Überblättern auch geübt sein will. – Übrigens spricht Maugham in diesem Buch sehr nett über Jane Austen, ihre Romane seien, sagt er, »reine Unterhaltung ... ganz gleich, ob man müde oder niedergeschlagen ist, Jane Austens Romane bezaubern immer«. Und am Ende seines kleinen Essays über die Austen sagt er: »... in ihren Büchern passiert nicht besonders viel, aber wenn man am Ende einer Seite angelangt ist, blättert man rasch um, um zu erfahren, was als Nächstes passieren wird. Wieder passiert nicht viel, und wieder blättert man begierig um. Der Schriftsteller, der dies erreicht, besitzt die wertvollste Gabe, die er überhaupt haben kann.« Maugham redet dann zwar davon, daß es, so drückt er sich aus: bedeutendere Romane gebe als die der Austen, aber ich glaube, er will sich da bloß nicht unbeliebt machen bei jenen, die nur ungern etwas nicht Bedeutendes lesen – ich zitiere bei dieser Gelegenheit gern zwei Sätze aus Stendhals Buch über Rossini, er schreibt da: »Das Fehlen eines ernsthaften Interesses gefällt mir aber gerade an der Musik; ich bin der ernsthaften Interessen überdrüssig und traure der Zeit nach, als die Obersten noch Wandteppiche machten und man in den Salons Bilboquet spielte. Ich habe mein Jahrhundert kennengelernt, es ist vor allem verlogen ...« In einem kleinen Einleitungsaufsatz zu seinen Essays wieder Maugham: »Die in dem vorliegenden Band enthaltenen Aufsätze wurden in erster Linie geschrieben, um Leser zur Lektüre anzustiften ... Ein Roman ist aber dazu da, mit Vergnügen gelesen zu werden. Wenn er das nicht bietet, ist er, aus Sicht des Lesers, wertlos ... Meines Erachtens darf der Romancier jedoch behaupten, daß man ihm nicht gerecht wird, solange man nicht zugibt, daß er von seinen Lesern etwas verlangen darf ... Wenn der Leser nicht bereit ist, von sich etwas zu geben, kann ihm der Roman nicht das Beste geben, was er zu geben hat. Und wenn er dazu nicht imstande ist, sollte er ihn gar nicht erst lesen. Niemand ist verpflichtet, einen Roman zu lesen.« Dem ist wirklich wenig hinzuzufügen, ich mag Maugham wie Stendhal.

In diesem Jahre 1804 wurde in London Benjamin Disraeli geboren, Earl von Beaconsfield, sein Vater, Sohn
eines venezianischen Kaufmanns, war Literarhistoriker
(die Tochter, als er blind war, half ihm noch bei einer
weitausholenden Geschichte der englischen Literatur, der
Sohn, als er tot war, schrieb ihm eine Biographie), beide,
Isaak und Benjamin, traten erst 1817 zum Christentum
über. In Salem, Massachusetts, wurde Nathaniel Hawthorne geboren, Sohn eines Kapitäns, der bald starb und
die Familie arm zurückließ; Hawthorne war ein wunderbarer Autor, den zum Beispiel Melville und James zeitlebens verehrten, und das waren große Leute. Und in
Paris wurden, ein Arztsohn, Eugène Sue geboren, der
erste große Feuilletonromanschreiber, und, als Amantine-
Aurore-Lucile Dupin, George Sand, ihr Vater war Offizier, mit einem wundervollen Stammbaum, ihre Mutter
Modistin. Ein großer Jahrgang, bei Gott – ich glaube,
der Roman hat keine eigne Muse (einen eignen Heiligen
sicher auch nicht), wahrscheinlich ist eben der Anfang
des Romans das Ende der Musen im alten Sinne; und was
soll auch eine Kunst mit Musen, wenn die Schönen selber
sie ausüben. Die Muse bin ich, sagen sie seit der Staël,
der Austen, der Sand.

1 ✦ 8 ✦ 0 ✦ 5

Es ist wenig zu sagen über dieses Jahr, das ist auch einmal
schön. Nur zwei Geburten: Eduard Mörike in Ludwigs-
burg, Sohn eines Medizinalrats, jener Gattung der Dichter angehörend, die dann auch einen Roman schreiben,
einmal (Hölderlin, Brentano, Novalis, Eichendorff …
Rilke), er den *Maler Nolten*, wir werden sehn; und Adalbert Stifter in Oberplan im Böhmerwald, Sohn eines
Webers und Flachshändlers: wird uns zu schaffen machen

1805 wie so vielen seither; aber wie er da, nach dem Giannozzo (im Anhang zum *Titan*) und nach der wunderschönen Nadine (in dieser unvergleichlichen Sommernacht im *Kampaner Tal*, auch Jean Paul) seinerseits nun wiederum in einem Ballon seine Cornelia aufsteigen läßt in den schwarzen Himmel –: »... wie zum Hohne wurden alle Sterne sichtbar ... und wenn das Schiff sich zur Sonne wendete, – war nichts, nichts da, als die entsetzlichen Sterne...« – das ist doch groß (aber erst muß er das selber nun noch werden, groß).

III

1806 BIS 1810

1 ✦ 8 ✦ 0 ✦ 6

Ein schönes ruhiges Jahr, alle schreiben an ihren Büchern, wie die tröstlichen Lichter in dunkler Nacht funkeln über unsre Welt hin die Schreiblampen, vor denen sie sitzen und mit leise kratzenden Federn die Welt noch einmal schreiben, oder mit Hölderlins[1] Versen, »... aber das Saitenspiel tönt fern aus Gärten; vielleicht, daß dort ein Liebendes spielt oder ein einsamer Mann ferner Freunde gedenkt und der Jugendzeit ...« – ganz so versunken saß im Herbst dieses Jahres, in Rouen und dann auf einem Schloß bei Meulan (am Ufer der Seine, im Arrondissement Versailles) Benjamin Constant und bedachte sein

---

[1] ein paar Jahre zuvor in *Brod und Wein*, dieser großen Elegie, die Hölderlin Wilhelm Heinse gewidmet hatte, den wir eben gerade begraben haben; Heinse hatte Hölderlin und Susette Gontard 1796 in Kassel kennengelernt, wohin letztre vor den Franzosen aus Frankfurt geflüchtet waren, auf einem weiteren Stück Flucht nach Driburg hatte Heinse die beiden begleitet.

1806 Leben und seine große Liebe zu Madame de Staël, deren
 Leidenschaft er nicht gewachsen gewesen war. Er ging
in sich, er analysierte sich und sie und die Frau, die er
dann heimlich heiratete, und schrieb alles nieder, erst in
Adolphe, einem kleinen Roman, den er dann 1816 drucken
ließ, dann in dem von ihm in der Leidenschaft des Beken-
nens und Analysierens so genannten »autobiographischen
Bericht« *Cécile.* Mit jener hübschen Fiktion, die es schon
oft gegeben hatte und oft noch geben würde in der
Romanliteratur, kommt in einem Vorwort zum *Adolphe* ein
Herausgeber an die schriftliche Hinterlassenschaft eines
sonst Unbekannten, den er auf einer Reise, während eines
zwangsweisen Aufenthalts, irgendwo kennengelernt hatte:
»Er war sehr schweigsam und machte einen traurigen
Eindruck, zeigte keinerlei Ungeduld. Ich beklagte mich
zuweilen ihm gegenüber als dem einzigen Menschen, mit
dem ich an diesem Ort reden konnte, über den Aufschub,
den unsre Weiterreise erlitt. Mir ist es gleich, antwortete
er, ob ich hier bin oder woanders … Unser Wirt hatte
mit einem neapolitanischen Burschen gesprochen, der
dem Fremden diente, ohne seinen Namen zu kennen. Er
erzählte mir, der Herr reiste nicht aus Wißbegier; denn
er besuchte weder Ruinen noch landschaftlich schöne
Gegenden, weder Denkmäler noch Menschen. Er las sehr
viel, aber nie mit großer Ausdauer. Abends pflegte er
spazierenzugehn, immer allein, und oft brachte er ganze
Tage damit zu, unbeweglich dazusitzen, den Kopf in beide
Hände gestützt.« Constant, 1767 geboren, stammte aus
Lausanne, ging mit der Staël ins Exil, verließ sie endgültig erst nach jenen großen Selbstgesprächen von 1806.
Cécile, Fragment geblieben, war fast anderthalb Jahrhunderte lang verschollen und wurde erst 1951 gedruckt.
Wie er so dasitzt, allein, denkend, Kopf in den Händen,
sieht er natürlich auch ganz schön eitel aus, fast möchte
man von so etwas wie einer bedenkenlosen Selbstgefällig-
keit sprechen – wenn er eben nicht tatsächlich litte, oder,

denn leiden kann jeder, wenn er nicht so glänzend und
rührend zugleich und mit dieser nun wieder ganz uneitlen
und selbstlosen Genauigkeit aufschriebe, was und woran
er leidet: das macht ihn schön, unter seiner nächtlichen
Lampe.

1807

✦

In diesem Jahr wird, als Sohn eines Maurermeisters, im
schlesischen Sprottau Heinrich Laube geboren, der fast
dreißig Jahre später mit seinem Freund Gutzkow, dem
Sohn eines Bereiters und Enkel eines Maurers, nach Italien fuhr und ihm eines Nachts auf dem stillen Gardasee
seinen ersten Roman erzählte.

1 ✦ 8 ✦ 0 ✦ 7

Eben noch sahen wir ihren Constant dasitzen und grübeln, jetzt bringt Madame de Staël ihre *Corinne ou l'Italie*
heraus, sie hatte sie letztes Jahr in Rouen und auf eben
dem Schloß Acosta bei Meulan fertiggeschrieben, bei
Constant dem Grübler, das sind ja auch keine ganz
einfachen Verhältnisse. Die Weitgereiste hatte in Berlin
August Wilhelm Schlegel kennengelernt, das ist aber nur
der Bruder dessen, der 1799 die *Lucinde* geschrieben hatte,
sie hatte ihn als Hauslehrer für ihre Kinder (drei oder
vier) engagiert und war mit ihm Ende 1804 nach Italien
gefahren; in Italien verliebte sie sich, nicht in Schlegel,
Constant hatte ihr noch einen Heiratsantrag gemacht (muß
eine Art Gottesurteil oder Blütenzupferei für ihn gewesen
sein: nimmt sie mich, ist alles gut, wenn nicht, schreib ich
alles auf – zum Glück also nahm sie ihn nicht), dann hatte
sie sich hingesetzt und aufgeschrieben, in Romanform, und
nicht einmal so umfangreich wie früher, in der *Delphine*,
erstens, wie Italien ist (Foscolo, der sein Land nicht bloß

1807 liebte, sondern auch kannte, soll ziemlich wütend gewesen sein über Madames Italien), und zweitens, wie eine Dichterin, eine wundervolle Frau (und die Staël, bei ihrem Grübler, meint damit sich und auch wieder nicht sich wohl in ganz ähnlicher Weise, wie der grübelnde Benjamin in seinen Büchelchen sich meint und wieder nicht sich), von einem schwindsüchtigen Engländer geliebt wird; der Engländer ist toll, sie würde ihn sonst nicht wiederlieben (und wie noch!), aber nicht so ganz toll, denn er geht zurück und heiratet, was seine Familie will, nämlich eine andre; Corinne stirbt, an Liebeskummer[2], und verzeiht

---

[2] kurz vor ihrer Italienreise war, auch in Rom, eine Geliebte ihres Freundes Chateaubriand an Liebeskummer gestorben, vielleicht hat die Staël das für ihre Corinne übernommen wie Goethe die schwarzen Augen Maximilianes für seine Lotte. Der Tod aus Liebeskummer verliert im Lauf des Jahrhunderts dann an Bedeutung, jedenfalls wird er kaschiert; sicher würden Anna Karenina, Effie Briest, Ana Ozores (bei Clarín) und Tess und alle diese wunderbaren Wesen nicht sterben ohne ihre Liebe, oder doch nicht so bald, so schön und so liebenswürdig, aber die Romanciers geben ihnen dann immer noch Gründe mit auf den Weg, Erkältungen, Eisenbahnen, geistige Verwirrungen und so weiter. Man wagt also nicht recht zu entscheiden, wer nun realistischer war, die realistischeren Romanciers oder die Staël und Pauline de Beaumont, jene ganz für sich sterbende Geliebte Chateaubriands. – Im mittelalterlichen Roman war der Tod aus Liebeskummer beinahe üblich, Malory im *Tod Arthurs* hat eindrucksvolle Beispiele. So stirbt etwa die Tochter des Königs Faramon von Frankreich aus Kummer, als Tristan auf ihren Liebesbrief gar nicht reagiert; und Elaine le Blank schreibt an Lanzelot, »nun hat der Tod uns getrennt, weil Ihr mich nicht liebtet. Ich, die man die schöne Jungfrau von Astolat nannte, habe Euch geliebt...«, Lanzelot darauf bietet ihr für diese Liebe jährlich tausend Pfund an, aber sie stirbt lieber. Die Männer kommen immer besser davon; einmal zum Beispiel will Pelleas sterben, weil er seine Geliebte bei Gawain liegen sieht, er will sich schlafenlegen und nicht mehr aufstehn; dann aber bezaubert Nimue (wir sind ihr schon igendwo unter dem Namen Viviane begegnet) die Dame, daß sie den Ritter nun doch liebt, der aber will nicht mehr und geht mit Nimue davon (übel geht es dagegen der Zauberin Hellawes, die Lanzelot liebt; sie braucht nur einen Kuß, Lanzelot wäre gestorben und sie hätte ihn für immer gehabt, aber es kommt zu dem Kuß nicht, und Hellawes stirbt vierzehn Tage danach, nach diesem Nichts, aus Kummer). Palamides wieder, ein Mann, liebt Isolde, Gattin Markes und Geliebte Tristans, und gesteht das Tristan; sie wollen sich schlagen, aber der

ihm, als er noch einmal kommt, er, auch er wie früher, liebt sie immer noch, nur sie, aber nun ist es für beide zu spät[3]. Gleich nach Erscheinen schickte Friedrich Schlegel (also nun der mit der *Lucinde* von 1799), der gerade auf dem Schloß Acosta bei Meulan weilte (so gibt es im mittelalterlichen Roman und etwa bei Ariost Zauberschlösser, wo sich mit einem Male immer alle treffen) das Buch seiner Frau Dorothea zum Übersetzen, Dorothea hatte Übung darin, sie hatte erst unlängst den Roman *Valérie* der berühmten und berüchtigten Juliane von Krüdener übersetzt, einer Frau, die unablässig die Freundin bedeutender Männer sein wollte und schon Goethe, Jean Paul, Chateaubriand und selbst die Staël enerviert hatte, 1804 wurde sie auch noch fromm und enervierte ein zweites Mal die Welt, indem sie Proselyten zu machen suchte für den herrnhutischen und den Gott Swedenborgs. – Napoleon übrigens, Madame Staëls Feind, soll, auf Sankt Helena, wohin man ihm offenbar unter anderer schöngeistiger Literatur auch ihre Sachen brachte, gesagt haben: »Ich kann sie sehn, ich kann sie hören, ich kann sie fühlen, ich möchte davonlaufen, ich werfe das Buch hin...« – süß, dieses Davonlaufenwollen auf Sankt Helena, aber im Ernst sind die literarischen Urteile dieser Männer wohl doch kaum das Zitieren wert.

Sonst wird in diesem Jahr in Portland/Maine Henry Wadsworth Longfellow geboren, sein Vater war Anwalt,

---

Kampf fällt aus, weil Tristan sich auf der Jagd verletzt hat; und Palamides stirbt auch nicht vor Kummer, wie er Tristan gegenüber gemeint hatte, sondern wird später Herzog der Provence.

[3] Corinna hieß eine griechische Lyrikerin, Lehrerin Pindars, sagt man, Freundin jener wunderbaren Sappho, die wir oben schon bei Foscolo seine Teresa unter dem Maulbeerbaum haben zitieren hören, und natürlich war Corinna der Staël ein Begriff, irgendwie wäre sie wahrscheinlich gern die Sappho ihrer Zeit gewesen und nannte sich im Roman nun dezent anspielend, aber doch so, daß alle wußten, was sie meinte, Corinne.

1808 einer seiner Schulkameraden war Hawthorne; populär und reich wurde Longfellow später durch seine Lyrik, als junger Mann schrieb er aber, 1839, unter dem hübschen und assoziationsreichen Titel *Hyperion* einen charmanten romanhaften kleinen Bericht über eine Reise namentlich in Deutschland; darin drückt er einmal, mit jener scheinbaren Naivität, die ein bißchen an Sterne, ein bißchen aber auch schon an Mark Twain erinnert, sein Erstaunen darüber aus, »daß man kaum die Biographie eines deutschen Schriftstellers aufschlagen kann, ohne zu finden, daß sie mit der Beschreibung seines Großvaters anfängt«. Schön ist, so über das große Wasser hinweg, sein Lob Jean Pauls.

1 ✦ 8 ✦ 0 ✦ 8

Wieder ein stilles Jahr, mit einem einzigen Buch hier, von Friedrich Baron de la Motte Fouqué, einem Havelländer, der 1777 in Brandenburg geboren worden war, einem der großen Vergessenen bei uns, dabei lasen und bewunderten ihn einmal alle, bis hin zu Poe, diesem Hätschelkind der Moderne[4]. Das Buch heißt *Alwin*, es spielt im siebzehnten

---

[4] Arno Schmidt, ein großer Poe-Fan, hat ihm (Fouqué also) ein zwar sehr umfängliches und mit stupender Gelehrsamkeit gespicktes, dennoch aber am Ende merkwürdig langweiliges Buch gewidmet, mit einem erschreckenden Hinweis übrigens auf die entsetzlich vielen Stunden, die seine Frau mit ihm daran gewendet habe. In allen seinen Arbeiten zu älteren Kollegen ist Schmidts Auswahl dessen, was er lobt oder tadelt und ausführlich behandelt oder wegläßt, oft sehr erstaunlich, sowohl in seinen Kenntnissen als auch in seinen Unkenntnissen. Es kommt hinzu, daß sein Urteil von ganz andrer Art ist als etwa das so lebendige Urteil Balzacs, wenn der unsre geliebte Modeste lesen und loben läßt. Balzac lobt offenbar, was er wirklich mag; Schmidt lobt vorrangig Leute, für deren Vergessensein er dann die beschimpfen kann, die er nicht mag; diese etwas verdrehten Motive erklären dann wohl auch mitunter die merkwürdigen Akzente, die er bei denen setzt,

Jahrhundert, der Held ist mehrfachen Verführungen, erotischen, politischen, ausgeliefert, aber dann ist Mathilde da, ein bißchen enigmatisch heißt es einmal, »Weiber sind Engel auf dunkeln Wegen«; und schön und merkwürdig ist dann, wie Alwin mit seiner Mathilde und einem Freund am Schluß die Welt verläßt: »Komm nur mit mir, von dem kriegzerrissenen, blutigen Lande fort, wo Gemüter wie Deines, an keiner Partei ihre Freude haben können. Auf der Insel Rügen, dem abgeschiedenen, dem der Vorwelt heiligen Boden, erwartet uns zwei und Raimunden ein ruhiges Leben. Da sollst du die alten Heldengestalten heraufbeschwören, und mühelos leben und ungestört, der heillosen Gegenwart fremd« – diese Flucht aus der Zerrissenheit ist genau wie das glorreiche Leiden an ihr ein Zug dieser Generation. Runde fünfzig Jahre später, bei Spielhagen, ist diese hier so urwüchsig-heile Insel Rügen dann das Land, in das seine Titelfiguren geraten, diese neuen »problematischen Naturen« – sie finden dort dann wohl mühelos ihre Mathilden, aus denen inzwischen lauter Flaminias geworden sind (Flaminia war die Verführerin zu Lust und Macht), aber eben auch lauter adlige Eingeborene, Nachfahren jener Flüchtlinge, die also wohl doch, wenn auch heimlich und ihnen selbst kaum bewußt, hatten mitnehmen müssen, was sie zurücklassen wollten. – Jean Paul übrigens hat Fouqués Buch sehr gelobt, und eher im Sinne Balzacs, und dann natürlich auch, weil er vielleicht mindestens doch so etwas wie ein Gefühl dafür hatte ...

---

die er uns preist; so sind, um nur zwei Beispiele zu nennen, Tieck und Gutzkow, wenn man sie einmal gelesen hat, bei Arno Schmidt kaum wiederzuerkennen – und nun eben nicht, wie bei Balzac, weil, was Schmidt gut fand, jetzt aufgehoben und damit erledigt wäre durch seine eignen Sachen, sondern weil eben die Vorurteile, zu deren Bekämpfung Schmidt zum Beispiel Gutzkow preisend heranzieht, ihm selbst, der sich von sich aus sonst für Gutzkow kaum interessiert haben würde, den Blick für vieles versperren, was uns gefällt, wenn wir nun Gutzkow selber lesen.

1808 Anmerkungen (2) zu

JEAN PAUL und FOUQUÉ: ... daß kein Autor – und er, Jean Paul, wäre ja einer von ihnen, das wußte er natürlich schon –, daß kein Autor Epoche macht in jenem Sinne, als könne ab jetzt kein andrer mehr, wie man dann gern sagt: dahinter zurück. Dieser Idee des Epochemachens liegt ein Gefühl von Geschichte und jeweiliger Modernität zugrunde, das mit dem wirklichen Nebeneinander dessen, was sich theoretisch ausschließen sollte, kaum in einem lebendigen Kontakt steht. Aber grade der unbefangne Genuß dieses Nebeneinanders und sonderbar, ja verboten Gleichzeitigen macht das Lesen so reich und wirr und schön, wir werden noch öfter darauf kommen, wir denken nur nach, um freier lesen zu können, nicht umgekehrt; daß wir danach dann freier denken, dagegen haben wir nichts. – Geschichte, Fortschritt, wenn es so etwas geben sollte auf diesem zeitlos glänzenden Meer der Romane, das wir Lesenden vor uns haben, wäre auch nur eine Willkür des Blicks: so ist es verständlich und scheint berechtigt, sich zu wundern, wie ein Mann wie eben Fouqué alte Ritter- und Zaubergeschichten schreibt, während die Austen ihre Gesellschaft scharf und ironisch ins Auge faßt und Goethe an den *Wahlverwandtschaften* arbeitet – aber bald wird Poe eben in Fouqué einen Verwandten entdecken, Poe, dieser Moderne *par excellence*. Die Geschichte ändert sich mit unsern Neigungen, nichts ist natürlicher. – Die Gegenwart hat eine gewaltige Küste, an die jenes Meer grenzt, das ich so oft beschwöre, und die riesige Menge der Schiffe ordnet sich zu immer wieder andern Bildern, je nachdem, auf welchem Leuchtturm wir stehn. Es wäre jammerschade, nur einen einzigen Turm zu haben, nur einen einzigen Blick auf diesen Glanz.

1 ✦ 8 ✦ 0 ✦ 9

In ihrer Jugend waren sie ein schönes Paar, dann mußten sie beide anderswohin heiraten, dann verwitweten beide, jetzt sind sie endlich Eheleute, Charlotte und Eduard, wohnen auf ihren Besitzungen, aber was sollen sie jetzt tun? Sie laden Eduards Jugendfreund und Charlottes Pflegetochter ins Haus, und nun kommt Leben ins Leben: Eduard und die kleine Pflegetochter verfallen einander, und Charlotte und der Jugendfreund fangen sich zu lieben an. Charlotte kriegt noch ein Kind, aber das sieht wie die Pflegetochter aus, und insgesamt ist das Resultat nach anderthalb Jahren dann dies: in einer kleinen wunderhübsch restaurierten Kapelle ruhn tot das Kind und Charlottes Pflegetochter und Eduard und können, namentlich die Liebenden, allenfalls auf das nächste Leben hoffen, aber was aus den Zurückgebliebnen wird, aus Charlotte und dem Jugendfreund, weiß keiner. *Die Wahlverwandtschaften* von Goethe: eine kleine Studie über das Leben des deutschen Landadels um 1800, eine intensive Studie über die Liebe, ein untergründig in leisem Sarkasmus[5] glänzender Gesellschaftsroman. Als er, in zwei Bänden, 1809 erschien, war Goethe sechzig Jahre alt, glücklich verheiratet, Direktor des Hoftheaters, Minister, Leiter einiger der wichtigsten Regierungskommissionen, zuständig besonders für Finanzen, sehr engagiert in der Geheimdiplomatie des Staats – wir denken an Chateau-

---

[5] als ihr Eduards und Charlottes Kind ertrunken ist und sie es verzweifelt wieder zu beleben versucht im Kahn auf dem kleinen See, nackt mit dem nackten Kind im Arm, heißt es von Ottilie (die immer auch Kopfweh hat, wenn Eduard welches hat, sie rechts, er links, oder andersherum): »Mit feuchtem Blick sieht sie empor und ruft Hilfe von daher, wo ein zartes Herz die größte Fülle zu finden hofft, wenn es überall mangelt.« Und nun, sofort danach: »Auch wendet sie sich nicht vergebens zu den Sternen, die schon einzeln hervorzublinken anfangen. Ein sanfter Wind erhebt sich und treibt den Kahn nach den Platanen.«

briand, an Constant, natürlich waren das in Weimar kleinere Maßstäbe, aber immerhin. Und es ist ein erstaunlicher Anblick, wie Goethe hier, zum dritten Male nach dem *Werther* und dem *Wilhelm Meister*, und mit einer Kühnheit und Eleganz, die selbst wir ihm immer noch nicht recht zutrauen, sein ganzes Können auf dieses modernste Genre konzentriert, so sehr aber auch, daß seine späteren alle drohenden Trivialitäten von ganz fern schon verachtenden Verehrer hier vor lauter Kunst dann gar keinen Roman mehr sahen. – Als Bettina Brentano, die wunderschöne Schwärmerin, das Buch gelesen hatte, schrieb sie an Goethe: »Eine helle Mondnacht habe ich durchwacht, um Dein Buch zu lesen, das mir erst vor wenig Tagen in die Hände kam; Du kannst Dir denken, daß in dieser Nacht eine ganze Welt sich durch meine Seele drängte . . .« – Bettina war die Schwester von Clemens Brentano, der den *Godwi* geschrieben hatte, und Tochter nun wieder jener schwarzäugigen Maximiliane, in die Goethe sich verliebt hatte, als er am *Werther* schrieb; Bettina ihrerseits, die dann den großen Achim von Arnim heiratete, war wieder in Goethe so verliebt, daß sie gern durchblicken ließ, er habe mit ihr 1807 einmal geschlafen; und wunderlich fährt sie in dem Brief an ihn denn auch fort: »Ich fühle, daß man nur bei Dir Balsam für die Wunden holen kann, die Du schlägst . . .«

Sonst erschien in diesem Jahr noch *D. Katzenbergers Badereise* von Jean Paul, ein sonderbar satirisch-närrisches Werk voll unnachgiebiger Verneinungskraft, der Titelheld ist ein ziemliches Ekel, aber mit dem verständlichen Hang, Rezensenten zu verprügeln.

Geboren wurde, als Sohn eines Gutsbesitzers, in Sorotschinzy in der Ukraine Nikolai Gogol, der mit den *Toten Seelen*; und in Boston, dem fernen Ableger Europas, kam, als Sohn von Schauspielern, Edgar Allan Poe auf die Welt, er verwaiste einjährig, ein sehr wohlhabender Kaufmann nahm ihn ins Haus, er besuchte dann in London die Schule; er entdeckte den Malstrom, das Land Tsalal, versteckte Briefe und vieles andre, für das sich bis dahin kein Auge gefunden hatte.

1 ✦ 8 ✦ 1 ✦ 0

In diesem Jahre stirbt in Philadelphia, wo er auch geboren worden war, 1771, Charles Brockden Brown, wir kennen ihn als den Autor von *Wieland* und *Arthur Mervyn*.

Grabschrift (6) für

BR O W N. 1793, mit zweiundzwanzig Jahren, beschloß der junge Brown, zum namenlosen Entsetzen seiner Familie und aller seiner Freunde, Schriftsteller zu werden und davon zu leben – er war der erste Amerikaner, der diesen Schritt tat, zuerst, indem er Essays veröffentlichte, nicht in Philadelphia, wo es kaum so etwas wie ein geistiges Klima gegeben zu haben scheint, sondern in New York: Brown war durchaus kein naiver junger Dichter, sondern suchte sich ganz planmäßig in New York zu etablieren, ehe er dann mit seinen Romanplänen herausrückte. Die ersten Romanmanuskripte sind leider verloren, er soll darin schon, wie dann im *Arthur Mervyn*, die Pest geschildert haben, die Ende des Jahrhunderts in Amerika grassierte, in der Hafenstadt Philadelphia, aber auch in New York: doch eines der ersten Opfer dieser Pest (genauer war es wohl das Gelbfieber, seinerzeit auch die Amerikanische Pest genannt) war eben der New Yorker Verleger, den er, mühsam genug

1810 vermutlich, für seine ersten Bücher gewonnen hatte. Seine publizierten Romane, er hat sechs geschrieben, entstanden alle fast gleichzeitig zwischen 1798 und 1801. Shelley, heißt es, habe nach der Lektüre Browns große Sehnsucht nach einem Sommerhaus gehabt im Stile der Familie Wieland in jenem Roman, nach langem Suchen habe er in der Nähe von Venedig so etwas gefunden, bei seinem Freund Byron; Venedig war auch nicht so weit; vielleicht wäre Shelley, der gern segelte, auch einmal nach Amerika aufgebrochen, aber sein Boot kenterte bei La Spezia. In Scotts *Guy Mannering* heißt ein enger Freund des Helden Arthur Mervyn, Esq. of Mervyn-Hall.

In diesem Jahr erscheint eines der wahnsinnigsten und schönsten Bücher der Zeit, Achim von Arnims *Gräfin Dolores*, mit vollständigem und ein bißchen sicher an Jean Paul erinnernden Titel *Armut Reichtum Schuld und Buße der Gräfin Dolores*. Es geht hier um zwei Schwestern, deren eine gut und angenehm heiratet, die andre geht nach Sizilien und heiratet auch, nämlich den Verführer der einen. Diese mit ihrem Mann Versöhnte besucht jene in Sizilien, eine dortige Fürstin will nun den Mann verführen, schläft aber, in einer »unseligen Nacht am Ätna«, wie es später heißt, aus Versehen und ohne den Irrtum zu merken, mit einem Sekretär – eine alte und je nachdem lustige oder traumatisierende Idee, Shakespeare hat sie schon, Casanova kennt sie natürlich auch[6], später taucht

---

[6] eigentlich ist es gar keine Frage, daß Casanova unter die ganz großen Erzähler gehört, und mit den größeren unter seinen Liebesgeschichten, etwa der mit Teresa, auch unter die lesenswertesten aller Romanciers. Aber er starb vor unsrer Zeit, und hier denn nur eine

Grabschrift (unter dem Strich) für
CASANOVA. Er wurde 1725 in Venedig geboren, er starb 1798 in Dux in Böhmen. Kaum einer hatte einen so gelassenen, alles begreifenden Blick für die Welt und die Menschen wie er, nirgendwo zum Beispiel ist der große Winckelmann auch nur annähernd so mensch-

sie bei Immermann leise verschleiert noch einmal auf, *1810*
danach ist mit ihr, wenn es einmal Elektrizität gibt, nicht
mehr soviel anzufangen. Arnim hat diese Geschichte,
in der jeder Leser damals natürlich Goethes eben erschienene *Wahlverwandtschaften* wiedererkannte, mit einem
hinreißenden Schwung geschrieben, seine Prosa ist wirklich ein Wunder an Elastizität, sie hat einen solchen
inneren Rhythmus, daß Arnim mit einem Minimum an
syntaktischen Floskeln auskommt, er hat wie keiner vor
ihm die alte immer noch ein bißchen lateinisch gehende
Periode (die Wieland so glänzend beherrscht) ganz und
gar ins Fließen gebracht, es ist, als ob das natürliche Reden
(so weit auch Goethe gerade in den *Wahlverwandtschaften*

---

lich wie bei Casanova, der ihn überrascht, als er gerade seine Kleider
ordnet, nachdem er sich gerade wieder einmal ergebnislos einen hübschen römischen Knaben ins Haus geholt hatte. Seine Memoiren, an
denen er seit ungefähr 1789 oder 90 geschrieben hatte, sind am glänzendsten und wahrsten genau dort, wo Casanova am interessiertesten
war, also in seinen Liebesabenteuern und -geschichten; ihre immer
wieder anrührende Wahrheit verdanken sie einerseits natürlich dem
genauen, wenn auch scheinbar sehr oberflächlichen Stil, den Casanova
schreibt, mehr aber noch vielleicht der gerade in diesem Stil deutlich
zutagetretenden Ehrlichkeit seines erotischen Lebens – Casanova war
in den großen Geschichten immer wirklich verliebt, das gibt ihnen
einen wunderbaren *touch* und seinen Frauen jenen unvergleichlichen
Schimmer des Individuellen. Nicht leicht könnte man einen nennen,
der die Szene erfindet, wie Casanova sich und uns wieder eine große
Liebe in Erinnerung ruft, als er, in einem Genfer Hotel, und ohne an
jene Liebe zu denken, ins Glasfenster seines Zimmers mit einem Diamanten geritzt den Namen jener wunderbaren Geliebten wiederfindet.
Ich bin der einzige, hat Jean Paul einmal gesagt, der mich nicht lesen
muß – in diesem Sinne kann man sagen, daß Casanova der einzige
war, der keine Romane brauchte. Es ließe sich viel darüber sagen,
über Wahrheit und Leben im Roman und in der Realität etwa, aber
ein Mann wie Casanova, so gerade an der Grenze der Zeit, die wir uns
gesetzt haben als den Anfang, hat schon längst alles so wunderbar
durcheinandergebracht, daß wir, da wir ihn nun einmal nicht vergessen, von Anfang an aller tiefsinnigen Diskussion enthoben sind
über solche furchtbaren Themen. Sollte einer mit uns diskutieren zu
müssen glauben, so bringen wir jenen Arzt ins Spiel, der einmal Casanova kurieren wollte: Casanova nahm seine Pistole und drohte dem
Arzt, er werde ihn erschießen, wenn er nicht mit dem Kurieren auf-
höre; der Arzt ging, Casanova wurde gesund.

1810 mit dem kunstvoll lässigen Schreiben geht) erst bei ihm wieder ins Deutsche zurückgekommen wäre[7]. Nun hat aber Arnim den Fluß der Erzählung durch Dutzende und Aberdutzende von Einschüben unterbrochen, vorhin habe ich schon eine Kurzfassung von *Hollins Liebesleben* in diesem Zusammenhang erwähnt, hinzu kommen eingestreute Märchen, Legenden, Puppenspiele und grausig vieles mehr; Arnim und die Seinen hatten (neben dem Bedürfnis, kleine Sachen irgendwo unterzubringen) eine Theorie, wonach der Roman eine offne Form in jenem Sinne wäre, daß man ihm immer wieder den ungebrochnen Gang nehmen dürfe, ja nehmen müsse, etwa wegen der Vielfältigkeit der Aspekte, oder aus hundert andern Gründen. Unser unbefangnes Lesen nun aber (meines jedenfalls) kehrt sich nicht so recht an solche Theorien, die übrigens von allen Herausgebern mit Lust aufgegriffen werden, wir fühlen uns durch diese fortwährenden Einschübe zu nichts verführt als einem ebenso fortwährenden Überblättern, Überlesen, mit Maughams Erlaubnis; es sind aber so viele dieser Einschübe, daß unsre Mühe dabei fast so wächst wie unser denn doch schwer unterdrückbares schlechtes Gewissen (das wir nicht haben sollten, natürlich). Im Grunde also wird da unsrer Leselust ein sehr schlecht begründeter Tribut

---

[7] wenn ich, aus unserm Jahrhundert, ein ganz kleines Beispiel dafür geben darf, für dies kunstvoll Lässige, für wiedergefundene Natürlichkeit, so will ich den Anfang von Prousts *Recherche* nehmen. Bei Eva Rechel-Mertens ging er so: »Lange Zeit bin ich früh schlafen gegangen. Manchmal fielen mir die Augen, wenn kaum die Kerze ausgelöscht war, so schnell zu, daß ich keine Zeit mehr hatte zu denken: Jetzt schlafe ich ein.« In der von Luzius Keller revidierten Fassung heißt es jetzt:»Lange Zeit bin ich früh schlafen gegangen. Manchmal, die Kerze war kaum gelöscht, fielen mir die Augen so rasch zu, daß keine Zeit blieb, mir zu sagen: Ich schlafe ein.« Der Punkt ist, wie aus jenem *wenn kaum die Kerze ausgelöscht war* dieses simple *die Kerze war kaum gelöscht* wird; natürlich gliedert das jetzt weggefallene *wenn* den Satz ganz genau; ist aber die Gliederung einmal im Satzrhythmus spürbar, dann ist die gliedernde Partikel überflüssig, eine Stelze, wie für Kinder ein Laufgitterchen, aber jetzt können sies.

abverlangt an eine Theorie, die uns egal sein darf; denn
erst wenn wir den sozusagen reinen Roman Arnims re-
stituiert haben, erleben wir staunend, wie strahlend er
herauskommt aus den Verstecken seiner Entstehung, als
hätten wir ihn erweckt aus seinem selbstverschuldeten
Dornröschenschlaf; oder wie es bei Arnim selber einmal
heißt, als die schöne Ilse ihre Zärtlichkeit von Waller nicht
erwidert sieht, der vielmehr einfach immer neue Lieder
singt: »... das nahm kein Ende, die kalte Nachtluft wehte
durch das halb offene Fenster herein und Ilse kalt wie
Eis in ihrer leichten Bedeckung nahm einen Mantel um,
und setzte sich ihm gegenüber, um zu warten, bis das
verfluchte Gesinge endlich ein Ende nähme.« – Schön ist
noch die Stelle, als die so schrecklich düpierte Fürstin, da
ihr der Mann, den sie will und mit dem sie doch geschlafen zu haben glaubt, so gar kein Zeichen seines Begreifens
gibt, wild phantasierend sich ans Klavier setzt und singt:
»Nur was ich liebe, das ist mein, / und kann nur immer
meiner werden, / du weißt von nichts ...« – dieses sonderbar bezaubernde Gedicht schickte Arnim Ende Februar
1810 an Bettina, die wir kennen, es tat seine Wirkung, sie
verlobten sich im Dezember, und heirateten dann im
März. Gedichte in Romanen hörten dann mit der Zeit
aber auf.

Alfred de Musset wird noch geboren im letzten Jahr
dieses Kapitels, in Paris, in einer Familie, in der mehrere
schon ihren schriftstellerischen Neigungen nachgegangen
waren; er soll ganz ungeheuer schön gewesen sein, und
Anfang der dreißiger Jahre verliebten sich die Sand und
er ineinander, alle Welt schaute zu, sie fuhren zusammen
auch nach Italien; »die Nachwelt«, schrieb er ihr damals,
»wird unsre Namen wiederholen wie die jener unsterblichen Liebespaare, die zusammen nur noch einen Namen
haben, Romeo und Julia, Heloïse und Abälard; nie wird

man von dem einen sprechen, ohne auch den andern zu nennen«; über diese Liebe schrieb er dann, in sich gehend wie Benjamin Constant, eins dieser Bücher, die uns entzücken, indem sie uns quälen, *Bekenntnisse eines Kindes seiner Zeit*; die Sand ihrerseits, die damals schon mit einem andern geschlafen hatte, als er noch dachte, sie wolle ihn, schrieb fast fünfundzwanzig Jahre später ebenfalls ein Buch über diese Liebe, *Sie und Er;* und wie Kant einmal von zwei Fürsten sagt, sie hätten beide dasselbe gewollt, nämlich Prag, so läßt sich hier sagen, daß Musset und die Sand in der Bewertung ihrer beider Rollen sich ganz einig sind in ihren Büchern: in Mussets Buch ist er ein Schuft und sie ein Wunder an Frau, und im Buch der Sand ist sie ein Wunder an Frau, und er ist ein Schuft. – Constant der Grübler und die viel stärkere Staël, Musset der Grübler und die glänzende Sand: ich geb es zu, das waren bloß Männer; es fällt aber doch ein fast verklärendes Licht auch auf sie, daß sie diese Frauen liebten und daß sie wiedergeliebt wurden, ein Weilchen wenigstens.

Geboren werden ferner im mecklenburgischen Stavenhagen als Sohn des dortigen Bürgermeisters Fritz Reuter, der leider derart plattdeutsch schrieb, daß ihn eigentlich kein Mensch lesen kann; und in Chelsea bei London Elizabeth Gaskell, Tochter eines Geistlichen, die dann auch einen Geistlichen wieder heiratete, Freundin der Charlotte Brontë, sie schrieb deren Biographie, Dickens war ihr Freund und Förderer.

IV

1811 BIS 1815

1 • 8 • 1 • 1

Dies Jahr ist endlich wieder eines von jenen, in denen wir Land sehn, denn Jane Austen bringt den ersten ihrer großen Romane heraus, *Sense and Sensibility*, oder *Verstand und Gefühl*; in diesem glänzend sarkastischen Roman (den eine gerade Zwanzigjährige entworfen hatte, jetzt hat ihn die gut Dreißigjährige überarbeitet), in dem es von bigotten und wirklich herzlosen Menschen wimmelt, verfällt eine entsetzlich Gefühlvolle, deren Schwester cool und glücklich ist, erst einem wahren Schuft, offenbar sind Sentimentalität und Schwärmerei ganz blind, und heiratet dann einen älteren wenig attraktiven Mann, für den ihre verschwärmte Seele nie ein Auge gehabt hätte. In diesem Roman, unabhängig von allen Schwärmereien und Herzensproblemen, beginnt etwas, das sich dann durch den Roman des ganzen Jahrhunderts zieht, so sehr, daß man die Gattung fast danach definieren könnte, nämlich die entscheidende Rolle des Geldes und vor allem des Redens über das Geld; es gibt kaum einen heiratsfähigen Mann bei der Austen, den die jungen Damen (denen man das erst gar nicht ansehn möchte) nicht nach seinen Zinsen taxieren, im Grund ist die ganze Gesellschaft, so idyllisch sie sich oft gibt, nach dem Einkommen geordnet – und eigentlich unterscheiden die so verblüffend zeitungleich wirkenden Romane etwa der deutschen Romantiker (ganz zu schweigen von den Grusel- und Schauergeschichten) sich von solchen scharfsichtigen Romanen wie denen der Austen, dann bald auch denen Balzacs und andrer (aber auch bei Charles Brockden Brown war gewissermaßen hinter seinem Rücken die Liebeswahl schon zuungunsten der wenngleich schönen Armut ausgefallen) hauptsächlich in diesem Punkt des Interesses für das Geld, und es sieht aus, als ob dieses leitende Interesse mehr als jedes dagegen doch ziemlich abstrakte Formproblem es ist, das die Romane, bei denen wir Land sehn, von denen abhebt, die, sozusagen, mehr Kunst sind als Roman (eine ungerechte Entgegensetzung, sie soll nur das wirklich Unterschiedliche für einen Moment scharf beleuchten; vielleicht ist der neue Roman aber auch besonders wenig an Form & Kunst interessiert; vielleicht ist er jene Kunstform, die das Interesse an ihr selbst verloren hat, aber nehmen Sie das nicht so ernst, um Himmels willen!). Daneben fällt dann die häufige Bemerkung auf, auch bei Brown übrigens schon: sie zog sich zum Nachdenken zurück, und dergleichen; ich find es gar nicht leicht zu sagen, was die Mädchen dann immer tun, ich glaube oft, sie machen sich nur die Haare neu; aber was heißt da eben *nur* – sie treten dann wie aus der eignen Ferne heraus der Welt wieder entgegen, undurchschaubar, und vielleicht als ganz andere.

Von Fouqué gibt es zwei neue Sachen, den kleinen Roman *Der Todesbund* und die Erzählung oder den Kurzroman *Undine*. Im *Todesbund* geht es um so etwas wie die Geschichte einer Hörigkeit aus Liebe oder bloß Versprechen, schwer zu sagen; keck ist anfangs eine Szene, in der die ganze Vorgeschichte so rekapituliert wird, daß eine junge Frau einem Genesenden erzählt, was er im Fiebertraum alles geredet habe: wenn du dich also langweilst, sagt sie, bist du selber schuld[1]. Seit Poe, und seit wir Poe alle lieben, und seit Arno Schmidt, der Poe so liebte und den wir doch alle geliebt haben, hat sich herumgesprochen, daß die *Undine*, trotz grausamer Albernheiten etwa in den Kapitelüberschriften (*Von Huldbrands fürderm Ergehen*, oder *Wie Bertalda mit dem Ritter heimfuhr* – Hoffmann in seinen altdeutschen Erzählungen hat auch solche schwer verzeihlichen Sachen; für die Sprache ist das so etwas wie der Burgenbau der späteren Verbindungshäuser) ein ganz bemerkenswertes Buch ist, und es ist schön, daß man Tränen vergießen kann, wenn am Schluß Undine noch einmal erscheint, als Wanderin, und dem Ritter, der sie verraten hat, »leise« sagt: »Sie haben den Brunnen aufgemacht, und nun bin ich hier, und nun mußt du sterben ... Ach, entgegnete die Wanderin, willst du mich denn nicht noch ein einziges Mal sehn? Ich bin schön, wie als du auf der Seespitze um mich warbst. – O wenn das wäre! seufzte Huldbrand, und wenn ich sterben dürfte an einem Kusse von dir! – Recht gern, mein Liebling, sagte sie ...« ETA Hoffmann, der sich zur selben Zeit sehr sehr weit hineinwagte ins selbe Geisterreich des Innern, hat nach Fouqué eine Oper komponiert, sie wurde 1816 in Berlin aufgeführt, die Dekorationen waren von Schinkel[2]; die Oper wurde über ein Dutzend

---

[1] das ist hübsch und elegant, man erinnert sich daran, daß bei Goethe Mariane einschläft, als ihr Wilhelm seine Kindheit und Jugend erzählt, samt diesen, wie die hübsche umarmungssüchtige Ilse bei Arnim sicher sagen würde, verfluchten Puppenspielen.

[2] dem großen Schinkel also, der ein paar Jahre zuvor, nämlich im Mai 1804, den Ätna bestiegen hatte (unter dem, Sie werden sich erinnern, Arnims Fürstin mit dem Falschen geschlafen hatte), und zwar zusammen mit zwei jungen Deutschen, nämlich einem gewissen Grass oder Graß, einem so gut wie ganz, ja eigentlich ganz und gar

 **1811** Male gegeben, beim letzten Mal brannte aber das Opern-
haus ab, Hoffmann stand in seiner Wohnung am Fenster
und sah es brennen, manchmal erinnert er an Lichtenberg, der auch so Züge des bösen Geistes hatte.

In diesem Jahre wurden für den Romanleser ein paar
weltberühmte Leute geboren, nämlich erstens der öfter
schon erwähnte Karl Ferdinand Gutzkow, als Sohn eines
königlichen Bereiters in Berlin (er hat in seinen Memoiren
sein Elternhaus sehr schön geschildert[3]); zweitens in
Tarbes am Adour, einem Pyrenäenfluß (er durchfließt
jenes Kampaner Tal, aus welchem bei Jean Paul Nadine
dann in jener traumhaften Nacht in einem Ballon in den
Sommerhimmel aufsteigt – ich wußte das, will aber anmerken, daß der *Große Meyer* in seiner berühmten 6. Auflage, 1905, unter dem Stichwort Campan tatsächlich Jean
Pauls Erzählung erwähnt, wenn auch nicht die Ballonfahrt), zweitens also am Adour Théophile Gautier, der
dann einen der schönsten der unwichtigen Romane des
Jahrhunderts schrieb, *Mademoiselle de Maupin*[4]; drittens in

---

vergessenen Dichter und Maler, und einem Tübinger, Rehfues, auch
er ziemlich vergessen, aber ich werde ihn dann, in den dreißiger Jahren, hervorholen aus der Vergessenheit, denn er hat einen großartigen
historischen Roman geschrieben. Rehfues also, denken Sie daran.

[3] er verließ Berlin 1831, als dort jene Cholera wütete, an der Hegel
starb; Gutzkow erzählt, daß während jener Epidemie Schleiermacher
seine Vorlesungen, wenn er auf der Gegenwart zu sprechen kam,
niemals ohne zu weinen habe schließen können; danach aber seien die
Studenten dann nicht mehr in seine Vorlesungen gegangen.

[4] die schönste seiner Töchter, Judith (ein Photo von ihr, das Nadar
gemacht hat, hängt in der Villa Wahnfried in Bayreuth), hatte später ein
Verhältnis mit Wagner, schon ihr Vater war ein Wagnerfan gewesen, sie
hatte Orientalistik und Sinologie studiert und versuchte Wagner vergebens davon abzubringen, Parzival für einen gebürtigen Perser zu
halten und Parsifal zu buchstabieren. – Swinburne übrigens, der große
Lyriker, nennt später einmal, 1868, als er Gemälde bespricht, ohne die
Nennung Gautiers diese *Mademoiselle de Maupin* »das vollkommenste
und köstlichste Buch unsres modernen Zeitalters« – so ungefähr habe
ich oben meine Bemerkung auch gemeint.

Calcutta, wo sein Vater Regierungsbeamter war, William *1811*
Makepiece Thackeray, eine der unübersehbarsten Gestalten dieses doch für uns wahrlich gestaltenreichen Jahrhunderts; er besuchte übrigens 1831 Goethe und fertigte
von ihm eine sehr amüsante Zeichnung an. Und geboren
wird noch, wenn auch für uns mehr eine Romanfigur als
eine Romanschreiberin, in Litchfield in Connecticut[5] als
Tochter eines Geistlichen (sie heiratete dann auch einen)
Harriet Beecher Stowe, die Verfasserin von *Onkel Toms
Hütte*, jenes betulichen Romans über die Sklaverei, der bei
uns hier aber nur so vorkommt, daß ausgerechnet ihn
Friedrich Wilhelm Hackländer 1854 in einem großen
Roman voll beißender Ironie einen sehr gebildeten älteren
Herrn übersetzen läßt, den diese miserabel bezahlte
Zeilenarbeit, wie er selbst voll Galgenhumor weiß, in weit
üblerer Abhängigkeit hält als worin der von der Beecher
Stowe und allen mitleidigen Europäern und Lesern seiner
Übersetzung so beklagte Tom und die Seinen je waren;
dieser sonderbare vielbändige Roman heißt übrigens
Europäisches Sklavenleben, und er lohnt für uns so wenig
die Lektüre wie *Onkel Tom;* er zeigt aber schön, wie die
damals gelesenen *minor novelists* die Probleme der Zeit
an ihren Leser brachten. Für uns bleibt wohl Dickens
das große Beispiel solcher Kunst.[6] Und dann wird noch,

---

[5] es gibt auch noch ein Litchfield in Illinois; von dem in Connecticut
sagt der *Große Meyer* etwas lakonisch: »Hauptstadt der gleichnamigen
Grafschaft im nordamerikan. Staat Connecticut, hat ein Irrenhaus und
(1900) 3214 Einw.« Harriets Vater veröffentlichte dreibändige *Predigten über die Mäßigkeit.*

[6] an dieser Stelle macht mich nun eben, unter dem Schreiben,
mein Freund Werner Fuld, ein beneidenswerter Kenner der Romanliteratur (man lese sein schönes Buch über Raabe) damit vertraut,
daß er eigentlich Hackländer eher empfehlen würde als Dickens, und
zwar hiesigen Lesern, die nämlich aus den Hackländerschen Büchern
eben das in Deutschland sehen könnten, wovon wir, da wir immer
nur Dickens lesen, denken, es sei ein speziell englisches Problem: und
nun zeigt es uns Hackländer als unser Problem, und zwar mit um so
größerer Eindringlichkeit, da wir mit unserer Vergangenheit doch vertrauter sind als mit der englischen. Es ist was dran an dem, was mein

1812 in Königsberg, Tochter eines jüdischen Kaufmanns (sie selber wurde Christin, um einen Theologen heiraten zu können – eben ein solches Schicksal beschreibt sie in ihrem Roman *Jenny*), Fanny Lewald geboren: auch sie wird Probleme ihrer Zeit an ihre Leser bringen, mehr schlecht als recht: bleibt also wieder Dickens, noch einmal.

1 ♦ 8 ♦ 1 ♦ 2

In diesem Jahr stellte Achim von Arnim die erste Fassung seiner *Kronenwächter* fertig; später überarbeitete er sie, der erste Band erschien 1817 (dort nehmen wir sie wieder auf), ein zweiter Band, der sogenannte *Antonsroman*, blieb unbearbeitet liegen, wir hätten ihn also, wenn wir wollten, dieses Jahr. Wirklich erschien von Arnim aber jetzt jene nie genug gerühmte, gleich zu Beginn dieses Buchs schon genannte und ausgeplünderte *Isabella von Ägypten, Kaiser Karls des Fünften erste Jugendliebe*, ich will davon aber noch erzählen, daß Karl, als er die schöne Isabella im Neben-zimmer weiß, und er hat sie bislang nur einmal vor langer Zeit als einen neckenden Geist gesehn, seinen Freund Cenrio bittet, ein Loch in die Tür zu bohren (»Schade wars«, setzt Arnim hinzu, »daß die Mühe unnütz, denn die Türe war seinetwegen offen gelassen« – Arnim hat oft

---

Freund Fuld da sagt, ich will aber, wenn ichs nicht über allem andern vergesse, erst später ausdrücklich darauf kommen, dann nämlich, wenn eben Hackländer und alle ihre Bücher herausbringen. Wir wol-len dann auch darüber nachdenken, ob und warum ein Autor wie Dickens dennoch lesbarer sein kann als der womöglich für uns viel wichtigere Hackländer; und schon jetzt verschweige ich nicht, daß ich etwa für Gutzkows große Gegenwartsromane Fulds Gedanken schön finde, daß andrerseits aber Gutzkows Größe als Romancier dennoch ganz woanders liegen könnte (eher in Dickens' Region) als wo Fuld seine Bedeutung als Zeitschilderer sieht. – Es warten sehr lustige Fragen auf uns.

dieses wissende, gelassene Auge, während seine Leute sich durchs Leben mühn); Karl sieht dann die Schöne und: »Cenrio, sagte er, wir sind in den Händen von wunderbaren Geistern, wir glaubten mit ihnen zu spielen und sie spielen mit uns; ich möchte fliehen, aber ich kann nicht, sie ist zu schön!« – diese Romanciers, diese Dichter sprechen doch unvergleichlich die Wahrheit aus; ich hätte eigentlich auch gern dieses leidenschaftlich-kluge Wort als ein Motto vor mein ganzes Buch gesetzt. – Und von Jean Paul erscheint noch das *Leben Fibels*, das bitterböse Buch über einen Idioten, halb in der Stimmung des tiefsten Mitleids, halb in der der alten Satire geschrieben; es zeigt, wie mitgerissen vom Gegenstand, die unfruchtbar-düstere Seite eines Genies, dem dann erst wieder ein unvorhersagbares Wunderwerk wie der *Komet* einfallen wird.

Geboren wird, uns hier, in diesem Jahr in Landport bei Portsmouth, im Haus eines Marineangestellten, Charles Dickens, der dreißig ununterbrochene Jahre lang Roman um Roman schrieb (man sollte Orden vergeben für solche erfüllten Jahrzehnte: an ihn, an Trollope, an Pérez Galdós, an Raabe, zum Beispiel nur – muß schön sein, ein ganzes Leseleben so begleitet zu werden); geboren wird im fernen Simbirsk, dem heutigen Uljanowsk, Sohn eines Getreidekaufmanns, Iwan Gontscharow, der wiederum nur drei oder vier große Sachen schrieb über zwanzig Jahre verteilt, das sind ganz andre Orden, die da in Frage kommen; und geboren wird in Antwerpen, Sohn eines Schiffahrtsbeamten, Hendrik Conscience, ein flämischer Romancier, der als erster in dieser Sprache schrieb und, wenn er dafür berühmt wurde, und das wurde er, unser Lob nun nicht mehr braucht, und auch nicht kriegt.

1 ✦ 8 ✦ 1 ✦ 3

Wieland stirbt, der große Wieland, in Weimar, hochgeehrt, beinahe achtzigjährig.

Grabschrift (7) für

W*IELAND*. 1764 schrieb er seinen ersten Roman, den *Sieg der Natur über die Schwärmerei, oder die Abenteuer des Don Sylvio von Rosalva*, witzig, unterhaltsam, erotisch, klug – und wie immer bei ihm ist seine ganze schriftstellerische Intelligenz, in der Aufnahme Sternes etwa, so unauffällig versteckt, daß man sie vor lauter spiegelndschöner Oberfläche gar nicht merkt. Es folgte die *Geschichte des Agathon*, 1766, ein wundervolles Werk, dann, 1772, *Der goldene Spiegel*, ein witzig-belehrender Staatsroman im chinesischen Gewand – hier hätte Novalis fast noch besser als im *Agathon* Wielands Kunst der Gesprächsführung bewundern können. 1774 veröffentlichte er die erste Fassung seiner beliebten *Abderiten*, ein Buch, mit dem er fast unanständig genau den Geschmack seiner Leser erriet. 1791 kam ein ebenso tiefsinniger wie verführerischer Roman, *Die geheime Geschichte des Peregrinus Proteus*, worin in einem Luxusgarten von einer Luxusfrau ein Intellektueller so gründlich verführt wird, daß man am liebsten selber einer würde. Dann kommt noch, auf unserm Gebiet, der *Agathodämon*, in den Hauptstücken die Autobiographie des Apollonius von Tyana, eines Zeitgenossen Jesu; und endlich der *Aristipp*, den wir kennengelernt haben. Berühmt unter seinen Zeitgenossen waren seine Versepen, allen voran die *Musarion* – hier feiert sich der Liebesgenuß in einer Form, die den Anstand nur verletzt, wenn er prüde sieht, wie weit er selber geht. Von ganz unermeßlicher Wirkung waren seine großen

Übersetzungen[7], zuerst die Shakespeares (22 Stücke,
21 davon in Prosa), dann des Horaz, des Lukian, schließlich der Briefe Ciceros; von Horaz hat er nicht die
berühmten Oden übersetzt, sondern die Briefe und die
Satiren, herrlich lesenswert besonders durch seine oft sehr
doppeldeutigen Kommentare – Wieland hatte die große
Idee, daß die Menschen sich immer gleichgeblieben sind,
eben das ist die Stärke, ist vielleicht aber auch eine
Schwäche seiner großen Romane. Jeder wirklich gute
Leser wird an ihn geraten, wird sich begeistern, wird beklagen, wie so große Sachen untergehn können, und wird
es schließlich begreifen.

◆

Zwei Bücher gibt es, *Stolz und Vorurteil* von Jane Austen,
und den *Zauberring* von Fouqué. Dieser *Zauberring* ist
nun ganz und gar ein mittelalterlicher Ritterroman; man
kann es sonderbar finden, daß so etwas geschrieben wurde

---

[7] hier muß ich, wie schon einmal, wieder etwas einschieben, nämlich für einen Übersetzer eine

Grabschrift (unter dem Strich) für
B O D E . Johann Joachim Christoph Bode wurde 1730 in Braunschweig geboren, er starb 1793 in Weimar, er war mit Lessing befreundet, beide zusammen machten auch eine Buchhandlung auf, eine
moderne genossenschaftliche Unternehmung, die aber scheiterte.
Bode übersetzte Sternes *Empfindsame Reise*, den *Tristram Shandy*,
Goldsmiths *Dorfprediger von Wakefield*, Fieldings *Tom Jones* – fast alle
diese Werke sind uns schon öfter begegnet, vieles scheint undenkbar
ohne sie. Die meisten deutschen Autoren, auch sie, lasen solche
Bücher in Übersetzung; die Sprache nun aber, die diese Autoren
schrieben, war (daher auch dieser große Einfluß jener Bücher) bei
weitem nicht auf jenem Stand der Elastizität, die einem Sterne etwa im
Englischen zur Verfügung stand für Bücher wie die seinen. Und das
heißt, daß hier der deutsche Übersetzer, Bode also, aufgrund des im
Deutschen kaum möglich gewesenen Originals die eigne Sprache mit
Hilfe dieses Originals erst auf einen Stand bringen mußte, auf dem die
eignen Autoren sie nicht fanden – es ist eine sehr schöne Anekdote,
daß sein Freund Lessing ihm für das Wort *sentimental*, für das Bode
kein Wort hatte, das Wort *empfindsam* vorschlug, mit dem im Titel
Sternes *Empfindsame Reise* dann auch bei uns einer Zeitstimmung zu

neben Jane Austens Buch, und es ist sonderbar; und ich will dieses Buch auch gar nicht zum Lesen empfehlen; gleichwohl ist es, wie früher schon in Ariosts *Orlando furioso*, nun doch ein großes Bild, wie aus einer ungeheuren Vogelschau ganz Europa vor sich zu sehn, und über dies weite Land nun, als wär es für sie da, reiten und fahren diese Ritter, wir sehn die Länder wie grüne Ebenen liegen zwischen ihren bloß hügeligen Bergen und den glänzenden Flüssen, und an den Rändern die Meere. Das Buch ist auch voll von großartigen Visionen, mediävistischen *fantasies* gewissermaßen; einmal redet einer besonders groß und eindrucksvoll und wohl inspiriert von Gott vor einer eher heidnischen Versammlung, und dann kann Fouqué einen Satz machen wie diesen: »... eine Ahnung der maßlosen Ewigkeit zog durch die Versammlung« – natürlich braucht es mehr als unsre oder Jane Austens kleine sublunare Welt für so großtönende Worte, und es mag auch nahezu verantwortungslos leicht sein, eine in diesem Maße größere als unsre Welt zu ersinnen; aber auch dies Leichtersonnene, wenn es so große sonst nicht sichtbare Bilder[8] in die Seele setzt, bereichert doch – selbst heute ungelesen vielleicht – die aufgeschriebene Welt. – Die Heldin in Jane Austens *Stolz und Vorurteil*,

---

Wort helfen konnte. – Bode soll hier nur als einer jener Übersetzer stehn, von denen man insgesamt sagen darf, daß ohne sie schwerlich gerade der Roman jene wunderbar grenzüberschreitende, grenzmißachtende Weltliteratur wäre, die er tatsächlich seit der Mitte, spätestens seit dem Ende des 18. Jahrhunderts fraglos und von allen darin Wirkenden und Lebenden niemals angezweifelt ist. – Am Schluß hat Bode dann noch, wie Wieland die Briefe Ciceros, die *Essais* Montaignes übersetzt.

[8] ich glaube in Gent in einer Kirche gibt es ein Altarbild, auf dem die ganze fromme Welt in Gestalt Einzelner und kleiner Gruppen über eine gewaltige grüne Ebene voller Kirchen und Städte nach vorn herströmt. Auch hier fällt der Blick auf die Welt *sub specie aeternitatis* und ist eine, wenn auch gottbeglaubigte, ähnliche wunderbare Fälschung der Welt wie bei den mittelalterlichen Romanciers und eben bei Fouqué. Und hier wird sichtbar, was sonst durch die Worte die Seele weitet.

einem wahren Wunderwerk der Romanliteratur, ist eins dieser Mädchen, bei denen die weniger Glücklichen unter uns sich oft fragen, warum ihr eignes Leben so grausam leer ist von ihnen. Sie liebt einen Mann, der sie so wenig zu wollen scheint, daß sie ihn wie alle für arrogant hält, und abweist, als er ihr einen Antrag macht; später besichtigt sie seinen Landsitz, man konnte das damals, und sie verwünscht sich ausdrücklich dafür, den Herrn über ein solches Gut abgewiesen zu haben; am Ende dann, wir trauen unsern Augen beinahe nicht, macht sie dem jungen Mann einen Antrag; nicht direkt, natürlich; aber sie stellt ihm, als ob das nichts wäre, eine so unmögliche Frage, daß sie ihm *de facto* wirklich den Antrag macht, den ein zweites Mal ihr zu machen er sich womöglich, denn er weiß ja nicht, in was für einem wunderbaren Roman er steckt, nicht getraut hätte. Alle im Buch reden natürlich nur, was sie dürfen; aber die Autorin läßt sie für uns dennoch sehr oft fast so etwas wie die Wahrheit sagen, in der sie sein möchten; und so wird insgeheim diese kleine von Vorurteil und Stolz beherrschte Welt doch zu dem utopischen Land, das der Mensch wohl in sich haben muß – denn wenn er das nicht hätte, wie sollte er es dann schreibend und lesend finden können? Die Heldin kommt zufällig auf jenen Landsitz, zufällig begegnet sie auch dem jungen Besitzer, der viel früher zurückkehrt als erwartet; ohne diese Zufälle käme es zu nichts; aber ohne sie wäre ein Roman nur ein blöder Zerrspiegel der Realität, genau jener Zerrspiegel, der sie selber wäre ohne jene Lichtblicke der Utopie, aus denen die Kunst des Romans lebt. – Maugham, den ich vorhin ja über die Austen zitiert habe, wäre vielleicht nicht einverstanden mit meinem für seine Begriffe von dieser Autorin hier etwas hohen Stil für sie; aber er wählt das *understatement*, weil er selber Romane schreibt; dort macht er auch viel mehr, als er zugeben würde. Er und die Austen hätten sich wahrscheinlich herrlich über das Romanschreiben unterhalten können;

 und wären dann endlich, ungeachtet aller Dinge, die sie sich gesagt hätten, jeder wieder an die eigne Arbeit gegangen.

❖

Geboren wurde in diesem Jahre in Eisfeld an der Werra Otto Ludwig, sein Vater war Stadtsyndikus und dann herzoglich sächsischer Hofadvokat, was immer das sein mag. Geibel verschaffte ihm eine Pension von Bayerns Maximilian, Heyse kam dann in denselben Genuß, Ludwig war auch mit Gutzkow bekannt; er erfand für sein eignes Tun den Begriff des poetischen Realismus, viel gelesen auch in Schulen, und besonders in Schulen, noch in meiner, war sein einziger Roman *Zwischen Himmel und Erde,* aus dem Jahre 1856, er handelt, fast als kalauerte der Titel, von einem Kirchendachdecker, und Gero von Wilpert bescheinigt dem Autor hier eine »meisterhaft bohrende Psychologie« und schreibt, die Geschichte eines Bruderkampfs im Buch »gemahne« an Kain und Abel, das ist alles ganz furchtbar, finde ich.

1 ✦ 8 ✦ 1 ✦ 4

In diesem Jahre stirbt de Sade – Grabschrift (8) für

DE SADE. Die Götter seien seiner Seele gnädig, er hat ja auch nichts Böses getan, jedenfalls hat man ihn nicht dafür verabscheut, er hat nur Bücher geschrieben. Offenbar ist der Mensch so gebaut, daß er das Böse so oder so tut, kein Buch hat ihn je davon abgehalten, und kein Buch, das ihn zum Bösen zu ermuntern scheint, hätte ihn, wäre es ungeschrieben geblieben, je davon abgehalten, das Böse zu tun. Er ist aber, in seiner korrekten Verfassung, auch so gebaut, daß er jeden für mehr als sich selber zur Gewalt geneigt hält, der dem menschlichen Hang zur Gewalt auf den Grund

gehn will. Genau das hat de Sade getan, und genau
das und nicht mehr hat er getan, auch wenn zu solcher
Tätigkeit vielleicht eine Absicht gehören muß, deren ein
Mensch in obiger korrekter Verfassung sich schämen
würde, und eine Seele, die in vieler Hinsicht nicht gut
ist, oder ihre Güte vielleicht geopfert hat für die größere
Einsicht. De Sades Idee, daß das Tun des Bösen und die
Grausamkeit erst da am Ziel sind, wo keine Lust mehr im
Spiel ist, hat Dimensionen, die weit über das hinausgehn,
was Menschen in korrekter Verfassung als das verab-
scheuen, was sie in der eignen Seele sich verschweigen
und mit den bekannt Bösen am liebsten öffentlich aus-
gerottet sehn würden. Baudelaire, der viele verstanden
hat, die sonst keiner mochte, hat auch de Sade geliebt;
einmal, in Aufzeichnungen für eigne Pläne, schreibt er:
»Man muß immer zu de Sade zurückkehren, das heißt zu
dem *Natürlichen Menschen*, um das Böse zu erklären« – der
Mensch in korrekter Verfassung hat aber vor nichts so
Angst wie vor diesem *Natürlichen Menschen*, der, früher
versteckt hinter Rousseaus Träumen und dem zivilisierten
Europäer, an der Schwelle des Jahrhunderts stumm steht
wie Jean Pauls *Ledermann* aus seinem *Kometen*.

✦

Von Jane Austen gibt es ein neues Buch, *Mansfield Park*,
worin ein armes Mädchen in einem reichen Haus aufwächst, sich in den einzig vernünftigen jungen Mann
dort verliebt, diesen aber beinahe hergeben muß, als zwei
brillant-verdorbene Geschwister der reichen Verwandten
sich um die jungen Leute des Hauses bemühen; es kommt
zu schlimmen Dingen, falschen Heiraten, Verführungen,
frivolen Theaterspielereien (dies ist ein Punkt, an dem die
Austen sonderbar moralisch wird), und die ernsthafte
Bösartigkeit der Welt dringt ins ländliche Leben, so sehr,
daß die Heldin alle Kraft braucht, standhaft zu bleiben
und auf ihren Theologen zu warten (sie ist aber dann auch

 ungemein standhaft, und ganz und gar der moralischen Autorin ergeben). Wenn die Austen nicht so glänzend schriebe, besonders in den Dialogen, dann wäre dies ein sonderbares Buch. – Und dann kommt Scott, Sir Walter; 1771 in Edinburgh geboren, hatte er sich bisher mit epischen Dichtungen zufriedengegeben[9], jetzt aber schlug er wirklich zu, und zwar mit dem dreibändigen Roman *Waverley*, der, in der Mitte des vergangnen Jahrhunderts spielend, den historischen Roman, oder besser wohl den nationalen historischen Roman als ein Genre für sich beinahe etablierte; Fontane berichtet, aber schon als ob das kaum noch zu glauben sei, mit diesem Roman habe der Name Scotts angefangen den Namen Napoleons als das Signet einer Epoche zu verdrängen[10]. Ich selber habe, nach der Lektüre einer ganzen Reihe von Scotts Romanen,

---

[9] am berühmtesten wurde *The Lady of the Lake*, 1810, eine umfangreiche Versromanze, die der junge Willibald Alexis 1822 übersetzte (später tat er noch so, als übersetzte er auch Romane von Scott, die waren aber rein von ihm selbst), und aus der Rossini eine 1819 aufgeführte Oper machte (Stendhal, der bei der Uraufführung dabei war, attestiert der Vorlage Scotts, sie sei schlecht, und der Musik, sie habe »ein ossianisches Kolorit und eine gewisse wilde, sehr anziehende Kraft«, und er lobt die Kantilenen. – Ossian ist dieser von einem gewissen Macpherson kurz nach der Mitte des 18. Jahrhunderts in die Welt gefälschte Barde, der die europäische Jugend fast so verrückt machte wie der Laokoon die Alten, Goethe irritiert uns mit diesem Ossian bis heute durch quälende Einschübe von dessen Rhapsodien in den *Werther*).

[10] in dem wunderbaren Aufsatz, den Fontane 1871 zum hundertsten Geburtstag Scotts schrieb. Scott war schon in jener berühmten Dichtergesellschaft des *Tunnels über der Spree* in den vierziger Jahren eine große Vorbildfigur gewesen, Ende der fünfziger Jahre hatte Fontane, als wärs eine Wallfahrt (seine Worte) Scotts selbsterbauten gotischen Landsitz Abbotsford besucht (aus den späten achtziger Jahren gibt es zwei Gedichte Fontanes über Scott, das eine beschreibt Abbotsford). In dem Jubiläumsaufsatz heißt es über *Waverley*: »Er erzählte vielleicht wie nie vorher erzählt worden ist, wahr, schlicht, ohne Anstrengung, vor allem unerschöpflich«; etwas genauer wird Fontane dann, wenn er, nun insgesamt von den sogenannten *Waverley*-Romanen Scotts, schreibt: »Sie haben, wie alles Irdische, ihre Unvollkommenheiten, ihre Mängel, die zum Teil aus einer gewissen Hast des Produzierens, zum Teil aus seiner Sammelwut und Kuriositätenkrämerei

und nach anfänglicher Amüsiertheit durch seine jovial-humorige Erzählhaltung[11], dann aufgehört mit diesen Büchern, und werde auch nicht wieder damit anfangen. Der sogenannte historische Roman ist auch eigentlich kein eignes Genre, sondern, wenn man jetzt zurückschaut auf die Epoche seiner großen Verbreitung, mehr eine bestimmte zeitgeistgebundene Erscheinung, wir werden darauf noch öfter kommen; und wenn der Geist jener Zeit (die natürlich immer viele Geister hatte, wir dürfen auch Fontane nicht alles glauben, wer differenziert auch schon gern in einem Jubiläumsaufsatz), oder wenn eben jener eine Geist jener Zeit vergeht, dann bleiben auch die Werke, denen er zu Glanz verhalf, leicht in trostlosen Staub versunken zurück; sie rühren dann noch den Gutwilligen, der gern einmal zurückblickt in die Kinderstube des Lesens, Kinderstuben rühren ja immer; aber das ist

---

hervorgegangen sind, aber auch noch die schwächeren dieser Arbeiten sind entzückend durch Liebe und Kenntnis der Heimat, durch Reinheit des Empfindens und der Gesinnung, durch rührende Simplizität und vor allem durch einen sich immer gleich bleibenden Humor, der alles trägt, alles durchdringt und alles durchleuchtet.« Wie groß Scotts direkter schriftstellerischer Einfluß auf Fontane war, ist eine offne und oft diskutierte Frage; allenfalls kommt hier wohl Fontanes Erstling *Vor dem Sturm* in Betracht, und das ist ja nun wirklich kein großes Werk geworden.

[11] »... du trägst ein Taffetkleid mit plissierten Falten, wie es im vorigen Herbste uns durchaus allen Freude machte ...«, schreibt Kafka einmal in der *Abweisung*. Ich werde später Thackerays Büchlein zitieren, worin er Scotts *Ivanhoe* weitererzählt, will aber an dieser Stelle schon die einschlägigen Sätze bringen, mit denen Thackeray dort eine leicht parodistische Schlachtbeschreibung kommentiert, die er eben geliefert hat: »... aber wie in den Schlachten, welche uns der treffliche Chronist beschreibt, von dessen einem Werke das gegenwärtige Meisterstück eines Romans eingestandenermaßen die Fortsetzung ist« – und jetzt also: – »alles ganz angenehm und nett vor sich geht und die Leute zwar erschlagen werden, aber ohne daß dem Leser ein ungemütliches Gefühl zurückbliebe; ja, wie der nicht zu dämpfende köstliche Humor des großen Romandichters von der Mächtigkeit ist, daß selbst die wildesten und am meisten mit Blutschuld befleckten Charaktere der Geschichte liebenswürdige, joviale Gesellschafter sind, für die wir eine herzliche Zuneigung spüren ...«

 **1815** dann alles. Und sehr schön ist, daß Fontane selbst, damals in Abbotsford, schrecklich enttäuscht war von der Verlassenheit dieser Stätte; und erst in seinem Gedicht, dreißig Jahre später, geht er poetisch dieser Verlassenheit und seiner Enttäuschung zuleibe. Fontane erzählt auch später einmal, seine Lektüre Scotts sei hauptsächlich in sein dreizehntes und vierzehntes Lebensjahr gefallen; sehr viel später sei er dann noch einmal an die ersten Kapitel des *Waverley* geraten und sehr entzückt gewesen – das heißt, dann hat er, sehr weise, nicht weitergelesen.

Geboren wird in diesem Jahre der unvergleichliche Michail Lermontow, in Moskau, sein Vater, ein Offizier, war der Nachkomme eines schottischen Adligen, sein Bild des Dichters verkörperte am schönsten Lord Byron – ich glaube, unsre Modeste Mignon, die Byron liebte, wäre, hätte sie von ihm gewußt, in den Kaukasus gefahren Lermontows wegen ...

1 ✦ 8 ✦ 1 ✦ 5

Es starb, freiwillig, indem er sich mit einer Silberkugel erschoß, die er aus dem Deckel seines Samowars genommen und zurechtgefeilt hatte, auf seinem Gut Uladowka in Westrußland: Graf Jan Potocki.

Grabschrift (9) für

POTOCKI. Dieser umfassend gebildete Mann, der ganz Europa, das nördliche Afrika und den fernen Osten gründlich bereist hatte, war 1761 in Pikow geboren worden, hatte sich dann in der Schweiz und auf Reisen durch Italien ausgebildet, hauptsächlich in den Naturwissenschaften, in Geschichte und Archäo-

logie, hatte in London und Paris gelebt, während der
Revolution schloß er sich den Jakobinern an (bei Balzac
tauchen mehrmals adlige Potockis auf), zwischen 1788
und 95 erschienen mehrere sehr gelehrte Reisebücher
von ihm, während der neunziger Jahre arbeitete er an einer
großangelegten Geschichte des russischen Volkes, sie erschien dreibändig 1802. 1805 bereiste er China, er veröffentlichte dann eine Chronologie der vorolympischen
Zeitalter und einen archäologischen Atlas des europäischen Rußland. Für bemerkenswert hält Roger Caillois
in einem sehr schönen Aufsatz über Potocki den Mut,
mit dem dieser, von einem türkischen Diener und seinem
Pudel begleitet, 1788 den Ballon Blanchards in Warschau
bestieg, wohin König Stanislaus II. August den französischen Aeronauten eingeladen hatte[12]. 1812 zog sich
Potocki auf sein Gut zurück. Die Geschichte eines großen
Buchs, der *Handschrift von Saragossa*, ist sehr abenteuerlich, schon 1805 ließ Potocki ein Bruchstück daraus
drucken (diesen Teil publizierte deutsch 1809 Friedrich
Adelung, Sohn des berühmten Wörterbuchschreibers, er
war damals Theaterdirektor in St. Petersburg). 1813 erscheint ein zweiter Teil des Werks in Paris; aber 1815,
wie gesagt, stirbt Potocki. Das französisch geschriebene
Buch, soweit erhalten, erschien vollständig zuerst 1958,
eine polnische Übersetzung eines im ganzen wohl ver-
schollenen ersten Textes kam 1847 heraus. Was wir haben,
ist also ein Zusammenschnitt der französischen und polnischen Teileditionen. Geschrieben hat Potocki an dem
Buch offenbar von 1803 bis zu seinem Tode, und er hat
die wundervollste Wahnsinnswelt hinterlassen, die es je
gegeben hat.

---

[12] es ist eben dieser Blanchard, dessen Namen sich Jean Paul des
öftern notiert, und es ist ein Ballon Blanchards, in welchem die
wunderbare Nadine aus dem Kampaner Tal aufsteigt in den Sommerhimmel. Auch bei seinem Giannozzo wird Jean Paul an Blanchards
Kühnheit gedacht haben.

1815 Potockis *Handschrift von Saragossa* erzählt hauptsächlich die Erlebnisse eines spanischen Offiziers, der während einer Reise an den Ort, wo er Dienst tun soll, in die Hände zweier schöner Frauen gerät, Schwestern wohl sogar, tagsüber kaum und nachts gar nicht unterscheidbar, die ihn immer wieder betören, eine Geschichte, die sich dann in einer verwirrenden Fülle andrer Geschichten spiegelt, die, ineinander verschachtelt[13], nacheinander und durcheinander erzählt werden; immer mehr scheint diese ganze spanische Welt durchsetzt von Geistern und Zauber, auch die schönen Schwestern entpuppen sich als Dämoninnen (der Alte Roman, mit seinen Vivianen und Armiden, bis hin also zu Ariost und Tasso und Malory, ist von Zauberinnen bevölkert, alle Schönen sind auch immer etwas ganz andres als sie scheinen, und vermögen mit kühler Seele Unausdenkliches; erst im Neuen Roman – ich erzähle das, ich will es nicht erklären – sind auch die schönen Frauen solche, denen man zumindest nach menschlichen Maßstäben trauen kann), und diese Mischung von Sex

---

[13] diese Verschachtelung ist immer das Prinzip von Büchern mit Geistern, Höllenabgesandten, ewigen Wanderern und ähnlichem schönen Gesindel. Shelleys *Frankenstein* ist eine eingeschachtelte Erzählung, und in Maturins *Melmoth* ist die durchgehende Struktur die, daß einer, dem es unheimlich ist, einen findet, der einmal tief in einem Gewölbe ein altes halbvermodertes Manuskript gefunden hat, auf dem jemand erzählt, wie einer, der darüber gestorben ist, ihm berichtet hat, was ein böser Geist von ihm wollte; der im Gewölbe war, ist mit knapper Not entronnen und stirbt in dem Moment, in welchem dem, dem es unheimlich war, jener Geist bös erscheint, der damals, in der dritten oder vierten Erzähldimension, dabei war, als das vermoderte Manuskript etc. etc. ...; Potocki arbeitet weniger mit Gemäuern und Handschriften, bei ihm sind alle lebendig, oder scheinen so, denn die Geister leben, und zwar alle Generationen zugleich. Bei Maturin und den andern steigert diese potenzierte Indirektheit das Grauen, das die versteckte Gegenwart des Bösen hervorruft, bei Potocki sind die Geister so lebendig da wie die schönen Schwestern, und die Verschachtelung bringt hier durch die immer vermehrte Vielheit der Spiegelungen eine gewaltige Ausweitung der Realität zustande; die erweckt kein Grauen, sondern eher einen Schauder, wie vor einer bis eben noch unentdeckten Erhabenheit der wirklichen hinter der alltäglichen Welt.

und Kabbalistik ist so stark, daß selbst der abgebrühteste
und materialistischste Leser (Potocki war im vorrevolutio-
nären Paris überzeugter Anhänger der materialistischen
Schule) dann diese sublunare Welt für gänzlich geister-
durchwirkt und von wunderlicher Zahlenmystik und großen Engel- und Dämonenhierarchien beherrscht glauben
muß, und sogar gern glaubt, mit leisem Schauder, daß er
nun eingeweiht ist ins Geheimnis. Sehr in diese Richtung
einer gewissermaßen nachtdunklen Ausweitung der Welt
wirkt die Sprache Potockis: sie ist so klar und elegant und
in ihrem Duktus der Helle des Tags so zugetan, daß auch
alles, was an Dunklem an diesen Tag kommt, zwingend
und wahr scheint.

Wir haben vorhin ETA Hoffmann schon kennengelernt,
wie er nachts am Fenster steht und dem Brand des Opern-
hauses zusieht, und der Verfeuerung seiner und Fouqués
Undine. Jetzt bringt dieser Vielgelesene (immer wieder bezieht sich etwa Balzac auf ihn) einen Roman heraus, *Die
Elixiere des Teufels*, der, obwohl ein Schauerstück, doch
nicht in fernen Ländern und fernen Gemäuern spielt,
sondern mitten in Deutschland, der Erzähler erinnert
sich gleich anfangs seiner Eltern, die nach Preußen gehn,
und sumsender Sommerfliegen. Dieser Erzähler ist ein
Mönch, der sein Kloster verläßt, weil ihn die Vision einer
wunderschönen Frau plagt, die er finden muß; er nimmt
aus dem Klosterkeller ein Fläschchen Elixier mit, das vom
Teufel stammt, und zieht los – und sowie er loszieht,
häufen sich um ihn Mord, Verführung, Wahnsinn, Schizo-
phrenie und Doppelgängerei zu wirklich schwer erklär-
baren Wirrnisknäueln, und zwar eben so, daß keiner mehr
unterscheiden kann zwischen Bösewichtern, bloß Verrückten und Figuren aus der Hölle. Beachtlich insbesondere ist die Doppelgängerei: einmal, als die böse Baronesse, die Sinnlichkeit in Person, den Erzähler verführen

1815 will, sieht selbst sie, als Dritte doch, zwei Männer vor sich stehn, nämlich den, der sie eigentlich nicht will, und den, den sie will, und er (wer auch immer von ihm), als er sich hineinreißen läßt in ihren Schoß, schläft, wie ein paar Jahre zuvor Eduard in Goethes *Wahlverwandtschaften* (Eduard und Ottilie machen Furore beinahe wie damals der arme Werther und seine Lotte), mit seiner entzündeten Seele doch mit Aurelie, der Reinen, wirklich Geliebten, jener wahrgewordenen Vision, die einem Klostermaler damals als eine Heilige gedient hatte. Dies ist einer der wüstesten aller Romane, aber man läßt sich hineinziehn wie eben Medardus in den Schoß der Baronesse, fast *contre-cœur*, heimlich sich nur sehnend nach einem Ich, das frei wäre von solchen Abgründen, oder wenigstens einer Liebe, die das wäre.

Aber auch bei der Austen, in ihrer *Emma*, ist mittlerweile das Böse, das in *Mansfield House* schon die Grenzen der Grafschaft überschritten hatte, jetzt bis in die Familie hineingedrungen, und die Heldin ist nicht länger die junge Dame, die weiß und allen sagen kann, wie die Welt laufen soll; hier ist sie eine in sich befangne, erst ganz langsam aus sich heraus zu sich kommende junge Frau, die so unbedachte Dinge tut, daß sie, angesichts des Unglücks, in das um sie herum Leute rennen, die vielleicht auch nur unbedachte Dinge tun, heilfroh sein kann, wenn sie am Ende mit keinem Bild von jungem Herrn zwar, aber doch mit einem sehr freundlichen Mann davonkommt und sonst nichts als dem Verlust von ein paar törichten, wenngleich vielleicht sehr hübschen Illusionen. Sicher hat die Autorin da, denkt man an die Zauberstücke von *Sense & Sensibility* und *Pride & Prejudice,* das durchgemacht, was wir gern als eine Entwicklung konstatieren, und natürlich zur Reife hin; wir haben aber, in schöner Gleichzeitigkeit, die Bücher, uns können solche Prozesse in vielerlei Hinsicht ganz gleichgültig sein; und gleiches Recht beanspruchend in ihrer verschiedenen, aber doch gleich

verführerischen Schönheit, stehn da nun zwei gleichermaßen sinnvolle (die eine vielleicht eher betörend, die andre eher einleuchtend) Ansichten dieser einen Welt vor uns, wenn es denn eine Welt nur ist, denn was heißt das schon: diese eine Welt?

Und dann im selben Jahre des jungen Eichendorff (Potocki ist 61 geboren, Hoffmann 76, die Austen 75, Eichendorff 88) Roman *Ahnung und Gegenwart* – schon viel Gegenwart, wie der Titel verrät, aber der junge poetisch gesonnene Mann, der da als fahrender oder reitender Student in die Welt zieht (in wundervolle Landschaften, in die man gleich möchte), erlebt am Ende doch kaum mehr als einerseits zwar eine ziemlich hektische, eher eigentlich zerfahrene als zerrissene Welt, städtisch, höfisch, intrigendurchwuchert, nichts für wirkliche Menschen im Grund, andrerseits aber eine dann anderswo, nämlich auf dem Lande, doch so gut wie heile, naturnahe, und eher landwirtschaftlich als merkantil oder von Karrieren geprägte Welt (bei Immermann tritt an die Stelle des Merkantilen dann schon die Industrie); Frauen, die exzentrisch sind, nervös und scharf auf Lust in welcher Form auch immer, gibt es nur in der zerfahrenen Welt, oder sie gehn dann dorthin; und auf dem Lande bleiben die gesunden, egal ob eher runden oder auch mädchenhaft zarten Frauen, und der Mann kann nun gehn, wohin es ihn treibt, das heißt, er geht eben nicht, wohin es ihn treibt, sondern wohin er wirklich will, und so weiter. Man kann diskutieren, ob Eichendorff hier auf seine Weise dasselbe Grauen vor der Unersättlichkeit der Lust wegschreibt wie Hoffmann etwa, oder ob er die Gesellschaft, an der Hoffmann weniger interessiert scheint, lebenswert halten will wie die Austen; sicher ist nur, daß er in beiden Hinsichten sonderbar viel mehr hinterm Monde zu leben scheint als die beiden andern, wenngleich auch wieder irgendwie der Welt verbundner als Hoffmann – man kann das alles diskutieren, aber alles in allem ist wohl (und das kann

 zusammenhängen mit seinem Wohnen hinterm Monde – also mit seinem weniger fortgeschrittenen Bewußtsein, wenn man denn durchaus will –, muß dies aber überhaupt nicht), alles in allem ist aber wohl Eichendorffs Buch, außer in erträumten oder aus Träumen und Gesichten kompilierten Landschaften, einfach schwächer als die andern in diesem Jahr – und es kann nun absolut unentschieden bleiben, ob wegen mangelndem Können oder mangelnden Zeitbewußtseins wegen.

Anmerkungen (3) zu

ICHENDORFF. Es ist eine im Grunde unvertretbare und impertinent selbstsüchtige Idee, die schon lange toten Schriftsteller beinahe forensisch danach zu befragen, wie dicht dran an dem sie waren, was wir heute für jenes Bewußtsein der Zeit halten, das also auch sie hätten haben sollen – eigentlich ist das viel zu klar, und wir wollen gar nicht weiter darüber reden (und Goethe mag ein sehr eigensinniger, will also sagen: wenig korrekter Mann gewesen sein, und die Stelle ist auch tatsächlich ein bißchen anders gemeint von ihm, aber es hat doch schon was, wenn er zu Wagner sagt, als dieser was daherredet vom Geist der Zeiten, und wie vor uns ein weiser Mann gedacht, und so fort: was ihr den Geist der Zeiten heißt, das ist im Grund der Herren eigner Geist, worin die Zeiten sich bespiegeln). Zwar ist es verführerisch, eine wirkliche oder eben auch, und da beginnt es heikel zu werden, eine nur vermeinte Schwäche, in unserm Fall immer eines Romans, in irgendwelchen Mängeln im Problem- und Gegenwartsbewußtsein des Autors begründet zu sehn; man begibt sich aber damit der schöneren Möglichkeit, an ungefähr gleich guten Romanen zu lernen, welche ganz verschiedenen und für unser Gefühl oder Bewußtsein bezüglich jener Zeit sich womöglich widersprechenden Stimmungen oder Gefühlslagen gleich kräftig vertretbar waren. Wir werden

also, wenn nicht auch wir uns doch manchmal verirren sollten, so vorgehn, daß wir, im Gefühl jener immer wieder beschworenen Gleichzeitigkeit aller dieser Bücher für uns, und im noch schöneren Gefühl, keinen, der geschrieben hat, zur Rechenschaft ziehn zu müssen außer dafür, daß er schlecht geschrieben hätte, wir also werden so vorgehn, daß wir lesen, was uns gefällt (und was uns gefällt, lernen wir beim immer mehreren Lesen), und daß wir dann erst, und staunend – nicht kritisierend, was wir nicht kritisieren müssen, nämlich die alte Zeit und wie sie sich verhielt – staunend die tausend Möglichkeiten betrachten, die es noch neben den zwei oder dreien gab, die wir vielleicht, befangen in unsre Zeit, gewählt hätten, wäre jene Zeit die unsre gewesen. Natürlich kann man dieser Vorgehensart sehr leicht die Gefahren vorwerfen, die mit ihr verbunden sein können, je näher wir lesend nun wirklich der eignen Gegenwart kommen; aber uns muß ja nun keine Besorgnis wegen einer solchen Gefahr dazu treiben, ganz weit zurück schon lesend jene *political correctness* an den Tag zu legen, die der Lebende allenfalls, nicht aber eben der Lesende braucht. Wir werden darauf zurückkommen.

Geboren wird in diesem Jahre in London, Sohn eines Anwalts, Anthony Trollope, den Charles Darwin so gern las, als er, mit seinen sonderbaren Worten, durch seine ihr entrissenen Kenntnisse farbenblind geworden war für die alten Wunder der Natur – nun las er, und je länger desto lieber seinen Trollope.

V

1816 BIS 1820

1 ✦ 8 ✦ 1 ✦ 6

Könnte gut sein, daß das jetzt ein ziemlich kurzes Kapitel wird. Zeit zu –

Anmerkungen (4)

ZUR WELT SONST. Clausewitz beginnt seine Lehre *Vom Kriege* zu schreiben, Hegel (vorhin haben wir ihn schon sterben sehn, an der Berliner Cholera, als Schleiermacher weinte – ist unsre Ordnung hier nach den Jahreszahlen denn kaum mehr als ein hübscher Schein? –) beendet seine *Wissenschaft der Logik*: wenn Sie sich das Sein vorstellen, reines Sein, einfach so, also nichts bestimmtes Seiendes, dann sehn Sie – nichts, versuchen Sies; also ist das Nichts dasselbe wie das Sein. Es ist, finde ich dann doch, bei aller Spannung, die solche großen Gedanken bieten, schön, daß wir uns damit nicht befassen müssen. – Lorenz Oken, ein Natur-

1816 philosoph, der gerade in Jena lehrt, beginnt seine Zeitschrift *Isis* herauszugeben, vorwiegend naturwissenschaftlichen Gegenständen gewidmet; Oken stellte sich, ein bißchen wie Schelling, die Natur als das Sichtbarwerden Gottes vor, einmal sagt er: es gibt weiße, rote, gelbe, braune Menschen, warum gibt es eigentlich keine blauen? Aber das müssen wir nun auch nicht beantworten. – Adam Heinrich Müller, ein romantischer Staatsdenker, der gegen das meiste war (gegen die Aufklärung, gegen die Französische Revolution, gegen den Liberalismus, gegen Hardenbergs Reformen in Preußen), schreibt den *Versuch einer neuen Theorie des Geldes*, Goethe schlug sich noch mit solchen Leuten herum, wir nicht, wir haben auch keine Zeit für eine Theorie des Geldes. – Gauß entwickelt in ersten Schritten eine nichteuklidische Geometrie; er war ein Genie und seiner Zeit voraus, aber dies war die Zeit für solche Genies; und natürlich könnte man sagen, daß man diese Zeit nur begreift, wenn man dergleichen mitbedenkt. – Und Friedrich Ludwig Jahn, der sogenannte Turnvater, Sohn eines Predigers, bringt *Die deutsche Turnkunst* heraus, worin er behauptet, *turnen* sei ein uraltes deutsches Wort und hänge mit *Turnier* zusammen. Wenn man Gauß und Jahn und Müller nicht zusammendenken kann, dann hat die Kulturgeschichte keine Bedeutung neben dem Romanelesen; und man kann sie natürlich nicht zusammendenken. – Aber Klenze beginnt den Bau der Münchner Glyptothek, und in Berlin, da sind wir wieder auf unserm Boden, und das wissen wir auch schon, wird Hoffmanns *Undine* nach Fouqué aufgeführt. – Ich werde solche Rundumblicke sonst nicht mehr werfen, dieser war auch bloß ein Scherz, nur später, wenn ichs nicht vergesse, will ich bei Zola noch erwähnen, daß, während er seinen großen Zyklus schrieb, Eiffel diesen wunderbaren Turm baute[1]. Arno Schmidt erwähnt

---

[1] als Zola 60 Francs monatlich beim Zoll verdiente, kriegte der examinierte Eiffel schon 200 Francs monatlich bei der Eisenbahn. Als

irgendwo, oder auch öfter einmal, Kriege und andre
Katastrophen seien für die Kollegen immer nur widerliche
Unterbrechungen ihrer Arbeit gewesen. Und die vorhin
schon einmal erwähnten Naturwissenschaften und ihr
gewaltiger sogenannter Siegeszug? Conan Doyle erzählt,
sein Sherlock Holmes habe geäußert – und wahrscheinlich
ist von Anfang die Irrelevanz der Naturwissenschaften
für das Leben sehr viel größer als man immer dachte –,
ihm sei es absolut egal, ob die Erde sich um die Sonne
oder eben doch die Sonne sich um die Erde drehe. Teresa
unter Foscolos Maulbeerbaum kümmert sich auch kaum
darum, und Byron, für die 188. Strophe des zweiten Ge-
sangs seines *Don Juan*, notiert sich gerade für eine kleine
Liebesszene: »... die sternenhelle Bucht, das stille Meer, /
der Abendröte sanft verglühnder Schimmer, / der stumme
Sand, die dunklen Klüft umher, / dies zieht sie zueinander,
wie für immer, / als ob ihr Leben auf der weiten Erde / das
einzge sei, und niemals sterben werde ...« – und das liest
die schöne Modeste und fürchtet und liebt das kommende, ich meine: das vor ihr liegende Leben. Balzac
seinerseits glaubte an Swedenborg und den Mesmeris-
mus, soviel zu diesen Dingen, die wir dann lassen werden.

✦

Ein Buch für uns, Scotts *Old Mortality* – Scott hat im
selben Jahre noch einen andern Roman herausgebracht,
The Antiquary[2], der selbst in den Registern hier gar nicht

Eiffel schon richtige Brücken entwarf, saß Zola, der seinen Job bald
wieder aufgegeben hatte, hungrig und im Winter frierend ohne Koh-
len in einem Zimmerchen in Paris und dichtete vor sich hin, einmal
verliebte er sich aus der Ferne in ein Blumenmädchen aus der Nachbarschaft; er wußte, und redete auch davon, daß er berühmt werden
würde, und jedenfalls wollte, und zwar durch das Schreiben, bloß
wußte er nicht genau wie. Erst als Eiffel dann seinen großen Turm zu
bauen anfing, hatten sie ungefähr gleichgezogen: Eiffel hatte bis dahin
20 000 Tonnen Stahl verbaut, Zola hatte 20 Romane geschrieben.
   [2] über dieses Buch hat Virginia Woolf im Jahre 1924 einen kleinen Essay geschrieben. Wenn es irgendeinen Essayisten gibt, den ich

1816 auftaucht (ich habe ihn nicht gelesen). In Scotts *Old Mortality* reist ein alter Mann durch Schottland und sucht und pflegt dann die Gräber alter Gefallener; es gibt im Buch einen Bösen namens Balfour, John, der natürlich gar nichts zu tun hat mit dem wunderbaren David Balfour in Stevensons Roman – aber wie auch immer: lesen Sie doch lieber Stevenson!

Geboren wird in Thornton, Yorkshire, nicht weit weg von Leeds, in einem Backsteinhaus, Charlotte, die älteste der Brontëschwestern, sie werden uns alle noch zu schaffen machen[3]; in Hamburg kommt Friedrich Gerstäcker auf die Welt, den wir weglassen, wir haben dann ja Sealsfield;

---

wirklich verehre, dann ist es Virginia Woolf, sie hat eine wunderbare Art, einen Autor, über den sie schreibt, so zu sehn, daß sie und ich ihn mögen müssen. Sie nennt Scott halb einen Bauchredner, halb einen Dichter und vergleicht ihn in diesem Punkt mit Dickens. Sonst aber hat sie nicht oft Aufsätze geschrieben (wie auch den über Scott in Abbotsford), in denen sie so lange wie hier braucht, um herauszufinden, was ihr gefällt. Und dann muß man noch bedenken, daß selbst dieser Aufsatz nun mittlerweile über siebzig Jahre alt ist.

[3] in Bradford, zu dem Thornton gehört, gibt es, nach *Meyer,* nicht bloß eine Townhall, die dem Palazzo Vecchio genau nachgebaut ist, sondern auch ein Denkmal für einen W. E. Forster; im ersten Moment dachte ich, wie freundlich von den Leuten da, denn ich hielt diesen Forster für jenen wenn auch etwas irregeleiteten Kollegen Forster, der, neben wunderbaren Romanen, eine Theorie des Romans verfaßt hat; aber erst 1927, wurde mir dann klar (*Meyer* ist 1905), und er hieß auch nicht W. E., sondern E. M. (Lichtenberg sagt von einem: er hatte seinen Homer so gründlich studiert, daß er statt angenommen immer Agamemnon las), und ist erst 1879 geboren, und in London; W. E. Forster dagegen, 1818 in Bradford geboren worden, war dort ein bedeutender Kammgarnfabrikant (Bradford war berühmt für sein Kammgarn), ging dann ins Unterhaus (Bulwer-Lytton hat solche Karrieren sehr witzig beschrieben) und war unter Gladstone erst für das Schulwesen, dann für die irische Politik zuständig. Direkt vor dem Bradforder Palazzo Vecchio steht übrigens, sagt *Meyer,* ein Denkmal Salts, der in der Gegend zu Anfang der fünfziger Jahre eine weithin berühmte Musterfabrik zur Herstellung von Alpaka gebaut hatte – in Disraelis *Coningsby,* 1844, besichtigt, im Buch IV, der junge Held in Manchester, der andern großen Industriemetropole neben Leeds, eine

im schlesischen Kreuzburg wird Gustav Freytag geboren, *1816*
den wir fast ganz weglassen, denn es ist doch allzu
schlimm mit seinen Büchern; aber in Burtscheid bei
Aachen kommt als Sohn eines Lehrers jener Friedrich
Wilhelm Hackländer auf die Welt, den wir vorhin schon
einmal hatten als den Erfinder jenes alten Herrn, der
gerade *Onkel Toms Hütte* übersetzt und dabei fast ver-
hungert; später war er, Hackländer also, Direktor der
königlichen Bauten und Gärten in Stuttgart (einen ebensolchen Direktor für die entsprechenden Anlagen in Berlin
gibt es bei Gutzkow, in den *Rittern vom Geiste*, hübsch
zu lesen), der König erhob ihn in den Ritterstand, dann
war er freier Schriftsteller und hatte noch eine Villa am
Starnberger See – in solchen Momenten möchte ich solche
Leute dann doch sehr beneiden; Paul Heyse zum Beispiel,
in München, hatte neben seinem Münchner Haus noch
eine Villa sogar am Gardasee, und Peacock, wir werden das
sehn, hatte sogar zwei Landhäuser an der Themse[4].

---

große gerade errichtete industrielle Musteranlage der Textilindustrie
(Disraeli spricht von Manchester als dem Athen unsrer Zeit – für
Winckelmann war Dresden noch das Athen seiner Zeit gewesen, so
hat sie sich geändert –), Disraelis Buch spielt in der Zeit Gladstones
und also Forsters des Vermeintlichen. Soviel zu Bradford, wohin die
Brontës wahrscheinlich einkaufen gingen.

[4] in schönen älteren Romanen, etwa der *Prinzessin von Clèves* von
Madame de Lafayette, ziehn sich, wie es dann immer so wundervoll
heißt, die Helden, wenn es brenzlig wird, auf ihre Besitzungen zurück,
die Lafayette selbst hatte auch solche Besitzungen, auch ihr Freund
La Rochefoucauld. Später wird das alles anders, und Hardys Heldin
Tess, die auf ihre Art ähnlich schön war wie die Prinzessin von Clèves,
muß, wenn sie sich aufs Land zurückzieht, das als Milchmädchen tun.
Manche freilich, sagt Hofmannsthal treffend und melodiös, »manche
freilich müssen drunten sterben, wo die schweren Ruder der Schiffe
streifen. Andre wohnen bei dem Steuer droben, kennen Vogelflug
und die Länder der Sterne«. Aber andrerseits, und nun einmal im
Ernst: wir würden die Welt ja nur halb kennen, wenn nicht auch die aus
dem Steuerhäuschen plauderten; und wenn sie es nicht selber tun,
dann, für uns, für die Literatur, muß eben ein Junge wie Marcel sich
unter sie mischen und sie zum Reden bringen, ob sie ihn mögen oder
nicht.

1 ✦ 8 ✦ 1 ✦ 7

Es stirbt in Paris Madame de Staël, einundfünfzigjährig, und in Winchester, nicht einmal zweiundvierzigjährig, stirbt Jane Austen, unsre Jane Austen, unverheiratet, kinderlos, sie stirbt im Hause des Arztes, der ihre Krankheit weder diagnostizieren noch heilen konnte; und hinzugekommen war noch der Schock über einen Onkel, dem die ganze Familie immer demütig begegnet war und der ihr nun, als er starb, nichts vererbte (und es muß nicht das nun ausbleibende Geld gewesen sein, sondern womöglich einfach ein Stich in die Seele, wie über ein verpfuschtes Stück Leben; oder als ob einer Theologie studiert und Gott sein Leben widmet, und dann mit einem Mal gibt es gar keinen); sie selber hinterließ einen fertigen und einen angefangnen Roman –

Grabschrift (10) für

AUSTEN. Und dieser angefangne Roman zeigt, mit schwer widerleglicher Deutlichkeit, was Jane Austen alles noch hätte schreiben können (und daß also der Tod dumm ist, das heißt, es gibt eine solche Macht gar nicht, die man den Tod nennen könnte, er ist nur ein wie gewöhnlich hochtrabender Sammelbegriff für alles, was das Leben beendet). Das Buch, das sie angefangen hat, hätte sich auch mit den besten Methoden in der Analyse des Fortgangs dessen, was sie bis dahin geschrieben hatte, nicht voraussagen lassen, schon nach *Stolz und Vorurteil* wäre es ja schwer gewesen, *Mansfield Park* und *Emma* zu erraten, oder ein so unergründliches Buch wie *Überredung*. Ab einer gewissen Größe haben diese Autoren Züge, die uns nicht mehr ganz zugänglich sind, es ist viel daran an Goethes Diktum über eine unendliche Kluft zwischen dem Autor und dem Leser, und es zeugt von wenig Einsicht in das Wesen der Schreiberei,

und von wenig Achtung, wenn man noch nicht ganz alten
Autoren, wenn sie sterben, attestiert, sie hätten alles vollendet gehabt. Merkwürdig ist dann übrigens, daß wir
von den Helden auch solcher unerratbarer Romanciers
(als ob in Romanen nur unsersgleichen auftreten dürften)
immer verlangen, ihre Entwicklung, wenn sie so etwas
haben, müsse verständlich und nachvollziehbar sein[5]; ist
sies einmal nicht, obwohl wir den Autor für klug halten
müssen, dann werden wir ärgerlich – wir wollen, daß
alle Menschen sich verständlich entwickeln, damit wir
sie so verstehn, wie wir uns selbst am liebsten sehn. Und
so ist uns bei den Autoren wahrscheinlich einer ganz
ohne Entwicklung viel lieber als einer, bei dem sie sich
unserm Begreifen entzieht (ich weiß, ein Nachruf ist kein
passender Ort für solche Töne, aber der Tod von solch
unansprüchlich-wunderbaren Menschen wie der Austen
hat etwas, das einen in eine wütende Defensive treiben
kann). – Von Jane Austen wissen wir fast nichts; und
Virginia Woolf, 1923 in einer Besprechung einer Werkausgabe der Austen, findet dafür – sie wagt schöne
Sätze zu schreiben – dieses Bild: »Eine jener Feen, die an
Wiegen stehn, muß sie im Flug durch die Welt geführt
haben, kaum daß sie geboren war. Als sie wieder in der
Wiege lag, wußte sie nicht nur, wie die Welt aussah, sondern hatte sich ihr Königreich schon gewählt.«[6]

---

[5] andrerseits heißt es bei Jean Paul einmal, in den *Flegeljahren*
(Nro 57): »Vult bemerkte, wenn ein Romanschreiber gewiß wüßte, daß
er sterben wurde – z. B. er brachte sich nur um –, so konnt' er so seltsame herrliche Verwicklungen wagen, daß er selber kein Mittel ihrer
Auflösung absähe, außer durch seine eigne; denn jeder würde, wenn er
tot wäre, die durchdachteste Entwicklung voraussetzen und darnach
herum sinnen.«

[6] sie sei auf der Höhe ihrer Möglichkeiten gestorben, schreibt
Virginia Woolf dann weiter, gerade in jenem Augenblick, in dem sie
vielleicht darangegangen wäre, Grenzen zu überschreiten, »auf ihre
heitere, unvergleichliche Art«. »Sie hätte eine Methode erdacht, klar
und sicher wie immer, aber tiefer und andeutungsreicher, um nicht nur
in Worte zu bringen, was die Menschen sagen, sondern auch was sie

1817 Grabschrift (11) für

M*ADAME DE STAËL*. 1764 hatten die Eltern in Paris geheiratet, die Mama hatte dort einen Salon aufgemacht, 1768 wird der Papa, ein Bankier, Minister der Republik Genf beim französischen König, 1769 wird er Direktor der Compagnie des Indes, einer halbstaatlichen Handelsgesellschaft, die Colbert rund einhundert Jahre vorher gegründet hatte; 1777 wird der Papa Finanzminister; 1778 besuchen die Mama und die zwölfjährige Tochter Voltaire, und die Tochter schreibt eine Komödie; 1781 wird der Papa entlassen; 1783 will der jüngere William Pitt, der gerade in England Schatzkanzler geworden war, die Tochter heiraten, aber sie will nicht; 1784 kaufen die Neckers sich das nachmals durch sie und besonders die Tochter berühmte Schloß Coppet am Genfer See; 1786 heiratet die Tochter auf Wunsch der Mama den schwedischen Gesandten von Staël, 1788 kriegt sie eine Tochter, 1790 einen Sohn, 1792 noch einen Sohn; 1794 stirbt die Mama, sie bricht mit Narbonne, einem langjährigen Freund, und lernt unsern Freund Benjamin Constant kennen; 1797 kriegt sie noch eine Tochter, die erste war knapp zweijährig gestorben, und sie trifft Napoleon zum ersten Mal, mag sein, daß sie ihn auch bewundert, Intellektuelle sind sehr anfällig, aber sie hatte politisch völlig andre Ideen als er, vielleicht fand sie ihn auch zu klein, und dann noch dies Getue mit der Hand im Revers; 1802 ist sie in eine Verschwörung gegen Napoleon verwickelt, *Delphine* erscheint, ihr Mann stirbt, und Napoleon verbannt sie aus Paris; 1804 reist sie durch Deutschland und trifft alle Welt, ihr Papa stirbt, 1805, das wissen wir schon, ist sie in Italien, dann will Constant sie heiraten, aber sie will nicht, und 1806 weilt sie auf dem Schloß

ungesagt lassen; nicht nur, was sie sind, sondern was das Leben ist ... sie wäre ein Vorläufer von Henry James und Proust gewesen« – und ihr selber natürlich, aber das sagt sie nicht.

Acosta, wo sie *Corinne* beendet und an ihrem Buch über
Deutschland schreibt; 1807 erscheint *Corinne*, Napoleon
läßt sie beobachten, 1810, auf Schloß Chaumont, korrigiert sie die Druckvorlagen zu ihrem Deutschlandbuch,
der Polizeiminister will die Vorlagen haben (despotische
Typen wie Napoleon mögen wohl, indem manche sich
an ihnen reiben, indirekt Sachen hervorbringen – man
sagt ja auch, töricht genug, Verfolgung sei immerhin eine
Art Hochschätzung –, alles in allem gesehn hindern sie
aber eigentlich nur alle am Schreiben[7]), sie geht in die
Schweiz, 1812 kriegt sie einen Sohn von John Rocca; im
Mai flieht sie über Wien, St. Petersburg und Stockholm
nach London, 1813 eröffnet sie dort einen Salon (in Paris
hatte sie natürlich auch einen gehabt, und Schloß Coppet
ist über Jahre hin so etwas wie der Salon Europas), und
ihr zweiter Sohn kommt in einem Duell ums Leben; ihr
Buch über Deutschland erscheint, Napoleon dankt ab,
sie geht nach Paris und erhält 1815 das Geld zurück, das
ihr Vater dem Staat geliehen hatte, einige Millionen; 1816
heiratet ihre Tochter einen Herzog und sie ihren John
Rocca; 1817 stirbt sie, 1818 stirbt John Rocca. – Irgendwann hat sie Leute gerettet, politische Freunde, irgendwann wäre sie bei einem Straßenaufruhr beinahe selber
umgekommen, während der Revolution nahm sie an den
gesetzgebenden Versammlungen teil und versuchte ihren
Freund Narbonne in ein Ministeramt zu lancieren; sie
schrieb Abhandlungen über Rousseau, über den Frieden,
über den Einfluß der Leidenschaften auf das individuelle
und das Glück der Nationen, über die Literatur im
Zusammenhang mit den Institutionen der Gesellschaft
(hier findet sie, daß die Zivilisierung der Menschheit das

---

[7] solche Sätze sind natürlich auch immer ein ganz kleines bißchen
sinnlos, man sollte sie nicht schreiben, oder wenn, dann nicht so allein
hin; Stendhal zum Beispiel würde doch ziemlich spöttisch lächeln über
einen solchen Satz, und ich muß sagen, daß mich ein spöttisches
Lächeln Stendhals irritieren würde.

wichtigste aller Ziele ist, und jene Literatur die beste, die diesem Ziel dient), und über den Selbstmord. Napoleon mochte sie nicht, vielleicht, weil er so klein war, aber ihr Buch über die gesellschaftlichen Institutionen widersprach nun auch wirklich allem, was er wollte, er wollte zum Beispiel auch keine Frauenemanzipation, keinen Feminismus; sie hatte in ihrem Buch über Deutschland auch herausgefunden, daß bei einem Vergleich der französischen mit der deutschen Literatur diese besser dastehe, das hörte Napoleon wohl ebenfalls nicht gern, schließlich hatte er Goethe selber kennengelernt[8]. Die Staël hatte für seinen Geschmack auch immer die falschen Männer; und so sagte er von ihr und den Ihren, das seien ein Dutzend Metaphysiker, die man ins Wasser werfen solle, und nannte sie ein Geschmeiß. Sie ihrerseits war geneigt, denn sie liebte Paris und wollte gern dort sein, unter gewissen Bedingungen ihren Frieden mit Napoleon zu schließen, aber natürlich wollte sie nicht so weit gehn wie Chateaubriand, der mit seinen im großen ganzen doch systemstabilisierenden Ideen über Gott und die Welt einen guten Platz in Napoleons Welt finden konnte. Die Staël, männlicher als Chateaubriand (Leute wie Napoleon ziehn weibliche Männer männlichen Frauen vor), mußte warten, bis Napoleon verschwand. – Gibt das alles ein Bild dieser erstaunlichen Frau?

◆

Von Jane Austen erscheint also das letzte von ihr fertiggeschriebene Buch, *Überredung*, worin die Heldin keins dieser jungen Dinger ist, sondern eine beinahe Dreißigjährige, die, nachdem die Familie ihres damaligen Verlobten sie überredet hatte, von einer Heirat abzusehn, den ehemaligen Verlobten aus der Ferne zwar noch liebt, sonst aber, im Kreise unangenehmer Geschwister und andrer

---

[8] ach, der war doch neulich erst bei uns, sagen bei Proust einmal die Leute vom Faubourg, als die Rede auf einen Schriftsteller kommt.

meistens unschöner Leute, einem Alter entgegensehn zu müssen glaubt, das ihr nicht gefällt. Aber sie sieht jenen Mann wieder, er sie, und Virginia Woolf hat recht, wenn sie hier an Henry James erinnert, denn keiner bis zu ihm hat so diskret und genau wie hier die Austen den ebenso ungeheuer komplexen wie ungeheuer einfachen Vorgang des Wiederfindens einer großen Liebe darstellen können. – *Sanditon* ist jenes Romanfragment, an dem die Austen saß, als sie dann aufhören mußte – eine glänzende Komödie über Leute, die aus einem kleinen Ort ein Modebad machen möchten (erinnert thematisch damit ein bißchen an Maupassants *Mont Oriol*); bemerkenswert ist ein junger Mann, der sich für einen Verführer hält; einmal, als er mit Hilfe des Meers eine junge Dame herumkriegen will, heißt es: »Die fürchterliche Großartigkeit des Ozeans bei Sturm, seine gläserne Oberfläche bei ruhiger See, seine Möwen und seine Seepflanzen und die unendlichen Abgründe seiner Tiefe, sein plötzlicher Wandel, seine schrecklichen Täuschungen, die Seeleute, die ihn im Sonnenschein herausfordern und von einem unverhofften Sturm überrascht werden – alles das streifte er gewandt und flüssig ...« – da ist die Austen schon ganz in der Nähe von Flauberts *Éducation*[9]. Wie so viele abgebrochne Romane von großen Leuten ist auch dieser zu Ende geschrieben worden, und in diesem Falle ist das schlimm: denn liest man das, dann beginnt man sich ganz allmählich sehr zu langweilen, und vergißt leicht, wie wunderbar die Austen schrieb.

---

[9] und besonders hübsch in unsern jetzigen Romanzusammenhängen ist des rührigen Verführers Anspielung auf Scott: »Erinnern Sie sich an Scotts schöne Zeilen vom Meer? Ah, welche Anschaulichkeit! Ich muß immer an sie denken, wenn ich hier entlanggehe. Wer sie ohne innere Bewegung lesen kann, muß das Gemüt eines Meuchelmörders haben. Der Himmel bewahre mich davor, so einem Menschen unbewaffnet zu begegnen!« Der Schluß ist natürlich sehr amüsant, aber Charlotte antwortet cool: »Welche Zeilen meinen Sie? Ich erinnere mich im Moment an keine Zeilen über das Meer ...«

1817 Von Achim von Arnim erscheinen *Die Kronenwächter,* ein Romanfragment leider nur, es spielt im Mittelalter, Luther und in der Ferne Faust tauchen auf, politische Hintergründe werden skizziert, natürlich gibt es eine vermutlich wirklich sehr ergreifende Liebesgeschichte – hinreißend gut, man kann das Mittelalter hassen, wenn man nur große Sprache lesen kann, hinreißend gut sind die einzelnen Szenen gewissermaßen aus dem bürgerlichen Leben des Mittelalters, Arnims Sätze sind dann ganz unwiderstehlich, alle Geschichte hört auf, wir sind halb wie Weltlose versetzt in einen Raum, den es nur hier gibt, diese wundervollen Lesestunden lang ...

Von Fouqué gibt es einen *Alethes von Lindenstein,* eines dieser an sich ungeheuer schönen wahnsinnigen Bücher, die man keinem zum Lesen geben kann, wenn man nicht will, daß er denkt, man wolle ihn gewissermaßen ins Abseits der Welt führen, und die gleichwohl von dem ungeheuren Reichtum zeugen, der einst verschwendet worden ist und nun doch noch, nur noch das riesige Gräberfeld nachtglänzend verzaubert, auf dem wir Archäologen die Schätze suchen, von denen man uns erzählt hat; immer hat Fouqué auch so schöne Ideen, etwa, wenn einer auf ein Fest kommt, Säle sind da mit wundervollen Dekorationen, einer ist besonders verlockend, und wie er hineingeht, ist es der illuminierte Garten, in den er durch eine offne Tür hinausgeschaut hat.[10]

---

[10] aber Byron hat sich gerade für den zehnten Gesang seines *Don Juan* auch dies notiert: »Und durch Berlin und Dresden und noch mehr, / bis an die burggekrönte Flut des Rheins ... / Ihr gotischen Szenen, wundervoll und hehr, / wie greift ihr an das Herz, sogar an meins! / Mooswände, graue Türm', ein rostger Speer – / Vorzeit und Gegenwart verschwimmt in eins, / die Grenze zwischen beiden scheint versunken, / und drüber schwebt die Seele, halbbetrunken.« Indes könnte Fouqué mit Byrons vierzehntem Gesang sehr schön antworten (die Großen widersprechen am liebsten sich selber, denn sie sind es am meisten wert): »Und was ich schreibe, mag im weiten Raum / der Wind verwehn – hatt ich doch meinen Traum« ...

Und dann gibt es von Scott wieder einen Roman, *Rob*
Roy, er hatte sich jetzt richtig ein- und hineingeschrieben
ins Herz seiner Leser und das schottische Hochland. Und
geboren wird in Husum (»Am grauen Strand, am grauen
Meer …«) Theodor Storm, Anwaltssohn, Gott verzeihe
ihm alle seine Werke; einmal war ich in Husum, und es war
so entsetzlich kalt, daß ich mir, als ich, aber Vernes und
Schmidts wegen, auf die Eiderdeiche wollte, eine dicke
Pudelmütze kaufen mußte, die ich jetzt in kalten Winter-
nächten gern über Storms Werke stülpe.

1 ✦ 8 ✦ 1 ✦ 8

Keiner stirbt, den wir kennen sollten, das ist schön.

Scott der Fleißige bringt das *Herz von Midlothian* heraus, eine im zweiten Teil gräßlich sentimentale Geschichte,
die aber im ersten Teil so eindringlich geradlinige Figuren
hat, daß man sich richtiggehend fragt, warum wir andern
und andre in andern Romanen, die wir auch lieber lesen,
alle so anders sind; aber wir sind es nun mal, und sie
auch. – Satirisch und sarkastisch, aber in freundlichem
Witz, geht mit den großen romantischen Gefühlen seiner
jüngsten Zeit in seiner kleinen *Nachtmahr-Abtei* Thomas
Love Peacock um, ein 1785 in Weymouth geborener Glas-
händlerssohn, die Mutter soll gut in Gelegenheitsgedich-
ten gewesen sein. Er war ein sehr enger Freund Shelleys
und seiner beiden Frauen, Harrietts, die dann Selbstmord
beging, und Marys, deren *Frankenstein* gleich kommt; sein
Geld erhielt er über fünfunddreißig Jahre lang von der
East India Company, bei der er, gewissermaßen ein später
Kollege vom Papa der Staël, in ziemlich leitenden Positionen tätig war. Er war verheiratet, unter seinen Kindern
war eine etwas wilde Tochter, die dann für eine Weile (elf

1818 Jahre aber immerhin) den Schriftsteller Meredith heiratete, ehe sie mit einem Künstler nach Capri ging, dem Vater bereitete das Kummer, der Mutter auch. Peacock hatte, an der Themse, zwei Landhäuser, die er aber, anders als später der berühmte Arnold Bennett, eher als seinen so lesenswerten Romanen der Ostindischen Compagnie verdankte. Schön ist die Anekdote, daß Peacocks Haus, als er achtzig war, brannte, und er in seiner großen Bibliothek stand und rief: »Ich weiche nicht, bei den unsterblichen Göttern!« (ich zitiere das nach Morlangs schönem Nachwort zur *Nachtmahr-Abtei*); nichts verbrannte, aber der Schock ließ ihn dann sterben, das erinnert ein wenig an Ottilies ebenso unerwartet erhörtes Gebet bei Goethe. In dem Buch tritt der letzte aller *Werther*-Leser auf, hier ist er: »Die Terrasse endete am südwestlichen Turm, der zerfallen und voller Eulen war. Hier pflegte Scythrop auf einem bemoosten Stein Platz zu nehmen, den Rücken gegen die zerbröckelnde Mauer gelehnt, über seinem Haupt ein dickes Efeudach mit einer Eule darin, die *Leiden des jungen Werthers* in der Hand ...«; Peacock soll gesagt haben, er wolle nicht die Sprache eines Landes lernen, das keine eigne große Küche habe, er meinte Deutschland, und, wie Stendhal, liebte er Mozart und besonders Rossini, und aß gern, wie dieser.

Und dann erscheinen in diesem Jahr noch Nodiers *Jean Sbogar* und eben Mary Shelleys *Frankenstein*. Mary ist die eben genannte zweite Frau Shelleys, ihr Frankenstein ist der sprichwörtliche Schöpfer jenes Kinomonsters (Filme über solche alten Bücher sind immer wie Seilbahnen auf einen Berg: keiner geht mehr zu Fuß hinauf, und dabei ist das manchmal viel schöner, aber es ist, als ob zu spät dafür wäre). – Nodiers Buch haben wir als eine der Lieblingslektüren unsrer, wenn, dann mit glühenden Wangen lesenden Modeste kennengelernt, und bei diesem Buch war sie uns am nächsten (die Fabel dieses Buchs ist so elegant und ingeniös, daß der Roman selbst

in einer sogenannten freien Übersetzung – Hogguer 1835,
bearbeitet von Mumbauer 1914, ich hatte sie einmal in der
Hand – so gut wie nichts von seinem Charme verloren
hat[11]). Übrigens hat Nodier, der 1780 in Besançon geboren worden ist, Goethes *Faust* übersetzt, und er war
ein Freund Vignys, Mussets und Hugos; Balzac hat ihm
La Rabouilleuse gewidmet, die *Fischerin im Trüben*, einen
seiner besten Romane; Nodier wollte ihm wiederum, als
Balzac ihn darauf ansprach, seine Stimme geben für die
Académie Française, starb aber vor den Abstimmungen,
Balzac kam nie hinein.

✦

Geboren werden, zwei Jahre nach Charlotte, mit einem
Bruder dazwischen, Emily Brontë in Thornton bei Leeds;
und in Buenos Aires José Mármol, der 1851 *Amalia* veröffentlichte, einen hochpathetischen und sehr melodramatischen Roman über den Kampf der jungen Intellektuellen gegen den Diktator Rosas; und in Orel wird, Sohn
eines Offiziers, Iwan Turgenjew geboren, enger Freund
Flauberts, beide haben sich Briefe geschrieben, die wir
zum Glück kennen (F. an T.: Und Sie, lieber großer
Freund, was machen Sie? Was träumen Sie? Was schreiben
Sie? Warum leben wir nicht an demselben Ort? Warum
leben wir so weit voneinander entfernt?); in Otto Flakes
Hortense, wenn Sie ihn schon einmal kennenlernen wollen,
lebt er, Turgenjew, im damals, vor Bismarck, so kosmo-
politischen Baden-Baden.

---

[11] dies ist ein andrer Punkt bei Übersetzungen, wir werden auf
ihn noch kommen: daß auch Übersetzungen, die nicht so gut sind,
einem guten Roman im allgemeinen nichts anhaben können; in diesem
Genre scheinen, im allgemeinen wenigstens, die Makrostrukturen, also
der Rhythmus der Teile, der Wechsel der Figurenkonstellationen, der
Tempowechsel und ähnliches, mindestens ebenso bedeutend zu sein
wie die Feinstruktur der Sprache. Und man kann einen schlecht übersetzten, aber guten Roman zwar erst nach achtzig Seiten, dann aber
sehr gut von einem sprachlich wunderbar anheimelnden, aber eben
zweitklassigen einheimischen Roman unterscheiden.

1 ✦ 8 ✦ 1 ✦ 9

Wieder stirbt keiner, den wir kennen[12]. Aber ich zitiere den großen Byron, der, hier gewissermaßen als Kommentar zu Longfellows Diktum über das große Lehnsbuch, aus dem die Namen verschwinden, seinerseits schreibt, im vierten Gesang seines *Don Juan* (siehe gleich unten): »Die Toten selber sind des Todes Raub; / Grab folgt auf Grab, bis eine ganze Zeit, / begraben unter ihrem welken Laub, / versinkt in ewige Vergessenheit. / Was gestern Denkmal war, ist morgen Staub; / nur wen'ge ragen aus der Dunkelheit, / wo Myriaden einst benamter Wesen, / nun namenlos, nicht einmal mehr verwesen.«

---

[12] wohl aber einer, den wir nicht kennen:

Grabschrift (unter dem Strich) für

W E Z E L . Wezel hat im Jahre 1776 den Roman *Belphegor* herausgebracht, ein Gegenstück, wenn auch eben etwas später, zu Voltaires *Candide* von 1759 – in beiden Stücken wird ein immer wieder betrogener und hintergangner und gelegentlich von weisen Männern belehrter Mann durch eine Welt gestoßen, von der wirklich nur ein eingefleischter Feind Gottes sagen könnte, sie sei die beste von allen. Während man Voltaires *Candide* aber anmerkt, daß der Verfasser die Glücksgüter dieser Welt durchaus zu schätzen gewußt haben müsse, so daß sein Roman eher ein Exempel für den metaphysischen Status der Welt wäre, ist Wezels Welt von jener grausamen Finsternis bedeckt, wie sie sich nur der leidvollsten Erfahrung offenbart, und die nicht in metaphysischer Desillusionierung endet, sondern in schwarzem Haß auf das Getriebe der Welt, einer nicht wiedergutzumachenden Enttäuschung einstiger Liebe, einstiger Hoffnung. Wunderbar ist das Bild, das er einmal findet: man nähert sich Dornenhecken, hinter denen eine so wunderbare Musik ertönt, daß man hindurch muß; immer neue Dornenhecken tun sich auf, die Musik ist unwiderstehlich, aber dann wird sie immer leiser, immer leiser, und hinter den letzten Hecken ist wieder nur, was überall sein wird. Um in dieser Welt sich zu freuen, daß man ein Mensch ist, heißt es einmal, »um sich und seinem Geschlechte Würde zu geben, um auf seine Natur stolz zu sein, muß man sich illudiren; man muß die Augen verschließen, keinen Blick außer sich tun und dann in süßen Schwärmereien dahinträumen. Itzt, da meine ganze Seele von ihrer Höhe und anschauenden Kraft heruntergesunken ist, itzt will sie nicht mehr träumen. Aber wohl mir! ich werde bald zu einem andern Traume hinüberschlummern« –

Und wir haben nur ein einziges Buch, und auch das nehmen wir nur der schönen Modeste wegen, es ist Byrons schon öfter und auch gerade eben zitierter *Don Juan*, so etwas wie ein Roman, aber in Versen, in Stanzen, wie sie seinerzeit Ariost und Tasso schrieben[13]. Der Versroman, schon so sehr lang, bricht mittendrin ab, aber nicht der Tod ist schuld; Byron führt vielmehr den Helden, einen ganz angenehmen jungen Mann, den

---

Belphegor selbst im Buch hat diese letzte Hoffnung nicht. »O du tolles abgeschmacktes Leben!« sagt seine Gefährtin einmal, »wärst du nur schon vorüber! Sie weinte bitterlich.« – Johann Carl Wezel wurde 1747 geboren, sein Vater war Hofkoch in Sondershausen in Thüringen, »am Fuße der Hainleite, an der Wipper«, wie der alte *Meyer* präzisiert, »Residenzstadt des Fürstentums Schwarzburg-Sondershausen«; er studierte in Leipzig Theologie (die meisten Armen, wenn sie studieren konnten, studierten Theologie), schlug sich als Hofmeister und Haus- lehrer durch, machte sich einen gewissen Namen durch zwei komische Romane, verspielte sich diesen Namen aber, auch bei wohlwollenden Leuten wie dem einflußreichen und wirklich freundlichen Wieland, eben durch seinen allzu schwarzen *Belphegor* – gewisse Grenzen durfte man nicht überschreiten, auch Wilhelm Heinse hatte seinen Kredit ver- spielt, als er in seinem *Ardinghello* allzu schöne Mädchen auftreten ließ. 1786 umnachtete sich Wezels Geist, er lebte die restlichen gut drei- unddreißig Jahre seines Lebens (neununddreißig Jahre lang hatte er für vernünftig gegolten, jedenfalls im Prinzip für vernünftig) als Verrück- ter in Sondershausen. Mit Anteilnahme lesen wir seine tapferen Worte in einer kleinen Vorrede zum *Belphegor*: »Nicht eigne Widerwärtig- keiten – denn der Pfad seines Lebens ist bisher mehr eben als holpricht gewesen –, nicht Hypochonder oder Milzsucht – denn er war jederzeit Freund der Freude und Feind des Trübsinns –, nicht Mangel an wah- ren Freunden – denn er besitzt deren eine kleine Anzahl und hat auf seinen Wegen immerhin Menschen mit guten, liebreichen Herzen gefunden –, keine von diesen Widrigkeiten hat auf seine Vorstellun- gen, so viel er sich bewußt ist, einen schwarzen Schleier geworfen: er sah die Welt an, so weit sein Blick in gegenwärtige und vergangne Zeiten reichte, und sagt aufrichtig, was er gesehn hat.«
[13] ich zitiere nach der Übersetzung Gildemeisters, 1864, der sehr witzig und elegant sein kann, auch wenn er mitunter etwas mehr stolpert als etwa der große Johann Diederich Gries, 1800 zum Beispiel bei Tasso, 1804 bei Ariost, 1835 bei Boiardo, aber Byron hat natürlich auch wesentlich gebrochnere Töne als die Alten (den Ariost hat auch Gildemeister dann übersetzt, 1882, er bleibt aber doch hinter Gries zurück). Zu Byron und dem Punkt seiner Übersetzung (Sie erinnern sich an die Grabrede, die wir in einem der vorigen Kapitel – IV, 1813,

1819 er nur aus Zufall Don Juan nennt, in die feine Gesellschaft ein: die er nun schildern will, in Stanzen; in
Stanzen, die vor lauter Figuren und Interieurs kein Ende
nehmen – und man hat das überwältigend plausible
Gefühl, daß Byron dieses moderne Epos eben genau
dort abgebrochen hat, wo er sich nicht mehr der Einsicht
verschließen kann, daß jetzt nur noch, also sagen wir für
uns: ein Stendhal, ein Balzac das hätten schreiben können, was ihm vorschwebte. – Modestes wegen und ihres
Don Juan werden wir dann später eben auch Puschkin
erwähnen, den andern großen und in unserm Roman-
milieu vollendeteren Versromancier; haben wir Puschkin
und Byron, dann dürften, wenn es uns um die großen
Zeitstimmungen ginge, natürlich auch Heine und der
wunderbare Leopardi nicht fehlen (an dessen Haus ich
einmal stand, mittags, das Haus war geschlossen; alles
war still, die Stunde Pans und der mittäglichen Schwermut, man sah in die Ebene hinaus, »immer lieb war
mir dieser einsame Hügel«, und dann würde die Nacht
kommen, und noch einmal Sappho, aus dem großen
Gedicht über sie: »Du stille Nacht, und du des sinken-
den / Mondlichts verschämter Strahl...«), aber Leopardi
und Heine fehlen nun doch, wir nehmen nur Romane.
Noch ein hübsches Wort aber von Leopardi, aus dem
Zibaldone: »Was Stil und gute Schreibweise anbelangt,
so erheischt es unendliche Mühe, bis einer tun *kann*,
und ist dies erreicht, so kostet es keine geringere Mühe,
nun auch zu *tun*. Das Können vermindert so wenig
die Mühe des Tuns, daß diese ganz im Gegenteil, je
besser es um jenes steht, nur desto größer ist...« – ach

Fußnote[7] – Bode gewidmet haben, hier geht das nun weiter) hat sich
Goethe geäußert, er schreibt 1821 über Byrons *Don Juan*: »Dem wunderlichen, wild schonungslosen Inhalt ist auch die technische Behandlung der Verse ganz gemäß; der Dichter schont die Sprache so wenig
als die Menschen, und wie wir näher hinzutreten, so sehen wir freilich,
daß die englische Poesie schon eine gebildete komische Sprache hat,
welcher wir Deutschen ganz ermangeln.«

Gott, ja, und so dann diese nicht enden wollenden Romane; oder ist das bei Romanen doch ein bißchen anders?

✦

Geboren werden, in dem Punkt ist das ein großes Jahr, im Juli in Zürich, als Sohn eines Drechslers, Gottfried Keller; im August in New York als Sohn eines Kaufmanns, Herman Melville; im November auf der Arbury Farm in Warwickshire, Tochter eines methodistischen Baumeisters, jene großartige Mary Ann Evans, die ihre Bücher dann unter dem Namen George Eliot schrieb; und gerade noch Ende Dezember in Neuruppin (wie Schinkel), als Sohn eines Apothekers, Theodor Fontane[14]. Welch ein Jahrhundert, nicht wahr?

1 ✦ 8 ✦ 2 ✦ 0

Wieder keine Toten.

Scott bringt seinen *Ivanhoe* heraus, den vielverfilmten Ritterroman, sein gelassen-humorvoller Ausflug ins Mittelalter, endlich lernt man Robin Hood persönlich kennen, in Filmen sind das ja immer Schauspieler; alle wollen die schöne stolze blonde Rowena, schwarzäugig und herrlich ist aber Rebecca, die Tochter des Geldjuden; und immer

---

[14] ich will nichts sagen von Marx im Jahr davor, 1818 – aber 1818 wurde auch Jacob Burckhardt geboren, der später so gern in die Marken reiste, ungefähr die Gegend Leopardis, von der er einmal in einem Brief schreibt: hier möchte er dann ausleben; ein großer Mann, und es könnte wie ein Jammer aussehn, daß er keine Romane gemacht hat; aber ich habe einen Plan, von dem ich manchmal träume, nämlich einen biographischen Doppelessay zu schreiben über Fontane und ihn, sie sind dann ja auch gewissermaßen zusammen gestorben, Burckhardt eben, wie billig, als der um ein Jahr ältere, 1897, Fontane 98.

1820 wenn man fürchtet, nun gehn, nach dem Wort Fontanes, die Kuriositäten mit ihm durch, macht Scott einen Scherz, zum Beispiel ein Toter war doch nicht tot und tritt wieder auf, und wir sind versöhnt, und vollends, wenn wieder Rebecca da ist; ich kann aber nicht verschweigen, daß, so sehr gewissermaßen alles von Rebecca lebt, wunderbare Schwestern von ihr so schön den Roman des ganzen späteren Jahrhunderts bevölkern, daß wir, einmal dort angelangt bei den Schwestern, nur noch schüchtern an Rebecca zurückdenken, wie in die Kindheit zurück an ferne Limonaden, als wir noch nicht wußten, wie Coca-Cola schmeckt, oder wie bei Plato die in der Höhle, als sie nun hinaus ins Freie kommen und die wirklichen Dinge sehn statt der Schatten, und die Sonne, und alles. Freilich, die junge Taylor damals im Ivanhoefilm war schön, sehr schön, doch. – ETA Hoffmann schreibt die *Lebensansichten des Katers Murr*, ein Buch mit wunderbaren Sachen darin, ein witzig-phantastisches Buch, jedenfalls dafür, daß immerzu ein Kater reden muß; doch, ich glaube, daß das dafür, daß immer dieser Kater redet, ein wirklich sehr gutes Buch ist; und oft, wenn man vergißt, daß dieser Kater da redet, oder daß er, wenn er nicht gerade redet, doch gleich wieder reden wird, findet man das Buch voll mit den feinsten Sachen; aber dann kommt eben wieder der Kater entweder ins Bewußtsein oder ins Buch. Man hat manchmal sehr kluge wunderbare Leute, die am alleräußersten Rand ihres Witzes irgendein grauenhaftes Steckenpferd haben; es wäre schöner, wenn sie es nicht hätten, sagt man sich dann, wenn sie es wieder einmal ausreiten und man doch auch nicht einfach wegrennen kann, andrerseits, wenn sies nicht hätten und ritten, wären sie eben in der Mitte ihres wunderbaren Witzes auch nicht das, was sie jetzt sind mit diesem Steckenpferd da am alleräußersten Rande ... Es gibt Bücher, die man hinnehmen muß, man muß sie ja nicht alle lesen – vielleicht tröstet Sie das sogar.

Melmoth der Wanderer erscheint, eins der Lieblings-
bücher Modestes, von Charles Robert Maturin, einem
Freunde Scotts und Byrons, darüber hatten wir uns schon
verständigt. – Und dann, von Jean Paul, *Der Komet,* ein
gewaltiges komisches Werk, an dem er dann nicht weitergeschrieben hat, wohl aus Kummer über den Tod seines
Sohns. Dieser unheimlich-wilde Roman ist auch, noch
mehr als die *Flegeljahre,* ein sinneverwirrendes Beispiel
für die kühne Stillosigkeit, in deren ganz menschenunge-
wohnte Bereiche ein Autor sich wagen kann, wenn er so
groß ist, daß er nun wirklich machen kann, was er heimlich will. Oft ist hier alles derart albern und kindisch, daß
man wirklich zurückschauen muß auf Walt und Vult und
auf Giannozzo; dann aber geht es weiter, wie auf sausen-
den dunklen Wolken, nicht ins Jahrhundert hinein, nein,
eher an ihm vorbei, aber wohin, das errät man nicht, zu
uns wohl, aber was wissen wir da schon – nämlich wenn
uns solche Bücher dann, hin und wieder zum Glück nur,
aber doch ganz schön in der Tiefe, so mit Lust aus uns
selber heben.

Und geboren wird, die dritte der berühmten Schwestern,
Anne Brontë, immer noch in Thornton bei Leeds, jetzt
aber zieht die Familie nach Haworth um, ans Moor,
an die Wildnis; in La Rochelle wird, Arztsohn, Eugène
Fromentin geboren, Reisender, Maler, schreibt über das
Reisen und die Malerei, und dann einen einzigen Roman,
Dominique; in Amsterdam, Sohn eines Kapitäns, kommt
Eduard Douwes Dekker zur Welt, der sich als Schriftsteller dann Multatuli nannte und als hoher Verwaltungs-
beamter in den niederländischen Kolonien tätig war, sein
großer Roman spielt dort; in Wien wird Božena Němcová
geboren, sie wächst bei ihrer Großmutter auf, *Großmutter*
heißt auch das betuliche Buch, das dann weite Verbreitung fand; und in Ramenje, nordöstlich von Moskau, im

1820 Flußgebiet der Wolga in ihrem Mittellauf, wird Alexej Pisemski geboren, sein Vater war Gutsbesitzer; er war ein Freund Gontscharows und Turgenjews. – Sonst wird zum ersten Mal die Zugspitze erstiegen, die Engländer werden ärgerlich, weil in China das Opium verboten wird, und die Preußen verbieten zu Vater Jahns Ärger das Turnen, seinen Berliner Turnplatz hatten sie schon im Jahr zuvor geschlossen und ihn eingesperrt; das ist bitter; aber wer Turngeräte erfindet, kann kein guter Mensch sein, das, glaube ich, ist ein ziemlich sicherer Satz.[15]

---

[15] »Ich habe immer versucht«, schreibt im November 1872 Flaubert an Turgenjew, »in einem Elfenbeinturm zu leben; doch eine Flut von Scheiße schlägt an seine Mauern, so daß sie einzustürzen drohen. Es handelt sich nicht um Politik, sondern um den geistigen Zustand Frankreichs. . Haben Sie das Rundschreiben von Simon über eine Reform des öffentlichen Unterrichts gelesen? Der den körperlichen Übungen gewidmete Abschnitt ist länger als der über französische Literatur. Das ist ein kleines, bedeutungsvolles Symptom.«

VI

1821 *BIS* 1825

1 ✦ 8 ✦ 2 ✦ 1

Man kann sich, denkt man nach einem Weilchen, auf unserm Felde des Romans fast keinen größeren und auch unfruchtbareren Gegensatz ausmalen als zwischen den beiden Büchern, die wir in diesem Jahre haben, nämlich Coopers *Spion* und Goethes *Wanderjahren.* Cooper, Jahrgang 1789, er hat mit dem Romaneschreiben erst spät angefangen, versucht sich in einer Volkstümlichkeit nach der so erfolgreichen Art Scotts; er hat, wie jener, diese so fleckenlosen wie schrecklich blassen Frauenfiguren, die wie infallible Engel lieben, daneben, wie jener, diese so überaus lustigen Typen aus dem Volk, und das Ganze eingebettet jetzt, bei Cooper, in seine amerikanische Heimat (daß Cooper der erste amerikanische Romancier sei, wissen wir besser, wir kennen Charles Brockden Brown, mit seinem *Wieland* und seinem

Arthur Mervyn), und das zusammenhaltende Thema ist in diesem Buch ein verkannter Bursche, der, immer unterwegs, nirgends zu Hause, am Ende schließlich, wenn alle tragische Verkennung sich mit dem Tode löst, ein patriotischer Spion gewesen ist. Cooper machte sich dann durch Seeromane, danach durch Indianersachen berühmt, ganz spät schrieb er interessante, wenn ich so sagen darf: gouachenfarbene Bücher über jene damals aufstrebenden großen Städte, die er schon am Ende seines Jahrhunderts nicht wiedererkannt haben würde, wir werden darauf kommen. – Goethe hatte seit 1809 nichts längeres Erzählendes mehr in Prosa geliefert, das letzte waren eben 1809 die *Wahlverwandtschaften* gewesen, ursprünglich gedacht als eine von mehreren Novellen für die eben jetzt in erster Fassung erscheinenden *Wanderjahre*, die wieder, nach dem Titel zu urteilen *(Wilhelm Meisters Wanderjahre oder Die Entsagenden)* und nach manchen Figurengleichheiten, als so etwas gedacht waren wie eine Fortsetzung von *Wilhelm Meisters Lehrjahren* aus dem Jahre 1795, aber da war nun wirklich ein langes Vierteljahrhundert dazwischen, oder beinahe noch fünfzehn Jahre mehr, wenn man bedenkt, daß die *Lehrjahre* schon, *cum grano salis,* und wenn auch mit ganz veränderter Absicht, so etwas gewesen waren wie eine Endfassung der *Theatralischen Sendung* aus den achtziger Jahren. Das neue Buch nun entpuppt sich als eine gerade mit dem Allernotwendigsten sich begnügende Handlung, in die Erzählungen eingebaut sind; aber die eingebauten Erzähler, die Figuren der Rahmenhandlung, dazu irgendwelche Korrespondenzen, Tagebücher und so weiter, verändern so andauernd die Perspektive des ganzen Erzählens, daß auf diese Weise und durch den fortwährenden Wechsel der Textsorten und ihrer Töne eine wunderbare Uneindeutigkeit ins Ganze kommt; den Leser, der dazu neigt, sich einzulassen auf das, was der Autor will, bringt dieses geplante Durcheinander in ein

Schweben, das große Lust macht, und es sind dann herzergreifend einfach schöne oder auch bitterschöne Sätze und Szenen da, wie kleine Wunder; verstörend häufen sich aber auch unbarmherzig erziehliche und belehrende Passagen, teils altersweise, teils rührend, teils von großer Simplizität, oft kann man und auf die Dauer will man das alles gar nicht unterscheiden. Goethe war wohl der Meinung (und es muß nicht sein, daß er viel von Romanen verstand, aber immerhin hatte er einen der besten geschrieben), der Beziehungsreichtum seines Erzählens samt den auf diese Art so grausam dezent indirekt mitgeteilten Wahrheiten sei sehr viel mehr wert als das gewöhnliche Romangeschreibe der Zeit; das war richtig; er hatte aber im gewöhnlichen Roman nicht jene wenn auch vielleicht unter Trivialitäten verschütteten Elemente entdeckt, die bei ihm selber – so meisterhaft eingesetzt freilich, daß sie auch hier wieder kaum zu erkennen waren – in den *Wahlverwandtschaften* steckten; und so, und ganz so berechtigt und unberechtigt wie jener, sah er sich mit diesem neuen Romanstück erhoben über das ihn umgebende Schreiben wie der alte Bach, der gelegentlich von den modischen, aber etwa bei Händel doch so überwältigend großen Opernarien leicht abfällig als von »diesen Liederchen« redete. – Da ich oben etwas von einem Gegensatz zwischen dem *Spion* und den *Wanderjahren* angedeutet habe: im Oktober 1826 dann las Goethe einige Romane Coopers, darunter diesen *Spion,* und arbeitete gleichzeitig an der zweiten Fassung der Wanderjahre – und dort will er ja auch am Ende am liebsten alle seine arbeitswilligen *Entsagenden* nach Amerika schicken (»du hast es besser«, ruft er hinüber, »hast keine verfallenen Schlösser«, etc.), und manches sehr Positive, das er dann über Cooper äußert, könnte damit zusammenhängen, daß er für seine Leute von einem Amerika träumte, das sehr viel mehr dem Cooperschen glich als etwa jenem, das wenigstens andeutungsweise der kluge und sehr viel unvoreingenommenere Sealsfield sah – dessen erster Roman erschien englisch 1829, im Jahr der zweiten *Wanderjahre*.[1]

✦

In diesem Jahr wird in Moskau Fjodor Michailowitsch Dostojewski geboren, Arztsohn, den das westliche Europa dann ein paar Jahrzehnte lang beinahe vergötterte; in Rouen, Sohn eines Arztes auch er, kommt Gustave Flaubert zur Welt, treuer, brummiger Freund der Sand; in Saint-Lô, weit oben links in der Normandie, wird Octave Feuillet geboren, einer der gelesensten und geehrtesten Schriftsteller seiner Zeit, Mitglied der Académie, Hofbibliothekar und so fort; und wieder in Paris wird Ernest-Aimé Feydeau geboren (und ich drehe jetzt die Sache um:), Vater jenes viel berühmteren Komödienschreibers Georges Feydeau, und der Sohn geht uns jetzt nichts an, aber der Vater schrieb kluge Romane.

1 ✦ 8 ✦ 2 ✦ 2

In Berlin stirbt, sechsundvierzigjährig, ETA Hoffmann.

Grabschrift (12) für

H O F F M A N N . Eulenäugig, wie er so die tagabgewandte Seite des Menschen betrachtet und alles sieht, was sonst Nacht bedeckt oder doch verschleiert. Schreibt Erzählungen, als sei er nie hinausgekommen über den hausbackenen alten Stil, schreibt

---

[1] das sind Zufälle, es liegt nichts an diesen Zahlen und den Spielereien mit ihnen; aber manche dieser Zufälle sind eben sehr hübsch; und wie in Kriminalromanen, bei Chandler etwa, die verführerische Schönheit der Frauen dazu dient, ein Inneres zu verbergen, und mag

wieder andre Erzählungen, in denen Kunst und Leben
sich verfeinden, schreibt Märchen, in denen gleich unter
der verläßlichen Oberfläche der heimelig schönen Klein-
bürgerlichkeit Geister wie zu Hause sind, schöne Geister aber auch, schreibt gruselig-grausame Geschichten;
schreibt schließlich den großen wirren Roman, worin der
Teufel los ist und der Mensch bei Gott nicht der, für den
er sich vorhin noch hielt, und worin das Beste, was einem
passieren kann, am Ende ist, wenn auch tot, so doch
wenigstens auf der Seite der Verlierer gestorben zu sein.
Sah Dinge, an die wir nie gedacht hätten, und schrieb
sie so nieder, daß wir nun daran glauben müssen. In
ganz Europa, unter den romanschreibenden wie unter
den nicht romanschreibenden Kollegen, von Balzac über
Poe zu Baudelaire, einer der Bewundertsten, neidlos
Angesehensten. – Hoffmann war, nach ersten Jahren im
juristischen Dienst, bis zu beinahe seinem vierzigsten
Lebensjahr freiberuflich oder locker angestellt in vorwiegend musikalischen Kunstkreisen tätig, dann in Staats-
diensten als Regierungsrat in Berlin, und hatte dort als
Richter mit den wegen Demagogie angeklagten Burschen-
schaftern zu tun. Er war wortführendes und witzgewal-
tiges Mitglied der Tafelrunde der sogenannten Serapions-
brüder (siehe den entsprechenden Erzählungsband,
Gutzkow hat anspielend diese Serapionsbrüder dann im
Titel eines merkwürdig-schönen Altersromans), Freund
Brentanos, Chamissos *(Peter Schlemihl)*, Fouqués, den wir

---

dieses auch ganz rein sein, so haben die hübschen Zahlenzufälle auch
diesen verführerischen Schein, der, auch wenn wir alles auf sich beruhen lassen, sie uns doch wenigstens bemerken läßt. – Sealsfield
übrigens, aber das macht wohl das Auge (seines), das ist kein Zufall,
sieht hinter dem urwüchsigen Amerika, das er mag, doch schon jenes
Amerika aufdämmern, das dann, ein paar Jahre später, 1835/40,
Tocqueville beschrieben hat – es ist eine sehr animierende Vorstellung,
daß Tocqueville und Sealsfield, dieser gut fünfunddreißigjährig, jener
gerade fünfundzwanzigjährig, beide sich gleichzeitig in den Staaten
aufhielten (vierzig Jahre übrigens nach der romantischen Eskapade
Chateaubriands, mit *Atala* und *René*).

1822 gut kennen, Freund auch jenes erstaunlichen Kriminalrats Julius Eduard Hitzig, der dann seine und auch Chamissos Biographie schrieb, Freund zu guter Letzt jenes genialen Ludwig Devrient, großen Schauspielers, ebenso Trinkers, beiden hat Offenbach dann in *Hoffmanns Erzählungen* ein so phantastisches Denkmal geschrieben – bei dieser Oper übrigens, anders als bei Hoffmanns *Undine*, brannte das Theater, in Wien, schon bei der Uraufführung ab.

Ein großartiges Buch erscheint, zwar kein Roman, aber das Buch eines großen Romanciers, und über das Thema fast aller Romane, nämlich Stendhals *Über die Liebe*. Stendhal hatte die Idee, der Mensch sei dazu gemacht, dem Glück nachzujagen, namentlich dem in der Liebe; seine erste große Liebe war seine jugendliche Mutter, von der er ein hinreißendes Porträt geschrieben hat, später, in den Erinnerungen an seine Kindheit und Jugend; die große Liebe seiner frühen Männerjahre lebte in Mailand, sie liebte ihn nicht wieder, er aber, wie Hamlet (»Schreibtafel her! daß ich mir aufnotiere, daß einer lächeln kann und immer lächeln und doch ein Schurke sein«), schrieb alles auf und ließ es dann drucken, der Verleger verkaufte davon in den ersten zehn Jahren siebzig Exemplare, das Buch war wirklich ein Flop. Dabei ist es, in dem wunderbaren Durcheinander seiner Stile und Redeweisen, der Traum jedes Essayisten: so würden wir am liebsten schreiben – wenn wir dürften, wovon wir träumen, aber uns läßt ja keiner seither, die Verleger wissen warum. Der Gedanke (oder zumindest einer der Gedanken, das Buch hat keinen durchgehenden Gedanken, sondern nur viele davon, und sie hängen auch kaum zusammen), einer der Gedanken also, einer der nachhaltigeren, ist, daß der, den man liebt, das Werk dieser Liebe ist – sehr gerissen, und als hätte er solchen Trost schon bitter nötig, sagt Stendhal deshalb einmal, Eifersucht sei eigentlich unnötig, denn der andre liebe doch eine ganz andre Frau. Stendhal beantwortet *1822* mit diesem Ansatz auch die alte Frage, woher die Liebe komme, und ob uns bloß, wie Anakreon sagt, der Gott mit Fäusten schlägt, und wir also unschuldig sind, oder ob wir, ein bißchen unschuldig auch dann noch, blindlings hineingerannt sind ins Unbekannte; Stendhal sieht, und sagt: daß die Liebe, aus welchem vielleicht sogar unbewußten ersten Verlangen sie sich immer entwickelt haben mag, dann, wenn sie da ist, immer schon unser Werk war: wir hatten die Wahl, aber wir haben sie auch schon getroffen, jetzt ist die Liebe unser Werk, sie ist ganz das, was wir sind, und du kannst sagen was und toben wie du willst: sie ist dein Glück, das, was du wolltest. Stendhal redet über die Liebe so leidenschaftlich, als verwechselte er das Leben, über das er hier schreibt, mit den Romanen, die er dann schreiben wird; er will wohl sagen, daß auch die Liebe, jedenfalls die, die er meint, nur für die *happy few* ist, denen er dann, mit ihrem letzten Satz, seine *Kartause von Parma* widmete.

Und geboren werden in diesem Jahre, als Sohn eines sehr wohlhabenden napoleonischen Offiziers, in Nancy Edmond de Goncourt, der ältere der Brüder, der den jüngeren dann so lang überlebte; in Paris, Sohn eines Concierge und Schneiders, Henri Murger, der jenes arme Bohèmeleben wirklich führte, das er dann in seinen romanhaften *Scènes de la vie de bohème* so wunderbar sentimental verklarte[2]; und in Pfalzburg im Elsaß kam Emile Erckmann zur Welt, der später mit seinem Freund Alexandre Chatrian zusammen eine Reihe sehr hübscher regionaler meist historischer Romane schrieb.

---

[2] die Oper danach ist Puccinis *La Bohème*, die Uraufführung war 1896 in Turin, das Theater, alt, von 1738, blieb stehn.

1 ✦ 8 ✦ 2 ✦ 3

Jetzt stirbt, sechsundfünfzigjährig, in London Anne Radcliffe.

Grabschrift (13) für

R*ADCLIFFE*. In Balzacs *Zweiter Frauenstudie* erzählt Bianchon (eine der öfter auftretenden Figuren in Balzacs Romanwelt) in einer kleinen Gesellschaft eine wirklich furchterregende Geschichte, sie ist etwas kompliziert gebaut, er berichtet, wie er sie erfuhr, und auf halbem Wege dabei, erzählt er nun, habe er, noch nicht im Besitz der ganzen Wahrheit, nachts in seinem Zimmer irgendwo gesessen und habe sich über das, was er bis dahin wußte, einen ganzen Roman »à la Radcliffe« ausgedacht (die Wahrheit ist dann schlimmer): Anne Radcliffe, die die schöne Modeste nicht mehr liest, sie hat ihren Maturin, war die gelesenste Schauerromanautorin[3] ihrer Zeit, alle lasen sie, besonders beliebt waren *The Mysteries of Udolpho* und *The Italian;* die Heldin ist

---

[3] wir wollen uns keine großen Gedanken darüber machen, zu denen, die wir uns schon gemacht haben über die bedeutende Rolle der weiblichen Romanciers, daß gerade der triviale und dann der Schauerroman eine solche Sache berühmter Frauen war, für den Trivialroman haben wir schon Sophie von La Roche kennengelernt, jetzt kommt Anne Radcliffe, auch Jane Austen mokiert sich nicht allein über diese Autorin, es hat da noch andre gegeben, und wir kennen schon Frankensteins Mutter, Mary Shelley. Aber wahrscheinlich ist hier nur die immer noch beschränkte Perspektive schuld, aus der wir alles sehn, was mit schreibenden Frauen zusammenhängt, denn es gab natürlich weit mehr Männer sowohl unter den Verfassern von trivialen als auch von Schauerromanen. – Ich glaube, diese Fußnote war überflüssig. Aber immerhin bedeutet das Phänomen, daß die Frauen sogleich auf ganzer Breite vorrückten. Ein ausgemachter Macho wie Nabokov glaubte erst einmal grundsätzlich, daß Frauen unfähig sind zu guten Büchern, sein Freund Wilson hatte große Mühe, und es gelang ihm dann auch, ihn wenigstens im Falle der Austen von diesem Vorurteil abzubringen. Dabei ist ein Macho ja keineswegs einer, der in allen Punkten den Frauen nicht gerecht würde.

dann ein schönes leidendes Mädchen, das den einen heiraten soll und den andern liebt, sie lebt, nach dem Tod oder
der plötzlichen Verarmung ihrer Eltern, auf einem Schloß
bei einer undurchschaubaren Tante, im Schloß geht vieles
um, schwarze Geheimnisse lauern hinter Vorhängen[4], und
der Held wieder anderswo ist dann ein dämonengejagter,
schöner, aber doch bis in die tiefsten Tiefen unrettbar ver-
derbter und vor nichts zurückschreckender Mann. Leider
hat die Radcliffe die Manier, alles Geheimnisvolle hinterher aufzuklären: als ob also die Lust am Grauen, wenn
sie uns wahren Lesern gefällt, nicht auch die Lust daran
wäre, daß das Dunkle, in uns oder außer uns, diese so erschreckende Gewalt wirklich und wahrhaftig habe (Hoffmann, Maturin und andre haben das gesehn, Modeste hat
es geahnt). Man könnte auf die Idee kommen, daß genau
das Nichtwahrhaben dieser viel tieferen Lust es ist, das hier
wie sonst auch den trivialen Roman eigentlich vom ernsthaften Roman unterscheidet. – Ich möchte gern weitergehn und meinen, daß also der triviale Roman nichts als
ein bestimmtes Publikum vor Augen hat (und also nicht
die Wahrheit), in diesem Falle also ein Publikum, das sich
nur ein ganz kleines bißchen gruseln will vor dem, was
es dann zum Glück doch nicht in sich habe; es ist aber,
jene Wahrheit angehend, fast immer so, daß niemand ehrlicher schreibt als Trivialromanautoren; man gewinnt den
Eindruck, daß ein besserer Autor eine so große und eben
auch wieder arglose Ferne von der Wahrheit gar nicht
erlügen könnte. Romanciers des Trivialen sind darum

---

[4] hinter Vorhängen, die sie sonderbarerweise niemals aufzumachen
sich traut – ich sage das nur im Hinblick auf den jungen Stifter, der
einer der sonderbarsten Schriftsteller war, und auch einmal einen
solchen Vorhang hat, hinter dem was ist. Dem Stifter, der Stifter dann
wurde, weil er es sein wollte, würde keiner das zutrauen, was er zuerst
einmal war, und was er vielleicht doch ein bißchen mehr geblieben
wäre, wenn er an Leser wie uns hätte glauben dürfen. Aber es war,
als hätte ein böser Geist in seinem Innern ihm die ganze Nachwelt
schwarz verhängt gehabt.

1823 häufig unangreifbar liebenswürdige und rechtdenkende Männer und Frauen, und sie weinen, wenn sie so gar nicht begreifen können, was man eigentlich von ihnen will. Man darf aber nicht vergessen, daß sie, und seis hinter dem eignen Rücken, dennoch statt auf die Wahrheit nur auf ein Publikum sehn, das vermutlich wirklich nicht die Wahrheit, sondern nur Wahrheiten mag, die ihm, aus welchen Gründen immer, schmeicheln[5]. Anne Radcliffe, mit einem Juristen und Zeitschriftenherausgeber verheiratet, führte ein sehr zurückgezogenes Leben; die an die Nerven rührenden Landschaften, für die sie berühmt war, entnahm sie Reisebeschreibungen, in denen sie gern las. Jean Paul, der arm war und nicht reisen konnte, machte das auch so, aber er schrieb dann anders; und Poe und Maturin, wenn sie besonders auftrumpfen wollten, erfanden, Götter ihrer dunklen Welten, ihre Landschaften selbst.

Scott schreibt den *Quentin Durward*. – Und niemand, den wir kennenlernen würden, wird in diesem Jahr geboren.

---

[5] vielleicht könnte man sagen, daß der wahre Leser dann nur jene Wahrheit mag, die seiner Einsicht schmeichelt, oder die das Vertrauen rechtfertigt, das er, blind gewissermaßen, dem Autor schenkt. Unter Umständen sind das aber nur graduelle Unterschiede, und wenn sich auch nicht unbedingt in jedem Leser, für den die triviale Literatur da ist, ein guter Leser verbirgt, so steckt doch, wie in den meisten guten Romanen das Triviale, im wahren Leser fast immer auch einer, den zumindest ein begabter Trivialromanschreiber ein Weilchen wenigstens fesseln kann. Im übrigen hat es natürlich auf die Dauer gar keinen Zweck, zu verschweigen, daß wir uns hier, in diesem Buch, durchgehend nur in den luftigeren Regionen der schönen Literatur aufhalten, auch wenn diese Höhen sich dann wieder, trivial genug, etwa so definieren, daß wir die *Wahlverwandtschaften* verdächtig dicht neben Dickens stellen und daß wir nichts Schlimmes zu tun glauben, wenn wir durcheinander Gutzkow und Hawthorne lesen, oder Italo Svevo und Keyserling. Jene zitierten *happy few*, für die Stendhal schreiben will und für die Flaubert sicher schreiben wollte, das sind wir hier – aber wir sind ebenfalls jene, für die die Sand geschrieben hat, auch wenn sie vielleicht ein bißchen sehr wohlwollend war und zuweilen schon etwas weit ging.

1 ✦ 8 ✦ 2 ✦ 4

Es stirbt, gerade vierundvierzigjährig, in Dublin, wo er auch geboren worden war, Charles Robert Maturin; und in Missolunghi, in Griechenland, das er von den Türken befreien wollte, stirbt, sechsunddreißigjährig, auf der Höhe seines Ruhms, Lord Byron.

Grabschrift (14) für

MATURIN. Maturin wurde 1780 geboren, sein Vater war höherer Postbeamter, obgleich er wohl eigentlich hatte Geistlicher werden wollen. Das durfte dann Maturin, der aber, wie es heißt, lieber alte englische Tragödien deklamierte und Schauerromane las, besonders von Anne Radcliffe und der zweiten Größe in diesem Genre, nämlich Matthew Lewis, einem Manne, der von Jugend auf seinerseits Geistergeschichten geliebt und auf einer Deutschlandreise in Weimar auch Goethe besucht hatte, dessen *Faust* er sehr mochte (fängt ja auch ganz wie ein Schauerroman an: da sitzt der Gelehrte und brütet und hadert, und dann kommt der Teufel, und so weiter); Lewis war berühmt geworden für *The Monk*, Mönche sind ja außerordentlich geeignet für Schauerromane, sie sind so nah an Gott, daß der Teufel an ihnen das größte Interesse hat, sie sind vom sonst Menschlichen ein bißchen entfernt und doch verführbar und vielleicht um so verführbarer davon (und schrecklich leicht kann aus der Lust, die sie nicht haben sollen, Haß werden – Diderot in seiner *Nonne* hatte das gründlich genug geschildert), und Klöster und alte Kirchen (Orte der Verführung für einen so wunderbar hellen Kopf wie Casanova) haben hier immer so grausigschöne tiefe gern auch stürzende Gewölbe, alte Grüfte; Mönchsgesänge hallen schauerlich und verdecken leicht, was sich sonst an bösen unheiligen verbrecherischen

1824 Geräuschen tut. Maturin hatte nach dem Studium seine große Liebe geheiratet, schließlich war er als Geistlicher in Dublin gelandet. Er schreibt nachts, eine Tragödie hat in London großen Erfolg, aber London behagt ihm nicht, andre Tragödien fallen durch, er schreibt nun den großen *Melmoth*, der aber offenbar auf wenig Verständnis in seiner Umgebung stößt; er vereinsamt, hat kaum Geld, wird krank, stirbt. Scott, der ihn sehr schätzte, kam bald nach seinem Tode nach Dublin, um Maturins Werke herauszugeben und seine Biographie zu schreiben, aber sein Verlag fallierte, Scott war ruiniert, und mit ihm Maturins Zukunft, oder was doch sogleich daraus hätte werden können; Maturins Sohn William, ein Geistlicher von offenbar fanatisch-bigottem Zuschnitt, vernichtete Maturins Manuskripte. Ich frage mich, schreibt Maturin im Vorwort zu seinem ersten Roman – ich zitiere nach Dieter Sturms Nachwort zu Polakovics' deutschem *Melmoth*, und Sie erinnern sich freundlich bitte an das, worüber wir uns eben beim Tode der Radcliffe Gedanken gemacht haben, nämlich über die Realität des Grauens, »ich frage mich, ob es eine Quelle der Imagination im ganzen Bau des Gemüts gibt, die so mächtig oder universell ist wie die Furcht, die von Objekten unsichtbaren Schreckens aufsteigt…«[6]. James Clarence Mangan, ein trunk- und opiumsüchtiger irischer Lyriker, will Maturin einmal, in dessen Todesjahr, höchst sonderbar gekleidet in einer

---

[6] »die Wahrheit ist immer noch da draußen«, sagen so die niemals lächelnden beiden Protagonisten immer, wenn sie, in einer amerikanischen Fernsehserie, dem Bösen wieder einmal nicht ganz auf den Grund gekommen sind, oft geht es da um unfreundliche Außerirdische oder um irgendwelche monströse Wesen, die auf unvorhersehbare oder unbelangbare Weise aller menschlichen Verfolgungen spotten. Wer ist da, fragt dann Maturin, und die jungen Leute, die diesen Fernsehstücken beinahe den Charakter einer Kultserie einräumen, verstehn diese Frage, sicher, »wer ist da, der nicht manchmal unter dem Einfluß erschauert ist, den er kaum vor sich selber zugeben würde? Ich möchte diese tiefe Empfindung auf eine hohe und offenbare Quelle zurückführen« – also: die Wahrheit ist immer noch da draußen.

etwas düstern Gegend Dublins gesehn haben, an einem Herbstabend; vielleicht, meint Mangan, unterwegs zu irgendwelchen »Stätten der Bücherweisheit«, wie er das nennt; und er habe ihn niemals wiedergesehn, schließt er.

Anmerkungen (5) zu

MATURIN. Maturins Buch hat ungefähr eintausend Seiten, und ich möchte nun doch einmal sagen, daß die allermeisten davon, und das gilt für die allermeisten Bücher dieses Genres, ungemein langweilig und durchaus nicht eigentlich lesenswert sind. Denn mit welchem persönlichen Erschrockensein vor Dämonen draußen und drinnen diese Romanciers auch immer ihre Bücher geschrieben haben, das bleiben doch alles, selbst ein gutes Stück oberhalb der rein trivialen Sphäre, ziemlich trostlose Albernheiten (wir haben ja Mühe genug, Milton zu den abgefallenen Engeln zu folgen; Goethe und sein Mephisto, Hoffmann und seine Doppelgängereien, Stevenson mit dem Verwandlungselixier, Bulgakow und der Teufel Voland, zur Not noch epigonale Stücke wie Manns Doktor Faust – das sind uns mehr Bilder als die Sachen selber, an die wir ja doch im Ernst nicht glauben); natürlich können wir uns, oft sehr leicht, wenn die Autoren dann manchmal so gut sind wie Maturin, hineinsteigern in ihre Geisterreiche (Potocki müssen wir ausnehmen – nichts bei uns ist ausnahmslos so, wie es aussieht, wenn man es benennt –, Potocki also müssen wir ausnehmen, er ist ein großer Mann, er schreibt um Klassen besser, und die Kabbala ist mit ihren streng hierarchischen Engelsordnungen beinahe so etwas Faszinierendes wie eine durchdachte Theologie – – und ach, im Grund gehört ja auch die samt ihren drei Gegenständen ins Geisterreich, da werden dann, wenn man den Gedanken einmal faßt, die Grenzen sehr fließend, es kommt wohl alles bloß darauf an, wie weit hinein in die Welt der

Bildung und der gesellschaftlichen Institutionen die Ak-
zeptanz jeweils geht: Gott wäre sonst auch leicht als
eine Spielerei einiger Maturins oder romaneschreibender
Swedenborgs denkbar – so sind ihnen immer nur die
Mönche geblieben, wie der schönen Frau Potiphars der
bloße Rock – – aber macht nicht auch, ganz ernsthaft
unter uns gefragt, zuviel Gott aus jedem Roman Trivial-
literatur?) – wir können uns also ziemlich mühelos hineinsteigern in alle diese Geisterreiche, aber es ist dann doch
ein sehr künstliches Leben, das wir da lesend führen, ganz
arm im Grund gegen das, das wir lesend führen könnten:
denn dieses ganze Argumentieren hat natürlich nur einen
Sinn, wenn es immer wieder zurückkehren kann in das
einzige Feld, auf dem wir hier wirklich fest stehn, in das der
Erfahrung und ihrer gegenüber sämtlichen Argumenten so
unendlich viel größeren Plausibilität; es ist immer so, wie
Xenophanes einmal sagt: Wenn Gott nicht den gelblichen
Honig erschaffen hätte, so würde man meinen, die Feigen
wären viel süßer – wir aber lesen nun die Austen, wir haben
schon Brown gelesen, Constant, Nodier, jetzt kommen
Balzac (der sowohl die Geister als auch Gott noch aus-
probiert hat für das alles umfassende Reich, das er schaffen wollte), Stendhal, und dann alle die andern … wenn
sie nicht wären, würden uns wohl vielleicht die Schauerromane (und für die Ritterromane gilt das ja *mutatis
mutandis*) süß vorkommen; aber nun ist es zu spät. –
Daß, wenn es einmal auf diese Art zu spät ist, kluge Leute
immer noch einmal darauf zurückkommen können und
dann meistens scheitern, manchmal aber auch nicht, mag
sein; wir haben ja auch eigentlich über diese Art Romane
nur geredet, wenn sie, im Grund nur Ausdruck einer Zeitstimmung, erst eine Mode werden und sich dann als ein
Genre im Genre etablieren wollen[7].

---

[7] sicher sind aber auch die Begriffe Zeitstimmung, Mode und
Genre im Genre nicht immer dieselben zu jeder Zeit; und so kann etwa
das Sichetablieren des Kriminal- oder Detektivromans ungefähr gegen

Grabschrift (15) für

BYRON. (Byron war das, was zu seiner Zeit Klopstock hätte werden können, wenn er nicht aus Quedlinburg gewesen wäre, und auch die Zeit doch eine andre – ich setze das in Klammern, es ist nur in Parenthese wahr.) Nun aber Goethe über ihn, und Goethe hielt Byron für den einzigen, der ihm ebenbürtig war oder das wenigstens hätte werden können, für das wirkliche Genie unter den Modernen; er sagt zu Eckermann, jedenfalls sagt Eckermann so, am 24. Februar 1825 (Byron war am 9. April 24 gestorben, Goethe war fünfundsiebzig, die Trauer war vorbei, nun lebt er ihm fast wieder): »Man bemerkt mit Verwunderung, fuhr Goethe fort, welcher große Teil des Lebens eines vornehmen reichen Engländers in Entführungen und Duellen zugebracht wird. Lord Byron erzählt selbst, daß sein Vater drei Frauen entführt habe. Da sei einer einmal ein vernünftiger Sohn! – Er lebte eigentlich immer im Naturzustande, und bei seiner Art zu sein, mußte ihm täglich das Bedürfnis der Notwehr vorschweben. Deswegen sein ewiges Pistolenschießen. Er mußte jeden Augenblick erwarten herausgefordert zu werden. – Er konnte nicht allein leben. Deswegen war er trotz aller seiner Wunderlichkeiten gegen seine Gesellschaft höchst nachsichtig. Er las das herrliche Gedicht über den Tod des General Moore einen Abend vor, und seine edlen Freunde wissen nicht, was sie daraus machen sollen. Das rührt ihn nicht und er steckt es wieder ein. Als Poet beweist er sich wirklich wie ein Lamm. Ein Anderer hätte sie dem Teufel übergeben.«[8]

Ende des neunzehnten ein andres Gewicht haben als der Erfolg des Schauerromans gegen Ende des achtzehnten Jahrhunderts. Wir werden sehr viel später sicher noch darauf zurückkommen. Das ganze Problem war uns ja schon beim historischen Roman einmal aufgefallen.

[8] ich würde gern diese Ode, von der die Goethe redet, hier zitieren, ich habe sie bei Byron nicht gefunden, konnte das auch nicht, denn Goethe irrt, und der Kommentar verrät, daß diese Ode von einem gewissen Charles Wolfe ist, von dem ich nichts weiß. – Hier aber, aus dem

1824 Cool und lässig ist das alles. Und dann Flaubert, 1838 an Ernest Chevalier, einen alten Klassenkameraden: »Wirklich, ich habe nur vor zwei Männern eine tiefe Hochachtung, vor Rabelais und Byron, die beiden einzigen, die in der Absicht geschrieben haben, der Menschheit zu schaden und ihr ins Gesicht zu lachen. Wie mächtig ist die Stellung eines Menschen, der so der Welt gegenübersteht.« Und an seine Geliebte Louise Colet im Oktober 46, »um Mitternacht ... Es gibt andere, die nur zu schreiben brauchen, um harmonisch zu sein, zu weinen, um Rührung zu erwecken, und sich mit sich selbst zu befassen, um ewig zu sein. Sie wären vielleicht nicht weiter vorgedrungen, wenn sie etwas anderes gemacht hätten;

Jahre 1816, der Anfang eines Gedichts von Byron auf das Grab des Satirikers Charles Churchill, der von 1731 bis 1764 gelebt hatte und den Byron sehr mochte; Churchill war in Westminster geboren worden und starb in Boulogne in Frankreich, wohin er seiner Satiren wegen hatte fliehen müssen; als Byron das Grab besuchte (wenn er wirklich am Grabe war), hatte er selber gerade England fluchtartig verlassen müssen, April 1816; hier also der Anfang des Gedichts: »Ich stand am Grabe dessen, welcher schien / so strahlend wie ein Stern für kurze Zeit, / und sah des so bescheidnen Hügels Grün / und blickte wie mit Ehrfurcht, so mit Leid / auf des verfallnen Steines Schweigen ...« – das Gedicht ist datiert: »Diodati, 1816« – Diodati hieß die Villa, die sich Byron am Genfer See mietete und in der er mit Shelley zusammen wohnte, im August besuchte die beiden dort übrigens jener Matthew Lewis, den wir als Verfasser des *Mönchs* und als Liebhaber von Goethes *Faust* kennen, und las ihnen, während des Lesens übersetzend, eben aus Goethes *Faust* vor. Ich hier bringe Ihnen rasch noch, kurz vor Lewis' Besuch, ein paar Verse aus einem Sonett Byrons auf den Genfer See: »Rousseau, de Staël, Gibbon und Voltaire, / die Namen sind wohl deines Strandes wert / und er der Namen, da du stets verehrt / durch sie doch bliebest, wärst du selbst nicht mehr ... Und oh, wie gut, / ja wieviel tiefer noch empfinden wir, / sanft gleitend über deine klare Flut, / du See der Schönheit, die Begeistrung für / Unsterblichkeit und jene tiefe Glut, / die selbst den Hauch des Ruhms verkörpert hier.« Im Oktober fahren Byron und Shelley dann nach Italien weiter, artig machen sie der Staël einen Abschiedsbesuch, Coppet war nicht weit weg von der Villa Diodati, sie waren öfter dort zu Gast. – Edward Gibbon übrigens, der da neben Rousseau, Voltaire und der Staël genannt wird, hatte in den achtziger Jahren in Lausanne seine berühmte *History of the Decline and Fall of the Roman Empire* geschrieben.

doch in Ermangelung von Breite besitzen sie die Glut
und den Schwung, so daß sie, wenn sie mit einem ande-
ren Temperament geboren worden wären, vielleicht gar
kein Genie besessen hätten. Byron gehört zu dieser
Familie . . .«[9]. Man wird ein bißchen übermütig, wenn
man Byron liest, die Welt ist nicht mehr so schwer, und
man glaubt fast, daß der Mensch mehr ist als einer, der
den Tod fürchten muß.

❖

Willibald Alexis, ein junger Mann aus Breslau, der in
Berlin aufgewachsen war, und sich, wie schon erwähnt,
mit Scott-Übersetzungen Geld verdient hatte, bringt
seinen ersten Roman heraus; ich habe die Erstausgabe
in der Hand, das Titelblatt lautet: »*Walladmor*. Frei nach
dem Englischen des Walter Scott. Von W   s.« Das war
natürlich als ein Kaufanreiz gedacht; liest man das
Buch, dann begegnet einem hinten im dritten Band Walter
Scott, der sich ins Geschehen mischt: hier entschleiert
sich die Titelei dann als die Fiktion, die sie ist. Das Buch
ist munter und witzig in seiner Art. – Von Cooper erscheint *Der Lotse*, eine nicht immer völlig klar durch-
schaubare See- und Kriegsabenteuergeschichte, deren
Helden Cooper der Geschichte entnommen hatte; Cooper
war Schiffsoffizier, und das Bravourstück des Helden,

---

[9] die andere Familie charakterisiert Flaubert im Satz davor so: »Die
größten, die seltenen, die wahren Meister fassen in sich selber die
ganze Menschheit zusammen; ohne sich um sich selbst oder um ihre
eignen Leidenschaften zu kümmern, und ihre eigne Persönlichkeit als
unbrauchbar verwerfend, um sich in die der anderen zu versetzen,
reproduzieren sie das Universum, das sich in ihren Werken funkelnd,
vielfältig und abwechslungsvoll abbildet wie ein weiter Himmel, der
sich mit all seinen Sternen und seinem Blau im Meer spiegelt«, und für
diese Familie, für die wir in unsern Zusammenhängen sicher einen
großen Romancier nennen würden, Balzac vielleicht, oder woanders
Pérez Galdós, nennt er Shakespeare; gegen Balzac, den er großartig
fand, war er im Grund ein bißchen skeptisch, er kreidet ihm einmal
sehr an, Scott für einen großen Dichter gehalten zu haben.

1824 als er ein Schiff durch ein Brandungs- und Felsengewirr bringt, das ein Gott kaum hätte queren können, ist wirklich sehr eindrucksvoll für uns, die wir nie ein Segelschiff durch Felsen gesteuert haben und dies auch nie tun werden; aber der Held hat auch eine Stimme, ganz monoton eigentlich, aber wenn es dann darauf ankommt, und Sturm und Brandung so toben, daß, wiederum, kein Gott den Lärm durchdrungen hätte (und Gott, sagt unser Freund Xenophanes, der mit dem Honig, ist ganz Auge, ganz Ohr, ganz Mund), dann hebt er die Stimme, und jedermann versteht sie klar, und seine Anweisungen, in Momenten, in denen, ein letztes Mal, ein Gott sich einfach davongemacht hätte, sind von wunderbarer Genauigkeit und Ruhe. – Und dann erscheint, in Aarhus, ein kleiner Roman von Steen Steensen Blicher, *Bruchstücke aus dem Tagebuch eines Dorfküsters* (die neueste, wunderbare Übersetzung ist von Walter Boehlich 1993). Blicher war 1782 in Vium in Nordjütland geboren worden, hatte Ossian übersetzt und dann im Pfarramt den kleinen Roman geschrieben, nach einer wahren Geschichte, die dann später Jens Peter Jacobsen noch einmal geschrieben hat, ohne Namenskaschierungen, in seiner *Frau Marie Grubbe*, dem erstaunlichen Beispiel eines historischen Frauenromans. Es geht bei Blicher um Liebe, Entsagung, Schuld; der Dorfküster hat als ganz junger Mann, als Domestike, eine für ihn viel zu hoch stehende Frau geliebt, die Tochter seines Herrn, die erst einen andern heiratet und dann zusammen mit seinem alten Freund von damals zugrunde geht; am Schluß schreibt er, in Winterverklärung: »Der Mond hat die Sterne verjagt, er will allein leuchten. So schön schien er auch einmal, vor vielen – vielen Jahren, als ich Fräulein Sophie kutschierte. Meine junge Seele strahlte klar und glänzend wie der Mond, und ihre war auch rein, fleckenlos wie Neuschnee. Jetzt ...« – und dann zitiert er die Bibel, das tut er oft, jetzt etwa: Die Gnade aber des Herrn währt von Ewigkeit zu Ewigkeit,

Psalm 103. Das zitiert also eine Figur in der Geschichte;
die Geschichte selbst ist nicht ganz so erzählt, als würde
der Autor diesen Psalm von sich aus zitieren.

❖

Geboren wird in diesem Jahr in London, als Sohn eines
Landschaftsmalers, Wilkie Collins, Freund und Kollege
von Dickens, Verfasser ebenso umfangreicher wie guter
immer noch lesenswerter Romane; in Paris wird, un-
ehelicher Sohn des nachmals großen Dumas père, der bis
dahin aber noch nichts für seinen Ruhm getan hatte,
Alexandre Dumas fils geboren, Vater der *Kameliendame*;
und in Cabra, in der Provinz Córdoba, kommt im Hause
eines Marineoffiziers Juan Valera y Alcalá Galiano zur
Welt, Diplomat, der überall in Europa zu Hause war und
bezaubernd leicht geschriebene kleine Romane machen
konnte.

1 ❖ 8 ❖ 2 ❖ 5

In Bayreuth, zweiundsechzigjährig, sehr geehrt, und fast
zu Geld gekommen, stirbt Jean Paul.

Grabschrift (16) für

JEAN PAUL. 1763 in Wunsiedel in einem
Pfarrhaus geboren, hatte Jean Paul, der nie etwas
anderes werden wollte als Schriftsteller und nie
etwas anderes tat als für das Schreiben lesen und schreiben, mit Satiren angefangen. Sein erstes großes Buch
war *Mumien,* oder *Die Unsichtbare Loge,* ein so verwegen
subjektives und selbstbewußtes Werk, wie es seither als
einen Erstling kein Mensch mehr gewagt hat, es war
aber auch keiner da, der es hätte wagen können. Es folgte
zwei Jahre später vierbändig der *Hesperus,* ein beinahe
noch schöneres Buch in seiner spürbaren Versöhntheit mit

all dem Bösen, das ihm auf sein erstes Buch hin ja auch hätte zustoßen können (denn das Gute setzt sich durchaus nicht anstandslos durch, wir denken das nur, weil wir vom Guten nur das kennen, was sich durchgesetzt hat). 1796 begann der *Siebenkäs* zu erscheinen, mit vollem Titel: *Blumen-, Frucht- und Dornenstücke oder Ehestand, Tod und Hochzeit des Armenadvokaten F. St. Siebenkäs,* dreibändig, eine Art Ehegeschichte im kleinbürgerlichen Milieu, worin eine der ersten großen Freundesgestalten Jean Pauls auftritt, Leibgeber. Und dann kommt, nach dem wundervollen Spaziergang im *Kampaner Tal* mit Nadines Ballonfahrt, der *Titan,* den wir, samt dem ganz und gar unvergeßlichen *Giannozzo* in seinem Ballon, schon kennen, und es folgen dann an großen Sachen noch die *Flegeljahre* und der leider unvollendete *Komet.* Jean Paul scheint dem Leser viel in den Weg zu legen, mancher schafft es nie; dabei gibt es eigentlich kaum einen verführerischeren Schreiber, und unter den ernsthaften Romanciers ist keiner unseriöser als er: es wimmelt von Intrigen, Verführungen, Täuschungen, Liebesszenen, Schlägereien und Toten und Halbtoten, Kalauer und großer Stil sind kaum getrennt, gar nichts ist eigentlich ganz von allem getrennt; der Autor, unbestechlich, unantastbar, schwer zu erkennen, groß aufragend, weit über seine vieles hinnehmende irdische Gestalt, bleibt hinter allem verborgen. – »Ich habe mit dem Tode geredet«, sagt einer in der *Unsichtbaren Loge,* »und er hat mich versichert, es gebe weiter nichts als ihn.« Im *Kampaner Tal* sagt ein andrer: »Und meine Trauer ist edel und tief, denn sie hat keine Hoffnung.«[10] Jean Paul selber schreibt einmal, er hoffe sehr, seinen Pudel, der eben verstorben war, im

---

[10] »Die antike Melancholie«, schreibt Flaubert einmal an Madame des Genettes, »scheint mir tiefer als die der Modernen, die alle mehr oder weniger an die Unsterblichkeit jenseits des *schwarzen Loches* denken. Für die Alten war aber gerade dieses schwarze Loch das Unendliche selbst; ihre Träume zeichneten sich auf einem unwandelbaren Untergrund von schwarzem Ebenholz ab ...«

Himmel dann wiederzusehn. Wir Leser, reich durch ihn wie durch kaum einen andern, trauern um nichts als das Leben, das uns die Augen schließt, dann können wir nicht mehr lesen, und allein im Gelesenen hatten wir Heimat und Himmel; sollten wir aber in den Himmel kommen, dann muß uns *Jean Paul* seinen Kometen zu Ende erzählen, und was ihm da oben noch eingefallen ist[11].

Puschkin: *Eugen Onegin*, ein Versroman. Die schöne junge Leserin, bei Balzac knapp zwanzig Jahre später unsre Modeste Mignon, heißt hier Tatjana: »Wie aufmerksam sie die Romane / jetzt liest und süße Tiefen schürft... All die von Phantasiegewalten / geglückt geschaffenen Gestalten: / Der Liebling der Julie Wolmar, / Malek-Adhél und de Linar, / und Werther, wilder Held der Schmerzen, / und Grandison, so beispiellos... Indes sie glaubt, die Heroine / der Dichter, die sie liebt, zu sein, / Clarissa, Julia, Delphine...« – Julie Wolmar ist die neue Heloïse aus Rousseaus Roman, Malek-Adhél ist der Held eines Romans einer gewissen Marie Cottin, die von 1770 bis 1807 lebte und eine Reihe vielgelesener Liebesgeschichten schrieb (Gero von Wilpert in seinem *Lexikon der Weltliteratur* ekelt sich vor so etwas und hat sie nicht mehr), de Linar, schreibt Puschkin zu diesem Vers, ist der »Held einer reizenden Erzählung der Baronin Krüdener«, Wilpert hat auch sie nicht, wir aber kennen sie als Heimsuchung der Staël in Coppet; Clarissa ist von Richardson, das wissen wir, Delphine, da sind sich die Kommentatoren Puschkins nicht einig, ist entweder die uns bekannte Heldin der Staël oder stammt aus einer Erzählung von Jean-François Marmontel, der von 1723 bis 1799 lebte, ständiger Sekretär der Académie, später auch ihr Mitglied war, an der großen *Encyclopédie* mitarbeitete und in

---

[11] und mir, ob ich ihn sehr gekränkt habe mit dem Buch, das ich einmal über ihn geschrieben habe.

1825 Romanform soziale und moralische Probleme abhandelte (mehr als andre Gattungen war der Roman in jenem Jahrhundert noch eine Form, deren man sich zu irgendwelchen höheren Zwecken bedienen konnte). Als moderne Lektüren, »neblicht und verschwommen«, nennt Puschkin in der übernächsten Strophe dann noch Maturin, Nodier mit dem *Jean Sbogar* – wir nehmen das hin; über Byron heißt es sonderbar: »Lord Byrons Laune übersetzte / in düstere Romantik doch / selbst hoffnungslose Ichsucht noch« – nehmen wir auch so hin. Und dann schreibt Puschkin: »Was, Freunde, soll dies ganze Treiben? / Vielleicht besinnt der Himmel sich / und läßt mich nicht mehr Verse schreiben, / ein neuer Dämon reitet mich, / mag Phoebus auch bedrohlich winken, / zur biedern Prosa abzusinken; / und ein Roman im alten Stil / wird meines Lebensabends Ziel« – wir wissen nicht, was wir dazu sagen sollen. Daß Puschkins Buch elegant und schön ist wie Byrons Sachen, sollte man keinem sagen müssen; es ist mit diesem *Eugen Onegin* wie mit so vielen hochberühmten Stücken, an die man nicht gehn will: sie sind wirklich so schön wie ihr Ruhm groß ist, und wenn man sie dann gelesen hat, versteht man sich nicht mehr, daß man sie nicht hat lesen wollen: ein schönes Zeichen dafür, wieviel klüger man geworden ist.

Anmerkungen (6) zu

PUSCHKIN. Die großen mittelalterlichen Versromane sind eine Klasse für sich, die vernünftigen Mediävisten sind davon abgekommen, bei Wolfram, Gottfried oder Hartmann von Epen zu reden, sie nennen das Romane, und sehn den Übergang von der ganz kommunen Versrede zur Prosa bei den Franzosen und dann im Spätmittelhochdeutschen wohl mehr als ein gegenüber den durchgehaltenen und die Gattung konstituierenden Inhalten eher sekundäres Formproblem. Eine andre Klasse ist das aus der Antike sich herschreibende

Epos, das über Homer und Vergil (da würde man wohl kaum von Romanen reden) beinahe eine direkte Verbindung zu Ariost und Tasso hat (Tasso spielt in einer polemischen Schrift die beiden Alten gegeneinander und zu Ungunsten Ariosts und zu seinen eignen Gunsten aus und findet, daß Gott das eigentliche Thema des neuen Epos sein muß, daher bei ihm die Kreuzzüge, zum Glück hat auch er aber eine Zauberin dabei) – hier hat dann, obwohl er offenkundig Ariost mehr liebt (er zitiert ihn gleich am Beginn) Milton angeknüpft (dessen *Paradise Lost* auch nicht ganz als Roman durchgehn würde), an ihn wieder Klopstock der Unselige (und so hinreißend die ersten drei Gesänge seines *Messias* immer sind); im übrigen ist das allzu pingelige Unterscheiden zwischen Epos und Roman sicher kaum mehr als ein Wortgefecht; allenfalls könnte man sagen, und das ist wohl auch die Meinung der Mediävisten, daß, seit sich einmal sehr früh schon die Prosa für den Roman durchgesetzt hat, Versepen mehr Epen als Romane und überhaupt wohl eine eher sonderbare Gattung sind. Dieses Epos nun hat, für uns sehr im verborgnen, weitergelebt, das achtzehnte Jahrhundert ist voll von Epen, Voltaire hat frivol und entzückend der Jungfrau von Orleans ein kleines Epos gewidmet, Wieland hat förmlich brilliert in dem Genre (aber wenn es ihm ernst wird, schreibt er natürlich Prosaromane). Wir lassen das alles auf sich beruhn (Spitteler, Däubler, Mombert, lassen wir alles auf sich beruhn); aber ein Epos, nach alten Quellen, ist Goethes *Reineke Fuchs*, ein Epos, ein bürgerliches, nach Voß' *Luise*, ist natürlich formal sein Hexameterroman *Hermann und Dorothea* von 1798, ein Epos also, aber eben auch ein Roman – natürlich darf man diesen Roman nicht mit den *Wahlverwandtschaften* etwa vergleichen; tut man das aber doch, dann will man, bei allen herztreffenden Lieb- und Niedlichkeiten, doch nie wieder einen Versroman lesen – bis man eben bei Byron und Puschkin wortbrüchig wird, beider Cleverness wegen, und weil wir

so ungern widerstehn, wenn große Leute so sophisticated und so kühn und dann noch so glücklich in ihrer Kühnheit sind (sonst aber ist, noch einmal und endgültig seit dem späten Mittelalter, für uns wie für alle großen Romanciers – sonst wäre sies auch nicht für uns – ab jetzt, mit dem Beginn unsres Buchs spätestens, eindeutig die Prosa die Sprache des Romans). Also, ein Roman ist für uns hier ein längeres erzählendes Prosastück (ungefähr ab knapp 30000 Wörtern), wenn Roman drübersteht, aber auch, wenn Erzählung drübersteht (obwohl es sich, wie etwa oft bei Raabe, um einen Roman handelt), oder auch, wenn sonst nichts drübersteht, oder etwas ganz andres, es sich aber um ein erzählendes längeres Prosastück handelt; und Roman ist für uns ferner alles, was der Verfasser, in welcher Laune auch immer (auch seine Launen sind heilig, solange sie uns amüsieren), als einen Roman verstanden haben will, zu solchen Verfassern gehören eben Puschkin und beispielsweise Jarry. Kurzum, Romane sind genau das, was in diesem Buch hier zum Lesen empfohlen wird, besser kann man das gar nicht definieren; und wenn wir das anders definieren wollten, dann würden wir das allenfalls am Ende dieses Buchs tun.

❖

Geboren wird in Komárom an der Donau Mór Jókai, Freund Petőfis, einer der allerberühmtesten und gelesensten Romanciers seiner Zeit; einmal erzählt er eine Nachtfahrt mit Konterbande die wilde Donau hinab, den halben klippendurchfahrenden Cooper möchte man dafür hingeben, oder den ganzen; und er hat eine Insel entdeckt, die dann nicht mehr sein wird, und vorher nicht war, und auf der einer wohnt, den das Glück verfolgt – der möchte man sein, sagt man sich; aber was würde Stendhal dazu sagen, der das Glück für das hält, wonach man jagen muß? Im nächsten Kapitel kommt er, nämlich Stendhal, und Balzac kommt nun auch.

VII
1826 BIS 1830

1 ✦ 8 ✦ 2 ✦ 6

In diesem Jahre starb fünfundsiebzigjährig, und, wie man wohl zugeben muß, wenn man glaubt, was die Freunde sahen, grantig und ziemlich verknöchert, unbeliebt geworden mit der Zeit, jedenfalls persönlich, denn daß sein Homer ihn wunderbar überleben würde, war jedem klar, Johann Heinrich Voß; und da Sie, verehrte Leser, wahrscheinlich niemals in seinen kleinen im letzten Kapitel erwähnten Versroman *Luise* auch nur einen einzigen Blick werfen werden, will ich daraus, als eine

Grabschrift (17) für

VOSS. ... ein paar Hexameter zitieren, und zwar gleich aus der *Ersten Idylle*, dem *Fest im Walde.* Der Zusammenhang ist so, daß zu Luisens Geburtstag eben zu Mittag gegessen worden ist, die Mutter entschuldigt den Gästen gegenüber die Ländlichkeit des Mahls, Bauernkost sei es gewesen, kein gräflicher Schmaus, sagt sie, und daraufhin donnert der Alte, der Pfarrer, folgendermaßen los: »Ei, mit der unstatthaften Entschuldigung! War denn der Reisbrei / angebrannt? und der Wein auf dem Reisbrei nüchtern und kahnig? / Waren nicht jung die Erbsen und frisch, und wie Zucker die Wurzeln? / Und was fehlte dem Schinken, den Heringen oder der Spickgans? / Was dem gebratenen Lamm und dem kühlen rötlichgesprenkelten / Kopfsalat? War der Essig nicht scharf, und rein das Provinzöl? / Nicht weinsauer die Kirsche Dernat, nicht süß die Morelle? / Nicht die Butter wie Kern, nicht zart die roten Radieschen? / Was? Und das kräftige Brot, so weiß und locker!« – Voß war über Vierzig, als er das schrieb, er kam aus sehr armen Verhältnissen, hatte dann doch studiert und die Tochter Boies geheiratet, Ernestine; Boie war ein großer Literaturförderer als Gründer des ersten deutschen Musenalmanachs und Zeitschriftenherausgeber, sein Beruf war jetzt Landvogt von Süderdithmarschen, das klingt ein bißchen wie von Storm, aber dafür kann Boie natürlich nichts; Voß, der aus Mecklenburg stammte, war dann, nach der Heirat, in Wandsbek tätig (Claudius wohnte dort), als Herausgeber des *Göttinger Musenalmanachs,* den bis dahin eben Boie gemanaged hatte, ging dann als Lehrer ins Hadelner Land, und dann nach Eutin, wohin ihn sein Freund Stolberg geholt hatte, der dort, in den neunziger Jahren als Kammerpräsident, zu Hause war (er übersetzte, vor Voß, Homers *Ilias;* als er mit viel Pomp katholisch wurde, brach Voß mit ihm) – und in der Eutiner Landschaft, muß man sich vorstellen, spielt *Luise* (es gibt dort, am Kellersee, noch eine Luisenquelle, das Dorf Malente soll jenes Grünau sein, dessen Pfarrer Luisens Vater ist, der Donnerer von eben). Außer schönen Frauen, die aber ja öfter vorkommen und die man nicht kriegen kann, ist in Romanen kaum etwas so verlockend wie einerseits diese wunderbaren Landschaften, und andrerseits eben diese verführerischen Mahlzeiten, wenn sie so hingestellt werden mit den Einzelheiten; und es ist gar nicht so, daß es uns dann weiter interessierte, wie sie damals lebten, nein, ich jedenfalls will es einfach selber auch so schön haben und nicht wissen, was sie aßen, sondern essen, was sie aßen – einmal, das weiß ich noch, wollte ich fasten, las aber dann Thomas Wolfes *Schau heimwärts, Engel*, mit dieser Fülle von duftenden Sachen, die sie da essen, und an diesem Tage, und ich verstand die Beiden aus dem Dante, an diesem Tage fastete ich nicht weiter. Soviel zu Voß.[1]

---

[1] Hölle 5, Francesca: »Wir lasen eines Tages zum Vergnügen / von Lancelot, wie ihn die Liebe drängte; / alleine waren wir und unverdächtig. / Mehrmals ließ unsre Augen schon verwirren / dies Buch und unser Angesicht erblassen, / doch eine Stelle hat uns überwältigt. / Als wir gelesen, daß in seiner Liebe / er das ersehnte Antlitz küssen mußte, / hat dieser, der mich niemals wird verlassen, / mich auf den Mund geküßt mit tiefem Beben. / Verführer war das Buch und ders geschrieben. / An jenem Tage lasen wir nicht weiter.« Wenn die beiden hier von Lancelot lesen, so ist der beliebteste und meistgelesene dieser großen mittelalterlichen Romane gemeint, auf die ich schon öfter hingewiesen habe; in diesem gewaltigen Roman sind im französischen Original, aus der Mitte des 13. Jahrhunderts, wie dann in der deutschen Fassung die beiden großen Sagenkreise um Artus und den Gral zusammengefaßt. Dante, der um das Jahr 1300 herum schrieb, erlebte die Wirkung dieses Romans gewissermaßen hautnah mit (manche Dante-Kommentatoren, wahrscheinlich die Romanverächter unter ihnen, sind der Meinung, Dante beziehe sich auf den Lancelot-Versroman Chrétiens; der neueste Kommentar des mittelhochdeutschen *Prosa-Lanzelot* wieder gibt, richtiger wohl, aus diesem und damit dem französischen Prosaroman genau die Stelle an, auf die sich Dante bezieht). Die Kußszene im *Prosa-Lanzelot* ist sehr ausführlich und, darin im Kleinen wie der ganze Roman, außerordentlich geistreich und schön; den Boten zwischen der verliebten Ginevra (der Frau von Artus) und dem jungen Lanzelot macht ein gewisser Galahot: nach eben diesem heißt italienisch jener von Francesca, bei Dante jetzt, angegebne Verführer *galeotto,* ein Ausdruck, der also nicht ganz die moralisierende Tendenz haben muß, die Dante durch Francescas Mund hier an den Tag zu legen scheint, wenn sie, wie dann sehr viele Romanciers im neunzehnten Jahrhundert, Romane verdächtigt, besonders die Frauen zur meistens dann eben unguten Liebe geneigt zu machen (den ethisch hohen Standpunkt zu solchem moralisierenden

1826 Es gibt eine ganze Reihe schöner Bücher in diesem Jahr, den Anfang soll der ganz junge, zweiundzwanzigjährige Disraeli machen (sein Papa war Schriftsteller, Sie erinnern sich), der siebzehnjährig in eine Advokatenfirma eingetreten (Balzac und Dickens haben dann solche

---

Stehen über der Romanleserei hat Dante natürlich, und Francesca müßte die ganze ein wenig auch warnende Entschuldigung nicht vorbringen, wenn Dante diesen Standpunkt nicht tatsächlich auch einnähme – der erste einer endlos langen Reihe von Warnern vor dem Roman –; wenn eben doch nicht diese Szene bei Dante so ungeheuer schön wäre!) Das Motiv, daß Liebende sich Romane vorlesen oder erzählen, ist im mittelalterlichen Roman selber schon nicht selten; bei Gottfried, im *Tristan*, sitzen Tristan und Isolde vor der Minnegrotte, die große Schlüsselszene des Romans beginnt: »Die liebliche Linde versüßte ihnen mit ihren Blättern die Luft und den Schatten. Durch ihren Schatten waren die Winde lieblich, sanft und kühl. Die Ruhebank der Linde bestand aus Blumen und Gras, der am schönsten gemalte Rasen, den jemals eine Linde hatte. Dort saßen sie aneinandergeschmiegt, die treuen Liebenden, und erzählten sich von sehnsüchtiger Liebe derer, die vor ihrer Zeit aus Liebe gestorben waren. Sie redeten und erzählten, sie trauerten und klagten über das, was Phyllis von Thrakien und was der armen Kanake und was ihnen im Namen der Liebe geschah; wie das Herz der Byblis brach aus Liebe zu ihrem Bruder; wie es der Königin von Tyrus und Sidon, der liebeskranken Dido, wegen ihrer Sehnsucht so schlimm erging ...« – und mit der berühmten Dido etwa beziehen sich die beiden Liebenden hier bei Gottfried wohl kaum auf Vergil, der die Geschichte ja berichtet, oder auf Ovid, bei dem alle diese Geschichten vorkommen, sondern ganz sicher direkt auf Heinrich von Veldeke, der ein Jahrhundert vor Gottfried namentlich durch seinen Versroman *Eneide* berühmt geworden war, dem er wiederum eine ältere französische Erzählung zugrunde gelegt hatte. Anders übrigens als bei Francescas und Paolos Roman, dessen Liebesgeschichte keine besonders tragische Komponente hat, lesen Tristan und Isolde lediglich Romane, deren immer tragische Plots schon sehr deutliche Verweise auf das Ende enthalten, das auch die Liebe der Lesenden hier nehmen wird. – Ich will die Fußnote nicht schließen, ohne auf Kellers *Grünen Heinrich* hingewiesen zu haben (das tut auch der Lanzelot-Kommentator, leider gibt er falsche Kapitel an, er sagt, die Sache stehe in der ersten Fassung des *Grünen Heinrich* III, 6 – dort aber steht sie in der zweiten Fassung, in der schöneren ersten steht sie III, 3; nichts für ungut, die ganze Lanzelot-Ausgabe ist sonst ein wahres Vorbild an Edition). Oft nachts geht der junge Heinrich zur schönen Judith, einer Frau, die keiner vergessen kann, der je diesen zauberhaftesten aller Romane etwa in jungen Jahren gelesen hat: »So hatten wir in diesen Nächten vollauf zu plaudern und saßen

Firmen und mögliche Karrieren darin geschildert) und gleichzeitig eine beliebte Szenefigur der Londoner High Society war – eben dieses Leben malt er nun sehr witzig und geistreich in seinem Erstling *Vivian Grey*, einem umfangreichen Gesellschaftsroman, in dem auf dieselbe

---

oft stundenlang am offenen Fenster, wo der Glanz des nächtlichen Himmels über der sommerlichen Welt lag, oder wir machten dasselbe zu, schlossen die Laden und setzten uns an den Tisch und lasen« – und sie lesen in diesem Falle nicht den alten Lanzelot, ein Buch, das 1854 allzu unbekannt war, sondern den auch hier bei uns schon öfter aufgetauchten *Rasenden Roland* des Ariost (wahrscheinlich in Gries' Übersetzung, hoffentlich nicht in der damals neueren von Streckfuß – Gildemeisters kam ja erst viel später, wenn Sie sich erinnern). Groß ist dann die Stelle, an der Keller erzählt, wie die beiden, wenn sie von den schönen Frauen im Ariost lesen, und wenn diese Frauen dann nackt sind und Heinrich »nur durch einen dünnen Faden von der blühendsten Wirklichkeit geschieden« ist, nämlich Judiths, ihrer beider Hände sich »unwillkürlich nach den Schultern oder den Hüften des andern, um sich darumzulegen, tappen«; sie gehn dann in die schöne Sommernacht hinaus (das gibt es jetzt nur noch in der ersten Fassung), Heinrich erzählt Judith von der Schauspielerin, deren Brust er einmal nackt gesehn habe als ein Kind, »so daß ich dieselbe noch immer in dem weißen Mondlicht vor mir sehe und dabei der längst entschwundenen Frau fast sehnsüchtig gedenke«; darauf entschwindet Judith ganz rasch, und nach ein paar Minuten taucht sie, aus dem Wasser eines Waldbachs, wieder auf: »... sie war bis unter die Brust im Wasser; sie näherte sich im Bogen und ich drehte mich magnetisch nach ihren Bewegungen. Jetzt trat sie aus dem schief über das Flüßchen fallenden Schlagschatten und erschien plötzlich im Mondlichte; zugleich erreichte sie bald das Ufer und stieg immer höher aus dem Wasser und dieses rauschte jetzt glänzend von ihren Hüften und Knien zurück. Jetzt setzte sie den triefenden weißen Fuß auf die trockenen Steine, sah mich an und sie; sie war nur noch drei Schritte von mir und stand einen Augenblick still; ich sah jedes Glied in dem hellen Lichte deutlich, aber wie fabelhaft vergrößert und verschönt, gleich einem überlebensgroßen alten Marmorbilde. Auf den Schultern, auf den Brüsten und auf den Hüften schimmerte das Wasser, aber noch mehr leuchteten ihre Augen, die sie schweigend auf mich gerichtet hielt. Jetzt hob sie die Arme und bewegte sich gegen mich ...« – plötzlich dann, als Heinrich immer weiter zurückweicht, zieht sie sich ganz schnell an, Heinrich hilft ihr, er küßt sie auf den Mund, und sie wird nun wird »über und über rot bis in die noch feuchte Brust hinein«. – Soviel zu Dante, und wohin es führt, wenn die Liebenden Romane lesen, und wir von den Liebenden in den Romanen.

1826 wohltuend-unterkühlte Art fast nichts geschieht wie später dann beim jungen Thackeray und noch sehr viel später beim jungen Evelyn Waugh, um nur diese beiden zu nennen: man spürt die sozusagen eingeborene Vertrautheit und das Verwachsensein dieser Autoren mit ihrer Klasse, und bewundert zugleich den lässigen Abstand, den sie schreibend halten können. Jenes schöne Nichts, diesen hübschen Glanz und Lebensdunst, den Disraeli so lässig festhalten kann, gibt es auch sehr viel später noch bei ihm, wenn er in Romanen eigentlich politisch sein will, und dann werden wir beim Lesen immer ganz herabgestimmt, wenn er nun wirklich politisch wird. – Cooper bringt den *Letzten der Mohikaner* heraus, dieses legendäre Buch um den heldenhaften Uncas[2], Abkommen großer Häuptlinge – das ist nun also ein Stück jenes berühmten Lederstrumpf-Mythos, der ganze Generationen geprägt haben soll, jedenfalls in ihrer Kindheit, und jedenfalls reden dann später die Erwachsengewordenen darüber wie über etwas Sonnenbeglänztes, vorhin habe ich so Fontane zitiert über Scott, und gerade lese ich in Peter Härtlings Nachwort zum Cooper, da habe er atmen gelernt; nun ja. – Aber im selben Jahre kommt von Eichendorff dieser berühmte Kurzroman[3] heraus, *Aus dem Leben eines Taugenichts*, ein Traum vom Glück der Nähe, das sich findet, wenn die Lust an der Ferne gestillt ist; voll das Ganze von Liedern und Reiselust und Sehnsucht nach dem Süden; und wenn die Reisenden an einem Waldrand

---

[2] 1920, in Albrecht Schaeffers so verwunderlichem *Helianth*, worin das allmähliche Zusichkommen des niedersächsischen Prinzen Georg so frauenreich erzählt wird, ist Unkas der nicht weiter erklärte, offenbar aber auch kaum erklärungsbedürftige Name des Lieblingspferds des Helden.

[3] allgemein gilt dieses Buch als eine Novelle oder Erzählung; darin aber, auf der vorvorletzten Seite, heißt es: »Und nun, sagte Herr Leonhard, müssen wir schnell ins das Schloß, da wartet schon Alles auf uns. Also zum Schluß, wie sichs von selbst versteht und einem wohlerzognen Romane gebührt: Entdeckung, Reue, Versöhnung, wir sind alle wieder lustig beisammen, und übermorgen ist Hochzeit!«

eine Weinflasche geleert haben, dann werfen sie sie einfach
in hohem Bogen, so daß sie herrlich in der Morgensonne
glitzert, fort...; und »endlich flogen hin und wieder schon
lange rötliche Scheine über den Himmel, ganz leise, wie
wenn man über einen Spiegel haucht, auch eine Lerche
sang schon hoch über dem stillen Tale. Da wurde mir auf
einmal ganz klar im Herzen bei dem Morgengruße...« –
gibt es das alles noch, außer jetzt beim Lesen solcher
Texte? – Dann habe ich, aus Neugier, einen ganz sonderbaren Roman gelesen, *Waldemar der Sieger* von Bernhard
Severin Ingemann. Ingemann, ein Pfarrerssohn aus Tor-
kildstrup auf Falster, einer süddänischen Ostseeinsel,
hatte Deutschland, die Schweiz und Italien bereist und
schrieb dann, ein bißchen nach dem großen Vorbild
Scotts, Romane über das dänische Mittelalter, *Waldemar
der Sieger* ist einer davon. Sehr schön zu lesen ist der
ganze Anfang, in dem Saxo Grammaticus auftritt, der
große dänische Geschichtsschreiber, der ungefähr von
1140 bis 1220 lebte (Shakespeare hat von ihm die Hamlet-
geschichte); danach geht es dann mit der eigentlichen Geschichte los, mit viel Zeitkolorit natürlich, aber auch mit
sehr romantischen bis schauerlichen Sachen, bösen verkommenen Geistlichen, Schätzen, merkwürdigen Zigeu-
nermädchen und -frauen, mit denen die Königlichen
Liebesbündnisse hatten, und die nun da sind und wieder verschwinden, gestaltgewordene alternde Vergangen-
heiten... – es wäre alles ein genauso wundersamer Unsinn
wie die Schauerromane mit Rittereinschlag, die wir kennen, nur, daß hier alles irgendwie wahr sein soll – aber was
heißt schon Wahrheit für Romane? – Ganz und gar anders
der nächste historische Roman des Jahres, *Cinq-mars* von
Alfred de Vigny: in nachtdunkler melancholischer Eleganz
bewegt sich ein junger Mann, den all diese Historie nur
kleidet wie ein Mantel, den er tragen kann, aber nicht
muß, im Zeitalter Richelieus, den er, aus Liebe, stürzen
will – natürlich kann er das nicht, und so stürzt er selbst;

1826 ein großes Stück, beinahe wie mit Gérard Philipe, vielleicht erinnern Sie sich an ihn (nachher sehn wir ihn wieder, als Julien Sorel von Stendhal). – Und gleich daneben unser Tieck, ebenfalls mit einem historischen Stück, dem *Aufruhr in den Cevennen*, einer leider nicht zu Ende geschriebenen Geschichte aus dem Frankreich des frühen 18. Jahrhunderts, die Hugenotten kämpfen gegen die Katholiken: »... in diesem Augenblicke riß unten am Horizonte die Wolkendecke, und im Sinken warf die Sonne plötzlich eine Purpurglut in den schwarzen Himmel über sich, ein rotes Feuer goß sich über die Weingebirge, Baum und Busch und Rebe funkelten im Brand, dahinter glänzten die Wälder, und wie der Blick sich erhob, standen im Rosenlicht die Gipfel der fernen Cevennen; wie Blut sprang der Wasserfall vom steilen Felsen links, und der ganze Saal, die Tafel und die Gäste, war alles wie in Blut getaucht, so daß in diesem Momente die Lichter nur dunkel brannten und das Feuer im Kamin wie bläulich flackerte...« – so gut schreibt er; Edmund, ein junger Mann, der, ein Motiv, das bei Scott öfter vorkommt, sich plötzlich als Anführer jener Partei wiederfindet, zu deren Gegnern er eigentlich gehört, ruft einmal, verliebt, aber wie soll man mit Glück lieben, wenn man bei der verkehrten Partei ist: »Liebe! verfluchtes Wort! verfluchter Doppelsinn und Unsinn des Menschengeschlechts! dies alte Mißverständnis, dies verruchte Rätsel der Sphinx, das keiner auflöst, und an dem Tausende verbluten – verdammt!« – Und dann einer der schwierigsten und zugleich glänzendsten kleinen Romane Arnims, *Metamorphosen einer Gesellschaft*; erzählen kann man das nicht; es geht um falsche Frömmigkeit und um das Aufkommen rechtmäßiger staatlicher Vernünftigkeit, verdeutlicht wird das an einigen Figuren, die miteinander reden, sich kleine Geschichten aus der Vergangenheit erzählen; alte Liebesgeschichten wachen wieder auf; und das alles wird vorgetragen im Tone jenes, jetzt will ich

sagen, und ich verschweige noch die große Artistik, mit  *1826*
der er das macht: lakonisch-sorglos fließenden Melos, für
das ich hier Arnim über alle andern heben will, die bei
uns geschrieben haben. Einmal geht dem Rittmeister,
der Hauptfigur, dem werdenden Minister, eine Pistole in
seinem Zimmer los, der Schuß geht durchs Fenster, dann
durchs Fenster der benachbarten Kirche, in der die Frommen gerade sind: niemand sei verletzt, erzählt dann einer,
den man hinüberschickt, »nur die Taube, welche über dem
Taufbecken schwebte, wurde bei einer Stelle des Gesan-
ges, der so etwas ausdrückte, von der Kugel herabgestürzt,
und während ein Teil dieses Ereignis mit Rührung und Er-
hebung gedeutet, so hatte es ein anderer auf das morsche
Holz geschoben, und den Wunderglauben bestritten, ohne
doch den eigentlichen Grund der Erscheinung erraten zu
können«. Eine ganz andre Stelle noch: »Der neue Minister
versprach, alles zu überlesen, warf aber, als die Herren
sämtlich entlassen waren, den ganzen Kram in den Wind-
ofen, wo noch die letzten Reste der galanten Bibliothek
glühten, denn zum Vorzeichen ihrer Ewigkeit verbrennen
Bücher ungemein langsam...«. Arnims kleiner Roman,
auf den er stolz war (selbst er also noch stolz!), ist wirklich
nicht ganz leicht zu lesen; aber mit einem Male dann,
wenn man sich, man weiß nicht wie, und es kann einem
da auch gar keiner helfen, hineingefunden hat in den
wunderbar gleitenden Duktus dieser Sprache, dieses Erzählens, mit einem Male dann ist das Lesen ganz leicht
und belebend wie Luft wäre, wenn wir nichts als das
Atmen zum Leben brauchten, und wir fragen uns, ob
eigentlich die andern alle ihre Romane für Kinder schreiben, daß sie immer so langsam und umständlich und
schwerfällig und albern sein müssen.

Geboren wird, in Aberschweiler in den Vogesen, Alexandre oder Gratien Chatrian, Sohn eines Glashütten-

1827 unternehmers, der dann bankrottierte; Chatrian tat sich später mit dem vorhin (1822) geborenen Erckmann zusammen, und sie schrieben die erwähnten regionalen hübschen Romane; und geboren wird auch, in Florenz, Carlo Collodi, Vater des nachmals so weltberühmten *Pinocchio*.

1 ✦ 8 ✦ 2 ✦ 7

Jetzt stirbt, neunundvierzigjährig, verarmt, immer wieder wegen seiner Schulden inhaftiert (er sei verschwenderisch gewesen, heißt es, aber was heißt das schon), in Turnham Green bei London, Ugo Foscolo, Verfasser jener patriotischen Liebesgeschichte mit den *Letzten Briefen des Jacopo Ortis*.

Grabschrift (18) für

F O S C O L O . Ugo Foscolo, Sohn eines Venezianers und einer Griechin, wurde 1778 auf Zante oder Zakynthos geboren, einer damals für ihre Fruchtbarkeit und Schönheit berühmten Ionischen Insel. Seine Jugend verbrachte er in Spoleto und Padua (wie ist das eigentlich, seine Jugend an solchen schönsten Orten der Welt zu verbringen?), dann, nach dem Tod des Vaters, ging die Familie nach Venedig (und dann noch Venedig also!). Er studierte klassische Literatur (später, in England, hat er übrigens Dantes *Commedia* herausgegeben; und er übersetzte Sternes *Sentimental Journey* ins Italienische), dann wurde er Offizier und haßte Napoleon, als der Venedig an die Österreicher gab. 1815, als die Österreicher ihm zu schmeicheln begannen, ging er angeekelt nach England. Stendhal und Leopardi gleichermaßen liebten von Foscolo am meisten das große Gedicht *Von den Gräbern*, ich zitiere daraus: »Es raubten die Freunde einen Funken der Sonne, / zu erleuchten die unterirdische Nacht: / denn die Augen des Menschen suchen im Ster- ben / die Sonne, und den allerletzten Seufzer / schickt jede Brust dem fliehenden Licht. / Die Brunnen sprudelten sühnende Wasser / und ließen Amarant und Veilchen sprießen / auf der Gräber Scholle; und wer dort saß, / Milch zu opfern und sein Leid zu erzählen / den lieben Erloschnen: einen Duft rings roch er / wie vom Hauche der Seligen Gefilde ...«.

Stendhal: eben lobt er Foscolos Gedicht, jetzt kommt er selbst, mit *Armance*, seinem ersten Roman; eigentlich hätte Stendhal wohl gern auf der Bühne Erfolge gehabt, dann aber waren die Leute, die ins Theater gingen, ihm zu dumm, und die wenigen, die er wollte, lasen, meinte er, eher Romane. Mit diesem ersten Versuch im neuen Genre befriedigte er aber kaum einen: die Titelheldin ist eine junge Frau, deren Liebhaber (Stendhal übersetzt hier in eine Romanhandlung sehr schön seine Theorie der Liebe, unterm Schreiben war ihm auch gerade wieder eine Liebe entzweigegangen) impotent ist – Stendhal sagt das nicht, und man kommt so langsam dahinter, daß man ihm das beinahe nicht mehr verzeiht. Die beiden Liebenden heiraten, aber dann, wenige Tage später und ohne abzu- warten, ob die kluge Armance ihn nicht dennoch liebt (sie tut es, sie würde es tun), geht er, wie Byron, nach Grie- chenland, der Freiheit wegen, stirbt aber, lebensmüde und eine Krankheit vortäuschend, noch an Bord des Schiffs: »Und als am 3. März um Mitternacht hinter dem Berge Kalos der Mond aufging, befreite eine selbstbereitete Opium- und Digitalismischung Octave sanft von diesem Leben, das so bewegt gewesen war. Bei Tagesanbruch fand man ihn leblos auf der Brücke, auf ein paar Tauen hingestreckt. Ein Lächeln lag auf seinen Lippen, und seine seltene Schönheit erschütterte sogar die Matrosen, die den Auftrag hatten, ihn beizusetzen.« Man würde dieses Buch, und ich drehe die Sache mit den Feigen und dem Honig jetzt um, wir sind bei den Werken der Menschen, man würde dieses Buch nicht so gut finden, wie es ist, hätte Stendhal nicht die großen andern Bücher geschrieben: man sieht, was man sonst nicht sähe.

Und dann *Die Verlobten* von Alessandro Manzoni, in der ersten Fassung (die endgültige Fassung erschien 1840), einer dieser berühmten Romane, die so sehr mit Haut und Haaren für die hohe Dichtung reklamiert werden, daß sie schon kaum noch Romane zu sein scheinen. Nur wenn man sie einfach liest, gewinnen sie ihren wahren Charakter zurück und sind wundervolle Romane, in denen wir leben wie in reicheren Gegenden als denen, in die ohne unser Zutun geraten wir uns vorfinden. Auch dies ist ein historischer Roman, das vergißt sich aber rasch[4], und uns

----

[4] das also scheint das Beste am Historischen der sogenannten historischen Romane zu sein: daß es sich ganz schnell beim Lesen vergißt. Man fragt sich dann natürlich, wozu es eigentlich da ist. Noch einmal also: der sogenannte historische Roman ist selber eine geschichtliche Erscheinung; das heißt, Autoren und Leser zu jener Zeit hatten offenbar Interessen womöglich der verschiedensten Art (politische Interessen etwa, oder ein Interesse an einem Menschenschlag, von dem sie, bedauernd daß er nicht mehr ist, berichten wollen), Geschichten in die Vergangenheit zu verlagern, oft werden sie diese Bücher als eine Art von Schlüsselroman geschrieben und gelesen haben; oft verquicken sich die verschiedensten Interessen mit einer gewissen ebenfalls aber zeitgebundenen Lust an der eignen nationalen Vergangenheit, zuweilen auch mit einem Leiden an dieser Vergangenheit. Wir heute haben alle diese Interessen nicht mehr; und wenn ich glaube, daß Romane das Lesen nicht wert sind, wenn man erst erklären muß, warum sie gut sind (oder eben, weil sie ja nicht gut sind, sondern gut allenfalls waren: warum sie wichtig, bedeutend usw. sind), so glaube ich das guten Gewissens deshalb, weil man solchen Romanen immer jene andern entgegenhalten kann, die, obgleich an und für sich von derselben Art, faszinierend und schön sind, auch wenn man nichts erklärt, sondern nur jenen etwas geübten Leser voraussetzt, den freilich auch die andern grundsätzlich schon brauchen. Diese Romane also, die aus ihrer Zeit auftauchen wie zeitenthoben, haben ganz offenkundig eben das getan, wovon ich ausgegangen bin eben: sie haben das Historische

zieht die Geschichte zweier Liebender in den Bann, die ein schlimmer Tyrann nicht trennen kann (im Gegenteil, sein Tyrannsein geht zugrunde dabei, er wird ein Guter) und die die große Pest endgültig zusammenbringt (keiner zweifelt daran, vor allem, weil fast keiner Brown gelesen hat, daß die Pestschilderung bei Manzoni die größte ihrer Art ist, aber warum sollen nicht einmal die recht haben, die eigentlich gar keinen Grund dazu hätten? Manches in der Kunst bezwingt ja derart, daß man von ihm blind gegen alles mögliche andere, das man gar nicht kennt, sagen muß, es sei das Größte). Vieles an dem Buch mutet etwas pedantisch, hausbacken, altväterisch an, etwas reichlich typisiert mitunter auch – aber immer trägt die nächste Seite über alle solche Bedenken mit wunderbarer Leichtigkeit hinweg, und man liest und liest, und der Zauber wird immer mächtiger. Gerard Manley Hopkins, Lyriker, der das von Gott gefleckt Geschaffene gerühmt

---

verloren, diese, für unsern Bereich, schlechte Patina der über sie hingegangnen Zeit. Daß dabei, wenn das Historische so wegfällt, ein Ding wie das sogenannte rein Menschliche übrigbleiben müsse, ist eine Torheit, denn der gewöhnliche Roman, der in der Regel in der Gegenwart spielt, hat deswegen ja auch keineswegs dieses Unding des rein Menschlichen zum Gegenstand. Auch haben dies ja überhaupt nicht alle alten Romane, die ihrerseits in der Gegenwart spielten, die sie uns nun vorgaukeln, aber auf eine offenkundig ganz andre Art als historische Romane. – Übrigens haben auch die jedenfalls späteren mittelalterlichen Romane ein Bewußtsein des Historischen (sie haben ja, ganz anders als das, was wir den neuen Roman nennen könnten, auch sonderbar genug alle denselben Gegenstand, beinahe wie die griechische Tragödie ihre immergleichen Helden, nämlich eben etwa Artus, Lanzelot, den Gral), bei Malory zum Beispiel, wenn er von Räubern redet, gibt es ganz aus dem Text fallende Zwischenbemerkungen der Art: damals habe man Räuber alle die genannt, die ... – da wird Historie hergestellt wie etwa bei Scott durch das Schildern von Hausrat, den es für den Leser nicht mehr gibt – kein ordentlicher Roman schildert Hausrat, sondern setzt die Bekanntschaft damit schlicht voraus: so daß man, wenn er alt ist, Lexika braucht, die der historische Roman gewissermaßen im Text mitliefert. Nun, es ließe sich noch viel darüber sagen, ich hätte eine regelrechte Anmerkung machen sollen statt einer Fußnote, aber jetzt ist es zu spät.

haben wollte, hat ich glaube in Tagebüchern einmal an-
gemerkt, erstaunt, das Berühmteste (er bezieht das da
auf Sehenswürdigkeiten, und ich muß meinerseits anmerken, daß Hopkins' Beobachtung sich auf die Zeit vor
dem Massentourismus bezieht: selber also historisch ist),
das Berühmteste sei tatsächlich fast immer das Sehens-
werteste. Und für Bücher, man sieht das am schönsten
hier bei Manzoni, gilt das wenigstens so, daß man bei den
wirklich berühmten unter ihnen immer prüfen sollte, ob
ihr Ruhm nicht berechtigt ist, und daß man, wenn die
Prüfung zu ihren Ungunsten ausgeht, noch einmal prüfen
muß, diesmal sich selber.

Keine nennenswerten Geburten dieses Jahr; nächstes
Jahr dann wieder.

1 ✦ 8 ✦ 2 ✦ 8

Keine nennenswerten Toten dieses Jahr; nächstes Jahr
dann wieder.

Nach Disraeli, der, wie wir eben gesehn haben, zweiundzwanzigjährig sein erstes Buch herausbrachte, ist
Bulwer-Lytton nun der zweite Autor, der in dem Zeitraum, den wir hier genauer betrachten, zugleich geboren
worden ist und sein erstes Buch schreibt; das Buch heißt
Pelham, der Icherzähler bewegt sich in derselben Schicht
wie Disraeli, der Ton des Erzählens ist auch annähernd
derselbe, Bulwer-Lytton legt aber, anders als Disraeli, in
dessen späten Romanen, etwa dem *Coningsby*, die Hand-
lungselemente doch sehr zurücktreten gegenüber den
politischen Intentionen, entschiedenes Gewicht eben auf
die Handlung – er ist, vergleicht man ihn mit dem sonst in
vielen Dingen ihm so ähnlichen Disraeli, der geborene
Romancier, ein junger Mann auch, der genau auf diesem

Gebiet Karriere machen will. Der Held seines Buchs
wird in die dubiosesten kriminellen Machenschaften verwickelt, und der Autor beweist einen wachen Sinn für
kommende Trends, wenn die Umstände (ein Freund wird
des Mordes verdächtigt) den jungen Helden zwingen,
auf eigne Faust als Detektiv tätig zu werden, bis hinab
in die Londoner Unterwelt: das würde Zukunft haben.
Nebenbei erregte auch dieses Buch, wie Disraelis Erstling,
Aufsehen wegen der Freimütigkeit, mit der Angehörige
der obersten Schichten mit bravouröser Selbstverständlichkeit darstellten, wie es dort zugeht (noch Ernst Jünger
zeigt sich in seinen ganz späten Tagebüchern davon beeindruckt, als einer natürlich sehr frühen Lektüre – ein
schöner und sehr seltener Blick, den man da werfen kann
in die literarischen Herkünfte und die Bildungsarchäo-
logie des heute Hundertjährigen).

Geboren werden, in dieser Reihenfolge, in Nantes Jules
Verne, der dann zuerst mit dem jüngeren Dumas zu-
sammen für die Bühne arbeitete, ehe er die Reihe seiner
frühen *science fiction* begann; in Portsmouth, Sohn eines
Marineuniformschneiders, George Meredith, der nach
dem Tode seiner Eltern acht Jahre lang ein Brüder-
gemeindeinternat in Neuwied am Rhein besuchte (die
Stadt war in der Mitte des 17. Jahrhunderts von einem
Wiedschen Grafen eigens zum Schutz religiöser Minder-
heiten gegründet worden, daher also dieses herrnhutische
Gymnasium) und später, vielleicht erinnern Sie sich, elf
Jahre lang mit jener etwas wilden Tochter Peacocks verheiratet war, die ihn dann verließ und mit einem Maler
nach Capri ging; in der zweiten Hälfte des Jahrhunderts
war Meredith einer der berühmtesten Romanciers; dann
wird auf dem väterlichen Gut Jasnaja Poljana, südlich von
Moskau, Tolstoi geboren, wir werden von ihm hören,
wenn Sie schon einmal mit dem Lesen anfangen wollen,

1829 greifen Sie zu seinen *Kosaken* von 1863; und in Jönköping in Götaland kommt, als Sohn eines Schloßwachtmeisters, Abraham Viktor Rydberg auf die Welt.

1 ✦ 8 ✦ 2 ✦ 9

Es stirbt, knapp siebenundfünfzigjährig, in Dresden Friedrich Schlegel.

Grabschrift (19) für

SCHLEGEL. Der jüngere der beiden berühmten Brüder (nicht der Hauslehrer der Staëlkinder, sondern jener, der aus Coppet dann die *Delphine* mitnahm und seiner Frau Dorothea zum Übersetzen gab), 1772 geboren, Dozent in Jena, dann in Paris, Köln; wurde früh (1808, also erst sechsunddreißigjährig; dabei hatte sich seine Frau, eine Jüdin, die schon verheiratet gewesen war, seinetwegen erst 1804 protestantisch taufen lassen) katholisch; gilt für die Jahre davor als der eigentliche geistige Inbegriff der Romantik, im Sinne jener intellektuellen jungen Kreise von Berlin und Jena; wir kennen seine *Lucinde* von 1799. 1808 ging er nach Wien, 1814 wurde er Ritter des päpstlichen Christusordens, 1819 bereiste er mit Metternich Italien, und so weiter. – Ich zitiere aus seinen Wiener Vorlesungen zur *Geschichte der alten und neuen Literatur* aus dem Jahre 1812: »...eben daher mußte der Roman die Lieblingsgattung besonders für solche werden, deren Naturbegeisterung in den alten Formen sich gar nicht aussprechen konnte; denn diese Form, wenn man sie so nennen kann, war frei von allen den Fesseln, denen man sonst in der eigentlichen Poesie unvermeidlich unterlag. Wenn Voltaire seinen Witz und seine Philosophie darin einkleiden, Rousseau seine Begeisterung und Beredsamkeit darin niederlegen, Diderot seinen Mutwillen darin auslassen wollte, so wurde aus dieser Form alles, was diesen Schriftstellern von Genie daraus zu machen einfiel... Voltaire, Rousseau und Diderot bedienten sich also oft des Romans ganz willkürlich, bloß als einer Form, um gewisse eigentümliche Ideen, die sich in keine andre Form so gut fügen wollten, nieder zu legen. Betrachtet man aber den Roman als eine eigne Gattung der Poesie, und als regelmäßig erzählende Darstellung in Prosa, von Begebenheiten aus dem jetzigen gesellschaftlichen Leben; so haben auch in dieser Gattung die französischen Schriftsteller nicht selten die Engländer zum Vorbilde nehmen müssen... Als Erfinder und Darsteller nimmt hier vielleicht Richardson die erste Stelle ein. Ist nun gleichwohl auch er veraltet, ist sein Streben nach dem Ideal und nach der höhern Dichtkunst überhaupt nicht sonderlich gelungen, wird seine allzu große Ausführlichkeit peinlich und beschwerlich, so ist es vielmehr ein Beweis, daß in der ganzen Gattung und in dem Versuch, die Poesie so unmittelbar an die Wirklichkeit anzuknüpfen, und in Prosa darstellen zu wollen, etwas nicht recht vollkommen Auflösbares, und etwas geradehin Verfehltes liegt. Unter den Nachahmern des Cervantes sind Fielding und Smollet immer noch die geübtesten; und selbst in den kürzern und einfachern Erzählungen ganz nach dem Leben, den Miniaturstücken dieser Gattung, die ihr eigentlich am besten gelingen, dürfte der *Pfarrer von Wakefield* einen Vorzug behaupten. Jene andere Art, die nicht mehr darstellt, oder bloß nach Laune, und endlich ganz ein Spiel dieser Laune, der Empfindung und des Witzes sich auflöst, hat Sterne erst erschaffen. Soll man Geisteswerke, die der Mode und dem täglichen Bedürfnis dienen, so wie andere Modewaren beurteilen...« – soweit also der wenn auch mittlerweile sehr konservativ gewordene Friedrich Schlegel zum Roman.[5]

✦

───────────

[5] ein Stück vorher, wo es über Cervantes geht (den übrigens der junge Schlegel gern übersetzen wollte, später hat er dann Tiecks schon

1829 Cooper bringt jetzt *Conanchet oder die Beweinte von Wish-Ton-Wish* heraus, einen historischen Indianer-roman, in dem alle, auch in Arno Schmidts Übersetzung, einen Dialogton haben, als sei die ganze Indianerwelt von einem Vorfahren Stifters ausgedacht worden. Den Cooperschen Indianern ganz unvergleichlich sind jene, die im ersten Buch jenes Österreichers Karl Anton Postl erscheinen, der sich dann Charles Sealsfield nannte; dessen erster Roman, *Tokeah*, erscheint jetzt (zunächst englisch, die erweiterte deutsche Fassung kommt erst 1833 heraus, aus ihr habe ich schon ganz am Anfang

---

genannte Übersetzung sehr freundlich rezensiert), heißt es, und da ist Schlegel noch der frühen Auffassung des Romans näher (etwa: »der Roman ist offenbar absolutes System, ein Buch im höchsten Sinne« – das konnten wir dann in Brentanos *Godwi* ein bißchen verwirklicht sehn): »In allen diesen Versuchen, die prosaische Wirklichkeit durch Witz und Abenteuer, oder durch Geist und durch Gefühlserregung zu einer Gattung der Dichtkunst zu erheben, sehen wir die Verfasser immer auf irgend eine Weise die poetische Ferne suchen; sei es nun in dem Künstlerleben des südlichen Italiens, wie oft in den deutschen Romanen« – hier denkt er an Novalis etwa, vielleicht auch noch an Heinses *Ardinghello* – »oder in den amerikanischen Wäldern und Wild-nissen, was vielfältig bei den Ausländern versucht worden« – hier denkt er und denken wir an Chateaubriand –. »Ja, wenn auch die Begeben-heit ganz im Lande und in der Sphäre des einheimischen bürgerlichen Lebens spielt, immer strebt die Darstellung, so lange sie noch Dar-stellung bleibt, und nicht bloß in ein Gedankenspiel der Laune, des Witzes und des Gefühls sich auflöst, auf irgend eine Weise aus der be-engenden Wirklichkeit sich herauszuarbeiten, um irgend eine Öffnung, einen Eingang zu gewinnen in ein Gebiet, wo die Fantasie sich freier bewegen kann: wären es auch nur Reiseabenteuer, Zweikämpfe, Ent-führungen, eine Räuberbande oder die Ereignisse und Verhältnisse einer fahrenden Schauspielergesellschaft« – hier denkt er natürlich an Goethes *Wilhelm Meister*. Und nun folgt bei ihm eine sehr hübsche Stelle, der Philosoph, auf den er sich hier bezieht, ist offenbar Fichte, der in Jena gelehrt hatte, zweifellos der Wahnsinnigste aller Wahnsinni-gen des deutschen Idealismus, Schlegel hatte ihn in Jena mit großer Begeisterung gehört: »Der Begriff des Romantischen in diesen Roma-nen, selbst in vielen der bessern und berühmtesten, fällt meistens ganz zusammen mit dem Begriff des Polizeiwidrigen. Ich erinnere mich hierbei der Äußerung eines berühmten Denkers, welcher der Meinung war, daß bei einer durchaus vollkommen Polizei (wenn der Handelsstaat völlig geschlossen, und selbst der Paß des Reisenden

unsres Buchs zitiert)[6]. Darin heißt es einmal, fast meint man noch bei Chateaubriand zu sein: »... balsamische Düfte wehten durch die Luft und füllten die Atmosphäre mit einer zitternd elastischen Wollust, die die Sehnen zum üppigen Leben spannt...«; dann singt eine Indianerin, Canondah, jetzt denkt man an Mariah Carey: »... es war nicht ein eigentlicher Gesang, sondern vielmehr eine Improvisation; aber die reiche Melodie und die außerordentliche Biegsamkeit ihrer Stimme, die von den tiefsten Tönen zu den höchsten hinaufwirbelte und wieder dem seufzenden Lüftchen oder dem heulenden Sturme nachahmte und zuletzt gleich einer begeisterten Seherin Trost wie aus höheren Sphären sprach – alles dies gab ihrem Gesange eine unbeschreibliche Wirkung...«; aber mit großer Hellsicht (ich habe schon einmal bei Sealsfield

---

mit einer ausführlichen Biographie und einem Portraitgemälde versehen sein wird) ein Roman schlechtweg unmöglich sein würde, weil alsdann gar nichts im wirklichen Leben vorkommen könnte, was dazu irgend Veranlassung, oder einen wahrscheinlichen Stoff darbieten würde. Eine Ansicht, welche, so sonderbar sie lautet, doch in Beziehung auf jene verfehlte Gattung nicht ohne Grund ist« – tatsächlich lautet diese Stelle sogar höchst sonderbar, und man sieht sehr schön Metternichs Angst vor jener Freiheit sich regen, wie sie die jungen und alle andern nicht mit ihm und den von ihm gewünschten Verhältnissen einverstandenen Leute namentlich eben in der alles erlaubenden Form des Romans aussprechen konnten; die Stelle ist auch ein warnendes Beispiel für die doch sehr komische Situation, in die ein Intellektueller gerät, wenn er sich zum Ideologen eines wie immer dann nicht recht durchschauten Machtinteresses machen läßt. – Wenn Schlegel vom Mittelalter redet, dann hat er meistens nur die *Nibelungen* im Sinn; es hätte ihn sicher verstört, daß der ganze Figurenbereich des Artusromans und des Tristanromans gleich zu Beginn der Biographien sehr oft voll von Inzest, Ehebruch, Zauberei und andern polizeiwidrigen Verhältnissen ist; und so erstreckt sich die Klugheit Schlegels hier sogar auf Bereiche, die er zu seinem Glück gar nicht kennt.

[6] in Hackländers *Europäischem Sklavenleben* (ich habe davon schon anläßlich der Geburt von Harriet Beecher Stowe erzählt, weil bei Hackländer der alte Herr *Onkel Toms Hütte* übersetzt), wenn dem alten wunderlichen Übersetzer das Leben zuviel wird mitsamt dem dummen Buch, das er da übertragen muß für den Hungerlohn, dann greift er immer zu Sealsfield; ich finde die Erwähnung dieses Autors bemerkenswert uneigennützig von Hackländer.

 *1829* an Tocqueville erinnert) kann Sealsfield dann auch über den Charakter des Amerikaners sagen: »Beinahe scheint es, als ob die Vorsehung ihn auch dazu bestimmt hätte, den Samen der Freiheit gleich Zugvögeln über die ganze Erde zu verbreiten und so die Habsucht zu veredeln, die seinem waghalsigen Spiele zum Grunde liegt« – eigentlich ist das ja kein so unmöglich schwieriger Gedanke, aber es sieht doch so aus, als ob die europäische kritische Intelligenz ihn seither völlig vergessen hätte. Soviel nur zu Sealsfields ersten Anfängen. – Prosper Mérimée, wir haben ihn schon geboren werden sehn, 1803, schreibt seinen leider einzigen Roman, die *Bartholomäusnacht,* einen historischen Roman um das Thema, das die französischen Romanciers offenbar nicht ruhen läßt, nämlich die Hugenottenkriege; Mérimées Buch ist schlüssig und konzis erzählt, mit sehr romantischen und gefühlvollen, aber auch sehr makabren Szenen, die alle besonders wirkungsvoll sind, weil der Autor dabei ganz kühl zu bleiben scheint und auch der sonst oft so über alles Menschenlos erhabenen großen Geschichte gegenüber ziemlich gelassen bleibt; schön ist in diesem Zusammenhang am Schluß die Szene, in welcher sich am Sterbebette des vom eignen Bruder versehentlich Erschlagenen ein protestantischer und ein katholischer Geistlicher um dessen Seele mühen, er selber aber sieht den beiden ziemlich mokant zu, und wird so spöttisch lächelnd in den Himmel kommen, keiner aber weiß in welchen. Dieses Buch und Vignys *Cinq-mars* und Tiecks *Aufruhr in den Cevennen* – diese drei Werke geben dem historischen Roman jenen Glanz, der ihn zu einem mitunter so strahlenden Bastard des Genres macht.

Und dann kommt eben Balzac, zögernd noch, nämlich mit den *Chouans,* den *Königstreuen,* einem nur quasi-historischen Roman, er spielt 1799, das sind keine dreißig Jahre zurück; Balzac war sich seiner Nähe zu den Anfängen des genuin historischen Romans so bewußt wie seiner Distance, er schreibt an die schöne Hanska, die dieses

Buch besonders mochte (und tatsächlich, trotz nur geringem sofortigen Erfolg, steckt in diesem Werk schon im Detail der ganze Balzac), der ganze Cooper und der ganze Scott seien darin, und zugleich eine Leidenschaft und ein Geist, der beiden abgehe – Balzac hatte selten Probleme mit seinem Selbstbewußtsein, aber in der Sache mußte ja auch keiner weniger Probleme damit haben als er. Das Buch spielt in der Bretagne, es geht um den Kampf zwischen den Königstreuen und den Abgesandten der revolutionären Regierung, vor allem geht es um eine schöne Spionin und ihren Feind, in den sie sich verliebt – wenn Balzac erkennt, daß eine Konstellation, in der Leidenschaft eine alles durcheinanderwirbelnde Rolle spielt, ihm dazu dienen kann, dem Roman zu geben, was der wahre Leser will, dann schreckt ihn auch kein Klischee: nicht zuletzt macht gerade das ihn so groß, denn sehr oft ist eben jene Realität, die sich von der normalen dadurch unterscheidet, daß sie auch beschrieben interessant ist, ein Klischee. – Man kann die Lektüre Balzacs, dessen Bücher uns jetzt beinahe zwanzig Jahre lang begleiten werden, auf verschiedene Art betreiben: erstens kann man, so wird das auch fast immer gewesen sein, einfach draufloslesen, diesen Roman, jenen, dann einen dritten; irgendwann wird man darauf kommen, die Sachen so zu lesen, wie Balzac sie selber in seiner großen *Comédie Humaine* geordnet hat[7]; und drittens kommt man dann irgendwann

---

[7] so haben wir den ganzen Balzac in der wunderschönen Ausgabe bei Gallimard, in der *Bibliothèque de la Pléiade*, zwölfbändig, sehr gut kommentiert und mit außerordentlich brauchbaren und sonst immer so schmerzlich entbehrten Registern versehn, übrigens auch durchaus erschwinglich; dieser Ausgabe folgt die leider nicht mehr erhältliche deutsche Übersetzung Ernst Sanders, ebenfalls zwölfbändig, 1972 bei Goldmann, damals war sie auch in Form von Taschenbüchern im Handel. Die erste neuere Balzacausgabe, durchaus nicht vollständig, war die von Hofmannsthal bevorwortete im Insel Verlag, 1908 bis 1911 (davor, 1905, hatte Alfred Brieger eine kleine Ausgabe gemacht, verdienstlich, heute aber unbrauchbar, wenn auch auf ihre Weise hübsch, ich habe sie, aber lesen kann man sie kaum); die Inselbände waren in

1829 darauf, die Romane Balzacs in der Reihenfolge zu lesen, in der er sie geschrieben hat (es gibt eine französische Ausgabe, die die Romane so anordnet, wie ihre innere Handlungs- und Personenchronologie das zu wollen scheint: ein Scherz beinahe nur, wie denn in mancher Hinsicht Balzacs Idee, die Romane durch Figuren zu

---

rosa Leinen gebunden, innen zweifarbig: braun Autor und Verlag, sanft grün die Einzeltitel; diese Ausgabe, erweitert, erschien dann in den zwanziger Jahren noch einmal, in Dünndruck, jetzt sonderbarerweise in Fraktur gesetzt, statt der vorigen so leichten Antiqua, und zwar erschien sie offenkundig als Konkurrenz zu den sechsundvierzig so charmanten Bändchen, in denen zwischen 23 und 26 nun Rowohlt seine legendäre Balzacausgabe herausbrachte, eine Ausgabe, die dann in den fünfziger Jahren, hübsch eingebunden auch sie, aber grauenhaft gedruckt, noch einmal bei Rowohlt erschien. An der Übersetzung waren Berühmtheiten wie Otto Flake, Friedrich Sieburg, Walter Benjamin, Paul Zech und andre beteiligt, im ganzen zeichnet sie sich aber nicht durch die größte Exaktheit aus – gerade die berühmten Leute sieht man oft mit großer Lässigkeit über Stellen hinweggehn, die auf französisch etwas haklig waren: jetzt sind sies auch auf deutsch, nämlich unverständlich, oder sie fehlen einfach – das ist aber alles nicht schlimm, Balzac hat ungeheuer viele Sätze, er schreibt mitunter auch selber wirklich sehr schlecht, es kommt nicht so sehr darauf an, in allen Übersetzungen bleibt Genie genug erhalten. Diese Rowohltsche Ausgabe hat dann, in den siebziger Jahren, Diogenes in Zürich übernommen und in vierzig Taschenbüchern herausgebracht – was also jetzt an Balzac bei Diogenes erhältlich ist und laufend ergänzt wird, stammt aus jener alten Rowohltausgabe. Die Goldmannsche Ausgabe ist inzwischen wieder als btb-Kassette lieferbar; Sanders Übersetzung ist nicht immer sehr elegant oder originell, aber sie ist ungemein sorgsam und läßt nichts aus – das reicht im Grunde, den Rest macht auch auf deutsch immer noch Balzac. Den letzten Versuch eines deutschen Balzacs hat dann in den achtziger Jahren der Aufbau-Verlag der damaligen DDR gemacht, dreizehn Bände mit rund 6500 Seiten waren erschienen, es hätten wohl, nach den Bandzählungen, 25 oder 26 werden sollen: eine schöne vollständige Sache, neu übersetzt, mit Anmerkungen und kleinen Nachworten, ansprechend gedruckt und gebunden, wir hätten uns alle gefreut – es kann aber nicht nur die Wiedervereinigung gewesen sein, die dem Unternehmen ein Ende machte, das hatte schon vor 88 sehr zu stagnieren begonnen – man muß wohl eher sagen, daß die Stagnation ein Zeichen jenes Endzustandes war, den die Wiedervereinigung dann allmählich offenbart hat: jetzt jedenfalls scheinen die neuen Besitzer des Aufbau-Verlags andre Sorgen zu haben als einen neuen deutschen Balzac, nun haben wir eben leider gar keinen.

verzahnen, die in mehreren Büchern auftauchen, sich  beim intensiven Lesen ebenfalls als wenig mehr denn ein Scherz entpuppt; natürlich freut man sich, den einen und andern schon zu kennen, aber entweder ist das dann beim zweiten und dritten Male eine reine Nebenfigur, eine Staffage zum Zweck der scheinbaren Integration, oder doch noch einmal eine Hauptfigur: dann aber, außer in wirklich zusammenhängenden Werken – den *Verlorenen Illusionen* und dem *Glanz und Elend der Kurtisanen* –, haben diese Figuren so sehr ihren Charakter ändern müssen, daß sie besser ganz anders hießen). Wir hier, der Anlage unsres Buchs entsprechend, werden die dritte Methode wählen, auch wenn sie mitunter zu Unstimmigkeiten führt, weil wir entweder ein Buch haben, das in mehreren Teilen erschien, die wir jetzt nicht mehr auseinanderreißen wollen, oder weil es, wie etwa gleich unsre *Königstreuen*, in der ersten Fassung in manchen Dingen noch nicht die politische Haltung (und damit noch nicht den Text) hatte, die Balzac immer wieder daran arbeiten ließ, ehe er das Buch dann endlich in die Schlußbände des ganzen Zyklus aufnahm.[8] In jedem Falle aber wären diese *Königstreuen* ein zwar ungewöhnlicher, aber außer-

---

[8] ich selber, auf Rügen, wohin ich mich einmal zurückgezogen hatte, in eins dieser alten Zimmer mit Ausblick aufs Meer aus einer dieser halb ummauerten halb verglasten Veranden, wie sie sie damals liebten, habe, wenn ich dann zurück war von den langen Strandgängen, gefunden, daß, wenn man alles von Balzac hintereinander lesen will (und das will jeder einmal), die Reihenfolge, ungefähr wenigstens, in welcher Balzac seine Sachen geschrieben hat, die schönste ist, zumal man sie am bequemsten mit dem Leben Balzacs verknüpfen kann – denn es bleibt nicht aus, daß man auch das will. Hier ist dann die fünfzigseitige sehr gute Chronologie in der großen Gallimard-Ausgabe nützlich. – Was übrigens den Begriff des Romans angeht, so bin ich bei Balzac, bei dem die Grenzen zwischen Erzählung und Roman (er hatte nicht die Spur einer theoretischen Idee zur Unterscheidung beider) besonders fließend sind, so verfahren wie vorhin einmal angegeben: Texte mit mehr als ungefähr 25000 Wörtern rechne ich unter die Romane, die sonst nicht erwähnten kürzeren Texte habe ich hinten in den Registern extra aufgeführt.

 **1830** ordentlich kräftiger Beginn einer, wie ich versprechen kann, wunderbaren Freundschaft zwischen Balzac und einem neuen Leser. –

◆

Geboren wird in Magdeburg, Sohn eines Regierungsbeamten, Friedrich Spielhagen, der sehr hübsch selber beschrieben hat, wie seine Familie, als er noch ein Kind ist, in einer wochenlangen von Verwandtenbesuchen unterbrochnen Reise nach Stralsund übersiedelt, wohin sein Vater berufen worden war; eindrucksvoll schildert er den Hafen, das Wasser, Leute, die dort arbeiten, und drüben die Insel Rügen – genau dort, auf Rügen, irgendwo im Zusammenhang mit einem Roman Fouqués haben wir davon schon gehört, wird dann sein berühmter Romanerstling spielen, die *Problematischen Naturen*.

1 ◆ 8 ◆ 3 ◆ 0

In Paris stirbt, dreiundfünfzigjährig, hochgeehrt (sein Begräbnis, an einem Sonntag, muß überaus schön gewesen sein, Börne schreibt: so sei noch kein König zu Grabe getragen worden), Benjamin Constant.

Grabschrift (20) für

C O N S T A N T . Er war, in Worten, Taten und in seinen Schriften, der wunderbarste Verteidiger, den die individuelle Freiheit in jenen Zeiten hatte. Eine teure Taschenuhr, die er immer bei sich trug, verlor er im Jahre 94 auf folgende Weise: er hatte sich, etwas unglücklich verheiratet, in die, wie sich dann aber zeigte, für seine Seele viel zu leidenschaftlich-begehrende Germaine de Staël verliebt, im Prinzip wissen wir das; die

Staël war ebenfalls verheiratet, lebte aber noch nicht offen von ihrem Mann getrennt, so daß sie darauf bestehen mußte, daß Constant, der jeden Abend zu ihr kam, vor Mitternacht wieder ging. Eines Abends war die Zeit so rasch gelaufen (Constant erzählt das in seinem Tagebuch, das wir kennen), daß er, als die Staël zum Gehen mahnte, wie um sich zu verteidigen die Uhr zog: es war aber tatsächlich schon sehr spät. Er wurde wütend und warf die Uhr zu Boden, und sie ging natürlich kaputt. Die Staël fand das gut; und am nächsten Tag schreibt Constant in sein Diarium, er habe sich keine neue Uhr gekauft, er brauche nun keine mehr. Einige Jahre später war Constant, wir wissen das ja schon, der Macht der Staël nicht mehr gewachsen, in einem letzten Anflug jener alten uhrenzerschmetternden verzweifelten Entschlossenheit wollte er sie kurzerhand heiraten, sie wollte aber nicht. Heimlich, man möchte sagen, heimlich sogar vor sich selber, heiratete er dann Charlotte Marenholz, eine geborene Hardenberg, der er einst, viele Jahre zurück, sehr nahegestanden hatte und die ihn nach wie vor liebte, auch wenn sie, damals verheiratet und von ihrem Mann geschieden, weil sie Constant haben wollte, mittlerweile aus lauter Verzweiflung einen andern geheiratet hatte. Sie war, schreibt Constant wieder in seinem Tagebuch, sanft und hingebungsvoll, verglichen mit jenem herrischen Mannweib. Die damit gemeinte Staël gab aber nicht auf, sie kämpfte um Constant, während Charlotte auf ihre Weise ebenfalls nicht aufgab. Constant hätte jetzt zwei Uhren gebraucht, er stand in seiner ganzen Freiheit zwischen den beiden, die ihn wollten. Schließlich brach entweder er mit der Staël oder sie brach mit ihm, er wurde Abgeordneter, Führer der Liberalen, Staatsrat schließlich, und schrieb in Ruhe sein wunderbares Buch *Über die Religion* fünfbändig zu Ende.

✦

1830 In diesem Jahr erscheinen, in zwei Bänden, von Balzac *Szenen aus dem Privatleben*, darin die Kurzromane *Das Haus zum ballspielenden Kater, Der Ball von Sceaux, Vendetta, Gobseck, Die doppelte Familie*. Das *Haus zum ballspielenden Kater* (hier noch unter dem Titel *Ruhm und Elend des Hauses…*) wird von einem Textilkaufmann bewohnt, einem handfesten einfachen Mann, dessen schöne etwas verträumte Tochter einen jungen sehr erfolgreichen Maler heiratet, der von ihrer Schönheit begeistert ist; nach einiger Zeit vernachlässigt er sie, sie, unglücklich, hat eine Unterredung mit ihrer Rivalin, nach ein paar Jahren stirbt sie. Wer die *Comédie* in Balzacs Ordnung lesen will, fängt mit diesem Stück an, und wird sich mit Balzac anfreunden wie jener, der in der Reihenfolge ihrer Entstehung mit den *Königstreuen* begonnen haben sollte. – Auf dem *Ball von Sceaux*, dem zweiten Stück übrigens in der Reihenfolge der *Comédie*, lernt die jüngste sehr schöne und kluge und eigentlich auch sehr anziehend hochmütige Tochter eines kluggewordenen Adligen, der seine Kinder am liebsten bürgerlich reich verheiratet, sie dagegen nichts als einen Pair von Frankreich heiraten will oder keinen, einen jungen Mann kennen, so elegant und schön und vollendet, daß sie glaubt, der müsse es sein, auf diesem eleganten Ball zumal. Er ist aber nur ein Verkäufer, und sie heiratet einen sehr lieben alten Onkel. – *Vendetta* handelt von zwei Liebenden, in dem jungen Mann hat aber der Vater des Mädchens, dem die Tochter ohnehin alles bedeutet, was ihn am Leben hält, den Angehörigen der Familie erkannt, mit der die seine, aus alten korsischen Zeiten, in Blutfehde liegt; er verstößt die beiden, die dennoch heiraten und die nun zugrunde gehn, aller Liebe zum Trotz, sie können sich nicht ernähren. – *Gobseck* ist ein Geldverleiher, steinreich, äußerst schäbig lebend, der allmählich in den Besitz des ganzen Vermögens einer Familie gerät, in der die Frau von einem schlimmen Liebhaber ausgebeutet wird; durch ein Versehn des Gatten könnte er das Vermögen behalten, aber er hat Grundsätze und gibt es zurück: eine der großen Gestalten Balzacs, und es kommt nicht darauf an, ob man sie mag oder nicht. – In der *Doppelten Familie* hat ein wohlhabender hoher Beamter neben seinem Haus, das ihm eine fromme Frau unerträglich gemacht hat, noch ein Zuhause mit einer andern, einfachen Frau – dieses Zuhause, in hellen Farben, wohnlich, zum Ausruhn und Leben, schildert Balzac ausführlich gegen jenes tote Haus. Alles wäre gut, dann bringt ein Geistlicher das Ende, der Mann ist wieder im Haus, die andere, lebendige Frau verschwindet. – Ehen, die an sozialen Unterschieden scheitern, gerissene Heiraten und Standesdünkel, Geld, ein sozialer Abstieg und Untergang aus politischen Gründen, wieder Geld und Verschwendung aus blinder Liebe, dann das Idyll, das sein könnte, aber boshafte dumme Geistliche zerstören es – man sieht die Themen, die jetzt aufkommen, man spürt den ganz andern Wind, der jetzt weht: auch wenn diese knappen Angaben kaum sehn lassen, wieviel Farbe und Leben, wieviel Wahrheit diese kleinen Romane haben und wie sehr diese Welt gefangennimmt, noch ehe man sich fragt, ob man mag, was in ihr vorgeht.

Und dann erscheint *Rot und Schwarz*, der erste große Roman Stendhals. Das ist die Geschichte eines jungen Intellektuellen aus einer Handwerkerfamilie, die ihn verachtet, und der junge Mann versucht nun um fast jeden Preis, der ganzen ihn umgebenden restaurativen bigotten Gesellschaft zu zeigen, wer er ist. Beinahe aus Trotz, weil er denken muß, sie verachte ihn, verführt er die Frau des Bürgermeisters seines kleinen Ortes (in einem Aufsatz zu seinem Buch behauptet Stendhal, aus Mangel an eignen Romanen läsen alle Frauen in diesen dörflichen Kleinstädten zehn Romane im Monat), als er sie hat, verliebt er sich wirklich in sie. Er kommt, als der Skandal darüber sich ausweitet, erst in ein erbärmliches geistliches Kolleg, dann in die große Welt, eine junge Dame verliebt sich in

1830 ihn, sie lebt in der alten Adelswelt jenes Faubourg St. Germain, den Prousts Marcel dann bezwingen will (das große Idol des jungen Sorel ist Napoleon), sie ist entzückt von diesem jungen Mann aus einer Schicht, die, wenn sie wollte, die ihre auslöschen könnte. Fast heiratet er sie, da vereitelt ein anonymer Brief geistlicher Herkunft, aus seiner Heimat, die Hochzeit und damit den endgültigen Aufstieg in die beneidete und verhaßte fast besiegte große Welt, und Julien Sorel, der annehmen soll, seine alte Geliebte stecke hinter dem Brief, schießt auf sie; sie überlebt das und verbringt mit ihm, der nun zu sehn glaubt, daß er immer nur sie geliebt hat, die letzten Tage; als man ihn enthauptet hat, begräbt die junge Frau, die ihn so sonderbar liebte und heiraten wollte, seinen Kopf; man weiß nicht, was aus ihr wird; die alte wahre Geliebte stirbt drei Tage nach ihrem Geliebten. Es ist offenkundig, daß Stendhal ganz auf der Seite des jungen Mannes steht, der das Glück will und den Genuß an der Selbstbehauptung; um so bewundernswerter ist dann die zwar sanfte, aber um so kühlere Ironie, mit der Stendhal an seinem Helden jene unvermeidlichen Züge bedenkt, die der hat, und braucht, der nicht von Haus aus zu den Siegern gehört[9]. – Man möchte fast sagen, daß, wer diesen Roman nicht gelesen hat, wenig vom Leben weiß, obwohl es doch heißen

---

[9] es gibt bei Goethe, in seinem *Werther*, eine hübsche Stelle, an der Werther Bohnen palt (nein, es sind Zuckererbsen, eben seh ich nach, und er palt sie nicht, sondern er fädet sie ab, ich glaube, man palt auch nicht Bohnen, man palt nur Erbsen, wenn man palt) und sich dabei Homer lesend fühlt wie in der Welt Homers – Goethe sagt das einfach, man spürt erst gar nicht die Ironie dabei, man könnte auch denken, Goethe sei einverstanden mit diesem Selbstgefühl seines Helden; und ähnlich empfinden Julien und ein Freund einmal, in ihrer zu Ende gehenden Jugend, oben in den Hügeln am Doubs, in dieser wunderbaren Landschaft, in der sie, für einmal, weder bezwungen werden von der Dumpfheit des Orts unten noch gepeitscht von dem Ehrgeiz, von ihm wegzukommen. Diese Attitude des scheinbar einverstandenen Abmalens der Seele eines Helden, den der Autor liebt, zieht sich jetzt von Goethe, bei dem man sie wenigstens im *Werther* noch nicht vermutet, durch den ganzen modernen Gesellschaftsroman

müßte: vom Lesen – es ist, als ob hier, ähnlich wie bei  *1830*
Balzac, wenngleich auf andre Weise, ein ganz neuer *drive*
ins Romaneschreiben gekommen wäre, Tempo, Kühle,
Lust; und als solle der Roman, wenn er schon nicht das
wirkliche Leben ersetzen kann, dem Inbegriff dieses
Lebens doch so zum Verwechseln ähnlich werden, daß wir
das Leben, wenn wir es schon nicht selber leben können,
jetzt doch in seiner schattengleichen von den andern gelebten Realität mit jener vielleicht zwar resignierten, aber
doch wissenden Verachtung anschauen, die es verdient.

✦

Geboren wird in Paris der jüngere Goncourt, Jules, der so
lange vor dem älteren starb; und geboren wird in Berlin,
Sohn eines Sprachforschers, der seinerseits schon der
Sohn eines Sprachforschers gewesen war und einen
sprachforschenden Bruder hatte, Paul Heyse, Dichter,
Romancier, Übersetzer und Nobelpreisträger (der erste
glaube ich von meinen ganzen Leuten hier); Heyse der
Großvater, Johann Christian August, stammte aus Nord-
hausen, war Lehrer in Oldenburg gewesen, dann Direktor
einer höheren Töchterschule in Magdeburg, wo er denn
auch gestorben war, von ihm gibt es ein Fremdwörter-
buch und eine deutsche Grammatik; Vater Heyse, damals
in Oldenburg geboren, war nach Berlin gegangen und
hatte acht schöne Jahre als Hauslehrer in der Familie
Mendelssohn verbracht (der junge Felix hätte später beinahe wenn auch nicht etwas von Heyse geradezu, aber
doch von Heyses Gönner Geibel vertont, eine *Loreley,* eine
kleine Oper hat dann Max Bruch aus dem Text gemacht),
dann war er Professor geworden und hatte die wunderschöne einäugige Tochter eines jüdischen Hofjuweliers

---

hindurch; erst bei Flaubert tritt die Ironie dann reiner hervor, und die
Helden bezahlen sie dann doppelt, denn ihr reineres Hervortreten
hängt damit zusammen, daß der Autor nicht mehr Partei nimmt für
seine Helden.

1830 geheiratet, die er bei Mendelssohns kennengelernt hatte, sie trug eine schwarze Augenklappe wie Mosche Dajan; er gab seines Vaters Schriften überarbeitet heraus, selber verfaßte er ein großes und von vielen Generationen dankbar benutztes Handwörterbuch der deutschen Sprache; sein Bruder, unsres Heyse Onkel also, ebenfalls in Oldenburg geboren, war dann nach Rom gegangen und nach einem kurzen Zwischenhalt in München wieder nach Italien zurückgekehrt; er hatte Catull übersetzt und war in Florenz gestorben; und wenn man Pauls Liebe zum Süden sieht, dann ist es, als wäre eher dieser glückliche Theodor als jener Karl Wilhelm Ludwig sein Vater gewesen.

– Ein weiter Weg war das in diesem langen Kapitel vom alten Voß seiner *Luise* bis hin zu Balzac und Stendhal; die Schiffe werden mehr und mehr auf dem weiten Wasser, wo ist noch die Austen, wo sind die andern, die zuerst Losgefahrenen? Aufgehoben für immer bei uns, das ist wahr; wir aber sehn weiter. –

VIII

1831 BIS 1835

1 ✦ 8 ✦ 3 ✦ 1

Georg Friedrich Hegel aus Stuttgart, hochgeehrt, stirbt einundsechzigjährig in Berlin, an der Cholera; und, nach einer Jagd auf seinem Gut Wiepersdorf bei Dahme, stirbt, fünf Tage vor seinem fünfzigsten Geburtstag, Achim von Arnim.

Grabschrift (21) für

HEGEL. Die aufgeregten Intellektuellen der jetzt, Anfang der dreißiger Jahre, freilich längst verwelkten romantischen Jugend hatten in den zwanzig Jahren um die Jahrhundertwende herum auch die philosophische Szene mit ihrer rasenden Schnellebigkeit angesteckt, jeder der großen Denker hatte nur ein paar Jahre. 1784 war Kant mit seiner *Kritik der reinen Vernunft* hervorgetreten, ihm hatte Fichte, den wir durch Schlegels Polizeiwidrigkeiten kennen, 1794 den Kampf angesagt mit seinen *Grundlagen der gesamten Wissenschaftslehre;* nur sechs Jahre später, im Jahre 1800, fegte Schelling (der dann die Frau von Schlegels Bruder August Wilhelm heiratete) den Platz leer für sein *System des transzendentalen Idealismus*; und 1807 machte dann Hegel dem ganzen Spuk ein Ende mit seiner alle überholenden *Phänomenologie des Geistes* (zwei wunderbare Bücher übrigens, die beiden letzten). Alle natürlich, nachdem sie jeweils der nächste ins Dunkel gestellt hatte – nur Hegel blieb im Licht und dann im Dämmerlichte stehn[1] –, schrieben solange sie konnten weiter, aber man hat das Gefühl, daß nun die Zeit vorbei war für die Metaphysik oder das Herz dafür. – Hegel hielt in Berlin in den zwanziger Jahren mehrmals seine Vorlesung zur Ästhetik, ich zitiere aus ihr seine Meinung über den Roman, im zweiten Teil dieses Kollegs *(Entwicklung des Ideals zu den besonderen Formen des Kunstschönen)*, dort im dritten Abschnitt *(Die romantische Kunstform)*, dort wieder im dritten Kapitel *(Die formale Selbständigkeit der individuellen Besonderheiten)*, dort unter der Nummer 2 (*Die Abenteuerlichkeit*), dort unter c (*Das Romanhafte*) – zwei Seiten von insgesamt über eintausendfünfhundert[2] –: »Die Zufälligkeit des äußeren Daseins hat sich verwandelt in

---

[1] das er liebte; die Eule der Minerva, schreibt er einmal, hebt erst in der Dämmerung ihren Flug an; er meint, erkennbar ist alles erst, wenn sein Entstehen Vergangenheit geworden ist; und wenn er also Marx' These darüber gehört hätte, daß die Philosophie immer nur die Welt erkenne, es aber darauf ankomme, sie zu verändern, dann würde er leise den Kopf schüttelnd, und als habe er auch einmal diese schöne Idee in sich genährt, geantwortet haben: ihr kommt immer zu spät.

[2] aber als Jean Paul im Jahre 1817 von den Studenten nach Heidelberg eingeladen war, Hegel lehrte damals dort, haben die beiden sich an einem Freitagabend wundervoll zusammen betrunken (Hegel hatte das in der Jugend gelernt, Jean Paul erst im Mannesalter); und Heinrich Voß, Sohn jenes alten Voß, der seinerzeit die *Luise* geschrieben hatte, jetzt Kollege Hegels in Heidelberg, erzählt, daß um Mitternacht dann Hegel auf Jean Paul deutend gesagt habe: der muß Doktor der Philosophie werden; Hegel sei richtig ausgelassen gewesen, schreibt Voß. Am Dienstag habe Hegel dann einen Punschabend gegeben, mit Pudding und Arrak, und man habe Voß gesagt, er solle die Fakultät

eine feste, sichere Ordnung der bürgerlichen Gesellschaft und des Staats, so daß jetzt Polizei, Gerichte, das Heer, die Staatsregierung an die Stelle der chimärischen Zwecke treten, die der Ritter sich machte[3]. Dadurch verändert sich auch die Ritterlichkeit der in neueren Romanen agierenden Helden. Sie stehen als Individuen mit ihren subjektiven Zwecken der Liebe, Ehre, Ehrsucht oder mit ihren Idealen der Weltverbesserung der Wirklichkeit gegenüber, die ihnen von allen Seiten Schwierigkeiten in den Weg legt. Da schrauben sich nun die subjektiven Wünsche und Forderungen in diesem Gegensatze ins Unermeßliche in die Höhe; denn jeder findet vor sich eine bezauberte, für ihn ganz ungehörige Welt, die er bekämpfen muß, weil sie sich gegen ihn sperrt und in ihrer spröden Festigkeit seinen Leidenschaften nicht nachgibt, sondern den Willen eines Vaters, einer Tante, bürgerliche Verhältnisse usf. als ein Hindernis vorschiebt. Besonders sind Jünglinge diese neuen Ritter, die sich durch den Weltlauf, der sich statt ihrer Ideale realisiert, durchschlagen müssen und es nun für ein Unglück halten, daß es überhaupt Familie, bürgerliche Gesellschaft, Staat, Gesetze, Berufsgeschäfte usf. gibt, weil diese substantiellen Lebensbeziehungen sich mit ihren Schranken grausam den Idealen und dem unendlichen Rechte des Herzens entgegensetzen. Nun gilt es, ein

---

zusammenrufen; das geschah am Donnerstag. Eins der Mitglieder sei gegen Jean Paul gewesen, der sei kein Christ und trinke zuviel, beides habe Hegel sofort widerlegt; Freitag war die Urkunde fertig, Jean Paul Doktor, und dann, so Voß, hätten sie alle wieder richtig gefeiert. – Vielleicht las Hegel sogar gern Romane, und glaubte das bloß nicht zu dürfen.

[3] denken Sie also an die Artusritter, an die Aventüren, vor allem an den Gral, den zu suchen dann mehr und mehr das Ziel aller Ritterschaft war (auch wenn dann, so zum Beispiel im *Morte Darthur* Malorys – eine der schönen Quellen für die *Glastonbury Romance* von John Cowper Powys – der Ritter Dinadan sich nach Möglichkeit selbst in Anwesenheit seiner Dame vor jedem Kampf drückt, und der große Gawain, der eigentlich das ganze Suchen nach dem Gral angefangen hat, irgendwann seufzend gesteht, er habe keine Lust mehr, in fremde Länder zu reiten).

1831 Loch in diese Ordnung der Dinge hineinzustoßen, die Welt zu verändern, zu verbessern oder ihr zum Trotz einen Himmel auf Erden herauszuschneiden... Diese Kämpfe nun aber sind in der modernen Welt nichts Weiteres als die Lehrjahre, die Erziehung[4] des Individuums an der vorhandenen Wirklichkeit, und erhalten dadurch ihren wahren Sinn. Denn das Ende solcher Lehrjahre besteht darin, daß sich das Subjekt die Hörner abläuft, mit seinem Wünschen und Meinen sich in die bestehenden Verhältnisse und die Vernünftigkeit derselben hineinbildet, in die Verkettung der Welt eintritt und in ihr sich einen angemessenen Standpunkt erwirbt... Und das angebetete Weib, das erst die Einzige, ein Engel war, nimmt sich ungefähr ebenso aus wie alle andern, das Amt gibt Arbeit und Verdrießlichkeit, die Ehe Hauskreuz, und so ist der ganze Katzenjammer der übrigen da[5]...« – ja, vielen Dank, Herr Professor Hegel – aber glänzend formuliert ist das natürlich alles.

Grabschrift (22) für

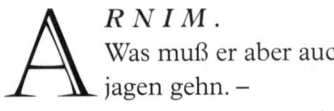

A R N I M.
Was muß er aber auch
jagen gehn. –

◆

---

[4] und freundlicherweise denken Sie jetzt an Flauberts *Lehrjahre des Herzens*, oder *Éducation sentimental*, diesen großen zynischen Roman über das Werden des Bourgeois. Hegel konstatiert, was er sagt, mit dem Donnergrollen dessen, der, wie sie auch sei, die Wahrheit sagen muß; Flaubert, der späte Hegel des Romans, distanciert sich von dieser Wahrheit, als der schmutzigen Realität, oder jener »Flut von Scheiße«, wie sie, in jenem schon zitierten Brief an Turgenjew, an seinen Elfenbeinturm schlage.

[5] in diesem Punkte der Frauen haben sowohl Hegel als auch nach ihm sein Erzfeind Schopenhauer denselben Blick ganz aus der Höhe und reden ganz denselben Unsinn; ihrer beider Problem ist, daß sie die Wirklichkeit, die der moderne Roman schildert, einer Wahrheit opfern, die wertvoller sein soll und für die sie das eigne Herz schon hingegeben hatten. Aber der grundsätzliche Realismus des modernen Romans besteht darin, daß er der Wirklichkeit nichts überordnet und wenigstens jene Realität, die sich durchsetzt, nicht schon deshalb für die wahrere hält.

Victor Hugo, wir haben ihn 1802 geboren werden sehn, bringt *Notre-Dame de Paris* heraus, wir kennen meistens den Film unter dem Titel *Der Glöckner von Notre-Dame.* Das Buch feiert die Gotik und beschreibt wortreich das mittelalterliche Paris, und entfaltet zwischen Narren- treiben, düsteren Geistlichen, einer zarten Zigeunerin und einem verwachsenen Glöckner die ganze bombastische Sentimentalität, aus der tatsächlich nur Hugo einen großen Roman hätte machen können, aber selbst er kann es nicht. Ein paar Jahre später, 1835, macht sich Tieck in einer satirischen Erzählung, dem *Alten Buch*, über die ganze Richtung lustig (er hatte gerade eine etwas dogmatisch- antiromantische Periode), er spricht von Autoren, die sich »mit dem Verwesenden gemein machen«, »unmensch- lich und kannibalisch mantschen«, und sagt von einem ge- wissen Hannes, einem außerordentlich häßlich-gemeinen Wechselbalg in seiner Geschichte, der »soll jetzt als Victor Hugo alles Edle mit Füßen treten, in der Verwesung des Lasters schwelgen und vom Ekelhaften trunken sein«; und Tieck fügt an: »Ist es denn möglich, daß ihr, die Besseren, Balzac, Nodier, und wenige Andere, diesem kranken Ge- lüste folgt?« – in Frankreich fanden sie dieses Verdikt über Hugo recht empörend; aber immerhin, Tieck hielt sich auf dem laufenden. – Balzac hat einen ersten großen Er- folg mit dem *Chagrinleder*, einer Geschichte wie aus der Welt eines ETA Hoffmann, der auch in Paris die Geister nicht los würde, die er die Welt beherrschen sieht: ein verzweifelter junger Mann kommt an einen Talisman, der ihm jeden Wunsch erfüllt, dabei aber immer kleiner wird, am Ende seiner Wünsche wird der Besitzer sterben. Es gibt eine großartige Orgie, eine schlimme Leidenschaft, eine fast heilige Liebe am Ende, schließlich lebt der junge Mann, als er sein Los erkennt, eingesperrt wie Howard Hughes und stirbt, wie dieser, doch.

◆

1832 Geboren wird in Gorochowo im alten Gouvernement Orel, südlich von Moskau, die Oka fließt dort, Nikolai Leskow, Beamtensohn; in Eschershausen bei Braunschweig, Sohn eines Justizbeamten, kommt Wilhelm Raabe auf die Welt, in den letzten dreißig Jahren des Jahrhunderts einer der großen Romanciers; und im schönen Padua (vielleicht erinnern Sie sich: Foscolo hatte dort und in Spoleto und in Venedig seine Jugend verbracht) wird Ippolito Nievo geboren, ein Mann, der mit Garibaldi nach Sizilien ging und dann, auf der Rückfahrt, bei einem Schiffbruch ertrank, keine dreißig Jahre alt; der kundige Heyse schätzte ihn, Nievo hat einen wunderbaren Roman geschrieben, *Pisana oder Die Bekenntnisse eines Achtzigjährigen.*

1 ✦ 8 ✦ 3 ✦ 2

Das wird ein langes Jahr jetzt: Goethe stirbt, Scott stirbt; Balzac ist mit vier Romanen da, ein Mann tritt auf, den keiner kennt (wir aber ein bißchen schon, er hat damals mit Schinkel den Ätna bestiegen), nämlich Rehfues, und braucht Platz, und die Sand debütiert. Und im Jahr drauf wird es fast noch schlimmer: da kommen Gutzkow und Laube, die Sand behauptet sich, und es ist ja nicht so, daß, wenn Neue kommen, die andern aufhören, o nein, sie schreiben alle weiter... Wohl (sagt Sealsfield immer so hübsch, wo er in Louisiana *Well* gesagt haben würde – also auch Sealsfield noch dazu –), wohl, wir wollen sehn, daß wenigstens ich nicht den Überblick verliere.

Es sterben also, weltberühmt und zweiundachtzigjährig in Weimar der eine, und der andre ebenfalls weltberühmt, aber erst einundsechzigjährig auf seinem Schloß Abbotsford, Goethe und Scott, wir glauben eine ganze Epoche zu

Ende gehn zu sehn, aber die Lebenden haben natürlich immer ganz andre Sorgen[6].

Grabschrift (23) für

G O E T H E . Dreimal hatte er das vollkommenste Gefühl für das, was seine Leser wollten, oder, wenn sies nicht wollten, doch wollen sollten. Sein *Werther*, der hier wie eben von allen damals schon tausendmal zitierte, erschien wie ausgeheckt von einem genialen Marktstrategen: die Leute waren auf große Empfindungen aus, das hatten Richardsons gewaltige Bücher gezeigt, sie hatten Lust auf die wahre ungeschminkte Liebe, das hatte Rousseaus *Julie* gezeigt, sie liebten das, was aussah wie ein Idyll, das hatte Goldsmith mit seinem *Pfarrer von Wakefield* gezeigt, und sie mochten, wenigstens die Intellektuellen unter ihnen, den Gestus des schönen Gefühls, das hatte Sterne gezeigt in seiner *Empfindsamen Reise*; Goethe verknappte Richardson und Rousseau, nahm Goldsmith und Sterne auf und brachte zwei großartige neue Elemente noch dazu, nämlich Homer und vor allem Ossian einerseits, und, ganz entscheidend, eine dezidiert jugendliche Kritik an Bürgerlichkeit und großer Welt. Beim zweiten Mal schrieb Goethe den überaus fesselnden Roman eines jungen Mannes, der sich durch Liebe, Kunst und Kaufmannschaft, durch wundervolle Reisen, Räubereien, schöne

---

[6] wie Schiller in seinem Lied *An die Freunde* schreibt: »Doch es ist dahin, es ist verschwunden, / dieses hochbegünstigte Geschlecht. / Wir, wir leben! Unser sind die Stunden, / und der Lebende hat recht.« Ein bißchen brutal das Ganze, sicher; andrerseits, ist Ihnen aufgefallen, daß wir Schiller überhaupt nicht zu Grabe getragen haben, 1805? Das wäre früheren Generationen nicht passiert; und lieber hätten sie gar kein Buch geschrieben als eines, worin sie nicht ihren Schiller wenn schon nicht hochleben, so doch wenigstens hätten zu Grabe tragen können. Als Schillers Gebeine, oder was man dafür hielt, aus seinem provisorischen Erstgrab geborgen worden waren, nahm Goethe sie mit nach Hause, denn er war unser, wie er dann schrieb. Das ist aber lange lange her.

Retterinnen, geheimnisvolle Gesellschaften und schöne Fremdlinge (Sie erinnern sich an Schlegels Roman-beschreibung) zu dem macht, womit er dann vielleicht, wenn er alles gesehn haben wird, zufrieden sein kann; hier nahm er mit Italien und der Kunst alles vorweg, womit dann so viele kommen würden, und dann die Frauen an Wilhelms Weg: Mariane, Philine, Mignon, die Retterin – ein Narr, wer da nicht lieben lernen, ein halber Narr wenigstens, wer da nicht lesen lernen würde. Beim dritten Mal fiel Goethe aus der Rolle, in die sie alle ihn gern gedrängt hatten, und schrieb ihnen jenen matt-glänzenden Gesellschaftsroman, der ihnen noch längst nicht vorschwebte, die *Wahlverwandtschaften*; man kann sich fragen, ob er selber wußte, was er da tat mit dieser kühlen Studie über eine Welt, die kein Gott mehr lenkt, auch kein geheimer Bund mehr, und in der alles, was einmal galt, allenfalls noch ein Symbol ist, und die wirk-lichen Zeichen Geschicke anzeigen, für die es keinen Trost mehr gibt. Während Goethe mit dem *Werther* schlüssig zusammengefaßt hatte, was schon an der Zeit war, und mit dem *Wilhelm Meister* voll getroffen hatte, was gerade im Kommen war, war er mit den *Wahlverwandt-schaften* weit vorausgeeilt, und auch woandershin, nämlich in jene Romanweltliteratur, die dann erst von außen her, übersetzt, auch seine Landsleute einbeziehen würde: jene, für die er noch zu früh gekommen war, dieser – sonderbar für einen doch schon alternden Mann – so kühne Geist. Und am Ende dann noch dieses losgelöste freie Spiel mit den *Wanderjahren*.

Anmerkungen (7) zu

GOETHE. Wie eben angedeutet, ist der *Werther* ein ausgesprochen dünnes Buch, und nach den wirklich außerordentlich umfänglichen Büchern von Richardson zum Beispiel und von Rousseau (auch Wielands große Bücher waren niemals richtig schmal gewesen, aber das war eine andre Welt) konnte *1832* allein seines eleganten Umfangs wegen der *Werther* schon einschlagen, als hätte ein guter Marketingmann den Verlag beraten gehabt, und man darf sicher sein, daß damals viele Leute, die zu sehn glaubten, wohin es gehn würde, sagten, schmale Romane seien das Signum der Moderne. Natürlich stimmte das auch schon damals nicht, es hat niemals gestimmt; vielmehr folgten den schmalen Büchern immer wieder die umfangreichsten, erst neulich meinte mein schon erwähnter kluger Freund Fuld, wenigstens in unserm Jahrhundert gebe es so etwas wie eine Vorherrschaft der dünnen Romane, aber ich warf ihm dann Proust hin, dann den *Ulysses*, mit seinen doch auch tausend Seiten, Musil, Powys mit seiner riesigen *Glastonbury Romance*; er konterte mit dem *Großen Gatsby*, mit Alain-Fournier, mit Wildes *Dorian Grey* – und da scheint es nun wirklich etwas zu geben: der *Werther*, der *Große Gatsby*, der *Große Meaulnes*, *Dorian Grey*, vielleicht sollten wir auch an Jacobsens *Niels Lyhne* denken, an Rilkes *Malte*, oder sogar, auch wenn das ein bißchen schon zum Gruseln ist, an Hamsuns *Pan*, das waren alles einmal das, was wir heute Kultbücher nennen, und solche Bücher haben es vielleicht an sich, daß sie dünn sind. Sonst aber, haben wir uns dann nach ein paar weiteren Ladungen dünner und dicker Romane gesagt, herrscht offenbar das allergrößte und unauflösbarste Durcheinander. Vielleicht ist es mitunter so, daß nach vielen schwergewichtigen Romanen einer Sorte ein paar dünne eben deshalb erfolgreich sind, aber gleichzeitig bleiben in einer andern Sorte und auch in derselben dicke Bücher ganz vorn – es gibt dicke und dünne Bücher immer gleichzeitig; und wenn der Versandverleiher Mudie von den Autoren dreibändige Werke forderte,[7] dann schrieb der junge Maugham ein

---

[7] bei Trollope schikaniert ein böswilliger Ehemann seine Frau einmal damit, daß er ihr das Abonnement bei Mudie kündigt, nun kann

1832 dünnes Buch über eine Frau, die von Mudie sich jede Woche ihre Dreibänder liefern läßt. Für sich weiß jeder Romanliebhaber, daß dicke Romane wunderbar sind, wenn man sich so allmählich einlebt in eine ganze Welt, und daß ebenso schön dann wieder dünne Romane sind, in denen eine andre ebenso ganze Welt *in nuce* da ist. Manchmal hat man Geduld und Zeit, manchmal nur das eine, manchmal keins von beiden; und so ist es wohl auch ganzen Epochen und Schichten gegangen: die Frauen, für die Richardson schrieb, hatten, während ihre Männer im Geschäft waren, unendlich Zeit; Balzacs schöne Modeste wird Zeit, aber nicht immer Geduld gehabt haben für dicke Bücher; die jungen Foscolos und Ortis wollten kämpfen und lieben; und man könnte ja leicht sagen, daß mit der allmählichen Verkürzung der Arbeitszeit die Zeit zum Lesen eigentlich sehr ausgeweitet worden ist … zu begründen ist hier, ist also auch hier wieder gar nichts, es gibt dicke und dünne Romane, das ist alles, nur die Sache mit den Kultbüchern müssen wir uns irgendwann einmal noch gründlich durch den Kopf gehn lassen.

Grabschrift (24) für

S C O T T. Zwei Frauen, beide aus dem *Ivanhoe*, erst die Blonde: »In dem schönsten und anmutigsten Ebenmaß ihres Geschlechts gebaut, war Rowena von schlankem Wuchse, jedoch nicht in dem Grade, daß sie sich durch besondere Größe ausgezeichnet hätte. Ihre Haut war außerordentlich zart, allein die edle Form ihres Hauptes und der Ausdruck ihrer Züge benahmen ihr das Matte und Geistlose, das zuweilen regelmäßigen Schönheiten eigen ist. Ihr klares blaues Auge, schön umwölbt unter den anmutigen Brauen, gab ihrer Stirn einen hohen

---

sie nicht einmal mehr sich in ihre Romanwelten zurückziehen; aber man sieht natürlich auch, welchen Einfluß dann ein Mann wie Mudie auf die Romanproduktion nehmen konnte.

Ausdruck und schien sowohl feurig als sanft strahlen zu können – sowohl zu gebieten als zu bitten. Wenn auch solchen Zügen die zarteste Milde natürlich sein mußte, so fiel es doch ins Auge, daß in diesem Falle die Gewohnheit, über alle erhaben zu sein und allgemeine Huldigung zu finden, der sächsischen Lady ein stolzeres Wesen gegeben hatte, das, mit ihrem eigentümlichen Charakter verschmolzen, diesem eine würdigere Hoheit verlieh...« – jetzt aber die Dunkle, die schöne Tochter des Geldjuden: »Die Gestalt Rebeccas konnte sich in der Tat selbst nach Urteil eines so feinen Kenners, wie es Prinz Johann war« – Prinz Johann ist der mit den Normannen kollaborierende böse Bruder von Richard Löwenherz –, also die Gestalt Rebeccas konnte sich »mit der stolzesten Schönheit Englands messen. Ihre Formen standen in dem schönsten Ebenmaß und traten in der morgenländischen Tracht ihres Stammes höchst vorteilhaft hervor. Ihr gelbseidener Turban stand sehr gut zu dem dunklen Haar und der brünetten Hautfarbe. Der strahlende Glanz ihrer Augen, die schön gewölbten Augenbrauen, die wohlgeformte Adlernase, die perlenweißen Zähne, die Fülle von Locken, die schlangenförmig gewunden auf einen schneeweißen Nacken und Busen herabfielen, die ein fliegendes Gewand von dem reichsten persischen Seidenzeuge, auf purpurfarbenem Grund Blumen in ihren natürlichen Farben zeigend, umschloß – all dies vereinte sich zu einem außerordentlichen Liebreiz. Von den mit Gold und Perlen besetzten Schleifen, die ihr Leibchen von der Brust bis auf den Gürtel umschlossen, waren die drei oberen der Hitze wegen offengeblieben und gewährten Spielraum...«[8] –

---

[8] erst neulich wieder gab es eine ältere Ivanhoe-Verfilmung bei irgendeinem Fernsehsender, Liz Taylor war zu sehn, wie die Ritter um sie kämpfen: die Ritter gepanzert und laut mit Speeren und Schwertern auf gewaltigen Pferden, Schlachtrössern, Liz, in ihren ganz jungen Jahren noch, schmal, auf einer Tribüne, mit niedergeschlagnen Augen, aber wenn sie sie dann aufschlug, die Augen, mit einem Blick voll

1832 auch Scott also, wie viele andre unter den Romanciers (nicht den ganz großen, die machen es anders), malt am schönsten die, für die seine Träume offen sind; und die, welche ihm die *political correctness* des Romanciers zur Gattin seines Helden zu machen gebietet[9] (der Held hat dann aber immerhin den schönen Zug, daß, als er, verwundet, von der Dunklen gepflegt wird, er sich doch beinahe in diese verliebt), die malt er so, wie er seinen Leserinnen die Schwiegertöchter wünschen muß (selbst wenn

---

unverhülltester Hingebungsbegierde, wenn ich mich so ausdrücken darf: Scott hätte sich gefreut, was da aus seinen Träumen geworden war, ich weiß aber nicht mehr, ob Liz hier, auch wenn ich glaube, es war die Dunkle, die Blonde spielte oder eben die Dunkle; aber auf diesen damals noch schmalen Wangen diese wunderbare Begierde, aus den Augen herab auf die Wangen gekommen, das war groß.

[9] an genau dieser Stelle hakt gut dreißig Jahre nach *Ivanhoe*, nämlich 1850, Scotts großer Landsmann Thackeray ein (wir haben ihn vorhin, 1811, in Kalkutta geboren worden sehn), in einer leicht satirischen Fortsetzung des *Ivanhoe*. Er könne nicht glauben, schreibt er dort über Rebecca, »daß solch ein Weib, so bewundernswert, so zärtlich, so heldenmütig, so schön, ganz und gar verschwinden könne vor einem Frauenzimmer wie Rowena, diesem schmalen, flachshaarigen Geschöpf, welche meiner bescheidenen Meinung nach« – so also Thackeray – »sowohl Ivanhoes, wie ihrer Stellung als Heldin eines Romans unwürdig ist. Wäre beiden ihr Recht geschehn, so hätte meiner Ansicht nach Rebecca den Mann kriegen, Rowena aber in ein Kloster gehn und sich da einriegeln müssen, wo ich meinesteils wenigstens mir nie die Mühe gegeben haben würde, nach ihr zu fragen« – gleich danach spricht Thackeray dann noch von einem »fischkalten Musterbild von Schicklichkeit, wie jener eisigen, vollkommen tugendsamen, prüden, winseligen, pinseligen Rowena« – englisch: »a frigid piece of propriety as that icy, faultless, prim, niminy-piminy Rowena«. – Es wäre übrigens, bei solchen doch ganz überraschend einfallsreichen Übertragungen (der Name des Übersetzers ist nicht angegeben, erschienen ist sie in Leipzig, 1852), wahrscheinlich gar nicht so verkehrt, an einen Mann wie jenen alten Herrn aus Hackländers schon angeführtem Roman (*Europäisches Sklavenleben*, 1854) zu denken, der dort, miserabel bezahlt, *Onkel Toms Hütte* übersetzt und in seiner Freizeit Sealsfield liest: solche Leute werden, um überhaupt vor sich selbst leben zu können, beinahe um so besser und einfühlsamer übersetzt haben, je schlechter sie dafür bezahlt wurden (wenn Sie sich erinnern: ich habe das Buch 1811 erwähnt, da war die Beecher Stowe geboren worden, Onkel Toms Erfinderin, und 1829, anläßlich der amerikanischen Ausgabe von Sealsfields erstem Buch, *Tokeah*).

die guten dieser Leserinnen sich selber den zum Geliebten wünschen würden, den dann die Dunkle kriegt). Schön ist aber noch, was Fontane über den ganz jungen Scott sagt: »Als er, durch einen Zufall, die Bekanntschaft einiger Bände Shakespeares machte – er mochte damals elf Jahre sein – sah er, um mit Schlegel zu sprechen, den Vorhang von einer neuen Welt hinweggezogen; im Hemd, am Kaminfeuer sitzend, las er beim Schein der Flamme bis in die Nacht hinein ...«; und wenn Sie einmal nach Edinburgh kommen, dann versäumen Sie nicht, sich in der Nähe der Princess-Street das große Scott-Monument anzusehn, mit einem 60 Meter hohen neugotischen Baldachin über der Statue, nur Gott hat sonst so schöne Denkmäler. Und noch eins: in seinen jungen Jahren, er war 1771 geboren worden, war Scott ein großer Leser Goethes, nicht zuletzt vielleicht Ossians wegen, er übersetzte den *Erlkönig* und vor allem Goethes schrecklichen *Götz von Berlichingen;* Goethe seinerseits, wie um sich zu revanchieren, las dann in jenem Alter, in welchem er auch Cooper las, Scotts Romane, schade eigentlich, daß es nicht schon damals diese Filme gab, er hätte sicher mit Lust Liz Taylor angesehn und sich seiner einst auch so lebendig-schönen Christiane erinnert ...

✦

Bücher, Bücher. Von Mörike erscheint der *Maler Nolten*, worin es einmal heißt: »Der Mensch rollt seinen Wagen, wohin es ihm beliebt, aber unter den Rädern dreht sich unmerklich die Kugel, die er befährt«; sonst ist das eins dieser Bücher, von denen ein Autor nur ein einziges schreibt, so sehr steckt er selber da drin; durchs Buch geistert eine Zigeunerin, vermeinte und wirkliche Untreue und Verrat bestimmen das Leben des Helden, der erst seine Liebste für untreu hält, dann hält sie ihn dafür, und sie stirbt daran; keiner wird erwachsen, keiner kommt aus seiner Haut heraus, die Kunst hilft keinem, im Gegenteil.

1832 Dagegen läßt sich natürlich fragen, was aus Mörike geworden wäre, wenn er das nicht alles hätte aufschreiben können – dagegen aber wieder erstens, ob denn nur Leute, die so was dann aufschreiben können, solche Probleme haben, oder ob zweitens viele zugrunde gehn, weil sie solche Probleme nicht aufschreiben können? Oder würden sie nicht so zugrunde gehn, wenn sie läsen, was ein andrer für sie aufgeschrieben hat? – Von Nodier, dessen *Jean Sbogar* ein aufregendes Buch gewesen war für Modeste und noch für uns, erscheint die *Krümelfee*, ein schrecklich bürgerlich-affirmatives Märchenstück, ich hab es seinerzeit, zufällig, zusammen mit der Němcová gelesen und deren schon erwähnter *Großmutter*, man möchte mit Sealsfield nach Amerika auswandern nach solchen Büchern.

Aber von George Sand erscheint nun der erste Roman, *Indiana*; wenn man ihr Schlößchen besucht, Nohant, das damals noch das ihrer Großmutter war, dann kann man ganz hinten in einem der alten Räume noch den kleinen in die Wand eingelassenen Sekretär sehn, an dem sie dieses Buch schrieb, ein wildes ganz und gar sentimentales und zugleich verwegenes Buch, in dem die Heldin unbeirrt von allen Konventionen ihrer Gesellschaft und den Verabredungen, die bisher zwischen Romancier und Leser galten, den Liebhaber so wenig schont wie den Ehemann, schließlich (wie wir eben wollten wegen der Krümelfee und ihrer Großmutter) mit einem wunderbaren Mann die Alte Welt verläßt für ein amerikanisches Paradies der Art, wie es damals Chateaubriand wohl gern gefunden hätte, und dann, über einem wunderbaren Teich, oben von einem Felsen herab – doch nicht springt; hier hat das, was man unsretwegen gern Kitsch nennen mag, den glitzernden Tau seines ersten morgenschönen Erscheinens auf sich, und es ist glaube ich genau diese Sentimentalität, von der dann der große Neruda einmal gesagt hat, daß den, der sie fürchtet, die Kälte holt. Als die Sand dieses Buch schrieb, hatte ihre Liebe zu Jules Sandeau (zusammen mit

ihm hatte sie zwei Bücher gemacht, ihren Künstlernamen
hatte sie dem seinen entnommen, Sand; selber war sie,
achtundzwanzigjährig jetzt, verheiratet und hatte zwei
Kinder) fast ihr Ende erreicht, und sie schreibt an einen
Pariser Freund über ihren Jules, der sich tagelang nicht
gerührt hatte: »Nicht wahr, Émile, er verdient es, daß
ich ihn so leidenschaftlich liebe? Und es ist doch wahr,
daß er mich aus ganzer Seele liebt und daß es richtig
ist, ihm alles aufzuopfern, meine Zukunft, meinen Ruf,
meine Kinder? Wird nicht das alles durch eine wahre
Liebe aufgewogen? – Ach, wenn ich nun sterben müßte,
das wäre höchst grausam...« – zum Glück starb sie so
wenig wie jene sprangen, sie brach mit Sandeau und ließ
sich dann, und ganz Europa schaute zu, mit Musset ein,
davon haben wir schon gehört.

Von Balzac gibt es vier Romane, den *Pfarrer von Tours*,
eine traurige Geschichte um einen guten und einen klugen
ehrgeizigen Geistlichen, und dem guten geht es dann
schlecht; dann *Oberst Chabert*, die sarkastisch Kritik an der
neuen Gesellschaft übende Geschichte eines napoleonischen Kriegshelden, den, als er nach zehn Jahren verwundet zurückkommt, seine Frau, die inzwischen wieder
verheiratet zu Ansehn und Vermögen gekommen ist, nicht
mehr zu kennen wünscht; und als sein Freund, ein Anwalt, ihm Vermögen und den alten Stand zurückerobern
kann, will dann er nicht und bricht mit der Welt, lebt als
Vagabund und stirbt so. Dann *Louis Lambert*, Lieblingsroman und Schmerzenskind Balzacs, ein ebenso wirres
wie wunderbares Buch; wirr, denn der Held verliert sich
in Swedenborgsche und Mesmersche Phantastereien, wie
Balzac sie damals liebte, und wunderbar, weil die Frau,
in die er sich verliebt hatte, eh er ganz abhob, den alt-
gewordenen wirren Mann nun für einen hält, der ganz
dort ist, wohin er immer wollte und wofür auch sie ihn
damals angefangen hatte zu lieben. Und schließlich *Die
Marañas*, eine etwas geheimnisreich den großen Mythos

der Mutterliebe umspielende und zugleich die ganz und gar abenteuerlich-wilde Geschichte einer Frau, die, um einen tatsächlich unwürdigen Liebhaber zu retten (aber unwürdig, was heißt das schon? oder was wäre ein würdiger Liebhaber? ich meine: außer uns, die wir so fragen?), dessen unbedeutenden Freund heiratet und ihn nach vielen Jahren erschießt, als er seinerseits den zufällig wieder aufgetauchten alten Liebhaber Geldes wegen umbringt[10].

Und dann erscheint von Rehfues der *Scipio Cicala*, und ich hole weit aus:

Biographie (1)

R E H F U E S . Unter dem 14. Mai 1804 schreibt Schinkel in sein Tagebuch: »Mit günstigem Ost verließ ich am 8. Mai den Hafen Neapels, als noch des Vesuvs zwiegespaltener Gipfel die frühe Sonne barg. Ein braver Kapitän und eine lustige Schiffsgesellschaft sicherten mir die Entschädigung für das Ungemach

---

[10] aus dieser Geschichte will ich, da ich Sie eben bei Scott sicher ein bißchen enerviert habe mit dessen Frauen, die Schilderung der jungen Frau geben (der Tochter der Titelheldin), als sie jener unwürdige Liebhaber, ein feiger Wüstling, eines Kriegstages in Tarragona sieht: »Es war ein weißes Gesicht, dem der Himmel Spaniens ein paar leichte, bräunliche Töne aufgelegt hatte; sie fügten dem Ausdruck einer seraphischen Ruhe einen glühenden Stolz, einen unter dem durchsichtigen Teint eingefügten Schimmer hinzu, was vielleicht von maurischem Blut herrührte, das ihn belebte und färbte. Ihr Haar war auf den Scheitel hinaufgekämmt, fiel wieder nieder und umgab mit seinen dunklen Reflexen junge, durchsichtige Ohren, wobei es die Konturen eines schwach bläulich getönten Halses sich abheben ließ. Dieses üppige Gelock hob zwei brennende Augen und die roten Lippen eines schön geschwungenen Mundes hervor. Der landesübliche Reifrock brachte die Biegung einer Taille sehr gut zur Geltung, die schmiegsam war wie eine Weidenrute. Es war nicht die italienische Madonna, sondern die spanische, die des Murillo, des einzigen Künstlers, der es gewagt hatte, sie trunken vor Glück über die Empfängnis Christi gemalt zu haben, schwärmerische Eingebung des kühnsten und glühendsten Malers. Es fanden sich in diesem Mädchen drei Dinge vereint, von denen eines genügt hätte, eine Frau zu vergöttlichen: die Reinheit der in der Meerestiefe ruhenden Perle, die erhabene Verzückung der spanischen heiligen Therese, und die Wollust,

der Seefahrt. Wir hatten uns, mein alter Reisegefährte 1832 und ich, mit zweien Freunden aus Rom verbunden, die ganze Reise durch Sizilien zusammen zu machen, um durch gegenseitige Mitteilung soviel Nutzen als Vergnügen zu haben.«[11] Der erwähnte Reisegefährte ist Gottfried Steinmeyer aus Berlin, ein Architekt wie Schinkel; der eine der beiden Freunde aus Rom ist Rehfues; der andre römische Freund ist Carl Gotthard Graß oder Grass, ein Dichter und Maler, den Rehfues mochte. Grass übrigens, in seinem eignen Tagebuch dieser sizilianischen Reise, schreibt stets Schenkel, wenn er Schinkel meint; auch wurde Schinkel erst berühmt, als Grass schon unberühmt dahingegangen war; wir heute, nachdem der Tod sie alle längst sortiert hat, würden wohl eher Grass Gross als Schinkel Schenkel schreiben; doch andrerseits, was ist schon der Tod, wenn wir ihm jetzt Rehfues entreißen. – Schinkel war dreiundzwanzig Jahre alt, Steinmeyer ein paar Monate älter, Rehfues ein ganzes Jahr, Grass hatte beiden ein gutes Dutzend Jahre voraus. – Am 16., 17. und 18. Mai bestiegen die Freunde den Ätna. Am 16. begannen sie den Aufstieg von Taormina aus, am Abend des 17. waren sie auf jener Höhe, in der man

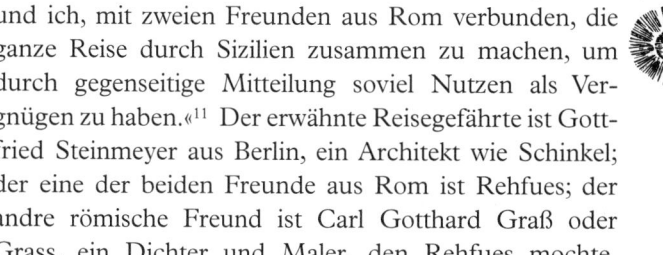

---

die noch unbewußt ist ...« – das ist auch ein sehr hübsches Beispiel für den katastrophalen Stil, den Balzac oft schreibt, oder genauer wohl für dieses unentwirrbare Gemisch aus scheußlichen Banalitäten und wieder sehr kühnen und genauen Details. Eins der wohl unlösbaren Geheimnisse der Balzacschen Romane ist, wie sich aus der unreinen Mischung solcher Ingredienzien der Bann ergeben kann, den sie auf den unbefangnen Leser ausüben; andrerseits ist der Bann eines unangefochten reinen Stils ja auch nicht viel erklärbarer – warum sollte also der scheußlich gemischte Stil eigentlich der schlechtere sein? Die hier benutzte Übersetzung Sanders, so hölzern sie in Kleinigkeiten klingt, gibt übrigens den Balzacschen Originalton ziemlich gut wieder – und noch einmal: wie sollte er eigentlich auch nicht?

[11] in einem bloßen notizartigen Itinerarium, woraus er dann jenes Tagebuch erstellte, heißt es unter jenem Abfahrtstage, dem 8. Mai: »... Fernere Fahrt mit günstigem Winde. Schwindung der Küsten ...« – dieses »fernere«, diese »Schwindung«, das ist natürlich besser als jenes »Vesuvs zwiegespaltener Gipfel« etc.

1832 noch ein paar Stunden schläft, ehe man dann, kurz nach Mitternacht, die letzten Stunden hinaufsteigt, um dann von oben die Sonne aufgehn zu sehn. Ende der fünfziger Jahre habe ich denselben Aufstieg mit zwei Freunden unternommen, daß auch uns der Mond geschienen hat wie jenen damals, glaube ich nicht; »um Mitternacht bei Mondschein Aufgang zum Gipfel«, schreibt Schinkel, das hätte ich nicht vergessen. Ich weiß, daß die Sterne ganz ungeheuer groß und hell waren. Damals, im Mai 1804, lag oben Schnee; wir hatten keinen, vor Sonnenaufgang waren wir ganz oben; es roch nach Schwefel am Rand des großen Kraters, ein ziemlicher Wind ging – Schinkel hat eine Zeichnung, wie sie zu dritt oben sind (im Hintergrund folgen noch andre mit Maultier und Hund), der Wind, fast ein Sturm, fängt sich malerisch in ihren Pelerinen, einer kauert kapuzenbedeckt und zeichnend an einem Felsen, auf dem ein zweiter steht und mit der Hand in Richtung der aufgehenden Sonne zeigt, der dritte, mit einem romantischen Hut wie der zweite, braucht beide Hände zur Bändigung seines wegfahrenden Mantels. – Bei uns damals kam dann die Sonne und warf den ungeheuren kegelförmigen Schatten des Ätna blau auf das braune Land der Insel, die wie berglos aussah in dem Licht, das nur erst den Ätna traf. Fast senkrecht östlich dreitausenddreihundert Meter in der Tiefe blitzte das Meer, im Norden schwebten Wölkchen über den Liparischen Inseln, besonders nach West und Süden glaubte man das Dreieck der ganzen Insel sehen zu können – »... ich glaubte, die ganze Erde unter mir mit einem Blick zu fassen«, schreibt Schinkel, »die Entfernungen schienen so gering, die Breite des Meers bis zu den Küsten Afrikas, die Ausdehnung des südlichen Kalabriens, die Insel selbst, alles lag so überschaulich unter mir ...« – das ist ein bißchen geschwindelt, aber wir wissen jetzt, was er meint. Der blaue Schatten bewegte sich und wurde blasser und kleiner, und im höhersteigenden Licht,

das nun auch auf die kleineren Berge und Hügel fiel,  *1832*
traten die Konturen des Landes unten deutlicher hervor.
Am 18. Mai 1804 kamen dann Nebel auf, Hagel fiel, und
»durch beschwerliche Wege«, schreibt Schinkel, »stiegen
wir hinab und erreichten gegen Mittag die Höhle der
Ziegen wieder, die den ermüdeten Gliedern wieder eine
Stunde süßer Ruhe schenkte ...« – ähnlich auch wir damals, ich verstehe die Freunde gut, wie sie dann schlafen,
dem schönen Grün wiedergegeben auf dem schwarzen
Lavagrund. – Nun zu Rehfues. Er ist in Tübingen geboren; ich wohne schon sehr lange hier, niemals habe ich
irgendwen seinen Namen nennen hören, keine Straße,
keine Gasse, kein Platz, kein Plätzchen heißt nach ihm,
und selbst Landrat Kroymann schwieg, als ich ihn neulich
nach Rehfues fragte, ganz wie Huber aus der Neckar-
gasse, der sonst jeden kennt. Tübingen ist ein stiller süßer
Ort; nur manchmal in dunklen Oktobernächten hallen
Schritte in den Straßen, dann geht Küng herum und
sucht nach einer Kirchentüre für seine Thesen, er weiß
nur noch nicht, ob er eine evangelische oder eine katholische nehmen soll, das Problem ist, daß sie alle zu klein
für ihn sind. Rehfues ist vermutlich Kirchgasse 1 geboren
worden, das ist auf dem kleinen Weg zwischen der Stifts-
kirche und dem Markt das etwas zurückgesetzte Haus
rechts, in dem jetzt seit Ewigkeiten Tengelmann seine
Filiale hat. Jedenfalls hat Rehfues' Mutter hier gewohnt,
als ihr Mann im Jahre 1821 starb; sie selbst folgte ihm ein
Jahr später in die Ewigkeit. Bei ihrem Tode machte man,
die württembergische Gemeindeordnung schrieb das
vor, ein Inventar, geordnet nach Liegenschaften, Bargeld,
Gold & Silber, Büchern, Kleidern, Bettzeug, Geschirr
(Kupfer, Messing incl.), Schreinerwerk und Hausrat. Das
Haus wurde von den Erben verkauft, der Inhalt verauktio-
niert; Inventar und ein ausführliches Auktionsprotokoll
liegen im Stadtarchiv, ich habe beide eingesehen. Dem
nicht anwesenden Sohn schickte man nach Bonn eine

1832 Abschrift, mit einem Brief, der die Anrede »Exzellenz« hat, eigenhändig und höflich bestätigte er den Empfang; auch dieser Brief, mit Siegel, liegt im Stadtarchiv, und ich habe ihn gesehn, auch Rehfues' preußische Orden sind verzeichnet. – Johann Jakob Rehfues (die Schreibung variiert, Vorfahren stammen als Reichfuß aus Ebingen), der Vater also, wurde 1740 in Tübingen geboren, er war Metzger (die männlichen Vorfahren waren meistens Metzger gewesen und hatten Bäckerstöchter geheiratet); im Jahre 1766 heiratete er Maria Katharina Büchsenstein aus Altingen, an der Kreisgrenze zu Herrenberg, nach den Inventarsakten muß sie schon vorher einmal verheiratet gewesen sein, ihrem zweiten Mann jedenfalls gebar sie sechs Kinder, von denen zwei das Erwachsenenalter erreichten. Johann Jakob wurde 1774 Ratsverwandter, 1792 Gerichtsverwandter, dazu Accisverwalter, 1801 wurde er Bürgermeister, bald danach Oberacciser; Bürgermeister blieb er bis 1819, in diesem Jahr trat eine neue Verfassung in Kraft. Es gab im Jahre 1800 noch vier Bürgermeister, 1812 wurde die Zahl auf zwei reduziert. Statistiken über die Besetzung des Stadtrats zeigen, daß nach den Kaufleuten die Metzger und Bäcker am stärksten vertreten waren, sie beherrschten den Vieh- und Mehlhandel. – Der Sohn, unser Rehfues, wurde am 2. Oktober 1779 geboren, im Inventar unter den Erben heißt er Philipp Jakob, ich habe dann auf dem Kirchenregisteramt nachgefragt, sie haben nachgesehn, denn alles ist noch da: getauft worden ist er auf Philipp Joseph, der Inventurbeamte hatte von andern Dingen die Hände voll, er wird nach dem J des zweiten Namens einfach Jakob weitergelesen haben, wie beim Vater, oder vielleicht weil er selber so hieß. 1795 finden wir Rehfues als Singknaben im berühmten Stift; 1801 nahm er (aus den Jahren dazwischen wissen wir nichts) eine Hauslehrerstelle in Livorno an, dort übersetzte er zusammen mit seinem Freunde Tscharner Tragödien Alfieris; 1802 ist Rehfues mit dem ungarischen

Maler Dorfmeister unterwegs nach Genua, im Sommer  *1832* 1803 geht er, wieder mit Tscharner, nach Rom und Florenz, er lernt Hackert kennen und die Gräfin Albany, eine Freundin Alfieris, die diesem in Florenz, wo er eben im Oktober in tiefer Gemütsverfinsterung gestorben war, gerade ein schönes Denkmal bauen ließ (vor ihrem Mann, einem englischen Kronprätendenten, war sie in ein Kloster geflohen; von dort, als der Gatte endlich gestorben war, 1788, in die Arme Alfieris)[12]; er verkehrt, Rehfues

---

[12] von Canova, in Santa Croce zu Florenz; ich nehme diese schöne Gelegenheit wahr, erstens anzumerken, daß Canova einer der großen Lieblinge Balzacs war – in *Cousine Bette* wird der junge Bildhauer dort immer wieder durch den Hinweis auf Ähnlichkeiten mit Canova geehrt –, zweitens, um noch einmal, das vierte Mal in diesem langen Kapitel, und das zweite Mal von Balzac, eine bemerkenswerte Frauengestalt aufzuführen. Es geht um Diane de Maufrigneuse, eine der schönsten, elegantesten und geistvollsten der reichen jungen Damen in Paris, und die, die Balzacs Bemühen, bestimmte Figuren in mehreren Romanen auftreten zu lassen, am meisten rechtfertigt; unvergeßlich etwa, wie sie im *Antiquitätenkabinett* aus Paris in der Provinz angerauscht kommt, um einem unachtsamen jungen Mann, den sie eigentlich sehr mag, seine Schulden zu bezahlen und ihm damit den Abschied zu geben. Im abschließenden Teil vom *Glanz und Elend der Kurtisanen, Vautrins letztem Abenteuer,* wird sie gegen Ende plötzlich von der Frau des Richters aufgestört, weil ihr gewesener Geliebter – ein andrer jetzt, dies ist ein andres Buch – sterben soll und ihre Briefe in falschen Händen sind, und es heißt: »Diane wählte selber ihre Kleider aus und improvisierte ihre Toilette mit der Geschwindigkeit einer Grisette, die ihre eigne Zofe ist. Das kam der Zofe so erstaunlich vor, daß sie einen Augenblick regungslos wie angewurzelt dastand, so überrascht war sie, ihre Herrin im Hemd zu erblicken, die, vielleicht nicht ohne eine Lustempfindung, der Frau des Richters durch den hellen Nebel der Wäsche einen weißen Körper zeigte, der ebenso vollkommen war wie der von Canovas Venus. Er war wie ein Schmuckstück in Seidenpapier. Diane war im Nu eingefallen, wo sich das Korsett für ihre galanten Abenteuer befand, jenes Korsett, das vorn zugehakt wird und Frauen, die es eilig haben, die Mühe und die bei solcher Gelegenheit schlecht angewandte Zeit des Schnürens erspart. Sie hatte schon die Spitzen an ihrem Hemd zurechtgezupft und ihre schönen Brüste in der rechten Weise gruppiert...« – Ernst Sander benutzt hier die Übersetzung Greves aus der alten Hofmannsthalschen Ausgabe, tatsächlich hat Balzac dort, wo hier vom *Gruppieren der Brüste* die Rede ist, das nicht sehr gewöhnliche Wort *masser;* für Brüste ist bei Balzac die Rede von den *beautés de son corsage,*

wieder, mit Friedrich Müller, dem sogenannten Maler Müller, dem späteren bayerischen Hofmaler, und mit Thorvaldsen[13], dem Bildhauer, dessen Ruhm damals begann. 1804 unternimmt er dann mit Grass, Schinkel und Steinmeyer jene Reise nach Neapel und Sizilien, im

---

aber wenn in einer andern Übersetzung, von Junker, dafür die *Schönheiten ihrer Büste* stehn müssen, welche Diane *schicklich verteilt,* dann ist das auch wieder ein wenig enttäuschend nach der wenn auch leicht verschwimmenden Direktheit Balzacs. – Die Venus Canovas ist jene legendäre Statue der Schwester Napoleons, Marie Pauline, die dort, nur mit einem Tuch über Oberschenkeln und Schoß, und sonst ohne das Seidenpapier, in einer so unangestrengt wenigstens kaum nachvollziehbaren Weise auf einem Sofa halb liegt, halb sitzt, den an den rechten Arm gestützten Kopf ganz zur Seite gedreht, und ihre schöne Brust ein wenig unbeteiligt, aber doch sehr ausdrucksvoll dem Betrachter zuwendet. Übrigens moniert schon Jacob Burckhardt an Canovas Grazien, er »berechne diese Gruppe einzig auf die Vorderansicht«, denn auch hier bei Diane-Pauline-Venus wird kaum einer um das Sofa herum wollen. Pauline Bonaparte galt übrigens als ebenso schön wie leichtsinnig; Diane de Maufrigneuse dagegen, in dem kleinen außerordentlich bezaubernden Roman *Die Geheimnisse der Prinzessin von Cadignan* –, Balzac hat ihn mit großem Raffinement dem tragischen Brocken der Kurtisanengeschichte gleich nachgestellt in seiner Anordnung der *Comédie* – hat dann eine wundervolle Liebesgeschichte mit Daniel d'Arthez, einem Schriftsteller (unsre Modeste Mignon zögert lange, ob sie sich seine oder die Werke des Modedichters Canalis kaufen soll, sie entscheidet sich dann falsch, jedenfalls fürs erste), der eine gewisse Ähnlichkeit mit dem jungen Napoleon haben soll: ein großer Autor, dem Diane zu geben ein kluger und sehr für seine eignen Wunschträume einnehmender Zug Balzacs ist. – Was noch einmal Canova angeht, so läßt ihm Burckhardt dann doch, in der zweiten Bemerkung, die er ihm in seinem *Cicerone* widmet, eine fast übergroße Gerechtigkeit zuteil werden, und sagt, beinahe contre-cœur, von ihm: »Wie immer man vom absoluten Wert seiner Arbeiten denken möge, kunsthistorisch ist er der Markstein einer neuen Welt.« – Als übrigens Schinkel, mit dem wir Rehfues eben den Ätna besteigen sahn, auf seiner zweiten Italienreise, 1824, in Rom des gerade verstorbenen Canova Atelier besichtigt (auf seiner ersten Reise scheint er Canova nicht getroffen zu haben), vermerkt er etwas lapidar: »Nach Tisch besuchten wir mit Wolff die Werkstatt Canovas, welche sein Schüler fortsetzt. Hier ist nichts Erfreuliches, und man erstaunt über die Welt, die hier einmal alles für die Kunst finden konnte.« Dagegen scheint Schinkel nun wieder sehr von Thorvaldsen eingenommen, …

[13] … gewissermaßen dem Canova einer in diesen Dingen etwas heruntergekommenen, nicht mehr so geschmackssicheren Zeit, dem Victor Hugo des Marmors, wie Tieck hätte sagen können.

Herbst 1805 kehrt er nach Tübingen zurück, ins bürger-
meisterliche Elternhaus, Kirchgasse 1. – 1806 wurde er
Hofrat und Bibliothekar und Vorleser des Kronprinzen
in Stuttgart, er war in Italien mit den Großen der Welt vertraut geworden; so hatte etwa die Königin von Neapel
mehrere Töchter, die sie nicht los wurde; während
Rehfues dort weilte, weilte in Neapel auch der bayerische
Thronerbe; die Königin fand, er wäre gut für eine ihrer
Töchter, und schickte Rehfues, mit königlicher Kutsche,
nach München zu Erkundigungen und womöglich mehr,
doch der Hof stand gerade in diesem Punkt in irgendwelchen Verhandlungen mit Moskau, und Rehfues kehrte
mit nichts in den Händen zur Königin nach Neapel
zurück, sie aber blieb ihm gewogen. Die Stellung, die
Rehfues in Stuttgart hatte, war eine Sinekure, selber
betätigte sich Rehfues als Mitarbeiter an Cottas *Morgen-*
blatt, auch in diesen Kreisen war er kein Unbekannter:
mit Tscharner zusammen hatte er 1803 und 1804 eine
Zeitschrift *Italien, von zween reisenden Deutschen* herausgegeben, die dann nach 1804 mehrbändig bei Cotta als
Italienische Miscellen erschienen war. Von 1807 bis 1809
war Rehfues auf Reisen: Paris, Chur, Mailand, Genua,
Turin, Genf, Lyon, Marseille, Bordeaux, Bayonne,
Madrid, Avignon, Vaucluse (Petrarcas wegen), Paris,
Tübingen; dann war er bis 1813 wieder Bibliothekar. –
Er verfaßte jetzt, zweibändig, *Reden an das deutsche Volk*,
die waren es dann wohl, die ihm 1814 leitende Posten in
der preußischen Verwaltung der neuen Rheinlande ein-
brachten, in Trier, in Koblenz, in Köln. 1817 heiratete er
die Tochter eines Wied-Runkelschen Hofmarschalls von
Meusebach, sie brachte ihm drei Landgüter im Sieben-
gebirge mit in die Ehe, am liebsten mochte er das Gut
Römlinghoven bei Heisterbacherrott. 1819 wurde Rehfues zum Kurator der neuen preußischen Universität
Bonn berufen, 1825 wurde er in den Erbadelsstand erhoben; er war das Amt in Bonn bald leid, mußte aber

1832 bleiben, sosehr er sich um einen Gesandtschaftsposten in Rom bemühte, es gab da irgend etwas in seiner Vergangenheit, das andre (namentlich Niebuhr, der Historiker, der damals Staatsrat in preußischen Diensten war) jetzt gegen ihn verwendeten. 1833 wurde er in die oberste Zensurkommission nach Berlin berufen – – Gutzkow sagt, wann immer sich Gelegenheit dazu bietet: man solle Rehfues lesen, wenn man nach einem deutschen Romancier suche, besonders nach einem, der es wie Scott könne im historischen Roman; zwar, wenn man gewußt hätte, was für einer Rehfues sonst war, sagt er, würde man ihn vielleicht nicht gelesen haben, aber man habe es eben nicht gewußt, Gott sei Dank – an dieser Stelle werden nun Gutzkows Vorbehalte gegen Rehfues klar, denn eben der Zensur wegen mußte Gutzkow 1836, nach seiner unzüchtigen und gotteslästerlichen *Wally*, in Mannheim einsitzen[14]. 1838 wurde Rehfues Geheimer Oberregierungsrat, 1842 trat er in den Ruhestand, 1843 starb er auf

---

[14] diese sehr berühmte Haft hat Gutzkow später amüsant erzählt, sie war nicht streng, außerdem war sie ihm gar nicht gern auferlegt worden, das Gericht tat ganz offensichtlich nur, was es mußte. Ganz herrlich traurig ist dabei die Erzählung der Wärterin von einem kürzlich Inhaftierten dort, der mit dem Bildnis einer Frau durch den Kamin entkommen war, und den man später in der Schweiz, im Genfer See, ertrunken aufgefunden hatte: dies hatte ein Mann berichtet, der dann wegen Erkundigungen über den Flüchtling hier aufgetaucht war und sich als der Vater des nun Toten entpuppt hatte; der hatte berichtet, daß sein Sohn eine verheiratete Schweizerin geliebt habe (die auf dem Bild, er war Maler), sie schien ihm gewogen, der Mann hatte das gemerkt, der Maler hatte den Mann im Duell erschossen; er habe fliehn müssen, sei dann aus dem Gefängnis, mit dem Bild, entflohn, habe glücklich Genf erreicht, jene Frau auch gefunden: die aber habe ihn entsetzt zurückgewiesen, und da sei er, wohl mit dem Bild, in den See gegangen. – Die Vorschläge übrigens, die Rehfues im Interesse einer vernünftigeren Zensur ausarbeitete, landeten im Archiv, dort sind sie sicher heute noch, Rehfues kriegte ein freundliches Schreiben von Allerhöchster Stelle und noch einen Orden (ein Dossier über seine Tätigkeit in preußischen Diensten hat Rehfues selbst zusammengestellt, es liegt in Marbach im Literaturarchiv; er habe das für seine Kinder getan, schreibt Rehfues; die Lektüre läßt keinerlei Tendenz erkennen).

Römlinghoven. Dort in der Gegend habe ich Erkundigungen nach ihm anstellen lassen, es ist aber nichts dabei herausgekommen, auch Meusebachs scheinen keine Spuren hinterlassen zu haben. Die Wied-Runkelsche Linie starb auch 1824 aus, der Besitz fiel an die Wied-Neuwieds; die Runkels selber leben hauptsächlich in der Runkelrübe und der Salatrunkel weiter; bei Bozen gibt es noch einen Runkelstein, und mein alter *Meyer* kennt noch eine Ortschaft Runkel, die mein neuer *Meyer* nicht mehr kennt, aber mein Verleger sagt, den Ort gäb es noch, ein Freund von ihm jedenfalls lebe dort; in Köln ging erst im letzten Krieg ein Denkmal Friedrich Wilhelms III. verloren, auf einer Bronzeplatte am Sockel war neben seinem Minister v. Stein auch Rehfues abgebildet: *sic transit gloria mundi,* lebendig soll aber bleiben der Ruhm des Romans, den Rehfues jetzt schrieb. – Rehfues kränkelte des öfteren, ernsthaft krank fühlte er sich in den späten zwanziger Jahren, als er den ersehnten italienischen Gesandtschaftsposten nicht hatte bekommen können. Die Krankheit, Magengeschichten, muß psychosomatischer Natur gewesen sein; Rehfues hatte die Bonner Universität sehr gut im Griff, aus Berlin kamen Lobschreiben über die Ruhe und die Ordnung unter den dortigen Studenten (alles im Dossier), aber sehr wohl scheint dem Kurator bei dieser absoluten Herrschaft und ausgeübten Zensur nicht gewesen zu sein; andrerseits, das war bekannt, liebte er den Lebensstandard, eigne Wagen, eigne Pferde, eigne Güter, die ihm die Heirat gebracht hatte; geheiratet aber hatte die Tochter des Wied-Runkelschen Hofmarschalls den hohen Beamten, allenfalls den prospektiven römischen Gesandten, bestimmt nicht aber den in Italien sorglos lebenden Schriftsteller, der Rehfues wohl gern gewesen wäre. – In dieser Situation schrieb Rehfues jenen Roman, der dann Gutzkows so großen Beifall fand; er schrieb ihn, das sind seine eignen Worte, zu seiner Heilung, und als der Roman fertig war, fand sich Rehfues geheilt. Das Buch,

1832 *Scipio Cicala*, erschien vierbändig 1832 in Leipzig, anonym; das Buch enthält eine sehr schöne Widmung und Vorrede an Sir Walter Scott, Rehfues begründet darin auch seine Anonymität: man würde einem hohen Staatsbeamten in Deutschland selbst einen gelungenen Roman schwerlich verzeihen, schreibt er. Leider starb Scott Ende September dieses Jahres 32, er wird die schöne Vorrede nicht mehr gelesen haben, wir wissen das, Rehfues konnte es nicht wissen. Rehfues erwähnt, daß Scott ihn einmal »in tief hypochondrischen Tagen« mit seinen Büchern geheilt habe. – Der Roman spielt in der Mitte des 16. Jahrhunderts in Unteritalien, in den schönen Landschaften bei Sorrent, Torquato Tasso tritt auf als blondlockiger vierjähriger Knabe (Tasso wuchs in Sorrent auf). Der junge Scipio bringt am Anfang des Buchs einen spanischen Soldaten fast ums Leben, er verteidigt eine junge Frau gegen die Grobheiten dieses Spaniers – Unteritalien war damals spanisch und wurde von einem Vizekönig in Neapel regiert. Scipio hat reiche und einflußreiche Gönner und Verwandte, Geistliche darunter und höhere Würdenträger bei den Johannitern oder Maltesern, unter ihnen Georg von Schilling, den historischen Admiral jener Ordensgaleeren, die die unteritalienischen Küsten gegen die räuberischen Türken zu schützen versuchten; Türken und Malteser waren sich besonders feind, seit ein paar Jahre vorher ein Ordenskanzler der Johanniter zu den Türken übergelaufen war. – In diesem Milieu entrollt nun Rehfues, unerschöpflich reich, mit wunderbarer Schnelligkeit einen ganzen Zauberteppich voll erstaunlicher Bilder: in einer mystischen Hochzeit wird in einer Zaubernacht Scipio, unter Assistenz einer klugen Schlange, mit dem schönen Mädchen verheiratet, das er zu lieben glaubt, Tor, der er noch ist, und der Mond geht unter; die blinde alte Melantho, eine mohrenblütige Seherin, weissagt dem kleinen Tasso, den die Schlange liebt, seine Zukunft, und deutet der schönen Braut einen großen Traum, in dem sie nackt ist; Tasso erscheint mit einem mächtigen Band Vergil; ein Hund, den Scipio vom Hof des erzbischöflichen Palasts mitgenommen hat, beißt die Schlange. Historische Realien und magisch oder mystisch glühende Wirklichkeiten wechseln sich ab; später flieht Scipio in die Berge, unter großen Mühsalen gerät er in palastartige Höhlen mit alten Männern, Magiern ähnlich aus alten Zeiten, einmal aber auch wacht er in einer leuchtenden Grotte auf und ist umgeben von lauter wunderschönen nackten Mädchen, sie stehn da, schreibt Rehfues: »im vollen Triumph des weiblichen Selbstgefühls«, er wird wach, sie entpuppen sich als antike Statuen – sehr scharfsinnig vermittelt da dann Rehfues das Gespinst seines Romans mit dem, was er über die römische Antike sehr schön ahnt oder weiß. Dieses Erwachen inmitten der Schönen deutet auch sehr klar die Heilkräfte an, die der preußische Beamte aus sich hervorholte, als die obrigkeitliche Zensur, die er zu üben hatte, sich allmählich wie ein graues Tuch über seine ganze Seele zu legen begonnen hatte. – Dieser Scipio ist bei dem allen überhaupt kein strahlender Held, im Gegenteil, sein Vorwärtsgehn ist ein dauerndes Schwanken. Die schöne weiße Porzia, der er mystisch anverlobt ist, übt auch nur wenig Macht auf ihn aus, sehr viel mehr Macht über ihn hat Narcissa, eine junge Türkin, launenhaft, zauberisch, schön, strahlend, eine einzige Verführung[15]. Eigentlich immer sonst ist Scipio, bei all seinen Abenteuern, ein zögernder, ja ein gehemmter Mann, die ganze Stimmung um ihn ist niemals ganz rein und schön, und wenn er an Porzia denkt, seine christliche Verlobte, dann fühlen wir mit ihm die eigne Seele in jenes heimelige Land gezogen, in dem wir wohl zu Hause sein würden, wären wir, was wir

---

[15] ich müßte nicht, will aber doch andeuten, daß sich in diesen beiden Schönen sicher die klassische Konstellation wiederholt, die wir vorhin bei Scott beobachtet haben, auch wenn beide Frauen hier bei Rehfues unendlich dazugewonnen haben.

1832 vielleicht sein sollten, wohin wir aber im Grund nicht wollen, wenn wir uns fragen, wonach uns ist. Und es gibt dann in Scipios Leben nur einen Moment, in dem alles um ihn herum leicht und strahlend und lässigschön ist, nämlich jenen, in dem er, ohne erklärbar eignen Impuls eigentlich, aber doch sich endlich einmal hingebend dem, was ihn will, mit der schönen Narcissa zusammen in einem geschmückten Boot als Bräutigam der buntbewimpelten türkischen Flotte draußen entgegenfährt. – Im Grund endet mit diesem wunderbaren Bild das ganze Werk; natürlich schreibt Rehfues es noch zu Ende, Scipio kehrt wieder zurück zu den Christen und so weiter, mehr oder minder sind das Pflichtübungen; aber selbst bei ihnen bleibt Rehfues doch ehrlich gegen sich und uns; als er etwa ganz am Ende Scipio seine alte Mutter besuchen läßt, die in ein Kloster gegangen ist, wird keine Unterwerfungs- oder Versöhnungsszene daraus, sondern Scipio beharrt dieser ergebenen Christin gegenüber darauf, daß die Muselmanen das Recht auch auf ihrer Seite haben (eine Meinung übrigens, die auch Gutzkow in seinen *Rittern vom Geiste* teilt, diese Ritter sind so etwas wie die Nachfahren jener Malteser; Gutzkows Herz und Rehfues' heimliche Seele waren eins) – es herrscht da eine große Toleranz des Gefühls, des Herzens, der Vernunft natürlich auch, aber auf dieser Toleranz liegt der Schmerz, wie über einen Verrat an einer Kindheit, die rein war gerade in ihrer ängstlichen Befangenheit. – Meistens übrigens ist Rehfues ein ziemlich trockner Prosaist; gefangen nimmt er durch den phantastischen Wechsel seiner stimmungsvollen Tableaus, durch den oft auch beinahe unwiderstehlichen Gang eines Erzählens, das offenbar heimlich weiß, daß es nur dieses eine Buch hat (Rehfues hat später noch zwei Romane geschrieben, die beide wenig taugen). Wenn er sich aber ganz an sein Erzählen verliert, bekommt auch seine Prosa mitunter einen wahren *swing:* »Der Mond ging eben auf«, kann er dann sagen, »und warf das Licht

der süßträumenden Ruhe auf das schöne Hügelland«;
oder er sagt von einer Dame, die er, auf einem Gemälde,
bei einem Ritter zu Pferd sitzen sieht, »sie war schön wie
der Tag und verführerisch wie die Nacht« – das geht weit
weit wieder, wie jene Frauen, über allen Scott hinaus;
einmal, in der Nähe jener schönen Statuen, heißt es: »Wie
ein Pfeil flog das leichte Boot über die silberne Bahn,
welche der Mondschein auf dem glatten Meeresspiegel
gezogen hatte«, und ganz traumhaft dann noch einmal
irgendwann, im Glück: »Rasch flogen die Stunden dahin,
wie die Pfeile der glücklichen Sieger« – wie Reflexe einer
sonst verborgnen Sonne glitzern solche Stellen dann,
und mit Lust gibt man Stunde um Stunde hin an die
ganz unerwarteten Schönheiten eines solchen Erzählens. –
– Also erst diese italienischen Jugendjahre, dieser gewaltige Ätna mit Schinkel und den andern; dann die halb
noch verschlenderten Jahre in Tübingen und am württembergischen Hof; dann diese nicht enden wollende Zeit
als Universitätskurator in preußischen Diensten, dieser
mißlingende Ausbruchsversuch nach Rom, und wieder
diese Jahre in Bonn; und mit über Fünfzig, als nichts mehr
hilft, macht er ein Mal Licht in den sonst auch ihm ver-
schlossenen Räumen seiner großen Seele und erzählt, fast
wider Willen selber hingerissen, was er da sieht. –

Geboren werden in diesem Jahr in Daresbury, in Che-
shire, östlich von Liverpool, der spätere Oxforder Logik-
und Mathematikprofessor Charles Lutwidge Dodgson,
berühmt unter seinem Pseudonym Lewis Carroll, berühmt für seine Bücher, berühmt für seine Photos; und
in Kvikne, südlich von Trondheim, Sohn eines Pfarrers,
Bjørnstjerne Bjørnson, 1903 der erste skandinavische
Nobelpreisträger.

Keiner stirbt einmal. – Bücher aber, zwei große und drei wenigstens denkwürdige Bücher. Die großen, wie üblich, von Balzac, *Eugénie Grandet* und *Der Landarzt*; erstrer ein großer Roman aus der französischen Provinz, handelnd von einem gewaltigen Geizhals und seiner Tochter, die umsonst viele Jahre lang einen verschwenderischen Vetter liebt und am Ende doch wird wie ihr Vater – dies ist einer der wenigen Romane, in denen Balzac einmal jener Anforderung an den Roman genügt, wonach dieser erzähltechnisch ein in sich geschlossenes Gebilde sein soll; es ist möglich, daß Balzac seiner Natur nach nicht gut zu dieser Forderung paßte, es ist auch möglich, daß er diese Forderung entweder nicht richtig verstanden hatte oder, wenn ers doch hatte, sie absichtlich mißachtete: jedenfalls sind, so wohltuend es ist, die paar Male, wenn er will, diese Forderung erfüllt zu sehn, die andern Romane, in denen er sie geradezu mit Füßen tritt, nicht im mindesten schlechter als dieser: so daß nun wir hier, beide Augen immer auf die Romane gerichtet, und keins auf die Theorie, die *Eugénie Grandet* lieben wie die meisten andern Bücher Balzacs, vielleicht aber auch eine Idee weniger – denn wie im *Père Goriot*, einem der paar andern formvollendeten Romane Balzacs, so drängt auch hier in der *Eugénie Grandet* alles auf jenes befürchtete eine Ende zu, das sich den ganzen Roman über, formvollendet gewissermaßen, vorbereitet; es liegt eine schreckliche Unausweichlichkeit über allem, was Balzac dann erzählt – wogegen sonst, bei geringerer Erfüllung jener angedeuteten Form, seine Romane, man möchte sagen: wie das Leben wenig haben von dieser einlinigen Unausweichlichkeit; die lesende Seele wird nicht so schrecklich beschnitten in der Erwartung des Unerwarteten, die doch das Glück ermöglicht und der eigentliche Impuls des Lebens ist, und wenn kommt, was

zu befürchten stand, so ist doch anderswo immer noch ein andres Leben da. – Im *Landarzt* setzt sich der Titelheld für die Entwicklung seiner alpenländischen Dorfgemeinde ein; Balzac ist niemals langweilig, er weiß zuviel über die Menschen; aber mitunter, nur wenige Romanciers scheinen da ganz gefeit, läßt er, wie zuweilen Goethe, wie Rousseau, wie Tolstoi, seinen didaktischen und jenen Hängen, die so gern alles Leben in sichere schöne Bahnen lenken möchten, doch ein wenig reichlich den Lauf: und so eben hier; aber wir wollen ja Balzac »mit Warzen und allem«, wie einmal Diderot sagt.

Und dann die mindestens denkwürdigen Bücher, angefangen mit George Sands *Lélia*, in diesem ganz ungewöhnlich schwierigen Buch geht die Heldin daran zugrunde, daß ihr keine Liebe geben kann, was die Seele will, noch der liebendste Mann scheitert nicht so sehr an der großen Kompliziertheit dieser Seele, sondern mehr am leidenschaftlichen Beharren dieser Seele darauf, daß die Unerfüllbarkeit ihrer Begehren die Welt zu einem Terror macht, dem eine Frau mit dieser Seele grundsätzlich nicht gewachsen ist. Die Autorin geht hier in der seelischen Introspektion so weit, daß die das Buch äußerlich strukturierende Erzählung undeutlich bleibt, und man muß sehr interessiert an der erstaunlichen Autorin sein, um ihr hier beim Lesen die Treue zu halten. – Dann Gutzkows Erstling, *Maha Guru*, ein satirischer Roman oder so etwas ähnliches, im Vorwort heißt es: »Der Verfasser hat keine Satire, sondern ein metaphysisches Gedicht schreiben wollen ... für den, der hier nur einen Roman zu lesen gedenkt, ist die Schrift nicht unterhaltend genug; für den, der nur eine sublime Idee gelöst zu haben wünscht, ist das romanhafte Beiwerk störend ...« – Gutzkow war sich des Problems solcher Bücher ganz bewußt. Die Einkleidung ist tibetanisch oder sonstwie von sehr weit weg, die Gegenstände sind die unsern, der Ton ist elegant und sentenziös, melodisch und geistvoll: »... sein küssender und geküßter

1833 Mund...« heißt es einmal, man sieht dem Satz an, daß der Autor weiß, wovon er spricht; dann gibt er sich weltmännisch: »Wenn die Frauen in den Lauf der Dinge eingreifen, so handeln sie oft mit mehr als männlicher Entschlossenheit, weil sie keine Rücksichten kennen und die Schmeichelei ihnen die Verantwortlichkeit zu einer unbekannten Verpflichtung gemacht hat ...«; und dann dies melodisch-schöne Denken, das, und wer weiß, mit welchem Recht vielleicht, dem schwingenden Klang mehr vertraut als dem, was der Verstand ihm sagt: »Ich bin mit dem Schatten des Glücks zufrieden, wenn das Glück selbst auf dem Spiele steht ...«; oder noch melodischer: »Das Leben ist der Traum einer jenseitigen Vergangenheit, welchem uns die Geburt entriß und der Tod wieder zurückgibt ...« – ich gestehe, daß ich solche Sätze mag, gestehe aber gleichzeitig, daß ich ohnehin nicht weiß, wie man in dieser Höhenlage wahre von falschen Sätzen noch unterscheiden können sollte außer dadurch, daß man sie mag, zum Beispiel weil sie einen so melodischen Ton haben. Sonst ist das ganze Buch ein bißchen lang, und keiner sollte meinen, er müsse es lesen. – Und dann Laubes *Junges Europa*, dieser Roman, von dem Gutzkow später berichtete, er habe ihn eines Sommers auf dem Gardasee in Laubes Dabeisein gelesen[16]. Im ersten Teil dieses Buchs schreiben die jugendlichen Helden sich Briefe, schwärmerisch, plänevoll, optimistisch, verträumt, aufbrechend zu schöneren Zielen als die Alten gehabt haben können, etwa in Briefen aus dem Paris der Revo-

---

[16] aber ich habe dann, während der Lektüre von Gutzkows Erinnerungsbüchern, die Chronologie verglichen, und es hat sich herausgestellt, daß die beiden Freunde nur ein einziges Mal zusammen in einem Boot auf dem Gardasee waren, ein paar Nachtstunden, und nicht die vielen vielen Tage lang, die das Buch gebraucht hätte, und von denen Gutzkow tatsächlich einmal erzählt. Natürlich muß Gutzkow nicht gelogen haben; die Idee, er habe im Beisein Laubes dort in Sommernächten das Buch gelesen, beschreibt die Freundschaft nur genauer als die dürre eingeengte Realität selbst solcher Ferientage.

lution von 1830; »ich bitte Euch«, sagt da der eine junge
Mann, gewendet an alle deutschen Romanciers, »ich bitte
Euch, Ihr Leute, macht Euch reicher!«, denn er glaubt
die Zeit jetzt reich; und mit einer wunderlichen neuen
Mischung aus Empfindung und doch nicht ganz ver-
haltner Ironie schreibt ein junger Mann an seinen Freund
über das Mädchen, das er sich gerade gewonnen zu haben
glaubt: »Ich weiß nicht wie es weiter geschah, ihre Hand
fühlt ich an meiner Wange, sie lag bald an meiner Brust,
und wir sprachen von Tieck und Liebe[17]. Wir dichten und
küssen täglich und die Welt ist wunderschön.« Der zweite
Teil beschreibt aus dem Blickpunkt des einen der obigen
jungen Männer den polnischen Aufstand und dessen Ende
1831; im dritten Teil, der wieder die Briefform des ersten
Teils hat, erfüllen sich – wenn erfüllen das richtige Wort ist,
wo eigentlich nichts sich erfüllt – die Schicksale der Protagonisten, und ob sie nun durch Gefängnisse der neuen
Restauration geschleppt werden, ob sie heiraten, ob sie
sich umbringen, ob sie ein bürgerliches Leben beginnen
oder auswandern und dort, unnötig theatralisch, zugrunde
gehn: alles, was im ersten Teil so feurig angefangen hatte,
so überspannt vielleicht auch und zu verträumt, das erstarrt jetzt, in diesem Anpassungsprozeß, zu dem die Welt
nötigt (denken Sie an Hegels Worte über den Roman, die
jetzt ihren auch sehr gehässigen Klang enthüllen), erstarrt
in Resignation und bürgerlicher Bescheidung, wenn nicht
in Tod und verzweifeltem Ausbruch. Man hat das Buch
grell und in einzelnen Partien verunglückt und in einzelnen schlecht geschrieben gefunden, manches mag auch
wahr sein an solcher Kritik; alles in allem ist das aber hinreißend gemacht, und liest sich, als sei die Wahrheit, wenn
einer sie nur ergreift, so stark, daß sie ihn groß macht,

---

[17] erinnern Sie sich an Foscolo, wie sie da die Sappho und Petrarca
zitieren, und weiter zurück an Goethes Lotte mit ihrem in den rau-
schenden Gewitterregen gehauchten Klopstock? Denen, die küssen
wollen, fließen zuerst immer Verse von den Lippen.

und egal, ob er dieser Größe gewachsen gewesen wäre in andern Zeiten.

Biographie (2)

L*A U B E & G U T Z K O W*. Heinrich *L A U B E ,* Sohn eines Maurers, Jahrgang 1806, besuchte die Gymnasien in Glogau und Schweidnitz, und studierte dann in Halle evangelische Theologie, in Breslau Kirchengeschichte und Literatur, und war dann bis 1831 Hauslehrer auf einem Gut bei Breslau. 1832 ging er nach Leipzig und wurde dort im Jahre darauf Redakteur der *Zeitschrift für die elegante Welt*, einem Organ des *Jungen Deutschland*, einer literarisch-politischen Bewegung (hübsch drückt Ludolf Wienbarg, einer ihrer wortführenden Theoretiker, diese Verquickung im Titel einer seiner Hauptschriften aus, *Ästhetische Feldzüge*); zum *Jungen Deutschland* rechnet man Heine und Börne (in *Meyers Großem Konversationslexikon* von 1905ff, hier Band 10, auf einer Bildseite über das *Junge Deutschland*, sind dies die beiden einzigen ohne Bart), dann Theodor Mundt, einen vielgelesenen Romancier, dessen Frau Klara Müller (eine Freundin der erschreckenden Fanny Lewald) unter dem Pseudonym Luise Mühlbach eine der beliebtesten Trivialautorinnen ihrer Zeit war (beim späten Gutzkow holen sich die dummen Frauen immer Bücher von ihr aus der Leihbibliothek), und Charlotte Stieglitz, eine Freundin Mundts, von der *Meyers Lexikon* – und es meint jetzt den Gatten der Stieglitz – sagt, sie »nährte den unseligen Gedanken, daß ein großer Schmerz den Geliebten zum ganzen Mann und Dichter reifen würde, und gab sich deshalb (aber auch aus andern Gründen) am 29. Dezember 1834 durch einen Dolchstich den Tod« – die andern Gründe verschweigt Meyer uns; und dann gehörten zum inneren Kreis des *Jungen Deutschland* eben Laube und sein Freund Gutzkow. 1833 reiste Laube mit Gutzkow nach Italien. 1834 verwies man ihn wegen seiner

politisch-literarischen Tätigkeit aus Sachsen, in Berlin erlitt er eine neunmonatige Untersuchungshaft, seine Schriften wurden verboten, er durfte nichts publizieren. – Karl
Ferdinand *G U T Z K O W,* Jahrgang 1811, war Sohn
eines Bereiters des Preußischen Prinzen Wilhelm in Berlin
(Gutzkow erzählt, wie, als sein Vater und dessen Freund
im Kriege waren, beider Frauen zusammen aushalten
mußten, obwohl sie sich haßten, aber sie hatten jede, mit
ihren Kindern, nur einen Raum, und zusammen eine
Küche; dann war ein kleines Mädchen, Marianne, Kind
der andern, gestorben, die Frauen hatten sich versöhnt –
Gutzkow spricht da, anteilnehmend, von den »Gefühlen
der ungebildeten Armen« –; die Männer kommen zurück,
und der Vater der toten Marianne, ein kecker Bursche bis
dahin, erhängt sich – vom »Leid der Ungebildeten« spricht
Gutzkow auch –, der eigne Vater ergibt sich der Fröm-
melei). 1831 brach in Berlin die Cholera aus, Hegel starb
dabei, das wissen wir[18], Gutzkow erzählt, wie sie nachts
die Toten wegschaffen, im November 31 verläßt Gutzkow

---

[18] das ist also das Jahr, in welchem Schleiermacher immer geweint
habe wegen der Cholera. Schon als Kind hatte Gutzkow aber oft
Schleiermacher gehört, das Hörsaalhaus lag im selben Bereich wie der
Marstall, Gutzkow schreibt später: »Ich pflegte mir eine abgeschlos-
sene Fensternische zu erobern, eine Loge zweiten Ranges gleichsam,
wo ich, selbst bei überfülltem Hause, allein sein und dem milden
Gesäusel des berühmten Mannes, der nach Ansicht meiner Eltern« –
man bedenke hier Gutzkows Äußerungen über die Gefühle und das
Leid der Ungebildeten, und daneben Schleiermachers *Reden über die
Religion an die Gebildeten unter ihren Verächtern* – »das rechte Christentum nicht hatte, lauschen und – zuträumeln konnte, denn vom Verstehen seines Gedankenganges konnte keine Rede sein. Ich muß sogar
bekennen, daß ich noch später in jenem Saal, der zum Kastanien-
wäldchen hinausliegt ebener Erde (im Sommer immer kühl und schat-
tig und des Morgens von 7 Uhr an, wo der rastlose Mann schon las,
fast frostig), seinen Vorträgen nur wie einer Musik zuhören konnte, die
uns zuweilen fesselt, zuweilen aber auch nur als Unterlage eines weit,
weit woanders hinaus sich spinnenden eignen Träumens dient ...« –
in einem Brief, den Paul Valéry einmal Madame Teste einem Freund
ihres Mannes schreiben läßt, heißt es, als es um einen Brief dieses
Freundes geht, den Madame ihrem Mann vorliest: »... und ich habe

1833 Berlin; als er, aber nur *en passant*, nach Weimar kommt, war ihm, schreibt er später, so zumute: »Weimar war erreicht. Es lag im tiefen Schlummer. Ein heiliges Grauen ergriff mich, als ich die Schieferdächer der stillen Stadt sah und unter einem derselben mir den damals noch lebenden greisen Goethe dachte . . .« Er ging nach Stuttgart und durfte an Menzels berühmtem Literaturblatt mitarbeiten, und studierte dann in Berlin, Heidelberg, schließlich in München. Und von dort machte er sich mit Laube auf die Reise nach Oberitalien (». . . im Sommer und Herbst 1833 las ich Heinrich Laubes Roman *Junges Europa* in Gegenwart des Autors auf den Wellen des schönen Gardasees . . .«), dann geht er nach Wien (wo er Laube wiedertrifft, und beide treffen dort Grillparzer: »Mit jenem mißmutigen Lächeln, das sich unter Metternichs Herrschaft über die Mienen aller denkender Österreicher lagerte, gab sich der leider auch in seinen Schöpfungen allzusehr vom Grübelsinn beherrschte Dichter den jungen Ankömmlingen als ein angeschmiedeter Prometheus zu erkennen . . .«), dann nach Prag, Dresden und Berlin. 1834 war Gutzkow in Leipzig, in Hamburg und wieder in Stuttgart, dann ging er als Redakteur eines Literaturblatts nach Frankfurt am Main.

Biographie (3)

STENDHAL, BALZAC & SAND. Henri *BEYLE,* 1783 in Grenoble geboren, Advokatensohn, dem die so geliebte Mutter starb, als er sieben war, könnte nach der Schule auf die berühmte *École Polytechnique* gehn, will aber ungebunden sein und nimmt eine geringe Stellung im Pariser Kriegsministerium an, im

---

ihn kaum verstanden. Doch gestehe ich Ihnen, daß ich daran ein gewisses Vergnügen hatte. Die abstrakten oder für mich zu hohen Dinge anzuhören langweilt mich nicht; es bezaubert mich fast wie Musik. Es gibt einen schönen Teil der Seele, der genießen kann, ohne zu verstehen, und der ist bei mir groß.«

Mai 1800 geht er mit Napoleons Armee nach Italien, nach Mailand, er wird Unterleutnant. 1802 verläßt er die Armee und verbringt drei Jahre in Grenoble und Paris. 1805 geht er nach Marseille[19], um Kaufmann zu werden; 1806 tritt er wieder in Napoleons Armeedienste und kommt nach Deutschland, nach Berlin, nach Braunschweig. Ende 1808 kehrt er nach Paris zurück, 1809 ist er als Kriegskommissar in Straßburg und Wien (überall, in Mailand, in Marseille, in Braunschweig, in Wien und dann wieder in Paris, ist er heftig und vermutlich aufdringlich verliebt, oft ohne Erfolg, wenn er etwa die Frauen seiner Vorgesetzten erwählt). 1810 ist er wieder in Paris, er möchte gern seines Vaters Grundbesitz beerben, daraus wird aber nichts (bei Balzac kann man dann lesen, wie unabdingbar Grundbesitz für die adlig-gesellschaftliche Karriere war), aber in Paris liebt ihn eine Sängerin, und dann in Mailand, wohin es ihn zieht, liebt ihn endlich die Frau, die er damals schon wollte. Mitte 1812 muß er mit Napoleon nach Rußland, nach Moskau, nach Smolensk, Ende des Jahres gelangt er heil über Wilna, Königsberg, Danzig, Berlin, Braunschweig und Mainz wieder nach Paris. Im April 1813 muß er in Armeediensten wieder nach Deutschland, über Erfurt, Dresden, Bautzen, Görlitz nach Schlesien. Er erkrankt, erhält Urlaub und geht nach Italien. Anfang 1814 ist er in Heeresdiensten in Grenoble

---

[19] aus einem Brief an seine angebetete Schwester Pauline – sie war drei Jahre jünger als er – über einen kleinen Ausflug, wahrscheinlich mit seiner Geliebten, Melanie, einer Schauspielerin: »Wir hatten zwei Wachteln und eine gebratene Taube, eine Pastete, eine Keule, ein paar Pfirsiche, Weintrauben und eine Flasche Bordeaux mitgenommen. Wir fuhren um drei Uhr los; wir stiegen in einem kleinen Wirtshaus ab ...« Melanie kehrt Anfang März 1806 nach Paris zurück, am 9. schreibt Stendhal an Pauline: »Ich versuche aus meiner Seele eine Menge falscher Leidenschaften auszumerzen. Falsche Leidenschaften nenne ich jene, die uns in einer bestimmten Situation ein Glück versprechen, das wir nicht finden, wenn wir am Ziel sind. Die meisten Menschen gleichen einem stark hinkenden Blinden, der die unsägliche Mühe auf sich nimmt, in acht Stunden auf die Bastille zu steigen, wo ihm die schöne Aussicht eine unendliche Freude verschaffen soll ...«

1833 und Paris, dann muß Napoleon nach Elba, wird 1815 endgültig bei Waterloo geschlagen, Stendhal ist nach Italien emigriert, er veröffentlicht sein erstes Buch, *Das Leben Haydns, Mozarts und Metastasios*[20]; 1817 erscheint von ihm eine *Geschichte der Malerei in Italien*, im selben Jahr *Rom, Neapel und Florenz im Jahre 1817*, unter dem Namen Stendhal. 1816 hat Stendhal Byron kennengelernt, 1819 lernt er Rossini kennen, er verliebt sich in Matilde Dembowski[21]; Mitte 1821 kehrt Stendhal nach Paris zurück, er befreundet sich mit Mérimée[22], 1822

[20] Pietro Metastasio, ein italienischer Dichter, der von 1698 bis 1782 lebte und seine musikalische Ausbildung bei Porpora erhielt (ich nenne ihn, weil er in George Sands berühmtem Roman *Consuelo* der Lehrer ihrer Titelheldin ist, der verehrungswürdige *grand old man* des Romans – dieser Typ ist häufig in jenen Romanen, die sich dem Trivialen nähern –, er schrieb über fünfzig Opern), war berühmt für seine lyrischen Melodramen, die ihn zum meistvertonten Librettisten der Welt machten, bis zu Gluck und Haydn ist kaum ein Opernkomponist ohne ihn ausgekommen.

[21] und schreibt an sie im Januar 21: »Madame, fänden Sie es unschicklich, wenn ich es wagte, Sie um die Erlaubnis zu bitten, Sie an einem der nächsten Abende eine Viertelstunde zu besuchen? Ich leide an Melancholie. Meine Freundschaft würde den Wert einer gütigen Geste zu schätzen wissen, um die sich die Öffentlichkeit gewiß nicht kümmern würde. Sie können sich der Großmut Ihrer edlen Seele völlig gefahrlos hingeben. – Ich werde nicht indiskret sein; ich habe nicht vor, Ihnen etwas zu sagen; ich werde liebenswürdig sein. Ich grüße Sie hochachtungsvoll…« – Matilde ist jene Frau, die ihn nicht erhörte, und der wir so sein Buch *Über die Liebe* verdanken; Stendhal sah sie im Juni 21 das letzte Mal, dann ging er nach Paris zurück, Matilde starb 1825, ein Jahr vorher war Stendhal der Liebhaber der Gräfin Clémentine Curial geworden.

[22] dem er Ende 1828, anläßlich der eben erschienenen *Bartholomäusnacht*, schreibt:»Was den Ruhm angeht, ist ein Werk ein Lotterielos. *Africa* ist vergessen, und es sind Sonette, die Petrarca berühmt gemacht haben. Schreiben wir also viel.« *Africa* war ein großes lateinisch geschriebnes Epos Petrarcas. An sein »schreiben wir also viel« fügt Stendhal direkt an: »Übrigens, nach den Übungen, die unsre Freundin Sand vollführt, ist für einen armen Teufel Schreiben das größte Vergnügen.« In Civitavecchia bekam Stendhal kaum französische Literatur zu lesen, er schreibt Ende 34 an Sainte-Beuve bezüglich dieses Mankos: »Ich lebe, als wäre ich in Borneo. *Wollust*« – das war Sainte-Beuves neuestes Buch, das in Balzac und Flaubert sehr aufmerksame Leser fand, Sainte-Beuve seinerseits wendet sich sehr an die

erscheint *Über die Liebe*, 1823 ein Band über *Racine und*
Shakespeare, im selben Jahre *Das Leben Rossinis*. Er liebt,
wie eben unten angedeutet, die Gräfin Curial, danach
Julia Rinieri, die ihn aber erst 1830 erhörte, dann aber
bis zu seinem Tode immer, zwischendurch hatte er sich
in Alberthe-Alexandrine verliebt, die er aber, als er für
kurze Zeit verreisen muß, vielleicht war seine Vorbereitung
besser gewesen als sein *timing*, an seinen Freund Mareste
verliert, sie hätten sich fast zerstritten. 1827 veröffentlichte er *Armance*. 1830, nach der Revolution, ernennt
Louis-Philippe ihn zum Konsul von Triest, 1831 zum
Konsul von Civitavecchia; 1830 war *Rot und Schwarz*
erschienen. 1832 beginnt Stendhal an den *Erinnerungen
eines Egotisten* zu schreiben, 1834 am *Lucien Leuwen*;
1835 erhält er das Kreuz der Ehrenlegion. – *B A L Z A C*
wird 1799 in Tours geboren, sein Vater ist Angestellter
beim Proviantamt der Armee, er ist dreiundfünfzig, seine
Mutter einundzwanzig; eine Amme nährt ihn und seine
Schwester; als er vier ist, gibt man ihn in Pension zu einer
fremden Familie, achtjährig kommt er in Vendôme in eine
von Oratorianern geleitete Schule, ohne Ferien, fast ohne
Verbindungen mit den Eltern, er bleibt dort bis 1813, wird
krank entlassen und wohnt dann wieder zu Hause und
besucht das Gymnasium in Tours. 1814 zieht die Familie
nach Paris, 1816 beginnt Balzac Jura zu studieren und
eine Rechtsanwaltslehre zu machen. 1819, Balzac macht
ein Examen, verläßt die Familie, aus Geldgründen, Paris,
Balzac bleibt und schreibt eine erste Tragödie und einen
Roman. In den Jahren 21 und 22 schreibt Balzac, manchmal mit Freunden zusammen, mehrere Romane unter
Pseudonymen, und hat seine erste große Liebe, Laure de
Berny; den Sommer verbringt er bei seiner in Bayeux, in

Leser, die schon Chateaubriand, Senancourt und Constant gemocht
hatten – »habe ich noch nicht gesehn, habe jedoch in Livorno zweimal
danach gefragt. Es trennt uns aber ein Abgrund, denn ich glaube, daß
es einen *God* gibt: er ist schlecht und böse ...«

1833 der Normandie, verheirateten Schwester, die auch Laure heißt; er schreibt weiter Romane und Tragödien. 1826 erwirbt Balzac eine Druckerei, er will reich werden; im Jahr darauf gründet er eine Gießerei für Drucklettern; 1828 bankrottiert er mit seinen Unternehmen und behält horrende Schulden. Er geht nach Fougères und schreibt seinen ersten richtigen Roman, die *Chouans*, der dort spielt; durch dieses Buch und durch ein andres, die *Physiologie des Ehelebens*, wird Balzac berühmt und beginnt in der großen Gesellschaft die Rolle zu spielen, nach der er gestrebt hat; 1830 verbringt er mit Laure de Berny Ferien in der wunderschönen Grenadière bei Tours[23]. Er verkehrt bei der uns schon bekannten Madame Récamier,

[23] »Die Grenadière ist ein kleiner Landsitz, der am rechten Ufer der Loire gelegen ist, stromabwärts etwa eine Meile von der Brücke von Tours entfernt... An keinem Ort der Welt dürfte eine so bescheidene und so großartige, an Fruchterträgen, Düften und Aussichtspunkten so reiche Wohnstatt anzutreffen sein. Sie bildet im Herzen der Touraine eine kleine Touraine für sich... Ein Fürst könnte aus der Grenadière seinen Landsitz machen, und ein Dichter möchte dort immer wohnen; zwei Liebende würden sie als die entzückendste Zufluchtsstätte betrachten...« – so fängt eine Erzählung Balzacs an, nach jenem Haus *Die Grenadière* betitelt. Balzac berichtet, von der Loire herauf bis nach oben zögen sich, auf Terrassen, Weinberge; »die Mulden der Felsen«, schreibt er, »werfen die Sonnenstrahlen zurück und ermöglichen es dank der auf diese Weise entstehenden, sozusagen künstlichen Temperatur, im Freiland Dinge zu züchten, die sonst nur im wärmsten Klima gedeihen.« Von Weinbergen und Terrassen ist heutzutage keine Spur mehr da; auf die Höhe, in reicher Entfernung vom Tor, haben frühe Besitzer, vielleicht die Vorfahren der jetzigen, ein prächtiges Haus gesetzt, schloßähnlich, im älteren Stil, aber wohl lange nach 1850 gebaut, 1860, 1880. Wiesen umgeben es, dann kommt Wald, dicht und hoch, sicher vom Ende des Jahrhunderts, aus den Zeiten des Hausbaus, nachdem man die Terrassen hatte verfallen lassen. »Der Rebberg«, schreibt Balzac, »steigt hinter dem Haus auf« (er sieht das Ganze jetzt von der Loire aus, mit dem Haus ist die Grenadière gemeint) »und überragt es gänzlich durch einen Hang von solcher Steilheit, daß es sehr schwierig ist, ihn zu ersteigen« – diesen Hang bin ich dann, als ich dort war, hinabgestiegen. Unten, auf der letzten erhaltenen Terrasse über dem Fluß, liegt dann das Haus, exakt so, wie Balzac es beschrieben hat, mit einer kleinen doppelten Freitreppe, mit einem Giebeldach und Mansarden. – Es war guter Nachmittag, sehr warm, und hier sehr heiß, die stille Luft in dieser halbverfallenen Einsamkeit schien

er lernt Hugo kennen, er lernt George Sand kennen und 1833 ihren Geliebten Sandeau, er freundet sich mit Charles Nodier an (*Jean Sbogar*, Sie erinnern sich, eins der Lieblingsbücher Modestes; an Nodier schreibt Balzac gern Briefe mit Erfahrungen über die absolute Unumschränktheit des Geistes, dem Zeit und Raum keine Hindernisse sind: und jetzt erinnern Sie sich bitte an *Louis Lambert*, den wundersamen großen Spökenkieker), pausenlos erscheinen Romane von ihm und kürzere Geschichten, unablässig ist er auch journalistisch tätig (er hört damit dann aber 33 auf); er spielt sehr mit dem Gedanken, in die Politik zu gehn. 1832, im Februar, erreicht ihn der erste Brief von Eve Hanska, im Sommer ist er wieder auf

---

zu summen, für sich gewissermaßen und umhüllt von dem Lärm der unablässig unten, zwischen Terrasse und Fluß, vorbeifahrenden Autos. Links an der Giebelseite, wenn man vor dem Haus steht, hängt eine rostzerfressene Tafel, sie wollte einmal an Balzac und Madame Berny erinnern; am Hause vorn steht, an die Wand gelehnt, Scherbe auf Scherbe, eine Marmortafel, die an Balzac und Béranger erinnert hat; Béranger, der berühmte Liedermacher, hat hier oft gewohnt. Das kleine Gewächshaus rechts hat zerschlagene Scheiben und ist leer, der Garten davor hat eine Rosenhecke, ein paar allerletzte blühten noch. Neben dem Haus, vor der Rosenhecke, ist ein Brunnen, kleine Eidechsen sonnten sich, eine schwamm ertrunken auf dem Wasser unten. Die Fensterläden waren zu, das Haus war abgeschlossen. – Über dem Straßenlärm kann keiner wohnen, das wird so sein. Aber der Zerfall schmerzt nicht, es liegt auf dem Ganzen, und lag auf ihm in dieser Oktoberglut, ein Zauber, um den man keinen beneiden muß. Der Fluß sei an dieser Stelle, schreibt Balzac, »breit wie ein See und mit grünen Inseln übersät...« – Balzac mochte diesen trägen, sich nach allen Seiten ausbreitenden Strom, mit seinen Sandbänken, den breiten Uferwiesen, auf denen noch heute Kühe weiden; die grünen Inseln sind kleine Flußwäldchen. Die ganze Landschaft ist wie auf alten Gemälden das Idyll, wenn es groß, ins unabsehbar Weite hingestreckt, Züge eines gewaltigen, wunderbar ruhigen unstörbaren Friedens annimmt; dies ist die Landschaft, denkt man, der die Zeit nichts anhaben kann, man fühlt sich gelassen und groß; abends, schreibt noch einmal Balzac, »atmet man die kühl vom Meer hergewehte Brise, die unterwegs von den Blumen der langgestreckten Hänge durchduftet worden ist«. Von der Grenadière aus und ihrem Garten (vielleicht ginge es von den Mansarden aus) läßt sich die Loire nur noch ahnen, die Chausseebäume verstellen den Blick, aber man sieht drüben über Tours den Turm der Kathedrale, »die frei in den Lüften zu hängen scheint«.

1833 dem Schlößchen Saché[24]; im Herbst trennt er sich von einer wundervollen dreiunddreißigjährigen Frau von allerältestem Adel, als sie wohl mit ihm befreundet sein, nicht aber seine Geliebte werden will; und im September 33 trifft er zum ersten Mal seine Eveline Hanska, am Genfer

---

[24] im Indre-Tal; besser als von einem Tal, durch das die Indre fließt, ließe sich von einem Schäferidyll reden, durch das ein Flüßchen, wie durch lauter kleine Senken, fließt. Im ersten Stock des Schlößchens, eine steile enge Steintreppe hinauf, liegt, über den außerordentlich schön geschnittenen Speise- und Gesellschaftsräumen der Margonnes, die hier residierten, Balzacs Stube, ein nicht sehr großer Raum mit einer alkovenähnlichen Bettnische und einem Schreibtisch. Über dem Bett hängt, jetzt jedenfalls, ein großes Bild jener ewigen Liebe, der schönen Madame Hanska; hier, auf diesem Bild über dem Bett, fällt besonders ihr eigenartig geschwungener Mund auf, von solchen Lippen kommt man sein Leben lang nicht weg, und Balzacs Leben war auch noch kurz. Auf dem Tisch steht eine hübsche Lampe mit rosa Glasschirm, daneben eine Kaffeekanne, rechts eine ziemlich ausladende Papierschneidemaschine. Man wüßte gern, ob er sich Papier auf Vorrat geschnitten hat, oder immer nur einen Bogen und dann wieder einen. Geschrieben hat er hier, an diesem Schreibtisch, unter anderm *Die Lilie im Tal,* einen ganz hinreißend schönen Roman, über eine Frau, die sich der Liebe verweigert, aus den alleredelsten Gründen: dennoch wird sie nun nicht in den Himmel kommen. – Nördlich von Saché liegt Tours, Balzac hat einmal zu Fuß den Weg von Tours her gemacht, im Schlößchen hängt ein etwas kindisch ausgemaltes Itinerar. Die Wanderung ist dann in die Anfangspassagen des Lilienromans eingegangen als ein Spaziergang durch dieses schönste Tal der Welt, das der Indre, hin zu dem Schloß mit der schönsten Frau. Es scheint, den Blumen nach, die er sieht, Sommer zu sein, als der junge Mensch da der Schönheit entgegenwandert: »Man frage mich nicht länger«, schreibt er später an eine andre Frau, die er liebt (der Roman hat die Form einer Briefbeichte), »man frage mich nicht länger, warum mein Herz an der Touraine hängt! Ich liebe sie nicht, wie man seine Wiege liebt, und auch nicht wie eine Oase in der Wüste; ich liebe sie, wie ein Künstler seine Kunst; ich liebe sie nicht so sehr wie ich Dich liebe, aber ohne die Touraine würde ich vielleicht nicht mehr am Leben sein.« Am Ende sieht er unser Saché: »Dann gewahrte ich in der Ferne die romantischen Baumassen von Schloß Saché, einen schwermütigen Herrensitz voller Harmonien, die zu ernst für oberflächliche Menschen sind, aber den Dichtern mit schmerzenden Seelen teuer. Daher habe auch ich später seine Stille geliebt, die großen blätterlosen Bäume, und jenes unbestimmt Geheimnisvolle, das sich über sein einsames Tal breitet.« – Jetzt, als ich dort war, war Oktober, wundervolle ruhige vierzehn Tage, die über ganz Westeuropa lagen. Es war noch

See – das letzte Mal waren wir hier an diesem europäi-
schen Treffpunkt im Jahre 1816 gewesen, Byron hatte sich
eine Villa gemietet mit Shelley zusammen, Lewis hatte sie
besucht, der mit dem *Mönch*, und alle hatten sie die Staël
besucht auf Schloß Coppet ... Vergangenheit alles schon,
jetzt kommt die neue Welt. Die Hanska schreibt an ihren
Bruder: »Balzac ist ein richtiges Kind; wenn er dich mag,
dann sagt er dir das mit der unschuldigen Offenheit jenes
Alters, in dem man noch lernen muß, daß Worte die
Gedanken verhüllen. Wenn man ihn sieht, kann man sich
nur schwer vorstellen, daß soviel Kenntnis und Überlegenheit Hand in Hand gehn können mit soviel Frische,
Anmut und kindlicher Naivität ...«, und sie findet, er sehe
aus wie Napoleon; und Balzac schreibt über sie an seine
Schwester: »Wir sind siebenundzwanzig[25], wir sind hinreißend schön, wir haben das schönste schwarze Haar der

---

Vormittag, die junge Pförtnerin und eine Freundin und ein junger
Mann spielten am Tor draußen irgendein Steckspiel, Haus und Park
waren leer, noch hatten die Bäume ihr Laub, über dem Rasen hingen
silbrig Altweibersommerfäden. Wenn man, auf gewundenen Wegen
über viele kleine Brücken, ich hab das dann getan, ein Stück weiter-
fährt, eine Idee hinauf, steht da ein andres Schloß, eher in der klassischen Bauweise; von ihm aus soll man hinüberwinken oder nachts
Lampenzeichen gegeben haben können nach Saché; aber dieses
Schloß, anders als Saché, ist in Privatbesitz, doch sieht man von der
Straße aus das schöne Tal. Es ist unauffällig, aber es hat den Schimmer der Vollkommenheit und des Glücks; vielleicht würde man es nicht
ewig aushalten dort, aber man wüßte nun für immer, wo das Glück ist.

[25] alle Versuche, für die Hanska ein genaues Geburtsdatum zu
ermitteln, sind bisher fehlgeschlagen, man hat meistens zwischen
1800/1801 und 1805/1806 geschwankt; würde das erste Datum
stimmen, dann wäre sie, ich habe das auf einer der allerersten Seiten
unsres Buchs hier angenommen, zu Modestes Zeiten eine schöne
Mittvierzigerin gewesen; würde das zweite Datum stimmen, dann
hätte Balzac jetzt in Genf recht, wenn er sie für eine Siebenundzwan-
zigjährige nimmt. Am eingehendsten beschäftigt sich Roger Pierrot
in seinem Balzacbuch von 1994 mit dieser Frage, er bringt nun einige
plausible Gründe für das Jahr 1804; jetzt, im Jahre 33 am Genfer See,
wäre sie also achtundzwanzig oder neunundzwanzig gewesen, und
am Anfang unsres Buches eher eine mollige Vierzigerin als eine Mittvierzigerin: Eine Rolle hat das alles aber niemals gespielt, warum sollte
das für uns anders sein.

1833 Welt und diese zarte, wundervoll delikate Haut schwarz-
haariger Frauen. Wir haben eine anbetungswürdige Hand,
das Herz einer Siebenundzwanzigjährigen, naiv und un-
bekümmert genug, mich vor jedermann stürmisch zu
umarmen...« – zwei Naive also füreinander, und das in
keinem Roman, sondern im wirklichen Leben: das war
von Anfang an für immer gedacht, kein Zweifel. Er mußte
wieder weg, sie trafen sich dann Weihnachten in Genf
wieder, für zwei Monate, als Geschenk brachte er ihr das
Manuskript der *Eugénie Grandet* mit. – George *S A N D*
wird 1804 als Amantine-Aurore-Lucile Dupin geboren,
in Paris; 1808, nach einem kurzen Dienstaufenthalt des
Vaters in Madrid, geht die Familie auf das großmütter-
liche Schloß Nohant[26]; als der Vater stirbt, nach einem
Sturz vom Pferd, übernimmt die Großmutter die Vor-
mundschaft für die nun Fünfjährige, die Mutter kommt
nur sommers zu Besuch, erzogen wird das Kind im Haus.
1818 kommt sie für zwei Jahre auf das Internat der Englischen Augustinerinnen, 1819 möchte die junge Dame
ins Kloster, 1820 holt die Großmama sie zurück, sie will
sie gern verheiraten, kriegt aber einen Schlaganfall und
muß sich von ihr pflegen lassen[27]; sie stirbt Ende des

---

[26] im Berry, einer anmutigen ruhigen Landschaft; das Berry ist eine
alte Provinz, die jetzt den größten Teil der Departements Cher und
Indre ausmacht; der Cher ist neben Vienne und Indre der dritte der
einander benachbarten südlichen Nebenflüsse der Loire. Die Sand
liebte diese Flüsse und ihre Täler, sie hatte eine große Seele, auch sie;
sie erbte dann das Schlößchen, sie hatte nicht wie der verschwenderisch arme Balzac die Gelegenheit, den Landschaftsgeschmack des
Hochadels genauso zu kultivieren wie den der Familien des Indre-Tals.

[27] als ihr ihre Mutter einen langen Brief mit lauter Vorwürfen und
Vorhaltungen schreibt, unter anderm dem, sie tue zuviel für die Bildung und fände allenfalls einen Mann, der ihr entweder über- oder
unterlegen ist, antwortet sie, vom Krankenbett der Großmutter aus:
»... denn ich glaube nicht an Übermänner und ich liebe die Duck-
mäuser nicht. Der Mann, der mich aus Furcht heiraten würde, wäre
ein Narr, und ich töricht, wenn ich ihn nähme. Ich würde nie einen
Mann suchen, der fähig wäre, der Sklave seiner Frau zu werden, weil
er dann ein Dummkopf wäre, aber ich glaube nicht, daß ein geistvoller

Jahres. 1822 heiratet die junge Briefschreiberin Casimir *1833* Baron Dudevant, das Paar zieht aufs Schloß Nohant, das sie geerbt hat. Ein Sohn kommt, das Paar langweilt sich miteinander, Casimir ruiniert dazu noch beinahe das Gut. In den Pyrenäen, sie ist dort zu Besuch, beginnt sie eine wunderbare platonische Liebe (in die hinein eine Liaison in Paris fällt, die Tochter Solange soll von diesem Mann sein), bis sie dann 1830 den schriftstellernden jungen Studenten Jules Sandeau kennenlernt, auch wir kennen ihn ja schon. 1831 geht sie zu Jules nach Paris und beginnt für den *Figaro* zu schreiben, sie publiziert zusammen mit Sandeau einen Roman, 32 kommt dann ihre *Indiana* heraus. Sie läßt sich, 1833, mit einem festen Gehalt bei der *Revue des deux Mondes* anstellen, einer dann berühmt gebliebenen Zeitschrift, die François Buloz, damals achtundzwanzigjährig, 1831 gegründet hatte und dann vierzig Jahre lang leitete. Die Sand lernt Mérimée und den großen Sainte-Beuve kennen, ebenfalls einen jungen Mann von jetzt neunundzwanzig Jahren, Redakteur bei Buloz[28] – es war die Generation der

---

Mann es gut finden kann, daß seine Frau die Scheue und Ängstliche spielt, wenn sie es gar nicht ist. Ich verzeihe einer Frau kaum, die wirklich Angst hat, denn sie überläßt sich einer Schwäche; ich verzeihe jedoch einer überhaupt nicht, die sich gar nicht fürchtet, aber aus lauter Affektiertheit so tut als ob. Ich müßte in diesem Fall so tun, als ob ich ängstlich wäre, und der Mann, der es gut fände, daß ich mich in dieser Weise lächerlich mache, würde sich selber lächerlich machen.« Es ist offenkundig, daß die junge Dame, sie ist jetzt sechzehn, sehr gern schreibt.

[28] Sainte-Beuve, sein Leben lang einer der einflußreichsten Kritiker, starb 1869; Proust wollte ein größeres Werk *Contre Sainte-Beuve* schreiben, die Arbeit daran ging dann aber in das Schreiben an der *Recherche* über. In den erhaltenen Bruchstücken zeigt sich Proust besonders empört über Sainte-Beuves Idee, das empirische Ich des Schriftstellers zu benutzen, wenn man seine Hervorbringungen begreifen will, auch an Sainte-Beuves, wie Proust meint: Unverständnis für Balzac macht er das klar. Allgemein über Sainte-Beuve schreibt er: »Die Methode, die darin besteht, den Menschen nicht vom Werk zu trennen..., zu meinen, daß zunächst die Fragen zu beantworten sind, die als seinem Werk am fernstliegenden erscheinen (wie verhielt er sich, usw.), sich

1833 Dreißigjährigen, die jetzt, im schöpferischen und im kritischen Bereich (Gott verzeihe uns diese Trennung!) Furore machte (Mérimée war neunundzwanzig, Hugo einunddreißig). Sie bricht mit Sandeau, von ihrem Mann lebt sie getrennt. Am 10. März 33 beantwortet sie eine Anregung Sainte-Beuves so: »Übrigens: ich habe darüber nachgedacht und möchte lieber nicht, daß Sie Alfred de Musset zu mir mitbringen. Er ist zu sehr Dandy; wir würden nicht zueinander passen, und wenn ich ihn sehen möchte, dann mehr aus Neugierde als aus wirklichem Interesse. Ich glaube, daß es unklug ist, immer nur seine Neugierde befriedigen zu wollen; man wäre besser beraten, dem Gesetz der seelischen Anziehung zu folgen. Bringen Sie mir an seiner Stelle doch Dumas...« – es ist sehr gut möglich, daß die Sand hier recht hat, aber drei Monate später lernte sie bei einem Essen für die Mitarbeiter der *Revue des deux Mondes* doch Musset kennen, es folgte rasch diese große Affäre zwischen den beiden, sie gingen zusammen nach Venedig, dort wurde Musset sehr

mit allen möglichen Auskünften über einen Schriftsteller zu umgeben, seinen Briefwechsel zu vergleichen, die Menschen zu befragen, die ihn gekannt haben, mündlich, wenn sie noch leben, und, falls sie schon tot sind, indem man liest, was sie vielleicht über ihn geschrieben haben, diese Methode verkennt, was ein etwas tieferer Umgang mit uns selbst uns lehrt: daß ein Buch die Hervorbringung eines anderen Ichs ist als dessen, das wir in unsern Gewohnheiten, in der Gesellschaft, in unsern Lastern zutage treten lassen. Wenn wir versuchen wollen, dieses Ich zu verstehn, so kann uns das nur im Innersten von uns selbst gelingen, indem wir versuchen, es in uns nachzuschaffen. Nichts kann uns von dieser Anstrengung unsres Herzens entbinden. Wir haben diese Wahrheit voll und ganz zu schaffen, und es ist zu billig zu glauben, daß sie uns eines schönen Morgens in Form eines unveröffentlichten, von einem befreundeten Bibliothekar geschickten Briefes ins Haus flattern könnte, oder daß wir sie aus jemandes Mund hören könnten, der den Autor sehr gut gekannt hat.« »Sie können es glauben«, heißt es an andrer Stelle einmal bei Proust sehr ironisch über Sainte-Beuve und dessen abfällige Urteile über Stendhal, »Sie können es glauben, er hat uns etwas voraus, er dinierte mit dem Autor, der übrigens, ein so guter Gesellschafter er war, Ihnen als erster ins Gesicht gelacht hätte, wenn Sie ihn als großen Romancier behandelt hätten...«

krank, und die Sand verliebte sich in seinen Arzt. Im April
schrieb Musset ihr einen traurigen Brief, er war jetzt am
Genfer See, er wird die schöne Hanska und Balzac gerade
verpaßt haben.

✦

Geboren wird in diesem Jahre 1833 in Guadix, an der
Nordseite der Sierra Nevada, in einer, wie es dann immer
heißt, alten angesehenen aber verarmten Familie, Pedro
Antonio de Alarcón y Ariza, von dem wir gar nichts
wüßten, wenn ihm nicht nach einem Duell, in dem er
der Unterlegene war, sein Gegner das Leben geschenkt
und er es angenommen hätte; so konnte er wunderbare
Erzählungen, Romane und Reisebücher schreiben.

1 ✦ 8 ✦ 3 ✦ 4

Keiner stirbt auch jetzt wieder, wirklich schön.

Von Balzac erscheinen vier Romane. *Ferragus* ist die
ziemlich sentimentale und schreckliche Geschichte von
einer Frau, die, in den Augen ihres an sich seelenguten
Mannes, einen Liebhaber zu besuchen scheint, in Wahrheit aber ihren greisen Papa besucht, den polizeilich gesuchten Chef eines rächenden Geheimbundes. *Die Herzogin von Langeais* ist die abenteuerliche Geschichte einer
schönen Frau, die sich, zunächst aus Spaß, wie die nicht
mehr ganz intakte Adelsgesellschaft ihn mag, dann aber,
als der Mann das Spiel zu durchschauen glaubt (ein Spiel,
das da aber schon keins mehr ist) und weggeht, ernsthaft
in einen General verliebt und, da sie vergeblich liebt, in ein
fernes, fernes Kloster geht. Jahre später findet sie dort der
General, sammelt Freunde um sich, besorgt ein Schiff,
Leitern und alles, aber als er dann ins Kloster eindringt,

1834 empfängt ihn der Totengesang über die Gesuchte und endlich also leider so für immer Gefundne (diese beiden kleinen Romane gehören zur *Geschichte der Dreizehn*, einem geplanten Sammelwerk, das sonst nur noch *Das Mädchen mit den Goldaugen* enthält, diese sehr dunkle Sache um eine lesbische Liebe). Ferner erscheint von Balzac *Die Frau von dreißig Jahren*, eigentlich ein ganz uneinheitliches Sammelsurium der verschiedensten Geschichten, aber die Gewalttätigkeit Balzacs, wenn er zusammenwachsen lassen will, was fast niemals zusammengehört hat, ist unwiderstehlich, und es ist schwer, Augen und Ohren abzukehren, wenn er so bedenkenlos auch die zweifelhaftesten Register der Romankunst zieht; Gide (1942, kein sehr guter Zeitpunkt vielleicht) notiert anläßlich dieser wiedergelesenen Dreißigjährigen: »Hat Balzac jemals Schlechteres geschrieben? Das ist verwirrend ... Besonders die Geschichte des Seeräubers: Kapitel V, *Les deux Rencontres* ... Der Fall Balzac bleibt einer der außergewöhnlichsten, einer der unerklärlichsten in unsrer Literatur, in allen Literaturen.« Nun ja. Und dann erscheint von Balzac noch *La Recherche de l'Absolu (Der Alchimist, Der Stein der Weisen* oder ähnlich in Übersetzungen); hier sucht ein völlig besessener Forscher, ja, wonach? nach Gold, nach Diamanten, nach dem Urstoff – wonach auch immer, er findet es nicht, und ruiniert erst seine Frau (die ihn bis ans Ende bewundert für seine flammende Intensität – und was ist der Mensch denn auch eigentlich? und natürlich meint Balzac ein bißchen auch sich selber), dann seine Tochter. – Und dann ein Buch von Tieck, *Die Vogelscheuche*, eine satirische Sache mit dem Untertitel: *Märchen-Novelle in fünf Aufzügen*, und dem Freund Arno Schmidts verrät schon dieser Untertitel (Schmidts *Schule der Atheisten* ist eine *Novellen-Comödie in 6 Aufzügen*), daß Schmidt hier einiges entwendet haben könnte, und tatsächlich trifft man denn auch bald auf einen Apotheker Dümpfelleu, den es bei Schmidt gibt als

Fritz Dümpfelleu, ebenfalls Apotheker, und Freund der scharfen Suse Kolderup. Vielleicht macht es den Stil des Buchs ein bißchen klar, wenn ich berichte, daß im zweiten Aufzug ein kleiner Elf erscheint, der, sagt er, einen Namen brauche, »nennt mich nach Etwas oder Jemand, was Ihr nicht leiden könnt, nur darf es kein Mensch sein, der noch lebt ... Kuriose Gesetze! murmelte Heinzemann für sich, aber interessant, alles das zu erfahren. Nun, so will ich dich also Alfieri rufen, denn die Tragödien dieses Mannes sind mir immer sehr langweilig vorgekommen ...« – nun ja, noch einmal.[29]

Geboren wird in diesem Jahr in Nurmijärvi, Sohn eines armen Dorfschneiders, Aleksis Kivi, der erst selber Schneider werden mußte, ehe er auf die Schule durfte.

1 ✦ 8 ✦ 3 ✦ 5

Wieder keiner stirbt, die Welt wird immer voller.

Balzac hat wieder ein paar Sachen. *Père Goriot* ist für viele leidenschaftliche Romanleser eins der schönsten Werke Balzacs, und ich kann mir keinen Leser vorstellen, der diesen Roman überhaupt vor dem bitteren Ende aus

---

[29] ich hätte das Buch von Tieck, wie auch im Grund sein nächstes, gar nicht nennen sollen, und auch die Verweise auf Arno Schmidt sind natürlich ein Unsinn. Ich sammle hier ja eigentlich nur die Romane, die eine unbefangene Freundin, ein unbefangner Freund auf meine Empfehlung hin dann zur Hand nimmt. Manchmal hat mich dann aber die Neugier gepackt, und wenns nichts war, hab ichs weggelassen, aber wenns berühmt gewesen ist einmal, oder was in der seriösen Literaturbetrachtung wichtig heißt, dann habe ich mich das eine und das andre Mal, und wenns dann noch ein Mann wie Tieck war, der so schöne Sachen gemacht hatte und immer noch macht, wir werden

der Hand legen mag. Daß ein Vater dadurch zur idealen Figur wird, zum Vater schlechthin, daß er durch Armut und Demütigung hindurch bis zum Tod alles für seine natürlich undankbaren und gedankenlosen Töchter hergibt, muß keine gute Idee sein, aber Balzac muß nur Leidenschaft entwickeln, egal wofür, und was er tut, wird groß. Eben haben wir schon das *Mädchen mit den Goldaugen* erwähnt, eine exotisch drapierte (und Delacroix[30] gewidmete) Liebesgeschichte, die ein Dandy mit einem geheimnisvollen Mädchen hat, das dann, in ein lesbisches Machtverhältnis verstrickt, sterben muß. *Der Ehekontrakt* ist ein kleiner, Rossini gewidmeter Roman (er liebte Rossini so sehr, wie Stendhal ihn liebte, und beschreibt Opernmusiken von ihm sehr enthusiastisch in *Massimilla Doni* von 1839), in dem geschildert wird, wie ein junger liebender Mann ganz und gar von seiner Frau und deren Mutter ausgeplündert wird, und noch am Ende, als er, ruiniert, wie er sich glauben muß, nach Indien geht, seine Frau ungeheuer liebt: wenngleich seine Liebe, als er ihr einen Abschiedsbrief schreibt, Töne findet, die in ihrer Überschwenglichkeit eine Seele verraten, die, ohne davon zu wissen, allein ist in ihrer Liebe – eine gräßliche Geschichte eigentlich, Balzac weiß das, aber er erzählt sie

---

das ja sehn, doch breitschlagen lassen: und so steht da nun ab und zu, selten nur, das verspreche ich, dies und das, und eigentlich kann ich nur sagen, nein, lies das lieber nicht, schöne Freundin, laß das liegen, lieber Freund. Aber auf irgendeine Weise sag ich das auch wirklich immer dazu.

[30] von Delacroix gibt es ein leicht laszives Bild, das Mädchen mit dem Papagei, das, wie manche herausgefunden haben, Balzac vorgeschwebt haben könnte, beim Schreiben schon, spätestens bei der Widmung. Gleich vor der Widmung an Delacroix, auf der Seite davor, aufgeschlagen sind sie dann beide zu sehn, gibt es ein kleines Nachwort zur ersten Ausgabe der *Herzogin von Langeais*, damals hieß das Stück *Ne Touchez pas la Hache*, Rührt nicht an das Beil; und der witzige und liebenswürdige englische Balzacbiograph Graham Robb weiß nun zu berichten, es gebe eine frühe Improvisation von Pink Floyd, *Don't Touch that Axe, Eugene*. Delacroix hat später eine Zimmerdecke in einer der etwas verschwenderischen Wohnungen Balzacs ausmalen müssen.

als Idyll, und dann als Komödie. Und dann von Balzac *1835*
noch *Séraphita*, eine völlig swedenborgsche, das heißt
wahnwitzige erzählte Predigt gewissermaßen um das Aufsteigen gleichgeschlechtlich gewordner Liebender in den
Himmel – und ausgerechnet diese Geschichte hat Balzac
seiner molligschönen Hanska gewidmet; aber so sehr hat
er eben beides geliebt, dieses mystische Wesen auf der
einen Seite, und er konnte es eben nicht besser als so mit
Swedenborg, und die Hanska, die ihn verstanden haben
wird; denn die Löcher in den Köpfen der Großen, die
man liebt, sind ja nun wirklich was andres als die Leere in
den Köpfen sonst.

Sonst erscheint vom jungen Willibald Alexis ein Roman,
Das Haus Düsterweg, eine Geschichte aus der Gegenwart,
enthaltend eine Menge schicksalhafter Verflechtungen in
72 Briefen, Zeitungsberichten, eingeschobenen Erzählungen, fliegenden Blättern und andern Schriftstücken, in
einem steht hübsch: ich will noch nach Amerika; alles
gewandt, ja elegant, und wenn es sein muß, gedrängt und
expressiv geschrieben: ein vielversprechendes Debüt nach
jener Scottimitation oder -persiflage *Walladmor.* – Tiecks
Eigensinn und Laune ist wieder viel lesbarer als die *Vogelscheuche.* – Gutzkow bringt *Wally die Zweiflerin* heraus,
jenes Buch, das ihm dann diese merkwürdige geschichten-
reiche Haft eintrug; das Buch selber hat einen kraftvollen,
eleganten, glänzend hingeworfenen Anfang, man erkennt
sehr schön die versprechenden Züge, die schon sein *Maha
Guru* für den wissenden Blick hatte, dieser ganze erste Teil
mit der erotisch so emanzipierten jungen Frau ist meisterhaft, der lakonische und doch so swingende Duktus der
Erzählsprache hat sich bei Gutzkow dann bis zum *Zauberer von Rom* noch gesteigert, es gibt für ihn gar kein ding-
fest zu machendes Vorbild, und man kommt, schon hier bei
der *Wally*, nicht um die Feststellung herum, daß Gutzkow
eins unsrer wirklichen Genies war. Die *Wally* läßt dann in
den religiös disputierenden Teilen sehr nach, das liegt an

1835 uns, wir haben solche Probleme nicht mehr öffentlich, damals machten diese Partien beinahe mehr Skandal als die erotischen, die uns immer noch gefallen, sie sind aber auch wirklich besser – die Liebe ist zeitloser als Gott, daran zweifelt jedenfalls kein Romanleser. – Charles Sealsfield, nachdem er 33 die deutsche Fassung von *Tokeah* veröffentlicht hatte, unter dem Titel *Der Legitime und die Republikaner*, bringt jetzt einen mexikanischen Roman, *Der Virey und die Aristokraten oder Mexiko im Jahre 1812*, so bunt wie undurchsichtig, keins seiner richtig guten Bücher, dann aber kommen die ersten seiner *Lebensbilder aus beiden Hemisphären*, nämlich *Morton oder die große Tour*, und *Ralph Doughbys Brautfahrt*, farbige ungemein kräftige Kurzromane, die das Genre ganz einzigartig bereichern. Wenn ein Alter so aus der Ferne auf Europa zu sprechen kommt, auf das »phlegmatisch mondsüchtige Deutschland«, auf England, auf Frankreich, dann vergleicht sich das im Lesekopf außerordentlich wie von selbst mit Disraeli, mit Balzac. Und Witz ist nicht allen dasselbe, aber mir gefällt es, wenn eine junge Dame damit charakterisiert wird, daß sie nicht wisse, ob man Wäsche kochen oder braten müsse. Sealsfield wird noch andere Sachen schreiben, aber diese hier sind schon fast ein Kapitel für sich, ein fast vergeßnes mittlerweile, und wer sie nicht liest (aber keiner bietet sie bei uns gedruckt an), für den muß das ganze große Seebild unsrer Romanewelt einen jener Pinselstriche entbehren, die uns auf guten Bildern plötzlich den Blick bestaunen lassen, den man offenkundig auf das Meer werfen kann und auf die Schiffe auf dem Meer.[31] – Stendhal läßt jetzt, nach anderthalb-

---

[31] Nabokov, in seinen so eigenwilligen und klugen Anmerkungen zur Romanliteratur, redet gern von den, wie er das nennt: magischen Stellen, jenen Augenblicken, aus denen Romane leben. Einen solchen magischen Augenblick hat er bei Dickens gefunden, in *Bleak House*, es geht um einen morgendlichen Blick auf einen Hafen, er paßt wunderbar in unsern Zusammenhang, ich zitiere ihn rasch: »Dann begann sich der Nebel wie ein Vorhang zu heben, und eine Menge Schiffe, von

jähriger intensiver Arbeit, einen schon umfangreich ge- wordenen Roman unvollendet liegen, den *Lucien Leuwen*.  Der Held ist wieder, wie in *Rot und Schwarz*, und in der *Kartause* wird das nicht anders sein, wenn auch romantischer, ein junger sensibler Mann, der seinen Kampf mit der restaurativ erstarrten Gesellschaft ausficht. Es gibt eine an lauter Mißverständnissen scheiternde Liebe, und dann eine angefangne politische Karriere, die den Helden, als er eines Tages auf einer Versammlung mit Kot beworfen wird (denken Sie freundlicherweise an Flauberts den Elfenbeinturm umbrandende Scheiße), daran denken läßt, nach – Amerika zu gehn. Der Held scheint es leichter zu haben als etwa die jungen Leute in Laubes *Jungem Europa*, der Vater, ein großartiger Typ (Gide sagt einmal, so einen habe selbst Balzac sonst kaum hingekriegt), ein Millionär, erleichtert dem Sohn das Leben (natürlich hätte Stendhal selbst gern einen solchen Vater gehabt, statt dieses geizigen Schufts, der erst, kaum war die schöne Mutter tot, die scheußliche Tante nehmen mußte und ihm dann auch nichts gab an Land und Geld); um so schärfer können dann die wirklichen Probleme des Sichanpassens an den Tag kommen, und hier ist Stendhal groß, und besser als Laube (bloß hatten wir für uns keinen Stendhal), wenn er die durchleuchtete Zeit zusammenstoßen läßt mit dem jungen Mann, der sich verstellt, um sich ihr

---

deren Nähe wir keine Ahnung gehabt hatten, trat zutage. Ich weiß nicht, wie viele Segel, nach Angabe des Kellners, damals in den Dünen lagen. Einige dieser Schiffe waren sehr ansehnlich, eines wie ein großer eben heimgekehrter Ostindienfahrer, und als die Sonne durch die Wolken brach und silberne Flecken auf die schwarze See zeichnete, war es wunderschön, wie diese Schiffe aufleuchteten und in Schatten tauchten und sich veränderten, während viele Boote vom Ufer aus zu ihnen und von ihnen ans Ufer fuhren und in ihnen und um sie alles in Leben und Bewegung geriet.« – Ich hatte diese Dickensstelle schon für mich entdeckt, ehe ich dann Nabokov las; man freut sich dann, daß ein so wunderbarer Mensch wie Nabokov auch so liest, andrerseits führt so etwas zu gar nicht gewollten Selbstlosigkeiten, und ich nenne nun beinahe kommentarlos Nabokov, als ob ich ihn gebraucht haben würde, um die Schönheiten bei Dickens zu sehn.

1835 anzugleichen. Niemand kann ruhiger und genauer schreiben als Stendhal, wenn etwa die schöne Frau, die der junge Mann liebt und die ihn mag, wie er täglich unter ihrem Fenster vorbeireitet, ihn nun beim Tanzen in der Nähe hat: »Madame de Chasteller lehnte mehrere Tänze ab, zu denen sie die jungen Männer aufforderten, deren wohlgesetzte Reden sie schon fast auswendig konnte, und kurz darauf ergab es sich – dank einer jener weiblichen Listen, hinter die wir immer erst dann kommen, wenn wir kein Interesse mehr daran haben –, daß sie beim Kontertanz im gleichen Karree tanzte wie Lucien; aber nach diesem Kontertanz kam sie zu dem Schluß, daß er tatsächlich nur ein recht mittelmäßiger Geist sei, und sie dachte schon fast nicht mehr an ihn. Er wird auch nur so ein Pferdeliebhaber sein wie alle andern; nur sitzt er mit mehr Anmut und viel männlicher im Sattel.« Kein Romancier muß eine so geschmeidige, so durchgearbeitete und umweglos zeitsparende Prosa schreiben, das ist eigentlich nur die Privatpassion von Leuten wie Stendhal oder Flaubert, jedenfalls auf dieser Höhe; aber wenn es einer dann macht wie sie, dann gibt das jene Bücher, von denen wir uns sagen, wenn wir nach langer Zeit wieder einmal eines gefunden haben: sie sind es im Grunde, nach denen wir immer suchen und nach denen zu suchen wir nie aufhören wollen, und in denen wir, wenn wir dann doch allzu lange kein neues gefunden haben, wieder blättern wollen, damit wir behalten, wie gut Romane geschrieben sein können. – Und dann erscheint noch ein Buch, fast eines der so gesuchten Bücher, wundervoll geschrieben, eigenwillig, mit sozusagen lyrischer Präzision, sehr bewußt, und doch elegant und schwungvoll und träumerisch zugleich, *Mademoiselle de Maupin* von Théophile Gautier[32].

---

[32] ich habe auf ihn und eine seiner schönen Töchter schon hingewiesen – sie hatte etwas mit Wagner –, und ich werde später noch darauf zurückkommen; der Roman ist übrigens einmal sehr schön und ganz eigenwillig ins Deutsche übersetzt worden von Alastair, der

Einer der Helden dieses erotischen Romans ist Orlando, ein junger Mann, der das Absolute sucht, es muß aber  schön sein, und fast findet er, was er sucht, in einer Frau: die aber sucht auch das Absolute, kann es jedoch wirklich nicht finden, denn wenn es schön sein soll wie für Orlando, dann kann es nur eine Frau sein – und was ist nun schlimmer und langweiliger (die Triebfeder der jungen Leute hier ist die Vertreibung der Langeweile): das Absolute zu sein, und es also nicht finden, ja kaum suchen zu können, oder es finden zu sollen unter so vielen Schönheiten? Eines Tages aber kommt ein schöner Mann ins Haus, die beiden verlieben sich in ihn, aber er ist eine verkleidete Frau, die Titelheldin, auf der Suche wie sie beide, aber als Frau nun mit dem Gefühl, sie wäre lieber ein Mann – alle schlafen miteinander, alles gerät in einen völlig verzauberten Schwebezustand: und vielleicht ist dies, sagt man sich, jenes Absolute, das sie alle suchen und das wir nun kennen, wenn Lesen ein Kennen ist. Ist Lesen ein Kennen? – Irgendwann komme ich wieder auf die schöne Judith Gautier, dann fangen wir von neuem an mit diesen großen Rätseln.

Und geboren wird, zum guten Ende dieses fast nicht enden wollenden Kapitels, in Florida, Missouri, Samuel Longhorne Clemens, der erst als Setzer, Mississippilotse, Gouverneurssekretär, Gold- und Silbergräber und -sucher und als Journalist arbeitete, ehe er, unter dem Namen Mark Twain, mit Büchern berühmt wurde. – Hegel stirbt,

---

eigentlich Hans-Henning von Voigt hieß, zeitlebens nichts als Legenden um sich spann – so soll oder will er irgendwie linker Hand dem englischen Königshaus entstammt sein –, mehr zeichnete als selber schrieb und hochbetagt erst im Jahre 1969 starb – Gautier, dessen Texte ins Deutsche übersetzt zuweilen etwas überladen klingen, wirkt bei Alastair wunderbar klar und einfach, manchmal vielleicht ein bißchen forciert in der Art Otto Flakes.

1835 und Mark Twain wird geboren: ein weiter Weg, aber das sind nur fünf Jahre gewesen; fünf Jahre auch nur von der völlig verhüllten Rowena Scotts bis zu Delacroix' völlig enthülltem Mädchen. Wohin wird uns das alles noch führen?

IX

1836 BIS 1840

1 ✦ 8 ✦ 3 ✦ 6

Nächstes Jahr, ich sehs voraus, werden welche sterben, dieses Jahr stirbt keiner.

Von Balzac gibt es zwei Sachen. Die *Entmündigung* ist eine Angelegenheit um einen Familienvater, der sich, in den Augen seiner Frau und andrer Leute, äußerst sonderbar benimmt; dieser Fall wird, privat zunächst, dem Richter Popinot übertragen, einem wirklichen Menschen in der Hölle der Pariser Gesellschaft (dieses Bild mit der Hölle führt Balzac absolut unvermutet und völlig überwältigend und selber beinahe wie besessen davon in einer gesellschaftstheoretischen Erörterung zu seinem *Mädchen mit den Goldaugen* aus – dieser kleine Roman ist wirklich aus vielen Gründen lesenswert). Und dann *Die Lilie im Tal*, eines der Wunderwerke Balzacs, ich habe daraus schon im letzten Kapitel zitiert, in der Note zum

1836 Schlößchen Saché – Balzac macht sie nicht oft, aber wenn er will, dann macht er ganz hinreißende Landschaften, und diese hier, den ganzen Anfang des Romans hindurch, ist eine davon. Jene Lilie hier im Indre-Tal ist eine schöne, verheiratete, ganz ihren reinen Idealen hingegebne, dennoch nicht eigentlich glückliche Frau, in die sich ein junger Mann verliebt; zweifellos liebt ihn die Frau auch, aber sie kann und will das nicht wahrhaben; dann gerät er in die Arme einer hinreißenden Abenteuerin, er gesteht ihr das, und jetzt merkt die Frau im Tal, was ihr reines Wesen sie irdisch entbehren läßt, und geht zugrunde – der Roman, in Form einer Beichte geschrieben, welche der Mann, auf ihren Wunsch hin, einer Frau ablegt, die er haben möchte, endet mit der hübschen Pointe, daß die Angebetete ihrem nun denn verlorenen Liebhaber schreibt, sie könne und wolle nicht mit einer Toten konkurrieren. Es heißt, Balzac habe diesen Roman geschrieben, um Sainte-Beuve einmal zu zeigen, was in einem Stoff stecke, aus dem dieser bloß seinen Roman *Volupté* gemacht habe – das war das Buch, das Stendhal in Civitavecchia nicht hatte bekommen können –, außerdem sei er wütend auf Sainte-Beuve gewesen, weil der, in einer Kritik, dummes Zeug über ihn verbreitet habe; das ist amüsant, wie alle diese Geschichten; besser aber ist es, gleich nach diesem so ganz und gar den Leser einspinnenden Roman ein Buch zu lesen, das ihm merkwürdig ähnlich ist, nämlich Fromentins *Dominique*, 1862; sicher ist Balzacs Buch das bessere, aber Fromentin erzählt seine Geschichte mit einer, ja, ich sollte sagen: eher erlebten als artistischen Authentizität – und nun ziehn, jedes auf seine Art, beide Bücher den Leser so in ihren Bann, daß er, wenn ich noch einmal so reden darf: die erlebte und die schöpferische Wahrheit gar nicht aneinander messen mag.

Dickens, der am Ende des letzten Kapitels erwähnte, tritt auf, zunächst aber gewissermaßen noch gar nicht selber, nämlich mit keinem Roman, sondern mit seinen

Sketches by Bozz, diesen Reportagen also aus dem Lon-
doner Alltag, besonders dem der kleinen Leute. Er
beschreibt zum Beispiel Türklinken und Türglocken,
Häuser, Läden, dann aber auch Lebensverhältnisse, bis
hin zu kleinen Geschichten, ziemlich sentimentalen
Sachen manchmal, so uneingebettet in größere Roman-
zusammenhänge – das geht alles sehr viel weiter, und ist
überhaupt sehr viel persönlicher, sehr viel mehr sozusagen
ad hominem demonstriert, also schon sehr viel mehr für
Leser, für Leser oft, die man rühren möchte, gemacht
als jene ein halbes Jahrhundert späteren Erhebungen, die
Zola für sein Romanwerk angestellt hat; gleichwohl ist da
eine Ähnlichkeit:

Anmerkungen (8) zu

DICKENS. Nämlich manche ernsthaften
Leute, ich glaube keine wirklichen Romanliebhaber, haben ja, oder hatten jedenfalls sehr
oft zur Verteidigung der alten erzählenden Literatur gern
die These zur Hand, man lerne aus derartigen Romanen
so großartig, und eigentlich lerne man im Grunde (sagen
sie dann zur Bekräftigung) nur aus derartigen Romanen,
wie die Leute damals gelebt hätten und wie die Zeiten
waren. Ich will nun gar nicht über zwei Punkte reden,
nämlich erstens nicht darüber, ob die Literatur zu irgend
etwas gut ist oder gut sein soll, hier sogar bloß für die
Nachlebenden, zweitens darüber nicht, ob wir eigentlich
immerzu, selbst beim Lesen, lernen müssen: über beide
Punkte also hier nichts weiter. Hier nur dies: daß die
Leute, die solche Theorien über ältere Romane haben,
im Grunde am allerbesten bei Dickens mit diesen *sketches*
und bei Zola dann mit seinen Notizbüchern bedient
wären; und dann müssen sie sich hinterher selber fragen,
erstens, was eigentlich Dickens zum Beispiel dann bewogen haben mag, doch noch Romane zu schreiben, und
zweitens, woran es eigentlich liegen mag, daß wir dennoch

1836 Romane lesen, und zwar lieber. Ich fasse mich kurz, es ließen sich ja seitenlange Bemerkungen zu allen Punkten machen (ich kann mich kurz fassen, denn dieses ganze Buch ist ja das Erklären, das ich hier unterlasse), ich will aber etwas noch anfügen, eine Bemerkung Nabokovs, zu eben diesem Punkt. Nabokov will nämlich beobachtet haben, daß Lebensrandbedingungen, wenn sie bei Romanautoren in voller Blüte stehn, in der Wirklichkeit immer schon vergangen, oder fast vergangen, oder wenigstens im Vergehn begriffen sind; und wenn ich selbst eine Beobachtung anschließen darf, dann diese: daß die zauberischsten Landschaften, und ich meine nicht die erfundnen oder kompilierten, etwa bei Eichendorff, nein, daß die zauberischsten der real gemeinten Landschaften, worin ein Autor seine Leute sich bewegen läßt, wenn man sich dann hinreißen läßt, sie mit eignen Augen anzusehn, niemals mehr das sind, was davon in den Büchern steht. Das hängt vielleicht mit Nabokovs Bemerkung enger zusammen als es zunächst klingt: denn es könnte zwar gut sein, daß natürlich alles, namentlich das Geschaffene[1],

---

[1] O wieviel schöner, heißt es einmal bei Schiller, »o wieviel schöner, als der Schöpfer sie gegeben, gibt ihm die Kunst die Welt zurück!« – Es kommt bei Landschaften noch dazu, daß diese ohnehin immer schon Schöpfungen des Menschen sind, also schöner als das, was war; was wir an Landschaften zu zerstören scheinen, sind Werke der Menschen. – Dagegen scheinen jene Landschaften zu sprechen (obwohl der Ausdruck Landschaft hier problematisch ist, wenn man die Texte dann weiterliest), die etwa Sealsfield schildert, aus Louisiana (ich habe ganz am Anfang unsres Buchs daraus zitiert, deutlich ist das auch in Sealsfields *Kajütenbuch*, wenn der Erzähler sich ungeheuer verirrt in diesen Gefilden) – da sieht alles aus wie vor den Menschen; das kann aber daran liegen, daß Sealsfield das sieht, was er zu sehen glaubt, und ihm ist eben klar, daß wenigstens kein Europäer sich hier bisher zu schaffen gemacht hatte, und von den Indianern wird er geglaubt haben, daß sie mit der Landschaft nicht so umgehn wie die beengten Europäer. Gegenden, an denen wirklich kein Mensch etwas gemacht hat, entziehen sich meistens den Beurteilungen durch irgendeinen Schönheitssinn – das steht dahinter, wenn ich eben gesagt habe, daß Landschaften als Schöpfungen des Menschen ohnehin schöner seien als das, was da war.

schöner ist, wenn ein Schriftsteller es bearbeitet hat, daß  **1836**
aber dazuhin diese Romanciers vielleicht sehr oft auch die
Schönheit, die sie herstellen oder wenigstens ans helle
Licht bringen können, erst sehn (wie andre Menschen
auch), wenn sie am Vergehn ist. – Andrerseits, wenn man
nun hinfährt, dann haben etwa die oberitalienischen Seen
immer noch das, was sie bei Stendhal, bei Fogazzaro
haben, und Asolo ist immer noch schön, jedenfalls für uns
Leser: wir sehn vermutlich etwas andres als andre einfach
Reisende – und so stellt unsre Kunst jenes Vergehende, das
sie beschwört, auch in der Realität für uns doch einigermaßen wieder her.

Sealsfield setzt in diesem Jahr die *Lebensbilder aus beiden
Hemisphären* mit zwei Stücken fort, mit dem *Pflanzerleben* und den *Farbigen*. – Unser neugewonnener Freund
Rehfues bringt einen dritten Roman heraus (den zweiten
hab ich gleich weggelassen, und wir können es mit diesem
auch getrost tun, es steckte wohl nur dieses eine große Buch
in ihm), *Die neue Medea*. – Musset, der schönen Sand
ihr gewesener großer Geliebter, schreibt sich die Zeit – die
vertrackte, wohinein es ihn verschlagen hat – von der Seele
mit der *Beichte eines Kindes seiner Zeit*, vor allem schreibt
er sich die Zeit mit der Sand von der Seele (in diesem
Zusammenhang habe ich das Buch schon einmal erwähnt); er tut das aber in Form eines Romans, und die
Heldin ist besser und größer als die Sand damals jedenfalls war, und Musset sieht sich selber ganz als eben – ein
Kind seiner Zeit: unentschlossen, vergangenheitssüchtig,
ein wenig wie verloren vor dem, was kommen wird (alle
Kinder aller Zeiten sind sicher ein bißchen so, gesetzt nur,
sie fangen an darüber nachzudenken; die Reflexion scheint
sie zu hemmen; aber natürlich ist die Reflexion nicht auch
noch ihre eigne Ursache, sondern irgend etwas treibt zu
ihr). Das Buch ist bewundernswert, liest sich aber, wie so

manches sehr Bekennerische, mitunter etwas quälend; denn bei solchen Lektüren sind wir immer getroffen, und sind es doch auch wieder nicht; aber was – bei den guten dieser Bücher, und dies ist eines davon – bannt, ist gerade das, was uns wirklich betrifft, denn was uns dort nicht betrifft, ist ungeschrieben, und wir müßten es, wollten wir uns weniger schief im Spiegel des Textes erkennen, gegen den Text selber aufbauen: das aber ist fast unmöglich gegen starke Texte: und so geht es unsrer Seele wie etwa unsern Ohren, wenn wir zum Stereohören Kopfhörer benutzen und einer fällt aus – wir können den Ton für das andre Ohr nicht ergänzen, und nun schmerzt auch das eine noch. – Stendhal bricht wieder ein Buch ab, diesmal eine Autobiographie, unter dem Titel *Leben des Henri Brulard*, und ich muß zitieren, was er über seine Mutter schreibt: »Als ich sie mit vielleicht sechs Jahren, 1789, liebte, hatte ich genau denselben Charakter wie 1828, als ich Alberthe de Rubempré leidenschaftlich liebte. Meine Art, auf die Jagd nach dem Glück zu gehn, hatte sich im Grunde überhaupt nicht geändert... Ich wollte meine Mutter mit Küssen bedecken und wünschte, daß es keine Kleider gegeben hätte. Sie liebte mich leidenschaftlich und küßte mich oft, ich gab ihr ihre Küsse mit solchem Feuer wieder, daß sie oft gezwungen war, hinauszugehn. Ich verabscheute meinen Vater, wenn er kam und unsere Küsse unterbrach. Ich wollte sie immer auf die Brust küssen... Sie kann es mir nicht übelnehmen, wenn ich so freimütig enthülle, daß ich sie liebte; fände ich sie jemals wieder, würde ich es ihr immer von neuem sagen. Im übrigen keimte diese Liebe völlig ohne ihr Zutun ... Ich aber war so schuldig wie möglich, ich liebte ihre Reize leidenschaftlich. Eines Abends hatte man mich durch irgendeinen Zufall in ihrem Zimmer auf einer auf der Erde liegenden Matratze schlafen gelegt, und lebhaft wie diese Frau war, sprang sie leichtfüßig wie ein Reh über meine Matratze hinweg, um schneller zu ihrem Bett zu

gelangen...«[2]. — Ein Buch von Tieck, *Der junge Tischler-* **1836**
meister, an der Oberfläche in weiten, zu weiten Teilen eine
Theatergeschichte, weil auf dem Schloß, auf das den
jungen verheirateten Tischlermeister sein alter Freund,
ein netter Adliger einlädt, Theater gespielt wird (der Titelheld hat die Bühne einrichten sollen), nämlich der *Götz*,
die *Räuber* und *Was Ihr wollt* – und da geht nun Tieck,
wie Rousseau und Tolstoi und Balzac über den Landbau
und Goethe über die Gärtnerei, so ins Breite (noch viel
mehr als Goethe im *Wilhelm Meister*), daß man geradezu
ärgerlich werden kann; an der Oberfläche also dieser
Theaterroman; darunter aber, im Zentrum, ganz hinreißende Liebesgeschichten, teils aus der Vergangenheit erzählt oder aufsteigend aus ihr in die Gegenwart (so stirbt
eine alte Liebe auf der Heimreise des Helden, als er sie wieder aufsucht und wiederfindet), teils aber auch wirklich
dort auf dem Schloß erlebt: »sie sah ihn fragend mit den
schönen dunklen Augen an« – so geht es ihm dort, alle sehn
ihn so an, zwei aber mindestens, rätselhaft, verführerisch;
»o wie kann man, wie kann man ohne Liebe leben? An

---

[2] diese letzte Stelle ist, verglichen mit den zauberhaften Stellen
davor, auch sprachlich so ambivalent (denken Sie nur an dieses sonderbare Reh), daß ich jetzt tue, was ich sonst nicht getan haben würde,
und Diderot anbringe, der in *Rameaus Neffen* diesen sagen läßt (nach
Goethes Übersetzung): »Wäre der kleine Wilde sich selbst überlassen
und bewahrte seine ganze Schwäche, vereinigte mit der geringen
Vernunft des Kindes in der Wiege die Gewalt der Leidenschaften des
Mannes von dreißig Jahren, so bräch' er seinem Vater den Hals und
entehrte seine Mutter« – etwas grob, wie gesagt, und vielleicht denkt
man lieber an Louis Malles *Herzflimmern*, diesen charmanten Film, in
dem gewissermaßen der dreizehnjährige Henri dann, mit der Leichtigkeit dessen, der ahnt, daß die Mädchen auf ihn warten, einmal mit
seiner Mutter schläft. Man muß auch sehn, daß Goethes Übersetzung
tendenziös ist, ich nehme an, daß Goethe das gewußt hat, an diesem
Punkt aber für seine Leser nicht so weit gehn mochte wie Diderot,
denn bei diesem steht statt *entehren* lediglich *coucher avec* – das heißt,
er meint einfach Schlafen mit seiner Mutter (Freud hat diese Stelle dann
gern herangezogen als schönen Beleg für seine alberne Theorie über
den Ödipuskomplex, Gott verzeihe ihm diesen Mißbrauch der großen
Literatur).

1836 jedem Morgen denke ich zuerst an Dich, ich warte auf Dein Auge...«; »in diesem Kusse, erwiderte sie, in dieser Umarmung mußt Du es fühlen. Wer bin ich, daß Du Dich meiner so angenommen hast...?«; »schlage den hellen Blick nicht so nieder. Du warst mir fremd, und doch liebe ich Dich...« – wundervolle Geschichten, wirkliche Liebe, gespielte Liebe, eingebildete Liebe, ein bißchen unmoralisch, fanden viele Leute, da doch der junge Zimmermann (sag ich zum Tischler jetzt wegen Immermann) verheiratet ist; aber Tieck sah das nicht so (er muß nicht recht damit gehabt haben, aber tausend schöne Bücher wären ungeschrieben geblieben, wenn ihre Autoren nicht schreibend auch ihre eigne Moral unterwandert hätten: siehe gleich unter Immermann). Immermann, mit Tieck befreundet, so daß er Teile lesen konnte, eh das Buch als Ganzes erschien, lobte es Tieck gegenüber und gab es dann allen seinen Freunden zu lesen; Immermann war theaterverrückt, er hatte Stücke geschrieben, hatte einen Theaterverein gegründet und leitete das Düsseldorfer Theater; wenn er es Freunden gab, die nicht theaterverrückt waren, konnten die dann die Theaterteile bei Tieck überschlagen, das machen wir ja auch so; er selber hatte vielleicht alle diese Liebesgeschichten überschlagen. – Und Immermann selbst nun bringt die berühmten *Epigonen* heraus, einen ebenso mächtigen wie schönen Roman, dessen junger Held durch alle sozialen Schichten des damaligen Deutschland gejagt wird und dabei die Unabhängigkeit erwirbt, den Adel ebenso lächerlich zu finden wie die aufkommende Industrialisierung verderblich (am Ende will er die Industrieanlagen eines gar nicht netten Onkels abreißen und auf dem Gelände wieder Landwirtschaft treiben, da wird das Buch dann eher schwach). Eingebettet ist diese Zeitanalyse und -kritik in eine spannende Geschichte aus lauter Familienpolitik, Erbschaftsfragen, Polizeiverfolgungen und Liebesverknüpfungen, dazu die folgenden

IMMERMANN. Das doch Beklagenswerte an ihm ist nämlich, daß das Herrliche allzu oft im Ansatz steckenbleibt: so ist zum Beispiel eines späten Abends der junge Held in diesen *Epigonen,* der Oberepigone sozusagen, drauf und dran, der adelsnahen schönen Frau zu sagen, wie gern er mit ihr schlafen würde; das Haus, worin er ihr das beinahe sagt, steht weitab irgendwo in der Wildnis, im Haus ist auch die halbirre halbwilde Fiametta, zusammen mit ihrer Beschützerin oder Mutter, einer kupplerischen Arzneipflanzensucherin. Wir aufmerksamen Leser haben den leisen Verdacht, daß die Frau, mit der der Held gern schlafen würde, irgendwie mit ihm verwandt ist, vielleicht als Schwester linker Hand oder so; aber das macht nichts, sagen wir uns: er liebt sie, was kann er dafür, was könnte sie dafür, und überhaupt: was wäre denn eigentlich dabei? Und wirklich kommt, als nach heftigen Geständnissen das schöne Wesen zu Bett gegangen ist, eine Botschaft an den Helden, er möchte sich nur in ein bestimmtes Zimmer verfügen; er verfügt sich, ja er fliegt dorthin: er will die Lust wie wir, und er kriegt sie zu unsrer Freude, denn da liegt sie nun in ihrem Bett, und er, wie er später mit einem sehr schönen Ausdruck sagt, er »schwelgt in ihrem Schoß«. Leider war nun aber die schöne Frau in der Nacht doch nicht die begehrte Unbekannte, Schwester vielleicht oder so, sondern eben Fiametta, dem Helden untergeschoben, damit sie, aus irgendwelchen Erbschaftsgründen, schwanger würde, doch selber auch in diesem Bett, weil sie ihn wirklich liebt; der Held aber, der kurz darauf zu erfahren glaubt, die Frau, mit der er geschlafen hat[3], sei seine Schwester, wird verrückt, wenigstens vorübergehend – die Idee, mit der schönen Halbschwester geschlafen zu haben,

---

[3] also genauer: mit der er nicht geschlafen hat, denn geschlafen hat er ja mit der andern – erinnern Sie sich an die Arnimsche *Gräfin Dolores,* an die arme Fürstin dort, die mit dem falschen Mann im Bett war?

1837 macht ihn kaputt: eben jene Idee also, deretwegen wir heutigen (unmoralischeren? freieren?) Leser den Autor gern sehr bewundern würden. Aber wir gehn doch so weit, in der übertriebnen Konstruktion jener Nacht die kaum verdeckte Angst anzuerkennen, die der Autor empfand, als er das, was er irgendwie immerhin im Grund wollte, plötzlich vor sich sah und halb auch niederschrieb.

Keine Geburten, das hält sich also die Waage.

1 ✦ 8 ✦ 3 ✦ 7

In Petersburg, siebenunddreißigjährig, an einer Wunde, die ihm sein Duellgegner beigebracht hat, stirbt Alexander Puschkin; und in Neapel stirbt, knapp neununddreißig, augenleidend, und von Krankheiten ausgezehrt, an denen er lebenslang litt, Giacomo Leopardi.

Grabschrift (25) für

PUSCHKIN. *Eugen Onegin*, Kap. 6, Str. 31f., Puschkin beschreibt das Ende eines Duells, den Tod eines Dichters: »Er hebt die Hand noch still zum Herzen / und bricht zusammen. Und sein Blick / malt trüb den Tod nur, keine Schmerzen. / So löst am Berge still ein Stück / vom Schnee sich in der Sonne Blinken, / um leis den Hang hinabzusinken ... Da lag er, reglos, seltsam offen / die Stirne, müden Friedens voll. / Wo das Geschoß die Brust getroffen, / der Wunde dampfend Blut entquoll. / Und dieses Herz war doch noch eben / erfüllt von der Begeistrung Beben, / von Feindschaft, Hoffnung, Liebesglut, / dort pulste Leben, heißes Blut, – / und jetzt, wie wenn ein Haus verlassen, / herrscht

Stille dort und Dunkelheit; / es ist verstummt für allezeit. / *1837*
Die Läden dicht, die Fenster blassen / von Kreide weiß.
Die Hausfrau floh. / Wohin? Gott weiß. Ins Nirgendwo.«[4]

Grabschrift (26) für

L E O P A R D I . »Mehrmals habe ich erlebt, daß
ich mit einigen Versen oder Worten auf den Lippen
in Schlaf sank, die ich wohl während des Tages oder
in den letzten Stunden vor dem Zubettgehn oft wiederholt
hatte, oder mit irgendeiner Melodie im Kopfe; daß ich im
Schlaf ganz anderes dachte oder träumte und beim Erwachen die selben Verse oder Worte mir wieder vorsagte oder
die selbe Melodie im Sinn hatte. Die Seele legt anschei-
nend, wenn sie schläft, ihre Gedanken und Bilder ab, wie
wir unsre Kleider ablegen, nahe zur Hand, um sie gleich
wieder aufzunehmen, kaum daß sie erwacht ist.« *Gedan-
kenbuch*, 1820.

---

[4] rund vierzig Jahre später, 1877, läßt Turgenjew in *Neuland* einen
unglücklichen jungen Selbstmörder (er erschießt sich) folgenden Brief
schreiben: »Fahr wohl, Bruder und Freund, fahr wohl! Wenn Du dieses
Blatt erhältst, bin ich schon nicht mehr. Frage nicht, wie und warum,
und bedauere mich nicht; wisse, daß es mir jetzt besser geht. Nimm
unsern unsterblichen Puschkin und lies im *Eugen Onegin* die Schilderung von Lenskis Tod durch. Du weißt doch: Die Fenster übertüncht,
die Hausfrau fort usw. Da hast Du alles ...« Turgenjew hat immer die
Idee, daß nur ein Russe russische Dichter verstehn könne, er hat in
diesem Punkt (auch bezüglich Gogols) regelrecht eifersüchtige An-
wandlungen; seinen Helden aber läßt er Puschkins wirklich große
Verse doch wohl ein wenig fahrlässig und sentimental zitieren, beinah,
als wolle er, Turgenjew, ihn da ein allerletztes Mal fast charakterisie-
rend desavouieren. Aber will er das? Würde er das zu dürfen glauben
ausgerechnet mit diesen beinahe sakrosankten Versen? – Oder rührt
ihn da doch sein eignes Geschöpf so sehr, daß er selber sentimental
wird? Hat er vielleicht ein ganzes Schreiberleben lang nach einer
Gelegenheit gesucht, diese Puschkinverse anzubringen? – In *Rudin*
übrigens, Turgenjews erstem Roman, heißt die schöne Leserin, Nachfolgerin der Modeste Balzacs (die Puschkin liebte) und der Tatjana
Puschkins (die noch für Werther und Julie schwärmte), Natalja, und
sie wieder kann, sagt Turgenjew, den ganzen Puschkin auswendig. Jene

1837 Ein starkes Jahr wieder für Balzac, er bringt (ich nenne für das laufende Jahr immer die Buchveröffentlichungen, nicht die Fortsetzungspublikationen in Zeitschriften) fünf längere Stücke. *Die alte Jungfer* ist ein trauriges, witziges, böses Buch über das wahnsinnige leere Leben in der Provinz: eine alte Jungfer will einen Mann, sie kriegt den schlimmsten, der jetzt den Ort aufmöbelt; allen diesen Machenschaften zum Opfer fällt ein junger talentierter Mann, der die Frau wirklich mochte. Das ist einer dieser kleinen Romane, deren Meister Balzac ist: wenig passiert, der Autor studiert die Sitten und die Menschen, und was immer diesen Menschen zustößt (nichts Spektakuläres meistens, einfach das Leben, der Zufall, und wohin ihr Charakter sie führt) – sie fesseln uns beinahe um so mehr, je fremder sie uns sind. *Das verstoßene Kind* erzählt eine außerordentlich düstere Angelegenheit aus den Zeiten der Kämpfe der Rechtgläubigen gegen die Hugenotten, schön ist im Wirrwarr dieser Zeiten und der furchtbaren Familienverhältnisse eine wunderschöne Kinderliebe, aber es kann aus ihr nichts werden, die Kinder lieben sich wie zwei Engel, wie zwei Schwestern, wie zwei Brüder, schreibt Balzac, an solcher Liebe widersteht nichts schon dem bloß drohenden Tod. Einer der bewundernswertesten Romane Balzacs ist sein *César Birotteau*, die ungeheuer spannende Geschichte vom Aufstieg und Niedergang eines Pariser Parfümeriehändlers, eines ordentlichen Kleinbürgers, den der Erfolg verrückt macht, den Freunde, wohlmeinende und schlechte, durch Spekulationen in Grundstücken (die kommerzielle Krankheit der ganzen Epoche, später sind wieder Zolas Bücher voll davon) um sein Vermögen bringen und der dann, bankrott, alles tut, um seine Schulden zu bezahlen und seine Reputation

hingegen, welche der Selbstmörder liebt, der seinerseits, wie Natalja, Puschkin auswendig kann, nimmt dann einen Werksleiter, mit Turgenjews stillschweigender Billigung, ja, sie hat ihn beinahe schon genommen, als der junge Mensch da Puschkin zitiert.

wiederzugewinnen – ein mittlerer Mensch, dem seine *1837*
Freunde kaum helfen können, weil er denkt, er durchschaut alles, und dem seine vielen Feinde (das heißt, alle,
die dasselbe wollen wie er, sein Geld) aus demselben
Grunde entsetzlich schaden können. Balzac scheint nur
indirekt am Schicksal seines Helden interessiert, ihn
scheint nur die sozusagen objektive Bewegung der wirtschaftlichen Verhältnisse zu interessieren – und dieser
gewaltige Schwung ist es, der dann auf seine Figuren ein
Licht wirft, das uns an ihnen allein gar nicht in die Augen
gefallen wäre. Balzac hat dieses Werk dem Dichter Lamartine gewidmet, einem Manne, den wir hier kaum kennenlernen werden, der aber dann Pate gestanden hat für jenen
Dichter Canalis, dessen Werke die schöne Modeste in
leiser Verblendung denen des Daniel d'Arthez vorzieht.
Gambara, ein kürzeres Stück, hat einen verrückten Musiker
zum Helden, der aber größer ist beim Essen und Trinken,
und dessen schöne Frau ein reicher Gönner des Musikers
liebt; sonderbar ist Balzacs Idee, nie komponierte Musik zu
beschreiben; seine Beschreibungen, sagen Kenner, seien
wesentlich kenntnisloser als Thomas Manns im *Faustus*,
vor allem, finde ich, sind sie sehr viel kürzer, und wie
dann am Ende die wieder vom reichen Mann zum Komponisten zurückgeschickte Frau und der Komponist durch
die Straßen laufen, zwei Irre, und Arien singen aus nie
aufgeführten Opern, das hat jene Größe, die eben – nur
Balzac hat. *Die beiden Dichter* machen den ersten Teil der
großen *Verlorenen Illusionen* aus (die großen Mehrteiler,
also auch *Glanz und Elend der Kurtisanen*, lasse ich in
diesen Annalen wieder in ihre Einzelteile zerfallen, einfach
der Chronologie wegen, Balzac hat die Teile häufig
auch einzeln publiziert), zum Hinfahren schön ist Balzacs
Schilderung der Stadt Angoulême[5], worin der schöne

---

[5] Angoulême hat wunderbare Zuckerbäckereien, besonders oben
am Gerichtsgebäude ist eine schöne. Ich weiß, daß das kein sehr intel-
ligenter Satz ist, er sagt auch nicht sehr viel über die Stadt; gleichwohl

junge Dichter wohnt, der sich, in Paris dann, Lucien de Rubempré nennt, unter diesem Namen dort später Karriere macht und auch unsern Freund d'Arthez kennenlernt; in Angoulême ist sein Freund der von seinem Vater scheußlich betrogne David, der jetzt eine kleine altmodische Druckerei betreibt; glänzend ist der Anfang des Romans, als einfach, mit allen Fachausdrücken und bis in kleine technische Einzelheiten hinein, diese Druckerei geschildert wird – man wundert sich beinahe, warum das so ungeheuer faszinierend ist, aber Balzac hat eben entdeckt, daß gerade das entfernte Detail eines fremden Berufs die Person interessant macht, die ihn ausübt: ähnlich wie eben bei *Birotteau* ist diese – wenigstens zeitweise – Verlagerung des Interesses und des ganzen Elans einer der Angelpunkte dieser Romanwelt.[6] Ich muß kaum sagen, daß die ganzen *Verlorenen Illusionen* einer der

würde ich genau dieser Zuckerbäckereien, oder dieser einen da oben wegen, wieder hinfahren, und zwar sofort, und dann etwa weiter nach Périgueux. Über diesen Ort könnte ich einige intelligentere Sätze äußern, etwa betreffend diese bei Nacht so fabelhafte Kirchenruine dort, aber ich glaube, daß, wenn Sie sich nun verlocken ließen, deshalb nach Périgueux zu reisen, Sie heimlich auch nach Angoulême fahren würden.

[6] es ließe sich noch manches darüber sagen, daß, in diesem Falle, das Einatmen der Gerüche einer solchen Druckerei, und daß wir diese Gerüche so begierig einatmen, sehr dafür spricht, wie uns Romane so schön befreien von uns selbst, und daß wir uns offenbar freuen, an Orte zu geraten, an denen wir ganz sicher nicht uns selber begegnen (ich glaube, es ist ein etwas andres Problem, daß wir für Augenblicke tatsächlich selber gern Drucker wären – das ist nur die vom Romancier gern benutzte letzte Kapriole, die unsre kindische Selbstbespiegelungslust da schlägt); deshalb ist auch der Roman im Grund die Lektüre der Erwachsenen, die nicht überall sich selber finden müssen; Jugendliche lesen darum auch meistens nur Kultbücher, die wir jetzt beschreiben können als jene Romane, in denen der Autor so total gegen das Genre verstößt, daß man ihn eigentlich bloß dafür loben kann, daß er nicht seine Sätze auch noch reimt. – Süßkind, in seinem *Parfum,* macht doppelt vom Geruch eines ganz fremden Gewerbes einen sehr verführerischen und wunderbaren Gebrauch; leider übertreibt er, und wenn er am Ende einen gewissermaßen parabolischen Nutzen aus dem Gewerbe zieht, dann verdirbt er mit dieser überflüssigen Pointe das ganze Buch wieder.

schönsten Romane der Welt sind: aber dieser erste Teil ist 1837
das hinreißendste Versprechen, das je ein Autor gemacht
und dann auch eingelöst hat – allein das Versprechen hätte
schon gereicht.

Dickens bringt, nach den Sketchen, sein erstes richtiges
und beinahe schon romanhaftes Buch heraus, die *Pickwick
Papers*; Hauptfiguren sind Pickwick und seine Freunde
Tupman, Winkle und Snodgrass, hinzu kommt dann
Pickwicks Diener Samuel Weller; diese fünf Leute erleben
eine Menge amüsanter Abenteuer, besonders verfolgen
sie einen Gauner und Heiratsschwindler, außerdem gerät
Pickwick in Schwierigkeiten, weil eine Witwe ihn wegen
eines angeblichen Heiratsversprechens verklagt. Eine richtige Handlung, wie wir sie sonst aus Romanen kennen und
wie sie Dickens später auch immer hat, gibt es hier nicht,
der Leser muß sich auf die Typen selber verlassen und
ihre ständigen Scherze[7].

---

[7] – wobei der Ausdruck Typ zu wenig sagt: vielmehr haben wir es
hier mit einigen dieser sogenannten unvergeßlichen Figuren zu tun,
wie sie sich bis zum braven Schweijk hin durch die ganze Romanliteratur ziehn, und zwar durch die Literatur des erfolgreichen Romans:
denn ein Roman muß überaus erfolgreich sein, wenn seine Figur den
Ruhm der sogenannten Unvergeßlichkeit ernten soll – und hier sind
denn auch, aber das gilt natürlich für den Roman insgesamt, für das
ganze Genre, die Grenzen zur Trivialität niemals weit weg. Wilkie
Collins, einer der erfolgreichsten Romanciers, Freund von Dickens,
Autor zum Beispiel der *Frau in Weiß*, ein Schriftsteller hart an der
Grenze zum Trivialen, hat einige ziemlich unvergeßliche Gestalten
geschaffen, etwa den Conte Fosco, einen Schurken; Dumas Vater
hat die drei Musketiere erfunden, Dumas Sohn die Kameliendame,
Maupassant dann wieder, ein großer Romancier, seinen Bel Ami;
Dickens ist immer toll im Erfinden solcher Figuren, Balzac hat da
auch einiges getan; andrerseits wieder ist Karl May ein wahrer Riese
auf diesem – also äußerst zweifelhaften – Gebiet, denken Sie an Old
Shatterhand, an Winnetou, das sind ja wirklich schlimme Dinge;
Goethes Werther, Flauberts Emma, Fontanes Effie andrerseits, große
Romangestalten doch zweifellos, sind sicher keine unvergeßlichen
Figuren in diesem Sinne, dagegen ist zum Beispiel Effies Vater schon
eher ein Mann im Stile dieser Unvergeßlichkeit, wenn er ab und zu und
dann so groß am Ende des Buchs sein *Das ist ein weites Feld* einwirft;
unvergeßlich auch ist Scarlet O'Hara (an diesem Punkte ließe sich

1837 Bemerkenswert an den *Pickwickiern,* bemerkenswert im romantechnischen Sinne sozusagen, sind noch zwei Sachen, nämlich erstens die eingestreuten kleinen Erzählungen, zweitens einige der Frauenfiguren. Die eingestreuten Erzählungen, charakteristisch für diesen Erstling, Dickens hat von diesem schönen Trick später niemals mehr Gebrauch gemacht, haben meistens einen vollkommen andern Ton als der Rahmen oder der Hauptteil des Buchs: sie klingen fast so, als übte Dickens hier, aber als übte er Töne und Klänge, von denen er dann andrerseits wenigstens in den nächsten Jahren überhaupt keinen Gebrauch mehr machen würde. Das ist eine sonderbare Geschichte; ich glaube, der gewissermaßen künftige Romancier Dickens teilt in diesem ersten Buch unsre unbefriedigte Sehnsucht nach etwas mehr als lustigen Anekdoten von lebensprallen Typen, und ein bißchen entschädigt er uns nun damit, daß er uns, und eben eigens in einem fast extremen Ton, Erzählungen vorsetzt, die so sehr mit dem andern Text kontrastieren, daß wir uns

---

denken, daß die Unvergeßlichkeit einer Romanfigur eng mit ihrer Entwicklungsunfähigkeit zusammenhängt: unvergeßliche Figuren sind von Anfang an ganz und gar da, und Figuren, die sich entwickeln, entziehen sich der simplen Unvergeßlichkeit – wäre viel drüber zu grübeln noch), der ganze Faulkner hat es nicht so weit gebracht wie die Mitchell, und wenn auch kein richtiger Leser je Zeno Cosini vergißt: für die wahre Unvergeßlichkeit ist Italo Svevo viel zu wenig verbreitet. Romanfiguren, wenn sie in diesem Sinne unvergeßlich sein sollen, müssen ins allgemeine Bewußtsein eingegangen sein wie Robin Hood und die Loreley, offenbar war das neunzehnte Jahrhundert sehr fruchtbar dafür, richtig erklären wird man das kaum können. Mit großer Romankunst muß es nichts zu tun haben, das zeigen, je verschieden, Karl May und Flaubert, große Romankunst kann aber damit zusammen bestehn, das zeigen Maupassant und Balzac; Dickens steht da schrecklich in der Mitte: wegen seiner unvergeßlichen Figuren kann man ihn kaum groß nennen, dann wären auch andre groß, die das nicht sind; ganz abgesehn von solchen Figuren groß, wie etwa Maupassant und Balzac, ist Dickens aber auch nicht recht, denn fast immer hängt nicht bloß sein Ruhm, sondern hängt auch wirklich seine Größe – und groß irgendwie ist er ja, kein Leser kann das beim Lesen leugnen – ganz eng mit solchen Figuren zusammen.

denken: aha, später einmal wird er uns Gestalten zeigen,
die auch eine gute Geschichte haben.

Und was die Frauenfiguren angeht, so macht Dickens
auch mit ihnen so etwas wie Versprechungen, die er dann
erst sehr viel später einlösen wird. Nämlich einige der
Frauen hier, solche, die später in diesem Buch, wenn alles
so langsam ausläuft, die Freunde Pickwicks heiraten, sind
von einer Handfestigkeit, von einer Wortgewalt und von
soviel schlagfertigem Witz, daß man sich bei den nächsten
Romanen ganz verzweifelt fragt, ob Dickens denn ganz
vergessen hat, was er doch einmal in diesem ersten Buch
so gut wußte. Die Frauen hier in den *Pickwickiern* sind
alle ein bißchen wie vom Geist der schönen Frauen in den
Komödien Shakespeares besessen, sie glänzen alle mit
einem wunderbaren Mangel an Demut und Unterwürfig-
keit – ganz im Gegensatz zu den Frauen in den dann
zunächst folgenden Romanen, diesen manchmal schwer
erträglichen Mischungen aus Engeln und armen Wäsche-
rinnen und treusorgenden Schwestern verwaister Buben.
Man hat das Gefühl, daß Dickens, nach dem großen
Erfolg mit seinem irgendwie so schön bedenkenlosen
Erstling, Angst vor der Erfolglosigkeit kriegt; er weiß nicht
so recht, wie er das eigentlich geschafft hat mit seinem
ersten Buch, und jetzt gibt er sich ganz dem Publikum
hin, dem er alles zu verdanken glaubt: er paßt sich an, und
er schreibt jetzt so, wie er sich den Roman vorstellt, den
das Publikum will; oder wenigstens die Frauen und die
Mädchen in diesen Romanen schreibt er nach den Vorstellungen, von denen er das maßgebliche Publikum
durchdrungen glaubt; oder von denen er glaubt, die
Frauen, die ihn lesen und kaufen, wünschten sich den
öffentlichen Blick auf sie davon durchdrungen, oder doch
den Blick des Lesers, oder wenigstens doch bei Tag. –
Sealsfield macht noch einmal weiter mit seinen *Lebens-*
bildern aus beiden Hemisphären, und auf tritt *Nathan der*
Squatter-Regulator. – Die Sand, schön und fleißig, legt

1837 *Mauprat* vor, einen sehr sonderbaren Roman, der in tiefen Wäldern und in Schlössern und Burgen spielt unter Menschen, wie es sie nicht mehr gibt, man denkt an Scott und an Anne Radcliffe, fünfzehn Jahre später schreibt die Autorin in einem kleinen Vorwort: »Als ich im Jahre 1836 in Nohant den Roman *Mauprat* schrieb, da bemühte ich mich, glaube ich, gerade vor Gericht um meine Scheidung. Die Ehe, deren Mißbrauch ich bis dahin bekämpft hatte – was die Annahme zulassen könnte, daß ich mangels einer hinreichenden Entwicklung meines Denkens ihr Wesen nicht erkannte –, wurde mir eben da in der ganzen moralischen Schönheit deutlich ... Da ich, um mich zu beschäftigen und zu zerstreuen, einen Roman schrieb, kam mir der Gedanke, eine ausschließliche und ewige Liebe vor, während und nach der Ehe zu schildern. Ich gestaltete also den Helden meines Buches als jemanden, der mit achtzig Jahren seine Treue zu der einzigen Frau, die er geliebt hat, kundtut ...« – ein sonderbares Buch. – Und dann Gutzkow mit seiner *Seraphine* – da beichtet im ersten Teil des Romans Arthur in einer Kutsche einer Julie, die ihn liebt, seine einstige Liebe zu einer Seraphine, sie ist die Lehrerin, die sie beide eben gesehn haben, als sie Julies Tochter in eine Privatschule geben wollen; und irgendwo aus dem Schatten rennt ein Philip weg, dem jene Seraphine einmal knapp am Altar noch entronnen ist, als er sie heiraten will; im zweiten Buch beichtet jener selben Julie, die jetzt aber dabei einschläft, ein gewisser Edmund seine einstige Liebe zu einer Seraphine, die aber (als hätte Stendhal Pate gestanden) jetzt eine völlig andre zu sein scheint als jene Arthurs; und in einem dritten Teil kommt dann Seraphine selber zu Wort – ein glänzendes Experiment, der Schluß fällt dann sehr ab, offenbar hatte Gutzkow kurz nach der Mitte des Buchs genug herausgefunden (professionelle Romanciers – Gutzkow bewunderte Balzac, später, in den *Rittern vom Geiste*, sagt eine Dame einmal, die gerade aus Paris

kommt und dort viel erlebt hat: Balzac will über uns alle
einen Roman schreiben –, professionelle Romanciers also
haben nicht die Idee, fortwährend Meisterwerke schreiben
zu müssen, sie verlieren ruhig schon einmal mittendrin
die Lust, es kommen ja neue Bücher, sagen sie sich dann).
Wunderschön ist, bei all dieser drängenden Begabung,
Gutzkows leichter Ton; das alles sieht dann aus, als hätte
der junge Giraudoux hier das gelernt, was wir an ihm
mögen: diese Eleganz, diesen Witz, dieses lakonische
Wesen, das sich so schön fernhält von dem, was andere
immer so rasch in die Tiefen der Dinge versenkt...; ein
kleines Zitat noch: »Es war eine herrliche Nacht, die Sonne
ohne Wolkengefolge untergegangen, die Sterne sich tief
in den nächtlich blauen Himmel versenkend. Die Menge
von Gärten, die sich hier alle übersehen ließen, lagen in
ödem Schweigen da; zuweilen nur schrie eine Gans, die
aus einem Traume auffuhr, oder ein Hahn, der sich in der
Zeit« verrechnet hatte, krähte vorzeitig laut«... – schön
auch die Geschichte mit der Spinne auf Seraphines Kleid,
von der Ferdinand der Musiker sagt, sie sei, wie alle Spinnen, ein Musikkenner: ein Motiv, das Gutzkow öfter hat,
und jedesmal freut man sich wieder. – Und dann noch,
als Kuriosum mehr, ein Buch von Disraeli, *Venetia*, die
Geschichte eines vaterlos auf einem Schlößchen groß-
gewordenen Mädchens, das dann sehr vertraut wird mit
einem vaterlos auf dem Nachbarschlößchen aufwachsen-
den George: dieser George ist Lord Byron, das Ganze ist
eine Art Schlüsselroman, der endlich aufgefundene Papa
Venetias steht dann für Shelley, den wir kennen aus der
Villa Diodati, und bei Disraeli ertrinken sie beide dann in
jenem Sturm, in welchem, wie wir wissen, allein Shelley
umgekommen ist, Byron starb ja in Griechenland... –
indes, die einzige deutsche Fassung, die es von diesem
Roman gibt (von Ludwig Goldschneider, Wien 1930),
läßt Byron nicht mit Venetias Papa untergehn, denn,
sagt Goldschneider, »heute darf man dem Leser, dem

 **1837·** Byrons und Shelleys Biographien durch viele Autoritäten eingeprägt worden sind, solche Umdichtungen nicht vorsetzen...« – und so übersetzt er also nicht eigentlich diesen Roman, sondern *bearbeitet* ihn, wir hatten diesen Ausdruck schon einmal bei Nodiers *Jean Sbogar* –

Anmerkungen (10) zu

DISRAELI. Natürlich dürfen die Texte im Grunde nicht geändert werden, das ist klar. Andrerseits haben erstens viele Romanciers sich in den Volumina ihrer Texte kaum an so etwas wie einer inneren Gestalt ihres Werks orientiert, sondern oft an simplen Branchenüblichkeiten, Leisten gewissermaßen, über welche die Verleger jeden Roman geschlagen haben wollten (Dreibändigkeit, Fortsetzungstauglichkeit, und da dann häufig genug am zwischendurch kundgewordenen Leserwillen, die Schicksale mancher Figuren angehend, bei Dickens etwa); zweitens haben gar nicht schlechte Autoren selber ihre Romane bearbeitet (Gutzkow zum Beispiel hat von seinen übermächtigen Neunbändern später viel kürzere Fassungen hergestellt); ohnehin ist ja fraglich, welches gewissermaßen die ihm innewohnende Länge eines Romans ist, wenn man bedenkt, wie Romane oft aus bloßen Novellenideen entstehn, und dann andrerseits Sachen, die ganz nach Romanen aussehn, doch keine werden, aus tausend Gründen; und drittens: sollen denn wirklich wunderbare Bücher, die, wenn der Autor sich ein bißchen gemäßigt hätte oder sich hätte mäßigen dürfen, druck- und lesbar geblieben wären, vermodert ungelesen bleiben, bloß weil sie zu dick sind oder sonstige Schwergenießbarkeiten an sich haben? Natürlich macht es stutzig, wenn ein Bearbeiter wie unser Byron-Goldschneider von Leo Perutz spricht, der so angenehm mit Hugo verfahren sei, und eine ähnliche Bearbeitung dann für Emily Brontës *Wetterberg* fordert, womit er die berühmten *Sturmhöhen* meint, ein Werk, das wir heute keinem zu

einer Bearbeitung überlassen möchten – schlechte Bei-
spiele sagen aber nicht viel, Bearbeitungen sind ja keine
Justizirrtümer, wie sollte man sonst die vielen ungerechten
Vergessenheiten nennen? –; denn andrerseits eben, und
es gibt gute Beispiele, wie jene verkürzte Nodier-Über-
tragung, andrerseits sind eben ganze Regale von Romanen geschrieben worden, die a) robust genug dazu sind,
die b) viel zu schade fürs Vergessen sind, und die c) keiner
mehr bringen kann in der alten Länge – und was würden
Bearbeitungen da für einen Schaden anrichten, verglichen
mit dem Nutzen, den sie haben könnten? Ein Esel natürlich, der Jean Pauls *Titan* bearbeiten wollte (wir wollen
bearbeiten noch einmal definieren: Romane wieder bringen, die es sonst gar nicht mehr geben würde); aber
wäre nicht etwa, im eignen Sprachbereich, Rehfues' *Scipio
Cicala* einbändig ein herrliches Buch? und eben manches
von Disraeli und andern sonst Ungelesenen? – Also im
Ernst: man rühre nicht an die Texte! aber auch: man vergesse nicht alles und tue etwas gegen dieses Vergessen! –
daß Disraelis Buch, wie angedeutet, ein sogenannter
Schlüsselroman ist, wollen wir für jetzt auf sich beruhn
lassen.

Keine Dichtergeburten dieses Jahr, aber ganz ausbleiben
auf die Dauer werden sie nicht.

1 ✦ 8 ✦ 3 ✦ 8

Keiner stirbt von unsern Helden oder denen der Vorzeit.
   Balzac, der Held dieser Lustren (ein Lustrum, wenn Sie
diese Erklärung verzeihen, ist ein Zeitraum von fünf Jahren, und in solche Abschnitte teile ich hier ja die Zeit ein),
bringt drei Sachen heraus, *Die Beamten, Das Bankhaus*

 **1838** *Nucingen,* und *Die Torpille.* Der erste Roman, *Die Beamten,* schildert die Ministerialbürokratie, und der fähige Beamte scheitert, und der unfähige, mit der gewissenloseren Frau und den korrupteren Beziehungen, reüssiert (Dostojewski hat dann einen seiner ersten Romane demselben Thema der Bürokratie gewidmet; gut daneben zu lesen ist auch *Miau* von Pérez Galdós; und natürlich denkt jeder an Kafka); Balzac, der sich für alle öffentlichen und administrativen Fragen leidenschaftlich interessierte, spricht immer wieder seine Meinung aus, daß dort, wo etwas verändert werden kann, oben in den Hierarchien, junge Leute sitzen müssen, solche, die ein ebenfalls junger Herrscher berufen muß und die unabhängig sein sollen von Schulen, dauernden Wettbewerben und feinen Verbindungen; konservative Ideen und ganz junge Kräfte zum Ersinnen und Durchsetzen solcher Ideen gehören für ihn zusammen. Bewundernswert auch an diesem Roman ist wieder, welche erzählerische Dynamik eine bloße Struktur freisetzt, wenn der Erzähler sich ganz auf sie einläßt. *Das Bankhaus Nucingen* ist ein nicht einmal sehr langer Gesprächstext, in dem vier Leute einen betrügerischen Bankrott schildern, durch den der Bankier Nucingen (der übrigens mit einer der beiden Töchter des Vaters Goriot verheiratet ist) noch reicher und mächtiger wird; Balzac hat diese nicht leicht verständliche Geschichte direkt an die Geschichte seines Birotteau gehängt, eines Mannes also, wie sie zugrunde gehn an den Spekulationen eines Nucingen. Hübsch ist die Erzählsituation: die Unterhaltung findet in einem Restaurant statt, nebenan sitzt der Erzähler, der durch eine dünne Wand die Unterhaltung belauscht; von drüben dann, und so endet der kleine Roman: »Horch, nebenan haben Leute gesessen, sagte Finot, als er uns weggehen hörte. – Nebenan sitzen immer Leute, antwortete Bixiou, der wohl des süßen Weines voll war.« *La Torpille* ist der Spitzname einer Nichte des alten Wucherers Gobseck,

Esther, die auf Lucien de Rubempré angesetzt wird, als
der nach seinen Abenteuern (in den *Verlorenen Illusionen*)
wieder selbstmordnah zu Hause sitzt; das heißt, Balzac
schreibt hier den Anfang jener Geschichte, die in der
Sache die Fortsetzung eben der *Verlorenen Illusionen* ist,
die er noch gar nicht fertig hat; hinzu kommt, daß der
alte Nucingen später selber scharf auf die Torpille werden
wird und sie haben will, um jeden Preis, und daß der
Mann, der Esther mit Lucien zusammenbringt, schon
im *Vater Goriot* eine große Rolle spielt, und dort ist
der Titelheld ja der Schwiegervater Nucingens; bedenkt
man noch (aber das muß wirklich keiner tun), daß Esthers
Mama wesentlich beteiligt ist an den ruinösen Geschäften, die letzthin Birotteau in den Bankrott getrieben
haben, dann ermißt man sehr schön, für einmal jetzt,
das unendliche Gewebe, in dem der Romancier Balzac
lebt und das er über die ganze Welt wirft.[8] Auf den
ganzen Komplex der *Verlorenen Illusionen* und des *Glanzes
und Elends der Kurtisanen* kommen wir natürlich noch
zurück.

Sonst in der Welt bringt Dickens seinen *Oliver Twist*
heraus, eins seiner berühmtesten Bücher, nächtlich dunkel
und finster darin die kriminellen Abgründe Londons, in
die der (freilich unangenehm unschuldige) junge Held
gerät – das hat eine ganz andre Wucht noch einmal als

---

[8] wir hier in diesem Buch tun etwas Ähnliches, nur eher im Bereich
der Realien – wenn denn also Romane und ihre Autoren in einem so
viel genaueren Sinne real sind als das, was in den Romanen oder in
einer Romanwelt passiert. Manchmal habe ich das Gefühl, daß, wenn
sie sich alle so treffen, etwa am Genfer See, oder wenn sie sich auch
verpassen, so etwas der Romanwelt näher ist als der Welt, in welcher
auch Romane geschrieben werden. Das sind wohl alles nur Schichten
sozusagen, die immer durchlässiger und fiktiver werden, je näher sie
dem still dasitzenden Leser sind; alles ist vielleicht nur graduell voneinander unterschieden, und der Leser versäumt nicht derart das
Leben, wie die Nichtleser das gern hätten; ja man fragt sich, ob nicht
die Leser, ob also nicht wir Leser die eigentlich verständigen Bewohner der Welt sind, gleich nach den Romanciers.

1838 Bulwer-Lyttons Londoner Unterwelt in seinem *Pelham*, wahrscheinlich, weil Dickens da sehr viel besser Bescheid wußte, und weil seine eigne Biographie (sein Vater kam, gänzlich überschuldet, ins Gefängnis, der kleine Dickens – heute wäre er noch viele Jahre lang schulpflichtig – mußte die Familie ernähren) ihm gezeigt hatte, welcher Art eigentlich die Verstrickungen sind, in die ein junger Mensch, wenn er nur arm genug ist, da unten geraten kann. – Immermann, den wir eben noch so groß haben kommen sehn mit seinen *Epigonen*, bringt *Münchhausen* heraus, ein vielgepriesenes Buch, dem ich nichts habe abgewinnen können: die satirischen Teile sind abgelebt und von so seltenen Blitzen erhellt, daß man sich immer freut, wenn sie aufhören – aber die gegen sie gesetzte Oberhofgeschichte, ein Bauernromanstück, ist dermaßen biedersinnig[9] und fast anzengruberisch ehrlichblöd, daß man sich auch hier immer aufs Aufhören freut. – Wenig sagen muß ich sicher über Poes *Arthur Gordon Pym*, dieses bei weitem wunderbarste aller ausgedachten Seeabenteuer; wie Poe hier die beinahe reale Seefahrt hinübergleiten läßt in die surreale Welt des Tekelili und Anamoomoo und des Landes Tsalal[10], das reißt den Leser

_____

[9] man erinnert sich dann, daß Immermann, als er Tiecks *Jungen Tischlermeister* schon vor dem Publikum lesen durfte, besonders rühmenswert die so geglückte Darstellung eines rechten deutschen Handwerkers fand; er war mit Tieck befreundet, und wenn man die schönen und verwegenen Liebesgeschichten des Tischlers mag – und die können ja eigentlich auch Immermann nicht verborgen geblieben sein –, dann war man geneigt, über dieses ein wenig sonderbare Lob Immermanns hinwegzusehn: ihm muß doch auch gefallen haben, was uns gefällt, sagte man sich. Nach dem *Münchhausen* allerdings sieht das anders aus, oder vielmehr sieht der *Oberhof* (ob nun als bloßes Gegengewicht oder nicht) nach solchem Lob nun ganz und gar glanzlos aus.

[10] Arno Schmidts *Zettels Traum* beginnt links auf Seite eins mit »Anna Muh-Muh«, und dieses erste Buch ist überschrieben »Das Schauerfeld oder die Sprache von Tsalal« – das Schauerfeld ist ein kleines Grundstück an einem Spazierweg, den man in Bargfeld machen kann, wo Schmidt dieses Buch geschrieben hat; ich war einmal für einige Tage

so unwiderstehlich hin, daß er sich gar nicht mehr fragt 1838
nach dem Sinn allen sogenannt realistischen Roman-
schreibens: so gänzlich abgetan und untergegangen und
nie wahr gewesen kommt es ihm vor, ohne daß er sich das
auch nur aussprechen muß. Aber was sich hier, in der
Seele des Lesers, wie einander vernichtend gegenübersteht, ist eben alles zusammen das Wahre (das es eben gar
nicht gibt außer so sich erst herstellend), und das sein
armer Kopf, sein armes Herz, seine arme Seele (betet
für sie!) nun aushalten müssen. Übrigens hat dann, sehr
geistreich und witzig mit der aufgehobenen Realität noch
einmal seinen wenn auch etwas trockenen Scherz trei-
bend, Jules Verne später diesen Roman weitergeschrieben,
in der *Eissphinx* von 1897; dieses Buch spielt 1839, also
im Jahr nach dem *Arthur Gordon Pym*, und wir sehn
auf den Falklandinseln einen Mann auf eine Rückfahr-
gelegenheit in die Zivilisation warten; der Wirt dort erinnert sich noch an das Schiff, das seinerzeit mit Pym
an Bord losgefahren ist in den Süden, ist aber, anders
als sein Gast, kein Leser Poes: dieser weiß, warum das
Schiff nicht zurückgekommen ist … wieder ein andres
Stückchen dieses weltverschönernden Gewebes, das sie
so über die Jahrzehnte über die sonst ziemlich unsinnige
Welt breiten. – Und nur aus Pflicht noch ein Buch, dem
keine Bearbeitung aufhelfen würde, *Der Löwe von Flandern*, von dem 1812 geborenen und dort auch schon erwähnten Henrik Conscience – das sind so Bücher, die,
nach Longfellow, die Zeit aus dem großen Lehnsbuch
unwidersprochen streicht.

❖

---

dort, als Schmidt schon tot war, auf meinen Gängen begleitete mich,
und ich hasse Hunde, der wahrscheinlich irgendwie verrückte Hund
des Gastwirts, bei dem ich wohnte. Schmidt hat Poe übersetzt, gerade
eben diesen *Arthur Gordon Pym*; *Zettels Traum* ist über ewige Partien
hin eine Analyse Poescher Texte.

Geboren wird in diesem Jahr, in Saint-Brieuc, oben in der Bretagne, in einer allmählich gänzlich verarmenden alt-adligen Familie, Jean-Marie Mathias Philippe-Auguste Villiers de l'Isle-Adam, der, 1886, einen grandios-naiven und eigentlich wunderbaren Science-fiction-Roman über den alten Edison geschrieben hat (Annette Kolb hat dieses Buch 1909 sehr schön übersetzt, ich habe das unter dem Jahre 1803 schon einmal erwähnt). Der alte *Meyer,* den ich immer so preise, gibt als Villiers de l'Isle-Adams Geburtsjahr 1840 an, das ist natürlich bitter.

1 ◆ 8 ◆ 3 ◆ 9

Balzac wieder: das *Antiquitätenkabinett* ist uns schon be-gegnet, in dem Hause dort verkehrt jener junge Mann, der sich in Paris groß aufgespielt und verschuldet hat und den dann, als die Gläubiger zuschlagen und der alte Notar des Hauses (eine der so wunderlichen Rührfiguren Balzacs) sein Erspartes schon geopfert hat, jene schöne Maufrigneuse rettet, die er einst in Paris angebetet hatte und die sich auch so schön hatte anbeten lassen. *Ein großer Mann in Paris* – das ist, in der Fortsetzung der *beiden Dichter* aus Angoulême, jetzt im zweiten Stück der *Verlorenen Illusionen* der schöne junge Lucien, wie er zum ersten Male nach Paris kommt (beim zweiten Mal haben wir ihn eben gesehn, unter dem Schutz jenes Mannes, der ihn, der verzweifelt an einem Teich steht, in den er gehn will, mit nach Paris nimmt und dort mit der Torpille, der schönen Esther, zusammenbringt). *Eine Evastochter* ist ein hübscher kleiner Roman um ich weiß nicht was, Bal-zac erklärt selber, daß das alles ein bißchen enttäuschend sein müsse für Liebhaberinnen großer Tragödien und so weiter; viele Interpreten mögen diesen charmanten

kleinen Roman, aber weniger seines Charmes wegen, als *1839*
wegen der Mühe, die Balzac sich gibt, hier möglichst viele
seiner stehenden Figuren zusammentreffen zu lassen[11].
Unter ihnen ist Félicité des Touches, eine als Knabe groß-
gezogne junge Frau, die unter dem Namen Camille
Maupin Romane schreibt – unschwer ein Bild der Sand,
die Balzac im Jahre 38 für mehrere Tage in Nohant besucht hatte (ihren Namen Maupin verdankt sie Balzacs
Freundschaft mit Gautier, dessen erotischen Roman *Mlle
de Maupin* wir kennen). Bisher, heißt es einmal in dieser
Evastochter, »bisher haben nur wenige Maler das Bild der
Liebe in Angriff genommen, wie sie in den hohen Sphären
der Gesellschaft ist: voller Größe und geheimer Nöte,
furchtbar in der Unterdrückung des Begehrens, durch die
dümmsten, alltäglichsten Zufälle, oft durch Lässigkeit
abgebrochen. Vielleicht erhält man hier durch ein paar
Andeutungen einen Begriff davon.« Und dann *Béatrix*,
ein dreiteiliger Roman, der dritte Teil, ganz anders, tempo-
reicher, voller Intrigen, ist Jahre später erst fertig; die
ersten beiden Teile erscheinen jetzt als eigentlich schon
in sich geschlossenes Buch, und dieses Buch fängt dermaßen, ich möchte sagen: betörend langweilig an, daß
man sich, von unerklärlichem Zauber befangen weiter-
lesend, immer wieder sagt: ich werde der einzige Leser
sein, allein in dieser Landschaft, in die ich will, in der
Bretagne, bei der Stadt Guérande, woher das beste Salz
der Welt kommt (das Salz habe ich auch schon, nun
brauche ich noch die Fahrkarte) – wieder, wir haben das
vorhin schon gehabt mit jener Druckerei, verwendet
Balzac große Genauigkeit auf das Gewerbe, hier auf die

---

[11] Interpreten mögen immer jene Romane am meisten, denen sie
die Mühe ansehen, die es sie selber gekostet haben würde, so was
zu schreiben. Und wenn sie ihnen nicht die Mühen ansehen, dann
wenigstens gern das Geflochtene daran, das, sozusagen, woran man
sieht, daß das etwas ganz andres ist als einfach etwas Geschriebenes.
Thomas Manns Bücher leben von dieser verständlichen Vorliebe ihrer
Ausleger.

1839 Salzgewinnung, auf die Darstellung dieser Mondland-
schaft; daneben beschreibt er ein altes Haus, er schreibt
die Geschichte dieser Familie auf: man könnte sich wundern, daß man sich nicht langweilt. Als Balzac bei der
Sand war, hatte die ihm jene uns schon vertraute große
Affäre Liszts mit der schönen d'Agoult erzählt, die beiden
waren bei ihr gewesen, kurz zuvor, sie hatte diese Liebe
protegiert, hatte sich dann aber ich weiß nicht warum über
die beiden geärgert, nun sagte sie alles Balzac weiter, der
würde schon drüber schreiben – und er tat es, er beschrieb
die beiden, dazu aber beschrieb er die Sand als Camille
Maupin und baute sie in die ganze Geschichte ein. Man
muß das alles natürlich überhaupt nicht wissen, aber
schön ist dieses Wissen natürlich doch, und alle damals
hatten es[12]; die d'Agoult, heißt es, sei nicht böse gewesen

---

[12] das heißt, auch dieses Buch ist, ein bißchen wie vorhin Disraelis
Venetia, ein Schlüsselroman; wenn Balzac die Geschichte von seiner
Zulma Carraud erzählt bekommen hätte, einer Freundin, die er in
jener Zeit auch oft besuchte (und deren Liebhaber er niemals war),
und die hätte sie von einer kleinen unbekannten Freundin erzählt
bekommen gehabt, deren Leben sie gewesen wäre, und keine Berühmtheiten wären also darein verwickelt gewesen, und Balzac hätte
dennoch einen Roman daraus gemacht: wäre das dann auch ein
Schlüsselroman? Natürlich nicht. Aber ohne Zweifel ist der Reiz groß,
Schicksale zu verwenden, die jeder kennt, der Roman ist dann das
Hugo Ballsche Karawanenlautgedicht, das auch deshalb so schön ist,
weil immer mitklingt, was wir kennen. Und dann diese Lust, zu
ändern, was doch so und so war, Charaktere kenntlicher zu machen,
als sie sich selber sein konnten; ein bißchen Häme und Bosheit, aber
auch Anbetung, die unverschlüsselt kaum statthaft wäre. Und nicht
zu vergessen auch die geschäftsbelebende Sucht aller Leute, zu lesen,
was es gab oder eben auch nicht so gab, aber vielleicht auch doch,
oder wenigstens so ähnlich – eine sehr pragmatische Definition des
Schlüsselromans wäre gerade die, daß er jener Roman ist, von dem
sich aufgrund dieser süchtigen Neugier doppelt so viele Exemplare
verkaufen als sonst (so vermeiden sich mißbräuchliche Benutzungen;
keinen Schlüsselroman etwa haben wir vor uns, wenn ein ganz nor-
maler Roman auch noch eine zweite gleichsam real-personale Deu-
tungsebene hat); wer viele Romane schreibt, wäre also ganz schlecht
beraten, ausgerechnet einen Schlüsselroman nun nicht zu schreiben.
Komplizierter, wenn man unbedingt darüber sinnieren möchte, ist
noch dies: wenn ich immer betone, daß der Roman Fremderfahrung

und habe Balzac noch öfter zu sich geladen[13]. Diese *1839*
Béatrix ist, in diesen beiden ersten Teilen, ein erstaunliches
Buch, und die wilde Camille ist eine ebenso erstaunliche
große Frau. Und noch ein kleiner Roman, *Massimilla
Doni*, nach *Gambara* die zweite große Musikergeschichte,
worin erstens eine Kurtisane eine Liebe rettet, indem die
Geliebte sich nachts, mit deren Wissen, für diese Kurti-
sane ausgibt und so auch für sich die Impotenz heilt, die
ihren Geliebten bei ihr sonst befällt, nie ihn aber bei der
Kurtisane befallen hatte, und worin zweitens Rossinis
Moses-Oper aufgeführt und in Maßen analysiert wird –
Balzac, um, wie in diesem Kapitel öfter, ein bißchen
Klatsch zu liefern zum Werk, Balzac hatte 1837 sowohl
den *Mosè* in Venedig gesehen (dort spielt der kleine
Roman) als auch danach Rossini in Bologna besucht.
Balzac gibt sich in diesen Analysen wieder schrecklich

bringe (etwa den Drucker in seiner Druckerei), so ist diese Fremderfahrung im Schlüsselroman auf die Spitze getrieben: hier sind reale
fremde Schicksale im Spiel – und insofern ist der Schlüsselroman die
äußerste Gegenposition zum Kultbuch, von dem wir vorhin glaubten
sehn zu können, daß es die Selbstfindung und -identifikation betreibt
unter dem geborgten Mantel des Romans. – Ein Wort noch zu solchen
»pragmatischen« Definitionen, wie ich sie hier öfter verwende (also
etwa: Roman ist ein erzählender Prosatext von soundsovielen Wörtern
etc.) – so werde ich etwa den modernen Roman so vom vorherigen
Roman unterscheiden, daß, wo die Leute hier noch Kutschen benutz-
ten, sie dort schon Autos fahren, oder daß sie jetzt Zigaretten rauchen,
und so weiter; bei den Autos sieht man dann übrigens, daß diese Erfindung zu einer andern Kategorie gehört als das Dampfschiff, mit
dem ja beinahe schon Heinrich von Ofterdingen hätte fahren können
und Sealsfield gefahren ist, und selbst als die Eisenbahn, von der ein
Modell noch Goethe seinem Enkel schenken konnte, Flugzeuge dagegen ändern nichts mehr, allenfalls, wie bei Saint-Exupéry, mystifi-
zieren sie die ganze Situation.
[13] ich glaube nicht, daß die Galerie der Liebschaften Balzacs deutliche Schlüsse auf einen bestimmten Frauentyp zuläßt, den er bevor-
zugt hätte; andrerseits war die Gräfin d'Agoult, unerachtet ihrer wirklichen Schönheit, eher wohl nicht sein Typ; dennoch ist, bei dieser
artistischen und dann auch gesellschaftlichen Nähe zu ihr, der Gedanke verlockend, Cosima, nachmals Wagners Frau, und nun also
wirklich Liszts Tochter mit der d'Agoult, könne von Balzac gewesen
sein, und er also der Schwiegervater Wagners, der ihn gerne las.

fachmännisch, ganz anders als Stendhal in seinem schon einmal angeführten Buch über Rossini; Stendhal war natürlich bei der Uraufführung 1818 in Neapel dabei, er leitet das entsprechende Kapitel so ein: »In Neapel besuchte ich manchmal nach der Oper, gegen Mitternacht oder ein Uhr, eine Gesellschaft alter Musikliebhaber, die sich auf einer Terrasse des Chiaja-Kais oberhalb des Palastes trafen. Man hatte ziemlich große Orangenbäume auf dieser kleinen Esplanade aufgestellt; wir saßen hoch über dem Meer und den Häusern von Neapel; vor uns lag der Vesuv, der die Zuschauer jeden Abend mit irgendeinem neuen Ausbruch unterhielt. Auf dieser sehr hoch gelegenen Terrasse warteten wir auf die herrliche Brise, die fast immer kurz nach Mitternacht aufkommt. Das Geräusch der Wellen, die zwanzig Schritte vor dem Tor des Palastes brechen, tat in diesem brennend heißen Klima ein übriges, daß wir uns wohlfühlten. Wir waren genau in der richtigen Stimmung, um über Musik zu reden und ihre Wunder in uns wachzurufen, sei es durch die lebhafte und von Herzen kommende Diskussion, die sozusagen für eine Wiedergeburt der Empfindungen sorgt, sei es durch das direktere Mittel des Klaviers, das in einer Ecke der Terrasse zwischen drei Kübeln mit Orangenbäumen verborgen stand ... Wir befanden uns in Neapel mitten in unsern Diskussionen über die jeweiligen Qualitäten Rossinis und der alten Komponisten, die besser waren, aber weniger Glück hatten, als man uns den *Mosè*, ein geistliches Sujet, im Theater San Carlo ankündigte. Ich gebe zu, daß ich mich mit großen Vorurteilen gegen die ägyptischen Plagen ins San Carlo begab ...«; *Mosè*, heißt es dann weiter bei Stendhal, »war die erste Oper Rossinis, für die er angemessen bezahlt wurde; sie brachte ihm 4200 Francs ein, für den *Tancredi* hatte er nur 600 Francs bekommen und für den *Othello* 100 Louis ...« – reden so Kenner? »... ich kann in den Künsten«, schreibt Stendhal gleich nach den Kübeln mit

den Orangenbäumen und dem Klavier dahinter, »nicht
von einer alten Gewohnheit lassen, die ich mir in der
Politik angeeignet habe: Man kann über vieles reden, aber
glauben kann man nur das, was man gesehn hat. Zum
Beispiel hielt ich, bevor ich in England war, Talma für den
besten Schauspieler unsres Zeitalters; aber dann habe ich
Kean gesehn.«

Stendhal bringt in diesem Jahr die *Kartause von Parma*
heraus, einen Roman, dem Balzac dann eine hymnische
Besprechung gewidmet hat; mit Recht (wenn wir das so
sagen dürfen): dieses Buch, mitten in diesem Jahrhundert
und ganz und gar nicht ein historischer Roman, ist ein
Wunder an Temperament, an Glanz und Licht, an Schönheit, an unbändigem Glücksverlangen, an Liebe und
Liebeslust, ein Wunder auch an erzählerischem Einfalls-
reichtum und ganz unwiderstehlichem lokalen Kolorit.
Der Anfang des Buchs, wenn Fabricio, verliebt in seine
schöne Verwandte Gina, am Comer See groß wird – wem
da nicht für immer die Schönheit dieser Landschaft die
Seele prägt, der hat am Grunde seiner Seele irgend etwas
nicht, das der Mensch doch haben sollte: so läßt sich
wohl ganz gut die bezaubernde Arroganz wiedergeben,
die sich bei Stendhal dann in jenem Nachsatz zum ganzen
Buch ausspricht, wenn er sagt: *To the happy few.*[14] –
Dickens setzt die gerade begonnene Reihe seiner großen
Romane mit dem *Nicholas Nickleby* fort und beschreibt
darin zum Beispiel eine Kaufmannsfamilie: in manchem
an Goethe erinnernd, weit besser als der nun aber auch
wirklich miserable Freytag, besser aber auch als Thomas
Mann, der, so sagt man sich dann, wenn ers woher
haben sollte, immer eher von Freytag genommen hat; am

---

[14] Adenauer hat immer am Comer See Boccia gespielt. Ich erinnere
mich, Adenauer nicht richtig gemocht zu haben, wie meine ganze
Generation, die dann freilich auch in die Toscana ging oder in die
Provence, nie nach Oberitalien; aber Boccia am Comer See zu spielen,
ich sehe jetzt, daß das seine eigne Größe hat.

1839 ehesten könnte Immermann noch das Niveau halten. –

Longfellow, der amerikanische Lyriker, veröffentlicht sein Europa- und Deutschlandreisebuch *Hyperion*, ich habe daraus schon genug zitiert, nur noch dies: »Sie machten so viel Aufhebens mit ihrem Sonnenaufgang, daß ich beschloß, ihn nicht zu sehn...« – Frederick Marryat, ein altgedienter Kapitän der englischen Kriegsmarine, bringt das *Phantom Ship* heraus, das *Geisterschiff*, eine sehr abenteuerreiche und handfeste Version des Fliegenden Holländers. Und Sealsfield veröffentlicht eins seiner sonderbarsten, ein beinahe unerklärliches Werk, vierbändig, *Deutsch-amerikanische Wahlverwandtschaften*, das am Genfer See anfängt, sich dann ins amerikanische Saratoga wendet[15] und irgendwie dazwischen sich dann verliert; Sealsfield ist lachhaft, wenn er über junge Mädchen und ihre Unschuld und so weiter reden will, lachhaft, pedantisch, steif; und er ist genial, wenn er einfach loslegen kann, beschreibend, satirisch, egal wie; hübsch etwa über die Deutschen: »Pshaw! murmelte er, Deutsche mit ihrer Familiarität und Tabakspfeifen, und Flachshaaren und neblichter Metaphysik, und schmutzigen Händen und religiösen Skeptik, ihrem Sauerkraut und Käse und Bratwurst-Düften. Pshaw!« Das eigentlich neue Leben aber findet bei Sealsfield in der Sprache statt, in der unerhörten Mixtur, die er da braut, oder der wundersamen Erfrischung, die er der alten Sprache da zuteil werden läßt, etwa, wenn er einen amerikanischen Dandy beschreibt: »... auch hatten jetzt seine Züge glücklich den gewünschten, fashionabel poetischen Ausdruck angenommen, der zugleich fastidieus sublim, und wieder duftend zart, jede Berührung mit sublunarischen Objek-

---

[15] dieses Saratoga scheint ganz das zu sein, was für Lermontow dann Pjatigorsk im Kaukasus ist, dort werden wir nachher seinen Roman spielen und ihn sterben sehn – mondäne Badeorte in Welten, die uns fremd sind, aus Zeiten, von denen wir immer glauben, es habe sie nur bei uns gegeben.

ten zu vermeiden, berechnet war; abgemessen, und doch
wieder mit graziöser Nonchalance bog er sich so grandiös
um die Säule herum, – eben wollte er den gehobenen
Lorgnons in fastidieuser Laune sich entziehen, um auf die
Galerie hinauszuschweben, als er eine Gruppe im Spiegel
gewahrte, – eine Gruppe, sie machte ihn plötzlich in seinem sublimen Entschlusse wanken ...« – das ist verrückt,
ein bißchen wahnsinnig, und als wenn man Tiere kreuzt,
die das eigentlich gar nicht aushalten: und doch ist das
auch wie eine Befreiung aus jenen klassischen Zwängen,
aus denen selbst ein Immermann keinen Ausweg sah; und
wenn man das ein paar hundert Seiten mitmacht, dann ist
das ganze Reden und Schreiben wieder jung und frisch
geworden. – Und nun, vom Comer See hierher gelangt,
zitiere ich noch einmal Stendhal, mit diesen Worten, »man
kann über vieles reden, aber glauben kann man nur das,
was man gesehn hat. Zum Beispiel hielt ich, bevor ich in
England war, Talma für den besten Schauspieler unsres
Zeitalters; aber dann habe ich Kean gesehn« ...

Geboren werden in Wien, als Sohn eines schriftstellernden
Hofbeamten, Ludwig Anzengruber; aber dann, im fernen
Rio de Janeiro, und sein Vater war ein Mulatte, und seine
Mutter kam von den Azoren, Joachim Maria Machado
de Assis, einer der wunderbarsten Romanciers seiner Zeit
und aller ihrer Kontinente.

1 ✦ 8 ✦ 4 ✦ 0

Jetzt stirbt, erst vierundvierzigjährig, in Düsseldorf Karl Leberecht Immermann.

Grabschrift (27) für

IMMERMANN. Immermann, 1796 in Magdeburg geboren, sein Vater war Kriegs- und Domänenrat; studierte Jura, kämpfte, als Napoleon doch noch wiederkam von Elba, bei Waterloo, während der sogenannten Befreiungskriege war er wegen Nervenfiebers von den Schlachten entbunden; als Burschenschafter einen Studenten mißhandelten, der nicht bei ihnen mitmachen wollte, wandte er sich gegen sie mit einer Schrift, die sie dann bei ihrem großen Wartburg-Autodafé gleich mitverbrannten. 1817 trat er in preußische Dienste, in Aschersleben und in Münster, in Münster machte er dem berühmten Freikorpsführer Lützow, dem von der wilden verwegenen Jagd, die schöne Gattin abspenstig, die dann mit ihm ging, als er 1824 als Kriminalrichter nach Magdeburg gerufen (hier übersetzte er Scotts *Ivanhoe*; alle Welt übersetzte damals Scott), und die auch mit ihm ging, als er 1827 Landgerichtsrat in Düsseldorf wurde. Er schrieb nun einige Tragödien, einige Lustspiele, eine »Mythe«, so nannte er das, über Merlin[16], und gegen Platen ein Stück,

---

[16] den wir als den großen Zauberer aus dem Sagenkreis von Gral und Artus kennen; auch unser alter Freund Klingsor kommt bei Immermann vor, nämlich als satirisches Bild Goethes; Merlin ist bei Immermann ein Sohn, den Satan mit der Jungfrau Candida gezeugt hat, er wächst in England auf und verliebt sich dann in Niniane (die wir auch schon kennen als Nimue oder Viviane), eine Zauberin, hier die Schwester der Artusgattin Ginevra – ein Punkt dies, an welchem Immermann große Unordnung in die Überlieferung bringt; Gawain, Erek, Lanzelot und viele andre treten auf, als Merlin die Artusrunde auf die Suche nach dem Gral schickt, Titurel, als Merlin wegen seiner Liebesgeschichte die Gralsucher auf dem Wege verschmachten läßt, behauptet dann, Merlin sei der Antichrist, Lohengrin und Parzifal

dessen Titel viel zu lang ist für dieses knappe Buch hier[17].
1832 gründete er in Düsseldorf einen Theaterverein, zwischen 1835 und 38 leitete er das städtische Theater dort, er versuchte Reformen, es heißt aber, daß die nötige materielle Unterstützung ausgeblieben sei; man sieht Immermanns Bemühungen, wenn man weiß, daß, auf seine Einladung hin, von Ende 34 bis Mitte 36 der fünf Jahre jüngere Grabbe Dramaturg an seinem Theater war[18]. Er resignierte dann (Grabbe hatte gehn müssen, weil er auch in Düsseldorf überall aneckte) und widmete sich ganz seinem *Münchhausen.* Ein gewisses Problem scheint für ihn die schöne Elise von Ahlefeld geworden zu sein, jene Gattin Lützows, offenbar lehnte sie eine Heirat mit ihm strikt ab und trennte sich von ihm, als er 1839 sich mit einer andern verlobte, sie hieß Marianne, die er dann auch heiratete. Im Überschwang des neuen Glücks, wie die uneinfühlsamen Biographen das nennen, machte er sich dann an ein Epos *Tristan und Isolde,* die alten Zeiten ließen ihn offenbar nicht los.

Balzac bringt einen wunderbar rührseligen Roman heraus, *Pierette,* die Titelheldin ist ein Mädchen, das von ihren Pflegeeltern, tief in der Provinz, zu Tode gebracht wird; am Ende weiß nur ihr süßer Geliebter noch, ein Tischlergeselle, wie eigentlich ihr trauriges Los war, und wie groß und schön ihre von allen sonst bezweifelte Unschuld; im letzten Satz des kleinen traurigen Romans schreibt Balzac: »Wir wollen, unter uns, zugeben, daß für gesellschaftliche Schurkenstreiche die Gesetze eine feine Sache wären,

---

beklagen ihn, Merlin wird wahnsinnig usw. usw., es ist alles ganz schrecklich, und sehr sehr lang, und in Versen, die Uraufführung war 1918 in Berlin, seither ist es wahrscheinlich nie wieder gespielt worden.

[17] *Der im Irrgarten der Metrik umhertaumelnde Cavalier.*

[18] so fertigte der junge Goya einige Zeit lang in Madrid Skizzen und kleinere Kirchenbilder für den damaligen Hofmaler Mengs an, den römischen Freund Winckelmanns.

wenn Gott nicht existierte« – aber zwei Seiten vorher schreibt er: »Keiner der Menschen, die an Pierettes Tod teilhatten, empfindet auch nur die leisesten Gewissensbisse« – bleiben also jener arme Geliebte und Balzac und wir, Erben Gottes sozusagen. Und dann von Balzac noch die schon öfter erwähnte so bezaubernde kleine Geschichte um die *Geheimnisse der Prinzessin von Cadignan.* Das Geheimnis besteht darin, daß diese schöne und mondäne und für ihre Affären beinahe berüchtigte junge Frau ihrer Freundin gesteht, noch nie geliebt zu haben[19], die Männer seien es alle nicht wert gewesen; man führt ihr den Dichter d'Arthez zu, sie will ihn verführen; sie sagt ihm, alles, was man über sie rede, sei erlogen, sie sei unschuldig; er glaubt ihr[20], und beide beginnen einander zu lieben; die Fürstin, heißt es am Schluß, »hat von ihrer Mutter ein kleines Vermögen geerbt; sie verbringt jeden Sommer mit dem großen Schriftsteller in einer Villa in Genf und kehrt nur im Winter auf einige Monate nach Paris zurück. D'Arthez läßt sich nur noch in der Kammer sehn«, – er ist also Abgeordneter – »und schließlich sind seine Veröffentlichungen außerordentlich selten geworden. Ist das eine Lösung? Für alle Leute von Geist: ja, für jene, die alles wissen wollen: nein.« – Genf wieder, nun bevölkern es auch noch die Figuren jener, die bisher solche Figuren immer nur geschaffen hatten: kann man da eigentlich noch unterscheiden? Jene, die alles wissen wollen, werden es können, wir nicht. – Balzac hat dieses wunderbare Stück, wie schon erwähnt, seinem Freunde Gautier gewidmet; seiner Hanska schreibt er im Mai 42:

---

[19] sie sagt: »Wir können lieben, ohne glücklich zu sein; wir können glücklich sein, ohne zu lieben; aber lieben und glücklich sein – diese beiden großen menschlichen Genüsse zu verbinden, dazu bedarf es eines Wunders. Dies Wunder ist mir nicht widerfahren.«

[20] es ist unmöglich, schreibt Balzac hier, »es ist unmöglich, die Wirkung dieses Kunstgriffs, der so geschickt gespielt wurde, daß er zur reinen Wahrheit wurde, auf eine unerfahrene, freimütige Seele wie die Daniels zu schildern ...«

»Liebende in der Schweiz, das ist für mich ein Bild des 1840 Glücks.«

Von Dickens kommt *Barnaby Rudge*, in welchem London großartig brennt, schön und außerordentlich sexy ist ein Mädchen aus den niederen Ständen. – Cooper bringt den Legende gewordnen *Pfadfinder*, dazu kann ich nichts sagen. – Tieck meldet sich noch einmal zu Wort, mit einem der kräftigsten und besten historischen Romane, *Vittoria Accorombona*, einer belegten Geschichte aus jener Zeit, in der auch unsres Rehfues' *Scipio Cicala* spielt: bei diesem, vielleicht erinnern Sie sich, kommt Tasso als ein vierjähriger goldlockiger Knabe vor, jetzt bei Tieck tritt er als ein strahlender junger Mann auf, ein Bewunderer der schönen Titelheldin, einer großen Kollegin auch, denn sie ist schon berühmt als Dichterin. Tieck ist auch voller Bewunderung: »Diese Vittoria glänzte wie ein Wunder, oder wie eines jener Bilder aus der alten Zeit, die der entzückte Beschauer, einmal gesehn, niemals wieder vergessen kann.«[21] Und sein Buch hat einen großartigen

---

[21] eine Winzigkeit zunächst: grammatisch ist dieses *einmal gesehn* nicht korrekt, es hat einen falschen Bezug – viele wirklich gute Autoren haben sich um solche Unkorrektheiten wenig Sorge gemacht. – In einer zeitgenössischen italienischen Chronik, von der eine französische Bearbeitung 1837 in der uns wohlvertrauten *Revue des deux Mondes* erschien, heißt es: »Vittoria Accorombona entstammte einer hochadligen Familie der kleinen Stadt Agubio im Herzogtum Urbino. Seit ihrer Kindheit fiel sie allen durch ihre seltene und ungewöhnliche Schönheit auf.« Der übersetzende Bearbeiter dieser alten Chronik war Stendhal, der, unter den verschiedenen Plänen, aus denen bei ihm nichts wurde, auch den hegte, einen Roman über diese schöne Dichterin zu schreiben. Und es gehört sicher zu den schönsten Träumen eines Lesers, sich eine Idealkonkurrenz auszumalen zwischen Tiecks Roman, den wir kennen, und jenem leider ungeschrieben gebliebenen Roman Stendhals. Und bei aller reinen Bewunderung, die ich für Tieck hier habe, macht mir doch die Vorstellung, der Verfasser der *Kartause* hätte sich dieses Stoffs angenommen, großes Herzklopfen. Einmal, ziemlich am Anfang des Buchs, wird die wilde Vittoria, die aus Übermut in einen gefährlichen Wasserstrudel gestürzt ist, von einem einfachen Burschen gerettet; er küßt sie, als sie fragt, wie sie ihn belohnen könne, dann sieht er sie sich an: »Der Hut war mit dem Balle in den Wogen verloren gegangen, die schwarzen Locken des Haares

1840 Schwung, den er nun aber nicht lyrisch verschwendet, sondern in eine sozusagen kompakte Zügigkeit der Ereignisse gießt, deren Härte nur immer wieder aufgewogen wird durch Momente eines wenngleich immer dunkler werdenden Glücks. Weiter konnte es, nach den Anfängen bei Heinse, der italienische Roman bei uns sicher nicht bringen, der historische Roman hat hier seinen schönsten Gipfel, dann nimmt eigentlich auf dieser Höhe nur noch Jacob Burckhardt in seiner Kulturgeschichtsschreibung dieses Thema wieder auf, ehe auch er sich dann, in der sublimeren und sommerlich gelösten Sinnlichkeit seiner späteren Jahre, von der Renaissance weg den lebendigeren Wundern der Rubensschen Malerei zuwendet. – Zwischendurch ein schon genanntes schlechtes Buch, nämlich Tommaseos *Treue und Schönheit*. – Und dann eines dieser Bücher, die uns für immer die Augen öffnen für die unwidersprechliche Gleichzeitigkeit der großen Romane, nämlich Lermontows *Held unsrer Zeit*. Das Buch, eigentlich sind es nur einige Novellen, spielt im Kaukasus, nicht ganz dort, wo wir dann Tolstois *Kosaken* antreffen werden, sondern meistens in den zivilisierten Einschüssen in diese Welt, etwa in dem schon genannten Pjatigorsk, aber die Wildheit jener ferneren Umgebung tränkt doch die Luft, die alle hier atmen. Der Held liebt eine schöne Halbwilde, er wird geliebt, er verführt – wir wissen nicht, was ihn treibt, aber nichts jedenfalls hält ihn irgendwo fest, und Lust und große Taten und moralischer Mut halten ihn nicht so sehr im Leben, daß er den Tod nicht ebenso nehmen könnte. Es ist eine wunderbare

---

waren aufgelöst, noch floß und triefte das Wasser vom Haupt, der schöne Busen mit seinen jugendlich festen Marmorhügeln war ganz frei und glänzte blendend im lichten Dämmer, das Baum und Felsen lieblich verbreiteten, an Leib und Hüfte schmiegte sich, die herrliche Form bezeichnend, das nasse Gewand...« – daß der Busen frei und blendend glänzt im lichten Dämmer, das ist schön, aber wenn er nun besteht aus solchen jugendlich festen Marmorhügeln, dann, finde ich, sehnen wir uns nach einem Stendhal.

Leichtigkeit um ihn, eine man weiß nicht woher ver- 1840
schattete Flüchtigkeit, durch die dann aber immer wieder,
unerwartet, geschmeidig und glänzend, eine Energie
brechen kann, von der andre, die nichts verschattet und
die das Leben und den Tod nehmen, wie es sich gehört,
nicht einmal träumen können.[22] – Und dann noch ein
ganz neuer Autor, Adalbert Stifter: der schreibt, in erster
Fassung (für diese frühen Arbeiten nehme ich immer die
ersten Fassungen), einen irgendwie ganz nichtsnutzigen,
tiefsinnsfreien, lockeren kleinen an Jean Paul angelehnten
Künstlerroman, *Feldblumen*. Wirklich, wir wüßten gar
nicht, was wir an Stifter haben, wenn wir nicht diese
Sachen lesen, als wären sie wirklich von ihm – es muß
uns ja fürs erste gar nicht kümmern, was er dann aus sich
hat werden lassen, weil er womöglich dachte, er müsse es
sein; so aber geht es uns nun wie dem jungen Mann in den
Feldblumen, als er so schaut: »... und dann eine junge,
schlanke Gestalt, die aber einen ganzen Wolkenbruch von
Schleiern über dem Gesichte hatte. Wie kommt er nun
zu dieser?«

---

[22] ein offenbar unabwendbares Elend will es, daß die ganze russische Literatur bei uns, und vermutlich nicht nur bei uns, so gesehen
wird, wie das irgendwann in Rußland Mode war (übrigens auch von
den späteren Romanciers selber, von Turgenjew etwa): da ist dann bei
Lermontow fortwährend die Rede davon, er wolle hier jenen typisch
russischen Menschen schildern und irgendwie auch denunzieren, der
dann in Nachworten, Lexika und Auslegungen herumgeistert als der
sogenannte überflüssige Mensch. Diese Ghettoisierung und sekten-
mäßige Auslegung verunklärt ganz verhängnisvoll den ruhigen Blick,
den man gern auf diese Literatur werfen würde, und macht es gar nicht
leicht, auch einen solchen Roman wie diesen hier in jenen ganz und gar
offenen Zusammenhängen zu sehn, in die wir alle Werke hier stellen,
gelöst, befreit aus den Befangenheiten ihrer Herkünfte. Keiner muß
wegen solcher Herauslösung, die ja eben nur einen größeren Zusammenhang will, um diese Werke bangen; denn es zeigt sich, daß sie
für uns Leser von heute ihren Glanz erst dann ganz gewinnen (oder
eigentlich wohl wiedergewinnen), wenn wir sie gegen jene so historisch
beflissenen Interpretationen lesen.

1840  Geboren werden, in dieser Reihenfolge, im April in Paris, Sohn eines naturalisierten italienischen Ingenieurs, Emile Zola; im Mai in Nîmes, im Süden, Sohn eines dann bald verarmenden Fabrikanten, Alphonse Daudet; im Juni in Upper Bockhampton in Dorset, Sohn eines Baumeisters, Thomas Hardy; und im August in Aci bei Catania, am Fuße des Ätna, Kind wohlhabender Eltern, Giovanni Verga, ein Freund Robertos und Capuanas, die wir auch noch kennenlernen werden – ein großer Jahrgang, schöne Aussichten eröffnend auf Kapitel um Kapitel voll von nacht- um nachtstundenfüllenden Büchern.

X

1841 *BIS* 1845

1 ✦ 8 ✦ 4 ✦ 1

Es stirbt, in Pjatigorsk, wohin er wegen eines Duells straf-
versetzt worden war, sechsundzwanzigjährig, in einem
Duell, Michail Jurjewitsch Lermontow.

Grabschrift (28) für

L ERMONTOW. Wie bei Puschkin, der auch
im Duell starb, man erinnert sich dieser Stelle aus
seiner Grabschrift, gibt es in Lermontows Roman
die Beschreibung eines Duells, dieses Duell findet sogar
in Pjatigorsk statt, das bot sich an, Lermontow lebte dort
während der Abfassung des Buchs, und daß er selber dort
starb, war nur natürlich (wenn Duelle natürlich sind),
denn dorthin hatte er wieder müssen, weil er schon einmal dort gelebt hatte; und daß er in einem Duell starb,
nachdem er eines beschrieben hatte, war, das Duell selber
angehend, nicht überraschend bei einem, der eines Duells

1841 wegen schon verschickt worden war, und, die Beschreibung angehend, kaum geheimnisvoll, denn auch Puschkin war ja schon in einem Duell umgekommen. Uns scheint es unvernünftig und sinnlos, in einem Duell zu sterben, besonders, wenn der Gegner ein solcher Idiot gewesen sein sollte, wie sie bei Lermontow als duellsüchtige junge Leute vorkommen. Andrerseits ist die schöne Lässigkeit, mit der Lermontows Held lebt, auch die andre Seite einer gewissen, ich will nicht einmal sagen: Verachtung, aber doch wohl beinahe wegsehenden Hinnahme des Todes, etwa, wie man einem Kellner Trinkgeld geben kann, auch wenn er unhöflich war. Nicht, als ob das lässige Leben nicht glaubwürdig wäre ohne diese leichte letzte Indolenz – aber dieses indolente Wesen wirft doch auch auf das Leben den glitzernden Schein, daß einer es spielt, wie es ist. Schon möglich, daß nur der ernstgenommene Tod dem Leben jene unentfremdete Seriosität gibt, gegen die man nichts sagen darf, man kann ihr nur aus dem Wege gehn; aber es ist eben nicht ausgemacht, ob nicht ein bißchen Entfremdung der sehr viel schönere Weg ist; die Geister scheiden sich nicht am Tod, sondern der ist auch nur, wofür man ihn nimmt. Es ist ungeheuer und zum Weinen schade, daß Lermontow nun nichts weiter schreiben konnte, aber eine Kugel im Krieg oder ein Sturz vom Pferd würden doch nun tausendmal weniger versöhnen mit der Kürze dieses wunderbaren Lebens; er wußte ja, was auf ihn zukommen konnte, er wird es deutlicher gewußt haben als Camus in seinem Auto. Und es ist doch verlockend, ihn zu begreifen, und schön zu sehn, wie man leben konnte. Eine Frage wäre nun folgende: können wir den Glanz seines Romans ganz wahrnehmen, wenn wir es für unmöglich halten, das, was wir begreifen, selber noch zu können (also diese Art, das Leben leichter zu nehmen, und auch den Tod)?

❖

Balzac bringt zwei Bücher heraus, den *Dorfpfarrer* und
den erzählenden Hauptteil seines Werks über *Katharina
von Medici*, ein sonderbares historisches Nachtstück von
Politik, Balzac hat sich da von seinem Freund Mérimée
anregen lassen, auch wir hier kennen ja dessen *Bartholomäusnacht* aus dem Jahre 29. Der *Dorfpfarrer* ist einer
der schönsten und zugleich unbefriedigendsten Romane
Balzacs, unbefriedigend ist der etwas überanstrengte
Titelheld mit seinen gesellschaftspolitischen Ideen, unbefriedigend ist die Lebenssühne der eigentlichen Heldin,
eines ursprünglich einsamen Kindes, das dann, eine
schöne Frau mittlerweile, sehr sonderbar sich von einem
häßlichen reichen Mann heiraten läßt, ein Kind hat,
und in ihrer Provinzstadt geheimnisvoll mitgenommen
scheint von einem Mord, den ein schweigender junger
Mann wie grundlos begangen hat – diese ganze Vorgeschichte ihres späteren Zusammenwirkens mit dem
Pfarrer erzählt Balzac, als wäre er selber verzaubert von
dem, was sie weiß und worüber auch er nichts sagen darf[1].

---

[1] wie bei seinen Swedenborgianern, wie bei seinen Goldsuchern
und Amulettgläubigen hat Balzac auch hier, bei der Idee einer bis ans
Ende geführten selbstbestrafenden tätigen christlichen Reue, eine
doppelte Idee: erstens, und da ist er kühn und ausgreifend, den Weg
hin zu solchen Ekstasen zu beschreiben; zweitens aber, die Wahrheit
solcher Ekstasen begreifen zu wollen; das sind doch Menschen, scheint
er sich zu sagen, ihre Lebensziele und ihre Ekstasen muß ich also
verstehn können. Wir müssen nun nicht entscheiden, wann Ideen in
Hysterien zum Beispiel übergehn und womöglich die Grenzen der
begreifenden Beschreibung überschreiten; wir sehn nur, daß Balzac in
einer Reihe von gerade solchen Erzählungen oft an irgendeinem weit-
gegangnen Punkt einen Stil zu schreiben beginnt, dessen Forciertheit
über das Maß des sehr Gewagten hinaus tatsächlich sehr unangenehm
wirkt; in andern Zusammenhängen kann solche Forciertheit gerade
noch ein eingesetztes Mittel sein (etwa in jenem letzten Liebesbrief des
Mannes, der, von Frau und Schwiegermutter um sein Vermögen gebracht, nichts davon ahnend in fast krankhafter Verkennung immer
noch in Liebe schwelgt – *Der Ehekontrakt*, 1835), hier aber, in diesen
Erzählungen, tappt Balzac, der einen sehr schnellen Weg ins Über-
menschliche brauchte, ganz im leeren Dunkel, oder in jener Wirrnis,
wie sie, fürs Begreifenwollen, Zustände haben, deren sehr große

1841 Aber dann, wenn er weiterschreibt, entpuppt sich Balzac als ein Künstler von so grandioser Unvollkommenheit, daß man auch seine Vollkommenheiten nicht mehr verstehen kann; und so kriegt man ganz allmählich und schmerzlich genug oft einen Sinn dafür, was Romane wohl sind.

Dickens schreibt eins seiner gewaltigsten Rührstücke, den *Raritätenladen*, worin das engelhafteste und unschuldigste aller kleinen Mädchen der Welt stirbt, ganz England weinte damals, und fast weinen wir mit; wirklich gewaltig ist aber, vor diesem Tode in der begrünten stillen Abtei (vielleicht war es auch anderswo, aber ich glaube, es war so ein englisch entrückter Ort; wissen Sie, wie traumverloren schön englischer Kirchhofsrasen sein kann?), gewaltig ist da das nächtliche Fahren des alten Mannes mit dem Kind quer durch das britische Industriegebiet – das geht, unter einem Dunkel, das durchglüht ist von den wüsten Feuern der Hochöfen, durch eine Welt, deren schaurige Menschenfremde zittern macht für das, was weiter noch aus ihr werden wird bei schon dem, was hier aus ihr geworden ist; der allzu süße Tod der Kleinen ist der mißratenste aller Kontrapunkte: aber was Dickens da nachts sieht, das brauchte, egal in was für einem Kopf, ein Auge von der lidlosen Unerschrockenheit des seinen. – Gotthelf bringt, unter dem Titel *Wie Uli der Knecht glücklich wird* den Roman heraus, der jetzt immer einfach *Uli der Knecht* heißt, aber das rettet ihn auch nicht; ganz verräterisch heißt es immer bei denen, die uns einreden wollen, Gotthelf sei groß, bei Gotthelf vereinigten sich homerische und biblische Einfachheit; in Wirklichkeit herrscht bei ihm der Terror des Guten, er ist der Jakobiner

---

Fremdheit sich vielleicht allenfalls wie von ferne zeigen ließe; aber Balzac will auch das noch selber sein, was er doch nicht sein kann, und dann quält er uns, und zwar nicht damit, daß er schlecht schreibt, denn das tut er auch sonst oft genug; sonst aber reißt er uns hinweg über das Schlechtgeschriebene: nun aber stößt er uns hinein.

des wahren Lebens.[2] – Die Sand veröffentlicht einen sehr  lesenswerten kleinen Künstlerroman, *Pauline*; in diesem Text, der auf einem sehr viel früheren Entwurf, aus ihren Anfängen, basiert, kommt eine Schauspielerin, die in Paris zu ihrem wahren Leben gefunden hat, in die Provinzstadt zurück, aus der sie stammt, und erkennt in ihrer Freundin dort, was sie gewonnen, heimlich vielleicht auch, was sie verloren hat, aber doch zu ihrem Guten. – Sealsfield bringt das einzige Werk heraus, das immer noch, wenn auch kaum gelesen, doch mitunter genannt wird, *Das Kajütenbuch*, und das auch das einzige ist, das man kaufen kann – das man also kaufen und lesen muß, wenn man sich nicht um eine der hinreißendsten Geschichten der Welt bringen will, in einer der hinreißendsten Landschaften, durch die je ein Schriftsteller mit offnen Augen geritten und gefahren ist[3]. Am Ende entgleitet dem Autor das

---

[2] »Öppe es Krämli, gäb wie liecht, ih wär zfriede. Und zu ihm luege wollte ich anders als dä Sturm, wo sys Müetti sy will; die wollte ich dann rangieren, die müeßt wisse, daß ih de Sühniswyb wär und nit ume dJumpfere. Öppis jünger ist er, zechni oder zwänzig, was weiß ich; aber das macht nüt, es ist ihm auch z'gönne, daß er es gsetzts Mönsch überchunt und eys, das ne i alle Stücke brichte cha. Nei, uf mi arme türi…Wo chunst her, fragte Hansli das Mädchen. Es komme von Raxigen, gab das Mädchen Bericht, sonst sei es zu Hudelbank daheim. Aber es sei ein armes Waisli; Ätti und Müetti seien ihm gestorben, und da hätte sein Götti zu Raxigen es zu sich genommen dr Gottswille … Aber es überwand sich, stieg zuerst übers Rad hinten aufs Wägeli, und als es das Hansli sah, sagte es, es sei ihm graglych, es sei ihm so wunderlich in den Beinen, fast wie wenn sie gstabelig werden wollten…« – zitiert aus dem ersten Teil von *Wie Anne Bäbi Jowäger haushaltet und wie es ihm mit dem Doktern geht*. – Wenn es *Uli* sein soll, der endet so: »Ja, lieber Leser, Vreneli und Uli sind im Himmel, das heißt sie leben in ungetrübter Liebe, mit vier Knaben, zwei Mädchen von Gott gesegnet; sie leben in wachsendem Wohlstande, denn der Segen Gottes ist ihr Gfell, ihr Name hat guten Klang im Lande, weit umher stehn sie hoch angeschrieben, denn ihr Trachten geht hoch, geht darauf, daß ihr Name im Himmel angeschrieben stehe! Merke dir das, lieber Leser!« – Nein.

[3] es ist hier von keiner großen Erheblichkeit, daß man diesem Buch immer wieder nachgerühmt hört, es sei eines der ersten Beispiele des Erzählens aus verschiedenen Perspektiven und so weiter – man hat

1841 Ganze in ein Liebesidyll, da ist er dann ungeschickt wie vorhin schon, in den *Deutsch-amerikanischen Wahl-verwandtschaften*; charmant ist aber, wie er mitten in diesem Idyll zweimal Chateaubriand nennt: Miß Murky redet von einem »lieblichen Plätzchen«, einem »wonnigen«, General Morse sagt, leise, »es ist ein Paradies«, und Miß Murky repliziert, »ja, im Lande der Blüten und Blumen, wie Chateaubriand so schön sagt«, und das sagt sie so hübsch wie weiland Lotte »Klopstock« sagte und jene Schöne bei Foscolo »Sappho«; ein Stückchen weiter sieht er ein Blatt, das sie gezeichnet hat, ihm scheint eine gewisse Melancholie darauf zu ruhn, sie sagt, sie liebe das Melancholische, er sagt, sie sei aber doch immer so heiter, ja, sagt sie, und doch, sagt er, »lieben Sie das Melancholische?« und sie sagt: »Ja, wenn es von einem Chateaubriand dargestellt wird. Sie wissen, Fort Rosalie ist der Schauplatz seiner *Natchez*« – wohl (so sagt Sealsfield ja oft für das amerikanische *well*), wohl, nun wissen wir es also auch. – Stendhal arbeitet an einem letzten Buch, das er nicht zu Ende schreiben wird, *Lamiel* (auch *Amiele* und

---

immer das Gefühl, hier müsse das Lesen gerechtfertigt werden aus der objektiven Wichtigkeit des Buchs in der Entwicklung der Literatur. Nun läßt sich natürlich sagen, daß sehr oft, wenn eine früher erfundene Technik einfach verwendet wird (wenn sie also überhaupt erst das geworden ist, was man eine anwendbare Technik nennen kann, denn alles, was später so aussehn mag, ist im Augenblick seiner Erfindung, wenn er ein glücklicher Augenblick war, nichts als die bestimmte Form eines bestimmten Stoffs), daß dann eine gewisse Beliebigkeit sich ausgebreitet hat, die sehr leicht ins Triviale abgleitet; andrerseits ist das, was in einem jener glücklichen Augenblicke erfunden wird, häufig schon einmal vorgekommen, bei Autoren, die gar nicht wußten, was sie da getan hatten (es auch nicht wissen konnten), und bei ihnen, so bedeutend im Sinne der Wissenschaft ihr Werk dann sein mag, bedeutet es eben im Grunde ästhetisch nichts; und drittens benutzen mitunter Autoren Schreib- und Erzählweisen, die später, in völlig andern Sphären, eine ausgesprochen symptomatische Bedeutung erlangen können, am Anfang aber, und so einen Fall haben wir hier bei Sealsfield, diese Bedeutung noch überhaupt nicht haben: und man erklärt dann, wenn man diesen Punkt heranzieht, den Rang eines solchen Buchs aus ganz falschen Gründen.

anders), das hätte wohl der Roman einer Frau werden
können, die, anders als die Stendhalschen Helden sonst,
von Anfang an nichts von den Zwängen der Gesellschaft
weiß, also ganz naiv eine Freiheit behauptet, die die
Helden sonst sich erkämpfen wollen (untergegangen wäre
aber wohl auch sie) – doppelt also nichts, was wir da jetzt
haben[4]. – Und von Stifter haben wir *Die Mappe meines
Urgroßvaters*, eine sonderbar dunkle Geschichte, hier, in
dieser ersten von vier Fassungen, das geht durch Stifters
ganzes Schreibleben hindurch, in dem noch völlig un-
zeremoniösen Stil dieser schwer faßbaren frühen Jahre –
aber es ist ja nicht so, als ob die späteren Jahre leichter
faßbar wären, nur würde man die frühen vielleicht lieber
fassen können.

Keine wesentlichen Geburten dieses Jahr, das letzte Jahr
hatte uns aber auch ziemlich verwöhnt.

---

[4] ich will aber, da wirs eben noch mit Gotthelf zu tun hatten, mit
Lust den Anfang von *Lamiel* zitieren: »Meiner Meinung nach lassen
wir den Landschaften der schönen Normandie, wo sich ein jeder von
uns noch heute abend zur Ruhe legen könnte, nicht genügend Gerechtigkeit widerfahren. Man rühmt die Schweiz; aber man muß
sich ihre Berge mit drei Tagen Langeweile, mit Zollscherereien und
Pässen voller Sichtvermerke erkaufen. In der Normandie dagegen
empfängt den Blick, den die regelmäßige Bauweise und die weißen
Häuserwände von Paris ermüdet haben, gleich bei der Ankunft un-
absehbares Grün.« – Drei Notizen dazu: Die Pariser Häuserwände
waren also einmal weiß. Senancours Obermann hätte geweint bei
soviel Ungerechtigkeit der Schweiz gegenüber, andrerseits wäre auch
er bei Gotthelf in keine große Gnade gelangt. Und vor allem dieser
Nebensatz: »wo sich ein jeder von uns noch heute abend zur Ruhe
legen könnte« – das sind so Stellen, an denen wir uns wundern, wie ein
Autor, den wir deswegen dann noch mehr lieben, so genau hat wissen
können, wie wir selber einmal denken würden.

1 ✦ 8 ✦ 4 ✦ 2

Es stirbt, knapp sechsundsechzigjährig, in Aschaffenburg
der berühmte Clemens Brentano; und in Paris stirbt,
gerade fünfundfünfzigjährig, der große Henri Beyle, also
Stendhal.

Grabschrift (29) für

B R E N T A N O . Clemens Brentano war der
Sohn jener schwarzäugigen Maximiliane (Tochter
der Sophie von La Roche), die den italienischen
Kaufmann Pietro Antonio Brentano geheiratet und von
ihm zwei berühmte Kinder geboren hatte, eben Clemens
und jene Bettina, die dann so schwärmerisch scharf auf
Goethe war und den großen Achim von Arnim heiratete
(der ganze romantische Klüngel stirbt uns jetzt langsam
weg[5]). Clemens hatte, wegen des Vaters, ins Geschäft

---

[5] nur Bettina lebt ewig, der junge Jacob Burckhardt hat sie in Berlin
noch besucht – gerade sehe ich das in meinen Notizen nach: exakt in
diesem Jahre 42 war das –; gut zehn Jahre später trifft sie sich mit
Herman Grimm (er hat eines der klügsten Bücher über Goethe geschrieben), einem Sohn der Gebrüder Grimm, selber hatte er die
jüngste Tochter Bettinas geheiratet, sie treffen sich in Weimar, Oktober,
Grimm erzählt: »Am andern Morgen um sieben klopfte Bettina an
meine Tür. Wir gingen durch den Park, die Ilm entlang. Die bewegten,
gelben Blätter der Pappeln waren in den Spitzen nur von der Sonne
beschienen, unten lagen sie noch in feuchtem Schatten. Wir kamen auf
den schmalen Wegen bis zu Goethes Gartenhaus. Alles einsam. Die
kleinen dunklen Läden des Hauses geschlossen, auch die Gartentüre
fest zu. Neben ihr aber war die Hecke durchbrochen und wir dräng-
ten uns so in den Garten hinein. Auf den Wegen lag dichtes Laub,
gelbes, rotes, braunes, oder gesprenkelt die Farben durcheinander.
Unendliche Zeit schien niemand hier gewesen zu sein, denn die Zweige
der Bäume waren tief über die Wege hinübergewachsen. Hinter dem
Hause stand eine halbzerbrochene Bank. Hier setzten wir uns. Der
Boden war mit aufrecht gestellten kleinen Flußkieseln gepflastert,
zwischen denen Moos aufquoll. Bettina erzählte mir, wie Goethe ihr
hier einmal erzählt habe, daß er manchmal die Nacht im Freien zugebracht, und wenn er aufgewacht sei hätten die Sterne so schön
durch die Zweige geschienen. Wir streiften dann durch das welke Gras

---

einsteigen sollen, war da aber gescheitert, hatte dann, *1842*
in Halle, Berg- und Kameralwissenschaften studiert, war
aber sehr bald in Jena in die gemischt klassisch-roman-
tischen Kreise geraten und hatte in Göttingen, 1801 (in
diesem Jahr erschien sein Roman *Godwi*, den wir kennen), Freundschaft mit Achim von Arnim geschlossen,
seinem künftigen Schwager also, zusammen bereisten
sie den Rhein[6]. 1803 heiratete Clemens die geschiedene
etwas ältere Sophie Mereau, eine Romanschriftstellerin,
die leider 1806 an den Folgen einer Entbindung starb.
Zwischen 1806 und 1808 gab er mit Arnim zusammen
Des Knaben Wunderhorn heraus, diese berühmte Volks-
liedersammlung. Brentano heiratete noch einmal, etwas
unglücklich, wie es scheint, später umwarb er, ganz
umsonst (sieht man davon ab, daß sie ihn zu Gott führte
und katholisch machte), die zwanzig Jahre jüngere Luise
Hensel, eine religiös gesonnene Dichterin[7]. Er lebte in

---

um das Haus herum, auf das die Sonne nun zu scheinen begann. Es
wuchsen Wein und Rosen an Spalieren die weißen Kalkwände empor,
hier und da hielt das Holzwerk nicht mehr und hing samt dem Ranken-
wuchs daran frei herab als wollte es von der Wand abbrechen. Wir ent-
deckten neben abgeblühten Rosen da noch einige reife Trauben mit
verfaulten Beeren zwischen den guten, die niemand abpflücken zu
wollen schien. Bettina nahm einige davon in ihr Taschentuch. Ich sehe
die Zweige noch im Morgenlichte zittern, nach denen Bettina hinauf-
griff um sie herabzuziehen und die Trauben zu erreichen...« – und wir
hier, nach diesem letzten Gedenken, verlassen nun wohl die ganze
Epoche.

[6] von dem ich, wenn ich die beiden so reisen sehe, immer glaube,
daß er mittlerweile völlig verschwunden ist unter den Massen der lieder-
singenden Ausflügler, er ist wirklich absolut unerkennbar geworden
und lebt nur noch in Texten und auf alten Stichen. Sonderbar ist, daß,
wenn man ähnliche Stiche vom Comer See sieht, und dann ist man
dort, man den See noch so sehn kann, wie sie ihn damals gewissermaßen
von selber und mit Leichtigkeit gesehn haben; er ist mental offenbar
sehr viel weniger geschunden worden als der Rhein.

[7] »Müde bin ich, geh zur Ruh, / schließe beide Äuglein zu: / Vater,
laß die Augen dein / über meinem Bette sein.« Luise war die Schwester
des späteren Hofmalers Wilhelm Hensel (von welchem *Meyer* sagt,
er habe 1000 Bleistiftzeichnungen bedeutender Zeitgenossen hinterlassen, tatsächlich liegen die in der Alten Nationalgalerie in Berlin), der

1842 Berlin, in Wien, auf seinem Gut in Böhmen, in Prag, in München, einige Zeit auch in Dülmen in Westfalen bei der stigmatisierten Jungfrau Anna Katharina Emmerick, deren Visionen er jahrelang aufzeichnete. Später liebte er noch die Malerin Emilie Linder. – Brentano war für die Lyrik ganz das, was Arnim für die Prosa war, ich zitiere, damit die Hensel nicht den bleibenden Eindruck macht, den Anfang eines seiner großen Gedichte (nach der zweiten Fassung, jener, die wohl an Luise Hensel gelangt ist): »Ich bin durch die Wüste gezogen, / des Sandes glühende Wogen / verbrannten mir den Fuß, / es haben die Wolken gelogen, / es kam kein Regenguß.«

Grabschrift (30) für

S T E N D H A L . Valéry über Stendhal (1927): »Als der am wenigsten törichte unter den berühmten Autoren, immerhin vom Verlangen geplagt, in alle Ewigkeit gelesen zu werden und zu wirken, schwankte Stendhal, so geistvoll er auch war, soviel Vergnügen er auch daran fand, sich zu ertappen, sich selbst zurechtzuweisen, von seinen Narrheiten zu erwachen, sich zu verspotten, so wie man sich kneift, um seiner Herr zu werden und zur Besinnung zu kommen, – schwankte er dennoch zwischen seinem großen Wunsch zu gefallen, berühmt zu werden, und der Manie oder der Wollust, er selbst zu sein, für sich, allein sich selbst gemäß, die jenem entgegenwirkt. Er fühlte insgeheim im Leib den Stachel literarischer Eitelkeit; doch er empfand auch, und noch tiefer, das feine, seltsame Bohren jenes reinsten Hochmuts, der von sich allein abhängen will ... Was auf einer Seite von Stendhal am meisten überrascht, was ihn auf der Stelle verrät, den Geist fesselt oder reizt – das ist der

---

seinerseits nun wieder Fanny geheiratet hatte, die Schwester Mendelssohn-Bartholdys – der fast noch kindliche Felix hatte dem alten Goethe vorgespielt ... aber hier geht dann der romantische in jene Klüngel über, die ganz dem neuen Jahrhundert angehören.

Ton. Er nennt den individuellsten Ton, den es in der
Literatur gibt, sein eigen und gefällt sich darin ... Und
woraus besteht dieser Ton? ... Lebhaft sein um jeden
Preis, schreiben, wie man spricht, wenn man ein Mann
von Geist ist, selbst mit dunklen Anspielungen, jäh ab-
brechend, sprunghaft mit Zwischenbemerkungen; fast
so schreiben, wie man spricht; den freien heiteren Gang
einer Unterhaltung wahren; es manchmal bis zum bloßen
Monolog treiben ... Seine stilistische Erfindung war
zweifellos die, daß er es wagte, seinem Charakter gemäß
zu schreiben, den er kannte und sogar – ganz erstaunlich nachahmte.« – Gide über Stendhal, Tagebuch 1905:
»Mittwoch. Jardin du Luxembourg, neun Uhr morgens.
Herrliches Wetter. Ich hätte besser Ronsard zum Lesen
mitgenommen. Stendhal erscheint mir weniger gut als bei
Regen ... Cuverville, Dienstag. Es regnet in Strömen. Im
Gewächshaus mit Goethes Gedichten eingeschlossen, von
goldgelben Pantoffelblumen umgeben, ohne Fieber, ohne
Sorgen, ohne Wünsche, genieße ich eine vollkommene
Glückseligkeit.« – Proust über Stendhal, 1920, *Über den
›Stil‹ Flauberts*: »Flaubert hat Stendhal auf eine grausame
Art verkannt, der selbst wiederum die schönsten roma-
nischen Kirchen abscheulich fand und sich über Balzac
lustig machte.«

◆

Eine Menge Sachen von Balzac. In *Ursule Mirouët* gibt
Balzac wieder ganz herrlich seiner Leidenschaft fürs
Übersinnliche nach: der Heldin wird ihr Erbe entwendet,
und Träume führen ihre Freunde auf die richtige Spur
und entnerven den Dieb; ein beklemmendes Buch aber
nicht deshalb, sondern weil hier eine ganze Sippschaft gezeigt wird, nämlich die des Diebes, in welcher keiner nicht
böse und verdorben, nicht über Leichen gehend habgierig
wäre und wegen des geringsten Gewinns jeden Rufmord
begehen würde; hier sind sie alle noch viel schlimmer als

1842 in *Pierette*, man wundert sich über den Bestand des Guten
 in einer solchen Welt. *Die falsche Geliebte* ist ein kleiner
Freundschaftsroman: um den polnischen Freund (Balzac
hat ein schön heroisches Polenbild) zu schonen, täuscht
sein Vermögensverwalter und Freund, als die Frau ihn
zu verführen versucht (und er liebt heimlich diese Frau
schon), eine Geliebte vor; sie verachtet ihn daraufhin
(seine Geliebte, sagt er, sei eine kleine Schauspielerin),
aber Vermögensstand und Freundschaft bleiben erhalten.
Eine dunkle Begebenheit ist beinahe so etwas wie ein Kriminalroman (Edgar Allan Poe schreibt in genau diesen
Jahren seine ersten kleinen Kriminalgeschichten), es wird
jemand Bedeutendes entführt, die politische Polizei findet
Schuldige, die Napoleon, der hier höchstselbst auftritt
(vor ihm kniet eine wunderschöne junge Frau[8]), auch nur
noch zum Kriegsdienst begnadigen kann (sie kommen
denn auch fast alle um); sehr viel später stellt sich heraus,
was Napoleon damals sehr wohl wußte, nämlich daß die
geheime Polizei in einem wohlverstandenen Staatsinter-
esse Schuldige außerhalb des Kreises der wirklich Schuldigen an einem ganz andern und sehr viel gewichtigeren
Komplott finden mußte – dem untersuchenden Beamten
kommt da eine alte Beleidigung zupaß, die er so *en passant* rächen kann: eine doppelt dunkle, düstere Affäre.

---

[8] Laurence; es wird oft behauptet, und auch in ordentlichen Lexika
steht das so, Balzac habe diese Figur Scott entlehnt (aus dem *Rob Roy*),
tatsächlich trieb die Verehrung Scotts in diesen Jahrzehnten noch
mächtig große Blüten, sogar Stendhal, als er in seinem Rossinibuch
irgendwelche instrumentalen Effekte vor dem Beginn von Arien erklären will, tut das, indem er diesen Effekt, etwa bei Mozart, jenem
gleichsetzt, den es macht, wenn am Beginn von *Ivanhoe* die schräg
einfallenden letzten Abendsonnenstrahlen in einem Wald geschildert
werden, ehe man die Leute in diesem Wald reden hört. Ich habe aber
Rob Roy gelesen, und finde es nicht leicht, mich von Laurence an
Scotts Diana Vernon erinnern zu lassen; ich nehme an, das liegt daran,
daß Balzacs Figuren, so hoch über uns in unsrer Normalität er sie oft
ansetzt, doch immer eher begreifbar als nur noch bewundernswert
sind, und wenn sie Frauen sind, dann bleiben sie bei Balzac begehrens-
werter, als Scott sie lassen kann.

Und dann zwei Werke, deren eines, *Albert Savarus*, auch 1842
jene etwas puristischen Leser begeistert, die im Roman
immer auch formale Geschlossenheit erwarten und nicht
bloß jenes große Leben, das durch ihn hindurchfließt
wie ein strömender Fluß durch einen See: Liebhaber
dieser Art des Romaneschreibens wieder werden ganz auf
ihre Kosten kommen in der *Rabouilleuse* (Krebsfischerin;
heute meistens die *Fischerin im Trüben*, früher firmierte
der Roman, nach einem alten Teiltitel Balzacs, meistens
als *Junggesellenwirtschaft*), ein Buch, in dem viele Fäden
zusammenlaufen, sich hier verknoten, und danach wieder für sich weiter zu verfolgen wären; im *Albert Savarus*, wenn man sich dann später an ihn erinnert, war
ein einziger unvergeßlicher Ton in uns in ein sirrendes
Schwingen gekommen, die *Rabouilleuse* erzeugt immer
noch eine ganze Fülle von Klängen, die gar nicht immer
zueinander zu gehören scheinen. *Albert Savarus* erzählt,
wie eine kleine intrigante Verliebte (hier ist die Liebe
Habsucht, und die Verliebte ist von Haus aus korrupt)
eine große Liebe zerstört – die großen Liebenden glauben nicht an die Bosheit des Neides, und so finden sie
sich nicht wieder; es ist ihre Schuld auch, ein Wort
zwischen ihnen könnte alles klären; aber sie sind beide
zu groß, um die Gelegenheit für ein solches Wort auch
nur wollen zu können (ein Jammer; aber eine wahrhaft
große Geschichte). In der *Rabouilleuse* spielt eine Erbschaft eine Rolle, ein junges hübsches Ding fällt dem
dummen Sohn zu, ein Neffe nimmt sie sich, sein Bruder
wieder, ein großer Maler in seinen ärmlichen Anfängen,
kriegt nur ein paar Bilder und soll nun auch noch einen
Mord begangen haben; sein Bruder, der mit dem
hübschen Ding, bringt den Schrecken des Orts um, die
Mutter der beiden in Paris stirbt, und so weiter, und so
weiter – ein wundervolles Buch, und wer diese beiden
Bücher mag, der lernt allmählich Balzac begreifen und
lieben. Und dann die *Memoiren zweier Jungvermählter*,

1842 eins der großen Zauberwerke Balzacs, ein Briefroman: zwei Internatsfreundinnen schreiben sich, über ein Dutzend Jahre hin[9]; die eine heiratet einen älteren Landedelmann (im Süden Frankreichs, hier gibt es wieder große Landschaften), die andre lebt erst mit einem

---

[9] in einem der ersten Briefe der Schöneren der beiden steht diese vor einem Spiegel, zu Hause, schön angekleidet für Festlichkeiten, halb schon konkurrierend mit ihrer jetzt noch sehr viel schöneren Mutter: »Ich habe zwar Fehler, aber wäre ich ein Mann, so würde ich sie lieben... Wenn man vierzehn Tage lang die erlesenen Rundungen der Arme seiner Mutter hat bewundern müssen, dann kommt man sich armselig vor, wenn man die eignen mageren Ärmchen betrachtet; aber man tröstet sich, wenn man merkt, daß man ein feines Handgelenk hat, eine gewisse Weichheit der Linien in den Vertiefungen, die eines Tages seidiges Fleisch füllig machen, abrunden und plastisch formen wird ... Und alle meine Gelenke sind delikat, und ich besitze die ebenmäßigen Züge eines griechischen Vasenbilds. Die Tönungen der Haut sind ohne Schmelz, das stimmt schon, Mademoiselle; aber sie sind lebendig: ich bin eine sehr hübsche, unreife Frucht, und ich habe alle Anmut der Unreife ... Meine Stirn strahlt, mein Haar hat einen entzückenden Ansatz, es bildet kleine, mattgoldene Wellen, die zur Genüge besagen, daß ich nicht zu den faden, immer zu Ohnmachten neigenden Blondinen gehöre, sondern zu den südlichen, vollblütigen; daß ich eine bin, die zuschlägt, anstatt jemanden an sich heranzulassen ... Mein liebes Rehlein, wenn das alles nicht hinreicht, daß ein Mädchen auch ohne Mitgift genommen wird, dann kenne ich mich nicht mehr aus ... Ach, ich habe vielleicht einen etwas zu großen Mund...« – ganz in den allerersten Anfängen des europäischen Romans, bei Chrétien de Troyes, in *Erec et Enide*, gibt es, ziemlich am Anfang, die Schilderung eines jungen Mädchens:»Die Jungfrau war sehr liebenswert; die Natur hatte ja auch alle ihre Kunst darauf verwendet, ihren Körper zu bilden. Sie selbst hatte sich mehr als fünfhundertmal darüber gewundert, wie sie ein einziges Mal etwas derart Vollkommenes zustande bringen konnte ... so golden und leuchtend auch das Haar der blonden Isolde war, sie hätte doch gegen diese Jungfrau zurückstehn müssen« – bei Balzac heißt diese Stelle: »Leben und blaues Blut strömen in Fluten unter durchsichtiger Haut. Und die blondeste Tochter der blonden Eva ist im Vergleich zu mir eine Negerin!«; in Hartmanns Version, ich komme gleich darauf, ist bei der Schönheit des Mädchens in ihren schlechten Kleidern, die vergleichende Rede von einer Lilie unter schwarzen Dornen – »Darüber hinaus waren ihre Stirn und ihr ganzes Gesicht klarer und weißer als Lilienblüte; über dieser Weiße leuchtete ihr Antlitz wunderbar... niemals hatte Gott Nase, Mund und Augen besser zu formen gewußt. Was soll ich von ihrem Aussehen sagen? Das war wirklich so geartet,

spanischen Adligen zusammen, dann mit einem jungen
Dichter, beide Male ein paar Jahre lang in dieser leidenschaftlichen Liebe, auf die ihre Freundin von vornherein
Verzicht getan hat – es gehört zu den großen Zügen an
Balzac, daß er natürlich der ruhigen ehelichen Liebe, hier
der der Freundin, jene Dauer gibt, die die Gesellschaft
eigentlich für ihr inneres Wesen hält, daß er aber auch
jener leidenschaftlichen großen gewissermaßen asozialen
Liebe – »dort errichteten die beiden Liebenden zwischen
sich und der Welt Schranken…«, so in der *Verlassenen
Frau*, in der zweiten Liebesgeschichte der Louise ziehn
die Liebenden sich auf ein Landgut zurück, in das keiner
eindringen kann –, daß er eben auch dieser Liebe jene
beinahe ewige Dauer gibt (neun Jahre sind es in der eben
angeführten *Verlassenen Frau*), die in der Regel kein vernünftiger gesellschaftlich denkender Mensch für möglich
(wahrscheinlich weil nicht für wünschenswert) hält, oder
wenn nicht für kaum wünschenswert, so mag er doch
nicht daran glauben, denn er müßte ja weinen um das,
was er versäumt haben könnte (doch nicht er wird es
sein, der da etwas versäumt haben könnte; diese großen
Liebenden bei Balzac rechnen ja nicht mit der Dauer,
sondern sie bauen einfach auf sie, und das täte jener
kaum, kein Grund zum Weinen also für ihn, er wird –
jeder tut das mit dem Großen – die balzacsche Liebe der
Übertriebenheit zeihen, der dichterischen hier, da er an
die wirkliche nicht glaubt). Daß es zwei große Lieben
sind bei Louise, deutet darauf hin, daß die erste aus gewesen ist irgendwann, und auch die zweite endet, wenn
die Freundin immer noch glücklich ist mit Mann und

---

daß sie nur geschaffen war, um betrachtet zu werden, und daß man
sich in ihr wie in einem Spiegel beschauen konnte.« Was die fehlende
Mitgift angeht, bei Balzacs schöner Louise oben, so hat Hartmann von
Aues Übertragung des Romans von Chrétien bei der Schilderung der
Schönheit des jungen Mädchens den charmanten Zusatz: und wäre sie
nun auch noch reich, so gebräche es ihr wirklich an nichts.

Kindern und allem; aber sind nicht zwei große Lieben noch schöner als eine, wenigstens für uns Leser? So denkt Balzac wirklich an alles.

In diesem Jahre erscheinen von Gogol *Die toten Seelen*, ein Fragment gebliebener Roman, in welchem ein etwas geheimnisvoller Fremder erst, fast wie mitunter bei Balzac, sehr schön einen verschlafenen kleinen Ort lebendig macht, dann aber endlos von Gut zu Gut über Land fährt, und jedes Gut ist auf eine wieder andre Art komisch oder Anlaß zu scharfer Satire; das ganze Buch, groß zunächst wohl vorwiegend für die Kollegen und einige Kenner, wird seinerzeit ähnlich hübsch zu lesen gewesen sein wie Dickens' *Pickwickier*, abgesehen von der heftigen Kritik oder eben Satire. – Von George Sand erscheint *Consuelo*, der schon erwähnte sehr lange Roman über jene kleine Sängerin, in den hinteren Partien mit Hochzeiten auf dem Sterbebett und wunderbaren Erbverzichten, deutlich geht hier die Schreibart der Sand, mit ihrem Hang zum stark Gefühlten und dabei Gerngelesenen, in den Schmachtfetzen über. – Nur ganz nebenbei will ich erwähnen, daß von Fanny Lewald der Roman *Jenny* erscheint, worin ein Theologe eine Jüdin nicht will, wiewohl sie extra Christin wird, und ihren Bruder eine Schöne nicht, weil die Familie das nicht will; und als die sitzengelassene Christin viele Jahre später einen freigesonnenen Grafen fast hat, muß dieser sich ihretwegen duellieren und stirbt, und sie auch – und man sieht dann, und kriegt richtiggehend Sehnsucht nach ihr, was man, bei allem, was sich gegen sie sagen ließe, an der wunderbaren George Sand hat. – Von Sue erscheinen die *Geheimnisse von Paris*, der große Fortsetzungsromanerfolg der Zeit, mit einem außerordentlich edlen Helden, der unerkannt die Bösen vernichtet; schön zeigt Sue das spezifische Großstadtganoventum, aber ein bißchen bleibt das alles ein schlechter romantischer Film. – Von Sealsfield erscheint das letzte Stück, *Süden und Norden*, ein

mexikanischer Roman, hier eine Landschaft: »Die ganze
Sierra Madre mit ihren Tausenden von Schneefeldern
und Felsenbergen zitternd und wogend, wie der Ozean,
der seine Wellen gegen Himmel sendet, die Flüsse, die
Bäche nicht mehr niederwärts, sondern himmelwärts
strömend, so täuschend strömend! daß ihr geschworen
haben würdet, sie flössen dem Monde zu…« – wunderbar
emphatisch ist das alles gesehn, manchmal wie in Fieber-
träumen, oder wie bei jenem Carlos Castaneda, als er uns
seinerzeit zu den benebelten Indios entführte; großartig
nutzt Sealsfield übrigens die Chance der fiebrigen Träume
zu beinahe ausufernden erotischen Phantasien, gerade in
diesem Punkt ist er einer der sonderbarsten *outcasts,* die
wir haben; gleichwohl, ich habe das vorhin angedeutet,
wäre es problematisch, ihn für irgendeine Prä-Moderne in
Anspruch zu nehmen: dann wäre es besser, wir würden
die meisten dieser doch unter dem bestimmenden Para-
meter der Zeit stehenden Ordnungskategorien aufgeben
und uns wirklich einer eher flächigen Betrachtungsweise
zuwenden. – Von Stifter erscheint *Die Narrenburg,* ein
bißchen so etwas wie der späte Abglanz der alten Schloß-
und Ahnengeschichten, aber was einmal Schicksal oder
Verhängnis gewesen war, ist jetzt der unverbesserliche
Mensch, der kaputtmacht, was schön sein könnte; und
gesehn ist das alles aus einer Gegenwart, die für den
jungen Autor in einer fast heilen Natur durchaus witzige,
und dann auch, im bürgerlichen Sichbescheiden, nahezu
idyllische Züge haben kann; mächtig aber kann er sagen,
oder sagen lassen in einer alten fiktiven Chronik: »… es
ist eine entsetzliche, eine aberwitzige Lüge, wenn Trümmer und Reste eines Menschenlebens übrig bleiben,
daß man sein gedenke, daß man sich einbilde, es bestehe noch etwas von ihm, und daß man eine erbärm-
liche Liebe an diese Lappen fortfriste. – Was Bilder, was
Monumente, was Geschichte, was Kleid und Wohnung
und jede unmittelbare Spur des Dahingegangnen – wenn

das Einzigste und Allste, sein Herz dahin ist!« – das Einzigste und Allste, das Herz ... übrigens gibt es hier, wie bei Rehfues, eine Narcissa, hat aber nichts zu bedeuten, es ist nur wieder dies Verwobensein im großen Teppichtibet. – Und noch ein Buch, eines von seinen vielen, das ich hier herausgegriffen habe, Bulwer-Lyttons *Zanoni. Roman eines Rosenkreuzers.* Hier gibt es zwei große Magier, Hexenmeister ... – aber ich wechsle rasch die Textform und schreibe

Anmerkungen (11) zu

B ULWER-LYTTON. ... Schwarzgötter gewissermaßen die beiden, der eine von Natur, der andre, ein reiner Mensch, aus Neugier und Abenteuerlust, und natürlich auch aus Glücksbegier und Herrschersinn, beide die letzten ihrer Art – ein Thema, das Tieck einmal, er fühlte Seelen in sich, Ende des Jahrhunderts davor schon wunderbar genug abgehandelt hatte *(Abdallah);* und wenn nun der Titelheld, wie einst die Magier, immer weissagen kann, was geschieht, etwa den Tod durch das Schwert des Großvaters für den nach dem Würfelspiel um die schöne Viola doch gegen allen Eid den Gewinner betrügenden Fürsten, und er selber rührt das Schwert gar nicht an, so ist das im Grunde nicht eine magische Macht, die das bewirkt, sondern das ist nur die voraussehende Kraft des – Autors. Burgen und verfallene Schlösser gibt es, Ritter reiten durch Gegenden, die voll davon sind: »In weiter Ferne glänzte Neapel weiß in den letzten Strahlen der Sonne ... noch weiter entfernt, in einer andern Richtung, konnte man, dämmernd und schattenhaft, gehoben durch das dunkelste Laubwerk, die zertrümmerten Pfeiler der alten Posidonia erblicken. Dort, inmitten seiner schwarzen unfruchtbaren Reiche erhob sich der unheimliche Feuerberg, während auf der andern Seite, durch mannigfach wechselnde Ebenen

sich windend, denen die Ferne allen ihren Zauber lieh,
mancher Fluß glänzte ... und dann, langsam sich um-
wendend, um hinter sich zu schauen, sah er die grauen
verwitternden Mauern des Schlosses, in dem er die Geheimnisse suchte ... sie hatte nur wenig von der gotischen
Anmut und Großartigkeit, war aber derb, ungeheuer,
drohend selbst im Verfall noch. Eine hölzerne Brücke war
über die Schlucht erbaut, breit genug, daß zwei Reiter
nebeneinander darauf reiten konnten; die Planken zitterten und gaben einen hohlen Ton zurück, als Glyndon
sein abgetriebenes Pferd hinüber spornte« – das kennen
wir von Fouqué, nur ohne dessen wunderliche Unschuld
und Einfalt; dann entsagt unser Glyndon der magischen
Macht und geht mit seiner Viola auf eine der ionischen
Inseln – schön hatten solche Inseln einst geschimmert,
als Leute wie Rehfues hinwollten oder auch ein Chateaubriand, auch wenn bei ihm die Richtung eine etwas andre
war; und schließlich, als fänden wir uns nun bei Mérimée
wieder oder bei Hugo oder Balzac, führt Bulwer seine
ganze Bagage mitten hinein in die finsterste Französische
Revolution, Robespierre soll dem machtlos gewordenen
Glyndon, wenn er schon selber sterben muß, wenigstens
die schöne Viola leben lassen mit ihrem Kind (es klappt
nicht ganz, die Mutter stirbt, allein das Kind bleibt leben) –
und so geht das, sehr souverän und gewandt, durch die
Welten, durch die Zeiten, zur Zerstreuung der Leser;
große Themen sind kombinierte Elemente des Erzählens
geworden. Bulwer-Lyttons Buch ist vorzüglich in seiner
Art, aber es ist eben diese Art von Romanen, die bei uns
hier sonst nicht vorkommen, nur diesmal, zur Grenz-
beschreibung.

◆

Geboren wird, im schönen Vicenza, in wohlhabender
Familie, Antonio Fogazzaro, Autor wunderbar anrühren-
der Romane aus der Gegend der oberitalienischen Seen,

1843 nirgendwo klatschen kleine Wellen so geheimnisvoll-süß nachts an wartende Ruderboote wie bei ihm; und geboren wird im sächsischen Hohenstein-Ernstthal Karl May – ich schließe mich nicht jener literarischen Schule an, die etwas von ihm hält; ich habe nichts gegen ihn, will aber auch mit ihm nichts zu tun haben; ich habe ihn nur genannt.

1 ✦ 8 ✦ 4 ✦ 3

Es sterben: ganz knapp sechsundsechzigjährig in Berlin Friedrich de la Motte Fouqué, dreiundsiebzigjährig (und wie Wezel die halbe Zeit abseits seiner selbst) in Tübingen Friedrich Hölderlin, und auf seinem Gut Römlinghoven bei Bonn vierundsechzigjährig Philipp Joseph Rehfues.

Grabschrift (31.32.33) zu

HÖLDERLIN. FOUQUÉ. REH-FUES. HÖLDERLIN hatte in der Vorzeit unsres Buchs, 1797, seinen Roman *Hyperion* herausgebracht, ein Briefbuch sentimental-reflektierender Art, in unserm Jahrhundert hatten das dann Senancour und Foscolo aufgenommen, Jacopo Ortis auch mit den vaterländischen Ideen Hyperions, Oberman mit den fruchtlosen Gedanken. Hyperion ist bei den Griechen einer der Titaniden (der am Himmel Wandelnde), der mit seiner Schwester Theia Helios, Eos und Selene zeugt, Sonne, Mond und die schöne Morgenröte; Longfellows kleines Reisebuch heißt nach dem zwischen Himmel und Erde gleichsam Reisenden *Hyperion*, *Hyperion* hieß auch der Segler, der Byron im August 1809 von Gibraltar nach Malta brachte, wo er sich fast anderthalb Monate lang in die blonde Mrs. Smith verliebt, die

Frau des englischen Gesandten, er nennt sie Florence. Er
fährt dann, September 1809, weiter nach Athen, wo Lord
Elgin gerade den ganzen alten Marmor verschifft, und
verliebt sich in Theresa Macri; im nächsten Mai durch-
schwimmt er mit Ekenhead die Dardanellen, in Piräus
befreit er ein Türkenmädchen, das ertränkt werden soll,
weil sie sich mit einem Christen eingelassen hatte (manche
meinten damals: mit ihm), und das noch im Ramadan;
mit dem Segler *Hydra,* der tatsächlich ein anderer ist als
die *Hyperion,* gelangt er dann via Malta, wo die Blonde,
nun, wie sie einsehn muß, vergeblich gewartet hat, nach
England. Mit Hölderlin hat das nur wenig zu tun, ich
weiß. – *F O U Q U É ,* den wir ausführlich kennengelernt
haben, war mit Caroline Auguste geborener Briest und
geschiedner Rochow (Rochow erschoß sich noch vor
der Scheidung, er hatte Spielschulden) verheiratet, einer
Romanautorin, die 1811 *Briefe über Zweck und Richtung
weiblicher Bildung* (auch unter dem Titel: *Taschenbuch für
denkende Frauen*) veröffentlicht hatte, und zwischen 1806
und 1831 auf ihrem Gut Nenndorf bei Rathenow fünfzehn Romane in 37 Bänden und viele Bände mit Erzählungen schrieb; als sie starb, 1831, heiratete Fouqué,
1832, Albertine Tode, eine andre Erzählerin, die aber
nicht einmal das *Lexikon deutschsprachiger Schriftstellerin-
nen* mehr hat (hier fehlt aber auch Luise Hensel: Müde
bin ich...). Er nahm als Rittmeister bei den freiwilligen
Jägern an jenen Schlachten teil, von denen Immermann
dispensiert war, reichte dann aber, als Immermann nach
Frankreich ging, auf Anraten seines Arztes nun seinerseits
den Abschied ein – so fochten und schossen die beiden
hintereinander weg für dieselbe Sache. – *R E H F U E S*
haben wir so gründlich kennengelernt wie sonst keinen,
nun will ich irgendwann dann wirklich einen suchen, der
uns den *Scipio Cicala* druckt.

S T E N D H A L , B A L Z A C & S A N D .
Wir haben die drei im Jahre 34/35 verlassen.
S T E N D H A L , immer noch in dem buchlosen
Civitavecchia, wurde Anfang 35 mit dem Kreuz der
Ehrenlegion ausgezeichnet, er schrieb am *Lucien Leuwen*
und am *Henri Brulard* und schreibt an seinen Genfer Arzt:
»Ich leide an Gicht und Nierensteinen, ich bin sehr dick,
übermäßig nervös und fünfzig Jahre alt« (er ist zweiundfünfzig, wie er einen Monat später an den Anwalt Fiore in
Neapel schreibt: »Civita-Vecchia, 1835. Todlangweilig.
Hier stoße ich auf die Barbarei, ich habe die Gicht und
Nierensteine und bin sehr dick, übermäßig nervös und
zweiundfünfzig Jahre alt… Das einzige Unglück ist, ein
langweiliges Leben zu führen… Mit jedem Tag werde ich
stumpfsinniger… Adieu, ich habe Lust, mich zu erhängen…«). Mitte 36 erhält Stendhal einen erst dreimona-
tigen, dann dreijährigen Urlaub nach Paris, er schreibt
jene italienischen Chroniken, aus denen wir die *Vittoria
Accorombona* kennen, er schreibt, anfangs plant er nur
einen ganz kleinen Roman, die *Kartause von Parma.* Im
August 39 kehrt er nach Civitavecchia zurück, seine
Laune ist nicht gut[10]; 41 begibt er sich zu einem Krank-
heitsurlaub nach Paris; dort trifft ihn am 22. März 42

---

[10] »Neapel. Die Sonne brennt fürchterlich heiß … ich kehre halb
geröstet und schweißgebadet heim; das ist das Schöne an Neapel. Die
Kehrseite der Medaille ist, daß alle Frauen häßlich sind; ihr Gesicht ist
nur Ausdruck gröbster animalischer Empfindungen … Ich begegnete
zwei Herzoginnen, einer Prinzessin, zwei Marquisen, die keine Ausnahme machten; sie haben lediglich die lächelnde Miene, die sich in
der guten Gesellschaft geziemt. Im Jahre 1833 war ich auf dem Ball
der Accademia dei Cavalieri, der 1839 noch in Mode war; dort sah
ich dreizehn schöne Frauen.« In einem Briefentwurf an Balzac auf
dessen Lob der *Kartause* hin schreibt er: »In dem Maße, wie die Zahl
der Halbgebildeten wächst, nimmt der Anteil der Form ab. Müßte
Madame Sand die *Kartause* ins Französische übersetzen, hätte sie
damit sicherlich Erfolg, doch um das auszudrücken, was jetzt in
2 Bänden steht, wären dann 3 oder 4 erforderlich. Ein Einwand, den
man in Betracht ziehen sollte.«

abends auf der Straße der Schlag, er stirbt in der Nacht. – *1843*
B A L Z A C hat entsetzlich verschwenderisch gelebt, jetzt
verbirgt er sich unter falschem Namen vor seinen Gläubigern, bloß seine derzeitige Geliebte (die Hanska ist wieder weg) weiß, wo er wohnt, und kommt. 36 macht Balzac
eine Zeitschrift auf (der junge Gautier schreibt dort),
seine Geliebte kriegt ein Kind, er, wie weiland Casanova,
reist nach Italien mit einem Pagen, der ein verkleidetes
schönes Mädchen ist. 37 stirbt seine alte Freundin Berny,
mit ihr war er damals in der Grenadière bei Tours gewesen; er muß sich erneut vor dem Gerichtsvollzieher
verstecken, und zwar bei jener Geliebten mit dem Kind,
die dann seine Schulden bezahlt. Er erwirbt einen Landsitz und macht wieder gräßliche Schulden. Er besucht
die Sand in Nohant und fährt mit einer hübschen Abenteuerin nach Guérande. 39 will er für die Académie kan-
didieren, 40 fällt ein Theaterstück grandios auf der Bühne
durch (der Hauptdarsteller hatte sich als König maskiert),
Balzac gründet jene Zeitschrift, in der in der Hauptsache
seine Rezension der *Kartause* erscheint, dann geht sie
wieder ein: das Los aller kommerziellen Unternehmungen
Balzacs. Mit großem Verlust verkauft Balzac den Landsitz, den er mit Krediten gekauft hatte, und bezieht ein
kleines Haus in Passy. 42 stirbt Graf Hanski, der Mann
seiner Freundin, 43 reist er zu ihr nach St. Petersburg.
Mittlerweile ist der erste Sammelband der *Comédie Humaine* herausgekommen[11]; denn was immer passiert, und
ob er Geld hat oder nicht, er schreibt Buch auf Buch. –

---

[11] aus dem Vorwort: »Der Zufall ist der größte Romanautor der Welt,
um fruchtbar zu sein, braucht man nichts zu tun, als sich eingehend
mit ihm zu befassen. Die französische Gesellschaft sollte der Geschichtsschreiber sein; ich selber lediglich der Sekretär. Indem ich
das Inventar der Laster und Tugenden aufstellte, indem ich die wichtigsten Fakten der Leidenschaft sammelte, Charaktere malte, eine Auswahl unter den bedeutsamsten Geschehnissen des gesellschaftlichen
Lebens traf, indem ich durch die Zusammenfügung der Züge meh-
rerer homogener Charaktere Typen gestaltete, konnte ich vielleicht
dahingelangen, die von so vielen Historikern ausgelassene Geschichte

1843 George *S A N D,* nachdem sie den armen Musset so traurig nach Genf hatte fahren lassen, kehrt zu ihm zurück,
bricht aber endgültig im Jahre 35 mit ihm; ihre Ehe wird
gerichtlich getrennt, sie behält Nohant. 36 fährt sie mit
ihren Kindern in die Schweiz und trifft dort die Gräfin
d'Agoult mit ihrem Liszt, die beiden besuchen sie dann
im Jahr darauf in Nohant. 38 besucht Balzac sie dort,
im selben Jahr beginnt ihre Liaison mit Chopin, mit dem
sie, die Kinder sind dabei, den folgenden Winter auf Mallorca verbringt[12], vor allem dann in der dadurch nun so
berühmten Kartause von Valldemosa[13], Chopin übrigens
war fünf Jahre jünger als die Sand. Als sie zurück ist,
schreibt sie an Balzac: »Sogar Nohant, so prosaisch meine

---

zu schreiben, die der Sitten ... Die Leidenschaft ist das Menschliche
in seiner Gesamtheit, ohne sie wären Religion, Geschichte, Roman
und Kunst nutzlos ... Es war keine kleine Aufgabe, zwei- oder drei-
tausend markante Gestalten eines Zeitalters zu schildern; denn das ist
letzlich die Summe der Typen, die jede Generation darbietet ...«
[12] sie sieht Ruinen und sagt, und Sie erinnern sich an den jungen
Stifter (später wird Hawthorne, in seinem *Marmorfaun*, das alles noch
schärfer sagen): »Weine darum, wer mag, über die Ruinen! Fast alle
Bauwerke, deren Fall wir beklagen, waren Kerker, in denen Jahrhunderte hindurch Seelen und Körper von Menschen geschmachtet
haben. O kämen doch Dichter, die anstatt die entflohene Jugendzeit
der Welt zu bejammern, in ihren Versen auf diesen Trümmern von
vergoldetem Flitterwerk und blutbefleckten Ruten das Mannesalter
besängen, das sich davon freigemacht hat ...« – armer eben begrabner
Fouqué (das Buch, *Ein Winter auf Mallorca*, erschien 42), aber irgendwie hat sie ja recht, und jedenfalls: sie lebt, und Fouqué nicht.
[13] »Alles, was Dichter und Maler sich erträumen können, hat die
Natur hier erschaffen ... und Kunst könnte dem nichts hinzufügen.
Um Gottes Werk zu würdigen und zu verstehn, reicht der Geist nicht
immer aus, und wenn er in sich kehrt, spürt er seine Ohnmacht, dieser
Unermeßlichkeit des Lebens, die uns fesselt und berauscht, einen angemessenen Ausdruck zu verleihen. Ich möchte den Künstlern, die
von Eitelkeit verzehrt werden, nur raten, sich solche Landschaften
genau anzusehn, und es oft zu tun, denn ich glaube, sie würden dann
ihre Überschwenglichkeit in der Form mäßigen, einfach aus Respekt
vor der göttlichen Kunst, die in der ewigen Schöpfung der Dinge
waltet« – das ist dann eben, wie Stendhal sagen würde, die Kehrseite
der Medaille (die eine war eben ihre Freiheit gegenüber der Vergangenheit), und man versteht, warum er sie ein bißchen formlos findet.

armselige Einsiedelei im Berry auch ist, kommt mir vor
wie das gelobte Land ... es wäre schön, wenn Sie mir
sagen könnten, daß Sie die langen Winterabende, die Sie
lesend in meiner Kaminecke verbrachten, in guter Erinnerung behalten haben« – Balzac war sieben Tage in
Nohant, vom 24. Februar bis 2. März 38, sechs Abende
also, das war kein Schaltjahr. Im Oktober 41 trennt sie
sich von Buloz und seiner *Revue des deux Mondes*, er hatte,
offenbar aus politischen Gründen, einen Roman von ihr
nicht drucken wollen, sie gründet zusammen mit Viardot,
dem Mann jener Sängerin aus *Consuelo* (dieses Buch erscheint 42/43), eine eigne Zeitschrift. Sommers ist sie mit
Chopin immer in Nohant, oft ist auch Delacroix mit von
der Partie, Maurice, Georges Sohn, ist ein Schüler von
Delacroix, der in Nohant ein eignes Atelier hat.

◆

Von Balzac erscheint *Die Muse des Departements*, eine
ziemlich quirlige Geschichte, Hauptrolle spielt eine Pro-
vinzdichterin (sie mache der Sand Konkurrenz, heißt es
einmal), die nach Paris geht, aber am Ende wieder in die
Provinz zieht. Bei hundert andern Romanciers würde
man dieses Werkchen für ein beinahe Nichts halten, bei
Balzac ist es ein Stück seiner Welt, und die Werke, die
man für bedeutender halten kann, sind oft mit derselben
Lässigkeit gemacht. *Die Leiden des Erfinders* sind der
abschließende dritte Teil der *Verlorenen Illusionen*: Lucien
geht verzagt nach Angoulême zurück, zu seinem alten
Dichterfreund David, dem jetzt, nachdem ihm sein Vater
halb betrügerisch am Anfang des ganzen Romans seine
Druckerei überlassen hatte, konkurrenzneidische moder-
nere Geschäftsleute seine Erfindung billigeren Papiers
wegnehmen; nach manchen heftigen Intrigen bescheiden
sich David und seine Frau Eve in ein ruhiges Leben.
Lucien will sich umbringen – da kommt in einem Wagen
ein geheimnisvoller Unbekannter und nimmt ihn wieder

mit nach Paris: wir kennen diese Wendung, sie bildet den Anfang vom *Glanz und Elend der Kurtisanen*, worin Luciens Leben sich fortsetzt. Balzac wird den Jammer empfunden haben, der uns alle gepackt hätte, wäre es nach den *Verlorenen Illusionen* nicht irgendwie weitergegangen[14].

Gotthelf bringt dieses Buch über Anne Bäbi Jowäger heraus, ich habe letzthin daraus genug zitiert. – Laube meldet sich wieder mit einem starken historischen Roman zu Wort, der *Gräfin Chateaubriant*, einem Buch, das den Leser durch die absolute Uneindeutigkeit oder Ambivalenz der Hauptcharaktere verblüfft; es ist, als lernte Laube seine Leute erst unterm Schreiben kennen, und nun kommt alles ganz anders, als er gedacht hatte. – Ein sonderbar brillantes Buch gibt es noch, von Claude Tillier, *Mein Onkel Benjamin*, ein Episodenstück (wie, wenn auch in völlig andrer Tonart, später die kleinen Romane Renards), das vor der Französischen Revolution spielt und dörflich-schelmische Typen ihre Freiheit bewahren und feiern läßt; von einem Manne, der Bücher hat, heißt es nett: »Monsieur Minxit besaß eine sehr schöne Bibliothek, steckte die Nase aber nie in seine Bücher. Er sagte, seit diese Bücher geschrieben worden seien, habe sich das Temperament des Menschen sehr verändert...« – schwer was gegen zu sagen, es sei denn, man liest dieses Buch; aber, wie der Autor dann noch sagt: »Meine Zeit ist kostbar, lieber Leser...«. – Und wie immer in diesem Lustrum zum Schluß einen Stifter, *Brigitta* diesmal, diese schöne Geschichte von der Frau, die beinahe zu stolz ist für die Liebe ihres Lebens.

◆

Geboren werden zwei der kommenden ganz Großen, nämlich in New York, als Sohn eines wohlsituierten

---

[14] Henry James wird später aus einer Nebenfigur seines ersten Romans, der Prinzessin Casamassima, einen umfangreichen eignen Roman machen.

Schriftstellers, der eben erwähnte Henry James (sein ein Jahr älterer Bruder wurde ein berühmter Philosoph, es gab auch eine Schwester[15]); und in Las Palmas auf den Kanarischen Inseln, »letzter Sproß einer kinderreichen, in mäßigem Wohlstand lebenden Offiziersfamilie«, wie ein Nachwortschreiber so hübsch sagt, Benito Pérez Galdós, wir werden viel von ihm hören. Und dann kommt in Alpl bei Krieglach in der Obersteiermark Peter Rosegger auf die Welt, Sohn eines armen Gebirgsbauern; ist erst ein Hirtenknabe; lernt bei einem alten entlassenen Wald-schulmeister lesen und schreiben; kommt dann, fünfzehn-jährig, in die Lehre bei einem wandernden Schneider in Kathrein am Hauenstein; ja; und liegt nun in Krieglach begraben, wo er 1918 starb – ein sehr sehr verblaßtes Sternlein am Himmel des Erzählens; ich sollte nicht hier, ich sollte lieber bei einem nicht so verblaßten Stern sagen, was Goethe einmal, 1786 aus Verona, an Charlotte schrieb, als er Maler entdeckte, die er nicht gekannt hatte, ich sollte das etwa bei einem Manne wie Fromentin sagen, oder bei Feydeau, also bei solchen, die wir nicht kannten, wohl aber jetzt, da wir sie kennen, kennenswert finden, und sollte das nicht bei einem sagen, den alle kannten und der hier auch gar nicht mehr vorkommt, in unserm Neuen Himmelsatlas; aber ich werde es nun doch hier sagen, denn es bleibt ja wahr und tröstet weg über so vieles Verblassen, und hilft ihm vielleicht im Himmel, nämlich: »In der Entfernung lernt man wenige Meister oft die nur dem Namen nach kennen, wenn man nun diesem Sternenhimmel näher tritt und nun die von der zweiten und dritten Größe auch zu flimmern anfangen und jeder auch ein Stern ist, dann wird die Welt weit und die Kunst reich...«.

---

[15] über sie, Alice, sagt Gale: »... her physical and nervous maladies are heartbreaking to review...« – er sagt das in einem der vernünftig-sten Bücher, die je über einen großen Autor erschienen sind, seiner *Henry James Encyclopedia*, New York & London 1989.

1 ✦ 8 ✦ 4 ✦ 4

In Bath stirbt, fast fünfundachtzigjährig, William Beckford, einer der reichsten Schriftsteller der Welt; in Paris
stirbt, fast vierundsechzigjährig, Charles Nodier, Modestes Lieblingsautor; und in Nevers, zweiundvierzigjährig,
stirbt jener Claude Tillier, dessen Buch wir eben erst
hatten.

Grabschrift (34.35.36) für

B *ECKFORD. NODIER. TILLIER.*
BECKFORD, 1759 in Fonthill/Gifford geboren, Sohn eines Londoner Oberbürgermeisters,
erbte mit neun Jahren ein riesiges Vermögen, reiste, und
baute sich mehrere Schlösser, in denen er als bekannter
Exzentriker lebte; er war aber auch verheiratet und ließ
sich mehrmals ins Parlament wählen. Sein Meisterwerk
erschien 1787 französisch, *Vathek,* ein orientalisches Höllenstück, worin ein Wüstling leiden muß; merkwürdig ist
an diesem kleinen wilden Roman, daß er ironisch und elegant anfängt, plötzlich aber, unter Aufgabe aller Distance
und Ironie, wirklich die erlebten Leiden eines vom Teufel
Verdammten zu vergegenwärtigen versucht; Byron und
die Späteren waren sehr angetan; jener Bruch im Stil
bewirkt aber auch heute noch einen Schock, vor dem
man bloß Neugierige warnen muß. – *NODIER,* den
1780 in Besançon (Hugo kommt auch dorther) geborenen Advokatensohn, haben wir gut kennengelernt, Balzac
hatte ihm die großartige *Rabouilleuse* gewidmet, die beiden waren Freunde; Nodier selber war der Mittelpunkt
eines eignen eher romantischen Kreises, des sogenannten
Cénacle, zu dem Hugo, Vigny und Musset gehörten, später auch Lamartine und Gautier; die gewaltige Liste seiner
Publikationen hatte er mit Werken zur Entomologie angefangen, in diesem Punkt, aber das wird der einzige sein,

könnten Autoren wie Jünger und Nabokov seine Freunde
sein (um von Goethe zu schweigen; wir wissen, daß er
dessen *Faust* übersetzte). 1802 veröffentlichte er eine Ode
gegen Napoleon, er mußte die ganze napoleonische Ära
hindurch Paris meiden, das Los teilte er mit der Staël und
andern, 1812 etwa war er Bibliothekar in Laibach, Ljub-
ljana, diese Stadt war von 1809 bis 1813 Sitz des französischen Generalgouverneurs der illyrischen Provinzen,
Nodier redigierte einen *Télégraphe illyrien.* – *T I L L I E R*
hatte sich vor allem als politischer Flugschriftenverfasser
einen Namen gemacht, sein *Onkel Benjamin* war in England und Deutschland berühmter als zu Hause bei ihm, im
deutschen Sprachbereich war Gottfried Keller sein größter Freund, entdeckt hatte ihn hier Ludwig Pfau; Pfau,
1821 in Heilbronn geboren, hatte in Frankreich Kunst-
gärtnerei (er war Sohn eines Gärtners) studiert, hatte
Gedichte veröffentlicht und sich, wie Tillier zu seiner Zeit,
1848 als politischer Satiriker hervorgetan, sein Vorbild als
engagierter Liedersänger war Béranger[16]; zu 22 Jahren
Zuchthaus verurteilt, flüchtete er in die Schweiz, 52 ging
er nach Paris und lebte dort als Kunstkritiker und Übersetzer, er übertrug, neben Tilliers *Onkel Benjamin,* vor
allem die Werke des Autorenpaars Erckmann-Chatrian;
1865 kam Pfau aus Paris zurück und ließ sich in Stuttgart nieder, er starb 1894. Tillier hatte nicht das Glück,
vom Militärdienst befreit zu sein, und mußte fünf Jahre
lang dienen, unter anderm beim französischen Inter-

---

[16] vielleicht erinnern Sie sich, daß an der Grenadière bei Tours
eine zerbrochene Marmortafel an Balzac und gleichzeitig an Béranger
erinnert, der dort oft gewohnt hat; Béranger wiederum, Jahrgang
1780, hatte sich als ganz junger Mensch an Chenier geschult, der,
knapp zweiunddreißigjährig, 1794 von Robespierre zur Guillotine verurteilt worden war. Hier ein Verslein von Pfau: »Schau, dort spaziert
Herr Biedermeier / und seine Frau, den Sohn am Arm; / sein Tritt ist
sachte wie auf Eier, / sein Wahlspruch: weder kalt noch warm . . .«, hier
ein schöneres, aus dem *Wiegenlied der Polenmutter:* »Wirst du nach dem
Vater fragen, / lallend kaum, du armes Kind, / werd ich dich zum Hügel
tragen, / wo sie all begraben sind . . .«

1844 ventionskorps gegen die spanischen Aufstände von 1820; er wurde zweimal degradiert, es scheint ihm die richtige Subordination gefehlt zu haben; er starb an Tuberkulose, an der er seit den späten zwanziger Jahren gelitten hatte.

◆

Fünf Sachen von Balzac – die Jahre zwischen 1830 und 48 ungefähr sind die Jahre Balzacs, gerade in unsrer so lange nachträglichen, synchronoptischen und komparatistischen Betrachtungsweise, also für einen andern Blick, als der gewesen sein mag, den sie damals, in Frankreich, und noch mehr anderswo hatten. Daß, wie überall in unserm Buch hier, auch subjektive Gründe ihre große Rolle spielen, ist klar und hat sogar Methode; andrerseits bin ich sicher, daß keiner, der ein Mal in seinem Leben den ganzen Balzac gelesen hat, diese knappen zwei Jahrzehnte anders als so überwältigend beherrscht von ihm sehn kann – erst auf diesem Hintergrund, so glaube ich dann weiter, läßt sich richtig sehn, welches sonst die aufregenden Sachen sind, die damals geschrieben wurden. In diesem Sinne also –: *Ein Lebensbeginn* ist eines jener Bücher, in denen ohne ein zusammenhaltendes Thema eine Menge passiert, wunderschön geht alles in einer Kutsche los: ein hoher Herr fährt auf sein Gut, sein Verwalter scheint nicht in Ordnung, ein junger Maler fährt ein Schloß ausmalen, eine Mutter verabschiedet ihren Sohn, und so weiter; und das Buch endet irgendwann wieder mit einer Wagenfahrt; interessant erklärt Balzac in einem langen Anfangskapitel die damaligen Zustände im öffentlichen Verkehr[17] – das ist also wieder eins dieser

---

[17] wenn Sie sich, aus dem Jahre 36, an die *Sketches by Bozz* von Dickens erinnern, und bei dieser Gelegenheit an unsre Unterhaltungen darüber, daß, nach jenen Bemerkungen auch Nabokovs, die Schriftsteller ohnehin immer zu spät dran sind, wenn man von ihnen lernen wollte, wie es damals war, weil nämlich auch sie auf die beschreibenswerten Randbedingungen des Alltags erst wirklich aufmerksam werden, wenn alles sich ändert – wenn Sie sich daran erinnern,

Bücher, die keiner außer Balzac sich überhaupt zu schreiben getraut haben würde. *Honorine* ist ein kleiner Gesprächsroman, in dem die Geschichte einer Frau erzählt wird, die sich verbirgt, und stirbt, als sie wieder zu ihrem Mann geht, und weiß, daß sie dann sterben wird; Camille Maupin, die wir vor allem aus der *Béatrix* kennen als das Ebenbild der George Sand in Balzacs Welt, hier gehört sie zur Gesprächsrunde, sagt am Ende über die Titelheldin, es gebe also auch in diesem Jahrhundert noch große Seelen, und dann »stützt sie sich auf die Kaimauer und verharrt eine Weile im Nachdenken«. *Was alte Herren sich die Liebe kosten lassen* ist der zweite von den vier Teilen vom *Glanz und Elend der Kurtisanen*, es geht hier um den Bankier Nucingen, der sich in jene Esther verliebt, die eigentlich für Lucien da ist, und der nun alle Pläne durcheinanderbringt, die jener geheimnisvolle Fremde mit Lucien hat. *Die Bauern* (von Balzac nicht ganz vollendet, doch von seiner Witwe klug nach seinen Fragmenten ergänzt) sind ein ungemein packendes Buch über den Niedergang feudaler landwirtschaftlicher Strukturen; Balzacs Bauern und Kleinbürger, die hier an diesem Niedergang arbeiten, sind erschreckende Figuren, am Ende hat nichts als niedrigste Habsucht (es gibt hier nicht die lieben Holzschnittbauern der Sand aus ihrer

---

dann werden Sie mit Lust die Bemerkungen lesen, mit denen Balzac seine Darstellung der oben angedeuteten öffentlichen Verkehrsmittel einleitet; die ersten Sätze seines Romans lauten nämlich: »Die Eisenbahnen werden in einer dem Heute nur wenig fernen Zukunft gewissen Gewerben den Garaus machen und andere verändern, und zumal diejenigen, die die mannigfachen, im Gebrauch befindlichen Beförderungsmittel in der Umgegend von Paris betreffen. Daher werden die Gestalten und Begebenheiten, die die Grundbestandteile dieser *Szene* bilden, ihr den Rang einer archäologischen Arbeit verleihen« – der selber schon archäologisierende Romancier also liefert das Material für ein späteres archäologisches Interesse; und dann fügt Balzac, indem er alle die Punkte zusammenfaßt, die wir schon erörtert haben, noch hinzu: »Werden unsre Nachkommen nicht begeistert sein, das gesellschaftliche Material einer Epoche kennenzulernen, die sie als die *gute alte Zeit* bezeichnen dürften?«

1844 agrarsozialen Periode, ihrer schwächsten) aus einer wundervollen Landschaft mit Wäldern, Parks und Wohnsitzen ein kahles Erwerbsgebiet gemacht; hätte sich überall durchgesetzt, was Balzac hier ausmalt, dann wäre Frankreich kaum bereisenswert; das ist natürlich kein Gesichtspunkt, aber Balzac hätte das als ein symbolisches Argument durchgehn lassen; wie die Musterkarte eines Schneiders, sagt am Ende ein kluger Mann, sehe nun die alte Landschaft aus. Und dann *Modeste Mignon* – öfter als dieses Buch ist bisher kein einziges hier bei uns vorgekommen, es wäre also merkwürdig falsch, wenn ich sagen würde: dieses Buch liebe ich so, daß ich gar nichts weiter darüber sagen will – und doch ist es so; Balzac hat dieses Buch seiner Hanska gewidmet, und das ist schön, wie die beiden nun auf immer mit jener Modeste zusammenhängen.[18]

Die Sand bringt *Jeanne* heraus, den Roman über ein Mädchen, das halb wie eine Wilde halb wie eine Heilige allein aufwächst, begehrt wird und zugrunde geht. In einem späteren Vorwort schreibt die Sand zu diesem Buch: »...und im übrigen wagte ich damals nicht, was ich später gewagt habe, nämlich meinen Typus in seiner wirklichen Umgebung zu zeichnen und ihn ausschließlich mit bäuerlichen Gestalten zu umrahmen, die sich mit dem, was ihnen gemäß ist, im Einklang befinden und, was in der Literatur nur begrenzt möglich ist, mit ihren Vorstellungen und ihren Gefühlen...« – wir sehn, wie sich hier, genau zeitgleich mit Balzacs schrecklichen Bauern, jener Dorfromantyp bildet (mit Rousseauschen Anleihen, die Sand sagt, sie stelle Rousseau mit seinen revolutionären Ergebnissen zusammen), gegen den Balzacs Bauern

---

[18] Balzac ist übrigens in Deutschland niemals ein vielgelesener Autor gewesen, und gegenwärtig liest ihn auch kaum einer. Die *Modeste Mignon* hat überdies immer zu den unbekannteren Werken gehört, ich habe noch keinen Menschen getroffen, der dieses Buch gelesen hatte, und wenn ich meinerseits dieses Buch hier jemandem widmen würde, dann der ersten, die die *Modeste* las, als ich ihr davon erzählt hatte.

dann erst so realistisch und ohne jedes Idyll gezeichnet *1844*
scheinen. Es ist denn auch, ob er das so meinte oder
nicht, ein außerordentlich zweischneidiges Kompliment,
das Balzac seiner Freundin Sand zollt, wenn er an die
Hanska schreibt: »Lesen Sie das, es ist erhaben! Ich neide
ihr *Jeanne*; ich wäre dazu nicht imstande.«[19] – Dickens
zeichnet in seinem *Martin Chuzzlewit* einen abscheulichen

---

[19] Anmerkung unter dem Strich zur
S A N D . Jene eben schon angeführte Vorrede zum Buch, von 1852,
fängt so an: »*Jeanne* ist der erste Roman, den ich verfaßt habe, damit er
als Fortsetzungsroman veröffentlicht werde. Diese Methode erfordert
eine besondere künstlerische Vorgehensweise, die ich mir nicht anzueignen versuchte, da ich mich nicht dazu imstande fühlte. Es war
im Jahre 1844, als der alte *Constitutionnel* sich verjüngt und zum
großen Format überging. Alexandre Dumas und Eugène Sue ver-
fügten damals auf höchstem Niveau über die Kunst, ein Kapitel an
einem interessanten, unerwarteten Wendepunkt zu beenden, der den
Leser unablässig in begieriger und unruhiger Erwartung in Atem
halten mußte. Ein solches Talent hatte Balzac nicht, und ich habe es
noch weniger. Balzac, ein analytischer Geist, ich, von einem lang-
sameren und träumerischeren Charakter, wir vermochten beide mit
unserer Erfindungsgabe und Phantasie nicht gegen diese Fülle von
Ereignissen, diese komplizierten Verwicklungen anzugehn. Wir haben
oft gemeinsam darüber gesprochen, wir wollten es nicht versuchen,
nicht, weil wir das Genre und das Talent anderer verachteten; Balzac
war zu stark und ich zu sehr in meine intellektuellen Freuden verliebt,
um andre zu verunglimpfen; denn die Verunglimpfung, das ist Neid,
und man sagt, der mache sehr unglücklich. Wir wollten es nicht versuchen aus der Gewißheit heraus, die wir in uns fühlten, keinen Erfolg
damit zu haben und dafür Arbeitsergebnisse opfern zu müssen, die
auch ihren Wert haben, die zwar weniger glanzvoll sind, doch dasselbe
Ziel erstreben. Dieses Ziel, das Ziel des Romans, ist es, den Menschen
zu zeichnen...«; Balzacs *Bauern* erschienen als Feuilletonvorabdruck
in der Zeitung *La Presse*, und zwar so zeitig ans Ende des Jahres 44
gerückt, daß jene Leser, die man auch fürs folgende Jahr bei der Stange
halten wollte, gleich darauf und noch rechtzeitig mit einem andern
Feuilletonroman geködert werden konnten, nämlich einem von eben
Alexandre Dumas; Balzac schrieb an die Hanska, der Vorabdruck sei
ein Erfolg; sein Freund Théophile Gautier aber, den wir kennen und
dem wir glauben, und der zudem Redakteur bei *La Presse* war, berichtet von haufenweisen Leserzuschriften, in denen die Absetzung
von Balzacs so tristen und gewalttätigen und überdies langweiligen
Bauern verlangt wurde. Übrigens mußte sehr viel später Zola mit
seinem Bauernroman *La Terre* ähnliche Erfahrungen machen.

1844 Heuchler, daneben einen braven jungen Mann[20], der einen langen Abstecher nach Amerika macht (Dickens hatte 42 eine Reise nach Amerika gemacht und war dort gar nicht gut angekommen mit seinem vermutlich leicht blauäugigen Eintreten für die Abschaffung der Sklaverei

---

[20] Dickens hat hier, gerade um den jungen Mann herum, wie so oft in diesen frühen Büchern eine Fülle von entsetzlich sentimentalen und beinahe unlesbar kitschigen Szenen; unter wirft er dann aber immer wieder ebenso glänzend beobachtete wie genau geschriebene Sachen. So gibt es da etwa eine kleine Liebesszene, mit allen Ingredienzien Dickensscher Unschuld und so weiter: Mary hat ein trauriges Lächeln, sie hat ein Köpfchen und ein süßes Antlitz, sie schmiegt sich innig an Martin, der blickt sie an, und dann erklärt er ihr, daß er nach Amerika muß, und sie reden über die Gefahren dieser Reise, und dann wieder über den bösen Heuchler, der schuld an dem allen ist, und so fort; Martins Freund Mark ist auch dabei, hat sich aber weggedreht, weil er die jungen Liebenden nicht stören will. Und nun heißt es von Martin und Mary: »Dann hielt er inne, um Mary wieder in die Augen zu blicken, warf hastig einen Blick zurück, und da er bemerkte, daß niemand in der Nähe war und auch Mark sich noch immer gewaltig für den Nebel interessierte, so sah er jetzt nicht nur auf ihre Lippen, sondern küßte sie auch.« Ich meine: daß sie sich ansehen und dann küssen, das kommt in allen Romanen vor, es braucht auch keine besondere Beobachtung dazu, dergleichen hinzuschreiben. Schwieriger ist schon, jetzt unabhängig vom Schreiben, die reine Beobachtung, also dieses vom Tun losgelöste Betrachten des Getanen, nämlich daß das mit einem Mal bemerkbare Hinsehen auf den Mund ein untrügliches Zeichen dafür ist, daß jemand küssen will oder geküßt zu werden wünscht. Und nun das Schreiben: der Autor will ja bloß sagen, daß Martin jetzt endlich Mary küßt, und fast alle Autoren sagen das auch irgendwie schlicht so: wobei sie dieses *endlich*, daß Martin also *endlich* Mary küßt, meistens schon weglassen. Dickens hat die Szene vor sich, und jetzt begibt er sich so in sie hinein, daß er diesen heimlichen Übergang vom Wunsch zum Handeln wirklich sehen kann: beim Schreiben kann er sehen, was da wirklich passiert: und dann sagt er das Detail. Wir sind heute ja verwöhnt, denn bessere Filme haben solche Einzelheiten; Dickens hatte aber keine Filmvorlagen für das Verhalten unsrer Spezies, er mußte das alles selber erfinden, wenn ich so sagen darf: und er erfand pausenlos: auch wenn er dann am Ende immer wieder, wenigstens in den frühen Büchern, und der *Chuzzlewit* gehört noch eben dazu, die schönsten Erfindungen einfach unter den heroischsten Kitsch wirft. Es ist nicht ganz leicht, sich der allzu oft so einlullenden und ebenso weinerlich wie albern machenden Wirkung dieser Prosa zu entziehen, wenn man sich ihr denn einmal schweren Herzens hingegeben hat: aber so ein Kuß entschädigt dann doch für viele Seiten.

und so weiter); und Dickens kann nun herrlich die Ge-
legenheit nutzen, die Einwohner der USA (die daraufhin
nun erst recht ärgerlich wurden) als einen Haufen von
sehr unangenehmen und bestenfalls großmäuligen Leuten zu schildern (später, auf Vortragsreisen in den USA,
machte er dann alles wieder gut und attestierte ihnen, sie
hätten dazugelernt). – Disraeli bringt seinen *Coningsby*
heraus, wir haben das Buch sehr viel früher schon gehabt;
nach wie vor ist der Autor natürlich wunderbar eingeweiht
ins Leben der hohen Politik und des hohen Adels, aber
seine politisch-erklärerischen Intentionen sind so stark,
daß der Leser mitunter seine liebe Not hat; es ist wohl so,
daß für einen Engländer diese alte Politik so interessant
ist wie für unsre Vorfahren etwa bei Fontane die Politik
der Preußen; aber selbst das wäre nun lange her, wären
wir Engländer. – Vom alten Dumas, eben haben wir ja
doppelt von ihm gehört, erscheinen die *Drei Musketiere:*
»Es war ungefähr Mitternacht. Die abnehmende, von den
letzten Spuren des Gewitters blutrot getränkte Sichel des
Mondes ging über der kleinen Stadt Armentières auf und
zeichnete mit ihrem matten Glanz die finsteren Schatten-
risse ihrer Häuser und die Silhouette ihres hohen, ab-
geflachten Kirchturms vor den dunklen Horizont. Im
Vordergrund wälzten sich die Wasser der Lys dahin wie
ein Strom aus geschmolzenem Zinn, während sich auf
dem andern Ufer der schwarze Schatten eines Wäldchens
vor einem gewittrigen Himmel abzeichnete, der mit
dicken, kupferroten Wolken überzogen war, welche mitten
in der tiefsten Nacht eine Art Abendröte heraufziehen
ließen« – so schreibt er, und dann kommen entweder
die Guten oder die Bösen zu Tode, das kommt darauf an,
ob wir vorn im Roman sind oder eher hinten. – Von
Gotthelf erscheint *Geld und Geist;* also wieder ein Bauernroman, und also noch einmal gleichzeitig mit Balzac und
der Sand, und man muß dann doch wieder die Sand
in Schutz nehmen gegen die, die sie allzu eng neben

1844 Gotthelf stellen wollen: als sei bei beiden das wahre Leben. – William Makepeace Thackeray, seit Jahren sehr herzlich mit Dickens befreundet (bis Dickens fürchtete, sein Freund könne ihm Leser wegnehmen), gibt, in monatlichen Fortsetzungen, seinen großen glanzvoll satirischen Erstling *Barry Lyndon* heraus, dem Autor werden wir noch häufig begegnen[21]. – Und wie immer Stifter zum Jahresschluß, diesmal mit dem *Hagestolz*, worin ein junger Mensch mit Hund auf einer kleinen Insel so etwas wie gefangengehalten wird; und da wir eben von Papa Dumas eine Nachtszene hatten, jetzt eine von Stifter: »... und so saßen nun die zwei seltsamen Gefährten, von dem Gesträuche geschützt, an dem Ufer, und mit immer größerer Schnelligkeit begann das Dunkel über See und Gebirge und Himmel zu weben. Victor hatte alle Knöpfe seines Rockes zugemacht und das Halstuch wieder umgebunden – und die Schlummersehnsucht zog sich durch alle seine jungen müden Glieder, und so legte er sein Haupt auf sein Ränzlein hinüber, da die Finsternis schon wie

---

[21] der Icherzähler, der das Buch offenbar im Schuldturm schreibt, in dem er dann als Alkoholiker stirbt, erzählt das Leben eines prahlenden Angebers, der offenbar selber nicht wahrhaben will, daß er ein armer Kerl ist, oder durch den der Autor sagen lassen will, daß alle, die wir für große Leute halten, ein so hohles Selbstbewußtsein haben wie der Selbsterzähler; »ich schäme mich nicht«, läßt er seinen Helden sagen, »ich schäme mich nicht, einzugestehn, daß ich dazu neige, mit einer Herkunft und anderen Vorzügen zu prahlen; ich habe nämlich herausgefunden, daß, wenn man sich nicht selbst in ein gutes Licht stellt, es die andern bestimmt nicht tun.« An einer andern Stelle sagt der Erzähler (im Schuldturm; sein an sich natürlich legitimer Trick ist der, die vergangnen Erlebnisse ganz unmittelbar sozusagen aus der Mentalität heraus zu berichten, in der er sich damals wenigstens glaubte; Casanova macht das auch so: man stellt ihn sich, während er von seinen wunderbaren Geliebten erzählt, als einen Mann in den schönsten Jahren vor, nur ganz selten flicht er ein, daß er nun, da er schreibt auf Schloß Dux, keine Zähne mehr habe etc.), an andrer Stelle also sagt der Erzähler: »Ich habe mich von jeher nur in vornehmer Gesellschaft wohlgefühlt, und ich hasse Beschreibungen des Lebens der niederen Klassen aufs tiefste. Daher fasse ich meinen Bericht über die Gesellschaft, in die ich nun geraten war, möglichst kurz; allein die Erinnerung daran ist mir höchst peinlich.«

eine Mauer um ihn stand. Die Gesträuche flüsterten,  *1845*
weil sich ein leichtes Windchen hob, und die Brandung
murmelte deutlich...«

✦

Geboren werden in diesem Jahr in Paris, als Sohn eines
Buchhändlers und Antiquars (bei Gott, das ist ein Elternhaus!), Anatole France, späteres Mitglied der Académie
und auch Nobelpreisträger, vor allem ein brillanter
Romancier; und in Kiel, Sohn eines Zollverwalters und
einer adligen Generalstochter, Detlev von Liliencron; ich
habe, in Marbach, beim Herumschmökern, einmal seinen
Roman *Breide Hummelsbüttel* gelesen, gleichzeitig mit
Sudermanns *Frau Sorge* (beide Romane sind aus dem
Jahre 87), und ich fand *Breide Hummelsbüttel* viel amüsanter, natürlich hatte Sudermann auch nicht die Idee,
mich zu amüsieren, das muß ich zugeben; trotzdem.

1 ✦ 8 ✦ 4 ✦ 5

Ein kurzes knappes Jahr; gleich zum Beispiel stirbt keiner.
  Von Balzac kommt nun der dritte Teil seiner *Béatrix*,
mit einer außerordentlich scharfsinnig entworfenen und
brillant durchgeführten Intrige, die, soweit das die fromme
und geistvolle Ersinnerin in der Hand hat, eine Frau wieder mit ihrem Mann zusammenbringen soll. Der Autor
ist hier wie losgelassen und entfesselt nach dem so großartig, anfangs geradezu majestätisch ruhigen Gang der
ersten beiden Teile. – Die Sand bringt den *Müller von
Angibaut* heraus, eine ebenso rührende wie kluge Geschichte um Geld und eine durch zuviel Geld fast ver-
hinderte Liebe; gleich am Anfang sagt die eben verwitwete
und ihm jetzt kühn ihre Liebe antragende reiche Adlige

zu dem jungen Mann, der sie auch liebt, einem Handwerker: »Ach! Wie wenig ihr liebt, ihr Männer! Wenn
nicht das Laster eure Seele verdörrt, dann ist es die
Tugend, und ob ihr nun feige seid oder stark, ihr liebt
allemal nur euch selbst!« Sie will ihn aber doch, und sie
kriegt ihn.

Cooper meldet sich zu Wort mit drei wunderlichen
Büchern, *Satanstoe, Chainbearer* und *Redskins*, die zusammen die sogenannte *Littlepage Trilogie* bilden (die
Redskins kommen erst 46, ich nehme sie wegen der
Bequemlichkeit schon jetzt dazu); hier schildert Cooper
in wunderschönen, leicht historisierenden Bildern (wie
alte Photos mit diesen Brauntönen) die Geschichte einer
Familie im Staate New York, damals, als sich große
Grundbesitze bildeten, dann, als jene Riesenstädte zu
wachsen begannen (Cooper ist so nah am Damals und so
genügend entfernt noch von der wirklichen Großstadt,
daß er alles andre zu schreiben scheint als einen historischen Roman – er schreibt ganz naiv; und was der
historische Roman nicht zu wissen vorgeben muß, nämlich die Zukunft, die seine Gegenwart ist, ahnt Cooper
tatsächlich bloß), und dann, im dritten Band, schildert
Cooper, wirklich ein Zeitgenosse von Balzac und dessen
Bauern, wie die um sich greifenden demokratischen
Ideen in ihrer unanfechtbaren massiven Allgemeinheit die
großen Grundbesitze wieder zerstören; Arno Schmidt hat
diese drei Romane in ein sehr reizvolles Deutsch übertragen. – Und wieder Stifter, diesmal mit den *Schwestern*,
einer ganz wunderschön tiefsinnig-traurigen und nachdenklichen Geschichte, worin ein Mann, oben am Gardasee, aber die Landschaft ist doch eher eine Erfindung, ein
Traum, durch eben diesen Traum von Landschaft wandert und wandert – noch nie habe ich einen so wandern
sehn durch eine solche groß-melancholische Landschaft,
durch ein solches steingewordenes Bild der Seele: bis ich
dann neulich Sebald habe wandern sehn, in dem einen

Buch, *Schwindel. Gefühle*, auch am Gardasee, am wirk-  *1845*
lichen jetzt; aber es ist ja seine schwermutvolle Seele, die
das alles macht, deutlicher noch in dem andern Buch,
den *Ringen des Saturn*, durch England. Merkwürdige
Brüderschaften sind das.

✦

Geboren werden, in diesem knappen fußnotenlosen Jahr,
in Póvoa de Varzim (etwas nördlich von Porto, am Atlantik), in einer Familie des gebildeten Bürgertums, wie es
immer heißt, José Maria Eça de Queirós, der einige der
schönsten Romane dieses Jahrhunderts geschrieben hat,
vor allem *Die Maias* – wer hier den süßen lauen Wind
spürt und nicht hin will in dieses Portugal, ach, der weiß
vielleicht, daß solch ein Wind nur in solchen Büchern
weht; aber hofft er denn nicht auch wie ich noch, daß
wir einmal doch werden spüren können, was Turgenjews
Lisa spürt: »... der leichte, würzig duftende Nachtwind
wehte ihr um Augen und Wangen...« – im *Adelsnest*;
oder ist das auch bloß ein Buch? Und noch geboren wird
in diesem Jahr in Liestal bei Basel, Sohn eines Land-
schreibers und Richters, Carl Splitteler, der eine Menge
sehr ausladender Sachen in Versen geschrieben hat, sie
gehn uns nichts an, aber auch zwei brillante, schmissige
Kurzromane. Aber das ist noch eine Weile hin.

XI

1846 BIS 1850

»Den Anblick vergesse ich nie: die letzten vier Tage hindurch hatte ein starker Wind flußaufwärts geherrscht und eine ganze Menge Schiffe aus allen Teilen der Welt in den verschiedensten Docks festgehalten. So kam es, daß nun eine ganze Riesenflotte von Handelsschiffen unterwegs war und in voller Fahrt aufs Meer hinausstrebte. Die weißen Segel glänzten in der hellen Morgenluft, wie das Zeltlager glänzt, wenn im Morgenland ein Sultan den andern Sultan besucht...« – Melville, *Redburn*.

1 ✦ 8 ✦ 4 ✦ 6

Es stirbt, fünfundsiebzigjährig, nach einem glücklosen Leben, in einem Greisenasyl in Saint-Cloud bei Paris, Étienne Pivert de Senancour.

1846 Grabschrift (37) für

S E N A N C O U R . Senancour wurde 1770 in
Paris geboren; als er vierzehn war, schickten ihn
seine Leute für ein Jahr zu einem Pfarrer in Pension,
bei Ermenonville, in dessen schönem Park, auf der kleinen
Pappelinsel im See, damals noch Rousseau begraben lag
(er wurde zehn Jahre später ins Panthéon versetzt)[1].
1789 floh Senancour, den sein Vater zu einem Geistlichen
machen wollte, in die Schweiz, 1790 heiratete er und zog
mit seiner Familie nach Fribourg, 1795 starben seine
Eltern, er hatte kein Geld mehr, in den Jahren um die
Jahrhundertwende herum arbeitete er als Hauslehrer in
Paris, er verliebte sich sehr unglücklich in die Frau eines
alten Freundes – auf einem Gemälde, das sie zeigt, sitzt

---

[1] ich bin dort gewesen, vor ein paar Jahren Ende Oktober einmal,
das war dieser Jahrhundertherbst, wie damals alle sagten, mit traum-
haft-süßen, windlos schönen Tagen, Nebel war noch auf dem Wasser
des Sees, dann wie durch Schleier kam allmählich die Sonne, die Wege
lagen schon voll von gelbem und braunem Laub, es waren kaum Leute
im Park. Die Bauten, die man damals in den Park gesetzt hat, waren
morsch; auf einer kleinen Höhe steht ein Tempelchen, mit hingefal-
lenen Säulen: das soll natürlich so sein und war von Anfang an so.
Rousseau, den der Besitzer, der Marquis von Girardin, im Mai 78 zu
sich eingeladen hatte – Rousseau war damals fünfundsechzig und litt
zunehmend an Verfolgungswahn –, fühlte sich hier wie im Schoße
jener Natur, von der er immer geträumt hatte; man kann das verstehn;
aber Girardin hatte diesen Park einem versumpften Tal abgewonnen,
das unbewohnbar gewesen war, und was Rousseau als eine Natur
bewunderte, wie sie vor dem Eingriff des Menschen ausgesehn haben
mochte, war reines Menschenwerk und einer feindlichen Natur abgerungen – es ist sonderbar, wie schön er sich hier kurz vor dem Tode
um alles bringen ließ, was er sich so künstlich ausgesonnen hatte. –
Unten am See entlang (einem künstlichen See, der großer Pflege
bedarf) bin ich dann zu jener zauberischen Insel gelangt, einer Insel,
künstlich wie der See um sie, in deren Pappelrondell Rousseau sich
hatte begraben lassen. – Als um 1800 im anhaltinischen Wörlitz der
regierende Fürst jenen legendären Park anlegen ließ, dieses grausame
Disneyland seiner Zeit, setzte er natürlich in einen See auch eine
jämmerliche Kopie jener wunderbaren Insel von Ermenonville. Und
doch entrückt selbst sie noch den sonst dort so eingeengten Geist, der
sich nun ans wirkliche Ermenonville erinnert, wie von selbst in jene
wunderbaren Weiten, die es niemals gab.

sie ein kleines bißchen wie einst die schöne Récamier, nur war der unbekannte Maler gar kein David. Fast hätte Senancour sich mit dem Freunde duelliert, er begann dann seinen *Oberman,* den er in der Schweiz vollendete[2]; die Kritik schwieg, er konnte nicht wieder nach Paris zurück, sein Leben war wie beendet; er wußte niemals richtig, ob er Christ oder nur weise sein wollte, er war wohl zu klug für beides. Ende 1803 war er nach Paris zurückgekehrt, später flüchtete er noch einmal für zwei Jahre in die Cevennen, er konnte die Alimente für ein uneheliches Kind nicht zahlen, auch das also noch. Wie früher schon erwähnt, verhalfen ihm Sainte-Beuve und sein Kreis zu einem gewissen Altersruhm, als sie 1833 den *Oberman* neu herausgaben, da hat das Buch dann auch Balzacs Modeste gelesen. Liszt mit seiner schönen d'Agoult, die Sand und andre besuchten ihn, aber das wird dann allmählich aufgehört haben, und er starb. – Auch Senancour war, wie alle, am Genfer See; und hier ist dieser uns schon so vertraute See nun noch einmal,

---

[2] »Meine Kartause empfängt das Licht der aufgehenden Sonne zu keiner Jahreszeit, und nur im Winter sieht sie den Untergang. Um die Sommersonnenwende sieht man sie nicht untergehn, und am Morgen scheint sie erst drei Stunden, nachdem sie über den Horizont aufgestiegen ist. Sie taucht dann zwischen schlanken Tannenschäften an der Flanke eines kahlen Gipfels auf, der sich in ihrem Lichte höher in den Himmel erhebt als sie; sie scheint dann auf dem Wasser des Bergbachs zu schweben, dicht über seinem Absturz; ihre Strahlen blitzen grell durch dichtes Gehölz; die leuchtende Scheibe ruht auf dem schroffen waldigen Berge, dessen Abhang noch im Schatten liegt – das funkelnde Auge eines finstern Riesen! Doch wenn die Tagundnachtgleiche heranrückt, müssen die Abende wunderschön sein und wahrhaftig eines jüngeren Hauptes würdig. Das Tal von Innenstrom senkt und öffnet sich gegen den Sonnenuntergang im Winter; die Südseite wird dann also im Schatten liegen; von meiner Seite, die nach Mittag blickt und dann voll im Abendlicht liegt, wird man die Sonne im unermeßlich weiten, glühenden See versinken sehn. Und mein verborgenes Tal wird dann zwischen der heißen, vom Licht versengten Ebene und den eisigen Firnen der Berge, die es im Osten abschließen, mein Asyl sein in seiner milden Wärme.« *Oberman,* 67. Brief.

1846 vielleicht ein letztes Mal in dieser alten Schönheit, mit den Augen Obermans: »Ich war glücklich unter dem schönen Genfer Himmel, als die Sonne über den hohen Schneegipfeln aufging und dies herrliche Land vor meinen Augen mit ihrem Licht übergoß. Bei Copet[3] war es, wo ich das Morgenrot sah, nicht vergeblich schön wie so manches Mal zuvor, nein, in erhabener Schönheit, mächtig genug, um aufs neue den Schleier der Täuschung über mein verzagtes Auge zu werfen...« – adieu denn, wunderlicher Mann.

Drei Sachen noch einmal von Balzac (aber es geht langsam aufs Ende zu, schade), zunächst die Geschichte der *Madame de La Chanterie*, erster Teil eines Doppelbuchs, der zweite Teil ist *Der Aufgenommene*, das letzte Stück Balzacs, beide Teile zusammen haben den Obertitel *Die Kehrseite der Zeitgeschichte*, es geht um einen geheimen Bund, der sich der unerkannten christlichen Nächstenliebe verschrieben hat, mit großen Geldmitteln; Balzac führt hier Gedanken weiter, die schon im *Landarzt* und im *Dorfpfarrer* Gestalt gewonnen hatten, nicht jedesmal zum Vorteil der Romane; Balzac will alles gestalten, auch das Christentum in seinen extremen Formen; was ist, muß ich verstehn können, was ich verstehe, kann ich machen, wird er sich gesagt haben; aber es war wohl auch andersherum: daß er wirklich nur verstand, was er auch machen konnte – und hier war wieder einer jener Fälle, in denen er allzu weit aus sich heraus hätte gehn müssen[4]. Dann

---

[3] dort (meistens schreibt man Coppet) hatte die Staël ihr Schloß, in dem alle Welt sich traf.

[4] ich könnte das auch so ausdrücken, daß ich von ganz spezifisch christlichen Seelenlagen nicht sicher bin, ob sie überhaupt noch im menschlichen Bereich liegen, jedenfalls in den Zeiten des Romans – Balzacs Scheitern wäre dann ganz natürlich; aber meine Überlegung beruht eben auch auf diesem Scheitern, das ich lesend wahrnehme. Ein frommer Mensch könnte natürlich erwidern, daß ich ein Scheitern

erscheint der dritte Teil vom *Glanz und Elend der Kurti-*
sanen, Wohin schlechte Wege führen – hier begeht, im Verlauf
einer Gerichtsuntersuchung, die sich an den Selbstmord
der kleinen Esther anschließt und an das Verschwinden
ihrer Erbschaft, der junge Lucien Selbstmord, die schöne
Maufrigneuse, von der wir in diesem Zusammenhang
schon gehört haben, wird ganz außer sich geraten; Balzac
verschärft jetzt ganz spürbar das Tempo seiner Erzählung,
schon mit der anfänglichen Schilderung des Gefängnisses
und des Gerichtsgebäudes[5] kommt ein beinahe drama-
tisch-tragischer Ton in das Buch, das steigert sich bis zum
Ende des vierten Teils, *Vautrins letztes Abenteuer* ist das
zwingendste und in seiner Düsternis gewaltigste Roman-
finale. Einen Roman, der schön geworden wäre, bricht
Balzac in diesem Jahre ab, auch wenn dieses Abbrechen
ein ganz andres ist als das, von dem wir uns zu unserm
Leidwesen mehrmals bei Stendhal überzeugen mußten:
Balzac hat öfter einen Roman jahrelang liegenlassen und
ihn dann zu Ende geschrieben, nur geht so etwas gegen
Ende eines Lebens dann natürlich nicht mehr gut – es
war also der Tod, der dazwischenkam. *Die Kleinbürger*
sind als das Fragment, das Balzac hinterlassen hat, ein
reichlich dunkles Stück, mit versteckten Schätzen und
Halbverrückten; aber wer die Freundlichkeit und Geduld
hatte, mir bis hierhin zu folgen, der weiß, wieviel er an
dem zu lesen haben wird, das wir vollendet von Balzac
haben.

---

eben wahrnehme, wo ich jemanden den nurmenschlichen Bereich verlassen sehe; aber das wäre ein moralischer Einwand – den lassen wir
Leser nicht gelten.

[5] »... an vielen Wunden krankt heute dieses riesenhafte Bauwerk,
das gleich einem jener vorsintflutlichen Tiere im Kalk von Montmartre
unter dem Palast und dem Kai vergraben liegt ...« – ich zitiere dieses
nicht ganz gewöhnliche Bild, weil der junge englische Romancier
Lawrence Norfolk in seinem historischen Londonroman *Lemprières
Wörterbuch* unter dem Londoner Gebäude der alten Ostindischen
Kompanie ein riesiges hohles vorsintflutliches Gerippe sich befinden
läßt, worin wunderliche Untote Gericht spielen.

1846 Sonst bringt Alexis den Roman heraus, der sich in der Gunst des Publikums bis heute beinahe gehalten zu haben scheint, nämlich *Die Hosen des Herrn von Bredow*; es gibt einige solcher Romane, die sich in der Gunst des Publikums gehalten zu haben scheinen, jedenfalls kann man sie immer kaufen, und die meisten sagen, die hätten sie auch irgendwann einmal gelesen, Freytags *Soll und Haben* gehört etwa dazu, bis vor gar nicht langer Zeit stand auch Friedrich Theodor Vischers *Auch Einer* in diesem Regal, dicht neben Bierbaums *Stilpe*; alle diese Bücher sind aber bei Licht besehn nicht das Lesen wert, und ich erwähne sie nur eben ihres so zweifelhaften Rufs wegen. Bis auf Freytags Buchs gelten alle diese Werke als humoristisch; der Humor des Werks von Alexis besteht darin, daß hier eine lederne alte Hose nicht gewaschen werden kann oder darf, und man möchte, ein selbstbewußter Pharisäer, nicht gern in der Haut jener Leute gesteckt haben, die das einst lustig fanden. Wir werden aber bei Gelegenheit diesem Phänomen etwas ernsthafter auf den Grund gehn, manche Bücher hängen so sehr mit der eignen Biographie zusammen, oder mit den Lesegewohnheiten derer, die einen sehr geprägt haben, daß es schwerfällt, die Verursacher (die Bücher selber) einer Lektüre zu verdammen, der wir etwas glauben verdanken zu müssen, und es ist vielleicht auch nur die Selbstliebe, die uns sagen möchte, wir könnten damals keine solchen Toren gewesen sein, die hereingefallen wären auf wirklich schlechte Sachen, und wenn doch, dann hätten wir sie sein müssen, um zu werden, was wir jetzt sind, und so weiter, wir werden sehn (einmal haben wir dieses Phänomen schon gestreift, als wir sehn mußten, daß Fontanes Scottbegeisterung nach eignem Geständnis aus den Jahren rührte, da er als Vierzehnjähriger dessen Bücher verschlungen hatte). – Von Gotthelf erscheint *Der Geltstag*. – Die Sand bringt das *Teufelsmoor* auf den Markt, eine rührende, ja, ich möchte sagen, eine allzu rührende Geschichte, wenn auch schön zu lesen, und auch schön kurz. Hier ist die Autorin nun ganz in ihrem gegenwärtigen Element der bäuerlichen Einfachheit angelangt; sie liebte ihr Berry, wir lieben es auch; es scheint aber seine Probleme zu haben, sich intellektuell und aus ehrlicher Seele solidarisch machen zu wollen mit Leuten, nur weil man unter ihnen lebt: man muß da manchmal Sachen erfinden (sie ihren ländlichen Roman), die man vielleicht besser nicht erfunden hätte[6]. Eine ganz andre Sache ist, und eine sehr bedenkenswerte Sache, daß die Sand hier, im Vorfeld der Revolution, an der Idealisierung eines Milieus arbeitet, das als Ideal hinzustellen geradezu das heimliche Credo aller stabilisierenden, gegenrevolutionären und reaktionären Kreise sein würde. Uns muß das nicht weiter tangieren, wir lesen in andern Zeiten; aber uns kommt doch wieder ihres Freundes Flaubert Elfenbeinturm in den Sinn; und wir dürfen uns ja fragen, erstens, wie sehr eine nicht geradezu unkritische, aber doch gern und gewissermaßen bedenkenlos geübte menschenliebe Solidarität sich auf die schriftstellerische Substanz auswirkt, zweitens, was es eigentlich ist, das uns immer so ein wenig frösteln macht, wenn wir sehn, wie Sachen, die einer klug und ehrlich schreibt, von Zeiten in Anspruch genommen werden, die er nicht hat kommen sehn (Raabe ist manchmal ein ähnlicher Fall in letztrem Punkt; ganz anders ist das bei Leuten wie Freytag, die heimlich, oder in ihrer Borniertheit, an der Heraufkunft solcher Zeiten arbeiten und sich bestätigt sehn, wenn sie kommen und sich ihrer bedienen). Aber die Sand ist eine so wunderbare Frau, sie kann tun und lassen was sie will, wir müssen sie mögen, wir müssen sie lieben.

Jetzt kommt Dostojewski, wenn auch zunächst nur mit zwei Etüden, glänzenden Stücken aber auch sie schon, nämlich mit den *Armen Leuten* und dem *Doppelgänger.*

---

[6] manchmal glaube ich, daß das sogenannte Kinder- und Jugendbuch eine ähnlich problematische Erfindung ist.

1846 Die Geschichte vom *Doppelgänger* hat einen fast surrealistischen *touch* in der Art, wie hier romantische Ideen etwa ETA Hoffmanns sich paaren mit psychopathologischen Phänomenen oder Sichtweisen, und dies auf dem Hintergrund einer Gesellschaft, die sowohl im unteren Bereich der kleinen Leute als auch im oberen der hohen Beamten und des Adels schon seit Gogol ihre beinahe chimärischen, grotesk-gespensterhaften Züge hat. Die Geschichte von den *Armen Leuten* habe ich schon erwähnt im Zusammenhang mit Balzacs Beamten; Dostojewski scheint ganz Herz zu sein für die Armen und ihre kümmerlichen Bedürfnisse, ihre armen Freuden, ihre törichten Lieben und ihre trostlosen Träume, wenn er, in Form eines Briefromans – als wolle er insgeheim alte Schreibweisen parodieren – von einer ungemein zarten Liebe erzählt, die da in der Armut wächst; aber wenn man genauer hinsieht, dann ist das, was die Armen den nichtträumenden Reichen voraushaben, nichts, womit sich leben ließe, würden sie nun reich: dafür aber können die Reichen nichts, so häßlich sie sind. Das Glänzende an diesem frühen Buch ist, daß vor lauter Analyse (und so wird sie, ohne das wollen zu müssen, zu unvoreingenommener Satire, selbst wenn Dostojewskis Herz tatsächlich sicher eher auf der Seite der Armen ist) keine Schuld eindeutig zugewiesen wird; das macht den Text federnd und beinahe elegant.

Und dann kommt Melville, mit etwas Selbsterlebtem, nämlich dem Bericht darüber, wie er, auf der Reede einer Südseeinsel, von seinem Schiff desertiert und dann, zuerst mit einem Kameraden, später allein, auf dieser Insel lebt, quasi gefangen von einem Stamm, der für den bösesten, fremdenfeindlichsten der ganzen Inselwelt gilt, den *Typee*; Melville beschreibt das Leben in diesem Tal (eine Menge bloß Gelesenes, später Dazugelesenes geht in seine Beschreibungen ein), er deutet romantische Beziehungen an mit einer wunderschönen Insulanerin (unschuldig und

willig); er deutet auch Menschenfresserei an, er ist auf 1846
den Marquesas, die seit alters für Kannibaleninseln galten
(später hat er zugegeben, gerade diese Andeutungen erfunden zu haben); schließlich aber wird sein Gefühl, nicht
hierherzugehören, übermächtig, Europa mag ein Elend
sein (samt seinen Missionaren), aber für seine Seele ist
dies Gemisch aus Paradies und unverstandnem Gefängnis
kein Ort, und so flieht er. Irgendwie ist das natürlich gar
kein Roman, aber das ist bei Melville ja oft der Fall, wir
werden das sehn; andrerseits kann ein solches Buch ja
nicht deshalb bloß als ein Reisebericht rubriziert werden,
weil der Verfasser wirklich dort war. Auffällig ist hier,
wie dann auch im nächsten Jahr bei seinem *Omoo*, die
wunderbar freie und gelöste Erzählhaltung Melvilles, der
hier entweder, sagt man sich, keine Literatur machen will,
oder eine ganz andre machen wird als wir noch ahnen –
das macht wohl die Lust aus, die wir (wie in Andeutungen
schon seinerzeit bei Sealsfield) bei der Lektüre dieser
frühen Bücher empfinden. Es ist, als ob hier, wie eben bei
Dostojewski, Fenster aufgestoßen würden auf Meere, die
wir noch nicht kannten. Sicher, wir wissen mehr, als wir
damals gewußt haben würden; aber das ist weder unsre
Schuld noch überhaupt ein Nachteil – es umreißt nur
unsre Perspektive.

Keine bedeutenden Geburten dieses Jahr ...

1 ♦ 8 ♦ 4 ♦ 7

...und dieses Jahr keine bedeutenden Todesfälle[7].

Aber die letzten Sachen jetzt von Balzac (er ist schwer krank, er kann nicht mehr), zwei hatten wir schon im letzten Jahr vorweggenommen, nämlich den Schlußteil der Geschichte des Lucien (*Glanz und Elend der Kurtisanen*, die wieder waren die Fortsetzung der *Verlorenen Illusionen*, Sie erinnern sich gewiß), nämlich *Vautrins letztes Abenteuer*, worin, in einer bestürzenden Volte, aus dem alten Gangster Collin (dem wir zuerst in jener Pension begegnet waren, in der sich Papa Goriots Leben geendigt hatte) ein großer Geheimdienstler wird; und wir hatten schon den *Aufgenommenen* gesehn, im Rahmen jenes christlich-karitativen Geheimbundes der Madame de La Chanterie. Ferner haben wir jetzt, unter den nun ewig

---

[7] oder doch: Felix Mendelssohn-Bartholdy stirbt; es gibt aus Italien viele schöne Briefe von ihm an seine Leute zu Hause, 1831 berichtet er aus Rom: »In der letzten Zeit bin ich wieder etwas in den neueren Ateliers gewesen. Thorwaldsen hat eben eine Statue von Lord Byron in Ton beendigt; er sitzt auf alten Ruinen, mit den Füßen auf einem Säulencapitäl, und sieht hinaus, im Begriff etwas auf die Schreibtafel zu schreiben, die er in der Hand hält. Er hat ihn nicht im römischen Kostüm, sondern im einfachsten heutigen dargestellt, und ich finde, daß es sehr gut, und gar nicht störend ist. Das Ganze hat wieder die natürliche Bewegung, wie sie in allen seinen Statuen so wunderbar ist, und doch sieht er finster und elegisch genug aus, und so gar nicht affektiert.« Mendelssohn-Bartholdy liebte Jean Paul sehr, von der Isola Bella (dort beginnt Jean Pauls *Titan*) schreibt er: »Da war im Kahn mit mir ein sehr schnurrbärtiger Deutscher; der sah sich die schöne Natur an, als ob er sie kaufen solle, und finde sie zu teuer. Dann begegnete mir eine Jean-Paul'sche Geschichte, wörtlich. Als wir nämlich auf der Insel zwischen dem Grün spazieren gingen, sagte ein Italiener der mit war, hier sollte man eigentlich mit seiner Geliebten zusammengehen, und die Natur genießen. Ach ja, seufzte ich zart.« – Mendelssohn war 22 – »Deswegen habe ich mich auch seit zehn Jahren von meiner Frau getrennt, und ihr einen kleinen Tabakshandel in Venedig angelegt, fuhr er fort, und lebe nun, wie ich Lust habe. So müssen Sie es auch einmal machen!«

unabgeschlossenen Werken, den *Abgeordneten von Arcis*,
eine spannend und verlockend angefangene Geschichte,
in der in ein Provinznest attraktiv und geheimnisvoll ein
schöner Fremder kommt – soweit sich das absehn läßt,
aus der Stimmung des Ganzen, hätte das ein ähnlich
schönes Werk werden müssen wie unsre *Modeste Mignon*,
tausendmal schade nun, aber bei wem sollen wir uns beklagen? Hätte Balzac etwas ruhiger leben, etwas weniger
Kaffee trinken sollen? – Zwei seiner ganz großen Sachen
hat er aber vollendet, nämlich die beiden Romane der
armen Verwandten, den *Vetter Pons* und die *Tante Bette*.
Der Vetter Pons ist ein Musiker, vor allem ein Sammler –
hier war Balzac ganz bei sich, er selber sammelte mit
fast wütender Leidenschaft alles, was kostbar schien,
Möbel, Spazierstöcke, Kleinplastiken (manchmal ver-
merken Museen so etwas, im Barghello in Florenz steht
in einer Vitrine eine Plastik, die Balzac gehört habe),
Bilder; Pons nun hat vornehme Verwandte (Juristen, die
wir aus andern Werken kennen), bei denen er gelegentlich
ißt, er legt außerordentlichen Wert darauf, er verschenkt
als Gegengabe ein kostbares Stück, den Fächer einer
Königin oder so, aber die reichen Verwandten halten
das, weil von ihm kommend, für einen Tand, er wird
nicht mehr eingeladen; er stirbt, verkannt inmitten seiner Kunst; nach seinem Tode wird ruchbar, wie wertvoll
seine Sammlung ist, nun stürzen sich alle darauf, die den
Sammler verachtet hatten – ein Roman, der den Leser,
wenn er mit der Kunst fühlt, in eine wunderbare Empörung gegen alle bringen kann, die die Kunst und den
Künstler verachten: in jene Empörung, die Balzac oft
genug in sich verspürt haben wird, wenn er (und dann
gedrückt von seinen dauernden Schulden) sah, wie wenig
man in ihm den erkannte, der er eigentlich war. Tante
Bette war uns schon einmal im Zusammenhang mit
Canova begegnet, sie bemuttert tyrannisch einen jungen
Bildhauer; dieses Tyrannische ist ihr Wesen, sie ist die böse

 **1847** Rächerin der Unterdrückten, der zu kurz Gekommenen; sie richtet zugrunde, und an denen, die ohnehin zugrunde gehn würden (das sind die meisten in diesem düsteren Buch), läßt sie wenigstens noch ihre Freude darüber aus; vielleicht würde sie wenig ausrichten, wenn diese Gesellschaft nicht in sich völlig korrupt wäre: so ist sie ihr schmutziger Spiegel. Als Bette glauben muß, dort, wo sie in der Familie Zerstörung sucht, könne es doch noch ein Glück geben, stirbt sie wütend; aber sie hatte sich geirrt, das Glück war nur vermeint, es war doch alles schon aus.

Das Jahr geht so groß weiter, wie es für uns Balzacleser hier endet. Die drei Brontës treten ans Licht, genauer tuns nur ihre Bücher, sie selber bleiben anonym: die kleine Anne, die zwei Jahre darauf sterben wird (ein weiteres Buch wird sie noch machen), bringt *Agnes Grey* heraus, ein ganz und gar dilettantisches Buch (die Frage ist sicher, ob sie nicht alle drei, diese Schwestern, dilettantisch waren – sie waren es –, aber Anne war nichts als das), Charlotte, die älteste, und die am längsten leben wird, aber auch sie wird keine neununddreißig, sie heiratet aber immerhin, die beiden andern fahren ledig davon, und unschuldig ganz gewiß, Charlotte bringt *Jane Eyre* heraus, sie wird berühmt mit diesem für die Zeit und jene Welt beinahe skandalösen Buch, und Emily (sie wird im Jahr darauf sterben) schreibt die *Sturmhöhen*, das zweifellos wahnsinnigste und anrührendste aller dieser Brontëwerke, in welchem, unter ständig schlechtem Wetter, ein Findelkind seine Fundeschwester begehrt und, als sie einen andern nimmt, einen weniger heillosen Mann, die Welt zerstören will und auch beinahe zerstört; er heißt Heathcliff, und einmal sagt die begehrte Catherine, »es würde mich entwürdigen, Heathcliff zu heiraten, auch wird er niemals erfahren, wie sehr ich ihn liebe. Und ich liebe ihn keineswegs, weil er schön ist, sondern weil er mehr mein Ich ist, als ich selbst. Von welchem Stoff auch unsre Seelen sein mögen, seine und meine sind aus dem

gleichen« – das sind Reden wie aus ganz entlegenen *1847*
Welten, rein ausgedacht, unerlebt: Emily ist ein wunderliches Beispiel dafür, daß ein Romancier nicht selber gelebt haben muß, um schreibend doch Dinge zu sehn, von
denen sonst selbst der Klügste, wenn er sie übersteht,
sagen muß, daß er das nicht für möglich gehalten hätte,
hätte ers nicht selber durchgemacht. Zwar meint man
zu sehn, daß Emily nicht eigentlich weiß, was Begehren
heißt, denn selbst der wüste Heathcliff scheint nichts
zu haben, was begehrenden Sinnen ähnelt, aber um so
fahler und hemmungsloser, um so hysterischer wird das
Geflimmre des Lichts, in das die ganze Szenerie dieser
Liebe getaucht ist. – Charlottes Jane Eyre liebt einen
düsteren Schloßherrn, der eine Wahnsinnige im Hause
hat; sie wollen heiraten, aber es stellt sich heraus, daß die
Wahnsinnige seine Frau ist; Jane geht fort, sie unterrichtet
irgendwo auf dem Lande, heiratet fast einen jungen Mis-
sionar, der jedoch mehr ihren Willen will als sie selbst,
eines Nachts hört sie dann aber die ihren Namen rufende
Stimme des Schloßherrn (im Geist, wie man so sagt), sie
nichts wie hin, und da ist das Schloß abgebrannt (die
Wahnsinnige!), ihr Geliebter hat nur noch einen Arm und
ein Auge. Aber immerhin, nun haben sie sich, das Auge
heilt wieder, der Arm bleibt natürlich ab, aber sonst ist
alles gut, ein Kind kriegen sie dann auch bald. Der Mis-
sionar geht nach Indien oder sonstwohin, überall braucht
man Gott (man weiß nicht, woran es liegt, aber das Buch
ist eigentlich wunderschön, wie ein Genuß, den einem
keiner zutrauen würde, wenn er uns kennt, wie wir uns so
geben).

Ein kleines Buch auch von George Sand, *Lucrezia
Floriana*, sie erzählt hier, als Fiktion, die – hier aber von
Eifersucht durchtobte – Geschichte, die sie mit Chopin
hatte; es ist ganz sonderbar (wir haben das schon bei
Musset gesehn, in ihrem *Sie und Er*), wie sich ihre großen
Liebesgeschichten immer für den Mann hin ins Klägliche

verwandeln, sobald die Sand sie hinterher niederschreibt. Schön ist der kleine Iseo-See, an dem das Stück spielt – wieder möchten wir reisen: »Der kleine See von Iseo hatte nichts Aufregendes an sich, und seine Ufer waren so sanft und frisch wie ein Gedicht von Vergil. Zwischen den Bergen an seinem Horizont und den weichen Furchen, die der Wind an seinen Ufern zog, lag ein Wiesenstreifen, der mit den schönsten wildwachsenden Blumen übersät war, die die Lombardei hervorbringt, und wie emailliert aussah.«[8] – Und dann eines der Meisterwerke dieses

---

[8] Kurz davor hatte es noch geheißen, es geht da um zwei junge Männer auf Reisen: »Auf ihrem Weg von Mailand nach Venedig kamen sie an einem See vorbei, der im Sonnenuntergang wie ein Diamant im Grünen funkelte. – Gehn wir nicht weiter, sagte Salvatore, weil er im Gesicht seines Freundes sah, wie müde der war, wir machen zu lange Tagesreisen, und wir sind noch von gestern erschöpft. – Ach, das macht nichts, antwortete Carol, der Comer See war das schönste Schauspiel, das ich in meinem Leben gesehen habe. Aber wir können übernachten, wo du willst, mir ist das gleichgültig.« Dort also der berühmte alte Comer See, die antiken Villen, die neuen Landhäuser, dieser Glanz der größeren Welt, und hier nun das unbekannt kleine Idyll des Iseo-Sees, wohin sich aus der großen Welt, wie man dann erfährt, die Schauspielerin Lucrezia zurückgezogen hat in ein hübsches Landhaus (das schon) – das verhält sich ein bißchen wie das Berry der wirklichen Sand zur prächtigen Loire ein Stück weiter nördlich, aber wir wollen weder für die Sand selber noch für das Romaneschreiben allgemein jetzt eine Theorie daraus machen über einen Rückzug ins Private und so fort; was die Rolle der Schauspielerin angeht, so verkleidete die Sand sich gern darein, wenn sie schrieb, wir kennen das aus der *Pauline* von 41, dort ist Laurence, der Besuch von draußen, auch eine Schauspielerin. Von Lucrezia hier heißt es, sie habe eine ununterbrochne Folge von Liebesgeschichten hinter sich, sie selber sagt dann sehr hübsch einem alten Freund gegenüber: »Würden Sie sagen, ich bin eine Kurtisane? Ich glaube nicht, denn ich habe meinen Geliebten immer gegeben und ich habe nie etwas bekommen, nicht einmal von meinen Freunden. Was ich habe, habe ich erarbeitet, und die Eitelkeit hat mich so wenig geblendet wie die Lüsternheit mich verführt hat. Meine Liebhaber waren nicht nur arm, sie waren auch ohne jeden Ruf. Würden Sie mich eine galante Frau nennen? Die Sinne haben mich nie weiter verführt als das Herz, und ich kann mir keine Lust ohne begeisterte Liebe denken …« – irgendwie stimmt das alles natürlich nicht, aber die Sand redet hier von sich (denn sich meint sie natürlich) mit so klaren Augen gewissermaßen, daß niemand das Herz hätte, ihr in das ganze so schöne Gesicht zu sagen, Madame, Sie schwindeln.

doch sonst auch schon so unendlich reichen Jahrfünfts,
Gontscharows *Alltägliche Geschichte* – worin nun auch
tatsächlich nichts passiert als die Abrichtung eines liebenden, dichtenden, faulen, verrückten jungen Mannes zu
genau dem normalen, rabiat realistischen Menschen,
der – eben leider immer schon in ihm gesteckt hatte: und
die Entdeckung eben dieses Innern, wie es dem Außen,
das den jungen Mann abrichtend ganz zu unterdrücken
scheint, doch immer mehr so fatal gleicht, diese Entdeckung des Autors macht aus einem Buch, das früher
eine Tragödie hätte werden oder in Resignation hätte
enden können, eine Erzählung von unvoreingenom-
menster Ruhe, freundlich, gelassen, klug; wir nehmen
beim Lesen an, daß der Autor mit uns oft genug wütend,
verzweifelt, traurig und besserwissend ist, aber er sagt es
nicht (manchmal läßt er die Frauen Zweifel an der Größe
ihrer Männer äußern; wenn der junge Mann einen Sinn
dafür hätte, würde er gegen sich wüten – er würde gegen
sich gewütet haben, hätte er ein bißchen nur bleiben
dürfen, was er hätte werden können –, wenn er nämlich
sieht, warum er die liebevolle Sympathie seiner anmutigen Tante verliert, der Frau seines Abrichters); der Autor
sagt es nicht, aber es ist uns unbenommen, zu ahnen, daß
die Gesellschaft, deren Entstehn im Kleinen er uns hier
so hinreißend schildert, nicht unbedingt das ist, dessen
besseres Gegenstück bloß zu träumen unser Los sein
muß. – Und dann Melvilles zweites Buch, *Omoo – Typee*
war ein Riesenerfolg, warum sollte Melville nun nicht
ein ähnliches zweites schreiben, nicht? Also setzt er die
Geschichte einfach fort, jetzt sind wir auf Tahiti, und
dann doch mehr fortgeführt als bloß fortgesetzt ist die
Geschichte so: bei *Typee* hatten wir einen unberührten
Eingeborenenstamm kennengelernt, jetzt zeigt uns Melville, ein außerordentlich engagierter junger Mann, was
die europäische Zivilisation samt den Missionaren aus
einer ganzen Insel voller einst schöner Menschen gemacht

1847 hat[9]. Melvilles Ärger macht sich eher in Sarkasmen Luft, die Erzählung bleibt noch lässig und witzig; so hätte er eigentlich noch ziemlich lange weitermachen können, denkt man sich; er hat es nicht, wir wissen es besser, für uns ist das leicht; man ermißt aber an der Güte auch dieses Buchs, was es den jungen Autor gekostet haben

---

[9] eine schöne Geschichte über das Lesen andrer Romane gibt es hier beinahe am Ende des Buchs, als der erzählende Held längere Zeit in Po-Pos Haus wohnt (Po-Po hat eine entzückende Tochter, Loo, das ist aber wieder eine andre Geschichte; lange vorher, als der Held noch anderswo auf Tahiti gefangen war, ist ihm eine wilde Einheimische begegnet: »...ich wußte, daß ihr Blick auf mir ruhte. Tiefer und tiefer errötete ich, und kein Laut eines Lachens ertönte. Köstlicher Gedanke! Mein Anblick rührte sie. Ich ertrug es nicht länger und richtete mich auf. Sieh, da stand sie! Ihre großen haselnußbraunen Augen wurden größer und größer wie zwei Sterne, ihr ganzer Körper erbebte vor Lust, und ein Ausdruck lag um ihren Mund, der jedes Gefühl mit einemmal und gründlich vernichtete. Im nächsten Augenblick fuhr sie herum und brach in ein schallendes Gelächter aus. Sie rannte davon und kam zu meinem Glück nie wieder.«) Erzählen wollte ich aber von Po-Pos Haus: eines Tages bringt nämlich Po-Po drei Bände mit Romanen von Smollett, die hatten sich, schreibt Melville, in der Kiste eines Matrosen gefunden, der vor einiger Zeit auf der Insel gestorben war. »Amelia!« – ruft nun der Erzähler aus, »Peregrine! – Du Held aller Schurken, Graf Fathom! – Wie tief stehn wir in eurer Schuld!« – schön ist das; und ich habe mich dabei an eine Stelle bei Smollett selber erinnert (aber ich habe die Stelle nicht wiedergefunden, Sie werden das kennen), an eine Stelle, an der ein armer zur See Gefahrener und irgendwie Gestrandeter, aber in England Gestrandeter und halb Totgeschlagener nachts in einem Dorf gefunden und dann in ein Haus gebracht wird, in dem die gebildete Familie des Dorfs wohnt. Der junge Gestrandete sagt nicht, wer er ist, sie päppeln ihn auf, ein oder sogar zwei schöne Töchter sind dabei, er lebt beinahe mit in der Familie, und zum ersten Mal richtet die eine der Schönen (wenn es also zwei waren, ich weiß es nicht mehr) ihre neugierigen Augen auf ihn, als er, wie sie einmal im Verständnis einer Stelle in ihrem zerlesenen alten italienischen Ariost nicht weiterwissen, zu ihrer aller Erstaunen die dunkle Stelle wunderschön erklären kann; aber die Lust am Gelesenen treibt ihn allzu weit, denn nun kann er nicht länger verbergen, daß er ein ganz andrer ist als er scheint. Ich glaube, er kriegt, obwohl er erst gehn muß, die Schöne am Ende; aber beinahe eben hätte er sie nicht gekriegt; oder aber, er hätte sie auch so gekriegt, durch die Gewohnheit, doch kein Dichter hätte sich dann in die Liebe gemischt gehabt, und sie wäre so gut wie ohne das schöne Bewußtsein ihrer selbst geblieben.

muß, eben nicht einfach weiterzumachen – oder besser:
wie wunderbar er aufmerksam blieb auf das, was sonst
noch für ihn zu tun wäre; manchmal, bei den wirklichen
Genies, ahnt man dann, was alles anderswo ungeschrieben geblieben sein wird, einfach weil die Autoren, aus
Schwäche, aus Mangel an Glauben, aus Lust am Erfolg –
aus Schwäche also den Blick dann doch abwendeten
von dem, was aus ihnen hätte werden, nämlich: was an
Büchern durch sie hätte entstehn sollen.

Geboren werden in diesem Jahr in Thisted in Nordjütland, am nordwestlichen Ufer des Limfjords, Jens Peter
Jacobsen, Sohn eines Kaufmanns, er wird über Algen
promovieren, Darwin übersetzen, jung an der Schwindsucht sterben und einen wunderbaren Roman schreiben;
ferner in Szklabonya, nördlich von Budapest, Kálmán
Mikszáth, wir werden ihn kennenlernen; und dann in
Hrubieszów, südöstlich von Lublin, Boleslav Prus (eigentlich Alexander Glowacki), auch er wird noch auftreten.

Jetzt stirbt, beinahe achtzigjährig (zwei Monate fehlten
noch), hochberühmt und -geehrt, in Paris, der große
Chateaubriand; es stirbt, in Spentrup bei Randers, fünfundsechzigjährig Steen Steensen Blicher, Verfasser der
wunderbaren *Bruchstücke aus dem Tagebuch eines Dorfküsters*; und in ihrem Elternhaus in Haworth in Yorkshire
stirbt an Tuberkulose, dreißigjährig, ruhmlos, wenn auch
unsterblich, Emily Brontë; und es stirbt noch, sechsundfünfzigjährig, in Langham, rechts von Leicester, Captain
Frederick Marryat.

C*HATEAUBRIAND*. Er wurde 1768 bei Saint-Malo in der Bretagne geboren, auf dem Château Combourg, das wohl ein wenig düster ist; dreiundzwanzigjährig, 1791, unternahm er jene Reise nach Nordamerika, deren literarische Ergebnisse, *Atala* und *René*, uns oft begegnet sind (später veröffentlichte er dann sein Buch über die *Natchez*, jenen Indianerstamm, dem wir dann bei Sealsfield wiederbegegnet sind); dann heiratete er und kämpfte danach unter dem Prinzen Condé in jenem Emigrantenheer, das von Koblenz aus nach Frankreich zog; er wurde verwundet, lebte als Emigrant in London und Brüssel, 1798, heißt es, habe er sich zum christlichen Glauben bekehrt, vorher sei er ein Freigeist gewesen. Er wurde unter Napoleon Minister, nachdem er sein berühmtes Buch über den *Geist des Christentums* verfaßt hatte. Er verließ im Ärger den Staatsdienst und trat 1806 eine lange Reise an, nach Griechenland, Palästina, Nordafrika, Spanien; Früchte dieser Reise waren *Les Martyrs*, so etwas wie ein frühchristlicher Roman, in welchem die wilden Tiere in der Arena noch Christen essen, während schon Konstantin aus Jesus den Staatsgott macht (man liest zu all dem aber besser Burckhardts kühle Arbeit über die Zeit Konstantins) und das umfangreiche *Tagebuch einer Reise von Paris nach Jerusalem*, 1811[10]; besonders die Schilde-

---

[10] bei Gelegenheit dieser Reise nach Jerusalem will ich rasch ein halbes Jahrhundert vorausblicken, nämlich auf Pierre Loti, der dann kurz vor der Jahrhundertwende ebenfalls eine Reise nach Jerusalem beschrieben hat, in zwei Büchern, *Jerusalem* und *Die Wüste* – besonders dies letzte Buch, in der Reiseroute dem ersten vorausgehend, zeichnet sich durch ganz ungeheure Landschaftsbilder aus; Loti, ein gern politisierender Seeoffizier, der kaum Zeit gehabt hatte, sich eine große Bildung anzueignen, und der weder den großen Überblick hatte noch sehr fromm war, unterscheidet sich von unserm frühen großen Reisenden auch darin, daß sein Exotismus sehr europamüde ist, und daß seine Einfühlsamkeit durchaus nicht die schöne romantische Unbegrenztheit des großen Reisenden hat: seine Beschreibungen sind

rung Griechenlands, das damals noch türkisch war, trug
sehr dazu bei, das Interesse der mitteleuropäischen Intellektuellen – denken Sie an Byron – für dieses Land und
seine Freiheit zu wecken. 1811 wurde er in die Académie
gewählt[11]; später wurde er Pair[12], Gesandter in Berlin und
London, Außenminister und wieder Gesandter in Rom,
nach 1830 zog er sich aus der Politik zurück. Ein wunderbares Freundschaftsverhältnis verband ihn mit der uns
bekannten schönen Madame Récamier (sie starb kurz
nach ihm, 1849), in deren Salon er in der nachnapoleonischen Ära eine prächtige und wie für ihn gemachte,
im Grunde wohl auch wirklich für ihn gemachte Rolle
spielte, man ist versucht, gute anderthalb Jahrhunderte
zurückzudenken an Madame de Lafayette und ihren

---

hart und lassen eher immer auch deutlich spüren, wie sehr dieser neue
Reisende zusehn muß, daß er überhaupt heil durchkommt durch
Gebirg und Wüste und Hitze und raubtieraugen- und araberdolchdurchfunkelte Nacht.
    [11] für Marie-Joseph Chénier, einen Bruder des 1794 hingerichteten
sehr viel berühmteren Lyrikers André; Marie-Joseph hatte in Theaterstücken und hymnischen Gedichten unter großem Beifall die Revolution gefeiert, dann auch Napoleon, hatte sich aber dann in dem
Maße, in welchem Napoleon sich als Diktator aufspielte, gegen ihn
gewandt. Chateaubriand, in seiner Antrittsrede, die traditionell ein
Lob des Vorgängers zu sein hatte, wollte indes den Verstorbenen so
sehr schmähen (dieser hatte auch Chateaubriands *Geist des Christentums* seinerzeit hart angegriffen), daß Napoleon (dem solche Reden
offenbar vorgelegt werden mußten, oder dem Chateaubriand sie
womöglich aus Eitelkeit gegeben hatte) sie verbot. – Ich will an dieser
Stelle erwähnen, daß jetzt, beim Ableben Chateaubriands, der sehr
kranke Balzac sehr gern dessen Platz in der Académie eingenommen
hätte; seine Kandidatur stand auch zur Abstimmung, aber er erhielt
bloß zwei Stimmen, nämlich Hugos und Lamartines; die Zahl der Unsterblichen betrug immer vierzig, einer war immer tot, wenn ein neuer
gewählt werden sollte, zwei also waren für Balzac, siebenunddreißig
nicht.
    [12] Pairs sind, Sie erinnern sich gewiß, jene Männer, auf die bei
Balzac immer die schönen ehrgeizigen jungen Damen so scharf sind;
sie wolle einen Pair oder gar keinen Mann, sagt die Schöne im *Ball von
Sceaux,* und dann verliebt sie sich in einen Verkäufer, weil der ganz
wundervoll wie ein Pair aussieht. Auch die aufstrebenden Männer bei
Balzac wollen am allerliebsten immer Pair werden.

1848 geistvollen La Rochefoucault; nur war, wo die Lafayette sehr geistreich war, die Récamier auch noch sehr schön, und Chateaubriand hatte so wunderbar viel Gefühl. Begraben zu sein wünschte er sich bei Saint-Malo, auf dem Felsen Grand Bé, den die Flut zu einer Insel macht; die Kelten, das wußte er, glaubten an Unsterblichkeit nur auf Inseln, dies war ein feiner Kompromiß mit allem, woran er sonst glaubte, und es hat ihn ja auch niemand vergessen.

Grabschrift (39) für

B*LICHER*. Er war 1782 in Vium in Jütland geboren worden, Pfarrerssohn; besuchte in Randers die Lateinschule, war Lehrer, verheiratete sich unglücklich mit der Witwe seines Onkels, hatte Pfarreien, und kämpfte, wie vor ihm und mit ihm Baggesen (ein Freund der älteren deutschen Dichtergeneration, Wieland, Voß, Klopstock; Schiller verdankte Baggesen sein dänisches Stipendium) für die Emanzipation und Anerkennung der Juden; Blicher stand in seinem Interesse für ein dänisches Nationalbewußtsein auch jenem Ingemann nahe, in dessen *Waldemar der Sieger* wir seinerzeit (1826) einen neugierigen Blick geworfen haben. Blicher hatte niemals Geld und immer Sorgen, er schrieb, sagt Boehlich, aus Geldmangel; in seinen jungen Jahren hatte er Ossian übersetzt, jetzt vertrieb er sich die Sorgen auch durch ewiglange Wanderungen, auf der Jagd und beim Trinken. Kurz vor seinem Tode wurde er wegen Nachlässigkeit im Amt entlassen, ein Fünfundsechzigjähriger. – O du schnöde, du falsche, du verderbte Welt, sagt der Dorfküster, als er einst um Mitternacht der Frau nachgeht, die er liebt, und sie findet, nämlich auf dem Schoß seines Freundes, die Arme um seinen Hals.

C *APTAIN MARRYAT.* In seinem Buch über das Geisterschiff gibt es eine Stelle, rechts oben irgendwo, ich habe sie jetzt beim Durchblättern aber nicht wiedergefunden, da sagt irgendeiner auf dem Schiff: Man kann trinken was man will, man kommt zu nichts. Eigentlich kann dieser Satz da gar nicht stehn, in seiner ganzen schönen Sinnlosigkeit, vielleicht ist das der Grund, warum ich so flüchtig nur geblättert habe jetzt. Der *Sigismund Rüstig* dagegen, ein Buch, das in den späten dreißiger Jahren noch zur Grundausstattung der Großeltern für ihre Enkel gehörte, hatte Illustrationen, und an die Palisaden, die sie auf der Insel auf Geheiß Sigismund Rüstigs bauen mußten, gegen die bösen Eingeborenen, die dann haufenweise auf ihren Booten kommen würden, um sie umzubringen, an diese Palisaden kann ich mich noch gut erinnern; Sigismund Rüstig selber, ganz abgesehn von diesem grauenhaft sprechenden Namen (im Englischen heißt er Masterman Ready), sah in dem Buch ein bißchen zu sehr so aus, wie ich auf gar keinen Fall werden wollte; im Unterschied zu den wundervollen Abenteuerbüchern etwa von Stevenson war Marryats *Sigismund Rüstig* von Anfang an als ein Kinder- oder Jugendbuch gedacht[13]. Marryat

---

[13] Melville in seinem *Typee*, gleich am Anfang, macht, bezüglich der oft unvermutet langen Reisen der alten Walfänger, die nicht ganz unironische Bemerkung: »Manche Bürschchen mit langen Haaren und bloßem Hals, die sich unter dem gemeinsamen Einfluß von Kapitän Marryat und den schweren Zeiten in Nantucket zu einer Vergnügungsreise in den Pazifik einschifften und deren besorgte Mutter ihnen zu dieser Gelegenheit eine Flasche Milch mitgab, sind als sehr respektable Herren mittleren Alters nach Hause zurückgekehrt.« Nantucket ist eine kleine Insel an der Küste von Massachusetts, es gibt dort einen berühmten Fischereihafen; die Erzählung des Titelhelden in Poes *Arthur Gordon Pym* beginnt mit den folgenden Worten: »Mein Name ist Arthur Gordon Pym. Mein Vater war ein angesehener Handelsmann und Lieferant für Schiffsausrüstungen in Nantucket, wo ich auch geboren bin«; dieses Nantucket hat aber doch wohl – abgesehen von leisen Assoziationen, die man aber ebensogut auch nicht haben

1848 wurde 1792 in London geboren, seine Mutter war eine deutschstämmige Amerikanerin, sein Vater ein reicher Kaufmann; neun von Marryats vierzehn Geschwistern überlebten, die Mädchen seien ausgemachte Schönheiten gewesen, heißt es, der älteste Bruder schrieb ein sehr bekanntes Werk über Porzellan, der jüngste schrieb Reisebücher, eine Schwester ein Lehrbuch über weibliche Handarbeiten. Vierzehnjährig begann Marryat eine Seemannslaufbahn an Bord eines Kaperschiffes und Blockadebrechers. Als Friede wurde, war seine Karriere aus, er reiste zivil durch die Welt und schrieb ein Handbuch der Schiffssignale. Er heiratete (er hatte elf Kinder), dann erbte er mächtig, als sein Papa starb. Ich erinnere mich, in London in einem Hotel ganz in der Nähe der wunderschönen Wallace-Collection, in Marylebone, gewohnt zu haben, und wenn ich dann, den Museumsbau zur Rechten, Richtung Bond Street ging, war da links, an einem sehr schönen Haus, Spanish Place oder Manchester Square, eine Tafel zur Erinnerung an Captain

---

kann – nur sehr wenig zu tun mit H. C. Artmanns *Fahrt zur Insel Nantucket*, einem kleinen Theaterstückchen, in dem zuerst Rutherfurt, dann Freweguest und schließlich auch Coninxtrum den schönen Vers aufsagen dürfen: »o flunder grüner flundergast«, Coninxtrum allerdings variiert das und sagt: »und flunder grüner flunderruf das schiff umlaunt und regendacht...«; die Regiebemerkung, ehe der Vorhang fallen soll, lautet: »hier erreicht das gute schiff bei schönem klarem herbstwetter die reede von nantucket während auf den umliegenden hügeln die rothäute stehn und in ihren fernrohren sehn wie herr freweguest und herr coninxtrum mit dem wehenden banner castiliens das rettende ufer betreten...« – Rutherfurt, wenn Sie ihn hier am Ende vermissen sollten, hat auf Seite zwei (das Stück hat drei) der Stimme der Meerfrau Arindaxo nicht widerstehn können und sich ins Meer gestürzt, auf schrecklichen Umwegen erinnert uns das wieder an Marryats *Geisterschiff*, wenn dort, in Wagners Variante, Senta sich schließlich zur Erlösung des Holländers (der ja bei Wagner auch singt) ins schließlich sie beide verklärende Meer stürzt. – Artmanns reizende Petitesse übrigens hat beim Wiederlesen jetzt noch genau jenen trunknen Charme, den wir damals alle so mochten, und dem immer wieder so gern alle die erliegen, aus denen dann nicht ganz das geworden ist, wovon sie heimlich noch glauben, es müsse aber in ihnen gesteckt haben.

Marryat angebracht; ich würde selber gern dort gewohnt haben; und ich dachte, Marryat muß schon einer gewesen sein, wenn er hier womöglich auch noch gern gewohnt hat.

◆

Anne Brontë bringt, nach *Agnes Grey* vom letzten Jahr, ihr zweites und letztes Buch heraus (sie wird nächstes Jahr sterben, ich will den drei Schwestern eine gemeinsame Grabschrift schreiben), *Die Herrin von Wildfell Hall*, ein Buch, das hübsch und vielversprechend anfängt (ein Gutsbesitzer verliebt sich in die geheimnisvolle schöne Fremde, die nebenan einzieht), dann aber erschreckend nachläßt (die geheimnisvolle Schöne gibt ihm ihr sehr dickes Tagebuch zu lesen) und schließlich gar nichts wäre (sie kriegen sich), wenn Anne nicht eine so schreckliche Dilettantin wäre und in dem Tagebuch, wütend und absolut kunstverlassen, einfach jene Szenen wiedergäbe, in denen der böse erste Mann der Fremden und seine Freunde die arme Frau völlig hemmungslos beschimpfen: kein kunstbewußter Autor hätte dergleichen hingeschrieben, aber die ehrliche Anne tuts, und entlarvt ein ganz paar Seiten lang und ohne das zu wollen (ohne das auch nur wollen zu können) die Kunst als jene Lüge, die uns das Leben ertragen läßt. – Dickens bringt *Dombey & Sohn* – das ist das erste richtig gute Buch von Dickens, sein Blick wird ertragender für die wirkliche Härte der Welt, er schildert sie, er scheut nicht mehr den realen Kontrast zwischen der Sentimentalität und der Wahrheit, er schockiert mit glänzenden Szenen aus dem Eheleben des kalten Dombey; daneben hat er ein wunderbares Freundespaar, und statt seiner auf die Dauer etwas enervierenden seelenreinen Mädchen hat er hier eine junge Mädchenerzieherin, sie heißt Susan Nipper: hier haben wir, schon seine eigne Namensgebung verbirgt das ja nicht, eine der Quellen für den Charme von Arno

1848 Schmidts Mädchenfiguren (etwa in der *Schule der Athe-isten,* aber auch sonst; die andre, mehr verschwiegene Quelle wäre Raabe, besonders sein *Lar,* darüber dann vielleicht an seinem Ort); wer Dickens wirklich schätzen lernen will, der sollte hier mit dem Lesen anfangen; später verderben dann auch die frühen Bücher nichts mehr. – Der jüngere Dumas, vierundzwanzigjährig, schreibt die berühmte verfilmte (Cukors Film mit der Garbo 1936 war schon die elfte Version) und veroperte (Verdi, *La Traviata,* 1853) *Kameliendame* (den meisten Filmen liegt Dumas' eignes Theaterstück von 52 zugrunde, erst dieses Stück machte den Stoff wahrhaft berühmt; auch Verdis Librettist machte sich erst nach dem Theaterstück an die Arbeit, Verdi selber hatte schon nach der Lektüre des Romans ein Szenarium entworfen). Die Erzählstruktur dieses Buchs, mit einem Romancier darin, dem ein Freund die Geschichte seiner Liebe erzählt, bricht sehr klug die Sentimentalität, die die Oper und die Filme an sich haben (dies wundervolle schwindsüchtige seelenvolle Sterben der Garbo!) und die das Buch sonst etwas schwierig machen würde, und läßt auch schön die dop-pelte bürgerliche Moral durchscheinen, etwa wenn der junge Mann erzählt, wie er mit dieser Schönen ins Grüne fährt: »...hier draußen auf dem Lande hingegen, inmitten all dieser Leute, die uns noch nie gesehen hatten und sich auch nicht um uns kümmerten, im Schoße einer Natur, die wie jedes Jahr den Menschen zum Trost ihr Früh-lingskleid angelegt hatte, hier durfte ich mich, fern vom Lärm der Stadt, ohne Scham und Furcht geborgen fühlen und meine Liebe ausleben ...« – natürlich bewegt sich das Buch, sehr viel deutlicher als die dort zitierte *Manon Lescaut* (Prévost 1731, von Massenet veropert, ein Lieblingsbuch des pubertierenden jungen Goethe), schon in jenem Bereich, in welchem die Trivialität dann ihre süchtigmachenden Elixiere anbietet, aber in diesem Bereich bewegt sich die *Kameliendame* bewundernswert

elegant[14]. – Und nun schlägt Thackeray abermals mächtig zu (wir hatten den *Barry Lyndon* von ihm, 44) und
bringt, zum Ärger von Dickens, dem jetzt der Erfolg
seines Freundes doch schaffen zu machen begann, seinen
Jahrmarkt der Eitelkeit heraus, diesen berühmten Roman,
worin, auf sehr vielen Seiten, die Schicksale zweier
Mädchen miteinander verglichen werden: die eine setzt
sich durch in der Welt, beinahe um jeden Preis, die andre
bewahrt einen liebenswürdigen Charakter, eine mitfühlende Seele, und hat es sehr viel schwerer – Thackeray
liebt eindeutig dieses Mädchen, das, wenn das Schicksal
es beutelt, bescheiden in Armut lebt und still abwartet,
während die andre, wenn alles sich gegen sie verschworen
zu haben scheint, sich als Abenteuerin durchschlägt und
die Wege selber sucht, auf denen sie, egal wie gewunden
sie sind, wieder zu Ansehn und dem Stand kommt, den
sie will. Thackeray hat einen wunderbar satirischen oder
realistischen Blick, aber seiner Liebe zur bescheiden bleibenden stillen Schönheit mit Seele und Herz korrespondiert dann artistisch jene fast grenzenlose Gelassenheit,

---

[14] Zola, gut vierzig Jahre später, die *Kameliendame* war immer noch
auf den Bühnen, und hatte sie noch deutlicher beherrscht damals, als
Zola erst bloß wollte, was er jetzt wirklich tat, Zola war wütend auf
dieses Stück und das Buch, für ihn verherrlichte Dumas lediglich, was
er hätte realistisch schildern und durchleuchten sollen, nämlich das
Hurenwesen, und so schrieb er ausdrücklich auch gegen Dumas seine
Nana – indes, wo Dumas, in unserm Zitat, eigentlich deutlich genug
die doppelte offizielle Moral vorgezeigt hatte, da fing Zola nun unerhört zu moralisieren an, und beugte sich im Grunde mehr als er
wollte (und schmählicher als Dumas) eben dieser Moral, wenn er seine
Nana am Ende am eignen einst so schönen und allgemein begehrten
Leibe mit den entstellendsten Krankheiten bestraft sein läßt für das,
was dann offenbar ihre Sünde gewesen war. Zolas damaliger Schüler
Huysmans (sogleich werden wir ihn geboren werden sehn) hatte dagegen 1876, vier Jahre vor der *Nana*, einen wirklich beeindruckenden
Hurenroman geschrieben, *Marthe*: ein bißchen exaltiert, ein bißchen
sehr voll von mit dem Glanz der Jugend ebenfalls im Regen hin-
sterbenden Bäumchen und so fort, aber doch ein wahres Gegenstück
zu Dumas; wir werden darauf noch kommen, auf beide, den trotzdem
so großen Zola und den dennoch so schrecklichen Huysmans.

mit welcher der Autor auskundschaftet, wie Gott es macht, daß zwar das Böse Raum gewinnt, das Gute aber auch nicht untergeht; wer sich so viel Zeit nimmt, der hält die Welt für besser als er sie zeigt. Schön ist andrerseits wieder, daß die eher nicht so Gute, die schöne Abenteurin, Becky oder Rebekka heißt – und wir haben bei Scott gesehn, daß Thackeray, in seiner ironischen Weiterschreibung des *Ivanhoe*, sich eindeutig auf die Seite der von Scott dann zugunsten der tugendhaft blonden Rowena ein wenig vernachlässigten schwarzhaarigen Jüdin Rebecca stellt; dieses kleine Büchlein erschien dann 1850, gleich nach *Vanity Fair*, und würde, in diesem Sinne gelesen, die hier so geradezu scottisch einseitige Gewichtsverteilung doch ganz schön relativieren, und würde eigentlich sogar die hier (wenn wir an *Barry Lyndon* zurückdenken) fast so etwas wie betulich gewordene Syntax widerrufen. Ich will gleich, vorgreifend auf 1850, von dieser kleinen Etüde über *Rebecca und Rowena* noch erzählen, daß darin Rowena und Ivanhoe sich auseinanderleben, Rowena ist zänkisch und sehr rechthaberisch in ihrer politisch so korrekten Tugend, und versäumt keine Gelegenheit, ihren Ivanhoe giftig und gehässig auf seine einstige Judenliebe hinzuweisen[15]; sie trennen sich dann (Ivanhoe täuscht einen Tod vor), Rowena heiratet den schon bei Scott ziemlich vertrottelten Athelstane, Ivanhoe seine Rebecca (Thackeray rechtfertigt seine ganze Etüde mit dem Hinweis darauf, daß man doch unmöglich glauben könne, es passiere nichts Erwähnenswertes mehr im Leben von Romanhelden, nachdem sie sich, er keine dreißig, sie gerade zwanzig, gekriegt hätten), und außer-

---

[15] man würde die sehr anzüglichen Grobheiten, die sie äußert, für ganz unangemessen halten sowohl für ihr bisheriges Wesen (jedenfalls bei Scott) als auch für ihren Stand, wenn man sich nicht leise erinnerte, daß die niedergehenden Adligen bei Marcel Proust im Verlauf des Romans sich zu ähnlich unangemessen scheinenden Bemerkungen nicht einmal hinreißen lassen, sondern sich ihrer bedienen wie einer allmählich als die eigne erkannten Ausdrucksform.

ordentlich klug und schön, gerade auch hier unter unserm
Aspekt, sind dann die Schlußworte des Büchleins: »Daß
sie also Mann und Frau wurden..., weiß ich gewiß;
aber ich glaube nicht, daß sie noch ... Kinder hatten, oder
daß ihr Glück ein lautes und ungestümes war. Von einer
gewissen Art Glück ist ein melancholischer Zug eines der
Hauptmerkmale, und ich glaube, diese Beiden waren ein
ernstes stilles Paar und starben sehr zeitig.«

Geboren wird in diesem Jahre, in Paris (der Vater entstammte einer niederländischen Künstlerfamilie) der vorhin in der Fußnote zur *Kameliendame* erwähnte Joris-Karl
Huysmans, der am Jahrhundertende eine große Karriere
machte vom Naturalismus über einen sich dekadent
gebenden Snobismus und einen sonderbaren Hang zu
dunkelster Magie hin in den allerfeinsten Katholizismus:
wir freuen uns schon darauf, ihn näher kennenzulernen,
ein kleines Weilchen wird es aber noch dauern.

1 ◆ 8 ◆ 4 ◆ 9

In Baltimore stirbt, offenbar in einem Delirium (er sieht
Wahnbilder, seine letzten Worte seien gewesen: Gott sei
meiner armen Seele gnädig), vierzigjährig in Armut (sein
letztes Vortragshonorar reichte nicht zur Deckung der
Wirtshauskosten) Edgar Allan Poe; und in Scarborough,
wohin sie, zur Heilung, mit Schwester Charlotte gefahren
war, stirbt, neunundzwanzigjährig, Anne Brontë; Scarborough, sagt der *Große Meyer,* ist »malerisch an und auf
Felsenhöhen gelegen und durch eine wilde Schlucht, über
die zwei Brücken, darunter die 126 m lange Cliff Bridge,
führen, in zwei Teile geteilt. In der nördlichen Altstadt
liegen eine Schloßruine und die alte Marienkirche, in

der Neustadt das Kurhaus (Spa), 1880 im italienischen Stil erbaut, mit Theater, das Altertumsmuseum und die Martinskirche (seit 1863); unten am Meer, zu dem eine hydraulische Eisenbahn herabführt, ein Aquarium im indischen Stil.« Am Tag vor ihrem Tod wollte die fromme Anne in die Kirche gehn (vermutlich also die Marienkirche), man ließ sie nicht, sie war schon zu schwach. In Téchinés Film über die Schwestern Brontë war Isabelle Huppert Anne (die Adjani war Emily), und sie ist da wirklich sehr sehr blaß. Die Cliff Bridge gab es damals schon, eine Eisenkonstruktion auf steinernen Pfeilern, auf alten Bildern sieht sie kühn aus.

Grabschrift (41) für

P O E . Sein thematischer Umfang, schreibt ein berühmtes Autorenlexikon fast poetisch, sei nicht groß, und nun folgt eine Parenthese, darin: »früher Tod der Geliebten, Verfall, Reue, Wahnsinn, Schiffbruch, Beklemmung usw.« – man fragt sich, was in diesem rätselhaften *usw.* noch stecken könnte; aber um das ganz auszuschöpfen, muß man (selbst auf die Gefahr hin, daß große Brocken obiger Parenthese einem selber dabei auf Haupt und Seele fallen) Arno Schmidts *Zettels Traum* lesen, dieses gigantischste Epitaph, das je ein Dichter einem andern gewidmet hat. 1846 hatte ihm Hawthorne, den Poe, im Zuge der Entwicklung eigner Ideen zur Kurzgeschichte, kritisiert hatte, so geschrieben: »Was Sie gelegentlich über meine Hervorbringungen äußerten, habe ich mit Interesse gelesen – nicht so sehr, weil Ihr Urteil im ganzen günstig für mich war, sondern weil ich den Eindruck hatte, daß es ernsthaft gemeint war. Mich interessiert nichts als die Wahrheit, und eine bittere Wahrheit über meine Arbeit ist mir lieber als eine verzuckerte Falschheit. Allerdings muß ich gestehn, daß ich Sie mehr als Erzähler denn als Kritiker schätze. Ihren kritischen Urteilen kann ich oft nicht zustimmen, Ihre erzählerische

Kraft und Originalität fordern mir jedoch stets Bewun-
derung ab.« Ein halbes Jahr vor seinem Tod schreibt Poe
an seinen Freund Thomas: »Verlassen Sie sich darauf,
Thomas, am Ende ist doch die Literatur der edelste Beruf,
fast der einzige, der für einen Mann taugt. Ich jedenfalls
werde mein ganzes Leben ein Literat sein, und nicht für
alles Gold Kaliforniens[16] würde ich die Hoffnungen hergeben, die mich immer noch vorwärtstreiben.«

[16] diese Anspielung, im Februar 1849, ist von einer für uns nicht
so ohne weiteres begreiflichen Aktualität, denn das kalifornische Gold,
das den großen Rausch auslöste, war erst genau ein Jahr zuvor, im
Januar 48, oben in den Bergen bei der Suttermill entdeckt worden,
und zwar von Mr. Marshall, einem Angestellten von Johann August
Suter, der dort eine neue Sägerei bauen wollte. Die ungeheure Wendung, die Suters Schicksal durch das Gold nahm (das er nicht wollte
und womöglich am liebsten im Boden, in den Flüssen gelassen hätte,
er hatte Vieh, er baute Korn an, dann Obst, dann Wein), hat Blaise
Cendrars 1925 zum Gegenstand eines ebenso statuarischen wie filmischen Romans gemacht, *L'Or*. Hollywood interessierte sich für das
Buch, in einem Vertrag sind Wyler oder Hawks für die Regie vor-
gesehn, Faulkner soll das Drehbuch schreiben; dann trifft Cendrars
in Paris den jungen Eisenstein, der jetzt das Buch für sich will. Aus
alldem wird nichts, James Cruze dreht 1935 einen Streifen, der dann
in Paris, zu Cendrars' Verblüffung, zur selben Zeit, 36, Premiere hat
wie *Der Kaiser von Kalifornien*, ein Werk von und mit Luis Trenker,
der dann auch rasch ein Buch dazu schrieb und auf dem Festival in
Venedig für den Film den Mussolinipreis erhielt. Sehr schön auf seine
eigne so wirkungsmächtige Art hat Stefan Zweig Suters fatalen Gold-
fund in seinen *Sternstunden der Menschheit* beschrieben, er weist zwar
nicht auf den sterbenden Poe, wohl aber sehr lieb auf Blaise Cendrars
hin. Stefan Zweig meint, Suter, der am Ende seines Lebens mit Pro-
zeßeingaben von Gericht zu Gericht zog und 1880, wirr und zum
Spott geworden, in Washington auf den Treppen des Kongreßpalasts
einem Herzschlag erlag, habe absolut recht gehabt mit seinem Pochen
zumindest auf den Besitz San Franciscos; tatsächlich hatte ihm 1855
das höchste kalifornische Gericht diesen Besitz zuerkannt, es war auf
das Urteil hin aber ein Aufstand losgebrochen, man stürmt den Justiz-
palast, man will den Richter lynchen, man verbrennt und plündert
allen Besitz Suters, ein Sohn erschießt sich, einer wird ermordet, einer
ertrinkt, als er fliehn will. Noch immer aber, so schließt Zweig, ehe er
Cendrars nennt, noch immer also stehe San Francisco, stehe das ganze
Land auf fremdem Boden.

1849 Charlotte Brontë, die einzige der Schwestern, die jetzt noch lebt, bringt einen zweiten Roman heraus, *Shirley* – ein bißchen sehr umständlich, mit Verwicklungen, die, wenn ich so sagen darf, völlig überflüssig wären, wenn die Autorin nicht so scharf auf Enthüllungen wäre, mit einer allzu sehr immer wieder stockenden Handlung; die Mädchen kriegen am Ende die Männer, die sie wollen, aber so schrecklich sind wir dann gar nicht mehr daran interessiert. Robert de Traz, von dem und von dessen Buch über die Familie Brontë ich später noch reden will, findet an dem Buch die Charaktere sehr schön, unabhängig gewissermaßen vom Roman (er weiß natürlich, daß darin, in diesem Auseinanderfallen oder Nebeneinanderher, ein ziemlich erhebliches Problem des Romanschreibens besteht), und er zitiert, und ich will ihm da folgen, eine kleine Passage aus dem Schluß des Romans; die Titelheldin wird da gesehn mit den Augen des Mannes, der sie anbetet, de Traz meint, so habe Emily Brontë für Charlotte ausgesehn, oder das sei sie gewesen für Charlotte, und ich zitiere mit ihm (nach Reihers Übersetzung bei Insel, die Übersetzung des Buchs von de Traz ist anders): »In ihrem weißen Abendkleid, mit ihrem lang und voll herabwallenden Haar, ihren blassen Wangen, ihren nachtdunklen, blitzenden Augen, ihrem geräuschlosen Schritt wirkte sie auf mich wie ein Wesen aus einer Geisterwelt, das der Liebe eines Windhauchs zu einer Flamme oder eines Lichtstrahls zu einem Regentropfen entstammt, wie ein Wesen, das niemals gehascht, festgehalten und gefesselt werden sollte ...« – de Traz hat: »... ein Wesen, das man weder fassen noch aufhalten noch fesseln konnte«.[17] – Nun Melville wieder, und gleich zweimal,

---

[17] man fragt sich dann natürlich, wir haben ja Thackeray vorhin gelesen, warum solche Mädchen überhaupt geheiratet werden müssen – man hat ja beinahe den Eindruck, diese Ehen sind für die Autorinnen hier so etwas wie der Tod, in dem Sinne, daß wir auch von ihm nur sehn, daß etwas zu Ende ist, nicht, wie etwas anfangen könnte. Die zarte Andeutung von de Traz, daß jedenfalls für Emily und von Anne

mit *Mardi*, mit *Redburn*. *Mardi* ist noch nie ins Deutsche übersetzt worden, wird das wohl auch nie, ein sehr umfängliches Buch, das in 195 Kapitel unterteilt ist – wer *Moby Dick* einmal in der Hand gehabt hat, kennt das. Gleich im zweiten Kapitel beschreibt Melville eine Windstille; mancher hat vielleicht die Windstille in Erinnerung, die einmal (in der *Schattenlinie*) bei Joseph Conrad herrscht – hier bei Melville ist noch nicht alles so ungeheuer auf das Phänomen konzentriert, hier steht noch gewissermaßen der Rezipient im Vordergrund, der, dessen Seele da leidet, und wie sies tut; aber nach *Typee* und *Omoo* ist das ein gewaltiger Schritt in Neuland (wenn man so reden darf bei lauter Wasser und Windstille). Nimmt man dies Weitergehn zusammen mit den immer mehr in den Vordergrund tretenden satirischen, halb philosophischen Stücken des mächtigen Buchs (es sind quälend lange Stücke darunter, untermischt mit blitzenden Partien), dann versteht man die Zurückhaltung des damaligen Publikums, das doch von den Büchern davor so begeistert war – und eben darum nun zögerte. Sehr gut könnte man sich denken, daß mancher, der Melville

---

immer nur beschrieben wird, was sie gern wollten, ohne doch davon zu wissen, rückt sicher, triebe man das weiter, allzu sehr eine Sorte von Interpretation oder Werkauffassung in den Vordergrund, wie wir sie Proust so entschieden gegen Sainte-Beuve haben ablehnen sehn; Sainte-Beuve hätte sicher sehr rasch gesagt, und hätte natürlich auch gar nicht einmal etwas Falsches damit gesagt, daß hier alles sehr verständlich wird, wenn man sich einfach die Lebensumstände der Schwestern, wenigstens der beiden jüngeren, klarmacht; und auch die ältere versteht man dann leicht, wenn man sieht, daß sie irgendwann einmal sich wahnsinnig in einen Schulleiter verliebt hat und daß sie die schönsten Beziehungen, die sie sich ausmalen kann und die sie nun eben ausmalt, immer als eine Beziehung zwischen einem Lehrenden und einer Lernenden sieht. – Für die Brontëschwestern bietet sich überdies diese Methode deshalb so an, weil hier wohl doch das vorwiegende Interesse eines breiteren Publikums eher den Schwestern und ihren beklagenswerten und irgendwie so exorbitanten Schicksalen gilt als ihren Werken (von Emilys *Sturmhöhen* vielleicht abgesehn, aber auch nur vielleicht) – das Ganze stellt sich dann als ein einziger Roman dar, in welchen einige Romane mitverwoben sind.

gern gelesen hatte, ihn hier gelandet sah wie in einem ausganglosen Spiegelsaal, in den er geraten sein mochte durch die Verlockung einiger avantgardistischer Figuren, die er da fahren konnte. Wir müssen nicht zweifeln und zögern, aber nur, weil wir wissen, was dann kam – und um so stärker zieht es uns nun weiter. *Redburn*, aus dem ich das Motto am Anfang dieses Kapitels genommen habe, ist ein merkwürdig ruhiges, erzählendes Buch; merkwürdig ist es, weil die Erzählung – es ist die Erzählung von der ersten großen Fahrt des jungen Seemanns Redburn, weitgehend ein autobiographisches Buch – an vielen Stellen einen gleichsam darüberschwebenden Ton hat, nicht geradezu melancholisch, aber doch ein wenig gebrochen, wenn man bedenkt, daß hier doch ein tatendurstiger junger Mann der Held ist. Ich habe beim Lesen (es gibt da eine alte und ich glaube seither nicht wieder aufgelegte Übersetzung von W. E. Süskind, bei Claaßen und Goverts, 1946, in einem ungewöhnlich breiten Format, auf völlig vergilbtem Papier), ich habe beim Lesen in dieser Ausgabe lange nicht gewußt, woran dieser so eigenartige Ton der Erzählung erinnert, dann ist es mir eingefallen, obwohl die Zusammenhänge rätselhaft sind: es ist der Ton, in welchem Sterne seinen Yorick erzählen läßt, was ihm in Frankreich und dann weiter begegnet. Aber das hat wohl nichts zu bedeuten, und ich will auch nichts daraus machen, das Lesen, besonders das viele, macht oft wunderliche *vibrations*. Einmal hat der junge Mann ein merkwürdiges Gefühl: »Am allerseltsamsten aber wirkte auf mich vielleicht ein gewisses, unbeschreibliches Steigen und Fallen der See. Ich meine nicht die Wellen, sondern ein gewisses weiträumiges Heben, Schwellen und Hinsinken, das über das ganze Meer hinreichte ...«[18] Einmal

---

[18] »... beschreiben kann ich es kaum«, fährt der Erzähler dann fort, »aber ich erinnere mich genau, was es war und wie es mir zu Herzen ging. Ich wurde fast schwindlig davon, wenn ich übers Meer hinblickte, und doch konnte ich die Augen nicht davon abwenden, es war

kommt der Erzähler auf jenen menschlichen Abschaum
zu sprechen, der sich in Seehäfen herumtreibt, er schildert
ihn und sagt dann: »Es gibt eben auf der Welt gewisse
Menschenklassen, die der Gesellschaft gegenüber etwa
dieselbe Rolle spielen wie die Räder an der Kutsche, und
die auch ebenso unentbehrlich sind. Man mag nun die
Federn, auf denen die Insassen schaukeln, noch so kräftig
und angenehm machen, das Spritzleder noch so weit und
die Türen noch so spiegelblank – die Räder drehen sich
dennoch im Staub und im Straßenkot. Mit keiner Erfindung, sie sei noch so scharfsinnig erdacht, kann man
sie aus dieser Sphäre herausheben, denn auf etwas muß
die Kutsche gebettet sein, auf etwas müssen die Fahrenden rollen« – »manche freilich müssen drunten sterben,
wo die schweren Ruder der Schiffe streifen«, sagt Hofmannsthal dazu, späte augenlose Poesie. Zwei Stellen
will ich noch bringen, das Buch ist zu schön; bei der einen
geht es um ein Thema, das auch wir hier schon öfter
hatten, nämlich diese Lust dorthin zu reisen, wovon man
gelesen hat. Der junge Redburn hat nämlich seines Vaters
alten Reiseführer mitgenommen, wie ein Heiligtum, er will
sehn, was sein Vater sah, er will sein, wo der gewesen war;
so kommt er nach Liverpool, aber alles hat sich natürlich
gewaltig verändert; und nun sagt er, fast als wäre er wir:

---

zu ungeheuerlich fremd und wunderbar.« Und ich will neben diese
wunderbare Stelle nun sogleich die Schilderung des Augenblicks
setzen, in welchem der junge Pierre Loti, ein kommender Seemann
(ich habe vorhin, bei Chateaubriands Tod, seine Wüstenbeschreibun-
gen erwähnt), zum ersten Male das Meer sieht: »Vor mir sah ich etwas,
etwas Dunkles und Rauschendes, das auf allen Seiten gleichzeitig aufgetaucht war und kein Ende zu nehmen schien, eine wogende Fläche,
die einen Todestaumel in mir hervorrief … Es war offensichtlich das
Meer; keine Minute des Zögerns, nicht einmal der Überraschung,
daß es so war, nein, nichts als der Schrecken; ich erkannte es, und
ich zitterte. Es war dunkelgrün, fast schwarz; es schien unbeständig,
heimtückisch, alles verschlingend; es schwankte und überschlug sich
überall gleichzeitig mit einem Ausdruck voll unheilvoller Bösartigkeit.
Darüber war aus dunklem Grau wie ein schwerer Mantel ein aus
einem einzigen Stück bestehender Himmel ausgebreitet.«

1849 »Auch dies bedenke, Wellingborough« – so heißt Redburn, er redet sich selber an, wie Wigalois sich bei Wirnt,
als er einmal wieder zu sich kommt – »auch dies bedenke, Wellingborough: so wenig der Reiseführer deines
Vaters dir noch hilft, so wenig würde der deine (gesetzt
wiederum, du könntest dir einen neuen leisten) einem
nach dir kommenden Geschlecht wirklich nützlich sein.
Reiseführer, mein lieber Wellingborough, sind von allen
Büchern die unzuverlässigsten – und dabei besteht die
ganze Literatur, wenn man so will, aus Reiseführern.«[19]

In diesem Jahr wird in South Berwick, Maine, eine Arzttochter, Sarah Orne Jewett geboren, die ein wunderbares
Seeküstenbuch geschrieben hat, *Das Land der spitzen
Tannen*; in Stavanger, in einer sehr reichen Kaufmannsfamilie, kommt Alexander Kielland zur Welt; Kapitäne
spielen bei ihm eine große Rolle, Thomas Mann hat ihn
gemocht, der war ja aus Lübeck. Und in Stockholm,
Sohn eines Dampfbootkommissionärs und dessen ehemaliger Magd (das schreibe ich aus dem Lexikon ab, es
klingt so schön), kommt August Strindberg zur Welt,
einer der großen Zehnkämpfer der Literatur, wie mit
links schreiben solche Leute dann die erstaunlichsten
Romane.

---

[19] und in der Fußnote jetzt noch eine hinreißende kleine Geschichte
aus Liverpool, zur Belohnung für die Geduld, sie steht im 40. Kapitel:
»Ein Papagei war so lange in seinem Käfig am Parterrefenster eines
Hauses am Hafen gestanden, daß er sich die Sprache der Landarbei-
ter und Fuhrleute ziemlich geläufig angeeignet hatte. Eines Tages begab es sich, daß ein Rollfuhrmann seinen Wagen unbewacht am Kai
stehen ließ, mit dem Rücken gegen das Wasser. Es war Mittag, eine
ungewohnte Stille senkt sich zu dieser Stunde über den Hafen, und
in diese Stille hinein sagte der Papagei, da er sich so unvermutet mit
dem Gaul allein sah und Lust zu einem kleinen Schwatz verspürte:
Zu-rück! Zu-rück! Zu-rück! – Rückwärts ging also das Pferd, und
rückwärts stürzte es sich und den Lastwagen ins Wasser.«

1 ✦ 8 ✦ 5 ✦ 0

Balzac stirbt –

Grabschrift (42) für

BALZAC. »Geben Sie auf meine Nase acht –«, soll Balzac zu David d'Angers[20] gesagt haben, als er ihm für eine Büste saß, »meine Nase ist eine Welt!« Diese Geschichte erzählt Théophile Gautier in seinen Erinnerungen an Balzac (Gautier hatte in den dreißiger Jahren *Mademoiselle de Maupin* geschrieben, Sie erinnern sich sicher an diesen erotischen Roman, Balzac hatte den Namen der Titelheldin dann der Figurantin der George Sand in einigen seiner Bücher gegeben, namentlich in *Béatrix*), und er fährt fort: »Die Stirn war schön, gedehnt, edel, merklich heller als das Gesicht« – das Gautier »starkfarben« nennt über einem »Stierhals«, »das Tourainer Blut überzog seine Wangen mit lebhaftem Rot«, sagt er – »und ohne jede Falte außer einer senkrechten

---

[20] diesen berühmten Bildhauer, Jahrgang 1788, muß man in Lexika unter David suchen, er hieß Pierre Jean David d'Angers, d'Angers wohl, wie auch sein Vater schon, ein dort ansässiger Holzschnitzer, nach der Stadt Angers (an der Maine, östlich von Nantes, in der Loire-Ebene, an deren Unterlauf; David hat dort auch ein Denkmal); gut, daß er den Zunamen hielt, sonst hätte man ihn womöglich für einen Verwandten Davids gehalten, als er Lehrling in dessen Atelier in Paris war (vielleicht erinnern Sie sich bei dieser Gelegenheit noch dunkel, aus dem Jahre 1804, in einer Fußnote auch, an den Vogelmaler Audubon, der, ein rundes Dutzend Jahre früher, ebenfalls bei David – dem Porträtisten der Récamier – gelernt hatte). David d'Angers ging dann nach Rom, zeitweilig arbeitete er im Atelier Canovas (den wir vom Grabmal Alfieris kennen und als den einfühlsamen Bildner der Brüste Pauline Bonapartes); 1829, schon sehr berühmt, kam er nach Weimar und modellierte Goethe, die Büste, weit überlebensgroß (in der Anna-Amalia-Bibliothek), gelangte 1831 nach Weimar, David schickte Goethe aber vorher eine kleine Gipssammlung seiner Porträt-medaillons (er schickte 100, insgesamt hat er über 500 gemacht), und er hatte veranlaßt, daß Goethe die Bücher von Davids bekanntesten Dichterfreunden von diesen zugeschickt bekam, nämlich von Sainte-Beuve, von Hugo und von Balzac.

1850 Rille über der Nasenwurzel; die Buckel des Gedächtnis-
sitzes bildeten eine deutlich betonte Ausbildung über den
Augenbrauen; das Haar war üppig, lang, schwarz und
nach hinten gekämmt wie eine Löwenmähne. Was die
Augen betrifft, so hat es niemals ähnliche gegeben. Sie be-
saßen unbegreifliches Leben, Licht und eine magnetische
Anziehungskraft. Trotz des nächtlichen Aufbleibens war
ihr Gewebe rein, klar, bläulich wie das eines Kindes oder
jungen Mädchens; und es faßte zwei schwarze Diamanten
ein, die hin und wieder reiche Goldreflexe durchblitzten:
es waren Augen, die die der Adler zum Niederschlagen
bringen, die durch Mauern und Brüste hindurch lesen
und eine wilde, wütende Bestie niederschmettern, Augen
eines Herrschers, eines Sehers und eines Tierbändigers.«
Gautier erzählt dann noch eine Reihe schöner Geschichten, und schließlich sagt er, für sich und seine und
Balzacs Freunde: »Der Gedanke, Balzac könne sterben,
hat uns nicht einmal gestreift ...«[21]. Die Grabrede auf

---

[21] 1843 wurde Balzac wegen der Entzündung der einen das Gehirn
umschließenden Häute behandelt. Die Hanska war jetzt verwitwet,
Balzac litt aber unter einem neuen Gesetz, das Nichtrussen nicht erlaubte, Grundbesitz übertragen zu bekommen – seine Liebe war groß,
aber er hatte ja wirklich niemals Geld. 46 fuhren sie alle, samt Evelines
Tochter und deren Verlobtem, nach Italien, dann heiratet die Tochter,
aber Eveline bringt einen Sohn, Balzacs und ihren Sohn, tot zur Welt,
er hätte Victor-Honoré heißen sollen. Er erwirbt in Paris ein Haus für
sich und die Hanska, er stürzt sich in Schulden bei der Einrichtung, er
erkrankt wieder, er wird von einer Haushälterin erpreßt, die Briefe gestohlen hat; Mitte 47 schreibt er ein Testament; im Herbst geht er, zum
ersten Mal, auf das Gut der Hanska in die Ukraine. Im Februar 48 ist
er wieder in Paris, entsetzt, heißt es, sieht er die Ausschreitungen der
Februarrevolution. Ein letztes Mal (nun kommen lauter letzte Male)
besucht er die Margonnes auf dem schönen kleinen Schloß Saché, das
wir so gut kennen. Er leidet, nach ärztlichen Aussagen, an schwerer
Herzerweiterung (einer Krankheit, die Herzklopfen, Atemnot, Beklem-
mungen und Wassersucht mit sich führt). Von Herbst 48 bis Mai 50
ist Balzac noch einmal in der Ukraine, den ersten Winter über muß
er das Bett hüten. Im März 50 heiraten die Hanska und er, im Mai
fahren sie nach Paris, Balzac leidet an Erstickungsanfällen. In Paris
finden sie ihr Haus leer und verschlossen, Balzacs Diener ist drinnen
wahnsinnig geworden und hat sich verbarrikadiert. Balzac ist jetzt so

Balzac hielt Hugo (er und Lamartine hätten Balzac gern in der Académie gehabt, unter ihresgleichen, den Unsterblichen, Sie erinnern sich), er sagte, mit dem Pathos, das er liebte: »Alle seine Bücher bilden nur ein einziges Buch, ein lebendiges, lichterfülltes, tiefes, in dem man unsre gesamte Kultur kommen und gehn, einherschreiten und sich regen sieht, wobei irgend etwas Bestürzendes und Furchtbares sich dem Wirklichen zugesellt ... Sein Leben ist kurz gewesen, aber erfüllt; reicher an Werken denn an Tagen ... Heute, jetzt, ruht er in Frieden. Er ist dem Haß und dem Hader entrückt. Am selben Tag geht er ein in den Ruhm und ins Grab. Fortan wird er leuchten über allen Wolken, die über unsern Köpfen sind, leuchten unter den Sternen des Vaterlandes[22]«.

Biographie (5)

L*AUBE & GUTZKOW*. Wir hatten die beiden im Jahre 34 ungefähr verlassen, bald nach ihrer gemeinsamen Italienreise. *LAUBE* hatte 34 eine Untersuchungshaft verbüßen müssen, seine Schriften waren verboten worden; danach lebte er in Kösen und in Berlin, 37 heiratete er eine Professorenwitwe, die ihn in eine erneute, achtzehnmonatige Haft begleitete, die er auf dem Schloß seines Freundes Pückler-Muskau verbrachte, genauer im Amts- und Jagdhause des Schlosses (der Fürst, zwanzig Jahre älter als Laube, war in dieser Zeit nicht zu Hause, er bereiste gerade Ägypten, Kleinasien und Griechenland; die Jungdeutschen waren große Verehrer seiner Reisebücher; berühmt noch heute ist sein

---

krank, daß er nicht mehr aufstehn kann. Victor Hugo schreibt: »Er hatte ein violettes, fast schwärzliches Gesicht, sein Kopf lag zur Seite geneigt, sein Bart war unrasiert, die ergrauten Haare hatte man ihm ganz kurz geschnitten, die Augen waren offen und starr. Ich sah ihn im Profil und gewahrte, daß er dem Kaiser ähnelte.« Balzac starb dann am 18. August.

[22] mit dem Vaterland meint Hugo hier das große Land der Lesenden.

Buch über die Landschaftsgärtnerei, 1834); 1839, Frucht
vielleicht der erzwungenen Muße und der fürstlichen
Bibliothek, veröffentlichte er, Laube also wieder, eine
mehrbändige Geschichte der deutschen Literatur. Nach
dieser Haft reiste auch er, nach Frankreich und Algerien,
dann ließ er sich als Journalist in Leipzig nieder (hier
schrieb er den uns schon bekannten historischen Roman
über die *Gräfin Chateaubriant*), 45 ging er nach Wien,
48/49 saß er für den deutsch-böhmischen Wahlkreis Elbogen[23] in der Nationalversammlung, 1849, nach seinem
Austritt aus dem Parlament, wird er, für beinahe zwanzig Jahre, künstlerischer Direktor des Wiener Hofburg-
theaters. – *G U T Z K O W* war 1836 wegen seiner *Wally*
zu jener berühmten kurzen Haft verurteilt worden, die
uns vertraut ist[24]. Auch er hatte geheiratet, arbeitete dann

---

[23] »Gegen Abend bekamen wir den Gedanken, zu Füßen durch das
Hans-Heilingstal nach Ellebogen zu wandern, welche Stadt uns beim
Vorüberfahren durch entzückende Lage sehr bezaubert hatte … So
ging es denn ein Weilchen fort, rings totenstill, nur von fern rauschte
dumpf die Eger, deren Bett wir uns immer mehr näherten, noch war
es sehr finster, da der Mond erst spät kam, Eidechsen, Molche und
Frösche hupften über den Weg, immer ging es munter bergab bis wir
uns dicht an dem Flusse befanden, und nun fing das schönste und
groteskeste aller Täler an. Zu beiden Seiten türmten sich enorm hohe
zerklüftete Felsenmassen auf, bekleidet« – man weiß natürlich bei ihrer
Herkunft nicht ganz genau, ob die Schreiberin wirklich bekleidet oder
nicht doch begleitet meint –, »bekleidet von den wunderschönsten
Tannen, welche dann vom Gipfel aus in unendlichen Wäldern bergauf und bergab sich endlos ausdehnen sollen … erst fuhren wir in
dem mit Wasser gefüllten Kahn über, aber alle Unannehmlichkeiten
verschwanden vor dem zauberhaften Glanz und Pracht der Gegend
im hellen Mondenschein, und bei jeder Windung der Eger wurde
der Blick anders und doch so köstlich, daß mir in der Erinnerung
immer noch ist, als wäre ich durch ein Märchenland gewandelt … mit
welchem Entzücken ich aber die Ellebogener Braunkohlenluft be-
grüßte könnt Ihr Euch kaum vorstellen, ich war todmüde.« Elisabeth
Nietzsche Anfang Oktober 1866 an ihre Mutter und ihren Bruder
Friedrich, den Philosophen.
[24] aus seinen Erinnerungen: »… ganz Europa war in Bewegung, nur
Deutschland schnarchte …«; über Berlin: »… der Monarch behandelte
den Staat wie eine Ausstellung, wo man überall die Warnungstafel liest:
nichts anfassen!«

als Journalist zuerst in Frankfurt (wir kennen aus dieser
Zeit seinen wunderbar experimentellen Roman *Seraphine*;
38 war noch, dreibändig, ein hier sonst weggelassener
satirischer Roman *Blasedow und seine Söhne* erschienen),
dann in Hamburg, wo er bis 42 den von ihm gegründeten
Telegraphen für Deutschland redigierte; er schrieb in dieser
Zeit ein begeistertes Buch über Börne, das ihm deshalb
Ärger einbrachte, weil er es gegen Heine gerichtet hatte,
der Verleger aber zog eben Heines eignes leicht vergifte-
tes Buch über Börne dem seinen vor (beide kamen bei
Hoffmann und Campe in Hamburg heraus)[25]; 43 war er
kurz in Paris, er traf hier auch George Sand, der er einige
Zeit vorher, in einer kleinen Satire, dies gewidmet hatte:
»Wissen Sie, Madame, welches jetzt die Mission der
Frauen ist? fuhr George Sand nach einer Pause fort.
Diese gerade sollen sich wie das Schlinggewächs an die
Männer ranken, damit diese zerfallende Ruine nicht ohne
den Schmuck des liebenden Efeus bleibt ...«; Heine besuchte er in Paris nicht, aus Ärger; dann war er bis 46
in Frankfurt, wo er mit Therese von Bacheracht befreundet war, einer Romanschriftstellerin, die sehr schön und
geistvoll gewesen sein muß (er liebte sie wohl auch, und
wurde geliebt) und nicht ganz glücklich verheiratet war,
Gutzkow mochte ihre Sachen; dann war er wieder kurz
in Paris, im selben Jahr wurde er Dramaturg am Dresdner
Hoftheater, ab 49 lebte er dort als freier Schriftsteller;
48, in Berlin, war seine Frau während der Unruhen ums
Leben gekommen, sie hatte sich eine tödliche Erkältung
zugezogen, als sie mit ihrem Mann zusammen dem
nicht enden wollenden Trauerzug der Umgekommenen

---

[25] in seinen in einem manchmal etwas geschwätzigen Alter aufge-
zeichneten Erinnerungen an früher sagt Gutzkow manchmal Sachen,
die beides sehen lassen, sein gutes Herz und seinen an die Zeit doch
auch gebundnen Geist, aber auch das Bewußtsein davon, und so
schreibt er einmal über Börne: »... da erfuhr ich, daß Börne ein Jude
war und eigentlich Barch heiße. Man wagt heutigestags viel, wenn ich
gestehe, daß ich über die Entdeckung unglücklich war...«

zuschaute; im Herbst 49 hatte er wieder geheiratet, eine nahe Verwandte seiner verschiedenen Frau. In den letzten dreißiger und den vierziger Jahren hatte er hauptsächlich für die Bühne geschrieben; jetzt, nach dem überwundenen Schmerz über den Tod der Frau und beflügelt vom neuen Glück (so sagt er das selbst), schreibt er seinen großen Roman, neunbändig, *Die Ritter vom Geiste*.

Die eben genannte George Sand bringt ein neues Buch ihrer Dorfepoche heraus, *François das Findelkind*; der hübsche Findelknabe kriegt am Ende die immer noch junge Ziehmutter, deren Mann böse ist, verschwenderisch, jähzornig, alles – ein naiv, im schöneren Sinne einfältig gemeinter Roman, und die Sand ist so wenig berechnend, daß ihr das gelingt, zumal sie, mit gewissermaßen postmodernen Anklängen, in einer Einleitung und in einigen Unterbrechungen den Volkstümlichkeits- und Döntjescharakter ihres Buchs charmant deutlich macht; man möchte immer sagen, Madame, das ist doch keine Kunst! – aber ehe mans sagt, merkt man, daß das nicht verfangen würde. – Und dann nenne ich nur wieder, und sage nichts weiter dazu, Gotthelfs *Käserei in der Vehfreude*. – Das Jahr ist aber reich an Romanen, Dickens bringt den *David Copperfield*, worin er mehr oder minder seine eigne Kindheit und Jugend und die ersten Mannesjahre beschreibt, aber als einen Roman, den Roman eines Jungen, der Schriftsteller werden wird, und zwar der, der dies dann schreibt – ein etwas heikles, gewissermaßen grundsätzlich unsolides Unternehmen, das hier nur funktioniert, weil der Knabe Dickens tatsächlich, ich habe das schon einmal angedeutet, ein ähnliches Durch-Dunkelzum-Licht-Schicksal hatte wie eine echte Romanfigur bei ihm (das Buch hat artistisch also wenig zu tun sowohl mit einem Schreckensbild wie dem *Anton Reiser* von Moritz als auch einem Roman mit so verführerisch auto-

biographischem *touch* wie Prousts *Recherche,* am ehesten
ließe sich noch an Bücher wie Maughams *Des Menschen Hörigkeit* denken, aber es gibt eben keinen Autor, dem man in der eignen Geschichte einen Schurken wie *Uriah Heep* glauben würde – Dickens hatte sein Publikum so süchtig gemacht, daß er tun konnte was er wollte, und nun kann man ihm nur danken, daß er ein so guter Mensch war – ein bißchen ist das wie bei der Sand: das sind Autoren, die verheerend wären, außer in diesem einen, nämlich ihrem Falle). – Von Thackeray habe ich Ihnen seinen kleinen *Roman über einen Roman, Rebecca und Rowena,* ausführlich genug vorgestellt. Im selben Atemzug gewissermaßen erscheint *Pendennis,* in mancher Hinsicht dem *David Copperfield,* mehr aber Maughams Roman darin ähnlich, daß Thackeray hier auch leicht autobiographisch das Werden eines jungen Schriftstellers schildert, seine falschen und seine richtigen Liebesabenteuer, seine Ausflüge ins snobistische und ins abenteuerliche Dasein, schließlich sein Zurückfinden zu Jugendliebe, bürgerlichem Glück und so weiter; bei Dickens erleben auch die Guten viel, auch Böses; bei Thackeray sind die Guten etwas blaß, und die zum nicht so Guten Verführenden (wieder zum Beispiel so eine kleine abenteuernde Intrigantin) sind es, die uns weiterlesen lassen. Hübsche Anmerkungen macht Thackeray zur Lektüre seiner Helden: der junge Pendennis hat zunächst natürlich Fielding gelesen, jene verführerische junge Dame dagegen Balzac und George Sand[26]. – Von Hackländer erscheint

---

[26] an diesem Punkt nun doch noch etwas, nämlich eine Doppelgrabschrift unter dem Strich für
S M O L L E T T & F I E L D I N G . In den vierziger Jahren des 18. Jahrhunderts begann das riesengroße London für ein breiteres Publikum in Romanen lebendig zu werden, die sehr bald in ganz Europa gelesen wurden. Ihre Verfasser waren Henry Fielding und Tobias Smollett. Von Fielding (1707–1757) erschienen 1740 *Joseph Andrews,* 1743 *Jonathan Wild* und 1749 *Tom Jones;* besonders die Lebensgeschichte des Jonathan Wild sei jedem ans Herz gelegt: dieser

1850 *Handel und Wandel,* ein Kaufmannsroman, witzig und schön und, auch darin so ganz anders als Freytags *Soll und Haben,* eher realistisch gemeint als idealisierend und den Stand schlechthin preisend; Hackländer hat auch dies für sich, daß er anschaulich und witzig schreiben kann,

---

Wild ist ein Berufsverbrecher, ein Großstadtgangsterboß, dessen Leben Fielding beschreibt, als beschreibe er bewundernd das Leben eines bedeutenden Politikers und Geschäftsmanns – und eben das tut er damit in diesem Meisterstück der Desillusionierung. Smollett (1721–1771) publizierte 1748 seinen *Roderick Random;* diese in sehr vielen Stücken autobiographische Abenteuergeschichte führt den Helden als Seemann in alle Empire-Fernen, läßt ihn berühmte Seehelden sehn, die aberwitzige Stümper sind, und läßt ihn dann ein London erleben, das alle Menschen, die in der Provinz lebten (und fast die ganze Welt war Provinz, verglichen mit diesem London) hätte erbleichen lassen müssen (das Buch erschien sogleich 1755 deutsch); aber Smollett (und auf seine Weise auch Fielding schon) schien so sehr bloß unterhalten zu wollen, daß die Leser wohl kaum mehr als einen wohligen Kitzel verspürten – sie ahnten nichts von den ungewöhnlich starken Nerven dieser Schriftsteller und wußten wenig oder nichts von der schriftstellerischen Unmöglichkeit, nicht zu lachen angesichts einer Welt, die ganz einfach zu groß, zu voll geworden war für so etwas wie einen Sinn (um in der alten Sprache zu reden). Lichtenbergs Spott über Klopstock und über den hasenherzigen Werther hängen eng zusammen mit seinen Londonaufenthalten, genauer wohl mit seiner Lust dabei; das London, das er sah und in seinen Briefen beschreibt, eben das London Fieldings und Smolletts, könnte für bestimmte Sichtweisen ganze Regalreihen von Romanen des dann folgenden Jahrhunderts sehr desavouieren. Lady Montague in einem Brief auf Fieldings Tod: »Ich bin über Henry Fieldings Tod betrübt, nicht sowohl, weil ich keine neuen Schriften mehr von ihm lesen werde, sondern auch, weil er selbst mehr verloren hat, als andre. Niemand hat das Leben mehr genossen, als er, obgleich nur wenige Menschen weniger Gelegenheiten zum Genusse hatten, denn die höchste von ihm erreichte Stelle bestand in einem Amte, welches ihn zwang, unter der niedrigsten Hefe des Elends und des Lasters umherzuwühlen. Seine treffliche Constitution, die auch da noch aushielt, als er es mit vieler Mühe dahin gebracht hatte, sie zur Hälfte zu ruinieren, ließ ihn jedes Übel vergessen, wenn er vor einer Wildpretpastete und bei einer Flasche Champagner saß. Ich bin überzeugt, er hat mehr glückliche Augenblicke gekannt, als irgend ein Fürst auf Erden. Seine glückliche Laune verlieh ihm Entzücken bei seiner Küchenmagd und Heiterkeit, wenn er in seiner Dachkammer hungerte. Sein Charakter hatte viel Ähnlichkeit mit dem von Sir Richard Steele. Er war jedoch diesem sowohl in Gelehrsamkeit, als auch an Genie überlegen. Beide

man liest ihn gern[27]; er scheint ganz und gar unschuldig *1850* daran zu sein, daß man Dickens dennoch lieber liest. – Nathaniel Hawthorne, der ältere Freund Melvilles, publiziert den *Scharlachroten Buchstaben, The Scarlet Letter,* einen hinreißenden kleinen Roman über eine Frau, die

---

kamen darin überein, daß sie niemals Geld hatten, ungeachtet aller ihrer Freunde, und daß sie auch niemals Geld gehabt haben würden, wenn ihr Vermögen ebenso ausgedehnt gewesen wäre, als ihre Einbildungskraft; beide waren aber so sehr geeignet zum Glück, daß man bedauern muß, sie seien nicht unsterblich gewesen.« Fielding war ein paar Jahre lang in Westminster als Friedensrichter für die Armenbetreuung zuständig, darauf spielt die Lady oben an. Richard Steele wird normalerweise zusammen mit Joseph Addison genannt; die Schulfreunde, Jahrgang 1662, waren, wie auch Fielding zeitweise, berühmte Zeitschriftenherausgeber; Lady Montague, die von 1689 bis 1762 lebte (sie war also achtundsechzig, als Fielding starb), war eine Jugendfreundin Popes, Addisons und Swifts, eine Freundin auch des berühmten Young; sie soll schön, geistreich und etwas unkonventionell gewesen sein: als sie fünfzig war, verließ sie ohne Angabe von Gründen England und ihren Mann und ging nach Italien. Sie war mit Fielding verwandt. Ihr Sohn galt als Sonderling, er hatte den Orient bereist und ließ sich später erst in Venedig, dann in Padua nieder, wo er das Leben eines Orientalen führte.

[27] das hängt auch damit zusammen – wir werden später noch darauf kommen –, daß er deutsch schreibt. Hier nun wieder einmal, wenn auch unter dem Strich, eine

Anmerkung zu

H A C K L Ä N D E R . Die meisten zweit- oder drittklassigen einheimischen Autoren, also bis zu Hackländer oder etwa, später dann, zu Dauthendey, etwa in der *Josa Gerth,* schreiben, an den eignen Sachen sitzend, in der Regel natürlich ein sehr viel lebendigeres, also nuancenreicheres, idiomatischeres, heimatlicheres Deutsch als ein sogar begabter Übersetzer; denn es läßt sich natürlich nicht leugnen, daß die Lektüre eines Romans in der Sprache, in der er ursprünglich geschrieben worden ist, ihm Reize verleiht, die in Übersetzungen meistens verlorengehn (in dieser Hinsicht sind alle Argumente für ein Lesen von Übersetzungen nur Schutzbehauptungen derer, die nicht genügend Sprachen können, keine Frage; aber komparatistische Lektüren – von der Lust jetzt geschwiegen – bleiben natürlich blutleer und puristisch, wenn sie Übersetzungen meiden; Übersetzungen sind ein Teil der Literatur). In der Regel nämlich geben Übersetzungen bestenfalls einen Begriff des momentanen Sprachstandards; und liest man nach einigen Übersetzungen selbst guter Romane einen vielleicht sogar etwas weniger guten Roman im Original (also auf deutsch einen deutschen Roman, wie wir jetzt Hackländer), dann ist an der Oberfläche

von ihrem außerehelichen Geliebten ein Kind hat, die dafür bestraft und gesellschaftlich geächtet wird, und die dennoch nichts bereut[28], und das in einer so gut wie aussichtslosen Situation: ihr Mann lebt bei ihr und will herausbringen, wer ihr Liebhaber war (und ihm die Hörner aufgesetzt hat), um sich an ihm zu rächen, ihr Liebhaber ist der Prediger des Orts, den allmählich, in dem Maße, wie sein Inneres sich ihm beinahe zersetzt

---

des Lesens der Reiz einfühlsamerer Dialoge und nuancenreicherer Adjektive doch sehr verführerisch, genauso verführerisch wie eine beschworene Welt, die einem irgendwie doch vertrauter vorkommt als die Welt in übersetzten Büchern. – Romane aber, das muß man dabei bedenken, sind nun noch entschieden etwas andres als nur die Sprache, worin sie, zum ersten Mal sozusagen, ans Licht kommen – Romane sind etwa: Konfigurationen von Empfindungen und Affekten, von Aktionen und Figuren; Konfigurationen, die einen bestimmten Rhythmus haben; Konfigurationen auch von Gedanken, auf deren Aufeinanderfolge, auf deren Rhythmus also es dann auch ankommt; und diese Rhythmen wieder, wenn sie einmal in der Welt sind (und in sie kommen vielleicht wirklich nur konnten in dieser ganz bestimmten Form bis hinab in die Mikrostruktur – ein schwieriges Problem, das sich etwa an Proust sehr gut studieren ließe), diese Rhythmen der Makrostruktur des Romans sind in großem Maße unabhängig von der Feinstruktur der einzelnen Sätze des Buchs. – Und selbst wenn Romane ins Deutsche übersetzt nur ein schlechtes Nachbild der Originale wären: deutsche in andre Sprachen übersetzt wären das dann auch (und selbst Romanciers lesen ihre Kollegen meistens übersetzt: und sind übrigens fast alle eher Individuen als Kinder einer Sprache) – und daran liegt es dann, daß wir einen sogar schlecht übersetzten erstklassigen Roman nach kurzer Zeit doch sehr deutlich unterscheiden können von einem noch so lebendig und anschaulich geschriebenen zweitklassigen hiesigen Roman.

[28] hier will ich rasch nachtragen, was Balzac einmal in der Vorrede zu seiner *Comédie* meint: »Da Walter Scott sich den Ideen eines seinem Wesen nach heuchlerischen Landes anpassen mußte, ist er, in bezug auf das Menschliche, in der Darstellung der Frau unwahr gewesen ...« – das nur nebenbei, jetzt das, was ich meine, hier für Hawthorne: »Die protestantische Frau hat kein Ideal. Sie kann keusch sein, rein und tugendhaft; aber ihre allem Überschwang entrückte Liebe wird stets ruhig und ordentlich sein wie eine erfüllte Pflicht ... Im Protestantismus bleibt der Frau nach einem Fehltritt keine Möglichkeit mehr, während in der katholischen Kirche die Hoffnung auf Vergebung sie erhaben macht ...« – und dann spricht er von den Tugenden, die die Reue den Frauen zuweist ...

unter seinen immer glutvoller werdenden Predigten[29], *1850*
jene Lebenskräfte verlassen, die ihm erlauben würden, mit
seiner Geliebten, die das vorschlägt, zu fliehn – in dieser
horrenden Situation bleibt die Frau von einer solchen
stillen Entschiedenheit, daß nur eben diese Stille dabei sie
davor rettet, aus einer mit der Zeit geduldeten (gewissermaßen unerkannt geduldeten) Randfigur der Gesellschaft
zu jener alle stillschweigend unbedachten Einverständ-
nisse in Frage stellenden Person zu werden, die man bekämpfen müßte (es ist in diesem Zusammenhang auch
artistisch außerordentlich bewundernswert, daß Hawthorne hier, wo es um diese hergebrachten Einverständ-
nisse geht, einen historischen Roman schreibt – und nur
in diesem einzigen Fall gibt das Historische hier einem
Roman geradezu einen zusätzlichen Reiz, beinahe möchte
man sagen, daß dieser Reiz die Aktualität verschärft).
Wunderbar wandeln solche Frauenfiguren über das weite
und so merkwürdig männerverlassene (von ebensolchen
Männern ganz verlassene) Land dieser und der kommenden Jahrzehnte, als ob sie sich begegnen könnten und
gern begegnen würden, Hester hier und dann etwa
Hardys Tess; selbst unsre Modeste würde große Augen
machen, in ihrer Familie war genug Schlimmes passiert,
sie besaß einen eingeborenen Sinn für eine gewisse
Sicherheit. Und die fehlenden Männer angehend, so
kann darüber nur hinwegtrösten, daß es Männer sind,
die, wie um zu vergüten was ihnen fehlt, solche Bücher
schreiben mit diesen Frauen darin. – Melville veröffentlicht *Weißjacke*, gewissermaßen ein erzähltes Kompen-
dium der amerikanischen Kriegsmarine, voller Anekdoten

---

[29] denken Sie einen Moment an die auch immer betörender werdenden Predigten, die der Liebhaber in Stendhals *Kartause* hält; da
sind es Ehrgeiz, Lust, die Erfüllung will; hier bei Hawthorne geht der
Weg umgekehrt von allem weg ins Überirdische, die Glut des Predi-
gens ist, wenn man so will, reiner als bei Stendhal, doch scheint der
Effekt, die Güte der Predigt, derselbe zu sein.

zwar, aber mit gewaltig die Verhältnisse anprangernden Offenlegungen der oft unmenschlichen Zustände an Bord der Schiffe. Wieder muß es damals sehr schwer gewesen sein, abzuschätzen, wohin Melville eigentlich wollte; wir haben es leicht. – Und Gutzkow bringt nun seine *Ritter vom Geiste*, Sie werden schon lange darauf gewartet haben. »Auch zum Lesen gehört Virtuosität«, heißt es in dem Buch von einer sonst sehr charmanten jungen Dame, die solche Virtuosität nicht hat: »Ein Schriftsteller mußte sie sogleich auf der ersten Seite ergreifen, anders konnte sie ihm nicht folgen, erst ihn gewähren lassen, erst lauschen, wohin er uns wohl führen würde, das ermüdete sogleich ihre Spannung ...« – Gutzkows Buch ist noch einmal ein gutes Stück länger als Tolstois *Krieg und Frieden*, aber der Autor, wenn wir ihn nur gewähren lassen, führt uns so souverän durch sein Berlin und einige deutsche Landschaften[30], daß wir, je länger alles währt, desto bezauberter und hingerissener sind von den wunderlichen Bekanntschaften, die er uns machen, ja von den dauernden Freundschaften, die er uns schließen läßt unter den Figuren seines Buchs. Er schweift, anhand einer *story,* die tatsächlich wenig mehr ist als ein Vorwand, durch alle Gesellschaftsschichten, die er nun miteinander je in Einzelschicksalen verbinden will, das geht dann nicht ohne ein paar artistisch beinahe ruchlose Tricks; aber die stören nicht, es sei denn, man glaubt zu wissen (was uns nicht in den Sinn käme), was ein regelrechter Roman zu sein habe – Gutzkow treibt es ziemlich weit mit dem gleichsam grundsätzlich unkanonischen Wesen des Romans, aber solange das den unbefangnen Leser nicht stört, werden wir seine Gründe immer für besser halten als den Purismus, der ihm die Gründe nicht glaubt. Gutzkow kannte natürlich Balzac gut (vielleicht erinnern

---

[30] »die Nacht hatte sich leise mit einem durchsichtigen Sternenkleide herabgesenkt. Johanneswürmchen funkelten schon im Grase. Alles war still, traulich, nächtlich ...«

Sie sich daran, daß eine schöne Dame der Gesellschaft,  *1850*
als sie aus Paris nach Berlin kommt, sagt, Balzac habe
versprochen, über sie alle einen Roman zu schreiben –
unter dem Jahr 1837, im Zusammenhang mit Gutzkows
Seraphine habe ich das einmal erwähnt), ein bißchen war
seine verwegene Idee zweifellos die, das, was bei Balzac
in eine Vielzahl von Romanen auseinandergefallen war,
für Berlin zu einem einzigen Roman zu machen, und
er wird, im Laufe der Arbeit, ein gewisses Sichverlieren
des ursprünglichen *plots* dafür in Kauf genommen haben.
Zu diesem *plot* mit dem gefundnen Schränkchen, in welchem alte Johanniterordensurkunden sein sollen, kommt
dann die Geschichte von dem unerkannt hergereisten
Prinzen dazu, der regieren lernen will[31] und dann auch
regiert, aber schlecht, schwankend zwischen sich er-
hebenden Arbeitern, immer selbstbewußter werdenden
Handwerkern und einem reaktionären Adel; und über die
Titelheldengruppe, angetreten, eine bessere Welt zu bauen
(hübsch kommentiert einer sich, als er seine Visitenkarte
überreicht: »ein obscurer, junger Mensch, Prätendent des
Glücks, wo er es findet, ein junger Jurist, Bürger kommender Jahrhunderte«), heißt es am Ende, ganz am Ende,
und man sieht, wie hier doch, wenngleich ein wenig indirekt, eine große Geschichte erzählt worden ist: »Sie
haben nichts nötig, als den Blick empor zu richten, in ein
Buch zu sehen, das sie studieren, in eine Harfe zu greifen,
wo sie ihre Empfindungen austönen, in ihr Herz, das sie
reinigen und läutern sollen. Sie haben nichts zu tun als
nur von dieser Gesellschaft der ewigen Lüge sich abzu-
wenden, ihr nicht zu dienen, ihr zu fehlen, stumm zu

---

[31] hier sind wunderliche Ähnlichkeiten mit Albrecht Schaeffers
großem Dreibänder von 1920, *Helianth*, worin, in einer erstaunlich
anachronistisch anmutenden Handlung, ein junger Mann zu einem
Regenten wird. Auf seine Weise, gewissen formalen und etwas aufge-
setzten Purismen zum Trotz, ist auch Schaeffers Roman ein ziemliches
Unding.

1850 bleiben, wenn sie reden sollen, das Haus zu schließen, wenn man sie um Hülfe ruft« – ich glaube, der Prinz sagt das, dann steigt er zur schönen Melanie in den Wagen, und sie fahren nach Nizza. Ich würde gern noch tausend Dinge über diesen Roman sagen, und wenigstens hundert Sachen noch zitieren (»Beruhige dich«, sagt einer einmal zu einem, der sich fürchtet, »beruhige dich! Die Toten ziehen niemanden nach! ... Sie gönnen uns das Glück dieser Erde, damit wir seine geringe Vollkommenheit erkennen ...«); gut zu wissen für den Leser ist vielleicht noch, daß Gutzkow außerordentlich witzig sein und brillante Dialoge machen kann – hier zeigt sich glänzend (ähnlich wie so oft bei Henry James, man denke an dessen *Transatlantische Episode*) seine große Erfahrung als Bühnenschriftsteller; und bewundernswert ist auch Gutzkows so ganz und gar unangestrengte Art des Erzählens: als wolle er auch gar nicht große Kunst, sondern eben bloß einen großen Roman[32].

---

[32] vorwerfen wollte ich ihm beim Lesen nur die fehlenden Stücke an den Rändern, besonders, als zwei oder drei Leute, darunter das schönste oder wenigstens das zweitschönste aller Mädchen, nach Italien gehn – ich möchte mit! wollte ich rufen, da waren sie schon weg, und meine Hoffnung danach war auch umsonst, sie kamen einfach wieder; und ich weiß, etwa aus einer kleinen Schilderung des Comer Sees, wie glänzend Gutzkow hier gewesen wäre. Natürlich war ihm das klar, wie gut er hätte sein können; aber entweder wollte er dann doch irgendwann fertig werden mit dem Buch (möglicherweise dachte er auch schon an den ebenso umfangreichen *Zauberer von Rom)*, vielleicht mochte er auch einfach nicht in allzu große retrospektive Nähe zum immer noch so großen Goethe und seinem *Wilhelm Meister*; jedenfalls, warum auch immer, er blieb in Berlin – und entwirft er in seinen schon zitierten Jugenderinnerungen ein sehr farbiges Bild der alten königlichen Marstallgegend, so schildert er nun ganz zum Erwachen aller unsrer Sehnsüchte ein wunderbares Bild der alten Berliner Villengegenden; aber eigentlich genauso gut gelingen ihm alte Handwerkerhöfe, enge Mietskasernen, oder auf dem Lande alte Gasthöfe an der Straße; an Leuten etwa ein theologischer Modeschriftsteller, und dann Hackert, dieser an sich selber

Geboren werden jetzt, in der Jahrhundertmitte, in Roche-
fort drüben am Atlantik, in einer alten hugenottischen Fa-
milie, Sohn eines Schiffsarztes, jener Pierre Loti (eigentlich Julien Viaud), dessen ersten kindlich-erschauernden
Blick aufs Meer ich ihnen vorhin erst zitiert habe; ferner
in Edinburgh, Sohn eines Leuchtturmingenieurs, Robert
Louis Stevenson, der im Kanu die Flüsse Frankreichs und
Belgiens erforschte und Inseln und Meere beschrieb;
schließlich, auf dem Schloß Miromesnil in der Normandie
(seine Mutter, die Tochter eines Spinnereibesitzers, war
eine Jugendgespielin Flauberts gewesen), Guy de Maupassant, großer Ruderer, leidenschaftlicher Segler; einmal, am Meer, rettete er Swinburne beinahe das Leben,
Swinburne liebte das Meer über alles, konnte aber sehr
viel besser dichten als schwimmen; über seine Mama
geriet Maupassant dann an Flaubert, er lernte bei Flaubert
Turgenjew kennen; einen großen Bewunderer hatte er in
Henry James, nicht nur seiner Prosa wegen, sondern auch
wegen seiner Manieren, seiner Affären, seines Adels; und
mit dem Ausdruck absoluter Bewunderung, schreibt Ford
Maddox Ford (ein Romancier, eine Klatschbase), habe
James ihm erzählt, wie Maupassant ihm, James, einmal
die Tür geöffnet habe: nämlich mit einer herrlichen Frau

---

leidende halb Wahnsinnige, neben Klingsohr aus dem *Zauberer* der
andere der großen Zerrissenen, wie wir sie vom frühen Tieck und
von ETA Hoffmann kennen, und wie sie dann, sehr programmatisch,
bei Spielhagen wieder auftauchen werden ... – aber genug geschwärmt
jetzt von Gutzkows Figuren; für einen Leser, selbst wenn er noch
kein Virtuose ist, wie es da vorhin hieß, kann es, wenn er sich Zeit
nimmt, kaum ein schöneres Vergnügen geben als diese *Ritter vom
Geiste;* es gibt in den leuchtenden Höhen und in den wohnlichen
Niederungen der Romankunst gleichermaßen Bücher, wenn die einem
fehlen in dem, was man kennt, dann ist einem nicht nur der ganze
Umfang der Lust unbekannt geblieben, die diese Kunst bringen kann,
sondern man weiß auch nicht, was das ist – und ich kehre doch wieder
in unser altes Bild zurück –: was das eigentlich ist, das da so unabsehbar unterschieden und doch so ununterscheidbar schön hergefah-
ren kommt über das Meer, anfangs aus jener einen Bucht, ins Offne,
zu uns.

 **1850** am Arm, die nichts getragen habe als eine Maske; und Maupassant habe später gesagt, das sei nicht irgendein Mädchen gewesen, sondern eine Frau von Welt.

Es liegt an unserm, wenn ich so sagen darf: so ganz und gar geschichtstheorielosen Konzept der reinen Chronologie, daß das Halbjahrhundert endet mit Gutzkows *Rittern vom Geiste*, und daß die zweite Hälfte des Jahrhunderts beginnt mit Melvilles *Moby Dick*, oder nun gänzlich simpel gesprochen: daß 1850 die *Ritter vom Geiste* erscheinen (erscheinen können, möchte man beinahe sagen), und gleich danach, 51, der *Moby Dick* – gegensätzlicher, möchte man meinen, geht es nicht: aber es gibt eben gar keine Gegensätze, es gibt nur dieses immer wieder erstaunen machende unendliche Nebeneinander. – Als Jean Giono, dieser merkwürdige Mann, ein provençalischer Romancier, der das Meer liebte, zwischen 1935 und 39, mit Hilfe guter Freunde, Melvilles *Moby Dick* übersetzt hatte, schrieb er noch ein kleines einhundertzwanzigseitiges Büchlein, eine Hommage an Melville (*Pour saluer Melville*, 1941), formal ein kaum definierbares Etwas, ein Essay, eine kleine Vision. »Oft genügte es schon«, so erinnert er sich gleich zu Anfang an seine Melville-Lektüre in der Provence, »oft genügte es schon, daß ich, umgeben von der weiten, wie das Meer gewellten, aber reglosen Einsamkeit, mit dem Rücken an einen Pinienstamm gelehnt, das Buch aus meiner Tasche zog, und sogleich verspürte ich unter mir und um mich her das Anschwellen des vielfältigen Lebens der Meere.« Giono stellt uns dann Melville vor, eine zwar athletische, aber lässige, beinah verführerisch elegante Figur, mit »graublauen Augen«, sagt er, »die sich zuweilen, einer Eingebung seines Herzens folgend, mit einem vollkommen klaren, azurblauen, beinahe durchsichtigen Leuchten füllten«; Melville ist für zwei Wochen in London, er hat das

Manuskript von *Weißjacke* hier abgeliefert, er ist von einer geheimnisvollen Beschwingtheit, kleidet sich bei einem Hafentrödler in einen leicht abgerissenen Matrosen um und besteigt eine Kutsche irgendwohin, für ein paar Tage. In der Kutsche sitzt auch eine schöne junge Frau, eine Getreideschmugglerin, und es ergibt sich eine erotische Begegnung jener wunderbaren dritten Art: beide sind zueinander hingezogen, sie reden, sie gehn spazieren; er habe einen Engel bei sich, sagt er, einen Gefangenenwärter; »schlägt er Sie?« fragt seine Begleiterin; »o nein«, sagt er, »es ist was anderes, wir schlagen uns.« Dann geht sie weg: »Er spürte noch die Wärme ihrer Hand in der seinen. Inzwischen war es dunkel geworden; nur über dem Meer lag noch ein Lichtschimmer, und weit unten, an der Hafeneinfahrt, trieb das Fährboot schon auf die offne See hinaus.« Er geht dann nach Amerika zurück (er ist frisch verheiratet, Adelina war das auch), kauft einen Hof in den Bergen von Berkshire (ganz in der Nähe wohnt Hawthorne), er baut einen Kamin, schreibt Giono, »streicht die Fassade, befestigt Efeu, richtet die Wetterfahne auf, ölt die Türangeln und bricht neue Fenster in die Wände. Das Land ist wundervoll ...«; und beinahe wie aus Sealsfields Louisiana klingt das nun hier aus Massachusetts: »In der Umgebung des Hauses heben und senken sich unübersehbare Grasflächen, sie wellen sich und ziehen sich bis zu den schwindelerregenden Laubmassen der Buchen und Birken hin ...«; und dort schreibt Melville nun *Moby Dick*.

XII

1851 BIS 1855

1 ✦ 8 ✦ 5 ✦ 1

Es stirbt, einen Tag vor seinem 62. Geburtstag, in Cooperstown, das sein Vater gegründet hatte (am Otsegosee,
aus dem ein Teil des Wassers kommt, das der schwächere
seiner beiden Quellflüsse dann in den Susquehanna ein-
bringt, im Staate New York, der stärkere Quellfluß kommt
aus dem Alleghanygebirge), James Fenimore Cooper; und
in London, dreiundfünfzigjährig, stirbt Mary Shelley.

Grabschrift (43) für
C O O P E R . Cooper war 1789 in Burlington,
New Jersey, geboren worden, und wuchs dann,
unter zwölf Geschwistern, in Cooperstown auf,
besuchte die höhere Schule in Albany, studierte in Yale;
1806 ging er, mit dem Ziel, Seeoffizier zu werden, als
Schiffsjunge zur See, 1808 wurde er für drei Jahre Kadett,
im Küsten- und im Binnenseedienst (der legendäre *Pfad-*

1851 *finder* heißt im Untertitel *oder der Binnensee* und spielt am Lake Ontario); er heiratet dann und hat sieben Kinder, von denen fünf groß werden, ein Sohn darunter, geht nach Cooperstown zurück, lebt in Pennsylvania und in New York. Von 1826 bis 1833 macht er eine Europareise: 26 bis 28 ist er in Paris, dann in London, in der Schweiz, in Italien (ein halbes Jahr in Florenz), 29 ist er in Neapel und Sorrent, dann in Rom, 30 kommt er nach Deutschland, von Dresden, als in Paris die Julirevolution losbricht, geht er (wie die jungen Männer in Laubes *Jungem Europa*), dorthin, und bleibt dort bis 33 (er macht noch, während dieser Jahre, zwei große Ausflüge nach Deutschland, Rhein und Neckar haben es ihm angetan), im September ist er in London, im Oktober 33 wieder in New York. Anschließend läßt er sich ganz in Cooperstown nieder, er hatte dort offenbar viel Streit mit seinen Nachbarn wegen der Rechte an Grund und Boden und Ärger mit der Presse, die seine wachsende Kritik an Amerika nicht gut fand. – Arno Schmidt, dessen übersetzerische Verdienste um Cooper groß sind, schließt ein längeres Funkfeuilleton über ihn so: »Am 14. September 1851, einen Tag vor seinem 62. Geburtstag, starb zu Cooperstown: James Fenimore Cooper. Der Welt als Erbe hinterlassend: 34 Romane, davon 10 gut; 8 Bände Reiseberichte; 5 Bände historische Arbeiten. Dazu eine ganz große Gestalt der Weltliteratur: den Lederstrumpf; dem Kenner durchaus gleichrangig mit Ahasver, Gulliver, Robinson, Parzival – Lederstrumpf, den Mann der Wälder, der in der Luft der Siedlungen, bei den *umbrella people*, nicht atmen kann. Ein Gemüt, so einfach gefügt, daß es schon fast wieder an Tiefsinn grenzt; redlich, männlich; verdüstert; wie sein Schöpfer selbst.« Nach dieser wunderlichen Eloge des geborenen Großstädters und gebliebenen Bargfelders heißt es zur Biographie ganz traurig: »Aber nie werden wir einen auch nur annähernd befriedigenden Einblick gewinnen in das Leben des großen Mannes:

getreu dem letzten Gebot des sterbenden Vaters vernichtete seine Lieblingstochter, Susan Augusta, die Verwalterin
seines Nachlasses, alle wichtigen Aufzeichnungen. Die
Tagebücher nahm sie mit sich ins Grab.«

Grabschrift (44) für

M *A R Y   S H E L L E Y .* Als Tochter von
zwei berühmten literarischen Persönlichkei-
ten, schreibt sie selber im Vorwort zu ihrem
Frankenstein, habe sie natürlich schon sehr früh ans
Schreiben gedacht – ihre Mutter, Mary Wollstonecraft,
war eine berühmte Frauenrechtlerin (*Verteidigung der
Rechte der Frauen,* 1792; sie starb an der Geburt der
kleinen Mary; Virginia Woolf hat einen ihrer schönen
Essays dieser Frau gewidmet, die an ihren künftigen
Mann einmal schrieb, wie um zu begründen, daß sie ihn
doch heiraten wolle, »ein Ehemann ist ein dienlicher Teil
der Einrichtung des Hauses«), ihr Vater, William Godwin
(er heiratete 1801 noch einmal, eine Mary Clairmont,
deren Tochter Claire aus einer ersten Ehe später, als Mary
und Shelley mit Byron zusammen am Genfer See sind, die
Geliebte Byrons wird und von ihm dann ein Kind kriegt,
ein schönes Mädchen, Allegra, das 1822 starb), veröffentlichte 1794 den Verbrecher- und halben Schauerroman
Caleb William, den damals alle lasen, Byron und Shelley
natürlich, das kam ja gewissermaßen aus der Verwandtschaft, aber auch unser alter Charles Brockden Brown,
dann Poe, später immer noch Bulwer-Lytton und ganz
sicher Dickens. Wir haben gesehn, früher schon, wie die
Shelleys und Byron sich dann Schauergeschichten erzählten am Genfer See, wir wissen, daß aus solchem Erzählen
(eines Nachts, berichtet Mary) ihr dann so berühmter
Frankenstein entstand. Als Percy Bysshe dann 1822 ertrunken war, widmete sich Mary seinem Werk, ein unvoll-
endetes Drama und Gedichte gab sie schon 1824 heraus,
47 dann eine zweibändige Werkausgabe. Ihr Mann war

schon verheiratet gewesen, mit Harriet Westbrook, einer Kaufmannstochter, die er entführt hatte; die Ehe soll unglücklich gewesen sein; Shelley, der den Kopf voll von revolutionären Gedanken hatte, lernte in London den alten Godwin kennen, einen starken Vertreter rousseauscher Ideen; dann seine Tochter, Mary, die er heiratete, nachdem sich Harriet, man sagt in einem Anfall von Wahnsinn, umgebracht hatte (vielleicht gehört sie mit in die Reihe der Liebestoten, derer wir, ich glaube bei der *Corinne* der Staël, schon einmal gedacht haben). Das Monster in Marys Buch geht nach Frankensteins Tod von Bord des Schiffs (ein Naturwissenschaftler auf diesem Schiff erzählt uns die ganze Geschichte, in Briefen an seine Schwester), es will ins Polareis treiben und sich dann verbrennen (wohl auf dem Holz des Floßes), und es sagt am Ende des Buchs: »Und wenn die Feuersbrunst erloschen ist, wird meine Asche vom Wind ins Meer geweht werden. Meine Seele wird in Frieden ruhn, oder ich werde, wenn mein Geist weiterbesteht, andere Gedanken haben. Leben Sie wohl. – Er sprang aus dem Kabinenfenster auf das Floß, das neben dem Schiff lag. Bald wurde er von den Wellen davongetragen, und er verschwand in ferner Dunkelheit.«

Biographie (6)

H A W T H O R N E & M E L V I L L E. Nathaniel *H A W T H O R N E* war, das wissen wir, 1804 in Salem, Massachusetts, geboren worden, und hatte nach der Schule im Bowdoin-College zusammen mit Longfellow studiert (den wir als Verfasser jener schönen Reisegeschichte *Hyperion* kennengelernt haben); 1828 hatte er einen ersten Roman geschrieben und dann unterdrückt, seit 1830 veröffentlichte er kleine Geschichten, ein paar Jahre später versuchte er sich mit journalistischen Arbeiten. 1839 und 40 war er beim Zoll in Boston angestellt, dann nahm er

an einem Lebensstilexperiment teil, das einige Anhänger *1851*
Fouriers betrieben (dieser im Jahre 37 verstorbene Utopist
hatte außerhalb Frankreichs vor allem in Amerika Anhänger), der sogenannten Brook-Farm-Phalanx bei Boston
(in *Blithedale* ist viel davon zu lesen); 1842 heiratete
Hawthorne und ließ sich in Concord nieder, ebenfalls
Massachusetts, dort lebte Ralph Waldo Emerson, ein
Liebling Nietzsches, ein Philosoph, Freund Carlyles, Verfasser der berühmten *Essays*, dort lebte auch der zehn
Jahre jüngere Thoreau, der 1849 ein kleines Werk veröffentlichte, *A week on the Concord and Merrimac River*,
und sich dann am Walden-Teich, ganz in der Nähe, das
Holzhaus gebaut hatte, das ihm viel Bewunderer einbrachte (er schrieb dann 1854 das berühmte *Walden,
oder Leben in den Wäldern*). 1846 wurde Hawthorne Zollinspektor in Salem, 1849, bei einem Präsidentenwechsel
(Taylor-Fillmore), wurde er entlassen[1] (seine finanziellen

---

[1] in der ebenso merkwürdigen wie langen, *Das Zollhaus* betitelten
Einleitung zu seinem *Scarlet Letter* hat Hawthorne satirisch und resigniert diese Zeit festgehalten; eine Erfahrung dort beschreibt er so:
»Meine Kollegen, auch die Kaufleute und Kapitäne, mit denen mich
meine Dienstpflichten in jede Art von Verbindung brachten, sahen
mich in keinem andern Licht und kannten mich wahrscheinlich in gar
keiner andern Rolle. Keiner von diesen, nehme ich an, hatte je eine
Seite gelesen, die auf mich zurückging, oder hätte mich einen Pfiffer-
ling höher eingeschätzt, wenn er sie alle gelesen hätte ... Es ist eine
gute Lektion, wiewohl oft eine harte, für einen Mann, der von litera-
rischem Ruhm geträumt hat und davon, sich dadurch einen Platz
unter den Würdenträgern der Welt zu schaffen, aus dem engen Zirkel
jener herauszutreten, die seine Ansprüche anerkennen, und herauszufinden, wie gänzlich sinnentleert außerhalb dieses Zirkels alles ist,
was er vollbracht hat und wonach er strebt.« Einige Seiten später
beschreibt er, was aus ihm geworden war dort beim Zoll: »Ich hatte
aufgehört, ein Schreiber leidlich schlechter Erzählungen und Essays
zu sein, und war ein leidlich guter Zollaufseher geworden. Das war es.
Nichtsdestoweniger ist es alles andre als angenehm, von dem Verdacht
verfolgt zu werden, daß einem die Geisteskräfte zu entschwinden
drohn, wie Äther aus der Phiole verduftet, ohne daß man es merkt, so
daß man bei jedem Hinschauen einen kleineren und weniger flüchtigen Rest vorfindet. Da an der Tatsache kein Zweifel war, und nach
Prüfung meiner selbst und der anderen, kam ich zu dem Schluß, daß

Sorgen verließen ihn dann erst, als ihn Pierce, der nächste Präsident – ab 53 –, ein Jugendfreund, dessen Wahlkampfbiographie er schrieb, zum Ehrenkonsul in Liverpool machte) und ging mit seiner Familie nach Lenox bei Pittsfield – dort ganz in der Nähe hatte sich eben Melville seine Farm Arrowhead gekauft. – Herman *MELVILLE*, fünfzehn Jahre jünger als Hawthorne, stammte aus New York und war in Albany zur Schule gegangen (das hatte dort auch, Sie erinnern sich, eine ganze Weile vor ihm Cooper getan), 1839 war er als Matrose in Liverpool (kennen wir aus seinem *Redburn*), 1841 war er auf einem Walfänger in die Südsee gefahren und dort desertiert (kennen wir aus *Typee* und *Omoo*), hatte auf andern Walfängern gearbeitet, 1844 war er in Boston entlassen worden, nachdem er auf einem Kriegsschiff zurückgekehrt war (kennen wir aus *Weißjacke*). 1847 hatte er, als nun freier Schriftsteller, geheiratet. 1849 begegnet er Hawthornes Freund Emerson[2], Ende des Jahres macht er dann

---

die Wirkung eines öffentlichen Amts auf den Charakter nicht von der Art ist, die ein gutes Licht auf diese Lebensweise fallen läßt.« – Jede Art von Kraft verlasse einen, sagt er dann etwas verallgemeinernd weiter, und kommt dann, wie in unserm vorigen Kapitel Poe in dem Brief, auf das Gold zu sprechen: »Warum sollte einer sich abrackern und so sehr bemühn, sich aus dem Schlamm zu ziehn, wenn ihn recht bald schon der starke Arm seines Onkels aufrichten und stützen wird? Warum sollte er hier für seinen Lebensunterhalt sorgen, oder nach Kalifornien Gold graben gehn, wenn er bald in Monatsabständen mit einem kleinen Haufen klingender Münze aus der Tasche des Onkels glücklich gemacht werden wird?« – mit dem Onkel, das versteht sich, wenn man einmal darauf gekommen ist, ist Uncle Sam gemeint.

[2] er schreibt an Duyckinck, seinen Verlagslektor: »Und doch meine ich, Emerson ist mehr als ein prächtiger Bursche … Zugegeben, man könnte ihn einen Narren nennen; aber dann möchte auch ich lieber ein Narr als ein Weiser sein. Ich liebe nun einmal alle Menschen, die *tief eindringen*. Irgendein Fisch kann nahe an der Oberfläche schwimmen, aber nur ein großer Walfisch kann fünf Meilen und mehr in die Tiefe hinabsteigen … Und doch konnte ich bei Emerson, ungeachtet seiner Verdienste, rasch einen klaffenden Sprung entdecken. Ich meine seine unausgesprochenen Andeutungen, daß er wertvolle Ratschläge hätte geben können, wenn man ihn schon bei der Erschaffung der Welt zu Rate gezogen hätte …«; an denselben Mann schreibt er dann im

jene kleine Reise nach England, auf welcher ihm Jean
Giono diese schönen Spaziergänge mit Adelina zur Biographie hinzugedichtet hatte. Aus England zurück, bezog er dann mit seiner Familie jene Farm Arrowhead bei
Pittsfield, in Hawthornes Nähe. »Noch etwas, Mr. Hawthorne«, schreibt er diesem Anfang 1851, als er ihn zu
sich eingeladen hat, »glauben Sie bitte nicht, daß Sie in
ein steifes, an alberne Formalitäten gewöhntes Haus kommen. Man wird Sie nicht mit Förmlichkeiten belästi-
gen. Sie können tun, was Sie wollen – sagen oder nicht
sagen, was Ihnen beliebt. Und wenn Sie Lust haben,
können Sie Ihren ganzen Aufenthalt im Bett zubringen,
jede Stunde des Tages. Ein ausgezeichneter Montado
Sherry wartet bereits auf Sie und ein ebenso kräftiger
Portwein. Beim Glühwein können wir Weisheiten aus-
tauschen, bei Toast und Butter uns Geschichten erzählen,
uns Witze erzählen und Flaschen aufbrechen vom Morgen bis Mitternacht.«[3]

In Buenos Aires unter dem blutigen Terrorregime von
Rosas spielt der Roman *Amalia* von José Mármol, Mármol,
im Exil lebend, gehörte zu Rosas' Gegnern; sein Roman

Dezember 49 aus London, und er bezieht sich auf seinen *Redburn*:
»Aber ich hoffe doch, daß ich nie wieder so ein Buch schreiben werde.
Wenn nämlich ein armer Teufel schreiben muß, während ihm die
Gläubiger im Nacken sitzen, über seine Schulter blicken ... – was
können Sie dann von einem solchen Tropf erwarten? ... Uns Schriftstellern sind alle unsre Bücher vorbestimmt, – und was mich betrifft,
so werde ich die Dinge schreiben, die der *Große Verleger der Menschheit*
seit Ewigkeiten vorausbestimmt hat, bevor er die Welt veröffentlicht
hat, unsern Planeten, meine ich ...« – Balzac hätte diesen jungen
Mann und seinen strahlenden unwissenden Optimismus sicher bewundert, wenn auch mit leisem Kopfschütteln.

[3] einige Tage später schreibt Melville dann jenem Duyckinck:
»... wir hätten dann bei einer Flasche Brandy und vielen Zigarren
über das Weltall diskutiert. Aber infolge eines Krankheitsfalles in seiner Familie hat er nicht kommen können, – oder er ist vielleicht ganz
in Betrachtungen des Universums versunken.«

1851 schildert den schließlichen Untergang einer Gruppe junger Regimegegner, mit hineingezogen wird die junge Amalia, die sich in einen verwundeten Rebellen verliebt; sehr eigenartig und stilistisch zu Herzen gehend und irritierend zugleich ist hier die beinahe ekstatische Mischung aus Romantik, abenteuerlich-brutaler Politik und ungescheuter Melodramatik, gegen Ende ist man ganz verzweifelt. – Henri Murger bringt, jetzt zu so etwas wie einem Roman zusammengefaßt, die *Szenen aus dem Leben der Bohème* heraus, einzeln waren sie in den Jahren davor schon in einer Zeitschrift erschienen, ein Theaterstück (anders als bei Dumas' *Kameliendame*) brachte noch nicht den Erfolg, den das Buch nun hatte. Die Skizzen sind für sich formal ebenso wenig auch nur Stücke eines Romans wie etwa Boz' (also Dickens') Sketche; anders als dort ist jetzt aber eine einheitliche Lebensstimmung da[4], gemischt aus schöner Schwindsucht, keinem Geld, Kunst, die noch keiner will, und vielen schönen kleinen Liebesgeschichten, das Ganze aufgeteilt auf ein paar Freunde und ebenso viele hübsche Mädchen; nichts Bedeutendes das alles, aber lieb und schön und melancholisch und sentimental, wer wollte uns Badende verlachen, an diesen süßen Kuschelbuchten des großen Meers, das wir befahren. – Nathaniel Hawthorne veröffentlicht *Das Haus der sieben Giebel*. Sie erinnern sich sicher an die Bemerkung über den Reiz des historischen Romans, die ich anläßlich seines *Scarlet Letter* im letzten Kapitel gemacht habe; hier nun, gleich am Anfang, nimmt Hawthorne das Thema selbst auf und schreibt: »Doch werden wir die Verbindung mit der Vergangenheit nicht völlig beiseite lassen und ein paar Hinweise auf vergessene Geschehnisse und Personen, auf

---

[4] man wird an so etwas wie jene ich glaube amerikanische TV-Serie erinnert, die unter dem hübschen Titel *Unsre schönsten Jahre* in einer unvergleichlich dichten Atmosphäre und mit wie aus demselben Lebensgefühl heraus agierenden jungen Schauspielern eine Stimmung schuf, in welcher ein sehr dehnbarer Rahmen genügte, um die einzelnen Stücke zusammenzuhalten.

Sitten und Gebräuche, die beinahe ganz aus der Mode  *1851*
gekommen sind, machen. Dies alles dient, wenn es dem
Leser angemessen dargeboten wird, als Beweis, wieviel
Altes selbst im Allerneuesten des menschlichen Lebens
noch enthalten ist. So könnte auch eine bedeutsame Lehre
aus der wenig beachteten Wahrheit gezogen werden, daß
die Taten vergangner Geschlechter Keime sind, die in späteren Zeiten gute oder schlechte Frucht tragen, daß wir
zusammen mit der Saat der gegenwärtigen Ernte, die wir
Sterblichen nutzbringend nennen, unweigerlich auch die
Keime eines dauernden Gewächses säen, das unsre Nachkommen dunkel überschatten könnte.« Wenn man diesen
Anfang noch einmal liest, nach dem Buch, dann sieht
man hier deutlich auf so etwas wie ein Schicksal hingewiesen, das über dem im Titel genannten Hause schwebt,
ein frühes Verhängnis, das sich nun Bahn bricht – genau
das ist dann die Handlung des Romans, und man bewundert, wie schon in *Scarlet Letter*, den glänzend durch-
dachten und nun wie selbstverständlich gewordenen Aufbau von Hawthornes Büchern: und das ganz unabhängig von ihrer Eleganz, ihrem unwiderstehlichen *drive*,
der wunderbaren sinnlichen Gegenwärtigkeit ihrer Szenen
und der ruhigen Kraft, mit der Hawthorne uns, absolut
unaufdringlich, sagt, was er denkt. Kaum etwas ist schöner anzusehn als die Bewunderung, die Melville, ein so
ganz andrer Typ, diesen Büchern und ihrem Autor ent-
gegenbrachte; als er dieses Buch gelesen hatte, schrieb er
Hawthorne einen Brief, in jenem angenehmen *understatement,* das auf keine Öffentlichkeit lauert: »Das Buch hat
uns entzückt; es hat uns gereizt, es noch einmal zu lesen;
es hat uns einen ganzen Tag geraubt und hat uns Stoff
zum Nachdenken für ein ganzes Jahr geliefert« – Melville
steckte noch tief in den Fahnenkorrekturen an seinem
Moby Dick, da ist ein ganzer Tag sehr viel; andrerseits
sieht man, wie sehr sie einer dem andern vertrauten:
einem eitlen Autor würde man nicht sagen, was die selbst-

bewußtesten Klugen wissen, daß nämlich ein einziger Tag zum Lesen reicht, daß er genau dann reicht, wenn der Autor so groß ist, daß man ein ganzes Jahr über sein Buch nachdenken könnte. – Und von Melville erscheint nun eben der *Moby Dick*, dieses erstaunlichste Buch, das je unter den Romanen aufgetaucht ist. Es hat einen ungeheuren doppelten Rhythmus, erstens nämlich zwischen den Kapiteln, die, sehr viele wieder wie schon in *Mardi*, fortwährend in ihrer Textart wechseln, sie erzählen, sie räsonieren, sie sind Hymnus, gleich danach wieder referierendes Sachbuch – ganz deutlich läßt sich hier jene in einem der letzten Kapitel, bei der Frage der Übersetzung einmal angeschnittne Makrostruktur des Textes fassen; zu diesem dauernd wechselnden Rhythmus hinzu kommt die immer stärker werdende Erzählspannung, einmal eines einfachen Berichts, dann eines individuellen großen Schicksals, darübergelegt noch einmal, oder daraus auftauchend, ein Bündel von schwer benennbaren und wer weiß ob beantworteten oder nicht beantworteten Fragen. Überwältigend ist Melvilles mitunter fast mondsüchtig-traumverlorene Beherrschung der verschiedensten Töne, von denen nur einer der ist, als beherrsche er sie alle kühl und wach. Musterhaft dennoch ist dieses ganz einzigartige Buch darin, daß eben keine einzelne Stelle seine Größe ganz erkennen läßt, daß sie im Ganzen aber schwer auf einen Begriff zu bringen wäre – und so greifen wir immer wieder nach dem Buch, einmal wird es uns vielleicht doch gelingen, aber das ganze Rätsel liegt wahrscheinlich versteckt darin, daß wir nicht aufhören können zu lesen. Wenn es einen Geist des Romans gibt, den großen Windgott unsres unabsehbaren Meeres, so hat er fünf oder sechs oder zehn Schiffe, auf denen er, wie auf fahrenden Türmen, ruht, wenn er vor lauter Wehen sonst nicht mehr weiß, wer er eigentlich ist – Melvilles Buch ist eines dieser Schiffe.

In diesem Jahr wird in La Coruña Emilia Pardo Bazán ge- *1852*
boren, eine Grafentochter, die im Romaneschreiben fast
mit Benito Pérez Galdós konkurrierte, dessen Vertraute
und Freundin und Geliebte sie war.

1 ✦ 8 ✦ 5 ✦ 2

In Moskau stirbt, nicht ganz dreiundvierzigjährig, Nikolai
Gogol. »Äußerste körperliche Erschöpfung infolge eines
privaten Hungerstreiks (mit dessen Hilfe seine krankhafte
Melancholie versucht hatte, den Teufel zu bannen), kul-
minierte in einer akuten Anämie des Gehirns (zu der
höchstwahrscheinlich eine Gastroenteritis durch Aus-
zehrung kam), und die Behandlung, der man ihn unter-
zog, ein kräftiges Purgieren und Aderlassen, beschleunigte
das Ende eines Organismus, der schon schwer in Mit-
leidenschaft gezogen war von den Nachwirkungen einer
Malaria und der Unterernährung. Die beiden teuflisch
tüchtigen Ärzte, die ihn behandelten, als wäre er irgendein
Irrenhäusler, hatten sich, zur Bestürzung ihrer klügeren,
aber weniger tatkräftigen Kollegen, vorgenommen, dem
Wahnsinn ihres Patienten das Rückgrat zu brechen, bevor
sie versuchten, das wenige, was ihm an Körperkräften
geblieben war, wieder aufzupäppeln«, schreibt Nabokov
auf der ersten Seite seines Gogolbuchs.

Grabschrift (45) für
G O G O L . 1829, nach Abschluß des Gymna-
siums und nachdem er sich nach St. Petersburg
begeben hatte, ist der junge Gogol plötzlich, für
ein paar Monate, in Deutschland, in Lübeck und Trave-
münde, keiner weiß warum, dann geht er wieder nach

1852 St. Petersburg; »in seinem Flattern von einem Ort zum andern«, schreibt Nabokov, »war immer etwas Fledermaus- oder Schattenartiges.« Dann arbeitete er in irgendeinem Amt und studierte Malerei und veröffentlichte kleine Geschichten. Er will Lehrer an einer Mädchenschule werden, aber die Mädchen, sagt wieder Nabokov, fanden ihn langweilig. Er trifft Puschkin und veröffentlicht die *Abende auf dem Weiler*. Er hält an der Universität Vorlesungen, war aber niemals vorbereitet, sagt wieder Nabokov. Veröffentlicht Erzählungen, darunter den *Wij* und die *Nase*, und schreibt zwei Stücke, darunter den *Revisor*. 36 geht er nach Vevey, in der Schweiz, am Genfer See (!), dann nach Paris, und nach Rom, im Winter 39 ist er wieder in Rußland, im April 40 gibt er eine Zeitungsannonce auf: »Person ohne eigne Reisekutsche sucht Mitfahrgelegenheit nach Wien. Beteiligung an Reisekosten.« Er geht nach Italien, im Winter 41 wieder nach Rußland, schreibt den *Mantel* und veröffentlicht den ersten Teil der *Toten Seelen*. Zwischen 1842 und 48 reist er herum[5], eines Tages begibt er sich auf eine Pilgerreise ins Heilige Land, dann ist er in Moskau, in Odessa, in Klöstern, wieder in Moskau, dort stirbt er. 1845 hat er sich in Rom photographieren lassen, Nabokov beschreibt die Daguerreotypie, sie zeige »ihn im Dreiviertelprofil, und er hält jenen schlanken Stock mit Elfenbeinknauf zwischen

---

[5] »man fragt sich,« schreibt Nabokov, »ob Gogol sich in seinem phantastisch ausladenden Hinterkopf nicht in dem Glauben wiegte, daß rollende Räder, lange Straßen, die sich wie harmlose Schlangen entringelten, und die Trance, in die die glatte, gleichmäßige Bewegung versetzt und die der Abfassung des ersten Teils (sc. der *Toten Seelen*) so förderlich gewesen war, nicht automatisch ein zweites Buch hervorbringen würden ... Die Winter jedoch, die er in Italien zubrachte, waren noch weniger produktiv als die Zeiten, da er, seinen Launen nachgebend, mit der Postkutsche auf Reisen ging. Dresden, Badgastein, Salzburg, München, Venedig, Florenz, Rom, Florenz, Mantua, Verona, Innsbruck, Salzburg, Karlsbad, Prag, Greifenberg Berlin, Badgastein, Prag, Salzburg, Venedig, Bologna, Florenz, Rom, Nizza, Paris, Frankfurt, Dresden – und das Ganze von vorn.«

seinen feingliedrigen Fingern (ganz als wäre der Stock 1852
eine Schreibfeder). Das lange, aber wohlgebürstete Haar
ist auf der linken Seite gescheitelt. Ein sauberes Schnurr-
bärtchen sitzt über seinen unangenehmen Lippen. Die
Nase ist groß und läuft spitz zu, im Einklang mit den
scharfen Gesichtszügen. Ein dunkler Schatten, ähnlich
dem, der die Augen romantischer Helden in alten Kino-
filmen zu umgeben pflegt, gibt seinem Blick einen hohlen
und leicht spukigen Ausdruck. Er trägt eine Jacke mit
weiten Kragenaufschlägen und eine schmucke Weste.
Könnte der dunkle Druck der Vergangenheit farbig aus-
schlagen, so sähen wir das orange- und purpurgepunk-
tete Flaschengrün dieser Weste, auf der außerdem sehr
hübsche winzige dunkelblaue Augenflecken saßen – ganz
wie die Haut eines exotischen Reptils.« Gogol, schreibt
Nabokov schließlich, »Gogol war ein seltsames Geschöpf,
aber das Genie ist immer seltsam; nur der gesunde Zweit-
klassige erscheint dem dankbaren Leser als ein weiser
alter Freund, der vor dem Leser fein säuberlich dessen
eigne Vorstellungen vom Leben ausbreitet. Große Literatur streift das Irrationale ...« – ich glaube, wir wissen
das inzwischen, aber ich zitiere es gern[6].

◆

Willibald Alexis, mittlerweile vierundfünfzig Jahre alt,
bringt den Roman *Ruhe ist die erste Bürgerpflicht* heraus;
das sehr umfangreiche Buch (wie Tolstois *Anna Karenina*
oder die dickeren Bücher von Dickens) gibt ein Bild

---

[6] mittlerweile habe ich noch einmal nachgelesen, was ich unter dem
Jahre 1842 über die *Toten Seelen* geschrieben habe; es kann unmöglich
gut sein; aber ich habe nun noch einmal gründlich hineingesehn in das
Buch, und komme gleichwohl nicht sehr viel weiter; Nabokov lobt
hauptsächlich die Gleichnisse Gogols, tatsächlich fallen die auf, weil sie
so sonst in Romanen überhaupt nicht vorkommen; indes wirft diese
Auffälligkeit eigentlich kein besonderes Licht auf den Großtext, den
Roman, worin sie stehn. Womöglich war der Roman ein falscher Weg
Gogols.

1852 Berlins (während der Arbeit korrespondiert Alexis mit Gutzkow, der sein Berlinbuch ja vollendet hatte), anders als Gutzkow geht Alexis aber ein halbes Jahrhundert zurück – man weiß natürlich nicht, wie ein solches Buch ohne diese Historie geworden wäre, mit ihr aber bleibt es, obwohl an sich ganz unverächtlich, weit hinter Gutzkow zurück; für die Leser, die gern die großen Kolportagen vom älteren Dumas und von Eugène Sue lasen (etwa dessen *Geheimnisse von Paris*, 1842), bietet Alexis noch eine gruselige Mord- und Kriminalgeschichte (Alexis hatte zusammen mit Hitzig, der uns schon früher begegnet ist als Biograph ETA Hoffmanns und Chamissos, Jahre hindurch den *Neuen Pitaval* herausgegeben, eine Sammlung großer Kriminalfälle aus der Geschichte), als Mörder entpuppt sich eine Dame der Gesellschaft, deren Inneres ebenso glänzend analysiert wird wie das Tun einer andern jüngeren und strahlenderen Dame, die ihre Diener zu Tode peitschen läßt – der Roman als ganzer gewinnt dadurch kaum, aber solche Züge, die weder Sue noch Dumas haben (auch nicht haben wollen) werfen dann plötzlich grelle flackernde Lichter auf die Szene. – Harriet Beecher Stowe bringt jetzt endlich *Onkel Toms Hütte* heraus, wir haben aber schon mehr als genug davon gehört. Noch im letzten Satz dieses Buchs macht die Autorin ihren Lesern etwas vor und schreibt: »Denn gewisser noch als das ewige Gesetz, daß Mühlsteine im Wasser versinken, ist das Gesetz, nach dem Ungerechtigkeit und Grausamkeit den Zorn des allmächtigen Gottes über die Nation bringen werden!« Im Jahre 69 übrigens veröffentlichte die Beecher Stowe, die mit Byrons gewesner Gattin befreundet war, einen Aufsatz, rein aus Freundschaft und Treue, in der sie alle Schuld Byron gab, der eine inzestuöse Affäre gehabt habe. Hoffen wir, daß der Gott der Klumpfüßigen nicht so nachtragend ist wie Harriets Gott. – Thackeray veröffentlicht einen historischen Roman im Ichstil, die Geschichte des *Henry Esmond*, worin der Held schwankt, ob er die Mutter oder die Tochter nehmen soll, und schließlich die Mutter nimmt und mit der nach Amerika geht; »unsre Diamanten«, so schließt das Buch, »haben sich in Pflüge und Äxte für unsre Anpflanzungen und in Neger verwandelt, die, glaube ich, die glücklichsten und fröhlichsten im ganzen Lande sind.« – Hawthorne bringt die *Blithedale Romance* heraus, ein wundervoll geschriebnes Buch, worin ein Mann, der in einer Art Phalanx nach dem Muster Fouriers (Hawthorne hatte ja, er sagt es auch im Vorwort, an dem Brook-Farm-Experiment teilgenommen, das nimmt er hier zum Schauplatz seiner Erzählung) Verbrecher wieder zu Bürgern machen will, zwei Frauen, die ihn beide lieben, für seine Zwecke ausnutzt, sogar den Selbstmord der einen nimmt er in Kauf; er geht dann zugrunde, die sanfte liebe Frau, die ihn gern retten würde, schafft das nicht mehr; der Icherzähler, ein Schriftsteller, gesteht am Ende, in die Sanfte verliebt gewesen zu sein; aber Hawthorne schreibt wirklich, in seiner nicht vorgreifenden, ruhigen, leicht ironischen Art ganz unvergleichlich gut. – *Pierre* ist eins der allermerkwürdigsten Bücher, die nicht bloß Melville je geschrieben hat. Ein junger Mann wächst hier in einem so verteufelt vollkommnen ländlichen Idyll heran, daß man nicht weiterlesen würde, stände da nicht, schön und offenbar völlig auf ihn fixiert, wenngleich in etwas bedrohlich rein selbstbezogner Weise, seine Mutter bei ihm, die ihm auch eine liebe Braut ausgesucht hat. Er sieht ein andres Mädchen, das seine Schwester zu sein behauptet (immer war ihm auch schon, bei seiner Tante, ein Porträt seines Vaters rätselhaft, das seine Mutter haßt: dem ähnelt das Mädchen wirklich, sagt er sich), er nimmt sich dieser dunklen nächtlichen Schönheit an, geht mit ihr weg, die Mutter wird verrückt, ein Vetter, alter Kindheitsfreund, heimlicher Rivale aber auch um die Erstbraut, Lieblingsverwandter der Mutter, verrät ihn, kriegt sein Erbe; der junge Mann beginnt ein Buch zu schreiben, die

1852 liebliche Braut kommt dienen wollend zu den sich verheiratet gebenden Quasigeschwistern, danach geht alles schief, und sie sterben alle ...

Anmerkung (12) zu

MELVILLE. ... Das Buch enthält, darüber kann man sich rasch einigen, sonderbar tiefe Blicke in die menschliche Seele (es nimmt Freud und die Jungsche Imago und alles mögliche vorweg, so heißt das dann), und ist an solchen Stellen auch wundervoll wirr geschrieben; es wiegt aber beim Lesen der Eindruck einer grausig umständlichen Seherei und Lehrhaftigkeit vor – also genau das, was kein Romanleser (und ich habe sehr wohl, anläßlich Gogols, Nabokovs Diktum von dem Irrationalen gut im Ohr) – was also kein Romanleser in Büchern will, seien sie von Tolstoi, von Gogol, von Dostojewski, von Jahnn, von Powys, oder eben von Melville (auch diese Ablehnung des Inkommodiertwerdens durch Weltanschauungen teilt eben Nabokov, und er unterscheidet gerade in diesem Punkt auch bei Gogol) – und der Romanleser will das um so weniger, und ihn schmerzt das alles um so mehr, je wunderbarer er die Bücher gerade dieser Autoren sehr oft findet; wir möchten nicht gern sehn, in welchen grauenhaften Verstiegenheiten des Geistes und der Seele mitunter Autoren zu Hause waren, die so überwältigend Licht auf die Welt geworfen haben; wir fragen uns dann mit einem gewissen Zaudern, ob denn jene Verstiegenheiten mit zu dem Stoff gehört haben, deren Verbrennen dieses Licht erzeugt hat. Die Antwort geben zum Glück die Autoren immer selber, wenn sie, etwa Powys in seiner *Glastonbury Romance* oder eben Melville im *Moby Dick*, aus ihrem Geisterreich den Himmel machen, unter dem allein sich diese und genau diese große Geschichte abspielen kann: dies ist der Himmel dieser Menschen; aber nichts ver-

pflichtet uns natürlich dazu, diesen Autoren auch dann
zu folgen, wenn der eigne Gott sich aus ihren Büchern
zurückzieht und nur diktiert und sie nicht mehr frei
erzählt läßt. Eben das artistisch Mißlungene solcher
Geisterreichbeschwörungen löst die bange Frage, ob der
Autor denn auch sonst an diese Geister geglaubt habe
(und ob wir was mißverstehn an den großen Werken,
wenn wir diesen Glauben nicht teilen): immer nur dann,
wenn wir den Autor an nichts als an das glauben sehn,
was auch sonst walten kann, immer nur dann geht alles
schief; es ist also, unabhängig von allem, was er, persönlich sozusagen, geglaubt haben mag, nichts als das Kunstwerk, worin diese Mächte, Götter, was immer, ihr großes
und auch für uns gemeintes Leben haben. Und solange
man sich nicht, aus jenen großen Büchern heraustretend,
ängstlich fragen muß nach Glauben oder nicht, stört
nichts das ganze wenn auch noch so dunkel oder weit von
hoch droben rauschende Treiben.

Das Jahr ist reich an schönen Geburten, alphabetisch
hier. In Amiens, sein Vater war Akademiedirektor in
Clermont-Ferrand, kommt Paul Bourget zur Welt, späterer Académicien, ein Erzähler, der, wenigstens denen, die
Zola nicht so recht mochten, für großes psychologisches
Einfühlen stand und eine ganze Schreibergeneration
(etwa die Brüder Mann) sehr beeindruckte; kein lebender Romanschriftsteller, schreibt mein alter *Meyer* 1905,
»hat sich in der fashionablen Frauenwelt eines ähnlichen
Erfolges zu erfreuen wie B. mit seinen pessimistisch ge-
stimmten, alle Gefühlsverirrungen erbarmungsvoll ent-
schuldigenden Schöpfungen«. In Zamora, alter Hauptstadt einer an Portugal grenzenden Provinz, am Duero,
wird Clarin geboren (eigentlich Leopoldo Alas y Ureña),
später in Oviedo Professor für Jura und Wirtschafts-
wissenschaft, schrieb mit gut dreißig Jahren dann einen

der besten Romane der Welt (sic!). In Nishni Tagil, am Ural, Sohn eines Geistlichen, und selber hätte auch er Geistlicher werden sollen, wird Dmitri Mamin-Sibirjak geboren, ohne seine Romane würden wir denken, in Moskau und St. Petersburg höre Rußland auf oder dahinter seien sie alle noch verrückter als bei Dostojewski. In Sibenik (von dort, sicher zufällig, stammte der aber unausstehliche Tommaseo) kommt in einer verarmten Patrizierfamilie, er selber war Klosterschüler (er wußte dann, worüber er schrieb), Simo Matavulj auf die Welt, ein wunderbarer Erzähler des sogenannten Regionalismus, also einer dieser Schriftsteller, wie sie, geschult meistens an Maupassant und Zola, seit den achtziger Jahren überall an den literarisch bisher gar nicht so deutlich zu Wort gekommenen Rändern des alten Europa auftauchten, wir werden das noch sehn, und mit Lust sehn. Und in Moore Hall, im Nordwesten der Provinz Connaught, weit weit oben zwischen Castelbar und Ballina, sein Vater war dort Grundbesitzer, wird George Moore geboren, Fan der Pariser Impressionisten, Sheriff in Mayo, Freund Yeats' und Verlaines, Verfasser ganz hinreißend lebendiger Romane. – Mindestens fünf Bücher weiß ich von diesen fünfen, besser von vier von ihnen, wer die nicht liest, der macht sich selber arm.

1 ✦ 8 ✦ 5 ✦ 3

Jetzt stirbt, beinahe achtzigjährig, hochgeehrt[7], in Berlin
Ludwig Tieck.

Grabschrift (46) für

T I E C K . Wir haben hier so lange nichts von
ihm gehört, daß er wirklich einer andern Welt
angehört zu haben scheint. Knapp drei Monate
vor seinem Tod schreibt er an eine Freundin: »Der unvermeidliche Tod schlägt alles nieder und so rückt die
Gegenwart in die Zukunft hinein, ohne daß man sagen
kann, was die Begebenheiten genutzt, oder für den
Zusammenhang der Welt eingebracht haben ... Wer ist
der Regierer dieser Welt? ist es ein Dämon, ist es die
Liebe ...?« Hebbel sagt in seinem Nachruf überaus schön:
»Der König der Romantik hat das Szepter niedergelegt
und ist in jene geheimnisvolle Welt zurückgekehrt, die er
ein Menschenleben hindurch zu entschleiern suchte« –
das ist beinahe zu schön gesagt, es kann beinahe nicht
wahr sein. Dennoch, die letzte erzählende Prosa, die er
gemacht hat, nach der großen *Vittoria Accorombona*, ist
die Erzählung *Waldeinsamkeit*, die so endet, daß ein Lied
gesungen und geblasen wird, nämlich, so Tiecks Worte,
»das kindliche oder kindische Lied: Waldeinsamkeit, /
die mich erfreut, / so morgen wie heut / in ewiger Zeit: /
O wie mich freut / Waldeinsamkeit!« Ja, kindlich oder
kindisch, das war jetzt wohl nicht mehr zu unterscheiden.
Und »wie die Töne verhallten«, endet die Erzählung,
»blickten die Geliebten einander in die hellen, von Wonne

---

[7] als Cooper 1830 in Dresden war, fragte ihn ein Student nach
der Wohnung Tiecks; Cooper wohnte gegenüber und konnte sie ihm
zeigen; und der Student, so Cooper, habe die Mütze abgenommen
und sich eine Stunde lang so vor Tiecks Haus gestellt. Arno Schmidt
erzählt diese Anekdote im Nachwort zu Coopers *Conanchet*.

schwimmenden Augen«. Kindlich, kindisch? Er war kein Freund der Revolution und war nicht erbaut, als sie 48 dann genau vor seinem Haus, unter seinen Fenstern, Barrikaden errichteten (das war damals, als Gutzkows Frau starb, weil sie nach jenen Barrikadentagen dem Trauerzug zu lange nachgesehen hatte). Wir aber hier haben vom *Abdallah* über *Peter Lebrecht* und *William Lovell,* über den *Sternbald* bis hin zum *Aufruhr in den Cevennen,* zum *Tischlermeister* und der *Vittoria* ein halbes Jahrhundert lang seine Sachen gelesen, er war ein großer Mann, und wohin immer er nun gegangen oder zurückgekehrt sein mag, er bleibt einer der Unsern, wir die Seinen.

✦

Ein kurzes Jahr ist das. Von Elizabeth Gaskell gibt es das liebenswürdige *Cranford,* das ist, in kleinen anekdotischen Geschichten, die Schilderung einer kleinen englischen Stadt, gesehn mit den Augen einer jungen Frau, die dort nicht wohnt, aber die Leute alle kennt und immer wieder hinkommt (ein bißchen so ist die Sache dann in Sarah Orne Jewetts *Land der spitzen Tannen,* dort ist nur der Sound viel gewaltiger); sie hat einen gewissen Abstand, aber ihr Blick bleibt liebevoll, verstehend, und sie erzählt mit Witz und Anmut (das wäre das Wort); einmal stirbt ein alter Herr, als er gerade die neueste Folge von Dickens' *Pickwickiern* liest, nämlich beim Bahngleis schaut er auf, als ein Zug kommt, ein Kind läuft auf das Gleis, er wirft es noch der Mutter zu, dann überfährt ihn der Zug; seine Freundin Miss Jenkyns, die Dickens als zu modern ablehnt und für ihren Teil Dr. Johnson liest, sagt, als sie die näheren literarischen Umstände seines Todes aus der Zeitung erfährt: »der gute, arme Verblendete!« Als zwei Jahre später Charlotte Brontë ziemlich berühmt starb, baten deren Vater, der alle seine Kinder überlebt hatte, und deren Mann sie, Charlottes Biographie zu schreiben; sie

tat das, das viel- und immer noch gelesene Buch erschien
1857. – Eben von Charlotte Brontë erscheint jetzt noch
ein sehr umfangreiches Werk, *Villette*, hier geht eine junge
Engländerin nach Brüssel, sie will in einer privaten Schule
unterrichten, und verliebt sich in den Direktor des In-
stituts – wir haben gesehn, daß dies die Grundsituation
von Charlottes Schreiben ist (schon in einem allerersten,
aber erst später dann publizierten Roman *Der Professor*);
natürlich ist das Buch sehr viel komplizierter und ver-
worrener, wir kennen diese Vorliebe Charlottes, zum Erstaunen schön und verwirrend (man weiß aber nicht, ob
man sie gern aushalten würde) ist nur wieder diese so
unsinnlich-sinnliche Verliebtheit, die in dem Mädchen
glüht und zittert; einmal ist ein Sturm, die junge Erzählerin (beinahe wie die Droste-Hülshoff auf ihrem Turm:
wär ich ein Mann doch mindestens nur...) wünscht sich
»Flügel, um mich auf den Sturm zu schwingen«, dann
wird sie ohnmächtig, und sagt dann, »ich weiß nicht,
wohin meine Seele während jener Ohnmacht entwichen
war. Was immer sie sah, wohin immer sie an jenem seltsamen Abend in ihrer Verzückung reiste, sie behielt ihr
Geheimnis für sich, flüsterte der Erinnerung kein einziges Wörtchen zu ...« – so, denkt man sich, schreibt
kein Romancier, der noch viele Bücher schreiben wird. –
Dann ein Riesenbuch, das zuerst zwei Jahre lang in regelmäßigen Fortsetzungen in einer Zeitschrift erschienen,
jetzt vierbändig herauskommt: *My Novel* (*Dein Roman*)
von Bulwer-Lytton, den wir ja kennen. Hier und dann
ein paar Jahre später in *Was wird er damit machen* bietet
der Autor eine gewaltige Fülle von Figuren auf und stellt
gewissermaßen die viktorianische Gesellschaft nach; er
erzählt ganz ruhig, fast als gehe ihn das alles nichts an,
schreckt aber in der Sache vor nichts zurück, wird niemals
sentimental wie der frühe Dickens dauernd und spürt
kaum dem Guten so wohlwollend nach wie Thackeray: ein
glänzender Autor, der auch niemals etwas hermacht aus

1853 seinen Klugheiten und Einsichten – er legt sie andern in den Mund und überläßt es uns, sie für weise oder nicht so weise zu halten. Im Deutschen haben wir überdies das Glück (vielleicht sogar ein Glück, das wir nun den englisch Lesenden voraus haben), daß Arno Schmidt diese beiden Romane übersetzt hat[8]. – Und Dickens, konkurrenziert von Bulwer und Thackeray, läuft zu ganz großer Form auf und bringt *Bleak House* heraus (daraus habe ich, unter dem Jahre 35, schon eine jener von Nabokov so genannten magischen Stellen zitiert, Sie werden sich an diesen Blick auf den frühmorgendlichen Hafen mit seinen Schiffen erinnern), ein wundervolles Buch, in dem fünfhundert Seiten lang so wenig geschieht, daß man das Gefühl hat, das Buch fange vierhundert Seiten lang immer nur wieder an; und auch danach, so sehr mans hat rumoren hören und sich beinahe hat ängstigen können, passiert viel weniger als man gefürchtet hat; kraftvoll tritt immer deutlicher die Figur des Detektivs ans Licht, animierend ist auch erzählerisch der Wechsel zwischen dem Autor und

---

[8] ich erinnere mich, daß, als ich, hundert Jahre her, eine Besprechung eines dieser Bücher (ich weiß nicht mehr, welches es war) veröffentlicht und darin Arno Schmidts Übertragung gerühmt hatte, Helmuth M. Braem, ein großer Übersetzer (Faulkner, James), mich mit leisem Tadel darauf hinwies, wie sehr ungetreu im einzelnen Schmidt übertragen habe. Das ist wahr, Schmidt legt Bulwer-Lyttons Figuren (95% des Buchs sind Unterhaltungen) ein Idiom in den Mund, das kein rein übersetzungswilliger Mensch viktorianischen Romanfiguren entlocken könnte. Offenbar war Schmidts Überlegung diese: wenn über zwei Jahre hin und danach noch sehr erfolgreich vierbändig ein solcher Roman erscheinen konnte, dann will ich versuchen, den offenbar schwer widerstehlichen Reiz dieses Erzählens für einen heutigen Leser hierzulande gewissermaßen nachzuerfinden, zu imitieren, wenn das nicht zu pejorativ klingt. – Jetzt, nach so unendlich vielen Jahren, habe ich Bulwer-Lytton-Schmidts Buch vor mir, ich lese drin, und es ist ein wirklicher Zauber, der nach wie vor von dieser Prosa ausgeht; fast möchte ich so weit gehn zu sagen, daß diese beiden Großromane, vielleicht *Nobodaddy's Kinder* und die *Schule der Atheisten* und den *Abend mit Goldrand* ausgenommen (letzterer kommt hier bei Bulwer vor, Seite 604), die besten Sachen sind, die Arno Schmidt überhaupt geschrieben hat.

Esther, diesem aus dem Dunkel gekommenen schönen Mädchen – spätestens mit diesem Buch (wenn eben nicht schon mit *Dombey*) wird sich Dickens für immer das Herz jener Leser erobern, für die unser Buch hier gedacht ist; wenn ich so sagen darf. Es wird auch spätestens bei diesem Buch deutlich, daß Dickens nicht etwa wegen des Prozeßgeschehens, also wegen eines sozialen Themas, das man gerade bei diesem Buch so gern in den Vordergrund rückt, auch für uns so ungemein lesenswert geblieben ist – fast möchte man also sagen: lesenswert geworden ist, nämlich trotz dieser so endlos sich hinziehenden und doch recht langweiligen Prozeßgeschichte; auch das Liebespaar aus den höheren Sphären der Gesellschaft reizt uns nicht mehr so recht. Nabokov, der sich in seinen von John Updike so hübsch bevorworteten amerikanischen Vorlesungen über große Romane sehr sehr ausführlich gerade mit Dickens' *Bleak House* befaßt, sagt dort, gleich zu Anfang (wobei er sein rational aufhellendes akademisches Tun mit einem gewissen Bedauern abhebt vom reinen Lesen): »Beim Lesen von *Bleak House* brauchen wir uns lediglich zu entspannen, alles übrige erledigt unser Rückenmark. Zwar lesen wir mit dem Kopf, doch künstlerisches Entzücken wird zwischen den Schulterblättern wahrgenommen. Der kleine Schauer, der uns über den Rücken läuft, ist gewiß die höchste Form innerer Bewegung, welche die Menschheit bei der Entwicklung zweckfreier Kunst und Wissenschaft erreicht hat. So wollen wir also das Rückenmark und den Kitzel ehren, der es reizt. Wir wollen stolz darauf sein, daß wir zu den Wirbeltieren gehören, denn das tun wir, nur daß unsern Kopf eine göttliche Flamme ziert. Das Gehirn ist lediglich eine Fortsetzung des Rückenmarks: der Docht geht durch die ganze Kerze. Wenn wir nicht fähig sind, das Erschauern zu genießen, wenn wir die Literatur nicht genießen können, wollen wir die ganze Sache aufgeben und uns auf unsre Comic-Hefte, das Fernsehen und das

Buch aus der Bestseller-Liste konzentrieren. Allerdings wird sich, so vermute ich, Dickens wohl als stärker erweisen.«[9] –

Geboren wird in diesem Jahre in Stuttgart, Tochter des Schriftstellers Hermann, Isolde Kurz, die in den zwanziger Jahren dann zwei sehr schöne kleine Romane geschrieben hat; auch sie übrigens (von Annette Kolb wissen wir das schon) hat am Anfang ihrer Karriere die Bücher von Kollegen übersetzt, hier war es Giovanni Vergas *Gatte* von 1882, die Übersetzung kam 85, Isolde Kurz' erster Novellenband erschien 90, Verga hatte seinen ersten Roman 1861 veröffentlicht. – Isoldes Vater Hermann (bis 1848 schrieb er seinen Namen Kurtz), Verfasser eines umfangreichen Romans aus dem nächsten Jahre, 54 (ich

---

[9] Maugham, in seinen Essays zur Kunst des Romans, wählt von Dickens den *David Copperfield,* und schreibt in seinem Essay folgendes über Dickens' Romane: »Wenn wir sie heute lesen und dabei an die großen französischen und russischen Romane denken, nicht nur an sie, sondern auch an die Werke George Eliots, dann verblüfft uns ihre Naivität. Verglichen mit den Romanen der Weltliteratur haben Dickens' Romane etwas Unreifes. Wir dürfen aber nicht vergessen, daß wir nicht die Romane lesen, die er geschrieben hat. Wir haben uns verändert und sie sich mit uns. Wir können uns nicht in die Gefühle hineinversetzen, die seine Zeitgenossen bei ihrer Lektüre empfanden ... Was mich anbelangt, so finde ich Dickens' Humor noch immer höchst amüsant, aber sein Pathos läßt mich kalt. Ich würde sagen, daß er starke Gefühle, aber kein Herz hatte. Ich möchte das sogleich einschränken: Er hatte ein edles Gemüt, leidenschaftliches Mitgefühl mit den Armen und Unterdrückten, und sein Engagement für soziale Reformen war, wie wir wissen, beharrlich und wirkungsvoll. Aber er hatte das Herz eines Schauspielers, womit ich meine, daß er eine Gemütsbewegung, die er wiedergeben wollte, ebenso intensiv fühlen konnte wie ein Schauspieler ...« – das sind glänzende Beobachtungen, die sehr schön Licht werfen auf die so entsetzlich unser Herz beutelnde Intensität, diese gewissermaßen ganz für sich und von allem abgesondert empfundne Reinheit, in der uns Dickens pausenlos (als wären Gefühle Ewigkeiten, die dann ganz allein die Zeit füllen und sie unmenschlich dehnen) darbietet, was er als Seele fühlen würde, sitzend in jenen armen Kindern und Unterdrückten, die nun nur bei ihm zu Worte kommen.

erwähne das Buch nur hier), des *Sonnenwirts*, war selber
ein begehrter und sehr guter Übersetzer, sehr schön in
seiner Übersetzung ist etwa Byrons *Giaur* – das ist die
kleine und seinerzeit überaus berühmte Verserzählung,
worin Byron jene vorhin angedeutete Geschichte über
das Mädchen erzählt, das wegen eines Fehltritts ertränkt
werden soll; ferner hat Kurz, aus unserm Bereich, von
Disraelis Papa den *Geist des Judentums* übersetzt, einen
dreibändigen Roman Captain Marryats *(Jacob Faithful)*,
vor allem aber Chateaubriand, nämlich unsre beiden kleinen Romane *Atala* und *René*, und die ersten drei Teile
des *Geists des Christentums*; dazu aus der älteren Literatur,
soweit wir sie beiläufig kennengelernt haben, Ariosts
Orlando furioso, den *Rasenden Roland*, sowie Gottfrieds
Tristan und Isolde. Als er Ariost übersetzte, in einem
Winter in Stuttgart, hatte er so wenig Geld, daß er sein
Zimmer nicht heizen konnte – genau dies ist die Situation
jenes schon öfter erwähnten älteren Übersetzers (er hat
ja schon die halberwachsene Tochter) in Hackländers
Europäischem Sklavenleben – Kurz' Ariost erschien 41, im
selben Jahr siedelte Hackländer nach Stuttgart über, gut
möglich also, daß sie sich kennengelernt haben, andrerseits werden viele Übersetzer kein Holz für den Ofen
gehabt haben; Hackländers Roman wird 54, sogleich also
für uns, erscheinen: denken Sie an Hermann Kurz, bewahren Sie ihm ein freundliches Gedächtnis!

1 ✦ 8 ✦ 5 ✦ 4

Es stirbt, in Lützelflüh bei Bern, siebenundfünfzigjährig, nach Hals- und Herzleiden, Wassersucht und Schlagfluß, hochgeehrt und vielgelesen, Jeremias Gotthelf...

Grabschrift (47) für

G*O T T H E L F.* ... und versammelt sich zu seinen Ättis und Müettis auf den ewigen schweizerischen Weidegründen.

✦

Von Dickens, den wir eben erst hatten, erscheinen die *Harten Zeiten*, ein kleiner Roman über einen Selfmademan, der allen was vorlügt seine Kindheit betreffend, über einen Abgeordneten, der nichts tut, über eine junge Dame, die vor lauter guter Erziehung erkaltet ist und den verlogenen Selfmademan heiratet, über deren Bruder, der ein Verbrechen begeht, schließlich über einen Arbeiter, der stirbt, als ihm alles in die Schuhe geschoben wird; eindrucksvoll, wie später nur noch bei Bennett (aber in solchen Sachen ist Dickens eben groß) die Schilderung einer Arbeiterstadt, und über alle Sentimentalität hinaus zum Weinen schön die Liebesgeschichte zwischen dem Arbeiter und seiner Freundin – man muß fast so sagen: selbst wenn diese Geschichte mißlungen wäre, müßte man den ungeheuren Mut des Autors loben, sie überhaupt gewollt zu haben. – Thackeray bringt die *Newcomes* heraus, ein außerordentlich schönes dickes Buch, worin, ob nun an Balzac sich anlehnend oder nicht, einige Personen aus dem *Pendennis* weiterbeschäftigt sind, der Erzähler der Geschichte jetzt ist sogar Pendennis selber – eine hübsche Weiterführung, denn Pendennis, Sie erinnern sich bestimmt, wollte ja Schriftsteller werden. Vor dem womöglich nur seines schlagkräftigen Titels wegen so überaus

berühmten *Jahrmarkt der Eitelkeit* hat dieses neue Buch
eine stille, aber deutliche Absage an jenes Suchen nach
dem Guten in allem Geschick voraus, jenem Suchen, das
uns in dem berühmten Buch manchmal ein bißchen auf
die Nerven gegangen war; hier ist alles ein bißchen härter,
ein bißchen so gezwungen ins Gute hineinräsoniert; dieses
Räsonnement fällt als Maske herab, und wenn der Autor
gelassen bleibt, dann nur noch gerade eben so. – Von dem
nun schon so oft genannten Hackländer erscheint nun
das schon so oft genannte *Europäische Sklavenleben*, Sie
werden jenen alten Onkel-Toms-Hütten-Übersetzer nicht
vergessen haben; dieser alte Herr hat eine schöne Tochter,
die, in Berlin, wo das alles spielt, am Theater arbeitet, fast
gar nicht bezahlt, immer von der Schwindsucht bedroht,
dieser Krankheit der Armen damals, eine Sklavin auch sie,
in einem noch genaueren Sinne: im Grunde waren die
Theater- und Ballettdirektionen nur darauf aus, daß sie
und ihre Kolleginnen sich an reiche Besucher verkaufen –
es ist interessant, wie Hackländer hier, ohne den ganzen
Glanz von Balzacs Pariser Opernmädchen, nur das Berliner Elend dieser Tanzmädchen beschreibt; nun ist Paris
sicher etwas anderes als jenes damalige Berlin; andrerseits,
wenn wir mit Balzac in die Stuben jener armen Mädchen
kommen, ist da objektiv so wenig Glanz wie in Hackländers Berlin; es fragt sich also, ob, wenn dennoch (mal
diese deutsche Traulichkeit abgezogen, die bei Hackländer
manchmal aufkommt und bei Balzac fehlt, oder zuweilen
durch eine gewisse dann wieder glänzendere Boheme
ersetzt ist) das Berliner Elend so viel trister (und womöglich realistischer, wie mein Freund Fuld, aus der
Dickensfußnote zu 1812, sagen würde) aussieht als bei
Balzac (oder also bei Dickens), dies nicht an einem
dann leicht betrügerischen Glanz des Balzacschen Stils
(oder der Dickensschen Gefühligkeit) liegt. Man kann
das nicht entscheiden (jedenfalls will ich das nicht), wir
haben das Problem aber schon einmal gehabt, als die so

1854 unübersehbar dilettantische Anne Brontë (in der *Wildfell Hall*) plötzlich grausam genau wie keine ihrer Schwestern betrunkne Männer schildern konnte. Offenbar ist der Roman im Grenzgebiet der Sozialreportage (Balzac redet sehr absichtsvoll immer von *Studien*; und wollte Dickens nicht auch Veränderungen herbeischreiben?) ein außerordentlich zweideutiges Genre; und wenn man glaubt, Literatur solle etwas (was immer das dann auch sei[10]), dann ist sie, ganz grob gesagt, in diesem Grenzgebiet nur um so verlogner, je mehr sie geschriebne Kunst ist – später, bei Crane etwa und seinen auch idiomatisch milieugenauen Arbeiten, werden wir dieses Thema noch einmal aufnehmen müssen, vielleicht auch schon bei Zola, und dann, in einer andern Spielart, bei Anderson und Hemingway – aber das ist noch sehr sehr lange hin, und viel andres Elend dazwischen. – Und von Gottfried Keller erscheint, in jener schon zitierten ersten Fassung, der *Grüne Heinrich*, Sie werden die schöne junge Frau nachts am Fluß im schrägen Mondlicht nicht vergessen haben, mit den Schlagschatten ihrer Brüste, auf denen das Wasser noch glänzt (in der Voßfußnote unter dem Jahre 1826). Judith hieß sie, und der von sich selbst erzählende Heinrich, dem daneben immer noch ein ganz geistiges Liebchen durch die Seele spukt, verläßt sie, geht nach München, will Maler werden, glaubt zu sehn, daß es dazu nicht reicht, kehrt heim in sein Dorf und stirbt kläglich – der zweite Teil des Buchs ist im normalen Erzählton geschrieben, also ohne das Ich. Dieses schlimme Ende, das wir ja auch von Mörikes *Maler Nolten* kennen, macht einen so schönen Kontrapunkt zu dem ganz klassischen Satzbau des Buchs, daß er regelrecht mit dessen mitunter fast gravitätischem Habitus versöhnt – wenn der aufmerk-

---

[10] persönlich glaube ich nicht, daß Literatur etwas soll; hinzu kommt ja für uns in diesem Buch hier die Besonderheit, daß sie dann immer etwas gesollt haben müßte – wir sagen ihr, was sie gesollt haben sollte; eine merkwürdige Idee eigentlich.

same Leser nicht immer schon sieht, welche glänzende
Fülle von sinnlichen Details (denken Sie noch einmal an
das Bad!) dieser also nur scheinbar so altväterische Stil in
sich aufnehmen kann; eigentlich ist es genau diese sinnliche Fülle und Frische, die aus dem Buch, und eben
besonders in der ersten Fassung, ein solches Wunderwerk
macht. Sonderbar ist, daß ausgerechnet in der zweiten
Fassung, aus der Keller die nackte Mondlicht-Judith her-
ausgestrichen hat, Judith später, denn Heinrich stirbt hier
nicht, zu ihm zurückkehrt und mit ihm lebt; aber man
hat das Gefühl, daß sie nun durch noch soviel Dasein
nicht wieder gutmachen kann, was sie uns an Glück
mißgönnt hat durch ihr Verschwinden jetzt aus Mond und
Fluß in der Nacht. –

In Dublin, Sohn eines dort sehr berühmten Augen- und
Ohrenarztes und der Dichterin Jane Francesca Elgee,
kommt Oscar Wilde zur Welt, dieser so ungemein verführerische und geistreiche Mann, Komödienschreiber,
Erzähler; Gide berichtet ausführlich über ihr Zusammentreffen, Gide war ein ausgesprochen schöner junger Mann
und gerade dabei, seine Homosexualität zu entdecken,
und Wilde hätte ihn sehr gern ganz für sich eingenommen; für unser Kapitel hier ist die Stelle hübsch, als
Wilde Gide bei der Lektüre von Dickens ertappt (im
Barnaby Rudge); Gide glaubte zu wissen, daß Wilde
Dickens nicht mochte, aber Wilde habe mit einem Male
wunderbar eloquent eine tiefe, wenn auch sogar jetzt
noch sich verbergende Wertschätzung für Dickens an den
Tag gelegt; und Gide (der, entsetzlich puritanisch groß
geworden, mit der eignen Sexualität ebenso große Probleme hatte wie mit Wildes grundsätzlicher Nonchalance)
sagt dann überaus schön: »Aber Wilde vergaß niemals, daß
er Künstler war, und konnte es Dickens nicht verzeihen,
menschlich zu sein.«

1 ✦ 8 ✦ 5 ✦ 5

In Haworth, wie alle Schwestern außer Anne, die, wie wir gesehn haben, in Scarborough gestorben war, an der großen Brücke über die Schlucht, stirbt, ein Jahr nur nach ihrer Hochzeit mit einem Vikar ihres Vaters, auch Charlotte Brontë, an Tbc.

Grabschrift (48. 49. 50) für die
B RONTË-SCHWESTERN. Über Charlotte schreibt, anbetend beinahe, der schon öfter in diesem Zusammenhang angeführte Robert de Traz, als er auf ihre Briefe zu sprechen kommt: »Nun liefert dieser auf viele Jahre sich erstreckende Briefwechsel, in welchem nichts berechnet war, das unfreiwilligste und auch das schönste Bild von Charlotte mit ihrer herzergreifenden Traurigkeit, ihrem Lebenshunger, ihrer Liebe für Kultur, ihrem rauhen und stolzen Stoizismus, zu dem sich manchmal beißender Spott gesellt, ihren Gewissenszweifeln und ihrer Empörung, ihrer Bescheidenheit und ihrer Seelengröße. Ihr ganzes Leben ist darin enthalten, entmutigt und unaufhörlich wiederaufgerichtet, eintönig, entsagend, von Hoffnungen erhellt, von grausamen Leiden durchzuckt: das Leben einer der edelsten Frauen, die auf dieser Erde wandelten.« Über alle drei Schwestern schreibt er dann: »Sicher waren sie kindisch, denn hatten die Brontës trotz ihres Alters je aufgehört Kinder zu sein? Ich verstehe darunter die schöpferische Naivität, den Ernst, das Fehlen von Witz und Zynismus, die Liebe zu den schönen, nie enden wollenden Geschichten, die Furcht und die geheime Verachtung den Erwachsenen gegenüber, die Unkenntnis in Geldfragen, die Überzeugung, einer fremden Welt anzugehören ... Die Brontës sind Geschöpfe, die alles und sich selbst verzehren ... Man findet, mit kleinen

Abweichungen, bei allen Brontës doch dieselben Züge,  wobei man, wohlverstanden, dem Intensitätsunterschied des Genies Rechnung tragen und anerkennen muß, daß Charlotte und Emily den Typus der Familie zur höchsten Vollendung gebracht haben. Je mehr man sie betrachtet, um so unzertrennbarer sind sie in ihrer Gleichartigkeit verbunden. Sie sind ein Geschlecht, das eng zusammenhält, eine Gruppe Verbannter, welche die Sehnsucht nach einer gemeinsamen Heimat teilt ...« – Am Schluß noch einmal zu Charlotte, über die Elizabeth Gaskell (deren *Cranford* wir ja eben erst kennengelernt haben) in ihrer für ihre Einfühlsamkeit und Dezenz so sagenhaften Biographie schreibt, am Ende, anläßlich des Begräbnisses: »Unter jenen ergebenen Freunden, die verzweifelt um die Tote trauerten, befand sich ein Dorfmädchen, das vor kurzem verführt worden war, doch in Charlotte eine gottgefällige Schwester gefunden hatte. Charlotte hatte ihr mit ihrem Rat, ihren bestärkenden Worten Beistand geleistet, hatte sich in dieser Zeit der Prüfung um ihre Bedürfnisse gekümmert. Unsäglich bitter war der Gram dieser armen jungen Frau, als sie hörte, daß ihre Freundin todkrank sei, und tief ist ihre Trauer bis auf den heutigen Tag geblieben.« Den sonderbaren und uns womöglich etwas betulich vorkommenden Stil dieser Passage sehn wir in einem andern Licht, wenn wir hören, jenes Dorfmädchen betreffend, daß ihre Angehörigen dann verlangten, statt *verführt* müsse es heißen, und so hieß es dann auch in späteren Auflagen, *schmählich im Stich gelassen.*

Von dem flämischen Conscience (dessen *Löwe von Flandern* 1838 nicht unsre Begeisterung erregt hatte) gibt es ein neues Buch, *Goldland*; das unsre Begeisterung genauso wenig erregt. – Gustav Freytag bringt *Soll und Haben* heraus, ein Buch, das hier schon sehr oft vorgekommen ist, und nicht, weil es das wert wäre (dann hätten wir es schnell abgetan gehabt), sondern weil es so entsetzlich viel gelesen worden ist. Freytag gab mit Julian Schmidt zusammen *Die Grenzboten* heraus, das Organ des nationalliberalen Bürgertums, Julian Schmidt war ein damals maßgeblicher Literaturkritiker und -historiker, der, da wir nun einmal mit *Soll und Haben* bei den Kaufleuten sind, zum Beispiel der Meinung war (er hat viel über Goethe geschrieben), der junge Wilhelm Meister hätte besser daran getan, sich ein bißchen zusammenzunehmen und mehr zu arbeiten, und mit Wilhelms erster Geliebter Mariane und dann mit der Freundin Philine habe Goethe sich allzu sehr an den Grenzen dessen aufgehalten, was ein ordentlicher Mensch, Kunst hin und her, in der Literatur dann doch Schmutz nennen müsse: wir wollen Freytags Buch aber ansehn. Es wird der Aufstieg eines jungen Mannes geschildert, der auch noch Anton Wohlfahrt heißt: ein Hauptunterschied zwischen dem Leben und dem Roman ist, daß im Roman die Leute sehr wohl was für ihren Namen können. Der junge Mann, der Titel des Buchs sagt das ja, wird Kaufmann, am Ende heiratet er auch die Tochter des Kaufmanns, bei dem er gelernt hat. Zwischendurch gibt es eine Entfremdung von einigen hundert Seiten: der junge Mann versucht einen kleinen Adligen zu retten, der in seinem reifen Alter zwei Versuchungen erliegt: erstens der Idee, sich auf die Industrie zu werfen, statt bei der herkömmlichen guten alten Landwirtschaft zu bleiben, und zweitens dem Geld der Juden. Der Adlige hat auch eine schöne Tochter, das sollte man nicht verschweigen. Die Juden machen ihm mit Hypotheken und solchen schwer verständlichen Sachen zu schaffen, schließlich muß der Alte mit Familie und dem jungen Mann ins Polnische: sonderbar vergleicht der wohl allzu junge Fontane in seiner Rezension des Buchs die halbwilden Polen gleich mit Coopers wilden Indianern; tatsächlich wird auch, wie bei Cooper, scharf gekämpft, die wohlgepflegten Anwesen der deutschen

Kolonisten, in deren Blumengärten bloß die Garten-
zwerge noch fehlen[11], werden dauernd von den neidischen
und alles mögliche Polen angegriffen, deren Dörfer den
denkbar schlechtesten Eindruck machen. Gottseidank
gewinnen die ordentlichen Deutschen, und mit den Juden
ist auch der Himmel nicht: der böseste unter ihnen bringt
einen andern nicht ganz so bösen um, und dann plagt
ihn so sehr das Gewissen, oder der Rest wenigstens, den
er davon noch hat, daß er sich selber ertränkt – Freytag
ist dermaßen sentimental oder im Einklang mit der offiziellen Moral, daß er sich einfach niemanden vorstellen
kann, der einen andern umbringt, ohne deshalb von seinem Gewissen geplagt zu werden: Dickens, der ja, zumindest in seinen frühen Büchern, sehr auf rasche Gefühle
und Tränen drängt, bringt da entschieden größere Härten
auf. Ob Freytag nun aber eine deutsche Idylle malt oder
einen jüdischen Charakter, ob er eine Stimmung wiedergibt oder ein Gespräch: alles ist ledern, hölzern, albern,
papieren, man will schließlich nicht einmal mehr wirklich
wissen, ob der Held das Mädchen kriegt und was aus
der immerhin ein bißchen kecken jungen Adligen wird.
Und was diese dann wirklich angeht, die eigentlich ein viel
tolleres Wesen ist als das ewig geduldig wartende sinnen-
lose Kaufmannstochterding, so hat Freytag nicht einmal
Temperament genug[12], geglückte Einfälle auch dann zu
pflegen, wenn sie seinen sonstigen Idealen widersprechen:

---

[11] ich übertreibe nicht, ich zitiere Freytags Beschreibung der Stube
eines ordentlichen kleinen deutschen Kolonisten: »Es war ein kleines
geweißtes Zimmer, die Möbel mit roter Ölfarbe gestrichen, aber sau-
ber gewaschen, im Kachelofen brodelte der Kaffeetopf, in der Ecke
tickte die Schwarzwälder Uhr, und auf einem kleinen Holzgestelle an
der Wand standen zwei gemalte Porzellanfiguren und einige Tassen,
darunter wohl ein Dutzend Bücher; hinter dem kleinen Wandspiegel
aber steckte die Fliegenklappe und eine Birkenrute, sorgfältig mit rotem
Band umwunden. Es war der erste behagliche Raum, den sie auf der
weiten Grasfläche gefunden hatten« – viertes Buch, zweites Kapitel.
[12] bitte erinnern Sie sich an diesem Punkt an Immermann und
meine Anmerkung zu ihm unter dem Jahr 36.

 dieses Mädchen könnte in der Gunst des Lesers der guten Kaufmannstochter viel gefährlicher werden als dem Buchhelden – aber kaum ahnt Freytag davon was, da wendet er sich auch schon von ihr ab; wer weiß, was ihm da im Wege ist, jedenfalls nichts, das ihn als Schriftsteller zieren könnte: denn die guten und die nicht so guten Schreiber, und wenn sie sonst nichts gemeinsam haben als eine weiter nicht begründbare Lust an ihren Erfindungen, verbindet miteinander immer eine ganz unmoralische Schwäche für jene Figuren, die uns auch dann fesseln könnten, wenn sie ganz und gar nicht das Ethos jener Gesellschaft haben, für die der Autor schreibt. Doch von dieser einen Schwäche, der einen, die wir ihm gern verzeihen würden, ist Freytag völlig frei. – Wenig animierend ist das dennoch berühmte autobiographische Buch der Němcová, *Großmutter* – alles darin, wovon man dann so inständig hofft, es sei doch nicht ganz so ohne Reflexion und Abstand gemeint, ist dann noch von viel schlimmerer Gefühlsseligkeit; so stellen sich moralisch-sentimentale Großmütter Großmütter vor in den Seelen ihrer Enkel. – Anthony Trollope bringt jetzt den Roman heraus (den ersten seiner sogenannten *Barsetshire-Romane*), der ihn berühmt macht und den Grundstein zu dem gewaltigen Erfolg legte, den er dann jahrzehntelang hatte (er war, vielleicht erinnern Sie sich, Darwins Lieblingsautor); Trollope war Postministeriumsbeamter, offenbar ein sehr guter, erfolgreicher Revisor im Außendienst, später in hohen Positionen, gewissermaßen in der außenpolitischen Postdiplomatie, zweimal die Woche ging er auf Jagd, daran hatte das Ministerium sich zu gewöhnen, und tat es wohl gern, zu schreiben pflegte er frühmorgens zwei oder drei Stunden lang, so daß er kurz nach elf oder so im Amt sein konnte, gegen fünf ging er wieder, in seinen Club, Karten spielen; er entstammte, man sollte wohl sagen: er war entkommen ziemlich katastrophalen häuslichen und schulischen Verhältnissen, und

was immer dann wurde aus seiner Schreiberei: er nahm sie als ein Mittel zum Aufstieg, und als er oben war, zum Obenbleiben.  Der Roman, den er jetzt bringt, heißt *The Warden*, deutsch meistens *Septimus Harding*, nach der Titelfigur, einem älteren Geistlichen in dem erfundenen kleinen Ort Barchester, der urplötzlich von einem Arzt, der gern seine Tochter heiraten würde, einer Veruntreuung von Geldern bezichtigt wird; die Sache klärt sich, der Roman schildert hauptsächlich mit unauffälliger Genauigkeit, man möchte sagen: reale Gestalten dieser so treffend (so empfanden das alle seine Leser) erfundenen englischen Stadt – es ist diese niemals übertreibende Wirklichkeitsnähe bis in den kleinsten Ton der Rede hinein, es ist auch diese Unübertriebenheit der Charaktere, die es ausmachen, daß man immer noch von Trollopes Sachen und ebenfalls völlig unübertrieben gefesselt ist, man weiß selbst nicht wie; gefesselt ist auch nicht richtig: selbstvergessen unterhalten wäre vielleicht besser – und wenn man dann herauskommt aus dem Buch, ist die eigne Welt doch keine völlig andre. – Und dann wieder Melville, mit *Israel Potter* – einem wunderbar lakonisch erzählten, ganz hinreißenden kleinen Buch, das sich auf irgendein Büchlein stützt, in welchem das Leben eines armen Mannes aufgezeichnet war, eben Israel Potters. Gleich am Anfang zeichnet Melville die Gegend, in welcher er sich seinen Hof gekauft hat, er zeichnet sie so knapp, so leidenschaftlich dabei, wie er das noch im *Pierre* bei weitem nicht gekonnt hatte. Womöglich aber ist es nicht allein dieses Können; im ganzen Buch jetzt steckt ein sonderbares Drängen, oder gewissermaßen die Lakonie eines tiefen Zweifels, eines Zweifels an jedem Einverständnis mit einem Publikum – es ist, als schreibe Melville, gerade in dem gar nicht so offenkundigen Sarkasmus, der das Buch durchzieht, beinahe nur für sich: wie einer, der das Publikum, oder die Besten daraus, doch gern für ein Buch hätte, das er nun aber so rein für die Kunst schreibt, als sähe er voraus, daß er kein Publikum mehr habe. Was den Inhalt angeht, so ist bemerkenswert für uns, daß der befreundete Seeheld und Pirat, mit dem Israel die Meere durchzieht, eben jener Paul Jones ist, den Cooper damals (1824) in seinem *Lotsen* verherrlicht hatte; und wenn hier dann Melvilles Held in London landet und dort vierzig oder fünfzig Jahre lang lebt, tief unten, dort, wo in der Riesenstadt die armen Soldaten landen, wenn sie aus den idiotischen Kriegen heimkehren, dann spiegelt das, wie einen dunklen Schimmer aus dem, was noch kommen wird, sonderbar all das wider, was viel später dann Dos Passos, Faulkner und andre als das bittere Los der heimkehrenden jungen Amerikaner schildern werden. Es ist merkwürdig, wie wenig berühmt dieses (übrigens für uns von Uwe Johnson übertragene) ganz wunderbare und sehr verwegene Buch Melvilles ist, wir sollten das ändern.

Geboren wird in diesem Jahre, auf Schloß Paddern in Kurland, Gutsbesitzerssohn, aufwachsend auch auf dem väterlichen Gut, Eduard von Keyserling, Verfasser ebenso kluger wie schöner Romane; Herman Bang liebte seine Bücher, wir werden beide Autoren lieben lernen.

XIII

1856 BIS 1860

1 ✦ 8 ✦ 5 ✦ 6

Keine Toten dieses Jahr, und nur ein einziger Roman[1], Turgenjews *Rudin*; aus diesem Buch, anläßlich des Todes Puschkins, haben wir schon eine junge Dame kennengelernt, eine Nachfolgerin von Balzacs Modeste, der schönsten unsrer frühen Leserinnen: Modeste liebte Puschkin (Puschkins Tatjana ihrerseits, vielleicht erinnern Sie sich, hatte für Goethes Werther und Rousseaus Julie geschwärmt), Turgenjews Natalja nun kann den ganzen

---

[1] Tote für uns, beklagenswerte Tote für uns; was die Bücher angeht, so ist klar, daß es wie immer sehr viele gegeben haben muß, wir hier tun nur einige Sachen nicht, die man natürlich auch sehr gut tun könnte: wir treiben keine Vorarbeiten für eine Soziologie des Lesens, wir treiben keine Vorarbeiten für eine Geschichte des Romans in jenem Sinne, in dem einige literarhistorische Schulen mit möglichst wenig Subjektivität und einem damit zusammenhängenden wählenden Geschmack auskommen und im Grunde, so wenig durchführbar das natürlich in dieser Striktheit ist, jeden Romantext im Prinzip für jedem andern gleichwertig halten wollten. Wir wählen hier aus, wir werten:

Puschkin auswendig, und sie verliebt sich in die Titelfigur des Buchs, einen wenigstens die bessere und schönere Hälfte einer Provinzgesellschaft sehr beeindruckenden, ja blendenden jungen Mann, der sehr gut reden kann, »Rudin«, sagt Turgenjew ebenso freundlich wie hinterhältig über ihn, »Rudin sprach gern und oft über die Liebe«; es ist schade, daß sonst nicht viel mit ihm los ist, aber mit den meisten andern Männern ist gar nichts los, sie schwärmen nicht einmal von dem, was sie so wenig erreichen könnten wie Rudin (der das wiederum ziemlich gut weiß, und am Ende daran zugrunde gehn wird); am meisten tun einem dann wieder die armen Mädchen leid, wen sollen sie nehmen? Einen jungen Mann hätte Turgenjew, er hat meistens in seinen Büchern einen von der Sorte, von der er denkt, sie hat wirklich Zukunft, aber seine jungen Frauen sind immer so etwas wie die Übriggebliebenen einer Gesellschaft, aus der im Grunde nur die Männer die Falschen wären für diese Zukunft, und Turgenjew, so sehr er sich sorgt um sein Land, liebt seine jungen Frauen doch zu sehr, um sie mit den Männern abzuspeisen, die das Land braucht.

❖

Geboren wird in diesem kürzesten aller Jahre bisher (ausgenommen glaube ich 1805) in Patras, als Tochter einer Griechin und eines Neapolitaners, der aus politischen Gründen hatte flüchten müssen, Matilde Serao, eine sehr beliebte Erzählerin (die, als junges Mädchen wohl, im italienischen Telegraphendienst tätig war, dem damals jüngsten und vor dem danach erst sich ausbreitenden

---

ich werte, sollte ich genauer sagen – auf diese Art kommen dann manchmal zehn, zwölf Bücher zusammen, manchmal bleiben es zwei oder drei, hier ist es nun einmal nur eines. Sicher sind so der Willkür und der Ungerechtigkeit Tür und Tor geöffnet, nicht einmal Methode würde ein Kritiker hier finden, der das alles für Wahnsinn hielte; ich müßte mir das gefallen lassen, ich wüßte, daß auch er keine besseren Kriterien haben kann.

Telephon modernsten Kommunikationsmittel). Sie war 1857
dann in Neapel und Rom als Journalistin tätig (hier,
mit Carducci, dem Vater der italienischen Veristen, und
d'Annunzio, dem Vater aller schreibenden Kriegsflieger,
an einem Blatt, das *Capitan Fracassa* hieß – vielleicht erinnern Sie sich, daß Gautier einen berühmten Roman
schrieb, *Kapitän Fracasse*, ich weiß aber nicht, wie das zusammenhängt; den dritten der berühmteren Mitarbeiter,
Scarfoglio, heiratete sie); Anfang des neuen Jahrhunderts
hatte sie dann ein eignes Blatt; sie schrieb viele Bände
voller beliebter Romane und Novellen.

1 ✦ 8 ✦ 5 ✦ 7

Es sterben: in Neiße, bei der Familie seiner Tochter, neunundsechzigjährig Joseph von Eichendorff; nicht einmal
siebenundvierzigjährig in Paris Alfred de Musset; und
zweiundfünfzigjährig, auf der Höhe seines Ruhms, in
Annecy Eugène Sue.

Grabschrift (51.52.53) für
EICHENDORFF. MUSSET. SUE.
EICHENDORFF, Jahrgang 1788, kennen
wir aus den Anfängen des Jahrhunderts, 1815 hatte
er *Ahnung und Gegenwart* geschrieben, 26 den *Taugenichts*;
nachdem er, wie der alte *Meyer* sich so schön ausdrückt,
»im aristokratischen Prunk- und Lustleben des ausklin-
genden 18. Jahrhunderts, aber streng katholisch erzogen«
worden war. Der poetisch-belebende Umgang für ihn
waren die acht bis zehn Jahre älteren Arnim und Brentano seinerzeit in Heidelberg gewesen, 1810 hatte er in
Berlin den Extremphilosophen Fichte gehört (erinnern
Sie sich? versunkene Zeiten, nicht wahr? unter dem Jahre

1857 1829 war das, beim Tode Friedrich Schlegels, der in seinen skeptischen Überlegungen zum modernen Roman beifällig von Fichtes Ideen zur Einführung eines Personalausweises mit Porträt gesprochen hatte, im Zusammenhang mit der Polizeiwidrigkeit aller Romanhandlungen), 1813 trat Eichendorff dem Lützowschen Freikorps bei (das wir kennen, seit Immermann dem Chef die Gattin ausgespannt hatte) und war auch (anders als eben Immermann) an den Kämpfen beteiligt. Danach heiratete er und trat in den Staatsdienst ein, zwischen 1831 und 44 wirkte er in Berlin[2]; seine späten Werke waren, neben Übersetzungen aus dem Spanischen, etwa des Calderón, Arbeiten zur Literatur, so etwa *»Der deutsche Roman des achtzehnten Jahrhunderts in seinem Verhältnis zum Christentum«* – der Gegenstand liegt vor unsrer Epoche, wir müssen das Buch nicht studieren. – *M U S S E T* stammte, wie schon erwähnt (als er geboren wurde, 1810), aus einer schreibenden Familie, sein Papa hatte ein Leben Rousseaus gemacht, wir haben Mussets Leben an der Seite der Sand verfolgt, und wie er dann eines Tages, Balzac war mit der Hanska gerade abgereist, traurig und verlassen am Genfer See stand; verdüsterten Geistes ging er dann nach Paris und schrieb die uns bekannten *Bekenntnisse eines Kindes seiner Zeit.* Danach hatte er das Schicksal, das alle haben, die keine Romane schreiben: er verschwand für uns im Nebel einer irgendwie anderswo realen Welt. Aber er schrieb Novellen, vor allem schrieb er sehr amüsante kleine Salontheaterstücke, die in Frankreich noch heute

[2] hier verkehrte er mit Hitzig, dem Lebensbeschreiber Hoffmanns und Chamissos, der uns erst kürzlich als Kollege von Willibald Alexis wiederbegegnet war, und mit dem zwanzig Jahre jüngeren, dem Dichten und der Dichtkunst ergebenen Kunsthistoriker Kugler, der seinerseits erstens eine Tochter Hitzigs geheiratet und mit dieser eine hübsche Tochter Margarethe hatte, die ihrerseits zweitens dann wieder den aufstrebenden Dichter Heyse heiratete, unsern ersten Nobelpreisträger; zum Lebenskreis Kuglers gehörte auch der Dichterkreis des *Tunnels über der Spree*, in dem dann Fontane debütierte.

vor älteren Dramen gespielt werden. Persönlich soll er  *1857* zuweilen etwas ausschweifend und mit sehr viel Alkohol gelebt haben, indes setzte ihm, nach der Katastrophe mit der Sand, der Herzog von Orléans eine Pension aus, er wurde Bibliothekar im Innenministerium, 1852 gelang ihm sogar der Sprung in die Académie. Schön ist die Geschichte, daß er, als der begnadete Nikolaus Becker 1840, und wofür ihm der König von Preußen 1000 Taler schenkte, das Lied gedichtet hatte, »sie sollen ihn nicht haben, den freien, deutschen Rhein«, mit dem Lied ant- wortete, »nous avons eu, votre Rhin allemand«, wir hatten ihn schon, euren deutschen Rhein. Ich weiß nicht, wie es Musset nach dem Eklat mit der Sand dann bei den Frauen erging, aber es ist doch nicht denkbar, bei dem guten Geschmack der Sand, daß sie ihn links liegen- gelassen haben werden. – *S U E* haben wir als erfolg- reichen Konkurrenten Balzacs auf dem Gebiet des Fort- setzungsromans kennengelernt (die Sand hatte darüber geschrieben), dann als den Verfasser der großen *Geheim- nisse von Paris*, worin, sehr romantisch, und ein bißchen gewiß ein Vorläufer etwa des Arsène Lupin von Leblanc, ein edelmütiger und (anders als in den psychologisch leicht reduzierten Detektivromanen Leblancs) tief innen auch leidender Prinz Rodolphe in wechselnden Verklei- dungen und immer unerkannt das Böse bekämpft und die unschuldigen Mädchen rettet[3]. Sue, wohl seines Vaters

---

[3] diese Zusammenfassung ist in ihrer ironischen Attitüde eigentlich töricht; gegen sie zitiere ich jetzt den Anfang von Sues Vorwort zu sei nen *Geheimnissen von Paris*: »Alle Welt hat die bewundernswürdigen Bücher gelesen, in denen Cooper, der amerikanische Walter Scott, die grausam-wilden Sitten der Indianer geschildert hat, ihre malerische und poetische Sprache und die tausend Listen, mit deren Hilfe sie ihren Gegnern entfliehen oder ihnen nachstellen. Man hat für die Ansiedler und für die Stadtbewohner gezittert bei dem bloßen Ge- danken, wie nahe bei ihnen diese barbarischen Stämme leben und jagen, die durch ihre blutrünstigen Lebensgewohnheiten so sehr noch von der Zivilisation getrennt sind. Wir wollen nun versuchen, dem Leser einige Episoden aus dem Leben anderer Barbaren vor Augen zu

1857 wegen, der als Arzt Berühmtheit erlangt hatte, war ein Patenkind der Kaiserin Josephine, der Gattin Napoleons, die für ihr fern von aller übertriebnen Keuschheit gelebtes Leben ähnlich berühmt war wie die schöne Napoleon-schwester Pauline, deren Brüste wir durch Canova lieben gelernt haben; er selber wurde, wie der Papa, Arzt, wandte sich dann der Malerei zu, schrieb, wie aus Versehn, einen Seeroman, der Erfolg hatte, schrieb weitere Seeromane, ferner Werke zur Geschichte der französischen Marine (wertlos nach *Meyer*), und wandte sich schließlich dem sogenannten Sittenroman zu, das Wort in jenem Sinne genommen, in welchem auch Balzac von seinen Büchern als von Sittenstudien reden konnte. Nach 1848 zeigte Sue annähernd revolutionäre Neigungen, er mochte Fourier (den wir im Zusammenhang mit Hawthorne und seinem *Blithedale* als fernhinwirkenden Sozialutopisten kennen-gelernt haben) und wurde aus Frankreich verbannt: daher dieser Tod in Savoyen, in Annecy.

Viktor Rydberg veröffentlicht, in erster Fassung, den ganz wunderbar romantischen Roman *Singoalla*; Singoalla ist eine Zigeunerin, mit der ein junger romantischer Schloß-erbe eine Nacht verbringt; dann muß er eine andre hei-raten; nach Jahren kommt ein magiekundiger Knabe zu

---

stellen, die nicht weniger weit außerhalb der Zivilisation stehn als jene wilden Völkerschaften, deren Eigenarten Cooper so glänzend be-schrieben hat. Nur daß die Barbaren, von denen wir sprechen, mitten unter uns hausen, daß wir ihnen zu jeder Zeit begegnen können, sobald wir uns in ihre Schlupfwinkel vorwagen, in denen sie sich verbergen, in denen sie sich versammeln, um über Raub und Mord zu beraten oder die Habseligkeiten ihrer Opfer untereinander zu verteilen. Diese Menschen haben ihre eignen Sitten, ihre eignen Weiber, ihre eigne Sprache, eine geheimnisvolle Sprache voll schauriger Bilder, voll ab-schreckend blutiger Gleichnisse. Und wie die Indianer nennen sie einander gemeinhin mit Beinamen, die sie ihrem Wagemut, ihrer Grau-samkeit, bestimmten äußeren Besonderheiten oder bestimmten phy-sischen Entstellungen verdanken.«

ihm, Sohn jener Nacht ohne Zweifel, und führt nächtens den tagsüber Braven zurück zu Singoalla, der Liebe seines Lebens; eines Nachts wirkt der Zauber nicht, und er tötet, aus Versehn, das Kind. Die Pest kommt, Singoalla nun wieder rettet ihres Geliebten legitimes Kind, nimmts mit in den Orient, das Kind wird ein Weiser, kommt zurück und sucht seinen greisen Papa auf – ein wundervolles Buch, wie aus früheren Himmeln in die fernen schwedischen Wälder gefallen, aber auch frühere Himmel waren schön. – Dickens bringt *Klein Dorrit* heraus, ein in der Figur der Titelheldin unendlich sentimentales, in der Verwicklung verschiedner Welten phantastisch kompliziertes und in der Führung seiner Figuren ungeheuer aggressives Werk – niemand, während Thackeray schrieb und Meredith dann zu schreiben anfing, hat mit soviel erzählerischer Verve eine Welt kritisiert, in der, wie wir dann, mit einigen Abstrichen, sagen könnten, tatsächlich das Gute nur als Sentimentalität existieren kann. Ein sonderbares, gewissermaßen düster glimmendes Buch, in das ein bißchen helles Licht gelegentlich die Meagles bringen, nette Reisebekannte, deren süße Tochter aber leider den Falschen will und bei diesem bösen späten Dickens ihn auch kriegt. – Wilhelm Raabe debütiert mit der *Chronik der Sperlingsgasse*, einem kleinen Roman aus dem alten Berlin, vielgerühmt, vor allem in jenen Zeiten, in denen Raabe vorwiegend für Bücher wie *Der Hungerpastor* als groß galt; Raabe hat später, mit Recht, beide Werke nicht mehr gemocht; tatsächlich ist die *Chronik*, weit entfernt von irgendeiner Verwandtschaft mit Jean Paul (den Raabe mochte, aber das ist etwas andres), ein fatal langweiliges und betulich-sentimentales Buch, allenfalls interessant für schizoide Züge des damaligen Verfassers, die sich hier spiegeln[4]. Wir müssen noch lange (fast ein Dutzend

---

[4] Werner Fuld, mein streitbarer Freund, hat gerade diesem Punkt große Aufmerksamkeit geschenkt in seinem schönen Buch über Raabe.

1857 Jahre) warten auf Raabes gute Bücher, aber wir tun es gern, andre schreiben dazwischen die besseren Sachen. – Von Stifter erscheint der *Nachsommer* – wir haben Stifter in seinen frühen und nicht überarbeiteten Sachen sehr gut kennen- und sehr schätzengelernt, jetzt zitiere ich, und ich tu das ohne Arg und Bosheit, aus dem 3. Kapitel des zweiten Bandes dies: »Mein Gastfreund war bei den Bienen. Ich erfuhr das von dem Gärtner, welcher der erste war, den ich zu sehen bekam. Er ordnete etwas an einem Geranienbeete in der Nähe des Einganges. Ich schlug den Weg zu den Bienen ein. Mein Gastfreund stand vor der Hütte, und erwartete das Erscheinen einer jungen Familie, die schwärmen wollte. Er sagte mir dieses, als ich hinzutrat, ihn zu begrüßen.« Zu der merkwürdig ungesprochnen Steifigkeit dieser Diktion[5] kommt im Vokabular zum Beispiel die Besonderheit jener schwärmen-wollenden jungen Familie hinzu – den Begriff der Familie gibt es in der bienenbezüglichen Sprache nicht, da ist von Bienenvölkern die Rede, gerade beim Schwärmen; hier findet eine Anthropologisierung in der umgekehrten Richtung statt, denn die leichte Forciertheit der ganzen Passage will kaum die Bienen uns näherbringen, sondern eher uns gottferne Leser den naturnahen Bienen als denen, die schon jung das Richtige tun; es ist, als ob der Autor aus ungeheuren Ängsten verzweifelt eine Rettung suche, und nun hat er sie gefunden; nach weiteren

---

[5] ich frage mich hier, aber ich will es nur beiläufig, unterm Strich tun, ob nicht Nietzsches Vorliebe für den Stifter dieser Jahre genau mit dieser Diktion zusammenhängt; Nietzsche, wir werden nachher noch einmal auf ihn kommen, liebte an seiner eignen Diktion eine gewisse Manier, wie für die Ewigkeit und als ob ers immer in Erz schlüge zu formulieren; und ich könnte mir nun denken, bei seiner fast niemals versehentlichen Neigung zu eklatanten ästhetischen Fehleinschätzungen, daß er in dieser Steifigkeit und Ungesprochenheit des Stifterschen Stils eine Verwandtschaft zu dem empfand, was er am eignen Schreiben für Erz und Ewigkeit hielt, wobei er bei Stifter dann das stählern Federnde und die Eleganz nicht weiter vermissen mußte, die dann dazu noch sein schönes Teil waren.

ungefähr 115000 Wörtern lautet der Schlußsatz des *1857* Buchs: »... aber eines ist gewiß, das reine Familienleben, wie es Risach verlangt, ist gegründet, es wird, wie unsre  Neigung und unsre Herzen verbürgen, in ungeminderter Fülle dauern, ich werde meine Habe verwalten, werde sonst nützen, und jedes selbst das wissenschaftliche Streben hat nun Einfachheit Halt und Bedeutung.« Das glaube ich alles nicht; in acht Jahren werden wir uns den *Witiko* ansehn.

Flaubert[6], wir kennen ihn als den leidenschaftlichen Verteidiger des Elfenbeinturms, veröffentlicht jetzt seine *Madame Bovary*, fast nichts als die Geschichte einer Ehefrau, die sich langweilt, sich verliebt und sich schließlich vergiftet. Während er an diesem Buch arbeitet, noch in den Anfängen, schreibt er einmal seiner Geliebten Louise Colet: »Was mir als das Höchste in der Kunst erscheint (und als das Schwierigste), ist nicht Lachen oder Weinen hervorzurufen, nicht einmal jemanden in Brunst oder in Wut zu versetzen, sondern auf dieselbe Art wie die Natur zu wirken, das heißt *zum Träumen zu bringen*. Die sehr schönen Werke haben diese Eigenschaft. Sie sind von gelassen heiterem Äußeren und unverständlich. Was ihr Verhalten betrifft, so sind sie reglos wie Felsen, tosend wie der Ozean, voll von Keimen, von Blattwerk und Gemurmel wie die Wälder, traurig wie die Wüste, blau wie der Himmel. Homer, Rabelais, Michelangelo, Shakespeare, Goethe erscheinen mir *mitleidslos*. Sie haben keinen Boden, sie sind unendlich, vielgestaltig. Durch kleine Öffnungen erkennt man Abgründe; tief unten liegen Finsternis und Schwindelgefühle. Und doch schwebt etwas

---

[6] »... mein Traum ist, einen kleinen Palast in Venedig am Canal Grande zu erwerben ... fügen Sie noch hinzu ..., daß ich fünfunddreißig Jahre alt und fünf Fuß und acht Zoll groß bin, daß ich die Schultern eines Lastträgers habe und von der nervösen Reizbarkeit eines Modepüppchens bin. Überdies bin ich Junggeselle und einsam ...«, schreibt er an die siebenundfünfzigjährige Kollegin Leroyer de Chantepie im März 57.

einzigartig Sanftes über allem! Es ist der Glanz des Lichtes, das Lächeln der Sonne, und das Ganze ist voller Ruhe, voller Ruhe! und voller Kraft...« – man muß weder überzeugt sein von der Wahrheit dieser Meinungen, noch muß man sie ganz verwirklicht sehn in Flauberts Buch: man kann dieses Buch aber nicht lesen ohne das leicht verwirrende Gefühl, als sei hier (zum ersten Male seit den *Wahlverwandtschaften*, ist man versucht zu denken) plötzlich ein ganz neuer Ton in das Romanschreiben gekommen; oder besser wohl: ein neues bisher nicht geahntes oder vergessenes Tempo, als sei ein neuer Motor in der Kutsche, als sei irgendeine Ernsthaftigkeit in die erzählende Prosa eingedrungen, irgendein metallischer Glanz, der bisher für sie gar nicht da war. »Ich gestehe Dir im übrigen«, schreibt er, im Zusammenhang mit der *Bovary*, an einen Verwandten, einen Anwalt, es geht da um die Moral des Buchs, »daß mir das alles vollkommen gleichgültig ist. Die Moral der Kunst besteht in ihrer Schönheit, und ich schätze über allem zunächst den Stil, dann die Wahrheit«[7] – das ist ein bißchen anwaltsmäßig *ad hominem*

---

[7] vielleicht läßt sich das alles mit einem sehr sprechenden und glücklichen Begriff der neueren Literaturwissenschaft ausdrücken, dem des sogenannten *Fiktionalitätskontrakts*: da geht es darum, daß der Autor und der Leser sich, seis stillschweigend, wie in der Regel, oder seis *expressis verbis* (etwa wenn Wirnt von Grafenberg in seinem *Wigalois* von einem Kleid redet, das er hier aus Worten webe; denken Sie auch an Sterne in einem Extremfall), es geht in diesem Fiktionalitätskontrakt also darum, daß der Leser sich auf ein geheimes oder ausgesprochenes Einverständnis mit dem Autor verlassen kann, betreffend das rein Ausgedachte, nicht mit beider gelebten Realität Kollidierende jener Wirklichkeit, die der Autor erzählt und der Leser liest. Läßt man diesen Begriff einmal gelten (und fragt fürs erste auch nicht, wogegen er sich denn richten könnte), dann hat man bei Flaubert das Gefühl, als hebe irgendeine mörderische Direktheit seines Schreibens, als hebe irgendeine jede andre Perspektive ausschließende, jede andre Perspektive vernichtende oder überflüssigmachende Kraft seiner schreibenden Intention einen solchen eben beschriebenen Kontrakt derart ganz und gar auf, als finde die Literatur auf einer ganz andern Ebene statt. Es ist, als ob unter lauter schönen Fechtern plötzlich einer sagt, nun ist es gut, und eine Pistole zieht. Es handelt sich

geredet, aber gegen den Vorwurf der Amoralität und An- *1857*
stößigkeit verteidigt er sich immer im Angriff, tatsächlich
gewinnt er so den gegen ihn angestrengten Prozeß – und
es ist nun seinerseits fast anstößig zu sehn, wie er diesen
Sieg und den ganzen auf den Sieg zugelaufenen Prozeß
(vor dem er Angst hatte) ganz exakt wie einen jener aufregenden Tagträume schildert, worin wir Intellektuellen
mitunter, wir Herabgestiegenen aus dem Elfenbeinturm,
wunderbar über alle triumphieren, die zu dumm für uns
sind.[8] – Und Melville, den sie nicht mehr so recht lesen
wollen seit dem *Moby Dick*, bringt noch einmal, gegen
sie alle denkt man, wenn man das liest, ein Buch heraus,

---

hier also nicht um eine Frage des größeren Gewichts des Ungelogen-
en, das etwa Senancour oder Foscolo in die Waagschale werfen könnten, sondern um ein ästhetisches Problem, vielleicht um so etwas wie
ein Bewußtsein davon, daß die Kunst, für den, der an ihr arbeitet, so
sehr etwas ganz andres ist als die Wirklichkeit, etwas soviel Wahreres
und Realeres, daß sich niemals Kollisionen ergeben könnten, die es
für einen vernünftigen Menschen nötig machen würden, irgendwelche
Kontrakte zu schließen; und zwischen wem denn auch? etwa dem
Autor und dem Leser, als wäre da was andres zwischen ihnen als eine
Unendlichkeit? – Der Ausdruck einer unendlichen Kluft zwischen
dem Autor und dem Leser ist, wir hatten ihn schon, von Goethe.

[8] sehr sonderbar, fast irritierend ist es, wenn Flaubert, während der
Arbeit noch, an Louise Colet einmal schreibt, im Zusammenhang mit
der Mühe und Schinderei seiner Arbeit: »Gestern habe ich mich den
ganzen Abend mit Verbissenheit der Chirurgie gewidmet. Ich studiere
die Theorie der Klumpfüße. In drei Stunden habe ich einen ganzen
Band dieser interessanten Lektüre verschlungen und mir dazu Notizen gemacht ... Warum bin ich nicht mehr jung! Wie ich arbeiten
würde! Man müßte alles kennen, um zu schreiben. Wir Schreiberlinge
alle, so viele wir auch sein mögen, sind von einer ungeheuerlichen
Unwissenheit, und wie doch dabei alles Ideen und Vergleiche liefern
würde! Das *Mark* fehlt uns im allgemeinen. Die Bücher, aus denen
ganze Literaturen hervorgegangen sind, wie Homer, Rabelais, sind
Enzyklopädien ihrer Zeit gewesen. Diese guten Leute wußten alles,
und wir wissen nichts. Es gibt in der Poetik von Ronsard ein merkwürdiges Gebot: er empfiehlt den Dichtern, sich bei den Künstlern
und Handwerkern zu unterrichten, bei den Schmieden, Goldschmie-
den, Schlossern, usw., um dort *Metaphern* zu finden.« Von der Idee
abgesehn, in drei Stunden einen Band Chirurgie durchzulesen und
dann von einem Kennen oder Wissen zu reden, so erinnert dieser (in
gewissen Hinsichten so begreifliche) Ruf nach Wissen, ginge er hier

1857 *The Confidence-Man, His Masquerade,* nicht leicht zu übersetzen: *Ein sehr vertrauenswürdiger Herr,* so Hilsbecher,
Maskeraden, schreibt Christa Schuenke. Da ist ein Mis-
sissippidampfer, darauf, immer in neuen Verkleidungen,
ein Mann, der auf die verschiedenste Weise, meistens,
denkt man jedenfalls, durchschaubar plump und ganz
grob den Biedermann spielend, die Mitpassagiere dazu
bringen will, ihm ihr Geld, ihre Gesundheit und alles
anzuvertrauen – ich will es so sagen: wäre die Figur von
Dostojewski (den wir im Jahre 59, übernächstens, wieder-
kriegen werden), dann müßte man die Figur für einen
guten gottnahen Menschen halten, wäre sie von Flaubert,
dann käme sie verdammt nahe an seine beiden Dumm-
köpfe heran. Sicher meint Melville das alles satirisch; vor
alle solche Überlegungen aber drängt sich sein ganz ungeheurer Stil in diesem Buch; seine Syntax, am Ende
durchsichtig, scheint von einer rücksichtslosen Verwickelt-
heit, oder umgekehrt (man weiß es nicht) ist sie zwar von
einer völlig durchschaubaren Komplexität, aber am Ende
vollkommen undurchsichtig – wie auch immer, sie schiebt
sich vor jeden Sinn oder Unsinn; selbst in scheinbar einfachen Bildern ist das so, hier eins gleich vom Anfang
über einen in einem lädierten cremeweißen Anzug, er ist
müde, »allmählich übermannte ihn der Schlaf; sein flachs-
blondes Haupt sank herab, seine ganze lammgleiche Gestalt erschlaffte und lag, halb gegen die unterste Sprosse
der Leiter gelehnt, reglos da« – keine Probleme bisher,
werden Sie sagen, aber passen Sie auf, jetzt kommt es:
also er liegt, halb gegen die unterste Sprosse der Leiter
gelehnt, reglos da, nämlich: – »wie ein feiner Märzschnee,
der sachte und verstohlen über Nacht gefallen ist und den

---

nicht am Ende doch auf Ideen aus, auf Bilder, auf eben Metaphern,
schmerzlich und, wie gesagt, irritierend an das, was später dann bei
Flaubert Bouvard und Pécuchet treiben – sie scheinen, an dieser Stelle
hier, ein Flaubert zu sein, der das Schreiben aufgegeben hat (Dichter,
wenn die Schönheit tot ist).

sonnengebräunten Landmann, der bei Tagesanbruch von
seiner Türschwelle ins Freie späht, mit seiner weißen
Sanftmut überwältigt« – kaum Robert Walser in seinen
verwirrendsten Stunden wäre auf so was gekommen[9].
Und dann wieder, als treibe das alles auf Joyce oder auf
Gott weiß wen zu, über hundert Seiten später, irgendwo:
»Der Himmel geht über in Blau, die schroffen Uferhänge
in blumige Matten; der rasche Mississippi gewinnt an
Breite, schnellt glitzernd und gurgelnd in tausend Strudeln voran wie das vielfach verbreiterte Kielwasser eines
Kanonenboots mit vierundsiebzig Geschützen. Wie ein
goldener Husar, dessen blitzender Helm seine Strahlen
auf die Welt wirft, aus seinem Zelt tritt, so kommt die
Sonne hervor. Das dädalische Schiff eilt dahin wie ein
Traum.« Von Anfang an hat Melville ja ständig alles
unterlaufen, was man unter der Form eines Romans verstehn könnte, jetzt ist es geschafft, und jenseits von Glück
und Unglück malt er geheimnisvolle Figuren in den Sand,
in den Sand, das sollten wir ergänzen, den dann das
Wasser überspült, auf das er nicht mehr kann.

Geboren werden in diesem Jahr, in dieser Reihenfolge:
im April in Adserballe auf der Insel Alse, Pfarrerssohn,
der wunderbare Erzähler Herman Bang; im Juni in
Roholte in Seeland, ebenfalls Pfarrerssohn, sein Landsmann Karl Adolph Gjellerup, Tragödien- und Schauspiel-

---

[9] auch Gogol nicht, dessen Ruhm ja mit darin besteht, seine Bilder,
nachdem sie bezeichnet haben, was er meint, für sich weiter aus-
zubauen, für sich atmen zu lassen, nach Homers Weise, wie man
finden kann. Bei Melville bleiben die Bilder weiterhin sonderbar
durchsichtig für das Gemeinte, sie atmen nicht das eigne Leben,
sondern sind wie eine mit Immortellen bestickte Bluse über einer
schönen atmenden Brust, und nun wölben und biegen diese Immortellen sich, als ob sie für sich noch lebendige Blumen wären, oder
als machte etwas sie lebendig, das wiederum ... und so weiter, und so
weiter ...

 *1857* dichter, Verfasser aber auch sehr kluger und melancho-lisch-fließender Romane; im Juli, wieder ein Pfarrerssohn, und abermals ein Landsmann beider eben Geborenen nun, Henrik Pontoppidan, der eigentlich erst Ingenieur werden wollte und dann 1917, zusammen mit dem mit ihm eben hier geborenen Gjellerup, den Nobelpreis bekam; im September, Landwirtssohn, in Matziken im fernen Memelland, der seinerzeit unendlich berühmte Dramatiker und eben auch Romancier Hermann Suder-mann; im November in Wakefield (das aber wohl ein andres ist als das des berühmten Pfarrers aus der Feder des so verkannten Goldsmith) George Robert Gissing, der in einem traurig stimmenden Roman das traurige Los von armen nach der Anzahl ihrer Zeilen entlohnten Schriftstellern fast so gewissenhaft beschrieb, als wäre er einer von ihnen; und schließlich, im Dezember, in Ber-diczew, südwestlich von Kiew, Sohn eines Schriftstellers und Übersetzers (auf unserm Feld Hugos und Dickens'), Józef Teodor Konrad Korzeniowski, der dann, in Eng-land, den Schriftstellernamen Joseph Conrad führte (er, einer der ganz Großen, erwähnt beiläufig, in einem spä-teren Nachwort zu seinem *Lord Jim*, ein guter Leser lese doch bequem sechzig bis achtzig Seiten die Stunde: von großer erzählender Literatur, wohlgemerkt –:) –

Anmerkung (13) zu

C O N R A D . Man habe ihm, berichtet Conrad in jenem Nachwort, mit dem Tone des Vorwurfs gesagt, keinem Menschen könne zugemutet wer-den, einem Manne, der erzählt, so lange zuzuhören wie in seinem Buch die Männer dort auf dieser südländischen Terrasse dem Erzähler Marlow, nämlich ein paar Nacht-stunden lang, einen halben Roman (südliche Nacht, warm, man trinkt, Zigarren glimmen); und Conrad wehrt sich nun gegen diesen Vorwurf und bemerkt dabei, daß man diese Erzählung Marlows doch schließlich leicht in

knappen drei Stunden lesen könne; nun beansprucht
diese Erzählung gern ihre 250 Seiten: 250 Seiten also in
drei Stunden – so stellt sich Conrad das Tempo vor, in
dem man seine Bücher lesen kann, und darf; wenn man
dieses Tempo anschlägt, sieht er sich also nicht um alle
die wunderbaren Dinge gebracht, die er in seine Bücher
hineinlegt: das ist ein schöner und aufschlußreicher Blick,
den wir da mit einem ihrer besten Meister in die Welt
der Romane werfen können. Anders als ein Autor wie
Thomas Mann, der sich in diesem Falle natürlich selber
eitel nennt, und dennoch nicht recht weiß, in welchem
Maße ers im Grunde ist, wenn er nämlich so lieb, einmal
vor Studenten glaube ich, so knäbischdreist fast verlangt,
man solle seine Bücher doch mehrmals lesen, damit man
merke, wie wahnsinnig schön sie gebaut sind; anders als
so einer glaubt Conrad, daß kein Aufbau und nichts gut
genug sein könne gerade für den, der einen Roman rasch
liest und womöglich, ja wahrscheinlich nur dieses eine
Mal – der eben braucht die große Kunst; Conrad weiß,
wie beinahe (verglichen mit dem einen Leben, das wir
leider nur haben) unendlich groß die Zahl der wirklich
guten Romane ist (und sie war damals geringer als heute;
vorausgesetzt, das ist nicht immer so gewesen; das kann
aber nicht sein, andrerseits), und er weiß, einerseits, wie
gern wir natürlich weiterlesen dort, wo wir gern lesen
(andre Bücher desselben Autors also – darum schreiben
so überraschend viele der großen Romanciers möglichst
viele Romane), wie es uns aber, andrerseits, immer auch
weiterzieht zu andern Autoren, andern Romanen: andern
Schiffen, die wir da fahren sehn, oder die wir als so
wunderbar hinsegelnd wie nur sonst eines haben schildern
hören; daß Conrad, oder wer es nun ist, jedes Buch mit
soviel Kunst schreibt, als wär es das einzige, das wir lesen
werden von ihm (jedes ist ja auch immer das letzte in
dieser Weise), das gerade macht dann dieses Buch so herrlich, daß, wenn wir dann, und wir tun es unweigerlich, und

1858 um so unwiderstehlicher, je bessere Leser wir sind, weitergehn zu andern Büchern andrer Autoren, wir oft, immer
wieder, sehnsüchtig zurückdenken an dieses eine Buch
damals; wir möchten es wiederlesen, sagen wir uns, wir
lügen nicht, wenn wir uns das sagen, und wir haben selbst
dann die reine Wahrheit gesagt, wenn wir dennoch, bis
zuletzt, immer wieder andre Bücher lesen als jenes eine
von damals, das uns nun sehnsüchtig wie alle gleich-
schönen ewig zu sich zurückziehen will.

1 ◆ 8 ◆ 5 ◆ 8

In diesem wieder einmal ganz knappen Jahr stirbt keiner, ein paar Bücher aber gibt es. Thackeray schreibt,
gewissermaßen rückwärtsgewandt, in die Geschichte zu-
rücksehend, eine Fortsetzung seines *Henry Esmond*, eines
historischen Romans (1852, vielleicht erinnern Sie sich),
nämlich *Die Virginier;* Thackeray lebt sich hier dermaßen,
grade bis hinein in den Stil (hier in dem neuen Roman
läßt er Briefe und Dokumente sprechen, selbsterfundene
natürlich), in das nun wirklich längst vergangne Jahrhundert ein, daß der ideologisch sonst völlig verwirrte,
aber klug beobachtende Nachwortschreiber der alten
DDR-Ausgabe an die Fälschungen Macphersons und des
unglücklichen Chatterton erinnert (der sich vergiftete,
wie Emma mit Arsen, als alles herauskam) – das ist alles
sehr sonderbar, und ich lasse es auf sich beruhn. – Raabe
(der auch so historische Sachen wunderbar konnte, bloß
mag ich sie nicht lesen) bringt ein Buch mit dem Titel
Ein Frühling heraus, schlimm zu lesen; mein Freund
Werner Fuld, in seinem schon erwähnten Buch über
Raabe, hat herausgefunden, daß Raabe hier Thackeray
beklaut, den *Pendennis;* wär an sich kein Problem, setze ich

hinzu, aber selbst Klauen hatte Raabe noch nicht gelernt. – Ein wunderschönes kleines Buch ist *Fanny* von
Ernest Feydeau[10], worin, das Ganze ist eine Icherzählung,
ein einsam trauernder junger Mann erzählt, ein wie toller

---

[10] den man nicht verwechseln darf mit jenem berühmten und
immer noch gespielten Bühnenautor Georges Feydeau, der vielmehr
(wie seinerzeit, 1821, angedeutet) sein Sohn war und erst im Jahre
1862 geboren wurde. Vater Ernest war Archäologe, Geschäftsmann,
Journalist, Freund Sainte-Beuves und unsres geliebten Gautier. Und
auch die klatschsüchtigen Brüder Goncourt mochten ihn, auf ihre
Weise, und schrieben, sie schrieben ja alles auf: dieser Feydeau sei
»ein großgewachsener, braunhaariger, ernster Kerl, ein Börsenmensch,
der in Ägyptisches vernarrt ist und, den Gipsabguß irgendeines
Cheops unter dem Arm, seine Arbeitsweise in feierlichen Phrasen
erläutert« – tatsächlich war Feydeau erst Bankangestellter, dann
Börsenmakler, am Ende seines Lebens verlor er übrigens auf diese
Weise sein ganzes Geld, und was das gipserne Ägyptische angeht,
so schrieb er zeitlebens an einer großen *Allgemeinen Geschichte der
Trauer- und Begräbnisriten unter den alten Völkern*, deren erster Band
auch gedruckt wurde, über deren zweitem er dann aber verstarb, oder
den er liegenließ, weil er mehr Spaß am Romaneschreiben gefunden
hatte. Was übrigens die Goncourts über Feydeaus feierlichen Ton
beim Reden über das Schreiben etwas unfein anmerken, stimmt; dem
Roman, den wir hier vor uns haben, hat Feydeau ein Dutzend Jahre
später ein kleines Nachwort gewidmet, und darin schwadroniert er
ziemlich unerträglich über das Handwerk des Dichtens, und ebenso
unerträglich schwadroniert er dort über die Frauen und über sich,
er beschimpft die Grisetten und Kammerzofen, an die er und seinesgleichen in geistreicher Guterzogenheit sich niemals herangemacht
hätten, sie hätten immer nur gute anständige Frauen der Gesellschaft
gewollt und verführt, und so weiter, und so weiter, aber das übergeh
ich jetzt. Die Sache mit den Begräbnisriten der alten Völker klingt ein
bißchen verrückt, aber gerade saß Flaubert, der eben, wir haben das
gesehn, den großen Skandal mit seiner *Madame Bovary* gemacht hatte,
an ungeheuer gründlichen Studien zu einem literarischen Vorhaben
über das alte Karthago, Jahre später wurde daraus dann eines der
sonderbarsten Bücher jener Zeit, nämlich *Salammbô*, und Flaubert
befreundete sich darüber nun eben mit Feydeau, in dem er, vielleicht
mit Recht, den größten Kenner jener alten Riten sah, die er in seinem
Buch verwenden wollte. Jetzt, 1858, die beiden kannten sich schon,
und Feydeau wartete gerade auf das Erscheinen seiner *Fanny*, ging
Flaubert auf Forschungsreisen nach Nordafrika, und schrieb dann
eine Reihe von wirklich hinreißenden Briefen an Feydeau, etwa aus
Tunis: »Ich verbringe meine Abende in maurischen Kneipen, um
die Juden singen zu hören und die Obszönitäten der Karagöz zu
sehn« (Karagöz, wenn ich das rasch erklären darf, ist ein ursprünglich

Mann, viel toller als er, der Mann seiner Geliebten sei, und dann habe er eines Nachts, auf dem Balkon des Hauses seiner Geliebten hockend (er hatte sich extra das Haus daneben angemietet), mitansehn müssen, wie

türkisches Schattentheater, dessen Hauptinhalt damals offenbar in obszönen Dialogen bestand). »Vor ein paar Tagen«, jetzt also wieder Flaubert an Feydeau, »habe ich auf dem Weg nach Utica in einem Beduinenduar« (das ist ein Zeltdorf) »übernachtet, zwischen zwei Wänden aus Kuhmist, mitten unter Hunden und Geflügel; ich habe die ganze Nacht die Schakale heulen hören. Am Morgen war ich auf Skorpionenjagd mit einem gentleman, der sich dieser Art Sport hingibt. Ich habe mit Peitschenhieben eine Schlange getötet (von ungefähr einem Meter Länge), die sich um die Beine meines Pferdes wand. Das sind alle meine Heldentaten.« Einen Monat später war er, Flaubert, wieder zu Hause, in Croisset, Feydeaus *Fanny* ist mittlerweile erschienen, und Flaubert schreibt: »Ich habe *Fanny*, die ich schon auswendig kannte, in einem Zug wieder gelesen. Mein Eindruck hat sich nicht geändert, das Ganze ist mir sogar noch rapider vorgekommen. Es ist gut. Mach Dir um nichts Sorgen und denk nicht mehr daran.« Ein halbes Jahr später, offenbar hat Feydeau in einem Brief davor irgend etwas Nettes über Frauen gesagt, schreibt Flaubert: »Nein, mein Guter! Ich bestreite, daß die Frauen etwas von Gefühlen verstehn. Sie nehmen sie stets nur persönlich und relativ wahr. Sie sind die härtesten und grausamsten aller Lebewesen ... Man darf Frauen in Sachen der Literatur nur bei Dingen des Takts und der Empfindlichkeit vertrauen. Doch alles, was wirklich hoch und erhaben ist, entgeht ihnen. Unsre Willfährigkeit ihnen gegenüber ist einer der Gründe der geistigen Erniedrigung, in der wir verkümmern ... Zusammengefaßt: verlaß Dich niemals auf das, was sie über ein Buch sagen!« Im August 59 schreibt er ihm: »Du scheinst Mutter Sand sehr gern zu haben. Ich finde, daß sie persönlich eine reizende Frau ist. Was ihre Lehren angeht, so muß man ihnen, nach ihren Werken zu urteilen, etwas mißtrauen ... Was die Witwe Colet betrifft, so hat sie Pläne, ich weiß nicht welche. Aber sie hat Pläne. Ich kenne sie zu genau. Was sie Gutes über *Fanny* gesagt hat, verfolgt einen Zweck. Du hast ihr geschrieben, sie wird Dich einladen, sie zu besuchen. Geh hin, aber sei auf Deiner Hut. Das ist ein bösartiges Geschöpf ...«– Mutter Sand: das ist unsre George Sand; und die Witwe Colet, die so bösartig sei und vor der er seinen Freund Feydeau warnt, denn er kenne sie genau: diese geistreiche und sehr anziehende Frau, elf Jahre älter als die beiden Freunde, war zehn Jahre vor dieser Zeit mehrere Jahre die Geliebte Flauberts gewesen, eben haben wir noch Briefe an sie gelesen; dann hatten sie sich getrennt, und sie hatte eine Erzählung veröffentlicht, worin, für jeden deutlich erkennbar, Flaubert als großer Finsterling aufgetreten war. Also ich will nicht darüber streiten, jedenfalls nicht mit Flaubert, ob die Frauen die Literatur zu würdigen wissen und ob

seine Geliebte ihren Mann ganz zauberhaft und bis ans *1858*
Ende verführt habe[11] – und zu dieser wunderschönen
Geschichte schreibt Feydeau nun ein Nachwort ...

Anmerkung (14) zu

F E Y D E A U . ... in diesem Nachwort will Feydeau erklären, wie er an den Stoff zu seinem Buch gekommen ist, er will nicht, daß die Leute denken, er habe das alles selbst einfach so erlebt, und so erzählt er von einer Frau, die er kurz vor der Niederschrift seines Buchs kennengelernt habe, einer Frau der besten Gesellschaft; er schildert sie, ich will das nicht zitieren, er schreibt da furchtbar schlecht, ich mache das lieber selber: diese Frau war wunderschön, verführerisch schön, verheiratet natürlich, Mutter, außerordentlich zurückhaltend, eine Dame der Gesellschaft, überall bewundert und geschätzt; und diese Frau, und sie habe ihm davon dann, als sie erst näher miteinander befreundet waren, liebenswürdig und freundlich und offen erzählt, diese Frau habe eine fast nicht endende Reihe von Geliebten gehabt, nicht platonisch, wie das damals oft die Mode gewesen sei, sondern mit wirklicher sinnlicher Leidenschaft. Und um diese Frau herum, von der er gelernt habe wie jeder Künstler allein von der Natur lerne (hier wird er nun,

---

sie uns erniedrigen; sicher ist aber, daß niemand rachsüchtiger ist als ein Schriftsteller, dem eine Geliebte nachher schreibend bescheinigt, er sei ein Schuft gewesen. Das also zu Feydeau.

[11] Feydeau, in diesem späteren Nachwort, erzählt, wie er eines Abends seinem Freund Flaubert die Geschichte ziemlich detailliert berichtet habe, noch unter Weglassung der Balkonszene; er habe dann gezögert, habe gesagt, nun wolle er da was wirklich Schreckliches schreiben, er wisse aber nicht, ob er das dürfe, und so weiter; Flaubert habe ihn barsch aufgefordert, weiterzuerzählen, er, Feydeau, habe nun die Balkonszene vorgetragen, und Flaubert, selber erfahren in skandalträchtigen Romanpassagen seit seiner *Bovary,* habe gesagt, er sei ein Esel: ob er denn nicht sehe, daß diese Szene der eigentliche Knüller des ganzen Buchs sei? Und diese Szene auf dem Balkon, das muß man sagen, ist wirklich gut.

ganz wie die Goncourts das meinen, wieder albern und feierlich), um diese schöne Frau herum habe er seine Geschichte gebaut – wahrscheinlich rührt das feierliche Gehabe Feydeaus an diesem Punkt daher, daß er selber, Kunst hin Kunst her, albern genug war, sich mit den Erzählungen dieser Frau zu begnügen: als wäre die Kunst verloren, wenn der Schreibende mit derselben sinnlichen Leidenschaft, die er so preist, seinerseits nun auch der wahren Welt die Ehre gäbe, eh er sie dann aufs Papier – eben bloß lügt. – Der Zauber ist eigenartig: auf der einen Seite also dieser kleine Roman, in dem Feydeau wirklich gut schreibt, und auf der andern Seite seine schlechte Erzählung, aus der nun aber eine Realität aufsteigt, die, so vergangen sie sein mag, wenn man an das zeitenthobene Dasein der schönen Romanheldin denkt, so betörend und verführerisch wirkt, daß man den Gedanken nicht los wird, es müsse sich damals so schön gelebt haben können, selbst für Esel wie den Vater Feydeau, daß Romane wirklich gar nicht nötig waren. Wahrscheinlich meint das im Grunde dann auch Flaubert, wenn er so schimpft, und will bloß nicht zugeben, denn er schreibt ja selber Romane, daß den schönen lebendigen Frauen das Hohe und Erhabne einfach deshalb entgeht, weil es tatsächlich nichts wert ist vor ihnen, solang man es in ihnen haben kann. Als Feydeaus Sohn dann hinter das alles gekommen war, wird er sich gesagt haben: nach dem allen schreib ich selber lieber Komödien.

Ferner schreibt der sehr junge Ippolito Nievo (publiziert wurde das Manuskript erst Jahre nach seinem Tode, Nievo kam bei einem Schiffbruch um, vielleicht erinnern Sie sich) den herrlichen Roman *Pisana oder Die Bekenntnisse eines Achtzigjährigen* – so etwas wie einen politischen Unterhaltungsroman, durchwirkt mit wunderbaren Abenteuern, und immer wieder, die erzählte Zeit reicht über

mehr als ein halbes Jahrhundert hin, tritt des Erzählers
Kusine Pisana auf, seine Jugendliebe; das ganze Buch
hat eine halb abenteuerliche, halb aber auch wehmütig-
anrührende romantische Stimmung – eins dieser Bücher,
die einem die ganze Seele füllen, wie ein süßer Duft. –
Und vom großen Gutzkow erscheint, oder beginnt doch
zu erscheinen, *Der Zauberer von Rom* – wieder ein so gewaltiger Neunbänder[12] wie ein paar Jahre her die *Ritter
vom Geiste* –, darin wird ein deutscher Geistlicher, mitten
im neunzehnten Jahrhundert, Papst, wieder (und noch
mehr als bei den *Rittern vom Geiste* die Sache mit den
Ordenspapieren) ein Ding der reinsten Unmöglichkeit,
natürlich – und dennoch ist dieses Buch eine sinnverwirrend hinreißende Lektüre, wieder dank einer Fülle
plastisch gesehener Figuren (oft auch sind sie wie mit der
Blendlaterne aus dem Dunkel herausgerissen, blitzschnell,
scharf, sich einbrennend; eine Figur, eine ausführlichere
nun aber, ist jener Klingsohr, den wir uns schon einmal, als einen Zerrissenen, vergegenwärtigt haben erst
bei Novalis, weil er ans Mittelalter erinnerte, dann bei
ETA Hoffmann irgendwo, eben jener Zerrissenheit wegen), fast mehr noch aber ist das Buch eine so hinreißende
Lektüre diesmal (die *Ritter vom Geiste* haben im Grunde
ein fast behäbiges Erzähltempo) durch die wahnsinnige
Geschwindigkeit, fast Atemlosigkeit, mit der Gutzkow
hier durch Sätze (vor allem die Sätze! kataraktisch voran-
stürmend, -stürzend), über die Seiten, durch die Bände
rennt – das ist so bravourös, daß man, gegen alles kritische
Gewissen, das da immerhin toben mag, einfach immer
weiter mitwill und gar nicht wissen mag, ob alles so ganz
plausibel ist, wie es sich im Vorbeisausen liest – ohnehin ist

---

[12] Gutzkow hat seine beiden großen Romane später in verkürzten
Fassungen herausgebracht (ich habe, anläßlich Disraelis, dergleichen
Kürzungen grundsätzlich schon einmal verteidigt), selber hab ich die
Ritter vom Geiste in voller Länge, den *Zauberer* in der gekürzten Fas-
sung gelesen, da sind kaum Unterschiede.

1858 diese Art der Plausibilität ein richtiggehendes Pedantenlob, wer will denn immer im Detail auf das richtige Voranschreiten sehn, wenn das Ganze doch eher ein herrlicher Flug ist? – Ich komme mir, beim Lob dieses Romans, ein bißchen vor, wie sich vor hundert Jahren jene vorgekommen sein können, die zum ersten Mal darauf aufmerksam machten, ein wie großer Mann Jean Paul in seinen Romanen ist: vor sich liegen, aus dem eben vergehenden Jahrhundert, hatten sie genau solche von oben herab tadelnden Glossen zu Jean Paul wie ich jetzt zu Gutzkow. Sonst muß an den beiden nichts Vergleichbares sein: aber Gutzkow ist eben auch, gerade in diesen großen Werken (aber denken Sie auch an ein Buch wie die *Seraphine* mit ihren Experimenten!), so ungeheuer viel besser als sein Ruf, daß man, wenn man das richtig ins Auge gefaßt hat, das Jahrhundert gar nicht mehr richtig wiedererkennt, wie es einem ohne einen solchen Romancier bisher immer im Kopf gesessen hat. Beinahe traut man sich gar nicht; man liest solche Bücher dann allein, und fast gegen alle, die sie entweder ebenfalls gelesen zu haben nun aber vorgeben müssen, oder vorgeben, sie, mit bessern Gründen als ich zum Lesen habe, nicht gelesen haben zu müssen. Vielleicht ist aber doch mehr als zunächst scheinen will vergleichbar bei Jean Paul und Gutzkow, und Gutzkow führt jene immer wieder verdrängte Tradition fort, die schon den großen Vorgänger so an den Rand gebracht hat. Ja, da stehn wir nun, lieber Gutzkow: was meinst du, weinen oder lachen wir zusammen?[13] –

---

[13] viele Sätze Gutzkows haben, beiläufig gewissermaßen nur, und ohne daß der Verfasser darauf aufmerksam machen will, so etwas an sich wie eine sarkastische Lakonie, eine sozusagen objektivierende Form der Ironie, aus der der Verfasser verschwunden ist, nur noch die Sache bleibt – dann schreibt er wie später Flaubert in der *Éducation*, nur war bei ihm der Weg hierher ein völlig andrer als bei Flaubert.

Geboren wird, auf dem Gut Mårbacka in Värmland, östlich von Oslo, Tochter eines Offiziers und Gutsbesitzers,
Selma Lagerlöf, auch sie, wie die beiden Nordlichter
letztes Jahr, eine spätere Nobelpreisträgerin.

1 ✦ 8 ✦ 5 ✦ 9

Wieder stirbt keiner, den wir kennen[14], aber es gibt ein
rundes Dutzend Bücher. Bulwer-Lytton bringt noch einmal einen gewaltigen Roman, *Was wird er damit machen?*,
ganz ähnlich dem großen Werk, das wir erst neulich hatten
(*Dein Roman*, 1853), und für uns auch wieder in der

---

[14] doch, Bettina, Bettina von Arnim – und eben noch, unter dem
Jahre 42, hab ich in einer Fußnote gesagt, nur Bettina lebe ewig: jetzt
ist sie tot, auch sie:

Grabschrift unter dem Strich für
B E T T I N A . – Ich habe erwähnt, daß in jenem Jahre 42 der junge
Student Jacob Burckhardt Bettina besucht hat, jetzt sein kleines Porträt: »... klein aber von schöner Haltung, mit wahrhaften Zigeuner-
zügen im Angesicht, aber so wunderbar interessant, wie selten ein
weiblicher Kopf; schöne, echte kastanienbraune Locken, die braun-
sten, wundersamsten Augen die mir noch vorgekommen sind. Sie trug
ein dunkelviolettes seidnes Kleid, und drüber einen hellmeergrünen
Shawl, den sie unaufhörlich in die zierlichsten Falten warf; es muß ein
superfeines Gewebe sein, denn wenn sie ihn über der Hand zusam-
menzog, so sah man die ganze Gestalt der – noch immer schönen –
Hand durch.« (Brief vom 29. Januar 1842; das Wort superfein übrigens
hat für uns zweifellos seinen damaligen Klang verloren, da für uns
heute alles super sein kann; damals waren lediglich superfein und dann
noch superklug oder -weise gängig, letzte fast immer mit ironischem
Unterton, erstres dies zwar auch gelegentlich, sehr oft aber sachlich
gemeint, wie in der Edelmetallschmelzkunst, woher es stammt; Burckhardt schreibt in Briefen aus Berlin zwar häufig studentensprachliche
Idiotismen; hier ist das aber kaum der Fall). Runde 35 Jahre davor,
im Juli 1808, war Bettina mit Freundinnen zusammen in Winkel am
Rhein, es muß ein wunderbar warmer Sommer gewesen sein, sie
schreibt ein paar Briefe an Goethe, daraus will ich jetzt zitieren, da
haben wir ihr ganzes schwärmerisch-wunderliches Wesen: »... noch gestern Abend alles war so herrlich! aus der dunklen Mitternacht trat mir
eine große Welt entgegen, als ich von meinem Bett aufstand, in das

1859 Übertragung von Arno Schmidt leicht, fast möchte ich sagen: schwerelos zugänglich. – Jener Flame Conscience, jetzt kommt er zum letzten Male vor, veröffentlicht den *Geldteufel*, einen Kaufmannsroman. – Raabe bringt wiederum eines seiner noch nicht so ganz lesbaren Werke, *Die Kinder von Finkenrode*, soweit ich mich erinnere ist für den, der Winter mag, da eine heimelige Schlittenpartie durch deutschen Wald enthalten (für den, der Schlittenpartien mag, ist sonst aber besser gesorgt, zum Beispiel im Ural, wo dann wirklich Winter ist, bei Mamin-Sibirjak). – Von Dickens gibt es *Die Geschichte aus zwei Städten*, einen sehr sonderbaren, in Einzelheiten aber ganz außerordentlich guten historischen Roman, der erzählt, wie ein Anwalt, der mit seinem vertanen Leben nichts mehr anfangen kann, einen jungen Engländer rettet, alles in der Zeit

---

enge Fenster meiner Zelle trat, um die Kühlung einzuatmen: der Mond war schon eine halbe Stunde aufgegangen, hatte die Wolken alle unter sich getrieben und warf einen fruchtbaren Schein über alle die Weinberge; ich nahm das volle Laub eines Weinstocks, der an meinem Fenster hinaufwächst, in die Arme, und herzte es, weil ich allein war, oder auch weil ich meine Liebe in diesem Augenblick niemand gönnte – wär ich bei Dir gewesen, ich hätte recht freundlich, recht schmeichelnd gebeten, und geküßt … Unsre Haushaltung hier, ist sehr seltsam eingerichtet. Wir sind zu 8 Frauen, kein männliches Wesen ist im Haus; da es nun sehr heiß ist, so wird alles so bequem eingerichtet als möglich, zum Beispiel sind wir alle nur mit zwei Hemdern angekleidet, wovon das oberste auf eine griechische Weise drapiert mit einem Band aufgebunden wird; die Türen der Schlafzimmer stehen Nachts offen, und je nachdem eins Lust hat, schlägt es sein Nachtlager auf dem Vorgang oder sonst einem kühlen Ort auf … Wenn ich nun auch zu Dir kommen wollte, würde ich den rechten Pfad finden unter tausenden, die neben einander herlaufen. Ach ihr tiefen tiefen Gedanken, kommt aus meiner Brust hervor! sag ich mir oft; und meine, ich hätte Dir viel zu schreiben; ach ich fühl es in allen Adern: ich will Dich nur locken, ich will ich muß Dich nur sehen … Vorgestern war ein herrlicher Abend! ganz mit dem glänzenden frischen Schmelze der lebhaftesten Farben, wie sie nur in Romanen gemalt sind, so ungestört, der Himmel war besät mit unzähligen Sternen, die wie blitzende Diamanten durch das dichte Laub der blühenden Linden funkelten … Warum Dir schreiben? warum nicht lieber vor Dir stehen und Dich küssen? wäre besser; – wär doch nicht so unbescheiden, Dir die Augen anzustrengen, gefiel Dir gewiß auch besser; Wie? …«

der Französischen Revolution. Das Buch gehört sicher nicht zu den Hauptwerken des Autors, aber es passiert leicht, daß, wenn man einmal hineingekommen ist in Dickens' Welt, man jede Gelegenheit sucht, noch ein Weilchen darinzubleiben: und dies hier ist eine wunderbare solche Möglichkeit. – Von der Sand kommen zwei kleinere Bücher, nämlich erstens, nach dem neulichen Tode Mussets, ihre so merkwürdig beinahe rachsüchtige Darstellung jener nun ein Vierteljahrhundert zurückliegenden großen Affäre, *Sie und Er*, zweitens *Flavie*, ein überaus charmanter kleiner Briefroman: eine junge Dame will einen dünnen Lord nicht, sie will aber einen etwas älteren Lepidopterologen (ihr Geliebter und dann Lebensgefährte Manceau war ein Schmetterlingsfreund – wenn man die Jäger Freunde ihrer Beute nennen soll), doch der will sie nicht, väterlichfreundlich lehnt er auch ihr Geld ab, das sie ihm kühn zusammen mit ihrer Person anbietet (hier ist die Distance hübsch, in die selbst bei angeführter wörtlicher Rede alles ein bißchen gerät, wenn die Männerjägerin davon brieflich ihrer Freundin erzählt), und sie heiratet dann plötzlich (die Sand bricht das eigentlich sehr kecke Emanzipationsprojekt ihrer Heldin einfach ab) einen andern Mann, der mit dem Buttervogelliebhaber nur den Namen gemeinsam hat, Émile, sonst ist er »achtundzwanzig Jahre alt, hat eine gute Stellung bei der Stadtverwaltung, ein ernsthaftes Gemüt, einen liebenswerten Charakter, wenig Vermögen und sehr viel Herz«. Fünfzig Seiten vorher hatte es noch geheißen: »Ich ging in mein Zimmer..., und da es eine herrliche Nacht war, saß ich fast eine Stunde am Fenster, um den Mond zu betrachten und dem Gesang der Nachtigallen zu lauschen« – ich könnte mir gut vorstellen, daß Musset scharf auf den Gesang der Nachtigallen war, aber George Sands Flavie fährt fort: »Ich kann nicht sagen, daß ich diese Tiere besonders mag...«, dann raschelt es unten, ein Mann schleicht herum, zerknittert, sonderbar – jener

1859 Lepidopterologe, den sie dann nicht kriegt. Selten ist die Sand so lakonisch, witzig und selbstlos wie hier, sie schreibt geradezu gelöst und glücklich. –

Gontscharow schreibt seinen zweiten großen Roman, *Oblomow* – bei aller Bewunderung im einzelnen, bei aller Lust, die jede Seite immer wieder macht, beschleicht mich doch immer wieder bei diesem Buch eine unwiderstehliche Langeweile, und ich sehe niemals eigentlich einen Grund dafür, daß der Autor soviel Kunst an diesen Oblomow, daß er geschlagene siebenhundert Seiten an eine doch auch nach zweihundert Seiten schon recht unvergeßliche Figur wendet, und daß er mich so Stunden um Stunden braucht, für nichts. Ich sehe, daß ich mich da sehr übel ausdrücke; und entweder könnte es sein, daß der so eindringlich geschilderte Typ damals wirklich von Interesse war (jetzt ist ers dann aber nicht mehr), oder daß ich nicht ganz banausisch die Kunst mit dem Gegenstand verwechseln dürfte (aber vielleicht ist eben die Kunst zu einer vertanen geworden mit der Abgelebtheit des Gegenstandes – das könnte es geben); Kant in seinen früheren Schriften wendet seinen so wunderbaren Verstand fortwährend an Gegenstände, die jedes Interesse verloren haben, man möchte weinen über den vertanen Glanz, man weiß ja, woran er ihn später so schön gewandt hat. – Turgenjew kommt ebenfalls mit dem zweiten (nur sind es dann mehr geworden als bei Gontscharow) seiner großen Romane, dem *Adelsnest*, worin einer, der falsch geheiratet hatte, zurückkehrt in die Provinz, aus der er losgezogen war damals, alles ist noch wie es war, abgestorben, halb verwest, so sehr es sich selbst für das Leben hält; nur ein junges Mädchen erkennt, indem es liebt, wie sehr der Zurückgekehrte etwas Neues wollen muß – aber dann kommt die alte falsche Frau wieder dazwischen, das Mädchen geht ins Kloster, der Mann bleibt allein mit Rußland und seinen Träumen. Turgenjew hat ein Vermögen, immer in den großen wenn auch vielleicht

vergeblichen Emotionen den engen Standpunkt seiner  1859
Ideen ganz verlassen zu können; die Melancholie der
wahren Empfindungen setzt sich dann gegen die fahle
Düsternis durch, die das Reale, oder gegen den Morgen-
schimmer, den das Erstrebenswerte haben soll – beide
stehn jetzt zuerst in dem matten Glanz jener Gefühle, und
wir werden hingezogen in jene magischen Augenblicke,
von denen schon die Rede war. – Dostojewski taucht auf,
lange dreizehn Jahre nach den *Armen Leuten*, nach dem
Doppelgänger, er hat viele Jahre als Zwangsarbeiter und
Soldat in Sibirien verbracht, und schreibt jetzt *Das Gut
Stepantschikowo und seine Bewohner*, einen kleinen Roman,
der, Dostojewski war stolz darauf, die Struktur einer fünf-
aktigen alten Komödie hat, genauer ist es die des *Tartuffe*
von Molière. Es gibt zwei Helden, nämlich den Tartuffe
gewissermaßen, einen entsetzlichen Burschen, der sich
als weise aufspielt und die Herrschaft im Hause übernimmt, dessen im Grunde bloß geduldeter Gast er sonst
wäre, und den Hausherrn, einen guten Menschen, einen
überguten Menschen (nach der Fußnote vorhin sollte ich
sagen: superguten Menschen) – so sollten Menschen vielleicht sein, aber allenfalls im Namen eines Gottes, den ich
nicht verstehn würde (um es in der Alten Sprache anzudeuten); zwar wird der gräßliche Heuchler psychologisch
partiell wenigstens beinahe entschuldigt mit seiner Herkunft (man könnte aber auch sagen: auch das also noch!),
und der gute Mensch schlägt tatsächlich ein einziges Mal
zurück, aber bloß mit dem Effekt, daß er dann das wahre
Glück (das der Liebe eines schönen Mädchens) genau aus
der Hand dessen empfängt, den er da beinahe und dieses
eine einzige Mal genommen hätte, wie ein Mensch einen
Menschen nimmt. Alles dampft von aufgekochten kleinen
Hysterien – Thomas Mann fand das sehr lustig, er nennt
das eine »komische Kreation ersten Ranges«: beinahe
möchte ich glauben, daß in diesem entsetzlichen Ausdruck die Sprache ihn da, hoffentlich mit seinem geheimen

1859 Einverständnis, selber widerlegt (ich glaub es aber nicht, jedenfalls nicht das mit dem geheimen Einverständnis, sonst schon – schade eigentlich; aber besser, er ist ohne Bewußtsein gut als immer bei Bewußtsein; Mann meine ich). – Tolstoi debütiert mit einem kleinen Roman, vielleicht eher einer längeren Erzählung, *Familienglück*; eine Frau erzählt da die Geschichte ihrer ersten Ehejahre; ihr Mann ist eher ein Typ wie vom *Nachsommer*-Stifter, ganz vom Ethos des familiengründenden Mannes erfüllt, einem Ethos, das der lebenslustigen Frau ein bißchen langweilig ist (George Sand – tatsächlich soll Tolstoi ihre emanzipatorischen Ideen hier im Visier gehabt haben – hätte der Frau lebhaft applaudiert); alle ihre Ausbruchsversuche sitzt der Gatte aus, am Ende sieht sie ihn im Recht und sich in Gottes Namen an seiner Seite, mit Kind und Amme. Vielleicht hat Tolstoi das wirklich alles so gemeint; aber die Perspektive und die große ruhige Genauigkeit seines Schreibens machen alle Meinungen ganz ambivalent, man könnte die Frau am Ende auch bedauern, es kommt aber nicht darauf an. Wir warten auf Tolstoi noch ein bißchen, auf seine *Kosaken*, 63: ein Fest. –

Und noch zwei Debüts. Nämlich von George Meredith[15] erscheint *Richard Feverel*, nach Maßgabe der Handlung, sie ist gering und auch noch wenig geschickt, kaum ein Roman, eher eine Novelle: ein Roman dagegen durch-

---

[15] Jahrgang 28, Sohn eines Uniformschneiders aus Portsmouth, vielleicht erinnern Sie sich; nach dem Tod der Eltern besuchte er acht Jahre lang ein Internat der mährischen Brüdergemeinde in Neuwied, dann war er fast ein Dutzend Jahre lang mit jener Tochter des so wunderbar ironischen Dichters Peacock (*Nachtmahr-Abtei*, 1818: erinnern Sie sich?) verheiratet, die dann mit einem Maler, den wir nicht mehr kennen (aber womöglich hatte sie ihre Gründe) nach Capri durchbrannte, oder eben einfach ging, und zwar letztes Jahr. Er selbst, der eigentlich Anwalt hatte werden wollen, hat sich in London als freier Schriftsteller niedergelassen, Swinburne, mit dem er eine Weile zusammenlebt, und Rossetti mögen ihn – ganz neue Sterngruppen kommen da jetzt von fern ins Bild; er selbst, als Verlagslektor, fördert entschieden den jungen Thomas Hardy und jenen George Gissing, den wir eben haben geboren werden sehn.

aus dank der Minutiosität der jedenfalls versuchten In-
nenansicht namentlich des jungen Helden. Der Vater ist
ein milder Starrkopf mit einem Erziehungssystem (er
könnte richtig weinen, wenn die Leute kaputtgehn aus
Schwäche vor seinen Idealen), der Sohn liebt ein schönes
Mädchen, das der Papa nicht will – da ist der Autor groß,
etwa wenn er ausruft, »was sollten Liebende auch Höheres
erstreben als ein freies Leben in Saus und Braus?«, oder
wenn er findet, daß auf dem Lande die Leute nicht an
der Liebe sterben (erinnern Sie sich noch, wie sie alle
Jahrzehnte zuvor genau das taten?); der Sohn heiratet das
Mädchen, die alte Amme hilft[16]; dann werden die Liebenden getrennt, das Mädchen versucht ein älterer Gentleman zu verführen, den Mann verführt eine schöne Frau,
er duelliert sich, die junge Frau, die fern von ihm sein
Kind geboren hat, stirbt an seinem Bett; er selbst überlebt,
aber das väterliche System ist zweifellos tot. Meredith
kümmert sich nicht sehr um die Trivialität dieser Aktionen, er sei, sagen seine Bewunderer, ein großer Liebhaber
Jean Pauls gewesen. Viele, heißt es auch, hielten diesen
frühen Roman für seinen besten, weil er, verglichen mit
den abschweifungs- und bildreichen späteren Büchern,
vergleichsweise linear geschrieben sei, durchsichtiger als
später – beim Lesen kommt es einem aber so vor, als
traue der Autor sich nur noch nicht so recht an das, woran
ihm im Grunde liegen müßte. Ein auffälliger Zug ist hier,
daß die Leute zum ersten Mal in einem solchen Roman
mit der größten Selbstverständlichkeit und Beiläufigkeit
mit der Eisenbahn fahren[17] (an den Zug sprengen sie noch

---

[16] hier gibt es gleich am Romananfang ein sehr feines Detail, wenn
es von dieser Amme, als sie, nach dem Tod seiner Frau, den Vater
nachts still und weinend am Bett des Knaben stehn sieht, heißt: »Starr
vor Entsetzen und Kummer wagte sie kaum zu atmen und zählte
mechanisch die langsam herabfallenden Tränen.«
[17] daß schon Jahre früher bei der Gaskell der alte verblendete
Dickensleser von einem Zug überfahren wird, rechne ich an dieser
Stelle nicht direkt unter die Selbstverständlich- und Beiläufigkeiten.

1859 mit Reitpferden, zur Not, wenn sie den Zug nicht kriegen, reiten sie auch die ganze Strecke), und jener letzthin schon von mir zitierte Nachwortschreiber zu Thackerays *Virginiern* erzählt sehr schön, daß Thackeray (der, ganz ganz anders als Meredith, ein Schiller-Fan war) spät in seinem Leben einmal geschrieben habe, mit der Eisenbahn habe ein neues Zeitalter begonnen, er aber gehöre noch zu jenen Leuten aus der Zeit ohne Eisenbahn[18], und nun wörtlich:»Sie haben diese Eisenbahndämme errichtet und die alte Welt, die dahinter lag, abgesperrt. Klettere auf die Böschung, wo die Schienen liegen, und sieh zur andern Seite hinüber – sie ist verschwunden«[19] – das ist ein ganz ungewöhnliches starkes Zeugnis für einen (wie wir wohl sagen würden, angesichts der Autos dann:) vermeinten Riß durch die Welt (ich glaube sogar, daß eben das bloß Vermeinte daran jene sonderbar fast tragische Attitüde ausmacht, die bei ruhigen Autoren wie Raabe oder Maupassant völlig fehlt – nur Zola pathetisiert die Eisenbahn, aber vor Zola war ja nichts sicher –, und die gar nicht da ist, wo wir sie dann beinahe wieder vermissen in unsern nun neuerdings wohl wieder ihrerseits übertriebnen Meinungen, nämlich etwa bei Proust, James, der Wharton, Gide und andern, als die Autos aufkommen); nun, bei Thackeray, fahren sie nicht, ja Thackeray schreibt sich

---

[18] bei Meredith sagt ein paar Jahre später, in der *Rhoda Fleming*, ein junger Mann auf dem Lande:»Das hat etwas, das einem die Grenzen seiner Kraft so recht deutlich macht, sagte er. Da ist kein Aufhalten möglich. Ich glaube, ich könnte einen Vierspänner in vollem Galopp stoppen. Ich sage nur, ich glaube, ich könnte es; aber wenn sichs um Eisen und Dampfkraft handelt, dann fühl ich mich wie 'n kleines Kind. Züge aufhalten, – das gibts nicht.«

[19] andrerseits finde ich nun bei Spielhagen 1867 *(In Reih und Glied)* diese Beschreibung:»Unterdessen donnerte durch die warme, mondhelle Frühlingsnacht der Schnellzug, der Charlotte, Amélie und Walter gen Süden trug. Wälder und Felder, Wiesen und Seen schwebten wie in einem Zauberspiegel vorüber. Auf einer Station hörte man, als der Zug hielt, aus den weißschimmernden Blütenbäumen eines Wäldchens in der Nähe die Nachtigallen schlagen.« Das ist keine sehr gute Prosa, und aus keinem guten Roman, aber zweifellos hat es das gegeben.

sogar in ein Jahrhundert zurück, in welchem sie nicht einmal hätten fahren können, und bei Meredith nun fahren sie Eisenbahn – irgendwann mußten sie damit natürlich anfangen. – Und dann noch ein ganz fabelhaftes Debüt, George Eliot nämlich schreibt ihren ersten richtigen Roman, *Adam Bede*, die Geschichte eines jungen Mannes, der ein schönes Mädchen liebt, das, von einem gar nicht einmal böswilligen Jüngling verführt (auch er läßt sich hinreißen, bloß glaubt er eben sich hinreißen lassen zu dürfen), ihr Kind tötet und verurteilt wird; es tröstet sie bis zum Schluß eine, die dann den so vergeblich Liebenden heiraten wird. Irgendwann mitten im Buch nimmt sich die Autorin Zeit zu einem ihrer Räsonnements, und sagt, es sei »auch keine Schwäche, so von den vortrefflichen Rundungen an Wange, Hals und Armen einer Frau bewegt zu werden, von den klaren Tiefen ihrer flehenden Augen oder dem süßen kindlichen Schmollen ihrer Lippen. Denn die Schönheit einer lieblichen Frau ist wie Musik – was kann man mehr sagen? Schönheit hat einen Ausdruck jenseits und weit hinaus über die Seele der einen Frau, die sie umkleidet, wie die Worte des Genies eine weitere Bedeutung haben als den Gedanken, der sie ihm eingab: es ist mehr als die Liebe einer Frau, die uns in den Augen einer Frau bewegt – es scheint eine weit entfernte mächtige Liebe zu sein, die uns nahe gekommen ist und dort für sich selbst gesprochen hat; der gerundete Hals, der Grübchenarm, bewegen uns durch mehr als ihren Liebreiz – durch ihre enge Verwandtschaft mit allem, was wir an Zärtlichkeit und Frieden erfahren haben. Die nobelste Natur sieht am meisten von diesem unpersönlichen Ausdruck in der Schönheit, und aus diesem Grunde ist die nobelste Natur häufig am blindesten für den Charakter der Seele der einen Frau, welche die Schönheit umkleidet ...« – das ist schön gesprochen für uns Arme alle, Liebende und Geliebte, Verführte und Leidende auch. Die Autorin hatte lange gewartet mit diesem

1859 ersten Roman, sie war vierzig Jahre alt, war als junge Frau aus der Strenggläubigkeit ihrer Familie ausgebrochen, hatte David Friedrich Strauß' *Leben Jesu* und dann auch noch Feuerbachs *Wesen des Christentums* übersetzt und sich dann, emanzipierter als erlaubt, unverheiratet in freier Liebe mit einem Mann zusammengetan. Dieser Erstling, wie dann auch gleich darauf *Die Mühle am Floss*, gilt im allgemeinen als bei weitem nicht so gut wie das berühmte *Middlemarch*, doch haben die beiden frühen Bücher einen wunderbaren Schmelz, sozusagen noch den Flaum der anfänglichen Naivität einer dann so überaus beherrschten großen Schriftstellerin. Sehr hübsch drückt etwas davon Virginia Woolf aus, wenn sie in einem Essay über die Eliot, in ihrem wundervollen Snobismus (aber denken Sie an Thackeray – denken Sie bei ihm wieder noch einmal an Scott zurück – und unsre Überlegungen über den Fiktionalitätskontrakt) schreibt: »Nicht, daß ihre Kraft nachließe, denn wie wir finden, ist sie in dem reifen Werk *Middlemarch* auf dem Gipfel, jenem großartigen Buch, das bei all seinen Unvollkommenheiten zu den wenigen englischen Romanen gehört, die für erwachsene Menschen geschrieben sind« – ich weiß gar nicht, ob ich das schon einmal gesagt habe, aber das ist es wirklich: Romane sind eigentlich die Lektüre für Erwachsene; doch, ich habe das bestimmt schon gesagt, deshalb war uns ja die so herrlich früherwachsne Modeste so ans Herz geraten.

◆

Geboren wird in diesem Jahr oben in Lom, gut zweihundert Kilometer nordöstlich von Bergen, er wird dann in Hamarøy groß, den Lofoten gegenüber, Sohn eines armen Schneiders, Knut Hamsun; in Walsall in Staffordshire, die Chronologie kennt manchmal wenig Gnade, kommt, Sohn eines Geistlichen, Jerome Klapka Jerome zur Welt, der mit den *Drei Mann in einem Boot*; und in

Edinburgh (sie kennt jetzt überhaupt keine mehr) wird 1860
Sir Arthur Conan Doyle geboren, Erfinder von Sherlock
Holmes und Dr. Watson; aber von diesem Sherlock
Holmes läßt Doyle einmal seinen Dr. Watson berichten
(anläßlich ihrer ersten Begegnung, Kapitel 2 der *Studie
in Scharlachrot*), daß, als Watson ihn ganz ungläubig auf
seine Unkenntnis der Gesetze des Sonnensystems an-
spricht, Holmes polternd geantwortet habe, »was zum
Teufel soll ich damit? Sie sagen, wir kreisen um die Sonne.
Und wenn wir um den Mond kreisten – für mich und
meine Arbeit würde das nicht den geringsten Unterschied
machen.« So ganz absurd ist das ja wirklich nicht.

1 ✦ 8 ✦ 6 ✦ 0

Ein totenloses wieder, diesmal aber auch ein knappes
Jahr, mit nur sechs, aber sechs großen Büchern; dennoch
will ich es kurz machen. Wilkie Collins, enger Freund
von Dickens schon das Jahrzehnt lang (sie machten zusammen Theaterstücke, spielten auch zusammen Theater;
sogar verwandt miteinander sind sie seit neuestem: jetzt,
1860, heiratet Collins' Bruder Dickens' Tochter Kate),
bringt einen großen Kriminalroman heraus, *Die Frau in
Weiß* – Thackeray habe die Nacht durchgelesen, heißt es,
ein berühmter Kollege nannte sein Segelschiff *Marian
Halcombe* nach einer Heldin des Buchs, einer Frau, von
der Swinburne hingerissen war (solche Anekdoten erzählt
Arno Schmidt in einem kleinen Aufsatz über Collins),
alle waren begeistert von diesem mächtigen Buch, worin
ein sehr mysteriöser Fall sich schreibtechnisch so löst,
daß der Autor lauter Dokumente sammelt, von verschied-
nen Personen, und auf diese Weise vor dem Leser ein Bild
allmählich entstehn läßt; eine schwer vergeßliche Figur,

neben Marian, ist jener Conte Fosco, den ich schon einmal erwähnt habe, anläßlich der *Pickwickier;* Conte Fosco ist ein Verbrecher, einer dieser so glänzend behenden Dicken[20], und niemand kann vergessen, mit welcher Lust er kostbare Gebäcke ißt; oft, wenn ich fasten will und mir dieses Gebäck in den Sinn kommt... diese oder eine ganz ähnliche Geschichte habe ich aber schon ganz am Anfang irgendwo bei Voß und seiner *Luise* erzählt. – Thackeray kommt mit einem kleinen ganz sonderbaren Roman auf den Markt[21], *Lovel der Witwer.* Der Icherzähler dieses Buchs ist ein Freund des Titelhelden und erzählt

---

[20] sicher ein aus der Ferne noch wirkendes Vorbild für diesen Goldvögel jagenden Dicken im *Malteser Falken.*

[21] ich nenne dieses Buch jetzt, 1860, die wenigen Nachschlagebücher, in denen es vorkommt, tun das auch; ich habe aber Bedenken dabei, wenigstens den zweiten Band angehend (die deutsche Ausgabe, die sehr gut klingende Übersetzung ist von Kretzschmar, erschien 1862 unter der Verlagsangabe Wurzen, Verlags-Comptoir – Wurzen ist eine kleine Stadt an der sächsischen Mulde –, und dort, ich zitiere, in der »Europäischen Bibliothek der neuen belletristischen Literatur Deutschlands, Frankreichs, Englands, Italiens, Hollands und Skandinaviens. Der ganzen Sammlung 1155. und 1156. Band. XII. Serie, 55 und 56«, der Übersetzer wird auch einer jener Menschen gewesen sein, wie Hackländer sie hat, oben im Text komme ich darauf gleich noch einmal); Bedenken habe ich, weil im zweiten Bändchen, gleich im ersten Kapitel, ein offenbar auffallender Komet erwähnt wird, der Erzähler schreibt: »Vor drei Jahren, als der Komet an dem herbstlichen Himmel leuchtete, stand ich auf den Stufen des Schlosses eines großen Claretbesitzers. Bois-je de ton vin, o comète? sagte ich, das Gestirn mit dem flammenden Schweife anredend; werden die herrlichen Trauben, welche Du reifest, ihren Saft mir morituro spenden?«– nun erschien zwar d'Arrests Komet im Jahre 57 das zweite Mal nach seiner Entdeckung, aber spät im Jahr und nicht unbedingt spektakulär, und Brorsens Komet, ebenfalls bei seiner zweiten Fahrt, auch 57; der einzig wirklich aufsehenerregende Komet in dieser Zeit war aber der von Donati in Florenz Anfang Juni 58 erstmals entdeckte, sein Licht muß namentlich im September von einer erstaunlichen Intensität gewesen sein. Bedenkt man Thackerays sonst so gelassene Ausdrucksweise in diesem Buch, dann muß er von Donatis Kometen reden, und wenn der drei Jahre zurücklag, so muß er 61 von ihm sprechen, nicht 60. Vielleicht hat aber auch Kretzschmar den Kometen gesehn, er übersetzt womöglich 61, und macht aus Thackerays zwei Jahren drei.

fast ausschließlich von sich selber, wehmütig trauert er *1860*
einer Liebe nach, um die ihn das Mädchen treulos oder
irgendwie schäbig jedenfalls gebracht habe, sehr ausführlich erzählt er das Schicksal der kleinen Elisabeth,
eines jungen Dings, das er offenbar, sagen wir: lieben
würde, wenn er noch einmal lieben könnte, in seinem Alter
jetzt; diese Elisabeth hat als ganz junges Mädchen im
Theater getanzt, für sehr wenig Geld, das ihre Familie
nötig hatte – wir haben hier ganz dieselbe Situation wie in
Hackländers *Europäischem Sklavenleben*, wo die Mädchen
am Theater tanzen und von der Direktion um so mehr
geschätzt werden, je reicher ihre offenen oder heimlichen
und erhörten und noch nicht erhörten Liebhaber sind;
hier bei Thackeray heißt es einmal, Elisabeth sei damals
etwas pummelig und sommersprossig gewesen, und hätte
keine gewaltigen Blumenbouquets bekommen; Delphin,
der Theaterdirektor, heißt es weiter, habe keine große
Meinung von ihr gehabt, die reichen Bewunderer seien zu
den andern Mädchen gegangen: »hätte es einen solchen
Bewunderer für sie gegeben, so wäre Delphin nicht nur
nicht entrüstet darüber gewesen, sondern hätte wahrscheinlich ihr Salair erhöht«. Ihre Mutter, sagt der Erzähler, hätte statt vom Theater immer von einer Akademie
geredet, an der sie lerne; ganz allgemein verberge man so
die Armut unter schöneren Namen, sagt er ... –

Anmerkung (15) zu

T *H A C K E R A Y*. Ich will an dieser Stelle eine
sehr kleine Ergänzung zu all solchen Schilderungen bringen, wie sie Thackeray und immer wieder
Dickens von London, Leute wie Hackländer dann von
unsern Großstädten geben: alle wußten ganz bestimmt
wesentlich mehr von ihren Städten als in ihren Büchern
stehn durfte. Mitte des Jahrhunderts lebte in London
ein Gentleman, der später unter dem Pseudonym Walter

privat ein viertausendseitiges Werk drucken ließ, das sich nahezu ausschließlich mit seinem Triebleben beschäftigt. Walters besondere Vorliebe hier gilt den Huren, er hat mit Hunderten von ihnen verkehrt (in seiner wunderlichen Pedanterie stellt er ein Klassifikationssystem der Hurenschöße auf), mit manchen dieser Mädchen verband ihn auch so etwas wie eine kleine Freundschaft, er schildert sie, wenn natürlich auch ein wenig von oben herab, so doch oft recht liebevoll. Auch Dickens, dieser passionierteste aller Großstadtdurchstreifer, muß solche Mädchen gekannt haben, an allen Gassenecken seiner düstren Stadtlandschaften werden sie ihm begegnet sein, aber nirgendwo treten sie bei ihm in den Romanen auf. In einem brillanten Essay zu einer Teilausgabe dieser Memoiren Walters vor ein paar Jahren hat Steven Marcus nun sehr schön darauf hingewiesen, daß, wenn bei Dickens, etwa in *Bleakhouse* oder in dem düsterprächtigen Roman *Unser gemeinsamer Freund* (von 1865, wir werden dann sehn), jene vierzehnjährigen tapferen und so unendlich rührenden Mädchen auftauchen und für ihre noch viel kleineren Geschwister unter schlimmen Verhältnissen für wenig Geld andrer Leute Wäsche waschen und flicken, in der Londoner Realität die meisten solcher Mädchen, nicht weniger rührend, nicht weniger besorgt um ihre Geschwister, sich höchstwahrscheinlich selber verborgten, zum Beispiel an Gentlemen wie unsern Walter. Man lernt da mehrerlei: erstens noch einmal, aber das hatten wir auf unsre Weise ja schon gesehn, mit welcher Skepsis man Leuten zuhören muß, die meinen, aus Romanen lerne man alte Zeiten kennen, und zweitens, daß man auch einen Autor wie Dickens (oder eben Thackeray und Hackländer) vielleicht etwas anders, fast hätte ich gesagt: gegen den Strich lesen muß: denn wenn wir nicht daran zweifeln können, daß er wie die andern mehr gekannt hat vom wirklichen Leben als er beschreiben mochte, dann steckt wohl auch in der oft wirklich ein bißchen unverhältnismäßigen Rührung, die ihn heimsucht, wenn er solchen tapferen Mädchen zuschaut, die etwa die Wäsche fremder Leute zu waschen scheinen, ein ganz andres Bild, das er zwar sieht, aber wegdrängen will. Macht man sich das

alles ein bißchen klar, dann wird man sicher nicht sagen, daß die Kunst es ist, die hier lügt; denn wenn eher dieser schreckliche Walter die Wahrheit schreibt, dann hat diese Wahrheit doch nicht das an sich, daß sie auf die Dauer interessiert wie eines unserer Bücher; was man sich dann wünscht, wenn man Dickens samt seinen Kollegen und diesen Walter nebeneinander sieht, das sind Romane, deren Autoren nicht die Wahrheit kaschieren müssen (wie hier bei Thackeray die Mütter, aber immerhin fast nur noch die Mütter): nicht die Kunst kaschiert ja, sondern deren Randbedingungen tun das auf ihre unheimlich stille Weise. Aber wenn selbst bei den viktorianisch eingesperrten oder unsern ähnlich gehandicapten Romanciers[22] das leicht befangne Gefühl, das oft so gar nicht weichen will beim Lesen, sich bei der geringsten Berührung mit anderswoher kommenden Fakten zu einem Blick befreit, dem jetzt der Text erlaubt, hinter seine vorgeschobnen Bilder zu sehn, dann haben diese Autoren doch ungeheuer viel getan. Nur müssen auch wir ihnen, wie glaube ich Maugham das gesagt hatte, ein bißchen entgegenkommen.

✦

– … ich muß aber rasch noch *Lovel den Witwer* zu Ende bringen: der Erzähler kriegt seine Elisabeth nicht, diese kriegt aber auch den blöden Arzt nicht, der sie gern hätte (aber sehr schnell abgewendet geht, als er von Elisabeths Theatervergangenheit hört), es kriegt sie eben des

---

[22] man kann sich natürlich noch fragen, warum es Autoren wie Balzac, Murger und dann Zola soviel weiter bringen konnten im Aussprechen der Wahrheit, oder sagen wir: im unvermittelteren Aussprechen.

1860 Erzählers Freund Lovel, dem ein Weilchen vorher eine ganz gräßliche Frau gestorben ist, sie hat Harfe gespielt; deren Mama und Lovels Mutter wohnen noch bei ihm und beherrschen das Haus beinahe wie jener Schuft bei Dostojewski das Haus Stepantschikowo, aber es deutet sich an, daß, wie weich Lovel immer wäre, seine Elisabeth alle hinauswerfen wird. Am Ende sagt der Erzähler sehr hübsch: »Überdies bin ich ja auch an Enttäuschungen gewöhnt. Andere bekommen die Preise, nach welchen ich ringe. Ich bin bei dem Wettrennen der Liebe immer der Zweite.« Das hat einen leicht larmoyanten Ton, beinahe denkt man, der Autor desavouiere seinen vorgeschobenen Erzähler; tatsächlich ist dieser Roman, dem Umfang nach ein Nebenwerk, außerordentlich raffiniert angelegt, mit lässig irritierenden Zeitverschiebungen, und im Ton mit ebenso sonderbaren Larmoyanzen wie plötzlichen fast brutalen Offenheiten, die kaum noch Reste von der sonst immer vorsorglichen Maske gefälligen Witzes haben. Man denkt an *Rebecca und Rowena* zurück, man denkt voraus an Raabes so sonderbare diffuse Schreibart in manchen der späten kleinen Romane; und gerade bei Thackeray nun verändert sich unser Blick, und wir meinen ihn in schönerer Person dort zu sehn, wo er sich vor den bisherigen Blicken versteckt glauben durfte, auch wenn ihn das unmöglich gefreut haben kann. – Turgenjew bringt den Roman *Vorabend*, in dem, trotz des Aufbruchs- und Revolutionselans, den er zu propagieren scheint, eine Liebesgeschichte im Mittelpunkt steht: das Mädchen, umworben von schönen Geistern, entscheidet sich für den kämpferischen jungen Mann, den sie, er ist Bulgare, in sein Land begleitet: noch seinen Sarg begleitet sie weiter, als er, gesundheitlich gar nicht gerüstet für Revolutionen, unterwegs stirbt. – George Eliot kommt mit ihrem zweiten Roman, der eben schon erwähnten *Mühle am Floss*; ich will hier eine kleine böse Geschichte über Nietzsche andeutungsweise wenigstens erzählen.

Anmerkung (16) zu

ELIOT & NIETZSCHE. In seiner *Götzen-dämmerung* von 1889 spöttelt Nietzsche wieder einmal über die Engländer; der Abschnitt ist *G. Eliot* überschrieben, es heißt da, die Engländer sind »den christlichen Gott los und glauben nun um so mehr die christliche Moral festhalten zu müssen: das ist englische Folgerichtigkeit: wir wollen sie den Moral-Weiblein à la Eliot nicht verübeln«. Was genau Nietzsche von der Eliot gelesen hat, weiß ich nicht, die *Mühle am Floss* jedenfalls war zum ersten Male 1861 deutsch erschienen, wir wollen ruhig annehmen, daß Nietzsche sie gelesen hatte. Zwei Jahre vor seiner Invektive, 87, hatte Nietzsche die Schrift *Zur Genealogie der Moral* herausgebracht, ein Buch, worin er mit den ewigen Gesetzen über Gut und Böse exakt so aufräumt wie Darwin das mit der ewigen Ordnung der Arten und Gattungen getan hatte (und auch für Darwin hatte Nietzsche stets nur Spott übrig gehabt; und wie schön hätte er nicht, ein wenig vernünftiger, später bei Darwin auf dem Lande in Kent in dessen Haus ein Zimmerchen haben können zum Ausleben, morgens hätten sie dann beide brüderlich in dem kleinen Wäldchen unten an den Gewächshäusern vorbei *birdwatching* machen können...). In dieser Schrift nun, unter der Nummer 13 in der *Ersten Abhandlung*, heißt es, in Nietzsches etwas überflüssig hämischer Sprache: »Daß die Lämmer den großen Raubvögeln gram sind, das befremdet nicht: nur liegt darin kein Grund, es den großen Raubvögeln zu verargen, daß sie sich kleine Lämmer holen. Und wenn die Lämmer unter sich sagen: diese Raubvögel sind böse, und wer so wenig als möglich ein Raubvogel ist, vielmehr deren Gegenstück, ein Lamm – sollte der nicht gut sein? so ist an dieser Aufrichtung eines Ideals Nichts auszusetzen, sei es auch, daß die Raubvögel dazu ein wenig spöttisch blicken werden und vielleicht sich sagen: wir sind ihnen gar nicht gram, diesen guten Lämmern,

1860 wir lieben sie sogar: nichts ist schmackhafter als ein zartes Lamm.« – In der *Mühle am Floss* macht der Vater der jungen Helden bankrott, er hat prozessiert, nun verliert er seine Mühle; des Vaters arme Frau, und der Mann liegt auch noch wirr danieder seit einem kleinen Schlaganfall, geht nun zum gegnerischen Anwalt, von dem es heißt, er wolle die Mühle kaufen, und bittet ihn, davon doch Abstand zu nehmen: ein Verwandter wolle die Mühle erwerben, oder jedenfalls er und sein Compagnon, dort könne ihr armer Mann dann als Verwalter noch arbeiten, bitte. Der Anwalt hatte ans Erwerben dieser Mühle noch gar nicht gedacht, aber jetzt gefällt ihm der Gedanke, und nebenbei, sagt er sich wohl auch, jedenfalls mutmaßt das die Verfasserin, nebenbei ist es schön, ohne jede Mühe den Mann ein bißchen zu demütigen, der (die Kapitel davor hatten das gezeigt) die verwegne Idee hatte, ihn kleinzukriegen, und ihn auch haßt; und er kauft die Mühle; natürlich wollte die arme bittstellende Frau was Gutes, aber was nützt das schon. Der Anwalt heißt Waken, der wirre Bankrotteur, der nun auch noch mit dieser Frau geschlagen ist, heißt Tulliver, und jetzt schreibt die wunderbare Eliot (drittes Buch, Kapitel 7): »Anzunehmen, daß Waken denselben tiefverwurzelten Haß gegen Tulliver hegte wie Tulliver gegen ihn, wäre wie die Annahme, ein Hecht und ein Karpfen könnten einander aus einer ähnlichen Perspektive betrachten. Der Karpfen verabscheut zwangsläufig die Art, auf die der Hecht zu seinem Lebensunterhalt kommt, und der Hecht denkt wahrscheinlich nichts weiter sogar vom zornigsten Karpfen, als daß er eine außerordentlich leckere Mahlzeit ist; nur, wenn er am Karpfen erstickte, könnte es sein, daß der Hecht eine starke persönliche Feindseligkeit hegen möchte« – soweit also die Eliot, 1860; und ich will natürlich gar nicht sagen, daß Nietzsche hier abgeschrieben hat; schön studieren könnte man aber den Unterschied zwischen Witz, nämlich bei der Eliot, und Getrample, bei Nietzsche; wichtiger

aber ist doch diese Sache mit dem Moral-Weiblein: denn 1860
ist die Eliot nicht wirklich wunderbar cool, wie sie da die
Fischlein im Teich heranzieht und so ganz unpathetisch
darauf hinweist, daß die Moral genauso eine oder genau-
sogut keine große Naturmerkwürdigkeit ist wie die Un-
moral? Sie haut nicht erst mit dem großen Hammer auf
alle Altäre ein, um dann hochpoetisch Adler und Lamm
zu bemühen, sondern sie läßt Gott einen guten Mann sein
und sieht sich dann einfach einmal genauer einen simplen
Fischteich an, oder meinethalben dann noch, wie sich im
Fischteich Gott und Adler und Lamm und alles spiegelt.
Ganz im Grund aber hätten auch sie also Geschwister
sein können, die Eliot und Nietzsche, aber Nietzsche hatte
wohl einfach kein Talent für andre Leute. Und seither
kann man nun von Buch zu Buch die Erfahrung machen,
daß, und zwar gerade in dem Maße, in dem die Philosophen fast immer Romane verachtet haben, Romane
nahezu durch die Bank klüger sind als Philosophien.

Jener Eduard Douwes Dekker, der sich als Romancier
Multatuli nannte, publiziert jetzt seinen berühmten Roman *Max Havelaar*, ein stilistisch sehr komplexes und
mitreißendes Buch, das, auf verschiedenen Erzähl- und
Stilebenen, im Grunde, und in hohem Maße nach Schlüs-
selromanart, zwei Dinge zur Sprache bringt: erstens die
absolut korrupte und verlogene Verwaltung der niederländischen (und damit der gesamten europäischen) Kolonien, hier auf Java; und zweitens eine tief rührende java-
nische Liebesgeschichte, die, in ihrem furchtbaren Ende
und dem Untergang ihrer Protagonisten, rein erzählend
zeigt, was jener Kolonialismus ist. In welcher Stilart aber
Multatuli sich bewegt, er lebt so ganz und gar in seiner
großen Idee, daß alle seine Sätze, unter sich verschieden
wie Sätze innerhalb eines Werkes nur sein können, doch
wie von ein und derselben Vibration durchdrungen sind –

das ist ein nicht allein mitreißendes, sondern ein gewaltig bestürzendes Buch. – Zuletzt Hawthorne, der den *Marmorfaun* herausbringt, den letzten seiner fertiggeschriebnen Romane, und »eines der vollendetsten Kunstwerke der Literatur«, wie Henry James einmal geschrieben hat, und James war nicht sehr freigebig mit solchen Lobsprüchen. In dem Roman, der in einer beinahe mirakulös befremdenden Klarheit geschrieben ist, passiert nur wenig: zwei Künstler aus Amerika, ein Mann und eine Frau, begegnen in Italien einer europäischen jungen Malerin, die einen Verehrer hat, in dem sich die ganze Naivität eines ursprünglichen Lebens zu verkörpern scheint. Der ist ein junger Graf aus einem dieser alten verwunschen-malerischen Schlösser, und bringt eines Tages einen geheimnisvollen Mann um, der seine verehrte Freundin mit irgendeinem düstren Geheimnis aus der Vergangenheit in der Hand hat. Die Heiterkeit, die über jedem Zusammensein dieser vier Leute anfangs geradezu glänzte, weicht immer mehr einer immer dunkleren Befangenheit, schließlich reisen die beiden jungen Amerikaner, die Europäer sich selbst überlassend, und zum Abreisen wie genötigt, wenn sie nicht selber untergehn wollen, in ihre ruinenlose[23] Heimat zurück. Der Roman

---

[23] ein bißchen vergleichbar der Sand mitunter, wie wir sie auf Mallorca Ruinen haben beschimpfen sehn, hat Hawthorne wunderbare Ideen darüber, wie alt Häuser allenfalls sein dürfen, wenn Menschen darin gut wohnen können sollen. Henry James war ein bißchen kritisch gegenüber dem Bild, das Hawthorne von Italien hatte (seins war genauer, wird er gefunden haben), und Foscolo, der sich damals so ärgerte über das Bild, das Madame de Staël damals in ihrer *Corinne* von seinem Land gezeichnet hatte, wäre sicher auch hier bei Hawthorne nicht ganz ruhig geblieben; während aber das Bild der Staël, wie so viele ihrer Skizzen, rein einer gewissen Oberflächlichkeit zu verdanken war, zeichnet Hawthorne sein kritisches Bild altertümlich-malerischer Städte und Wohnsitze auf dem Hintergrund einer fast schon mobilen, jedenfalls kraftvollen und selber sich die Häuser bauenden Gesellschaft, in der Moder, bröckelnde Gemäuer und zerschlissene Tapeten nicht das sind, was den Menschen adelt. Er schreibt sehr schön: »Ein Autor, der den Versuch noch nie gemacht hat, kann sich

ist mit Symbolen gefüllt, er ist mit Sinn beladen, er ist 1860
ganz und gar durchkonstruiert – aber für ein einziges
Mal ist die Klarheit, die Hawthorne will, unbegreiflich
verschmolzen mit einer bezwingenden gewissermaßen
zweiten, erworbenen Natürlichkeit eines unbefangnen

---

gar nicht vorstellen, wie schwierig es ist, einen Roman über ein Land
zu schreiben, in dem es keinerlei Schatten gibt, keine lange Vergangenheit, nichts Geheimnisvolles, keine romantischen oder finsteren Misse-
taten noch irgend etwas anderes als prosaischen Wohlstand im normalen hellen Tageslicht, wie das in meiner Heimat glücklicherweise
der Fall ist. Ich bin sicher, daß es noch sehr lange dauern wird, bis
Romanschriftsteller in den Annalen unsrer handfesten Republik oder
in irgendwelchen charakteristischen Begebenheiten im Dasein der einzelnen Individuen bei uns geeignete Themen finden können. Prosa
und Poesie, Efeu, Flechten und Kletterpflanzen bedürfen der Ruinen,
um zu gedeihen.« Und dann schreibt Hawthorne etwas auf, das wir
schon kennen und auch überlegt haben, das jetzt aber einen ganz
andern Akzent erhält: »Es ist schon richtig, daß ein Künstler seinem
guten Stern oft dankbar ist, wenn er ihn vor diese alten Häuser führt,
die so malerisch vom Alter gezeichnet sind, mit ihren stückweise ab-
bröckelnden Mauern aus uraltem Ziegelwerk. Die gefängnishaften,
eisenvergitterten Fenster und die hochgewölbten trübseligen Ein-
gänge, die auf der einen Seite zum Stall, auf der anderen zur Küche
führen, mögen ihm zwar seines Zeichenstiftes würdiger scheinen als
die frischgestrichenen Schachteln aus Tannenholz, in denen – falls er
Amerikaner ist – seine Landsleute leben und gedeihen, aber der Verdacht ist begründet, daß eine Bevölkerung dem Ruin entgegenzugehen
beginnt, sobald ihr Leben für die Phantasie eines Dichters oder für die
Augen eines Malers faszinierend wird ...«; merkwürdig schön dann
von seiner Hand eine italienische Gartenlandschaft: »In andern Teilen
der Gärten hoben die Pinien ihre dichten Kronen über die schlanke
Länge ihrer Stämme, so hoch, daß sie aussahen wie grüne Inseln in der
Luft, während sie von solcher Höhe Schatten auf die Rasen warfen,
daß man nicht wußte, woher er eigentlich kam. Dann wieder gab es
Alleen und Zypressen, die an die dunklen Flammen riesiger Grab-
kandelaber gemahnten und statt frischer Helligkeit Dämmer und
Zwielicht um sich verbreiteten. An den offener liegenden Stellen stand
selbst so früh im Jahr schon alles in Blüte ... Diese waldigen und
blumigen Rasenflächen sind schöner als die schönsten englischen
Parkanlagen, sie berühren tiefer und sind eindrucksvoller durch die
Vernachlässigung, die der Natur so viel mehr von ihrer Eigenart und
ihrem selbständigen Willen läßt. Da der Mensch ihr hier wenig drein-
redet, richtet sie sich häuslich ein und macht sich in ihrer stillen Weise
an die Arbeit. Freilich ist genug menschliche Fürsorge daran gewendet worden, vor langer Zeit und heute noch, um die Wildnis daran

1860 Erzählens. Man ist erst verblüfft über die reine Durch-
sichtigkeit dessen, was da vor sich geht, dann gleitet man,
nicht länger widerstrebend, hinein in die wundervolle
Schönheit dieser wie aus Marmorkühle und süßer Luft
gemachten Erzählung.

◆

Geboren wird in diesem Jahre, in Taganrog, am Asow-
schen Meer, nahe der Mündung des Don, Kaufmannssohn, Anton Tschechow.

---

zu hindern, in gestaltloses Wuchern auszubrechen; und das Ergebnis
ist eine ideale Landschaft, eine Waldszenerie, als sei sie von einem
Dichter erdacht ... Auf den waldigen Lichtungen plätschern Wasser
in Marmorbecken, deren Boden zottig ist von Moosen, oder sie fallen
wie natürliche Kaskaden von Stein zu Stein, und ihr Murmeln macht
die Ruhe und das Schweigen ringsum noch stiller. Hier und da stehen,
scheinbar nachlässig verstreut, alte Altäre mit antiken Inschriften,
Statuen, grau und verwittert, erheben sich halb versteckt auf hohen
Sockeln oder liegen zerbrochen im Gras. Figuren von Grabdeckeln,
Säulen aus Marmor oder Granit und Arkaden, teils antike Überreste,
teils künstliche Ruinen, sind von den Aussichtspunkten der Waldpfade
aus zu sehen, immer aber grünt das Gras auf den brüchigen Säulen,
wurzeln Unkraut und Blumen in den Rissen der massiven Gewölbe
und Tempelfassaden und erklimmen die Giebel in solcher Fülle, als
wäre es tausend Sommer her, seit ihre gefiederten Samen sich hier
niedergelassen haben.«

XIV
1861 *BIS* 1865

1 ✦ 8 ✦ 6 ✦ 1

In Paris stirbt – einen Monat noch, einen guten, und er wäre neununddreißig geworden –, geliebt und von allen verehrt, Henry Murger; und beim Untergang des Dampfers *Ercole* geht, gerade dreißigjährig, Ippolito Nievo zugrunde.

Grabschrift (54.55) für

MURGER & NIEVO. MURGER, Kind einer Concierge und eines Schneiders, wurde in einem Haus voller Künstler groß: da wohnte der Bassist und große Rossinisänger Lablache, und da wohnte die Familie García: Papa García hat 43 Opern geschrieben und war ein weltweit berühmter Tenor und Sängerausbilder, seine bekanntesten Schüler waren erstens sein Sohn Manuel, ein Bassist, der ein Lehrbuch des Singens verfaßte und von der Universität

 *1861* Königsberg den Doktortitel erhielt für seine Erfindung des Laryngoskops, des Kehlkopfspiegels, zweitens seine Tochter Maria, die achtundzwanzigjährig starb, nachdem sie unter dem Namen ihres Gatten Malibran ganz Europa begeistert hatte; kurz vor ihrem Tod, nach der Scheidung vom bankrottierten Malibran, heiratete sie ihren Liebhaber, den Geiger Bériot, der nach ihrem Tode mit ihrer Schwester große Gastspielreisen unternahm; Garcías dritter bekannter Schüler war seine zweite Tochter Pauline; ich weiß nicht, ob es jene ist, mit der Bériot dann durch Europa zog (eher nicht), wir kennen sie aber, denn nachdem sie sich erst unter Liszt am Klavier hatte ausbilden lassen und dann eben von ihrem Papa zur Sängerin, heiratete sie den Schriftsteller Viardot, mit dem sie dann, jedenfalls was ihren Part anging, Triumphreisen durch Europa machte; später zog sie sich nach Baden-Baden zurück – wir finden sie in Flakes schon öfter angeführter *Hortense*, wir kennen sie als Freundin der Sand und Vorbild für deren *Consuelo*, und bei ihr wuchs ein uneheliches Kind Turgenjews auf, weiß Gott, woher er das hatte. In diesem Hause also wurde Murger groß, sein Papa wollte ihn ein Handwerk lernen lassen, aber er wollte nicht, die Mama wollte auch nicht, und alle im Hause, diese Künstler, liebten ihn so, daß sie das auch nicht wollten, und so fing dann alles an. Das *Leben der Bohème* machte ihn wohlhabend, er zog aus Paris weg, er hatte zuviel durchgemacht in der Jugend, die Boheme, die jetzt seinen Namen trug, behagte ihm nicht mehr, er nahm ein Häuschen in Marlotte, am Wald von Fontainebleau, dort wohnte er mit seiner Freundin Anaïs; er jagte sehr gern, soll aber kein einziges Mal getroffen haben. Als alle ihn noch auf dem Sterbebett besuchen kamen, sollen seine letzten Worte gewesen sein: »Keine Musik! Kein Lärm! Keine Boheme!« Ein Denkmal auf seinem Grab auf dem Montmartre-Friedhof hat Millet gemacht, ein Schüler jenes David d'Angers, den wir seit Balzac kennen; Meyer

spricht von einem solchen Grabdenkmal auf diesem
Friedhof, es stelle, sagt er, ein Rosen entblätterndes junges
Mädchen dar – das könnte es sein. – *N I E V O,* der
Jura studiert hatte und in Padua promoviert worden war,
kämpfte (»ohne seine geliebte Frau davon zu verständigen«, wie seine Übersetzerin[1] sagt) unter Garibaldi 59
gegen die Österreicher, ging 60 mit Garibaldi nach Sizilien
(wieder ohne seine geliebte Frau davon zu verständigen),
das Garibaldi befreien wollte. Als Palermo eingenommen
war, im Juni 60, organisierte Garibaldi dort eine Admini-
stration, und Nievo mußte als Heeres-Intendant bleiben,
während Garibaldi mit den Seinen aufs Festland ging,
um Neapel und anderes zu befreien. Erst Anfang März 61
konnte Nievo auf der *Ercole* von Palermo loskommen nach
Neapel, das er aber nicht erreichte, von dem Schiff hat niemand mehr etwas gehört. Winckelmann beklagt in einem
Brief einmal mit wunderbaren Worten (er fand solche
Worte immer bei diesen Gelegenheiten), wie angefüllt
man sich den Boden der Meere denken müsse mit Gemälden, Büchern, Schätzen dieser großen Art; nun werden auch die Sachen darunter sein, die Nievo in Palermo
noch geschrieben hat. Garibaldi hatte ein besseres Schiff
oder sonst mehr Glück, er starb fünfundsiebzigjährig.

An Büchern bringt George Eliot *Silas Marner* heraus,
ein leicht pathetisches Dorftableau um einen standhaften
Weber, der, wegen einer ungerechten Beschuldigung, in
ein andres Dorf geht, dort vor sich hin lebt, spart, be-
stohlen wird, und dann ein kleines Mädchen findet, das
er großzieht – so belohnt Gott sein hartes Erdulden. –

---

[1] nur hier am Rande: die erste Übersetzerin wenigstens von aus-
gesuchten Teilen der *Pisana* war Isolde Kurz, angeregt hatte sie Paul
Heyse dazu für seinen ausländischen Novellenschatz; Heyses anderswo niedergeschriebnen Bemerkungen über Nievo sind sehr klug, wir
haben von Heyse nur ein sehr verschwommenes Bild.

1861 Dickens veröffentlicht den vorletzten seiner zu Ende geschriebenen Romane, die *Großen Erwartungen,* deren erster hinreißender Teil eine Kindheit in den Marschen erzählt, in denen der kleine Junge einen entsprungnen Sträfling findet, und dann ist da das Haus einer verbitterten alten Dame, der vor hundert Jahren der Bräutigam weggelaufen ist und die jetzt eine kleine Verwandte (die der unwissende Junge anbetet) zu einer Männerhasserin erziehn will; dann sieht sich der junge Mann im Besitz vielen Gelds, er weiß nicht woher, er denkt an die Alte, es ist aber von jenem Entsprungenen, er gibt alles aus, schließlich lösen sich alle Rätsel. – Multatuli schreibt ein zweites Buch, *Minnebriefe,* sehr viel persönlicher im Sinne des Intimen, nur die eigne leidende Seele Angehenden, in der Form bis ins Exaltierte hinein vielschichtig und verrätselt. Durch alle Texte geistert eine gewisse Fancy, und keiner weiß, wer sie ist: ein Mädchen, das Multatuli liebt? eine Muse? einfach eine Fiktion? – Raabe schreibt einen historischen Roman, *Nach dem großen Kriege:* immer noch nichts richtig Lesbares. – Dostojewski bringt *Erniedrigte und Beleidigte* heraus, einen Roman, der sich so gut wie ausschließlich in Dialogen abspielt, wenn man unter die Dialoge auch die entsetzlich vielen gefühlvollen bis hysterischen Ausbrüche rechnet, in denen sich seine Figuren mit solcher Leidenschaft ergehn. Das Buch ist ein sonderbares Gemisch, weil Dostojewski offenbar stark an ein Publikum denkt, das Spannung will, aber Spannung jener äußeren Art, die Dostojewski zweifellos ein bißchen verachtet: und nun müssen seine Figuren die gewaltigen Dämpfe ihrer leidenden Seelen in einer Handlung verpuffen, die auch ohne diesen ganzen Aufwand auskäme. Sehr involviert ins Ganze ist der Icherzähler, aber am Ende ist aller Atem aus, und er kann nur noch matt ausrufen, was er in den Augen des Mädchens zu lesen glaubt, das er mag: »Wir hätten auf ewig miteinander glücklich werden können!« – Der hier schon öfter erwähnte Friedrich Spiel-

hagen (vielleicht erinnern Sie sich: er hatte vom großen ro-
mantischen Michelet dessen pathetisch-gefühlvolle Groß-
essays übersetzt, *Die Liebe, Die Frau, Das Meer*, 59, 60, 61)
bringt, nach einigen Novellen, seinen aufsehenerregenden
Romanerstling heraus, *Problematische Naturen*, dem er
im Jahre darauf *Durch Nacht zum Licht* folgen läßt (man
druckt beide Romane seither als zwei Teile eines einzigen
Werkes), das Werk spielt im wesentlichen auf eben jenem
Rügen, auf das bei Fouqué einmal jene flüchten, die das
wahre Leben wollen – von welchem jetzt, bei Spielhagen,
nichts mehr zu entdecken ist (beinah so wenig wie nun
von Spielhagens Rügen seinerseits heutzutage[2], nämlich

---

[2] ich war dort, ich habe in Sellin gewohnt, es war verhältnismäßig
früh im Jahr, noch keine Saison, die Strände waren meistens ganz leer,
auch wenn man an windgeschützten Stellen schon nackt liegen konnte:
wie es jene beiden machten, die ich da, ich unten am Wasser, oben
sah: die Frau lag erst auf dem Bauch; der Mann, mit gespreizten
Beinen, schlug sein Wasser ab gegen das Land, dann drehte er sich
um, wie einer, der weiß, daß kein Hintern so prächtig ist wie der eines
Wasserabschlagenden; die Frau drehte sich auch um, nun leuchtete
ihr dunkles Schamhaar über den ganzen Strand und hob sich schön
und begeisternd ab von dem hellen Sand. Nach Thiessow zu, vorher
rechts ab, liegt irgendwo sehr schön Kliesows Reute, Stall und Scheune
früher, jetzt ein sehr hübsches Restaurant; ich saß meistens oben, auf
der Scheunenempore, ich konnte drüben, auf der andern Seite des
großen Raums, durch eines dieser nicht sehr großen Fenster nach
draußen sehn, eines dieser typischen Stallfenster, backsteingemauert,
oben mit einem kleinen ziemlich flachen Bogen, dreigeteilt waagrecht
durch zwei Eisenstäbe. Das Bild, das ich in diesem Rahmen sah,
war eine nach hinten ansteigende Wiese, ohne Himmel, wie die Bilder
Ucellos, auf dieser schrägen Wiese, an einer sehr langen Leine, die an
einem Pflock in der rechten Bildhälfte befestigt war, lief ein kleines
flinkes Pferd, mit Trippelschritten, ein bißchen wie der greise Ernst
Jünger sie an sich hat, wenn er vor laufenden Kameras durch seinen
Garten geht (ich hab ihn einmal, auch schon weit über neunzig,
siebenundneunzig, jetzt weiß ich es wieder, wirklich gesehn, und da
trippelte er ganz genau so). Das Pferdchen lief immer wieder ganz
aus dem Bild heraus, dann kam es wieder, wälzte sich dann und
wann am Boden, lief wieder weiter, verschwand, kam wieder; und wie
man in manchen kultivierten Restaurants (Kliesows Reute ist, wie ein
paar großstädtische Damen sich eines Abends immer wieder laut ver-
sicherten, eher urig; neulich, sagte die eine, war ich mit meinem Mann
ins Gebirge hoch, und wie wir oben waren, saßen da welche, die auch

 *1861* nach der so gründlichen Vernichtung jener Adelsschicht, die bei Spielhagen das schöne Rügen beherrscht, ein noch touristisch nicht auf einzelne Schönheiten hin festgelegtes Rügen). Spielhagen läßt einen Intellektuellen (einen vorrevolutionär Zerrissenen, eine späte Variante des romantisch Zerrissenen), der als Hauslehrer wirkt, sich in eine Fülle von meist adligen Liebeleien verstricken, die ein im einzelnen oft sehr zauberisches, insgesamt aber eher leicht abstoßendes Bild der besseren adelsstolzen Gesellschaft geben[3] (wobei dieses Bild lange nicht so abstoßend wäre, würde es der Autor, oft vermutlich ihm selber gar nicht

---

raufgegangen waren, mit einer Klampfe, und sangen, es war urig) leise im Hintergrund ein Endlosband mit sanfter Musik hört, zum Beispiel mit Schumanns Träumerei auch irgendwo darauf, und man nun zwar wartet, ob sie wirklich wiederkommt, im Grunde aber sicher sein kann, daß sie kommt, wenn man nur lange genug zu essen hat, und dann kommt sie auch, so stellte sich dieses Pferdchen da in dem Fensterbild auf der schrägen Wiese von Zeit zu Zeit, zu erwarten im Grund und doch unerwartet immer wieder ganz aus der Bewegung plötzlich still hin und pißte seinen schönen Strahl auf den Boden. Die gelben, roten und braungrünen Pferde Ucellos sind schöner als dieses angebundne Pferdchen hier war, aber bis es dann allmählich ganz dunkel wurde, machte dies Pferdchen hier seine Runden, teils im Unsichtbaren, dann wieder im Sichtbaren, und pißte und lief und pißte und lief und wälzte sich manchmal ein bißchen. Nicht, als ob dies nun der Inbegriff von Rügen wäre, aber was, dachte ich, soll ich auf dem Kap Arkona, Caspar David Friedrich war dort schon, er hat es gemalt, er hat sich mit aufs Bild gemalt, und weiß Gott, mit diesem Stock und allem, denn einen Hut trug ich auch dort, ist er entschieden schöner als ich, was ich also noch am Kap Arkona? Ich zitiere gern auch noch einmal dieses hübsche Diktum Longfellows: »Sie machten so viel Aufhebens mit ihrem Sonnenaufgang, daß ich beschloß, ihn nicht zu sehn ...«
[3] Spielhagen hat sehr viel später eine lesenswerte Autobiographie geschrieben (*Finder und Erfinder*, 1890), besonders schön sind die Kapitel über eine vielwöchige Umzugsreise der Familie quer durch Deutschland nach Stralsund, wohin sein Vater versetzt worden war; dann kommen eindrucksvolle Schilderungen dieser Stadt, des Hafens, einzelner sonderbarer Leute dort, und der Verlockung des drüben so glanzvoll und geheimnisreich liegenden Insellandes Rügen. Als es einmal um irgendwelche heimelig-kuscheligen Betten geht, die den Jungen glücklich gemacht haben, schreibt er: ». . . ich habe seitdem gelegentlich wohl auf Fürstenschlössern in seidenen Betten geschlafen. Es war das soweit eine ganz angenehme Situation. Aber in wie tiefen

bewußt, nicht fortwährend an irgendeinem Ideal messen, *1861*
das zumindest seinen Lesern noch in den Köpfen herum-
spuken soll – bei Gustav Freytag nachher ist das ähnlich[4]).
Ein Duell vertreibt den Helden, er erfährt obendrein von
seiner doch aristokratischen Herkunft, dann gerät er in
Greifswald und Berlin zwischen die Revolutionsfronten.
Im Gegenzug treten dann besonders reaktionäre Adlige
auf, die sich als von der schlechtesten Abkunft entpuppen.
Fontane hat das Buch sehr launig besprochen und kan-
zelt den Autor wegen seiner Virtuosität im Fabeln ab, er
nennt sie sehr hübsch rücksichtslos, das heißt, sie scheint

Schatten tritt sie...«– dann kommt wieder diese Jugend; und wenn er
hier, dreißig Jahre später, nicht allzu sehr schwindelt, dann kann man
ein wenig ermessen, mit welcher schönen Freiheit der junge Mann
dann jene Welt aufgenommen hat, in der sein großer Roman spielen
würde. – Zum Selbstverständnis des Schriftstellers Spielhagen will ich
aus dieser Autobiographie noch die hübsche Stelle bringen, als er mit
vier Jahren in eine Privatschule kommt: »... indessen ich habe doch
eine Zeit, die ich tausendmal besser verspielt hätte, in der dumpfen
Stubenluft zwecklos versitzen müssen. Oder was in der Welt hat es mir
genützt, daß ich auf diese Weise zwei oder drei Jahre früher als andere
Kinder lesen und schreiben lernte? der würdige Ordinarius der Sexte
der Vorbereitungsschule, der man mich ein Jahr später anvertraute,
über ein solches ihm in seiner Praxis noch nicht vorgekommenes Phänomen von Gelehrsamkeit schier erschrocken war? Und die Prophe-
zeiung des gutes Mannes: ich würde es noch einmal weit bringen in
diesem Leben – du lieber Gott, wie weit bringt es denn im besten Falle
ein deutscher Schriftsteller?«

  [4] bei Dostojewski und allen auch auf ihre Weise: wenn sie im kleinen
die Gesellschaft nicht weiter interessiert, dann nehmen sie den Menschen im großen und messen ihn an dem, was er sein sollte, das Bild
dazu (denn sonst ist ja nichts mehr da, und das macht diesen Sprung
wohl auch so unerlaubt) nehmen sie dann von Gott zum Beispiel –
fast alle Klagen über die allzu große Endlichkeit und Schäbigkeit des
Menschen rühren hierher. Erst Beckett hat dann mit dieser elenden
Vergleicherei Schluß gemacht und Komödien geschrieben, wo alle,
die heimlich immer noch den Menschen zu endlich fanden, weil sie
an eine Unendlichkeit glaubten, Trauerspiele sehn wollten; Adorno in
seinen ästhetischen späten Versuchen ist, gerade wo er über Beckett
redet, das glänzendste Beispiel dieser fundamentalen Uneinsichtigkeit.
Persönlich steckt dahinter immer, von Dostojewski bis Adorno, ein
offenbar unvertreibliches Sichwichtignehmen; davon war Beckett frei:
daher diese Komödien.

ihm etwas wenig substantiell in ihrer sinnverwirrenden Leichtigkeit. Das ist wahr; man hat dem Autor, von ganz andrer Seite, auch schlüssig nachgewiesen, wie absolut unklar und an Effekte verloren sowohl seine politisch-gesellschaftskritische als auch seine poetologische Haltung sind. Nun gehn uns heute eigentlich diese Probleme nichts mehr an, wir müssen uns da kein Gewissen machen; und was Fontane betrifft, so ist dessen Haltung auch wohltuend ambivalent; Spielhagen, sagt er zwar, »erschrickt vor nichts« (sehr vornehm für unser: er schreckt vor nichts zurück), und dann sehr genau: »So geschickt er dabei verfährt, so wird einem doch gelegentlich das Äußerste zugemutet, und nur der schon berauschte, seit acht Tagen unter dem Intoxikationseinfluß der Erzählung stehende, halb willenlos, zum Teil auch müde gewordene Leser kann ohne Widerstreben folgen«; man denkt, er redet von Thomas Mann; endlich aber kommt Fontane zu einer sehr einnehmenden Folgerung: »Ich kann mich nicht entsinnen«, schreibt er, »ein Buch gelesen zu haben, das mich so unruhig gemacht, in meinem Urteil so hin und her geworfen hätte. Ich kämpfe auch in diesem Augenblick noch zwischen allerlebhaftester Anerkennung und Verwerfung. Und aus diesem Zwiespalt werde ich schwerlich herauskommen.« Wir unsrerseits nun, anders als Fontane, der hier seinem kritischen Beruf nachgeht, weder zu Anerkennung noch Verwerfung genötigt, können uns, genug Zeit vorausgesetzt, ruhig dem schönen Gift dieses Erzählens hingeben. In Turgenjews *Neuland* übrigens lesen sie sich an einer ganz entscheidenden Stelle (nach der ersten Seite schon kniet er sich vor sie und sagt, er liebe sie) Spielhagen vor. – Hawthorne schreibt an einem Roman, den er nicht weiterschreiben wird; am Anfang sitzt dort ein alter Mann in einem Haus am Friedhof, das ganz und gar von Spinnen bewohnt ist, die über das Papier gehn, worauf er schreibt: irgendwie natürlich recht symbolisch das Ganze, aber Hawthorne schreibt

wieder so ruhig das hin, was er sieht, daß man nicht nötig
hätte, mehr zu sehn als er fürs erste schreibt. Genau das
unterscheidet die Großen von den Nichtigen, wenn sie
über das rein Geschriebne hinaus sind.

Geboren wird in diesem Jahr, in Neapel, sein Vater war
Offizier und entstammte dem sizilianischen kleinen Adel,
Federico Roberto, Freund und Bewunderer Vergas und
Capuanas, die ihrerseits, beide runde zwanzig Jahre älter
als Roberto, wie er Sizilien dann zum Gegenstand ihrer
Romane machten; und in Triest, in einer Kaufmanns-
familie jüdisch-deutscher Herkunft (der Vater handelte
mit Glaswaren; die Mutter stammte aus dem Friaul),
kommt, als Ettore Schmitz, der große Romancier Italo
Svevo zur Welt. Als Svevo fast fünfzig war und dank
Joyce und Larbaud ein bißchen schon von dem Ruhm
hatte, den er verdiente, schrieb er über seine Kindheit:
»Italo Svevo, geboren am 19. Dezember 1861, verlebte
eine überaus glückliche Kindheit im elterlichen Haus.
Da seine Mutter von sanftem, überhaupt nicht strengem
Wesen war, schien es dem Vater jedoch notwendig, sie
von der Last zu befreien, eine zahlreiche Kinderschar
beaufsichtigen zu müssen; mit zwölf Jahren wurde Italo
Svevo gemeinsam mit zwei Brüdern in ein Internat in der
Nähe von Würzburg geschickt, wo er sich auf die Laufbahn vorbereiten sollte, die dem Vater die günstigste
schien, die des Kaufmanns. Der Unterricht in diesem
Internat war gewiß nicht perfekt, doch nachdem der Junge
in wenigen Monaten Deutsch gelernt hatte, widmete er
sich, unterstützt von ein paar Lehrern und gemeinsam
mit mehreren Schulkameraden, insbesondere einem seiner Brüder Elio (der mit zweiundzwanzig Jahren starb),
hingebungsvoll dem Studium der Literatur. Er lernte die
wichtigsten deutschen Klassiker kennen, und vor allem
liebte er die Romane Friedrich Richters (Jean Pauls), die

1862 zweifellos einen großen Einfluß auf die Bildung seines Geschmacks hatten. Außer den deutschen Klassikern hatte er Gelegenheit, Shakespeare und einige russische Schriftsteller, vor allem Turgenjew, in mustergültigen Übersetzungen kennenzulernen.«[5]

1 ✦ 8 ✦ 6 ✦ 2

Jetzt sterben: in Sorø auf Seeland jener Bernhard Severin Ingemann, der uns seinerzeit (1826) mit seinem *Walde-mar*-Roman so sonderbar ins Mittelalter zurückgelockt hatte, und in Prag jene Boẑena Němcová, der es neulich, im Jahre 55, nicht recht gelang, uns für ihre *Großmutter* zu interessieren.

Grabschrift (56.57) für

INGEMANN. NĚMCOVÁ. Sie werden in Frieden ruhn (Ingemann hat auch große Verdienste um das nordische Kirchenlied), beide sind sie auch viel unsterblicher als ihre Taten hier vermuten lassen, denn unsers Vaters Haus ist riesengroß, und sind Wohnungen darin, in die wir kaum geraten, allenfalls einen kleinen Blick hineinwerfen. Amen.

Turgenjew schreibt seinen berühmtesten Roman, *Väter und Söhne*; das Buch ist nicht entscheidend besser als die andern, aber berühmt geworden ist es wohl durch die erste

---

[5] es ist verblüffend, wie häufig der Name Jean Pauls bei großen Romanciers auftaucht; offenbar ist Jean Paul, ganz unabhängig jetzt von seiner so schwankenden breiten Gelesenheit, ein wahrer Schrift-steller für Schriftsteller gewesen; meistens denken wir uns den großen Roman des Jahrhunderts ohne ihn, aber die, die diesen Roman schrie-ben, dachten ganz anders. Er scheint einer jener gewaltigen ewigen Gewitterregen zu sein, ohne den selbst das Meer nicht denkbar ist.

auch so apostrophierte Gestalt eines Nihilisten, eines
jungen Mannes, der am Ende nicht damit fertig wird, daß
er sich erstens verliebt und zweitens in eine Aristokratin,
eine wundervolle Frau, die aber im wesentlichen nur
spielt, sie habe noch so etwas wie entflammbare Gefühle[6];
der Autor weiß auch nicht, was er nun machen soll, und
läßt den gewissermaßen *contre-cœur* Liebenden schmählich und hilflos umkommen. Die Konservativen, als sie
das Buch lasen, waren ärgerlich über die so übel verzeichneten Konservativen, die jungen Linken waren ärgerlich
über die übel verzeichneten jungen Linken. – Dann tritt,
nach langen dreißig Jahren, damals war es der *Glöckner*
von Notre-Dame gewesen, Victor Hugo wieder riesengroß
ins Bild, er kann gar nicht anders als riesengroß, er ist
jetzt sechzig Jahre alt und bringt einen gewaltigen Roman
hervor: *Les Misérables, Die Elenden.* Das Buch beginnt im
Hause eines Bischofs, der so wahr und gut und groß und
jesusmäßig ist, wie das nur ein Geist wie Hugo auch bloß
zu träumen wagt, und nachher dann sehn wir den Mann,
der da zum Bischof kommt (»ich bin in die Felder gegangen, um unter den Sternen zu schlafen. Es war kein Stern
da«, sagt er zum Bischof; bei jedem wäre das entsetzlicher
Kitsch; er ists natürlich auch bei Hugo; aber Hugo, ob er

---

[6] »Doch ihr Leben war leicht, wenn sie sich zuweilen auch langweilte, und sie verlebte ohne Hast einen Tag nach dem andern und geriet nur selten in Aufregung. Die Farben des Regenbogens entflamm-
ten manchmal auch vor ihren Augen, doch sie ruhte aus, wenn sie
erloschen, und trauerte ihnen nicht nach. Ihre Phantasie überschritt
sogar die Grenzen dessen, was nach den Gesetzen der alltäglichen
Moral als erlaubt galt; doch auch dann rann ihr Blut ruhig wie zuvor
in ihrem bezaubernd wohlgebauten und ruhigen Körper. Zuweilen,
wenn sie ganz warm und in zärtlicher Stimmung aus der wohlriechen-
den Badewanne stieg, versank sie in Träumereien über die Nichtigkeit
des Lebens, über seine Trübsal, Mühe und Bösartigkeit … Ihre Seele
füllte sich plötzlich mit Mut, wallte in edlem Wollen auf, doch ein Luftzug fuhr durch das halboffene Fenster – und Anna Sergejewena zog
sich zusammen, klagte und ärgerte sich beinah und brauchte in diesem
Augenblick nur eines: daß dieser garstige Wind sie nicht anblase.« –
Die Pünktchen im Text stehn so bei Turgenjew.

1862 ihn schreibt oder nicht, ist hier immer irgendwie über allen Kitsch erhaben; Gott weiß, wie er das macht; er glaubt einfach daran), in Paris mit einem Halbtoten über der Schulter aus der Pariser Kanalisation auftauchen – dieser Roman geht durch alle Welten, die zugleich immer auch noch mehr sind, »legt euer Buch verkehrt herum, und ihr seid im Unendlichen«, heißt es einmal. Es gibt nichts, vor dem es diesen Romancier schauderte, einmal nur gesteht er, daß er hier nicht weiterdürfe: das ist, als er uns sagt, ein junges Mädchen stehe auf; in ein Hoch-zeitsnachtzimmer dürfen wir sehn, belehrt er uns, aber ein Mädchenzimmer ist was Heiliges, keinen Blick dürfe er da hinein werfen – das ist dann aber selbst für seine Verhältnisse eine Weisheit, die hart ans Senile grenzt. Es kann auch bei ihm kein Kind irgendwo ins Dunkle gehn, ohne daß er einen langen Abschnitt über das Gehn ins Dunkle, über das Dunkle überhaupt dazu macht. Nie-mand hat sich je getraut, von der Höhe einer nicht einmal angemaßten Weisheit herab einen solchen Roman zu diktieren, niemand wird sich das je wieder trauen, einen solchen Roman kann es nur ein einziges Mal geben; wer ihn nicht liest, erspart sich vieles, er ist aber auch selber schuld. – Thackeray gibt seinen letzten fertiggeschrie-benen Roman heraus, *Philip;* der Erzähler ist wieder, wie in den *Newcomes*, Pendennis, der schriftstellernde Held des gleichnamigen noch früheren Buchs – ein noch cooler gewordner Erzähler, der oft gar nicht weiß, ob er seinen Helden eigentlich noch mag, endgültig hat sein Blick all dies Begütigende oder das Begütigende wenigstens Su-chende verloren, wir hatten ihn ja schon in den *Newcomes* für die Ansätze dieser schöneren Skepsis bewundert. Wunderbar hat sich jetzt aber mit der halbgöttlichen Autorität seines Blicks auch seine erzählerische Haltung geändert, fast noch mehr als in dem schon so bewunderns-würdigen *Lovel* zerfasert hier aller Stoff, oder zerfasert wenigstens alle Ordnung des Stoffs unter dem Zugriff des

Schreibers; während es aber bei *Lovel* der Icherzähler im Buch war, der sich immer dazwischenschiebt (also eine Figur des Autors, höchstens seine Maske), ist es hier der Autor selbst – und so gerät nun die ganze Welt, sofern sie  erzählbar ist, ins Wanken. Diese Art der fast im Schrecken mürb gewordenen Alterswerke ist für mein Gefühl ungeheuer faszinierend; erste Werke können fabelhaft sein, mit dem ganzen Schmelz, den sie haben, viele Autoren erreichen diese Höhe niemals wieder; reife Werke auf der Höhe des Könnens ihrer Autoren sind herrlich; es gibt Autoren, die erst in hohem Alter ganz zu sich kommen, denken Sie an Raabe, an Fontane – die sind hier nicht gemeint; was ich meine, hier bei Thackeray nun, oder spät bei Melville, oder ganz spät bei Jean Paul, ist so etwas wie eine Bedenkenlosigkeit, die da einreißt – einreißt sage ich, weil die Autoren selber oft eher ein Nachlassen dort sehn, wo ich einen schönen Wegfall dessen sehe, was jetzt, auf dieser Stufe, ohnehin nicht mehr nötig, und nur hindernd wäre, nur eine überflüssige Würde und Steifheit brächte, die ich nicht haben wollte; nun löst sich alles gewissermaßen auf, der Autor gibt sich frei, und wenn er das durfte, entstehn Sachen, die uns alles, was vorher war, als einen schlechten Zwang empfinden lassen. Ich gebe zu, daß diese Ansicht, wie ich sie jetzt vertrete, kaum kanonbildend sein kann; aber ich glaube angesichts solcher Bücher an keinen Kanon, der solche Grenzübergänge nicht schafft zu den verwegenen verwilderten Gärten, hinter denen allenfalls erst die Kunst keinen Ort mehr hat. – Und dann noch ein kleines Buch, das ich, wegen seiner Ähnlichkeit mit ihm, schon einmal erwähnt habe, als wir über Balzacs *Lilie im Tal* gesprochen haben, es ist Fromentins *Dominique*, ich hatte damals gemeint, Balzacs Buch sei künstlerisch vielleicht besser, bei Fromentin ziehe aber genau wie dort das artistische jetzt ein gewissermaßen authentisches, erlebtes Wesen in einen genauso wunderlichen Bann. Ein Mann verliebt sich in eine schöne

1862 verheiratete Frau, die ihm seit einer gemeinsamen Jugendzeit als eine heimliche Liebe vorschwebt; allmählich verliebt sich auch die nicht glücklich Verheiratete in ihn,
beide verzichten dann aber, und es bleibt offen, ob nun die
sittliche Welt gerettet ist, oder ob sie beide ihre Welt schon
vorher nicht gefunden und, als sie sie doch noch fanden, nicht dann noch zerstört haben. Fromentin, Kunst-
beschreiber, Reisender, Maler[7], hatte das Manuskript an
die allseits verehrte George Sand geschickt, die ihm einige
wahrscheinlich ganz ausgezeichnete Tips gab, tatsächlich
hat das Buch deutliche Schwächen, beinahe Brüche an
manchen Übergängen; Fromentin versprach alles zu kor-
rigieren, irgendwann schickte er der Sand ein erstes ge-
drucktes Exemplar mit einer hübschen Entschuldigung,
er hatte nun doch nicht geändert. Die Sache läßt sich
schwer entscheiden: vielleicht wäre das Buch besser
geworden, so aber gewinnt es noch an Charme durch
die offne Preisgabe dessen, was sonst eine kaschierte
Schwäche gewesen wäre. Erst solche Bücher, von denen
ein Autor nur ein einziges schreibt, danach wird er keine
Romane mehr schreiben, vervollständigen eine Literatur, die sonst vielleicht das Werk bloß einer Kaste bliebe
(sie ist das niemals, besonders die Literatur des Romans
nicht, aber hier sieht man das einmal deutlich: so meine
ich das).

◆

Geboren werden in diesem Jahr, in dieser Reihenfolge: in
New York, aus einer reichen alten Familie, aus jener amerikanischen Adelsgesellschaft, die sie dann so hinreißend

---

[7] einmal bin ich, ich war in der Nähe, eigens nach Poitiers gefahren,
weil dort im Museum ein Gemälde von Fromentin hängt. Es hängt
auch dort, die Säle waren aber geschlossen, denn es war gerade ein
größerer Streik in diesen Tagen, und genau an diesem Tag in Poitiers
eine große Demonstration, und man hatte dem Personal freigeben
müssen. Die Demonstration, mit viel kämpferischer Musik und sehr
stark, war auf ihre Weise dann auch sehr schön, aber nun habe ich
nicht dieses Bild gesehn.

beschrieben hat, Edith Wharton, Freundin von Henry
James, der sich gern mit ihr in das Auto setzte, mit dem
sie ihn zu seiner Freude in Kent besuchte, 1908 machte
sie mit ihm einen siebenwöchigen Autotrip durch Frankreich; in Massachusetts, wo wiederum James sie besuchte,
sitzen sie beide, 1905, in einem offnen leichten Viersitzer,
einem Phaeton, wie man solche Wagen damals nannte;
sie war eine geborene Newbold Jones, heiratete einen gewissen Wharton, der dann geisteskrank wurde, danach
lebte sie meistens in Europa, ihre Familie ignorierte ihre
Schreiberei. In Wien, Sohn eines Professors mit der Spe-
zialität Kehlkopf (das Laryngoskop, das wir bekanntlich
dem jungen García verdanken, dem singenden Bruder der
Viardot und der Malibran – Sie erinnern sich eben unsrer
Grabschrift auf Murger, nicht wahr? –, war 1858 in einen
allgemeineren Gebrauch gekommen, im Interesse seiner
Patienten wollen wir annehmen, daß der Papa es schon
fleißig benutzte), kommt Arthur Schnitzler auf die Welt;
in Jeßnitz im Anhaltinischen, bei Dessau, an jenem Fluß
Mulde, an welchem in Wurzen so schöne Bücher gedruckt
wurden wie vorhin Thackerays *Lovel*, wird als Sohn eines
Kaufmanns einer der wahnwitzigsten unsrer Romanciers
geboren, Hermann Conradi, lesen Sie nur jetzt schon einmal den Titel seines Hauptwerkes: *Adam Mensch* – kann
das was sein? Und in Obersalzbrunn, gewissermaßen der
Hugo Schlesiens, kommt als Sohn eines Gasthofbesitzers
Gerhart Hauptmann auf die Welt, Nobelpreisgewinner
des Jahres 1912; er wurde, wie die meisten Nobelpreisträger, sehr alt, das hängt aber auch damit zusammen,
daß den Nobelpreis meistens nur ältere Herren kriegen.

1 ✦ 8 ✦ 6 ✦ 3

In Paris, fünfundsechzigjährig, stirbt Alfred de Vigny, in London, zweiundfünfzigjährig, stirbt William Makepiece Thackeray.

Grabschrift (58.59) für

VIGNY. THACKERAY. VIGNY, noch im letzten Jahrhundert geboren, 1797, hatte eine Engländerin geheiratet, die ihr Leben lang krank war, und liebte dann eine Schauspielerin, das wurde aber auch eine Enttäuschung; er zog sich dann in eine Einsamkeit zurück, von der Sainte-Beuve, wenn er sie in seinem Landhaus Le-Main-Giraud praktizierte, als dem Elfenbeinturm sprach[8]. 1845 wurde er Mitglied der Académie, danach kandidierte er zweimal vergeblich für das Parlament. Wir kennen von ihm den düster-eleganten historischen Roman *Cinq-mars* von 1826; es gibt Briefwechsel von ihm mit Sainte-Beuve und Hugo. – THACKERAY ist beinahe ein Freund für uns geworden, ich zitiere jetzt, als seine eigenhändige Grabschrift, die letzten Worte seines *Philip:* »Was? Der Abend

---

[8] *tour d'ivoire,* eine französische Erfindung, wir kennen ihn von Flaubert (*Ivory Tower* ist dann auch ein Romanfragment von Henry James); deutsch hat ihn Grimm noch nicht, er hätte 1859 in der von Jacob Grimm erarbeiteten 2. Lieferung des Bandes 3 auftreten müssen, Meyer hat ihn auch nicht. Küpper, in seinem Wörterbuch der Umgangssprache, sagt, dahinein sei er im ausgehenden 19. Jahrhundert gekommen; tatsächlich stammt das Wort in dieser Bedeutung (wenn nicht, wie manche meinen, von Nerval) wohl von Sainte-Beuve, gemünzt auf Vigny, die ursprüngliche Bedeutung, die Sainte-Beuve natürlich kannte, war die religiöse der Reinheit, sie entstammt der allegorischen Ausdeutung des Hohenlieds (7,4), dort heißt es (7,1 ff.): »Wie schön ist dein Gang in den Schuhen, du Fürstentochter. Deine Lenden stehen gleich aneinander wie zwei Spangen, die des Meisters Hand gemacht hat. Dein Schoß ist wie ein runder Becher, dem nimmer Getränk mangelt, dein Leib wie ein Weizenhaufen, umsteckt mit Rosen. Deine zwei Brüste sind wie zwei junge Rehzwillinge, dein Hals ist wie ein elfenbeinerner Turm...«.

sinkt herab, wir haben über unserm Wein genug geredet, *1863*
und es ist Zeit, heimzugehn? Gute Nacht. Gute Nacht,
Freunde, alt und jung! Die Nacht bricht herein ... die Ge-
schichten müssen ein Ende finden ... und die besten
Freunde müssen voneinander scheiden.«

Biographie (7)

SAND & FLAUBERT & TURGENJEW.
Wir haben George *SAND* im Jahre 43 verlassen,
mittlerweile haben wir sie eine Menge Bücher schreiben sehn. Sie war damals noch mit Chopin zusammen,
der aber verläßt Ende 46 ihr Schlößchen Nohant und
kommt nicht wieder; er macht auch noch den Fehler,
in Auseinandersetzungen zwischen der Sand und ihrer
Tochter für die Tochter Partei zu ergreifen (er stirbt 49).
Anfang 48 setzt sie sich für die Revolutionäre ein, zieht
sich dann aber zurück. Sie schreibt viel und mit Erfolg für
das Theater, ab 51 schreibt sie wieder verstärkt Romane,
54 und 55 erscheint in Fortsetzung eine Lebensgeschichte
aus ihrer Feder. Sie hat einen Geliebten, einen Lebens-
gefährten gefunden, den Graveur Alexandre Manceau,
Freund ihres Sohns, einen begeisterten Schmetterlingsjäger, der ihr 57 ein kleines Bauernhaus in Gargilesse
kauft[9]. Im selben Jahr lernt sie Flaubert kennen. Im
Jahre 60 stirbt sie beinahe an Typhus, 64 läßt sie sich
mit Manceau bei Paris nieder, 65 stirbt Manceau. –
FLAUBERT, siebzehn Jahre jünger als die Sand,
Sohn eines Chirurgen und einer Arzttochter, hatte mit
höchstens zehn Jahren angefangen zu schreiben; mit
sechzehn hatte er sich ziemlich hoffnungslos in eine verheiratete Frau verliebt und noch mehr geschrieben. Nach
dem Abitur machte er eine schöne Spanienreise und

---

[9] dort, schreibt sie an ihre Tochter, »dort geht der Mond über dem
Tal der Creuse unter, das so tief eingeschnitten ist, daß ich es nicht ein-
sehn kann, aber das Wasser rauscht die ganze Nacht wie ein munterer
Wildbach.«

1863 hatte seine erste kleine Affäre; 41 hatte er zu studieren angefangen, Jura, 43 fällt er durch ein Examen, macht aber weiter, bis ihm sein Vater wegen Nervenanfällen das Weiterstudieren verbietet. Die Familie, bis dahin in Rouen zu Hause, in der Stadt, zieht aufs nahe gelegene Land, nach Croisset, Flaubert wird dort fast immer wohnen. 46 lernt Flaubert jene schöne Dichterin Louise Colet kennen, die dann für lange Jahre seine Geliebte und Freundin ist. Ende 49 bis Juni 51 macht Flaubert eine große Reise nach Ägypten, in den Vorderen Orient und nach Griechenland, nun hat er auch wieder seine Louise, das Arrangement ist so: sie schreiben sich oft, alle paar Monate treffen sie sich; die Beziehung verschlechtert sich im Laufe dieser Jahre, weil Louise ihn heiraten will. Er schreibt, sehr langsam, an seiner *Madame Bovary,* die dann Ende 56 als Fortsetzungsabdruck und 57 als Buch erscheint, wir kennen die gerichtlichen Folgen. Ab 55 hat Flaubert eine heimliche Liaison mit der englischen Erzieherin seiner kleinen Nichte Caroline. Im Sommer 58, zur Vorbereitung von *Salammbô*, reist er nach Tunesien, dort sind wir ihm begegnet durch seine Briefe an Vater Feydeau; als *Salammbô* erscheint, schreibt die Sand über das Buch einen begeisterten Aufsatz, die beiden befreunden sich, und bleiben bis zum Schluß (sie stirbt vier Jahre vor ihm) befreundet. – *T U R G E N J E W* war 1818 geboren worden, die Familie, sonst auf dem mütterlichen Gut bei Orel zu Hause, siedelt dann nach Moskau um. 33 beginnt Turgenjew ein Literaturstudium in Moskau, dann schreibt er seine ersten Gedichte und kleinen Epen, 35 studiert er in St. Petersburg, macht 37 ein Examen, 38/39 studiert er in Berlin Philosophie, bei Karl Werder, einem Hegelianer, der gerade Professor geworden war und nebenbei Tragödien und Gedichte schrieb. 1840 unternimmt er eine längere Italienreise[10], sonst hält er sich

---

[10] »... doch diese Farbe, dieser Glanz des Meeres, das silbern leuchtet, wo sich die Sonne in ihm spiegelt, und weiter draußen von langen

wieder in Berlin auf, 42 hat er dann jenes Kind, das er 1863
zu Pauline Viardot geben wird, seiner großen Liebe. 43
tritt er in den Staatsdienst ein, bei einem Lexikographen
Dal, einem Kanzleichef im Innenministerium, der eine
Sprichwörtersammlung und ein großes Wörterbuch herausgab und Erzählungen schrieb. 45 reist er in die Pyrenäen, zu Hause lernt er Dostojewski kennen; 46 schreibt
er eine Komödie, 47 reist er wieder im Westen herum,
seine Mutter will ihn enterben, weil er so an der Viardot
hängt, dieser Zigeunerin, wie die Mama meint, denn die
Viardot war sehr viel auf Gastspielreisen. 48 und 49 ist
er viel in Paris; 51, wegen eines Nachrufs auf Gogol,
wird er eingesperrt und auf das mütterliche Gut verbannt, im Jahr darauf erscheinen seine *Aufzeichnungen
eines Jägers*, er wird berühmt. 53 sieht er die Viardot wieder, die eine Gastspielreise durch Rußland macht, seine
Verbannung wird aufgehoben, er geht nach Moskau und
lernt Tolstoi kennen. 56 erscheint *Rudin*, Turgenjew geht
ins Ausland, zunächst nach Paris (hier lernt er Dumas und
Mérimée kennen), dann nach London (er lernt Disraeli
und Thackeray kennen), dann nach Deutschland, in
Baden-Baden spielt er mit Tolstoi Roulette. Das *Adelsnest*
erscheint, dann der *Vorabend*, wir kennen das alles, 1860
zieht er mit seiner Tochter nach Paris, 1861, in Rußland,
duelliert er sich beinahe mit Tolstoi, weil der andere Ideen
über die Erziehung seiner Tochter hat, *Väter und Söhne*
erscheinen. 63 hört er in Paris Dickens vorlesen, er lernt
Flaubert kennen (er schickt ihm sofort seine Bücher),
seitdem schreiben sie sich, sie schreiben sich bis zum
Ende (Flaubert stirbt drei Jahre vor Turgenjew); im Mai
zieht er dann mit Tochter und Gouvernante nach Baden-
Baden, wo die Viardots wohnen, aber das Töchterchen

---

violetten Streifen durchschnitten wird, um am Horizont in dunkles
Blau überzugehn, mit einem Nebelschimmer um die Inseln Capri und
Ischia – dieser Himmel, dieser Duft, diese Seligkeit . . .«, schreibt er im
April 40 aus Neapel, die Pünktchen sind von ihm.

 **1863** Paulinette zerstreitet sich mit Pauline und geht und heiratet dann auch ohnehin, einen Pariser Glaswarenfabrikanten.

◆

Hawthorne sitzt an letzten Manuskripten. – Raabe bringt die *Leute aus dem Walde* heraus, einen Roman, der zwar durchaus noch nicht das ist, was er dann bald können wird, und mein Freund Fuld stellt wieder gewaltige Abschreibereien fest (lustigerweise von Sealsfield – verständlich wäre das, Sie erinnern sich sicher noch daran, wie außerordentlich redenah und sozusagen konversationsvitalisierend Sealsfields Dialogstil ist); aber im ganzen läßt sich das lesen, und wenn nun auch noch der schreckliche *Hungerpastor* folgen wird: hier, in den *Leuten aus dem Walde*, kann man Raabe schon lieben lernen. Schön ist das Observatorium des Astronomen Ulex, der einmal in die Klage ausbricht: »O die Wolken und die Mauern! Es ist ein Leiden, da hat mir dort südwärts wieder ein Mensch ein Stockwerk auf sein Haus gesetzt und mir meinen herrlichen Formahand geraubt, der Barbar, – grad am Maul des mittägigen Fisches. Der Globus aerostaticus ist auch schon fort mit den Schenkeln des Wassermannes. Wie lange wirds dauern, so verliere ich auch den Scheat, den Markab, den Algenib – den ganzen Pegasus. Sie rammen die Gerüste schon ein. Wahrlich, da möchte man wohl Bellerophon sein, um dieses Ungeheuer von aufschwellender Stadt, dieses chimärische Untier von Mörtel, Ziegel, Elend und Essenqualm niederzureiten in den Schmutz, aus dem es entstanden ist. Das ganze Firmament noch wird es mir gierig und dunkel verdecken. Ach meine schönen Sterne! Immer höher und höher muß man steigen, je mehr das Irdische andringt.« – Damit Sie nicht irre werden an Raabe oder an mir: den Algenib gibt es tatsächlich zweimal, nämlich größer als im Pegasus noch im Perseus. – Flaubert veröffentlicht jetzt die hier schon

vielzitierte *Salammbô*, einen sehr verwirrenden Karthago-
roman, auf dessen historische Richtigkeit in den Details
Flaubert sehr stolz war. Das Buch, in seiner Mischung
aus glühenden Exotismen und einem statuarisch kühlen
Stil, ist eines der exaltiertesten und am weitesten ins Unbekannte vorgeschobenen Kunstwerke, die man sich vorstellen kann, manchmal den afrikanischen Szenen von
Delacroix vergleichbar, manchmal den Visionen Gustave
Moreaus, von diesen Bildern aber unterscheiden sich
Flauberts historische Visionen dadurch, daß sie niemals
irgendeinem schon vorhandenen Geschmack des Publikums zu huldigen scheinen: die Ferne scheint aufgehoben,
aber sie hat eine neue Unnahbarkeit dazugewonnen; hier
die große Liebesszene: »Er lag vor ihr auf den Knien, den
Kopf zurückgeworfen, umschlang mit beiden Armen ihre
Hüften, seine Hände irrten über ihren Körper. Die goldenen Scheiben, die er als Ohrschmuck trug, glänzten
auf seinem bronzefarbenen Hals. Große Tränen rollten
wie silberne Kugeln aus seinen Augen … Ein Befehl der
Götter zwang sie, sich ganz hinzugeben; Wolken trugen
sie empor, und halb ohnmächtig ließ sie sich auf das Lager
in das Löwenfell sinken. Mâtho faßte sie an den Fersen,
das goldene Fußkettchen zerriß und die beiden losen
Enden schlugen wie zwei zurückschnellende Vipern[11] gegen die Leinwand des Zeltes.« Es ist nicht ganz leicht,
dieses Buch zu lesen; es nimmt sich auf unserm Meer
der Romane aus wie ein Gefährt, so fremd, als sei es gar
kein Schiff, kein Boot, nichts, auf dem Wesen fahren, die
wie wir sind. Sehr schön ist in einem Brief Flauberts an
Sainte-Beuve, der der *Salammbô* mehrere Aufsätze gewidmet hatte, folgende Bemerkung: »Nun scheint mir aber

---

[11] irgendwo in der *Madame Bovary*, Emma entkleidet sich da mit
einer fast schon hysterischen Leidenschaft, heißt es glaube ich von
dem Gürtel, wie sie ihn in dieser rasenden Eile abtut, er löse sich da ab
wie eine zischende Schlange; ich bin sicher, daß Flaubert dieses schon
benutzte Bild im Kopf hatte, als er es noch einmal so in die fernste
Ferne zurückschrieb.

das System Chateaubriands dem meinigen diametral entgegengesetzt. Er ging von einem absolut idealistischen Gesichtspunkt aus ... Ich dagegen wollte eine Fata Morgana fixieren, indem ich die Verfahren des modernen Romans auf die Antike anwandte, und ich habe versucht, einfach zu sein.« Von mir aus, wird sich Sainte-Beuve gesagt haben, und zum Teufel von mir aus mit Chateaubriand; aber was zum Henker meint er mit den *Verfahren des modernen Romans*? – Und Tolstoi kommt mit den *Kosaken* heraus. Tolstoi war fünfunddreißig, er hatte studiert, ohne großen Erfolg, jedenfalls ohne einen Abschluß, hatte dann die väterlichen Güter verwaltet, und 1851, als Dreiundzwanzigjähriger, war er für fünf Jahre zum Militär gegangen, die längste Zeit hatte er im Kaukasus gedient. Der Kaukasus ist die Gegend zwischen dem Schwarzen und dem Kaspischen Meer, der Hauptfluß ist der berühmte Terek (wir kennen die Gegend von Lermontow, sein Pjatigorsk liegt da, und aus seinem *Helden unserer Zeit* die nicht zu bändigende Fürstentochter stammt aus diesem Kaukasus), die schneebedeckten Berge des Elbrus und Kasbek und des Ararat erheben sich bis über 5000 Meter – der Held in Tolstois Erzählung, ein gelangweilter und blasierter junger Adliger aus der Moskauer feinen Gesellschaft, wacht aus seiner tiefen Lethargie zum ersten Male auf, als er, nach ewig langer Fahrt aus dem winterlichen Moskau in den schon beinahe grünenden Kaukasus, diese gewaltigen Berge sieht. Ein junger Kosak, ein Held, ein herrlicher Reiter, verliebt in ein so schönes und eigensinniges Mädchen, daß wenigstens der junge Mann aus Moskau, mit dem sie flirtet, sie gar nicht begreifen kann, dieser junge Kosak hat einen Tschetschenen getötet, Abgesandte der Familie des Toten kommen nun die Leiche holen, schweigende rachedurstige Männer, wahre Brüder jenes Kriegers, der frühmorgens unter einem toten Baum getarnt den Terek durchquert hatte, wahrscheinlich um jemanden zu rächen,

vielleicht auch einfach, weil die Tschetschenen nun einmal
so sind; sie ziehen ab, diese Tschetschenen, irgendwann
gehen dann junge Leute, darunter der schöne Held, den
auch jenes Mädchen liebt, ganz wie er sie, über den Fluß
hinüber, wie Helden eben sind in jenen epischen Erzählungen, in denen es noch Helden gibt: einfach um
zu kämpfen, ehe die andern damit anfangen; und hinter
einem Hügel, an dem die jungen Tschetschenen liegen,
gibt es dann ein gräßliches Gemetzel; alle Tschetschenen kommen um, aber auch den jungen kosakischen
Helden erwischt es. Sie also sind die Protagonisten der
Geschichte, nämlich er, der am Ende tote Kosak, seine
Geliebte, ein alter Jäger, ein paar alte Frauen, dann der
junge adlige Offizier aus Moskau, der sich in das junge
schöne Mädchen verliebt hat; die Tschetschenen sind nur
die wilde Grenze dieser Welt, um die es eigentlich geht.
In dieser Welt, unter den schneebedeckten Bergen dahinten, beginnt ein wunderbarer Frühling, ihm folgt ein
ebenso großer wirklich berauschender Sommer. Hier ist
der junge Tolstoi, man möchte sagen: ganz und gar in
seinem Element, wenn er eine Natur schildert, in der
Nachtigallen das allerwenigste sind, und Nachtigallen
sind doch für uns schon das, was es gar nicht mehr gibt;
tausend noch unbekanntere, beinahe sollte man sagen:
unbegreiflichere Vögel singen und schreien, schreckliche
Hitze schläfert wollüstig ein, dann kommt der Abend mit
Mond und Sternen, mit jenen Gesängen, die wir noch
nie gehört hatten, mit Wein und allem – ganz und gar in
seinem Element sei Tolstoi hier, möchte man sagen, so hab
ich mich eben ausgedrückt: aber er ist es eben auch ganz
und gar nicht eigentlich, nämlich wie sein junger Mann
aus Moskau, der das alles erlebt als das wahre ihm bisher
verborgen gebliebene Leben, aber eben gerade so als ein
auch ganz fremdes Leben, ein Leben, das voller Sehnsucht ist, gerade, wenn sie gestillt zu werden scheint –
aber diese Sehnsucht in ihrer Erfüllung ist das, was ihn

1863 ausschließt aus diesem Leben, das keine Sehnsucht kennen muß nach sich selber; vielleicht liebt er dieses wunderbare Kosakenmädchen mehr als ihr Liebhaber das tut, aber sie hätte immer nur ihren Freund genommen, niemals ihn. Tolstoi, sagt man, habe genau das schildern wollen, diese Wollust des wahren Lebens mit der Natur gegen das vielleicht bloß halbe Leben des Städters, der durch Sehnsucht und ihre Erfüllung ersetzt, was er verloren hat – für uns Leser jetzt gibt es nicht einmal mehr diese Alternative, wir kennen diese große Welt, am Terek hier, nicht mehr, womöglich können wir sie gar nicht mehr kennen; und im Grunde nur noch rein in uns lebt sie jetzt noch auf, wenn wir von ihr lesen, und reißt uns dann hin, daß wir wenigstens irgendwo sein und leben möchten, wo noch Leben wäre, aber wir wissen eigentlich nicht wo, oder kennen Sie zum Beispiel noch einen Platz, wo wenigstens Nachtigallen sind? Wirklich sind die Nachtigallen nur noch in solchen Erzählungen, und während wir sie lesen – man kann eigentlich gar nicht so richtig in Ruhe darüber nachdenken. Dieses Buch, eines der wundervollsten des Jahrhunderts, ist, mit nur 200 Seiten, ein sehr kurzer Roman, gemessen an Tolstois sonst so überbordendem Vermögen im Schreiben erzählender Texte; tatsächlich hatte Tolstoi auch in diesem Fall etwas ausgesprochen Gigantisches vor, einen gewaltigen kaukasischen Roman, wovon die hier nun vorliegende lange Erzählung bloß ein übriggebliebener Teil ist – wenn ich einmal mit dem Ausdruck *übriggeblieben* das bezeichnen darf, was wir nun, leider bloß, aber immerhin doch wirklich bei uns haben von einer großen Idee.

✦

Geboren werden in diesem Jahre, in dieser Folge: in St. Petersburg, Sohn eines Schneiders, Fjodor Sologub; bei Pescara, aus wohlhabender Bauernfamilie, Gabriele d'Annunzio, fliegender kriegswilder Liebhaber der Duse, der sich ein halbes Schiff in seinen Garten am Gardasee stellte, ich war dort, es ist wahr; in Den Haag, in einer Beamtenfamilie, Louis Couperus, großer Reisender; und in Linz an der Donau, Notarssohn, Hermann Bahr, Essayist, Theaterschreiber, Verfasser kleiner Gesellschaftsromane, wir werden sehn.

1 ✦ 8 ✦ 6 ✦ 4

Ein totenvolles Lustrum, jetzt sterben zwei unsrer Liebsten, nämlich in Plymouth in New Hampshire knapp vor seinem sechzigsten Geburtstag Nathaniel Hawthorne; und dreiundsiebzigjährig bei Solothurn Charles Sealsfield.

Grabschrift (60.61) für

HAWTHORNE. SEALSFIELD. Henry James hat große und ausführliche Sachen über *HAWTHORNE* geschrieben, ich zitiere jetzt aber einen Brief, den Melville, ohne einen Gedanken an Hawthorne, in diesem Jahre 64 an einen Vetter schreibt, einen Offizier, Melville hatte damals auf einer größeren Reise Bürgerkriegsschlachtfelder besucht: »Und nach Ihrem Tode (den Gott lange abwenden und erst nach vielen großen Schlachten über Sie verhängen möge, – in einem ruhigen bequemen Bett mit Weib und Kindern um Sie herum) soll Ihr Name in den Himmel versetzt werden – man soll irgend einen neuen Planeten oder eine Sterngruppe erster Größe danach benennen. Leben Sie wohl, mein Held, und Gott segne Sie!« – *SEALSFIELD* hatte nach *Süden und Norden*, 1842, wohl wirklich mit dem Schreiben aufgehört, zwischen 43

 *1864* und 46 brachte Metzler in Stuttgart eine Gesamtausgabe seiner Werke heraus. Sealsfield, als Karl Anton Postl, war 1793 in Mähren auf die Welt gekommen, ein Bauernsohn, studierte, als zum Geistlichen bestimmt, Theologie und Philosophie in Prag, er machte ein Klosternoviziat und wurde 1814 zum Priester geweiht und war danach in der Verwaltung des Kreuzherrenordens tätig. 1823 flüchtete er, aus privaten Gründen, heißt es, in die Schweiz, dann nach Amerika, 1826 kehrte er nach Deutschland zurück, und war dann in der Außenpolitik tätig; gleich danach ist er in London als Journalist, dann geht er wieder nach Amerika und läßt sich in Louisiana nieder. Ab 32 lebt er in der Schweiz, als Gastbürger, spät in den dreißiger und mehrmals in den fünfziger Jahren besucht er wieder die USA, ab 58 ist er Bürger Solothurns: alles unter dem Namen Sealsfield, erst sein Nachlaß offenbarte, wer er wirklich war; aber andrerseits, wer er wirklich war, wußte er natürlich besser.

◆

Raabe schreibt den *Hungerpastor*, ewige Jahrzehnte lang sein gelesenstes Buch und das, woran sein Ruhm gemessen wurde: ein schlechter, falscher Ruhm, und das nicht allein der sehr starken antisemitischen Tendenzen wegen, die man, wenn man wollte, dem Werk entnehmen konnte – wenn man wollte: Raabe war zweifellos kein Antisemit, aber seine falschen Leser wollten mit Figuren bedient werden, die, wie in Freytags *Soll und Haben*, Juden als verachtens- und hassenswerte Charaktere zeigten; und Raabe, leider, war jahrzehntelang ganz einverstanden mit dieser schlimmen Einvernahme. Aber der Schaden war unermeßlich; ein Autor, der den großen Ruhm mit der *Chronik der Sperlingsgasse* und dem *Hungerpastor* geerntet hatte, fand, als die Verehrer dieser Bücher ausgestorben waren, jahrzehntelang gar keine Leser mehr, keine Leser also auch für die wunderbaren späten Bücher, von denen

Raabe selber genau wußte, daß sie die weit besseren
waren. Wir warten noch ein bißchen. – Der eben genannte
Gustav Freytag bringt die *Verlorene Handschrift* heraus,
kein Buch über einen manuellen Gedächtnisschwund,
sondern einen Philologen- und Gelehrtenroman, der sich
dann unter der Hand zur Demontage eines Fürstenbildes
ausweitet – in einer im Grunde außerordentlich simplen
Intrige (das heißt, sie wäre simpel, wenn nicht ein Fürst
dahinterstände[12]) wird auf der Jagd nach einer alten Handschrift (deren Reste natürlich gefälscht sind, Freytag
macht mächtig Wind um das Forscherethos) das junge
Professorenehepaar in die Residenz gelockt, der Fürst
(geisteskrank, merkt man aber erst hinterher bei Hofe)
will die schöne Professorenfrau haben (Bauerngeschlecht,
der junge Professor hat sie kennengelernt, als er auf dem
Gut, früher soll dort ein Kloster gewesen sein mit schreib-
frohen Mönchen, jene Handschrift sucht; Liebe auf den
beinahe ersten Blick, Liebe des Lebens: große Passagen
Freytagscher Prosakunst), den Professor wiederum will
die schöne ich glaube verwitwete Prinzessin haben (sie
lockt ihn in ihren Turm, wohinein sie mit dem Fälscher
vorsorglich eine Kiste praktiziert hat, worin wiederum
jene Handschrift wenigstens früher einmal gewesen sein
soll); die Gattin bleibt standhaft (kein Wunder gegen einen
Irren, möchte man sagen, eine gerade noch zumutbare
Probe für eben bloß eine wenn auch noch so tolle Frau),
der Gatte wäre beinahe fangbar, wäre sein Geist, abge-
koppelt von Auge und sonstigen Sinnen, nicht so stetig auf
die Wahrheit gerichtet (vielleicht mit leichten Irritationen
durch einen Entdeckerruhm); die verführerische Prinzessin kriegt den Erbprinzen, einen Studenten unsres
Forschers, und eine Wasserkatastrophe im Dunkeln wieder
dort auf dem Lande bringt das Ehepaar wieder zusam-

---

[12] »Die Scherze der Reichen«, heißt es einmal bitter in Goldsmiths
Pfarrer von Wakefield, »die Scherze der Reichen sind immer zum
Lachen.«

men. Das Buch hat, namentlich am Anfang, sehr witzige Partien, wird aber ziemlich ledern immer dann, wenn es ernst wird und jene Ethiken ins Spiel kommen, die Freytag propagiert. Gemütvollspaßig im launigen Plauderton eines schönen Einvernehmens zwischen dem Leser und seinem Unterhalter – so führt Freytag uns von Szene zu Szene, ganz in jener Art, die dann noch Thomas Mann so souverän beherrscht oder manipuliert etwa in den Anfangssequenzen des *Zauberbergs*, oder in den Josephsgeschichten. – Die Brüder Goncourt veröffentlichen zwei Romane, die sie zusammen geschrieben haben, nämlich *Renée Mauperin* und *Germinie Lacerteux*, beides sehr erstaunliche und sehr schöne, lesenswerte Bücher. Die Titelheldin der *Renée Mauperin* ist eine schöne wunderbar selbständige junge Dame, die sich von ihrer geldgierigen heiratswütigen titelsüchtigen Umgebung so wenig einfangen läßt, daß sie sogar eine Schwindelei aufdeckt, der am Ende ihr Bruder und dann sie selber zum Opfer fallen. Die Titelheldin der *Germinie Lacerteux* ist, in einem absolut andern Milieu, ein Dienstmädchen, der Roman untersucht (beide Romane sind so etwas wie erzählende Untersuchungen, Studien in einem noch genaueren Sinn als bei Balzac und andern) den sozialen Abstieg und den körperlichen und psychischen Verfall eines Dienstmädchens; eine Geschichte ohne den Glamour des Romans um die verwegene Renée, und, vor Zola und Huysmans, von einer niederschmetternden Häßlichkeit; die Goncourts schreiben einen klaren, eleganten, unsentimentalen Stil, man ist geneigt zu sagen, daß er allein dieses Dienstmädchenbuch erträglich macht (von dem andern Buch würde man das nicht ohne weiteres sagen, das Gefühl ist also nicht unverfänglich); »das Publikum liebt verlogene Romane; dies ist einer, der wahr sein will«, schreiben die Goncourts in einem kleinen Vorwort; sie hatten ein untrügliches Gefühl für das, was kommen würde (besonders, wenn sie es anregten), und so liest sich dieser Satz (wenn man bedenkt, daß nicht alle so brillante Schriftsteller waren) wie eine finstere Drohung vor dem, was noch kommen würde.

✦

Geboren werden in diesem Jahr, in dieser Reihenfolge, und alle ganz hinten im Alphabet: in London, aus einer ostjüdischen Emigrantenfamilie, Israel Zangwill; sein Vater, ein Lette (Hausierer, ging dann nach Jerusalem, die Mutter mit den Kindern blieb in England), galt für so ungeschickt, daß man ihn Schlemihl nannte, der Sohn veröffentlichte sein erstes Buch unter dem Namen Ben Schlemihl; Zangwill arbeitet anfangs für eine Zeitschrift, deren Chef damals jener Jerome K. Jerome war, den wir schon haben geboren werden sehn, die beiden waren lebenslange Freunde; in Châlons-sur-Mayenne[13] kommt, Sohn eines Bauunternehmers, Jules Renard zur Welt, die Mutter soll ihn gehaßt haben, er hat ein gehaßtes Kind beschrieben in *Poil de carotte*; in Bilbao wird Miguel de Unamuno geboren, ein berühmter Intellektueller und Philosoph, Lyriker, Verfasser einiger geistvoller und schöner Romane; und ganz ganz hinten im Alphabet und im November und in Strawczyn bei Kielce (nordöstlich von Krakau) kommt, Sohn eines adligen Gutsbesitzers, der unter russischer Herrschaft seines Besitzes beraubt wurde, Stefan Zeromski auf die Welt, der dann in seinen zwanziger Jahren für ein paar Jahre in der Schweiz als Bibliothekar lebte, in Rapperswyl.

---

[13] es handelt sich hier um das offenbar unbedeutendste aller Châlons, die Mayenne ist ein längerer Fluß nördlich der Loire, der bei Angers mit der Sarthe zusammenfließt, von dort bis hinab zur Loire heißen die beiden Maine: und dieses Angers ist nun endlich jenes, aus welchem der Bildhauer David d'Angers stammt, Verfertiger der Balzacbüste, Lehrer jenes eben erwähnten Millet, dem Murger, so wenig er ihm das noch vergelten konnte, das Rosen entblätternde Mädchen auf seinem Grabe verdankt.

1 ✦ 8 ✦ 6 ✦ 5

In diesem Jahre stirbt in Holyburn nah bei Alton in Hampshire, fünfundfünfzigjährig, Elizabeth Cleghorn Gaskell.

Grabschrift (62) für

G A S K E L L . Wir kennen sie als die Verfasserin jenes kleinen fast liebenswürdig-idyllischen Romans über das Städtchen *Cranford*, wir kennen sie auch als die Biographin von Charlotte Brontë. Eben nehme ich ihr *Cranford* noch einmal in die Hand, es schlägt sich von selber auf, ein Nachttier, eine Abendmotte mit seidenfeinen Flügelchen liegt da ausgebreitet zwischen den Seiten, wir haben Hochsommer, sie wird sich spätabends, die Tür zum Garten ist offen, auf die leuchtende Seite gesetzt haben, dann ist das Buch von allein zugeklappt – ich probier es gerade noch einmal aus, ja, so muß es gewesen sein. Aus der linken Seite habe ich, als wir bei dem Buch waren, wohl zitiert, da ist dieser alte Herr von der Eisenbahn überfahren worden, als er Dickens *Pickwickier* las, und die strenge alte Dame hatte, als man ihr die Umstände seines Todes mitteilte, gesagt, ach, der arme Verblendete. Auf der rechten Seite ist seine Beerdigung. Die alte Dame macht sich einen Trauerhut, die Erzählerin sieht sie mit dem Hut und schreibt: »So traurig mir auch zumute war, kaum sah ich das Häubchen, mußte ich in einem dieser belustigenden Gedankensprünge, gegen die wir uns selbst in Zeiten tiefsten Kummers nicht wehren können ...« – und genau auf dem kleinen w in diesem sich nicht wehren können hatte die seidenflüglige Nachtmotte gesessen, als die Gegenseite, mit dem verblendeten und nun toten Leser und dem Buchdeckel hinter ihm, auf sie fiel; auf dem w ist ein kleiner grauer Fleck, eben fahre ich mit dem Daumen

leicht hinüber, er verschwindet, ein bißchen Staub; aber *1865*
doch, eine ganz matte Schattierung, man wird nicht wissen woher, bleibt auf dem kleinen w.

❖

An Büchern gibt es zuerst von Dickens das letzte fertig gewordene, nämlich *Unser gemeinsamer Freund,* sein
schönstes Buch, wie man leicht finden kann, wenn man
den Weg verstanden und ihn gern begleitet hat von den
Pickwickiern über *Nickleby, Dombey* und *Bleak House* bis
neulich zu den *Großen Erwartungen.* Dickens' Bitternis
über die Welt, eine sehr wache und gezielte Bitternis, jetzt
über die neuen Reichen und ein wenig über die neuen
Schönen, wird stärker und unversöhnlicher, der Nebel
über London wird immer dichter, kein Nebel schon mehr,
mehr ein Smog, eine Verschmutzung des Lebens, und
seine menschliche Anteilnahme wird genauer, weil sie jetzt
gar nicht mehr die sentimentalen Züge von früher trägt;
die *story* ist glänzend (kein Detektivroman der Welt kann
es an Leichenfund mit dem Anfang dieses Romans aufnehmen), und der Stil folgt, wie der Altersstil Thackerays,
immer weniger dem Üblichen, und wird immer eigen-
williger und in seiner, man sollte sagen: präzisen Ver-
schwommenheit immer genauer (Thackeray bleibt gelassen im Alter, das bleibt Dickens nicht, er bleibt ernst,
wo Thackerays Scherz die eigne Position sogar in Frage
stellt, im Grunde aufgibt). Wenn, ich habe das unlängst
zitiert, die kluge Virginia Woolf in Eliots *Middlemarch* den
Roman sieht, der endlich für Erwachsene geschrieben ist
(und man kann das darin verborgene Verdikt durchaus
als gegen Thackeray und ähnliche Autoren gerichtet verstehn), dann denkt sie da nicht an diesen späten Dickens
– sie kann an ihn nicht denken, sie mußte ihn wohl für
ästhetisch leicht trivial halten (er ist das auch, und bleibt
es bis zum Ende, aber die guten gleichsam nichttrivialen
Autoren lösen unter der Hand alle Gegenpositionen des

1865 Trivialen derart auf, daß sich, auf der andern Seite – und
das läßt sich eben bei Dickens gut sehn – auch das Triviale
verwandelt und sich, um es in der Alten Sprache auszudrücken, selber zu einem Mittel höherer ästhetischer
Ideale macht). – Raabe muß Geld verdienen, muß auch
üben, und übt vor allem, und schreibt *Drei Federn*, eine
dreimal erzählte Geschichte, und der Leser allein ist es (im
Buch ist dafür keiner da), der sie zu der einen Geschichte
ordnete, die da, sagt man sich doch, zugrunde liegen
muß. Raabe hat ungeheuer viel gelesen, jetzt experimentiert er – ohne jeden Erfolg bei Kritik und Publikum, es
muß schlimm für ihn gewesen sein; andrerseits weiß er
jetzt, was er will, und daß er es kann – das wird er genossen
haben. Aber wenn Sie sich an Spielhagens doch leicht
wegwerfende Bemerkung erinnern über das, was denn ein
deutscher Schriftsteller schon sei, und nun diese Erfolglosigkeit sehn beim ersten Versuch, sich nicht den Erwartungen anzubequemen, dann müssen wir sagen, daß
Raabe harten Zeiten entgegengeht. – Meredith, den wir
unlängst mit seinem *Richard Feverel* haben debütieren
sehn, bringt *Rhoda Fleming* heraus, ein mehrfach merkwürdiges Buch, wie man öfter hört, nämlich erstens ein
Buch, das unter Bauern spielt, zweitens das Buch, worin,
wie man dann hört, Meredith ein bißchen ins Schwimmen gerät vor lauter Abschweiferei. Man muß das aber
durchaus nicht so sehn, denn zunächst fasziniert, ganz im
Gegensatz zu den Autoren, die alles fest im Griff haben,
Meredith durch seine ungeheure und sinnlich-schöne
Einläßlichkeit auf jede Gegenwart, und diese Gegenwart
sucht er keineswegs möglichst rasch mit seiner Geschichte
zu verknüpfen, sondern am liebsten bringt er sie auf den
Punkt einer hübschen Sentenz, hier ist eine: »Das Streben
des Menschen geht nach einem Höhepunkt, aber es ist
das traurigste von der Welt, zu fühlen, daß wir ihn erreicht haben« – dann ist er zufrieden und macht weiter
oder läßt sich einfangen von der nächsten duftenden

Realität. Sentenziös zu schreiben muß nicht das Stilideal bewußter Romanciers sein, aber viele tun es, wir haben das bei Gutzkow entdeckt, Balzac tut es, Jean Paul natür- lich tut es, *the Dutch in old Amsterdam do it, not to mention the Finns. Folk in Siam do it . . .* – im ganz strengen Sinne ist Sentenziosität wahrscheinlich eine Schwäche bei Roman- ciers, aber das sind natürlich Urteile ohne alle Bedeu- tung. – Zwei sehr charmante Büchelchen jetzt. Das erste ist die *Madame Thérèse* von Erckmann-Chatrian, diesem elsässisch lothringischen Autorenduo, eine ruhig, einfach, sehr anschaulich und ein aufnahmebereites Pu- blikum ansprechend geschriebene, meistens in Form von szenischen Dialogen angelegte Geschichte aus der Großen Revolution, und wie sie auf dem Lande aus- sah. – Das zweite dieser charmanten Büchlein ist *Alice im Wunderland* von Lewis Carroll (dem Mathematik- professor Dodgson, der diese verblüffenden Mädchen- photos gemacht hat), ein Buch, das in seinen Wort- spielereien und Hintersinnigkeiten das schöne Verständnis des Autors dafür zeigt, daß Kinder zuerst einen Geist haben, und allmählich erst ein Gemüt, eine Seele usf., regelrechte professionelle Kinderbuchautoren sind in der Regel zu sentimental für diese Einsicht; das Buch hatte in den sechziger Jahren (den unsern), als die Kritik noch wie ein Spiel aussah, fast den Status eines wer- denden Kultbuchs, aber dann wurde alles so merkwürdig ernst (die Scheiße brandete an alle Elfenbeintürme, wenn ich Flaubert noch einmal zitieren darf), um Carroll wurde es still, nun haben ihn die Kinder wieder[14]. – Und

---

[14] das geht so weit, daß ich das Buch unter den meinen über- haupt nicht mehr wiederfinde. – An sich sollte ich, in diesem Zusam- menhang, die Sache mit Flauberts Elfenbeinturm und der Brandung wieder zurücknehmen oder doch noch einmal bedenken, ich weiß, denn haben wir damals nicht alle ungeheuer dringesteckt in diesen kritischen Bewegungen? Wir haben. Aber genau dies (und ich bin einige Male darauf gekommen, und wir müssen das noch ausdrück- lich irgendwann bereden), genau dies ist jenes sehr bemerkenswerte

1865 dann[15] Stifters *Witiko*. Hier sind, hintereinander weg-
geschrieben, die vier Kapitelüberschriften des ersten
Bands: »Es klang fast wie Gesang von Lerchen / Sie waren
sorglos und fröhlich / Es war ein großer Saal / Es weheten
die Banner // Ein Schein ging über Feld und Wald« – man
kann gar nicht mehr aufhören mit dieser so ganz und gar
und ostentativ ungewollten Poesie. Ich will aber, gegen
die zweitletzte Fußnote, erzählen, daß ich erst den *Nach-*
sommer und dann den *Witiko* gelesen habe, als mir, vor
dem schriftlichen Abitur und zwischen dem Schriftlichen
und Mündlichen, da mir das alles entsetzlich langweilig
geworden war und ich nicht wußte, was ich tun sollte
(weil ich eigentlich mich ja hätte doch noch vorbereiten
sollen), irgendwie nach dicken langsamen Büchern war.
Ich hatte damals kein Zimmer für mich, und war nach
ein paar hundert Seiten so eingenommen von dem atmenden Rhythmus dieser Prosa (so empfand ich das damals,
atmend war das Wort gegen diese heimliche Nervosität,
diese Langeweile) und auch, das muß ich gestehn, von
dieser wunderlich pubertären Poesie jener Kapitelüberschriften, daß ich beide Bücher gelesen habe, als wenn die
Kühle wirklich durchs Auge ins Herz schliche. Wirklich,
ich hatte das Gefühl, jeden Atemzug des damals Schreibenden zu verstehn, ein bißchen, glaube ich, war es mir
fast egal, ob sie sich schlugen oder mochten, es waren
diese Sätze, diese sedierende Prosa, unter deren stillem
Einfluß die in ihr unterdrückten Emotionen auch die mei-

Zusammenwachsen von Biographie und Lektüre: wir schätzen die
Bücher weiter hoch, die wir mochten, als wir einmal so voll Schwung
oder Übermut oder wie wir das jetzt nennen waren, daß wir gern
meinen, das waren starke Zeiten; und wir würden heimlich geradezu
(irgend so etwas steckt dahinter) uns in jenen Zeiten doch nicht so
stark sehn, wenn wir jetzt über das, was uns so gefiel, ein zweites
andres Urteil fällen müßten – lieber lassen wir das erste stehn.
    [15] »...und dann die Herren Leutnants... (klingkling, tschingtsching
und Paukenkrach, noch aus der Ferne tönt es schwach, ganz leise
bumbumbumbum tsching; zog da ein bunter Schmetterling, tsching-
tsching, bum, um die Ecke...)« – Liliencron.

nen, die, was sie selber anging, jeden wenn nur nicht ge-
träumten Kuß solchen Sätzen vorgezogen haben würden,
sonderbar stillten.

✦

Geboren werden in diesem Jahre (ich habe das ja nicht
in der Hand) im schlesischen Grünberg Otto Julius Bierbaum (hat über Liliencron und Stuck geschrieben, und
dann diesen unmöglichen *Stilpe,* ein leserbiographie-
gebundenes Buch *par excellence,* Tausende finden es
schön, weil sie damals als sies lasen eben waren wie sie
damals waren); und in Bombay, Sohn eines Kunstpro-
fessors, der vorher methodistischer Geistlicher gewesen
war, Joseph Rudyard Kipling (*Dschungelbücher* und *Kim,*
eine Art Alice aus Indien), er gewann den Nobelpreis.
Wir werden beiden noch begegnen, dann will ich mich
um mehr Gerechtigkeit bemühn und weniger Fußnoten.

XV

1866 *BIS* 1870

1 ✦ 8 ✦ 6 ✦ 6

In diesem Jahre stirbt, achtzigjährig, in seinem Landhaus in Halliford Thomas Love Peacock.

Grabschrift (63) für

PEACOCK. Ein letzter Gruß aus alten Zeiten ist das: Peacock, Freund Shelleys, vorübergehender Schwiegerpapa Merediths, Verfasser von schönen Konversationsromanen und wunderlichverstehenden Parodien auf das Gespensterwesen der alten Generation. In seiner *Nachtmahr-Abtei* tritt ein Seegetierforscher auf, Asterias, dessen Ehrgeiz es ist, einmal in seinem Leben eine Meerjungfrau zu fangen oder wenigstens zu sehn, von ihm schreibt Peacock: »Mr. Asterias wurde von seinem Sohn begleitet, dem er den Namen Aquarius gegeben hatte. Er hegte die feste Überzeugung, daß sein Sproß einmal ein leuchtendes Gestirn am

Sternenhimmel der ichthyologischen Wissenschaft sein würde. Welches wohltätige Weib ihm das Gefäß geliehen hatte, in welches dieser Sohn gegossen wurde, gab niemand vor zu wissen. Und da er nie auch nur die entfernteste Anspielung auf die Mutter von Aquarius fallenließ, behaupteten manche Scherzbolde in London, daß ihm die Gunst von einer Meerjungfrau erwiesen worden sei und daß der wissenschaftliche Forschungsdrang, mit dem er unablässig die Meeresküste entlangschlich, einem weniger philosophischen Beweggrund entspringe, nämlich dem Wunsch, seine verlorene Liebe wiederzufinden.«
Peacock wurde ganz in der Nähe seines Hauses von Halliford in Shepperton begraben, an der Themse, ich habe in Jeromes *Drei Mann in einem Boot* geblättert, da heißt es, als die Reisenden dort in der Gegend sind: »Halliford und Shepperton sind zwei hübsche kleine Örtchen, wo sie den Fluß berühren, aber an keinem von beiden ist etwas Bemerkenswertes. Allerdings gibt es auf dem Friedhof von Shepperton ein Grab mit einer Inschrift in Versen, und ich hatte Angst, daß Harris das Verlangen überkommen würde, haltzumachen und sich dort herumzutreiben. Ich sah ihn schon sehnsüchtige Blicke auf die Landungsbrücke richten, doch es gelang mir, mit einer geschickten Bewegung seine Mütze ins Wasser zu befördern, und über der Aufregung, sie wieder herauszufischen, und seiner Empörung über meiner Tolpatschigkeit vergaß er seine geliebten Gräber.«

◆

Von Wilkie Collins, den wir kennen seit seiner *Frau in Weiß*, erscheint *Der rote Schal*, auch ein schöner Krimi. – Victor Hugo bringt die *Arbeiter des Meeres* heraus, einen Fischerroman mit dem eher schon an den frühen Kellermann (aus Fürth) erinnernden Effekt, daß ein der Magie verdächtiger Fischer, als das seinen Kollegen so verdächtige Dampfschiff des Mannes sinkt, dessen Tochter er liebt (es war Sabotage), wenigstens die wertvolle Maschine des Dampfers bergen will; das Mädchen nimmt dann aber den Geistlichen, und der Fischer vermählt sich mit dem  Meer (»Der Tag war so schön wie keiner noch in diesem Jahr. Etwas Hochzeitliches lag in der Luft«), dort, wo er einst jenen Geistlichen vor dem Ertrinken gerettet hat[1], das ist natürlich viel auf einmal.[2] – Und Dostojewski veröffentlicht *Schuld und Sühne* (oder *Verbrechen und Strafe*, wie immer man das übersetzen mag): das ist die Geschichte jenes sprichwörtlich gewordenen Raskolnikow, der eine alte Wucherin umbringt und dann von Sonja (jedenfalls seelenmäßig) gerettet wird, der von ihrer Mama auf den Strich geschickten Tochter des alten Trinkers Marmeladow. Annelore Engel-Braunschmidts sehr schönem Anmerkungsteil von Nabokovs *Gabe* in Dieter E. Zimmers wunderbarer Nabokov-Edition entnehme ich hier, daß Nabokov in seinen amerikanischen Vorlesungen den Anfang der Erlösung aus *Schuld und Sühne* zitiert, mit dem Kommentar, daß dieser Satz »an Stupidität in der ganzen Weltliteratur kaum seinesgleichen haben dürfte«; im Briefwechsel mit Wilson nennt Nabokov Dostojewski einen drittklassigen Schriftsteller, dessen Ruhm

---

[1] in keinem Stück ist das zu vergleichen dem Tode Bloody Johnnys auf dem versinkenden Tragflügel seines geretteten Widersachers bei der großen Flut von Glastonbury in John Cowper Powys' *Glastonbury Romance* von 1933.

[2] im fünften Kapitel seiner *Ringe des Saturn* berichtet W. G. Sebald das Schicksal Apollo Korzeniowskis, des Vaters von Joseph Conrad. Korzeniowski war wegen politischer Umtriebe in die Gegend von Nishnij Novgorod verbannt worden, mit dem Sohn und der tuberkulösen Frau; nach einem Urlaub, wegen der Gesundheit der Frau, mußten alle drei gleichwohl wieder zurück in die Verbannung, die Frau starb, Apollo war allein mit seinem Sohn, der jetzt sieben oder acht Jahre alt war, und nun schreibt Sebald über den Vater, von dem er sagt, sein Lebenswille sei nahezu erloschen gewesen jetzt nach dem Tode der Frau: »Die eigne Arbeit nimmt er fast nie mehr vor. Höchstens, daß er hie und da eine Zeile umändert in seiner Übersetzung von Victor Hugos *Les travailleurs de la mer*. Dieses unendlich langweilige Buch kommt ihm vor wie ein Spiegel des eigenen Lebens ...«.

ihm unbegreiflich sei, zu Wilsons leichtem Verdruß, der mit Nabokov bei solchen Urteilen dann immer redet wie ein nachsichtiger Erwachsener.

Anmerkungen (17) zu

DO S T O J E W S K I . Virginia Woolf hat in ihrem *Gewöhnlichen Leser* von 1925 einen Aufsatz über russische Autoren. Ich möchte sagen, daß ich fast nichts so liebe wie Virginia Woolfs Essays, Sie werden es vielleicht schon gemerkt haben. Wenn sie über Literatur schreibt, dann liest sie die Bücher, noch einmal, oder das erste Mal, oder sie blättert sie fast müßig noch einmal durch, sie gibt sich dem hin, was sie liest, dann schreibt sie auf, was sie empfindet und denkt. Sie weiß (ich nehme das an, sie muß es aber nicht unbedingt gewußt haben), daß tausend Romane mindestens einhundertfünfzig oder zweihundert Zugänge zu ihnen erlauben, und daß eben die Vielfalt dieser Zugänge den ungeheuren Reiz der Literatur und des Lesens ausmacht – ihre Essays, die immer wieder ganz unerwartete Lichter werfen, sind so schön wegen dieser Offenheit ihres für das lesende Empfinden immer durchlässigen Denkens; ich glaube, daß auch die oft so überraschende Schönheit ihrer Zitate daher rührt. Es scheint nun so, daß diese Methode (es ist natürlich keine, ich benutze das Wort, um zu sagen, daß das, was die Woolf tut, die unbefangene, unverfälschte Natur dessen ist, was, jedenfalls bezüglich der Literatur, allen Methoden eigentlich nur zugrunde liegen dürfte) – es scheint nun also, daß diese Methode jedenfalls bei Dostojewski an eine Grenze kommt; wenn sie von schäumenden Strudeln, wirbelnden Sandstürmen[3]

---

[3] tatsächlich, finde ich, ist das, woran Dostojewski am meisten erinnert, jenes Filmgenre, dessen erstes bekanntes Beispiel *Mad Max* war; nur ist, was hier das lange Vorbereiten irgendwelcher trüber Aktionen in der Schmuddeligkeit dieser unreinen Wüste ist, bei Dostojewski in unaufhörlichen Reden das unablässige Hervorholen von Emotionsgemengen aus den Tiefen irgendwelcher Seelen.

redet, in die wir hingezogen, von denen wir herumgewirbelt werden, und wir seien geblendet, erstickt, entzückt, und nichts außer Shakespeare sei aufregender zu lesen, dann bin ich nicht mehr so bei der Sache wie sonst bei ihr; tatsächlich falle es schwer, räumt sie dann irgendwann ein, von irgendwelchen Wellen emporgeschleudert und auf die Steine am Boden geschmettert zu werden; aber dann, wie irgend jemandem zu Gefallen, den wir nicht kennen (es kann nicht ihre Seele sein, sagen wir uns), geht sie wieder groß an ihn (also Dostojewski) oder an uns oder an sich selbst eben heran und sagt: »Wer du auch seist, du bist das Gefäß für dieses heillose Gebräu, diesen trüben, gärenden, kostbaren Stoff, die Seele. Die Seele wird von Schranken nicht eingegrenzt. Sie fließt und flutet, quillt über und mischt sich mit andern Seelen.« Und anschließend sogleich, zur Illustration gewissermaßen, erzählt sie Dostojewski nach: »Die einfache Geschichte eines Bankangestellten, der eine Flasche Wein nicht bezahlen konnte, breitet sich aus, ehe wir recht begreifen, was geschieht, in das Leben seines Schwiegervaters samt seiner fünf Mätressen, die dieser Schwiegervater abscheulich behandelt, des Postboten, der Putzfrau und der Prinzessinnen, die im selben Mietshaus wohnen« – an dieser Stelle machen die Herausgeber (man kann nicht unterscheiden ob der englischen oder jetzt der so glänzenden deutschen Ausgabe von Klaus Reichert) eine Anmerkung, die in schwer überbietbarer Lakonie lautet: »Dieses Werk konnte nicht identifiziert werden.« Ich glaube, daß Virginia Woolf das gewußt, oder daß sies wenigstens in Kauf genommen hat, und daß sie damit, ohne es sagen zu müssen, irgend etwas sagen wollte; und ich vermute, daß das, was sie sagen wollte, ungefähr das war, was mich bewogen hat, diese Anmerkung zu machen.

1866 Geboren werden in diesem Jahre in Clamecy im Burgun-
dischen, an der Yonne, südlich von Auxerre, Sohn eines
wohlhabenden Notars, Romain Rolland; er gewann 1916
den Nobelpreis und schrieb, außer gewaltigen Romanen,
Bücher über Michelangelo, Beethoven und Tolstoi und
Mahatma Gandhi; und in Bromley in Kent, Sohn eines
Berufssportlers und Kaufmanns, kommt Herbert George
Wells auf die Welt, der 1895 die Zeitmaschine erfand –
neben Jules Vernes Kapitän Nemo in seinem Nautilus
(den wir gleich nachher werden auf- resp. untertauchen
sehn) war das dann einer der großen Trivialmythen unsrer
Epoche; ich weiß nicht mehr, wo ich das gelesen habe,
aber man erzählt, daß Wells, wenn er keinen Besuch erwartete, auf dem Boden weitläufiger Zimmer gesessen
habe, vertieft in den Anblick historischer Schlachten, die
er mit Blei- oder Zinnsoldaten durch die Wohnung hin
nachgestellt habe; und dabei war er Sozialist, Pazifist,
sogar Vegetarier; Sozialist und Pazifist war er ganz gewiß, daß er auch Vegetarier war, wenigstens am Anfang
seiner Laufbahn, das ist ein Schluß, den ich aus seinem
ersten Buch gezogen habe, eben jener berühmten *Zeitmaschine* – davon dann aber an seinem Orte. Wells hat
übrigens keinen Nobelpreis gekriegt, war aber, nach Galsworthy (der nächstes Jahr geboren werden wird) Präsident
des internationalen PEN-Clubs, damals war das schon
etwas.

1 ✦ 8 ✦ 6 ✦ 7

Keine Toten; wenig Bücher; sechs Geburten. – Turgenjew bringt *Rauch* heraus, die traurig-schöne Geschichte einer großen Liebe, die ein junger Mann einem exzentrischen Mädchen entgegenbringt; sie nimmt einen andern, er ist dabei, eine andre zu nehmen, da sieht er sie wieder und sagt:»Ich liebe Sie so sehr, wie ich noch nie zuvor jemand, außer Ihnen, geliebt habe«, das gibt ihr natürlich zu denken, sie tut die Hände vors Gesicht: was wird dahinter mit ihr sein, fragt er sich:»dabei hätte ihn das, was darin vorging, sicherlich befremdet, drückte es doch Angst und Freude zugleich aus sowie eine Art wohliger Erschöpfung und Erregung. Die Augen glitzerten kaum merklich unter den halb geschlossenen Lidern, und die gedehnten, abrupten Atemzüge kühlten den geöffneten, gleichsam dürstenden Mund«, ganz die alte Irina. Aber er will zu seiner Verlobten (wie ein Wanderer in der Nacht einen Lichtschein ansieht und ihn nicht aus den Augen verlieren will, so will er das, sagt Turgenjew):»Viertel sieben!⁴ Wie lange er da noch warten mußte! Und wieder schritt er auf und ab. Die Sonne neigte sich dem Untergang zu, der Himmel über den Bäumen rötete sich, und purpurnes Dämmerlicht drang durch die schmalen Fenster in sein dunkel gewordenes Zimmer. Plötzlich war es Litwinow, als habe sich die Tür hinter ihm leise und schnell geöffnet und ebenso schnell wieder geschlossen. Er drehte sich um. An der Tür stand, in eine schwarze Mantille gehüllt, eine Frau.« Wer? Lesen Sie weiter auf Seite 134 bei Aufbau, bei Winkler auf Seite 605. – Dostojewski veröffentlicht die erste seiner großen Monographien in Romanform, *Der Spieler*; es folgen dann noch *Der Idiot* und *Der ewige*

---

⁴ nach Pommerenkes Übersetzung bei Aufbau, nach Josef Hahn, bei Winkler, viertel vor sieben – das wäre eine Differenz von einer halben Stunde.

1867 *Gatte.* – Und der junge Émile Zola, bislang durch einige Erzählungen empfohlen und unter Kennern berühmt für einen vehementen Essay über Manet (und den Lesern des *Provenzalischen Boten* namentlich wahrscheinlich gar nicht bekannt als der Autor ihres Fortsetzungsromans *Die Geheimnisse von Marseille*), bringt *Thérèse Raquin* heraus, einen kleinen Roman vor dem Beginn des großen Zyklus der *Rougon-Macquart*. Die ganz und gar düstre Geschichte beruht auf Wahrheit und geht so, daß die junge Titelheldin den Sohn ihrer Tante heiratet, der ein Geschäft in einer immer dunklen Gasse in Paris aufmacht; durch ihn lernt sie einen schönen Maler kennen,[5] die beiden verlieben sich ineinander, sie bringen den lästigen Ehemann um, dann warten sie zwei Jahre, ehe sie heiraten: und als sie dann endlich alles tun wollen, was den Mord gerechtfertigt haben würde, klappt nichts, und Nächte kommen, die schlimmer sind als wären sie entdeckt worden; und eines Tages fallen sie sich in die Arme und bringen sich gemeinsam um. Das ist einer der ausweg- und trostlosesten Romane, die es gibt (vielleicht ist Stephen Crane manchmal vergleichbar, zuweilen Sudermann); nun sind natürlich Auswege und Trost nicht das, was Romane mit sich bringen müssen; auch Hardy etwa (wir werden ihm sehr bald begegnen, und wir werden gern ein Stück mit ihm fahren) hat Schicksale ohne Ausweg, man könnte versuchen, seine Tragödien ähnlich zu lesen. Man kann das schwer ausdrücken, man möchte sagen, das Tragische eben sei es, was bei Zola fehle, bei ihm herrschen Schmutz und Trivialität; aber was heißt schon tragisch, nicht wahr? Zolas Buch ist sehr spannend und bewegend, aber es drückt uns den Kopf in eine

---

[5] erinnern Sie sich hier an den frühen Balzac, an das Haus mit der ballspielenden Katze, an den jungen Mann davor, einen Maler, der dann die Tochter heiratet? Es sind Welten zwischen diesen Büchern; fast, denkt man, ist eine einzige Seele zu groß für so zwei Welten (und für Zola wird das ein bißchen so gewesen sein); aber wir lesen ja bloß.

eklige Welt, und es tut das mit der im Grunde ziemlich
triumphierenden Behauptung: so eben sei die Welt. Wahr-
scheinlich ist es der Triumph in dieser Behauptung (der es
lächerlich finden würde, von der Kunst etwas andres zu
wollen als noch einmal die Welt, oder den Anstoß, sie
zu bessern), der uns wenn schon nicht hier beim ersten
Male (immer sind die ersten Male noch bedeckt von
den Spuren der einstigen Unschuld), so doch später bei
seinen Nachfolgern solche Sachen unlesbar vorkommen
läßt: mit schlechtem Gewissen – aber das kommt im
Grunde noch dazu zu ihren Lasten. – Spielhagen, der
so beinahe glanzvoll im letzten Lustrum debütiert hatte
mit den *Problematischen Naturen*, bringt jetzt einen Roman, der fürs erste doch wieder alle Versprechen Lügen
straft, *In Reih und Glied*, er verläßt da auch seine Insel
Rügen, zugunsten einer Landschaft, die einfach keinen
Geschmack mehr hat; gleich werden wir ihn nach Rügen
zurückkehren sehn.

Geboren werden in diesem Jahre, in dieser Reihenfolge:
in Valencia Vicente Blasco Ibáñez, ein ungeheuer erfolgreicher Romancier, der (beinahe wie später Tozzi) ungeheuer eindringliche kleine Romane über das Leben der
Bauern geschrieben hat; in Shelton bei Hanley, südlich
von Manchester, bei Stoke-on-Trent, in den Potteries,
dem Töpfereibezirk, den er später dann so hinreißend wie
bedrückend beschrieben hat (vielleicht erinnern Sie sich:
ich habe ihn schon einmal genannt anläßlich der *Harten
Zeiten* von Dickens), wird Enoch Arnold Bennett geboren,
später ebenfalls ein sehr sehr wohlhabender Mann durch
seine Romane (und da wir eben bei Virginia Woolf waren:
sie hat ihn so wenig gemocht wie Wells und Galsworthy,
zum Teil einfach deshalb, schreibt sie, »weil ihr Werk
durch die bare Tatsache, daß sie leibhaftig unter uns sind,
eine lebende, atmende Alltagsunvollkommenheit hat, die

1867 uns erlaubt, uns mit ihm alle wünschenswerten Freiheiten zu nehmen« – ist das nun nicht groß? selbst wo sie irrt?); in Agrigent auf Sizilien kommt Luigi Pirandello auf die Welt und schreibt sonderbarerweise ganz genau wie Bennett (natürlich ganz anders) einen Roman über einen Mann, der ein andres Leben will; in Würzburg, Sohn eines Photographen, und eigentlich wollte er Maler werden, aber dann muß er bei seinem Papa photographieren lernen und sicher auch entwickeln und das alles, mit diesen Säuren oder Laugen oder was das sind oder jedenfalls damals waren, kommt Max Dauthendey auf die Welt, Lyriker, lyrischer Erzähler, berühmt für seine *Acht Gesichter am Biwasee,* Verfasser aber auch zweier sehr charakteristischer Romane; in Kingston Hill in Surrey, Sohn eines Londoner Rechtsanwalts, wird dann, dritter im Bunde der von Virginia Woolf Ungeliebten, dafür erster PEN-Club-Präsident und obendrein Gewinner des Nobelpreises (1932), John Galsworthy geboren, der mit der *Forsyte Saga;* und schließlich, in Chaville, im Departement Seine-et-Oise, kommt Marcel Schwob zur Welt, Sohn eines Journalisten, Freund Wildes, Freund auch jener wunderbaren tagebuchschreibenden Catherine Pozzi, die mit Paul Valéry eine so große Affäre hatte, und deren Papa, ein Chirurg, seine eigne Unsterblichkeit hat durch seine Patenschaft an Prousts Figur des Dr. Cottard; Léon Daudet, ein Sohn vom großen Alphonse, Romancier auch er, meinte, daß er sich von diesem entsetzlich eitlen Chirurgen nicht einmal die Haare schneiden lassen würde, wenn ein Spiegel in der Nähe wäre; aber mit dem merkwürdigen Marcel Schwob, der in den wenigen Jahren, die ihm vergönnt waren, als einer der gebildetsten aller Schriftsteller galt, hat das alles nichts zu tun.

1 ✦ 8 ✦ 6 ✦ 8

Stifter stirbt, dreiundsechzigjährig in Linz, vermutlich an Leberkrebs (Wilpert sagt sonderbar, in einem Anfall starker Schmerzen habe er kurz vor seinem natürlichen Tode einen Selbstmordversuch gemacht).

Grabschrift (64) für
S T I F T E R . »Die Zeit war zäh, wie Blei ...
Was ich aber suchte, das erschien nicht.«
Der Condor.

Von Collins gibt es abermals einen schönen Krimi, *Der Monddiamant.* – Dostojewski, wie angekündigt, setzt die Reihe seiner monographischen Darstellungen mit dem *Idioten* fort, der Beschreibung eines lächerlichen Menschen, eines Kranken, der nach langem Sanatoriumsaufenthalt in der Schweiz nach Rußland zurückkehrt. Ein guter Mensch, ein merkwürdiger Mann; »ich fürchte immer«, sagt er einmal, »daß ich die erhabene Idee, welche mich beseelt, durch die lächerliche Form, in der ich sie vorbringe, bloßstelle und erniedrige«, und gleich danach: »Und so will ich denn alles, alles aussprechen, was ich auf dem Herzen habe«, auf der übernächsten Seite hat er dann einen epileptischen Anfall und sinkt in die Arme des Mädchens, das ihn mag. Er verliert dann völlig seinen Verstand, als er einen Mörder am Bett von dessen Opfer trösten will. – Raabe bringt den *Abu Telfan* heraus, worin es einmal hübsch so geht: »Gott, o Gott, Hagebucher, wissen Sie, wie tief der Mensch sinken kann? – Ich glaube einige Erfahrung davon zu haben, sprach der Mann aus dem Tumurkielande; aber der Leutnant Hugo von Bumsdorf legte ihm die Hand auf die Brust, schob ihn zwei

Schritte zurück und rief: Sie? Ach, überheben Sie sich nicht. Was können Sie davon wissen? Sie werden schweigend sich beugen, wenn ich Ihnen mitteile, daß ich, Hugo von Bumsdorf, Sekondeleutnant im zweiten Jägerbataillon, Stunden habe, in welchen ich – in welchen ich über die – Unsterblichkeit der menschlichen Seele nachzudenken gezwungen bin! – Das ist freilich entsetzlich, rief Leonhard.« Dieses Buch ist, bei allen Sonderbarkeiten und Verbrämungen, nach einigen Stücken der *Leute aus dem Walde* das erste lesenswerte Buch Raabes, ein bißchen diffus noch, ein bißchen unentschieden, aber man sieht, daß Raabe jetzt ernsthaft schreibt; Raabe, mit Frau und Kindern, wohnt zu dieser Zeit in Stuttgart, in seinem Wesen kein richtig vergnügter Mann, ein sehr gefährdeter Mann, aber er hat eine wunderbare Freundin, die Frau eines damals sehr populären Romanciers[6], Marie Jensen; und der Schlag gegen Raabes Seele ist nun, daß, kaum ist das Buch draußen, Jensen einen Job in Flensburg angeboten kriegt – können Sie ermessen, wie furchtbar es ist, in Stuttgart zu wohnen und jemanden lieben zu müssen, der in Flensburg wohnt? Davon hat Raabe sich nie wieder erholt. Wenn ihr wüßtet, was ich weiß, so zitiert am Schluß ein träumender Schneider

---

[6] der bei uns hier nicht vorkommt. Mein schon wiederholt genannter Freund Fuld hat mich ein Weilchen lang dazu bringen wollen, auch Autoren wie diesen Jensen zu lesen, ich bescheide mich aber mit dem Photo seiner Frau, das Fuld freundlich in sein Buch aufgenommen hat. Sie sieht sehr keck aus, viel besser als ihr allzu gestylter Gatte auf der Gegenseite. Fuld berichtet, Marie habe die Bücher ihres Freundes (und das waren ja bis dahin, füge ich jetzt ein, überhaupt nicht die guten; aber vielleicht hat sie durchblicken können von der *Sperlingsgasse* bis zu *Waldleuten*, und jedenfalls von dort über den *Telfan* und den kommenden *Schüdderump* bis ans Ende) denen ihres Mannes bei weitem vorgezogen, und habe in ihrem eignen Zimmer kein Buch ihres Mannes, dagegen alle ihres Freundes gehabt. Raabe auf einem Familienphoto mit einer Tochter auf dem Arm sieht ein ganz kleines bißchen kläglich aus, man wundert sich, daß Marie ihn mag, wahrscheinlich hat ihn das auch gewundert.

(so etwas wie Brentanos lahmer Weber) ein arabisches 1868
Wort Mohammeds, dann würdet ihr viel weinen und
wenig lachen.[7]

✦

Geboren werden in diesem Jahr, alphabetisch, denn von
Osbourne weiß ich nichts Genaues: in Nishni Nowgorod,
das seither Gorki heißt (und wir erinnern uns, daß in
jene Gegend Joseph Conrads Vater verbannt war, und daß
seine Mutter dort starb), Sohn eines Tischlers, Maxim
Gorki, ein ganz außerordentlicher sentimentaler Erzähler;
in Tournay, einem kleinen Ort bei Tarbes in den Pyrenäen
(Gautier war aus dieser Gegend), wird Francis Jammes
geboren, der ganz wunderliche kleine Romane geschrieben hat (Gide mochte ihn, aber als Jammes dann immer
katholischer wurde und ein Freund Claudels, mochte
Gide ihn nicht mehr so); in Paris wird Gaston Leroux
geboren, der dann sehr gute Kriminalromane schrieb;
und fern drüben, ich glaube in San Francisco, kommt
der eben besagte Lloyd Osbourne auf die Welt, ein Sohn
jener Fanny Matilde Vandegrift Osbourne und ihres Gatten Samuel, den sie eines Tages Richtung Frankreich verließ, dort tat sie sich dann mit dem todkranken entsetzlich
dünnen Robert Louis Stevenson zusammen; sie brachte
Lloyd mit, und als der größer und verständig geworden
war, schrieb Stevenson mit ihm zusammen drei Romane;
und in Wien, Sohn eines württembergischen Ministers

---

[7] natürlich nimmt ein solcher Schluß einer angestrebten Kritik an
der Gesellschaft einiges von ihrer Brisanz, zumal, wenn man die
Schönheit des Orts sieht, an dem dieser Schluß spielt. Aber das ist es
nicht, was uns angehn müßte, denn im Grund ist es absolut belanglos,
wenn wir von Büchern, die hundert Jahre alt sind, jene Kritik fordern,
die wir selber, hätten wir damals schreiben dürfen, zweifellos geliefert
haben würden. Problematisch ist lediglich, ob das etwas ängstlich-
diffuse Verhalten des aus dem fernen afrikanischen Gebirge Heim-
gekehrten seine ästhetische Präsenz schwächt, oder also, ob Raabe von
der eignen Figur unüberzeugt bleibt, weil er selber nicht weiß, was er
will.

 **1869** und einer bayerischen Hofschauspielerin, wird Gustav Meyrink geboren, ein großer Dickens-Übersetzer, später wurde er dann Buddhist, Gott, aber wir wissen nicht welcher, wird wissen warum.

1 ✦ 8 ✦ 6 ✦ 9

Keine Toten, fünf Bücher, zwei Geburten (es werden immer mehr). Das eine Buch ist Gontscharows *Schlucht* – seine Bücher werden immer dicker, das Wortmengenverhältnis zwischen ihnen, von der *Alltäglichen Geschichte* über den *Oblomow* bis jetzt in die *Schlucht*, ist 13:23:39, er ist jetzt in der Größenordnung der *Anna Karenina*. Einmal sagt einer zu einer, die er liebt und der er immer gesagt hat, der Leidenschaft müsse man sich völlig hingeben (und sie tut das nun, bloß ist er nicht der Gemeinte; aber er sagt das ohne einen Gedanken daran, er würde es auch sagen, wenn es ihn beträfe, ja, im Grunde weiß ers auch gar nicht): »Du gehst zugrunde, sagte er, voll Entsetzen zurückweichend. Wohl möglich, sagte sie, gleichsam einen Rausch von sich abschüttelnd und sich besinnend. Doch was schadet das? Was geht Sie das an?« In der titelgebenden Schlucht, die Wolga fließt dort, lebt ein wilder Revolutionär, an dem das Mädchen leidet; wenn er einen Schuß abgibt, muß sie hinab, einmal muß er drei abgeben und herrscht sie wegen des verschwendeten Pulvers an (Revolutionäre haben mit ihrem Pulver mehr zu tun als ihrer Lust zu präludieren) – kein durchaus netter Mensch, er wird immer weniger nett, am Ende weiß man kaum mehr, warum er eigentlich in dem Buch noch drin ist. Ein brillantes Buch von ihm ist, zwischen dem ersten und dem zweiten Roman, 1856, die Beschreibung einer Reise, die er im Jahre 52 auf der Fregatte *Pallas* in offi-

zieller Mission nach Japan unternahm (erst 55 kehrte
er von dieser Reise über Sibirien wieder zurück). – Die
Brüder Goncourt schreiben ihren letzten gemeinsamen
Roman (Jules wird im nächsten Jahre sterben), *Madame
Gervaisais*, ein Buch, das mit den betörendsten Italien-
und Rom-Eindrücken anfängt, die man sich vorstellen
kann, und dann, ganz unerwartet zunächst, und alle Hoffnungen des Lesers doch sehr zunichte machend, in die
Studie einer religiösen Hysterie mündet – da kommt, bei
diesen Brüdern, die wirklich ein unerhörtes Sensorium
für den Geist der kommenden Zeiten hatten, ein Thema
auf, dem wir noch begegnen werden, und zwar, und sehr
viel großartiger als bei den Goncourts, bei Clarin, in seiner
Präsidentin, fünfzehn Jahre sind das noch hin, und dann
beim großen Pérez Galdós (vielleicht erinnern Sie sich:
einem Jahrgangsgenossen von Henry James, 1843), der in
seiner *Gloria* von 1877 so weit gehn wird, das Christentum überhaupt als eine Sache für hysterische Frauen
darzustellen[8]. – Spielhagen (der doch eine Menge Ehre
davon hat, in dieser Umgebung erscheinen zu können)
bringt *Hammer und Amboß* heraus, ein Buch, das wieder
auf Rügen spielt und sehr schwungvoll und schön damit
beginnt, daß ein Schuljunge, ein Icherzähler, aus nichti-
gem Anlaß wegläuft und unter den heruntergekommenen
Alkohol- und Seidenschmuggel treibenden alten Adligen
Rügens landet; eine junge Schöne dieses Adels liebt den
Fürsten von Prora, einen haltlosen Wüstling im Vergleich

---

[8] uns unaufgeregten Atheisten kann das in der Sache alles gleichgültig sein, ich füge aber gern an, daß Pérez Galdós hier (Clarin ist
ein eigner Fall) jene Variante des Glaubens im Auge hat, die entstehen kann, wenn die klerikal kontrollierte normale Bigotterie ins
Innerliche umschlägt. Beide Bücher sind großartig (Clarins ist noch
großartiger), bei Pérez Galdós war auch die Kirche gleich zur Stelle
und indizierte das Buch; die entsprechenden Kreise, das war damals
die unwidersprochne Meinung unter den Kennern, wußten denn auch
zu verhindern, daß er Anfang des Jahrhunderts den Nobelpreis bekam;
er hätte ihn verdient gehabt (kein sinnvoller Nachsatz, ich weiß, wir
werden darauf noch kommen).

1869 zum herrischen Vater der Schönen, dem Schmuggel-
könig; daneben noch sehr eindrucksvoll ein junger Adliger
in einem verfallenden Schloß, der das schöne Mädchen
vergeblich liebt, er weiß das, aber er kann nichts machen
dagegen, wer will aber auch schon etwas machen in seiner
Situation gegen eine solche Liebe, die doch wenigstens
Leben ist: diese ersten paar hundert Seiten des Buchs,
Verfall und dunkles Leben, und ganz hervorragend, und
auch mitunter fast sinnlichschön geschrieben, wenn es
etwa heißen kann, und wir »traten hinaus in die wehende
Nacht«. Der große wilde Alte stirbt dann bei einer
Schmugglerverfolgung, der Erzähler, der mit ihm gekämpft hat, stellt sich – aber hier geht schon in der Kon-
zeption das ganze Werk zugrunde, denn der Erzähler wird
verurteilt, er kommt ins Gefängnis, er wird zum Liebling
eines engel- oder doch beinahe gottgleichen Direktors,
er rettet diesem das Leben, er lernt, er wird ein guter
Mensch: hier wird die Icherzählung (zu deren Recht-
fertigung Spielhagen sich anderswo eigens eine Theorie
ausgedacht hatte) artistisch völlig unhaltbar, der Erzähler,
der absolut keinen großen Spaß versteht mit sich, geht
uns mächtig auf die Nerven. Am Ende wird er Ingenieur
und baut Werkzeugmaschinen oder dergleichen – genau
diesen verzweifelten Hang zum Maschinenbau werden
wir bald bei Turgenjew sehn, wenn die Heldin nicht mehr
den schmalgesichtig-raschempfindenden jungen Adligen
liebt, sondern den breitstirnig-gediegnen und eher spät-
entwickelten Ingenieur; bei genauem Hinsehn hat Spielhagens Beschreibung des niedergehenden und schon
niedergegangnen Rügner Adels sehr charakteristische
Entsprechungen bei Turgenjew, und wären bei diesem
nicht die Liebesgeschichten bis wenigstens hin zu den
mittleren Werken so unvergleichlich viel schöner als alles
was Spielhagen kann, so würde man diesen doch, den
Adel und den künftigen Maschinenbau angehend, gern ein
Stück weit den Turgenjew Rügen & Stralsunds nennen.

Und von Tolstoi erscheint *Krieg und Frieden,* ein mo- *1869*
numentales Buch (mit rund 660 000 Wörtern – das ist der
halbe Proust – 365 Kapitel in siebzehn immer noch gigantischen Teilen in vier Bänden), ganz und gar groß und
hinreißend und klug (von einigen Glaubensgewißheiten
verschiedenster Couleur einmal abgesehn, und wir können von ihnen, hier jedenfalls, absehn, denn ohne sie wäre
Tolstoi, hier jedenfalls, ein um keinen Deut schlechterer
Autor), das über die ganze wundervolle Länge hin durch
die, wenn ich so sagen darf: sinnliche Gegenwart jedes
Satzes fesselt; wie Tolstoi das macht, war schon bei den
Kosaken rätselhaft, alles sieht aus, als schreibe er ganz
natürlich hin, was er schreiben möchte, »nichts scheint
ihm zu entgehn, nichts streift ihn auch nur unvermerkt«,
sagt, in jenem schon zitierten Aufsatz, worin sie alles
bei Dostojewski durcheinanderwirft, Virginia Woolf über
Tolstoi – das genau ist es; treffend ist auch ihre Bemerkung, daß aus bestimmten Szenen ein Glücksgefühl sich
so intensiv auf uns überträgt, daß wir das Buch zumachen
wollen, um es ganz auszukosten. – Gegen Ende von Flauberts *Lehrjahren des Herzens* oder *Erziehung der Gefühle*[9]
heißt es: »Er lernte die Schwermut der Schiffe kennen, das
kalte Erwachen unter Zelten, die Betäubung von Landschaften und Ruinen, die Bitternis jäh zerrissener Zu-
neigungen. Er kehrte wieder zurück … Jahre gingen hin,
und er ließ seinen Verstand in Müßiggang und sein Herz
in Trägheit verharren.« Dann ist ein Exemplar der neuen
bourgeoisen Generation fertig, der Autor urteilt nicht viel,
er hat nur beschrieben, alles Urteilen steckt in der desillusionierenden kühlen Kraft der Sätze, die er macht –
das sind vollkommene Sätze, in denen er ein ganzes Buch

---

[9] und vielleicht erinnern Sie sich dunkel (dunkel genügt immer) an
eine Bemerkung Hegels (ich habe sie bei seinem Tode 1831 zitiert) aus
seinen *Vorlesungen zur Ästhetik,* wo er das, was in den Romanen beschrieben wird, beinahe definiert als die Lehrjahre, als die Erziehung
des Individuums.

lang eine Sicht auf die Welt trainiert, die alles andre als natürlich ist – so durchgehalten hatte es diese Sicht auf die Welt, hatte es solche ohne weiteres durchsichtig machenden Sätze (Proust hat das glänzend kollegial untersucht) noch niemals gegeben: wieder, wie bei der *Madame Bovary*, scheint der Roman eine genauere beinahe eine ganz andre Gattung geworden zu sein[10]. Da wir hier nicht lügen wollen, oder doch nicht zu sehr, wollen wir uns nicht verschweigen, daß, da vollkommene Sätze noch kein Roman sind, dieses Buch als Roman mitunter ein wenig enervierend ist; es fehlt ihm dann oft eben jene sinnliche Gegenwart, und dieses Fehlen, sagen wir uns, kann doch unmöglich das Ziel der so großartig desillusionierenden Kraft dieses Stils und Sehens sein. Ich will aber bei dieser Gelegenheit, sozusagen ein für allemal, zitieren, was Flauberts Freundin George Sand (Tolstoi hatte keine solche Freundin) schrieb, als das Buch erschienen war und fast keine klugen Rezensenten fand: »Der Roman ist eine neue Errungenschaft des Geistes, und darum muß er eine freie Errungenschaft bleiben. Er würde seine *raison d'être* an dem Tag verlieren, an dem er den Strömungen der Epochen nicht folgte, die darzustellen oder anzudeuten er bestimmt ist. Er muß sich in Form und Farbe unentwegt wandeln … Der Roman ist *das* neutrale und unabhängige Terrain …« – George Sand, ein bißchen glaube ich spürt man das, hatte im Grunde Angst vor dieser hoffnung-mordenden Stilübung, sie glaubte sehr gern an das Gute, an das was kommen könne; um so reiner ist nun dies Bekenntnis zur Freiheit des Romans.[11]

---

[10] daß eben im selben Jahre Tolstois Buch erscheint, ist das, worauf es hier bei uns immer wieder ankommt; wir probieren Gedanken aus in Zusammenhängen, die ihre Widerlegung sind; oder so ähnlich, manchmal verstehe ich die Lust, die die Zieher der großen Linien haben, wenn sie immer so zitabel und apodiktisch formulieren; muß wirklich Spaß machen, ich weiß.

[11] Heinrich Mann, in seinem doch sehr lesenswerten Aufsatz über *Gustave Flaubert und George Sand*, 1905, findet, die Sand habe Flau-

Es ist sonderbar[12], daß jetzt für uns, nach dem Gehn oder Fahren durch so viele Jahrzehnte, ganz wie damals  um 1800 zwei Riesenwerke nebeneinander stehn; damals war es Wielands *Aristipp*, neben ihm stand Jean Pauls *Titan*. Jetzt, wo wir sie alle einlaufen sehn in den großen Zwischenlandeplatz, stehn da wie zwei riesengroße Hafenportalslöwen Tolstoi und Flaubert; und wenn wir sie alle dann hineinfahren sehn werden ins wildbewegte Wasser der zwanziger Jahre, dann werden da ähnlich, portalslöwenmäßig wie am Arsenal, oder an den Dardanellen oder Gott weiß wo, zwei vergleichbar solche stehn, nämlich Proust und Joyce. Wir wollen nichts daraus machen, wir lassen das auf sich beruhn; nur verschweigen wollte ichs auch nicht.

Geboren werden in diesem Jahr zwei der großen Leute, nämlich in Villa Nueva de Arosa, einem kleinen galizischen Küstenort, Ramón María Del Valle-Inclán; und in Paris, Sohn eines Juraprofessors, der es gern streng und puritanisch hatte, André Gide, er gewann 1947 den

---

berts Buch gar nicht verstanden; »sie hält es«, schreibt er, »als gründliche Optimistin für ein Kampfbuch gegen das Seiende, während es Verzicht auf alles Ersehnenswerte bedeutet«: das Buch, fährt er dann fort, sei unzugänglich, es starre in einen Abgrund; den definiert er dann so: »Die Auffassung der Gesellschaft, die Flaubert achselzuckend ablehnt, ist eben die, von der Balzac lebte« – ich mag Heinrich Mann sehr, aber in den Essays ist sein Bruder mitunter eine Spur einfühlsamer und von einem weniger befangnen Blick. Und die Sand empfindet einfach immer sehr viel Genaueres als sie sagen kann, auch wenn sie oft sehr viel lieber nur das empfände, was sie auch sagen kann.

[12] aber das sind Zufälle, alles Zufälle, oder nichts als die Willkür des Büchermachens, der Bandzählung, der Seitenzahlen; dann auch der reinen Jahreszahlen: wir haben uns darüber im allerersten Kapitel dieses Buchs unterhalten; es kann einfach kein Sinn drin stecken (zumal ich ein bißchen betrogen habe: ich hätte das Anfangsdatum des Erscheinens von Tolstois Werk nehmen können); aber natürlich ist es erlaubt, ins Auge zu fassen, was in der Alten Sprache geredet einen Sinn gehabt hätte.

 *1870* Nobelpreis, 1952 indizierte die Kirche, das tat sie damals immer noch, seine sämtlichen Werke, denn er war schwul und wunderbar gottlos.

1 ✦ 8 ✦ 7 ✦ 0

Es sterben in diesem Jahre, nach dem Alter, in Puy bei Dieppe in der Normandie Alexandre Dumas, der Vater, achtundsechzigjährig, fast arm und vergessen; völlig einsam, siebenundsechzigjährig, in Cannes Prosper Mérimée; achtundfünfzigjährig, einer der gefeiertsten und wohlhabendsten Dichter seiner Zeit, nach einem Schlaganfall Charles Dickens, in Gadshill Place, einem Haus, in dessen Vorgarten man ihn auf einem Photo stehn sieht, er wurde in Westminster Abbey begraben; und neununddreißigjährig stirbt in Auteuil bei Paris Jules Goncourt, der jüngere der so einflußreichen beiden Brüder.

Grabschrift (65.66.67.68) für

DUMAS. MÉRIMÉE. DICKENS. GONCOURT. *DUMAS père,* dieser Enkel eines Kreolen und einer Negerin, Sohn eines Revolutionsgenerals, hatte alle Welt mit wundervollen Theaterstücken für sich gewonnen, dann waren seine berühmten Romane gekommen, *Die drei Musketiere, Der Graf von Monte Christo;* Memoiren gibt es vielbändig von ihm; kein großer Künstler, schon möglich; aber voll wohltuender Erfindungskraft; und die zerklüftet-düsteren Landschaften und Straßen, die er uns fast wie Visionen ganz nahebringt, sind immer gerade so groß, daß wir sie leicht fassen. – *MÉRIMÉE,* Freund Stendhals (des unvergeßlichen für immer), ein Weltmann, Inspektor der historischen Denkmäler Frankreichs, großer Reisender, Freund des Kaisers (Napoleons III. jetzt also; früher sagte man, der Sturz dieses Kaisers habe auch seinen eignen, Mérimées Tod wo nicht herbeigeführt, so doch beschleunigt), großer Übersetzer Puschkins, Gogols und Turgenjews; wir haben von ihm die *Bartholomäusnacht* gelesen, ein elegantes und starkes Werk, seinen einzigen Roman. – *D I C K E N S* haben wir so gut kennengelernt wie kaum einen andern, von seinem Leben wissen wir im Grunde nur, daß er aus sehr armen Verhältnissen kam und daß er selber erlebt hatte, was er beschrieb; ganz groß muß er (und er brauchte das Geld) als Vorleser seiner Werke gewesen sein, er las auf ausgedehnten Reisen vor, dann immer mehr im eignen Haus, vor Freunden und Gästen. Er veränderte übrigens für das Vorlesen seine Texte bis in Einzelheiten hinein, die Wirkung auf das Publikum (das die Stücke, die er las, meistens kannte, ähnlich dem Publikum von Popsängern; Zeichnungen zeigen absolut verzückte Zuschauer) war derart, daß Collins von einer Elektrifizierung sprach; für seine Lesungen hatte Dickens sich nach seinen Entwürfen, ein eigenes Pult bauen lassen. Er hinterließ ein Romanfragment, und wir werden nun, trotz der Bemühungen illustrer Geister, niemals wissen, wen er zum Mörder an Edwin Drood machen wollte; ja, wir haben nicht einmal die Leiche dieses jungen Mannes. – *J u l e s G O N C O U R T* unterscheidet sich für uns kaum von seinem Bruder Edmond, von dem wir noch hören werden; nur schrieb der übriggebliebene Edmond nach dem Tode Jules' nur noch einen einzigen Roman, beide zusammen hatten in den sechziger Jahren sechs Stück geschrieben.

◆

Von Jules Verne erscheinen die *20 000 Meilen unter dem Meer* (der Titel übrigens, falls Sie einmal darauf angesprochen werden sollten, bezieht sich nicht, wie man zunächst natürlich meint, auf eine Tiefe unter der Meeresoberfläche, sondern auf die Länge einer Reise tief unten

1870 im Meer), das Buch enthält einen dieser schon angedeuteten großen modernen Trivialmythen, den vom hassendeinsamen Kapitän Nemo und seinem Unterseeboot Nautilus, ist davon abgesehn aber (und man kann davon absehn) und bei Licht (nehmen Sie einfach das Licht der sonst in diesem Jahr oder dem umliegenden Jahrzehnt erschienenen Bücher) ein ziemlich albernes Werk – vielleicht ist das bei allen trivialen Mythen in Romanform so, denken Sie an Karl May, und versuchen Sie an Karl May zu denken ohne die Gedanken Arno Schmidts über Karl May (der, was immer man sich vornähme, das Lesen, wie wir es hier verstehn, nicht lohnt). – Von Dickens erscheint also das, was er fertig hatte von seinem Geheimnis des *Edwin Drood* – düstergotisch, von einem unberechenbar flackernden Humor (gar keinem Humor im gängigen Sinne also), das Fragment beginnt in einer Opiumhöhle mitten im ländlichsten England (irgendwie dem England Trollopes), entsetzlich trist und traumzuwider, einer sieht da seine Kathedrale umringt von Türkensäbeln und weißen Elefanten, dann draußen kommt ein schwarzer Rabenschwarm. – Aleksis Kivi bringt *Die Sieben Brüder* heraus, eins dieser großen neuen Regional-Epen, nordisch-exotisch-antik und wild und fromm, voll von poetischen Sagen und diesen immer wieder so anrührend-herzzerreißenden und die Seele gutmachenden Liedern, wie nur nördlich-dunkle Gegenden sie zu haben scheinen (und Land wird so wunderbar mühevoll urbar gemacht wie dann bei der anfangenden Deledda 1896 in ihren *Ehrlichen Seelen* und bei Hamsun 1917 im *Segen der Erde* und bei Giono 1930 in der *Ernte*); »was bleibt da zu tun?«, fragt Juhani im 12. Kapitel. »Noch ist es auf jeden Fall zu früh, den Acker wieder aufzugeben, den wir mit so viel Schweiß und Mühe der harten und kargen Schwende abgerungen haben.« – Und Wilhelm Raabe bringt seinen *Schüdderump* heraus, ein außerordentlich von Schmerz und Düsternis durchdrungnes Buch, worin

ein auf dem Lande großgezogenes Waisenkind in der
niedergegangnen Weltstadt Wien vom korrupten Groß-
vater mit Gewinn verkuppelt werden soll, aber lieber
stirbt; und in erschreckender Lächerlichkeit verpuffen alle
Versuche, das Schöne doch noch vor dem Zugriff des
Nichtswürdigen zu bewahren. Es scheint etwas leicht
Antiquiertes in der scheinbar biederen Stillage Raabes zu
liegen, aber dies antiquierte Wesen ist dauernd fast wie
kalkuliert gebrochen an so etwas wie einer wenngleich
unausgesprochnen Modernität – *fast wie kalkuliert,* ich
will sagen, daß Antiquiertheit und Modernität sich hier
nicht spielerisch mengen, sondern eher so, daß keines
zur Geltung kommt; wenn er am besten schreibt, macht
Raabe oft einen ausgesprochen linkischen Eindruck.

Geboren wird in München, Tochter eines Gartenbau-
architekten und einer französischen Pianistin, Annette
Kolb, Übersetzerin (Sie erinnern sich, *Edisons Weib der
Zukunft* von Villiers de l'Isle-Adam) und Erzählerin, sie
starb erst in unsern Tagen, 1967; in Genf kommt Pierre
Louÿs auf die Welt, Schulkamerad und enger Freund
Gides und Freund Valérys, Verfasser wundervoller kleiner
Romane (darunter *Das Weib und der Hampelmann,* viel-
verfilmt, am berühmtesten von Buñuel als *Dies obskure
Objekt der Begierde*); Louÿs geriet in ein grauenhaftes
Durcheinander, als er die schönste der drei Töchter des
großen Lyrikers Hérédia haben wollte, denn der Vater
wollte sie ihm nicht geben und gab sie dem Lyriker
Régnier, der aber, so legen das die Gerüchte von damals
nahe, etwas lendenlahm war[13]; Louÿs reiste mit Gide nach
Afrika (er schleppte den verklemmten jungen Menschen

---

[13] Marie war ihren Dichter bald leid und verursachte einen wunderbaren Skandal, indem sie über des noch berühmteren Dichters
Montesquiou berühmten Spazierstock sagte, in Gesellschaft, und vermutlich in keiner ganz unschuldigen Art, dieser Stock sei stark genug,

1870 dort in ein Bordell, selber macht er auf Photos ausgesprochen den Eindruck eines kleinen Bonvivants) und brachte sich eine Frau mit; das machte Marie ärgerlich, und sie verliebte sich wahnsinnig von neuem in ihn; mittlerweile aber hatte es auch Maries Schwester Louise auf ihn abgesehn, und sie reüssierte und heiratete ihn, natürlich wurde er unglücklich und sammelte danach nur noch Bücher, in so ungesunder Massenhaftigkeit, daß man Angst um ihn kriegen möchte; Marie, die zwischen 1903 und 1930 fast ein Dutzend sehr gelesener und gelobter Romane geschrieben hatte, starb, achtundachtzigjährig, 1963; es ging ihr ein bißchen wie dem alten Peacock; während eines Winternachmittagsschlummers hatte ihr Kleid Feuer gefangen, die Haushälterin weckte sie, sie sagte, »ausgerechnet jetzt, wo mir so schön warm war und ich mich wohl fühlte.« Und geboren wird schließlich, in Chicago, Frank Norris, der sonderbar schwankte zwischen seiner Verehrung für Zola und seinem Hang zu romantischen Epen; seine Großmutter, heißt es, habe ihm fortwährend Dickens vorgelesen, das kam also noch dazu.

---

um es mehreren Frauen damit zu geben, ohne zu brechen – ich nehme an, sie wird das im Grunde irgendwie gegen ihren Mann gemeint gehabt haben, der nämlich dabei war. Dieser nun aber, etwas trottelig-aristokratisch, sagte, dem Grafen Montesquiou (einem Freund Prousts) würde ein Fächer eigentlich besser stehn; dieser wiederum replizierte, er bevorzuge Säbel – und so schlugen sie sich dann vor ausgewähltem Publikum eines Morgens im Bois de Boulogne, keiner tat sich weh, nur Montesquiou, der berühmt war für seine großartigen Gesellschaften (Proust hat einmal eine für eine Zeitung beschrieben), meinte später, er selber habe bessere Feste gegeben.

XVI
1871 BIS 1875

1 ✦ 8 ✦ 7 ✦ 1

Es sterben jetzt dreiundsiebzigjährig in Arnstadt an der Gera Willibald Alexis; und einundfünfzigjährig in Buenos Aires José Mármol.

Grabschrift (69.70) für

A *LEXIS. MÁRMOL.* Willibald *ALEXIS,* seit fünfzehn Jahren, nach einem Hirnschlag, an Gedächtnisschwund, zunehmender Blindheit und allgemeiner Geisteszerrüttung leidend, stirbt in Arnstadt (an der Gera[1]; hier lebte, wirkte und starb dann auch die berühmte Marlitt[2], und Alexis hat hier ein Denkmal,

---

[1] er baute sich hier, schreibt Fontane in seinem großen Aufsatz über Alexis, »ein bequem eingerichtetes Haus, das, mit der Rückseite an eine schöne Lindenallee lehnend, die Aussicht hatte auf freundliche, bis in den Spätherbst blühende Gärten und grüne Berge im Hintergrund«.

[2] Grabschrift unter dem Strich für

MARLITT. Diese Romanschriftstellerin, die bei uns gar nicht vorkommen wird, wurde im Jahre 1825 als Eugenie John, Tochter eines

ich habe nachgefragt, das Denkmal steht noch, auch sein Haus offenbar, wiewohl umgewidmet); wir haben von ihm die Scottparodie *Walladmor* gelesen, dann, rund zehn Jahre später, das *Haus Düsterweg*, mit Unmut sodann die schlimmen *Hosen des Herrn von Bredow*, und schließlich, mit einer gewissen Bewunderung, *Ruhe ist die erste Bürgerpflicht*. Im Jahre 67 war ihm der Hohenzollernsche Hausorden verliehen worden, mit Recht, sagt Fontane und schreibt: »Er war müde geworden, er sehnte sich nach Ruhe. Wer damals, um die Sommerzeit, nach Arnstadt kam und an stillen Nachmittagen unter den Bäumen des Parks spazierenging, der begegnete einem Wägelchen, drin ein Kranker langsam auf und ab gefahren wurde: ein alter Herr, das Haupt entblößt und auf die Seite geneigt, das Gesicht interessant, trotz aller Zeichen des Verfalls. Dieser Kranke war Willibald Alexis. Manches Auge ist teilnahmvoll diesem stillen Gefährt gefolgt.« – Den in Buenos Aires geborenen Romancier José *MÁRMOL* haben wir im Jahre 51 kennengelernt in dem sehr leidenschaftlichen und melodramatischen politischen Liebesroman *Amalia*, den Mármol im Exil geschrieben hatte

---

dortigen Kaufmanns, in eben diesem thüringischen Arnstadt geboren; sie erregte, sagt *Meyer*, durch ihre schöne Stimme die Aufmerksamkeit der regierenden Fürstin von Schwarzburg-Sondershausen, zu deren Pflegetochter sie mit siebzehn Jahren avancierte. Nach gründlicher Ausbildung debutierte sie in Wien, mußte dann aber wegen eines Gehörleidens der Bühne entsagen und ging zurück nach Arnstadt, an den Hof, als Vorleserin der Fürstin; 1863 schied sie aus diesem Dienst aus und widmete sich ganz dem Schreiben ihrer Romane, die meistens zuerst in der berühmten *Gartenlaube* erschienen, einer illustrierten Wochenzeitschrift, die im Jahre 52 in seiner Hubertusburger Haft der Buchhändler Ernst Keil erdacht hatte, ein Mann, der die ganzen späten vierziger Jahre hindurch als liberaler Zeitschriftenherausgeber von der Polizei verfolgt worden war; seine *Gartenlaube* war ein unverächtlich honoriges Blatt, für das zu schreiben sich die Besten nicht zu schade waren, wenn sie Geld brauchten (kurz vor dem Tode der Marlitt erschienen hier Raabes *Unruhige Gäste*). Die Marlitt schrieb eine große Menge von Romanen und starb im Jahre 1887 – wir sind eigentlich viel zu früh mit dieser Grabschrift, wir kommen sonst aber nicht mehr dazu.

gegen den verhaßten Tyrannen Rosas. Nach dessen Tod  *1871*
im Jahre 52 kehrte Mármol nach Buenos Aires zurück,
war Abgeordneter und Senator, später dann, darin ein
Vorgänger des großen Borges, Direktor der Bibliothek
von Buenos Aires.

◆

Fünf Bücher haben wir in diesem Jahr. Schon aus der
Ferne betrachtet haben wir Dostojewskis *Ewigen Gatten*,
und wir wollen nicht näher heran. – Von Meredith erscheinen *The Adventures of Harry Richmond* (ich gebe den
englischen Titel, das Buch ist noch nie übersetzt worden,
und jetzt ist es sicher zu spät dafür), ein wunderschön
wieder in die kleinsten Einzelheiten hinabschweifender
Roman, der den jungen Helden bis in die tiefste deutsche
Kleinstaaterei entführt (Sie erinnern sich vielleicht, daß
Meredith in Neuwied groß wurde), wo er sich in eine
schöne Prinzessin Ottilia verliebt. – George Eliot schreibt
eines ihrer ganz großen Bücher, *Middlemarch;* einen dieser
fast übermenschlich unabsehbaren Romane, aus denen,
ob wir sie nun lesen oder nicht, selbst die leichtsinnig-
sten Götter dann einst, wenn sie uns alle haben vergehn
lassen, errötend oder erbleichend ersehn werden, um
wieviel umgänglicher und eigentlich wohl auch liebenswürdiger wir waren als sie, jedenfalls damals ... Ganz am
Anfang unsres Unternehmens haben wir Überlegungen zu
etwaigen Wendepunkten angestellt, die es geben könnte,
wenn man sich auf so etwas wie eine Geschichte oder Entwicklung des Romans versteift; damals hatte ich, als eines
unter tausend möglichen, das Jahr 76 vorgeschlagen, weil
da der irgendwie von einer Kritik des sehr viel jüngeren
Henry James beeinflußte Roman *Daniel Deronda* eben
von George Eliot erschien und zugleich Henry James'
erster Roman: genauso gut würde sich dieses Jahr 71
eignen, und ebenfalls im Zusammenhang mit der Eliot;
denn auch wenn man nicht unbedingt *Middlemarch* für

ihr bestes Buch halten muß (ich würde jeden verstehn, der *Die Mühle am Floss* oder sogar *Adam Bede* vorzöge), so faßt sie hier, in *Middlemarch,* doch zweifellos wunderbar zusammen, worum es ihr ging, und wozu sie fähig war in diesen Dingen, und sie tut das in einem Roman, der ganz ausdrücklich, wenn auch aus lauter Einzelfiguren, ein Gemeinwesen schildern will – und gleichzeitig nun läßt Zola die ersten beiden Bände seines großen Zyklus über die *Rougon-Macquart* erscheinen, dieses gigantischen Versuchs, eine ganze Epoche mit dem Auge eines gewissermaßen naturwissenschaftlich geschulten Soziologen zu sehn, der sich zur Darstellung der Ergebnisse seiner noch allzu unausgebildeten neuen Wissenschaft der Schreibart des Romanciers bedient (vielleicht erinnern Sie sich daran, daß ich bei Dickens' frühen Skizzen und Sketchen, als dem soziologischen Material seiner Romane, schon einmal Zolas wunderbare Tage- und Skizzenbücher erwähnt habe, worin er rein als Realien, als Fakten das Material auflistet, das er braucht, um genau sein zu können, wenn er seine Zeit beschreibt; beide Autoren übrigens haben einen gewaltigen moralischen Impetus, Zola einen noch viel lieber und direkter agierenden, wenn die Literatur beinahe nur noch Mittel zu einem Zweck ist – diese Mischung aus einer Wut fürs Detail, in dem alles stimmen muß, und einer Wut fürs Wahre, die nur das genaue Detail als Waffe benutzen kann, ist für manche von Zolas Romanen ebenso verderblich geworden wie für viele von Dostojewskis und manche von Tolstois späten Sachen die Idee, Romane seien ungeheuer viel mehr als eben bloß Romane; nur geht es bei Dostojewski etwa dann immer nur um die Seele, und man hat nicht einmal wie noch bei den mißlungensten Romanen Zolas etwas vom Zustand der realen Welt). – Zola nun beginnt seinen zwanzigbändigen Zyklus mit dem *Glück der Rougons* und der *Beute,* der erste Band spielt während des napoleonischen Staatsstreichs von

1851 in dem kleinen südfranzösischen Städtchen Plas-
sans, Familien kämpfen hier düster um die Macht, die
Landbevölkerung erhebt sich, das Militär schießt die
Aufständischen zusammen – das alles ist ungeheuer spannend, atmosphärisch dicht erzählt, und da Zola vor nichts
zurückschreckt (oder vor nichts erschrickt, wie Fontane
seinerzeit so freundlich angesichts der Fabulierkunst
Spielhagens – 61 bei dessen *Problematischen Naturen* –
gesagt hatte), baut er auch noch eine wirre Großmutter
und vor allem dann, in einer Sentimentalität, die auf diese
Spitze getrieben schon wieder der Wahrheit gleicht, eine
Kinderliebe ein, aus der, weil sie alle erschossen werden,
nichts wird, und beklagt, als er das Mädchen dann tot
liegen sieht, die nun so sinnlos gewordene Unberührtheit
ihres schönen Busens – sentimental ist das, weil dieser
Busen, nichtssagend für sich, erst indem er uns ans Herz
gelegt wird dunkel zu weinen beginnt. *Die Beute* spielt
in Paris, es geht hier um die enormen Grundstücks-
spekulationen (ein Thema, das, zu seiner Zeit, schon
Balzac beschäftigt hatte, Sie erinnern sich vielleicht, daß
der Parfumhersteller César Birotteau durch solche Spekulationen um sein Vermögen kommt), und um die Verflechtung von Geschäft und Politik in jenen Jahren, in
denen, nach dem Staatsstreich, in der Politik, so Zola,
alles möglich war (in dem späteren Börsenroman *Geld*
hat Zola dann noch einmal ein ähnliches Sachbuch geschrieben; und ein bißchen ist, wenn auch in freund-
licheren Berliner Verhältnissen – und er liebt oft seine
Figuren, Zola tut das kaum –, Fontane in der Nähe der
Zolaschen *Beute*, wenn er in seiner *Jenny Treibel* das Geschäftsleben schildert); den Spekulationsgeschäften fügt
Zola dann noch einen ziemlich wild-schwülen halben
Inzest hinzu, da er die Frau des Hauptgeschäftemachers
den Stiefsohn wollen läßt: hier ist Zola groß, wenn er,
mit jener reichen Palette, mit der er dann Fleisch und
Gemüse in den Pariser Markthallen malt (im *Bauch von*

 *1871* *Paris*, gleich), die grenzenlos verschwenderischen Interieurs schildert, in denen sich die Erotik dieser gelangweilten Frau auslebt.

An Geburten ist dies eines der reichsten Jahre, die wir je hatten, ich nenne die Helden wieder in der Reihenfolge ihres Erscheinens auf dieser Welt. In Lübeck, Sohn eines Getreidegroßhändlers und seiner schönen Frau, die in Brasilien geboren worden und aufgewachsen war, Tochter ihrerseits eines Lübecker Plantagenbesitzers und Ingenieurs, der dort geheiratet hatte, wird Heinrich Mann geboren; in Auteuil, Sohn eines wohlhabenden Arztes und seiner reichen Frau, kommt Marcel Proust auf die Welt; in Terre Haute, am Wabash und am Wabash- und Eriekanal, in Indiana[3], wird dem aus Deutschland eingewanderten und dann verarmten katholischen Weber Dreiser als zwölftes von dreizehn Kindern Theodore geboren, den dann, mit einem ersten Roman, Frank Norris zu fördern versuchte (diesen Norris, dem seine Großmutter immer Dickens vorlas, hatten wir vorhin, im Jahre 70, geboren werden sehn, in Chicago); in Nuoro auf Sardinien, Tochter eines wohlhabenden Grundbesitzers, wird Grazia Deledda geboren, eine wunderbare Erzählerin, schönere Antipodin Hamsuns gewissermaßen, auch sie übrigens Gewinnerin des Nobelpreises, 1926 (Hamsun hatte ihn 1920 bekommen); in Heule bei Kortrijk wird Frank Lateur geboren, unter dem Namen Stijn Streuvels berühmt für seine flämischen Erzählungen, kaum einer wird so alt wie er, fast achtundneunzig; in Berlin, Sohn eines jüdischen Kaufmanns, kommt Georg Hermann (eigentlich Georg Hermann Borchardt) auf die Welt, ein kluger, sehr sehr guter Romancier und Essayist, den die Nazis 1943 noch, er war zweiundsiebzig, aus Holland

---

[3] »Indiana ist ein mieser Bundesstaat«, läßt Dawn Powell einmal in ihren *Engeln auf Toast*, 1940, jemanden sagen, »nimm South Bend. Oder Terre Haute.«

nach Auschwitz deportierten und ermordeten; in Sète am Mittelmeer (sein Elternhaus ist zerstört, ich war seinetwegen in Sète, ein Gymnasium heißt dort nach ihm, ich war im Hof, eine bezaubernde Lehrerin kam heraus, aber ich habe sie nicht angesprochen, nicht einmal auf ihn, ich weiß nicht was mit mir war an dem Tag), Sohn eines ursprünglich korsischen Beamten und einer Italienerin aus einer großbürgerlichen Familie aus Genua (ich war auch in Genua, ach, wer da wohnen dürfte), wird Paul Valéry geboren, den wir als Freund Gides und Pierre Louÿs' schon aus der Ferne kennengelernt haben, er hatte für uns über Stendhal geschrieben, wir haben seine große Affäre mit Catherine Pozzi schon angedeutet, der Tochter jenes Arztes, den Proust dann verewigen würde; er selber, Valéry, war im Grund ein Feind aller Romanschriftstellerei, aber unser Begriff des Romans ist größer als der seine, und so werden wir seinen *Monsieur Teste* wie einen Roman lesen; und es ist ja vielleicht auch sehr gut, wenigstens einen hier zu haben, der Romane nicht mag; und in Newark in New Jersey, Sohn eines Methodistenpfarrers, erblickt – aber er wird es nur eine erbärmlich kurze Zeit sehn dürfen, er starb achtundzwanzigjährig – Stephen Crane das Licht dieser Welt.

1 ✦ 8 ✦ 7 ✦ 2

Erst achtunddreißigjährig stirbt Aleksis Kivi; und einundsechzigjährig stirbt in Neuilly Théophile Gautier.

Grabschrift (71.72) für
KIVI. GAUTIER. Aleksis *KIVI*, Verfasser jener nordisch-balladesken *Sieben Brüder* von 1870, war nach einem Nervenzusammenbruch zwei Jahre zuvor als unheilbar geistesgestört zu

1872 seinem Bruder nach Tuusula gebracht worden, in dessen Hütte (ich hab sie gesehn) er starb. – Théophile *GAUTIER*, dieser rührigste und liebenswerteste aller Menschen (wir kennen lediglich seine bezaubernde *Mademoiselle de Maupin*), war ein berühmter Kunst- und Literaturkritiker, Novellist (hier die Titel zweier schöner Stücke: *Die Nacht der Kleopatra, Die goldene Kette*), Lyriker (dies für viele vor allem), ein glänzender Reiseschriftsteller (lesenswert ist sein Buch über Andalusien), er hat *Erinnerungen an Balzac* geschrieben (ich habe daraus zitiert, vielleicht erinnern Sie sich), und einen im großen ganzen dann aber doch recht langweiligen rein pornographischen Text (den *Brief an die Präsidentin*[4] *von einer Reise in Italien*); er hatte zwei schöne Töchter, davon haben wir schon gehört, besonders von der noch schöneren, Judith, die vielleicht ein kleines Verhältnis mit Wagner hatte; Proust erwähnt sie in seinen Chroniken (anläßlich eines jener Feste, die Montesquiou in Versailles gab, und

---

[4] diese Präsidentin war Madame Sabatier, eine sehr schöne Kurtisane, die wöchentlich einen Kreis bedeutender Männer um sich scharte, Delacroix und Berlioz gehörten dazu, Ernest Feydeau (den wir als Verfasser der *Fanny* kennen und totenkultbewanderten Freund Flauberts), Flaubert selber, Barbey d'Aurevilly, und eben Gautier, der als der Sprühendste und Witzigste im Kreise galt. Madame Sabatier, bekannt genug eigentlich, war sehr ins Gerede gekommen durch eine außerordentlich gewagte Skulptur, die ihr damaliger Geliebter Jean-Baptiste Clésinger von ihr gemacht hatte; diesen Clésinger heiratete später, zu Madames und zu Chopins großem Ärger (von diesem Ärger haben wir schon gehört) George Sands Tochter Solange; die Sabatier nahm sich dann einen reichen Bankier. Eine Zeitlang war die Sabatier auch an den legendären Abenden der Haschischesser beteiligt, neben den schon erwähnten Künstlern nahmen daran noch Balzac (der aber an solchen Rauschmitteln kein Vergnügen hatte, er blieb bei seinem Kaffee), Nerval, Daumier und der ganz junge Baudelaire teil. – Das Material zur Sabatier haben neuerdings Susanne und Michael Farin gesammelt, sie geben auch erstmals Gautiers *Brief* vollständig übersetzt; daß sie das Wort Fotze immer Votze schreiben, also nach Maßgabe einer im Prinzip analphabetischen Pissoir-Orthographie, ist ein erstaunlicher Fehlgriff; andrerseits ist Gautiers Text an solchen Stellen tatsächlich so übel forciert, daß ihn Farins Fahrlässigkeit wieder recht genau beleuchtet.

von denen er, als er sich mit dem lendenlahmen Régnier  *1872*
hatte schlagen müssen, meinte, sie seien besser, vielleicht
erinnern Sie sich: Régnier hatte jene schöne Tochter
des Dichters Hérédia geheiratet, die eigentlich Pierre
Louÿs hatte haben wollen), Nadar hat sie photographiert,
man möchte sich in sie verlieben; Gautier war ein großer Wagnerfan, Judith war das auch, und zusammen mit
ihrem Mann, dem Lyriker und Romancier Catulle
Mendès (von dem sie sich 74 scheiden ließ), und dem
Schriftsteller Villiers de l'Isle-Adam (den wir kennenlernen werden) besuchte sie 1869 Wagner in Triebschen;
Judith war später mit Pierre Loti befreundet, den wir
schon kennen (er hat das Meer beschrieben, wie ers als
ein Kind zum ersten Male sah).

Nikolai Leskow bringt, nach einer Reihe von Erzählungen und nach zwei satirischen Romanen, *Die Klerisei*
heraus, ein chronikartiges romanähnliches Erzählwerk um
drei Geistliche und ihre Schwierigkeiten in einem Rußland, das durchaus nicht im richtigen Sinne christlich
sein will; die Figuren sind witzig und anschaulich geschildert, einmal sagt eine, »mein Kummer hat mit dem
Augenblick meiner Geburt begonnen«, ganz sicher ist
das, denn Leskow war ein begeisterter Leser Sternes, ein
Anklang ans dritte Kapitel des *Tristram*, wo Tristrams
Vater kopfschüttelnd und eine Träne sich fortwischend
sagt, »meines Tristram Unglück begann ja schon neun
Monate bevor er überhaupt zur Welt kam«, und niemals
würde er nun »denken noch handeln wie irgendeines
andern Menschen Kind«. – Carroll schreibt die Fortsetzung der Alice, *Hinter den Spiegeln*. – Alphonse Daudet, dessen *Briefe aus meiner Mühle* 1869 ein gewaltiger
Erfolg geworden waren, bringt jetzt den *Tartarin de
Tarascon* heraus, einen anekdotischen Roman, ungefähr
von der allgemeinen Verständlichkeit, den bei uns im

1872 Norden ein Buch über den Inbegriff eines Schwaben oder eines Bayern haben könnte; Daudet entwirft das Bild eines prototypischen Gascogners – ein lustiges, manchmal etwas trauriges Buch, ein amüsantes und doch auch gemütliches Provinzangeberporträt (dessen grauenhaftes Zerrbild in der sächsischen Realität zur selben Zeit wohl Karl May war).[5] – Pisemski, ein Freund Gontscharows und Turgenjews, veröffentlicht seinen großen Roman *Im Strudel*, der in Moskau und St. Petersburg spielt, in den Grenzbereichen zwischen dem Adel, der nicht mehr sein kann was er war, den Bürgerlichen, die nicht mehr ganz wissen wohin sie gehören, und dem Untergrund, in dem es von Revolutionären, Menschenfreunden und Scharlatanen wimmelt; im Mittelpunkt steht eine kluge schöne Frau, die nur allzusehr auf Klarheit und Geradlinigkeit aus ist und an einem Betrüger scheitert, der ihren heimlichen Idealen das Wort redet; sie heiratet noch reich und stirbt unglücklich; denn der Mann, den sie eigentlich liebt, und dem sie in einem frühen Übermut schriftlich erlaubt hatte, sich zu erschießen, wenn sie ihn nicht mehr liebe, hatte sich erschossen, als sie ihm einmal, aber sie hatte das natürlich völlig anders gemeint, gesagt hatte, sie liebe ihn nicht mehr – lehrreiches Beispiel eines Menschen, der nicht aus seiner Haut kann, jedenfalls nicht lebend. – Die Sand schreibt *Nanon*, einen Roman, der aus den Lebenserinnerungen besteht, die eine Fünfundsiebzigjährige im Jahre 1850 niederschreibt, das heißt, daß die Erinnerungen wesentlich auch aus den Zeiten der Großen Revolution herrühren; über dieses Buch schrieb der junge Kollege Zola, und ich zitiere das ebenso gern wie damals

---

[5] die Gascogne selbst ist eine der schönsten Landschaften der Welt, ruhig, von tausend kleinen Flüssen durchzogen, von tausend Hügeln gewellt, mit kleinen Wäldchen besetzt, warm, reich, auf den Märkten häufen sich südliche Früchte, südliches Gemüse neben allen Fischen des Atlantiks. Touristen haben das Land noch nicht entdeckt und werden es nicht entdecken, man braucht ein gelassenes Auge für diese wunderbare Schönheit.

das, was die Sand ihrerseits über das Buch ihres Kollegen Flaubert geschrieben hatte: ». . . es ist, als verließe ich
ein großes ruhiges Land mit reinen Gewässern, breitem
immergrünen Laub, einen Himmel voll süßer Heiterkeit . . .« – es ist, will er wohl sagen, als verließe ich das
Paradies, das es nun nicht mehr gibt; und Flaubert
schreibt seiner Freundin, nachdem er selber umfangreich
geurteilt hat: »Meine Nichte, der ich *Nanon* zu lesen
gegeben habe, ist entzückt. Sie war verblüfft von der
Jugendlichkeit des Buchs. Dieses Urteil scheint mir zu-
treffend. Es ist ein großes Buch.« Übrigens kommt im
Kapitel XV dieses Romans ein außerordentlich suggestiv
geschilderter Kugelblitz vor: »Ich war taub gegenüber
dem Getöse des Donnerschlags, der sich auf die Spuren
des Wagens zu stürzen schien und den ich gleichfalls
anzog, indem ich ihm durch meinen irren Lauf eine Luft-
schleuse eröffnete, ich durchflog den Raum. Vielleicht
hätte ich den Wagen erreicht, doch ein Feuergeflecht
wickelte sich um mich. Ich sah, wie zehn Schritte von
mir entfernt eine weiße Kugel herniederfiel, deren Helligkeit mich blendete, und die Erschütterung warf mich
mit Gewalt auf meinen armen Esel, der gleichfalls hin-
stürzte . . .« – Kugelblitze, glaube ich, sind noch sehr viel
seltener als etwa Marienerscheinungen, aber hier ist nun
einer, an den selbst ich fortan glauben muß. – Von Mór
Jókai, dem so überaus berühmten Romancier, Freund
Petöfys, erscheint *Der Goldmensch*; ein Roman über einen
schicksalgeschlagnen Mann, den das Glück verfolgt,
nachdem er irgendwie den Himmel betrogen hat, einen
Mann, der zwei Frauen hat und das Paradies auf einer unbekannten, gleichsam herbeigeschwemmten und irgendwann wieder verschwindenden Donauinsel findet: kein
unbedingt großes Buch, aber ungemein bewegend durch
eine wilde Donauschiffspassage und merkwürdig in seinem gemachten und doch ehrlichen Biedersinn, fast à la
Hamsun: sind irgendwie Brüder, die beiden, denkt man

 *1872* beim Lesen; was die wirklich hinreißende Donaupassage angeht, so enthält schon ein früherer Roman Jókais, *Der Neue Gutsherr* aus dem Jahre 63, ein ähnlich starkes Wasserstück bei einer Theiss-Hochflut, wenn es etwa heißt, das zwischen den Deichen dahinschießende Wasser »wölbe sich in der Mitte auf«. Als ich die Donaufahrt gelesen hatte, dachte ich, jetzt müsse ich sofort eine Monographie nicht über Jókai, aber über die Donau lesen; es gab aber keine, und ich bin bei den Romanen hängengeblieben. – Raabe bringt auch wieder etwas, nämlich den *Dräumling*, einen tückischen Kleinstadt-roman, verträumt-witzig und hellwach-versponnen und jetzt nach hundertzwanzig Jahren sicher schöner als je; man müsse Bücher schreiben, notiert sich Raabe (ich zitiere das nach meinem Freunde Fuld, der leider den *Dräumling* etwas schwach findet, und obendrein in der ganzen Figurenkonstellation – das sage Arno Schmidt, sagt Fuld – von Collins geklaut, aus dessen *Frau in Weiß*), »man muß Bücher schreiben, die gewinnen, wenn das Geschlecht, das sie später liest, andre Röcke und Hosen trägt« – ich trage andre Hosen als Schmidt, aber Fulds Hosen sind den meinen eigentlich ähnlich.

Geboren werden in diesem Jahre in London Max (der unvergleichliche Max, wie ihn Shaw nannte) Beerbohm, dem wir den sehr witzigen Roman *Zuleika Dobson* ver-danken; in San Sebastián, ein Ingenieurssohn, der wunder-bare Pío Baroja y Nessi; und in Shirley in Derbyshire (er hat diese Gegend um den River Dove, einen Nebenfluß des Trent, ungeheuer eindrucksvoll – wie sie auf ein Kind wirkt – in seiner Autobiographie beschrieben), als erstes von elf Kindern eines Geistlichen (mindestens zwei seiner Geschwister wurden ebenfalls Schriftsteller), John Cowper Powys, mit allen Stärken und allen Schwächen ein wirk-liches Genie der Romankunst (manche Schwächen hat

etwa der berühmte *Wolf Solent,* fast nur Stärken die
neulich schon einmal bei Hugos *Arbeitern des Meeres*
erwähnte *Glastonbury Romance* – das ist eines dieser
Bücher, die quer zu allen Entwicklungen zu stehn scheinen, in Wahrheit aber eben zu allen solchen vermeinten
Entwicklungen lediglich leicht spöttisch lächeln, vorausgesetzt, wir lesen genug, ehe wir zu theoretisieren beginnen; wann aber werden wir je genug gelesen haben?).

1 ✦ 8 ✦ 7 ✦ 3

Achtundachtzigjährig stirbt jetzt in Mailand der Ehrenbürger Roms, der weltberühmte Alessandro Manzoni;
neunundsechzigjährig stirbt in Torquay, einem mondänen
Badeort, Edward Bulwer-Lytton; und zweiundfünfzigjährig in Paris Ernest Feydeau.

Grabschrift (73.74.75) für
MANZONI. BULWER-LYTTON.
FEYDEAU. Über fünfundvierzig Jahre
sind vergangen, seit wir Alessandro *MAN -
ZONIS* große *Verlobten* gelesen haben; vielleicht sollten wir zwischen zwei Bücher Zolas eine Pause legen
und darin Manzoni noch einmal lesen. – Edward
BULWER-LYTTON, der große Unermüdliche
in Politik und Literatur, wird in Westminster Abbey beigesetzt. Vierzigjährig hatte er ein großes Vermögen geerbt,
so daß er in Politik und Literatur einem Ehrgeiz folgen
konnte, der rein der Wahrheit oder dem Ruhm galt. –
Ernest *FEYDEAU,* erst vorhin haben wir seiner noch
gedacht beim Tode Gautiers, habe seinen Erfolg überlebt,
heißt es von ihm; und es war ihm auch nicht vergönnt,
wenigstens die Erfolge seines Sohnes noch mitzuerleben –

 **1873** der war, als der Vater starb, erst elf Jahre alt und hatte seine ersten Bühnenerfolge in den späten achtziger Jahren. Für uns bleibt Ernest siebenunddreißigjährig: da schrieb er die entzückende *Fanny*.

Dostojewski veröffentlicht *Die Dämonen*, einen ungemein raffiniert erzählten (von einem Berichterstatter, der durchaus nicht ganz auf der Höhe dessen ist was er berichtet: eine Technik, die manche der großen Erzähler dieser Epoche bewundernswert beherrschen: Stevenson etwa), einen sarkastischen, witzigen und doch sehr leidenschaftlichen Politthriller aus der russischen Provinz (Gide hat hier ganz entschieden gelernt, Dostojewskis Held kennt schon so etwas wie grundlose Taten, *actes gratuits*, wie Gide das dann nennen wird, und auch den sehr abständigen Erzählton hat Gide hier studiert). – Zola bringt, als dritten Band seines großen Zyklus, den *Bauch von Paris* heraus, diesen farbenprächtigen Roman über die Markthallen, die es nicht mehr gibt, und so bestürzend wilden Roman über schöne dumme Frauen – und noch die netteste unter ihnen ist froh, wenn ihrer Reputation nur ein Mann geopfert wird, auch wenns einer war, den sie vielleicht hätte lieben können . . . – Von Thomas Hardy, als sein erster Roman hier, erscheinen *Blaue Augen*, ein Buch, das so ländlich-hübsch anfängt, als hätte nichts Böses hier Platz (ein Betrug; später, als Stevenson und Henry James sich einmal über das Wesen des Romans unterhalten, sagt Stevenson, ein Roman, der traurig ende, müsse von Anfang an traurig enden: davon weiß der junge Hardy nichts); aber dann machen Wind und Wetter und Meer und Moor und Türme, die einstürzen, und Gräber, die nachts leuchten, darin ist Hardy ein Genie schon jetzt, mehr und mehr einen solchen Terror, daß am Ende das arme Mädchen, das sehr gut mit einem wunderbaren Mann und einem feinen Hausfreund hätte dastehn können, einen fast Sterneschen Vater von Pfarrherrn hat sie schon, jetzt, trotz solchem Vater, und obwohl der witzig genug auch noch heiratet, stirbt, einfach stirbt, gewissermaßen dem jungen Autor unter den ungeschickten oder ahnungslosen Händen weg. Ganz furchtbar das alles, anfängerhaft, alles was man will: aber lesen Sie einmal ein solches Buch, worin es so gärt und brodelt, worin alles am Werden ist, ein Buch, das Sie mitschreiben könnten und immer mehr auch möchten, lesen Sie dieses verrückte schöne Buch, und Sie werden ganz verliebt sein in einen jungen Romancier, der sich so ganz und gar noch überhaupt nicht versteckt hinter Vollendungen, die wir wohl reiner, aber kaum mehr so gelöst bewundern würden, und so verwegen herumgejagt im Irrgarten unsrer Erwartungen. – Émile Gaboriau[6] schreibt einen Kriminalroman

---

[6] ich sehe, daß ich vergessen hab, ihn geboren werden zu lassen: 1832 also in Saujon, nahe der Mündung der Gironde; er war Journalist, 1866 brachte er seinen Erstling heraus, der ihn berühmt machte, *Die Affäre Lerouge*, einen spannenden Kriminalroman, 69 erschien *Monsieur Lecoq*, ein Buch um seinen dann bald zur Legende werdenden Detektiv; Boileau und Narcejac, die zusammen seit den fünfziger Jahren unsres Jahrhunderts einige sehr gute Kriminalromane verfaßt haben, weisen ihrem Vorgänger Gaboriau in ihrem scharfsinnigen Büchlein zur Geschichte des Kriminalromans (1964) mit Recht einige gravierende Fehler nach; tatsächlich bietet wohl, im Gegensatz zum Roman allgemein (der in diesem Sinne gar kein eignes Genre ist), der Kriminal- oder Detektivroman die Möglichkeit zu solcher Kritik: er ist im strikten Sinne ein umrissenes Genre, er hat einen bestimmten Anfang, alle seine Autoren mußten damit rechnen, daß ihre Leser ihre Vorgänger kannten, sie mußten auf Neues sinnen, wenn sie Erfolg haben wollten, und fast von Anfang an hatte das Genre seine eigentümlichen Distributionswege, nämlich die aufkommenden Bahnhofsbuchhandlungen; die Schnelligkeit des Kaufs kurz vor der Abfahrt des Zuges machte es auch wünschenswert, daß die Romane eines Autors rasch wiedererkennbar waren, und so entstanden, neben unverwechselbaren Buchumschlägen, stehende Detektivfiguren, die sehr oft schon im Titel zu sehn sind, noch bei Simenon etwa und seinen Maigret-Geschichten. In die Geschichte des Genres ordnen Boileau und Narcejac Gaboriau so ein, daß er zwischen Balzac und den dann folgenden eigentlichen Genre-Autoren vermittelt; sie zitieren Conan Doyle, der sich ausdrücklich auf Gaboriau und Poe berufe. Die beiden Historiker ihres Genres nennen auch, neben dem späten

1873 ohne Detektiv und ohne Polizei, *Der Strick um den Hals*, eine sehr schön verworrene Geschichte um einen Brand und einen Mordanschlag, mit hinein spielt eine Liebesaffäre, die den Mann, der schuldig sein soll und sich partout nicht verteidigen will, mit der Frau des Mordopfers verknüpft; zu ihm hält beinahe nur noch das Mädchen, das er gerade heiraten wollte, und das nun, obgleich es nichts gewußt hat von dieser Affäre, das Äußerste tut, ihren prospektiven Gatten vorm Galgen zu bewahren; das gelingt ihr auch, leider verlangt die Lösung, an der auch noch ein Verrückter beteiligt ist (vielleicht spielt er auch nur den Verrückten, so verrückt allerdings ist er tatsächlich), für die gewesene Geliebte eine Seelenlage von solcher Kompliziertheit, daß hier die Geduld des Lesers (wahrscheinlich war es aber kurz vorher schon die Schreibkunst des Autors) am Ende ist. – Spielhagen bringt einen kleineren Roman heraus, *Was die Schwalbe sang*, eins dieser Bücher, in denen einer nach vielen Jahren zurück in die alte Heimat kommt, »in Träumen verloren von den Tagen, die nicht mehr waren und niemals wiederkehren konnten«, sagt Spielhagen, denn die alte Liebe wohnt noch da, mit dem Falschen verheiratet; dieser ist inzwischen pleite, denkt an Rache, und das alles wieder auf Rügen ... – Raabe in guten Stunden hätte daraus ein wunderbares Buch machen können (man denke an die *Alten Nester*), Spielhagen aber auch in solchen Stunden kaum, und nicht einmal die hat er hier gehabt. – Raabe selber schreibt den *Christoph Pechlin*, mit dem Untertitel *Eine internationale Liebesgeschichte* (Henry James, der Raabe gar nicht kannte, hat ein paar Jahre später eine wundervoll witzige *long short story* geschrieben mit dem

---

Dickens, Collins – den auch wir hier ohne weiteres als einen Autor von Kriminalromanen geführt haben. – Gaboriaus ganzes Leben paßt in diese eine Fußnote: er stirbt eben jetzt, 1873, in Paris. Narcejac übrigens stammt aus derselben Gegend wie Gaboriau, er wurde, wie lange vor ihm Loti, in Rochefort geboren.

Titel *Eine internationale Episode*), leider hatte nun Raabe  **1873** dabei ebenfalls keine seiner guten Stunden (er hat aber so viel Gutes geschrieben in diesen Jahren, soll er also seine schlechten Stunden haben, er brauchte auch Geld, es war schon wieder ein Kind da; Romanciers, die wir lieben, sollen viele viele Romane geschrieben haben, und es sollen ruhig welche dabei sein, die nicht so gut sind, wir wollen ja gar nicht immer alles gelesen haben müssen, selbst wo wir so sehr lieben).[7] – Und dann Paul Heyse, der künftige Nobelpreisträger; er war jetzt dreiundvierzig Jahre alt, irgendwann haben wir schon gehört, vielleicht erinnern Sie sich, wie er über seine Mutter, die schöne einäugige Tochter eines Berliner Hofjuweliers, zu den feinen dortigen Kreisen Zugang fand, er selber hatte (das wieder hatte ich im Zusammenhang mit Eichendorff erwähnt, der seinerzeit in Berlin wohnte) des gastfreundlichen berühmten Kunsthistorikers Kugler Tochter geheiratet (bei Kugler verkehrten seinerzeit Burckhardt und Menzel[8]), nachdem er vorher eine Doktorarbeit über die

---

[7] was das liebe Geld angeht, so stellt mein Freund Fuld für Raabe fest, daß dieser ausschließlich für das Geld alle seine Sachen (gerade die guten dann) geschrieben habe, und sonst aus keinem andern Grunde; in dem Augenblick, als er Geld genug gehabt habe, habe er mit dem Schreiben sofort aufgehört. Das erinnert ein bißchen an Balzac, von dem sich soviel immerhin sagen läßt, daß er, ohne den Zwang, Geld zu verdienen (und nicht einmal zum Leben, sondern rein zum Schuldenzahlen), sicher nur ein Drittel von dem produziert hätte was er produziert hat, zu unserm kaum ermeßbaren Leidwesen (das heißt, jetzt ist es ermeßbar). So etwas hören wir oft gar nicht gern, das kommt uns so vor, als sagte uns einer, der es wissen müßte, Gott habe seinen Sohn nur deshalb auf die Welt gesandt, weil er ihn nicht mehr leiden konnte. Aber natürlich sind die Schriftsteller nicht dazu da, das Bild zu bestätigen, das wir vom Schreiben haben; im Grunde machen Leute wie Raabe und Balzac mit ihren schrägen Motivationen das ganze Schreiben auch nur viel geheimnisvoller und rätselhafter.
[8] Heyse, unter dem Namen Hölty, war auch Mitglied in Kuglers Dichterkreis des *Tunnels über der Spree*, scheint hier aber ein etwas affiges Gebaren an den Tag gelegt zu haben, offenbar ganz und gar das Wunderkind, für das er galt, Fontane jedenfalls nennt ihn einmal

provenzalischen Troubadours gemacht und dann Italien bereist hatte. Sein Freund Geibel war inzwischen vom bayerischen König nach München berufen worden, er holte Heyse nach (für 1000 königliche Gulden im Jahr und kaum Verpflichtungen[9]), Heyse kam (selber wollte er dann Hermann Lingg und vor allem Mörike nachholen, der König holte Lingg, Mörike kannte er nicht; Heyse schrieb dann einen sehr schönen Aufsatz über Mörike und wurde dessen Freund; Mörike hatte sogar den Wunsch, Heyse möchte seine Bearbeitung des *Maler Nolten* fertigstellen), und er fühlte sich in München rasch außerordentlich wohl. 1864 starben der König und Heyses Frau, Heyse heiratete neu, 68 lehnte er aber weiteres Geld des neuen Königs Ludwig ab (dieser Ludwig war der Neuschwansteiner, der Kini, der Wasserfreund, der Wagnerfan), weil Ludwig seinem Freunde Geibel das Geld gesperrt hatte, als dieser unliebsame politische Äußerungen getan hatte; Heyse verdiente durchs Schreiben mittlerweile genug eignes Geld, das ist wahr; aber es kann ja kaum zur Unehre gereichen, wenn man etwas Richtiges tut, auch wenn man sich das leisten kann. Und nun beginnt Heyse seinen ersten Roman zu schreiben (er hat danach noch sieben andre geschrieben, und er hat seine Romane mehr geschätzt als alles andre von sich), *Kinder der Welt*[10] – nie wieder ist ihm ein auch nur noch

---

»eigentlich unerträglich«. Gleichwohl blieb Heyse lebenslang mit Fontane befreundet, ganz wie mit Burckhardt, mit Theodor Storm – der etwas später zu den jungen Dichtern gestoßen war – und andern. Übrigens gewann er im Tunnelkreis zweimal den großen Wettbewerb, nämlich in den Sparten Novelle und Verserzählung.

[9] drei-, manchmal viermal die Woche mußte er zum König, jedenfalls während der Saison, dafür kriegte er bald dann, als er Avancen des Großherzogs von Weimar laut genug zurückgewiesen hatte, 1500, später sogar 2000 königliche Gulden. Aber natürlich können auch Könige auf die Dauer wahrscheinlich ein bißchen langweilig werden.

[10] Ich erzähle Ihnen jetzt diesen Roman, ein einziges Mal muß ich das tun; Sie müssen das nicht gleich lesen, warten Sie ein ruhiges kleines Viertelstündchen ab (zwölf, dreizehn Minuten werden Sie brauchen); Sie werden am Anfang ein bißchen den Überblick ver-

annähernd so vernünftiger Roman gelungen, es ist ihm da 1873
ähnlich gegangen wie Spielhagen, dessen erstes Roman-
werk ja auch das bei weitem beste geblieben ist. Im
Grunde haben wir uns viel zu lange mit ihm abgegeben,
aber vielleicht erinnern Sie sich, er hatte eben auch dieses
schöne Haus irgendwo am Gardasee. –

---

lieren, aber das gibt sich dann, und es macht auch nichts. – Heyses
Roman spielt in Berlin. Beim Schuhmacher Feyertag wohnen dort
Edwin und Balder, zwei Brüder: Edwin ist ein Philosoph, Balder ist ein
Engel (ein grüner süßer Ausgestiegner): er sieht wunderschön aus, er
schreibt Gedichte, er drechselt Holzsachen, die er verkauft, so verdient
er beiden den Lebensunterhalt; er hat eine schlimme Beinverletzung,
er wird auch immer engelhafter und durchsichtiger, wir fürchten,
daß er bald sterben muß. Die beiden haben Freunde: Marquard, den
Medicinalrat, einen lebenslustigen Bonvivant, Mohr, einen Zyniker,
der in seinem Weltsystem alles auf den Neid reduziert und selbst
komponiert und schreibt, und Franzelius, einen Buchdrucker, einen
Kommunisten und Arbeitervereinsredner – lassen Sie mich rasch
sagen, daß Buchbinder und -drucker in der Romantradition gern zur
äußersten Linken gehören, bei Henry James zum Beispiel ist das auch
so, in der *Prinzessin Casamassima*, einem aufregend guten Roman
aus dem Jahre 1886, ungefähr 250 000 Wörter stark, ganz wie Heyses
Stück hier. Im Hause wohnen noch Christiane, eine umdüsterte
Pianistin, und Regine, das Schustertöchterlein. Eher böse als bloß
umdüstert ist der Candidat Lorinser, ein Scharlatan in Gott – Heyses
Buch hat, nicht bloß in dieser Person, ausgesprochen elegante nicht
nur antikirchliche, sondern atheistische Passagen, Heyse hatte schon
recht, wenn er mit Geibel das Geld des Königs nicht mehr wollte;
elegant sage ich: vieles in der Art seiner parlierenden Argumentation
erinnert an Anatole France, diesen elegantesten aller Skeptiker. Ins
Haus kommt noch König, ein Maler, Zaunkönig genannt wegen seines immer gleichen Sujets, der hat einmal die Professorin Valentin
geliebt, die aber einen Knochen von Mathematiker geheiratet hatte,
zum Glück ist der tot: tot wie leider auch Königs Frau, eine sehr
schöne atheistische Jüdin; nun lebt König mit seiner Tochter Lea an
einem Wasser in einer alten Schenke bei einem aufgelassenen Holz-
platz (das ist autobiographisch: Heyses Eltern lebten so am Rande
Berlins), er nennt das alles seine Lagune – hier schildert Heyse, Raabe
macht das auch manchmal, eine Welt des Sichbescheidens, eine ganz
fremde Welt für uns, man muß sich einlesen, ehe sie leuchtet. – Bis
hierher ungefähr geht die Exposition des Romans, das Vorstellen der
Figuren und ihrer Lebenssituationen: das kleine Problem dabei ist,
daß gute Romanciers fast niemals dergleichen Expositionen machen,

1873 Auf die Welt kommen in diesem Jahre in dieser Reihen-
folge: in dem kleinen Ort Saint-Sauveur-en-Puisaye bei
Auxerre, Tochter eines Offiziers, die hinreißende Colette;
in Stryy im damaligen Galizien oder am westlichen Rand
der Ukraine Efraim Frisch, Sohn eines Kaufmanns, bei

---

sie führen ihre Figuren durch ihr Leben und Handeln ein; Heyse ist
da wirklich furchtbar ungeschickt, man möchte ihm mitunter regelrecht die Feder aus der Hand nehmen. – Lea möchte gern die Fragen in ihrem Kopf und in ihrer Seele erklärt haben, König lädt den
Philosophen Edwin als ihren Lehrer ein, der kommt, Lea lernt wie
eine schöne Wahnsinnige und verliebt sich lernend halsbrecherisch
in ihren Lehrer, doch die Patin, jene alte Königsliebe Valentin, hat
etwas gegen diesen tatsächlich richtiggehend gottlosen Unterricht,
Edwin muß gehn, Lea verkümmert, fast stirbt sie, zum Glück merken
das im dritten oder vierten von den sechs Büchern des Werks alle,
und Edwin kann, an sich jedenfalls, sie heiraten. Das klingt einfach;
aber Edwin lernt gleich bei Buchanfang Toinette kennen, eine Unglückliche: schön, empfindend wie nur Eine, aber als Fürstenkind
linker Hand, und dann weggegeben und verleugnet, zum Unglück
geboren, sagt sie; unfähig zur Liebe, sagt sie, als Edwin ihr diesbezügliche Erklärungen macht: er solle gehn; einmal beim Spazierengehn
treffen sie Lea, sie fragt nach dem schönen Mädchen, er sagt, er lehre
sie Philosophieren, und Toinette sagt: »Philosophie? Ist das auch für
unsereins? Ich dachte, es wäre nur für Männer« – solche Stellen gibt
es sehr viele, kluge Sachen in einem genau gehörten Tonfall; in manchen Novellen hat er einen ähnlich richtigen Ton gefunden, so in der
zu Recht berühmten *L'Arrabiata*. – Alle Frauen lieben Edwin: Toinette
im Grunde, Christiane die düstre Pianistin heimlich, Lea weiß es nur
noch nicht richtig; Edwin aber arbeitet, er schreibt eine philosophische
Schrift, die er preisgekrönt haben möchte, das wird sie dann auch,
er kriegt auch eine Professur angeboten. Balder, der kranke Bruder,
liebt Regine, das Schuhmachertöchterchen, die aber liebt den wilden
Arbeitervereinsredner Franzelius, der sich gut mit Meister Feyertag
versteht, einem Schopenhauerfan; Christiane, die Edwin anbetet, wird
von dem Zyniker Mohr geliebt, der sie retten will, erstens aus der
Düsternis ihrer Seele, zweitens aus den Fängen Lorinsers, der sich an
sie herangemacht hat; Christiane ist häßlich und hat einen Bart auf
der Oberlippe, schade, aber Mohr liebt sie, das ist die Hauptsache.
Marquard, der Medicinalrat, hat eine Soubrette, die er liebt, aber nicht
heiraten wird; eines Abends treffen sich alle im Türkischen Zelt, die
Soubrette singt, irgendwann stürmt Christiane weg, in die Nacht,
Edwin geht auch weg, in dieselbe Nacht, aber in andre Richtung, wenig
später zieht man Christiane halbtot aus dem Wasser, sie hat sich
ertränken wollen, Edwin findet sie und bringt sie zum Zaunkönig und
zu Lea, dort rettet sie Marquard, den man aus Adeles der Soubrette

einem Rabbiner orthodox erzogen, er besuchte dann in Wien ein Rabbinerseminar, studierte in Wien, Berlin und Kiel (Jura, Philosophie, Literatur, Nationalökonomie), er hat Romane aus dem Französischen übersetzt, Giraudoux' *Bella* zum Beispiel, und selber dann drei Romane

Armen weggeholt hat, Lea indessen besieht sich heimlich ein Photo Edwins, das sie in Christianes Handtasche gefunden hat. Balder stirbt auch beinahe, denn er hat mitanhören müssen, daß Regine nicht ihn liebt, sondern den Buchdrucker, und nun bricht ihm das Herz fast. Engel, der er ist, bittet er aber, kaum wieder aufgewacht, Franzelius, Regine zu heiraten, er weiß auch, daß er bald wirklich sterben wird. Edwin trifft Toinette, die kein Geld mehr hat und wegziehn will, sie möchte ihn behalten, aber er sagt: alles oder nichts, er hat manchmal so etwas Kerniges an sich. Mohr redet mit Christiane, die sagt, sie wolle sterben oder wahnsinnig werden, aber er sagt, sie gehöre jetzt ihm. Nun sind alle Knoten geschürzt. Ich hoffe, Sie sind gespannt und lesen aufmerksam weiter. Wir haben noch sechs Minuten. – Balder geht zu Toinette, er will für seinen Bruder reden, die beiden haben keine Geheimnisse voreinander. Sie erzählt ihm ihre wirkliche Geschichte, die Edwin noch gar nicht kennt, denn als sie Edwin einmal in einem wunderschön verregneten Park ihre Geschichte erzählt hat, da wußte sie selbst noch nicht, was sie jetzt weiß und Balder erzählt. Aber in der Wohnung ist auch der Graf, der glaubt, sie gehöre ihm, mit dem streitet Balder so, daß er nur noch tot aus der Kutsche herauskommt zu Hause: Edwin erfährt nichts von dem, was Toinette Balder erzählt hat, das ist eine Katastrophe; denn Edwin, da Toinette nun verschwunden und Balder tot ist, kriegt ein monatelanges Nervenfieber, er spinnt und dichtet; als er erwacht, sieht er endlich Leas Tagebuch bei sich liegen, das liegt schon lange da, aber jetzt erst sieht ers, er liest es, er erkennt, daß nur Liebe Lea heilen kann, er geht zu ihr, sie haben sich endlich, auch die Professorin Valentin ist jetzt einverstanden. Mohr der Wilde findet bei Christiane ein letztes Mal Lorinser und verjagt ihn. Zwar geht Christiane davon, aber Mohr schwört, er werde sie finden und wenns Jahre daure, und wir glauben ihm das. – Nun kommt wirklich ein Sprung von Jahren, nämlich von vieren. Edwin, der Lea mittlerweile geheiratet hat, schreibt aus einer kleinen Stadt in den Bergen Lea einen Brief, er hat dort Mohr und Christiane besucht, die auch schon ein Kind haben, Christiane ist das Zentrum des Musiklebens in ihrer kleinen Stadt. Lea zu Haus liest den Brief, sie wohnt auch in einer kleinen Stadt, in der Edwin, der allen Universitätswünschen entsagt hat, Mathematik am Gymnasium unterrichtet: ein beliebter Mann, nur die frommen Kollegen denunzieren ihn bei den Behörden (ich will nachtragen, daß, als auf Balders Beerdigung der Pfarrer dogmatischdummes Zeug redet, Buchdrucker Franzelius aufsteht, ihn unterbricht und selber spricht;

1873 geschrieben, *Zenobi* zum Beispiel; in Fürth, woher dann auch Kellermann kommen wird, Sohn eines jüdischen Gemischtwarenhändlers, wird Jakob Wassermann geboren, ein lieber Freund Hofmannsthals, Schnitzlers und Thomas Manns; in Bad Homburg kommt Oscar Adolf

---

er wird eingesperrt und kommt nur dank Marquard frei, der immer die richtigen Leute kennt – auch hier ist Heyse sehr gut, der Titel des Buchs, *Kinder der Welt*, hat da auch eine seiner Erklärungen; und immer mit den Frommen greift Heyse dann auch den Staat an, der die Religion benutze, um das Volk zur Raison zu bringen). In derselben kleinen Stadt lebt Regine mit ihrem Franzelius, der inzwischen mit Schwiegervater Feyertags Geld eine hübsche Buchdruckerei aufgemacht hat, Franzelius und Regine haben schon drei Kinder. In den Bergen, als er wandert, gabelt Marquard Edwin auf und schickt ihn aufs benachbarte Schloß, wo, an der Seele krank, Sie ahnen das sicher, Toinette lebt, die Gattin jenes blasierten Grafen, ihr sei auch ein Kind gestorben. Eine Kutsche holt Edwin, nachts dann eine große Mondscheinfahrt aufs Schloß. Unruhig, da auch zu viele blöde Gäste im Haus sind, geht Edwin sehr spät in dieser Nacht noch spazieren, er kommt an einen kleinen See, er hört Stimmen, dann, selbst verborgen und sich still haltend, sieht er eine nackte wunderschöne unendlich ins Wasser verlockende Schwimmerin da in dem See – diese ganze hinreißende Undinenszene würde ich Ihnen nun wirklich gönnen, aber unsre Zeit geht zu Ende. Die schöne Schwimmerin, Sie haben das gewußt, ist wieder Toinette. Am nächsten Tag treffen die beiden sich im Wald, als die Männer jagen, sie reden, Toinette, untröstlich, erzählt von ihrem Unglück. Unvermutet kommen hochadlige Gäste, hier ist Heyse glänzend in Form, als Kaplan der Angereisten tritt, auch das werden Sie sich denken, der verfluchte Lorinser auf – Edwin wird wütend und macht eine ziemliche Szene. Nachts noch geht er weg aus dem Schloß, er schläft frühmorgens irgendwo, vermummt erscheint auf der Suche nach ihm Toinette, wirft sich ihm in die Arme und sagt, sie liebe ihn, er allein könne sie heilen, er liebe doch auch sie und nur sie; eine große Szene, er redet wunderbar klug und weise und philosophisch, lassen Sie uns einen Ausweg finden aus diesem Labyrinth, und so weiter, er redet von Schuld, Schicksal, Pflicht, Reue, sie wird wütend in ihrer Leidenschaft, nichts verstehe sie davon, sagt sie, sie wisse nur, daß sie bei ihm Ruhe finden könne: »und da steht er nun und philosophiert – und ich sterbe«. An solchen Stellen sieht man, und es gibt eine Menge solcher Stellen, daß, soviel daran sein mag, wenn es immer heißt, und deshalb gibt es ja auch keinen Heyse zu kaufen, Heyse sei ein schwächlicher Epigone, ein Goethenachmacher und so weiter – an solchen Stellen sieht man, wie gut er aber sein kann, da wacht er auf, und man lernt Burckhardt verstehn, der ihn so schätzte, und Mörike, der ihm seinen *Maler*

Hermann Schmitz auf die Welt, der in Heidelberg, Leipzig, München, Berlin und Rom annähernd dieselben Sachen studierte wie Frisch, dann Anschluß an den Georgekreis fand, sich schließlich mit Kubin verschwägerte, und insgesamt ganz ungeheuer viel schrieb, darunter auch Romane, besonders *Wenn wir Frauen erwachen...*, 1913; in Asnières an der Seine, gleich nördlich von Paris, Schriftstellersohn, wird Henri Barbusse geboren, der in Kreisen verkehrte, die wir schon ein bißchen kennen, nämlich um Marcel Schwob und den Lyriker

---

anvertrauen wollte. – Wir haben noch zwei Minuten. Lea ist schwanger, aber als Edwin heimkommt, merkt sie seine tiefe Verstörung, sie will weg, inzwischen hat nämlich Toinette sie besucht, Lea hat da aber nicht verstanden, was wir verstehn: daß Toinette nur sehn will, wer Lea ist, und dann endgültig verschwinden will als der Dämon der falschen Leidenschaft. Franzelius redet zu ihr vor Balders Totenmaske, eine fragwürdige Szene das, dann ist Edwin gekommen, wieder einmal halb zusammengebrochen und nur mühsam von Mohr wieder aufgerichtet: ans sonst leere Haus wird ihm ein Ständchen gebracht von den Bürgern und Schülern, die von der Klage gegen ihn gehört haben; das sieht die heimkommende Lea, und alles wird wieder gut, die beiden machen so etwas wie nachgeholte Flitterwochen; dann kommt ein Brief, Toinette ist tot, schade natürlich, sehr schade, aber der Dämon ist gegangen, auch wenn damit die Figur verschwindet, die Heyse heimlich sicher am meisten gemocht hat beim Schreiben (auch hier ist er sehr viel besser als etwa der Kollege Freytag, anläßlich dessen wir uns schon einmal über solche nur heimlich geliebten Figuren unterhalten haben; auch Immermann war da kaum so frei wie Heyse hier). – Noch einmal sind zwei Jahre um, der Ausklang nun. Das Kind ist da, Edwin hat sein Buch herausgebracht, ein philosophisches Werk, worin er sagt, die Metaphysik habe nichts mit der Ethik zu tun – ich weiß nicht, wie Ihnen das so kurz hingesagt klingt, aber das geht natürlich sehr nett gegen Staat und Kirche, und übrigens auch, und da ist Heyse ein vieles ahnender sehr kluger Zeitgenosse, gegen das, was Nietzsche sagen wird (noch nicht sagt, jetzt 1873), nämlich, daß der Tod Gottes auch die Moral vernichte – Heyse zeigt sich hier als ein sehr freier Geist: das ist alles bewundernswert, man hätte das sozusagen nicht gedacht von ihm, so wenig also hat man ihn gekannt. Ein kleiner Gang dann Leas und Edwins durch Berlin – die alte Lagune des Zaunkönigs ist abgerissen, König hat längst die Professorin Valentin geheiratet, die Jugendliebe, der alte Feyertag ist tot, und am Ende, auf Seite 700, zitiert Edwin dann Catull: »Laß uns leben, Geliebte, laß uns lieben.«

Hérédia, ein Pazifist, dessen Antikriegsbuch *Das Feuer* großen Ruhm erlangte; in Abingdon in Berkshire wird Dorothy Richardson geboren, die ihre Romane leider fast nur für ihre Kollegen schrieb (sonst las sie kaum einer); in Braunschweig, Notarssohn, ein Vetter Ricardas, kommt Friedrich Huch auf die Welt, Klages, George und Thomas Mann mochten ihn, eine sehr gemischte Gesellschaft; in Laval an der bretonischen Mayenne, aus wohlhabender Bauern- und Handwerkerfamilie stammend, wird der dann so wunderbar wahnsinnige Alfred Jarry geboren, den wir deshalb für uns hier gewinnen konnten, weil er einige seiner Bücher ganz willkürlich Romane genannt hat; und schließlich kommt in Winchester, in Virginia, die wunderbare unvergleichliche Willa Cather ans Licht, die dann im Westen, in Nebraska, groß wurde, Hüte in Form von dreischichtigen Torten trug, wenn sie in die Oper fuhr, lesbisch war, katholisch wurde und sich mit Sarah Orne Jewett anfreundete; als Sinclair Lewis 1930 den Nobelpreis erhielt, sagte er in seiner Dankrede, eigentlich habe den Preis Willa Cather verdient gehabt.

1 ✦ 8 ✦ 7 ✦ 4

Grabschrift (76) für

T O M M A S E O . Ich glaube, er ist einer der wenigen hier, denen wir noch nichts Gutes nach-gesagt haben; und so wollen wir ihm jetzt auch nichts Schlechtes nachsagen.

✦

Zola macht weiter mit der *Eroberung von Plassans*; in Plassans hatte schon der erste Band gespielt, das *Glück der Rougons*, und jetzt entpuppt sich hier ein äußerlich vorbildlicher, im Grund aber fanatischer schmutziger intriganter Priester als politischer Agent, den es wenig kümmert (bis hin zu Clarín und Pérez Galdós kümmert sie das immer wenig), daß er eine Frau in sich vernarrt macht, deren Mann daraufhin verrückt wird, ins Irrenhaus kommt und schließlich, wieder heraus (aber jetzt ist allmählich Zola allein schuld) sein Haus anzündet, mit sich und dem Priester drin, und dann stirbt auch die Frau. – Thomas Hardy bringt *Am grünen Rand der Welt* heraus, sein erstes vollkommenes Werk, wie die große Kollegin Virginia Woolf meinte, als er starb (1928); sie schrieb: »Gabriel Oak, der dort oben auf dem Rücken der Welt seine Schafe hütet, ist der ewige Schäfer; die Sterne sind uralte Leuchtfeuer; und seit Jahrhunderten wacht er neben seinen Schafen. Aber drunten im Tal ist die Erde voller Wärme und Leben ... die Natur ist fruchtbar, prächtig und lustvoll von Leben; noch nicht bösartig und immer noch die Große Mutter der sich mühenden Menschen ...« – schön, so was zitieren zu dürfen, selber so ähnlich zu schreiben brächte ich kaum übers Herz, aber ich weiß nicht, ob ich deshalb wünschen sollte, früher geboren zu sein. – Raabe ist mit einem Male wieder ganz und gar da und veröffentlicht den *Meister Autor,* einen wie beiläufig ganz ungelassenen kleinen Roman, bedenkenlos, lakonisch, auch ganz leicht verbittert über ein ausgebildetes Talent (das seine), das um so weniger Beifall findet, je größer die Taten sind, die es vollbringt, aber diese Verbitterung geht ganz in die Fabel ein, sie schadet dem Roman nicht, sie beflügelt ihn; ein freies Buch, voll großer Bilder, die ihrerseits nun wieder noch einmal eine Welt bauen, die untergehn wird im falschen Elan der Generation mit dem frischen Geld – ein großer kluger Mann, dieser Romancier, der so wenig Staat macht mit seinem ganzen Können, ein wirklich großer Mann, aber damals wird das nicht ganz leicht zu erkennen gewesen sein. – Daudet, dessen *Tartarin* wir erst gelesen haben, kommt jetzt mit dem ersten seiner Gegenwartsromane, *Fromont junior und Risler senior*, einem fürs erste leider noch etwas langweiligen und recht sentimentalen Buch aus dem Pariser Geschäftsleben; mit Zola kann sich da noch lange nichts messen, später freilich wird sich manches von Daudet durchaus mit Maupassant vergleichen können, die *Sappho* etwa, das werden wir dann sehn. – Juan Valera (y Alcalá Galiano, so der volle Name), der Philosophie, Philologie und Jura studiert hat und mitten in einer offenbar glänzenden diplomatischen Laufbahn steht, bringt einen außerordentlich eleganten leicht geschriebenen kleinen Roman heraus, *Pepita Jiménez*, worin ein junger Mann in seinem Innern ein schönes Handgemenge austragen läßt zwischen der Liebe zu Gott und der Liebe zur Titelheldin, und die Titelheldin gewinnt dann aufgrund ihrer sichtbareren Vorzüge; es ist ein heiteres Spiel, das der Autor da spielt mit allem was heilig sein könnte; er entlarvt nichts, sondern er zeigt nur, daß alles was heilig war sein Recht hat, aber neben allem andern und ihm vergleichbar – vielleicht war es der große Erfolg, den er sonst hatte, der es ihm erlaubte, in diesen Dingen so sehr viel gelassener und legerer zu denken als die meisten seiner ganz fürs Schreiben lebenden Zeitgenossen in diesen klerikalen Gegenden. – Und dann noch ein kleines Büchlein beinahe vom Schlage des Daudetschen *Tartarin*, nämlich *Der Dreispitz* von Alarcón (y Ariza, so der volle Name), das ist die im gelungenen Scheine großer Volkstümlichkeit erzählte Geschichte einer schönen Müllerin, die einen gar nicht schönen Mann hat, den sie liebt, und die mit List und Mut und gewaltiger Zivilcourage den schlimmen Nachstellungen eines Richters entrinnt, den daraufhin auch seine eigne vornehme und mit ihm immer schon geschlagne Frau verstößt. Das ist wie ein Glas schöner alter Limonade, sagt man sich, aber Virginia Woolf hätte das sicher sehr viel poetischer ausgedrückt; ich bin mir nur nicht ganz sicher, ob ihr das Buch wirklich gefallen hätte;

wir sind ja, wie sie, alle recht *sophisticated,* und es führt
zu nichts, urwüchsig werden zu wollen. – Und nun schlägt
Victor Hugo noch einmal zu, er ist jetzt zweiundsiebzig
und seit dreiunddreißig Jahren Mitglied der großen Académie; fünfzehn Jahre, zwischen 55 und 70, hatte er wegen
seiner Opposition gegen Louis Napoleon (das ist eben
der, dessen Staatsstreich Zola gleich am Anfang seiner
Rougon-Macquart anprangert) im Exil verbracht, in Belgien, auf Jersey, schließlich auf Guernsey, 1871 war er
nach Paris zurückgekehrt; er schreibt *Dreiundneunzig,*
gemeint ist damit das Jahr 1793, und Hugo erzählt da nun
eine höchst melodramatische Geschichte von Verwandten,
die gegeneinander kämpfen in den scheußlichen Bürger-
kriegen jener Jahre, der Onkel will seine Burg nicht aufgeben samt der alten Zeit, der Neffe will das Neue und
holt eine Guillotine vor die Burg; Hugo läßt keinen Effekt
aus, gleich am Anfang verwüsten losgerissene Schiffs-
kanonen ein Deck, das hätte kein Melville mit solchen
Farben gemalt, und noch am Ende gibt es weinende Mütter, die in düstern Nächten aus brennenden Burgtoren
flüchten, wie damals Aeneas mit Vater und Sohn – das
Buch ist furchtbar, im Namen der Kunst möchte man den
Autor verfluchen, aber der gewöhnliche Leser im selben
Atemzug macht schaudernd weiter.

In Paris, sein Vater ist dort Beamter an der britischen
Botschaft, seine Mutter ist in ganz Paris berühmt für ihre
Schönheit, kommt William Somerset Maugham auf die
Welt, er verbringt an der Seite seiner schönen Mutter
wunderbare Kindheits- und Jugendjahre in Paris, als er
acht ist, stirbt die Mutter, als er zehn ist, der Vater, und
der Traum ist aus. In Wien, Sohn eines Bankdirektors,
wird Hugo von Hofmannsthal geboren, ein Wunderkind.
In Cérilly/Allier wird Charles-Louis Philippe geboren,
Sohn eines armen Schusters. Und hinten in Allegheny,

in Pennsylvania, einer deutsch-jüdischen Familie entstammend, kommt Gertrude Stein zur Welt, sie verbringt ihre Kindheit in Wien und Paris, wir wissen nicht, ob sie hier wirklich dem Knaben Somerset begegnet ist, er womöglich etwas unscheinbar an der Hand seiner schönen Mama, sie hätte ihn gesehn und doch nicht gesehn.

1 ✦ 8 ✦ 7 ✦ 5

Grabschrift (77) für

M Ö R I K E . In seiner Vollendung der von Mörike begonnenen, aber dann liegengelassenen Überarbeitung des *Maler Nolten* hat Julius Klaiber die Stelle dann nicht wiederverwendet, in der ersten Fassung steht sie als ein eigner Absatz in die Augen fallend für sich, auf der letzten Seite, sie lautet, und man kann kaum noch unterscheiden, so am Ende der Erzählung, ob da von Leuten die Rede ist, die einmal involviert waren ins Geschehen, oder bloß noch von Lesern: »Die beiden Männer sahn sich lange schweigend an und blickten in einen unermeßlichen Abgrund des Schicksals hinab.« – Eduard Mörike stirbt siebzigjährig in Stuttgart.

Drei Bücher erscheinen, ihre Titel legen so etwas wie eine Familienähnlichkeit nahe: *Im Paradiese, Das Verbrechen des Paters Amaro, Die Sünde des Abbé Mouret. Im Paradiese* ist der zweite Roman Heyses, er spielt in Münchner Künstlerkreisen, sehr viel sittsamer und moralischer als Murgers *Bohème*, unverkennbar hat dem Autor aber dieses Buch vorgeschwebt, offenbar wollte er seinen Münchnern, die ihn mochten und ihm vertrauten und wahnsinnig gern

glauben wollten, was sie selber leider nicht kannten, einmal zeigen, wie heiter und schön es die Künstler bei ihnen hätten; Heyse aber, indem er das etwas Sündige wegläßt, das für Murger mit zum Bild gehörte, nimmt der leichten Schönheit ihren dunklen Grund, und es bleibt ein fader Geschmack nach dem Genuß dieser allzu schönen Welt (das Buch ist so entsetzlich viel schlechter als vorhin die *Kinder der Welt*, daß man alle Lust an Heyses weiteren Romanen verliert). – Der Abbé Mouret ist eine Figur Zolas, vielleicht erinnern Sie sich letzthin, aus der *Eroberung von Plassans*, an jene in den bösen Priester vernarrte Frau: deren Sohn dieser junge Abbé ist (Zola legt immer einen für uns sinnlosen Wert auf solche Deszendenzen), und seine Sünde besteht darin, daß er sich, in einem provenzalischen verwilderten wildduftenden und -blühenden Garten da unten, in ein darin wie in einem Paradies aufwachsendes Mädchen verliebt; sie lernen beide das Leben; aber dann, nach Mahnreden eines strengen Vorgesetzten, kehrt der junge Mann zur Keuschheit zurück, und das Mädchen, und da haben wir wieder den ganzen Zola, der keine Saite unberührt lassen kann, das junge Mädchen stirbt schlafend und betäubt und vergiftet vom Duft all der Blumen, die sie sich ins Zimmer geholt hat, eben um zu sterben, einen späten Liebestod. Ein paar Jahre später, nämlich 1884, läßt Fontane im *Grafen Petöfy* den Grafen über dieses Buch sagen: »Der Herr Verfasser beschwört darin den Sündenfall, also ein immerhin interessantes Thema, noch einmal herauf und läßt ihn sich in einem modernen Blumenurwald vollziehen, dem er in offenbar gewolltem Anklang an das altehrwürdige Paradies den Namen Paradou gegeben hat«; Franziska daraufhin (und wenden Sie sich an Fontane, wenn Sie wissen möchten, wer diese neugierig-schöne Franziska ist): »Das möcht ich aber doch wirklich lesen …«, und der Graf: »… ein Entschluß, in dem ich Sie nur bestärken kann«: so also die Großen unter sich, und ihre Worte in Ihr Ohr! – Pater

1875 Amaro, dessen Verbrechen José Maria Eça de Queirós[11] in diesem ersten seiner großen Romane erzählt, ist ein junger sehr ansehnlicher Priester, dessen erster Ruf ihn in eine kleine Stadt führt, die von Klatsch und Tratsch lebt und in der stickigen Atmosphäre zweier Parteien, wenn man so will: das Hauptlager bilden die Frommen, die Gegner scharen sich um einige im Grunde auch nicht viel sympathischere Liberale. Der junge Priester nimmt Wohnung bei Leuten, die eine schöne Tochter haben; die Tochter verliebt sich in den jungen Geistlichen, dieser gegen alle Abmachungen sich in sie, oder jedenfalls begehrt er sie, und sie begehrt ihn; sie finden auch zueinander, dann setzt großer Klatsch ein, der Priester muß ausziehn, kann aber einen Platz für schöne heimliche Schäferstunden ausfindig machen. Das Mädchen wird schwanger, geht an einen andern Ort, kriegt ein Kind,

---

[11] Eça de Queirós war 1846 geboren worden, hatte Jura studiert, als Rechtsanwalt in Lissabon gearbeitet, dann in einer Kleinstadt als Redakteur gewirkt; nach längeren Reisen war er in den diplomatischen Dienst berufen worden, und war Konsul auf Cuba, in England, schließlich in Paris. Er scheint ein bißchen ein Dandy gewesen zu sein, wenn auch fast ein Dandy wider Willen oder aus Versehn oder als wärs eine besondere Art von Schüchternheit, ich zitiere aus Schilderungen von Freunden: »Er trug einen langen offenen Gehrock und in einem Knopfloch ein großes buntes Blumenbouquet; seine Brust zierte ein Plastron, das uns riesig erschien und das von einem Stehkragen überragt wurde, in dem er den Kopf nur mit Mühe bewegen konnte. Die Manschetten, die von Knöpfen an einem goldenen Kettchen zusammengehalten wurden, fielen weit über die Hände, die in strohfarbenen Handschuhen steckten. Die hellen Hosen waren hochgekrempelt und gaben den Blick frei auf schwarze, gelbgepunktete Seidenstrümpfe und hochglanzpolierte, spitze englische Schuhe. Auf seinem Kopf hatte er einen hohen Hut aus glänzendem Seidenfilz. Er blickte uns durch ein Monokel an, das ihm ständig herunterfiel und das er wieder in die rechte Augenhöhle klemmte, indem er das Gesicht zu einer sarkastischen Grimasse verzog ... Er pflegte mein Zimmer zu betreten, indem er den rechten Fuß zuerst aufsetzte, so daß er meist im letzten Moment innehielt und den linken, unheilvollen Fuß zurückhielt, falls dieser sich bereits unangemessenerweise vorgedrängt hatte; dabei verursachte er, wenn er endlich, zögernd und konfus, über die Schwelle schritt, ein unerklärliches bebendes Scharren ...«

stirbt aber; das Kind wird einer Frau übergeben, die kleine überflüssige Kinder verschwinden läßt. Der junge Geist-  liche, für eine kurze Zeit noch einmal zu einem richtigen Menschen werdend, fährt, wenn auch vergeblich, seiner armen Geliebten hinterher, kann aber selbst das Kind nicht mehr retten. Er bereut alles, seine Vorgesetzten zeigen Verständnis und besorgen ihm einen neuen Posten in der Hauptstadt. Hier sehen wir ihn am Schluß des Buchs in einer Unterhaltung mit einem Kollegen und einem hohen Politiker; Amaro strahlte, heißt es, und alle drei sind sich einig, daß die Lethargie dieser Nachmittagsstunde Friede und Wohlergehn bedeute. Eça de Queirós ist in dieser Schlußpassage ein außerordentlich unversöhnlicher Kritiker seines unter Staat und Klerus eingeschlafnen Landes, aber die wunderbare Intensität der verschiedensten Gefühlslagen, in denen er das ganze Buch über alle seine Helden hat leben lassen, macht, wenn wir lesend uns plötzlich frisch belebt fühlen, über alle jene Kritik hinaus herrlich überzeugend klar, daß wir hier einem wirklich großen Romancier begegnet sein müssen.

Geboren werden am Schlusse dieses Lustrums in Prag Rainer Maria Rilke; und in Lübeck, die Familie kennen wir schon, Thomas Mann, und es ist mir, wenn ich nun weitermachen will, als hörte ich letztren in der Wiege schon murmeln: ja aber, sind wir denn jetzt nicht vollzählig?

XVII

1876 BIS 1880

ERNEUTER AUFBRUCH. Unser ganzes Lesen (unser Lesen hier in diesem Buch), auch wenn wir, sogar in einer gewissen Sturheit, chronologisch vorgehn, setzt heimlich doch jedem frühen Buch alle späteren Bücher voraus – wir haben Proust gelesen, wenn wir Flaubert lesen und wenn wir lesen was, ehe er selber mit dem Romaneschreiben begann, Proust über Flaubert geschrieben hat; wir haben Proust gelesen, wenn wir Tolstoi lesen, wir haben James gelesen, wenn wir Dostojewski lesen, ganz wie wir umgekehrt Tolstoi gelesen haben, wenn wir Joyce lesen, und Stendhal, wenn wir Italo Svevo lesen. Es ist beim Lesen von Melville nicht vernünftig, Segelschiffe bewundern zu wollen, als ob wir keine Dampf- und Atomschiffe kennten; und andrerseits ist ein halbes Meer voller Segelschiffe ein so hinreißender Anblick, daß wir uns nur schwer vorstellen können, ein wie herrliches Bild einmal[1] die ersten

---

[1] denken Sie an Turner!

schnell und frei für sich fahrenden Dampfschiffe gewesen sein können. Das ist alles absolut natürlich und keinerlei Aufhebens wert, ich wollte nur daran erinnern; und ich will uns Leser auch ein bißchen freisprechen vom Vorwurf der Ungerechtigkeit (der historischen etwa), den man ziemlich leicht erheben könnte. Ein richtiger Romanleser hat in solcher Beziehung gar kein Gewissen; und mein eignes Gewissen geht nur darauf, der Ungerechtigkeit des Vergessens entgegenzutreten. Ich glaube nicht, daß andre Arten von Gerechtigkeit von irgendeinem Vorteil sind für das Lesen unsrer Bücher; die einzige Gerechtigkeit, die wir hier üben, besteht im unbefangnen Geltenlassen dessen, was uns gefällt, je mehr wir lesen. – Und damit sind wir wieder bei der Sache, und fahren fort; oder, wie Ford Madox Ford sagt in seiner *Allertraurigsten Geschichte:* »Und ich werde mit leiser Stimme weitersprechen, während das Meer in der Ferne rauscht und über uns die schwarze Flut des Sturms an den glänzenden Sternen hinstreicht.«

1 ✦ 8 ✦ 7 ✦ 6

Grabschrift (78.79) für

SAND. FROMENTIN. Zu Hause, auf ihrem Schlößchen Nohant, stirbt, drei Wochen vor ihrem zweiundsiebzigsten Geburtstag, George SAND. Flaubert schreibt an Turgenjew: »Der Tod der armen Mutter Sand hat mich unendlich geschmerzt. – Auf ihrer Beerdigung habe ich geweint wie ein Kalb, & sogar zweimal: das erste Mal, als ich ihre Enkelin Aurore umarmte (deren Augen an jenem Tag den ihren so ähnlich sahen, daß es wie eine Auferstehung war), und das zweite Mal, als der Sarg an mir vorbeikam...

Die braven Landbewohner weinten alle sehr an ihrem Grab. Auf diesem kleinen Dorffriedhof stand man bis  zu den Knöcheln im Schlamm. Ein sanfter Regen fiel. Ihre Beerdigung war wie ein Kapitel aus einem ihrer Bücher.« – In Saint-Maurice bei La Rochelle, kurz vor seinem sechsundfünfzigsten Geburtstag, stirbt Eugène *F R O M E N T I N*, berühmt seinerzeit als Maler, als Reiseschriftsteller, als Kunstkritiker, für uns unvergeßlich durch seinen einen Roman *Dominique*.

Es ist ein ungeheurer Reichtum an Büchern in diesen Jahren. Zola bringt *Seine Exzellenz Eugène Rougon* heraus, ein ganz faszinierendes Bild der hohen politischen Kreise Frankreichs; – und Trollope publiziert eines seiner schönsten Bücher, den *Premierminister*, ein Bild nun (wenn auch ein freundliches Bild, vergleicht man mit Zola) der englischen politischen tonangebenden Kreise; es muß eine große Lust gewesen sein, wenn ein Leser, wie etwa Charles Darwin, ich hatte das seinerzeit erwähnt (1815, bei Trollopes Geburt), über mehr als dreißig Jahre hin von den Romanen dieses Mannes begleitet werden konnte (wie etwa wir, sagen wir, von den Romanen Walsers, oder was sollen wir sagen?). – Meredith übrigens schreibt in diesem Jahr auch einen politischen Roman, genauer einen Roman (*Beauchamp's Career*, nicht übersetzt, wird auch sicher nicht mehr übersetzt werden, selber mochte er ihn beinahe am liebsten) über einen jungen Mann, der eine politische Karriere machen will, wieder genauer: der fortschrittliche politische Ideen hat und nun vor dem Problem steht, daß dergleichen Ideen sich nur in einer politischen Karriere verwirklichen lassen, daß sie sich aber andrerseits gerade in einer normalen politischen Karriere am wenigsten verwirklichen lassen, zumal sich fragt, ob eine solche fragwürdige Karriere die Opfer wert ist, die er bringen müßte. – Karl May übrigens hat mit der

1876 Veröffentlichung seiner *Winnetou*-Bücher begonnen: kein Wort aber weiter über sie und über ihn hier; auch nicht, irgendwann hatte ich das schon gesagt, über seine späten trivialmythischen Träumereien aus Radebeul. – Raabe veröffentlicht den *Horacker*, eine außerordentlich heimtückisch-humorvolle Erzählung über die kleinbürgerlichen Vorurteile; heimtückisch, weil der biedere Erzählton offenkundig irreführend ist, man weiß aber nicht eigentlich, wohin. – Spielhagen bringt *Sturmflut*, einen neuen Rügenroman; hier wirbelt ein sehr hübscher Anfang Adlige, Offiziere und einen Ingenieur durcheinander (wir ahnen, daß dieser Ingenieur wieder die positive Hauptfigur sein wird, und er wird das schöne Mädchen kriegen, wir müssen uns keine Sorgen machen), und nun beginnen zwei Themen nebeneinander herzulaufen, erstens die Liebesgeschichte, inbegriffen diese ganzen Standesunterschiede, zweitens die Geschichte des Hafen- und Eisenbahnbaus auf Rügen; die Liebesgeschichte ist langweilig und schlecht erzählt, bleibt also der Eisenbahnbau...

Anmerkungen (18) zu

S P I E L H A G E N . ... und es ist natürlich tatsächlich eine spannende Sache, wie da, fast wie im Wilden Westen, die Grundbesitzer, diese verarmten Adligen, deren Beste wir eben noch haben unterm Schmuggeln große Tode sterben sehn, mit einem Male, so wenig sie von Hafen- und Eisenbahnunternehmen im Prinzip halten, erkennen was ihr Land wert sein kann, wenn die Eisenbahngesellschaften respektive der Staat es kaufen müssen; die Spekulationslust regt sich, ein neues, wenn vielleicht auch böses Leben kommt ins lethargisch gewordene Inselland. Das ist etwas, wovon man sagen könnte, daß hier der Roman Realien bringt, Welt, Gegenwart (vergangne, aber immerhin doch); man weiß dann etwas davon wie es damals zuging, und das ist interessant (ein Thema, das wir in andrer Beleuchtung schon öfter hatten). Man muß nun aber wissen, wenn man nämlich dem Roman sonst kaum etwas Gutes nachsagen kann, wofür man sich eigentlich interessiert beim Romanelesen: für die Realien einer Welt damals (es soll außer acht gelassen sein, erstens, ob das damals wirklich so zuging, wie der Roman sagt, zweitens, wie sehr sich das Damals in diesen Dingen nun eigentlich vom Heute unterscheidet – welchen Sinn also ein so vermitteltes Wissen haben kann), oder für die Literatur. Was Welt ist, wissen wir – was aber ist das, diese Literatur? Die Liebespaare sind grauenhaft bei Spielhagen, verglichen etwa mit den Liebespaaren bei Meredith, bei dem es keine solchen zeitgemäßen Eisenbahnspekulationen[2] gibt. Was macht ein Liebespaar zeitgemäß (wenn ich das Gegenteil des Grauenhaften einmal unter diesen Aspekt stelle)? Uns kann es beim Lesen ziemlich egal sein, ob welche sich im Jahre 1820 oder im Jahre 1870 lieben; aber es scheint da ein bestimmtes Flair zu geben, so etwas wie einen Duft der Zeit – als ob wir (aber woran?) spürten, daß, wenn welche sich im Jahre 1870 lieben, als ob wir 1820 hätten (und unabhängig von den Eisenbahnen, das ist es), irgend etwas artistisch nicht ganz stimmt. Was also stimmt bei Spielhagen nicht, was ist das Artistische, das den Duft der Zeit hat? – Wenn Sie, wie ich jetzt, ein quälendes Gefühl verspüren angesichts der offenbaren Unmöglichkeit, diese Fragen zu beantworten, dann liegt das nicht an Ihrem Unvermögen,

---

[2] doch, in seiner *Diana*, aber die Interessen sind dort andre; einmal zum Beispiel, als ein Mann ganz rasch zu der Frau muß, die er liebt, und die sonst weggeht (aber ich glaube, sie hätte auf jeden Fall gewartet), bedauert er, als er sich so den stundenweiten Weg und noch bei Winterglätte vielleicht und zugeschneiten Schlaglöchern und einbrechender Dunkelheit, und alles zu Pferde, ausmalt, daß man da, und das Gelände böte sich dafür an, noch keine Schienen gelegt habe. Das heißt nun wirklich die Liebe und die Eisenbahn in einen realen Zusammenhang bringen.

sondern an meinem irreführenden Vorgehn. Alle diese Fragen, die sich hier nicht beantworten lassen, entstehn nämlich nur, weil wir bei einem schlechten Buch, bei einem (hier wenigstens) schlechten Autor ansetzen[3]. Ästhetische Fragen lassen sich grundsätzlich nur dort überhaupt richtig stellen, wo ein Werk, ein Roman für uns, die Antworten schon parat hat: heimlich beantwortet das Buch alle Fragen, wir müssen sie nur noch stellen, im schönen Gefühl, daß wir die Antwort schon haben.

✦

Weiter in den Büchern. Huysmans, der sich in diesem Jahre mit Zola anfreundet (er ist achtundzwanzig, Zola sechsunddreißig), schreibt, ein wenig auf dessen Linie, *Marthe*, einen Hurenroman (ich hatte dieses Buch schon andeutungsweise zu charakterisieren versucht damals im Gegensatz zu Dumas' *Kameliendame*); das ist eine Studie über die schiefe Ebene, auf der nichts nach oben rollen kann – für den Huysmans dieses Versuchs (und das Ganze ist ein artistischer Versuch[4]) ist die Gesellschaft ein

---

[3] jeder glaube ich erinnert sich gewisser quälender Diskussionen mit einem schlechten Autor, einem schlechten Maler: was kann eigentlich heutzutage noch ein Text, was kann ein Bild wollen; worüber läßt sich noch schreiben, was läßt sich darstellen? – das Quälende dieser Diskussionen, die man deshalb meiden sollte, beruht immer auf diesem selben Mangel, nämlich dem der geglückten Produktivität. Die Frage jetzt, woher die denn kommen solle, und es sei eben zu einfach, von ihr nur auszugehn, ist ganz irrelevant.

[4] man versteht diesen Ausdruck besser, wenn man neben dieses Buch einen Roman wie *Esther Waters* von George Moore hält; Moore, vier Jahre jünger als Huysmans, zeitweise auch er (wie das halbe Europa) sehr im Banne Zolas, entwirft nicht eine artistisch geschlossene (zeichenhafte) Welt, entwirft also nicht die Welt neu als die Aura eines Untergangs, sondern er läßt eine Figur (ein Dienstmädchen hier, das hatten ja die Goncourts vorbereitet) genau in jener Welt leben, in der auch wir sind – diese Welt ist unmittelbar zugänglich, es bedarf keiner Zeichen, und die Figur ist kein Objekt eines ganz abständigen soziologischen Interesses, sondern wir weinen und lachen mit ihr als über jemanden, den wir kennen könnten. – Das klingt, als zöge

noch viel determinierterer Vorgang als bei den doch vergleichsweise vorsichtig sich an solche Probleme herantastenden Brüdern Goncourt (damals, in der *Germinie Lacerteux*); einmal, auf Seite 87, da ist die Dirne fast schon tot, kommt sie an eine Kaserne, an der Bettler gefüttert werden, und Huysmans schreibt: »In unmittelbarer Nähe, am Eingang der Gasse streckten drei Bäume mit schwächlichen erdfarbenen Stämmen traurig flehend ihre krummen Arme zum Himmel« – selbst die Natur (es ist aber, wie man gern zugibt, die städtisch verdorbene, die selber gewissermaßen verhurte Natur) macht mit beim zeichenvollen Untergang (und wie wäre es mit Mond, mit Sternen? die gibt es hier nicht, der Blick geht nicht höher als bis zu solchen Bäumen). Am Ende dieses Lustrums werden wir noch einen Hurenroman kriegen, Huysmans' Meister wird *Nana* schreiben: ein schlechtes Buch, ich glaube ich hatte das schon irgendwann einmal angedeutet. – Bei Gelegenheit Blichers erwähnt habe ich schon Jens Peter Jacobsens *Frau Marie Grubbe*, einen stilistisch etwas sehr historisierenden Roman, der, was

---

ich grundsätzlich diese Schreibart der Huysmansschen vor (obwohl ich das bei den verglichenen Büchern hier tue), merkwürdig ist tatsächlich nur, daß, wenn der erste sehr starke und mächtige und erschreckende Zauber dieser gewissermaßen artistisch gezeugten Milieustudien vergeht, jene eher unauffällig geschriebenen Bücher sich so oft als die besseren erweisen. Das kann an der irdischen Unvollkommenheit liegen, die es der Radikalität oft ein bißchen schwer macht; wir haben es aber erstens immer mit dieser Unvollkommenheit zu tun; und zweitens (das ist nun aber etwas gewagt) scheint sich bei vielem Lesen herauszustellen, daß diese artistische Radikalität, die auf sich selber mindestens so sehr aufmerksam macht wie auf die Phänomene, denen sie gilt, in erstaunlich vielen Fällen die Sache eher zweitrangiger Erzähler war. Selbst ein durchaus nicht zweitrangiger Mann wie der Meister Zola selber schreibt in sehr jungen Jahren einem Freund, »wohl weiß ich, daß Zurückhaltung höher im Kurs steht und würdiger ist; doch wir sind Kinder eines Zeitalters der Ungeduld, wir bersten vor Verlangen, uns zu unsrer vollen Größe aufzurecken, und Sie dürfen es mir glauben: wenn wir nicht die andern unter unsre Füße treten, werden die andern ihrerseits über uns hinwegschreiten...«

1876 der Autor uns eigentlich sein kann, so wenig zeigt wie etwa Fontanes Butzenscheibenstück über *Grete Minde*. – Benito Pérez Galdós kommt jetzt mit seinem für uns jedenfalls ersten Roman, *Doña Perfecta*, einer ungeheuer sarkastisch erzählten Geschichte, in der sich ein junger Mann heillos in das keinem Außenstehenden verständliche tatsächlich auch schon ganz lethargische von schlechten Klerikern und befehlsgewohnten alten Frauen beherrschte bigotte Leben einer abgelegnen Kleinstadt verstrickt – dunkel verschattete alte Räume hinter verwitterten Fassaden in greller Sonne, schwarze Nächte mit den flackernden Laternen übler Burschen, hübsche verführerische Blicke eingesperrter junger Mädchen, und mittendrin dieser auf Fortschritt, auf Licht, auf Vernunft bedachte junge Mann: eine Studie so gut wie Eça de Queirós' Erstling über jenen Pater Amaro, und als Roman genauso spannend, nur noch abenteuerlicher und wunderbarer – beide Autoren gehören zu jenen, von denen man sich kein einziges Buch entgehen lassen sollte, beide sind von Anfang an ganz da, und werden eigentlich immer besser.[5] – Und dann die beiden großen Bücher, auf die ich ganz am Anfang unsrer Unternehmung, und dann erst vorhin noch einmal hingewiesen habe, nämlich

---

[5] und manchmal glaube ich, daß solche Autoren es im Grunde sind, für deren künftige Leserinnen und Leser ich hier schreibe. Genau weiß ich es nicht. Das in den Grenzen der lesenden Selbstausweitung fremdeste Leben scheint mir oft so viel verlockender als das nähere, sagen wir also etwa als das Leben bei James, bei Fontane, daß ich mir sage, dorthin, nur dorthin, in den äußersten Südwesten sollte ich jeden bringen wollen, der mir hier folgt. Andrerseits ist dann wieder nichts verführerischer als im dagegen beinahe Vertrauten die beglückende Nuance, die unser Leben trennt vom Leben der Figuren etwa eben bei James. Und ist es bei ihm dann die unendliche Ruhe, die uns bannt wie das Innerste des lesenden Beisichseins, dann reißt uns bei Eça de Queirós, dann reißt uns bei Pérez Galdós ein Strom des Lebens mit sich, in dem wir uns fühlen wie ganz andre, die wir leider nicht geworden sind. Also manchmal glaube ich, daß solche Autoren es im Grunde sind, für die ich schreibe, und dann wieder, daß es die andern sind; und dann sind es wohl alle.

James' Erstling *Roderick Hudson*, und George Eliots letztes Werk, *Daniel Deronda*. James hat zwei oder genauer wohl drei Helden: die Titelfigur, einen jungen amerikanischen Künstler, der sich in Europa in die Kunst und ins Leben stürzt und in beiden scheitert, dann seinen Mentor (aus seiner Perspektive wesentlich erfahren wir alles), der was er sein könnte aus dem entfalteten Dasein seines Schützlings, schließlich sogar noch aus seinem Scheitern saugen möchte (aus dem Scheitern eine der Frauen des Helden für sich) und sich nun doppelt und vierfach betrogen sieht, und schließlich eine sehr schöne man möchte sagen: großdenkende junge Frau, der der Künstler nicht genügt für ihren großangelegten Versuch, zu sich selbst zu kommen, und die ihrerseits seinem Mentor in seiner Selbstverkennung nicht reicht (eine Frau, deren fast unerfahrbarer Charakter[6] James so verlockt hat, daß er ihr zehn Jahre später einen eignen Roman gewidmet hat, die schon in anderm Zusammenhang erwähnte *Prinzessin Casamassima*). Eben erst haben wir zwei Autoren gehabt mit großen Anfängen, gleichrangig tritt James jetzt zu ihnen; selber hat er sich auf Balzac berufen (voll wunderbarer Atmosphäre ist das amerikanische Zuhause des jungen Künstlers), andere haben andre große Vorbilder nachgewiesen, das ist selten ein Kunststück, zudem hatte James, ein glänzender Kritiker viele romanlose Jahre lang, wirklich alles gelesen was vor ihm geschrieben worden war und neben ihm[7] geschrieben wurde; um so bewundernswerter ist dann

---

[6] – man fragt sich, ob man ein solches Epitheton, *unerfahrbar*, auf eine Romanfigur eigentlich anwenden kann: aber die großen Romanciers, vielleicht ist es das was sie groß macht, erfinden tatsächlich unerfahrbare Figuren – –

[7] *vor ihm, neben ihm* – es ist wohl genau diese ganz heimlich eigennützigste aller denkbaren Lektüren, die sehr oft aus solchen schreibenden Lesern die gedankenvollsten eindringendsten, zuweilen natürlich auch (aber das können wir ja unterscheiden lernen, selbst wenn wir ihnen gerade dorthin dann so gerne folgen) borniertesten Kritiker machen (denken Sie an Nabokov). – In diesem Sinne wäre es schön,

1876 die von Anfang an unverwechselbare Kraft, mit der James hier zusammenhält was, ohne ihn, vielleicht besser unzusammengehalten geblieben wäre; aber die Großen, und gerade in ihren so erstaunlichen Anfängen, zeichnet aus (ich glaube, ich sage das öfter), daß sie genau das tun was keiner täte, der auf sich hielte – das ist es ja, was dann der Kritik das Leben so schwer macht: diese den offenbaren Fehlern zugrundeliegende, oder auf ihren löchrigen Flößen heimlich herankommende Ästhetik. – George Eliots *Daniel Deronda* ist ein aus zwei gleich schönen Geschichten gemachtes Buch, nämlich aus der Geschichte einer höchst eigenwilligen Frau, die den falschen Mann geheiratet hat, und aus der Geschichte eines jungen Mannes (in den jene Frau sich verliebt), der seinerseits, während er allmählich entdeckt, daß er, wiewohl in den allerenglischsten Kreisen aufgewachsen, jüdischer Herkunft ist, sich in ein wunderschönes jüdisches Mädchen verliebt, das er aus dem Wasser rettet, in das sie hatte gehn wollen (der falsche Ehemann der andern Frau geht dagegen zugrunde mit seinem Boot, obgleich an nichts so hängend wie seinem sinnleeren Leben). Beide Geschichten, scheinbar recht notdürftig verknüpft, laufen so glänzend verschlungen nebeneinander her, daß der höchst sonderbare Effekt eines wahren Doppellebens entsteht; allein dafür wäre die Eliot wahrhaft bewundernswert; ganz groß ist sie, wenn sie den jungen Helden seiner Mutter gegenübertreten läßt, einer nur hier und in dieser Szene auftretenden Figur; wie später nur noch bei James (wenn sich im *Bildnis einer Dame* der Sohn und der sterbende Vater begegnen) bangt man unendlich, wenn man die Autorin immer mehr sich dieser unvermeidlichen Szene nähern sieht: woher, sagt man sich, nimmt sie den Mut zu solchen Unmöglich-

wenn Sie meinen ganzen Versuch hier selber als einen Roman lesen und mir allen Irrsinn verzeihen könnten, der in den Urteilen steckt, die Ihren Bekannten mißfallen haben.

keiten[8], vor denen selbst wir, wir Unschuldigen, uns jetzt schon fürchten; und dann kommt die Szene, und James oder eben die Eliot jetzt tragen die Last, die wir so voll Angst sie sich haben aufladen sehn, als wäre sie nichts, und wir sehn die Sterne, oder das Leben, oder was ist das eigentlich immer, was wir sehn beim Lesen wirklich großer Romane? – Erstaunlich ist hier auch, unter so klugen Händen, die Flexibilität des Genres; die Eliot, die sich hier an dem abarbeitet was man dann das Problem des Judentums nennen wird, und die dieses Problem noch mit dem politischen Problem des aufkommenden Zionismus verbindet, braucht Platz für Diskussionen, für halb essayistische Ausschweifungen: nichts aber...

Anmerkungen (19) zu

G *E O R G E   E L I O T.* ... nichts ist in tausend Fällen gegen einen einzigen schlimmer für einen Roman als diese grausamen Abhandlungen und Diskussionen, die unter den unmöglichsten Vorwänden den armen Figuren aufgebürdet werden, und die uns dazu in achthundert Fällen gegen einen einzigen auch an sich schon überhaupt nicht interessieren würden: denken Sie nur an diese schon öfter erwähnten agrarischen und agrarpolitischen Diskussionen von Rousseau über Eduards Gartenbau bei Goethe bis hin zu Tolstois armer Anna. Meistens ist es das beste, man überschlägt solche Passagen, wir haben uns über das Überschlagen ja schon früher verständigt, das ist eine Übungssache, und wenn man ein schlechtes Gewissen dabei hat, so muß man vorgehn wie dieser Indianer, der weise sagte, das Gewissen sei wie ein Rad mit spitzen schmerzenden Flügeln, aber je öfter es sich drehe, desto mehr würden diese Spitzen

---

[8] es sei unmöglich, diese Szene zu schildern, sagten dann, moniert einmal der junge Jean Paul, die Kollegen an heiklen Stellen, aber aus Unvermögen, sagt er: denn es könne nicht unmöglich sein, etwas zu schildern.

sich abschleifen. Man darf nun nicht glauben, es gäbe Themen (wie hier etwa das Judentum, oder den Zionismus), die aufgrund ihres schwerwiegenden Charakters ein anderes Los verdienten als andre Themen, die man überblättert; wir jedenfalls lesen nicht so, wir lassen die Größe eines Themas eben gerade nicht gelten als das Alibi für ein Unvermögen, das sich als Leidenschaft für eine Sache ausgibt. Und tatsächlich ist die Eliot viel zu klug, und eben als Romanautorin viel zu sehr an der Sache interessiert; sie macht aus dem was sie, für ihre Figuren, sagen will, keinen Schutt, den wir erst aus dem Weg räumen müssen, um an die Figuren heranzukommen. Sie läßt diskutieren, aber nur so, daß wir die redenden und die zuhörenden Figuren nun noch besser kennenlernen, und zwar weil sie uns mit jedem Wort noch mehr für sich (oder, in ganz seltenen Fällen, gegen sich) einnehmen. Die Autorin bringt es also fertig (und man sollte denken, daß jeder Romancier darauf sehn sollte, aber das ist nicht so), daß wir die Themen, die sie diskutieren läßt, nicht für die ihren (also für die der Autorin) halten, deren bloße Propagandisten nun die Figuren wären[9]; vielmehr bleibt sie selber den Themen ganz fern, und allenfalls an ihrem und dann eben unserm leidenschaftlichen Interesse an denen, die da diskutieren, läßt sich ermessen, wie sehr ihr Herz an dem hängt was ihre Leute denken und wollen. Auch hier tut sie nichts Auffälliges, so wenig wie bei der ständigen Verknüpfung ihrer beiden Geschichten oder wie bei der Annäherung an jene Szene, die doch eben einfach kommt; daß ihr alles gelingt, muß also an zweierlei hängen: erstens an der gründlichen Durchdachtheit

---

[9] bei Wassermann etwa (das ist die untere Grenze dessen was uns hier überhaupt interessiert) läßt sich selbst für die Personen eines so vergleichsweise unroutinierten und schönen Romans wie der *Juden von Zirndorf* nicht voraussagen, welche Position in einer bestimmten Frage, die den Autor offenbar interessiert, sie nächstens einnehmen werden; hinzu kommt bei ihm noch das jugendliche Ungestüm, daß er mehr Probleme diskutieren will als er überhaupt Figuren hat.

des ganzen Romangefüges, zweitens an einer gewisser-
maßen immer wieder sich selber kontrollierenden und
dann sich wieder freigebenden Kraft, die sich konzen-
trieren kann auf das was die Figuren wollen und was ihre
Geschichte so einzigartig macht –  1876

– das ist das Wenigste, was sich über dieses Buch sagen
läßt. Und wenn wir, ganz früher, am Anfang, vermuten
mochten, die Eliot in ihrem letzten Roman nehme (wie
der alte Rameau, als die Italiener kamen) eine grundsätzliche Kritik des jungen James in die eigne Arbeit auf, so
sehn wir nun beinahe im Gegenteil den jungen James in
der eine gewaltige Energie fordernden Position, seinerseits schwindelfrei weiterzugehn in der Höhe, auf die die
Eliot wieder ihn hier gelockt, gezogen, getrieben hat.

In Camden, Ohio, einem Kaff, das kein größerer Atlas
führt, wird, Sohn eines einer schottischen Familie ent-
stammenden Handwerkers, Sherwood Anderson geboren, der lange Jahre Manager einer Farbenfabrik war[10],
ehe er in die Werbung nach Chicago ging und ernsthaft
zu schreiben begann; es ist sonderbar, ihn zu lesen, aber
wenn man Hemingway glaubt und andern Kollegen, dann
hatte er neben Mark Twain den allergrößten Einfluß
auf die amerikanische Literatur – worunter Hemingway
und die Seinen jene Generation verstanden, die dann
in den zwanziger Jahren das Feld beherrschte. Nur am
Rande will ich erwähnen, daß in diesem Jahre, Sohn eines
irischen Astrologen, in San Francisco Jack London auf die

---

[10] »Bruce Dudley«, so fängt sein sehr erfolgreicher Roman *Dunkles
Lachen* an (über den sich Hemingway parodistisch in seinen *Sturmfluten des Frühlings* lustig gemacht hat), »Bruce Dudley lehnte an
einem Fenster, das über und über mit Farbe bekleckst war...«

Welt kommt, ein Autor, der gern Sätze bildet von der Struktur: ein Mann muß tun was er tun muß, etc. – er starb, viel zu jung, 1916 auf seiner Farm in Glen Ellen, in Kalifornien.

1 ✦ 8 ✦ 7 ✦ 7

Grabschrift (80) für

HACKLÄNDER. Hackländer, ein sehr früh verwaister Lehrersohn, wollte erst Kaufmann werden, dann etwas Höheres bei der preußischen Artillerie, kehrte aber, und ich zitiere jetzt den alten *Meyer*, »da ihm der Mangel an Vorkenntnissen die Aussicht auf Avancement verschloß, zum Handelsstand zurück«. »Das Glück«, fährt *Meyer* wunderschön fort, »das Glück lächelte ihm indes erst, als er sein frisches Erzählertalent... geltend zu machen begann...« – das ist einmal schön geredet über das Schreiben, auch wenn *Meyer* hier sicher nur den Erfolg meint, wenn er vom Glück redet. Er war dann Sekretär des Kronprinzen in Stuttgart, danach bereiste er Italien, kehrte wieder nach Stuttgart zurück (er hatte dann auch eine Villa am Starnberger See, neidvoll habe ich das sicher schon irgendwo erwähnt), schließlich machte ihn König Wilhelm von Württemberg (jede Stadt hier hat heute noch eine Wilhelmstraße, selber hab ich lange in einer gewohnt) zum Direktor der königlichen Bauten und Gärten (eine fast Gutzkowsche Figur, wir kennen einen solchen Direktor aus den *Rittern vom Geiste*, vielleicht erinnern Sie sich), und Kaiser Franz Joseph, der Kakanier, adelte dann ihn und seine Nachkommen und die Nachkommen seiner Nachkommen; er war außerordentlich erfolgreich mit Romanen, Erzählungen und Lustspielen und erlebte

eine sechzigbändige Gesamtausgabe, die sogar im Jahre *1877*
76 noch einmal aufgelegt wurde. Jetzt, berühmt, wohlhabend, stirbt er sechzigjährig in seiner Villa am See dort
an den Alpen.

◆

Zola setzt seinen Zyklus mit dem *Totschläger* fort (*L'Assom-
moir*, in älteren Übersetzungen oft *Die Schnapsbude* oder
ähnlich); hier schildert er, stilistisch unter Verwendung
des Pariser Argots, das Proletariat auf seiner untersten
Stufe: die drei Helden, eine Frau, ihr Liebhaber und ihr
Mann, werden zu Alkoholikern und gehn im Delirium
zugrunde (eine Tochter der Frau, von ihrem Liebhaber,
ist dann die Hure Nana, ein Sohn ist der Held des späteren Malerromans *Das Werk* – Ausflüsse in der Sache
des Vererbungsticks Zolas[11], für das Gesamtwerk seines
Zyklusehrgeizes; beide, der Tick und der Ehrgeiz, sagen
uns wenig, stören aber nicht, ja wir werden sie sogar
bewundern, wenn wir uns sagen müssen, daß ohne sie
sein Schwung ihn vielleicht nicht weit genug getragen
hätte). – Daudet bringt den *Nabob* heraus, ein Pariser
Sittenbild, aber schon ganz entschieden besser als sein
Kaufmannsroman aus dem Jahre 74. – Turgenjew publiziert seinen letzten Roman, *Neuland*, und eben wie bei
Spielhagen ist der positive Held am Ende einer dieser
breitstirnigen langsam begreifenden nicht sehr gebildeten,

---

[11] von den drei bisherigen deutschen Ausgaben des ganzen Zyklus
(erstens, Budapest 1892ff., übersetzt von Armin Schwarz, zweitens,
München 1923ff. und 1927ff., übersetzt von Alastair, Arens, Brod,
Jacoby etc., drittens, München 1974ff., übersetzt von Rita Schober –
keine ist gegenwärtig noch zu haben, aber gelobt seien die Brüder
Gätjens in Hamburg, bei denen ich unlängst die zweite erwerben
konnte) hat eben diese zweite, die mittlere, sie ist die anmutigste,
zum Lesen animierendste von allen, im Anhang zum letzten Band (die
dritte hat aber auch so etwas an dieser Stelle) eine wunderschöne und
ebenso genaue wie sinnlose fünf Generationen in sich enthaltende
Stammtafel der beiden Familien, mit biographischen Erläuterungen
zu jeder Person, man fühlt sich wie im Hirne Zolas.

aber eben alles das verkörpernden Ingenieure, was dem deshalb ja auch absterbenden kleinen Landadel so sehr fehlt, und für ihn läßt dann auch ein junges Mädchen, das seinerseits nun wieder die jetzt abgehenden und doch so wunderbar liebenden jungen Damen der alten Gesellschaft ablöst, einen jungen Studenten sitzen, der aus nichts als lauter wirklichkeitsfernem Idealismus revolutionär ist, und dann mit Puschkin auf den ungeküßten Lippen aus dem Leben scheidet. Schade, sagen wir uns; schade, sagte sich wohl auch Turgenjew, aber er wollte der kommenden Wahrheit dienen, und brachte ihr nun alle die zum Opfer, die zu beschreiben eigentlich sein Talent war. – Pérez Galdós kommt mit *Gloria*, einem seiner damals berühmtesten, einem aufsehenerregenden Roman, der wieder in einer erstarrten Kleinstadt spielt wie vorhin die *Doña Perfecta*, und wie dort der junge Mann zum Katalysator aller Geschehnisse wurde, so hier, sehr romantisch und wundervoll gemacht, ein junger englischer Schiffbrüchiger, von dem erst, als er und das gebildete schöne Mädchen des Orts (Nichte des Bischofs und Tochter seines ebenso klerikal denkenden Bruders) sich einander versprochen und miteinander geschlafen haben, sich herausstellt, daß er (ein Problem, das wir nun schon gut kennen) ein Jude ist. Allen zum Trotz bleiben die Liebenden sich treu, Glorias Papa stirbt vor Kummer. Im zweiten Teil wird die Reaktion der Bigotten massiv (hier kommt dann des Autors Idee, daß dieses ganze Christentum mit seinem Jesus eine Sache im wesentlichen nur für hysterische Frauen ist), Gloria, die in ein Kloster gezwungen werden soll, stirbt, ihr Geliebter wird wahnsinnig – dieser zweite Teil hat gewisse Forciertheiten, insgesamt hat das Buch aber ein atemberaubendes Tempo und einen wunderbar teilnehmenden und immer mehr empörten Schwung. – Henry James, der nun so mächtig loslegt, als hätte er die heimlichen Anfeuerungen der Eliot begriffen, bringt den *Amerikaner* auf den Markt, die

spannende und große Geschichte eines reich gewordenen klugen und sehr sympathischen Amerikaners, der
jetzt nach Paris[12] kommt, um sich Kultur und eine schöne
kultivierte Frau zu holen; er findet diese Frau, aus stock-
konservativem Adel, er befreundet sich mit ihrem leicht-
lebigen nicht ganz durchschaubaren Bruder, er schmeichelt der Mama, er ist freigebig mit seinem Geld; am
Ende geht das schöne Mädchen ins Kloster, er geht
leer aus; aber als er erfährt, daß die ehrbare Mama eine
Leiche im Keller hat (die ihres Mannes, den sie offenbar
recht unehrbar mit Hilfe eines andern Sohnes dorthin
gebracht hat), bezähmt er sich (so gern er sich im Grunde
rächen will, im Grunde seiner ungezähmten Seele) und
kehrt, gereift, wie wir wohl sagen würden, in die Staaten
zurück. Ganz hat dieser erste seiner Paris-Romane noch
nicht das Format späterer Bücher, aber man spürt in
jeder Szene, wie neugierig und zupackend dieser Autor
schreibt. Nichts von ihm wird man ab jetzt versäumen
mögen: eine Idee, die sehr hemmend sein kann für
das Leben, das man neben dem Lesen doch auch noch
haben könnte. – Ich habe zwei Romane von Ludwig
Anzengruber gelesen, der erste gehört in dieses Jahr,
Der Schandfleck; das ist in einem schrecklichen Gemisch
aus Hochdeutsch und Dialekt nicht eigentlich ein Roman über das bäuerliche Leben, sondern mehr nur ein
Ausstellen dieses Lebens, breit und als Selbstzweck – da
sind wir wieder ganz an der Grenze, in Gewässern, in
denen das Segeln keinen Spaß mehr macht. – Gutzkow

---

[12] James, sicher einer der allergebildetsten Menschen, den der Vater
schon, mit seinem Bruder William und seiner Schwester, nach Europa
gebracht hatte, war Mitte der siebziger Jahre über ein Jahr lang als
Zeitschriftenkorrespondent in Paris gewesen: jetzt also, unmittelbar
vor seinem Roman; er hatte sich dort mit Turgenjew angefreundet
und den ganzen Zirkel kennengelernt, in dem auch Flaubert verkehrte; irgendwann einmal habe ich auch schon jene schöne Anekdote
erzählt über Maupassant, den James so unendlich bewunderte wegen
einer schönen nackten Frau, die er bei sich hatte.

1877 aber bringt sein letztes Werk heraus, *Die Neuen Serapions-brüder,* mit einem Titelanklang zwar an ETA Hoffmann, sonst aber eher an Raabe erinnernd (umgekehrt ist es aber wohl dieser, der hier beim späten Gutzkow weiter-macht), aber souveräner als Raabe bisher, wenn auch souverän mitunter in Richtung einer gewissen nachlas-senden Konzentration, wie sie das Alter mit sich bringt, wenn es sich nun allmählich ein bißchen gehenläßt[13]. Schön ist dann diese wie beiläufige Konzentration aufs Detail, wenn in einer Kutsche die junge Frau von dem Grafen bedrängt wird; Nacht, Stille, die Landstraße, baumlos; dann, wie das Gespräch für sie immer heikler wird, Regen, Wind, und nun: »... der Graf rückte dem be-drängten Mädchen bei diesen Plaudereien immer näher. Im Aufruhr der Elemente fühlte sie ihre Schwäche. Der Wind peitschte die Bäume. Es standen doch jetzt endlich wieder welche am Wege...« – das ist es, nur Meredith würde in dieser Zeit wohl so schreiben. Bezaubernd auch der alte Mann hier über den Mond: »Dennoch glaubte sie an ihn« – eine junge Frau an ihren Geliebten – »und sah im Monde, wie dieser da so voll und schön über dem schwarzen Tannenwald stand, den Regulator aller

---

[13] dies ist das Buch, in welchem Gutzkow unsympathische Bürgers-frauen auftreten läßt, die sich für was Besseres halten, weil sie lesen, und die sich ihren Lesestoff aus den örtlichen Leihbüchereien holen – ich hatte das einmal erwähnt im Zusammenhang mit Autorinnen wie Luise Mühlbach, eigentlich Clara Mundt, der Frau Theodor Mundts: eben diese Luise Mühlbach nennt Gutzkow bei der Erwähnung solcher Leihbüchereien, er scheint sie nicht sehr gemocht zu haben. Das Deutsche Literaturarchiv in Marbach am Neckar hat dankens-werterweise eine solche kleine Leihbücherei in seinen Räumen re-konstruiert, man kann sich das ansehen. Man findet dort natürlich nur wenig von dem wovon unser Buch hier handelt (wir sind elitär, mit Gutzkow), dafür sehr viel von dem was damals, ich will nicht sagen: sehr viel mehr gelesen wurde als das worum es uns hier geht, aber das eben, sagen wir: zu einem Gutzkow in einem Verhältnis stand wie heute vielleicht Simmel und andre zu einem Autor wie Grass, oder wie Isabel Allende zu Gabriel García Márquez, das ließe sich nach Belieben ausführen. Ich komme im nächsten Kapitel noch einmal auf diese und auf verwandte Fragen.

geheimnisvollen Lebensbeziehungen von Ost und West,
Süd und Nord. Dieser seltsame Stern behütete jede
Herzensverbindung, war der Bestärker im Hoffen und
Glauben, machte auch Ebbe und Flut, den Herzschlag
des Erdenlebens...« – ist der Mond ein Stern?

✦

Vier Geburten dieses Jahr, eher am Rande unsrer Romanwelt: in Königsberg wird Rudolf Borchardt geboren; in
Calw in den Schwarzwaldausläufern Hermann Hesse; im
böhmischen Leitmeritz Alfred Kubin; in Wien der Ritter
Fritz von Herzmanovsky-Orlando – wir werden sie alle
noch ein bißchen kennenlernen.

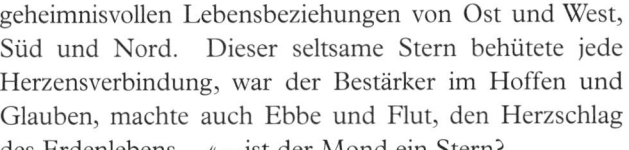

Grabschrift (81) für

GUTZKOW. Ja, Gutzkow, nicht ganz achtundsechzigjährig, stirbt in Sachsenhausen bei
Frankfurt an den Folgen einer Vergiftung nach
einem Zimmerbrand; Mitte der sechziger Jahre muß er
eine tiefe Krise gehabt haben, beruflich, seelisch, körperlich, er unternahm einen Selbstmordversuch; von 68 bis
73 wohnte er in Berlin, es ist von immer wiederkehrenden Nervenleiden die Rede, den Winter 73/74 scheint
er deshalb in Italien verbracht zu haben, dann ging er
nach Heidelberg, nur in den letzten Monaten wohnte er
in Sachsenhausen: körperlich gebrochen, wie es immer
wieder heißt, isoliert, einsam wohl. – Es ist mir mit Gutzkow (gleich wird klar werden, warum ich von mir reden
will) merkwürdig gegangen; es gibt manchmal wohl so
etwas wie heimliche Verwandtschaften, von denen man
vorher gar nichts ahnen kann. Von den ersten Sätzen der

1878 *Wally* an, mit großen und kleinen Vorbehalten zwischendurch, hat Gutzkow mich in einen sonderbaren Bann gezogen (auch wenn ich, wohlweislich vielleicht, denn einige Blicke in seinen *Blasedow* hatten keine guten *vibrations* gezeitigt, nicht alles gelesen habe, anders als etwa bei Raabe); hingerissen war ich von seiner *Seraphine*, ganz und gar weg von den *Rittern vom Geiste* und vom *Zauberer von Rom* – natürlich leugne ich nicht, daß das etwas mit der großen literarischen Qualität zu tun hat, auch mit der Entdeckerlust an einem Autor, den man bei so viel Vergnügen nicht anders als für verkannt und schlecht gelesen halten kann; es muß aber noch mehr dabeisein, irgend so etwas wie ein Liebesverhältnis – eigentlich glaube ich, daß jeder passionierte Leser solche Leidenschaften kennt: Leidenschaften, von denen sich oder andern eine kritische Rechenschaft geben zu wollen (über das hinaus also, was ich hier treibe, wenn ich auch diese Bücher wertend Ihnen ans Herz lege) einem gar nicht in den Sinn kommt, entweder begreift der andre diese Liebe und teilt sie, oder er hat eben eine andre. Ganz sicher sind es diese Liebesgeschichten, die sich heimlich durch unser Leseleben ziehn und es immer wieder kräftigen und stärken für neues Leben. Der kritische Sinn macht dann eine wunderbare Pause; er weiß, daß er sich nichts vergibt, er war ja dabei, als es losging; nun ruht er aus, auch er stärkt sich, er kräftigt seine Sinne an den Einzelheiten, den lieben Details, an denen er sonst so oft nur so hinrauschen kann. Wie ganz vertraute und doch zauberische Inselhäfen im großen Meer des Geschriebenen sind diese Lieben.

✦

Zola macht weiter mit *Einem Blatt Liebe*, einem sehr hübschen kleinen Roman, einer Atempause sozusagen für die damals mitlebenden Leser: solche aber sind wir nicht mehr. – Tolstoi bringt *Anna Karenina* heraus, eins

der ganz großen Stücke des Genres zweifellos, aber beinahe war doch glaube ich Greta Garbo in dem Film
das Schönste daran[14]; ich meine nur, von vielen immer
noch gewaltigen Wundern abgesehn, daß die *Kosaken,*
daß *Krieg und Frieden* ein sehr viel reineres, unproblema-
tischeres Lesefest bereiten als dieser wie ein fernes schwü-
les Wetter schon die kommenden verengten Gedanken

---

[14] als ich einmal irgendwo Greta Garbo ähnlich gepriesen hatte,
kriegte ich einen sehr heftigen Brief, worin ein Kenner des Russischen
mich etwas ärgerlich darauf hinwies, daß Anna bei Tolstoi eine ziemlich rundliche, wenngleich sich rasch und damenhaft bewegende Person sei, und nicht so ein hintern- und brüsteloses Ding (mein Kor-
respondent wurde hier etwas drastisch, er wurde beinahe persönlich)
wie die Garbo. Und es ist natürlich sehr gut möglich, daß Tolstoi sich
unter der Anna etwas derart Handliches gedacht hat – wir erschrecken
auch sonst sehr leicht, wenn wir zeitgenössische Illustrationen älterer
Romanfiguren sehn. Wir lesen hier in diesem Buch selten mit der ausgesprochnen Absicht historischer Einfühlung; aber auch diese kann
ja schwerlich so weit gehn, daß, bei den wechselnden Moden der äußeren Erscheinung des andern Geschlechts, uns als die große Leidenschaft eines Menschen, den wir zu verstehn glauben, eine Person
aufgedrängt werden könnte, deren Anblick uns, beim gegenwärtigen
Stand dessen, was wir attraktiv und liebenswert fänden, alle Lust rau-
ben würde, uns ihr zu nähern. Jeder Autor denkt sich natürlich beim
Schreiben, er denkt ganz selbstverständlich so, das Äußere sei auch
irgendwie das Innere – nicht so, daß er ein Programm daraus macht,
sondern weil wir alle so gebaut sind; nun glauben wir das Innere auch
heute noch zu verstehn (wenn wir nicht wiederum etwas sehr programmatisch, denken Sie an meinen Korrespondenten, meinen, wir
verstünden auch das Innere nur mit dem Äußeren zusammen), jedenfalls im Zeitraum des Romans, mit dem wir uns hier befassen; es ist,
als ob die Moden, auch die der Gesichter, der Körper, schneller sind,
ephemerer als die des Innern: so daß wir nicht fälschen, wenn wir nun
doch eine Greta Garbo für die rundliche Anna nehmen. Wahrscheinlich schablonisieren wir im Äußeren selbst dann, wenn uns der Autor
das rein individuelle Innere einer Person noch so begreiflich machen
kann; wir können einen Liebestod verstehn, aber wir können sehr sehr
schwer nur, gerade weil wir verstehn wollen, an die Stelle dessen, für
den oder an dem gestorben wird, eine Figur setzen, deren Äußeres
nur in großer Selbstverleugnung von jemandem bis in den Tod geliebt
werden könnte, den wir lieben würden. Und es wäre ein reiner Unsinn, in diesen Dingen sklavisch einem Autor zu folgen, dem wir die
vertracktesten erotisch-ästhetischen Winkelzüge nachweisen müßten,
wo er doch bloß nach andern, vergänglichen, jetzt vergangnen Maßstäben schablonisiert hat. Soviel zu Anna.

seines Verfassers andeutende Roman; der Autor unterbreitet uns noch nicht seine großen Weltverbesserungen und Heilslehren, aber doch schon seine Ideen über das wahre Landleben wie weiland Rousseau in seiner *Neuen Héloïse*, und das war schon schlimm genug, dazu gibt es im achten Teil einen Käfer, der einen Halm hochkrabbelt genau wie dann immerzu fünfzig Jahre später in Cowper Powys' *Wolf Solent* – Sie sollten sich das einmal ansehn, zumal das Buch von Powys immer noch etwas dünner ist als diese russische Vorlage. – Sonderbar ist nun Thomas Hardys Schreiben hier in *Clyms Heimkehr* (*The Return of the Native*; eine neuere Übersetzung hat den Titel *Auf verschlungenen Pfaden* – Hardy scheint zu solchen Willkürakten zu verführen): wie in alten Tragödien (Hardy selbst weist gern auf diese ihm liebe Parallele hin) ballt sich das Geschick, furchtbare Unabwendbarkeiten zeigen sich, Charaktere wie die unveränderbare Natur stoßen aufeinander und zerbrechen einzeln oder zusammen; fast hielte mans beim Lesen nicht aus vor so viel Voraussehbarkeit und Prädestination (beinahe, aber bei ihm sind das ja eher die unteren Gewalten, Blut, Vererbung, Milieu – beinahe also wie bei Zola: nur sind es hier bei Hardy die namenloseren, weniger dingfesten Mächte) – aber Hardy, selbst wo er mitunter schrecklich hölzern schreibt, ist so groß und hat einen solchen gerade im Einzelnen überzeugenden Schwung, daß wir über alles was wir wissen könnten hinweglesen wie bei einem Stück von Shakespeare über die Idee (wenn er eine hatte), sobald die Personen kommen. – Eça de Queirós, in seinem *Vetter Basilio*, beschreibt den leichtesten und beiläufigsten kleinen Ehebruch, den es je gegeben hat – hier ist die Literatur wirklich wieder die polizei- und sittenwidrigste, die zucht- und gottloseste Art des Daseins: aber in welchen Himmel wollen wir denn, wenn wir ihn uns nicht selber machen? – Pérez Galdós schreibt *Marianela*, eine am Ende nicht sehr gute kleine Geschichte um ein ver-

wachsenes Mädchen, das sich in einen schönen Blinden
verliebt, der dann geheilt wird und nicht mehr lieben
kann was er blind geliebt hatte – das ist übermäßig melo-
dramatisch und sentimental und kaum lesenswert; groß
an diesem Büchlein sind aber die ersten fünfzig Seiten:

ein Mann (er ist der Arzt, der den Blinden dann heilen
wird) geht nach langen Jahren seinen Bruder besuchen,
einen Bergwerksingenieur in Nordspanien; die Sonne ist
weg, die Nacht kommt, er verirrt sich auf dem Weg, er
begegnet einem Blinden (jenem Blinden also), und der,
von Kindheit an erfahren in seinem Gelände, führt ihn
nun über das ganze Abbau- und Bearbeitungsgebiet (es
geht um Zinkerz) zum Bruder hin: durch aufgegebene
Stollen hindurch, an Rändern eingestürzter Stollen entlang (man denkt an Falun, nur ist alles viel schrecklicher,
und über die Nacht hinaus), vorbei an aufgelassenen
Tagebaugruben voll gigantischer Erzhinterlassenschaften,
dann hinein in das große Verarbeitungsgebiet mit den
Maschinensieben – die dann am nächsten Morgen, nachdem wir eine Arbeiterwohnung angesehn haben (es ist
die Wohnung der kleinen Blindenliebhaberin), in ihrem
ohrenbetäubenden qualmenden stinkenden und alles ver-
dreckenden Betrieb vorgeführt werden, wenn der Neu-
ankömmling sich ein Bild vom Leben seines Bruders zu
machen sucht – das sind Seiten, die an Dickens' apo-
kalyptische Landschaften erinnern, durch die Nelly mit
ihrem Großvater reist. Ein großer Anfang also, dann fast
nichts mehr – aber…

Anmerkungen (20) zu

P ÉREZ GALDÓS. … aber die wirklich
großen produktiven Romanciers haben oft etwas
wunderbar Lässiges an sich: wenn ihnen ein Buch
nicht so richtig gelingt, dann schreiben sie einfach das
nächste. Auch anderswo haben die Großen so gehandelt:
von Shakespeare gibt es ein paar Sachen – denken Sie nur

an diese tolpatschigen *Weiber von Windsor* –, die wirklich nicht die Welt sind, Sophokles und Euripides werden auch nicht Jahr für Jahr für die Ewigkeit geschrieben haben, und eine diesbezüglich staunenswerte Einstellung hatte Händel, er schrieb immer zwei Sachen derselben Art hintereinander: war die erste gut, lohnte sich bestimmt auch die zweite, war die erste nicht gut, würde die zweite es bringen. Die nicht so produktiven Geister sind oft ein bißchen sparsamer mit dem was sie haben, das korrespondiert dann verführerisch mit der Idee, Kunst sei das Notwendige; am Ende sitzen sie dann gern unendlich auf dem letzten Trümmerstück, wenn sie groß sind, auf einem *Bouvard und Pécuchet,* wenn nicht so ganz, auf einem *Mann ohne Eigenschaften* – die wirklich Produktiven waren da schon wieder beim vierten Buch, und wenn das ein Flop wurde, in Gedanken beim fünften. Balzac zum Beispiel hatte einfach keine Zeit fürs Warten auf das Notwendige, Raabe hatte keine Geduld (und beide kein Geld) für Vollendung, wenn sie nun gerade nicht zu haben war, und beide hatten noch reichlich Ideen, die nicht warten mochten. Wer nur das Vollkommene hergibt, auch auf dem Gebiet des Romans, den müssen wir bewundern, bloß ist bei denen, die vor nichts zurückschrecken, sehr oft auch an Vollendetem mehr zu finden als bei den Geizhälsen ihres Genies. Das walte Gott.

✦

Raabe publiziert den *Deutschen Adel,* das ist ein Wirtshaus, eins der B-Werke, von denen wir es eben hatten: an solchen Büchelchen ruhn wir aus, mit dem Autor gewissermaßen (den wir mögen müssen natürlich), im Tal, wie andere Täler auch, auf einer Wiese, wie andere Wiesen auch; ja, wir könnten beinahe ebensogut alleine ausruhn; nur daß wir schon woanders herkommen, woher wir alleine nicht gekommen wären, und daß wir bald wieder aufsteigen werden auf die schönen Höhen, auf die nur er die Wege weiß. – Henry James bringt *Die Euro-* *päer* heraus (es ist kaum zu fassen, mit welch stiller  Vehemenz sozusagen dieser Autor jetzt ans Licht tritt); das ist in seiner komödiantischen Beschwingtheit ein ebenso hinreißendes wie graziös-ruhiges Werkchen, in seiner gleichsam wie durch Sommervorhänge mild ge- machten Farbigkeit wie von selbst verführend dazu, aus ihm einen schönen Film zu machen. – Fontane geht ans Romaneschreiben und veröffentlicht *Vor dem Sturm* – ein freilich legendäres, leider aber ziemlich langweiliges Werk: man darf das zugeben, Fontane ist ein großer Romancier, aber seine Zeit kommt noch[15]. – Und wäh- rend er in Bø auf den Vesterålen lebt, veröffentlicht ein gewisser Knut Pedersen Hamsun im Eigenverlag eine dumme kleine Erzählung, *Bjørger.*

Geboren werden in diesem Jahre in Biel (an Rousseaus heiligem Wasser, da hab ich mal gesessen und Kaffee getrunken, an einem Sommertag), Sohn eines Buch- binders, Robert Walser; in Cully-sur-Lausanne, in einer Weinbauernfamilie, Charles Ferdinand Ramuz; und in Baltimore, in einer verarmten Südstaatlerfamilie, Upton Sinclair, der über neunzig Jahre alt wurde und sechzig Jahre hindurch Romane schrieb, wir hätten ihn noch schreiben sehn können.

---

[15] es gibt solche, die groß anfangen und dann abgehn; andre fan- gen groß an und werden immer besser, andre bleiben wie sie waren; wieder andere fangen schlecht an und werden immer besser, von ihnen manche früh, manche ganz spät – es gibt da keine Regeln, keine Ausnahmen; vielleicht gibt es Typen, aber dann wieder so viele Ausnahmen, daß sie selber bald die Typen sind; eigentlich gibt es nichts als dreihundert Einwände gegen jede diesbezügliche Theorie.

Keine Toten dies eine Jahr in diesem Lustrum.

Daudet ist wieder mit einem Roman da, den *Königen im Exil*, einem sehr informativen Buch, wenn ich das so ausdrücken darf, denn Daudet schildert hier das Leben jener Monarchen, die infolge mehr oder minder seriöser Revolutionen mit Familie und mehr oder minder großem Hofstaat und mehr oder weniger Vermögen aus ihren vorwiegend balkanischen kleinen Staaten damals alle nach Paris geflüchtet waren – vielleicht erinnern Sie sich an Turgenjew, in dessen einem Buch ein junger Revolutionär mit seiner Geliebten unbedingt sein auch in jenen Gegenden beheimatetes Land wiedersehn will, aus dem gerade der Herrscher vertrieben werden soll (er stirbt auf der Reise, seine Geliebte zieht hin), und später denken Sie vielleicht an Daudet zurück und diesen königlosen Balkan, wenn nämlich in Heinrich Manns *Göttinnen* dunkelbedrohte Hofstaaten jugendstilwollüstig beschrieben werden. Daudet nimmt sich einen solchen Monarchen vor, einen haltlosen Mann, auf den sich nun die Pariserinnen stürzen, während seine etwas sehr königlichtugendhafte Frau mit ihrem grausam kränkelnden Sohn die Würde zu wahren sucht und vor allem die Krone (deren Juwelen aber alle schon falsch sind). – Edmond Goncourt, nachdem sein junger Bruder Jules nun gestorben ist, schreibt sich die Trauer darüber wie träumend von der Seele mit einem kleinen Roman, *Die Brüder Zemganno*, in dem er den Bruder und sich und ihre Zusammengehörigkeit unter dem Bilde zweier Zirkusartisten noch einmal heraufbeschwört: ein anrührendes, liebevolles Buch. – Eça de Queirós schreibt (*schreibt* nur, das etwas gewagte Buch konnte erst nach seinem Tod erscheinen) *Alves & Co.*, ein sehr sarkastisches und dabei ganz federleichtes Pendant zur Ehebruchsgeschichte seines *Basilio* vom Jahr davor. – Meredith bringt den Roman  heraus, der im allgemeinen seither für sein Hauptwerk gehalten wird, den unvergleichlichen *Egoisten*; viele viele Jahre nach den frühen Werken der George Eliot ist dies der letzte Roman über das alte England, jene Sommer-insel, von der Dryden für Purcells *King Arthur* so schön geschrieben hatte: »Fairest Isle, all Isles Excelling, Seat of Pleasure, and of Love« – nur muß in diesem Roman der Leser dieses alte England selber denken: Meredith lie-fert die Schatten, die es seit der Mitte des Jahrhunderts verdunkeln. Ein wundervoller junger Mann entpuppt sich (war vielleicht diese Sommerinsel ein Männerland? und nur von Männern beschrieben?) im neuen Blick der jungen Frauen, die er gern hätte, als der heimlich reine Egoist, den keine von ihnen will; zwei wirklich Liebende treffen sich dagegen am Ende am Bodensee (Sie kennen Merediths Neigung), und »ernst und schwesterlich«, heißt es, »sitzt neben ihnen die komische Muse« – sicher kön-nen wir unter ihr auch die Muse des Romans verstehn –; der Geist des Komischen, so meint Meredith, entfaltet sich dann erst rein, wenn die Menschen, hier Frauen und Männer, sich im Medium schöner Gleichheit begegnen können; und hier am Bodensee, neben denen, die das begriffen haben, blickt diese Muse sehr unwillig auf jene Leute zurück, die anders als diese Liebenden davon nichts hatten wissen wollen. Dies ist der Roman, in dem die Intellektualität zu ihrer träumerischsten Grazie ge-funden hat, zu einer Balance, die offenbar nur dieses eine Mal möglich war. – Henry James kommt mit zwei langen Erzählungen und einem kleinen Roman; die eine Er-zählung habe ich gelegentlich Raabes schon erwähnt, es ist die *Transatlantische Episode*, ein brillantes Konver-sationsstück, die andre ist die über *Daisy Miller*, das erste Porträt einer sozusagen schaumgeborenen Amerika-nerin – Sealsfield schon hatte sich ein wenig versucht am Bilde jener jungen Amerikanerinnen, die für ihn offenbar ein ganz andres Genre Mädchen waren als die Europäerinnen – die er ihnen freilich vorzog, das war sein Handicap beim Skizzieren; James hat dieses Handicap nicht[16], und kann ein Wesen nach Europa bringen, das anders gegessen, anders getrunken, sich in andern Wassern, mit andern Seifen gebadet haben muß als jene, die wir sonst kennen. Der kleine Roman von James heißt *Vertrauen*, er handelt von zwei Freunden, deren einer den andern bittet, ein Mädchen zu begutachten, das er heiraten möchte (sie will ihn aber nicht); der andre, der das Mädchen schon kennt, verliebt sich in sie, ihr ist das alles zuwider, sie geht weg; am Ende finden sie sich, aber der erste der Freunde wirft dem, der für ihn doch begutachten sollte, nun einen Bruch des Vertrauens vor; doch schlichtet dann das Mädchen diesen Streit, James läßt freilich im dunkeln wie – das charmante Werklein, leicht, anmutig, spielt in wesentlichen Teilen in Baden-Baden (Turgenjew wird ihm ordentlich was vorgeschwärmt haben). – Strindberg publiziert *Das rote Zimmer* (damit ist der Intellektuellensalon in einem Café gemeint), einen glänzend sarkastischen Roman über Intellektuelle und Künstler und Geschäftsleute in Stockholm, oder fast nicht eigentlich einen Roman, sondern eher eine Montage aus erzählten Szenen (nur, wenn

---

[16] die Sache ist sehr kompliziert, da James vermutlich schwul war, auch in diesen frühen Jahren: das gab ihm eine gewisse wunderbare Indifferenz und Vorurteilslosigkeit (Sie wissen sicher, daß sein Kollege Gide die Idee vertrat, nur Schwule – er hielt Shakespeare zum Beispiel für schwul, eine faszinierende These, wenn Sie an dessen Komödien denken – könnten die Frauen wahrhaft schildern, denn nur sie sind ja unverstrickbar in jene Bande, die den Haß zu einem so engen Nachbarn der Liebe machen, daß sie beide auf ihre Weise kein klares Auge haben); selbst abgesehn aber von dieser schönen Sachlichkeit (James' Frauenfiguren sind tatsächlich so, daß man selber gern besser werden möchte für sie) war er, in seinem delikaten Schweben zwischen seinem Amerika und seinem Europa, sicher der mit dem genauesten Auge dafür Begabte, was denn nun an den jungen Amerikanerinnen das sein könnte was die Alte Welt entzücken, auch verwirren würde an ihnen.

man dergleichen dann liest, von dieser Güte, dann weiß
man eigentlich nicht mehr, was richtiggehende Romane
eigentlich darüber hinaus zu Romanen macht; Hamsun,
vierzehn Jahre später, hat dann ein ähnliches Thema zu
einem regelrechteren Roman verarbeitet, in der *Neuen
Erde* – auch dies ein Kneipenname übrigens; vielleicht
könnte man da etwas lernen: wenn aber Strindberg hier
bloß ein reiner Intellektueller ist – was ist dann Hamsun
vierzehn Jahre später?). – Raabe bringt *Wunnigel* heraus,
wieder einen seiner vertrackten scheinidyllischen Klein-
stadtromane voller ebenso vertrackter Käuze, bloß geht
der eine dabei zugrunde – Raabe, unter der Hand aber,
entwirft eine Idee des Tragischen ganz ohne jene übergroße Fallhöhe, die das Tragische sonst immer brauchte,
damit es auch bemerkt würde –, das ist die mond-
abgewandte Seite des selber uns schon so fernen Sichbescheidens. Und dann schreibt Raabe *Alte Nester*, eines
seiner vollendetsten Bücher; hier treffen sich Leute am
Ort ihrer fernen schönen Kindheit wieder; das Schloß,
mit seinem Park Mittelpunkt jener Jahre, ist eine Ruine;
die Zeit hat alle alten Freunde verändert – sie ist nicht
wiederauffindbar, und zwei, die aus dem Ausland her-
gekommen sind (die unglücklich verheiratet gewesne
Schloßtochter hat inzwischen den damaligen Förstersohn
geheiratet), kehren wieder dorthin zurück; zwei bleiben
und bauen den Hof neben dem Schloß wieder auf (unter
Verwendung von Schloßtrümmern, ein Symbol, das fast
ein bißchen grob ist für Raabes verhaltene Diktion).
Sicher ist dieses Buch nahezu unvergleichbar mit Prousts
Suche nach der verlorenen Zeit – bei Raabe wird in der
Realität nicht gefunden, wovon Proust weiß, daß es
auch nur in der Erinnerung existiert: aber Raabe definiert das Unwiederholbare erzählerisch rein als das Erinnerte; und wenn, bei allen Unterschieden, irgendwo,
jetzt, nachdem wir Proust gelesen haben, für uns jenes
sich selber allmählich ebenso fraglich wie durchsichtig

werdende Bewußtsein auftaucht, das wir jetzt als das unsre erkennen, dann eben bei Raabe (nur diese Art des geschichtlichen Lesens ist glaube ich fruchtbar).

In London wird Edward Morgan Forster geboren (ein Freund von mir: hat eine Theorie über den Roman verfaßt, hat aber auch ein paar wunderbare Romane geschrieben); und in Fürth (das sind jetzt schon zwei für Fürth, Sie erinnern sich an Wassermann, Jahrgang 73) kommt, ein Beamtensohn, Bernhard Kellermann auf die Welt, die er anfangs als Science-fiction-Autor, später als für eine sozialistische Politik gern in Anspruch genommener Mann für verbesserungswürdig hielt.

1 ✦ 8 ✦ 8 ✦ 0

Grabschrift (82.83) für

ELIOT. FLAUBERT. Zwei unsrer Liebsten: einundsechzigjährig, schwermütig, seit zwei Jahre zuvor ihr Lebensgefährte gestorben ist, stirbt in London George E L I O T; Virginia Woolf schließt im Jahre 1919 einen kleinen Essay über sie mit den Worten: »... und denken wir an alles, was sie wagte und erreichte, wie sie bei allem, was gegen sie stand – Geschlecht, Gesundheit und Konvention –, mehr Wissen und mehr Freiheit zu gewinnen suchte, bis ihr Körper unter der Last seiner doppelten Bürde erschöpft zusammenbrach, so müssen wir ihr Rosen und Lorbeer, soviel davon zu schenken nur immer in unsrer Macht steht, aufs Grab legen«; und achtundfünfzigjährig stirbt in Croisset bei Rouen Gustave F L A U B E R T; drei Wochen vor seinem Tod schreibt er an seinen Freund Turgenjew (aber beide sagen nicht immer die Wahrheit; das klingt jetzt schnöde, aber nur weil wir wissen was kam, sie wußten es nicht genau): »Was mich betrifft, mein Guter, so bin ich *todmüde. B. et P.* langweilen mich! & es wird Zeit, daß das ein Ende nimmt, wenn nicht, nehme ich selbst ein Ende... Wann sehe ich Sie wieder? Mitte Mai, nicht wahr? Ich kann es kaum erwarten, Sie zu umarmen! Ihr alter...« – er stirbt am 8. Mai.

❖

Flaubert also bringt das Buch über seine beiden normannischen Biedermänner nicht mehr fertig, *Bouvard und Pécuchet* (Turgenjew, in einem Brief gleich nach Flauberts Tod an dessen Nichte Caroline: er halte sich ganz zu ihrer Verfügung »bei der Veröffentlichung des Romans, der ihn umgebracht hat«) – entgegen allem Ruhmgerede ein immer mehr grauenhaft ermüdendes, wenn natürlich auch ohne den Schimmer eines Zweifels ein ungeheuer wichtiges Buch; es ist, als ob die Lethargie, die bei den Titelhelden jedem Strohfeuer folgt, das sie entfachen, sich immer tödlicher auch, wie Mehltau, über das Buch selber legt; nicht, als ob nicht Einzelheiten fabelhaft wären, aber das lesende Auge, oder der aufnehmende Geist dahinter, *will* nicht mehr, es hat ihn und das Auge wie eine Krankheit befallen. – Dostojewski bringt *Die Brüder Karamasow* heraus, mit dieser berühmten Kindereinschüchterungslegende vom Großinquisitor (es ist lehrreich, neben dieser Legende Gides Nacherzählung der Geschichte vom verlorenen Sohn zu lesen, dieses jedes Mal wieder so wunderbar leicht changierende Stück über das Selbstgefühl, über die Realität der menschlichen, unsrer Freiheit). – Saltykow, der als sehr bekannter Publizist und Satiriker in St. Petersburg lebt, veröffentlicht *Die Herren Golowljow*, einen etwas ermüdenden Roman über eine kleinadlige Gutsbesitzerfamilie, die erst am Geiz der egoman herrschsüchtigen Gutsfrau, dann teils an der Blödheit, teils an der blinden Skrupellosigkeit der Söhne kaputtgeht; am Ende tritt genau jener absolute Ruin ein (selbst die Unschuldigen und Schönen werden mitgerissen), den man gefürchtet hat, nur noch viel determinierter, und man fragt sich, ratlos, warum der Autor dieses Buch überhaupt zu Ende geschrieben hat. – Fontane schreibt sein Butzenscheibenstück über *Grete Minde*. – Zola setzt seinen Zyklus fort mit *Nana*, dem berühmten berüchtigten Hurenroman, mit dem er ganz Paris aufregte (uns nicht mehr so, denn wenn auch das Fleisch noch erregend ist: Zola moralisiert hier und verrät, und zwar an die falscheste Instanz, alle die Lust, auf die er setzt). – Thomas Hardy legt eine Pause ein und schreibt seinen schönen kleinen Roman über *John Loveday, den Stabstrompeter*, ein wohl sehr trauriges, nicht aber so verheerend tragisches Buch wie es die großen andern von ihm sind: ein kleiner Einschub in die immer mehr sich verfinsternden großen Bücher, ein kleines Innehalten, als ob Hardy merkt, wohin das alles führen wird, eine Wiederaufnahme der frühen Elegien als Halbidyll; sehr hübsch schildert er seine junge Heldin einmal: »In ihrer Art, ihrem Kommen und Gehen, diesem und jenem Tun, verband sie wie kein andres Mädchen Sanftheit mit Würde; und wenn etwa empfindsame junge Fremde vorbeikamen, wuchs in ihnen unweigerlich die Sehnsucht, ein Wort von ihr zu erhaschen, während sie doch sahen, daß sie keins bekommen würden.« Es ist fast so etwas wie eine graziöse naive Malerei, die hier einem Manne gelingt, wenn er mit einem ganz kleinen Pinsel doch immer die großen Striche nachmacht, die er eigentlich nur noch will. – Jens Peter Jacobsen, vorhin noch weit weg in der Geschichte mit seiner *Marie Grubbe*, schreibt jetzt das große Gegenwartsstück, den *Niels Lyhne* – ein Buch ganz voll von verquälten sehr schwer erträglichen ausweglos verqueren Menschen, und doch auch, und ohne daß der Autor sich von seinen Leuten distanzieren müßte, eines der geistreichsten und funkelndsten Bücher

jener Jahre; man glaubt zu sehn, daß, wenn der Held, *1880*
der seine Frau zu einer Atheistin hat machen wollen, am
Ende selber betet, als sein Kind stirbt, nachdem die Frau
schon betend gestorben ist, der Autor die großen Fragen
nach dem Sinn des Lebens und so weiter kaum noch
für sehr hilfreich hält. – Im fernen fernen Rio de Janeiro
erscheint einer der anregendsten Romane der Zeit, *Die
nachträglichen Memoiren des Brás Cubas* von Machado
de Assis (man hat ein entsetzlich verzerrtes Bild von der
Literatur, wenn man so etwas nicht kennt – und ich
rede gar nicht vom Schlimmsten, nämlich der entgang-
nen Lust); der Autor, einer der wunderlichsten Geister
dieser Epoche, läßt seinen verstorbenen Helden eine fast
biedere humorvolle Sprache sprechen: in ihr aber läßt
er ihn Dinge sagen, die den Leser frösteln ließen, wenn er
sie (unter der ihn schützenden Glasur jener Diktion)
mehr als bloß von weitem ahnte; schon Eça de Queirós
konnte in einem *understatement* reden, das nahezu einer
Verkehrung glich: Machado de Assis vervollkommnet das
so, daß sein Erzähler (es bedarf in dieser Technik fast
immer eines gleichsam dritten Erzählers) die Wahrheit
sagt, wenn er ihr Gegenteil meint (nicht die Lüge, sondern die Wahrheit dahinter) –, so sehr ist der Zauber
vernichtet, den vor ihm die Welt immerhin noch an
ihrer Oberfläche hatte. – Meredith veröffentlicht eine
hinreißende kleine Studie über die große Liebe, *Die tragischen Komödianten* – zwei, schon nach dem Hörensagen,
verlieben sich so groß ineinander, als hätte Gott darauf
gewartet; die Frau hat einen Anbeter, den sie bemitleidet,
schon vor dem Finden des großen Geliebten, denn, wie
Meredith in seinem wunderbaren Hang zu Sentenzen
sagt, »denn sie konnte nicht umhin, zu erkennen, daß ein
schärferer Schmerz darin lag, den Gegenstand zu sehn,
nach dem wir uns vergeblich sehnen, als sich vergeblich
nach einem Gegenstand zu sehnen, den wir nicht sehn«.
Der große Geliebte ist ein Sozialist und vor allem ein Jude

1880 (dieses Thema wieder), mit großem Auftreten[17] (stilistisch

erinnert hier manches wieder an den frühen leicht ins
Pomphafte abrutschenden Stil Heinrich Manns, wieder
in den *Göttinnen*; nur rutscht Meredith nicht ab); die
junge Frau ist wunderbar romantisch und ebenso prag-
matisch, eine traumhafte Mischung, sie will fliehn, mit
ihm; er dagegen, in einer Selbstherrlichkeit von solcher
Subtilität und Größe, daß der Egoismus darin unter der
Furchtlosigkeit seiner Gesten fast unsichtbar wird, will
aufrecht angesichts der Welt wenn nicht leben, so doch
sterben, er glaubt aber nicht, daß er sterben kann; und
dann, durch eine Torheit aller Seiten, macht ihn in einem
blöden Duell jener erste Anbeter nieder; und doch war
er, könnte die junge Frau fast mit Shakespeares Kleopatra
sagen, doch war er der Antonius dieser Welt. – Und dann
noch ein kleiner Roman, *Garman & Worse*, von Alexander Kielland[18], dem reichen und vornehmen Kaufmannssohn aus Stavanger und Bergen; er erzählt die Geschichte
eines Handelshauses; der Alte ist tot, sein Sohn, spar-
sam, ruhig, leitet das Geschäft nach herkömmlichen (alt-
hergebrachten ist wohl das genauere Wort) Methoden,
der andre Sohn, ungeeignet zu Geschäften, undurchdringlich, aber vielleicht ist da auch nichts zu durch-
dringen, lebt mit einer sehr unabhängigen Tochter auf
dem Leuchtturm, den er verwaltet; der Sohn des neuen
Chefs will modernisieren; ein Sohn des nicht mehr

---

[17] ganz anders als etwa das von vornherein wenigstens dem Leser
leicht suspekte Auftreten eines Mannes wie Rudin in Turgenjews
gleichnamigem frühen Roman; es ist, als hätte Turgenjew keine richtige Kraft, dem schließlich zu widerstehn, was sehr groß glänzt, oder
als traute er diese Kraft wenigstens seinen Figuren nicht zu, so daß
er ihnen die Unterstützung des Lesers zuteil werden lassen muß;
Meredith baut erst die Figuren ganz aus sich auf; danach wird sich
dann zeigen, was aus ihnen und den andern und uns wird.
[18] ein alter Reclamband vor mir, beigelegt irgendeiner andern
Sache aus einem Antiquariat; ohne Umschlag, hinten notdürftig ver-
klebt, aber nur außen; wenn man liest, fallen links und rechts raschelnd
die Blätterbündel zur Erde.

lebenden alten Teilhabers Worse will Schiffe bauen. Das
neue große Schiff verbrennt beinahe, der Chef stirbt
am Schock, die Schwiegertochter verwirrt die falschen
Köpfe, ein Geistlicher will das Leuchtturmmädchen
haben, das nicht stark genug ist, jenem Fischer wirklich
nachzuweinen, nachzulaufen, der der Ihre war, als sie
noch hätte werden können, was sie nun nicht geworden
ist und nicht mehr werden kann... Alle diese kleinen
Tragödien, diese Niedergänge, die Resignationen, diese
Aufhellungen, diese milden Lüste erzählt Kielland völlig
ruhig, unexaltiert, unverkrampft, gelassen teilnehmend –
und keinen begreift man so gut wie einen jungen begabten Menschen, der, selber aus einer Familie, die
zu ähneln scheint (und davon war Thomas Mann je
länger desto mehr wohl überzeugt), die Idee in sich aufkommen läßt, ein solches Buch, nur größer, mit sicht-
barerer Artistik, für seine Leute noch einmal zu schreiben; und das tut er dann, und man begreift ihn.

Geboren wird in Metz jener Otto Flake, der dann, unter
anderm, jenes Baden-Baden so schön beschrieben hat, in
welchem Turgenjew sich wohl fühlte mit der Viardot, die
in ihren Hauskonzerten Operetten aufführte, die sie auf
Texte Turgenjews komponiert hatte; in Klagenfurt, Sohn
eines Waffenfabrikanten, kommt Robert Musil zur Welt;
in Moskau wird Andrej Belyi geboren, Sohn eines Mathe-
matikers, selber soll er in der Jugend am liebsten Ibsen
und Nietzsche gelesen haben; und in Oviedo, jenem Ort,
den dann ein paar Jahre später Clarin berühmt macht,
weil seine *Präsidentin* dort lebt und liebt und leidet, wird
(bei manchen aber auch erst ein Jahr später) der verwegene Ramón Pérez de Ayala geboren, der, als er in
Oviedo dann Jura studierte, tatsächlich ein Schüler
Clarins war, und als Romancier ein berechtigter Bewunderer des großen Pérez Galdós, den wir gerade lesen.

XVIII

1881 BIS 1885

1 ✦ 8 ✦ 8 ✦ 1

Grabschrift (84.85.86) für

DISRAELI. DOSTOJEWSKI. PISEMSKI. Sechsundsiebzigjährig stirbt in London Benjamin DISRAELI, Earl of Beaconsfield, Träger des Hosenbandordens, Expremierminister, und zu solchen Höhen und Ehren aufgestiegen vom einfachen Journalisten und Romancier, und trotz seiner in allen Namen unverkennbaren jüdischen Herkunft, man denke an Eliots Daniel Deronda und an Merediths Alvan (dies der Name jenes selbstherrlichen *lovers* der wundervollen Clothilde, der tragischen Komödiantin). Er war enger Vertrauter jener Königin Viktoria, die seinem Zeitalter ihren Namen gab; wurde in Westminster Abbey beigesetzt. – Neunundfünfzigjährig stirbt in St. Petersburg Fjodor DOSTOJEWSKI, der, fast hingerichtet, vier Jahre ins Zuchthaus nach Sibirien mußte, in Sibirien als Soldat, dann als Offizier blieb; dann wurde er Christ und schwor eben jenen Ideen ab, die ihn ins Unglück gebracht hatten; er spielte in Baden-Baden, wo alle sich trafen; er schrieb, er wurde berühmt, er hatte ein rauschendes Begräbnis. – *P I S E M S K I* stirbt, sechzigjährig, in Moskau, eine Woche vor ihm, es soll auf seinem Friedhof sehr ruhig gewesen sein. –

◆

Daudet ist mit einem neuen Buch da, *Numa Roumestan*, einem ebenso kraftvollen wie anrührend-schönen Roman um Größe und Tod und Leben in Paris und in der Provence (jetzt ist er etwas eignes Drittes neben Zola und dann neben Maupassant); Held ist einer aus dem Süden, unnachdenklich, bedenkenlos, launenhaft, ehrgeizig, eitel, schön für die Frauen, und Daudet beschreibt ihn wunderbar sprunghaft, ganz als wollte er das Leben da packen, wo es noch nichts geworden ist für einen ruhigen Roman. – Fontane bringt *Ellernklipp* heraus, auch noch nichts Richtiges für uns zum Lesen. – Raabe hat ein hübsches kleines Buch, *Das Horn von Wanza*; voll dichter Atmosphäre einer Kleinstadt mit einem Jugendfreund, der dort geblieben ist; es kommt nun eine Vergangenheit zutage, zu der die stille Kleinstadt sich nur verhält wie ein kleines Büchlein, dem keiner ansieht, was drinstehn könnte – es gibt gar keinen Autor, der so nichtig-groß schreibt wie Raabe. – Henry James macht zwei Bücher, das *Bildnis einer Dame* und *Washington Square*; das Damenbildnis erzählt die Geschichte einer jungen Frau, die ganz und gar das Glück nicht erlangt, von dem sie glaubt, daß es ihr zusteht, und die stark oder stolz genug ist, dann jenes Leben zu leben, das ihr eine Welt läßt, von deren Glamour sie sich hat blenden lassen[1] – ungeheuer schön dabei die Figur eines todkranken

---

[1] alle Kenner sehn in dieser Figur starke Ähnlichkeiten zu der schönen jungen Frau, die sich, in George Eliots letztem Werk, ihrem

klugen wirklichen Verehrers der jungen Frau, eine der großen Männergestalten von James (James, wie schon  gesagt, wie schon beinahe erklärt, hat große Frauen in seinen Büchern, daneben aber wunderbar einnehmende Männer, das haben so gut eigentlich nur noch die Wharton und die Cather, letztere dann, könnte man in Anwendung der Gideschen These sagen, weil sie lesbisch war). *Washington Square* erzählt beinahe rührend die Geschichte eines nicht sehr brillanten Mädchens, das, gegen einen wohlhabenden brillanten Vater, der sie verachtet, an einem Burschen festhält, der sie tatsächlich, wie der Vater leider richtig sieht, nur wegen ihres Erbes haben will; als er das Erbe davonschwimmen sieht, läßt er sie sitzen; sie aber wieder, nach vielen Jahren, als er ihren Schutz sucht, weist ihn nun, nach einem seinetwegen, des Vaters wegen, auch wohl selbst vertanen Leben, ab. Einer seiner kleineren Romane. – Anatole France debütiert mit einem zauberhaften kleinen Roman, der ihn berühmt macht, der *Schuld des Professors Bonnard*; Bonnard ist ein etwas weltferner Bücherliebhaber, dem einmal eine Schuld zurückgezahlt wird, als sich eine Fürstin, die ihm ein altes Buch schickt, das er nicht hatte auftreiben können, als die Witwe eines Bouquinisten entpuppt, der er auch nach dem Tod ihres Mannes Weihnachten immer einen Kuchen geschickt hatte; und dann nimmt er eine kleine Schuld auf sich, als er, eigentlich genötigt, seine Bibliothek zu verkaufen, um seinem Mündel zu helfen, dennoch ein paar ganz wertvolle und ihm vor allem ans Herz gewachsne Sachen behält, sie also, wie er meint, seinem Mündel raubt. France ist geistreich, gefühlvoll, genau, unterhaltsam – das Muster eines Romanciers für

---

Doppelroman, auch in Daniel Deronda verliebt und, tatsächlich ganz wie die porträtierte junge Dame bei James, in einen falschen Mann verliebt ist: das wäre ein weiterer sehr hübscher Hinweis auf die sonderbare Lage, in die James durch sein Verhältnis zur Eliot geraten war – ein Hinweis sicher auch darauf, daß er sehr wohl ein Bewußtsein dieser Lage hatte.

kluge Leser (Heinrich Mann hat ihn verehrt, auch übersetzt, hat von ihm gelernt, und gern). – Giovanni Verga
(wir kennen ihn von fern, ich habe gelegentlich erwähnt,
daß die junge Isolde Kurz 1885 einen kleinen Roman
von ihm übersetzt hat, *Ihr Gatte*)[2] übernimmt von Zola,
nach einigen frühen erzählerischen Arbeiten, die ihm
Ansehen gebracht hatten, die Idee zu einem Zyklus über
seine sizilianischen Landsleute; daraus werden nur zwei
Romane, der erste ist *Die Malavoglia*, die absolut düstere
Geschichte vom Untergang einer alten Fischerfamilie in
einem kleinen Dorf: erst die Natur (ein Sturm), dann
geldgierige Leute, dann wieder die Natur (ein zweiter
Sturm) vernichten starke schöne wunderbare Menschen;
beschränkte Menschen zweifellos, aber was heißt das in
einem Milieu, in dem Beschränktheit Kraft und Zähig-
keit ist. Manche Ausleger meinen, Verga beleuchte solchen sonst allzu sinistren Untergang gleichsam von hinten
mittels himmlischer Gerechtigkeit, aber das ist reichlich
viel verlangt von einem Leser, dem eine solche Menge
angehäuftes Schicksal etwas übertrieben vorkommt und
nicht leicht erträglich, für alle Seiten.

◆

Geboren wird, in Neuilly, Sohn eines sehr wohlhabenden
Anwalts, Roger Martin du Gard, ein späterer Nobelpreisträger (1937 – Sie müssen ihn aber nicht lesen),
Freund Gides; im schönen und auch mondänen Vichy
(manche Hotels dort haben noch den ganzen verblichenen Charme der verblichenen Zeiten, man wohnt wie im
letzten Jahrhundert, und die Bedienungen sehn aus wie

---

[2] als ich eben, mit dem Suchprogramm des Computers, dem ich
Verga eingegeben hatte, im ersten Band nachsehen wollte, wo ich den
Autor genau erwähnt hatte, stand der Computer, wie als hätte er gefunden, was ich suchte, hundertmal bei *Vergangenheit* still und *vergangen*, ehe er dann, gleichmütig, auch bei Verga anhielt.

Untote von damals, beim Auftragen der Schüsseln leise bebend vom Genuß der bösen Auferweckungskräuter; und noch im Bahnhof kann man die guten Pfefferminz- pastillen kaufen), reich durch den Vater, der dort eine Sprudelquelle besaß (von ihm aber und von ihr weiß kei- ner was, wenn man in Vichy herumfragt), kommt Valery Larbaud auf die Welt, Freund Gides und Valérys, ein bezaubernder, wunderbarer Autor; Gide zitiert einmal brieflich seinem Freund Valéry aus einem Brief Larbauds, worin dieser, aus Spanien, schreibt, er übersetze dort den Leuten, die er kenne, Valérys großes Gedicht über die *Junge Parze*, die Verse darin über das Dunkel, die Meeres- landschaft, und so fort[3]; und er schreibt nun (Larbaud also, Juni 1917): »Neulich hat ein junges Mädchen im Garten begonnen, die Verse über das Dunkel zu zitieren. Es war Abend...«: Valéry antwortet postwendend, auf diese Briefstücke anspielend, er sei »sehr empfänglich für das Fragment von Larbaud« – den also müssen Sie lesen. Und in Wien, Sohn eines Industriellen, wird Stefan Zweig geboren, wir haben von ihm im Zusammenhang damals mit Poe und dem amerikanischen Gold und Cendrars' Buch über den großen Suter gehört; sonst weiß ich nicht so recht – Zweig, Feuchtwanger, Wassermann, Rolland, Bjørnson, Lie – ich werde nachher noch einmal auf sie zu sprechen kommen, ich glaube in einer Fußnote...

---

[3] dieses sehr lange Gedicht, es hat über fünfhundert Alexandri- ner, hatte Valéry im Jahre 1917 seinem Freunde Gide gewidmet; über das Dunkel heißt es einmal, in Paul Celans Übersetzung, »o Dunkel, schwer von Schätzen, das auf die Lider rollt, / mein Tasten, das Gebet war, in eurer Nacht aus Gold!«

1 ✦ 8 ✦ 8 ✦ 2

Grabschrift (87.88) für

LONGFELLOW. TROLLOPE.
Es ist eine halbe Ewigkeit her seit LONG-
FELLOWS Europareise in seinem *Hyperion*,
gleichnamig mit dem Segler Byrons damals: jetzt stirbt
er, gerade fünfundsiebzig geworden, in Cambridge, Massachusetts; ein Schulkamerad Hawthornes, der popu-
lärste Lyriker drüben. – Anthony TROLLOPE stirbt
siebenundsechzigjährig (in Hartin, Sussex, auf seinem
Gut, sagen manche, manche in London), wohlhabend,
berühmt, geehrt; er schrieb, wie er immer wieder sagte,
für das Geld, indes hätte er des Geldes wegen eigentlich
früher aufhören können, er tat es aber nicht; man darf
auch nicht verkennen, daß andere Autoren, die nicht
immer das Geld vorschieben (wie also Trollope, Raabe,
Bennett, oder auf seine Weise Balzac), ebenfalls des
Geldes wegen schreiben, sobald sie sich einmal auf das
Schreiben als ihren Beruf eingelassen haben. Jean Paul
etwa mußte auch wegen des Geldes schreiben, er drückt
das nur anders aus. Die allermeisten Leute arbeiten ja
wohl hauptsächlich des Geldes wegen, das man ihnen
dafür gibt, sie müssen das nicht eigens sagen; wenn
ein Romancier sagt (wir wollen von Lyrikern schweigen; unser Parzen-Valéry war Beamter), er schreibe des
Geldes wegen, dann will er meistens nur irgendeinen
empfundenen Widerspruch ausdrücken, oder sich im
understatement üben, oder sich, wie vor einigen zwanzig
Jahren unsre Schreiber, ebenso solidarisch wie albern
allen andern ebenfalls Berufstätigen, Arbeitenden gleich-
stellen. Was nun Trollope angeht, so habe ich erwähnt,
daß er aus den allererbärmlichsten Verhältnissen kam,
und es ist natürlich möglich, daß ihn, gerade je höher
er stieg, eine gewisse Existenzangst immer mehr an den

Schreibtisch trieb. Insgesamt produzierte er in sechs- *1882*
unddreißig Jahren dreiundsechzig Werke in knapp ein-
hundertdreißig Bänden; James kannte ihn, sie hatten
einmal zusammen den Atlantik überquert, er schätzte
ihn zusehends, zulesends, er meinte, aber das müssen
wir natürlich nicht meinen, er gehöre, wenngleich vielleicht etwas unter ihnen, zur Familie der Dickens, Eliot,
Thackeray...

Anmerkungen (21) zu

T R O L L O P E . ... und dann ist da eine
Sache, an die ich immer denke bei Trollope, ich
habe sie seinerzeit auch schon erwähnt: er war
der Lieblingsautor von Charles Darwin. An und für sich
muß so etwas nichts heißen, und Darwin war auch persönlich kein besonders musischer Typ. Er wurde 1809
geboren (Trollope im Jahre 1815); als Thackeray damals
Goethe besuchte (erinnern Sie sich? 1831), schiffte Darwin sich auf der *Beagle* (das ist jetzt also einmal ein Schiff
und kein Roman) ein und machte mit Kapitän Fitz Roy
(dem Darwins Nase nicht gefiel: er war ein Anhänger
Lavaters) diese große merkwürdige Reise um die Welt.
Wieder zurück, gingen ihm dann nach und nach seine
Entdeckungen auf, er hatte im Grunde Angst vor ihnen,
er wollte sie gar nicht veröffentlichen. Er heiratete, zog
aufs Land nach Kent: ich bin dort einmal gewesen, es ist
fast alles noch so wie damals, man kann noch durch das
kleine Wäldchen gehn, in dem er frühmorgens, wenn
Trollope schrieb (Trollope schrieb immer nur morgens
von fünf bis acht oder sechs bis neun), die Vögel beobachtete (Darwin also); gleich hinter dem Wald sieht
man einige dieser sanften und mit Recht so oft besun-
genen Hügel Kents, man könnte sie für einfache Hügel
halten, aber man weiß es besser; das Studierzimmer
Darwins hat man gelassen wie es war, ich wäre damals
gern dageblieben. Als Darwin die Ergebnisse seiner Über-

legungen und Forschungen gründlich genug durchdacht hatte, gestand er einmal, und uns hier hat ers auch schon gestanden damals, nun schon ein älterer Mann: er sei jetzt blind geworden für die einst so schönen Farben der Welt. Mittags las er die *Times* (nicht ganz ein Roman, wenn auch was Ähnliches), irgendwann nachmittags spielte er mit seiner Frau immer ein zwei Partien irgendeines Brettspiels mit Würfeln (Puff), und der einzige Romanautor, der ihm wirklich zusagte (ich glaube, das ist der richtige Ausdruck: zusagte), war eben Trollope. Ich will also keineswegs sagen, daß dies alles unbedingt für Trollope spricht; nur ist eben Darwin in seinem Alter ein so ganz und gar einnehmender und zugleich rätselvoller Mensch, daß da auch irgendein und sei es noch so ländliches Licht auf diesen Trollope fällt. Jedenfalls glaube ich nicht, daß die beiden einfach, wenn Darwin einmal nach London kam, im selben Club verkehrten, und daß das schon alles war.

❖

Zola macht weiter und schreibt *Pot-Bouille (Ein feines Haus, Am häuslichen Herd)*, ein sehr gutes Buch, mit der für Zolas ganzes Vorhaben wie gemachten Grundidee, die Bewohner eines gutbürgerlichen Hauses (inbegriffen das Hinterhaus und die Dienstbotenetagen) als den Durchschnitt einer Gesellschaftsschicht zu beschreiben. Ich will bei dieser Gelegenheit noch einmal auf Flaubert zurückkommen und seine beiden Bouvard und Pécuchet, und ich will aus diesem sonderbarsten aller Romane ein kleines Stückchen über Balzac zitieren: »Sie waren überrascht von Balzacs Werk, das ihnen einmal wie ein Babylon, dann wieder wie Staubkörner unter dem Mikroskop vorkam. Die banalsten Dinge bekamen ein neues Aussehen. Eine solche Tiefe des modernen Lebens hatten sie nicht erwartet. Wie er beobachtet! rief Bouvard. Ich finde, er hat Hirngespinste, sagte Pécuchet schließlich. Er glaubt

an Okkultismus, Monarchie, Adel; die großen Verbrecher
haben es ihm angetan, und dabei wühlt er in den Millionen herum, als wären es Centimes; seine Bürger sind
keine Bürger, sondern Riesen. Warum aufblasen, was
platt ist, und wozu soviel Dummheit beschreiben? Er
hat einen Roman über Chemie, einen anderen über
das Bankwesen, einen über Druckmaschinen geschrieben... es kommt noch so weit, daß wir Romane über alle
Handwerker, alle Provinzen, alle Städte, die Etagen jedes
Hauses, jedes Individuum haben; und das ist dann keine
Literatur mehr, sondern Statistik oder Völkerkunde...«;
... es kommt noch so weit: es ist jetzt also wirklich so weit
gekommen; und ich will schon vorausweisen auf Eduard
von Keyserling, der dann, noch dichter dran an Pécu-
chets Voraussage, zehn Jahre später einen kleinen etwas
herumexperimentierenden Roman schreibt tatsächlich
über bloß eine einzige Etage, mit dem Titel *Die dritte
Stiege.* – Benito Pérez Galdós schreibt *Amigo Manso*,
ein wunderschönes melancholisch-bezauberndes Buch,
worin ein etwas weltferner Professor, als sein weltgewandter Bruder Leben und mit dem Leben Frauen ins Haus
bringt, sich in eine schöne junge Frau verliebt, die aber
nicht ihn, sondern seinen Schüler will; und er schickt
sich dann darein. – Fontane bringt *L'Adultera* heraus und
Schach von Wuthenow, erstres eine kleine merkwürdig
gelingende Ehebruchsgeschichte (jetzt ist Fontane wirklich ganz auf dem Wege zu sich selbst), letztres (und jetzt
fällt er wieder ein bißchen zurück) die traurige kleine
Geschichte einer gar nicht erst angetretnen Ehe; preußische Ehrbegriffe, könnte man denken, liegen da zugrunde: lässig, wenn auch sehr zweideutig, behebt diesen
Verdacht dann ein sehr schöner Schluß, dcr auch andere
Deutungen zuläßt.[4] – Raabe kommt mit *Fabian und*

---

[4] einmal aber war ich, auf der Rückreise von Spielhagens Rügen,
eine Nacht lang und anderthalb Tage in Neuruppin, und unten vom
Wasser aus, an der Schiffsanlegestelle, es war keine Saison, kein

1882  *Sebastian*, einer weit in die Vergangenheit zurückgreifenden Kleinstadtfabrikantengeschichte mit einem Märchenschluß. – Der alleingelassne Edmond Goncourt schreibt *Juliette Faustin*, eine kleine Geschichte mit sonderbaren Fehlern, aber einem herzzerreißend schönen Einfall, wenn die Titelheldin, eine leidenschaftliche Schauspielerin und ebenso leidenschaftlich Liebende (sie ist ihrem Geliebten aus der Stadt aufs Land gefolgt), die Mienen des sterbenden Geliebten nachahmt, an dessen Lager sie sitzt, und der Geliebte dann noch einmal die Augen aufmacht – tausend Fehler macht so etwas gut. – Und Alexander Kielland, von dem uns *Garman & Worse* doch so gefallen hatte erst vor zwei Jahren, schreibt jetzt, zeitlich zurückgehend, *Kapitän Worse*, ein Buch, dem jetzt vor allem die große Tugend der Gelassenheit fehlt, die das erste Buch so ausgezeichnet hatte – Kielland schimpft auf die klassische Bildung (in *Garman & Worse* hatte er das nur so angedeutet, daß man darin ein Handlungselement sehn konnte – ein Problem, das wir öfter schon gehabt haben), und er ergeht sich in völlig aus dem Rahmen des Romans fallenden, an sich dabei womöglich gar nicht einmal unberechtigten Polemiken gegen herrnhutische Sekten (ähnlich werden wir nachher Bjørnson und Lie zum Beispiel ein falsches Schulwesen oder den Alkoholismus in ihren Romanen bekämpfen sehn; aber vielleicht hat es ihnen allen nichts ausgemacht, wenn ihre Bücher daran die Kunst verloren; Hauptsache, werden sie sich gesagt haben, aber wir können ihnen das nicht nachsprechen, Hauptsache, die Leute beten weniger, trinken weniger, lernen was Ordentliches).

❖

Mensch war da, hatte man einen, wie soll ich das nennen: einen Blick wie in was Verwunschnes drüben über das Wasser und in eine Bucht hinein eben nach Wuthenow hinüber, oder dorthin, wo Wuthenow dann liegen würde – da soll er dann also beim Schreiben ruhig noch nicht ganz das gewesen sein, was wir an ihm dann auch ohne solche Blicke lieben.

Geboren werden in diesem darin großen Jahre zuerst in London, Tochter eines Biographienschreibers und Kritikers, die wunderbare Virginia Woolf; dann in Dublin der  unter lauter Jesuiten erzogene James Joyce; drittens in Kalundborg, auf Seeland im Westen, dort wo im Osten Kopenhagen liegt, als Tochter eines Archäologen Sigrid Undset (sie gewann 1928 den Nobelpreis, eine würdige Jahrgängerin insofern derer, die ihn auch hätten haben sollen); und schließlich in Bellac, vierzig Kilometer nördlich von Limoges, Ingenieurssohn, Jean Giraudoux, ein großer Theaterautor, Verfasser aber auch wunderschöner kluger kleiner Romane.

1 ✦ 8 ✦ 8 ✦ 3

Grabschrift (89.90) für

C O N S C I E N C E . T U R G E N J E W.
Siebzigjährig stirbt in Brüssel Hendrik *C O N - S C I E N C E .* – Und kurz vor seinem fünfundsechzigsten Geburtstag stirbt in Bougival, Paris, Iwan *T U R G E N J E W,* der vierte und letzte aus dieser ununterbrochnen Heldenreihe Balzac-Sand-Flaubert-Turgenjew. Drei Jahre vorher hatte er an eine junge und sicher schöne Schauspielerin einen der sonderbarsten aller Altersliebesbriefe geschrieben, hier ist ein Stück daraus: »Es ist einfach unvorstellbar. Schon den dritten Tag haben wir paradiesisches Wetter, vom Morgen bis zum Abend gehe ich im Park spazieren oder sitze auf der Terrasse, versuche an dies und jenes zu denken – und tue dies auch – irgendwo auf dem Grunde meiner Seele aber erklingt immer ein und derselbe Ton. Ich bilde mir ein, an die Puschkinfeier zu denken« (eine Zwischenbemerkung: in Moskau würde in ein paar Wochen ein

1883 Puschkindenkmal enthüllt werden, Turgenjew sollte die Festrede halten, er schrieb also daran oder sinnierte darüber, Thomas Manns Briefe und Tagebücher sind auch voll von solchen Bemerkungen, dann sinnieren sie und sinnieren, schreiben jedem, wie sie da sitzen und sinnieren und sinnieren, und dann schreiben sie diese furchtbaren Reden auf) – »und bemerke plötzlich, wie meine Lippen flüstern: was für eine Nacht würden wir verbringen... und was käme dann? Das weiß allein Gott!« – ich weiß nicht, warum Turgenjew hier auf Gott kommt, ausgerechnet hier an dieser Stelle bei solchem Lippengeflüstere, wahrscheinlich war das einfach so seine Art, wenn er merkte, daß er Sinne hatte. Und gleich darauf, nun wieder er also, ich will ihn jetzt nicht mehr unterbrechen – »gleich darauf wird mir bewußt, dies wird nie sein...« (also das mit der Nacht, ist ja klar), »... und so werde ich mich in jene unbekannten Gefilde begeben« (jetzt zitiert er Shakespeare, Hamlet, er denkt wie wir alle, Schauspieler könnten im Leben was anfangen mit dem, was sie auf der Bühne sagen müssen, erst unlängst haben wir in einem Roman von William Makepeace Thackeray, im *Henry Esmond* glaube ich, eine junge bildschöne Schauspielerin erlebt, die ganz und gar und wahrhaft grausam unberührt blieb von jedem Sinn der Worte, die sie wunderbar sprechen konnte, und der, der sich in sie verliebt hatte, machte nun auch noch Gedichte auf sie, also das sind alles schreckliche Irrtümer, auch wenn Romanciers vielleicht, wenn sie altern, glauben, das Leben sei wie in ihren Romanen, so wundervoll melancholisch, aber es trifft sie nicht mehr so schlimm, sie sind ja alt; also wir waren bei jener Nacht und dann bei Hamlet, und er schreibt:) »... dies wird nie sein, und so werde ich mich in jene unbekannten Gefilde begeben, ohne die Erinnerung an etwas mitzunehmen, das ich nie erfahren durfte. Bisweilen dünkt mich, wir werden uns nie wiedersehn: an Ihre Auslandsreise glaube ich nach wie vor nicht, ich wiederum komme im Winter nicht nach Petersburg – und Sie machen sich völlig umsonst Vorwürfe, wenn Sie mich Ihre Sünde nennen! Leider, leider werde ich das nie sein. Und sollten wir uns auch in zwei drei Jahren einmal wiedersehn, dann bin ich schon ganz alt, Sie werden wahrscheinlich die endgültige Bestimmung Ihres Lebens gefunden haben – und von dem Früheren wird nichts mehr übrig sein. Für Sie ist das halb so schlimm... das ganze Leben liegt noch vor Ihnen – ich habe das meine hinter mir...« (vielleicht ist dies der Punkt, an dem ich einflechten sollte, daß Turgenjew hier 62 Jahre alt ist, die schöne Schauspielerin ist fünfunddreißig Jahre jünger), »... und diese Stunde im Eisenbahnabteil, da ich mich beinahe als zwanzigjähriger Jüngling fühlte, war nur ein letztes Aufflackern des Lämpchens. Ich kann mir selbst nur schwer Rechenschaft darüber ablegen, welches Empfinden Sie mir eingeflößt haben. Bin ich verliebt in Sie? – Ich weiß es nicht; früher war dies bei mir anders. Dieses unwiderstehliche Streben nach Verschmelzung, nach Inbesitznahme – und eigner Hingabe, da selbst die Sinnlichkeit in zarter Flamme verlöscht... Wahrscheinlich rede ich Unsinn – allein ich wäre unsäglich glücklich, wenn... wenn... Jetzt jedoch, da ich weiß, daß dies nie sein wird, bin ich nicht gerade unglücklich, nicht einmal besonders melancholisch, aber es stimmt mich unendlich traurig, daß diese wundervolle Nacht für immer verloren sein soll, ohne mich mit ihrem Flügel auch nur gestreift zu haben... Es tut mir leid um meinetwillen – und, wage ich hinzuzufügen – auch um Ihretwillen, denn ich bin gewiß, auch Sie könnten das Glück nicht vergessen, das Sie mir schenken würden...« – ein starker Schluß, diese Nacht, die ihn mit ihrem Flügel nun nicht einmal gestreift hat... Dichter sind etwas Wundervolles.

1883 Zola fährt fort und schreibt *Das Paradies der Damen*, ein Buch mit wiederum einer für Zolas Zwecke glänzenden Idee, nämlich der, daß ein Kaufhaus das Zentrum, man möchte sagen: der Held des Geschehens ist; das Kaufhaus wächst durch die reine Lust der Frauen an den ausgebreiteten Waren, es verschlingt kleinere Geschäfte um sich herum; wieder baut Zola, wie früher, eine ziemlich verkitschte Liebesgeschichte ein, wiederum tut das der Lust, mit der wir lesen, was die Frauen kaufen, kaum einen Abbruch. – Raabe schreibt die *Prinzessin Fisch*, er ist jetzt fünfzig, und mein Freund Fuld sagt ziemlich einleuchtend, hier beginne Raabe jetzt die Reihe seiner bedenkenlos subjektiven Erzählungen: da ist ein schüchterner junger Mann, der eine glänzende Frau liebt, es nimmt sie dann simpel und schlicht und herzlos und gemein ein erfolgreicher Geldmensch[5] – diese schöne Frau, sagt Fuld, ist der große Glanz des Publikumserfolges, und wer kriegt den? immer die andern, nie er. Sehr schön bringt Fuld aber gleich darauf diese Anekdote: Raabe geht mit seiner Frau spazieren, sie sieht eine schöne Villa und sagt, so möchte sie auch wohnen, und er sagt: das könntest du alles haben, wenn ich wollte. Ich will aber nicht. – James kommt mit einer *long short story*, einem Kurzroman, *Die Belagerung von London (Mrs. Headway)*, das ist wieder ein brillantes Konversationsstück. – Carlo Collodi schreibt den *Pinocchio*, den ich erwähne, nicht weil er gut wäre, sondern weil er so weltberühmt geworden ist; es gibt hübsche Sachen in dem Büchlein, aber durchweg auch wieder die Moral, ganz dick, daß ein Kind fleißig und brav sein und gehorchen muß. – Noch ein Kinderbuch, aber ein wirklich

---

[5] und ein Buchbinder kommt in diesem Roman vor wie drei Jahre später in der *Prinzessin Casamassima* bei James: das ist einer dieser vielen Zufallswege hin und her in dieser durch und durch erfundnen – und manchmal natürlich auch, wenngleich in diesem Falle nicht, abgeschriebnen – Welt.

gutes: Robert Louis Stevenson schreibt die *Schatzinsel*, wir werden noch viel von ihm hören. – Maupassant, der noch unter Anleitung Flauberts seine ersten Novellen entworfen hatte (drei Bände mit Erzählungen hat er mittlerweile herausgebracht), schreibt jetzt seinen ersten Roman, *Ein Leben*, worin in einer sehr starken Aktion ein Liebespaar vom Gatten der Frau in einem Schäferkarren über die normannischen Klippen geschoben wird, also hinüber über die Klippen, hinab; ein Buch sonst, das in seiner unsentimentalen Empfindsamkeit für Frauenschicksale den Anfang einer ganzen und wohl sehr pariserischen Tradition macht: über die Romane der Colette und die Romane Giraudoux' und einige der kleineren Romane Gides bis hin zu den frühen und vielleicht dieser Tradition wegen so erstaunlich guten Romane der Sagan. – Pierre Loti, dieser sehr sonderbare Marinekapitän, dessen kindlich ersten Blick aufs unheimliche Meer ich Ihnen irgendwann zitiert habe, schreibt so etwas wie einen Roman, oder jedenfalls das romanhafteste seiner Seebücher, *Mein Bruder Yves*; diesem Buch vorausgegangen waren schon drei recht erfolgreiche eher exotische Romane im fernöstlichen und afrikanischen Milieu – dieselbe Stimmung, die einen Mann wie Loti in die Ferne trieb, ließ die Leser eben diese Ferne lieben. – Und Dmitri Mamin-Sibirjak schreibt die *Priwalowschen Millionen*, einen wunderbar klugen und ebenso umfangreichen wie glänzenden Roman über eine reine *terra incognita* für uns, nämlich über die Gesellschaft des fernen Ural und des noch ferneren Sibirien; es geht hier um Eisenerz und Gold, und vor allem darum, wie die korrupt gewordene Enkelgeneration jener ersten Gründerkapitalisten nun alles zu ruinieren sucht, was noch Vernunft ins Land bringen könnte – eine düstre Geschichte, aber im Detail so lustvoll und vital erzählt, daß man ganz das eigne zufällige Los vergißt und die Welt und das Menschenmögliche sich wunderbar ausweiten sieht.

1883 Geboren wird, am 1.1., als hätte er Eile gehabt, auf eine Welt zu kommen, die er so furchtbar bald wieder würde verlassen müssen (wäre seine Mama indes nur ein paar Stunden früher niedergekommen, also am Ende des letzten Jahres, wohin hätten wir dann sollen mit dieser Sentimentalität, die Eile angehend und dergleichen?), in Siena, Sohn eines Gastwirts und kleinen Landbesitzers (über so einen hat er einen seiner wunderbaren Romane geschrieben) Federigo Tozzi – man kann nicht, man mag aber auch gar nicht daran denken, was wir noch alles hätten, wenn er älter geworden wäre als jene gerade siebenunddreißig Jahre, die doch kaum etwas sind für einen Romancier (wenn Sie hinten in den Registern nachschlagen, dann werden Sie finden, daß viele der großen Romanciers mächtig alt geworden, oder wenigstens nicht jung gestorben sind; das könnte trivial sein – Ruhm ist natürlich oft eine Frage der Ausdauer –, Romanciers brauchen aber in der Regel viel Welt, Erfahrung, Übung, trainierte Bedenkenlosigkeit: lauter Sachen, die Zeit kosten: und eben die hatten Leute wie Tozzi noch nicht, wenn sie dann starben). In Prag kommt Franz Kafka auf die Welt, er wird nur vier Jahre älter werden als Tozzi. In Oberehnheim im Elsaß wird René Schickele geboren, »als Sohn eines Weingutsbesitzers, eines echten Elsässers, also deutschsprachigen Alemannen, der aber eine ebenso echte Französin zur Frau hatte – meine Mutter starb hochbetagt, ohne Deutsch zu verstehn, ich glaube, sie hat es auch nie im Ernst lernen wollen. Auch ich gab mir erst wenig Mühe, so daß meine Lehrer (die nach dem Krieg von 1870 aus Deutschland in meine Heimat eingewandert waren) mich ein wenig wie ein Negerkind behandelten. Aber schon fünf Jahre später schrieb das Negerkind die besten deutschen Aufsätze. Ich weiß heute noch nicht, wie das kam.« Und in Rutherford in New Jersey wird William Carlos Williams geboren.

1 ✦ 8 ✦ 8 ✦ 4

Grabschrift (91) für

L A U B E . Fünfzig Jahre liegt für uns hier seine große Tat zurück, *Das junge Europa*; jetzt, beinahe achtundsiebzigjährig, stirbt er in Wien. Wir hatten sein Leben zusammen mit dem seines alten Freundes und Mitstreiters Gutzkow aufmerksam verfolgt, ich glaube bis zu seinem Sitz in der Frankfurter Nationalversammlung für die Stadt Elbogen; danach war er achtzehn Jahre lang Direktor des Wiener Burgtheaters gewesen, dann ein Jahr lang Leiter des Leipziger Stadttheaters, schließlich von 71 bis 79 Leiter des Wiener Stadttheaters, das er gegründet hatte. In den späten siebziger bis in die achtziger Jahre hinein schrieb er Lebenserinnerungen, hauptsächlich, darin ähneln sie denen Gutzkows, an seine Theaterarbeit; selber hat er sich wohl vorwiegend als Theaterdichter verstanden, als ein Journalist hauptsächlich für seine jungdeutschen Zeiten und die Zeiten seiner Freundschaft mit Gutzkow; Romane und Erzählungen hat er sein Leben lang gemacht, auch mit Erfolg, sein Werk ist da aber, das ganz frühe ausgenommen, nicht mit dem seines Freundes zu vergleichen. Im schlesischen Sprottau errichtete man ihm 1895 ein Denkmal, ich weiß aber nicht, ob es noch steht. Ebenfalls ein Denkmal in Sprottau, aus dem Jahre 1900, hatte dort immer der im Jahre 1800 geborene Botaniker Heinrich Robert Göppert, der viele Jahre lang Direktor des Botanischen Gartens in Breslau war und große, zum Teil (etwa die *Monographie der fossilen Koniferen*) sehr schön illustrierte Werke über die fossile Flora geschrieben hat, legendär ist seine *Flora des Bernsteins*.

✦

Zola fährt fort und schreibt *Die Lebensfreude*, wieder einen kleinen Erholungsroman zwischendurch wie damals *Ein*

Blatt Liebe. – Maupassant bringt einen zweiten kleinen

Roman heraus, *Yvette,* ganz am Anfang unsres Unter-
nehmens hatte ich daraus einmal das amüsante Wort über
die Welt zitiert, nämlich wie sie sich ausnehmen müsse
nach der Lektüre von ich weiß nicht mehr wieviel tausend
Romanen (fünfzehn, ich hab nachgesehn); dieses Wort
spricht glaube ich Yvettes Mama, eine Hure der feineren
Klasse, die ihre Tochter gleichwohl rein erzogen hat; kein
Mann aber, der im Hause verkehrt, glaubt an Yvettes
Unschuld, sie selber ist, als sie merkt, daß ihr liebster
Verehrer auch nichts im Sinn hat als ohne weiteres mit ihr
ins Bett zu gehn, so verstört, daß sie Chloroform nimmt,
um sich umzubringen; das Chloroform wirkt aber nur
soweit, daß ihr Verehrer sie nun wirklich zu lieben beginnt – da hört das Büchlein auf, und man erfährt nicht,
ob Yvette aus dem allen eine Lehre im Sinne des mütterlichen Berufs oder doch im Sinne ihrer schönen bisherigen Unschuld zieht. – Daudet veröffentlicht *Sapho* (in
deutschen Übersetzungen meistens *Sappho* oder *Fanny
Legrand*), einen Roman in Form eines Pariser Sitten-
bildes, oder umgekehrt, eine jener anteilnehmenden und
doch kühlen Studien, in denen er nun groß ist wie Maupassant und die andern, die ich oben unter dem Jahr 83
aufgereiht habe; zu dieser *Sapho* noch rasch: da wird
erzählt, wie ein junger Mann seine Zukunft für eine
in jedem bürgerlichen oder im Sinne jeder denkbaren
Karriere aussichtslosen Liebe ruiniert, jetzt wird er als
Konsul in die Tropen gehn: solche Geschichten, nur von
hintenher, wird dann Somerset Maugham erzählen, von
altgewordnen Männern, die er in den Tropen antrifft und
die dann abends erzählen, wie sie dort hingekommen
sind.[6] – Fontane schreibt jenen *Grafen Petöfy,* aus dem
ich schon das Lob zitiert habe, das er dort dem Kollegen

---

[6] nach dieser *Sapho* übrigens hat Massenet dann 1899 eine Oper
komponiert, er war überhaupt ein Fan großer sentimentaler Romane:
1884 hatte er eine *Manon* geschrieben, nach einem Lieblingsroman

Zola für die *Sünde des Abbé Mouret* zollt, namentlich für
den verwilderten duftenden Paradiesgarten; in diesem
sehr bemerkenswerten Roman wird auch sonst gelesen,
Jókai unter anderm, wir bewegen uns ja ins Ungarische
hinein. – Raabe macht zwei Sachen, erstens *Pfisters
Mühle*, einen klugen und eigensinnigen Roman über die
Zerstörung der Umwelt durch die Industrie; in Raabes
Umgebung hatte eine Zuckerfabrik einen kleinen Bach
so verunreinigt, daß ihrerseits nun die Turbinen kleine-
rer Wassermühlen bachabwärts nicht mehr arbeiteten;
die Mühlenbesitzer hatten gegen den Zuckerfabrikanten
geklagt, ihr Gutachter, ein Chemiker, saß an Raabes
Stammtisch (zu dem hin er immer über jenen Bach
mußte), der Zuckerfabrikant seinerseits hatte zwei Jahre
zuvor dem Autor grundlos die Wohnung gekündigt (alles
das, wie könnte es anders sein, erzählt mein Freund Fuld
in seinem Raabebuch); zwei Zeitschriftenverleger, denen
Raabe das Buch verkaufen wollte, lehnten es ab eben
des geschilderten häßlichen Geruchs des Bachs wegen:
so etwas, sagten sie, wollten ihre Leser nicht. Kurz davor
hatte Raabe die *Villa Schönow* geschrieben, einen kleinen
Roman, in dem eine außerordentlich bemerkenswerte
hochemanzipierte Gelehrtentochter vorkommt: nur sehr
klugen und sehr guten Romanciers gelingen solche Erfindungen, die man wahrscheinlich unterscheiden muß
von den sogenannten unvergeßlichen Gestalten andrer
und manchmal ebenfalls sehr guter Autoren, bloß weiß
ich nicht richtig wie man sie unterscheidet, also nach
welchen Kriterien (wahrscheinlich gibt es keine). – Huysmans, den wir erst vor kurzem mit seiner *Marthe* kennengelernt haben, bringt *À rebours*, *Gegen den Strich*, ein
an sich etwas langweiliges Büchlein über einen scheußlich sensiblen reichen Mann, der Steine sammelt (dieses

---

Goethes, 1886 einen noch berühmteren *Werther*, nun gleich nach
Goethe selber; Massenet war zwei Jahre jünger als Daudet, Jahrgang
1842.

Motiv daraus hat fünfundvierzig Jahre später noch – und das ist eine sehr sehr lange Zeit – Jahnn, Hans Henny, in seinem gräßlichen *Perrudja* imitiert), kostbare Bücher liebt, Gerüche, Teppiche[7]; das Leben träumt er: als er sich einmal ganz stark ins Reisen hineinträumt, will er wirklich weg, nach England; er läßt packen, läßt sich nach Paris fahren, an den Bahnhof, der Zug geht noch nicht, er sitzt in einer Kneipe; das Wetter ist scheußlich, fast englisch, denkt er; er sitzt und sinnt, er denkt sich hinein in seine Reise, er riecht schon das englische Leben, den Ruß, die Fische, alles: und dann läßt er sich wieder zurückfahren in sein Haus: er hat erlebt, was sich erleben läßt, was sich wirklich erleben läßt: denn ist das wahre Leben nicht das, was die Seele davon hat? Ganz am Ende wird er dann katholisch in einem geistig-ästhetischen Sinne: ein etwas langweiliges Büchlein also, aber, kurz vor Wildes *Dorian Gray*, das erste Kultbuch der Epoche (der Epoche, in der es dann richtig losgeht mit Kultbüchern – in Kultbüchern kommen immer die Kultbücher vor, daran erkennt man sie: so eben bei Wilde Huysmans; aber auch der strenge Valéry huldigte dem Büchlein und dem Autor[8]). – Mark Twain veröffentlicht den *Huckleberry*

---

[7] die eingeweihten Leser damals stellten sich unter diesem Manne jenen Dandy und Dichter Montesquiou vor, den auch wir kennen seit seinem bemerkenswerten Duell mit dem Dichter Régnier, dem Manne, der die Hochzeitsnacht verpatzte mit jener schönen Tochter des Dichters Hérédia, die eigentlich doch, schon vor dieser Nacht, sehr viel lieber unsern Freund Pierre Louÿs genommen hätte; natürlich sind solche Gleichsetzungen, hier Des Esseintes bei Huysmans mit Montesquiou, immer ein bißchen fragwürdig, aber auch Montesquiou selbst scheint nicht widersprochen zu haben. Daß Huysmans' Des Esseintes sich duelliert haben würde, will einem aber nicht recht in den Kopf, jedenfalls hätte er bestimmt auf antiken Pistolen bestanden.

[8] später, 1925, erinnert er sich an den Freund der frühen Jahre und schreibt: »Ich sehe ihn so deutlich vor mir, daß ich ihn modellieren könnte: seinen riesigen, kugelförmigen Schädel mit dem silbrigen, harten Stoppelhaar, seine zu breite Stirn, seine gebogene und sonderbar verformte Nase, die struppigen, zu den Schläfen diabolisch

Finn, das Buch, von dem Hemingway dann sehr schön  *1884*
sagt, mit ihm (und dann – das ist ja häufig so – wohl
noch einmal mit Stephen Cranes *Tapferkeitsmedaille* von
1895 und noch einmal mit Sherwood Andersons *Winesburg, Ohio* von 1919) beginne seine amerikanische Literatur; das Buch ist das wunderbare Epos von einem
Jungen und einem großen Fluß; der Junge geht weg von
allen, die ihn domestizieren wollen, und läßt sich auf einen
ganz andern Atem von Leben ein, auf eine andre Sorte
Freiheit oder Glück: auf die richtige, wenn auch gefahr-
vollere und riskantere, aber auf die richtige Sorte, wie
wir immer wieder, aufatmend wirklich, sagen möchten,
wenn wir da lesend in dieses weite Flußland eindringen –
aber sehen wir, wenn wir aufsehn vom Buch, irgendwo
einen solchen Fluß für uns? und wenn wir ihn sähen:
würden wir uns auf ihn wagen, oder würden wir unsern
unmündigen Kindern erlauben, sich auf ihm herumzutreiben in dieser alles weglachenden, alles verachtenden Weise? Wir würden nicht, ganz sicher. Und doch ist
es natürlich nicht umsonst, wenigstens in einem Roman
das alles zu haben und zu sehn, und gelebt zu sehn: vielleicht ist ja wirklich die Literatur das Land der Freiheit,
und des erzählten Glücks[9]. – Und dann noch einer der

---

emporgezogenen Augenbrauen und diesen eigensinnigen Mund, der
mit verzogenen Lippen unter dem buschigen Schnurrbart Komisches
und Bitteres hervorstieß... Seine feinen Hände, feingliedrige Frauen-
hände, drehten Zigaretten, die er mit rascher Geste anzündete und
in halber Länge zwischen den dünnen, drucklosen Fingern hielt;
tief sog er den Rauch ein, wiegte sich in seinem Lehnstuhl und hielt
die mageren Schenkel eng übereinandergeschlagen, während die er-
hobene Stiefelette ungeduldig im Leeren wippte. Wir plauderten. In
seinen grauen Augen war ein kaltes Funkeln...«
    [9] Hemingway hatte einen etwas andern Begriff vom Glück und
der Freiheit, wenn er etwa in späteren Jahren einmal sagte, eine Erde
tauge nichts mehr, auf der es nichts mehr zu jagen gäbe; oder vielleicht
hat er eben recht, weil er leben wollte, und sich ja wirklich nicht, wie
wir, damit begnügen konnte, seine Bücher zu lesen: es ist aber nicht
ganz leicht, und womöglich auch unangenehm, solche Gedanken zu
Ende zu denken.

 **1884** wunderbarsten Romane dieser Zeit, ach, was heißt dieser Zeit: einer der wunderbarsten eben, Clarins *Präsidentin*, ich habe das Buch schon öfter erwähnt; Clarin, ein Jurist, Professor in Oviedo, erzählt hier die Geschichte einer immer wieder betrogenen, wenn auch selber betrügenden, am Ende aber eigentlich nur sich selber betrügenden Frau, hier ist der Anfang des Buchs: »Die heldenhafte Stadt hielt Mittagsruhe. Der warme träge Südwind blies die weißlichen Wolken vor sich her, die auf ihrer Fahrt nach Norden zerflatterten. In den Straßen war es totenstill, bis auf das Rascheln der Wirbel aus Staub, Lumpen, Strohhalmen und Papierfetzen, die von Rinnstein zu Rinnstein, von Gehsteig zu Gehsteig, von Ecke zu Ecke tanzten, kreisten und hintereinander hertaumelten wie Schmetterlinge, die sich suchen, voreinander fliehn und die die Luft auf unsichtbaren Schwingen trägt.« In dieser Stadt lebt die Titelheldin, eine lebenslustige junge Frau, die einen älteren Gerichtspräsidenten geheiratet hat. Geistlicher Herrscher der Stadt ist ein schöner Priester, den eine entsetzliche Mutter ganz nach oben bringen will. Dann tritt ein stadtbekannter Verführer auf, der es sich in den hohlen Kopf setzt, die schöne Präsidentin, deren Mann sich meistens der Jagd widmet, geduldig dahin zu bekommen, sich ihm hinzugeben. Sein Feind, jedenfalls die Frau betreffend, ist der schöne herrscherliche Priester, der allmählich in den Bann der Präsidentin gerät. Da die schöne Frau sich langweilt (der Verführer hält sich noch zurück), gibt sie sich unter dem Einfluß des Geistlichen der Religion hin, sie schwärmt für Jesus, und wie bei Zola und andern Autoren (Sie erinnern sich an Pérez Galdós und seine Gloria, auch an die schöne Madame Gervaisais der Brüder Goncourt) hat man hier eine feine Studie religiöser Verrücktheit: nur ist Clarin ein so großartiger Psychologe, daß seine Präsidentin in jedem Augenblick weit mehr ist als ein bloßer Fall. Der geistliche Herr, hingerissen von der Präsidentin und

ihrer Seele und ihrer Schönheit, verkennt nun teils die  *1884*
Verfassung der schönen Frommen, teils kann er selber
nichts mehr dafür: und so offenbart sich ihr, daß er im
Grund sie will. Sie gerät in eine fatale Krise, und als sie
wieder wach ist, ist sie nach einigem Hin und Her reif
für den Verführer, der jetzt aber so lange schon gewartet
hat, daß er eigentlich nur noch seinem Ruf treu bleibt.
Die jetzt von allen Verlassene vergebens Liebende wird
schließlich entdeckt, Gatte und Verführer duellieren sich,
der Gatte stirbt, der Verführer zieht weg, und die gute
Gesellschaft verachtet die Überlebende. Am Ende liegt
sie auf dem Kirchenboden, und erwachend ist ihr, als
habe der schmierige Ministrant sie krötenhaft geküßt. –
Zwei Bücher von Bjørnson, einem Autor, den unsre
Großeltern oder Urgroßeltern leidenschaftlich gern gelesen haben, er hat auch, 1903, den Nobelpreis bekommen; *Flaggen über Hafen und Stadt* ist das eine Buch,
es geht da vorwiegend um Schülerinnen (hübsche, an-
schauliche Szenen sind das oft) und einen jungen Mann,
dessen Erbgut so katastrophal ist, daß erst seine Mama
ihn, dann er sich selber grausam am Zügel haben muß,
damit er nicht an den landesüblichen Lastern zugrunde
geht wie seine Ahnen; er wird dann Lehrer am Ort und
vertritt moderne Ideen, und die Schülerinnen freuen
sich, und die jungen Damen heiraten, und so weiter.
Der zweite Roman, *Absalons Haar*, weniger erzählend,
mehr symbolisierend, nicht schlecht darin, behandelt
das Lebensschicksal eines Mannes, der von seinen Lieben wieder zurückkehrt ins Haus seiner Mutter – das ist
sicher völlig symbolisch gemeint, aber das Buch wird
dadurch nicht sehr viel besser. – Und dann ein Buch von
diesem Lie, der seines knappen Namens wegen immer
in Kreuzworträtseln vorkommt: *Im Malstrom*, das ist
die Geschichte vom Untergang eines größeren ländlichen
Besitztums mit Mühle und einem zugewachsenen Teich
mit alten Karauschen; der Alte trinkt (wir hatten dieses

1884 Problem schon), und ein verstoßner Sohn, der aber zurückkehrt, will partout nicht das Mädchen heiraten, das der Nachbar gern los würde, und er hat das Geld, oder hätte das Geld, alles zu retten: nun geht eben alles zugrunde – ganz am Ende aber, als der Teich gesäubert wird, damit eine kleine Mühle wieder frisches Wasser hat, finden selbst die ältesten Karauschen, die sich glaubten wohl zu fühlen im sonnenabweisenden tiefen alten Grün, daß doch auch die Sonne, zumal für die jungen Karauschen, was Schönes ist – ein Bild also dafür, daß aus bescheidnem Leben nach soviel Ruin doch wieder etwas werden kann, Schiller hatte das ja auch einmal so ähnlich ausgedrückt. – Und am Ende des Jahres dann noch ein bemerkenswerter autobiographischer Roman (also in der Art wie dann später Maugham sein frühes Leben in *Der Menschen Hörigkeit* verarbeitet), nämlich *Der Weg allen Fleisches* von Samuel Butler[10], eine ungeheuer durchreflektierte sentenzenreiche biographische Darstellung, die hier ein junger Mann durch einen älteren Ich-Erzähler erfährt, der als der Freund und Mentor aus der Ferne und schließlich Vermögensverwalter des

---

[10] auch einer von denen, die ich, ich weiß nicht warum, gehindert habe hier bei uns das Licht der Welt zu erblicken (es werden noch mehr kommen, fürchte ich): Samuel Butler also, in Lexika immer *der Jüngere* genannt, zur Unterscheidung von Samuel Butler dem Älteren, einem berühmten Satiriker des 17. Jahrhunderts: unser Butler (sie sind nicht verwandt miteinander) wurde 1835 in Langar geboren, in Nottinghamshire; er brach ein Theologiestudium ab, züchtete einige Jahre lang in Neuseeland Schafe und führte dann, so heißt es, mitten in London fast vierzig Jahre lang ein Leben in mönchischer Abgeschiedenheit; er starb 1903. Sein Hauptwerk ist der satirische Roman *Erewhon* von 1872, dem er, wie dann später Huxley seiner *Brave New World* von 1932 im Jahre 58 eine *Brave New World Revisited* folgen ließ, diesmal 29 statt 26 Jahre später ein *Erewhon Revisited* hinterherschickte. Sein autobiographischer Roman, den er im Jahre 84 vollendet hatte, erschien erst postum 1903. 1919 las ihn Virginia Woolf, sie sollte ihn besprechen, und setzte sich damit, notiert sie in ihrem Tagebuch vom 18. Juni, unter einen Baum in Kew Gardens, einen Tag bevor sie ihn besprechen mußte. (Damals hatten die Zecken offenbar England noch nicht erobert.)

jungen Mannes figuriert; außerordentlich schön ist in diese Konstellation eine Liebes- und Freundschafts- geschichte des Ich-Erzählers eingebaut, deren Reiz auch darin besteht, daß sie in diesem ganzen Zusammenhang eigentlich keinen plausibel gemachten Sinn hat – eine schöne Merkwürdigkeit in einem Buch, dessen Wesen eigentlich die Dauerreflexion des Erzählers ist. Offenes Thema des Buches ist eine völlig fatale Vater-Sohn- Beziehung, in die der Vater von vornherein als eine liebes- unfähige Person geht; der Reiz der Erzählung, abgesehn von dieser Beziehung, die es öfter in unsern Romanen gibt, denken Sie an Merediths *Richard Feverel,* ist die fast befremdliche, aber immer mehr in einen sonderbaren Bann ziehende Mühe des Erzählers, Licht in die Psycho- logie dieses Familiendramas zu bringen (manche Aus- leger fühlen sich hier an den jungen Joyce erinnert). Amüsant ist die Schlußpointe: der um alles Geld ge- brachte und mühselig nach einem Gefängnisaufenthalt wieder ins rechte Gleis gekommene junge Mann kriegt dann soviel Geld, daß er nun reisen und sich ein rein der Schriftstellerei gewidmetes Leben einrichten kann – aber auch hier verläßt den Erzähler nicht die kritische Reflexion, nur richtet sie sich jetzt offenbar auf den hin- ter ihm stehenden Autor Butler selber. Am Ende lieben wir alle drei, egal wieviele sie in Wahrheit sind.

❖

Geboren wird auf einem Schiff vor der Küste von Maine (immer war er dann so merkwürdig anders als andre Leute) Wyndham Lewis, Maler (eine ähnliche Begabung wie dann der ein Jahr jüngere Witkiewicz), Freund Ezra Pounds, und Freund und Streitpartner (wie Yeats, Eliot, die Woolf – deren Bloomsbury er später in einem Roman sehr amüsant karikiert hat –, der junge Huxley und jener arme Wilfred Owen, dessen Werke sie zuerst herausgab) auch jener etwas exzentrischen Edith Sitwell, die er mehr-

1884 mals sehr eindrucksvoll gemalt und gezeichnet hat; von ihm selber gibt es eine sehr witzige Photographie mit Hut und Pfeife, sein bebrilltes Gesicht ähnelt dem des jungen Arno Schmidt und dem des jungen Max Frisch, und er steht mit übereinandergeschlagenen Beinen vor einer Portiere neben einer Säule, an deren Kapitäl er sich mit der rechten Hand hält. In Paris wird Robert de Traz geboren, den wir schon als den Verfasser einer kleinen sehr guten Biographie der armen Brontëschwestern kennen; sein Vater, ein Genfer Aristokrat, war Präsident einer Eisenbahngesellschaft und Direktor der Pariser Straßenbahnen, er war mit Corot und dem jüngeren Dumas befreundet und verkehrte mit Proust, Anatole France, Paul Bourget und jenem in der Hochzeitsnacht an seiner Hérédia-Tochter so stadtbekannt gescheiterten Henri de Régnier; Roberts Mutter war eine Dreiunddreißigjährige, als sie den sehr viel älteren Witwer heiratete, und soll es nicht gern gesehn haben, als sie nach dem Stammhalter, den zu gebären sie sich wohl verpflichtet hatte, noch einen zweiten Sohn bekam, eben Robert. In Pinner, im nördlichen London, kommt, in angenehmen Verhältnissen, Ivy Compton-Burnett auf die Welt, eine der amüsantesten und boshaftesten Frauen, die je Romane geschrieben haben. Und in München, ein Fabrikantensohn, wird, am unteren Rand unsres Interesses hier, Lion Feuchtwanger geboren.

1 ✦ 8 ✦ 8 ✦ 5

Grabschrift (92.93) für

HUGO. JACOBSEN. Jetzt stirbt, dreiund-
achtzigjährig, weltberühmt, Victor *HUGO*,
der Greise, der Alte, einer der letzten der Greisen, der Alten: er wollte Balzac zu einem Sitz in der Académie verhelfen, nun ist Balzac schon fünfunddreißig
Jahre lang tot, Henry James, schon berühmt, beruft sich
auf Balzac wie auf einen der Väter des Genres, und jetzt
erst stirbt Hugo; und erst vor gut zehn Jahren hatten
wir seinen letzten Roman, *Dreiundneunzig*; James, als er
gehört hatte, daß Hugo gestorben war, schreibt einem
Freund, Hugo sei beides gewesen, »great and absurd« –
kaum ein Wort in den europäischen Dialekten hat, wenn
es in poetologisch-kritischer Absicht gesagt wird, einen
so verzweifelt vieldeutigen Sinn wie dieses *absurd*, es
führt zu nichts, es auslegen zu wollen. – In Thisted,
seinem Geburtsort, stirbt, eben achtunddreißig geworden, an Tuberkulose Jens Peter *JACOBSEN*, Algen-
forscher, darwinistischer Atheist, Verfasser des unvergeßlichen *Niels Lyhne*. »Ewig und ohne Veränderung / ist nur
die Leere«, beginnt eines seiner Gedichte, klingt fast wie
von Leopardi.

✦

Anzengruber bringt den *Sternsteinhof* heraus, wir wollen
uns damit nicht länger aufhalten. – Fontane schreibt
Unterm Birnbaum, einen kleinen Kriminalroman, der, wie
man liest, der neueren Fontaneforschung interessanter
geworden ist als früher, uns aber nicht so recht. – Zola
fährt fort und schreibt *Germinal*, den großen und wie
immer wohlrecherchierten Roman über das Elend und
die Unterdrückung der Bergarbeiter – eins seiner ein-
drucksvollsten Stücke, jetzt schreckt ihn wirklich nichts,

1885 denn er will aufrütteln: und immer wenn er aufrütteln will, schreckt ihn eben nichts, er häuft die Effekte der gegensätzlichsten Art wie ein neuer Hugo, und wie bei jenem wundert man sich, und wundert sich auch über sich selbst, wie man so etwas gut finden oder wenigstens nicht ganz ausgelesen schwer wieder weglegen kann. – Von Maupassant erscheint *Bel-Ami*, diese so überaus hinreißende Schilderung vom Aufstieg eines Frauenlieblings an die Spitze der Pariser Gesellschaft; intensiver aber als der Frauenliebling werden die Frauen geschildert: wen wundert das? James, ein großer Bewunderer Maupassants, glaubte bei diesem Roman fragen zu sollen, ob denn wirklich jeder Mann ein Schuft und jede Frau eine Dirne sei, und das ist eine gute und berechtigte Frage; wenn man sie aber nicht stellt, dann wirft das Buch gerade deshalb, weil man auch so fragen kann, auf das Leben jenen Schimmer der Leichtigkeit, den wir ernsthaften Leute immer so Mühe haben mit unsern schweren Augen zu sehn, und den nicht zu sehn uns dann am Ende die halbe, mindestens die halbe Lust des Lebens kostet. – Und dann noch, am Ende des Lustrums, ein Roman von Meredith, *Diana vom Kreuzweg*. Das Buch hat einen außerordentlich komplizierten, beinahe entmutigenden theoretisierenden Anfang und erzählt dann, mit subtilen und sinnlich-schönen Einzelheiten, die Entwicklung einer schönen und klugen Frau, die den falschen Mann geheiratet hat (diese Entwicklung scheint so kompliziert zu sein, daß von zwei Referaten, die man über diesen Roman liest – James fand den Roman scheußlich –, jedes ein anderes Buch zu meinen scheint), sich dann selbständig und frei als Schriftstellerin durchsetzen will, allerhand Unsinn treibt und schließlich den hoffentlich richtigen Mann heiratet, obwohl man Meredith durchaus zutraut, daß er nicht glaubt, eine schöne und kluge Frau könne überhaupt einen richtigen Mann finden, der Männer wegen, die fast niemals die richtigen sind. Gott mag wissen was mit mir ist, aber ohne James und alle habe ich diesen Roman ganz hingerissen gelesen, und ob die Frau dort eine glaubwürdige oder keine glaubwürdige Entwicklung durchmacht, ist mir ganz so gleichgültig geblieben wie etwa, daß unser Freund Bel-Ami auch immer derselbe bleibt. Ich weiß nicht was ein Roman ist, wenn er ist was er sein soll; aber diese *Diana* will ich gegen alle preisen, und für alle, denen das Lesen eine Leidenschaft ist.[11]

---

[11] ich habe gelegentlich auf die schöne Idee Nabokovs hingewiesen, wonach Romane davon leben, daß sie diese, wie er das nennt: magischen Stellen oder Momente haben, ein paar Sätze also, eine kleine Sequenz, in der ein Bild, eine Empfindung (eben was Sätze sind, wenn man sie liest) uns plötzlich aus allem herausheben, die Zeit stillstellen, uns ergreifen, wir müssen nicht wissen warum (man kann das dann eine mystische Erfahrung nennen, muß das aber nicht tun, denn warum soll eine genuin ästhetische Erfahrung nicht andersherum das sein, wozu illiterate Gemüter einst den Himmel bemühen mußten). Merediths Roman hat eine Fülle solcher Stellen, beinahe entsteht ein halb verwunschner Rhythmus aus solchem Innehalten und Weitergehn. Wir haben nun hier, unter dem Jahre 84, vor der *Diana*, diese Romane von Bjørnson und Lie und Kielland gelesen (ich habe das getan), wie davor die Bücher von (jetzt einmal freundlich von den Erstlingen beider Autoren abgesehn) Heyse und Spielhagen, und für künftig will ich die schon erwähnten Wassermann etc. nennen – in all diesen Büchern ist das eigentlich Fehlende an ihnen (ich komme gleich auf das Bemerken dessen, was bloß nicht da ist) jenes Magische: diese Bücher haben schlechterdings keine solchen Sequenzen, Sätze, Stellen, Augenblicke (ich will übrigens nicht sagen, daß Nabokovs Idee immer ausreicht, Romane zu qualifizieren, aber das muß uns hier nicht weiter kümmern); und das Furchtbare ist nun, daß, da das Wesen jener Augenblicke darin besteht, daß sie reine Gegenwart sind und nicht konstruierbar und sehr schwer zu erinnern, gerade ihr Fehlen nichts ist als ein dumpfes Empfinden eines Ungenügens, und selber weiß man nicht, woran. Das Aufblitzen der Schönheit ist so rein dieses Blitzen selber, daß, wo es fehlt, nicht eigentlich das Fehlen auffällt, sondern nur eine gewisse Dumpfheit dessen, was jetzt, so allein, die Augen nicht einmal quält, nein, einfach zufallen läßt; das ästhetisch Niederträchtige an derart Unschönen ist das allmähliche Verlierenmachen erst des Auges, dann selbst des Gedächtnisses für das Schöne (das Magische, diesen Blitz); und bloß weil wir nichts anderes so lange gehabt haben, halten wir dann für nicht mehr schlecht, was lediglich nur nicht schön ist. Und dann nehmen wir

1885 Geboren wird, Sohn eines Gymnasialdirektors, in Subotica, 120 Kilometer nordwestlich von Belgrad (damals, unter dem Namen Szabadka, ungarisch), Dezsö Kosztolányi, der in den zwanziger Jahren einen neuen Dienstmädchenroman geschrieben hat, *Anna*; in Eastwood bei Nottingham, Sohn einer Lehrerin und eines Bergarbeiters, kommt David Herbert Lawrence auf die Welt (der mit der Liebe der Lady Chatterley, nicht der arabische Lawrence); in dem Kaff Sauk Centre in Minnesota, Arztsohn, wird Sinclair Lewis geboren, der spätere Nobelpreisgewinner, der *Main Street* und *Babbitt* schrieb und in seinem *Dodsworth* wie James Generationen vor ihm noch einmal einen Amerikaner ins alte schimmernde Europa schickte; und in Elbœuf in einer Industriellenfamilie und in Bordeaux in einer Weinhändlerfamilie (das hätte auch mir, Bordeaux' wegen, gefallen, dieser so schönen Stadt) und in Saint-Julien-Chapteuil bei Le Puy (dies ist der wunderliche Ort mit den beiden steilen Bergen mittendrin, und auf dem einen steht Maria) in einer Lehrerfamilie werden – also in Elbœuf: André Maurois und in Bordeaux: François Mauriac und bei Le Puy: Jules Romains geboren (und ob das am Jahrgang liegt? aber Maurois wird zweiundachtzig, Mauriac fast fünfundachtzig, Romains beinahe siebenundachtzig, beinahe: es hat sich da bloß um zwölf lausige Tage gedreht; und Mauriac

---

wieder, fast leseunlustig geworden, weil wir das unmittelbare Gefühl der Lust beinahe vergessen mußten, ein Buch in die Hand wie diese *Diana* – und mit einem Male sehn wir das Schöne wieder –, die in schlechter Barmherzigkeit Gott weiß von wem über das Unschöne gesenkten Nebel zerreißen, wir sehn seine arme Blöße und ganze Armseligkeit, nämlich an der Schönheit gemessen und dem Reichtum nun und dem Glück: und können jetzt, aber erst jetzt wirklich sagen, daß wir das nicht länger wollen, was sich nur aufdrängt, solange wir (mit ihm im Grunde, denn davon lebt es) daran zweifeln, daß das Schöne immer wieder möglich ist. Die untere Grenze dessen also, womit wir uns hier beschäftigen, ist nicht von unten her plausibel zu machen, sondern immer nur von oben; das Geglückte ist der Maßstab, sonst nichts.

kriegt den Nobelpreis, Romains wird immerhin Präsident des PEN-Clubs – zwei hatten wir schon, Valéry und Galsworthy –, und Maurois kommt in die große Acadé-  mie – Mauriac war schon drin, das versteht sich irgend- wie); in Elbing, Sohn eines Architekten, wird Albrecht Schaeffer geboren, er verlebt Kindheit und Jugend in Hannover, und dort spielt auch sein großes Buch, einer meiner Lieblingsromane (Gott sei das womöglich geklagt, denn ich kriege und kriege nicht heraus, ob der nun groß ist oder bloß ein großer Schund, sonst hat er nämlich wenig Gutes vollbracht, und den Roman offenbar in einer Entrückung), der *Helianth*; in Krakau kommt der bei uns immer noch fast ungelesne Stanislaw Ignacy Witkiewicz (Witkacy genannt, Maler auch wie der verrückte schiff- geborne Wyndham Lewis) auf die Welt, Sohn des fast gleichnamigen ebenfalls Malers und Schriftstellers Sta- nislaw Witkiewicz, er, der Sohn, hat zwei wunderbare Romane geschrieben, 1927 den *Abschied vom Herbst*, 1930 die *Unersättlichkeit*, und…

Anmerkungen (22) zu

WITKIEWICZ. … er (Witkiewicz) ist im Grund hier der Schuldige. Eines Tages las ich einen seiner großen Romane (war es der *Abschied vom Herbst*, war es die *Unersättlichkeit*? ich weiß es nicht mehr, aber eher war es wohl der *Abschied vom Herbst*), und als ich sah, daß bei ihm die Helden alle Gide lesen (zum Beispiel, sie lesen auch andre Sachen, aber Gide mögen sie), empfand ich so etwas wie eine Schande, oder ein Desiderium, wie sie früher etwas neu- traler und schonend gesagt hätten, und fing an Gide zu lesen (oder wiederzulesen, das also immerhin, ich will mich nicht dümmer machen als ich war); ich will einmal, dachte ich, dreißig, vierzig Romane aus den zwanziger Jahren lesen. Das tat ich: und aus war es mit meiner Ruhe, und aus mit aller Theorie und aller Duldung jeder

1885 Theorie[12]. Jetzt, fand ich, sollte fürs erste nichts zählen als bloß die Erfahrung weiteren Lesens: und so las und las ich, und verstrickte mich in eine ganze Welt – in die schönste, in die ich mich lesend je verstrickt hatte, und in die schönste immer noch. Ich las, und las wieder, denn gerade das Wiederlesen entpuppte sich als ein Abenteuer ganz eigner Art: du bist dich für einmal los, bist den los, der du damals warst, vor so vielen Jahren, beim ersten Lesen dieses Romans, und erst jetzt, unter den andern jetzt gelesnen Romanen, beginnt das Buch von damals sich abzulösen von deiner heillosen Vergangenheit; und jetzt seid ihr beide frei: das Buch und du. Ein bißchen ist das alles natürlich auch ein sozusagen kopftechnisches Problem: behalten und vergleichen läßt sich schwer über Jahrzehnte hin, am besten wäre man dran, wenn man in einem ununterbrochnen Zeitraum alles lesen könnte was man zu einem solchen Unternehmen gelesen haben will (die Unabschließbarkeit des Unternehmens laß ich beiseite: ich habe irgendwo an einem Strand an einem neblig-sonnigen Ostermorgen einmal den Himmel voller Drachen gesehn: nämlich hinter jeder Schicht von Drachen, wenn man sie einmal hervorgeholt hatte aus dem Dunst, tauchte eine neue auf, erst schemenhaft, dann aber so deutlich, daß dahinter wieder eine neue aus dem Halbunsichtbaren auftauchte – endlich viele Drachen natürlich, aber solang ich

---

[12] Nietzsche, um 1868, in Aufzeichnungen aus seiner Militärzeit: »Wir fangen unsre Studien ... gewöhnlich nur zufällig an; d. h. nicht der Keimgedanke, auf dem die ausgeführte Forschung beruht, ist der Anfang und Ausgangspunkt, sondern irgendeine nebensächliche Kleinigkeit. An diese knüpfen wir andre an, bis wir den ganzen Boden, auf dem wir stehn, mit andern Augen anzusehn beginnen; wir fühlen plötzlich das Wehen von Grundproblemen, an deren einzelne Spitzen oder Auswüchse wir zufällig tappten ... Haben wir diesen Gedanken gefaßt, so erscheinen uns die Zufälligkeiten der anfänglichen Untersuchung im schlechten Lichte; wir beseitigen sie meistens oder räumen ihnen eine kleine Ecke in dem späteren Baue ein ...« – bis eben darauf, daß wir hier keinen Bau vorhaben.

da war, immer neue wieder[13]). – Und so soll also dieser  **1885**
Witkiewicz mein ganzes Unternehmen entschuldigen –
und wenn Sie ihn lesen, dann werden Sie sehn: er tuts;
und wenn alles so geht wie ich mir das denke, wie ich
das hoffe, dann tun Sies ihm nach.

---

[13] und denken Sie vielleicht auch noch einmal an dieses hübsche
auf die italienischen Maler bezogene Wort Goethes, als er nach Italien
kam: »In der Entfernung lernt man wenige Meister oft die nur dem
Namen nach kennen, wenn man nun diesem Sternenhimmel näher
tritt und nun die von der zweiten und dritten Größe auch zu flimmern anfangen und jeder auch ein Stern ist, dann wird die Welt
weit und die Kunst reich...« – ich hatte das damals, 1843, an Peter
Rosegger fast wie verschwendet; verschwendet, denn was nicht dies
magische Licht versendet, das wird uns, auch mit solchen schönen
Bildern angeklebt, kein Stern.

XIX

1886 BIS 1890

1 ✦ 8 ✦ 8 ✦ 6

Keine Toten dies Jahr, aber Bücher über Bücher.

Zola fährt fort und schreibt *Das Werk*, die Geschichte eines Malers, der an einem Bild scheitert; er bringt sich um; Cézanne, der sich in dem Maler porträtiert wußte, wurde wütend, er meinte, ein Maler, der mit einem Bild nicht fertig werde, bringe sich nicht um, sondern stecke die Leinwand in den Ofen und fange ein neues Bild an, er hatte sicher recht. Zola und der ein Jahr ältere Cézanne waren sehr enge Jugendfreunde aus Aix, wo Cézanne geboren worden war und Zola seine Kindheit verbracht hatte, und bis zu diesem Buch blieben sie auch in Paris befreundet. Im Buch gibt es neben dem Maler auch einen Schriftsteller, dieser klagt einmal darüber, »im Zeichen Hugos und Balzacs geboren zu sein« – natürlich ist das auch ganz allgemein geklagt, im besonderen aber denkt Zola mit seinem schreibenden Nebenhelden ganz

1886 sicher an Balzacs Erzählung über das *Unbekannte Meister-werk*[1]. Bei Balzac scheitert der Maler an seinem Bild wie Cézannes *alter ego,* er endet aber im Wahnsinn, und dann erst im Tod, er bringt sich nicht um wie hier Cézanne, und dann noch unter schmählicher Hinterlassung einer so wunderschönen Frau, wie es Christine ist für Zolas Claude. Bestimmt empfindet Zola den Wahnsinn, in welchem Balzac seinen Frenhofer enden läßt, als eine ihm nicht mehr erlaubte romantische Attitüde, man hat es aber, wie Freund Cézanne, sehr schwer, im Selbstmord statt des Wahnsinns einen moderneren Realismus zu erkennen. Glänzend ist Zola aber in der Art, wie er die alte sentimentale Boheme von weiland Murger (Sie erinnern sich: der in dem Haus voller Sängerinnen und Sänger groß wurde) durch eine Künstlerwelt ersetzt, in der Kommerz und Ausstellungswesen einen genauen Platz haben[2]. – An diese Stelle will ich Gottfried Kellers letzten Roman rücken, *Martin Salander,* eine sonderbar kühl, fast unbeteiligt erzählte Schweizer Geschichte: der Titelheld, zweimal von einem schmierig gewordnen alten Jugendfreund um sein Geld gebracht, fährt noch einmal nach Brasilien (beide Male fährt er für Jahre nach Brasilien, Frau und Kinder einfach zurücklassend, als sei dies Fahren dorthin das Natürlichste, fast gefühllos, muß man denken, fährt er los), gewinnt dann auch noch einmal ausreichend Geld, kehrt heim, kümmert sich ein bißchen um Politik; seine Töchter heiraten Zwillinge, die beide in

---

[1] von 1831; in unserm Buch hier kommt diese Erzählung, wegen zu großer Kürze, leider, wie so manche andre Erzählung, nicht bloß von Balzac, nicht vor; vielleicht erinnern Sie sich aber, auch ohne Balzacs Geschichte gelesen zu habe, an den schönen Film von der *Belle noiseuse,* der *Schönen Querulantin* – der ist, wenn auch sehr frei, nach Balzacs Erzählung gedreht.

[2] ganz rasch will ich an dieser Stelle noch einmal auf Gutzkow zurückkommen, der, erst in den *Rittern vom Geiste,* dann aber, und dort ganz ohne das angenehme Licht, in das vieles in dem großen Roman noch getaucht ist, in den *Neuen Serapionsbrüdern* Kunst und Kommerz einander gegenüberstellt.

der Politik sind: und das Verwirrende an diesem Buch 1886 ist nun, daß diese Zwillinge beide sich an der Politik und durch sie nichts als betrügerisch bereichern, und daß allmählich, und als hätte keiner mehr irgendein Gefühl, herauskommt, daß fast alle in der Schweiz das tun, und als seien sie eben alle verzwillingt und verschwistert; und das alles erzählt Keller im alten heilen Schweizer Ton, an der Oberfläche; aber eben dann wieder so sehr an der Oberfläche bloß, als dürfe man von vornherein nichts mehr glauben und keinen Schluß tun von dieser Oberfläche auf das, was sie, jetzt, verbirgt. – Stevenson erzählt die heillose Geschichte von *Dr. Jekyll und Mr. Hyde*; ein wunderbar ausbalanciertes Stück, dazu jetzt

Anmerkungen (23) zu

S T E V E N S O N . Wer endlich einmal, nach all diesen Filmen, *Jekyll und Hyde* wirklich liest, der wird zugeben, was er im Grund weiß: daß niemals, wirklich niemals die Verfilmung einer großen Literatur auch nur entfernt die Vorlage erreichen kann. Zur Erläuterung: die Jekyll-und-Hyde-Filme zum Beispiel erzeugen allesamt einen direkten Schrecken der Art, daß man eine gewisse Bangigkeit bei dem Gedanken verspürt, sich solchem Schrecken noch einmal bei einer Lektüre aussetzen zu sollen (alle Filme über alle Sorten von Tragödien wirken so, und wirken so zurück auf die literarischen Vorlagen: wer, der das Ende von Greta Garbo als Anna Karenina vor Augen hat, möchte im Ernst, es sei denn ihn zögen Tragödien an wie bei Plato einmal den widerstrebenden Erzähler Galgen, auch noch das Buch lesen – und dann bei dieser Dicke? oder wer, ein schlimmerer Fall, Silones doch so großen Roman *Fontamara* nach jenem auf seine Art gar nicht einmal verkehrten Fernsehfilm?). Aber jede solcher Lektüren belehrt: der Autor war, anders als der Film vermuten ließ, ein Freund des Lesers: mit erstaunlichen Tricks und wunderbaren Ideen

 *1886* bereitet er den Leser liebevoll und aufmerksam vor auf das, was dann schrecklich genug noch kommen wird, er läßt ihn vorausahnen und vorvermuten, er macht seinen Geist geschmeidig: der Autor will den Leser nicht blendend erschrecken, sondern er will ihn begreifend sehn lassen. Was er schreibt, ist eine Welt, in die hinein er dem Leser die ungeahntesten Türen öffnet oder wenigstens zeigt: und mit dieser Welt verglichen ist jeder Film, und seien seine Figuren auch so unglaublich schön wie etwa Greta Garbo, tatsächlich nur eine gelackte Schattenwelt aus lächerlichen zwei Dimensionen (einer eigentlich nur; richtig ausgesprochen gefunden hab ich diesen Gedanken bisher bloß bei Marguerite Yourcenar, vielleicht hätte ich ihn gar nicht hinzuschreiben gewagt ohne sie). Oder wollen Sie sagen, Schriftsteller benötigten eben solche übergroßen Subtilitäten, weil sie nicht die starken Mittel des Films zur Hand hätten? oder, seit es nun einmal den Film gebe, als das genuine Ausdrucksmittel unsrer Zeit, sollten auch die Schriftsteller sich nichts mehr einbilden auf die Zaghaftigkeiten ihres Genres? Im Ernst? Meinen Sie das? Ich glaube das nicht.

❖

Vom selben Stevenson erscheint *Kidnapped*, die wunderbare Geschichte der *Abenteuer des David Balfour* (1893 hat Stevenson, unter dem Titel *Catriona*, eine sehr schöne Fortsetzung dieser Geschichte geschrieben); wenn ich so sagen darf: während bei Mark Twain Huckleberry Finn jene Welt erobern will, die die Welt der Erwachsenen sein könnte, wenn darüber die das Sagen hätten, die sich noch nicht jener Welt angepaßt haben, die die Erwachsenen für die wahre Welt halten, so beschreibt Stevenson eine vergangne Welt fast romantisch als jene, in der die Jugendlichen ein Land so einrichten können, wie sie dann keines in der wirklichen Welt jemals wiederfinden werden. – In dem von Annette Kolb sehr hübsch übersetzten Roman

Die Eva der Zukunft von Philippe-Auguste de Villiers de *1886*
l'Isle-Adam liebt ein wunderschöner junger Mann eine
zauberhaft schöne Sängerin, die leider innerlich ganz leer
ist, eine Sphinx ohne Rätsel, man wird sich eine Frau wie
Catherine Deneuve vorstellen dürfen; er geht zu seinem
alten Freund Edison, er braucht Hilfe, sonst bringe er
sich um. Edison, in einem großen Park und Haus bei
New York, umgeben von erstaunlichen Apparaten und
Erfindungen[3], verspricht ihm für seine Geliebte Seele und
alles; der junge Mann (Edison will ihm die neue Eva in
einem schwarzen Sarg nachsenden aufs Schiff), als er
Abschied von seiner Freundin nimmt, glaubt bereits die
kommenden Freuden zu ahnen: aber Edison hatte schon
gearbeitet und in einen technisch nachkonstruierten Leib
der Schönen die Seele einer geliebten Freundin gegeben,
die todkrank in seinem Hause lebt (und dann stirbt, und
das Schiff geht unter) – eine schöne ganz romantische
Pointe, die im Buch selber (meine Nacherzählungen sind
manchmal besser; sie wären dies aber nicht, hätte der
Autor, der das neu machen mußte, was wir jetzt kennen,
nicht eben deshalb gewissermaßen umständlicher sein
müssen als ich, durch ihn befreit), eine schöne ganz

---

[3] von einer dieser Erfindungen sagt er, »es ist doch wirklich, als
hätte das Schicksal erst dann meiner Erfindung hervorzutreten gestattet, als nichts mehr von dem, was die Menschen sagten, besonders
verdient, daß man es aufbewahre...« – das sind Stellen, und es gibt
sie öfter in diesem Roman, die den greisen Erfinder inmitten seiner
Technik als jemanden zeigen, der eher zu Resignation neigt, also mehr
der Vergangenheit nachsinnt als der Zukunft vertraut; schon ganz am
Anfang hat also die Science-fiction diese gerade von ihr sich abwen-
denden fast nostalgischen Züge; das ist ganz wie in manchen älteren
Verfilmungen von Wells' *Zeitmaschine*, wenn dort, in den schönen
Schwarz-Weiß-Interieurs, die Welt, von der aus die Zukunft in den
Blick kommt, weit anheimelnder ist und menschenfreundlich-wohn-
licher als die zukünftige. – Als übrigens Edison dann die schöne An-
droide, von der wir oben gleich hören werden, bittet, ihn doch nicht
zu vergessen, sagt diese, und ich glaube, man kann sich ihr wie aus
der Ferne mitleidig-schönes Lächeln fast vorstellen: »O mein lieber
Edison, meine Ähnlichkeit mit den Sterblichen wird nie so weit gehn,
daß ich meinen Schöpfer vergessen könnte...«

romantische Pointe also, die im Buch aber fast untergeht in des Autors Lust an Edisons wunderlichen Erfindungen. – Thomas Hardy ist mit einem neuen seiner großen tragischen Meisterwerke da, dem *Bürgermeister von Casterbridge*; Hardy, der unter den größeren Romanciers der ist, der mitunter so schlecht schreibt wie sonst nur noch, in seiner Sprache, D. H. Lawrence oder Dreiser, fasziniert den Leser in diesem Roman fast gegen seinen Willen, der abgestoßen wird von soviel programmatischer Tragik und dann doch immer wieder festgehalten von der abgründigen Gewalt in den Empfindungen und Gedanken dieses wunderlichen Autors und seiner mit den so allerglaubwürdigsten aller fremden Leidenschaften ausgestatteten Figuren; ich zitiere noch einmal Virginia Woolf: »... die wahre, die magische Macht des Gefühls hat uns ergriffen. Gegenüber solcher Macht wie dieser stellt sich das Gefühl ein, daß die gewöhnlichen Maßstäbe, die wir an die Romankunst anlegen, ziemlich dürftig sind. Sollen wir darauf bestehn, daß ein großer Romancier ein Meister melodischer Prosa sein muß? Hardy war kein solcher. Er erfühlt sich seinen Weg kraft Klugheit und kompromißloser Aufrichtigkeit hin zu der Wendung, die er braucht, und die ist oft von unvergeßlicher Treffsicherheit. Trifft er sie nicht, so behilft er sich mit irgendeiner schlichten oder unbeholfenen oder altmodischen Redewendung, die bald von äußerster Steifheit, bald von gelehrter Elaboriertheit ist. Kein Stil in der Literatur... ist so schwer zu analysieren...« – kein leichtes Problem also für seine Übersetzer, und doch auch wieder kein unüberwindliches, denn Virginia Woolf beschreibt ja eben sehr schön, daß bei Hardy sowohl das Treffen als auch das Nichttreffen beide ebensogut Zufall sind wie auch nicht. Hardys Romane verlieren nur dann ihr Leben, wenn die Leidenschaften sich von seinen Figuren ablösen und als seine eignen in den Vordergrund rücken, aber das ist nur gegen Ende seines Roman-

schaffens der Fall; hier, mittendrin, ist der treffende Stil
ein blitzendes Detail, und der nicht treffende fällt nicht
ins Gewicht. – Von Henry James wieder gleich zwei
Bücher, die *Damen von Boston*, mit einer hinreißenden
Galerie bemerkenswerter Frauen[4]; und die schon mehrmals erwähnte *Prinzessin von Casamassima*, in der Titelheldin eine Fortschreibung des frühen *Roderick Hudson*,
nur sehn wir sie jetzt in einem ganz andern Milieu, nämlich als Fixpunkt einer gewaltigen subversiven Szenerie
Londons, einer Stadt, die Dickens kaum wiedererkennen
würde. Für einen, der die Idee hätte, James sei spezia-
lisiert auf das Darstellen von arbeitsfreien Leuten der
Oberschicht, die ganz den Problemen ihres sublimen
Innern leben können, wäre dieses Buch befremdlich, und
sie könnten aus ihm abnehmen, wie viele sehr oft ungeschrieben gebliebne Bücher gerade bei großen Autoren
jenen Büchern zugrunde liegen, von denen sie uns glauben machen, allein zu ihrem Verfassen seien sie geboren
worden. – Raabe bringt *Unruhige Gäste* heraus; man
denkt sich den Harz, auch wenn man ihn kennt, gern
als ein hügeliges Idyll mit Felsen darin; Raabe macht
eine schroffe himmelnahe Berglandschaft daraus, wie die
Deledda aus dem Innern Sardiniens, das ist eine verblüffende Metamorphose; und dies zweifach, wenn man
in der überall spürbaren Doppelbödigkeit der scheinbar biederen Erzählung mit Werner Fuld die Lektüre
Zolas erkennt: Raabe hatte gerade ausgerechnet *Nana*
gelesen. – Pierre Loti schreibt sein berühmtestes Buch,

---

[4] und sie müssen durchaus nicht immer schön sein; die Schönheit
ist ja häufig nichts als ein Märchenattribut, das die Unbeholfenheit
sich einfach aneignet; ich habe aber bei Raabe, bei der *Villa Schönow*,
schon einmal angedeutet, wie gut einer sein muß, um Frauen zu schaffen, deren ausstrahlende Kraft woanders liegt als in ihrer Schönheit.
James hat dieses Problem offenbar sehr gründlich durchdacht, und
hier in den *Damen von Boston* und dann sehr viel später in den *Gesandten* gibt es Frauen, deren Charme gewissermaßen (außer daß es
dazu noch der Charme von Frauen ist) dem von Männern gleicht.

1886 den *Islandfischer*; Islandfischer waren jene Bretonen, die mit ihren Booten bis nach Island hinauf zum Fischfang fuhren, gefahrvoll und verlustreich; Loti, gern gelesen seiner exotischen Schauplätze wegen, verläßt dieses Genre gar nicht: dieses wilde Meer zwischen der Bretagne und Island kannte keiner seiner Pariser Leser, die gern an den Stränden der Normandie Ferien machten (man denke an den jungen Proust, und dann daran, daß sein Jean Santeuil eben für Loti schwärmt). Eigentlich ist die Romanhandlung, zu der Loti sich, vielleicht seiner Leser wegen, hinreißen läßt, recht dünn; und fast ist gerade das, was gut ist an dem Buch, das Meer, wie verschwendet an den schmalen *plot*; aber was da verschwendet ist, ist groß und sehr sehr bewundernswert[5]. – Und dann drei Autoren, von denen wir noch nichts kennen. Emilia Pardo Bazán, große kühne Mitstreiterin und Geliebte unsres Benito Pérez Galdós, Verehrerin Zolas, über den sie so begeistert schrieb, daß ihr Mann ihr ganz das Schreiben verbieten wollte, des Schmutzes Zolas wegen (sie trennte sich daraufhin von ihm, ihrem Mann, nachdem sie sich in Rom vom Papst einen Freibrief fürs Schreiben hatte geben lassen; sie hatte einen Sinn für das wahre Christentum und neigte anders als manche ihrer Kollegen nicht dazu, das ganze Jesuskind mit dem klerikalen Bade auszuschütten), bringt (das ist aber schon der fünfte ihrer Romane) das *Gut Ulloa* heraus, die Geschichte der Verwilderung eines Gutshofs; geschildert

---

[5] die erste Übersetzung dieses Romans ist von 1888, sie stammt von Carmen Sylva, einer damals sehr bewunderten Schriftstellerin, die eigentlich, hinter ihrem *nom de plume,* im Jahre 1843 als Tochter des Fürsten Hermann zu Wied-Neuwied auf Schloß Monrepos bei Neuwied zur Welt gekommen war und seit 1869, als Elisabeth Ottilie Luise, Königin von Rumänien, mit Rumäniens Karl I. verheiratet war. Carmen Sylva, diese sehr charmante Königin, war mittlerweile ziemlich unglücklich mit ihrem Karl, und übersetzte Lotis Buch aus lauter Verehrung für den Autor; als sie die Übersetzung fertig hatte, besuchte Loti sie in Bukarest, und sie hatten eine schöne Woche zusammen, Loti liebte solche Frauen.

wird diese Geschichte aus der Perspektive eines sehr
lieben gutgläubigen sogar liebenden (nämlich die miß-
handelte arme Frau des Gutsherrn liebenden) aber nicht
so ganz alles durchschauenden jungen Kaplans, der dann
wegversetzt wird; nach vielen Jahren wird er, jetzt ein
erwachsener Mann, fast alt geworden über dem Ganzen,
wieder in das Dorf zurückversetzt, und das Schönste,
was er dort sieht, als er nach dem Grab seiner damals
jung verstorbenen Seelengeliebten sucht (sie hatte ein
süßes Schielen auf einem Auge), ist ein wunderhübscher
Knabe, fünfzehn Jahre vielleicht, der neben sich ein fast
verwildertes junges Ding hat, das ihn offenbar mag. Das
ist ein merkwürdig blitzendes Bild am Ende des Buchs:
auf dieses Bild hin, denken wir uns dann, ist vielleicht
das ganze Buch immer zugelaufen, heimlich muß dieses
Bild dringesteckt haben in dem Buch und uns vorgeschwebt, deswegen haben wir es so gern gelesen.
Wären nämlich nicht solche Bilder in den Romanen,
wahrscheinlich wären uns die Romane dann doch ein
bißchen egal, alle schönen fremden Welten hin und her –
soviel noch einmal zu jenen magischen Stellen. – Von
George Moore, jenem in Paris gewesnen Gutsbesitzerssohn, der dort vom frischen Impressionismus enthusias-
miert war (wir können ihn uns sehr gut in Zolas *Werk*
vorstellen, er mochte Zola natürlich), und dessen spätere
Esther Waters ich neulich schon erwähnt habe, ich glaube
im Zusammenhang mit Huysmans' *Marthe*, erscheint *Ein
Drama in Musselin*; Moore erzählt so anteilnehmend, wie
die wirklich klugen Schriftsteller damals waren, Schicksale irischer Mädchen in einer untergehenden Land-
besitzergesellschaft, und er geht dabei, etwa in der Schilderung eines Tanzschuppens, schön im Sinne Zolas auf
die sozusagen niedersten Realitäten ganz so los wie dann
die späteren Kollegen Stephen Crane und Frank Norris;
wunderbar schildert er aber auch in Edinburgh die nächtliche Anfahrt zu einem Winterball – und entgeht so, aber

ohne jeden Verrat an den Armen, jener Blickverengung, die den Autoren, die sich ganz den verlorenen Milieus verschreiben, so leicht das Verdikt eben des Verrats entlockt, wenn sie einen Kollegen das schön nennen sehn was ihre Leute sich nicht leisten können. Hier schlägt oft eine an sich wundervolle Anteilnahme dann in ästhetischen Dogmatismus um. – Von Herman Bang[6] erscheint, in einer Sammlung von Erzählungen, der Kurzroman *Am Wege*, die erste seiner Arbeiten, in denen Bang uns so groß vorkommt, wie er dann sein wird. Die Heldin ist hier eine junge Frau, die einen Eisenbahner geheiratet hat, einen sehr stabilen Burschen, einen Stationsvorsteher; die junge Frau ist schön und zart, irgendwann verliebt sie sich in einen Gutsverwalter, den Angestellten eines Kartenspiel- und Trinkkumpans ihres Mannes; es ist nicht leicht herauszubringen, wie sehr dieser junge Mensch auch in sie verliebt ist (er könnte schwul sein, meinen manche, oder aber dem Autor seien solche Figuren nicht so ganz gelungen, aus ähnlichen Gründen, damals jedenfalls, am Anfang, meinen andre); aber er mag sie, das steht fest, und als sie ihn in einer ziemlich zittrigen und vibrierenden Szene auffordert, sie zu küssen, küßt er sie. Aus der Liebe wird aber weiter nichts, der zum Küssen so schön Animierte zieht weg, und bald danach stirbt die junge Frau, an Schwindsucht wohl, wie

---

[6] Bang war 1875 nach Kopenhagen gegangen, er trieb literarische Studien, versuchte sich als Kritiker und Schauspieler; er sei sehr verschwenderisch gewesen, heißt es, ein Dandy, geschminkt, schick, links, immer auf der Flucht vor Gläubigern, und immer in den Händen von Wucherern, und schwul obendrein – Schwulsein war damals kriminell, Gide und Proust und andre hatten es später besser. Er schrieb dann einen Roman, *Hoffnungslose Geschlechter,* der Skandal machte wegen einiger erotischer Passagen; außerdem hatte sich der junge Autor entsetzlich darauf versteift, daß der Mensch im Grund nichts sei als ein Tier, frei nach Darwin und andern, etwa Zola. 1885 ging Bang nach Berlin, wurde aber ausgewiesen, dänische Feinde hatten ihn bei den preußischen Behörden als gefährlich seiner politischen Ansichten wegen denunziert. Er floh nach Wien und Prag, und kehrte erst 1887 nach Kopenhagen zurück.

so viele, fast ist die Schwindsucht der zwischen Prosa und Poesie schwankende Liebestod dieses ausgehenden Jahrhunderts.

✦

Gestorben war keiner in diesem Jahr, geboren werden drei: in La Chapelle d'Angillon bei Bourges, Lehrerssohn, der wunderbare Alain-Fournier, der nicht einmal achtundzwanzig wurde (er starb bei Verdun), ein Fan Stevensons und Hardys, als er in London volontierte; er schrieb, wie Fromentin, einen einzigen großen Roman, den *Grand Meaulnes*; in Wien, Sohn eines Textilfabrikanten, kommt Hermann Broch zur Welt, Firmenchef dann, Vorstandsmitglied des österreichischen Industriellenverbandes, so etwas haben wir selten; und in Lier, südöstlich von Antwerpen, wird als dreizehntes von vierzehn Kindern im Hause eines Spitzenhändlers Felix Timmermans geboren, der den wunderlichen Pallieter ersonnen hat.

1 ✦ 8 ✦ 8 ✦ 7

Grabschrift (94) für

MULTATULI. Jetzt stirbt, zwei Wochen vor seinem siebenundsechzigsten Geburtstag, in Nieder-Ingelheim in Rheinland-Pfalz (vorher hatte er lange in Mainz gelebt) jener Eduard Douwes Dekker, der seine Bücher unter dem Namen Multatuli schrieb (lat.: vieles hab ich tragen müssen). Sein *Max Havelaar* ist in seiner ganz und gar unausdenkbaren Mischung aus scheinbarem Biedersinn und einem stilistischen Raffinement, von dem man ebenfalls nicht immer weiß, ob es gewollt oder wenigstens gewußt oder doch einfach aus engagiertem und um nichts weiter

 bekümmertem Gemüt so hingeschrieben ist, eines der vertracktesten Bücher dieser Zeit; wäre es sehr viel später geschrieben, sagen wir in den dreißiger Jahren unsres Jahrhunderts, oder wenigstens in den zwanziger Jahren (aber es stammt von 1860), dann würde man die jungen Svevo und Pirandello für seine Paten halten oder würde auch ein bißchen darüber staunen, wie hier so manches nach Pessoa klingt. Nun ist das aber alles ganz anders, und noch einmal so verwirrend in dieser Mischung aus Beziehungslosigkeit und Engagement.

(Im letzten Jahr bin ich doch zu ausführlich gewesen mit meinem Dutzend Bücher, so finden wir nie ein Ende, jetzt will ich mich kürzer fassen:) von Herman Bang erscheint *Stuck* (gemeint ist damit der Gipszierat gründerzeitlicher Innenräume), ein Großstadtbuch, das von jungen Theater- und Zeitungsleuten handelt, die in der hektischen Atmosphäre der wie im Rausch wachsenden modernen Großstadt zu Ruhm und Geld kommen, lieben, und dann wieder verarmen und untergehn, und von gerissenen betrügerischen Unternehmern und Geschäftsleuten, von zynischen Bankern – es gab, meistens in offener oder heimlicher Anlehnung an den berühmten Zola in Paris, in jenen Jahren überall in Europa solche Romane. Bangs Buch (etwas lang vielleicht, gegen das Ende hin ermüdet man auch ein bißchen) ist aber so sonderbar anders geschrieben als sonst die Gesellschaftsromane dieser Zeit, daß man sehr gespannt auf den Autor wird. So werden wir etwa gleich am Anfang des Romans, als ein paar Leute sich unterhalten, auf einen kleinen Professor aufmerksam gemacht, der dann wieder verschwindet; man redet kurz von ihm, er sei aus der Provinz zugezogen, heißt es, seine Frau sei eine kluge Frau und habe eine Menge erreicht in den paar Jahren – und das ist nun die Stelle, an welcher, wie Bang wenn er das schreibt natürlich ganz genau weiß, jeder Leser, der sich sonst in Romanen auskennt, vom Autor, der das so schön vor- bereitet hat, jetzt eine kleine rückblickende Geschichte dieses aus der Provinz zugezogenen Paars erwartet, eine kleine pointierte Geschichte besonders der offenbar so erfolgreichen Frau des kleinen Professors. Bang aber er- zählt diese Geschichte nicht, bei ihm geht der Augenblick der Gegenwart einfach weiter, und wenn er vorbei ist, wie das so geht mit den flirrenden Augenblicken, dann kommt, woanders vielleicht, der nächste Augenblick, und wieder bleibt der Autor einzig bei ihm. – Keyserling (ich hatte ihn jüngst wegen seiner so an *Bouvard und Pécuchet* erinnernden *Dritten Stiege* erwähnt, im Zusam- menhang mit Zolas Hausquerschnittsroman, Sie erinnern sich sicher) schreibt einen Erstling, *Fräulein Rosa Herz*, im Untertitel *Eine Kleinstadtliebe*, ein Stück aus jenen Zeiten, in denen die Mädchen noch vom bloßen Küssen hinter den Hecken Kinder kriegten; ein kleines bißchen sentimental das alles, aber der Roman läßt ahnen, wie gut dieser so unterschätzte Autor einmal sein wird. – Raabes *Im alten Eisen* ist ein ganz ungewöhnlich kühner Stadt- roman, er beruht (zum Entzücken meines Freundes Werner Fuld, der die Realitäten so liebt, und besonders die schmählichen – nein, er liebt sie nicht, er will nur nicht, daß sie vergessen werden, und liebt jene, die sie eben nicht vergessen) auf einem Zeitungsbericht über zwei kleine Kinder und ihre tote Mutter, dazu kommen eine Hure und ein Ästhet; die Geschichte ist ebenso sentimental wie kraß und schockierend, und Raabes Meisterschaft zeigt sich nun darin, wie er diese Elemente durch einen scheinbar ungelenken Stil so ausbalanciert, daß kein Leser mehr weiß wie ihm geschieht, bloß ahnt er deutlich, daß ihm hier nicht nach dem Munde geredet oder ein Abendbehagen bereitet wird. – Fontane schreibt *Cécile* (erinnern Sie sich? wir hatten schon einmal eine *Cécile*, nämlich bei Benjamin Constant), eine kleine Ehe-

1887 und Duellgeschichte im Adelsmilieu – ab jetzt sollte man alles von ihm lesen. – Von Hardy kommen die *Woodlanders*, eine wunderbare Geschichte mit Hinterwäldlern und Stadtmenschen, und am Ende mit einer fast unaushaltbar seelenvollen Idee über Mann & Weib. – Zola fährt fort und schreibt *Die Erde*, ein ganz wildes Aufräumen mit sämtlicher Poesie des Bauernlebens, des vergangnen und des vielen künftigen – zehn oder zwölf oder wenigstens acht dieser Romane Zolas gelesen zu haben, das wäre schon etwas. – Maupassants *Mont-Oriol* hat einen dreifachen Reiz: ein großer Kapitalist wird geschildert (einer aus der ersten Generation, nicht aus der Generation jener verschleudernden korrupten Enkel etwa Mamins, aus dem Ural), eine wunderbare Landschaft entfaltet sich (die Auvergne, südlich von Clermont-Ferrand[7], es geht im Buch um die Entstehung eines Heil-

---

[7] in Zolas *Werk* vom letzten Jahr kommt die schöne Christine, Modell und Ehefrau des verzweifelnden Malers, eben aus Clermont-Ferrand, einer Stadt, der der alte *Meyer*, runde fünfzehn Jahre später, attestiert, sie habe meist krumme, enge und abschüssige (sonderbar, denn sie sind doch auch genauso ansteigend) Straßen, zudem seien fast alle Gebäude aus schwarzem Lavastein gemacht (der heutige Eindruck also vom Umweltschmutz, wie ihn die Pariser Gebäude vor dreißig Jahren hatten, täuscht: schon Christine sah alles so dunkel); und Christine redet ziemlich abfällig über diese Stadt, die mir jedesmal, heute, sonderbar bezaubernd vorkommt; und gerade am Rande der Stadt gibt es, auf dieser Hochebene, Blicke ganz von der Art, wie sie dann jene Maler gemocht haben, deren Anfänge eben Zola in seinem Buch beschreibt (man weiß gar nicht, ob die Gegend den Reiz, den sie hat, hätte, wäre er nicht von jenen Malern entdeckt, gemalt worden; man könnte sich einen Mitreisenden vorstellen, der, ungebildet an Bildern, den Reiz immer noch nicht wahrnimmt – kein einfaches Problem das Ganze, denn wenn die Kunst etwas entdeckt und sichtbar gemacht hat, dann ist es danach auf der Welt für jedermann, und ganz so weitergelebt als hätte es jene Kunst gar nicht gegeben darf man nun doch nicht haben andrerseits; wir kommen darauf zurück). Nun ist Christine in Kunstdingen keineswegs auf dem Stand der jungen Leute, in deren Kreis sie gerät, sie mag zunächst zum Beispiel gar nicht ansehn, was ihr Geliebter malt; andrerseits ist Zola niemals derart subtil in seinen eignen künstlerischen Methoden, daß man Christines Verachtung, wenn sie über Clermont-Ferrand redet, rein aus der Sicht ihres zurückgebliebnen Auges interpretieren dürfte.

bades nach der Entdeckung einer Quelle in dieser alten *1887*
vulkanischen Gegend), und wir erleben überaus genau
eine sehr gute Liebesgeschichte: gerade in diesem Genre
wird Maupassant immer besser. – Strindbergs kleines
Buch, *Die Leute auf Hemsö*, schildert ganz unerwartet
gemütvoll (unerwartet nach dem *Roten Zimmer*) und
zugleich derb und unabgelenkt genau Fischer- und
Bauernleben in den Schären. – Sudermann schreibt *Frau
Sorge*, ein einst populäres, aber doch wohl sehr schlechtes
Buch über Schicksale auf einem ostpreußischen Bauern-
hof. – Ungleich viel schöner, sehr lesenswert ist *Breide
Hummelsbüttel*, ein kleiner Roman von Liliencron; Liliencron verwendet in Dialogen oft schleswig-holsteinisches
Platt, das kann man ja überschlagen, hübsch eingefügt
sind kleine Sachbuchpassagen zur Geschichte des Adels
dort oben; der Titelheld, der eine wilde und schöne Frau
hat, ein verschwenderischer Bursche, macht bankrott,
geht mit seiner Frau dann (auf die ein unangenehmer
Schwager scharf ist, der dann – so rächt ein resoluter
Autor die Figuren, die er liebt – religionsverrückt wird)
als Eisenbahnschaffner an die russische Grenze, stirbt
dort, und seine Frau nimmt sein uneheliches Kind,
das anderswo groß geworden ist, bei sich auf – ein schönes eigensinniges kleines Buch[8]. – Pierre Loti schreibt

---

Schade eigentlich, besonders wegen Clermont-Ferrand, etwa, wenn
dort, hinter den gezackten Kegeln der alten Vulkane im Westen, die
Sonne am Untergehn ist, und drüben, im Osten, am flachen Rand
dieser ungeheuren Ebene, in derselben Viertelstunde der volle Mond
aufsteigt.

[8] es tritt noch ein atheistischer Gutsbesitzer auf, ein leidenschaftlicher Leser, den Liliencron mehrmals Klage führen läßt über die Verachtung deutscher Schriftsteller nicht allein beim lesenden Adel dort
oben. Es gibt von Liliencron noch einen kleinen sonderbaren Roman
von 1889, *Der Mäcen*, worin der Titelheld bei seinem Tode 24 Millionen Mark hinterläßt für die Unterstützung deutscher Schriftsteller;
dem Ich-Erzähler übergibt er sein literarisches Tagebuch: darin nun
wieder habe ich beim Blättern den ersten Hinweis auf jenen Hermann
Conradi gefunden, dessen Buch wir eben im Jahre des *Mäcens*, 1889,
lesen können werden.

1887 *Madame Chrysanthème*, einen kleinen Reiseroman, worin der Held eine bezahlte Leih- und Zeitehe mit einer Japanerin schließt; in beschreibenden Einzelheiten (ich erinnere mich an einen Wald im Regen) ist das sehr schön, die Handlung, namentlich in ihrer ganz leicht von oben auf die kleineren Japaner herabblickenden Attitüde (Loti war selber ziemlich klein und trieb allerhand sportliches Allotria, um dieses Manko erträglich zu machen, einmal, er ließ sich wahnsinnig gern photographieren, sitzt er auf einem Pferd, wahrscheinlich hatte er schon ein kleines genommen, aber selbst dieses sieht wie ein Riesenpferd aus mit dem winzigkleinen Loti obendrauf), ist ein bißchen albern. – Eça de Queirós' *Reliquie* ist eine wunderbar burleske Satire auf den Klerus (ein verwilderter Neffe muß ins heilige Land, kauft dort eine Dornenkrone, aber als er sie vor seiner Tante auspackt, hat sie sich in das Nachthemd seiner Reisegeliebten verwandelt), und in sie eingebaut hat er eine hundert Seiten lange (und als ob er milde den Flaubert von *Salammbô* parodieren wollte) wilde Darstellung des Endes Jesu: artistisch raffiniert, und sehr erstaunlich für den heutigen Leser. – Und Pérez Galdós schreibt *Fortunata und Jacinta*, er gibt in diesem 1300-Seiten-Meisterwerk anhand zweier herrlicher Liebesgeschichten ein mitreißendes Bild Madrids[9]

---

[9] es ließe sich eine eigne Abhandlung darüber schreiben, aber ich will doch wenigstens anmerken, daß von Anfang an, spätestens also seit Balzac, die Städte in den Romanen ganz so wichtig sein können wie die Personen (hier hat der schreckliche Hugo wieder etwas geahnt mit seinem Parisporträt im *Glöckner*), bei Balzac haben wir Paris, aber auch viele andre Städte, namentlich etwa Angoulême aus dem ersten Teil der *Verlorenen Illusionen*, oder Issoudun aus der *Fischerin im Trüben*, wir haben das London Dickens', in Andeutungen doch wenigstens auch das Berlin Gutzkows, wir haben das Moskau Tolstois, das Paris von Henry James, das Oviedo Clarins, jetzt haben wir Madrid, gleich werden wir Lissabon sehn, wir haben wieder Zolas Paris bei den Hallen, wir haben die Kleinstädte Raabes, und danach sind sie ja jedem ein Begriff: Triest, Dublin, der Alexanderplatz – das war aber ein bißchen immer schon so, das gehört offenbar zum Roman.

um 1875 – wenn Sie wissen, wie großartig Madrid immer  noch ist, vom Prado ganz abgesehn, dann dürfen Sie um Himmels willen (um des Verlusts des Lesehimmels willen) nicht versäumen, dieses Buch der Bücher des Jahres (und mit den gleich folgenden *Maias* des Kollegen nebenan: des ganzen Jahrzehnts – und eigentlich gehört dann noch Clarins *Präsidentin* dazu), diese Bücher, dieses Buch zu lesen, zu lesen, zu lesen; man geht nach ihm als ein Verwandelter durch Madrid: was bloß Gegenwart zu sein scheint, gewinnt eine Dimension hinzu, was rein Vergangenheit ist, belebt sich; und auch wir sind Andre geworden.

In Wien kommt Albert Paris Gütersloh auf die Welt; wahrscheinlich in Buenos Aires, wahrscheinlich im Mai, und wahrscheinlich in diesem Jahre wird Emilio Lanscanteguy geboren, auch Vizcondo de Lascano Tegui, Verfasser des Buchs *Von der Anmut im Schlafe*; in Marseille wird Thyde (eigentlich Mathilde) Monnier geboren, eine Fabrikantentochter, deren *Liebe – Brot der Armen* ganze Generationen junger Leute entzückt hat; in La Chaux-de-Fonds, im Jura, wenn man von Biel nach Pontarlier will, kommt jener Blaise Cendrars auf die Welt, der das Sutersche Gold beschrieben hat; und in Arras wird Pierre-Jean Jouve geboren, der dann zwischen 1925 und 32 eine Reihe überaus schöner kleiner Romane schrieb.

1 ✦ 8 ✦ 8 ✦ 8

Grabschrift (95) für

STORM. In Hademarschen stirbt, siebzigjährig, und eben erst noch schimmelberitten stolz, Theodor Storm. In den fünfziger Jahren hatte es ihn, in preußischen Diensten (ein Amt in Husum hatte er aus politischen Gründen verloren), nach Potsdam verschlagen, damals verkehrte er in dem großen und hier auch schon öfter vorgekommenen Dichterkreis um Kugler, zusammen mit Fontane, Eichendorff, Heyse, Burckhardt, später war er auch mit Keller befreundet, jedenfalls bis zu dem Brief hin, in welchem er Keller seine Meinung über dessen *Martin Salander* etwas unverblümt mitteilte. Storms erste Veröffentlichung fällt ins Jahr 43, damals hatte er mit den Brüdern Mommsen – die ungefähr aus seiner Gegend stammten, nämlich aus Garding, der große Theodor Mommsen war sein Jahrgang, Tycho war zwei Jahre jünger, beide wurden über achtzig – das *Liederbuch dreier Freunde* herausgebracht.

✦

Zola fährt fort und schreibt wieder einen dieser Erholungsromane, den *Traum*. – Storm (jetzt also kommt er) bringt den *Schimmelreiter* heraus, eine folkloristische kleine sentimentale Gespenstergeschichte (und gerade neben Raabe sieht man, jedenfalls sehn wir das, wie wenig gut Storm ist, und ich drücke das mild aus, Raabe wäre da sehr viel deutlicher geworden, Storm war ein Konkurrent, manchmal schreibt Raabe richtiggehend programmatisch gegen ihn an – umsonst übrigens, solang er lebte, erst für uns obsiegt er). – Von Raabe erscheint *Das Odfeld*, sicher der beste seiner historisierenden Romane, mit sehr gelungnen Figuren, mit einer sehr guten happyendlosen Story, und insgesamt lesenswert selbst

für eingefleischte Feinde historischer Romane (und wo  *1888*
kommen eigentlich die wunderbaren alten Männer in
Arno Schmidts Spätwerk her? von Raabe, von Raabe). –
Maupassant veröffentlicht *Jean und Pierre*, einen kleinen
Roman, den James besonders schätzte. – James selber
bringt *Die Lehren des Meisters* heraus, einen sehr amüsanten kleinen Roman, in dem ein junger Romancier, nachdem er sich mit seinem Idol, einem alten Romancier,
über die Ehe unterhalten hat, und dieser ihm sagt, er solle
nicht heiraten, die Ehe sei ein Hindernis fürs Schreiben,
erfährt, daß der Alte sich eben verlobt hat, und zwar nach
dem Tode seiner Frau genau mit dem Mädchen, das der
junge Mann liebt, und das er allein gelassen hat, um in
der Schweiz, allein, nach dem Rat des Alten, seinen zweiten Roman zu beenden, und jetzt hat er ihn beendet. –
Fontane schreibt *Irrungen, Wirrungen*, wir wissen ja, daß
wir jetzt alles von ihm lesen wollen. – Von Pérez Galdós
erscheint *Miau*, ein sonderbar modern wirkender kleiner
Roman aus Madrids Bürokratie, der ganz sinnverwirrend
an Kafka erinnert. – Und von Eça de Queirós erscheinen
Die Maias, ein wunderbar ausführlicher Roman, in dem,
ein Jahr nach Pérez Galdós' Epos über Madrid, anhand
einer wunderlichen inzestuösen Liebesgeschichte ein Bild
jetzt Lissabons entworfen wird und ein unendlich ver-
lockendes Bild portugiesischer Landschaft – *Episoden aus
dem romantischen Leben* nennt der Autor etwas ironisch
sein Buch, das er als ein stark gesellschaftskritisches Werk
aufgefaßt wissen wollte; das ist auch leicht zu begreifen;
andrerseits würden uns solche rein gesellschaftskritischen
Romane kaum fesseln, wenn sie nicht auch ganz andre
Qualitäten hätten – hier etwa ist das dekadente Leben der
jungen Leute samt der verbotenen und doch so zauberischen Liebe der Geschwister so verführerisch nah und
schön gemalt, daß uns die süße Luft um Lissabon tausendmal mehr anzieht als uns die, die sie dort atmen,
abstoßen sollten; und man will dann noch weniger als bei

einem Turgenjew wissen, wie ernst es dem Autor mit dem kritischen Aspekt seines Buchs war, man bewundert ihn für die Distance, die es der Liebe nun erlaubte, zu beschreiben, was die Untergehenden aus schöneren Zeiten denen voraushatten, auf die wir warten, ohne sie zu kennen, ja ohne sie kennen zu wollen vielleicht sogar. Sollte man nicht dorthin fahren wollen, in diese Luft, in diesen lauen Wind, und wenn nicht zurück in die doppelt verlorene Zeit, so doch hin in die Gegenden, auf denen so schön die Sonne lag...?[10]

◆

In Paris, Sohn eines Malers, wird Paul Morand geboren, weitgereister, weltgewandter Diplomat, der dann in den wilden zwanziger Jahren mit kleinen Romanen und Erzählungen für sich einnahm; in Lissabon, eben erst waren wir dort oder wollten doch hin (wenn es dasselbe Lissabon noch ist), kommt der den Verstand mit seiner Trauer und seinen Verwandlungen so verwirrende Fernando Pessoa zur Welt; in Madrid, auch dort waren wir eben erst (und müssen wohl dieselbe Einschränkung machen), wird Ramón Gómez de la Serna geboren, der so leidenschaftlich gern auf schwankenden Trapezen in Zirkuskuppeln Gedichte vorlas, eigne; und in Tremadoc in Wales, Sohn eines Baronets, kommt Thomas Edward Lawrence auf die Welt, der arabische jetzt, der mit den *Sieben Säulen der Weisheit*, danach übersetzte er noch Homers *Odyssee*, er starb bei einem Motorradunfall. Geboren wird auch (ich weiß nämlich nicht, ob wir zu ihm überhaupt kommen werden), in Paris, Sohn eines Dekorateurs und Tapezierers, Georges Bernanos (den übrigens drei Jahre nach Lawrence ein Motorradunfall

---

[10] ach, ich habe das nicht getan, statt dessen bin ich in den Norden, zu Hamsun hinaufgefahren, an die Lofoten, im Winter, sonnenlos, es war furchtbar – ich erzähle Ihnen ein andermal davon, in einem andern Buch, jetzt wollen wir nicht mehr daran denken...

invalidisierte) – bei ihm kämpfen fortwährend Gott und Satan gegeneinander, sehr oft bleibt dabei das, was wir am Roman lieben, ganz auf der Strecke.

1 ✦ 8 ✦ 8 ✦ 9

Mächtiges Dichtersterben, chronologisch:

Grabschrift (96.97.98.99.100) für
*S**ALTYKOW. LEWALD. VILLIERS. COLLINS. ANZENGRUBER.* Im Mai stirbt *SALTYKOW* dreiundsechzigjährig in St. Petersburg, wir haben dem Untergang seiner Familie Golowljow zugesehn, einem der niederschmetterndsten, hoffnungslosesten der vielen Familienuntergänge, denen wir danach noch haben zusehen müssen. – Im August, in Dresden, achtundsiebzigjährig, stirbt Fanny *LEWALD,* deren *Jenny* wir vor über vierzig Jahren gelesen haben. – Später im selben August stirbt in Paris, fünfzigjährig, der eben erst mit seiner zukünftigen Eva aufgetretne *VILLIERS DE L'ISLE-ADAM,* der himmlische Edison schenke seiner unsterblichen Seele einen angenehmen Leib. – Im September, in London, stirbt fünfundsiebzigjährig Wilkie *COLLINS,* Verfasser schöner Detektivromane. – Und im Dezember, eben fünfzigjährig, stirbt in Wien *ANZENGRUBER.*

✦

Stevenson schreibt zusammen mit seinem Stiefsohn Lloyd Osbourne den handfest-amüsanten, harmlos-abenteuerlichen Roman *Die falsche Kiste*, Unterhaltung im liebenswürdigsten Sinne. – Stevenson allein für sich bringt den *Erben von Ballantrae* heraus, ein verblüffend

1889 modern erzähltes romantisches Psychoschauerstück (die Mischung verkennt man am leichtesten in dieser Epoche, man unterschätzt allzu gern die artistische Neugier, die sich hier an einer Metamorphose aller Elemente übt; man unterschätzt aber ja auch Stevenson dauernd). – Raabe schreibt den *Lar*, zwischen Jean Paul und Arno Schmidt einen der sprachwitzigsten deutschen Romane, mit einem Mädchen darin (Rosine Müller, Klavierlehrerin), von dem (dem Mädchen) Arno Schmidt (wenn er das Buch kannte, aber er kannte es) für seine späten unwiderstehlichen Mädchenfiguren ebensoviel hätte lernen können oder eben gelernt hat wie seinerzeit von Susan Nipper in Dickens' *Dombey & Sohn* von 1848[11]. – Carroll schreibt noch ein Buch, *Sylvie und Bruno*, eine Weile lang hat man es über die Maßen geschätzt. – Jerome K. Jerome schreibt die weltberühmte Erzählung von den *Drei Mann in einem Boot, vom Hunde ganz zu schweigen,* wir haben von diesem Buch schon einmal gehört, vielleicht erinnern Sie sich, im Zusammenhang mit Peacock, der in einem kleinen Ort an der Themse begraben liegt, und einer der drei Männer bei Jerome wäre dort gern auf den Friedhof gegangen; einmal treibt am Boot der Drei eine Frauenleiche vorüber, und aufatmend gedenkt man beim Lesen der schönen Schwarzhaarigen, die bei der Eliot auch so geendet wäre, hätte nicht Daniel Deronda sie gleich vom

---

[11] was genau er, Schmidt, von Raabe hier und vorher von Dickens überhaupt gelernt hat, ist eine andre und sehr schöne Frage; denn wenn wir feststellen, ein Autor habe dies und jenes, einen *plot*, eine Figur, von dem und jenem übernommen, dann heißt das, bei einem guten Autor, eigentlich nur, daß er dort und dort etwas gefunden hat, das er selber im Innern schon wollte (was immer das heißt) – wenn Arno Schmidt die schnippisch-schönen Mädchen und, wie vorhin, die wunderlichen alten Männer nicht schon in der eignen Schreiberseele gehabt hätte, dann würde er sie wohl kaum entdeckt (denn warum sonst gerade diese? warum nicht ganz andre?), geschweige denn so lebendig gemacht haben für seine eignen Sachen. Aber dieses Figurengewebe hin und her zwischen den Autoren und Zeiten erfüllt unsre Welt hier mit so hübschen zusätzlichen Farben.

Gehn ins Wasser so liebevoll und noch gar nicht das *1889*
ganze daraus erwachsende Gute ahnend abgehalten. –
Herman Bang veröffentlicht *Tine*, einen außerordentlich
realistischen Roman aus dem Deutsch-Dänischen Krieg
(nicht lange danach hat Fontane in seinem *Unwiederbringlich*, nur jetzt von Süden her gesehn, dieselbe Gegend,
ganz kurz vor jenem Krieg, zum Schauplatz eines
Romans gemacht – vielleicht schauen Sie schon einmal
hinein?). – Gabriele d'Annunzio, sechsundzwanzigjährig
jetzt, und Gedichte und Novellen hat er mit sechzehn
zu publizieren begonnen, bringt seinen ersten Roman
heraus, *Lust*, einen ausführlichen, romantisch lasziven,
wunderbar dekadenten und schwelgerischen und irgendwie inzwischen doch auch ein wenig schwierig gewordnen Bericht über die zwei großen Lieben eines jungen
Aristokraten und Künstlers (er meint sich selber, klar,
wen soll er mit sechsundzwanzig sonst auch meinen), und
die schönen Frauen (siehe Homer und die Bibel) heißen
Elena und Maria, mehr ist dazu dann auch gar nicht
zu sagen[12]. – Maupassant publiziert den Roman *Stark
wie der Tod*, die erstaunliche und sehr schöne fast möchte
man sagen: tröstliche Geschichte einer Liebe unter älteren Leuten; der Mann, ein Maler, hat einst die Frau, eine
verheiratete Frau, porträtiert, seither lieben die beiden
sich, sie ihn mehr als er sie, sagt sie, vielleicht hat sie
recht; sie hat schon ein paar graue Haare, er war schon
leicht meliert, als sie anfingen, jetzt ist er grau, ja, er wird
alt. Schön ist das alles, dann kommt das traurige Ende;
nämlich die Tochter der Frau, damals ein Kind, kommt
jetzt nach Paris zurück, nach ein paar Wochen sieht sie
für den Maler genau aus wie die Mama damals: und ehe

---

[12] allenfalls noch, daß Heinrich Mann jetzt achtzehn ist; und daß
Paul Bourget, ein Franzose, den er und auch sein Bruder sehr ver-
ehren, in diesem Jahr ebenfalls seinen vielbewunderten und einflußreichen (das ist das richtige Wort) Roman *Der Schüler* veröffentlicht.

1889 ihm das richtig klar ist, hat er sich wie verrückt in die Kleine verliebt (die aber in einigen Monaten einen jungen Mann heiraten wird). Die Mutter verzweifelt, ihr Geliebter verzweifelt, am Ende kommt er eines Nachts, als er so durch die Straßen irrt, unter einen Bus, und stirbt, wenigstens ist seine Geliebte dann bei ihm, er stirbt nicht allein. Außer eben Maupassant wüßte man keinen, der eine solche Geschichte hätte schreiben können. – Karl Gjellerup, vielleicht erinnern Sie sich dunkel seiner, er ist, zusammen mit seinem Landsmann Pontoppidan, an den Sie sich allenfalls aber genauso dunkel nur erinnern werden, Nobelpreisgewinner des Jahres 1917, Gjellerup also publiziert *Minna*, eine ebenso bezaubernd leicht wie wehmütig unterhaltende und am Ende doch auch ein bißchen traurige Liebesgeschichte zwischen einem Dänen und einer Deutschen (sie bleibt aber ihrem Ersten treu, einem ekligen Maler), die Geschichte spielt in und um Dresden, sie gehn im Zwinger spazieren, und alles, Gjellerup lebte seit 1882 in Dresden (er lebte dort bis zu seinem Tode im Jahr 1919) und hatte 1887, zwei Jahre vor dem Buch, eine Dresdnerin geheiratet. – Giovanni Verga, der Sizilianer, schreibt den zweiten und letzten der fertiggewordenen Romane seiner Heimat, *Mastro – Don Gesualdo*, eine große wenn auch etwas gewollt rein-realistische Geschichte vom endlichen Scheitern eines Emporkömmlings in einem von verkommenen Adelsfamilien geprägten innersizilianischen Dorf – rein-realistisch heißt, daß am Ende des Buchs alles genauso übel kommt wie der Autor das vorher schon von der Welt geahnt hat; man muß das nicht für schlimm halten, das könnte ja sein, des Autors Problem sein; leider aber beraubt ein solches Vorausahnen und -sehn die Figuren dann oft selbst jener Freiheit noch, die der Autor (der auch hier eigentlich besser ist als seine Gedanken) ihnen am Anfang immer noch lassen zu wollen scheint; und so sehn wir sie dann Sachen tun, die rein aufs Konto des

Autors (des Schicksals, der Gesellschaft, der Zeit, wie
er das ausdrücken würde) gehn, nicht auf ihres. Wohl-
gemerkt: die Zeit, die Gesellschaft, das Schicksal, sie alle
können und dürfen also auch in einem Roman den
Eigenwillen der Helden überrollen, keine Frage; fragwürdig ist das allein, wenn der Autor uns von vornherein
das düstre Gefühl gibt, das alles werde tatsächlich so
kommen; wenn Stevenson einmal sagt, ein traurig aus-
gehender Roman müsse von Anfang an traurig ausgehn
(ich hatte das schon einmal zitiert), so kann das im
Grunde nicht für Romane gelten, in denen die Figuren, wie bei Verga, schlechthin unschuldig sind, selbst in
ihrem Wesen (anders also als bei Hardy, wo moralische
Unschuld nicht vor Untergängen schützt, die rein das
festgehaltene oder auf keine Weise abzustoßende Wesen
verursacht) –, wenn hier der Autor von Anfang an weiß,
daß nirgendwo Freiheit sein wird, dann weiß er mehr
als er seinen Figuren und seinen Lesern antun dürfte. –
Und dann Hermann Conradi, er schreibt *Adam Mensch*,
und zweifellos ist das ein schlimmer, ein bedrohlich alle-
gorischer Titel für einen Roman[13]; tatsächlich aber ist das
Allegorische bloß gemeint, das Buch selbst ist von einer
fast bedrängenden Konkretheit: ein Biertrinker in einem
Lokal, ein Schachspieler, eine Frau, die verführerisch sein
will (ein schlimmes Sujet für sich schon), ein Mann, der
eine Frau hinhält – all das ist so hautnahgebracht, daß
man die schlechte Luft und das Parfum zu atmen glaubt;
technisch bringt Conradi diesen Effekt entsetzlicher Nähe

---

[13] es gibt von Frederik Paludan-Müller, der 1809 in Kerteminde
auf Fünen geboren wurde und 1876 in Kopenhagen starb, ein sehr
berühmtes dreiteiliges Stanzenepos, oder einen Versroman, aus den
Jahren 41 und 48, mit dem Titel *Adam Homo*; ich nehme an, daß
Conradi, der ein außerordentlich gebildeter Mann war (er hatte neben
andern Fächern Germanistik studiert und moderne Sprachen), Paludan-Müller kannte, den *Adam Homo* gab es seit 1883 auch deutsch,
und sicher setzte er, wenn er seinen Roman so anspielungsreich be-
nannte, wenigstens beim gebildeten Publikum eine mindestens vage
Kenntnis jenes *Adam Homo* voraus.

durch eine Sprache hervor, die sich, obgleich indirekt, erzählend benutzt, so sehr dem mehr oder minder, meistens aber eher eben minder hochsprachfähigen Innern seiner Personen anpaßt, daß sie, unter Verlust aller sonst doch immer wie eine letzte Rettung spürbaren Vermittlung durch einen Autor, in ihrer jetzt unaufgehaltenen artistisch kaum abgesicherten Heruntergekommenheit beinahe so etwas wie die Authentizität eines gleichsam inneren Interviews erhält, oder literarisch gesagt: die Sprache wird ungeheuer expressiv, aber was sich ausdrückt, ist ein quälendes Nichts, jenes Nichts, das jener Kierkegaardsche Held spürt, als er den Finger in die Erde steckt und daran riecht. Es ist gar nicht so recht lustig, dieses an der Oberfläche einfach bloß ganz schlecht geschriebenen wirkende Buch zu lesen.

Keine Geburten dies Jahr. Aber die schönste Verrücktheit dieser Jahre wird vollendet, der Eiffelturm. Maupassant, der im Jahre 87 ein Manifest gegen den Bau unterschrieben hatte, aß dann gern oben im Restaurant, dies sei der einzige Platz, sagte er, von wo aus man den Turm nicht sehe. Ganz glaube ich ihm nicht, wenn ich bedenke, wie gern ich ihn lese. Und sehr hübsch hat Roland Barthes Maupassant geantwortet, »um den Eiffelturm zu leugnen, muß man sich, wie Maupassant, auf ihm niederlassen und sich gewissermaßen mit ihm identifizieren«. Hübsch auch Barthes' Beobachtung, der Turm übe eine Traumfunktion aus, und um das zu können, müsse er sich aller Vernunft entziehn, und die erste Bedingung für eine solche siegreiche Flucht bestehe darin, »ein ganz und gar nutzloses Monument zu sein«. Von Eiffel übrigens, man kennt immer nur den Turm, oder glaubt doch immer nur den Turm zu kennen, stammt etwa auch die Eisenkonstruktion im Innern der von dem Colmarer Bartholdi entworfenen New Yorker Freiheitsstatue, und im alten Kaufhaus Bon Marché ist die ganze so schön sichtbare Eisenkonstruktion von ihm. Bartholdi seiner-  seits, zwei Jahre jünger als Eiffel (und hundert Jahre älter als ich), Jahrgang 34, war für seine Löwen berühmt, der in Belfort zum Beispiel ist von ihm, und vielleicht hätte Zolas Christine (erinnern Sie sich? die Schöne aus dem *Werk*) anders über ihr Clermont-Ferrand geredet, wenn damals dort schon (er wurde aber erst 1902 aufgestellt) Bartholdis so wunderschöner Vercingétorix auf seinem Pferd geglänzt hätte; Bartholdi übrigens hat ein bezau- berndes Museum in Colmar, in einem wunderhübschen alten Palais, versäumen Sie das nicht, es ist still dort, wer kennt schon Bartholdi. –[14]

1 ✦ 8 ✦ 9 ✦ 0

Großes Dichtersterben noch einmal, wieder chronolo- gisch:

Grabschrift (101.102.103.104) für

C O N R A D I . K E L L E R . C H A T R I A N . C O L L O D I . Achtundzwanzigjährig, an einer fast herbeigerufenen Lungenentzündung, nach- dem ihm wegen seines Buchs – wir haben es eben ken- nengelernt – der Prozeß gemacht werden sollte wegen Verstoßes gegen die Sittlichkeit (postum sprach man

---

[14] Und Hitler wird in diesem Jahr geboren, Heidegger wird ge- boren, Charlie Chaplin wird geboren, in Paris findet die erste Auto- mobilausstellung statt – für jedes Jahr ließen sich solche Daten finden, mache sich jeder seinen Reim darauf. Die Welt der Romane ist natür- lich eine Welt in dieser Welt, aber wenn sie nicht auch eine Gegenwelt wäre, eine Welt der andern Möglichkeiten, gegen welche unsre Realität dann wieder kaum mehr als eine wenig lebenswerte und kaum nach- erzählenswerte Variante ist, ja, was dann?

1890 ihn frei), und nachdem er vorsorglich alle seine Manuskripte verbrannt hat, stirbt in Würzburg Hermann *C O N R A D I* . – Freund Burckhardts, Böcklins, Meyers, Heyses und Storms (mit diesem kleinen Problem wegen des letzten Buchs), stirbt, vier Tage vor seinem einundsiebzigsten Geburtstag, in Zürich Gottfried *K E L L E R,* Entdecker der schönsten Frau, die je im Mondlicht aus einem Fluß gestiegen ist. – Alexandre *C H A T R I A N,* der zweite Teil des Duos Erckmann-Chatrian, stirbt dreiundsechzigjährig in Villemomble bei Paris, ein Jahr nachdem er sich im Streit um Urheberrechte von seinem Partner getrennt hatte. – Und in Florenz, ebenfalls dreiundsechzig, stirbt Carlo *C O L - L O D I,* der mit dem *Pinocchio,* er wird im Himmel aus Holz sein.

◆

Zola fährt fort und schreibt *Die Bestie im Menschen,* den Roman über einen geborenen Mörder, der wieder zuschlägt, als seine Geliebte, um ihn dazu zu bewegen, ihren Mann umzubringen, erzählt, wie sie mit dem zusammen einst, als er erst ihr Geliebter war, wie jetzt er selber, ihren damaligen Mann umgebracht hat – jetzt aber bringt er sie selber um, nicht ihren Mann; er, nachdem ein Unschuldiger verurteilt worden ist, stirbt unter einem Zug, der Soldaten in den Krieg bringt. Hier läßt Zola nun gar nichts aus, was Effekt machen könnte. – Fontane bringt zwei Sachen heraus, erstens *Stine,* eine große Liebesgeschichte aus dem kleinen Bürgertum: ein kranker sensibler Adliger liebt die Strickerin Stine, Tochter einer unbedenklicheren Witwe, die ein Verhältnis mit dem Onkel jenes jungen Mannes hat; sie liebt ihn auch, löst aber das Verhältnis, das, wie sie besser sieht als ihr Liebhaber, zu nichts führen kann. *Quitt* ist die Geschichte eines Totschlags in Schlesien und eines Umkommens in Amerika, und nun sind sie quitt, die Welt und

Gott; was Fontane über das ihm unbekannte Amerika   *1890*
schreibt (er hätte Sealsfield lesen können, hat das aber
nicht getan, er hatte nur Cooper gelesen, und das in seiner
Jugend, als er auch Scott gelesen hatte), liest sich seinerseits nun allenfalls wie eine gute Karl-May-Bearbeitung
oder eine mittelgute Cooper-Nachahmung, wunderschön
gelungen sind aber, da kannte er sich aus, seine schlesischen Sommerfrischler aus Berlin. – Meredith hat einen
hinreißenden Kurzroman, *General Ople und Lady Cam-
per,* hier verliebt sich der ältere Titelheld in die jüngere
Titelheldin, er ist stolz auf das was er ist und fürchtet sich
deshalb vor allem, was sie hat und ist (er ist männlich, sie
ist gebildet, und so weiter), sie ihrerseits liebt ihn, aber
ehe sie ihn heiratet, demontiert sie ihn völlig; und groß ist
nun, wie Meredith überhaupt nichts erklärt; alle Gründe
für diese Demontage, und was die kühne Frau selber etwa
dabei aufgibt, läßt er im dunkeln, der Leser, die Leserin
müssen alles tun: eigentlich müssen sie das Buch erst
schreiben. Virginia Woolf noch einmal über den großen
Meredith, 1928, zu seinem hundertsten Geburtstag: »Die
Bücher wieder aufzuschlagen, zu versuchen, sie wieder
wie zum erstenmal zu lesen, zu versuchen, sie vom Plun-
der der Reputation und der Zufälligkeit zu befreien – das
ist vielleicht das annehmbarste Geschenk, das wir einem
Schriftsteller an seinem hundertsten Geburtstag machen
können« – ich mag Meredith, und ich mag die Woolf, wie
sie mir hier fast das eigne Programm schreibt. – Strindbergs dritter Roman, *An offner See,* worin er, anders
als in dem Buch davor (den *Leuten auf Hemsö*), ganz
schlimm mit den sogenannten einfachen Menschen um-
geht (er geht aber eigentlich mit allen Leuten schlimm
um in diesem schlimmen Buch), ist unter den vielen so
guten und aufregenden Romanen dieser Zeit zweifellos
einer der merkwürdig schlechtesten (abgesehn von den
ungeheuer intensiven Naturschilderungen) und sonderbarsten: als ob der Autor sich da was von der über-

lasteten Seele wegzudenken und wegzuschreiben, in diesem Moment aber gerade nichts andres zur Hand gehabt hätte als eben einen Roman, oder ein Schema eines Romans oder weiß Gott was. – Als Telegraphistin haben wir neulich (1856) Matilde Serao kennengelernt, jetzt schreibt sie einen Roman, es ist schon ihr siebter, *Das Schlaraffenland*; es geht, wie in so vielen Büchern, die wir jüngst gelesen haben, um einen Niedergang durch ein landesübliches Laster, hier ist es, in Neapel, die Lottospielerei; und die Serao erzählt nun, wie quer durch die sozialen Schichten hindurch (die sie durch das einigende Laster nun alle miteinander sehr kunstreich verwebt) lauter Leute, böse, gute, zugrunde gehn; und sie müßten das nicht, wenn sie nicht spielten, die Autorin ist da sehr moralisch und oft sehr sentimental, mitunter auch ein bißchen langweilig, denn es gehn eben ausnahmslos so gut wie wirklich alle zugrunde, und die ausgleichende Gerechtigkeit besteht allein darin, daß auch die, die erst noch mit bei denen waren, die zugrunde richteten, am Ende doch mit ihnen auch zugrunde gehn. Wieder, wie bei Zolas Werk, denkt man an Balzac, daran nämlich, welche Größe er, nicht moralisierend, nicht sentimental, kein Laster beklagend, jenem Manne gegeben, und von seiten etwa derer, die ihn lieben, hatte gegeben sein lassen, der da, in der Suche nach dem Absoluten oder dem Stein der Weisen, zweimal, dreimal alles Hab und Gut vertut, in einer grenzenlosen Intensität; ist denn, ließe sich doch fragen, dieses Spielen für den Romancier notwendig so total verschieden von jenem Suchen? brächte ein Balzac (aber würde ein Balzac das Glücksspiel nehmen?) es fertig, einem Lottospieler die Würde seines Suchers nach dem Absoluten zu verleihen? Die Serao versucht sich ein bißchen daran bei einer ihrer Figuren, aber sie scheitert damit, weil sie dieser Figur allzu deutlich eine andre Figur entgegenstellt, die besser, moralisch besser, ja seelengut ist und den andern, ihren Vater, ver-

zeihend bemitleidet und nicht urteilsfrei bewundert wie
die Balzacschen Leute den Sucher als eine zwar extreme,
aber doch herrliche Möglichkeit des Menschseins; ent-
weder ist die Welt so anders geworden, sagt man sich,
oder aber die Romanciers wollen nicht mehr, erst einmal
ungeachtet aller Moral, den Menschen sich ganz ausleben
lassen in allen seinen (und vielleicht eben nur in Romanen
verständlichen?) Möglichkeiten (vielleicht soll gerade der
Roman nicht mehr polizeiwidrig, sondern eben aller
Polizei vorauseilend pädagogisch sein); wahrscheinlich
ist beides der Fall, jedenfalls hier auf den unteren Rän-
gen. Aber wie hätte eine Serao das Leben jenes Suchers
nach dem Absoluten beschrieben? gesetzt sie hätte es begriffen – aber das wird es schon sein: ob sie es nämlich
begriffen hätte (hier in ihrem Buch begreift sie nur noch
die Tochter, die sich, ein verteufeltes Extrem für den Arzt,
der sie liebt, in Gottes Namen für den Alten opfert). –
Maupassant hat wieder einen seiner kleinen und immer
wieder so bezaubernden Romane, es ist sein letzter jetzt:
Unser Herz; der Autor geht weiter als je und beschreibt
einen Mann, der davon träumt, wie er geliebt werden
könnte von einer Frau, die ihrerseits einfach auf diese
große Art nicht lieben kann, also nicht wirklich lieben
kann, sagt er sich; und zieht sich zurück aus dem Paris
seiner Geliebten, in die Wälder von Fontainebleau und
Montmorency[15]. Dort, gelegentlich, am Rande eigentlich

---

[15] – genau diese seine Refugien tauchen dann zehn Jahre später im
letzten Buch von Eça de Queirós', *Stadt und Gebirg* von 1900, beide
wieder auf als nun nicht mehr ausreichende Rückzugsgebiete aus
einem unerträglich gewordnen Paris (der Held geht zurück nach Spanien) – das sind so Anmerkungen, die sich zu Hunderten machen
ließen, je dichter das Gestrüpp der gelesnen Romane wird, und es
ist dann auch nebensächlich, wieviel den Autoren angelastet werden
kann, wenn sie sich gegenseitig etwa zitieren, weil sie einander gern
gelesen haben, wieviel dem bloßen Zeitgeist, wenn etwa bestimmte
Orte gerade Mode sind, und wieviel rein auf das Konto des Lesers
geht, der lauter Verbindungen selbst erst stiftet, vielleicht bloß durch
die Reihenfolge, in welcher er die Bücher liest.

nur, rettet er einmal eine kleine Kellnerin vor zudring-
lichen Gästen, sie verliebt sich in ihn, er nimmt sie zu sich;
dann kommt die durchaus nicht egoistisch-kaltherzige
Pariser Geliebte zu ihm, vielleicht werde sie eines Tages
doch seine wirkliche Geliebte, sagt sie; die Kellnerin weint,
und sie nehmen sie mit nach Paris und richten ihr eine
kleine Wohnung ein (und wir sind wieder bei Balzac
und dessen *Doppelter Familie*, erinnern Sie sich dort an
die bezaubernde Wohnung jener bezaubernden Geliebten?). – Hamsun schreibt sein erstes richtiges Buch,
Hunger, eine glänzende in Ich-Form gehaltene Studie einfach über den schlichten Hunger, bis hin zu Visionen, so
daß die ganze Welt um den hungernden jungen
Dichter sich auflöst in halluzinierte Bruchstücke – das
modernste seiner Bücher, könnte man sagen, und doch
erst der halbe Hamsun (so problematisch dann der ganze
auch immer sein mag, wir werden das noch deutlicher
sehn). – Hermann Bahr, Dramatiker, Essayist, hat die
Idee, einen Zyklus von zwölf kleinen Romanen zu schreiben, für ein hingeworfnes Bild seiner Zeit, bei sich, in
Wien; jetzt erscheint *Die gute Schule*, mit dem Untertitel
Seelenzustände; Impressionen sind das, Bilder bleiben
haften nach dem Lesen, Nachtbilder, Silhouetten von
Empfindungen, Farbtupfer, eine ferne Stimmung. – Und
dann zweimal unser Freund Pierre Loti, nächstes Jahr
wird er in die Académie aufgenommen werden, es ist
ganz verblüffend; er bringt *Im Zeichen der Sahara* heraus, *Au Maroc* im Original; 1889 war Loti, eigentlich als
Historiograph, so jedenfalls hatten die Politiker sich das
vorgestellt, mit dem neuen französischen Gesandten, der
dem Sultan von Marokko sein Beglaubigungsschreiben
zu überreichen hatte, quer durch die Wüste ins heilige
Fes gegangen; in Fes hatte er sich aber von der offiziellen
Delegation absentiert, hatte sich mit Hilfe europäischer
Einwohner im verbotenen Bereich ein Privatquartier besorgt – Lotis Neugier ist scheußlich ambivalent, man wird

das Gefühl nicht los, daß er ebenso gern zugrunde ginge wie davonkäme, in einer Art Fatalismus, der kaum noch  eine wirklich vitale Kraft ist –, er hatte sich also in Fes im verbotenen Bereich ein Quartier besorgt, hatte sich gekleidet wie die Einwohner, selbst auf die Dachgärten war er gegangen, die sonst völlig abgeschlossenen Frauen sogar hatten sich an ihn gewöhnt, hatten ihm zugelächelt, bis auf eine, mit einem schönen Mund; Loti war fast glücklich, nichts war ihm schlimmer als das Fehlen von Frauengesichtern, von Frauenlächeln, öfter denkt er an die wunderschönen jungen afrikanischen Huren, die er in vergangnen Jahren hatte; mit einem Freund geht er dann noch nach Meknes, einen noch heiligeren Ort, dann, ohne die offizielle Delegation, zurück, nach knapp sechs Wochen; am Tag, eh sie wieder nach Tanger kommen sollten, verirren sie sich: »Gegen drei Uhr haben wir jede Fährte verloren und irren in der ungeheuren Einöde zwischen Farnen, Pistazien und Lavendel umher. Von unsern Zelten, unsern Leuten keine Spur mehr! Sie müssen einen andern Weg eingeschlagen haben. Unser alter Caïd, den wir dafür zur Verantwortung ziehen könnten, entwaffnet unsern Unwillen durch die völlige Erschöpfung, in der er sich befindet. Endlich ist der Weg wiedergefunden und wir schlagen zum erstenmal unser Lager auf. – Das ist wieder ein Abend, der alles vergessen macht und tiefes Bedauern über das Ende des freien Wanderlebens weckt. – Auf einem kleinen Plateau, das sich an der Böschung eines hohen Hügels aufbaut, halten wir unsere letzte Rast. Eine Hecke von Zwergpalmen umschließt den Blumengarten, den Allah der Gütige für uns geschaffen, für uns allein hier ausgebreitet hat. Kein andrer Fuß hat ihn noch zertreten, diesen Blumenteppich, auf dem es sich so wohlig ruht. Die Luft ist rein, voll von Düften. Ein weites stilles, sonnensattes Land schläft zu unsern Füßen. Über uns neigt sich die grüne Hügelkrone. Eine seltene Krone! Ich erinnere mich nicht,

1890 daß ein Hügel in diesem Land ein Olivengehölz trug.

Das Firmament erbleicht. Grünlich schimmert es unter dem schleierhaft zarten Wolkennetz. Kein Mensch und keine Menschenspur. Uns allein gehört die Erde; für uns duften die Blumen hier, tanzen die Mücken, summen die goldgeflügelten Insekten, leuchten die Farbenwunder des Himmels und der Erde. Dieser Maiabend auf dem menschenfernen Hügel hat den Paradiesfrieden zurückgezwungen. So muß es im Weltendämmer gewesen sein, ehe die Menschen die Erde entstellten...« – die Pünktchen sind von ihm, er gehört zu diesen Schriftstellern, die gern Pünktchen machen. Lotis Reisebücher sind keine richtigen Romane, sie sind aber genau das, was seine Romane auch sind, wenn man ihnen nimmt, was entbehrlich an ihnen ist; jedenfalls werde ich diese Berichte (und sie sind eben Lotis Romane) fortan hier bringen. Sein andres Buch dieses Jahr ist der *Roman eines Kindes*, ich habe dieses Buch schon mehrmals zitiert, es ist ebenso zauberhaft wie simpel, mitunter geradezu stumpf, eh es dann wieder magisch leuchtet – all das aber gehört zu Lotis rätselhafter Person, der in gewisser Weise ganz das fehlte, was wir ein Inneres nennen.

❖

Geboren wird, vielleicht, und vielleicht in Chicago, der geheimnisvolle Traven, dessen Bücher aber nicht ganz halten, was diese Geheimnisse zu versprechen scheinen; in Berlin, Kaufmannssohn, kommt Kurt Tucholsky auf die Welt, dessen beschaulich-schönes Grab nah beim Schloß Gripsholm hinwegtäuscht über sein Leben und seinen Tod; in Crossen an der Oder, ein Apothekerssohn, wird Alfred Henschke geboren, der sich dann den schönen Namen Klabund gab; in Prag, Kaufmannssohn auch er, wird Franz Werfel auf diesen Stern der Geborenen geworfen.

XX

1891 BIS 1895

1 ✦ 8 ✦ 9 ✦ 1

Grabschrift (105.106.107) für

ALARCÓN. GONTSCHAROW. MELVILLE. In Valdemoro bei Madrid stirbt, umnachtet, achtundfünfzigjährig Pedro Antonio de *ALARCÓN*. Groß ist eine Erzählung von ihm *(Der Nagel),* worin ein Richter, den eine sehr schöne Frau liebt, zufällig hinter ein Verbrechen kommt, das sie begangen hat, wenngleich unschuldig; sie wird verurteilt, sie wird begnadigt, aber als er mit der Begnadigung an den Richtplatz kommt, kann sie nur noch sagen, daß sie ihn liebe. – Neunundsiebzigjährig stirbt in St. Petersburg Iwan *GONTSCHAROW,* Erfinder Oblomows, des schlafrockliebendsten Mannes der Weltliteratur. – Und in New York, zweiundsiebzigjährig, stirbt, ganz unbeachtet, Herman *MELVILLE*. Das kleine Gut, von dem wir gehört haben, in den Bergen von

1891 Berkshire, in Hawthornes Nachbarschaft, verließ er 1866, um, für beinahe zwanzig Jahre, als Zollinspektor im New Yorker Hafen Geld zu verdienen. Einer der letzten Briefe, die wir von ihm haben (insgesamt sind es nur klägliche 270 Stück), ist an eine Bostoner Buchhandlung gerichtet und lautet: »Sehr geehrte Herren, in Beantwortung Ihres Briefes vom 10. Februar: Meine gegenwärtige Adresse ist 104. E. 26th St. New York. – Keines meiner Bücher ist seit dem von Ihnen genannten Jahr 1870 erschienen mit Ausnahme von *Clarel, A Pilgrimage and Poem*, New York 1876. Hochachtungsvoll H. Melville.« Tatsächlich war der *Confidence-Man* von 1857 Melvilles letztes Buch; er starb, schreibt Giono in dem schon zitierten Büchlein über Melville, »nach vierunddreißig Jahren vollkommenen Schweigens. Am 28. September 1891, des Morgens, als die Pflegerin, die ihn tagsüber versorgt, eintrifft, sagt die Nachtwache zu ihr: Ziehen Sie nicht erst Ihre Schuhe aus, Madame Fourque, er ist eben gestorben. – Also da ist wieder einmal Schluß, Madame Andirons, ich habe gerade noch einen andern alten Herrn, der wird wohl heute morgen ebenfalls eingehn. Ich werde mich beeilen, damit ich es nicht bei allen beiden versäume... Wie ist es denn so schnell gekommen? – Ich bemerkte es gegen sechs Uhr. Er sprach vor sich hin. Ich habe ihn gefragt: Was sagen Sie? Er fragte, ob nichts aus England gekommen sei. Da sagte ich zu ihm: Nein, Herr Melville, nein, es ist nichts angekommen, machen Sie sich keine Sorgen, schlafen Sie ruhig.« Vielleicht erinnern Sie sich an Gionos schöne Rhapsodie, nach welcher Melville, bevor er sich auf seinem neuen Gut an den *Moby Dick* machte, in England dieses so wunderlich spirituelle Erlebnis mit jener schönen Schmugglerin hatte. –

◆

Biographie (8) *1891*

D
IE FÜNF. H MANN hat im Jahre 84 (das war ein Jahr nachdem Rogge, der Hauslehrer von Nabokovs Vater, diesem in einem Waldstück am Familiensommerlandsitz in der Nähe von St. Petersburg einen ganz seltnen Schmetterling gefangen hatte, der dann später in Nabokovs Sammelschrank landete) schon eine sehr hübsche Reise eben nach St. Petersburg machen können, zu ebenfalls sehr wohlhabenden Leuten, nämlich dem angeheirateten Onkel – welchem Kind ist so etwas schon vergönnt? Wenn ich von mir reden darf, so war ich erst im Jahre 1988 ein paar Tage in St. Petersburg, das damals noch Leningrad hieß, und ich erinnere mich an entsetzliche Regengüsse; einmal wollte ich Nabokovs Elternhaus aufsuchen, aber irgend etwas kam wohl dazwischen (ein Guß, glaube ich), und ich habe es nicht gefunden. HManns Lieblingsdichter in jenen Jahren soll übrigens Heine gewesen sein. Er selber durchläuft noch die Unterprima in Lübeck (da war ich noch nie, nicht einmal im Regen), dann geht er vom Gymnasium ab und begibt sich in eine Buchhändlerlehre nach Dresden. 1890 bricht er die Buchhandelslehre ab und geht nach Berlin, um beim Verlag S. Fischer zu volontieren; nebenbei studiert er auch ein bißchen; sein wohl ziemlich unermüdliches Schreibtraining[1] hat ihn

---

[1] jetzt, 91, umfaßt sein erzählerisches Werk, soweit es sich erhalten hat, neun bis dahin unpublizierte und auch in keine seiner Sammlungen eingegangne Erzählungen mit rund 36 000 Wörtern, darunter, aus dem Jahre 90, *Haltlos*, die Geschichte von dem Ladenburschen und dem Ladenmädchen, die endlich miteinander schlafen, und dann schickt sie ihm das geliehne Geld wieder: nach dieser schönen unschuldigen Nacht habe sie sich dem hingegeben, dem sie das Geld schulde, sagt sie. Der Held ist ein junger Autor, ein bißchen HMann offenbar, der Autor spielt keinen Schriftsteller wie sonst oft, sondern übt sich in Genauigkeit; kleine charakteristische Fehler in der versuchten Wiedergabe niederer Sprache und entsprechender Empfindung: Schwierigkeiten bei dieser ersten Begegnung mit der Gesellschaft.

1891 schon ganz schön weit gebracht, wenn auch, wie man sagen muß, in eine Richtung, in die er dann bald gar nicht mehr gehn will; neben dem Volontariat und gelegentlichen Universitätsstudien schreibt er seine ersten Rezensionen. – *T MANN* mußte damals, als der Bruder nach St. Petersburg durfte, zu Hause bleiben, er war erst neun. Er muß noch lange zur Schule gehn, bringt es dort aber auch nicht weiter als HMann, nur wird er länger dazu brauchen, er bleibt immerzu sitzen; doch er hat die starke Idee, ein Dichter zu werden, wie der Bruder, mindestens. Aber jetzt, 91, stirbt Vater Mann, die Firma wird aufgelöst, und die Geschichte der Familie Mann in Lübeck ist am Ende, fast wie in einigen Romanen, die wir kennen, besonders aus dem Norden. – *G I D E,* gerade elf, als sein Vater stirbt, ist ein schlechter Schüler, unaufmerksam und oft drangsaliert von Mitschülern, und von eignen kleinen Lastern geplagt und dann drangsaliert von den Lehrern, und wechselt ständig die Lehrer und die Schulen; er kränkelt immer wieder, und lebt mit seiner Mutter in Südfrankreich, in der Normandie und in Paris: alle diese Jahre hat er später ausführlich (und treu, jedenfalls macht er diesen Eindruck) beschrieben; seit er dreizehn ist, liebt er seine Kusine, seit er fünfzehn ist, schreibt er Tagebuch, das wird er dann sein Leben lang tun; seit er sechs ist, spielt er Klavier; mit siebzehn hat er endlich einen wirklich guten Klavierlehrer gefunden, aber für einen richtigen Pianisten ist er jetzt zu alt; er bereitet sich auf das Abitur vor (fällt aber im ersten Anlauf durch), liest Heine und Goethe und Schopenhauer und ist befreundet mit Pierre Louÿs[2], den wir kennen. Endlich macht er Abitur, gründet mit Freunden eine Zeitschrift,

---

[2] er schreibt, 89, ins Tagebuch: »...und wir träumen alle beide« (er also und Pierre Louÿs) »vom Leben eines armen Studenten in einem solchen Zimmer, mit gerade nur den Mitteln, die freies Arbeiten sichern. Und zu seinen Füßen, vor seinem Tisch, Paris. Und sich da einschließen mit dem Traum seines Werks und erst wieder hervortreten mit dem vollendeten...«

worin er Gedichte publiziert, er reist, begegnet Gauguin,
und will nicht studieren, sondern Literat werden. Er
hat viel Geld, fährt im Sommer 90 an einen hübschen
See und schreibt an seinem ersten Buch[3]; im Winter
lernt er Valéry kennen, der seinerseits zuerst Pierre Louÿs
kennengelernt hatte. Er läßt sein erstes Buch auf eigne
Kosten drucken (das macht er in den ersten Jahren immer
so, und nicht, weil er keinen Verleger fände: er will unter
seinesgleichen bleiben, und warum soll er auch Geld
verdienen, wenn er welches hat?) und verschickt es an
alle berühmten Dichter des Landes (er gibt es auch seiner Kusine, aber sie will ihn trotzdem nicht heiraten),
er wird in Mallarmés Dienstagabendrunde aufgenommen, er lernt auf einer Reise in Belgien den berühmten
Maeterlinck kennen und in Paris Oscar Wilde, und er
publiziert Gedichte; in Brügge übrigens ist er so matt
und langweilt er sich so, daß er nichts als wieder weg will,
und das gleich: das ist mir auch so gegangen in dieser
furchtbaren Stadt; freilich schreibt Gide, das gehe ihm
in jeder fremden Stadt so, und dann: ihn erschrecke es,
so etwas allein ansehn zu müssen, ohne seine Kusine,
die er liebt: das ist dann natürlich etwas andres; was
Wilde angeht, schreibt er (Gide) an Valéry, Wilde habe
versucht, seine (Gides) Seele zu töten: er (Wilde) wolle,
daß er (Gide) bedauere, überhaupt eine Seele zu haben –
gegen Ende des *André Walter* findet sich gesperrt gedruckt das Epitaph: »Hier ruht Allain der wahnsinnig
wurde weil er glaubte eine Seele zu haben« – man ahnt,
was Wilde anrichten konnte, oder doch hätte anrichten

---

[3] und schreibt ins Tagebuch: »... mein Stolz wird unausgesetzt
durch winzige Reibungen gereizt. Ich leide lächerlich darunter, daß
nicht schon jetzt alle wissen, was ich später zu sein hoffe, sein werde;
daß man in meinem Blick nicht das zukünftige Werk ahnt... seit
zwei Monaten habe ich keinen Augenblick lang Selbstgespräche geführt. Ich bin nicht einmal mehr egoistisch. Ich bin überhaupt nicht
mehr. Verloren, von dem Tag an, an dem ich mein Buch angefangen
habe...«

können. – *V A L É R Y* hat mit sieben Jahren schon eine kleine Reise nach Paris und London gemacht, ist in Sète zur Schule gegangen, dann besucht er ein Gymnasium in Montpellier, dort wohnen auch seine Eltern; er liest sehr viel, aber das tun sie natürlich alle, unsre Leute, selten wird einer ein Schriftsteller (jedenfalls wird er so gut wie nie ein Romancier), wenn er nicht wie ein Verrückter liest. Sein Vater stirbt, er macht Abitur, reist in Oberitalien, besucht Genua, beginnt ein Jurastudium, daneben interessiert er sich für Architektur; er schreibt zwei kleine Theaterstücke, die wir nicht kennen, zwanzig melodiöse Gedichte (drei kennen wir) und einen nicht erhaltnen kleinen Essay[4]. Dann stürzt er sich auf Mathematik, Physik und Musik, schreibt wieder eine Menge Gedichte, veröffentlicht die ersten, liest Flaubert und vor allem Huysmans, Ende des Jahres 89 absolviert er seinen Militärdienst, den er im Jahr darauf beendet; er studiert weiter, schreibt Gedichte, dann sieht er Gide, und der liest ihm aus seinem noch unveröffentlichten Buch vor. – *M A U G H A M* hat wunderbare Kinderjahre mit seiner schönen Mutter in Paris verbracht, aber die Mutter ist 1882 gestorben, der Vater dann zwei Jahre später; er hat nach England zurückmüssen, nach Whitstable bei Canterbury, zu einem Onkel, dem dortigen Pfarrer, und er ist nicht glücklich; aber auch er liest schon wie verrückt. Er geht dann in Canterbury zur Schule: ein sehr guter aber kein sehr glücklicher Schüler; 89, nach der Schule,

---

[4] der erste kleine Essay, den wir dann haben, ist jetzt aus dem Jahre 91, *Paradoxon über den Architekten*; in diesem kleinen Zeitschriftenaufsatz (rund 1800 Wörter), den er seinen neuen Freunden Gide und Pierre Louÿs widmet, stellt er, noch etwas lyrisch und unter Verwendung vieler Ausrufezeichen und unter Berufung auf Poe, auf Mallarmé, auf Wagner und auf Orpheus, einige Thesen über die Architektur und ihre Verwandtschaft zur Musik auf: kleine emphatische und eher unprosaische Vorgriffe auf Gedanken, die er dann ein paar Jahre später in seinem Büchlein über Leonardo und noch später in seinem *Eupalinos* ausführen wird.

ruht er sich einen Winter lang aus; im Jahr darauf geht er nach Heidelberg, hauptsächlich studiert er Philosophie und liest, und liest und liest.

✦

Melville schreibt bis ins Frühjahr seines Todes hinein an einer ganz einfachen Erzählung (sie erschien erst 1924, in einer Gesamtausgabe), *Billy Budd*; dieser junge Matrose, bei allen beliebt, wird von einer höheren Charge grundlos gehaßt und denunziert; unfähig, auch in seiner Unschuld, sich zu verteidigen, schlägt der junge Mann ihn nieder, doch sein Gegner fällt so unglücklich, daß er stirbt; der Kapitän, der den Jungen liebt, muß ihn verurteilen; kurz nach Billys Tod kommt der Kapitän um – eine ganz simple Geschichte, aber die erzählte Oberfläche ist so durchsichtig, daß sie verführt, nach einem Sinn zu suchen: genau dagegen aber sperrt die Geschichte sich. Ein wunderbarer Abgang für einen so großen Mann. – Zola fährt fort und schreibt *Geld*, einen sehr guten Sachbuchroman über die Börse. – George Robert Gissing, ein im ganzen wohl eher unglücklicher Mensch, schreibt auch über Geld, aber über das bittere, das er und seinesgleichen sich durch das Schreiben verdienen müssen, *Zeilengeld* heißt der Roman deutsch, im Original, nach der alten Zeitungsstraße Londons, *New Grub Street* – auch eher ein Sachbuch, aber ein bißchen *faute de mieux*, sozusagen: wenn das Thema nicht so spannend wäre, trotz seiner niederschlagenden Tristesse, würden wir das Buch kaum lesen – typisch, würde Gissing sagen. – Raabe schreibt *Stopfkuchen*, die Geschichte eines dicken Mannes, der sich vom Getriebe der Welt fernhält, fast spießig zu leben scheint, die Zusammenhänge der Welt aber sonderbar klug durchschaut; und so aus der Distance entlastet er einen Mordverdächtigen und schont noch den Mörder; erzählt, niedergeschrieben wird das Buch von einem Jugendfreund des Dicken, auf dem Schiff, das ihn wieder aus der alten Heimat zurück nach Südafrika entführt: und in dem Maße, in welchem das Schiff sich von ihm entfernt, dringen wir ins Herz des Geschehens ein. Raabe hielt dieses Buch für sein bis dahin wenigstens bestes, das müssen wir natürlich nicht; der Roman ist aber technisch brillant erzählt, und nicht so sehr wie sonst täuscht diesmal der wie sein Titelheld äußerlich bieder-behäbige Stil über die Düsternis des Erzählten hinweg[5] – wirklich erlaubt nur die auf dem wegfahrenden Schiff ja unabwendbare Rückblendentechnik dem Erzähler jene Balance, die Raabe, der Erzähler hinter dem Erzähler, hier braucht. – Fontane schreibt *Unwiederbringlich*, einen glänzend erzählten, aber doch ein wenig traurigen Roman (er spielt in Schleswig-Holstein und Dänemark, ich hatte schon erwähnt, daß Bang dorthin blickte, als er *Tine* schrieb), in dem eine vielleicht allzu sittenstreng-puritanische Frau und ein vielleicht etwas zu nachgiebiger Mann beide scheitern, aneinander, an sich selber, wer weiß. – Hardys großer und berühmtester Roman *Tess von den d'Urbervilles* (bei dessen Lektüre man sich ohne Antwort fragt, warum er eigentlich so gut ist

---

[5] Werner Fuld berichtet, und macht plausibel, daß Raabe sich in diesem Roman deutlich, fast überdeutlich, wenigstens für ihn damals, gegen die Erzählhaltung seines *in poeticis* Erzfeindes und erfolgreichen Konkurrenten Storm erklärt (Jensen, der Mann seiner Freundin Marie, verehrte Storm, das war vorauszusehn gewesen und nicht weiter schlimm; bitter war, daß auch Marie Storm verehrte, bitter für Raabe; waren denn alle gegen ihn, selbst die ihn zu lieben glaubten?); das ist sicher richtig; nun ist Storm aber für uns ohnehin nichts gegen Raabe, und wir brauchen dazu Raabes heimliche Polemik gar nicht mehr (zumal man sie erst herausinterpretieren muß aus dem Text, sie selber ist nicht das schöne Amüsement, das damals etwa Thackeray seinen Lesern machte, und uns noch macht, als er Scott weitererzählte und zurechtrückte). Was bedeuten also versteckte Kunstfertigkeiten, wenn sie ästhetisch unnütz, oder zu einem überflüssigen fast unsichtbaren Surplus geworden sind? – Man könnte hier schön sehn, was ein auch für Leute vom Fach und mit Rücksicht auf einen wissenschaftlichen Ertrag geschriebnes Buch von einem Buch unterscheidet, das rein für Liebhaber gedacht ist.

wie er trotz allem offenbar ist. – Virginia Woolf hat sich *1891*
das auch gefragt; aber in Naturbildern der absoluten
Gottvergessenheit ist Hardy nun wirklich der Größte –
und es gibt eine absolute Gottvergessenheit) erzählt das
Schicksal einer *reinen Frau* (dieser polemisch gegen die
vorausgeahnte Empörung vieler sittengewisser Leser gerichtete Ausdruck der *reinen Frau* stammt von Hardy
selber, er steht im Untertitel des Buchs), die, ehe die
Welt (die Männer) sie ganz niederdrücken können, sich
durch einen Totschlag befreit; mit wunderbarer Einsicht
in das, was einen Roman groß macht, läßt Hardy seine
Heldin nicht aus dumpfer und oft so schwer nachvoll-
ziehbarer letzter Auflehnung handeln (wir hatten da
genug Beispiele, und sie ließen uns bedrückt zurück, aber
eben nicht nur der Schicksale wegen, die sie uns nahegebracht hatten), sondern er, Hardy, hat seine Heldin in
einem langen idyllischen Teil des Buchs und ihres Lebens
das Glück, die Freiheit wirklich kennenlernen lassen, in
menschenschöner Natur (es gibt solche menschenschöne
menschenfreundliche Natur, wenn die Menschen freundlich sind) auf dem Lande[6]: sie weiß, daß das Glück möglich ist. – Huysmans, indirekt habe ich ihn eben erwähnt,
schreibt *Tief unten (Là-bas)*, worin er seinen Helden,

---

[6] Somerset Maugham schreibt ganz spät einmal: »Ich habe als
Achtzehnjähriger« – also 1892, wenn er nicht schwindelt, ein Jahr nach
dem Erscheinen – »*Tess of the d'Urbervilles* mit solcher Begeisterung
gelesen, daß ich beschloß, ein Milchmädchen zu heiraten, war aber
von den andern Büchern Hardys nie so eingenommen wie die Mehr-
zahl meiner Zeitgenossen und fand sein Englisch nicht sehr gut.« Ein
Stückchen weiter erzählt er: »Ich habe Thomas Hardy nur ein einziges
Mal getroffen... ich war damals ein beliebter Stückeschreiber und
sehr in Mode... als die Damen sich in den Salon zurückzogen, stellte
sich heraus, daß ich neben Thomas Hardy saß... er war liebenswürdig und milde, mir fiel damals an ihm eine sonderbare Mischung
von Schüchternheit und Selbstbewußtsein auf. Ich kann mich nicht
entsinnen, worüber wir sprachen, aber ich weiß, daß wir uns drei
Viertelstunden unterhielten. Zum Schluß sagte er mir etwas sehr
Schmeichelhaftes: er fragte mich – meinen Namen hatte er nicht verstanden –, welchen Beruf ich hätte...«

Durtal, in die sehr unangenehmen Mysterien scheußlich

gottnaher blutrünstiger mittelalterlicher Seelenverwirrter eindringen läßt; Durtal wird dann katholisch werden, und es ist leicht zu sehn, daß sein Autor es auch nicht mehr weit dahin haben wird (auch wenn er damit vielleicht dann nicht mehr ganz nah dem Zeitgeist ist, dem er vorher so glänzend hatte huldigen können). Valéry, der, Sie erinnern sich, ein großer Bewunderer Huysmans' war, hat 1898, lange vor jenen Erinnerungen also, aus denen ich schon zitiert habe, einen außerordentlich dunklen Aufsatz über diesen Durtal geschrieben (Durtal kommt noch in zwei folgenden Büchern Huysmans' vor, diese Bücher habe ich in unser Buch nicht aufgenommen), der erste Satz dieses Essays heißt: »Durtal verbindet als gemeinsame Hauptgestalt drei Bücher, die als einzige dem zeitgenössischen Roman etwas generell Neues gebracht haben.« Ich liebe Valéry, wenn er so gar nicht weiterweiß, weil er liebt. – Machado de Assis, dessen *Nachträgliche Memoiren des Brás Cubas* wir schon kennengelernt haben (1880), veröffentlicht den *Quincas Borba*, worin er ein sonderbar flirrendes Bild vom Untergang eines Mannes malt, dem ein ererbter Reichtum den Kopf verdreht – erst Patricia Highsmith hat dann wieder mit so unheimlichem Gespür für Grenzen und fließende Übergänge den Wahnsinn von jenem Punkt an beschrieben, an dem er noch nichts ist als eine ganz winzige Verrückung der Welt; und noch eins: in den Büchern dieses Autors (bei Eça de Queirós ist das auch so, vielleicht liegt das am Land, am Klima, an der katholischen Kirche) herrscht, wenn sie nur einmal da ist, eine fast verwegne erotische Freiheit – man glaubt sie zu greifen, würde sie aber kaum definieren, und als Zensor gar nicht auf den Punkt des Unannehmbaren bringen können. – Oscar Wildes Held im *Bildnis des Dorian Gray* hat gründlich Huysmans' frühes *Gegen den Strich* gelesen (eben jetzt liest Valéry es zum fünften Male, wie er Pierre Louÿs an-

vertraut); es ist oft eines der sprechendsten Geheimnisse
der Kultbücher, daß nicht bloß die Autoren des neuesten
die eifrigsten Leser des letzten waren, sondern daß auch
die Helden vertraut sind mit diesen Werken – Sie werden
sich gut daran erinnern, wie im *Werther* beim Gewitter das
schöne Heldenpaar Klopstock liest... – ganz nach diesem
Muster sagt uns Wilde nun also, daß Gray Huysmans
gelesen hat und davon schwärmt und darauf schwört;
übrigens ist Wildes *Dorian Gray* wirklich ein hinreißend
gutes Buch, das muß ja bei Kultbüchern so wenig so
sein wie bei den Werken von Nobelpreisträgern, wenn
eben auch andersherum kein Snob sagen sollte, das Buch
eines Nobelpreisträgers oder ein Kultbuch taugten *eo ipso*
nichts... Wilde ist kurzweilig, sehr elegant; und ganz
unversehens, wir haben ihn nicht hinab-, nicht hinauf-
steigen sehn, enttaucht er der Hölle, entfällt er dem
Himmel, und sagt nur, ach, es war nichts weiter. – Selma
Lagerlöf, für ein Jahrzehnt gerade Lehrerin in Lands-
krona, schreibt ein wunderschönes Buch, *Gösta Berling*[7],

---

[7] die deutsche Version des Buchs, nach der ich zitiere, ist von
Mathilde Mann; dieser Frau mit dem Namen, der sie, zu Unrecht,
in Verbindung bringen will mit den Brüdern und ihrer zahlreichen
Familie, begegnet man, wenn man ihr einmal begegnet ist, immer
wieder, zum Beispiel hat sie, für die schöne einbändige alte Insel-
ausgabe, Jacobsen übersetzt, die *Marie Grubbe* und andres, dann
hat sie für Kurt Wolff und für Waldens Sturm-Bücher einiges von
A. H. von Kohl übersetzt, namentlich den dreibändigen Roman *Im
Palaste der Mikroben* (auch über diesen Autor ist sonst fast nichts zu
erfahren). Was uns, lediglich aus Gründen sträflicher Vernachlässigung, fehlt, ist ein Lexikon der Übersetzer – ein Werk, das sich, wie
man dann sehn würde, und wie wir hier schon mehrmals gesehn
haben, ganz und gar verzahnen würde mit einem Autorenlexikon,
nämlich personell erstens dort, wo Autoren übersetzen (also: Alexis,
Annette Kolb, Isolde Kurz, Heinrich Mann, Canetti, Goethe laß ich
einmal weg, in seiner Zeit noch Wieland, Tieck, Heinse, dann Spielhagen, Arno Schmidt nicht zu vergessen; und das sind nur die unsern,
sehr viele für andre Sprachen haben wir ebenfalls kennengelernt),
zweitens würde sich ein solches (natürlich nicht an eine einzige Literatur gebundnes) Werk dadurch mit einem Autorenlexikon verzahnen,
daß es zeigen würde, auf welchem Wege die Literaturen zueinander

nicht so sehr ein Roman als eine Sammlung von Geschichten um den Helden herum, einen wegen Trunkenheit entlassenen Pfarrer, einen sehr schönen geistreichen Mann; die Geschichten, viele Liebesgeschichten dabei (»ja, ihr Frauen verschwundner Zeiten!« heißt es einmal; eine von ihnen holt sich, Sie kennen ja noch diese vielen Liebestoten, einen freiwilligen Tod am offnen Fenster wie dann Fontanes Effie), diese Geschichten sind sehr unterschiedlich im Ton, und noch in ihnen selber wechselt die Autorin den Rhythmus, man weiß selten, wie einem gleich geschehn wird, nur ist man sich je länger desto mehr der Klugheit der Autorin sicher, die in hymnischen, lyrischen, klagenden, trocknen und beinahe predigenden Passagen immer bewundernswert bewußt bei den Figuren bleibt und niemals, oder doch fast niemals die Figuren für irgendwelche Ideen mißbraucht (am Ende gibt es einmal eine Passage der Art, daß, »wer den Zusammenhang der Dinge sehn wolle, aus den Städten fortziehn und in einer einsamen Hütte am Waldesrande wohnen müsse« –, das ist dann exakt das, was nachher die wunderlichen Helden Hamsuns tun werden). Sehr hübsch ist ziemlich am Anfang eine wenn auch leicht im Undurchsichtigen belassene Geschichte mit Büchern; Gösta muß mit einer jungen Frau irgendwo fort, im Schlitten, winters also, in die Nacht, und die Gastgeberin, damit er nicht ohne irgend etwas wegfährt, schenkt ihm drei schöngebundene Romanbände, die *Corinne* der Madame de Staël; wie sie fahren, lauern da die Wölfe, schneiden ihnen den Weg ab; und Gösta kann nichts tun als den Wölfen die drei schöngebundenen Bücher in die Rachen werfen; dann kommt der Hof, wohin sie wollen, schon zerren die Wölfe an den Schlittenbehängen, dann geht die Tür auf, Licht, und sie

kommen: Sie erinnern sich sicher an die Grabschrift, die wir dem großen Bode gewidmet haben, denken Sie für eher unsre Zeiten aber an Eva Rechel-Mertens für Proust, oder an Goyert und Wollschläger für Joyce. – Auch für Mathilde Mann wäre dann endlich gesorgt.

sind gerettet. – Und André Gide bringt seinen Erstling heraus, *Die Hefte des André Walter,* Gide schildert hier, im Ich-Stil eines Tagebuchschreibers, das vorwiegend innre Leben eines Dichters namens André, der ein Mädchen liebt, auf das er verzichtet und das dann auch noch einen andern nimmt, und der vor allem an einem Buch schreibt; zugleich hat er das – übrigens berechtigte – Gefühl, wahnsinnig zu werden, und er fragt sich nun was eher geschieht: daß das Buch fertig oder daß er verrückt wird; für den Fall, daß er vorher verrückt wird, bittet er einen Freund, die beiden Hefte dieses Tagebuchs nach seinem Tode dann zu veröffentlichen. Im Tagebuch selbst redet André (und damit meint Gide sich ohne Verstecken natürlich auch selber) unaufhörlich über sich, über den Zwiespalt in sich zwischen dem Geist, der rein sei, und dem Fleisch, das voller Begierden sei, über den Zwiespalt auch zwischen dem schöpferischen Intellekt und dem Gefühl, leben zu wollen; er redet darüber, er dichtet, er zitiert (er zitiert in diesem Tagebuch seines Schreibens auch das was der Held seines Buchs aufschreibt): und Gide, unser André sozusagen, hat das alles nun höchst kunstvoll und mit artistischer Brillanz so gemischt und montiert, daß man gern dabei zusieht, wie aus ihm selber der große Künstler wird (oder doch zu werden verspricht), der zu werden er seinem *alter ego* André Walter nicht zugestehn kann, wer weiß aus welchen Gründen. Das alles ist ebenso leidenschaftlich wie maniert, ebenso wahr wie bloß nervös, und im ganzen staunenswert und sehr schön; und Valéry, dem Gide das erschienene Buch erst nicht geben mochte, ist mit Recht dann, nachdem er die scheinbare Kränkung verstanden und überwunden hat, sehr begeistert von diesem Erstling seines großen neuen Freundes.

❖

1891 Geboren wird in Kiew, Sohn eines Professors an einer geistlichen Akademie, Michail Bulgakow; und in New York, aus einer deutschen Familie stammend, in deutscher Umgebung, kommt Henry Miller auf die Welt[8], wächst, wie man so sagt, auf der Straße auf, zieht als Gelegenheitsarbeiter durch die Staaten, bleibt ein paar

---

[8] einer der ganz Großen unter den Wasserabschlägern und Lokuslesern der Weltliteratur. Es wäre schön, wenn Sie sich jetzt, beim nächsten Zitat, an den sonst leeren Strand der schönen Insel Rügen erinnerten (oben unter dem Jahre 1861): »An der Brücke von St. Cloud mache ich halt. Ich habe es nicht eilig – ich habe den ganzen Tag zur Verfügung, um mich in Ruhe auszupissen. Ich stelle mein Rad in das Gestell unter dem Baum und gehe zu dem Pissoir, um mein Wasser abzuschlagen. Alles ist würzig und saftig, selbst das Pissoir. Wie ich so dastehe und an den Häuserfronten hinaufschaue, beugt sich eine schüchtern aussehende junge Frau aus dem Fenster, um mich zu betrachten. Wie oft habe ich so in dieser lächelnden, anmutigen Welt gestanden, während die Sonne mich beschien und die Vögel mich liebestoll umzwitscherten und eine Frau mich von oben aus einem offenen Fenster betrachtete... Ich bin ein Mensch, der viel und häufig pißt, was ein Zeichen großer geistiger Regsamkeit sein soll... Man pißt gern im vollen Sonnenlicht, unter menschlichen Wesen, die einem zuschauen und auf einen niederlächeln... Niemand, der nur eine Spur Gefühl hat, kann leugnen, daß der Anblick eines Mannes, der hinter einem Blechstreifen steht und mit jenem zufriedenen, sorglosen, verlorenen Lächeln, jenem in die Ferne schweifenden, erinnerungsseligen, vergnügten Blick auf die vorüberziehende Menge schaut, etwas Wohltuendes ist...« In derselben schönen Erzählung *(Ein Samstagnachmittag)* heißt es dann: »Alle guten Bücher habe ich auf der Toilette gelesen... Und je schäbiger, je verfallener ein Lokus ist, desto besser ist es. Dasselbe gilt für Pissoirs. Wenn man Rabelais genießen will, zum Beispiel solch eine Stelle: ›Wie soll man die Mauern von Paris wieder aufbauen‹, empfehle ich einen ganz einfachen Bauernlokus, ein Holzhüttchen in einem Kornfeld mit einem halbmondförmigen Ausschnitt an der Tür, durch den silbernes Licht hereinsickert... Kein großes Buch, laßt es euch gesagt sein, kann dadurch Schaden nehmen, daß man es mit auf den Lokus nimmt. Nur die kleinen leiden darunter. Nur die kleinen Bücher verwandeln sich in Arschwischer... Die Scheißerei kann man davon bekommen. Es ist genauso mit dem *Atlantic Monthly* oder jedem anderen Monthly, mit Aldous Huxley, Gertrude Stein, Sinclair Lewis, Hemingway, Dos Passos, Dreiser usw. ... usw. ... Ich höre keine Glocke in mir läuten, wenn ich diese feinen Vögel mit aufs Wasserklosett nehme. Ich ziehe die Kette und flutsch! weg sind sie! Auf dem Grunde der Seine und im Atlantischen Ozean...« – soweit Miller.

Jahre bei einer Telegraphengesellschaft (ferner Kollege der Serao), dann schreibt er. – Ich sollte erwähnen, daß in  Peru, einer kleinen Stadt im Staate Indiana, Cole Porter auf die Welt kommt; kein Romancier, das wissen Sie; aber wir würden ohne ihn sehr viel weniger von dem eigentümlichen leichten wunderbaren Geschmack spüren, den dann die zwanziger und dreißiger Jahre des kommenden Jahrhunderts hatten, oder doch wenigstens auch hatten; ein zauberhafter Mann, dieser Cole Porter, er ritt gern, und dauernd fiel er von den Pferden und brach sich alle Knochen.

1 ✦ 8 ✦ 9 ✦ 2

Keiner stirbt.

Zola fährt fort, gleich wird er dann seinen Riesenzyklus vollendet haben, und bringt den *Zusammenbruch* heraus, einen Roman, der dieses letzte Auskunftsmittel einer für Zola vollkommen verfehlten Politik, den Krieg, aus der Sicht derer schildert, die ihn führen müssen, der kleinen Soldaten; Zola nimmt damit die bessere[9] Tradition der

---

[9] ich rede damit im Sinne der herrschenden *political correctness*, manchmal ist es schwer, sich davon freizumachen; denn das wirklich Leidige ist, daß der Krieg auch in der also schlechteren Tradition, aus der Sicht derer, die ihn veranstalten, als Schlachtgemälde, Gegenstand sehr guter Prosa sein kann; ja, das ist das Leidige überhaupt, daß die, die wir gern verachten würden ihrer politischen und menschlichen Haltungen wegen – Rassisten, aber die verachtet ja jeder; doch dann auch Antidemokraten etwa – glänzende Romane schreiben können, und daß wir diese Romane mit Lust lesen: erst wenn wir hören, wer die Autoren waren, will uns die Lust vergehn. Sie soll uns aber nicht vergehn, finde ich; wir wollen das, was einer schreibt, niemals haftbar machen für das, was er ist; und wir werden keine Vorurteile der Art pflegen, daß einer, der das und das gesagt und getan habe, unmöglich einer sein könne, von dem wir etwas andres, das er gesagt und geschrieben hat, gut finden können. Vielleicht ist es schade,

kriegschildernden Literatur auf, bei Stendhal und bei Tolstoi, ausgeprägter noch bei Raabe, gibt es diese Perspektive, wir werden sie bei Stephen Crane dann auch finden. Am Schluß, als Frankreich geschlagen ist, 1871, verknüpft Zola, im letzten Satz, das individuelle Schicksal mit dem Gesamtpanorama und schreibt, als wäre dies eine Stunde Null (aber es geht ja doch alles nur immer weiter, Zola läßt sich hier von seinem wundervollen Pathos hinreißen wie dann Heinrich Mann): »Das verwüstete Frankreich lag brach, das ausgebrannte Haus lag darnieder; und als der Allerniedrigste und am tiefsten vom Schmerz Erfüllte zog Jean der Zukunft entgegen, zu der großen, rauhen Arbeit, ein ganzes Frankreich wieder aufzubauen.« – Stevenson schreibt mit seinem netten Stiefsohn Osbourne zusammen einen zweiten wieder sehr amüsanten und spannenden Roman, *Der Ausschlachter.* – Stevenson allein schreibt einen Kurzroman, *Die Fremden von Falesá.* – Fontane bringt *Frau Jenny Treibel* heraus, einen sehr witzigen und lebendigen Roman aus der Berliner wohlhabenden Bourgeoisie: die reichgewordene Jugendfreundin eines Professors (Kommerzienrätin) will auf keinen Fall, daß seine geistreiche Tochter, die arm ist, aber auch gern reich wäre, ihren Sohn heiratet; als nichts wird aus der Heirat, ist sie wieder ein Herz und eine Seele mit dem alten Jugendfreund und seiner Tochter, die sich mit einem bescheidet, der dann eben auch nicht reich, sondern Professor werden wird wie ihr Papa. – Eduard von Keyserling schreibt den im Zusammenhang mit Zola und Flaubert hier schon erwähnten kleinen Roman *Die dritte Stiege*; anders als bei Zola (Sie erinnern sich an dessen *Feines Haus*) ist bei ihm ordentlich Kolportage und etwas wienerisch

---

daß die Welt anders ist als unsre Vorurteile wollen; wahrscheinlich entspringen unsre Vorurteile aber, so moralisch und integer sie sich geben, bloß unsrer Bequemlichkeit; oder wenn sie ihr nicht geradezu entspringen, so pflegen wir sie doch ihretwegen.

expressive Mordlust dabei. – Raabe, in *Gutmanns Reisen,* versucht sich, nicht ganz glücklich, in einer Mischung von Politsatire, Bismarckverehrung (die er mit Fontane teilt) und Liebesroman. – Jules Renard, ein Freund Marcel Schwobs, schreibt, vor dem *Muttersohn* (*Karottenkopf* auch, *Poil de Carotte*, 94, nachher), diesem so großartigen Roman einer Kindheit, fast unerwartet (denn meistens kennt man, wenn überhaupt etwas, von ihm nur das Kindheitsbuch) den *Schmarotzer*, ein wunderbar elegantes kleines Buch, das in lauter blitzenden ironisch-eingeständigen Einzelbildern den schönen frauenreichen Badesommer eines anhänglichen jungen Literaten schildert. – Mamin-Sibirjak, an den Sie sich sicher erinnern, er hatte die großen *Priwalowschen Millionen* geschrieben, bringt ein eindrucksvolles Buch heraus, *Gold* (denken Sie manchmal noch an jenen Jókaischen Goldmenschen auf seiner im Schwemmsand entstandnen und irgendwann wieder verschwindenden Donauinsel? 72 war das); es spielt im selben fernen Ural wie das erste Buch, aber waren dort die Leute aus der Oberschicht die Haupt-helden, so sind es hier die Schürfer und Zwangsarbeiter – das ist ein düstres Buch mit Mord und Totschlag und vielem Selbstmord, und auf der untersten Ebene auch mit jenem für uns beinahe exotischen Gegensatz der verschiedenen Glaubensrichtungen, die schon in dem andern Buch ihre Rolle spielten, und zwar weniger eine Rolle für die Innerlichkeit der Personen, sondern für ihr soziales Verhalten (hier hat man dann einen der grund-legenden Unterschiede etwa zu Dostojewski); es liegt eine nächtliche Atmosphäre über allem Geschehen, Mamin kommt ohne alles Pathos aus, aber auch das Licht, das Zola dann doch fern aufleuchten läßt, fehlt hier fast ganz. – Pérez Galdós hat einen kleinen Roman, *Tristana*; er erzählt die fast burleske Geschichte einer scheiternden Emanzipation, tragikomisch, zur Wut reizend auf die Männer, und so, daß man gar nicht gern lacht (Buñuel

1892 hat daraus Anfang der siebziger Jahre einen Film gemacht). – Simo Matavulj, der Damaltiner, erzählt in *Seiner Herrlichkeit Frater Brne* die Jugend eines Klosterzöglings und Pfarrers im bäuerlichen Dalmatien: eine der liebevoll-detailschönen Regionalschilderungen, in denen die Romanciers dieser Zeit so groß sind, namentlich in den Gegenden, die bisher eben wie gar nicht vorhanden waren (denken Sie auch zurück an Mamins Sibirien) auf der imaginären Landkarte des großen Romans[10]. – Hamsun schreibt *Mysterien,* den ersten jener Romane, die ihn dann schnell weltberühmt machten: man versteht das gut, der Roman hat einen wunderbar reißerischen Anfang, und fährt dann, vielleicht noch mit manchem Ungeschick, in Tönen fort, die es im Roman bis dahin noch nicht gegeben hatte, aber wohl geben sollte, wie man annehmen muß; und die großen Liebesgeschichten enden schon genauso wunderbar übel wie dann immer bei Hamsun, der schreibend offenbar das Glück nur schätzte, wenn die andern, nachdem er allein es, bevor es sich abwendete, in seiner ganzen Schönheit gesehn hatte, sich mit dem bloßen Schatten von ihm zufriedengaben. – Jener Paul Bourget, von dem wir wissen, daß ihn die Brüder Mann sehr bewunderten als den, der die Hand am Puls der Zeit hatte, und den Nietzsche bewunderte, und mit dem James sehr befreundet war, schreibt, jedenfalls um diese Zeit herum, *Das gelobte Land* – ein fromm konservatives bis bigottes Buch über ein Mädchen, das katholisch wird, weil ihr Verlobter eine Tochter hat – keine angenehme Lektüre. – Und Italo Svevo veröffentlicht *Ein Leben;* Svevo ist ein großer Leser Balzacs, Flauberts und dann Zolas, er erzählt in seinem Erstling gewissermaßen autobiographisch den Entwick-

---

[10] mein Freund Volker Klotz, der ungeheuer viele Romane besitzt und noch viel mehr kennt, las, als ich das erste Mal bei ihm war und mir Romane mitnahm, dieses Buch gerade auf dem Lokus, das heißt er hatte es dort liegen; als ich bei ihm war, las er natürlich nichts.

lungsgang eines jungen schwachen Mannes, der in Ein-  1892
bildungen lebt und sich für groß hält und zugleich für
zu klein; dieses Buch hat noch nicht alle Stärken der
beiden späteren Romane, es ist auch ein bißchen lang-
wierig, aber das Genie ist unverkennbar, man spürt, ohne
ihn definieren zu können, den Geschmack des neuen
Jahrhunderts, unsrer Zeit; die außerordentlich subtile
und gewissermaßen komische Ironie erinnert ein bißchen
an den jungen Pirandello, mehr noch an Pérez Galdós
(in seinen kürzeren Romanen) und an Eça de Queirós
(in seinen frühen Sachen), noch mehr an Machado
de Assis – als wären sie hier also andern Ländern weit
voraus gewesen (oder ist das ein literarisches Erbe von
Zeiten, die wir gar nicht hatten?); Svevo blieb noch
dreißig Jahre lang fast völlig unbeachtet.[11]

In Cornwall-on-Hudson, im Staate New York, kommt
Djuna Barnes auf die Welt – »wir sind nur Hülle im
Wind«, sagt einmal eine ihrer Figuren in *Nachtgewächs*,
1936, »Muskeln, die sich gegen Sterblichkeit wehren.
Wir sind Schläfer im Staub der Vorwürfe gegen uns
selbst. Bis zur Gurgel stecken wir voll von Namen, die
wir unserm Elend gegeben haben...«; und in Saratow,
an der Wolga, Kaufmannssohn, wird Konstantin Fedin
geboren.

---

[11] neben Pirandello, Eça de Queirós, Pérez Galdós und jetzt dem
jungen Svevo wirkt alles, was es bei uns an Versuchen in Ironie gibt
(etwa bei Thomas Mann), sonderbar dick aufgetragen und selbst-
gefällig: als spiele sich in der Provinz einer auf.

Grabschrift (108) für

MAUPASSANT. Knapp vor seinem erst dreiundvierzigsten Geburtstag, seit zwei Jahren umnachtet, anderthalb Jahre nach einem Selbstmordversuch, stirbt in Passy bei Paris Guy de Maupassant. »Wir schreiben nicht für das Volk«, antwortet er einmal jemandem, der ihm und einigen Kollegen eben das vorgeworfen hatte, »wir sorgen uns wenig um das, was so im großen und ganzen das Volk angeht; zugegeben, wir gehören nicht zum Volk. Die Kunst, um welche Sparte auch immer es geht, wendet sich nur an die geistige Elite eines Landes. Wie man das eine mit dem andern verwechseln kann, verwundert mich schon… Von uns kann man nur eine einzige Sache einfordern: Talent. Haben wir das nicht, dann kann man uns gleich erschießen; wenn wir es aber haben, so ist es unsre Pflicht, es ausschließlich für die kultivierten Leute einzusetzen, die die einzigen Richter über unsre Meriten sind, nicht aber für die Ungebildeten, denen unsre Kunst unbekannt ist. Wäre nun aber das einfache Volk imstande, die Romanciers, die wahren Romanciers zu lesen, so könnte es bei ihnen die nützlichste aller Lehren finden, die Wissenschaft vom Leben…« – und im Anschluß an diese Überlegungen beschreibt Maupassant, ein aufmerksamer Leser Zolas, ungemein eindringlich das Los der Grubenarbeiter in Montceau. »Das einzige Gesetz«, schreibt er bei andrer Gelegenheit, »das einzige Gesetz, auf das es ankommt, ist das allerhöchste Gesetz der Menschlichkeit, dieses Gesetz, das die Küsse zwischen den Menschen regiert…« Ein wunderbarer Mann, der da jetzt sterben muß.

✦

Zola fährt fort und beendet nun, mit dem zwanzigsten
Band, dem *Doktor Pascal*, sein gewaltiges Werk; Titelheld
ist ein sechzigjähriger Arzt (Zola ist jetzt dreiundfünfzig),
der Zolas Ansichten[12] mitteilt, meistens seiner vierund-
zwanzigjährigen Geliebten; die beiden haben dann ein
Kind, der Schlußsatz des Buchs, des ganzen Werks lautet: »Und in der tiefen Stille, im einsamen Frieden des
Arbeitszimmers lächelte Clotilde dem Kinde zu, das an
ihrer Brust lag und sein Ärmchen, hoch wie eine Fahne,
wie einen Gruß ans Leben in die Luft reckte.« Wenn
der Autor diesen Arm des Kindes nicht kommentierte,
könnte er, der Arm, für sich auch ebensogut eine Drohung des Kindes sein, eine Kampfansage an die Welt;
aber die ganz kleinen Kinder, die sonst in Romanen gar
nichts zu suchen hätten, muß man eben kommentieren. –
Stevenson schreibt *Catriona*, die schon erwähnte Fortsetzung des Schicksals seines David Balfour; eine schöne
Liebesgeschichte krönt jetzt das Bemühen des Helden,
die bösen Geister der Vergangenheit zu bannen. – Jókai,
gerade eben haben wir uns seiner erinnert, schreibt *Die
gelbe Rose*, einen zwar kleinen, aber doch den Roman
über die Puszta, der das Bild dieser Landschaft und ihrer
Bewohner dann für immer festgelegt hat (ähnlich wie
Hamsuns *Pan* unser Bild vom Nordland), so gründlich,
daß es kaum möglich ist, in Jókais Landschaft, in seinen
Figuren nicht die Klischees zu sehn, die er mit ihnen
geprägt hat.[13] – Stephen Crane bringt *Maggie* heraus

---

[12] Maupassant hatte im Jahre 82 einen kleinen Aufsatz über Romane geschrieben, darin heißt es, »der Philosoph im Romancier
muß stets im Hintergrund bleiben. Der Romanautor hat weder Partei zu ergreifen noch sich in Plaudereien oder in Erklärungen zu
ergehen...« – Maupassant war ein Freund Zolas, er hat einen sehr
schönen Aufsatz über ihn geschrieben, aber mitunter waren auch
Zolas engste Freunde ein bißchen verblüfft von der Ungerührtheit,
mit der er dem großen Moralisten in sich freie Bahn ließ beim
Romaneschreiben.
[13] eine winzige Anmerkung: von Jókai, der sehr sehr viel geschrieben hat, erscheinen hier lediglich *Der neue Gutsherr, Ein Goldmensch*

1893 und schreibt *Georges Mutter*, beide spielen im untersten sozialen Bereich, etwa wie Zolas *Bestie*, auch menschlich ist ganz wenig dran an den Figuren, aber der Autor hat eine Art kämpferisches Mitleid mit ihnen, und sein betont knapper und cooler Reportagenton hat, wie später der Ton von Hemingways Nachahmern, einen gewissen Hang zur Sentimentalität (oft scheint dann bei solchen Autoren auch ein gewisser Affekt gegen die Kollegen Schilderer der gehobnen Stände mitzuschwingen: seht, scheinen sie sagen zu wollen, seht, dies hier ist nun das wirkliche Leben. Aber lassen Sie uns hier das dann vielleicht eher so sehn: diese antagonistischen Romanciers teilen sich die Arbeit, die einen schreiben über die obern, die andern über die untern Zehntausend, und wir Leser haben nun so etwas wie das Ganze; oder ist es etwa doch so, daß sich den Romanciers in ihrem Verhältnis gegeneinander immer und vielleicht sogar notwendig etwas mitteilt von den mißachtenden oder feindseligen Kräften der Schichten, derer sie sich annehmen: und eben gerade der unteren Schichten nehmen die Romanciers sich ja tatsächlich immer irgendwie in einem emphatischen Sinne an? und wenn das so ist: wie halten wir uns da heraus? und sollen wir uns überhaupt heraushalten?). – Hamsun veröffentlicht zwei Bücher, *Redakteur Lynge* und *Neue Erde*; das erste Buch ist ein handfest-realistischer Roman um einen halbkorrupten Zeitungsherausgeber in Oslo, das zweite (Sie erinnern sich an Strindbergs ›Rotes Zimmer‹: auch die ›Neue Erde‹ ist eine Kneipe) ist ein außerordentliches, buntes Abbild einer hauptstädtisch-provinziellen halbintellektuellen Schickeria, der die Ernsthaftigkeit kaufmännischen Wirkens entgegengehalten wird, und sehr

---

und jetzt *Die gelbe Rose*, von Hamsun hingegen habe ich – wie etwa auch, nur als Beispiel, vom späteren Raabe – jedes Buch aufgenommen: seien Sie freundlich und nehmen Sie solche Unordnungen einfach in Kauf, sie haben tausend verschiedne Gründe und kommen öfter vor, Erklärungen würden nichts nützen.

bewegend ist eine Liebesgeschichte ins Ganze eingebaut; 1893
und beide Bücher offenbaren an dem Autor doch eine
ziemlich andre Seite als jene, die ihn berühmt gemacht
hat; und es ist wohltuend, diese Seite kennenzulernen. –
Anatole France schreibt die *Bratküche zur Königin Pédauque*, ein sehr vitales und abenteuerreiches Buch, in dem
unvergeßlich schön und spektakulär ein Haus abbrennt,
worin ein Alchimist sein Labor hoch oben eingerichtet
hatte. – Dauthendey, als Romancier eigentlich so gut wie
gar nicht im Bewußtsein auch eingefleischter Romanleser
(immer ist er der Verfasser der *Gesichter am Biwasee*, allenfalls noch der Autor stimmungsreicher Gedichte), debütiert gleichwohl mit einem kleinen Roman (später, 1911,
hat er noch einen geschrieben), *Josa Gerth;* Dauthendey
versucht sich nicht ungeschickt, wenngleich manchmal
etwas süßlich, als deutscher Jens Peter Jacobsen – und
hier ließe sich noch einmal einiges zum Problem des
Übersetzens sagen, früher haben wir uns darüber schon
einmal unterhalten: Dauthendeys Prosa ist wie ein Haus,
das wir als Kinder schon kannten, sie weckt Erinnerungen fast an die Zeit, als wir das Sprechen erst allmählich
lernten, sie ist wesentlich besser als jede Übersetzung des
Niels Lyhne; und doch spürt jeder Leser nach wenigen
Seiten Jacobsen, daß dessen Roman wieder wesentlich
besser ist als der von Dauthendey. – Und der junge
und noch gänzlich unbekannte sizilianische Schriftsteller
Luigi Pirandello vollendet (gedruckt wird dieses Buch
erst 1901) seinen ersten Roman, *Die Ausgestoßene*, ein
ganz ungewöhnlich kluges und schönes Buch um eine
junge Frau, die, in einem Ort auf Sizilien, von der Familie
ihres Mannes verjagt wird, weil sie Liebesbriefe von einem
andern Mann bekommt, Verehrerpost im Grunde nur,
denn sie ist ihrem Mann absolut treu, sie hat bloß, aus
Unschuld, einen solchen Brief nicht genug versteckt gehabt. Sie zieht weg, sie wird irgendwo anders Lehrerin,
dort taucht eines Tages, nachdem er ihr geschrieben hat,

jener alte Verehrer wieder auf; er ist mittlerweile Professor und Abgeordneter in Rom, er schreibt ihr wieder einen Brief, dann reist er an, es heißt bei Pirandello: »Der Brief war, wie auch sonst alle seine Gefühlsäußerungen, zum Teil aufrichtig. In Rom hatte er tatsächlich das gespürt, was er in seinem Brief ›die ehrliche Stimme unserer eigenen Natur‹ genannt hatte... Eines Morgens vor dem Spiegel hatte er bemerkt, wie bleich und beinahe verfallen sein Gesicht aussah. Er sah die Fältchen in den Augenwinkeln, die traurig verzogenen Lippen, das stark gelichtete Haar, und er war darüber zutiefst betrübt. Als er dann in sein Arbeitszimmer ging und sich vor den mit sorgfältig geordneten, schweren Akten beladenen Schreibtisch setzte, hätte er sich nicht in der Lage gefühlt, auch nur irgendeine angefangene Arbeit weiterzuführen. So hatte sich ihm plötzlich das Bewußtsein seiner eignen Handlungsunfähigkeit aufgedrängt, und er hatte sich überlegt, daß er sich unverzüglich für längere Zeit erholen müsse... Er traf in aller Eile seine Reisevorbereitungen, und kaum war er unterwegs, spürte er eine plötzliche und unerwartete Erleichterung, als ob sich der Nebel um ihn her mit einem Male aufgelöst hätte. Da, die Sonne; da, das frische Grün der Felder. Und der Zug flog dahin. Am Wagenfenster stehend, trank er mit tiefen Zügen die pfeifend vorbeiströmende Luft und rief sich selbst zu, bevor er es Marta schrieb: Leben! Leben! Seine Erregung wurde während der ganzen Reise immer größer. Es schien ihm, als sähe er die Welt und das Leben gleichsam mit neuen Augen: das ungebundene Leben unter der Sonne in der unendlichen, blauen und grünen Seligkeit des Himmels, des Meeres und der Felder...« – von Anfang an, etwa wenn die Rede ist davon, daß der Brief, den der Professor da schreibt, *zum Teil* aufrichtig war, spürt man eine sehr merkwürdige Stimmung in diesem Text, sie durchzieht den ganzen Roman: nicht direkt eine Ironie, aber doch so etwas wie eine Aufhebung der bloßen

Realität, aber eine so sachte Aufhebung, daß ein Gedanke, der etwa dahinterstände, noch nicht so klar ist,
derart etwa, daß die Realität nur ein Spiel wäre, das der
Gedanke des Autors mit seiner Welt spielte. Die Geschichte geht dann so weiter, daß der Professor jetzt
endlich mit seiner damals bloß Angebeteten schläft; sie
schickt ihn schließlich wieder nach Rom zurück; und
dann, jetzt, als sie wirklich getan hat, wovon ihr Mann
damals, als er sie fortjagte, bloß glaubte, sie habe es getan,
jetzt, natürlich weiß er nichts von der neuen und eigentlich ersten Sache mit dem Professor, jetzt holt ihr Mann
die Frau wieder zu sich zurück – ein bißchen eine
Emanzipationsgeschichte, anders als bei der *Tristana* von
Pérez Galdós im Jahr davor, aber im Thema doch ein
wenig ähnlich. Hier, bei Pirandello, liegt, wie auf dem Stil,
auch auf der ganzen *story* wie ein schöner Hauch diese
noch nicht Gedanke gewordene, bloß erst gefühlte oder
geahnte Aufhebung der Realität; später, wenn man weiß,
was aus einem Autor geworden ist, sieht man gern in
frühen Werken schon das was dann die späteren macht –
aber wenn man genau hinsieht, dann sind, wie hier,
solche Erstlinge gerade in der Unausgesprochenheit dessen, was später dann jeder denken kann, so wunderbar
frisch und unberührt und gewissermaßen noch unschuldig von alledem was der Autor dann aus sich machen
würde. Schriftstellerisch ist dieses Buch ein so wunderbarer Anfang wie im Jahr zuvor der Anfang Svevos mit
Ein Leben.

❖

Geboren wird auf einem wundervollen wahrhaftigen
Schloß, Knole Castle in Kent (sie hat über dieses Schloß
und ihre Familie später ein ganzes reich illustriertes Buch
geschrieben, und Virginia Woolf hat das Schloß dann
sehr liebevoll in ihrem *Orlando* gezeichnet – Orlando ist
eben sie aus dem Schloß), Vita (eigentlich Victoria Mary)

**1894** Sackville-West; und in Mailand kommt Carlo Emilio Gadda auf die Welt, der dann Ingenieur wurde und seine großen Werke erst in den vierziger Jahren zu schreiben begann.

1 ✦ 8 ✦ 9 ✦ 4

Grabschrift (109) für

S T E V E N S O N . Gerade vierundvierzigjährig, stirbt in Vailima auf Samoa, wo er eigentlich das für ihn beste Klima der Welt gefunden hatte, Robert Louis Stevenson – gleichen Jahrgangs wie eben Maupassant, und kaum älter geworden: zwei dieser gleichsam wie aus Träumen wahrgewordenen Menschen, deren Werke so mühelos in ihrer Vollkommenheit aussehn; und die dann, den einen die Krankheit, den andern der immer gefürchtete Tod (Stevensons Leben war ein fortwährender Ortswechsel aus Angst vor dem Tod, oder genauer wohl: um das Leben) mitten herausreißen aus einem Schreiben, dem wir ganz sicher in beiden Fällen noch die wunderbarsten Werke zu verdanken gehabt hätten. Natürlich tröstet uns, was die Werke angeht, immer die grenzenlose Fülle dessen was wir überhaupt haben, von ihnen und allen andern; aber in jedem besonderen Falle gibt es keinen Trost – wenn nicht den des Lesens, des Weiterlesens über sie hinaus; da sind sie dann aufgehoben und leben, beweint, beklagt, aber doch wieder lebendig.

✦

Stevenson hinterläßt einen angefangnen Roman, *Die Herren von Hermiston*, eins der wunderbarsten Fragmente der ganzen Romanliteratur; dunkelglänzende Sätze beschwören reiche dunkle Schicksale, beschwören eine große Liebe, die untergehn wird – fast sind wir froh, das

ganze Dunkel, den endgültigen Untergang nicht miterleben zu müssen: aber es wäre eben der ganze Roman
gewesen, der uns hinweggetröstet hätte über alles, wovor
sein Anfang fürchten macht. – Marcel Schwob, der bei
uns schon öfter vorgekommen ist als Freund unsrer
Freunde, veröffentlicht *Das Buch von Monelle*, offenbar
eine Huldigung an eine frühe, frühverstorbene Geliebte
des Autors; man versteht fast nichts, alles ist Symbol,
aber es ist nur Symbol, auch davor sozusagen ist es nichts
als das, was dann Symbol werden soll; am Ende ist die
Geliebte eine Hure, dann verflüchtigen sich alle Sym-
bole, selbst sie.[14] – Und Jules Renard schreibt nun seinen
Muttersohn, Poil de Carotte, das sind ebenso distanziert
wie intensiv berichtete Szenen einer Kindheit, Studien
der Art, wie sie von Proust dann später in den Roman
integriert werden; Titelheld ist ein kleiner Junge, der
von seiner Mutter gehaßt wird, auch er haßt sie dann;
schließlich tröstet ihn sein Vater, wenn das ein Trost ist:
er werde niemals glücklicher sein, er sei nicht für das
Glück geboren, keiner sei das wohl. – Raabe schreibt
Kloster Lugau, wieder einmal eine dieser sonderbaren und
wenn mans einmal heraushat so wunderlich anheimelnd
lesbaren Mischungen von Liebe und Zeitgeschichte; ganz
gerecht andern Autoren gegenüber ist es nicht, wenn
ich auch Raabes schwächere Sachen (unter seinen guten
die schwächeren) so schön finde, aber es kommt auf ein
bißchen Gerechtigkeit nicht an, wenn sie doch, wie hier,
die Summe der Gerechtigkeit vermehrt, und nicht vermindert. – Jener George Moore, von dem wir schon
das *Drama in Musselin* kennen, schreibt jetzt einen der

---

[14] Catherine Pozzi, Geliebte Valérys, Tochter jenes Arztes, dessen
Figur Proust dann in seinem Buch verwendet hat (am Rande bei
uns ist sie schon einmal vorgekommen), Bewunderin Schwobs, den
sie gern besuchte, hat ihre eignen Texte, namentlich *Agnès*, aus dem
Jahre 1927, dann häufig in einem ähnlich träumerischen und sogar
die artistische Kontrolle des Traums beinahe noch träumenden Stil
geschrieben.

1894 schönsten, menschlichsten, von jeder Ideologie des schreibenden Sehens freiesten Romane dieser Jahre, nämlich *Esther Waters*; er schildert, mit einer Ruhe, die keiner einfach so hat, das Leben einer armen Frau; das elende Leben, ist man geneigt zu sagen, aber Moore schildert dieses Leben aus sich selbst, er sieht es mit den Augen keines andersartigen Wesens: der Autor will das Glück seiner Heldin, aber nicht das Glück das sie nicht hat, sondern jenes Glück das sie hat (das kleine arme Glück, ist man fast wieder geneigt zu sagen...) – ach, schwer zu verstehn so etwas, aber deshalb erzählt er das alles ja, er erzählt es beinahe, möchte man sagen nach soviel schon gelesenem Unglück, weil eben das Leben auf keinen Begriff zu bringen ist – er schreibt kein Beispiel für das was er vom Leben weiß, sondern er schreibt einen Roman (Schnitzler fast fünfunddreißig Jahre später, in seiner *Therese*, hat etwas Ähnliches versucht). – Tschechow, unter so vielen berühmten Theaterstücken und wunderbaren kleinen Geschichten, schreibt einen kurzen Roman, *Drei Jahre*, worin eine junge Frau, nachdem sie einen Mann abgewiesen hat, ihn dann doch nimmt, aber vielleicht ohne ihn richtig zu lieben; jedenfalls liebt er sie anders, und wirft ihr das eines Nachts vor, und daß sie ihn nur seines Geldes wegen genommen habe; sie weint, er, etwas ungeschickt, küßt ihr Bein, das sie dann, sagt Tschechow, an sich zieht wie ein Vogel; am nächsten Morgen, heißt es dann, »waren sie beide verlegen und wußten nicht, worüber sie sprechen sollten, und ihm schien sogar, sie träte mit dem Bein, das er geküßt hatte, unsicher auf«. Etwas später kommt dieser Ehemann nachts aus dem Geschäft zurück, »hinter dem Zaun, auf dem fremden Hof, hörte man leichte Schritte. Meine Teure, meine Liebe..., flüsterte eine Männerstimme gleich am Zaun, so daß Laptev sogar die Atemzüge hörte. Man küßte sich. Laptev war davon überzeugt, die Millionen und das Geschäft, das ihm nicht

lag, würden sein Leben ruinieren und aus ihm endgültig
einen Sklaven machen; er stellte sich vor, wie er sich allmählich an diese Situation gewöhnte, sich nach und nach
in die Rolle des Leiters der Handelsfirma hineinfand, ab-
stumpfte, alterte und dann wie alle Bürger, elend, gries-
grämig und der Umgebung Trauer einflößend, starb. –
Aber was hinderte ihn denn daran, die Millionen und
das Geschäft hinzuwerfen und den Garten und das Haus
zu verlassen, die ihm von Kindheit an so verhaßt waren?
Das Flüstern und das Küssen hinter dem Zaun erregten
ihn. Er trat in die Mitte des Hofs, knöpfte das Hemd
über der Brust auf, blickte zum Mond empor, und
ihm schien, er brauche nur zu befehlen, daß man die
Pforte aufschloß, dann würde er hinausgehn und niemals
wiederkommen; im Vorgefühl der Freiheit krampfte sich
sein Herz vor Freude zusammen[15], er lachte fröhlich und
stellte sich vor, was das für ein wunderbares, poetisches,
vielleicht sogar heiliges Leben sein könnte...« – noch
zwei Seiten dann, und der kleine Roman ist aus. Laptevs
Frau glaube ich freundet sich dann mit seinem Freund
an, sie wird auch schöner dabei. Romane, oder was sie
sind, müssen ja auch wirklich nicht alles zu Ende erzählen. – Hamsun schreibt zum Entzücken der ganzen
lesenden Welt, zumal bei uns (er war immer ein deutscher Autor), *Pan*, darin erfindet er den ersten seiner ganz
der Natur anheimgefallenen Menschen, einen Liebenden, der sich aus Liebe in den Fuß schießt und dann
mit einem Felsen, mit dem er eigentlich das Schiff treffen
will, in dem seine Geliebte wegfährt, aus Versehn die ein-
fältige Frau zermalmt, mit der er im Wald, wie mit der

---

[15] bitte, denken Sie jetzt einmal zurück an die eben gelesene Eisen-
bahnfahrt jenes Professors bei Pirandello: »... seine Erregung wurde
während der ganzen Reise immer größer. Es schien ihm, als sähe er
die Welt und das Leben gleichsam mit neuen Augen: das ungebundene
Leben unter der Sonne in der unendlichen, blauen und grünen Seligkeit des Himmels, des Meeres und der Felder...«

1894 schlimmen Natur, geschlafen hat. – Israel Zangwill, ein Freund Jeromes, in dessen Zeitschrift er, vielleicht erinnern Sie sich, seine ersten Arbeiten veröffentlichen konnte, schreibt einen außerordentlich witzigen kleinen Roman, den *König der Schnorrer*; Titelheld ist ein sephardischer Jude in London, die Geschichte spielt im 18. Jahrhundert, in einer Welt, in die wir noch nie einen Blick getan haben; es ist wahr, wir werden unsre Befangenheit der jüdischen Welt gegenüber niemals loswerden; aber von uns selber in dieser Befangenheit können wir uns ein bißchen lösen, indem wir solche Bücher lesen und unsern Blick frei werden lassen. – Federico De Roberto, dessen Familie aus Sizilien stammt wie die Vergas, schreibt *Die Vizekönige*, die Chronik einer Familie, die über drei Generationen hin eine ganze Stadt beherrscht; kaum einer der männlichen Vertreter dieser Familie ist sympathisch, sie tun alle, was ihre unschönen Triebe ihnen eingeben, sie sind korrupt, gesinnungslos, ohne Hemmungen, ohne Liebe; daß sie ihren Trieben folgen müssen weil sie zur selben Familie gehören, schwächt für den Leser ein wenig das Eigendasein der Figuren, der Autor entschädigt ihn dafür aber mit einem schönen Gewirre vieler Handlungsfäden und einer abscheulich gruseligen Verflechtung kommunalpolitischer und egoistischer Interessen; man verschlingt solche Bücher. – Und Heinrich Mann publiziert, das heißt läßt auf Kosten seiner Mama einen ersten Roman drucken, *In einer Familie*; in diesem sehr wortreich und übertrieben sentenziös geschriebnen Buch heiratet ein schon erfahrener Mann in eine Familie ein, erliegt dann aber dem halb exotischen Reiz der zweiten Frau seines Schwiegervaters, der noch jungen Stiefmutter also seiner Gattin: einer Frau, die ihr Leben in Phantasien hingebracht hat und ihr erotisches Leben im bald langweilig gewordnen Beherrschen der Männer. Der junge Autor, wie sein Vorbild Bourget (wir kennen ihn, und ihm ist das Buch gewidmet) sehr konservativ und zu Theorien neigend, anders als Bourget, aber viel zu unerfahren für weltmännisch-psychologische Herleitungen, wofür die Leser seine, Bourgets, Romane so mochten, schreibt ein bißchen ermüdend; zwar ist er selten so schlecht, daß er bei einem Schicksal oder einem Charakter dessen Geschichte vergäße, und das läßt doch schon bei diesem Buch ein bißchen hoffen, aber er verkennt das ganze Romanschreiben doch so sehr, daß ihm das Beurteilen von Verhaltensweisen und das Moralisieren wichtiger sind als Handlung und Charaktere; und so versäumt er, ganz wie Freund Bourget, das Wichtigste: uns für seine Figuren überhaupt wirklich zu interessieren. D'Annunzio dagegen zum Beispiel, im Grund das unerreichte Vorbild, interessiert wenigstens dadurch, daß er seine Figuren für uns zu Objekten träumerischer Begierden machen kann; ein großer Romancier ist auch er nicht: aber er hat eine Ahnung, wie er diesen Mangel ersetzen kann. Bourget hat immerhin Meinungen, Henri hat eigentlich noch gar nichts, außer diesem Hang zum Romaneschreiben. 1924 hat er das Werklein noch einmal in einer überarbeiteten Fassung für eine kleine Taschenbuchreihe bei Ullstein herausgebracht, in einem Nachwort entschuldigt er sich ein bißchen für das Buch.

Geboren wird im Mai, in Asnières, einer Vorstadt von Paris, in sehr ärmlichen elenden Verhältnissen (mit zwölf Jahren mußte er Fabrikarbeit leisten), der nachmals schreckliche Louis-Ferdinand Céline; im Juli, in Surrey bei London, kommt, unter lauter Intellektuellen, Aldous Huxley auf die Welt, ein Enkel jenes Thomas Henry Huxley, der, sechzehn Jahre jünger als Darwin, für diesen im Jahre 1860 den berühmten Streit mit dem gräßlichen Bischof Wilberforce austrug (Darwin vermied gern jeden Streit, man mag sich gar nicht vorstellen, was ohne Huxley und andre Freunde aus seinen Einsichten

geworden wäre – oder würde Jacobsen, ohne Darwin, den er jetzt übersetzt hat, dieselben Romane geschrieben haben?) und diesem, als er Huxley direkt gefragt hatte, ob es ihm wohl egal wäre, daß sein Großvater ein Affe war, geantwortet hatte: er befände sich dann ganz in derselben Lage wie seine Lordschaft der Bischof; es ist dieser alte Huxley übrigens, der auf dem Weg von Sils nach Maloja, links vom See, fast schon in Maloja, einen kleinen Denkstein hat, er muß öfter in Maloja Ferien gemacht haben; sein Enkel, um den es hier eigentlich geht, ist der mit der schönen neuen Welt, die er dann später auch wiedersieht, wie neulich Butler die seine; im September, bei Brody in der Ukraine, wird Joseph Roth geboren, der heilige Trinker; im Oktober kommt in Budapest, als Sohn eines wohlhabenden Anwalts, Tibor Déry auf die Welt, der mit dem unvollendeten Satz; und im Dezember wird in Hamburg, in einer Schiffbauerfamilie, Hans Henny Jahnn geboren, Orgelbauer, Gemeindegründer, Pferdezüchter, Dramen- und Romanschreiber.

1 ✦ 8 ✦ 9 ✦ 5

Grabschrift (110.111.112.113) für R Y D B E R G . D U M A S . L E S K O W . F R E Y T A G . Sechsundsechzigjährig stirbt, berühmt und angesehn, in Djursholm (in der Nähe Stockholms) jener Abraham Viktor *R Y D B E R G,* dessen so romantischen Roman *Singoalla* wir seinerzeit, 1857, mit Lust gelesen haben; Rydberg, Hauslehrer, dann Journalist, war Reichstagsabgeordneter und Professor für Kulturgeschichte und Geschichte und Theorie der bildenden Künste, Mitglied auch der schwedischen Akademie. – In Marly-le-Roi bei Paris stirbt, einund-

siebzigjährig, *D U M A S* der Sohn (den Papa haben wir
schon 1870 begraben), Mitglied der Académie seit 74,
berühmt für seine Theaterstücke; auch seine wunderschöne *Kameliendame*, die wir kennen, so erfolgreich der
Roman war, hatte ihren wirklichen Siegeszug ja erst als
Theaterstück begonnen; der dreizehnjährige Henry James
war sehr ärgerlich, als er in Paris 1856 die *Kameliendame*
nicht ansehn durfte, seine älteren Kusinen durften nämlich; jetzt, anläßlich des Todes von Dumas, und nachdem er sich die *Kameliendame* oftmals angesehn hatte,
schrieb James einen langen lobenden Aufsatz über
Dumas. – Vierundsechzigjährig stirbt in St. Petersburg
Nikolai *L E S K O W,* wir haben seine *Klerisei* ein bißchen aus der Ferne bewundert. – Und in Wiesbaden,
wo er sich im Alter winters aufzuhalten pflegte, stirbt,
über achtundsiebzigjährig, unser Gustav *F R E Y T A G,*
einer der gelesensten und im großen ganzen schrecklich-
sten Schriftsteller seiner Zeit.

◆

Stephen Crane schreibt sein berühmtestes Buch (*Maggie*
ist aber besser), die *Tapferkeitsmedaille (The Red Badge
of Courage),* ein außerordentlich eindrucksvolles Buch
über den Krieg, den Crane selber niemals gesehn hat
(es handelt sich im Buch um den amerikanischen Bürger-
krieg); merkwürdig ist der sonderbare Mut, zu dem der
Held es am Ende bringt, man ist ein wenig verwirrt. –
Thomas Hardy schreibt seinen letzten Roman, *Jude the
Obscure (Herzen im Aufruhr,* so etwas komisch die neueste
Übersetzung); hier mischen sich autobiographische Elemente mit dem rein fiktiven Leben eines aus ländlich-
einfachen Verhältnissen stammenden jungen Mannes, den
die klassenbewußte Gesellschaft nicht werden läßt was
er werden könnte und werden will, und der sich erst in
eine rein sinnliche, dann in eine fast rein seelisch-geistige
Frau verliebt (hier beginnen bloße Konstruktionen über-

handzunehmen); in diesen Dingen schon sehr deutlich, verliert Hardy alle Scheu beim erschreckenden Tod der Kinder der Seelenliebe (sie hatte sich falsch verheiratet) – es ist, als ob über den doch einst so wunderbaren Romancier hier ganz der wütende Gesellschaftskritiker die Herrschaft gewinnt. Kritik und Lesepublikum waren so entsetzt, daß Hardy, der noch sehr alt wurde, sich fortan, ohne jeden weiteren Versuch im Roman, nur noch der Lyrik widmete. – Fontane bringt die berühmte *Effie Briest* heraus – ähnlich wie bei Pirandellos *Ausgestoßener* (ein kleines bißchen auch wie beim frühen Eça de Queirós) ist ein schlecht versteckter alter Liebesbrief der Auslöser einer Katastrophe, tatsächlich hat die junge Effie auch mit ihrem Liebhaber geschlafen, aber im Grunde ist das alles längst vorbei und nicht mehr wahr, außer für ihren Mann, der sich nun partout duellieren muß. Aber Sie wissen, was für einen hinreißenden Roman Fontane aus diesem trivialen Stoff gemacht hat, was für ein wunderbares Gegenstück zu Flauberts *Bovary* – am besten lesen Sie noch einmal alle beide. – Pierre Loti veröffentlicht *Die Wüste*, einen grandiosen Bericht über eine Reise, die er, in Begleitung recht undomestizierter Araber, über den Sinai nach Jerusalem gemacht hatte; unglaublich sind die sonnenüberglühten, sind die nächtlichen Wüstenlandschaften, die er da schildert: unglaublich, wenn man dann beim Lesen allmählich dahinterkommt, woran seine Landschaften erinnern, nämlich an Poe, oder an den jungen Arno Schmidt, der Poe und andre Phantasten gelesen hatte – bei diesen allen sind das ausgedachte Landschaften, Visionen, wenn man hoch greift; Loti aber hat gesehn was er beschreibt, er will nur beschreiben was er gesehn hat; was er bringt, liest sich, als wären es Visionen, aber es sind, wenn man so sagen darf, Visionen des sinnlichen Auges, die er da in Worte bannt. Dieses kleine Buch ist, neben seinem Bericht über Persien, das schönste Reisebuch, das er gemacht hat.[16] – Mit einem Buch auch aus fernen Gegenden debütiert Joseph Conrad, nämlich mit *Almayers Wahn* (eine neuere Übersetzung schreibt, mit guten Gründen, *Almayers Luftschloß*); an einer Küste Borneos träumt ein immer mehr verkommender und längst von aller geschäftlichen Vernunft verlassener Europäer vom großen Glück, das ihn endlich erlösen wird, nämlich einem alten Piratenschatz, den er finden will, und dann will er mit seiner Tochter zurück nach Europa; die Tochter aber, von seiner malaiischen Frau, die er nicht mehr mag, geht von ihm weg, und er geht zugrunde. Die alte exotische Ferne, der Traum so vieler, die wir kennengelernt haben, hat sich jetzt, seit sie bekannt und ausgebeutetes, ausbeutbares Land geworden ist, in eine Welt verwandelt, die den, der in ihr finden will, was er, aus Schwäche, anderswo nicht erjagen kann, als einen unfähigen fremden Eindringling vernichtet; er kann den Fluß nicht verstehn, an dem er wohnt, er fürchtet den Eingeborenenkönig, der am andern Ufer wohnt, ihn betrügen die handeltreibenden Araber – ein Verlorener im Grunde von Anfang an; und mit ihm verloren aller Traum der Ferne, den auch nur noch die Schwachen träumen; die andern kolonisieren die Ferne nur noch. – H. G. Wells debütiert mit der *Zeitmaschine,* wir haben darüber schon geredet, über diese sonderbare Erfindung, die immer, in welche

---

[16] in Jerusalem selber hat es ihm dann nicht sehr gut gefallen, es waren für seinen Geschmack zu viele Touristen da – kein Wunder für einen, der eigens den mühsamen alten Pilgerweg genommen hatte –, es ist, als steige einer mühsam einen Berg hinauf, und oben sitzen dann fröhlich alle die, die die Seilbahn genommen haben. Daß Loti unbedingt auf dem alten Pilgerweg Jerusalem erreichen wollte, hängt sicher mit seinem Abenteuertrieb zusammen, ebenso sicher aber auch mit einem in seinem so schwer durchdringlichen Inneren sitzenden Wunsch, von Gott irgendeiner Erleuchtung gewürdigt zu werden. Aber Gott hatte vermutlich den alten Pilgerweg inzwischen vergessen, jedenfalls erleuchtete er Loti nicht; wahrscheinlich nimmt Gott auch nicht jeden, vielleicht mochte er Loti nicht, er (also ER) hat in unserm Sinne ja keinen Geschmack.

Richtung auch, in Fernen treibt, die den ohnmächtig machen, der in sie fliehen will; im Hauptteil beschreibt Wells die sanften Menschenwesen, die den Kühen und Schafen ähnlich (man muß annehmen, daß Wells zu jener Zeit Vegetarier war) an der hübschen Erdoberfläche leben und in Neumondnächten von den Unterirdischen geholt werden, den Nachkommen der alten unterdrückten und jetzt aus der schwarzen Tiefe herrschenden Arbeiter; Wells' Buch ist kein großes literarisches Werk, es ist der Gedanke, der da wirkt. – Boleslaw Prus, in seinem Land seit zwanzig Jahren schon ein vielgelesener Erzähler, schreibt einen monumentalen Roman, *Pharao*, in einer fernen fernen Vergangenheit spielend, im alten Ägypten des elften vorchristlichen Jahrhunderts (ungefähr dreihundert Jahre nach Thomas Manns Josephsgeschichten); eindrucksvoll und bewegend (und in nichts, in gar nichts zu vergleichen mit dem deutschen Professorenroman des Felix Dahn und seinesgleichen) schildert er die Landschaften am Nil, glänzend die sozialen und politischen Verhältnisse, in einer so wenig historisierenden Sprache, daß alle diese Verhältnisse, und zwar ganz zwanglos, ohne große didaktische Absicht, durchsichtig werden für die Gegenwart; Prus verschmäht die Effekte nicht, die seine, wie man so hübsch sagt: ausgebreiteten Kenntnisse jener sonderbar prunkenden Zeit ihm ermöglichen; aber seine große Kunst im Ersinnen einer ganz ungewöhnlich fesselnden figurenreichen und figurenstarken Handlung trägt den Leser unabhängig von aller Exotik leicht durch das Buch und läßt niemals jenen quälenden kleinen Überdruß aufkommen, den auch die kunstreich zierlichste Sprache nicht ausbalancieren kann, wo, für einen Roman, die allzu lange toten Leute der Seele des heutigen Lesers zu wenig geben[17]. – Mit lauter

---

[17] oder was ist es sonst, was uns bei Thomas Manns Josephsgeschichten zehn zwanzig Seiten lang fesselt, dann allmählich losläßt, und dann, wenn wir merken, daß es auf diese Art ewig weitergehen

Flüchtigen endet so dieses Lustrum: in die Zukunft und aus ihr zurück, in die exotische Ferne, aber lieber zurück aus ihr, auf den alten Pilgerweg zu Gott, aber er will nicht, und zurück noch davor, an den uralten Nil.

In Manosque, im Durancetal, Sohn eines Schuhmachers und einer Büglerin, wird jener Jean Giono geboren, den wir schon liebgewonnen haben als den Übersetzer und rhapsodischen Biographen Melvilles; und in Wimbledon, Urenkel des Historikers Ranke, Sohn eines Lehrers und Schriftstellers, kommt Robert Graves, oder von Ranke-Graves auf die Welt, Freund und Biograph des arabischen Lawrence; Graves lebte dann auf Mallorca (Vigoleis Thelen, acht Jahre jünger als er, war dort eine Zeitlang sein Sekretär), er liegt auf einem wunderschönen Fried-hof auf einem Hügel mitten in der winzigen Stadt Deia begraben, auf seine Grabplatte hat mit ungelenken Buchstaben einer seinen Namen eingeritzt; ein herrlicher Wind von der See her geht da oben.

---

wird, fast gar nicht mehr hält? Gerade habe ich wieder drin gelesen, habe mich bezaubern lassen von dem Sprachgespinst; immer wieder bezaubert das; und läse man immer nur zehn zwanzig Seiten, so würde es eben immer wieder neu bezaubern. Man darf diesem Zauber nur die Gelegenheit nicht geben, nachzulassen, vielleicht ist das die ganze Kunst. Aber Hunderte von großen Romanen haben uns genau diese Kunst längst zurückdelegieren lassen an den Autor.

XXI

1896 BIS 1900

1 ✦ 8 ✦ 9 ✦ 6

Grabschrift (114.115) für

BEECHER STOWE. GONCOURT.
Fünfundachtzigjährig, wohlhabend dank *Onkel Toms Hütte*, stirbt, von Töchtern umsorgt, in Hartford/Connecticut, Harriet *BEECHER STOWE*. Gott, sagte sie, habe ihr die Feder geführt bei dem Buch. – Vierundsiebzigjährig stirbt in Champrosay bei Paris der ältere der beiden so unzertrennlich (außer eben durch den Tod) gewesenen Brüder, Edmond de *GONCOURT*. Er stiftet in seinem Testament die »Académie des Goncourts«, ein zehnköpfiges Gremium, dessen Mitglieder 6000 Francs jährlich haben und jedes Jahr das Prosawerk eines Schriftstellers auszeichnen sollen, mit 10 000 Francs; dieser immer noch berühmte »Prix Goncourt« soll also, schon dadurch, daß er auf Prosa festgelegt ist, ganz offenbar neuere Strömungen der Literatur

1896 fördern; acht Mitglieder sind im Testament benannt, wir kennen von ihnen Daudet und Huysmans. Aus finanziellen Gründen konnte das Testament nicht sogleich in Kraft treten, die Akademie trat zum ersten Mal im Jahre 1904 zusammen, wir werden ihre Arbeit im Auge behalten. – Wir wollen bei dieser Gelegenheit Alfred *N O B E L S* gedenken, der in diesem selben Jahre 96 in San Remo stirbt, eines außerordentlich eigenbrötlerischen brummigen Mannes, der enorm viel las, denn er mußte sehr viel reisen in seinen Geschäften, hin und her zwischen seinen Fabriken, er fuhr mit der Bahn, er haßte das Reisen, er hatte keine Liebschaften in Hotels, und so las er in den Zügen und auf den Hotelzimmern, am liebsten las er linke Avantgardisten, er liebte Shelley, er liebte Strindberg und Ibsen, selber schrieb er Gedichte und hatte ein Drama verfaßt; als er starb, betrug sein Vermögen ungefähr 35 Millionen Mark. Ibsen hat den Preis nicht gekriegt, Strindberg auch nicht, Shelley war schon ewig tot, er war im Mittelmeer ertrunken, und bevor er als junger Mann die Tochter seiner Kaffeehauswirtin entführt hatte und mit ihr dann unglücklich geworden war, hatte man ihn aus Oxford entfernt, weil er ein Pamphlet verfaßt hatte über die Notwendigkeit des Atheismus – soviel zu Alfred Nobel, von dem man sich ja eigentlich auch denken könnte, daß er kein besonderes Vertrauen in die Güte irgendeines weltenlenkenden Gottes hatte. Doch sicherten ihm jene Millionen dann fünf Jahre später, nach Inkrafttreten seines Testaments, doch eine gewisse Unsterblichkeit. Friede seiner Asche, denn das Dynamit hätte sonst natürlich ein andrer erfunden, es ist aber mehr als fraglich, ob der auch so hübsch und uneigennützig für seine Unsterblichkeit gesorgt haben würde.

❖

D *IE FÜNF. H MANN* erkrankt im Jahre 92 und kurt in Wiesbaden und Lausanne; er schreibt jetzt in der berühmten Zeitschrift *Die Gegenwart* und entwickelt für sich ein literarisches Programm: »Die Neue Romantik«[1]. Die Mutter Mann ist nach München gezogen, er geht ebenfalls nach München und schreibt an einem Roman (den wir kennen): in Lausanne, in Florenz, am Gardasee; auch nach Paris reist er; über die Vorteile des Reisens für Dichter läßt sich im allgemeinen wohl wenig sagen, im besondern eigentlich auch nichts, denn man weiß ja nicht, was aus den Reisenden ohne die Reisen geworden wäre. 94, im Frühjahr, kommt er aus Italien zurück, publiziert auf Kosten der Mama *In einer Familie,* im Sommer geht er nach Berlin, Ende Oktober ist er wieder in München, er liest seinem Bruder Novellen vor, die er gemacht hat, Ende des Jahres kehrt er zurück nach Italien; der Familie geht es nicht schlecht, sie lebt nahezu herrschaftlich, trotz des Lübecker Untergangs (schön, so etwas Wohlhabendes, Gide hat ja auch genug Geld, wahrscheinlich sogar noch mehr, Valéry hat genug zum Leben, Maugham hat am wenigsten, aber hungern muß er auch nicht). Aus der römischen Ferne ist er auch Herausgeber einer Münchner monarchistischen und auch sonst wenig angenehmen Zeitschrift mit dem Titel *Das Zwanzigste Jahrhundert. Blätter für deutsche Art und Wohlfahrt* (diese Tätigkeit endet jetzt im Sommer 96, im Herbst schreibt er in dem ekligen Blatt auch nicht mehr); im Sommer war er in München, im Herbst reist er wieder nach

---

[1] in diesem Zeitschriftenaufsatz wird er programmatisch: er ist gegen den gesamten Naturalismus, etwa eines Zola, er ist gegen alle Thesen von einer Willens- und Charakterbestimmtheit im wissenschaftlichen Sinne, er ist für Empfindungen, für Tiefe, für Mythen und Mysterien, er hat viel Bourget gelesen und ihn gut gefunden: und so ist er ganz konservativ, sowohl ideologisch als auch stilistisch.

1896 Rom.[2] – *T M A N N* geht 92 immer noch zur Schule, fühlt sich aber andrerseits immer mehr auch als Dichter; er und die verwitwete Mutter sind in bescheidnere Verhältnisse umgezogen: das Haus ist kleiner geworden, der eine oder andre Dienstbote wird geblieben sein. Dann, wie erwähnt, ist die Mutter nach München gezogen, und TMann verbringt seinen letzten Schulsommer in Pension bei einem Lehrer in Lübeck, gibt mit einem Klassenkameraden eine Literaturzeitschrift heraus, den *Frühlingssturm,* und veröffentlicht dort unter dem Namen Paul Thomas Gedichte und Prosa; er liebt Heine[3]; aus der Obersekunda geht er von der Schule ab und begibt sich zu seinen Leuten nach München. In München volontiert er bei einer Feuerversicherungsgesellschaft, schreibt nebenher und publiziert seine erste kleine Novelle[4] in der Zeitschrift *Die Gesellschaft*; nach fünf Monaten hört

---

[2] in diesen Jahren hat er sechzehn längere und kürzere Erzählungen geschrieben (sechzehn jedenfalls kennen wir), mit zusammen ungefähr 90000 Wörtern, zwei oder drei davon werden im *Simplicissimus* gedruckt, sechs nimmt er in die Novellensammlung *Das Wunderbare* von 97 auf, vier in die Sammlung *Ein Verbrechen* von 98. Bemerkenswert sind zwei Erzählungen von 94, *Auf Reisen* und *Das Wunderbare* – in dieser Geschichte erzählt ein Mann seinem Jugendfreund, wie er an einem italienischen See einmal jenes Wunderbare erlebt hat, nach welchem alle andern Ideal- und Kunstliebenden sich sonst so abmühen: diese sterbende schöne geheimnisvolle Frau in der üppigen Seengegend in dem verwunschnen Haus. Etwas sehr mysteriös sind die Frommheiten gegen Ende, sonst ist die Geschichte in der Verwobenheit der vom Autor schon trainierten Elemente überaus anrührend.
[3] und schreibt in jenem *Frühlingssturm* einen winzigen irgendwie allerliebsten Aufsatz, worin er sich ein wenig mokiert über einen kleinen Gelehrten, der aus dem geliebten Heine einen guten Menschen machen wolle.
[4] *Gefallen* – eine wunderschöne kleine sentimentale lehrhafte Studenten- und Schauspielerinnen-Liebesgeschichte in einer Rahmenerzählung mit vier Freunden; das Ganze als Unterhaltung, sozusagen im bürgerlichen Rittmeisterton, und mit dem Versuch, den intimen Jargon der kleinen Sozietät mit auszunutzen und darzustellen; man ahnt das trübe Ende, aber der Autor, bei aller vorgekehrten Distance, spielt doch auch sehr stark mit Gefühlseffekten.

er mit dem Volontariat auf, er will einen publizistischen Beruf ergreifen und schreibt sich als Gasthörer an der technischen Hochschule ein. Er bewundert den großen Bruder nach wie vor, schreibt (und publiziert, wie der Bruder, journalistische Gelegenheitssachen in dessen Zeitschrift[5]), studiert ein bißchen, fährt jetzt im Jahre 96 zum Bruder nach Rom, beide verbringen dann schöne Wochen in Palestrina (dem alten Praeneste im Kreis Rom; der Ort war auch vor den Brüdern Mann schon berühmt, unter anderm als Geburtsort des gleichnamigen Komponisten, eben Palestrinas); der große Bruder bleibt in Rom, der kleine fährt im Oktober wieder nach München, zur Familie. Er knüpft Verbindungen mit dem *Simplicissimus* an, verbrennt Tagebücher (fängt dann aber sofort wieder eins an, in das er vermutlich als erstes schreibt, er habe Tagebücher verbrannt: vermutlich, denn auch diese hat er wieder verbrannt), im Oktober fährt auch er nach Italien, und zwar nach Venedig (Sie kennen es? Sie kennen es; bald geht es ja auch unter), dann nach Neapel; im Dezember treffen die Brüder sich in Rom.[6] – *G I D E* fährt im Frühjahr 92 nach München

---

[5] unter anderm eine sonderbar konservative, sicher an das Blatt (also dieses *Zwanzigste Jahrhundert*) angepaßte Kritik an Panizza: er identifiziert Panizzas Gotteslästerungen mit artistischen Schwächen. Erwähnenswert vielleicht noch eine Besprechung einer Lyrikanthologie, mit einem Lob des Konservativen, Patriotischen, und verbunden mit einem unklugen Angriff auf Dehmel. 96 in einem Beitrag zitiert er mit Beifall Paul Bourget, wo dieser konservativ ist (das ändert sich bald) und nennt Deutschland das jüngste und gesündeste Kulturvolk Europas; und dann, noch einmal in dieser Zeitschrift, greift er Alfred Kerr an und findet, in Anlehnung wieder an Bourget, der Kritiker, ein Künstler in der Art der Schauspieler, sei im Gegensatz zum immer einseitigen Künstler in der Art des Schriftstellers »vielseitig, eben weil er keine Persönlichkeit ist, denn er ist jeden Tag eine neue«; der Kritiker, sich einfühlend, sei kein Richter, sondern eher ein »Erklärer«.

[6] aus diesem Jahre 96 gibt es noch drei kleine Erzählungen, die dann in den Sammelband *Der kleine Herr Friedemann* aufgenommen werden. Eine, *Der Wille zum Glück*, handelt von einem jungen kranken Maler, dem die Hand des Mädchens verweigert wird, das er liebt,

1896  (im nächsten Jahr werden, wir wissen das, Manns dort sein, für lange, da haben sie sich also verpaßt), im Sommer bereist er mit einem Freund die Bretagne, im Winter müßte er zum Militär, aber das wird ihm erlassen wegen seiner Kränklichkeit, jetzt hat er TB (über die Krankheiten dieser dann rüstigen Achtzigjährigen gehe ich oft ein bißchen leicht hinweg). 93 (im Jahr davor hatte er als Ergänzung zu seinen *Heften des André Walter* dessen *Gedichte* publiziert, wie der Titel sagt: Gedichte; mit Gedichten und Theaterstücken beschäftigen wir uns hier nur in Ausnahmefällen; vielleicht aber soviel: diese Gedichte sind auch eine Art Kontrafaktur zu dem kleinen vorausgegangnen Roman; in den Gedichten nämlich kann Walter einerseits absolut trocken und ironisch sein, andrerseits aber wunderbar unverquaste Utopien aufschreiben: beide Andrés schreiben hier gegen sich selber – eine der großen und bleibenden Möglichkeiten, die Gide als Autor haben wird[7]), 93 also veröffentlicht er zwei

---

das ihn liebt; er lebt weiter, nach fünf Jahren darf er sie doch heiraten, und stirbt; man ahnt das böse Ende, aber die Geschichte ist gut erzählt. *Enttäuschung* ist der Monolog des Mannes in Venedig, der gesehn hat, daß alles im Leben (»ich bin in das berühmte Leben hinausgetreten«, sagt er) kleiner ist als erwartet: enttäuschender. Der junge Autor probiert wieder Rollenprosa, aber so ein Satz wie der über das Hinaustreten in das Leben ist groß. – Bruder Heinrich übrigens schreibt im selben Jahre eine ebenfalls *Enttäuschung* betitelte kleine Erzählung: eine junge Frau stirbt enttäuscht bei der Entbindung (sie hat auch Schwindsucht), als sie merkt, daß ihr Mann den Brief, in dem sie ihm einen Fehltritt beichtet, gar nie gelesen hatte – eine hübsch geschriebene Geschichte, gewissermaßen im leichteren südlichen Stil.

[7] in sein Tagebuch notiert er: »...ich bin unruhig, weil ich nicht weiß, wer ich sein werde; ich weiß nicht einmal, wer ich sein will; ich weiß aber wohl, daß es zu wählen gilt. Ich möchte auf sicheren Wegen wandeln, die nur dahin führen, wohin zu gehn ich mich entschlossen hätte; aber ich weiß nicht; ich weiß nicht, was ich wollen soll...«; ... (der Künstler) »muß nicht etwa sein Leben erzählen, wie er es gelebt hat, sondern es so leben, wie er es erzählen wird. Anders ausgedrückt: das Porträt, das sein Leben darstellt, soll sich mit dem Idealporträt decken, das er sich wünscht; einfacher: er sei, wie er sich will...«

Büchlein[8], fährt mit seiner Mutter nach Spanien (als der  **1896** deutsche Romancier Jean Paul sich seine Italiensehnsucht – er war nie in Italien – vom Herzen geschrieben hatte, befiel ihn eine gewaltige Spaniensehnsucht: aber auch dorthin ist er natürlich nie gekommen, ganz ungleich uns allen), lernt den Dichter Francis Jammes kennen, dem er eines seiner Büchlein widmet, und geht im Herbst mit einem Freund nach Nordafrika; er wird krank; ihm wird klar, daß er schwul ist, und er genießt die Liebe. Dann, 94, kehrt er über Italien nach Paris zurück, wo er sich aber nicht wohl zu fühlen scheint; im Oktober geht er in die Schweiz, um das nächste Buch zu schreiben[9].

---

[8] erstens *Die Reise Urians* – als seine eigne Reise und die einiger Gefährten und einer Frau schildert der Titelheld eine schwer symbolbeladne Fahrt durch einen Orient, durch eine Schlammwüste und durch ein Eismeer: dort endet die Reise, aber an keinem sinnvollen Ziel, sie ist eben aus, und auch in sich voller sinnleerer oder allzu sinnschwerer Erscheinungen: Frauen, Tiere, und ein Mitfahrer tötet harmlose Vögel. Geschrieben in einer kostbaren schweren nur zweimal ganz leicht ironisch eingefärbten Sprache, scheint das Ganze ein Mittelding zwischen Lebensallegorie und Künstlersymbol, durchmischt mit einigen autobiographischen Spuren und tausend Zitaten und Anspielungen. Und zweitens den *Liebesversuch* – jemand erzählt eine Liebesgeschichte bukolischer Art zwischen Frühling und Herbst in einer meernahen Landschaft mit einem lockenden verschloßnen Park in der Ferne, und wird mehrmals vom Autor unterbrochen, der sich an eine Leserin oder Zuhörerin wendet und die erzählte Liebesgeschichte auch ein bißchen langweilig findet (hier haben wir ein bißchen was von Gides Kunst der Kontrafaktur). In der Geschichte selber vererbbt die Liebe im Herbst, der Park, in den die beiden endlich gelangen, ist verlassen, und der junge Mann kennt nun auch noch andre Ziele als die Gegenwart der Lust: so sehr diese den Sommer erfüllt hat.

[9] *Paludes*, eine vielfältig zersplitterte und gewissermaßen künstlich unzusammenhängende Erzählung, worin ein Autor, sicher Gide selber, den alles was ist auf fast komische Art zu Tode langweilt, zu seiner Rettung an einem Buch schreibt, über das er jedem seiner Bekannten und Freunde etwas völlig andres erzählt, und von dem jeder in seiner Umgebung mit der Zeit ein festes Bild hat: aber keins dieser Bilder deckt sich mit dem andern. Unmengen von Personen treten auf, lauter nicht einmal boshafte Karikaturen einer literarischen und erotischen Großstadtschickeria, zwischen ihnen bewegt der dargestellte Autor sich wie ein Jongleur seiner selbst: vor dem Absturz bewahrt ihn allein das Buch, das auch deshalb keiner kennt, weil es

Anfang 95 fährt Gide wieder nach Nordafrika, er trifft dort Oscar Wilde (er hat ihn schon oft getroffen, wie wir wissen, aber hier trifft er ihn eben auch); er bleibt nicht lange, Ende Mai stirbt seine Mutter, danach verlobt er sich (endlich!) mit Kusine Madeleine, im Oktober heiratet er sie, sie machen eine lange Hochzeitsreise: Schweiz, Italien, Tunesien, Algerien, ins Geburtsland seiner wahren Neigungen[10]. Aber während er noch auf dieser Hoch-

---

eben jenes ist, durch dessen Abfassen sich hier Gide davor rettet, nach dem Abtun der Tradition und der bis dahin geltenden Konventionen in eine geniale Beliebigkeit zu geraten, aus der er auch noch nicht wieder hinauswüßte (das Schreiben von Werken, die es in dieser Art dann eigentlich immer nur ein einziges Mal geben kann, ist eine Lieblingsbeschäftigung der großen jungen Leute zwischen 1890 und 1920, auch Valéry wird ihr sogleich nachgehn). Das Unternehmen bei Gide ist wunderbar gelungen, man empfindet die ganze Faszination einer wieder einmal anfangenden Kunst. – In sein Tagebuch notiert sich Gide: »... die schönsten Dinge sind die, welche der Wahnsinn zuflüstert und die Vernunft niederschreibt. Man muß zwischen beiden weilen, ganz nah dem Wahnsinn, wenn man träumt, ganz nah der Vernunft, wenn man schreibt... jeden Herbst habe ich auch Dickens, Turgenjew und Eliot gelesen; besonders aber Dickens, den ich am liebsten von allen gern in der Abenddämmerung lese, wenn ich von einem langen Waldspaziergang heimkehre; und dann in Pantoffeln, am Kaminfeuer, Tee trinkend und immer in jenem großen grünen Lehnstuhl...« Zum Wort Paludes eine andre hübsche Tagebuchnotiz aus Italien, von der Hochzeitsreise: »... schon sinkt der Arno stark, und heute morgen sind die Sucher nach Schlamm und Sand wieder erschienen – paludische Arbeiter, die ihren flachen Kahn mit Lehm aus dem Flußbett und den niedrigen Böschungen des Stroms vollschaufeln...«

[10] in sein Tagebuch notiert er: »... die Wüste liebe ich unendlich. Im ersten Jahr fürchtete ich sie ein wenig, wegen ihres Windes und ihres Sandes; dann konnte man auch, weil man kein Ziel hatte, nicht mehr anhalten, und ich wurde sehr schnell müde. Ich zog die schattigen Wege unter Palmen vor, die Gärten von Ouardi, die Dörfer. Aber im letzten Jahr machte ich riesige Spaziergänge. Ich hatte kein andres Ziel als das, die Oase aus den Augen zu verlieren; ich ging und ging, bis ich mich endlich ungeheuer allein in der Ebene fühlte. Der Sand war samtig im Schatten, am Hang seiner Hügelwellen, wo Insektenspuren verliefen; Koloquintenpflanzen welkten da, Sandkäfer eilten, in jedem Windhauch war ein wunderbares Brausen, und wegen der großen Stille war noch das geringste Geräusch zu hören. Manchmal schwang sich bei der großen Düne ein Adler auf...«

zeitsreise ist, wird er, wie er dann zu seinem Entsetzen erfährt, als er hinkommt, im Dorf seines väterlichen Land-
sitzes in der Normandie zum Bürgermeister gewählt. –

V A L É R Y studiert weiter (Jura, Sie erinnern sich, er
hat dann das dritte Jahr hinter sich), veröffentlicht eigne
Gedichte und poetische Prosatexte, übersetzt Stücklein
von Dante und Petrarca, im Spätsommer hat er irgendeine heftige intellektuelle und emotionale Krise, im Herbst
in Genua während einer Gewitternacht kommt es zum
Höhepunkt, und Paul will jetzt kein Literat mehr werden,
jedenfalls kein Lyriker, ja im Grund will er irgendwie
seinen Geist ganz andern Feldern zuwenden als dem
der Poesie: irgend so etwas, das ist schwer zu fassen.
Er beginnt nun wissenschaftliche Autoren zu lesen.
94 geht er nach Paris, dort will er bleiben; im Sommer
macht er eine Reise nach England, wo er den großen
und uns so vertrauten (erinnern Sie sich an die große
Liebende? Clothilde? und an seine Diana?) Romancier
Meredith trifft; er beginnt die Arbeit an seinen ersten
größeren Prosasachen[11], und macht ab jetzt täglich früh-

---

[11] darunter der Anfang seiner nachmals und bis heute so legendären Schriften zu *Monsieur Teste: Ein Abend mit Herrn Teste*. In dieser
kleinen Prosaskizze unterhält sich ein Ich, sicher Valérys, mit einem
Mann, der sein ganzes aktives eigentliches Dasein auf das Denken
konzentriert, oder genauer: auf die Operationen des Hirns beim Denken: auch dies ist zweifellos Valéry als ein Idealtyp, gewissermaßen
das was vom Menschen bleibt, wenn man die beste bis jetzt verbliebne
Idee von ihm zu einer möglichen Person macht; äußerlich ist dieser
Herr Teste ein kleiner unauffälliger Pariser Bürger, der von gering-
fügigen Börsenaktivitäten lebt, er hat kaum Bücher, er gestikuliert
nicht, er raucht aber, alles Wichtige an ihm ist unsichtbar, ist Hirn,
Geist, und läßt sich nicht erzählen; allenfalls sieht man, wie alles
andre überall in seinem Blick komisch und unwichtig wird. Ende
der zwanziger Jahre hat Paul diesen Text ergänzt und ausgebaut, doch
für größere Erzählungen ist Teste natürlich kein Gegenstand; aber
irgendwo, vielleicht erinnern Sie sich, habe ich schon einmal aus
einem Brief von Madame Teste etwas zitiert, ich will nachsehn: ja,
1833, als Gutzkow erzählt, auf welche Weise er als Kind, nämlich
nur auf die Melodie des Redens lauschend, Schleiermacher in Berlin
gehört habe.

1896 morgens Notizen in seinen *Cahiers*[12]: das wird er sein Leben lang tun. 95 veröffentlicht er einen großen Essay[13], nimmt an einem Bankett zu Ehren von Edmond de Goncourt teil (den wir hier eben begraben haben), im Sommer bewirbt er sich um einen Job beim Kriegsministerium, im Herbst macht er mit seiner Familie eine mehrmonatige Reise durch Oberitalien. Jetzt, 96, verkehrt er in Paris in Künstlerkreisen, er ist befreundet mit Marcel Schwob, einem Freunde auch Wildes (und Renards, Sie erinnern sich?), Verfasser der in diesem Jahr und gleich bei uns hier erscheinenden berühmten *Vies imaginaires*, des *Romans der 22 Lebensläufe*; im Frühjahr geht er mit journalistischen Aufträgen nach London, im Dezember ist er bei der berühmten Premiere von Jarrys *Ubu Roi* dabei; und dann wird er sich für eine Weile im Kriegsministerium anstellen lassen. – *M A U G H A M*

[12] »...bewußt zu sein, das heißt in jedem Augenblick die Beziehung herzustellen zwischen dem, was man denkt und tut, und dem, was man denken und tun könnte...«

[13] *Einführung in die Methode des Leonardo da Vinci*; er beschreibt, was er unter schöpferischem Vermögen versteht: nämlich das phantasiereiche Konstruieren der Natur, wenn ein wirklich waches und kombinationsbegabtes Auge sie durchschaut. Leonardo ist für ihn die erste geglückte und seither eigentlich gültige Verbindung von fast ingenieurhafter Forschung und intellektuell kontrollierter Intuition: Leonardo, in diesem Essay natürlich selber eine künstlerische Konstruktion, ist für Paul der Inbegriff des modernen Künstlers, der mit keinen bloß emotionalen Vorstellungen des Kunstschaffens mehr viel im Sinn hat. Valéry schreibt einen wunderbar leichten Stil, sachlich, kühl und zugleich fast melodisch elegant, und da er ganz im Grunde ja über sich selber schreibt, befriedigt uns an diesem Essay vermutlich diese seltne, sozusagen programmatische und ideale Einheit von Gegenstand, Autor und Methode (das Schreiben von Werken, die es in dieser Art eigentlich nur ein einziges Mal geben kann, ist eine Lieblingsbeschäftigung der großen jungen Leute zwischen 1890 und 1920 – Sie erinnern sich an Gides Parallelwerk, die *Paludes*?). 1919 und noch einmal 1930 hat Valéry diesen Essay kommentiert und erweitert, am Ende steht dann nach dreieinhalb Jahrzehnten ein formal ziemlich singuläres Essaywerk da. – In seine *Cahiers* notiert er sich: »...verstanden habe ich etwas, wenn mir scheint, ich hätte es erfinden können. Und ich weiß es ganz und gar, wenn ich zuletzt glaube, ich sei selbst darauf gestoßen...«

ist 92 aus Deutschland wieder nach England zurück- 1896
gekehrt, er studiert jetzt in London Medizin, er will, oder
soll, Arzt werden; seine erste Italienreise (jetzt waren sie
also alle da) macht er erst 94, über Ostern; im Jahre 95,
er studiert nach wie vor Medizin in London, trifft ihn,
wie alle Schwulen und besonders jene Schwulen, die
schreiben oder schreiben wollen, das Aufsehn schwer,
das der berüchtigte Prozeß gegen Oscar Wilde und dann
Wildes Verurteilung machen; auch in diesem Jahr fährt
Maugham nach Italien, diesmal nach Neapel und besonders nach Capri, jetzt einem Refugium englischer
Homosexueller (auf Capri war ich eines Tages im Winter
während einer Regenpause, es war überhaupt keiner da
außer den Einwohnern; aber Capri war schön; und wenn
ich denke, daß alle meine Helden solche Orte schon
vor runden hundert Jahren haben sehn dürfen, dann
schlägt mir das Herz, ich weiß nicht warum). Jetzt, 96,
studiert er weiter, und geht pausenlos ins Theater, an
dem er als angehender Autor Interesse hat; im Jahr zuvor
hat er miterlebt, wie Henry James auf dem Theater aus-
gepfiffen worden ist; er selber schreibt, neben Versuchen
fürs Theater, auch Erzählungen[14], vor allem schreibt er
seinen ersten Roman, *Liza von Lambeth*, wir werden ihn
gleich kennenlernen.

---

[14] *Ein schlimmes Beispiel* heißt eine Erzählung: ein kleiner Angestellter, der eines Tages als Leichenbeschauer die Leichen Verhungerter
sieht, ändert sein Leben und folgt Jesus nach, verschenkt sein Geld,
und so weiter; seine Frau holt den Arzt, den Pfarrer, einen Psychiater,
dann erklären sie den Mann für irr; *Daisy* geht so: aus einem normal
bigotten Fischerdorf läuft ein Mädchen mit einem Soldaten davon;
der verläßt sie; der Vater möchte sie wieder aufnehmen, aber Mutter
und Sohn untergraben das; schließlich ist das Mädchen Schauspielerin und heiratet einen jungen reichen Lord, jetzt findet das Dorf die
Eltern unchristlich, schließlich zwingen Mutter und Bruder den Alten,
einen Bettelbrief an die Tochter zu schreiben. Keine so sehr guten
Sachen, Maugham hat seine Themen noch nicht gefunden (beide

Marcel Schwob, dessen *Buch von Monelle* wir kennengelernt haben, und von dem wir nun glauben mußten,
eine gewisse seelische Morosität werde es ihm nicht
leicht machen, vernünftige Sätze zu schreiben, bringt
jetzt in seinem *Roman der 22 Lebensläufe (Vies imaginaires)*
das Kunststück fertig, fast zwei Dutzend Lebensläufe
bekannter und unbekannter Leute aus allen Zeiten durch
denselben ruhigen, wenn auch fast bedenklich ruhigen
Stil so zu verbinden, daß beinahe so etwas wie eine
zweite Welt neben der unsern entsteht, und deren Einheit und Besonderheit stelle nun wie von selbst einen
quasi romanhaften Zusammenhang unter allem her,
was sie enthält. – Herman Bang schreibt *Ludvigshöhe*,
ein wahres Wunderwerk an sozialer und menschlicher
Charakterisierung rein durch den Dialog (bei Bang
wie bei Fontane und James wird der Dialog in diesen
Jahren, bis hin zur Jahrhundertwende – Bangs *Graues
Haus*, Fontanes *Stechlin*, James' *Awkward Age* –, ein
immer glänzenderes, immer komplizierteres und zugleich
immer natürlicheres Mittel des Romanschreibens). –
Joseph Conrad publiziert den *Verdammten der Inseln*,
worin er einerseits die Vorgeschichte Almayers erzählt,
des Helden seines ersten Buchs, andrerseits aber in der
Liebes- und Rachegeschichte einer Eingeborenen noch
sinnlicher und anschaulicher jene exotisch-fremde Welt
beschwört, in welcher weiße Männer nur das bißchen
noch verlieren können, was sie zu besitzen glauben,
woran sie hängen, wovon sie träumen. – Fontane schreibt
die *Poggenpuhls* und arbeitet an der dann unfertig liegen-
gebliebnen *Mathilde Möhring*. – Von Raabe erscheinen
die *Akten des Vogelsangs*, das schönste und genialste seiner Bücher; der Erzähler, man kann das kaum ganz
genau sagen, ist entweder sehr bieder oder er gibt sich

Erzählungen erscheinen 99 in dem Novellenband *Orientations*). Ein
Theaterstück von ihm, *Ehen werden im Himmel geschlossen*, 1896, hat
1902 Uraufführung in Berlin.

so[15]; was er erzählt, ist eine beinahe unweltliche oder eben in dieser biederen Welt unmögliche Liebesgeschichte  zwischen einem der bleibt und einer die weggeht – groß etwa, wie der Bleibende irgendwann alles was er hat verbrennt oder wegtragen läßt, wenn es nicht hat brennen wollen. – Fogazzaro (reich, studierter Jurist, hochadlig verheiratet, wohnhaft in Vicenza und am Luganer See; beneidenswert im Grunde wohl, aber er hatte Probleme mit der Kirche) malt in seinem Roman *Entschwundene kleine Welt* ein hinreißendes Bild eines ewig (und schon damals) vergangnen Oberitalien, dieser aber immer noch schönsten aller Gegenden; sein Roman spielt Ende der fünfziger Jahre, in den italienischen Freiheitskämpfen gegen die Österreicher, eine Liebe spielt eine Rolle zwischen einem Frommen und einer Nichtfrommen – dieses Thema hat den Autor offenbar sehr bewegt, der Roman lebt aber zu seinem und unserm Glück von den niederen Dingen des Lebens, der Landschaft, dem Alltag der Leute dort. – Grazia Deledda schreibt einen ihrer ersten so einfach aussehenden Heimatromane, *Ehrliche Seelen*: der junge erdverbundne Sohn macht Bergland fruchtbar, und endlich kriegt er dann auch die schöne Verwandte, die er immer schon liebt . . . – das klingt wirk-

---

[15] er redet von seiner Frau als seinem Weibchen, sie entsprechend von ihm, und zweifellos hat mein Freund Fuld (von dem wir hier dann Abschied nehmen müssen) recht, wenn er findet, Raabe stelle diese biedere Welt der Welt der Figuren, von denen dann die eigentliche Erzählung handelt, kraß entgegen; beim Lesen aber wird dann gerade dadurch, daß in der Sprache dieser mitunter und anfangs so bedrückend wirkenden biederen Welt tatsächlich eine ganz und gar andre und andersartige Geschichte erzählt werden kann, eben diese Sprache durchlässig für Schicksale, die sich vielleicht diese biedere Sprache, mit der sie groß geworden sind, gewissermaßen ein zweites Mal freiwillig wählen, damit wenigstens ihnen, den Überlebenden, den Erzählenden, noch etwas bleibt, worin sie, wenn auch nur wie Vorübergehende, zu Hause sein können. Jedenfalls habe ich mir nur auf diese Weise erklären können, wie Raabes eigne Diktion dahin gelangen kann, Geschichten zu bringen, die kein Lesender in ihr vermuten würde – außer eben er liest Raabe, den einzigen.

1896 lich simpel, aber Grazia Deledda, von der wir noch einige Bücher kennenlernen werden, ist eine wunderbare Erzählerin. – Ganz in der Region, die sie kennt, aus der sie kommt, Maine, bleibt auch Sarah Orne Jewett mit ihrem Roman, oder ihrer Geschichtenreihe (in dieser Hinsicht, aber auch nur in dieser, vergleichbar der Gaskell und ihren Kleinstadtanekdoten, ich hatte das damals schon angedeutet), *Land der spitzen Tannen*; da ist etwa ein alter Kapitän, ein großer Leser von Milton und Shakespeare, der einmal, nach einem Schiffsscheitern, jene Stadt am Meer gesehen hat, in welcher die Gestorbenen leben, wie in einem Übergangsstadium zwischen dem Leben und dem endgültigen Tod, das ist eine ganz wunderbare Geschichte, die von fern wie vorausahnend an den wahnsinnigen Howard Phillips Lovecraft erinnert, einen späten Kollegen der Jewett aus Providence. Oder es gibt da den wunderlichen alten Mann, einen Fischer, der auf seine ruhige Art nicht darüber hinwegkommt, daß seine Frau vor ein paar Jahren gestorben ist; auf dem Acker hinter dem Haus hat er Stangen stehn, unregelmäßig verteilt, das seien Bojen, sagt er, zur Kennzeichnung der Felsen unter der Krume. Oder da ist die winzige Insel, auf die sich vor vielen vielen Jahren eine ganz junge Frau zurückgezogen hatte, sie war verlassen worden von dem Mann, den sie geliebt hatte, und glaubte damals so sehr mit Gott und dem Leben gehadert zu haben, daß sie alleine lebend einzig Buße tun könne dafür. Alle diese Geschichten und Geschicke erzählt die Autorin mit derselben Ruhe und Anteilnahme, mit der sie dann, an einem Höhepunkt des Buchs, einen Familientag schildert: von überall her kommen sie, zu Lande in Pferdewagen, übers Wasser in Booten, deren Segel von ganz weitem für die schon zu sehn sind, die auf dem Landweg über Hügel die Bucht erreichen, an der das große Haus liegt, in dem und um das herum dann gefeiert wird; und es liegt eine beinah zeitlose Stimmung über dem Ganzen, über dieser gewissermaßen

epischen Landschaft, die es dort einmal gegeben haben muß, die es vielleicht noch gibt. – Und Anatole France bringt das erste Stück einer Tetralogie von *Romanen der Gegenwart* heraus, *Die Ulme am Wall*; Held dieser Romane, oder eigentlich wohl dieses vierteiligen Romans, ist Bergeret, irgendwo in der Provinz ein Professor für lateinische Literatur, und in seiner Provinz, aus ihr heraus, ein ironischer skeptischer Beobachter der Welt; in diesem ersten Buch geht er gern mit einem Geistlichen unter den Ulmen spazieren, beide kommentieren eine Bischofswahl, die die kleine Stadt in Unruhe versetzt. Heinrich Mann (der einmal, 1904, auch einen kleinen Roman von France übersetzt hat) fand später, daß man gerade diese Bergeret-Bücher gar nicht gründlich genug lesen könne, und er jedenfalls las sie gründlich, das muß man sagen, und er tat recht daran, und wir sind ihm dankbar dafür.

❖

Geboren werden in diesem Jahre: im Januar, Anwaltssohn, Enkel eines portugiesischen Einwanderers, John Dos Passos in Chicago; im Februar, Sohn eines Geschäftsmanns, in dem kleinen Ort Tinchebray in der Normandie, an der Orne, die durch Calvados fließt, André Breton, der mit Aragon und Soupault zusammen den Surrealismus erfand und einmal sogar Freud in Wien besuchte; im April in Neuilly, westlich von Paris, aus einer alten adligen Familie, Henry de Montherlant, stierkampfverrückt, Frauenverächter, Verehrer von Nietzsche und d'Annunzio; im September erst Heimito von Doderer, Architektensohn in Weidlingau bei Wien, Dragoneroffizier; dann in St. Paul, der Hauptstadt von Minnesota, am Mississippi, 3185 Kilometer vor dessen Mündung, Francis Scott Fitzgerald, eins der großen Genies der neuen amerikanischen Literatur, deren Häupter jetzt allmählich auf die Welt kommen; und im Dezember in

Palermo, Fürstenkind, Giuseppe Tomasi di Lampedusa –
das sollte man kaum für möglich halten, daß er derselben
Generation angehört wie Dos Passos, wie Fitzgerald,
nicht wahr? aber wahrscheinlich ist das auch gar nicht
so, und die Zeit bringt bloß alles durcheinander.

1 ✦ 8 ✦ 9 ✦ 7

Grabschrift (116) für

D*AUDET*. Siebenundfünfzigjährig, auf der
Höhe seines gewaltigen Ruhms, stirbt in Paris
Alphonse Daudet, ein Freund Flauberts und
Turgenjews, Zolas und des älteren Goncourt[16], den wir
letztes Jahr in Champrosay haben sterben sehn: im selben
Champrosay hatte Daudet ein Landgut. Daudet war im
schönsten und umfassendsten Sinne populär; die breiten
Leserschichten liebten ihn von Anfang an für die *Briefe
aus meiner Mühle*, von 1869 (aus einer Erzählung daraus
machte Daudet das Drama *L'Arlésienne*, das Bizet ver-
tonte), dann für seinen *Tartarin von Tarascon*, von 72; viel
gelesen wurden auch, von Anfang an, seine Romane,

---

[16] einmal, April 1880, schreibt Flaubert seinem Freunde Turgenjew, bei ihm zu Hause hätten sie alle einen Champagnertoast auf ihn,
Turgenjew, ausgebracht, anwesend seien gewesen: er, natürlich, dann
Zola, Charpentier (ein berühmter Verleger), Daudet, Goncourt, Fortin
(Flauberts Arzt) und Maupassant (für den sich Flaubert kurz vorher
in einem Offnen Brief eingesetzt hatte, als man ihm, Maupassant,
einen Prozeß wegen Gefährdung der öffentlichen Moral anhängen
wollte); »nachdem sie hier zu Abend gegessen hatten«, fährt Flaubert
fort, »haben die Herren hier übernachtet, – & sind am nächsten Tag
nach dem Mittagessen wieder weggefahren. Ich mußte an mich halten, um ihnen nicht etwas aus *B. & P.* vorzulesen« – das war also
Anfang April, Anfang Mai starb Flaubert; B. & P. sind die gräßlichen
Bouvard und Pécuchet.

für deren mittlere ich Sie gern als Leser gewonnen hätte, Sie erinnern sich an den *Numa Roumestan*, an die *Sappho*. Verehrt wurde Daudet aber ebenso sehr von den Kollegen, und nicht nur denen seiner Generation – Proust[17] rühmt ihn wo er kann, es gibt mehrere merkwürdig eindrucksvolle Aufsätze, worin er den schmerzgeplagten Daudet schildert (Daudet hatte seit Mitte der achtziger Jahre ein Rückenmarksleiden) und in großartiger Stilisierung in die Nähe Christi rückt; uns berührt das sonderbar, die klugen Leser damals waren hinaus über solche Berührtheiten (auch der skeptischmilde Abstand, den aller Damaligen Freund Anatole France zu Jesus und den Seinen hatte, kann uns heute ja nur mit Neid erfüllen).

---

[17] Proust mußte sich nach dem Erscheinen seiner *Freuden und Tage* (das Buch erschien jetzt, 96) mit einem gewissen Lorrain duellieren, als dieser, Februar 97, in einer Zeitung angedeutet hatte, Proust genieße die Protektion Daudets, weil er etwas sehr eng mit dessen Sohn Lucien befreundet sei. Tatsächlich war Proust mit der ganzen Familie Daudet befreundet, er schätzte die literarischen Arbeiten Luciens, namentlich aber die seines älteren Bruders Léon, ungeachtet des unangenehmen Antisemitismus, den Léon vertrat (Léon – der, nebenbei, unsern alten Bekannten Montesquiou nicht leiden konnte – war übrigens Mitglied der Académie des Goncourts, die wir uns gerade haben gestiftet werden sehn, und er war es wohl, der dafür sorgte, daß sein Freund Proust im Jahre 1919 den so begehrten Prix Goncourt bekam –, es läßt sich natürlich sehr viel gegen solche Freundschaftsausübungen sagen, oft aber dienen sie doch sehr sowohl der höheren als auch der niederen Gerechtigkeit). Reynaldo Hahn, Prousts Geliebter zwischen 1894 und 96, hatte ihn, Proust, bei Daudets eingeführt, dort hatte Proust Lucien kennengelernt, enger zusammen waren sie wohl seit 96 (Jules Renard, den wir kennen – *Schmarotzer* und *Muttersohn* –, beschreibt Lucien: »Ein hübscher Junge, frisiert, pomadig, geschminkt und gepudert, mit leiser Stimme sprechend«); Lucien durfte später – Proust hielt nach abgekühlter Leidenschaft gern Freundschaft – noch vor der Veröffentlichung Prousts *Swann* lesen, und rezensierte das Buch voll Begeisterung im *Figaro* (diese Rezension erschien dank sehr guter Beziehungen Luciens, aber auch hier gilt das oben schon Gesagte über die Gerechtigkeit).

1897 Hermann Bahr schreibt einen kleinen Roman, *Theater,*

worin ein Mann, der einmal ein erfolgreiches Stück geschrieben hat, erzählt, wie er dann, durch Frauen und
eignen Übermut, als Autor untergegangen ist. – Joseph
Conrad bringt eine große Seegeschichte heraus, den
Nigger von der Narcissus; »die Nacht war klar«, schreibt er
einmal, mitten im Buch, »die Nacht war klar, mit einer
leichten Brise. Über den Mastspitzen spannte sich die
strahlende Kurve der Milchstraße durch den Himmel,
ein Triumphbogen ewigen Lichts über der dunklen Bahn
der Erde«; und in einem kleinen Vorwort sagt er über
die Kunst des Schreibens: »Für die Spanne eines Atem-
zugs die geschäftigen Hände zur Ruhe zu bringen, die
Menschen, die wie gebannt fernen Zielen zustreben, für
einen Moment auf die Formen und Farben ringsum,
auf den Sonnenschein und die Schatten aufmerksam
zu machen, so daß sie innehalten zu einem Blick, einem
Seufzer oder einem Lächeln – dies ist die Absicht, schwierig und schnell verlöschend, die zu erreichen nur sehr
wenigen vergönnt ist. Manchmal aber, wenn einer Glück
hat und sich dessen würdig erweist, wird sogar diese
Aufgabe erfüllt. Und wenn sie erfüllt ist, dann – siehe
da! – finden wir alle Wahrheit dieses Lebens: ein Augenblick der klaren Sicht, ein Seufzer, ein Lächeln – und
die Rückkehr in ewige Ruhe.« – France bringt den zweiten Band seiner schönen Tetralogie heraus, *Die Probierpuppe*; Bergeret hat Streit mit seiner Universität, seine
Frau verachtet ihn, und läßt ihn endlich allein, als er
sie mit einem seiner Schüler ertappt. – Pérez Galdós beschreibt in dem Roman *Misericordia* noch einmal sein
Madrid, die Bettelgesellschaft diesmal, in einem Ton-
gemisch aus barmherziger Zuneigung und fast surrea-
listischer Neugier: er gehört zu jenen großen älteren
Autoren, die man erst wirklich erkennt, wenn man die
Modernen gelesen hat (das ist natürlich ein völlig trivialer
Satz: unsre Lust des, wenn ich einmal so sagen darf:

archäologischen Lesens ist eine unendlich lesegeschulte
Lust, wir finden nur mit erneuerten Augen[18]). – Der
zwanzig Jahre jüngere Unamuno, groß in allen Sparten,
als Lyriker, Essayist, Dramatiker, Romancier, schreibt
Frieden im Krieg, einen nicht auf Anhieb mitreißenden,
aber wunderbar plastischen und ungemein nachdenklichen Roman über die traurige jüngste Geschichte seines
Landes, über den Dritten Karlistenkrieg (das ist genau
jene Zeit, über die dann Ramón del Valle-Inclán 1929
seine große Trilogie schreiben wird). – Jakob Wassermann wird bekannt mit den *Juden von Zirndorf* (einen
Erstling, *Melusine*, hat er stets verleugnet), einem sehr
durcheinandren Buch, das chronik- und holzschnittartig
mit einer Geschichte gleich nach Wallenstein losgeht,
dann kommt die Gegenwart: »Im Jahre 1885 fing es in
den Ebenen der Rednitz und Pegnitz einige Tage nach
Mariä Himmelfahrt an zu regnen, und es regnete unaufhörlich bis über die Mitte des August hinaus« – und
so endet das Buch auch, im Wasser, nämlich mit dem
bekannten Tode Ludwigs; zwischendurch, auf Seite 155,
zu Beginn des zentralen zehnten Kapitels, von neunzehn
nämlich, ist Mittag, und es heißt: »Die strahlende Mit-
tagssonne leuchtete, als Agathon von der Höhe herabstieg
ins Dorf« – jedermann denkt hier, jedermann damals,
97, dachte hier jedenfalls an Nietzsches Zarathustra,
und wenn man das verzweifelt Sintflutartige des anfänglichen Regens dazunimmt und am Ende den ganz und
gar und absolut verblüffend für uns Heutige ins Messia-
nische hinaufstilisierten Tod des Kinis, dann sieht man ein

---

[18] es ist im Grunde mit dem ganzen Lesen hier ein bißchen so,
daß wir an die Stelle der Geschichte so etwas wie reine Archäologie
setzen: und wie Schliemann entdecken wir glänzende Goldmasken
auf grenzenlosen Friedhöfen in pfadlos dunklen Gegenden. Ich übertreibe jetzt, aber wir Romanleser wollen den Glanz und das Gold,
und das Lesen zielt (aber ich übertreibe jetzt, wie gesagt) nicht aufs
Aufhellen jener dunklen Gegenden, sondern ist selber schon fast die
ganze Lust.

 *1897* bißchen, was der junge Wassermann sich da vorgenommen hat, nämlich viel zu viel, das ist sicher. – Ganz anders debütiert Georg Hermann, nämlich mit dem Roman *Spielkinder*: hier erzählt ein werdender junger Schriftsteller (vorerst soll er Kaufmann lernen) von sich und seiner Familie und seinen Jugendfreunden, vor allem erzählt er, ebenso wild wie rührend, eine schreckliche, sentimentale Liebesgeschichte, die ganz so tief in die unteren Milieus Berlins führt wie Dreisers Geschichte nachher in die ähnlichen amerikanischen Großstadtmilieus (wirklich sind da sonderbare Verwandtschaften, die Öffentlichkeit und die Kritik war beiden Debüts gleich wenig gewogen); eigenartig und sehr vielversprechend ist die Hermannsche Mixtur aus großer Schonungslosigkeit (aber das ist eher eine betroffne als eine aggressive Schonungslosigkeit) und fast wertherscher oder sagen wir lieber kameliendamenhafter Zartbesaitetheit – das geliebte und auf ihre wunderliche Art auch liebende Mädchen, kurz ehe der Erzähler an ihr zugrunde gehn würde, stirbt an Schwindsucht und unerfüllter Liebe, die sich unter kläglichen Umständen den Ausweg zahlender Liebschaften hat suchen müssen. Ein schöner Anfang; hier, denkt man – hofft man – (hier und vielleicht beim jungen Keyserling), könnte weitergehn, was man sonst mit Raabe, mit Fontane enden sehn müßte. – Jules Verne, der in diesem Buch keine bedeutende Rolle spielen kann, bringt die *Eissphinx* heraus, ein geistreiches Buch, worin er Poes *Arthur Gordon Pym* sehr schön weiterschreibt – wenn Sie zurückblättern mögen: ich habe Vernes Geschichte seinerzeit, 1838, bei Poes *Pym* erzählt; jetzt freilich, fast sechzig Jahre später, ermessen wir besser die wunderliche Gleichzeitigkeit dieses Roman- und Weltgewebes. – Und Henry James ist wieder da; glücklich ausgepfiffen im Theater, das uns kaltläßt, macht er sich wieder ans Romaneschreiben und bringt gleich zwei Sachen heraus, *Die Schätze von Poynton* und *Maisie*. Der

erste kleine Roman ist eine Geschichte ganz aus dem *1897*
inner circle der Gesellschaft (selbst unter Lesern James' ist
dieses glänzende Buch immer noch unterschätzt); und
Maisie ist das wunderbare Experiment eines Romans um
zwei Paare, mit Trennungen und neuen Paarungen, erzählt rein aus der Sicht (*What Maisie Knew* ist der genaue
englische Titel) eines betroffen klugen Kindes. Gale,
in seiner hier schon einmal erwähnten großen *Henry
James Encyclopedia,* macht darauf aufmerksam, daß dies
der erste Roman ist, den James diktiert hat – es ist sehr
gut, wenn man das beim Lesen dieser späten Romane
weiß, man begreift besser den kreisenden Duktus des
Räsonierens, die scheinbaren Dunkelheiten des Stils;
hübsch dies Dunkel aufnehmend, fragt Gale sich dann:
Was wird Maisie tun nach der letzten Seite des Romans?
Und wirklich, das ist eine gute Frage. – Nicht ganz glücklich erwähne ich Bierbaums *Stilpe*, einen kleinen albernen
Roman, der gern von jungen Leuten gelesen und dann
lebenslang grausam überschätzt wird, und dann lesen
ihn deren Kinder wieder, wie ihn eben deren Eltern schon
gelesen haben, und so weiter: bis heute, jetzt ist Schluß
damit. – Hinreißend gut aber ist Maughams erster
Roman, *Liza von Lambeth*; Titelheldin ist eine junge
Slumbewohnerin (London jetzt also, nach Berlin[19], nach
New York – bei Crane –, vor Dreisers Chicago), ein
schönes Mädchen mit einem unausrottbaren Hang zu
persönlicher Freiheit; sie hat einen Verehrer, selber aber
liebt sie einen älteren verheirateten Mann; zunächst bleibt
das Liebesverhältnis der beiden geheim, aber bald weiß
das ganze Viertel davon, man redet darüber, eines Tages
kommt es zu einer öffentlichen Schlägerei zwischen Liza

---

[19] jetzt also – denn aus früheren Zeiten sind uns diese Städte,
gerade auch in ihren unteren Schichten, durchaus bekannt: denken
Sie an Dickens für London (auch an Henry James später, ganz früh
haben Smollett und Fielding dort gearbeitet), und denken Sie für
Berlin an unsern Gutzkow!

1897 und der Frau ihres Liebhabers; Liza erleidet danach eine Fehlgeburt und stirbt. Maughams Stärken hier sind eine unemotionale Milieuschilderung, jedes Fehlen von Sentimentalität beim Erzählen einer Geschichte, die tatsächlich ebenso schön wie traurig ist, vor allem aber die Erfindung einer jungen Frau, in die man sich verlieben muß: ganz sicher ist diese junge Frau so etwas wie ein Selbstporträt des Autors, oder die schöne Verkörperung jener von ihm über alles geliebten Befreiung von den Konventionen einer erstarrten Gesellschaft.

Geboren wird in Wien, Sohn eines Marineoffiziers (sonderbarerweise, für Österreich, meine ich), Alexander Lernet-Holenia; in Madison in Wisconsin, Sohn eines Zeitungsverlegers, kommt Thornton Wilder auf die Welt, der mit den Iden des März und der kleinen Stadt und der Brücke von San Luis Rey und daß wir alle noch einmal davongekommen sind; in Paris kommt Louis Aragon auf die Welt; und in Chaville, zwischen Paris und Versailles, Philippe Soupault – nun sind sie alle drei da, Aragon, Breton, Soupault, es kann losgehn, sie müssen nur noch rasch groß werden[20]; in Ohio kommt Dawn Powell auf

---

[20] aus der Zeit, als die drei dann den Surrealismus erfanden, gibt es ein schönes Photo von Philippe Soupault, gemacht hat es Man Ray, der berühmte amerikanische Photograph, der, sechs sieben Jahre älter als Aragon und Breton und Soupault, aus der New Yorker Dada-Szene nach Paris gekommen war. Soupault hat auf diesem Photo nichts an, jedenfalls über dem Gürtel nichts, er hat einen Hut auf, und unter dem linken Arm trägt er einen Stock oder einen Schirm, ich vermute einen Schirm, die Krücke ist in seinem Rücken; und so, mit Hut und Schirm und sonst nackt, schaut er uns aus dem Bild leicht forschend und ein bißchen skeptisch an. Vielleicht ermessen Sie ein kleines bißchen die aufregende und jugendliche Schönheit dieser – für uns jetzt erst kommenden – literarischen Atmosphäre, wenn Sie sich Thomas Mann in solchem Aufzug photographiert vorzustellen versuchen. Für die Ewigkeit war das natürlich nichts, Aragon hatte einen Blick für das wunderlich Vorübergehende seines Freundes, und als ob der das gewollt hätte, dies Vergessenwerden, das ja wirklich sein

die Welt, eine von Edmund Wilson (das war dieser väter-
lich mahnende Freund Nabokovs, wenn der wieder eines
seiner irren Urteile abgegeben hatte) und Hemingway
und Dos Passos und erst jüngst wieder von Gore Vidal
bewunderte Schriftstellerin, die besonders in den drei-
ßiger Jahren (sie war in den zwanziger Jahren nach New
York gekommen) glänzende und witzige Romane schrieb,
Romane, als schreibe sie Gesellschaftsreportagen; und
in New Albany in Mississippi wird William Faulkner ge-
boren – Dos Passos, Fitzgerald, Faulkner, fehlt eigentlich
nur noch Hemingway, der kommt noch in diesem Kapi-
tel, dann sind auch diese alle da, und es kann losgehn,
sobald sie groß geworden sind, und das geht bei diesen
Burschen schneller als man denkt.

1898

1 ✦ 8 ✦ 9 ✦ 8

Grabschrift (117.118) für

CARROLL. FONTANE. Dreizehn
Tage vor seinem sechsundsechzigsten Geburts-
tag stirbt in Guildford in Surrey, »in malerischer
Landschaft am Wey, der sich hier durch die nördlichen
Downs eine Bahn bricht« *(Meyer)* Charles Lutwidge
Dodgson, Professor für Mathematik und Logik am
Christ College in Oxford, als Lewis *CARROLL* zu
Lebzeiten berühmt für seine vertrackten Alice-Bücher,

Schicksal immer noch ist, schreibt er einmal über ihn, und denken
Sie ruhig an Leute wie Mann und andre: »Soupault sucht sich vergessen zu machen, wie andre versuchen, sich berühmt zu machen« –
ein großes liebevolles Wort. Apropos Mann: Soupault war mit Heinrich Mann befreundet und brachte dessen *Professor Unrat* in Frankreich heraus; Mann wiederum, also Heinrich, wie wir schon wissen
ein großer Übersetzer französischer Literatur, hatte vorher, 1928, die
erste deutsche Übersetzung von Soupaults Roman *Der Neger* mit
einem schönen Vorwort versehen.

1898 und dann, später, für seine so verblüffenden Mädchen-photos (ganz und gar das Gegenteil eines Hamilton). – Ja, und fast neunundsiebzigjährig stirbt in Berlin Theodor *F O N T A N E*. Unter seinen späten Gedichtentwürfen gibt es einen jetzt von 98, »ganz unfertig«, wie er selber notiert, *Schatten und Schemen* überschrieben: »Das mit Leben und mit Träumen / dieses ist ein alter Witz. / Aber was mich so frappiert, / das, woran ich beinah leid, / ist, daß alles durcheinander, / wirklich durcheinander quirlet, / und vor allem Tod und Leben. / Manchmal beim Nachmittagskaffee / hab ich das Gefühl, / der und der ist noch da, / und ich will ihm den Zigarrenknipser reichen / und dann wieder wieder oder / heute noch ein Tier-gartenritter, / sah ich seine Kupfernase, / habe Gruß mit ihm gewechselt, / und am dritten Tag danach, / wo drei Freunde von ihm sprechen, / sag ich: der? ich dachte, der grad / sei schon lange heimgezogen.«

❖

Fontane hat noch die Fahnen vom *Stechlin* korrigiert. Über dieses Buch ist schwer reden, es hat wenig Handlung: beschrieben wird das Leben eines alten Mannes, dessen Sohn eine der beiden Töchter eines andern alten Mannes heiratet; schließlich stirbt der Alte. Das Mädchen, das der junge Mann nimmt, ist ungeheuer lieb und reizend und sensibel und alles, die andre strahlt aber wirklich, sie braucht im Grunde auch gar keinen Mann. Dubslav, der alte Stechlin, ist ein märkischer Junker, Grundbesitzer, Dorfbeherrscher, obgleich die Verhält-nisse anders geworden sind: bei anstehenden Wahlen läßt er sich für das Parlament aufstellen, fühlt aber genug die Gegenwart, um zu ahnen, daß er unterliegen wird, und er unterliegt auch einem Handwerker, einem Sozial-demokraten. Nennenswert in seiner Umgebung ist der Pastor, ein fortschrittlicher Mann mit einem Blick für soziale Probleme: man muß ja von Gott nicht viel halten,

um doch zu sehn, daß vernünftig ausgeübte Kirchen-
ämter einen gewissen Sinn in der Gesellschaft haben
können. Der Sohn, Rittmeister, kommt zu der Ehre, in
irgendeiner Mission nach England geschickt zu werden;
dann heiratet er, wie gesagt, der Alte stirbt, und am Ende
quittiert der junge Rittmeister den Dienst und geht auf
das väterliche Gut zurück, mit seiner jungen Frau – ob
die Schwester das getan hätte, ist fraglich. Mehr passiert
in dem ganzen und gar nicht dünnen Buch nicht. Das
meiste ist Dialog, Plauderei: dieses Mittelding aus ernsthafter Unterhaltung und *small talk*. Das breite Publikum
war nicht sehr angetan. Es gibt bei Fontane, und da ähnelt
er dem späten Raabe, eine wunderbare Unbedenklichkeit, was die Kunst angeht; natürlich ist die hinreißende
Lockerheit der Fontaneschen Sprache nicht so zustande
gekommen, daß Fontane die Kunst vernachlässigt hätte:
tatsächlich scheint aber von ihr nichts mehr dazusein.
Man nimmt das alles in einem großen Sinne zur Er-
holung, wie man das von Kunst sonst gar nicht erwartet:
man liest ein paar Sätze, und man hat ganz das, was einem
alten Analphabeten ein guter Whisky wäre: Abstand,
Ruhe, ja so etwas wie Glück. – Herman Bang schreibt
Das weiße Haus, eine große sehr sehr merkwürdig und
überaus ungewohnt berührend erotisch durchtränkte Erinnerung an seine Mutter. – James, immer mehr über
dieser gewaltigen See von Romanen einer der wunderbarsten Sterne, bringt *The Turn of the Screw* heraus, eine
erstaunlich schöne tödliche Gespenstergeschichte (egal
was James schreibt: besser schreibt keiner), und dann
noch einen Kurzroman, *Im Käfig*. – Hamsun schreibt
Victoria, eine knappe aber gewaltige Schnulze (ein Dichter, ein heruntergewirtschafteter und schließlich brennen-
der Hof, die Erbin – eine aber dann ohnehin schwindsüchtige Schöne – muß einen andern nehmen, der Geld
hat: alles alles was wir schon kennen und lieben), ein
Riesenerfolg auf Jahrzehnte. Sie endet so: »Jetzt habe ich

die Lampe angezündet, und es ist viel heller ringsumher. Ich habe im Halbschlaf gelegen und bin wieder weit von der Erde fortgewesen. Gott sei Dank, dieses Mal war es nicht so unheimlich, ich hörte sogar ein wenig Musik, und vor allem war es nicht dunkel. Ich bin sehr dankbar. Aber jetzt habe ich keine Kraft mehr zum Schreiben. Leb wohl, mein Geliebter...« – die Pünktchen sind von Hamsun, und der Anfang dieses Briefes am Schluß des Buchs lautet: »Lieber Johannes! Wenn Sie diesen Brief lesen, bin ich tot.« Es ist am meisten wohl diese gewissermaßen durch keine Kunst mehr vermittelte totale Direktheit (Nacktheit, möchte man beinahe sagen), die einerseits den sonderbaren Reiz dieses Buchs ausmacht (als müßte auch das endlich einmal sein dürfen nach soviel Kunst in den Lieb- und Todschaften), die andrerseits aber auch jenes Gefühl des Indiskreten, Indezenten hervorruft, das wir offenbar haben, wenn Kunst in die Schnulze übergeht – ein weites Feld. – Henrik Pontoppidan (vielleicht erinnern Sie sich daran, daß er zusammen mit Gjellerup 1917 den Nobelpreis gewinnen wird; und Gjellerup: erinnern Sie sich an *Minna,* diese Dresdner Liebesgeschichte von 89?), Pontoppidan also beginnt eines seiner Hauptwerke zu publizieren, *Hans im Glück,* die Geschichte eines Jungen aus armen Pfarrhausverhältnissen; er will Großes (ein gewaltiges Kanal- und Bewässerungsprojekt – Faust und andere hört man da nachtigallen), er ist auch nah daran, nah daran auch an wunderbaren Frauen, aber er scheitert, und im Grunde an sich selbst; das lange Buch ist leider ziemlich langweilig und ledern geschrieben, man kann es kaum anders sagen[21]. – Pierre Louÿs, den wir glaube ich ziemlich

---

[21] ich habe mich bei der Lektüre dann daran erinnert, daß ich den Namen Pontoppidan zum ersten Mal bei Ernst Bloch gelesen hatte, in seinen *Literarischen Aufsätzen*, dem neunten Band der Suhrkampschen Werkausgabe, 1965. Jetzt habe ich das kleine Stück wieder gelesen und muß gestehn, daß ich selten über einen Roman einen so verblüffenden Unsinn gelesen habe; ich nehme an, daß Bloch das

gut kennen mittlerweile, bringt jetzt endlich *Das Weib* **1898**
und der Hampelmann heraus (*Dieses obskure Objekt der*
Begierde sagt die neueste Übertragung in verständlicher
Anlehnung an Buñuels Verfilmung), einen wunderschönen kleinen Roman über einen Mann, der sich absolut
lächerlich macht, als er eine schöne völlig unbegreifliche
Frau liebt – diese Geschichte erzählt er zur Abschreckung
einem jungen Mann, der sich gerade in eben diese Frau
zu verlieben im Begriff ist, und wird er sich abschrecken
lassen? nein, denn sonst hätte der Freund ja die falsche
Geschichte erzählt gehabt. – Vicente Blasco Ibáñez, er
wird uns noch öfter begegnen, schreibt den knappen
Roman *La Barraca*, deutsch nicht so sehr glücklich *Die
Scholle*, ein parteiliches und ungeheuer eindrucksvolles
düsteres Buch über die Bosheit der Bauern, die hier einen
Mann vernichten, der ein kleines Gut und ein Haus
wieder aufbauen will, worin einmal ein Verbrechen begangen worden ist; die Bauernmasse aber findet, keiner
solle dort wieder wohnen; ein schlimmes Buch, aber von
einer ungeheuren Vitalität (einer Vitalität, die der Tozzis

Buch kaum kannte, vielleicht hat er es sich erzählen lassen. Einmal
schreibt er über Jakobe, das ist die Verlobte des Helden (und er schildert sie so: »Ihr Blick, sagt der Dichter, war geladen mit Einsamkeit
und weitschweifenden Gedanken, Kultur eines vornehm aufgeklärten
Lichts zeichnete sie aus«): »Sie haßte, wie von Erinnerungen an ein
Trauma berührt, den blonden, lärmenden Verlobten ihrer Schwester,
den Burschen mit der empörenden Gesundheit, der vitalen Brutalität
und dem Pogromschein dahinter, sie erbrach sich vor Ekel, als sie den
Schweißgeruch des Mannes in die Nase bekam, der auf einem Ausflug, selber wie ein Tier, mit den Gäulen des Wagens um die Wette
gelaufen war« – im Buch nun, bei Pontoppidan, ist, aber das nur
nebenbei, dieser Bursche nicht der Verlobte der Schwester (die ihn
nur erobern will), sondern wird der eigne werden, vor allem aber, und
genau das macht den Autor nun besser als Bloch in seiner Situation
gewesen wäre, vor allem erbricht sich das Mädchen nicht beim
Schweißgeruch des Mannes, sondern, völlig im Gegenteil, gibt sie sich
ihm genau im Banne dieses Geruchs hin. Lesende Philosophen...
Übersetzt hat übrigens auch diesen Roman wieder die erstaunliche
Mathilde Mann, und sie war es auch, die eben gerade Hamsuns *Victoria* übersetzt hatte.

 *1898* ähnelt, und die nichts von jener lethargisierenden Vorausbestimmtheit aufkommen läßt, die uns schon manchmal, etwa bei Verga, zu stiller Verzweiflung gebracht hat; es ist also – auf Verga und ähnliche bezogen jetzt – nicht das Geschehen selber, das uns bedrückt, sondern die Art, wie es kommt: und die ist vom Autor allein); Blasco Ibáñez, heißt es, habe über das Leben so gedacht: es sei Kampf ums Überleben, aber dieser Kampf sei sinnlos. – Einen sehr guten kleinen ein bißchen sogar experimentellen Roman bringt Carl Spitteler heraus, dieser in seiner Witzigkeit allzu unterschätzte Ependichter mit seinen *Prometheus und Epimetheus* und *Olympischen Frühlingen*, nämlich *Conrad, der Leutnant*, eine blitzschnelle weil mit dem Geschehen schritthaltende Erzählung vom Lande: ein großer Vater-Sohn-Konflikt (erinnern Sie sich noch an Merediths *Richard Feverel* und an Samuel Butlers *Weg allen Fleisches*?), Liebeleien, eine Wirtschaft, junge Leute aus verschiedenen Dörfern, eine große Schlägerei, »und alle, ohne Unterschied, Stadtvolk wie Landvolk, schnitten wichtige Gesichter, um für bedeutend zu gelten. Es fehlte zur vollendeten Stumpfheit bloß noch ein Jägerchor« – lesen Sie dieses Buch, Sie werden eine schöne Entdeckung machen! – Und Italo Svevo, schon seinen Erstling *Ein Leben* wollte ja kaum einer lesen, veröffentlicht *Ein Mann wird älter*, einen zweiten und fürs erste wie der erste vergeblichen Versuch, in der Weltliteratur Fuß zu fassen (erst Joyce hat das Buch zehn Jahre später entdeckt); vielleicht hätte Svevo sich wirklich mit Machado de Assis gut vertragen: beide schreiben gern so, daß der Leser immer viel mehr weiß als der Erzähler selber; jetzt (er allein, Svevo, meine ich) haben wir einen dieser ganz großen Leute vor uns, die völlig allein gelassen irgendwann daran zweifeln, ob es Sinn hat weiterzumachen.

Geboren wird in Paris Emmanuel Bove, er hieß eigentlich Bobovnikoff, sein Vater war ein armer russischer Jude, seine Mutter eine Luxemburgerin; sein Vater war außerdem ein Anarchist und lebte dann mit einer reichen Engländerin zusammen; Bove blieb bei ihm, kam nach Genf, dann nach England; wenn er dann immer wieder, von Genf aus, seine arm dahinlebende Mutter in Paris besucht habe, sagt eine nachdenkliche Nachwortschreiberin irgendwo, dann habe ihm das sehr zu denken gegeben, das kann man sich vorstellen; Bove war in den zwanziger Jahren ein ausgesprochen bekannter, berühmter Mann, er starb im Jahre 45, und war dann dreißig Jahre lang so vergessen, daß nicht einmal Speziallexika ihn mehr kannten; in Salgueiros/Oliveira-de-Aziméis, südlich von Porto, kommt in sehr ärmlichen Verhältnissen José Maria Ferreira de Castro auf die Welt, als er acht war, starb sein Vater, als er zwölf war, wanderte er nach Brasilien aus, als er vierzehn war, schrieb er seinen ersten Roman, mit knapp dreißig Jahren schrieb er *Die Auswanderer*; und in Kassel, ein Fabrikantensohn, wird Manfred Hausmann geboren (wundert es Sie, ihn hier zu finden?[22]); und in Osnabrück kommt Erich Maria Remarque auf die Welt.

---

[22] ich habe ihn in der Jugend gelesen, vielleicht einfach deshalb, weil wir beide in Bremen wohnten. Erst las ich seine Gedichte (wie die Gedichte Carossas, Bergengruens, Schröders – ein Bremer ebenfalls –, Rilkes: unterschiedslos), dann seine Prosa: *Lampioon küßt Mädchen und kleine Birken*, *Salut gen Himmel*, *Abel mit der Mundharmonika* – heftig pulsierende Erzählprosa, genauer wohl: Erzählprosa, die das Blut so schön, so sympathetisch gewissermaßen pulsieren ließ, wenn man dreizehn oder vierzehn oder fünfzehn oder sechzehn war und nicht recht wußte was machen mit diesen so verlockenden (aber wohin verlockenden?) Frühlingsnächten. Diese Bücher waren einfach geschrieben, poetisch, in gewisser und sehr angenehmer Hinsicht auch amoralisch: da gab es ein nachahmungswürdiges Sichüberlassen dem was man eigentlich wollte, ein Verstandensein in dem, was sonst kein lebender Mensch zu verstehen schien. Lesen war das schöne Vergessen aller Triebabfuhr, oder ihr Ersatz, war Sublimation, Bildung von Innerlichkeit, Seelenerfindung – ich habe keine Meinung darüber, ob so etwas sein muß oder nicht, oder

1 ✦ 8 ✦ 9 ✦ 9

Grabschrift (119) für

E R C K M A N N . Fast siebenundsiebzigjährig, neun Jahre nach seinem Schreibgenossen Chatrian, stirbt in Lunéville Émile Erckmann.

✦

Anatole France bringt den *Amethystring* heraus, den dritten Teil seiner Gegenwartsromane (hier setzt sich Bergeret in der Dreyfus-Affäre für eine Revision des Prozesses ein; am Ende des Buchs kriegt er einen Preis und folgt einem Ruf nach Paris). – Joseph Conrad schreibt das so berühmte *Herz der Finsternis*, zwischen den Jahrhunderten die Geschichte einer Reise aus den Abgründen des einen in die Abgründe des andern Jahrhunderts, des unsren – Gide, der im Jahre 1925, fünfundfünfzigjährig, seine große Reise nach Zentralafrika machte, hat das Tagebuch dieser Reise, die ihn eben auch an den Kongo führte, Joseph Conrad gewidmet, genauer dem Andenken Conrads (der drei Jahre davor gestorben war). – Eça de Queirós läßt in einer Zeitschrift *Das berühmte Haus Ramires* erscheinen, eine wie über Abgründen erzählte altersweise und beinahe erschreckend heitere und merkwürdig glückliche Geschichte vom Leben eines fast unwirklichen jungen Mannes aus dem portugiesischen

---

gut ist oder nicht so gut: aber so war es nun einmal. Dann geriet ich an Jens Peter Jacobsen und dachte: ach, daher also das Schöne bei Hausmann: aber da war ich dann schon fast ein Leser. Dann wurde Hausmann fromm (Carossa, Bergengruen und Schröder waren es schon), und ich fand, er nahm sich jetzt zu wichtig; außerdem begann er schlecht zu schreiben. – Romane sind im Grund, wir wissen das ja, Erwachsenenlektüre: wir lernen Welt kennen; damals in Hausmanns Erzählungen wollte ich offenbar etwas über mich und meinesgleichen erfahren (dafür ist Lyrik da): ein Romanmißbrauch sozusagen; bloß konnte ich damals nicht fragen, wer da Romane mißbraucht, er oder ich. Das ist aber alles lange her.

Landadel – vielleicht muß man sich selber ein ganz kleines bißchen weise gelesen haben (wenn Sie mir diesen Ausdruck und auch die Sache verzeihen wollen), um dieses Buch mit Lust zu lesen: dann aber bleibt die Zeit stehn, und alles wird unwirklich gegen dieses berückend schöne Werk. – Machado de Assis bringt seinen *Dom Casmurro* ans Licht, den dritten seiner hier erwähnten Romane, und den unaufdringlich-schönsten der drei: ein Ich-Erzähler hat seine Jugendliebe geheiratet, und sie betrügt ihn, und er will sie nicht mehr, und freut sich am Ende, als auch sein Sohn (aus dem Betrug seiner Frau mit seinem Jugendfreund) tot ist: aber wir ahnen, daß die Frau ihn aus Liebe betrogen haben könnte (denn er wollte so gern einen Sohn, aber es ging wohl nicht), außerdem hat er erzählt, wie Dummen, daß er selber noch vor seiner Frau sie in Gedanken und Gefühlen und ohne Not betrogen hat: ein wildes Buch – wenn Sie Sterne und Svevo lieben und sich vorstellen könnten, die beiden arbeiteten gemeinsam: dann ahnen Sie etwas von der Stärke dieses Buchs und dieses wunderbaren Autors. – Raabe veröffentlicht den Geschichtsroman *Hastenbeck*, das letzte seiner fertiggewordnen Bücher, etwas fremd für uns, verglichen etwa mit den *Akten des Vogelsangs* oder mit *Pfisters Mühle*. – Von dem jungen Frank Norris erscheint der Roman *Heilloses Gold* (auch *Gier nach Gold*, im Original *McTeague*); ein Zahnarzt erschlägt seine Frau, die Geld gewonnen hat, und verdurstet in der Wüste, in der er noch seinen Freund umgebracht hat, der auch das Geld wollte. Für Norris ist Amerika, was Frankreich für Zola war, bloß ist Norris nicht Zola: Zola lebt für uns, weil er soviel größer war als sein Programm, Norris' Welt hat aber eigentlich kaum noch Leben; er führt die untersten Schichten vor – aber ein solches Vorführen macht keinen Roman. – Sozusagen am äußersten Rande der Romanwelt erscheint von Alfred Jarry *Die absolute Liebe*: eine symbolistisch-parodierende Jesusparaphrase,

 oder wie immer man da sagen könnte – eigentlich würde keiner dieses Stück einen Roman nennen, aber Jarry hat es so genannt, und was will man da machen. – Ein großartiges Buch von einer Unbekannten erscheint, Kate Chopins[23] *Erwachen*; es handelt von einer jungen Frau – verheiratet, mit Kindern –, die sich in den Ferien, ihr Mann ist in der Stadt, in New Orleans, verliebt hat; wirklich wird ihr das dann in New Orleans klar; sie kommt sozusagen zu sich, auch wenn alle meinen, sie verlasse die gewöhnlichen Wege des Lebens; es wird dann nichts aus der Liebe[24]. Ich zitiere Ihnen eine kleine Passage, aus

---

[23] wir haben sie seinerzeit nicht geboren werden lassen: Kate Chopin wurde 1850 in St. Louis im Staate Missouri geboren, ihr Vater war Kaufmann, ein wohlhabender Mann, ihre Mutter eine französische Kreolin – Kreolen sind hier, in Missouri und Louisiana, immer einfach die Kinder europäischer Einwanderer, in unserm Falle meistens spanischer oder eben französischer Einwanderer, im Gegensatz zu den Amerikanern, die englisch sprechen, weil ihre Vorfahren schon in Amerika geboren worden sind. Als Kate kaum sechs Jahre alt war, kam ihr Vater beim Einsturz einer Eisenbahnbrücke ums Leben – Tode, die es heute kaum mehr gibt, wir haben ja Autos, aber die Yourcenar erzählt ein ähnliches Geschick von einem ihrer Vorfahren; Kate war damals auf einem Internat, das sie auch, nach anderthalb Familienjahren, wieder besuchte; das Internat war offenbar sehr gut, man beschäftigte sich vorwiegend mit Literatur. 1870, zwanzigjährig also, heiratete sie jenen Chopin, er hieß Oscar, er war, offenbar ohne nennenswerte Erfolge, in der Baumwollbranche tätig, immerhin machten sie beide eine doch dreimonatige Hochzeitsreise nach Europa, danach gingen sie nach New Orleans, und bis Ende 79 gebar Kate sechs Kinder, fünf Knaben und ein Mädchen; im Jahre 79 war der nicht recht geschäftstüchtige Oscar mit den Seinen in die Stadt gezogen, aus der er gekommen war, Cloutierville, im Nordwesten Louisianas (Louisiana – das hat für uns einen großen Klang, seit Chateaubriand, vor allem dann seit Sealsfield, nicht wahr?), ein Kaff, das man in keinem Atlas findet. Drei Jahre später, 82, starb Oscar Chopin, Kate übernahm seine kleinen Geschäfte, etwas Land und eine Gemischtwarenhandlung, gab das aber auf und zog 84 zu ihrer Mutter nach St. Louis zurück. Kurz darauf starb die Mutter, und Kate Chopin begann zu schreiben.
[24] kurz vorher hatte Kate Chopin eine kleine sechsseitige Erzählung geschrieben: eine ganz normale glückliche junge Ehefrau mit einem vierjährigen Sohn sitzt im Haus, Mann und Sohn sind in der Stadt, ein Sturm zieht herauf, sie schließt Läden und Fenster, ein alter

jenen Ferien, als eines Abends alle, nach einem Vorschlag des jungen Mannes, in den die Heldin sich verlieben wird, noch zum Strand hinuntergehn: »Die Menschen spazierten in kleinen Gruppen zum Strand hinunter. Sie redeten und lachten, einige sangen. In Kleins Hotel spielte eine Kapelle, und die Melodien drangen, durch die Entfernung gedämpft, leise zu ihnen hinüber. Eigenartige, ungewöhnliche Gerüche lagen in der Luft – eine Mischung aus dem Geruch von Meer, wilden Kräutern und feuchter, frischgepflügter Erde, durchsetzt mit dem schweren Duft eines weißen Blütenfeldes irgendwo in der Nähe. Doch die Nacht lag leicht auf Meer und Land. Die Dunkelheit war keine Bürde, es gab keine Schatten. Das weiße Licht des Mondes war wie das Geheimnis und die Sanftheit des Schlafes über die Welt gekommen.« Soweit; Sie haben sicher die ungewöhnlich präzise und voranschreitende Art dieses Schreibens bemerkt, diese Unbeirrbarkeit der relativ kurzen und doch jede Ruhe mühelos beschwörenden Sätze; man ahnt, in lauter kleinen Augenblicken, daß da doch ein weiter Zusammenhang sein muß, den diese wunderbaren Sätze mit der Zeit enthüllen werden – eben die Liebe, das Erwachen, das Ende der jungen nicht wirklich wiedergeliebten Frau: als

---

Bekannter kommt vorbei, er hat sie einmal, ehe sie beide dann anders heirateten, sehr gemocht, und sie lädt ihn ins Haus ein, selbst auf der Veranda wäre er völlig naß geworden, das Unwetter hat eingesetzt. Sie sind im Haus, da ist das Zimmer, daneben das Zimmer mit dem großen Bett, sie schauen nach draußen ins Unwetter, er küßt sie, dann schlafen sie herrlich miteinander. Der Regen hört auf, die Sonne scheint, er reitet wieder davon, damals ritten sie noch, er vom Pferd lächelt sie an, sie lacht laut. Ihr Mann und Sohn kommen zurück, er hat Krabben mitgebracht, sie halten eine sehr vergnügte Mahlzeit. Der weggerittne Mann schreibt seiner Frau einen Brief, zärtlich und lieb, sie solle ruhig noch einen Monat mit den Kindern in den Ferien bleiben. Die Frau dann liest den Brief und freut sich darüber, noch ein Weilchen aufs Eheleben verzichten zu dürfen – damals wollte natürlich niemand in ihrer Gegend, und Kate Chopin war eine sehr erfolgreiche Geschichtenerzählerin, eine so wilde Sache drucken; erst aus dem Nachlaß konnte der Text erscheinen.

 **1900** ob ein solches Erwachen gleichbedeutend wäre mit einem Nichtmehrweiterkönnen im Leben. – Und dann schreibt ein achtundzwanzigjähriger sehr mondäner Autor einen Roman, den er nicht veröffentlichen wird, nämlich Proust den *Jean Santeuil*; wenn man die *Suche nach der verlorenen Zeit* dann kennt, ist die Lektüre dieses *Jean Santeuil* wie eine Reise zurück in die nebligen Gegenden der noch ungeschaffenen Sachen gewesen: aber wer reist nicht gern zurück, wenn er weiß, wieviel schöner beim Wiederkommen die Gegenden sind, die er zu kennen glaubte.

Geboren werden zwei der Ruhmreichsten, nämlich in Oak Park in Illinois, Sohn eines Landarztes, Ernest Hemingway (jetzt sind sie alle auf der Welt, die großen Verlorenen); und in St. Petersburg, Sohn eines Juristen und Politikers, Vladimir Nabokov; und ebenfalls in St. Petersburg wird Konstantin Waginow geboren.

1 ✦ 9 ✦ 0 ✦ 0

Grabschrift (120.121.122) für
C RANE . WILDE . EÇA DE QUEI-RÓS . Achtundzwanzigjährig stirbt in Baden-weiler, wohin er natürlich gegangen war, um gesund zu werden, Stephen *C R A N E ;* Crane, ein Pfarrerssohn aus New Jersey, der in den Armenvierteln New Yorks aufgewachsen war und sich hauptsächlich für Boxen und Baseball erwärmt hatte, war, in Begleitung einer außerordentlich zweideutigen Frau (nach Cranes Tod, dessen Schulden sie niemals beglich, eröffnete sie in Jacksonville ein Bordell), im Jahre 97 nach England

gekommen, erst nach Surrey, dann nach Sussex (sie zahl-
ten niemals Miete), nicht weit weg von Rye, wo Henry
James wohnte; James mochte Crane, der ein bißchen
wie ein Verrückter lebte, mit Cowboyhut, Pferden, und
immer einem Gewehr in der Nähe, schätzte aber seinen
Stil nicht übermäßig (es handelte sich da, im Gefolge,
allzu engen Gefolge Zolas, wie James fand, um jenen
Ton, der sich dann als sogenannter realistischer Stil jedenfalls für die untersten Klassen durchsetzte: ganz voll von
jenen Gossenwendungen, die merkwürdigerweise immer
authentisch wirken: Crane genoß das Glück, zum ersten
Male in diesem Stil geschrieben zu haben). Befreundet
war Crane dort in Sussex auch mit Ford Madox Ford,
mit Herbert George Wells und Joseph Conrad, die alle in
der Nähe wohnten. Cranes Witwe hatte in Jacksonville
noch einmal geheiratet (insgesamt war das das vierte
Mal), ihr Mann hatte dann aber ihren Liebhaber umgebracht, und sie war nach England geflohen; als sie
James besuchen wollte (James hatte ihr nach Badenweiler
noch Geld mitgegeben für seinen Freund Crane), lehnte
der das brieflich ab. – Vierundvierzigjährig stirbt in Paris
Oscar *W I L D E ,* nachdem er, aus dem Zuchthaus
Reading entlassen, eine Weile in Frankreich im verborgenen gelebt hatte, und zwar unter dem Namen Melmoth,
den wir kennen als den Titelhelden jenes alten Schauerromans von Maturin, 1820; vor seinem Tode war Wilde
noch der katholischen Kirche beigetreten, Gott weiß
warum. – Und ebenfalls in Paris (gerade noch hatte
er es in *Stadt und Gebirg* beschrieben) stirbt, nicht ganz
fünfundfünfzigjährig, der große José Maria *E Ç A D E
Q U E I R Ó S ;* er war Konsulatsbeamter gewesen,
erst in Havanna, dann in London, schließlich in Paris.
»Wenn er sich ins Bett legte«, schreibt ein Freund,
»bekreuzigte er sich und murmelte, um seine abergläu-
bischen Verrichtungen zu erklären: ›Man muß gläubig
und ohne langes Nachdenken den subtilen Gesetzen der

Dinge gehorchen. Niemand weiß genau, mein Lieber, wovon der Verlauf der Ereignisse und das komplizierte Mysterium des Fatums abhängen kann.‹« Der Kollege Fialho de Almeida schreibt: »Jedes Jahr kommt Eça de Queirós nach Lissabon, um zu beobachten, um wie viele Jahrhunderte Portugal seit seinem letzten Besuch zurückgefallen ist. Er trägt immer gleich starke Linsen, damit die Erbärmlichkeit dessen, was er sieht, nicht etwa der Beschaffenheit des Glases zugeschrieben wird ... Mit einem raschen Blick späht euch sein sanftes Auge aus, das zwischen den zusammengekniffenen Lidern des Kurzsichtigen glänzt wie eine Perle zwischen den Rändern einer doppelschaligen Muschel.« – Ach, und NIETZSCHE stirbt, knapp sechsundfünfzigjährig, seit dem Februar 89, als er in Turin (ich habe mir die Stelle angesehn) einen Droschkengaul umarmen wollte, geistig nicht mehr auf dieser Welt, er stirbt in Weimar, in der Obhut seiner Mutter und seiner Schwester (die wir in Elbogen kennengelernt haben, als sie noch jung und liebenswürdig war). Es war, unter den Romanciers, die große Generation der in den sechziger und siebziger Jahren Geborenen, die ihn begierig, verehrend las; die jetzt geboren werden, haben andre Ideen. Es gehört zur Tragik, vielleicht auch nur zur Komik seines Wirkens, seines Nachwirkens, daß es ausgerechnet sein schlechtestes Buch war, das alle verschlangen und nachmachten, der *Zarathustra* – natürlich erhebt sich dieses Buch dank einer darin verborgenen wunderbaren Gedanklichkeit weit über alle Nachahmungen und Adaptionen (wir werden gleich welche lesen), aber in jeder andern Hinsicht ist dieser *Zarathustra* ein lausiges und unangenehmes, schlechtes Werk. Unberührt davon bleiben seine andern Sachen, die glänzenden Sammlungen seiner Aphorismen, seine späten Abhandlungen zur Entstehung der Moral (ich hatte davon geredet im Zusammenhang mit George Eliot, erinnern Sie sich? leider war Nietzsche dabei nicht so gut weggekommen), seine ganz späte Auseinandersetzung mit Wagner, der unermeßliche Steinbruch seiner nachgelassenen Werke. Benn schreibt 1946: »In deinen letzten Tagen / vor deiner letzten Nacht, / was hast du wohl für Fragen / in deiner Seele gedacht? // In Vor- und Nachgefühlen / den Vers, der nie verblich: / auf welchen schwarzen Stühlen / woben die Parzen dich? // Oder vor Drachenthronen / hat dich der Pfeil erreicht, / wo Ming und Mandschu wohnen / und nie das Gold verbleicht? // Wo Schwarz und Gold sich trinken / wem Stuhl und Thron gebracht, / wohin kann der versinken –: / trug das dich in die Nacht?«

✦

Das letzte Buch von Eça de Queirós kommt heraus, *Stadt und Gebirg* – das ist ein unglaublich komisches Porträt von Leuten in Paris, von Portugiesen, die dann wieder zurück in ihr Land fahren, in die Öde, ins Nichts, weil sie allein gelassen sind mit sich so außerhalb aller Großstadt, und die nun ganz langsam im armen Portugal wieder zu sich finden, oder sich wiederfinden – die Komik verschwindet allmählich aus dem Porträt, leichte Ironie bleibt ein bißchen noch dabei, der Autor ist viel zu klug für bloße Heimat, zu klug aber auch, sie für nichts zu halten: alles bleibt für uns in der Schwebe, und läßt uns frei: nichts ist angenehmer als der lesende Umgang mit Leuten, die schon lange vor uns so klug waren, daß, wenn wir uns mit ihnen verstehn, und nichts ist doch eigentlich leichter als sich mit diesen großen Romanciers zu verstehn, wir viel viel leichter als wenn wir allein wären mit unresgleichen uns heraushalten können aus den allzu engbegrenzten Fragen, mit denen die, die nur die eignen Tage sehn, uns immer wieder bedrängen – wir halten uns ein bißchen heraus, viele der Klugen, die wir lieben, sind tot, aber wir können ja lesen, sie retten uns immer wieder in die schöneren Gegenden, die es ja wirklich gibt. –

 **1900** Joseph Conrad bringt *Lord Jim* heraus, ein wunderbar aus verschiedenen Perspektiven erzähltes Buch, das von einem jungen Seeoffizier handelt, der seine Berufsehre verletzt und schließlich unter Eingeborenen in der Südsee seine ganze menschliche Integrität wiedergewinnt, als er stirbt – es sind genau diese alten Menschlichkeiten (Ehre, Integrität), mit denen Conrad sich immer wieder erzählend beschäftigt: gibt es dergleichen überhaupt noch, spielen solche Dinge noch irgendwo eine Rolle? Wenn, dann wohl nur so, daß einer für sich sie will, und ohne daß er sie bei andern einklagen könnte (vor wem auch?): und genau das war es, wovon Nietzsche sich oft dachte, es sei das von aller Moral wirklich Übriggebliebene für den, der sich nicht ganz genieren will vor sich selbst (vor wem auch sonst). – Heinrich Mann schreibt den ersten Roman, den er selber gut findet, *Im Schlaraffenland* (den Sie nicht verwechseln werden mit Matilde Seraos neapolitanischem *Schlaraffenland* von 1890, nicht wahr?); darin strebt ein junger Literat, man denkt an Maupassant zurück (daran hat auch Heinrich Mann natürlich gedacht, außer an Balzac und andre), ins große rauschende reiche Leben der Gründerzeit, er erringt auch die wenngleich ein wenig fette Gattin eines Reichen zur Geliebten (Geliebte aus höheren Schichten entpuppen sich in vielen Romanen dieser Zeit schließlich als fett – das strahlend schöne viele Fleisch verliert also seinen Glanz –, erst neulich bei Pontoppidan hätten wir das finden können, wenn wirs beim Lesen bis dahin geschafft hätten), aber dann will er mehr, und stürzt ab in die Belanglosigkeit. Mann hat das glänzend ironisch geschrieben, aber noch leuchtet auch die eigentlich häßliche Welt, man begreift also, was der junge Mann an ihr findet, es ist noch nicht der ganze alte Schimmer so fortgewischt von ihr wie später etwa im *Untertan;* hübsch ist auch, wie in diesem Roman ein Literat jenen Roman schreibt, den eben im Buch nicht der Held schreiben kann, wohl aber der Autor selbst nun: und

da kann Heinrich Mann jetzt vorwegnehmen, was die von *1900*
ihm geschilderte Gesellschaft dazu sagen muß, wenn
sie so geschildert wird (solche feinen Tricks hatte Zola –
den Heinrich Mann überaus verehrte – natürlich noch
nicht in seinem Repertoire, ich nehme auch an, daß er
auf solche Tricks verzichtet hätte, zugunsten der Wahrheit, wie er womöglich gesagt haben würde: und da
sind dann schon Unterschiede spürbar zwischen dem,
was Zola wollte, und dem, was Mann hier macht; oder
Unterschiede eben auch zwischen dem Autor des *Schla-
raffenlands* hier und dem Autor später etwa des *Unter-
tans* dort). – Kálmán Mikszáth, ein sehr berühmter und
fruchtbarer Autor, veröffentlicht den Roman *Seltsame
Ehe*, der auf historischen Vorkommnissen beruht, die der
Autor jetzt in eine Kette kleiner zum großen Teil sehr
amüsanter aus dem Volksleben gegriffner Geschichten
auflöst. – Charles-Louis Philippe veröffentlicht *Mutter
und Kind*, einen kleinen im Duktus sehr lyrischen Roman (ein weiter Begriff hier wieder), offenbar autobiographischer Natur, worin ein jetzt erwachsner Mann
seiner Mutter seine Kindheit noch einmal erzählt; unter
dieser lyrischsentimentalen Oberfläche lauern aber harte
Realitäten: eine langwierige abscheuliche Krankheit des
Kindes (ein fauliger Knochen), dann eine leidensvolle
Gymnasialzeit, am Ende dem aus der Armut Stammenden gegenüber ein Versagen all derer, die nicht aus der
Armut sind – und alles das halb verborgen unter dieser
lyrischen Decke.[25] – Gabriele d'Annunzio, dessen *Lust*

---

[25] Gide kannte und mochte Philippe; hier ist eine Stelle aus Gides
Tagebuch vom 20. Januar 1902: »Charles-Louis Philippe hat mich
dazu gebracht, heute nachmittag ein verfluchtes Gläschen alten Marc
zu trinken, von dem ich bis zum Abend ganz betäubt war. Er trägt den
weißen, ungebleichten Kittel eines Lebensmittelhändlers oder Malers
auf dem Bau; er verläßt sein Büro ohne weiteres, geht ohne Hut auf
die Straße, begeistert über den Vorwand, eine halbe Stunde umher-
bummeln zu können, und zieht mich in das Bistro an der Ecke. Er
gefällt mir so sehr gut, als lustiger Bruder aus dem Volk. Gestern

wir vor einiger Zeit ja mit einem zwar geteilten, aber doch vorhandenen Vergnügen gelesen haben, veröffentlicht jetzt ein grauenhaftes Buch, *Feuer,* worin ein Dichter, offenbar der Autor, einer Schauspielerin, offenbar seiner Geliebten, der berühmten Duse, in einer überhaupt nicht mehr lustigen Anmaßung fortwährend erklärt, wie groß und gewaltig und über alles gewöhnlich Menschliche hinaus seine Phantasie, seine Empfindungen, sein Dichten sind, und daß nur sie zählen, vielleicht neben der Schauspielkunst, vorausgesetzt, die Geliebte spiele seine Stücke: und dann erklärt er ihr wieder, wie groß und gewaltig und über alles gewöhnlich Menschliche hinaus seine Stücke sind; verbrämt sind die ganzen scheußlich dithyrambisierenden fünfhundert Seiten mit einem Porträt Wagners als des fast gleichrangig übermenschlich großen Künstlers; das alles spielt auf Spaziergängen in Venedig, und zwanglos, am Palazzo Vendramin, kann dann Wagner auch im Buch sterben. – Theodor Dreiser schreibt *Sister Carrie,* sein erstes Buch; keiner will es haben, dann liest es

waren F. und er bei ihren ›mondänen Frauen‹; er berichtet mir vom Stand der Eroberung F.s und sagt: ›Was F. am meisten erregt, sind ihre sehr schönen Dessous. Als er gestern, bei den Höschen angelangt, fühlte, daß da Spitzen waren, konnte er nicht mehr an sich halten, er wurde vollständig lyrisch.‹ Ich zeigte ihm die erstaunliche Stelle im *Tagebuch* der Goncourts« – ich jetzt setze diese Stelle aus dem Kommentar hierher: »Man kann nur schöpferisch arbeiten, während die moralische Aktivität ruht. Empfindungen sind dem Entstehen von Büchern konträr. Schaffende dürfen nicht leben. Ein regelmäßiger, ruhiger, friedlicher Tageslauf, bürgerliche Behaglichkeit, eine Nachtmützenverfassung sind nötig, um Grandioses, Stürmisches, Dramatisches zu schaffen. Leute, die sich in der Leidenschaft oder im Auf und Ab eines ruhelosen Lebens aufgeben, werden der Nachwelt nichts hinterlassen und ihr Leben im Leben erschöpfen« – diese Stelle also aus dem Tagebuch der Brüder Goncourt zeigt Gide seinem Freund Philippe (der übrigens, wegen des Büros eben, ein kleiner Angestellter in der Pariser Stadtverwaltung war), und nun weiter in Gides Tagebuchtext: »›Ja‹, sagte Philippe, ›das ist genau das Gegenteil von dem, was wir denken.‹ ›Ich meine‹, sagte Philippe ein anderes Mal, ›daß wir etwas vollkommen anderes suchen müssen... Vielleicht ist das Gefühl der *Gerechtigkeit* berufen, bei uns die Rolle zu spielen, die das Malerische bei den Romantikern spielte.‹«

Frank Norris, den wir eben kennengelernt haben, Norris
arbeitet beim Verlag Doubleday, er will es bringen lassen
(selbstlos, Dreiser hatte nicht einmal seinen *McTeague*
gelesen); dann will aber Mr. Doubleday nicht, törichter-
weise besteht Dreiser auf Einhaltung des Vertrags, das
Buch erscheint, der Verlag kümmert sich um nichts, und
das Buch wird ein entsetzlicher Flop, es werden schon nur
1000 Stück gedruckt, und es verkaufen sich 456. Dreiser
erzählt die Geschichte eines Mädchens, das vom Lande
in die große Stadt Chicago kommt, erst bei der verheirateten Schwester wohnt, in einer Fabrik arbeitet, dann
unter Männer gerät (sie ist hübsch, oder kann es sein),
deren einer sich für sie ruiniert (das ist eine große Geschichte in dieser Geschichte), schließlich verläßt sich das
Mädchen am Theater auf ihre weiblichen Reize, sie läßt
den verarmten Geliebten fallen, und bleibt selber oben –
Dreiser war ein großer Balzacleser, und wie alle natürlich
hatte er Zola gelesen; aber während Zola sich so sehr an
die Moral eben jener Bürger hielt, die er schockieren
wollte, daß er seine *Nana* (so rächt sich die Sünde, konnten sich die braven Leser sagen) jämmerlich zugrunde
gehn ließ, läßt Dreiser seine Carrie, völlig unberührt von
ihren moralischen Verwerflichkeiten, ebenso triumphieren
wie jeden Geldmann, der keine Skrupel kennt: Dreiser
gehört wirklich jener Generation an, die ernst macht
mit ihrer Kritik sowohl an der Gesellschaft als auch am
lesenden Publikum. Geschrieben ist Dreisers Buch sehr
schlecht und simpel und zugleich umständlich; Dreiser
beschreibt verheerend detailliert Kleider, Wohnungen,
Fabriken, alles (er habe, sagt er später, ein Bild der Bedingungen geben wollen, »a picture of conditions«), irgendwie wird er gedacht haben, das habe Balzac ja auch getan;
und Balzac hat das auch getan – aber dann schwingt er,
Balzac, sich gleichsam immer wieder auf: und genau das
unterläßt Dreiser, fast, als wolle er es unterlassen, er bleibt
unten, in den Bedingungen, und geht da unten mühevoll

nun Schritt für Schritt voran; man langweilt sich oft, oder genauer: die Verhältnisse in ihrem Grau in Grau beginnen einen entsetzlich zu bedrücken, bloß weiß man nicht, ob das nicht vielleicht nur ihre unablässige Beschreibung macht. Es ist, als ob (von irgendwelchem Unvermögen ganz abgesehn), es ist, als ob Dreiser den wunderbar entwickelten Formen des Romans nicht zutraut, etwas auszurichten in diesen Verhältnissen; als ob er glaubt, der so glänzend ausdifferenzierte Roman tauge lediglich zur Darstellung jener subtilen Welt, die ihn versteht[26]; und man müsse ihn fallenlassen, wenn man jene Welt schildern wolle, die weder liest noch bisher (glaubt er also) in ihrer vollen Realität vorgekommen ist im Roman. Wieweit er (und Crane und Norris, die beide aber sehr viel besser schreiben als er) damit recht hat, sei dahingestellt; er jedenfalls, mit seinen sehr beschränkten Mitteln (die an dieser Stelle nun ins Spiel kommen müssen), kann offenbar nicht anders – das können dann erst wieder Leute wie Faulkner, die wirklich denen eine Stimme geben, die bisher im Roman keine hatten. Gerade Faulkner übrigens war es, der später einmal sehr nett über Dreiser (den sie alle irgendwie natürlich mochten) gesagt hat: er wußte ganz genau was er sagen wollte, aber er hatte furchtbare Schwierigkeiten es zu sagen: »he knew exactly what he wanted to say, but had a terrific difficulty in saying it«. – Georg Hermann, den ich unter dem Jahre 97, bei seinen *Spielkindern,* in einen vorweggenommenen Zusammenhang mit diesem Buch Dreisers gebracht habe, schreibt jetzt einen Kurzroman, *Aus dem letzten Hause*: wieder sehn wir einem Schriftsteller bei einer Liebe zu (Hermann, in diesen Anfängen, macht

---

[26] vielleicht erinnern Sie sich hier an Maupassants Diktum, er schreibe tatsächlich nicht für die breite Masse, sondern für die Gebildeten, für eine Elite: und wie er dann gleich darauf eben dieser Elite die Lebensverhältnisse der Grubenarbeiter vor Augen führt. Es sieht ganz so aus, als habe Maupassant, vor allem nach jener Attacke, auf die er da antwortet, kommen sehn was nun kommt.

gerade in Dingen der Liebe keine Mördergrube aus dem, *1900*
was die verlogneren Bücher gern das Herz nennen),
wieder spielt das Buch in Berlin, diesmal an den Rändern der Großstadt, wo sich, da macht Hermann sehr
gute Sachen, an Gewitterhimmeln die Wolken kaum vom
Qualm der Fabrikschornsteine unterscheiden lassen; und
wieder ist das Ende traurig, aber unsentimentaler als bei
den *Spielkindern* – der erzählende Schriftsteller ist mit
schlimmen Visionen so allein wie vor ihm nur Hamsuns
Held in jenem frühen *Hunger*. – Ein Buch noch zum
Beschluß des Jahrhunderts oder zum Beginn des neuen:
Die stille Kraft von Louis Couperus; dieses Buch spielt
in den niederländischen Kolonien, auf Java – dort, vielleicht erinnern Sie sich, spielte auch Multatulis in seiner
Kritik so niederschmetternder, in seiner Machart so
hinreißender *Max Havelaar*. Couperus ist fürs erste an
keiner Kritik interessiert, er schildert das Leben in den
Kreisen der niederländischen Verwaltung; seine großen
Figuren sind der Resident, ein selbstloser Beamter, ein
eindrucksvoller Mann; dann dessen Frau, eine Aphrodite
an Sinnlichkeit (ein Nervenkitzel an Weiblichkeit für die
Männerwelt dieser Zeit offenbar), an nichts interessiert
als an sich, an ihrem Körper, an ihren Lüsten, die ausschließlich auf Männer gehn[27]; schließlich die Frau eines
höheren Verwaltungsbeamten, die in dem kleinen Ort auf

---

[27] ihre Lieblingsbilder sind Reklamen mit Engelchen, die sich an
Kleidern von irgendwelchen Schönen zu schaffen machen, ihr Lieb-
lingsschriftsteller ist Catulle Mendès; dieser Mann, wir haben von
ihm schon einmal im Vorbeigehn gehört, war eine Zeitlang, sie ließ
sich dann scheiden, mit jener schönen Judith Gautier verheiratet, der
Tochter unsres Gautier, die so eng mit Wagner befreundet war; Catulle
Mendès selber, ebenfalls ein Wagneranhänger, sonst hätte Judith ihn
wahrscheinlich überhaupt nicht genommen (mit ihm und dem uns
vertrauten wunderlichen Science-fiction-Autor Villiers de l'Isle-Adam
hatte sie einst Wagner in Triebschen besucht), hatte mit Gedichten
sehr virtuoser und gängiger Art angefangen, dann hatte er eine Reihe
sehr schlechter Romane geschrieben, unter anderm einen über Ludwig II., den Kini. Dieser Catulle Mendès also ist der Lieblingsautor
dieser Frau.

 *1900* Java für Kultur sorgt, eine künstlerisch begabte Frau: sie schwärmt für Wagner, man müßte, gegen die Residentin, sagen: für Wagner selber. Die Geschichte geht nun so, daß der Resident einen einheimischen Regentensohn entlassen muß, das gibt großen Ärger, vor allem regt sich nun und organisiert sich das, was die Figuren im Buch eben die stille Kraft nennen: alles das, was in diesen tragischen Tropennächten (das Wort tragisch, da für den Vollmond, kommt gleich im ersten Satz des Buchs vor) den Europäern Angst macht, berechtigte Angst; am Schluß bricht alles still zusammen, die schöne Residentin geht von ihrem Mann und aus Java weg und führt in Paris oder sonstwo ein äußerst sittenloses Leben, ihr Mann, gebrochen, zieht sich auf Java, von dem er nicht lassen kann, mit einer hübschen Einheimischen und deren Familie aufs Land zurück, die rührige Kulturfrau, als sie diesen Zurückgezognen ein letztes Mal besucht, das ist eine sehr gute Szene, hat nur noch eine sanfte Vision von »frischer deutscher Natur, von Schweizer Schnee, Musik in Bayreuth, Kunst in Italien«. Das Buch, gerade in dieser von Anfang an beschworenen *stillen Kraft*, ist ein wirklicher Ausbund an Exotismus (jene stille Kraft kann tatsächlich Wirkungen hervorbringen, die wir für grauenhafte Wunder halten müssen – die Wahrheit ist immer noch da draußen, vielleicht erinnern Sie sich an diesen Spruch aus jener Fernsehkultserie); und auffällig ist nun, daß, während sich damals, bei Multatuli, die kritisch-anteilnehmende Darstellung eines exotischen Landes verwegner Formen bedient hatte, dieses künstliche Sichverlieren ins Exotische jetzt ganz und gar die herkömmlichen Formen des Erzählens benutzt; die Kritik also, das Darstellen bei Tageslicht, wandte sich an das Begreifen von Kunst und Artistik; jetzt das nächtliche Geheimnis der so ganz und gar andern Ferne scheint jeden angehn zu wollen; und wenn man also, was er in Wahrheit treibt, auf den Autor anwenden dürfte, so

schreibt er, während Multatuli für jene Wagner ver-
ehrende Künstlerin schrieb, eben für jene Residentin,
die nichts als den Prickel ihrer Sinne wollte (das alles,
wie vorhin bei Dreiser und davor bei Crane und Norris
und andern, konstatiere ich lediglich und notiere es vielleicht ein bißchen pointiert auf, ich will damit gar keine
Kritik üben an diesem wunderschönen und eindrucksvollen Buch).

◆

Geboren wird in diesem Jahre 1900 in Paris, Sohn eines
Ölkonzernangestellten, Julien Green, der große mit Gott
und seinem Fleisch ringende Tagebuchschreiber und Romancier; in Lyon, aus einer adligen Familie und auf einem
Schloß dann groß geworden, kommt Antoine-Marie-
Roger de Saint-Exupéry auf die Welt, der große Flieger
und Utopist; in Pescina dei Marsi, in den Abruzzen,
ein Bauernsohn, wird Ignazio Silone geboren, dessen
starken Erstling *Fontamara* wir noch lesen werden; und
in Asheville, in North Carolina, Sohn eines Steinmetzen
(der berühmte heimwärts schauende Engel ist, ungeachtet seiner Miltonschen Herkunft, ein Steinmetzenwerk),
kommt Thomas Wolfe auf diese Welt.

XXII

1901 BIS 1905

1 ✦ 9 ✦ 0 ✦ 1

Grabschrift (123) für

CLARIN. Neunundvierzigjährig erst stirbt in Oviedo, wo er als Juraprofessor sein ganzes Berufsleben verbracht hatte, jener Leopoldo Alas, der sich als junger Journalist und dann als Schriftsteller Clarin nannte. Als Student hatte er angefangen in Zeitungen und Zeitschriften zu publizieren, er fand, und das ist nun wirklich einmal ein leserfreundliches Argument, man müsse, wenn man nun einmal so gut schreibe, schlechten Autoren den Platz wegnehmen[1]. Mit einer Lust wie selten zuvor und selten danach haben

---

[1] in Schriftstellerverbänden und auch sonst (soweit ich mich erinnere, beklagt sich auch Horaz schon darüber) setzt sich gern die Meinung durch, es bedürfe der dicken Unterschicht der nicht so guten Schriftsteller, gewissermaßen als des unsichtbaren Teils des glitzernden Eisbergs der paar guten da oben (die es sonst offenbar nicht

wir damals, 84, seine *Präsidentin* gelesen, einen der schönsten Romane der Welt. Er hat dann, 1890, einen weiteren Roman geschrieben, der noch nie übersetzt worden ist, manche sagen, er sei beinahe besser als sein erster; man kann sich das kaum vorstellen, aber wenn es doch wahr ist (denn niemand zum Beispiel hätte sich vorstellen können, daß Eça de Queirós nach den *Maias* noch ein Buch wie *Das berühmte Haus Ramires* hätte schreiben können), dann haben wir wirklichen Enthusiasten noch etwas Wunderbares vor uns; wir wirklichen Enthusiasten sage ich, denn wenn die Großen über das schon Bewundernswerte hinaus noch jenen einen Schritt weitergehn, in das gerade nach ihm nun Unvorstellbare hinein, dann müssen ihre Leser schon ein bißchen außer sich geraten und sich dem Gott hinzugeben imstande sein können, wie man ganz früher vielleicht gesagt hätte, damals, als es noch keine Romane gab.

❖

Biographie (10)

DIE FÜNF. Die Brüder *M A N N* sind im Jahre 97 noch in Italien und verfassen gemeinsam für Schwesterchen Carla ein arg lustiges und zum Glück verlornes Bilderbuch für artige Kinder, Thomas beginnt mit seinem großen Roman, der Sommer ist der letzte in Palestrina, im Oktober kehren die Brüder nach Rom zurück, Heinrich fängt seinen eignen Roman an. Thomas Mann geht dann im Frühjahr 98 wieder nach München[2], er hat einen Hund mitgebracht und nimmt

---

gäbe); das mag so sein. Aber natürlich hat Clarin mit seiner Idee mindestens genauso recht. Vermutlich lassen sich beide Positionen nicht vereinen, aber das muß ja auch nicht sein.

[2] und veröffentlicht in diesem Jahre einen kleinen Band mit Erzählungen, *Der kleine Herr Friedemann*; die Titelgeschichte, aus dem Jahre 97, hat den schönen ersten Satz, als ginge es über Goethe: »Die Amme hatte die Schuld.« Es entstehen auch schon einige Erzählungen, die dann in dem Novellenband *Tristan* 1903 erscheinen werden.

sich eine Wohnung und fährt gern Rad, Ende des Jahres  *1901*
wird er Redakteur beim *Simplicissimus,* und liest mit Eifer
Hamsun; Bruder Heinrich bleibt in Italien, meistens in
Rom, und schreibt an seinem Roman, er liest jetzt auch
Balzac und France; er laboriert immer noch an seinem
Lungenleiden, in Riva am Gardasee in einem Sanatorium ist er mit einem Arzt befreundet; und während er
an seinem Roman noch schreibt, konzipiert er schon
den nächsten[3]. Thomas muß 1900 einen Militärdienst
ableisten. Heinrich kehrt dann auch nach Deutschland
zurück. – *G I D E,* kleiner Bürgermeister und Ehemann,
bleibt im Lande und schreibt[4] und regiert. 98 fährt er

---

[3] und bringt, 98, nach dem Novellenband *Das Wunderbare* von
97, einen zweiten Band mit Erzählungen heraus, *Das Verbrechen.*
97 schreibt er noch eine sehr lange Erzählung *Die Königin von
Zypern* – da bereiten sich, wenn auch ziemlich ohne den großen
Schwung, den der Roman dann haben wird, die *Göttinnen* vor. In
dem Band mit dem Verbrechen steht die etwas längere Erzählung
Doktor Biebers Versuchung: diese Geschichte spielt in einem Sanatorium – endlich haben wir ihn hier nun, diesen *locus amoenus* ganzer
Jahrgänge: Thomas Mann wird das Sanatorium haben; weniger aus-
gewalzt hat es Cendrars, und hat es Hamsun, und hat es Maugham
dann einmal.

[4] er bringt, jetzt, 97, *Uns nährt die Erde* heraus; dieses außerordentlich wortreiche und nicht leicht lesbare Buch beschwört in evange-
liumartigen oder auch an Nietzsche orientierten Stücken (es gibt da
einen Lehrer Ménalque und einen Schüler Nathanaël), in Reise-
berichten, in autobiographischen Darstellungen und in Dichtungen
und Aphorismen das Lebensgefühl eines nicht länger gefesselten Genusses, einer vom eignen Selbst befreiten Hingabe an das was schön
ist, einer ununterdrückten Teilnahme an allem Lebendigen (später
im *Immoralisten* werden wir ähnliche Züge finden); Gide hat drei
Grundstimmungen: er fühlt sich endlich körperlich gesund, er fühlt
sich sexuell zu sich gekommen, und er fühlt sich frei vom intellekt-
gesteuerten Puritanismus seines Elternhauses: und so preist er jetzt
die Welt, und wenn er das ein bißchen sehr ausschweifend tut, in
jeder Hinsicht, dann sieht man eben was er gelitten haben muß,
oder jedenfalls wie glücklich er sich jetzt fühlt. Zu einer Neuausgabe
dreißig Jahre später schreibt er: »Ich schrieb das Buch in einem
Augenblick, da unsre Literatur entsetzlich gekünstelt und muffig
schien. So sehnte ich mich nach der Erde; ich wollte sie wieder
berühren, den nackten Fuß auf den Boden setzen… Wie sehr dieses
Buch dem damaligen Geschmack widersprach, wurde mir aus seinem

1901 mit seiner Frau nach Italien[5], jetzt liest er viel Dostojewski und schreibt ein Theaterstück, *Saul*. 99 macht
er mit seiner Frau im Frühjahr eine schöne Reise nach
Algerien, seine Korrespondenz wächst an, er beginnt
jetzt einen Briefwechsel mit Claudel, dem Dichter (Claudel, Jahrgang 68 – also ein Jahr älter als er –, an Weihnachten 86 bekehrt und seither fromm, befreundet auch
mit Mallarmé und Schwob, wurde dann ebenfalls sehr
alt – sechsundachtzig, und schrieb leider keine Romane,
schade, vielleicht, aber vielleicht auch nicht), und er
bringt wieder ein Theaterstück heraus, oder genauer wohl
einen dialogischen Text, *Philoktet*; und dann zwei Prosasachen, erstens den *Schlechtgefesselten Prometheus*, ein
wunderliches Verwirrspiel mit antiken Scherben: Prometheus und sein Adler (der seine Leber frißt, als die Götter

---

vollkommenen Mißerfolg klar. Niemand besprach es. In zehn Jahren
wurden genau fünfhundert Exemplare verkauft... Ja, ich habe den,
der ich war, als ich *Uns nährt die Erde* schrieb, sogleich verlassen; so
gründlich verlassen, daß mir bei einer Prüfung meines Lebens nicht
die Unbeständigkeit als vorherrschender Zug erscheint, sondern die
Treue... Mein Buch lehre dich: mehr mit dir selbst als mit ihm dich
zu beschäftigen – und mit allem andern mehr als mit dir.« So also
nach dreißig Jahren. – Und im selben Jahre veröffentlicht er anonym
Überlegungen zu einigen literarischen und ethischen Fragen; in diesem
Heftchen gibt er Einblicke in das, was sonst in seinen Tagebüchern
steht; er hätte seine Reflexionen aus den Tagebüchern nehmen können, diesmal macht ers umgekehrt: Teile aus dem Heft übernimmt
er dann in sein Tagebuch. »... das Großartige auf dieser Erde ist,
daß man gezwungen wird, mehr zu fühlen als zu denken«, schreibt
er in sein Tagebuch; Valéry notiert in seinen *Cahiers* zur gleichen Zeit:
»... meine Natur verabscheut alles Vage... hier soll keiner von mir
betört werden...«

   5 Tagebuch: »... an manchen Stellen, wenn der Fels vorsprang,
bot die kühne Terrasse eine runde Bank, einen Tisch, einen entzückenden Ruheplatz. Und auf einer dieser Marmorbänke hatte der
eifrige Gärtner zu unsrer Erfrischung Orangen bereitgelegt. Es waren
vier Sorten; den größten, beinahe faden, wie Wassermelonen süßen,
zog ich bei weitem die eiförmigen vor, mit der dicken Schale; sie
hatten einen ätherischen Geschmack, wie ich mir die orientalischen
Orangen vorstelle; vor allem aber ergötzten mich die ganz kleinen
Mandarinen, die wie Granatäpfel harten, mit der ganz feinen grün-
orangenen Schale, die aus Handschuhleder zu sein scheint...«

den Menschenfreund Prometheus ans Gebirge gefesselt *1901*
haben) treten in Paris auf und treffen Leute, die der
Bankier Zeus geschädigt hat; Zeus ist der Mann der
zweckfreien Tat (*acte gratuit* – dies Gidesche Zauberwort,
wir kennen die Sache schon aus jenem fiktiven Reisebericht von vor einigen Jahren); am Ende ißt Prometheus
seinen Adler, der an ihm fett geworden ist. Außerordentlich symbolisch das Ganze, dabei sehr elegant und amüsant; die Schwierigkeit des Textes, das Problem seiner
undurchdringlich glänzenden Oberfläche, liegt darin,
daß auch der Autor gedanklich nicht herausweiß aus
den symbolistisch gemeisterten Labyrinthen (aber er
wird es schaffen, das glaubt man beim Lesen sagen zu
dürfen[6]); und dann *El Hadj*, worin er, wieder in sym-
bolischer und historisch gebildeter Einkleidung, wie in
den vorangegangnen Traktaten und Stücken und antiken
Anverwandlungen, seine Probleme abhandelt: diesmal
stirbt der vom Propheten besungne und öffentlich gerühmte Fürst in dem Moment, in welchem ein großes
Ziel sich als nichts enthüllt, und der Sänger beginnt zu
lügen: aus dieser Lüge lebt der Fürst als der Gott seines
Volkes, das der verzweifelte Prophet nun in die Stadt
zurückführt – ein sehr kluges und schönes Stück, mit
dithyrambischen Gedichten aufgeladen. Und im Jahre
1901 erscheint wieder ein Theaterstück, der *König Kandaules* (aus dem Alexander Zemlinsky dann eine Oper

---

[6] er schreibt in sein Tagebuch: »... doch das war keine Musik
mehr: allein schon der Klang eines Saiteninstruments oder einer Flöte
oder einer Stimme genügte, um sofort mein ganzes Denken zu
beherrschen. Ebenso ließen nun eine Geste, ein Sonnenstrahl auf
dem Boden, ein Menschenlächeln oder das einer lebendig pochen-
den Natur, ach, leichter als die Kunst mein ganzes Herz in Wonne
erstarren. Derart, daß all die langsame Arbeit, das bewunderungs-
würdige Streben nach Verfeinerung, das durch meine Vorfahren hindurch eine ganze Rasse geleistet hatte, um mich hervorzubringen, sich
hier befreite und mit einem Wiedererwachen der Wildheit endete –
wie man durch die Ruinen geduldig errichteter Paläste hindurch die
natürlichen Pflanzen wiedererscheinen sieht...«

gemacht hat, die so schwer aufzuführen war, weil er darauf bestand, daß Kandaules' Frau ganz nackt sein müsse auf der Bühne[7]). – *V A L É R Y* ist Angestellter beim Kriegsministerium, erst als Redakteur[8], dann in der Artillerieabteilung; sein Vater stirbt, er macht die Bekanntschaft Degas' und verkehrt in Künstlerkreisen[9]; im Jahre 1900 heiratet er (seine Schwiegermutter, aus bedeutender

---

[7] er hatte recht; es handelt sich hier um die von Herodot berichtete schöne Geschichte, wonach der Lydierkönig Kandaules so stolz auf seine schöne Frau Rhodope war, daß er seinen Freund Gyges, der ihm einen Zauberring mitgebracht hatte, der den, der ihn trug, unsichtbar machte, bewog, mit Hilfe dieses Rings unsichtbar in Rhodopes Gemach einzudringen und sie anzuschauen in ihrer ganzen Schönheit.

[8] im Zusammenhang mit dieser Tätigkeit veröffentlicht er jetzt, als Auftragsarbeit, einen 7000-Wörter-Aufsatz, *Eine methodische Eroberung*, sehr klug umschreibt er das Wesen des deutschen und besonders des deutschen wirtschaftlichen Treibens als das einer methodischen Organisation, und auf den Einzelnen bezogen als das einer disziplinierten Unterordnung unter einen Gesamtwillen oder Gesamtplan: und allein diese methodische Organisation werde das Land groß machen und zum Vorbild all der Länder, die da mithalten wollen. Valéry schwankt zwischen Bewunderung und Skepsis, aber da jede Skepsis haltlos moralisch wäre (er zitiert englische und französische politische Arbeiten, die sehr skeptisch sind), und da überdies, meint er, Lernen besser sei als die Furcht, überwiegt wohl die Bewunderung; oder er sieht eben was kommen wird; er sieht was Zukunft hat und macht die eignen Leute darauf aufmerksam. – Mit dieser Arbeit, in ihrem gleichsam offiziösen Charakter, beginnt Valérys sozusagen exoterische schriftstellerische Laufbahn, das heißt: was er ist und schreibt, entspricht rein dem bürgerlichen Dasein: den Rest verheimlicht er der Öffentlichkeit (er hat dafür in den Morgenstunden seine wunderbaren *Cahiers:* »... Glück. Um diese Zeit habe ich Lust auf eine Fleischpastete, gut gebacken und gesalzen; auf eine feine, helle Tasse Tee, sodann auf eine Zigarette: ich sehe das alles vor mir. Den Tee, dampfend in einer kleinen, hohen Wohnung; der Himmel scheint leuchtend aus der Weite eines kleinen Hafens, oder durch das Geäst der Bäume, auf die Kruste der Pastete, als schwebte diese durchs Fenster herab... niemand ist zu sehn, und doch höre ich eine Person, spüre, daß sie lebt, mir zur Verfügung; da, plötzlich ein Gespräch beginnen, oder einander anschauen, oder einander berühren, dazu ist sie bei mir...«)

[9] in dieser Zeit veröffentlicht er noch (angedeutet gefunden haben wir das schon irgendwo) einen Aufsatz über Durtal, den Helden der Romane Huysmans', er müht sich darin um einen Weg zwischen Mystik und Rationalismus; vergebens übrigens, aber was tut man

Familie, war mehrmals von Degas gemalt worden[10]), Gide *1901* ist sein standesamtlicher, beider Freund Pierre Louÿs ist sein kirchlicher Trauzeuge.

Mitte des Jahres verläßt er das Ministerium und wird, für mehr als zwanzig Jahre, Privatsekretär von Edouard Lebey, einem der Chefs der berühmten Agence Havas, des damals bedeutendsten französischen Telegraphenbüros (vergleichbar etwa mit Reuter); diese Tätigkeit beansprucht ihn nur drei oder vier Stunden am Tag und bringt ihn in Kontakt mit der großen Politik und der Hochfinanz. Er lernt Debussy kennen, sie wollen zusammen ein Ballett machen (es wird nichts daraus). – *M A U G H A M* geht im Sommer 97 wieder nach Capri, dann macht er sein medizinisches Examen; jetzt könnte er mit dem Beruf anfangen, aber er geht im Herbst für acht Monate nach Spanien, genauer nach Andalusien; über dieses Land schreibt er ein kleines Buch, in dem es am Ende heißt (aber vielleicht hat er das später angefügt, denn er scheint in Spanien wirklich sehr glücklich gewesen zu sein, ließ sich einen Schnurrbart wachsen, rauchte Zigarren, spielte Gitarre, trug schicke Hüte, ritt), es sei doch besser, Bücher zu lesen, als selber wohin zu gehn; seine Argumentation ist aber nicht gut: die Realität sei immer voller Enttäuschungen (nebenbei: das sagt auch Niels Lyhnes Mama, eh sie dann stirbt) – opfert er selber sich also auf, wenn er wegfährt? denn er selber fährt doch; er muß das anders gemeint haben; außerdem schreibt er einen Roman, den dann keiner lesen will[11], und schreibt an noch einem Roman, den wir dann sehn werden. 98 dann, nach seiner Rückkehr aus

---

nicht alles, wenn man leise merkt, daß man den Göttern seiner Jugend untreu werden muß.

[10] sie war eine geborene Morisot, ihre Schwester war jene Berthe Morisot, die dann Manets Bruder Eugène heiratete.

[11] *The Making of a Saint*; das ist ein historisch-italienischer Roman, mit Religion, Liebe und Grausamkeiten; Maughams Biographen finden ihn ein wenig langweilig beim Lesen, oder finden das Lesen mühsam; bloß die Liebesgeschichte, sagen sie, sei irgendwie wie selbst-

◆ 719 ◆

1901 Spanien, läßt er sich mit einem Freund, einem Anwalt, in London nieder, als Schriftsteller; beide geben sich als Frauenhelden; sie haben ein Mädchen, das kocht und saubermacht; und er veröffentlicht *Orientations*, einen Band mit Erzählungen, den er später wie den Heiligenroman nicht in seine Werke mit aufgenommen hat, und einen kleinen Roman aus dem Burenkrieg, *The Hero*; auch der war aber kaum ein Erfolg.

Lassen Sie uns ein bißchen resümieren, lassen Sie uns sehen, wie unsre Fünf gewappnet sind für das neue Jahrhundert. – Keiner ist schon berühmt (außer in seinem Kreis), aber alle sind sie, wenigstens unter artistischen Gesichtspunkten, doch aus dem Gröbsten heraus: das, glaube ich, kann man sagen. – *T h o m a s   M A N N,* jetzt 26, ist wohlsituiert, er verdient auch etwas Geld, er hat die Schule irgendwie abgebrochen, studiert hat er auch nicht richtig, gelernt bei seiner sonderbaren Feuerversicherung hat er wohl auch nichts; er hat eine gewisse Erfahrung als Manuskriptleser für eine Zeitschriftenredaktion, er hat ein paar Sachen veröffentlicht, sogar einen eignen Band mit Erzählungen, und man erwartet etwas von ihm; er selber erwartet auch vieles von sich, und schreibt eifrig an dem Buch, mit dem er es schaffen will (und er wird es ja auch damit schaffen); er war im Ausland, er hat in München eine geregelte, man möchte sagen: bürgerliche Umgebung; man weiß nicht, ob er sich seine erotische Veranlagung richtig klarmacht, aber alle seine Freundschaften und seine Art sie zu pflegen deuten darauf hin, daß er eher schwul ist. – *H e i n r i c h   M A N N,* jetzt 30, ist so wenig arm wie Bruder Thomas, auch er hat die Schule nicht so ganz geschafft, hat keinen Beruf gelernt, hat ein bißchen als Redakteur und Zeitschriftenherausgeber gearbeitet, ein bißchen studiert hat

---

erlebt; ich lese sonst ja alles: diesmal beuge ich mich dem Willen Maughams und laß es; Maugham nämlich hat den Roman später nicht in seine Werke aufgenommen.

er auch, und was für Thomas die Feuerversicherung, war
für ihn ein Verlag; anders als Thomas hat er nirgendwo
eine bürgerliche geregelte Umgebung, er lebt vorwiegend
im Ausland, und müßte er nicht immer noch seine
Krankheit kurieren, dann könnte man sein Leben fast
als das eines Bohemiens bezeichnen; er hat schon sehr
viel geschrieben, hat zwei eigne Bände mit Novellen und
einen ausgewachsnen wenn auch schlechten Roman veröffentlicht, einen weiteren hat er so gut wie fertig, und er
arbeitet schon am nächsten; zweifellos liebt er Frauen. –
A n d r é   G I D E , jetzt 32, ist reich von Haus aus, er
läßt seine schmalen Bücher auf eigne Kosten drucken,
zehn sind es jetzt, und man darf das schon so ausdrücken, daß er von einer wunderbaren Produktivität ist;
er ist (nicht eigentlich gern) Bürgermeister in dem Dorf,
in dem seine Familie immer schon herrschend war, er ist
(nicht eigentlich mit Leidenschaft) verheiratet, aber er
weiß, daß er schwul ist, er hat große Erlebnisse gehabt,
doch noch glaubt er kämpfen zu müssen; sein ewig
kränkelnder Körper scheint sich ein wenig konsolidiert
zu haben; er hat eine abgeschloßne Schulbildung, dazu
eine glänzende musikalische Ausbildung, und hat dann
weder zu studieren noch einen Beruf zu lernen versucht;
er ist viel gereist, und reist immer noch gern; wie weit ins
Land sein Ruhm bisher gedrungen ist, ist unklar, offenkundig aber ist er bislang der beste Schriftsteller unter
unsern Helden. – *P a u l   V A L É R Y ,* jetzt 30, hat
einen guten Schulabschluß, hat Jura studiert, hat seinen
Militärdienst abgeleistet, hat ein Examen abgelegt, und
ist, nach seiner Zeit im französischen Kriegsministerium,
jetzt sehr gut situiert als Privatsekretär eines bedeutenden
Mannes; er ist gereist, jetzt wohnt er in Paris und führt
ein intellektuell und künstlerisch (und durch sein Privat-
sekretärdasein auch politisch und gesellschaftlich) an-
regendes Großstadtleben, er ist sicher unter den Fünfen
der, der von der Welt, auch der großen, am meisten

1901 begreift und weiß; veröffentlicht hat er eine Reihe außerordentlich schöner Gedichte, eine brillante kleine Erzählskizze, einen sehr klugen politischen Aufsatz und einen glänzenden wenn auch vielleicht zunächst etwas esoterischen Essay über den schöpferischen Prozeß; das Dichten hat er aufgegeben, er will keine literarische Karriere machen, aber Tag für Tag schreibt er ein intellektuelles Abenteuertagebuch; er ist verheiratet. – *S o m e r s e t M A U G H A M* , jetzt 27, hat die Schule absolviert und hat Medizin studiert, er hat immer wenig Geld gehabt, er könnte jetzt praktizieren, aber er will lieber nicht; seine Kindheit war nicht unbedingt schön, aber als Student ist er dann in den Süden gereist, und nach dem Studium war er ein dreiviertel Jahr in Spanien; sein Gefühlsleben ist stark, er muß sich zu Frauen zumindest hingezogen gefühlt haben, fühlt sich das auch immer noch, aber er weiß seit Jahren auch, daß er schwul ist, nur nicht, wie sehr; er hat einen Band mit Erzählungen veröffentlicht, vorher einen sehr guten Roman (den besten bisher von allen unsern Helden), dann einen schlechten Roman und noch einen mäßigen, er hat auch fürs Theater geschrieben; er will ein richtiggehender professioneller Schriftsteller werden, das ist sicher.

Ein mehr oder minder müßiger Gedanke wäre noch folgender: *V A L É R Y,* im engeren poetischen Sinne sicher der begabteste unsrer Fünf, legt die Leier gewissermaßen schon im experimentellen Vorfeld aus der Hand, fürs erste jedenfalls; was wir gewöhnlich oder nach Goethe und andern unter einem Dichter verstehn, verkörpert am meisten sonst *G I D E :* er entwickelt sich, wir sehn ihn sich entwickeln, er experimentiert in Formen und auch Moden herum, er hat einen außerordentlich wachen Sinn für die moderne Vergeblichkeit des Tradierten, er schreibt noch für kein Publikum – und es klingt sicher merkwürdig, daß *H e i n r i c h M A N N* ihm hier am verwandtesten ist: er probiert ungeheuer die

Möglichkeiten des Erzählens aus, und er hat überhaupt keinen festen Standpunkt zur Welt; wir sehn ihn an einer großen Satire arbeiten, aber fast gleichzeitig trägt er sich schon mit einem ausladenden Kunstroman; wenn ich so sagen darf, indem ich etwa an d'Annunzio denke: das ist ja kein geringes Schwanken zwischen Zola und France und d'Annunzio; *M A U G H A M* sieht leicht wie der konventionellste unter unsern Fünfen aus: aber ihm ist, auch wenn er sich das noch nicht richtig klargemacht hat, aus seiner spezifischen und authentischen Sicht der Welt (der Welt der Slums, die keiner sonst kennt) ein großartig erfrischendes Buch gelungen – und im Roman sind es nicht allein die Form und eine Methode, sondern auch eine neue Welt und die genaue Sicht darauf, die weiterbringen; merkwürdig bleibt *T h o m a s M A N N:* er experimentiert nicht, er probiert kaum etwas aus, er sucht nichts Neues, er zweifelt kaum (vielleicht manchmal an sich, aber nicht generell), er hat alles, im Grund auch schon das Publikum, nun muß er bloß noch hin. Soweit also diese Fünf.

✦

Anatole France beendet seine so anmutige Tetralogie der *Histoire contemporaine* (es ist wirklich Anmut, die seine Skepsis so menschenfreundlich macht – Diderot glaube ich war vom selben Orden) mit dem kleinen Roman *Bergeret in Paris* – immer schöner verschmilzt nun der Autor mit seiner Figur, die jetzt unbedenklich sagt was sie von Staat und Kirche und Gesellschaft hält: nämlich sehr wenig; ja, Bergeret wundert sich, wie ein vernünftiger Mensch überhaupt glauben könne, aus dieser Welt und diesem Lande, in dem er lebt, jemals etwas Ordentliches noch zu machen; Zola, der so etwas glaubte, wurde immer sehr unhöflich, wenn er darüber redete, France, der das nicht glaubt, bleibt höflich, liebenswürdig – was ist das eigentlich? – Frank Norris bringt den ersten Teil

1901 einer geplanten Trilogie heraus über den Weg des Weizens, *Oktopus*, und stellt dar, wie die großen Eisenbahngesellschaften die kleinen Farmer ruinieren – das ist, mit Dreiser verglichen, sehr gut geschrieben, mit sehr viel buntem und anschaulichem Einwandereramerikanisch: wir werden aber nachher noch einige Bücher kennenlernen, die ähnlich thesenhaft vorgehn. – Unser Freund Pierre Louÿs erfreut das lüsterne Publikum mit einem seiner antikisierenden Softpornos, den *Abenteuern des Königs Pausolos*; das ist ein entzückendes Büchlein, nur können es Autoren, deren Heldinnen am liebsten schlafen, je öfter sie schlafen desto weniger vermeiden, daß wir uns ein wenig langweilen, wenn sie sie nicht schlafen lassen: auch die Tugend will weiterschlafen, wenn sie einmal so süß schlafengelegt worden ist. – Herman Bang bringt seine beiden genialsten Bücher heraus, nämlich ein düsteres Konversationsstück, *Das graue Haus* (allenfalls, vielleicht erinnern Sie sich, mit Fontanes *Stechlin* zu vergleichen oder mit James' *Awkward Age*); und dazwischen, als müsse er sich erholen von so viel Düsternis, die *Sommerfreuden*, ein Büchlein, in dem fast nichts passiert; Bang schildert, oder läßt vorüberziehn einen Tag in einem kleinen Badeort, morgens beginnt das Büchlein, abends geht es zu Ende: dieses Flirren des Augenblicks, dieses hinterher wie Halbgeträumte eines Sommertags, dieser wunderbare Dunst der hingelebten Stunden. Es war alles am Ende nichts, oder das Leben: aber die Lektüre dieses kleinen Buchs bringt uns in jenen wahren Zustand, worin wir sehn, wie schön aufgehoben für immer in Worten diese wunderbare Vergänglichkeit ist, in der allein wir sind, und eben doch nicht nur. – Luigi Capuana, ein Freund Vergas und De Robertos (zur Erinnerung an Verga: diese Fischerfamiliengeschichte von 81, dann diese Geschichte vom Scheitern eines Emporkömmlings in dem Adelsnest von 89; an De Roberto: die Vizekönige, diese degenerierenden Stadtbeherrscher, die

ihren Lüsten nachgehn und sonst nichts) – der Freund < span>*1901*
der beiden also, Luigi Capuana, schreibt den *Marchese von Roccaverdina*, das ist auch eine solche Niedergangs-
geschichte, diesmal mit reichlich Gott und Dostojewski;
nämlich der Titelheld hat seine junge Mätresse an seinen
Verwalter verheiratet, aber mit der Auflage, daß sie es
nur zum Scheine seien, danach aber, selber verheiratet,
bringt er aus Eifersucht den Verwalter um; es macht ihm
nichts, daß ein andrer dafür verurteilt wird, daß dessen
Familie untergeht; doch wegen eines Jesusbildes in seiner
Krypta (es muß das eigne Jesusbild, die eigne Krypta
sein) beginnt ihn das Gewissen zu plagen (in seiner
Familie werden ohnehin alle verrückt), und daran stirbt
er dann; große Figuren sind aber jene allmählich immer
schwärzer gekleidete verstoßne Geliebte und die Frau,
die er geheiratet hat, groß ist auch die Wolkenbildung
vor dem ewig ausgebliebnen Regen: wäre der früher gekommen, dann wäre vielleicht alles gutgegangen, aber
er ist nicht gekommen; und dann also das Gewissen. –
Charles-Louis Philippe, dessen oberflächlich so sanften
sound wir kennen (seit seiner der Mutter erzählten
Kindheitsgeschichte letztes Jahr), schreibt *Bubu vom
Montparnasse*, einen mit wunderbarer Unerstauntheit und
gelassener Hinnahme der Realität geschriebnen Roman
über einen Zuhälter und sein Mädchen und deren
freundlichen Geliebten samt dessen Freund, letztre haben
längst die Syphilis; einer ihrer Freunde sagt zu dem
Mädchen, als ob er bei Kafka das Schreiben gelernt
hätte: »Ich habe dich mit deinem Trippelschritt von
weitem kommen sehn. Deine Beine zeichnen sich unter
den Röcken ab, du drehst dich ein wenig hin und her
beim Gehen, du lächelst und siehst sehr gutmütig aus.
Man fühlt es, daß du einen sanften Charakter hast. Ich
würde dich unter allen Frauen wiedererkennen, und es ist
doch erst das zweite Mal, daß wir uns treffen...« – die
Übersetzung, von Max Hochdorf, ist aus dem Jahre 1915.

1901 Übrigens taucht hier zum ersten Male (jedenfalls für uns) ein Auto auf, Blondin der Radler hat es, »er betrieb irgend einen geheimnisvollen Fahrradhandel und besaß zwei- oder dreimal Automobile« – das Jahrhundert beginnt. – Rudyard Kipling schreibt *Kim*, diese erstaunliche Geschichte über den weißhäutigen Knaben, der in Indien zu Hause ist und in irgendwelche dunklen und sicher von keinem vernünftigen Leser je durchschauten Intrigen der Geheimdienste gerät; das macht aber nichts, die Hauptsache ist dieses dunstig-heiße staubige und doch wieder so morgendlich glänzende Indien, eine Zauberwelt an der Grenze des Alptraums, und doch so greifbar real, und unvergleichlich lebendig etwa neben den Boudoir-Exotismen eines Couperus (nachher in seinem *Heliogabal*, aber auch in seiner noch anschaulicheren *Stillen Kraft*); später, bei Forster, in seiner *Passage to India*, wird dieses ferne Land wie eingemeindet sein in ein weltweites Europa – einzig hier bei Kipling hat es jene Ferne, die rein in sich ruht und keinen bloß weil er sein altes Europa leid ist lockt oder ängstigt: Kipling (der sonst mit Recht als ein Verteidiger aller Imperialismen gilt) sieht das Land hier mit den Augen eines Gottes, dessen Natur es ist, keine Nerven zu haben. – Und Thomas Mann bringt *Die Buddenbrooks* heraus, und ohne jedes Amüsement und ohne jedes Lächeln sehe ich ihm dabei zu, wie er sich so große und auf seine Art auch erfolgreiche Mühe gibt, etwa die Beschreibungen der Buddenbrookschen Ahnenbilder stilistisch aufzuputzen. »Ich gestehe«, schreibt er im Jahre 1912 über einen naturalistischen Roman[12], »daß es mir nicht leicht wurde, mich in das

---

[12] seine Bemerkungen sonst in dieser Rezension, etwa über das Mitleidsethos, das sich als »Verklärung und seelisches Komplement eines Wahrheitsfanatismus« gebe und »gern sozialistische Formen« annehme, sind übrigens außerordentlich treffend und klug, wenn wir hier an Autoren wie Dreiser und Crane und Norris denken, die Thomas Mann damals wohl kaum gekannt hat. Überhaupt ist Mann als Essayist wirklich stark.

Werk zu finden und zu schicken. Ein Gefühl der Ent-
behrung, der Freudlosigkeit wollte anfangs nicht weichen.
Da ist kein Stil, kein Spiel, kein Geist, keine Ironie, keine
Gehobenheit, keine Sprachlust, kein Kunstzauber...«.

Den allerersten Nobelpreis[13] kriegt René François
Armand Prudhomme, der unter dem Namen Sully-Prud-
homme seit 1865 Gedichtbände publiziert; er war 1839
geboren worden (ist also als Preisträger jetzt zweiund-
sechzig), seit 81 ist er Mitglied der berühmten Académie;
als an einem reinen Lyriker haben wir hier wenig Interesse an ihm; gleichwohl würde ich ein paar Verse zitiert
haben, aber selbst die sonst so musterhafte vierbändige
zweisprachige Anthologie der französischen Lyrik von
Beck in München und dtv hat ihn gar nicht, und die
hat sonst alles, ausführlich zum Beispiel unsre Freunde
Hérédia und Régnier. Aber in Gides *Falschmünzern*,
Kapitel VII des dritten Teils, hat Armand auf das berühmteste Gedicht Sully-Prudhommes, *Le Vase brisé*, eine
Parodie unter dem Titel *Le Vase nocturne* geschrieben,
der *Topf der Nacht*, er erläutert das: »Ich greife darin das
antike und doch so moderne Motiv vom göttlichen Töp-
fer auf, der jedes menschliche Wesen als ein Gefäß formt,
dessen Bestimmung es ist, Gott weiß was zu enthalten.
Und in einem lyrischen Höhenflug vergleiche ich mich

---

[13] Nobel selber, vielleicht erinnern Sie sich, las am liebsten moderne linke rebellische Leute: Shelley, Ibsen, Strindberg; er war Sub-
skribent von *TLS*, dem Literarischen Supplement der *Times*, schrieb
Gedichte und auch ein Drama: so Kenne Fant in der neuesten Biographie Nobels; diese Biographie wieder hat in der *NYR*, der *New
York Review,* das ist gewissermaßen das amerikanische Pendant der
TLS, Michael Meyer rezensiert (Meyer selber hat Biographien über
Ibsen und Strindberg geschrieben und über dreißig Stücke dieser beiden Dramatiker übersetzt und selber ein Theaterstück nach einem
Roman Gissings gemacht), und er findet, daß Nobel, so wie Fant ihn
sieht, seinen Preis vermutlich Tolstoi, Ibsen, Zola, Hardy, James, Conrad, Strindberg, Joyce und der Woolf gegeben haben würde, und ich
sehe voraus, daß, wenn ich dann jährlich sage, wer den Nobelpreis
gewonnen hat, auch ich sehr verlockt sein werde, anzufügen, wer ihn
vielleicht besser bekommen hätte.

mit erwähntem Topf, ein Gedanke, der mir, wie ich schon sagte, ganz von allein kam, als ich die Luft des Zimmers einatmete. Besonders stolz bin ich auf den Anfang: Der du mit dreißig der Hämorrhoiden harrst...«

✦

Geboren wird in diesem Jahr, Sohn eines Diplomaten, in Fiume (das ist die damals ungarische Hafenstadt, die dann, achtzehn Jahre später, in den Auseinandersetzungen zwischen Ungarn und Italien, der neurotische und gern heldische d'Annunzio mit ein paar gleichgesinnten Freunden kurzerhand einnahm und anderthalb Jahre lang nicht wieder herausrückte), dort also, in Fiume, wird jetzt Ödön von Horváth geboren, den dann im Jahre 38 auf den Champs-Elysées ein herabfallender Ast erschlug.

1 ✦ 9 ✦ 0 ✦ 2

Grabschrift (124.125.126) für

BUTLER. NORRIS. ZOLA. Sechsundsechzigjährig stirbt in London, wo er, wie wir noch wissen, ein Leben in mönchischer Abgeschlossenheit geführt hatte, jener Samuel *BUTLER* der Jüngere, dessen *Weg allen Fleisches* wir damals, 1884, mitgelaufen sind. – In San Francisco, zweiunddreißigjährig, und ohne auch nur entfernt das geschaffen zu haben, was er schaffen wollte, stirbt an den Folgen einer Operation Frank *NORRIS,* dessen *Oktopus* wir eben noch gelesen, und dessen *Heilloses Gold* wir noch gut in Erinnerung haben. – Und zweiundsechzigjährig, nach dem arbeitsreichsten Leben, das man sich denken kann, stirbt Émile *ZOLA,* nicht in seinem prächtigen Haus in Médan, sondern in seiner Stadtwohnung; es war später

September, Zolas waren monatelang nicht in der Woh-  1902
nung gewesen, sie heizten den Kamin, und Zola, nach
einer üppigen Mahlzeit, atmete (wie seinerzeit Gutzkow
in Sachsenhausen) zuviel Kohlenmonoxyd ein. »Seine
ganze Kraft«, sagte Anatole France (der ihn in früheren
Jahren gar nicht gemocht hatte) an Zolas Grab, »wandte
er daran, eine bessere Gesellschaftsordnung zu prophe-
zeien und im voraus zu entwerfen. Er forderte, daß auf
dieser Erde unverzüglich die Menschen in größerer Zahl
als bislang zum Glück berufen sein sollten[14]. Dieser ehrliche Realist war ein feuriger Idealist. An Größe ist sein
Werk nur dem von Tolstoi vergleichbar. Beide Male handelt es sich um exemplarische Lebenswelten, die dank
der Dichtkunst zu extremen Sinnbildern europäischer
Lebensauffassung gesteigert sind. Beide sind hochherzig
und von Friedensliebe erfüllt. Aber die von Tolstoi ist
die Lebenswelt derer, welche die Hände in den Schoß
legen. Die von Zola ist die Lebenswelt derer, die an der
Zukunft arbeiten.« Und Heinrich Mann ruft aus: »Wie
fest stand er da, dieser Mann, seine Wahrheit im Herzen,
und im Hirn die Kraft, sie durchzuführen!«

Der eben zitierte Heinrich Mann bringt die *Göttinnen*
heraus[15], *oder Die drei Romane der Herzogin von Assy*, einer

---

[14] »wir fordern«, heißt es ähnlich in Schwitters' *Merzmanifest*, »die
sofortige Beseitigung aller Übelstände.«

[15] fast alle Nachschlagewerke nennen, mit Recht, als das Erscheinungsjahr dieser Trilogie 1903, die Erstausgabe trägt tatsächlich diese
Jahreszahl, wirklich erschien das Buch aber in den Läden Anfang
Dezember 1902. Diese Praxis, spät im Jahr erschienene Bücher vor-
zudatieren, war üblich: so daß auch hier bei uns, anders als in diesem
Falle, und dann so wie in den üblichen Nachschlagewerken, manches
Buch unter dem offiziellen Jahr erscheint und nicht unter dem wirklichen. Es ist da kaum möglich, immer genau zu sein, zumal in früheren Jahren, wenn wir keine so genauen Dokumente haben wie hier
bei den *Göttinnen*; es ist deswegen aber natürlich nicht nötig, konse-
quent zu sein und immer das Impressum zu zitieren.

 *1902* großen Dame aus Dalmatien, die im ersten Band *(Diana)* sehr romantisch die Freiheit für ihr Volk will (erinnern Sie sich an Daudets Monarchen und Monarchinnen und Hofstaaten aus jenen Ländern im Pariser Exil?), im zweiten Band *(Minerva)* der Kunst dient und im dritten *(Venus)* die Liebe begehrt, schade für sie, denn nun ist sie beinahe ein bißchen alt, aber es ist natürlich nicht ganz leicht, wenn man alle Göttinnen sein will, eine bessere Reihenfolge zu finden. Das ganze Werk ist, mit wieviel ironischem Abstand im einzelnen auch immer, ein einziger Rausch aus Jugendstil, d'Annunzio und allem was sonst schön ist für die Sinne und sprachprunkend; ich schlage irgendwo auf, *Diana,* Seite 214 f. (das ist das siebte Kapitel, Seitenzählung nach der sehr empfehlenswerten Heinrich-Mann-Studienausgabe beim Fischer Taschenbuch Verlag): Ah, sagt da ein Typ, »ah! Könnte ich alle meine Sinne anfüllen mit ihrem Fleisch, und satt und ruhig werden. Ich möchte sie besitzen, um das Recht zu erwerben, sie zu verachten und zu vergessen. Wüßte ich wenigstens, daß auch ihre Nächte schwül sind und auch ihre Tage qualvoll.« Absatz dann, danach: »Sie litt so viel, als er nur wünschen konnte« – und das ist noch eine ganz milde, ganz zivile Stelle, fast kunstlos, möchte man sagen. Das große Werk, gute achthundert Seiten, an Wortmenge den *Buddenbrooks* vergleichbar, ist eine furchtbare Lektüre, ein Narkotikum, das man wollen muß, um es ertragen zu können, und eigentlich unzumutbar allen, die den nicht wirklich lieben, der es ihnen in die Hand gibt, denn sonst liebten sie nach dreihundert Seiten nicht mehr; dann aber eine rauschende Fahrt durch diese Traum-Allee hindurch, die zu nichts führt; und doch, es ist, später, etwa beim *Untertan* und diesen Sachen, sehr befreiend zu wissen, daß der Autor einmal solche Träume hatte, und sie aufgeschrieben hat. – Somerset Maugham schreibt *Mrs. Craddock*, den Roman einer klugen, sensiblen und reizvollen Frau, die sich selber

den Mann sucht, den sie lieben will, einen Mann, der ihren erotischen Ansprüchen genügt, nicht aber ihren sonstigen Bedürfnissen, wie sie merkt, als sie aufhört ihn zu lieben, dennoch aber mit ihm als ihrem Ehemann leben muß. Zum Glück kommt er beim Reiten um, nun ist sie frei, sie liest rasch noch einen Roman aus Mudies Bücherkiste zu Ende, dann wird sie nach Italien gehn. In einem hübschen Vorwort aus dem Jahre 1955 schreibt Maugham, mehrere Verlage hätten das Manuskript damals abgelehnt, endlich habe Heinemann es gedruckt, unter der Bedingung, Maugham streiche die anstößigsten Stellen. Er habe das getan; in den dreißiger Jahren sei dann das Originalmanuskript gedruckt worden, aber nun habe er darin die damals anstößigen Stellen nicht mehr gefunden (wir finden sie auch nicht mehr). Damals, erzählt er, nach Veröffentlichung des Buchs, sei er auf dem Kontinent, in Rom, Florenz, auf Capri, mit Leuten zusammengewesen, die sich Ästheten nannten und Oscar Wilde für das große Prosagenie des eben vergangnen Jahrhunderts hielten: diese jungen Leute hätten ihn, den Verfasser der *Mrs. Craddock*, unreif und spießerhaft gefunden, und er, damals, habe sich dann bemüht, ihren Anforderungen zu entsprechen: »Er war nicht nur ein törichter junger Mann«, schreibt Maugham nun über sich selbst, »er war oberflächlich, selbstüberheblich und oft verschroben. Wenn ich ihm heute begegnete, würde er sofort mein Mißfallen erregen« – wenn wir nun unterscheiden dürfen zwischen dem, der da dem alten Maugham mißfallen würde, und dem, der er war, als er gerade die *Mrs. Craddock* schrieb, so wird uns dieser nun ganz fraglos sehr sehr ans Herz wachsen; es ist nicht ganz leicht zu sagen warum, aber vielleicht werden wir das noch herausbringen. Auffällig ist hier wieder, wie in der *Liza*, und auffällig war auch für die Zeitgenossen damals schon Maughams wunderbarer gewissermaßen sympathetischer Sinn für die Sensibilität seiner Heldinnen (Heldinnen in

 beiden Büchern) – man denkt wieder an Gides For-schungen über die männliche Homosexualität bei schrei-benden Künstlern, nämlich daß gerade sie die Freiheit haben, und offenbar auch die Lust (auch an James denken wir natürlich), Frauen wirklich zu begreifen[16]. – Gide schreibt einen kleinen vorhin schon genannten Roman, *Der Immoralist*; der Titelheld ist zweifellos er sel-ber, beschrieben wird seines *alter ego* Reise nach Afrika, wo er, von einer schweren Krankheit allmählich genesend, das Glück der ungefesselten von keinen Konventionen eingeengten Sinnlichkeit kennenlernt – im Anschauen der nackten arabischen Knabenkörper entdeckt er sich, den, der er wirklich sein will, und zugleich die Lust daran, dieses Wollen leben zu können; es ist schlimm, daß seine Reisegefährtin, seine Frau, die ihn gesundgepflegt hat, dann zur Seite gestoßen dort in Afrika stirbt: der Autor hinter dem Helden scheint zu meinen, daß die Freiheit, wenn sie sich so gegen die bürgerlichen Regeln erst selber findet, sehr leicht unmenschlich werden kann, wenn näm-lich die Menschlichkeit ihrerseits was Freiheit sein darf vorschreiben will und gar nicht anders kann. Warum eigentlich, fragt sich Gide, der Nietzsche gelesen hat, warum soll eigentlich immer die Gesellschaft im Recht sein, und nicht jetzt einmal, und seis mit afrikanischer Hilfe, auch im Abendland der Eigensinn, das Individuum, das Leben, die Freiheit, das Glück? Leicht zu sehn, mit welcher Vehemenz hier im Roman nun Ernst gemacht wird gegen seine einstigen Verächter und Unterdrücker, gegen die Feinde seiner Polizeiwidrigkeit (Sie erinnern sich an Hegel und an Schlegel und andre, nicht wahr? an Flaubert und seine wenn auch verachtende Resignation?);

---

[16] was eben nicht bedeutet, daß die Frauen von denen gewollt werden möchten, von denen sie auf diese Art am schönsten begriffen werden; man könnte fast sagen, wenn man das alles so sieht, daß die Frauen sich am besten von denen verstanden fühlen, die nichts von ihnen begreifen.

jetzt will der Roman wirklich der Ort der Freiheit sein,
von der er bisher nur träumen konnte (George Sand, mit
ihrem Diktum anläßlich der *Éducation* ihres Freundes
Flaubert – der Roman »ist eine neue Errungenschaft des
Geistes, und darum muß er eine freie Errungenschaft
bleiben« –, würde sie hier nicht, mitten im Applaudieren,
doch ein wenig schaudern? ach, sie wollte frei sein *und*
gut bleiben – was nun?). – Joseph Conrad veröffentlicht
Jugend, eine sehr schöne kleine Seegeschichte über einen
Aufbruch, ein Scheitern, und dann am Ende den ersten
zauberischen Anblick des Ostens, »wie er den Seefahrern
der alten Zeiten erschienen sein mochte, so alt und geheimnisvoll, prächtig und düster, unverändert lebendig,
voll von Gefahr und Lockung«. – Henry James schreibt
einen großen Roman, *Die Flügel der Taube*, worin eine
unermeßlich reiche aber von einer tödlichen Krankheit
bedrohte junge Amerikanerin zwei intriganten jungen
Leuten beinahe zum Opfer fällt. – Raabe schreibt sein
allerletztes Buch nicht fertig und läßt es dann liegen,
Altershausen, wie *Alte Nester* eine Reise zurück in die
Jugend, jetzt aber ist dahinten alles erstarrt und leblos, es
gibt dahinten gar nichts, tote Welt nur; und der Reisende,
auch hier ein unverkennbares *alter ego* des Autors, ist
nun ganz ortlos, denn seine eigne Zeit ist auch keine,
in die er noch gehören will. Wohin nun? Kein Wunder,
daß Raabe jetzt aufhört. – Emil Strauß schreibt einen
ersten Roman, *Freund Hein*, eine Schülertragödie, die
allenfalls den zweifelhaften Vorzug hat, die erste ihrer
Art zu sein, sie lohnt das Lesen nicht. – Stijn Streuvels
schreibt auch einen ersten Roman, *Knecht Jan*, die ganz
aus der eignen sehr beschränkten Perspektive gesehene
Lebensgeschichte eines Bauernknechts, der seine Stelle
verläßt, heiratet, auf einem winzigen eignen Hof scheitert
und dann langsam zugrunde geht; als er, dem Tode nah,
wieder in die Heimat zurückkommt auf den alten Hof,
kennt ihn dort keiner mehr. – Vicente Blasco Ibáñez,

 dessen *Scholle* wir im Jahre 98 gelesen haben, schreibt einen neuen wilden und gewaltigen Roman, *Sumpffieber;* dieses Buch spielt bei Valencia, in den Aalsümpfen meernaher Seen; »über den Pinien, meerwärts, begann ein weißlicher Schimmer den Himmel zu bleichen. Die Sterne schienen zu verlöschen, in einer Woge von Milch zu ertrinken. Erregt durch das Geheimnis, das der Wald verhüllte, verfolgten die beiden mit innerer Unruhe diese Erscheinung, nicht anders, als müßte jemand, in einen Nimbus von Licht gehüllt, zu ihrer Hilfe herbeifliegen. Die Zweige der Pinien hoben sich mit ihrem Nadelgespinst ab wie schwarze Federzeichnungen auf einem glänzenden Grund. Etwas Blitzendes tauchte nach und nach über den Baumkronen auf...« – nie ist ein Mond größer aufgegangen als hier für die beiden verirrten Kinder. – Per Hallström hat ein ganz ungewöhnliches Buch, *Der tote Fall:* hier will ein unternehmungslustiger Phantast neben einen Wasserfall, am Ausgang eines Sees, durch den der Fluß läuft, eine Rinne graben zum Herabflößen der oben und weit hinten im Land ungenutzten Wälder; er gräbt die Rinne, der Wasserfall verstummt, aber das Wasser, in der Rinne jetzt, gräbt sich tiefer und tiefer ein, der ganze See stürzt herab – das ist groß geschildert, und auch ganz ohne diese nur mühsam gedämmte Larmoyanz, die uns an Hamsuns nordischer Natur mitunter so irre werden läßt; schön ist das Mädchen vom See, das der Rinnengräber nie gekriegt hätte, das aber auch der eigentlich nette junge Mann nun nicht kriegt. – Und weil wir seinerzeit schon einmal irgendwann Conan Doyles Sherlock Holmes zitiert haben (1816, wenn Sie nachschlagen wollen: ihm sei es egal, ob die Erde sich um die Sonne drehe oder nicht), wollen wir auch Doyles Roman wenigstens nennen, nämlich den *Hund der Baskervilles* – das nächtliche Untier entpuppt sich dem nichts als seinem Scharfsinn vertrauenden Sherlock Holmes als phosphorfarbenbemalter Hofhund:

was aber, fragen wir uns, was hätten Holmes und sein 
Watson ausgerichtet gegen die aller Vernünftelei spotten-
den großen Geister Maturins *(Melmoth der Wanderer)*?
und wo wären die beiden geblieben mit ihren brillanten
Deduktionen im nächtlichen Geisterspanien Potockis
(Die Handschrift von Saragossa)? was wäre aus ihnen geworden vor der realen Doppelgängerei unter dem Einfluß der *Elixiere* Hoffmanns?[17]

Den zweiten Nobelpreis kriegt in diesem Jahre Theodor Mommsen, der große Historiker: der ist bei uns, wenn
Sie sich freundlich erinnern wollen, vorgekommen, samt
Bruder Tycho, weil er in seiner Jugend, im Jahre 43,
eben zusammen mit Tycho und mit Theodor Storm
einen Gedichtband gemacht hatte, das *Liederbuch dreier
Freunde*. Ob sie das wohl wußten in Stockholm jetzt?

Geboren wird, Sohn einer Lehrerin, in Salinas in Kalifornien John Steinbeck, ein Nobelpreisträger.

---

[17] zum Glück, als wenn wir aus einem schlimmen Traum erwach-
ten, fällt uns bei dergleichen tiefsinnigen Rückblicken dann ein, daß
wir hier, auch wenn wir nicht behaupten wollen, nun gar keine
Geschichte zu schreiben, doch eine Geschichte nur schreiben, die im
selben Maße ein gleichzeitiges und bestehendes Nebeneinander ist
(die Schiffe kommen von fern her, aus dunklen Nächten vielleicht,
aber sie sind alle vor uns da auf diesem hellen Meer an diesem hellen
Tag) – nichts ist verloren, so daß wir es beklagen müßten angesichts
dessen, was wir bloß haben; wir haben alles, und auch als ob da eine
Geschichte wäre mit Verlorenem ist nur ein großes Spiel.

Grabschrift (127) für

GISSING. Gerade sechsundvierzigjährig stirbt in St. Jean-de-Luz am Fuß der Pyrenäen George Robert Gissing, ein offenbar nicht sehr glücklicher Mensch, der schon ein Philologiestudium abbrechen mußte, weil man ihn kleiner Diebstähle bezichtigte. Er war meistens sehr arm, eine Zeitlang studierte er in Jena Philosophie; sein Leben fristete er durch private Unterrichtsstunden, auch mit Frauen scheint er keine glückliche Hand gehabt zu haben. Mit dreiundzwanzig Jahren schrieb er seinen ersten Roman, den neunten Roman aus dem Jahre 91 kennen wir, *New Grub Street*, *Zeilengeld*; es folgten weitere Romane (insgesamt waren es dann zweiundzwanzig), dazu kommen Kurzgeschichten, Reiseberichte, eine Studie über Dickens, den er sehr verehrte, sowie autobiographische Aufzeichnungen. James, schreibt Gale sehr nett, versuchte ihn und seine Sachen zu mögen, und Wells pflegte ihn beim Sterben und unterstützte dann seine Söhne.

✦

Philippe schreibt jetzt eines seiner bekanntesten Bücher, den *Vater Perdrix*, die kühle und liebevolle Beschreibung der letzten Jahre eines Handwerkers, der invalid wird. – Anatole France schreibt seine bittersüße *Komödiantengeschichte*, die Heinrich Mann dann im nächsten Jahr übersetzen wird; am Schluß der Erzählung zieht sich eine junge Schauspielerin, die gerade bei der Comédie angestellt worden ist, vor ihrem Geliebten ganz aus und spielt ihm, der sie immer wieder vergebens zu sich ruft, nackt einen sehr schönen Molière-Monolog vor; dann kommt sie zu ihm, wirft noch einen Blick auf die offne Rolle auf dem Nachttisch und sagt, »was hilfts mir, daß

ich 'ne große Künstlerin bin, wenn ich nicht glücklich *1903*
bin?« – Heinrich Mann selber veröffentlicht die *Jagd
nach Liebe*, einen Bericht aus Münchner Kunst- und
Geldkreisen, in denen sich ein reicher junger Mann verzehrt, der Kunst und Liebe will, und umsonst eine
Schauspielerin liebt, die sich in ihrer Liebe nach der
Kunst und nach Geld verzehrt. Bruder Thomas hat
Heinrich nach der Lektüre des Buchs einen langen Brief
geschrieben, der sehr gut ist, wenn man ihm glaubt, aber
nicht so gut, wenn man ohne einen Seitenblick auf die
Buddenbrooks Heinrichs Buch gelesen hat[18]. Wenn Kritiker der *Jagd nach Liebe* große Unfertigkeit, Diszipllin-
losigkeit, Skizzenhaftigkeit und allzuviel Improvisation
vorgeworfen haben, dann treffen sie, obgleich im falschen Banne der Buddenbrookschen Ästhetik, ziemlich
gut die Stärken von Heinrichs Buch, nämlich seine ästhetische Unbedenklichkeit, sein Hinweggehn über Mängel
und Lücken, seine verwegene Hemmungslosigkeit. Dieser
Roman ist zweifellos kein großes Buch, aber auch da,
wo es schlecht ist, ist die Lektüre noch ein Stück rasches
und stürmisches Leben. – Sein erstes richtig gutes Buch
schreibt nun Eduard von Keyserling (wir kannten bisher
Fräulein Rosa Herz, die Geschichte einer Kleinstadtliebe,
und jenes Kolportagestück aus Wien, *Die dritte Stiege*),
nämlich *Beate und Mareile*, die Geschichte einer Liebe,
die nicht geht, denn die Geliebte hat in der Welt des
Liebenden keinen Platz (vielleicht ist sie für ihn nicht
mehr das Lustobjekt, das eine Ehefrau in seinen Kreisen

---

[18] abscheulich albern wird der Jüngere, wenn er schreibt: »Es
bleibt die Erotik, will sagen: das Sexuelle. Denn Sexualismus ist nicht
Erotik. Erotik ist Poesie, ist das, was aus der Tiefe redet, ist das Un-
genannte, was Allem seinen Schauer, seinen süßen Reiz und sein
Geheimnis gibt. Sexualismus ist das Nackte, das Unvergeistigte, das
einfach beim Namen Genannte...« – ich stelle mir vor, daß Heinrich
sich ein bißchen geschämt hat für soviel Ignoranz, daß er aber zugleich dem Vortragsduktus dieser Dummheiten entnommen hat, daß
Thomas nun für immer der Überlegene sein würde.

 nicht sein kann, aber er ahnt eben nicht, daß auch die Ehefrauen genau das sein möchten, deshalb sind sie ja immer so blaß), und er, nach einem Duell, geht zurück zu seiner Frau ins Schloß; er war nicht der Mann für eine solche Liebe, für eine solche Geliebte, aber wer weiß, vielleicht hätte ers werden können, nun wird er das nie wissen. – Grazia Deledda bringt einen großen Roman heraus, *Elias Portolu* (deutsch auch *Die Maske des Priesters*), worin ein Mann, der seinen Leidenschaften nicht gewachsen ist, Priester wird, aus Feigheit also, aus Angst vor dem Leben: einem Leben, das, wie die Frau erkennt, die er liebt (es ist die Frau seines Bruders, der dann stirbt), und wie auch ein alter Hirt erkennt (die Deledda liebt solche Figuren, die gewissermaßen aus der Vorwelt in unsre Welt hineinragen – unsre, also die ihre auf Sardinien, die nun für uns auch schon wieder halb eine Vorwelt ist), immer von größeren Mächten bestimmt ist als wir sind; aber diese Mächte, sagt der Hirt eben voller Vorwurf zum werdenden Priester, sind in uns, man darf nicht vor ihnen davonlaufen wollen. In uns also lebt diese vermeinte Vorwelt, und es ist die wunderbare Größe und Gewalt der Deledda, daß sie uns, wenn sie uns mitnimmt in ihr wildes Sardinien, nicht vergessen läßt, wie sehr wir uns verloren haben, wenn wir glauben, Sardinien sei eine Region ganz woanders. – Henry James, in seiner zweiten großen Romanphase, schreibt *Die Gesandten*, selbst in der Fülle der großen Romane, die wir hier lesen, eines der hinreißendsten Wunderwerke – wer dieses Buch nicht kennt, so möchte man sagen, weiß nicht, was das Leben sein kann. Das ist es auch, was der Mittelsmann des Romans (aus seiner Perspektive wird alles erzählt), ein amerikanischer Mittfünfziger, sagen will, als er dann eine Weile in Paris ist (er soll im Auftrage der Mutter einen jungen Mann zurück nach Amerika holen, der für eine begrenzte Zeit nur nach Paris gegangen ist, dort aber hängenzubleiben scheint; er liebt dort die Frau seiner, ja

wir wollen ruhig sagen: die Frau unsrer Träume, und  **1903**
bleibt, weil auch sie ihn liebt): das Leben, wenn es uns
glänzt, sollen wir wirklich leben, das ist es, wozu wir
da sind (das verrät uns dieser Glanz). Auch Strether
(so heißt dieser in Paris wie neugeborene, allmählich zu
sich gekommene Abgesandte) verliebt sich in jene schöne
Frau, ehe ihm die Augen aufgehn für die Liebe, die sie
schon hat – er hätte diese Liebe natürlich sofort bemerken
können, aber ihn hatte gewissermaßen der Glanz jener
Selbstverständlichkeit geblendet, die das Leben hat, wenn
es Liebe ist; er, Strether (ich glaube, unsre schöne Freundin Modeste, jetzt vielleicht etwas erwachsner geworden,
würde ihn strahlend bewundern), der sich einer in Paris
lebenden Amerikanerin anvertraut (das ist eine dieser
unvergleichlichen Frauenfiguren, wie wir sie aus den
Bostonians kennen, nur überglänzt eben auch hier vom
Schimmer des Pariser Lichts), läßt, ungeachtet seines
Rückholungsauftrags, die Liebenden gewähren, jetzt, wo
er weiß, was das Leben ist; daraufhin reist dann aus
Amerika die ganze Familie des jungen Mannes an, ergebnislos zunächst, aber sicher wird dann der junge
Mann doch zurückgehn – James läßt das offen, oder so:
der Glanz des Lebens bannt noch den Blick auf die
Gegenwart, wer weitersehn wollte, hätte sie verloren; aber
es wird doch die Erinnerung an sie sein, die auch ein
Danach noch erträglich erscheinen lassen wird. Dies ist
wieder eins der Werke, auf denen der Windgott ausruht. –
Pío Baroja, wir haben ihn 72 in San Sebastián geboren
werden sehn, schreibt[19] den *Majoratsherrn von Labraz*;
dieses Buch spielt in einer winzigen spanischen Stadt,
deren Moral bigott ist wie in Pérez Galdós' *Doña Perfecta*

---

[19] gleich am Anfang seines Buchs liest eine Gastwirtin Romane,
ihre schöne Tochter schilt sie: »Daß du auch nicht müde wirst, solche
Romane zu lesen. Es stehn doch nichts als Lügen darin.« Die Mut-
ter: »Lügen… ja, ja… aber schöne Lügen.« Die Tochter, energisch:
»Lügen und Unsinn.« Und dann die Mutter: »Was weißt du von der
Welt?«

(1876; vielleicht erinnern Sie sich noch dunkel an den jungen Mann, der dort scheitert); dem blinden Titelhelden läuft die gelangweilte Frau mit einem Mann davon, dem die eigne Frau dort stirbt; ihn, den Blinden, pflegt ein junges Mädchen (die Schwester jener Feindin der Romane), mit der er dann, um sein Vermögen gebracht, am Ende des Buchs in großen halbmythischen Szenen in ein neues Leben aufbricht. Wenn Sie dieses Buch einmal lesen sollten, dann werden Sie das erleben, was eins der schönsten Dinge beim wahren Lesen ist: das Entdecken einer Sehweise, einer Schreibart, einer sich öffnenden Welt, wovon (von allem) wir nichts wußten vor diesem Buch; oder jedenfalls kommt es uns doch so vor, und die Welt wird reicher und größer. – Am Ende des Jahres noch ein Buch, in das unsre Modeste sich mit Leidenschaft verlieren würde, Zeromskis *In Schutt und Asche*; das Buch, das dann durch halb Europa bis nach Spanien führt, beginnt (als ob es nie enden wollte, mit soviel Raum vor sich) in Polen, an der Weichsel, und es beginnt mit einem Schwung, mit einer Vitalität, die atemberaubend ist: ein Eisgang hat die Wucht eines dennoch fast verspielten Weltuntergangs, Wölfe (sonst mit drei Bänden *Corinne* zufrieden – erinnern Sie sich an *Gösta Berling*?) bringen hier wirklich fast unsern Helden um (ach, Modeste!), und dann die Nachtigallen: man hört sie, man lauscht ihnen, sie füllen mit ihrem Gesang Satz um Satz, ganz so wie sie die Zeit einnehmen in der Nacht – all das (Zeromski hatte sein *Krieg und Frieden* vor Augen beim Schreiben des Buchs) hat die ungeheure, unvergessene Intensität von Tolstois frühen *Kosaken*. Wenn man sich das vor Augen führt: dies Buch von Zeromski, dann James' *Gesandte*, Barojas *Majoratsherrn* und Frances *Komödianten* – das ist eine Gleichzeitigkeit, so verwirrend, daß sie im Grunde in nichts jener Gleichzeitigkeit nachsteht, die wir hier durch die Zeiten hin und über die Generationen hinweg beschwören; und eine

Gleichzeitigkeit, dies aber nur nebenbei, die uns (wie mit  *1903*
dem Glanz der Gegenwart) davor bewahren will, sie auf-
zugeben für noch so verführerische Theorien darüber,
was wann die Sache des Romans wäre.

Den Nobelpreis kriegt in diesem Jahr jener Bjørnson,
von dem wir 84 noch die *Flaggen über Hafen und Stadt*
gelesen haben, es ging da um einen Mann, der, vom
Familienerbgut ausschweifender Wildheit bedroht, am
Ende das Schulwesen seiner Heimatstadt reformiert, und
die süßen Schülerinnen freuen sich alle; ich glaube, wir
wollten dann keine weiteren Bücher mehr von Bjørnson
lesen, er hatte damals seine Zeit. – Den erstmals aus-
gegebenen Prix Goncourt erhält John-Antoine Nau, ein
Autor, den man in neueren Lexika nicht mehr findet;
er war als Eugène Torquet in San Francisco geboren
worden, jetzt lebte er in Saint-Tropez; sein Buch, *Force
ennemie*, schildert sehr phantasiereich die Visionen eines
Wahnsinnigen.

Geboren wird in Liège George Simenon, der Erfinder
Maigrets, ein sehr bezwingend schreibender Mann; und
in London, Sohn eines Verlegers, er selber studierte dann
Geschichte und Kunst, kommt Evelyn Waugh auf die
Welt, einer der geistreichsten Schriftsteller seiner Generation. – Während das Heer der Toten[20] gleichmäßig
wächst, wird es unter dieser Rubrik der Geburten allmählich dünn werden, dann wird es ganz aufhören damit;
unsre Annalen werden nur bis in die frühen dreißiger
Jahre gehn, und wer da noch mit dem Schreiben anfangen
will, der muß sich jetzt eilen auf die Welt zu kommen,
sonst ist er zu jung für uns.

---

[20] »Wir Toten, wir Toten sind größere Heere / als ihr auf der Erde,
als ihr auf dem Meere...« – C. F. Meyer.

1 ✦ 9 ✦ 0 ✦ 4

Grabschrift (128.129.130) für

J **Ó K A I . T S C H E C H O W . C H O P I N .**
Neunundsiebzigjährig, hochberühmt, Oberhaus-
mitglied, und seit erst vier Jahren noch einmal frisch
verheiratet, stirbt in Budapest Mór *J Ó K A I ,* Erfinder
der Pusztalegende, wilder Donauschiffer und Entdecker
paradiesischer Schwemmsandinseln. – Vierundvierzigjährig stirbt in Badenweiler[21], wohin er (wie unlängst
Stephen Crane) zur Heilung seiner Lungenschwindsucht
gegangen war, der große Anton *T S C H E C H O W ;*
Nabokov nennt ihn seinen Vorgänger und sagt einmal,
seine, Tschechows, Werke wären es, die er mitnehmen
würde auf eine Reise zu andern Planeten. – Vierundfünfzigjährig stirbt in St. Louis, wohin sie bald nach dem
Tod ihres Mannes gegangen war, Kate *C H O P I N ,*
Sie werden *Das Erwachen* nicht vergessen haben. Kate
Chopin hatte nach dem Tod ihrer Mutter mit dem
Schreiben angefangen, sie hatte Erfolg mit ihren Kurzgeschichten, aber diesen wunderbaren Roman über das
Erwachen eines weiblichen erotischen Bewußtseins (mittlerweile kennen wir ja auch Maughams *Mrs. Craddock*,
und welche Probleme er mit dem Buch hatte) wollten
damals, ein paar Jahre noch vor Maugham, und im
wesentlich prüderen Nordamerika, weder die Kritik noch
das Publikum, fast schlagartig war das Ansehn, war der
Ruhm der Autorin dahin, so gründlich, daß erst wir
allmählich ihre Sachen wieder kennen und die Autorin
und ihre Heldinnen lieben lernen.

✦

---

[21] in Badenweiler gab es zwischen 1908 und 1918 ein Tschechow-
Denkmal. Im Jahre 1992 stiftete dann die Tschechow-Gesellschaft
auf der Insel Sachalin (dorthin, in die Strafkolonie, war Tschechow

Joseph Conrad schreibt *Nostromo*, ein sehr abenteuer-  **1904**
liches Buch, das irgendwo in einem südamerikanischen
Land spielt, während einer Revolution und danach; ein
großer Silberschatz lockt Begierden, der Titelheld geht
an ihnen zugrunde. Conrad brilliert in diesem sehr
voluminösen Roman mit seiner Erzähltechnik, man verliert sich gern in alle diese politischen und persönlichen
Wirren. – Jack London, einer der allergelesensten unter
den Abenteuerautoren, bringt den *Seewolf* heraus, das
Porträt eines Seekapitäns, der, wie der Autor offenbar
selber, an einer Omnipotenzneurose leidet; es sieht zwar
für manche so aus, als erschaffe London da einen jener
modernen Mythen, von denen oft die Rede ist; aber
er hatte wohl einfach zuviel von Nietzsche reden hören
und war dann ewig sechzehn geblieben. – Stijn Streuvels
schreibt das *Liebesspiel in Flandern*, eine kleine verlangens-
rotwangige bäuerliche Szenenfolge. – Von Herman Bang
gibt es noch einmal einen Roman, *Michael*, ein Künstler-
stück, das Schönste daran kommt am Anfang, wenn der
junge Titelheld erzählt, sein Lieblingsbuch sei Maupassants *Stark wie der Tod* (das ist, anspielungsreich genug
in diesem Buch um einen berühmten Maler, der Roman,
in dem der alternde Maler noch immer jene Frau liebt,
die er einst porträtiert hat – dann aber kommt die Tochter, und so weiter bis zum Ende unter dem Omnibus,
ich glaube ich habe Ihnen das damals erzählt), und ein
Freund sagt dann, er sei befreundet gewesen mit Maupassant, diesem stolzesten Gemüt, das er je gekannt
habe, fügt er an. Sonst ist Bangs Buch wie andre solche
Bücher auch, nicht wie seine sonst. – Charles-Louis
Philippe bringt auch ein neues Buch heraus, *Marie
Donadieu*, der männliche Held ist hier, in einer hübschen
Fortschreibung des alten Perdrix, jener junge Mann, der

1890 gereist und hatte dann ein sehr aufrüttelndes Buch über die
Zustände dort geschrieben) eine Tschechow-Büste, die jetzt im Park
steht.

den alten Invaliden damals mit nach Paris genommen hatte; er und sein Freund Raphael lieben ein Mädchen, aber am Ende, als das Mädchen, in einer großen Szene, zu Jean zurückwill, will er nicht mehr, oder genauer wohl, braucht er sie nicht mehr; alle Gefühle und Gedanken in diesem Buch sind recht groß. – Ebenfalls schreibt Blasco Ibáñez wieder einen Roman, *Der Eindringling*; das Buch spielt, anders als sonst (auf dem Land, in den Sümpfen) im nordspanischen Bergbaugebiet, das, im ersten Kapitel, der Autor so glänzend schildert wie früher Dickens, wie bald dann Bennett ihre Industrieland-schaften; in eindrucksvollen wenn auch sehr program-matischen Szenen stellt uns der Autor das elende Leben der Arbeiter, das Leben der Besitzer, das Bemühen eines Arztes (mit den Besitzern verwandt, will aber den Armen helfen) und der natürlich zu den Besitzenden haltenden Geistlichkeit vor; ein kämpferischer Thesenroman wird das dann, sehr sympathisch, aber nicht eigentlich sehr gut. – Grazia Deledda schreibt wieder einen ihrer so klugen sardischen Romane, *Der Efeu*, eine tragische Geschichte, aber so wunderbar eingebettet in die Land-schaft, daß man beinahe jene beneidet, die, statt anders-wo so ihr Leben dahinzuleben, dort wenn auch nur kurz etwas Einzigartiges sein können; man möchte hinfahren, denn es kann nicht ganz egal sein wo man ist, sagt man sich. – Knut Hamsun veröffentlicht den kleinen Roman *Schwärmer:* »Die Nächte waren hell und voll Sonne. So recht ein Wetter zum Lustwandeln und Schwärmen. Die jungen Leute zogen nachts über die Straßen, sangen und schlugen mit Weidenzweigen in die Luft. Und von allen Inseln und Schären hörte man die Schreie der Lummen- und Austernfischer, der Möwen und Eider-gänse...« – ich, wie gesagt, wollte aber eben partout im Winter dorthin, wo das Schwärmen ja nur eine kurze Frist hat, doch das wollte ich Ihnen ja ein andermal erzählen. – Hermann Hesse aus Calw am Rande des nördlicheren

Schwarzwalds erzählt die Geschichte von *Peter Camen-*
zind; dieser Peter kommt aus dem Schweizer Dorf Nemikon, dann lernt er die kleine und große Welt kennen (er
ist Schriftsteller), er durchschaut sie, sie ist nicht das was
der Mensch braucht, und so kehrt er dann nach Nemikon
zurück. Der berühmte erste Satz des Büchleins ist, »Im
Anfang war der Mythus«, der vorvorletzte, »Vielleicht
kommt noch einmal die Zeit, daß ich von neuem beginne, fortfahre und vollende; dann hat meine Jugend-
sehnsucht recht gehabt, und ich bin doch ein Dichter
gewesen«; dazwischen ist alles grenzenlos anrührend und
ganz töricht. – Francis Jammes schreibt den winzigen
Roman *Röslein*, und es ist schrecklich, aber ich habe
dieses Büchlein gänzlich vergessen, ich hoffe, Ihnen geht
das auch manchmal so. Ich finde aber, und ich ahne da,
daß ich mich so der Stimmung bei der Lektüre damals
wieder nähere, bei Gide in den frühen Tagebüchern,
Ende März 1902, schöne Eintragungen; Gide ist mit
seiner Frau in Cuverville (es gibt da ein sehr hübsches
verwackeltes Photo, Madeleine am Fenster, und sie schaut
hinaus), er schreibt, »ich stehe spätestens um sechs Uhr
auf; fast jeden Tag bin ich ab halb sechs an der Arbeit
und manchmal sogar ab fünf Uhr. Der Tag verläuft, je
nach Wetterlage, ein wenig aufs Geratewohl mit Garten-
arbeit, Lesen und Klavierüben; der Garten« – da hinein
schaut Madeleine wohl aus dem Fenster – »kostet mich
(kostete mich vor allem anfangs) ungeheuer viel Zeit.
Da der Salon nicht hergerichtet ist, hält sich Em.« –
so, nämlich Emmanuèle, nennt Gide seine Madeleine,
nach jenen autobiographischen *Heften des André Walter*,
dessen Angebetete eben denn doch nicht Madeleine,
sondern Emmanuèle heißt – »im Eßzimmer auf, ich in
meinem Arbeitszimmer; man macht Feuer in diesen
beiden Räumen, und der große Ofen heizt den Rest des
Hauses. Kommt die Abendessenszeit; am Abend vereinigen wir unsere Lampen« – am Abend vereinigen wir

unsere Lampen: das hat eine sonderbare Größe. Und dann kommt endlich Jammes; nämlich: »Wir fahren fort, uns die *Kosaken* von Tolstoi vorzulesen. – Francis Jammes. Er muß einen immerfort überzeugen (versuchen, einen zu überzeugen), daß er viel ärmer, viel einfacher, viel bescheidener usw. sei, als er ist[22]. – Wir hatten gerade die *Kosaken* von Tolstoi beendet. Wir wollten uns die *Tess of the d'Urbervilles* vornehmen, haben es aber zugunsten der *Révolution* von Michelet gelassen.« Kennen wir nun alles, nicht wahr? Auch eben das Büchlein von Jammes im Grunde, aber da ruht es nun unaufhebbar[23]. – Kellermann aus Fürth schreibt einen

---

[22] 1906 notiert Gide: »Jammes schreibt mir auf himmelblauem Papier einen Pfarrersbrief...«

[23] ein paar Tage später, jetzt, entdecke ich Jammes' Büchlein durch einen Zufall wieder, es hat sich, eingeklemmt, versteckt zwischen Lotis *Islandfischer* und Erzählungen von Ramuz, ein kleines schwarzes papiergebundenes, seither (1921) leicht ins Bräunliche verfärbtes Büchlein von einhundert wundervoll bedruckten Seiten, sehr kleinen Seiten mit ewig viel Platz oben, unten und an der Außenseite; gedruckt hat es Jakob Hegner in Hellerau, er hat es selber übersetzt; in seinem Verlag sind auch, wie die letzte Seite empfehlend sagt, drei andre Büchlein von Jammes erschienen, vermutlich ebenfalls von Hegner übersetzt: *Der Hasenroman – Almaide oder der Roman der Leidenschaft eines jungen Mädchens – Klara oder der Roman eines jungen Mädchens aus der alten Zeit*; mein Büchlein hier heißt mit vollem Titel: *Röslein (dieses Wort hat Hegner sanftrot gedruckt) oder der Roman eines leicht hinkenden jungen Mädchens* – und in diesem Augenblick fällt mir wieder alles ein. Da ist ein Onkel, der botanisiert und einen uralten Heliotropsamen wieder aufblühen lassen will, der ihm aus einem ägyptischen Sarkophag in die Hände gekommen ist; seine Nichte ist unsre süße Heldin, etwas über siebzehn Jahre alt, sie hat eine Freundin, vom Nachbarschloß, Lucy; die Geschichte scheint irgendwo an den oder in den Pyrenäen zu spielen. Röslein hinkt von Geburt an, auch eine Wallfahrt nach Lourdes hat nicht geholfen; sie liebt einen jungen Mann von einem andern Nachbarschloß, den aber auch Lucy liebt, und nachdem Lucy Röslein gefragt hat, ob sie, Röslein, ihn liebe, und Röslein nein geantwortet hat, erzählt ihr Lucy, wie sehr sie ihn liebe; und jetzt gerade, als sie auf Verlangen einer Tante alle wieder einmal nach Lourdes gehn, flüstert ihr, der leicht Hinkenden, der begehrte junge schöne Mann ins Ohr, er liebe sie: eben doch sie. Später, wieder zu Hause, als er zu Besuch bei ihr ist, und sie beide im Gewächshaus sind, der Onkel ist botanisieren

kleinen ersten Roman, *Yester und Li*, der Titel erklärt sich

so, daß der Held, ein junger Dichter, seiner Geliebten dauernd aus einer Geschichte vorliest, die eben *Yester und Li* heißt; dieser Dichter tritt gleich im ersten Satz des Buches auf: »Ginstermann kam spät in der Nacht nach Hause. Es mochte zwei Uhr sein. Vielleicht auch drei Uhr. Vielleicht noch später. Er wußte es nicht. Langsam, ganz langsam war er durch die Straßen gewandert.« Und das vorletzte Kapitel des Buchs, das fünfundzwanzigste, fängt so an: »Ginstermann ging nach Hause. Ginstermann setzte sich in einen Sessel, Ginstermann dachte nichts. Er fühlte nur, daß er glücklich war, befreit, erlöst, gerettet! Er fühlte nur, daß ihn neue Kraft durchströmte. Die Stunden gingen, er saß und dachte nichts« – nämlich seine Geliebte hat ihn endlich geküßt, sie ihn, auf Seite 168; auf der nächsten Seite verläßt sie ihn aber schon, küßt ihn noch einmal, erst auf die Lippen, dann, merkwürdig, aufs Herz, und das letzte Kapitel, das sechsundzwanzigste, immer noch auf der Seite 169, geht dann so los: »Drei Uhr morgens. Auf dem Geleise, das nach Süden führt, geht ein Mann. Weit weg liegt die Stadt. Er geht immerzu. Die Nacht ist klar und frisch, ringsum

gegangen, fragt er sie, ob sie ihn heiraten will, und sie denkt an ihr Hinken, vielleicht auch an Lucy, und sagt nein, auch wenn sie gleich danach ohnmächtig wird. Einen Monat später erzählt Lucy ihr, der junge Mann habe um sie angehalten; er liebe sie nicht, habe er gesagt, da sei eine andre gewesen, die sich dann aber Gott geweiht habe, aber sie, Lucy, sei das Wahre als seine Frau; dann ist Hochzeit, der Onkel schenkt Lucy und ihrem Mann den jetzt blühenden Heliotrop, und Röslein sagt, auf der allerletzten Seite, während sie beide schluchzen, sie und der Onkel nämlich, zum Onkel, sie wolle sich die Haare abschneiden (von denen es auf der allerersten Seite geheißen hatte, als »Tropfen und blaugraue Blüten, blaugrau wie ihre Augen«, auf sie fallen: sie fielen auf »die seidige Asche ihres vom Hut überschwebten Haares«) und in den Erlöserorden gehn, dann werde sie aussehn, sagt sie, und wir sehn da wirklich ihr hübsches Gesicht etwas verheult an ihres Onkels Brust, »wie ein großer Pfau...« – und dann diese Pünktchen, und das Büchelchen ist aus. – Und nun sehe ich in dem Buch noch einen kleinen Zettel: mein Freund Werner Fuld hat es mir einmal zum neuen Jahr geschenkt.

dampfen die Wiesen. Kein Laut. Der Mond steht am Himmel und alle seine Sterne. Der Mann wandert immerzu, auf dem Geleise, das nach Süden führt.« Zwischendurch, zum Beispiel auf Seite 140, hat Kellermann oder hat Ginstermann Sachen wie die folgende: »Ginstermann sah zum Fenster hinaus. Die Sehnsucht nach dem Weibe, mit dem man eins ist, die in jedem Manne lebt, erwachte in ihm und mit ihr die Sehnsucht nach dem Kinde, die jeder Mensch einmal empfand. Weder dies, noch das, sagte er sich. Das wußte er, nie sollte er ein Weib haben. Nach Bianka« (Bianka, Sie ahnen das, ist die scheue Herzküsserin, also:) »nach Bianka würde er kein Weib mehr lieben können. Und nie sollte er ein Kind haben. Wie sollte er seine Seele mit der eines Weibes vermischen können, nachdem ihm das Schicksal Bianka gezeigt?« Sicher, das ist für einen Fünfundzwanzigjährigen ein bißchen altklug alles, aber Fünfundzwanzigjährige schreiben oft sehr altklug, und damals klang das eben so. – Romain Rolland beginnt den großen zehnbändigen Roman über Johann Christof Krafft *(Jean-Christophe)*, eine Art Beethoven, nämlich mit den ersten drei Büchern, der *Morgendämmerung,* dem *Morgen* und der *Jugendzeit,* und das Lesen dieser Bücher macht keinen Spaß. – Pirandello aber schreibt seinen *Mattia Pascal*; darin will ein Mann mit Bewußtsein ein andrer werden; zu Hause fühlt er sich nicht wohl, er reißt aus, in einer Spielbank gewinnt er ein Vermögen, zu Hause, liest er, wird im Wasser eine Leiche gefunden, man hält sie für die seine und begräbt sie: er ist frei. Er sitzt im Zug, wie eben der Professor damals in Pirandellos Erstling (erinnern Sie sich an die *Ausgestoßene?* und wie der Professor dann zu ihr fährt, um mit ihr endlich das zu tun, wofür sie damals – aber sie hatten es ja nicht getan – verstoßen worden war?), auch für ihn ist das Leben noch einmal neu da, so denkt er sich das jedenfalls. Er fragt sich, ob er nicht überhaupt, wenn er

etwa danach gefragt würde, und irgendein Leben muß
er sich ja zurechtlegen, sagen soll, er sei in einem Zug
geboren worden, auf der Reise, oder auf einem Schiff;
und hübsch, und als wenn ein Romancier vielleicht an
die Arbeit ginge, ein Romancier seiner selbst gewissermaßen, läßt ihn Pirandello nun so sinnieren: »... dieses
Nachzeichnen, dieses gedankliche Erbauen eines Lebens,
das nicht wirklich gelebt worden war, sondern Stück um
Stück von anderen Menschen und an einzelnen Orten
aufgelesen und zu dem meinigen gemacht und als meines
empfunden wurde, bereitete mir in der ersten Zeit meines Vagabundierens eine merkwürdige, neue, in gewisser
Weise von Wehmut durchwirkte Freude. Ich machte es
zu meiner Beschäftigung. Ich lebte nicht allein in der
Gegenwart, sondern auch für meine Vergangenheit...«
Jahrelang geht das so, er ist ein andrer geworden, ganz
wie er wollte. Irgendwann aber, vielleicht ist er dies erfundene Leben, oder dieses Leben jedenfalls mit einer
erfundenen Vergangenheit leid, geht er zurück in sein
Dorf, er will sich offenbaren, er will anknüpfen, so wie
jener Professor anknüpfen konnte an eine wenn ich jetzt
so sagen darf: wirklich ungelebte Vergangenheit – aber
seine Frau hat neu geheiratet, hat ein Kind an der Brust,
das nicht seins ist und das sie ihm vor lauter Schreck in
den Arm wirft, wohl weil sie die Hände vors Gesicht
schlagen muß, als sie ihn sieht; er kann da nicht wieder
einsetzen, er ist jetzt aus allen Existenzen heraus, am
Schluß legt er Blumen auf sein Grab. Und dann geht
er zum Dorfpfarrer, der eine wunderbar ungeordnete
Bibliothek hat, und während er sie ordnet, schreibt er
seine Geschichte auf; und wenn er nicht gestorben ist,
gibt es weiterhin so schöne Romane. – Henry James
bringt seinen letzten Roman heraus, *Die goldene Schale*;
ein junger Mann aus dem römischen Hochadel, verarmt
natürlich, aber mit wunderbaren Manieren, gebildet, klug,
taktvoll, feinfühlig und alles, heiratet da eine schöne junge

1904 Amerikanerin, ein vertrauensvolles, womöglich ein bißchen naives Ding; ihr Vater hat sehr viel Geld, der junge
Fürst kann nun standesgemäß leben. Der Vater der jungen Frau hat das viele Geld in Amerika gemacht, und
dann, als er genug Geld hatte, die Kunst entdeckt; jahrelang war er mit seiner heranwachsenden Tochter durch
ganz Europa auf Kunstjagd gewesen, er will in seiner
amerikanischen Heimat ein großes Museum aufbauen;
er hängt sehr an seiner Tochter, sie hängt an ihm, das
ist eine auf ihre Art ebensolche Liebe wie die zwischen
den jungen Eheleuten. Der Vater verliert nun natürlich
Anteile an seiner Tochter, der Vater ist noch nicht alt,
lange nicht so alt wie etwa Strether, der Fünfundfünfzig-
jährige, den wir aus den *Gesandten* kennen, er wird auch
umworben von den verschiedensten Frauen; und die
Tochter, um ihn reiner als mit diesen doch nicht ganz
uneigennützigen Bewerberinnen zu entschädigen für ihre
allmähliche Entfernung, holt nun als mögliche Braut
für den Vater ihre schönste Freundin ins Haus. Sie
weiß nicht, daß ihr Mann und diese Freundin einmal
ein Liebespaar waren; der Vater heiratet die Freundin,
die fängt aber mit dem Fürsten, ihrem neuerworbenen
Schwiegersohn also, wieder ein Verhältnis an; das Ganze
droht eine Katastrophe zu werden, eine stille Katastrophe
womöglich, auch wenn der Vater der jungen Frau bei aller
Verschlossenheit nicht unbedingt aussieht wie einer, der
leise resignieren würde. Seine Tochter schließlich, die
sehr schmerzlich gewissermaßen eine europäische Erwachsene werden muß und wird, offenbart schließlich
ihr Wissen ihrem Mann, der daraufhin seine Geliebte
sein läßt, verrät, oder wie man das sagen will; diese ihrerseits behauptet der Freundin gegenüber, sie wolle nicht
länger sowohl zwischen Freundin und Vater als auch
zwischen Freundin und Mann stehn, und sagt, sie gehe
deshalb aus freien Stücken jetzt mit ihrem Mann, dem
Vater der Freundin, für immer nach Amerika zurück; die

junge Frau akzeptiert alle diese Positionen, auf denen jeder für sich tut was er kann, sie beharrt auf keinen ausgesprochenen Wahrheiten, jetzt, wo die Verhältnisse wieder wahr werden können, und legt ihren Kopf an die Brust ihres Mannes... Keiner in dem Roman hat etwas zu tun: der junge Fürst spielt ein bißchen in der Öffentlichkeit mit, seine junge Frau hat ein großes Haus und eine Dienerschaft und unterhält sich gern mit ihrem Vater, der Vater besieht sich seine Kunstwerke, mit denen das londonnahe Landhaus vollsteht, in dem große Teile des Buchs spielen, und er unterhält sich gern mit seiner Tochter; er wirbt dann um die junge Freundin seiner Tochter, heiratet, lebt mit ihr; seine Frau und der junge Fürst sinnen auf Gelegenheiten, wenigstens Stunden oder Abende, wenn es schon keine Gelegenheit für Nächte gibt, zusammen zu verbringen; entweder ist Saison, dann gibt es große und kleine Gesellschaften, oder es ist keine Saison, dann besucht man sich intimer. Man trinkt Tee, ißt, redet. Keiner tut was für Geld, aber das wäre ja auch sinnlos, wenn Geld da ist; manche haben Liebhabereien: daß keiner was für Geld tue, ist aber eigentlich schon eine überflüssige Beurteilung mit einer irgendwie negativen Tendenz: für Geld arbeiten ist ja tatsächlich nur nötig, wenn man sonst keins hat, man muß diesen Dingen ja doch ins Auge sehn. Es herrscht ein wirklich unendliches Zeithaben unter diesen Leuten (nur auf dem Hintergrunde dieses Zeithabens wirken ja die heimlich Liebenden so sonderbar mit ihrer ständigen Suche nach Zeit), und ich will es nun so sagen:

Anmerkungen (24) zu

J*AMES*. James wendet Monate um Monate einer ganz unsinnig konzentrierten, seine ganze Zeit füllenden Arbeit genau daran, den Zustand einer ganz arbeitfreien, arbeitlosen Zeit zu schildern; ganz ohne jene Muße, die er gerade beschreibt, beschreibt er

1904 eine Muße, die er also niemals hat, vermutlich auch niemals haben wird, außer wenn er einmal unter ihr leiden wird, weil er nicht mehr schreiben kann, und er beschreibt sie zugleich so, als ob sie unendlich erstrebenswert wäre. Er weiß dabei, daß auch wir sie nicht haben: er nimmt also, wie die seine, auch unsre, wenn auch sehr viel kürzere als seine verarbeitete Zeit, um uns verlockend vorzuführen, wie der Zustand wäre, den wir nun noch viel weniger haben als vorher. Eigentlich gibt es nichts, das uns verlocken könnte, unsre Zeit an Leute zu wenden, die davon jenes wunderbare Maß haben, das uns nicht vergönnt ist. – Auf der andern Seite lesen wir so nicht, wenn wir einmal ins Lesen geraten sind; wenn wir ins Lesen geraten sind, haben wir keinen Mangel an Zeit mehr: der Autor, der uns ins Lesen gebracht hat, und uns dabei hält, schafft für uns genau das was er uns wegzunehmen scheint, indem er uns fast neidisch machen könnte auf die Leute, die bei ihm so unendlich viel davon haben: er schafft Zeit für uns; was er beschreibt, und was er tut, indem er uns Gott weiß durch welche Kunst mit Worten festhält, ist dasselbe: schreibend erschafft er Zeit. Er verspricht uns nichts, er macht uns auch nichts vor, er hat selbst nicht den leisesten Vorteil davon: wir vielmehr sind es ja, denen die Zeit zugute kommt, die er herbeibeschreibt. Es wäre nicht sehr klug, diese doppelt geschaffene Zeit für etwas Trügerisches zu halten, als ob der Autor uns nur vormache, wir hätten Zeit: während seine Worte und Sätze uns beim Lesen halten, haben wir wirklich die Zeit; die Zeit als das, was wir gern hätten, und worauf wir neidisch sein könnten, weil andre sie haben oder sich nehmen, ist ja nur die Gegenwart: also genau das, was wir jetzt haben. – Warum lesen wir denn eigentlich? vielleicht doch wirklich wegen der Zeit, die jetzt ganz unsre ist, mitgeschaffen sogar von uns durch das Lesen.

◆

Und dann veröffentlicht noch Pierre Loti die wunder-
barste, abenteuerreichste und zugleich poetischste aller
seiner Reisebeschreibungen, *Nach Isfahan.* Er gelangt
nach Schiras, der Rosenstadt, einer Stadt unter Mauern,
unter der Erde beinahe, diesmal ganz ohne ein Frauenlächeln; er geht aufs Land, draußen irgendwo liegt Hafis
begraben, der große Dichter: »Der Dichter schläft unter
einem Achatgewölbe, umgeben von dem herrlichsten
Gehege, wo blühende Orangen-Alleen, Rosenbeete und
kühle Springbrunnen stehn. Und dieser Garten wuchs
im Laufe der Jahrhunderte zu einem vollendet schönen
Friedhof an; denn allen vornehmen Bewunderern des
Dichters wurde einem nach dem andern auf ihre Bitten
gestattet, neben ihm zu schlafen. Überall ragen jetzt die
weißen Gräber zwischen den Blumen hervor. Die Nachtigallen wohnen hier zu Tausenden...«; aber ehe er dahin
kommt, muß er aus der Wüste, vom Persischen Golf aus,
hinauf nach Persien: »Mitternacht findet uns am Fuß
der Persischen Gebirgskette, die schrecklich von unten
anzusehen ist aus dieser Nähe; eine gerade, steile Wand
von dunklem Braun, deren Falten, Löcher, Höhlen, deren
ganzes stummes, riesenhaftes Gewirr der Mond rücksichtslos bloßstellt. Diese schweigenden, leblosen Fels-
massen atmen uns eine drückende Hitze entgegen, die sie
während des Tages von der Sonne aufgesogen haben oder
vielmehr, die sie von dem großen unterirdischen Feuer
entleihen, das auch die Vulkane speist, denn sie riechen
nach Schwefel, nach Schmelzofen und nach der Hölle...
Die lange Persische Felswand, in die wir uns endlich
über Nacht hinbegeben werden, erstreckt sich, so weit
das Auge reicht, bis ans Ende des unermeßlichen Hori-
zonts; man könnte meinen, sie sei von mutwilliger Hand
mit grellen, schreienden Farben angestrichen, Gelborange
oder Gelbgrün wechseln in seltsamen Streifen mit einem
Rotbraun ab, das die untergehende Sonne bis zum Unmöglichen und Schrecklichen steigert, ganz in der Ferne

1904 gehen die Töne ineinander über, um als ein wunderbares Violett, der Farbe des Bischofsgewandes, wieder zu erstehen. Wie in der letzten Nacht riecht dieser ungeheure Wall auch heute nach Schwefel, nach unterirdischem Feuer. Man hat den Eindruck, daß er mit giftigen Salzen, mit Stoffen gesättigt ist, die dem Leben feindlich sind; er nimmt die Farben vergifteter Dinge an, er zeigt sich in Formen, die Furcht einflößen...«; es kommt dann eine erste Stufe, »... und an Stelle der Wüste, die wir eben verlassen haben, erstreckt sich hier das blühende Land, erstrecken sich Kornfelder, ungemähte Wiesen von betörendem Duft. Der aufgehende Mond zeigt uns überall Mohn und Gänseblümchen. Auf breiten Wegen reitet man friedlich über die weiche Erde...«; dann queren sie einen Fluß: »... seine milchigen Gewässer, die mit Salzen durchtränkt und von metallischem Grün gefleckt sind, scheinen ein Gemisch aus Seifenschaum und Kupferoxyd...« – und dann sind sie endlich ganz oben, dort, wohin Loti wollte: dieser Reisende, den nichts schreckt; als hätte er gar kein Inneres, das sich schrecken ließe, dieser rätselhafte Mann.

Den Nobelpreis gewinnen in diesem Jahr zwei Lyriker und Dramatiker, nämlich Frédéric Mistral (Jahrgang 30, wie der jüngere Goncourt) und José Echegaray y Eizaguirre (1832 in Madrid geboren). – Den Prix Goncourt erhält Léon Frapié, geboren 1863 in Paris; sein Buch *La maternelle* schildert in Tagebuchform das Leben einer jungen Frau an einer Volksschule.

Geboren wird, Sohn eines Schulmanns, und gar nicht so entfernt verwandt mit Stevenson, in Berkhamstead in Hertfordshire, rund 45 Kilometer nordnordwestlich vom Zentrum Londons, Graham Greene.

1 ✦ 9 ✦ 0 ✦ 5

Grabschrift (131.132.133) für

S C H W O B . V A L E R A . V E R N E . Siebenunddreißigjährig erst stirbt in Paris der von allen
unsern Freunden geliebte Marcel *S C H W O B;*
Valéry hatte ihm damals seinen großen Essay über Leonardo gewidmet[24]; wir haben *Monelle* von ihm gelesen
und das *Buch der Lebensläufe.* – Achtzigjährig, hoch geehrt und berühmt, stirbt in Madrid Juan *V A L E R A
y A l c a l á G a l i a n o,* ein Diplomat, der in Neapel, in Lissabon, in Rio tätig war, in Dresden, in Frankfurt, in Washington, in Brüssel, in Wien; aristokratisch,
optimistisch und epikureisch sei er gesonnen gewesen,
heißt es; wir haben von ihm, mit großer Lust, die *Pepita
Jiménez* aus dem Jahre 74 gelesen. – Und in Amiens,
eben siebenundsiebzig geworden, stirbt der auch nach
seinem Tode nur immer noch berühmter gewordene
Jules *V E R N E.*

✦

Blasco Ibáñez schreibt *Bodega,* ein Buch ganz in derselben Art wie letztes Jahr der *Eindringling,* nur sind
es diesmal die Arbeiter in den Weingegenden, denen er
sich widmet. – Couperus, dessen *Stille Kraft* wir mit
einer gewissen Bewunderung gelesen haben, veröffentlicht *Heliogabal,* ein schwelgerisches Lebensbild jenes
jugendlichen Kaisers, der der Sohn Caracallas gewesen
sein wollte und in Rom auf dem Palatin dem Sonnen-
gott einen prunkvollen Tempel errichten ließ; Couperus'
Buch erschöpft sich in der matten Beschreibung nicht

---

[24] »das erstaunliche Gesprächstalent von Marcel Schwob gewann
mich für den Zauber seines Wesens mehr als für seine Quellen«, heißt
es in dem Essay später, »solange es sprudelte, trank ich mich satt. Ich
hatte die Lust ohne die Mühe.«

einmal wollüstiger Feste. – Fogazzaro, dessen *Entschwundene kleine Welt* doch so schön war, begibt sich jetzt, in dem Buch *Der Heilige*, ganz in die Gefilde seiner katholisch-frommen Seele; wunderschön läßt er am Anfang und immer wieder zwei junge Frauen, erst in Brügge (das nun langsam eine Schlüsselstadt für eine bestimmte Seelenlage wird), dann in Italien auftauchen und oft ganz leicht und scherzend miteinander reden[25] – Fogazzaro schreibt sehr schön, dann lesen wir gern; bald aber können wir ihm nicht mehr ganz folgen und lassen ihn allein, ungern mit den schönen Frauen, gern mit seinem Gott. – Heinrich Mann bringt den *Professor Unrat* heraus, diesen brillanten Roman, der dem Marlene-Dietrich-und-Emil-Jannings-Film ebenso fern wie gänzlich überlegen ist: der Roman spielt geistvoll am Ende dort weiter, wo der Film rührselig und sentimental aufhört[26] – der gewissermaßen gefallene Lehrer heiratet seinen blauen Engel und rächt sich an der besseren Gesellschaft der Stadt, deren Gespött er geworden war, dadurch, daß er sie mit hinein-

---

[25] einmal lassen sie einen Bruder der einen in Sils im Oberengadin auf den Spuren Nietzsches wandeln; auf derselben Seite apostrophieren sie, scherzweise beinahe, »ein klein wenig Schlamm aus dem tiefsten Grunde der Seele« – und wie von gar nicht so fern erinnern wir uns, wie in Raabes letztem *Altershausen* von eben solchem Grundschlamm der Seele die Rede ist, und von fern dann an Raabes alten Freund Gutzkow, der an die fünfzig Jahre vorher, in seinen großen *Rittern vom Geiste*, ebenso diesen Seelengrundschlamm an den Tag kommen läßt.

[26] das Weinen im Kino gilt nicht nur als läßliche Sünde, sondern oft sogar als ein Verdienst des betreffenden Films, und die Rührung, die er erzeugt, scheint, sofern die Schauspieler berühmt genug oder schön genug sind, ein Beweis für die Menschlichkeit der mitgeteilten Geschichte ihrer Gefühle und der Aufnahmefähigkeit der Zuschauer. Liest man aber nach dem Film das Mannsche Buch, dann wird man sehr ärgerlich und ist fast versucht, sich zu genieren dafür, so hereingefallen zu sein auf die schandbare Trennung von Sentiment und Geist, die der Film vornimmt (man müßte genauer sagen, daß das Sentiment des Films erst dadurch entsteht, daß der Geist vom Gefühl getrennt wird). Und man kommt auf den unfreundlichen Gedanken, daß im Kino nicht umsonst das Licht erst ganz ausgeht, ehe der Film anfängt.

zieht in ein ausschweifendes Leben in seiner Villa; daß
er am Ende im Gefängnis landet, ist dann die doppelte
Pointe Manns: »Ein Stündchen verrann; dann wälzte sich
ein immer noch anschwellender Haufe um die Straßen-
ecke. Die Stadt war in Jubel, weil Unrats Verhaftung
beschlossen war. Endlich! Der Druck ihres eigenen
Lasters ward von ihr genommen, da die Gelegenheit
dazu entfernt ward. Man warf, zu sich kommend, einen
Blick auf die Leichen ringsum und entdeckte, daß es
höchste Zeit sei. Warum man eigentlich so lange gewartet hatte.« Diese letzte Stilfigur, der fragezeichenlos
hingesetzte scheinbar ganz fragmentarische Satz, stammt
aus der französischen Romanschreibkunst, ich glaube,
Flaubert ist da übernommen; ein wenig fremd, fast
schludrig, fast als könne der Autor es nicht besser, so
sieht er nun aus; aber das täuscht, und wird immer
weiter täuschen, denn diese Kunst des Untertreibens, des
Schlechtaussehenlassens dessen was darunter glänzend
ist, und auch glänzend wirkt, wenn man es wirken läßt,
hat Heinrich Mann dann immer mehr vervollkommnet:
vervollkommnet – man fragt sich natürlich, ob das das
richtige Wort ist. – Ein junger Mann aus dem Waadtland
debütiert, Ferdinand Ramuz, mit *Aline*, einem kleinen
Roman über ein verführtes Mädchen; das Buch spielt auf
dem Lande, und sehr präzise und schön zugleich sind
Ramuz' Beobachtungen in der Kleinwelt der Natur: »die
Bienen prallten von den Blumenspitzen ab wie weiche
Bälle« – so sommerlich-lässig bringen die Kollegen das
nur selten hin; andrerseits fehlen auch bei ihm dann
nicht, sie fehlen nur selten in der Kurzsätzigkeit der
Prosa dieser Zeit, jene so bedeutungsvoll-schwachsinni-
gen Zeilen, wie sie dann auch der kurzsätzige späte
Handke wieder kann: »Er besaß ein Haus, das war aus
gutem Stein gebaut«; oder: »Das Dorf schlief ein wie
jeden Abend; es ist die Zeit, da die Sterne aufleuchten;
am Himmel strahlen sie, und auf der Erde sind es die

 **1905** Lichter, die leuchten«[27] – Sätze wie Honigtropfen (fast genauso stehn sie dann bei Saint-Exupéry, im *Nachtflug* etwa). Ramuz, Philippe, Streuvels (etwas später dann drüben Sherwood Anderson) – die Zeit der kurzen Sätze, die alles sagen wollen, einfach durch ihr Dastehn sozusagen. Gleichwohl ist dieses kleine Buch von Ramuz überaus lesenswert und in der dann gleichzeitigen Kühle der Erzählung sehr geglückt. – Ein äußerst merkwürdiges Buch dann, in einem total andern Stil, wie aus einem andern schriftstellerischen Biotop, *Wandlungen*, von Friedrich Huch; Huch schreibt beinahe gesucht, forciert, um eine Kürze bemüht, die keinen Umweg scheut, in einer ganz abständigen Attitüde: »denn sie war es nicht gewohnt,« heißt es von einer seiner Figuren, »daß jemand, und zumal aus unterem Stand, sich erlaubte, sie auszufragen« – das schmerzt fast, ist aber natürlich in der Sache, wenn man sich einmal prüft und wegfallen läßt was man an *political correctness* verinnerlicht hat, ziemlich genau. Huchs Blick, wieder total anders als alle diese sozusagen liebenden Blicke Streuvels, Philippes, Ramuz' (ich nenne in diesem Zusammenhang nicht die Deledda, ihre Natur hat tragisch-große Züge oft; ich nenne auch Hamsun nicht, dessen Natur sentimental ist), Huchs Blick ist immer auch große Sprache, er sagt: »im dröhnenden Schweigen lag das weiße Hochgebirge, feierliche Stille durchwuchtete die starre Ruhe« – da hat er ewig nachgedacht, bis das klang, wie er dachte, daß er es gewollt habe. Ein andermal geht eine durch den Wald, es beginnt zu regnen: »Und endlich drang der erste Ton in diese Einsamkeit. Deutlich hörte sie einen Tropfen niederfallen auf ein Blatt. – Und – als wäre ein langer Zauber gebrochen – begann es rings um sie zu klopfen, langsam, hart und klirrend, dann schneller, voller, bis

---

[27] schön dann aber wieder: »das Haus faltet sein Dach wie Flügel zusammen...«

jener tiefe Ton die Luft erfüllte, den man das Regen- rauschen nennt« – den man das Regenrauschen nennt: das ist doch ein schöner sprachlicher Gedanke, auch wenn die ganze Passage ein bißchen sehr jambisch skandiert ist. Die Geschichte in dem Buch ist die einer Ehe, die überflüssig wird, nur imitiert der hohe Ton des Erzählens noch einmal, überflüssigerweise möchte man sagen, die in ihm doch herabgeminderte Wichtigkeit der Institution; ein sonderbarer Text. – In einem andern, aber ebenfalls etwas gewollten Ton erzählt Oscar A. H. Schmitz, den wir dann noch kennenlernen werden, in dem kleinen Roman *Lothar* offenbar die eigne Kindheit. – Und dann, aus New York, Edith Wharton, mit dem *Haus der Freude* – das ist nach diesen Büchern eben wie das wiedergewonnene große kluge und seither im Grunde doch niemals abgebrochene Erzählen der langen Geschichten, die nicht die unsern sind, und deshalb unsre Welt bereichern. Edith Wharton entstammt der New Yorker High Society, und rein in ihr spielt ihr Buch; ihre Heldin ist ein blendendes Mädchen, das plötzlich kein Geld mehr hat, und nun eben doch weiterlebt, als habe sie im Hintergrund ihrer freigebig verteilten Körbe und schönen Launen all das Geld, das in ihren Kreisen alleine doch diese Launen, diese Körbe rechtfertigt; sie tut, um sich aus dieser doppelten Misere zu befreien, nichts, was sie nicht auch sonst nicht getan hätte: sie heiratet den reichen, schnöde tuenden und die verrottende feine Gesellschaft durchschauenden, unangenehmen Burschen nicht, sie wird nicht die Mätresse des feinen reichen Mannes, sie wehrt sich gar nicht erst (niemand mit viel Geld würde sich in ihren Kreisen da wehren, vielleicht bedenkt sie nicht, daß mit viel Geld niemand auch so angegriffen würde), als man ihr nachsagt, schlechte Affären zu haben; sie hat einen wunderbaren Freund, einen Anwalt, der sie liebt, und sie mag ihn auch, aber er hat ebenfalls kein richtiges Geld; und so geht sie dann zugrunde, am Ende nimmt sie Schlaftabletten. Die Wharton, befreundet mit James (anläßlich ihrer Geburt, 62, habe ich erzählt, wie sie mit ihrem Wagen James in Kent besuchte, und zusammen machten sie dann einen schönen Autotrip durch Frankreich – erinnern Sie sich?), knüpft natürlich an seine große und traditionsbewußte Erzählkunst an, alle haben das damals sofort gesehn, aber es herrscht in ihren Geschichten ein völlig eignes Leben, unabgehobener sozusagen als bei James: man darf nur hier nichts Schlimmes und bei der gesellschaftlicheren Erzählkunst der Wharton nichts Geringeres mitschwingen lassen ... – erinnern Sie sich an die *Goldene Schale* vorhin, bei James?

Den Nobelpreis kriegt jetzt Henryk Sienkiewicz, 1846 geboren im Landkreis Lukow, östlich von Warschau, und zwar für *Quo vadis*; den Prix Goncourt erhält Claude Farrère für *Les civilisés*; Farrère, 1876 in Lyon geboren, lange Jahre Marineoffizier im Fernen Osten, galt als ein Schüler Pierre Lotis, und war dann auch, wie dieser, aber ein Dutzend Jahre nach dessen Tod, Mitglied der großen Académie.

◆

Geboren wird, in Paris, seine Familie ist aus dem reichen und schönen Périgord, Jean-Paul Sartre, fast unser Zeitgenosse.

1 ✦ 9 ✦ 0 ✦ 6

Grabschrift (134) für

KIELLAND. Siebenundfünfzigjährig stirbt in Bergen Alexander Kielland, mit Lust haben wir vor einiger Zeit von ihm *Garman & Worse* gelesen, und wir haben uns gedacht, daß jemand wie Thomas Mann besonderes Vergnügen an einem solchen zukünftigen Vorgänger gehabt haben müsse. Es ist eine kleine Rezension, in welcher Fontane auf Kielland einen seiner Lieblingssprüche münzt, einen Satz des schon damals längst verstorbenen, aber offenbar immer noch berühmten Historikers Dahlmann (*Geschichte der englischen Revolution*, 1844, *Geschichte der französischen Revolution*, 1845): »Niemand ist verpflichtet, ein großer Mann zu sein.« Ein merkwürdiger Satz eigentlich, nur große Leute prägen, wahrscheinlich zitieren auch nur große Leute solche Sätze.

✦

1906 Hamsun schreibt *Unter Herbststernen*, das ist der erste von drei Romanen, die man meistens unter dem Titel der *Wanderer*-Trilogie zusammenfaßt (*Gedämpftes Saitenspiel* von 1909 wäre der zweite, *Die letzte Freude* von 1912 der dritte Teil); der Held ist immer derselbe, Knut Pedersen (dies der eigentliche Name des Autors), und der erzählt, ein alternder umherstreifender Gelegenheitsarbeiter, vorwiegend von den Frauen, in die er sich nun verliebt, ohne je erhört zu werden; liebend, weinerlich und bei aller allzu offensichtlichen Schonungslosigkeit gegen sich doch recht mitleidig mit sich, und nach Überwindung großer Vergeblichkeitsgefühle nun von sehr rechthaberischer Art, wandert er mit einem Kameraden durch seine nordische Welt, und wir wandern mit; wir tun es nicht richtig gern, denn wirklich gut sind diese Bücher alle nicht, und im Kopf und in der Seele unsres Wanderführers sieht es auch nicht aus, als ob er unser Freund sein könnte; aber ganz *contre-cœur* nimmt uns allmählich dann doch ich weiß nicht was gefangen, vielleicht seine so merkwürdig zersetzte Sentimentalität, oder daß er ist was er weder sein will noch sein sollte, aber er hat nichts andres, und ist es nun doch. – Hermann Hesse schreibt *Unterm Rad*, einen schwäbischen Schülerroman, worin der eine Schüler zugrunde geht, ein andrer aber ein schöpferischer Mensch wird – beides sicher Selbstbildnisse des Dichters, wir sind ja alle mindestens zwei; charmant und schön ist gegen Ende die Pubertätsgeschichte des verlorenen Schülers: »Als sie sich wieder aufrichtete und als dabei ihr Knie seinen Arm entlang gleitete und ihr Haar ihm die Backen streifte und sie vom Bücken ganz rot geworden war, lief ein heftiger Schauder Hans durch alle Glieder.«[1] –

---

[1] Hesse kennt für gleiten durchaus die Form glitt (dreißig Seiten vorher hat er sie, in einem ganz ähnlichen Zusammenhang sogar: »... ein Gefühl, dunkel, warm und erregend, als glitte ihm eine leichte Hand mit weicher Berührung über den Körper ...«) – *gleitete* ist aber eine gebräuchliche Form, seit Wieland, Lessing, Goethe und Arnim

Kellermann aus Fürth (der andre Fürther dann in zwei  Jahren wieder mit seinem *Caspar Hauser*) bringt *Ingeborg* heraus; *Ingeborg* fängt so an: »Nun wohne ich in einer Hütte, die inmitten der weiten Steppe steht. Ich lebe gerne hier, es ist so weit und so still. Niemand kennt mich, niemand kommt zu mir, ich bin ganz allein. Ich kann tun und lassen, was ich will. Ich habe keine Langeweile, meine Tage vergehn. Wie die Wolken über den weiten Himmel streichen, so streichen die Stunden über mich hinweg. Ich bin zufrieden« – und erinnern Sie sich, gerade ein Dutzend Jahre zurück, an Hamsuns *Pan?* das fing so an: »In den letzten Tagen dachte und dachte ich oft an des Nordlandsommers ewigen Tag. Ich sitze hier und denke an ihn und an eine Hütte, in der ich wohnte, und an den Wald hinter der Hütte. Die Zeit ist sehr lang, sie will mir nicht so rasch vergehn, wie ich möchte, trotzdem ich über nichts traurig bin und das lustigste Leben lebe. Ich bin wohl zufrieden mit allem« – alle kannten damals *Pan*, Kellermann natürlich auch. »Ich bin zufrieden«, schreibt Kellermann also wie Hamsun, und fährt fort: »zuweilen denke ich noch an das Mädchen aus dem Walde« – und Sie denken sich, mit Recht: das ist Ingeborg, und Kellermann sagt: »Sie kam aus dem Walde, da wo er ganz hoch und mächtig ist. Sie war blond. Golden kam sie aus dem schwarzen Walde, das dachte ich oft. Sie ging durch den Wald und sang, sie ging durch das Feld und sang, sie sang Tag und Nacht.« Dann brennt ein Schloß, wie in Hamsuns grausiger *Victoria* von 1898, und auf Seite 250 meines Bandes stößt sich der junge Mann ein Federmesser durch die Hand, das hat er auch von Hamsun, der Bursche in dem Roman *Pan* schießt sich eine Kugel durch den Fuß, daran werden Sie sich gern erinnern. Soweit ich gesehn hab, schläft auch diesmal,

---

und ETA Hoffmann haben sehr viele sie, es gibt beim Schreiben Sätze, für die sie einem als das Natürlichste in den Sinn kommt, man schreibt sie, man fragt gar nicht weiter.

1906 wie seinerzeit in *Yester und Li*, der Held nicht mit seinem Mädchen, aber auf Seite 243, das muß ein süßer
Tick des jungen Autors gewesen sein, küßt Ingeborg
ihm wieder das Herz, und zwar, sagt er: immerzu. –
Spitteler veröffentlicht einen sehr merkwürdigen kleinen
Roman, *Imago*, worin sich für einen jungen Künstler,
der keine leibhaftige Frau haben will, jene, die er liebt,
in zwei Frauen spaltet; die reale Frau, als sie dann vernünftig einen andern nimmt, wird ihm zur falschen
Geliebten, wahr bleibt ihm das Bild[2], ihre Imago[3]; bei
dieser Arbeit, heißt es (Arbeit ist das Wort), »offenbaren
sich ihm Neuschöpfungslandschaften mit Durchblicken
auf jenseitige Welten, mit Lichtschimmern und Wolken-
zügen anderer Gattung, davor seine Seele schauerte. Die
Wirklichkeit schwand, die Zeit versenkte sich vor seinen
Füßen.« Am Schluß fragt der Held: »Kannst du mir auch
vergeben, Imago, meine hehre Braut, daß ich närrischer,
verblendeter Mensch ein sterblich Trugbild mit deiner
Hoheit verwechselte?« Spitteler hatte eine schöne Kusine,
die ihn sicher genommen hätte, aber ohne Kuß und alles
war er nach St. Petersburg zurückgegangen, wo er Hauslehrer war; und als er wiederkam, hatte sie (ganz wie aus
unserm Jahre 1833 Alberthe-Alexandrine de Rubempré,
die schöne Geliebte Stendhals, als er auf Reisen ging, seinen Freund Mareste erhört hatte – ob Sie sich daran wohl
noch erinnern?) einen andern genommen, seinen Freund

---

[2] später, 1913, in Ramuz' *Samuel Belet*, sagt ein junger Mann, der
aus seinem Dorf weggewandert ist, weil das Mädchen, das er dort
liebte, und das ihn zu mögen schien, doch nicht die treueste war: »Und
es entstand diese neue Verwirrung in mir, daß jene Mélanie sich sozusagen verdoppelte, und es gab zwei Mélanies, die eine war tot, und
ich liebte sie noch, die andere war am Leben, und ich verachtete sie.
Und ich wußte nicht genau, zu welcher von beiden ich ging, und in
meinen Gedanken begann ein Kampf zwischen den beiden, während
ich links von meinem Ochsen schritt und ihn an der Halfter führte.«
[3] als die psychoanalytische Schule Freuds 1912 ihre Zeitschrift
Imago gründete, hatte sie diesen Titel ausdrücklich von Spitteler entlehnt.

noch dazu; nun machte er sie zu seiner Muse (daher  wohl, in der Schlußfrage spürbar, dieser bei aller Wahrheit doch ganz leicht ironische märchenhafte Ton); später wurde er vernünftig wie sie und heiratete eine andre. Sehr erfrischend an dem kleinen Roman ist die glänzend abfällige Art, in der Spitteler seine schweizerische Gesellschaft behandelt. – Georg Hermann kommt jetzt mit einem erzähltechnisch scheinbar ganz simplen, in der Sache aber wundervollen Roman, *Jettchen Gebert*; die Geschichte spielt in den bürgerlichen jüdischen Kreisen Berlins kurz vor der Jahrhundertwende (wer werde denn später noch Gutzkow lesen, fragt einmal jemand; Gutzkow saß damals an seinen *Rittern vom Geiste*), die Heldin ist ein schönes junges Mädchen, das im Hause eines Onkels groß wird, der sie dann an einen Verwandten verheiraten will; Jettchen hat sich aber erstens schon verliebt, in einen ganz unentschlossenen und obendrein noch schreibenden jungen Mann, ohne Geld natürlich, und mit kaum einer Zukunft, außerdem hat sie die Welt sehn gelernt durch die Augen eines andern Onkels, Jason[4], der ganz sicher das Traumporträt dessen ist, der der Autor später als älterer Herr am liebsten sein möchte jetzt in seinen noch jungen Jahren (er ist fünfunddreißig). Neben dieser immer bewegenderen Figurenkonstellation tritt die – ohnehin aber nur sehr dezent skizzierte – Historie, tritt die Aura des längst Vergangnen allmählich ganz in den Hintergrund. Jettchen willigt in die besonders von der Frau des Ziehonkels favorisierte Heirat ein, rennt aber von der Hochzeitstafel weg auf die Straße, in den Regen. Hermann hatte dieses Buch als in sich geschlossenen Roman geschrieben, brachte aber zwei Jahre später, unter

---

[4] diese Fußnote hat wenig Sinn, ich mache sie dennoch; Jason ist in unsrer Romanliteratur kein häufiger Name, er taucht dann aber knapp fünfzehn Jahre später wieder auf, bei Albrecht Schaeffer, in dessen *Helianth*, einem Roman, auf den hinzuweisen ich auch die sinnlosesten Fußnoten nicht scheue.

dem Titel *Henriette Jacoby* (so heißt Jettchen jetzt) eine Fortsetzung der Geschichte heraus, und erst jetzt (ein sehr selbstloser, weil die Abgeschlossenheit, das Fertige des ersten Buchs ja im Grunde desavouierender Vorgang) geht uns das Los der Heldin in seinem ganzen Umfang auf. Sie trifft sich wieder mit jenem unentschlossenen jungen Literaten, sie schläft sogar mit ihm, aber dann wird ihr klar – und jetzt sehn auch wir erst, warum auf Jason, mehr als auf jedem Traumporträt, immer schon ein so beneidenswert süßes Licht gelegen hatte –, daß sie im Grund eben ihn liebt, und wenn auch womöglich nicht wirklich ihn, diesen so viel Älteren, dann doch alles was er ist: so daß sie eigentlich nicht unterscheiden kann zwischen ihm und einem andern, wenn es einen andern gäbe, aus seiner Welt; sie bringt sich dann um. Die Trauer um eine Welt, aus der keiner mehr kommt, das Leid an einer Welt, der nichts liegt an jener andern – all das ist hier so vollkommen in die Liebesgeschichte aufgegangen, daß uns erst ganz langsam klar wird, mit welchem Recht wir hier so unendlich viel mehr gelesen zu haben glaubten als bloß eine kleine Romanze, und noch dazu aus der Geschichte. – Robert Musil schreibt die *Verwirrungen des Zöglings Törleß*, wieder eine Schülergeschichte, diesmal aus einem Internat, und glücklicherweise geht der Held jetzt nicht zugrunde, im Gegenteil atmet er im Schlußsatz das leise Parfum, das aus der Taille seiner Mutter aufsteigt (ein etwas reichlich herrenmäßiger Schluß, finde ich). Der kleine Roman ist außerordentlich reflexionsgesättigt, und zwar steckt die Reflexion nicht (wie etwa bei Flaubert) in den erzählenden Sätzen, sondern sie kommentiert diese Sätze, beinahe pedantisch und rechthabend; so kann es heißen, »denn die erste Leidenschaft des erwachsenden Menschen ist nicht Liebe zu der einen, sondern Haß gegen alle. Das sich unverstanden Fühlen und das die Welt nicht Verstehen begleitet nicht die erste Leidenschaft, sondern ist ihre einzige nicht

zufällige Ursache. Und sie selbst ist eine Flucht, auf der  1906
das Zuzweiensein nur eine fast verdoppelte Einsamkeit
bedeutet.«[5] Achtzig Seiten später sagt Musil zum ungefähr selben Thema, und wird poetisch wie eben ein
sentimentaler Großstädter, wenn er auf dem Lande spazieren war: »Es war die heimliche, ziellose, auf niemanden
bezogene, melancholische Sinnlichkeit des Heranreifen-
den, welche wie die feuchte, schwarze, keimtragende Erde
im Frühjahr ist und wie dunkle unterirdische Gewässer,
die nur eines zufälligen Anlasses bedürfen, um durch ihre
Mauern zu brechen.« – Alfred Jarry schreibt (und stirbt
darüber, alles bleibt unvollendet) *Die Dragonerin*, eine Art
von Roman[6]: ein apokalyptischer Wirrwarr, in dem, in
den Formen ganz korrekter Syntax, der wunderbarste
Wahnsinn seinen Ort gefunden hat; das macht Spaß (was
soll es Größres machen, mittlerweile ist aller Wahnsinn
uns geläufig geworden), das macht also Spaß, aber nur
für ein Weilchen immer (bei Jarry hat der Wahnsinn oft
etwas gewollt Kindliches, etwas forciert Albernes, etwas
wie vorsätzlich Unernsthaftes[7]). – Charles-Louis Philippe
schreibt das leider letzte Buch, das er selber noch heraus-

---

[5] »Sengle entdeckte die wahre metaphysische Ursache des Glücks
zu lieben: nicht die Verbundenheit zweier Wesen, die eins geworden
sind, wie die beiden Hälften des menschlichen Herzens, welches beim
Fötus doppelt angelegt ist; wohl aber der Genuß am Zurückspulen
der Zeit und an der Zwiesprache mit der eignen Vergangenheit... Es
ist wunderbar, zwei verschiedene Augenblicke der Zeit in einem einzigen zu leben; es ist alles, was man braucht, um authentisch einen
Augenblick Ewigkeit, ja die ganze Ewigkeit zu leben...« – Jarry in
seinem kleinen Roman *Die Tage und die Nächte* von 1897.

[6] man hat Jarry vorgeworfen, Romane dann später aus Schwäche
geschrieben, oder mit dem Romaneschreiben verraten zu haben, womit er begonnen hatte, den *Ubu*, die Gedichte, und so weiter. Dieser
Vorwurf des Verrats ist eine stehende Figur in den Schulen der anti-
bürgerlichen Kunst, Breton hat Soupault denselben Vorwurf gemacht,
und Aragon zog sich denselben Vorwurf zu, als er dann Romane
schrieb.

[7] man findet oft, daß die Liebhaber Jarrys dieselben sind wie die
Lobpreiser von Bierbaums *Stilpe* etwa; einen ganz andern Kreis bilden
die Liebhaber des späteren wirklichen Surrealismus. – Das ist gegen

bringen konnte, *Croquignole,* einen Roman, worin ein kleiner städtischer Angestellter (das war Philippes eignes Milieu) zu Geld kommt und nun zwei Jahre lang – selber durchaus kein böser Mensch etwa – hemmungslos und ohne moralische Bedenken lebt; er verführt die keusche und zurückhaltende Angebetete seines Kollegen und Freundes[8], dann hält er eine verschwenderische Frau aus[9]; als das Geld zu Ende geht, bringt er sich um. Philippe schildert dieses enorme Leben ganz von außen, er schildert seine Voraussetzungen, Geld vor allem, und seine Folgen, wenig kümmert ihn die Innenansicht einer solchen Immoralität (wenn man einmal an den *Immoralisten* seines Freundes Gide denkt); von innen sieht er die schönen Opfer, über die nun dieses andre so ausgelebte Dasein hinwegrauscht wie die Welt, der sie nicht gewachsen sind. – Von Upton Sinclair, einem durch und durch politischen Menschen, der in diesem Jahre gerade

---

Jarry nicht gerecht; leider gehört er zu denen, die man dann allzu leicht immer mit seinen Liebhabern verwechselt; auch dafür kann er natürlich nichts, aber wer mag ihm helfen?

[8] über sie heißt es: »Hat man das Leben einmal gekostet, so denkt man noch lange daran zurück.« Der Blick aus dem Fenster des Zimmers dieser Frau geht auf den Friedhof Montparnasse: »Der Friedhof Montparnasse ist viel schöner als alle andern: mit seinen Bäumen, seinen Alleen, dem Schweigen, den großen, weißen Wolken, die man in ihrer ganzen Masse sich weiten sieht; mit der Luft, die sich über ihm bewegt, weil Platz dafür da ist; mit den weißen Grabsteinen; mit der Ruhe, die man sich von einer Landschaft wünscht, damit sie dich in deinen Gedanken nicht störe; mit den Vögeln, die nichts beunruhigt, die singen und von denen man sagen könnte, daß sie volle Ellbogenfreiheit haben; mit den Spaziergängern, die keinen Lärm machen und über die man nur die einfachsten Bemerkungen machen könnte, wie etwa: dieses ist ein Mann, jenes ist eine Frau...« – ich zitiere diese Passage auch, damit Sie nachher, bei Robert Walser, an sie zurückdenken.

[9] die Frau, sagt er ganz allgemein, »die Frau hat herrliches Fleisch, man muß seine Qualitäten nur recht zur Geltung bringen« – und so gibt er sein Geld für sie und sich aus, für Dessous (es war ja Philippe, der damals, in dem Bistro, Gide gegenüber jenen Freund erwähnt hatte, der so für Dessous schwärmte, besonders wenn er fühlte, daß sie Spitzen hatten).

für das Repräsentantenhaus kandidiert, erscheint, als sein vierter Roman, eines seiner aufsehnerregendsten Bücher, *Der Dschungel,* ein romanhafter Bericht über die Fleisch- fabriken in Chicago. Diese gigantischen Fabriken führt Sinclair einerseits so vor, daß er Führungen schildert, die die Werksleitung veranstaltet, hauptsächlich aber so, daß er anhand einer Figur, eines osteuropäischen Immigran- ten, der dort arbeitet, die wahren Zustände zeigt, denn diesen erst baumstarken, dann mehr und mehr ruinierten Mann bringt der Zwang des Broterwerbs in die hinter- sten, untersten Winkel und Keller des Betriebs. Was er da erlebt, schreibt nun sein Biograph auf, und wir er- leben eine menschenverachtende Hölle – nicht nur die Arbeiter werden verachtet, sondern auch die Kunden, die nachher kaufen sollen, was hier produziert wird[10]. Groß ist Sinclair in der Schilderung des ganz unausdenk- baren schmutzigen Grauens, in dessen Halbdunkel, kaum noch Menschen, die Männer dort arbeiten müssen – oft denkt man an Mamin-Sibirjaks Goldgräber in den finsteren schlammigen Wintern: auch da herrscht ein Halbdunkel, in dem die Individuen gar nicht mehr unter- scheidbar sind. Der Sinclairsche Held, die große Ein- gangsszene des Buchs beschreibt die Hochzeit, verliert seine Frau (sie ist, aus lauter Verzweiflung, und erpreßt von einem Vorarbeiter, mit dem ihr Mann sich angelegt hatte, und der ihm nach Belieben schaden könnte, in einem Bordell gelandet, und daraufhin erschlägt sie ihr Mann beinahe), verliert sein Kind (es fällt von einem der wackligen Stege vor den Häusern in den Schlamm hinab und erstickt, wir haben so etwas kommen sehn – wir haben im Grunde alles kommen sehn –, seit uns Sinclair

---

[10] Sinclair wurde nach dem gewaltigen Erfolg dieses Buchs ins Weiße Haus geladen, zum Essen, es scheint aber, daß die Lobby der Kunden wesentlich stärker war als die der Arbeiter; denn es wurden Gesetze gemacht, die den Käufer davor schützten, Nägel und Ratten- fleisch im Corned beef zu haben, aber noch lange Zeit gab es keine Gesetze zum Schutz der Arbeiter.

zum ersten Male diese Straßen, diese Häuser, diese hölzernen Stege geschildert hat), landet in Gefängnissen, trampt durch das Land, am Ende findet er Halt bei den Sozialisten (Gruppen, die später, aus einem andern Gesichtspunkt, aber mit ähnlich sympathischen, ja Heilsgefühlen Dos Passos beschreiben wird in seiner großen Amerika-Trilogie). Kein Leser kann sich der Gewalt dieser Schicksale und Beschreibungen und vor allem ihrer Wahrheit entziehen: das, sagt er sich, ist die Realität, und fast egal, ob sies heute ist oder bloß gewesen ist. Und dennoch, denkt man an Mamin etwa, und wie sich bei ihm aus dem Schlammdunkel dieser schmutzigen Goldgräberstätten die Schicksale seiner Figuren entwickeln (diese Totschlägereien, diese Selbstmorde, diese Versuchungen und Verführungen, erinnern Sie sich?), dennoch empfinden wir nun bei Sinclair (also bei aller Wahrheit und ihrer unbezweifelbaren Wucht, angesichts deren uns jeder andere Roman, jede andere Literatur wie ein rein ästhetischer Eskapismus vorkommt, wenn wir nicht aufpassen), dennoch also empfinden wir bei Sinclair eine leichte Unbehaglichkeit; etwa, wenn die Frau ins Bordell gegangen ist, oder wenn das Kind nun da unten in der Straße stirbt, so sind das beides sehr bedrückende Ereignisse; aber wir verstehn im Grunde nicht, warum sie ausgerechnet nun unsern Helden, seine Frau, sein Kind treffen müssen[11]. Der entscheidende Punkt aber (wenn Sie die Fußnote eben gelesen haben und nicht weiterwissen) ist der, daß Sinclair hier (und da unterscheidet er sich nun von dem Kollegen Mamin) selbst tut was er beklagt: wir erfahren fast nichts über den Menschen in der Frau, die da unter die Räder, in dem Kind, das da in den Schlamm kommt – beide sind auch

---

[11] wir verstehn nicht: man könnte leicht einwenden, daß eben dies, daß wir das nicht verstehn, und daß die es nicht verstehn, die es trifft, die Grundfigur dieser hier dargestellten Welt ist, in der ja tatsächlich das Individuum nichts gelten soll.

für den Autor lediglich Opfer: Opfer, die er nun bringt, um die Zustände (um die Zustände geht es ihm, wenngleich der Menschen wegen) möglichst gefühls- und tränennah dem Leser ans Gemüt zu legen; er vergeht sich an seinen Personen um der schönen und preisenswerten Absichten willen, die er mit dem Buch hat, in dem sie leben – und damit, glaube ich, tut er genau das, was kein Romancier tun darf: daher unsre leise Beklemmung, unser Unbehagen. Ein Autor wie Hugo in seinen *Elenden* hatte diese großartige Sentimentalität, die ihn solche Fallen vermeiden ließ – Sinclair will nicht sentimental sein, er will die Kälte dieses gräßlichen Lebens kalt schildern: und wird eben darin, daß die Kälte den Leser doppelt rühren soll, scheußlich sentimental und geht zugleich in alle Fallen. (Es ist schwer zu sagen, was ein Mann mit seinen aufklärerisch-humanitären Absichten anders machen soll; aber das ist auch nicht unsre Aufgabe; wir können nur, wie seinerzeit einmal auf Moores *Esther Waters*, als es um das Unglück ging, und auf Faulkner im Falle der Sprache der Sprachlosen, jetzt auf Mamin verweisen; wer über Mamin so hinauswill wie Sinclair, für den hat der Roman vielleicht Grenzen, das Genre reicht ihm nicht, und vielleicht muß er nun Reportage und Erzählung mischen; tut ers aber wie hier, dann bleibt ihm eben – ein tödlicher Vorwurf nicht allein für ihn – dieser Vorwurf der artistischen Lieblosigkeit nicht erspart.) – Zum Jahresabschluß John Galsworthy, der jetzt, nach drei andern Romanen und einigen Bänden mit Kurzgeschichten, die nachmals so berühmte und heute nurmehr legendare *Forsyte Saga* ins Werk setzt, ein mehrbändiges Romanwerk, das erst 1921 beendet war (das Leben der Forsyte-Familie hat Galsworthy dann weitergeschrieben in der *Modernen Komödie*, 1924 bis 28); der Zyklus schildert das Leben einer weitverzweigten Familie zwischen den achtziger Jahren bis nach dem Ausgang des Weltkriegs, schildert also die letzten Jahre und den Niedergang einer

ganzen Lebensform der oberen englischen Mittelklasse, der Besitzenden (nach dem ersten Roman, jetzt, 1906, erschien die Fortsetzung erst 1918, man könnte also meinen, der angedeutete Niedergang sei, nicht schwer dann, von hinterher beschrieben; indes enthält schon der erste Band alle Elemente der ganzen Reihe; man sieht auch an einem Buch wie Forsters *Howards End* von 1910, wie deutlich für kluge Leute dieser Niedergang zutage lag). Galsworthy schreibt, wie so viele der großen Romanciers dieser Zeit (denken Sie, unter seinen Landsleuten, eben an Forster, oder etwa an Bennett, der sich mehr den unteren Schichten widmet), romantechnisch ganz in herkömmlichen Bahnen, relativ neuerungslos: um so beunruhigender tritt der oft vernichtend satirische Zug seiner Prosa hervor, und um so überraschender die Härte seiner Erfindungen – man glaubt an Eleganz und Ruhe, und mit einem Male vergewaltigt ein angesehener reicher Mann seine schöne Frau (sie gehört ihm schließlich; »am Morgen nach der Nacht, in der Soames schließlich seine Rechte behauptet und wie ein Mann gehandelt hatte, frühstückte er allein«; was Liebe sein kann, lernt sie dann bei einem andern, dem Architekten des neuen Hauses ihres Mannes: einem Künstler).

Den Nobelpreis gewinnt in diesem Jahr der einundsiebzigjährige Lyriker Giosuè Carducci, der nächstes Jahr sterben wird; er habe, heißt es, nach der Art unsres alten Freundes Ugo Foscolo gedichtet, sei ein Gegner unsres alten Freundes Manzoni gewesen, ein Neuheide, ein Verherrlicher der großen Revolution, und so weiter. – Den Prix Goncourt erhalten die Brüder Jérôme und Jean Tharaud für den Roman *Dingley, l'illustre écrivain*, worin die Wandlungen beschrieben werden, die ein berühmter englischer Schriftsteller durchmacht, als er nach Afrika geht, um Reportagen über den Burenkrieg zu schreiben; die Preisträger waren ihrer Neigung nach politische Auslandsreporter; der ältere lebte von 1874 bis 1953, 1938

wurde er Mitglied der Académie; der jüngere Tharaud  *1907*
lebte von 1877 bis 1952, er wurde 1946 in die Académie
gewählt.

◆

Geboren wird in diesem Jahre in Dublin Samuel Beckett,
ein Freund von Joyce (den er ins Französische übersetzte), später, 1963, Nobelpreisträger.

1 ◆ 9 ◆ 0 ◆ 7

Grabschrift (135.136) für

H U Y S M A N S . J A R R Y . Neunundfünfzigjährig stirbt in Paris, seit fünfzehn Jahren wieder im Schoße der Kirche, Joris-Karl
H U Y S M A N S , dessen *Marthe* wir vor gut dreißig
Jahren gelesen haben; dann beunruhigte uns leise sein
Des Esseintes, dieser ästhetisierende Steinesammler, der
nicht nach London wollte, weil ihm im Bahnhofsrestau-
rant schon alles klar war (*Gegen den Strich,* 1884), danach
erbauten sich Valéry und seine Freunde an Durtal, dem
Helden der neunziger Jahre (*Tief unten,* 1891). Er war,
schreibt Valéry später über ihn, »ein ungemein nervöser
Mensch, schnell bei der Hand mit unüberwindbaren
Antipathien, spontan und grausam in seinen Urteilen,
schöpferisch im Erfinden neuer Spielarten von Abscheu,
stets dem Schlimmsten auf der Spur und auf Ungeheuer-
liches erpicht, unglaublich leichtgläubig und versessen auf
Skurrilitäten und Ammenmärchen, die einer Höllenpfört-
nerin gut angestanden hätten; im übrigen ein Mensch mit
reinen, bisweilen weit offenen Händen, so offen, wie es
einem fast Mittellosen nur möglich ist; von tätiger Nächstenliebe, Freunden im Unglück treu, beständig in seiner

1907 Bewunderung, von der er selbst dann nicht abrückte, wenn ihm die Person unerträglich oder verhaßt worden war«. – Ebenfalls in Paris stirbt vierunddreißigjährig Alfred *J A R R Y* (Valéry, der ihn mochte, gab Geld für den Grabstein); Jarry tritt in Gides *Falschmünzern* auf: »Ein eigenartiger Hanswurst mit weißgepudertem Gesicht, jettschwarzen Augen und Haaren, die am Kopf anlagen wie eine Moleskinkappe[12]...«; »alles an Jarry, der wie ein dummer August im Hippodrom gekleidet war, wirkte gekünstelt, besonders seine Redeweise, in der ihm mehrere Argonauten« – *Die Argonauten* ist der Name einer Zeitschrift, deren Mitarbeiter hier irgend etwas feiern, vermutlich sich selber – »um die Wette nacheiferten, alles zu Silben zerhackend, bizarre Wörter erfindend, andere bizarr verstümmelnd; doch Jarry allein brachte jene Stimme ohne Klangfarbe zustande, ohne Wärme, ohne Betonung, ohne Relief.« Im Verlauf des Abends, den Gide schildert, zieht Jarry eine große Pistole und schießt (sie ist nur blind geladen) einem, der vorher eine langweilige Rede gehalten hat, den Pfropfen ins Auge.

Streuvels bringt den *Flachsacker* heraus, wieder einen Bauernroman, in dem der alte Bauer den jungen Bauern plötzlich in einem Affekt mit dem Stock fast totschlägt, es ist aber auch eine lang schon aufgestaute Wut, die sich da entlädt, denn der Alte weiß, daß der Neue ihn verdrängen wird, sogar einen andern Hof hat er ihm gekauft, damit er

---

[12] Moleskin, sagt *Meyer* in eben diesem Jahre 1907, sei englisch auszusprechen, bedeute dann eigentlich Maulwurfsfell, Englisch Leder, wie *Meyer* gesperrt hinzufügt, und bezeichne in Österreich »einen feinen, dichten, geschorenen und gefärbten Barchent, in England feine baumwollene Westenstoffe mit Mustern aus feinster Wolle«. Wenn Sie an die allererste Fußnote unsres Buchs zurückdenken (das wird nicht gehn; wenn Sie also zu ihr zurückblättern), dann werden Sie dort den Biberhut entdecken – das war auch Gide, in seinem andern großen Roman, dieser Autor scheint eine Leidenschaft für modische textile Oberflächen gehabt zu haben.

selber der Herr bleiben kann, bloß geht nun doch der Junge an den Flachs, ohne den Alten zu fragen, und da  schlägt er eben zu, wie das so ist unter Bauern mit ihren naturhaft minimalen Ausdrucksmitteln. – Von Maxim Gorki erscheint *Die Mutter*, worin eine erst noch analphabetische Arbeiterfrau ihr Klassenbewußtsein bildet und sich dann für die Partei und die Sache opfert; interessierte Kreise haben das Buch als den ersten Roman des sozialistischen Realismus gepriesen, das Ding ist unsagbar sentimental und absolut unlesbar. – Von Joseph Conrad kommt ein ganz und gar bitter ironisches Buch über den Wahnsinn politischer Konspiration unter einfachen und sonst normalen Leuten heraus, *Der Geheimagent*[13]; heimlicher Held des Buchs ist die Frau des vermeintlichen Agenten, den sie ersticht, als durch seine Schuld ihr zurückgebliebner Bruder umkommt, der einen Bombenanschlag aufs Observatorium machen sollte; am Schluß des großartigen Buchs (eines zurückgenommenen Politthrillers sozusagen und zugleich eines in Umrissen nur angedeuteten psychologischen Kriminalromans) tritt der unbeugsame Anarchist noch einmal auf, die bildgewordene Ironie auf die Konspiration, aber schaurig fast nur noch: »Und der unkorrumpierbare Professor ging ebenfalls zu Fuß, den Blick von der widerlichen Mehrheit der Menschheit abwendend. Er hatte keine Zukunft.

---

[13] das Buch ist übrigens H. G. Wells gewidmet, namentlich als dem Erfinder Kipps': diesen Roman Wells', eben *Kipps*, habe ich verschlafen, er ist 1905 erschienen (ich hatte ihn für viel später in meinen Papieren, in meinem Computer), und erzählt in einem wunderbar leichten und genauen Ton die Geschichte eines jungen Mannes, der im Krawattenhandel groß werden soll (das war auch das Schicksal des Autors, er behandelt das Thema später, 1910, noch einmal in *Mr. Polly steigt aus*) und nach tausend verblüffenden Wirrnissen dann ein bescheidner Buchhändler wird, nachdem er seine Jugendliebe geheiratet hat. Wells ist im Grunde kein sehr brillanter Romancier, aber seine Kunst, den Leser leicht zu unterhalten, ist bewundernswert, kaum einer vertreibt die Zeit so hübsch wie er. Wahrscheinlich ist er eigentlich ein Denker, und jetzt ruht er sich aus, das wird es sein.

 **1907** Er verachtete sie. Er war Kraft. Seine Gedanken hät-
schelten die Bilder von Ruin und Zerstörung. Er ging
schwach, unbedeutend, schäbig, elend – und schrecklich
in der Schlichtheit seiner Idee, welche Wahnsinn und
Verzweiflung zur Erneuerung der Welt rief. Niemand
sah ihn an. Unverdächtig und todbringend ging er weiter, gleich einer Pest auf der Straße voller Menschen.«
Baroja in zwei Jahren wird uns dann andre Anarchisten
in London zeigen (die ersten modernen Londoner Anarchisten waren uns bei James begegnet, in der *Prinzessin
Casamassima*). – Anatole France schreibt die *Insel der
Pinguine*, eine Satire auf die Geschichte der Menschen,
auf ihre Gesellschaft, auf den Wahnsinn aller Politik,
auf den Wahnsinn im Grunde aller Geschichte und ihres
vermeinten Sinns (wenn man sich überlegt, daß ein
Mann wie Sinclair alle diese – so menschheitsabholden
wie menschenfreundlichen – Ideen sehr geringschätzen
würde, dann könnte man auf die Vermutung kommen,
daß die wahren Romanciers immer die Politik verachten
und die Geschichte für einen Wahn und einen Fortschritt
darin für eine Wahnidee halten); solche Satiren indes,
wenn sie als ganze Bücher auftreten, sind fast immer zu
lang, und nicht nur deshalb meistens auch ein bißchen
langweilig, da sie sehr umständlich beweisen (und in Bildern, deren Witz zuweilen etwas weit hergeholt ist, hier
eben aus der Arktis), was uns Vernünftigen ja eigentlich
sofort einleuchtet. – Friedrich Huch meldet sich wieder
zu Wort mit *Mao*, dem Roman eines Jungen, der den
Umzug aus einem alten geheimnisreichen Haus in eine
moderne Villa nicht übersteht; der Titelheld Mao ist das
Bildnis eines unbekannten Jungen, der für den dann
untergehenden Jungen unbegriffen alles das ist, was ihm
nun mit dem Umzug auf immer verloren sein wird.
Huchs Sprache hat noch denselben etwas hohen, mitunter, wenns ernst wird, allzu hohen Ton der früheren
Ehegeschichte (*Wandlungen*, 1905), und so hört sich die

Geschichte, bei all ihrer Schönheit, insgesamt leicht übertrieben an; schade eigentlich. – Robert Walser bringt den
ersten seiner merkwürdigen Romane heraus, die *Ge-*
schwister Tanner; worin gleich am Anfang Rosa (»Sie war
ein merkwürdiges Mädchen. Ihre Augen hatten einen
wundervollen Glanz, und ihre Lippen waren geradezu
schön«) weinend die Hälfte aller Liebesgeschichten unsrer
Welt auf den Nenner bringt: »So liebt man die, die es
nicht wert sind, sagte sie für sich, und doch, liebt man
etwa deshalb, weil man einen Wert abschätzen möchte?
Wie lächerlich. Was geht mich das Wertvolle an, wo ich
das Geliebte haben möchte. Dann ging sie zu Bett.« Ein
paar Seiten später kommt der Frühling, »die Erde war
weich, man schritt auf ihr wie auf dicken, biegsamen
Teppichen. Man glaubte, Vögel singen hören zu müssen...« – das müssen Sie sich auf der Zunge Ihrer inneren Sinne zergehn lassen: man glaubte – Vögel – singen –
hören – ja, und eben dann noch: zu müssen – nicht wahr?
Wieder runde siebzig Seiten später geht Simon durch
eine Nacht (Simon ist der, den Rosa leider nicht liebt):
»Es war tiefdunkel, kein Stern am ganzen Himmel, hin
und wieder kam der Mond hervor, aber die Wolken ver-
deckten sein Licht wieder. Nun lief Simon durch einen
finsteren Tannenwald, er fing an zu keuchen und paßte
besser auf seine Schritte auf; denn er stieß immer wieder
an Steine, die im Wege lagen, und das langweilte ihn doch
ein wenig. Der Tannenwald hörte auf, Simon atmete
freier; denn in dunklen Wäldern zu gehen, so allein, ist
nicht immer ungefährlich. Ein großes Bauernhaus stand
plötzlich vor ihm wie aus der Erde emporgewachsen und
engte seinen Blick ein, ein großer Hund schoß hervor,
sprang auf den Wanderer los aber biß nicht. Simon blieb
ganz still und ruhig stehen, starrte den Hund nur an,
und so wagte der Hund nicht zu beißen. Weiter ging es!
Brücken kamen, die donnerten in der Stille unter den
raschen Schritten, denn sie waren von Holz, es waren alte

Holzbrücken mit Dächern und Heiligenbildern am Ein-
und Ausgange. Simon fing an, gezierte Schritte zu
machen, um sich Unterhaltung zu verschaffen... Dann
marschierte er durch ein schlafendes, endlos langes Dorf.
Ein weißes langes Kloster sah ihm entgegen und verschwand wieder. Es ging wieder bergauf. Simon dachte
an gar nichts mehr, die zunehmende Anstrengung lähmte
seine Gedanken; stille Brunnen wechselten mit einsamen
Baumgruppen, Wälder mit Wolken, Steine mit Quellen,
es schien alles mit ihm zu gehen und hinter ihm zu versinken. Die Nacht war feucht, finster und kalt, seine
Wangen aber brannten und seine Haare wurden naß vom
Schweiß. Auf einmal erblickte er zu seinen Füßen etwas
gestreckt Liegendes, Weites, Schimmerndes und Glänzendes: es war ein See; Simon blieb stehen. Von da an ging
es abwärts auf einem fürchterlich schlechten Weg. Zum
ersten Mal taten ihm seine Füße weh, aber er achtete
nicht darauf, sondern ging weiter. Äpfel hörte er dumpf
auf die Wiesen fallen. Wie geheimnisvoll schön die Wiesen
waren: undurchsichtbar und dunkel...« – ein wunderbarer Text, ganz gewiß (und wir denken zurück nicht bloß
an den vorhin eigens erwähnten Philippe, sondern auch
an Sebalds Wiederaufnahme der älteren frühen Stifterschen Wanderertextur); eigenartig durch die fast regelmäßigen Sonderbarkeiten, diese stillen Auffälligkeiten:
jene *langweilenden* Steine, jene *nicht immer ungefährlichen*
dunklen Wälder, jene *gezierten* Schritte, jene *mit Wolken
wechselnden Wälder*, jene *undurchsichtbaren* Wiesen: entsprechend alles jenem Satz vorhin über die Vögel (die
bei Philippe jene wunderliche *Ellbogenfreiheit* hatten) –
hier scheinen sich durch solche winzigen Schritte ab
vom gängigen Sprachwege bestimmte Gemütsbefindlich-
keiten, bestimmte Seelenlagen anzudeuten, und das beinahe Gesuchte mancher Wendungen scheint aus einer
stillen Verzweiflung darüber zu rühren, daß die vor-
gefundne Sprache nicht sagt, was die Seele sagen will.

Aber andrerseits (und das wird hier sehr viel deutlicher als dann bei Kafka) legt die subtile Preziosität der jetzt neu gefundnen Ausdrücke immer mehr das Gefühl nahe, daß vor der Gemütsbefindlichkeit, die da ans Licht will, eine gewisse Sprachbefindlichkeit am Werk ist; oder daß jedenfalls mehr das Verhältnis einer Seelenlage zur Sprache sich da ausdrückt als die Seelenlage selbst; und es sieht dann alles immer deutlicher so aus, als führe sehr oft auch erst die Preziosität einer anders sprechenwollenden Seele zu einer Gemütsverfassung, die sich der gefundnen Sprache dann so sehr angleicht, als sei ihr alles egal, was ihr geschehen zu sein scheint oder nun wirklich geschieht (und Kafka findet dann, und das macht es so schwer, ihm dergleichen zu sagen, auf seiner Suche Stimmungen, die ihn wirklich zugrunde richten). Womöglich ist das alles ein sehr sublimer Manierismus, und die fehlende Kraft, ihm zu entrinnen, gibt sich (und das ist das Fatale: sie glaubt daran) als schöne Schwäche und grundsätzliche Ohnmacht (man muß darauf achten, wie trivial im Grunde die Mythen Kafkas sind). – Von Heinrich Mann, dem schnellen, ist ein neuer Roman da, *Zwischen den Rassen* – Heldin ist eine Frau, die sich allmählich von dem Macho, den sie geheiratet hat, einem frühen Faschisten (das Buch spielt vorwiegend in Italien), wegentwickelt zu einem Künstler hin, der ihrem Geist, ihrer Seele, ihrer ganzen Individualität Freiheit läßt (Mutter Mann und die sehr schöne Schwester Carla fanden beide den ersten Mann nicht toll, aber den zweiten auch nicht; sie, sagten sie beide, würden keinen der beiden geliebt haben an der Stelle der Heldin – und dabei hatte Heinrich sich doch solche Mühe gegeben, beinahe die Seele, aber vielleicht eben allzusehr nur die Seele, ach! einer Frau in sich zu etablieren[14]; Künstler, hatte er sich

---

[14] Lieber, schreibt Heinrich Mann in dem gleich unten apostrophierten Aufsatz über Flaubert, »lieber würde er lieben; würde schreiben wie George Sand, wenn das sein Schicksal hätte sein können.

1907 gesagt, hätten immer beide Seelen in sich; mag ja sein, ist auch bestimmt so; aber eigentlich ist Seele womöglich das Sichverhalten der Seele zu den Sinnen, und wehe dem dann, der das erfinden will! Mütter und Schwestern werden über ihn kommen). Sehr deutlich sind hier ferne Figuren sichtbar, etwa in der Heldin etwas von unsrer Freundin George Sand in ihrer ganzen frühen Schönheit und Emanzipation; Heinrich hatte zwei Jahre vorher einen – in der Note eben erwähnten – sehr schönen langen Essay über die Freundschaft zwischen Flaubert und der Sand geschrieben, und sicher malt er sich jetzt, in seinem Roman, auch aus, wie es doch jetzt endlich, nach jenen älteren schönen Vorarbeiten, gelingen müsse, daß eine Frau sich von der Ehe freimacht, ohne deshalb, ihr Los sonst immer in den Romanen, zugrunde zu gehn. Man sieht dem Buch auch wieder sehr gut an, wie Flaubert da nachwirkt, in der Knappheit und Gedrängtheit der Diktion; angenehm ist die völlig uneitle Art, in der der Autor sich um den Leser einzig über das Erzählte bemüht: man fühlt sich frei, und dadurch nun wirklich interessiert an fremden Schicksalen: zu denen, wie im Fußnotenzitat, die Anlagen vielleicht auch in uns gelegen haben könnten. – Fjodor Sologub, Übersetzer auch aus dem Französischen und dem Deutschen, veröffentlicht einen ganz exorbitanten Roman, *Der kleine Dämon*; wie mit Schwefelfarben, wild und surreal, und jenseits aller Satire, die doch auf etwas Besseres hofft, malt er hier das Bild »unsrer kleinen Stadt«, wie er sie nennt: verkalkte Beamte, idiotisch-brutale Lehrer, fast allesamt saufende Verrückte, mit grotesk stupiden Frauen, um alle herum eine Atmosphäre der Verkommenheit, ein widerwärtiges

---

Man ahnt zuweilen, hellseherisch aus Sehnsucht, wie leicht, wie frei man sich mit Hilfe gewisser Anlagen bewegt haben würde, die ganz sicher irgendwann in uns lagen – man glaubt, den leeren Fleck zu spüren – und die uns auf nicht mehr erinnerliche Art verlorengingen…«

Fehlen allen Lichts; mitten unter ihnen, am schlimmsten von allen, der Lehrer Peredonow, ein kleinlich-bösartiger toter Typ, den der Alkohol (aus allen Winkeln ärgert ihn schon lange das böse graue kichernde Tier), der Ehrgeiz vollkommener Dummheit, der Verfolgungswahn dessen, der überall nur den Neid sieht, aus dem er selber lebt, und die horrende Gier einer Frau, die ihn haben will, in Mord und Delirium treiben. Wie auf einer Insel des Glücks leben in dieser Stadt einzig drei Mädchen, deren eine den jungen neuen Gymnasiasten liebt, den Peredonow am meisten hassen muß, Kinder alle noch, die wie durch ein Wunder den Verfolgungen Peredonows und der nicht viel besseren Stadtbewohner, die glauben, der Knabe sei ein verkleidetes Mädchen, entgehn, fürs erste wenigstens entgehn. Ob dieses erotische Glück Natur ist oder ein Abziehbild der Natur, das nur durch Kunst dem schmutzigen Irrsinn abgewonnen werden kann, bleibt ein Rätsel: das Mädchen liebt über alles Parfums, sie erzeugt die Welt, die sie in sich spürt, um sich herum und den Geliebten durch Düfte, in die sie ihn und sich hüllt, triviale oder Düfte aus Petersburg und Paris, das tut nichts, ihr Verlangen lebt in ihnen, diese dunkle wunderliche Seele des Menschen. Das ist wieder, wie neulich die Sachen des Blasco Ibáñez, wie die Sachen Barojas, wie dann die Sachen Belyis, wie später die Sachen von Tozzi und von Pérez de Ayala, eines dieser Bücher, die mit einem Blitzschlag unsern Blick, unsre Welt so erweitern, daß dagegen alles was sich in größerer Nähe an Welterweiterungen tut nur als Nuance erscheint, die wir auch missen könnten.

Den Nobelpreis kriegt in diesem Jahre Rudyard Kipling, zweiundvierzig, blutjung dafür. – Den Prix Goncourt kriegt Emile Moselly.

✦

1908 Geboren wird in Rom Alberto Moravia, ein ebenso erfolgreicher wie glänzender Romancier, der ein halbes
Jahrhundert lang seine Zeit in Romane gefaßt hat.

1 ✦ 9 ✦ 0 ✦ 8

Grabschrift (137.138.139) für
*L I E . M A T A V U L J . M A C H A D O D E
A S S I S .* Vierundsiebzigjährig stirbt in Stavern
Jonas *L I E*[15], dessen *Malstrom* wir gelesen haben.
– In Belgrad stirbt fünfundfünfzigjährig Simo *M A T A -
V U L J,* dem wir (Sie und mein Freund Klotz und ich)
den großartigen Roman über den Pater Brne verdanken.
– Und neunundsechzigjährig stirbt in Rio de Janeiro
der wunderbare und gar nicht auszurühmende Joaquim
Maria *M A C H A D O D E A S S I S ,* Ministerial-
beamter, und Begründer und dann auf Lebenszeit Prä-
sident der Brasilianischen Akademie für Sprache und
Dichtung; wir haben die *Nachträglichen Memoiren des Brás*

---

[15] damals hab ich vergessen, ihn auf die Welt kommen zu lassen:
er wurde 1833, Sohn eines Richters, in Eiker bei Modum geboren
(irgendwo westsüdwestlich von Oslo), er ging zusammen mit Ibsen
und Bjørnson zur Schule, dann wollte er zur Marine, war aber zu
kurzsichtig dafür; berühmt war er für den Verlust eines ganzen Vermögens durch Spekulationen während einer Wirtschaftskrise; die drei,
Bjørnson, Ibsen und er, erhielten dann jährlich gezahlte staatliche
Dichterstipendien, die es ihm ermöglichten, als freier Schriftsteller
sich immer wieder im Ausland aufzuhalten, in Paris, in Dresden,
in Rom, in München, sommers besonders gern in Berchtesgaden.
Meyer, mit viel Sinn für solche Sachen, erwähnt, daß Lies Frau Tho-
masine, seine Jugendliebe, besonders an der Ausarbeitung der Frauengestalten in seinen Romanen tätigen Anteil genommen habe. Lies
Sohn Erik, weiß *Meyer* sodann, habe eine Biographie Balzacs geschrieben. Gott weiß, warum nicht auch Lie den Nobelpreis bekommen hat, wie Bjørnson, aber andrerseits hat Ibsen (der übrigens 1906
gestorben ist) ihn ja auch nicht gekriegt, bei aller Liebe Nobels, wie
wir wissen.

Cubas gelesen, den *Quincas Borba*, schließlich den *Dom* **1908**
Casmurro – Bücher, die im scheinbaren Eingehn auf die
Wahrheitsliebe ihrer Helden deren Erzählungen über sich
selbst und ihre Welt so gründlich in Frage stellten, daß
wir Leser vor lauter Staunen über soviel Genie zum grim-
migen Aufdecken der Wahrheit fast, aber eben – leider
nur? – fast vergessen hätten, daß wir selbst womöglich
auch solche Helden sind, und daß wir also allen Grund
haben, beim Lesen selbst der schönsten und unsrer mit-
denkenden Klugheit schmeichelndsten Romane in jedem
Autor den zu fürchten, der der unsre sein könnte.

❖

Robert Walser bringt den berühmtesten seiner kleinen
Romane heraus, den *Gehülfen,* darin erlebt der Titelheld den geschäftlichen und familiären Niedergang der
Familie seines Chefs, eines Erfinders; des Titelhelden
Vorgänger war ein Trinker, der offenbar der Frau des
Hauses einen gewissen Eindruck gemacht hatte, es heißt
von ihm einmal: »Seine scharfen, männlichen Gesichts-
züge, in der Schärfe und Sicherheit durch eine blasse
Hautfarbe noch unterstützt, sein schwarzes Haar, seine
tiefliegenden, großen, dunklen Augen gefielen ebenso
unwillkürlich wie eine gewisse Trockenheit, die seinem
ganzen sonstigen Auftreten und Wesen anhaftete. Eine
solche Hausbackenheit macht in der Regel den Eindruck
der Herzensgüte und der Charakterfestigkeit, zwei Erscheinungen, denen keine fühlende Frau widersteht.«[16] –
Wassermann, der Fürther, neben Kellermann, schreibt
Caspar Hauser oder Die Trägheit des Herzens, einen ganz

---

[16] ich glaube, man sollte angesichts dieses ganzen Satzes, von der
Hausbackenheit an, die ja nun wirklich nicht zusammenfaßt, was sie
zusammenzufassen scheint, bis zum allzu leicht herbeigerufenen
Schluß, von so etwas wie einer ziellosen Ironie sprechen, einer sinn-
verloren in sich kreisenden Ironie. Es ist nur der leere – wenngleich
sehr hübsche und manchmal zum Weinen bezaubernde – Schein eines
Sinns da, der bloße gewissermaßen generelle Schein einer Intention.

 außerordentlich guten und klugen Roman; Wassermann hat die Quellen studiert, er bleibt ganz nah bei ihnen, er zitiert sie, und wo er selber schreibt, merkt man der wie von der Sache aufgezwungnen Ruhe seiner Sätze und seines ganzen Vorgehens die Erschütterung an, in die den jungen Autor dieser plötzliche Blick in die dokumentierte Realität von Leben zwischen Geschichte und Politik gestürzt haben muß. Großartig gelungen ist hier, wo schon die nichterfundenen Personen in ein romanhaftes Geschehen verstrickt sind, auch einmal ihre Mischung mit fiktiven Figuren, sonst eine Crux derartiger Versuche: aber Wassermann, gut wie nie zuvor und selten wieder danach, wandelt hier wie in Trance über alle Grate, von denen er von selber eigentlich stürzen müßte. – Georg Hermann veröffentlicht *Henriette Jacoby*, die Fortsetzung von *Jettchen Gebert*, ich hatte das schon referiert, zwei Jahre zurück, Sie werden sich an den so wunderbaren Onkel Jason erinnern, zu dem Jettchen sich von ihrer Hochzeitstafel weg flüchtet. – Eduard von Keyserling, von dem wir als letztes die schöne und doch so unglückliche Liebesgeschichte der Mareile gelesen hatten (vor fünf Jahren, 1903), schreibt jetzt *Dumala*, ein etwas schwächeres Buch, in dem ein Pfarrer beinahe zum Mörder des Liebhabers einer Frau wird, deren Mann gelähmt daliegt: die Frau pflegt ihn, ein Page himmelt sie an, und der Pfarrer, der eigentlich ja dem Gelähmten zum Himmel verhelfen soll, verfällt der Frau. – Ein sehr schönes Buch schreibt Arthur Schnitzler, es heißt *Der Weg ins Freie*, und einer der Helden hier ist Georg, ein adliger junger Komponist, der die Melodien gern in der Natur hört, und deshalb natürlich nicht sehr viel schreibt; der hat einmal eine geliebt, eine andre verliebt sich immer wieder in ihn, er hat einen Freund, der auch eine liebt, aber die liebt noch einen andern, Georg liebt dann wirklich eine junge Frau, die ganz wunderschön besonders seine Liederchen singen kann, er macht ihr ein Kind, sie

fahren durch Europa, sie kriegt das Kind, aber das Kind
stirbt; Georg wird Kapellmeister in Detmold, die Frau
bleibt allein; der Freund sagt, das werde für sie am Ende
und im Lauf ihres Lebens dann viel schöner gewesen
sein, als er, Georg also, bliebe jetzt bei ihr und heirate
sie womöglich, und wahrscheinlich hat dieser Freund
absolut recht – Schnitzler hat einen wunderbaren freien
Blick, er gehört zu jenen weisen und seltenen Menschen,
die, wenn einer sich umgebracht hat, den Gedanken
fassen und sagen können, daß schließlich vielleicht, so
sehr sie ihn liebten, alle froh darüber sind. Schnitzler ist
groß in Dialogen, da spürt man, wie bei James oft und
bei Maugham, den erfahrenen Bühnenautor, und einmal
schreibt er einen Scherz, den ich Ihnen nicht vorenthalten
kann; da redet eine Frau Ehrenberg, die etwas Kupple-
risches an sich hat, in Gegenwart von Else, einer der
wunderbar aufgeweckten jungen Frauen dieses Buchs, zu
unserm Georg, dann fällt diese Else ein, das ist die Frau,
die ich genommen hätte an Georgs Stelle, aber wer bin
ich schon, nicht wahr? ein Leser nur, aber Leser kommen immer zu spät, und die ganze kleine Stelle geht so:
»»Daran hab ich jetzt gar nicht gedacht, daß Sie fortgehn‹,
sagte Frau Ehrenberg und schüttelte den Kopf. ›Und
Ihr Bruder ist nächstes Jahr in Athen, und Stanzides in
Ungarn... traurig eigentlich, wie die nettesten Menschen
in alle Windrichtungen auseinanderstieben.‹ ›Wenn ich
ein Mann wär‹, sagte Else, ›stöb ich auch.‹« – Hamsun
schreibt zwei kleine Romanstücke, *Benoni* und *Rosa*, die
auch ein bißchen zusammengehören; im ersten Buch
kriegt der Titelheld Rosa nicht, die nämlich einen studierten Jugendfreund heiratet; es kommt zwar zu einem
Bruch dieser Ehe, aber Benoni, inzwischen reich geworden, hat nichts davon. Im zweiten Buch, das aus einer
andern Perspektive erzählt ist, der eines Ich-Erzählers,
den die Geschichte so bannt (er verliebt sich in Rosa),
daß er im Ort bleibt, obwohl er eigentlich nur auf der

1908 Durchreise ist, in diesem zweiten Buch also heiratet Rosa jenen emporgekommenen Benoni nun, und ich will jetzt nur noch erwähnen, daß in den Ort zurück, Tochter des immer schon reichen Kompagnons Benonis, Witwe mittlerweile mit zwei Kindern, Edvarda kommt, sehnsüchtig immer noch ihres Thomas Glahn gedenkend – wissen Sie, wer der war? der war jener auf dem Berge, der sich eben ihretwegen, als sie damals allzusehr bloß mit ihm kokettierte und noch bevor sie einen andern nahm, in den Fuß schoß, in *Pan*, 1894, vierzehn Jahre sind das jetzt – schön, nicht? – Somerset Maugham veröffentlicht den *Magier*, Frucht eines längeren Pariser Aufenthalts; Teufelskult, Magie und alles Okkulte, erzählt Maugham sehr viel später in einem kleinen Vorwort, hätten damals in Paris noch von Huysmans' *Tief unten* her großen Anklang gefunden; sein Buch ist ein bißchen geheimnisvoll-wirr und ein wenig wohl auch mit der linken Hand geschrieben, und Freunde, die sich dort porträtiert fanden, haben eine Menge Plagiate ausgemacht aus Büchern, die sie ihm zum Thema geliehen hatten. Am Schluß des Buchs brennt (wie bei France einmal) das Haus des bösen Magiers, und »es sah aus wie ein urzeitlicher Ofen, in dem die Götter unerhörte Wunder vollbringen konnten«. Dann aber legt ein rettender Er seinen Arm um die Schulter der geretteten schönen Sie, und »im Osten stieg ein Lichtstrahl am Himmel auf, und die Sonne erschien gelb und rund über der Erde«. Er wisse nicht mehr, welchen Erfolg, wenn überhaupt einen, dieses Buch gehabt habe, schreibt Maugham (es hatte kaum einen), inzwischen aber hatte, durch einen Zufall mehr, eins seiner Stücke einen großen Erfolg, andre Theater brachten daraufhin andre Stücke, die sie vorher abgelehnt hatten, plötzlich liefen vier Stücke gleichzeitig in London, und ich, schreibt Maugham, »ich, der zehn Jahre lang durchschnittlich hundert Pfund verdient hatte, verdiente nun plötzlich mehrere hundert Pfund in der

Woche«.[17] Soviel zu diesem *Magier*. – Bennett (den  **1908**
Maugham gerade kennengelernt hatte) schreibt *Lebendig
begraben*, einen außerordentlich witzigen Roman, dessen
Grundidee wir von Pirandello, aus seinem *Mattia Pascal*,
kennen: ein Mann nimmt, als ihn alle für tot halten,
eine andre Identität an (eine weitere Variante dieser Idee
werden wir nachher kennenlernen, bei Wells, in dem
schon erwähnten Buch über Mr. Polly). Bei Bennett
jetzt schlüpft ein berühmter Maler, nachdem er seiner
Leichenfeier in Westminster Abbey beigewohnt hat (weinend und ehrlich trauernd), in die Rolle seines leicht
vulgären Butlers (dessen bigamistisches Treiben er dann
am eignen Leib zu spüren bekommt); er zieht in ein
Viertel der niederen, menschlicheren Klassen, verliebt
sich dort in eine wirklich liebenswerte Frau, mit der er
dann am Ende England verläßt: und als er wegfährt, mit
ihr, ahnt er, weiß er im Grunde, daß er nun erst die besseren, die wahren Bilder malen wird. Bennett, den wir
in seinen großen Romanen ganz anders kennenlernen
werden, scheint sich hier (fast wie Bang damals, als er,
während der Arbeit am *Grauen Haus*, die *Sommerfreuden*
schrieb) richtiggehend auszuruhen; alles was sonst als
Kritik an den Tag kommt bei ihm, ist hier ein federnder
schöner Scherz, ist elegant und leicht. – Und dann beginnt Ramón del Valle-Inclán seine Romantrilogie über
den *Karlistenkrieg*; diese innerspanischen Bürgerkriegs-
wirren sind uns schon öfter begegnet (etwa bei Unamuno), gleich im nächsten Jahr wird ein Roman Barojas
sie zur Folie des Geschehens haben. Valle-Inclán jetzt,
in einer so noch niemals gelesenen atmosphärischen
Dichte von Nacht und Kriegsgrauen, von Tod und Verrat

---

[17] »Ich galt«, schreibt Maugham drei Seiten vorher, »als vielver-
sprechender junger Schriftsteller und – ich glaube, das darf ich ohne
Eitelkeit sagen – wurde der Elite der Gebildeten zugerechnet, eine
ehrenvolle Stellung, die ich einige Jahre darauf, als ich zu einem beliebten Autor leichter Komödien wurde, einbüßte; ich habe sie auch
seither nie wieder erlangt.«

und Standhaftigkeit, macht aus der Geschichte eine fast unzusammenhängende, jedenfalls ganz zerrissene Folge von Szenen, die wie blitzerhellte Goyasche Wirklichkeitsfetzenbilder das zeigen, was früher einmal vielleicht ein Epos geworden wäre. Man möchte auch von halb gespenstischen Theaterszenen reden (der Autor war ein großer Dramatiker), oder von Filmbildern; man weiß nicht was das eigentlich alles ist; soll es also ein Roman sein, sagt man sich; das sind nun wahre Herz- und Seelenverheerungen, die, nach unsrer Modeste, der Autor hier mit uns treibt, mit dem Wahnsinn des Kriegs, und der sonderbaren Größe, die der Mensch haben kann im Wahnsinn der Welt. Manchmal denkt man sich, daß Jarry, wäre er wirklich ein großer Mann gewesen, so einer wie Valle-Inclán hätte geworden sein können; manchmal fragt man sich, ob Valle-Inclán nicht die sehr kühne Idee hatte, daß nur die Schönheit, die er jenem Wahnsinn abgewinnt, rechtfertigt, daß man diese Welt nicht lieber sich selbst überläßt. Das sind sonderbare Fragen, man weiß gar nicht wie man zu ihnen kommt, man kann gar nichts für sie, und der Autor ist auch unschuldig, sagt man sich.

Den Nobelpreis bekommt in diesem Jahr der 1846 geborene in Jena lehrende Philosophieprofessor Rudolf Christoph Eucken, der Bücher vorgelegt hatte über die *Einheit des Geisteslebens in Bewußtsein und Tat der Menschheit,* über die *Lebensanschauungen der großen Denker,* über den *Kampf um den geistigen Lebensinhalt,* über den *Wahrheitsgehalt der Religion.* – Den Prix Goncourt erhält der achtundzwanzigjährige Francis de Miomandre (eigentlich François Durand) für seinen Roman *Écrit sur de l'eau* (*Auf Wasser geschrieben* – das Buch ist nicht übersetzt worden); *auf Wasser geschrieben* steht auf dem Grab des Dichters Keats, bei Miomandre ist das aber ironisch aufgenommen, der Roman beschreibt das spielende Leben eines jungen Literaten, dessen Papa ein Phantast ist, den seine Muse (er hat sie sich selber gewählt) enttäuscht und

die Jugendgeliebte am Ende so wenig zum Mann will wie *1909*
ihr Vater ihn zum Schwiegersohn; aber er tröstet sich und
findet, daß er den Abschiedsbrief der Liebsten vielleicht
einmal in ein schönes Theaterstück einarbeiten kann.

◆

Geboren wird in der piemontesischen Provinz Cuneo,
Sohn eines Justizbeamten, Cesare Pavese, großer Über-
setzer von Melville, Joyce, Faulkner, großer Romancier
Turins.

1 ◆ 9 ◆ 0 ◆ 9

Grabschrift (140.141.142) für
*MEREDITH. JEWETT. LILIEN-
CRON.* In Boxhill in Surrey stirbt, einundachtzigjährig, taub und gelähmt, der
große George *MEREDITH.* »Und o! der reiche
Lohn«, sagt er einmal irgendwo in seiner wunderbaren
Diana vom Kreuzweg: »ein schwarzes Bogentor ging auf
zu den glitzernden Feldern der Freiheit.« – In South
Berwick in Maine, in ihrem Geburtsort, stirbt neun-
undfünfzigjährig jene Sarah Orne *JEWETT,* deren
herzbewegende Geschichten aus dem *Land der spitzen
Tannen* wir niemals vergessen werden. – Und bei Hamburg, auf dem Lande in Alt-Rahlstedt, wo er die letzten
Jahre mit einem Ehrengehalt Kaiser Wilhelms verbracht
hatte, stirbt, gerade fünfundsechzigjährig, Detlev von
LILIENCRON, der so schöne Ideen darüber hatte,
was man mit den Millionen eines Mäzens alles für die
Dichter tun könne.

◆

1909 Robert Walser schreibt seinen dritten Roman, *Jakob von Gunten*, worin der Held eine wunderbare Vision von seiner Lehrerin und dem Glück hat: »Kaum hatte sie ausgesprochen, so sanken wir von der erklommenen Höhe und Lustigkeit in etwas Müdes und Trauliches hinunter, es war ein kleines, mit raffiniertem Wohlbehagen ganz gefüttertes und erfülltes, köstlich nach Träumereien duftendes, reich mit allerhand lüsternen Szenen und Bildern tapeziertes Ruhe-Gemach. Es war ein geradezu gemächliches Gemach. Oft schon hatte ich von richtigen Gemächern geträumt. Hier befand ich mich nun in einem solchen. Musik rieselte an den bunten Wänden wie Anmutsschnee herunter... und obgleich mich ein unsagbar zartes Bangen beschlich, zögerte ich nicht, es mir in dem Lustgemach auf einem der Teppiche, die da vor mir lagen, bequem zu machen. Eine Zigarette von selten gutem Geschmack flog mir von oben herab in den unwillkürlich geöffneten Mund, und ich rauchte. Ein Roman schwirrte herbei, mir gerade in die Hände, und ich konnte ungestört darin lesen...« – leider sagt dann die Lehrerin, in einem Wortspiel, das sich ja schon angedeutet hat, jetzt, nachdem er in einem Gemach Ruhe genossen habe, komme das Ungemach über ihn herabgeregnet. – Friedrich Huch bringt jetzt, vom Kothurn herabgestiegen, einen für seine Verhältnisse sehr amüsanten Roman, *Pitt und Fox. Die Liebeswege der Brüder Sintrup*; jeder Satz hat hier einen kleinen humoristischen *touch*, aber darunter spürt man immer den Schriftsteller, der uns einmal auf sehr gutem Niveau unterhalten will, fast wie nachher gleich Thomas Mann. – Thomas Mann nämlich schreibt *Königliche Hoheit*, eine Sache, schreibt er an seinen Bruder Heinrich, »bei der das Erzählen in hohem Grade Selbstzweck ist«, und er arbeite regelmäßig und langweile sich tödlich; irgendwo schreibt er auch, das wirklich gräßlich Langweilige an seinem Schreiben hier sei das Ausfeilen, das Amüsantmachen, das Verwitzigen gewissermaßen (das also, was er, an einer früher zitierten Stelle, das Künstlerische, den Stil etc. genannt hatte). –  Heinrich Mann schreibt *Die kleine Stadt*, einen aufgeklärt-romantisch-schönen Traum vom Leben unter den Menschen: in die kleine Stadt Palestrina, wo Bruder Thomas ein paar Jahre vorher große Teile der *Buddenbrooks* geschrieben hatte, kommt eine Operntruppe und bringt, indem sie Spannungen freilegt, die sonst keine Bahnen gefunden oder sich andre hätten suchen müssen, so etwas wie Freiheit ins alte stehngebliebene Leben, Freiheit, oder doch ihren schönen Glanz, ihren süßen Atem – jeder kann fühlen, daß er lebt, und darf glauben, daß ers in der Hand hat, dem Leben nicht bloß zusehn zu müssen wie einem Stück, das für die andern geschrieben ist; auch in die Liebe kommt das Leben, selbst als die Liebende ihren Geliebten und dann, als sie merkt, daß das alles andre als bloß eine Oper ist, sich selber umbringt mit einem Dolch – da streift noch den verrückten Tod eine Ahnung vom Glück. Das ist ein glänzend aufgebautes Buch, und so schön auch deshalb, weil Heinrich Mann eine erstaunliche und lustvolle Unbedenklichkeit gegenüber der Sentimentalität hat: und wo er gut ist, wird er dann ein ganz hinreißender Romancier. – Alfred Kubin schreibt einen Roman, den er seinem Schwager Oscar A. H. Schmitz widmet[18], *Die andere Seite*; der Ich-Erzähler des kleinen Buchs wird weit weit weg, hinter Buchara und Samarkand, am Fuß des Tienschangebirges, in die Stadt Perle eingeladen, die das schattendunkle Reich eines

---

[18] Kubin habe, so die Legende seines Lebens, nach dem Schock, in den ihn der Tod seiner Braut Emmy Bayer versetzt habe, sich aus Depressionen und Selbstmordideen von der klugen und schönen Witwe Hedwig Gründler, einer Schwester eben des Dichters Oscar A. H. Schmitz, retten lassen, die dann 1904 seine Frau wurde. 1906 kaufte er das Anwesen Zwicklet bei Wernstein am Inn in Oberösterreich. – Den Dichter Schmitz hatten wir seinerzeit (1873) in Bad Homburg geboren werden sehn, wir kennen auch seinen autobiographischen *Lothar* schon.

einstigen Klassenkameraden von ihm ist[19]; seine Frau reist mit und stirbt dort (fast unbeklagt, nichts motiviert ihren Tod, ein düstrer Zug aus Kubins Seele), am Ende, in Kämpfen mit irgendeinem noch reicheren Amerikaner, halb einer Lichtgestalt, halb einfach einem Stärkeren, verfällt Perle, wilde Tiere herrschen überall, alles verwest, verfault – da ist Kubin dann in seinem Element; das Traumreich, als das Perle dem Reisenden einst angekündigt worden war, versinkt in Sümpfen, »eine graue Decke war über das Land gebreitet, am Horizont ragten klar im Mondlicht die Gletscher des Tienschangebirges«. Als alles vorbei ist, träumt der Erzähler noch den Kampf des Amerikaners mit Patera und den Tod Pateras, dann träumt er den toten Patera: »Das wuchtige Haupt fast zierlich, hell umflossen von der bleichen Mähne: marmorn, kalt, gleich einem Götterbildnis der antiken Welt. Der Körper war von einer unbeschreiblichen Schönheit. Ich schaute eine Anmut und Reinheit der Formen, daß ich nicht begriff, wie so etwas auf unsre Erde kommen konnte« – wieder etwas zum Stutzen, aber es stutzt sich umsonst. – René Schickele nun; er hatte in Straßburg, München, Paris und Berlin studiert, 1902 hatte er mit Flake und Stadler die Zeitschrift *Der Stürmer* herausgegeben; 1904/05 gab er für Jakob Hegner (das war der Übersetzer und Verleger dann des kleinen *Röslein*-Romans von Jammes), und sein eignes Geld steckte er mit hinein, das alte *Magazin für Literatur und Kunst* neu heraus, unter dem Titel *Das Neue Magazin für Literatur* (leider erschoß sich dann der Hauptfinanzier, und alle gingen bankrott), Schickele etablierte sich auf dem freien Schreibermarkt, und freundete sich, und es wurde eine

---

[19] niemand kommt je an diesen Patera heran, der hinter riesigen Aktenbergen residiert – kein Interpret versäumt hier, auch eingedenk des landvermessenden Vaters Kubins, eines k. und k. Geometers, an Kafka zu erinnern; tatsächlich stutzt man auch: und das Stutzen ist es ja, das, wie das Staunen nach Aristoteles den Philosophen, aus einem Leser einen Interpreten macht.

schöne Freundschaft, mit Heinrich Mann an; 1907 und
1908 machte er, er schrieb für einige Zeitungen darüber, Reisen nach Italien, und in dieser Zeit entsteht
nun sein erster Roman, *Der Fremde*, die Geschichte eines
jungen Mannes, und sie beginnt ungefähr dort, wo Musil
seinen Törleß hatte stehn lassen: »Er sah seine Mutter
an; sie war schön. Er sagte es ihr. Und wie er mit gewand-
ten und starken Bewegungen an der Seite der schlanken Frau ging, wie er ihren schnellen Tritt, das gleiche
Spiel ihrer biegsamen Körper, die ganze schöne Tracht
ihres gemeinsamen Blutes und ihrer Leiber empfand,
da schauerte er, so heftig erfaßte ihn das Glück der
eigenen Schönheit, die das verjüngte Bild der Mutter
war. Auf der Brücke über dem Kanal blieb sie stehn und
beugte sich über das Geländer... Paul legte den Arm
um Frau Yvonnes Hüften und schmiegte sich an sie. Die
Linden und Kastanien ballten im Wasser ihre Schatten
zusammen, durchdrangen einander im tiefblauen Himmel, und ihre Äste zitterten, wenn der Mond sie berührte.
Sie blühten in seinem Gold auf und zitterten und fielen
wieder in Schlaf. Der Himmel im Wasser war weit und
tief; aber auf einem unwirklichen Grund blühte lebendig und bewegte sich das Beet der Sterne... So lehnten
sie beide...« – solche Prosa hat Züge, die leicht abglei-
ten könnten in allzu große Gewolltheit, in allzu kostbare
Schönheit, aber Schickele ist dann sehr weltzugewandt,
wunderschön irdisch, und man kann es beinahe so ausdrücken, daß sich, zum Glück für ihn und uns, die Kunst
allmählich aus seiner Prosa verliert (bei Flake tut sie das
erst viel später, bei einem Manne wie Huch nie). Am
Schluß dieses Buchs, in Italien, nach manchen Lieben,
stirbt eine Freundin, und die Jugend des Helden, sein
Exil, ist abgeschlossen. – Hamsun bringt *Gedämpftes
Saitenspiel* heraus, den zweiten Teil der 1906 angefangnen *Wanderer*-Trilogie. – Von Ramuz erscheint *Jean-Luc
der Verfolgte*, die Geschichte eines bärenstarken Dorf-

schreiners, dessen Frau einen Liebhaber hat, der schließlich trinkt, die Frau umbringt und dann zugrunde geht –
eine dieser wuchtig-bäuerlichen Sachen. – Baroja, dessen
wilden *Majoratsherrn* (am Ende mit dem Blinden und der
Wirtstochter) wir mit wahrer Lust gelesen haben, schreibt
zwei Bücher in diesem Jahr, *Zalacain der Abenteurer*, und
London, die Stadt des Nebels. Das erste Buch schildert
das abenteuerlich verspielte Leben eines jungen Mannes[20]
in den Wirren der Karlistenkriege; am Schluß, als alles
überstanden scheint, bringt ihn ein rachsüchtiger kleiner
Dummkopf aus seiner Vergangenheit um, seine schöne
junge Frau trauert um ihn, und vom Friedhof aus, heißt
es, »vom Friedhof aus überblickt man ein weites Tal,
eine anmutige Hirtenlandschaft…«. Im Londonbuch, der
Stadt im Nebel, schildert zunächst im Ich-Stil eine junge
Erzählerin ihre und ihres Vaters Ankunft in London, dann
ihrer beider Leben dort; der Vater hat politischer Gründe
wegen Madrid verlassen müssen, er hat etwas Geld mitgebracht, aber das geht langsam aus, und er scheint sich
nicht die mindeste Mühe zu geben, irgendwie auf anständige Weise an weiteres Geld für sie beide zu kommen;
das junge Mädchen schildert die andern Gäste in ihrer
Absteige, eine alte Dame, heißt es, habe ihre ganze aristo-
kratische Philosophie den Romanen d'Annunzios entnommen[21]; schließlich heiratet er eine reiche ältere Frau
und zieht mit ihr weg, ich glaube nach Südamerika. An
diesem Punkt ändert Baroja, in einer hübschen Note an
den Leser, die Perspektive; er erzählt selber weiter, wie

---

[20] den Knaben zieht ein weiser Mann groß, ein halber Strolch,
der ihm eines Tages jenen Rat mitgibt, den ich beherzige, wenn ich
jemandem begegne, der Theorien über den Roman hat; er sagt: »Und
wenn du den alten Tellagorri triffst, dann sprich ihn nicht an, und
wenn er dich etwas fragt, antwortest du immer mit nein.«
[21] wie der Papa sagt: »Dieser mit der giftigsten aller Süßigkeiten
versetzte Wein, den der göttliche Italiener in seinem Palast aus be-
malter Pappe und Papier einem vorsetzt, ist ihr in den Kopf gestiegen
und hat die arme Närrin völlig verrückt gemacht…«

die junge Dame nun Arbeit sucht und findet, wie sie an Freunde kommt unter den andern Emigranten, eine junge Künstlerin spielt da eine große Rolle, es sind aber auch reichlich undurchsichtige Figuren dabei, kleine unauffällige Männer, die mit Bomben in Packpapier durch die nebligen Straßen gehn – eben ganz wie vorhin Conrads verlorener Geheimagent und sein Schwager –, reiche Händler, aber natürlich gibt es dann auch den Mann, ihren Vetter, der ihr gefällt; einmal, gegen Ende, unterredet sie sich mit einem Freund, und es heißt, »und sie sprachen von den Morgenstimmungen in Madrid, von dem reinen und klaren Himmel, dem durchsichtigen, wohltuenden Licht, in dem sich die Gegenstände fast ohne Perspektive abzeichneten, und von den abschüssigen, gewundenen und phantastischen Straßen, in denen man die heiteren Töne der Drehorgel hörte« – »ich ginge gern hin«, habe Maria, heißt es dabei, des öfteren gesagt; dann reist sie ab, in ihren Süden, durch Paris, jenes Paris, aus dem, vielleicht erinnern Sie sich, acht oder neun Jahre vorher der Held in Eça de Queirós' letztem Roman, *Stadt und Gebirg*, aufgebrochen war auch nach Spanien. Einmal, als seine Heldin in einem Büro arbeitet, gibt es in dem Buch eine kleine Ansprache des Autors an die Stenotypistinnen: »Oh, du bewunderungswürdiges Tippfräulein mit dem blonden Nacken und den weißen Manschetten. Wir möchten dich befreit wissen von dem Geklapper deiner Maschine… Du verdienst sicherlich nicht den langweiligen Troubadour, der dich mit dem Mond vergleicht… O Weib, o angebetete Sirene…« – gern denkt man an Proust und seine spätere Ode an die Telephonistinnen. – Dabei kommt uns wieder die Serao in den Sinn, die wir einmal in einem Telegraphenbüro haben arbeiten sehn; sie hat einen neuen Roman, *Es lebe das Leben*, der im Engadin spielt, in St. Moritz, und schon eingangs die Landschaft mit einer so grausigen gefühlvollen Übertriebenheit schildert, daß man sogleich das Buch weglegen möchte; und immer mehr sieht man dann, daß man sehr gut daran getan hätte. – Dann der eben vorgekommene d'Annunzio, mit *Vielleicht – vielleicht auch nicht*, einem Buch, das nicht rasch abzutun ist wie damals die Verrücktheit aus Venedig mit Wagner und der Duse, und dem man nicht beikommen kann wie Marias Papa im nebligen London eben. Zwar ist die Figurenkonstellation ein bißchen sehr düsterprächtig und dekadent und grausamwild, mit einem wundervollen Mann zwischen zwei Frauen, zwei Schwestern obendrein, eine wird verrückt, und einem Freund, der abstürzt mit einem Flugzeug: und wie er dann beim Abgestürzten Totenwache hält (vor ihm und vor der Art, wie er sie hält, verkümmert uns ganz der arme Tote), und jene Schwester kommt, die dem jetzt Toten noch eine Rose mit auf die große Reise gegeben hatte, und er hat sie noch in der Hand – das ist alles ein bißchen heikel, und braucht zum Ertragen ein bißchen von jenem Humor, den d'Annunzio sich vermutlich mit Säbel und Pistole verbeten haben würde. Auf der andern Seite gibt es wirklich große Gefühle (»sie nahmen sich bei der Hand, … als träten sie in das Haus ihrer verschlungenen Seelen und ihrer verwachsenen Schatten« – doch, das ist gut), es gibt großartige Autofahrten (»ihre Worte glichen rasenden Funken, die nicht dem atemlosen Mund, sondern der Tiefe der kämpfenden Herzen selbst zu entfahren schienen. Der Luftzug riß sie mit sich und mengte sie in den ungeheuern Staubwirbel, der in der brausenden Spur des Wagens aufstieg«[22]), vor allem gibt es dann das Fliegen[23], und

---

[22] Belyi dagegen: »Plötzlich wirbelte eine Staubwolke über die Landstraße nach Lichow, und aus der Staubwolke drang ein jämmerliches, herzzerreißendes Stöhnen. Mit unglaublicher Geschwindigkeit näherte sich die Staubwolke unserem Dorf. Vor ihr her jagte ein rotes Ungeheuer; wie ein roter Teufel sauste sie aufs Dorf zu« – das ist die Bauernperspektive nach der des leidenschaftlichen Herrenfahrers.

[23] nur beiläufig diese Stelle: »Er hatte nie so wie diesmal die Zusammengehörigkeit zwischen der Maschine und seinem Körper

wenn man auch sagen möchte, es sei vielleicht schlechte 1909
Poesie, so ist es irgendwie mindestens (wär ich ein Mann
doch wenigstens nur, ein Stück nur von einem Soldaten!) doch Poesie und groß, wenn er im *Reiher* (ein
Flugzeug jetzt, kein Buch) Pisa überfliegt: »Der Reiher
kreiste im geheiligten Himmel über der Wiese der Wunder, überflog das fünffache Schiff des Doms, das durch-
brochene Kunstwerk des Schiefen Turms, die Tiara des

---

gefühlt, zwischen seinem geübten Willen und dieser bezähmten Kraft,
zwischen seinen instinktiven Bewegungen und den Bewegungen des
Mechanismus. Von den Flügeln der Schrauben bis zur Flosse des
Steuers fühlte er dies ganze schwebende Gebilde wie eine organische
Verlängerung und Bereicherung seines eignen Wesens. Wenn er sich
über die Steuerung beugte... wenn er sich mit dem Körper gegen
das Innere der Kurve neigte... hatte er die Empfindung, mit seinen
beiden weißen trapezförmigen Schwingen durch lebendiges Gewebe
verwachsen zu sein...« – und nun, über zwanzig Jahre später, eine
Stelle aus Saint-Exupérys *Nachtflug*: »Er beugte sich zum Schaltbrett.
Das Radium der Zeiger begann zu leuchten. Eine nach der andern
prüfte der Pilot die Ziffern und war zufrieden. Man saß ganz solide
hier in diesem Himmelsraum. Er tippte mit dem Finger an einen
Stahlspanten und fühlte das Leben durch das Metall rieseln: dieser
Stahl vibrierte nicht, er lebte. Die fünfhundert Pferdestärken des
Motors weckten in der Materie einen ganz sanften Strom, der ihre
Eishärte in samtweiches Fleisch verwandelte. So war es immer. Weder
Schwindel noch Rausch empfand man im Flug, sondern nur das
geheimnisvolle Arbeiten eines lebendigen Organismus...«; ich sehe
natürlich schon, daß d'Annunzio jenen sieghaft-großen Ton hat, den
genau Saint-Exupéry um jeden Preis vermeiden will, aber ich finde
dieses Vermeiden viel forcierter und sentimentaler als ich d'Annunzios
ununterdrückte Lust verkehrt finden kann: Saint-Exupéry kommt
mir vor wie einer, der aus Ethos schwindelt. Übrigens, wenn sie
beide poetisch werden, dann klingt Saint-Exupérys Poesie immer ein
bißchen wie von Gott erlaubt: »Indessen stieg die Nacht herauf wie
dunkler Rauch und füllte schon die Täler... Dafür blitzten jetzt die
Dörfer auf, Sternbilder, die einander antworteten. Und auch er ließ
mit dem Finger seine Positionslichter blinken zur Antwort. Die ganze
Erde war übersponnen von Lichtgrüßen, jedes Haus zündete seinen
Stern an vor der unendlichen Nacht, so wie man das Feuer eines
Leuchtturms gegen das Meer wendet. Alles, was Menschenleben
barg, glitzerte...« – da fehlt nun wirklich bloß noch der Kleine Prinz;
wenn d'Annunzio poetisch wird, kann einem schon manchmal angst
werden, aber sonderbar: er wirkt ehrlicher, mutiger, rücksichtsloser,
sogar genauer.

1909 Baptisteriums. Je mehr das paradiesische Leuchten des Abends sich in bläuliche Asche wandelte, desto mehr sog sich der Marmor voll mit mystischem Licht, und so lange bewahrte er es in seiner hellen Masse, daß es war, als schienen aus dem Innern die Lichter der Altäre durch alabasterne Quadern... Sie flogen vorüber: der einsame Rasenplatz zwischen der ghibellinischen Mauer und dem Tor, braun wie geronnenes Blut, blieb hinter ihnen, das Leuchten des heiligen Marmors, die Dächer der Stadt, um die schon das Dunkel schlich, der Fluß, blaß zwischen zwei goldig funkelnden Linien, der Kanal, voll vom schwarzen Schlaf der Kähne.« Und sogar steigt dann bei Pisa, als sie wieder unten sind, der Vollmond auf bei untergehender Sonne wie bei mir damals bei Clermont-Ferrand, ich sehe, wie d'Annunzio dramatisiert, aber ich begreife, was er sieht, wenn er schreibt: »Der fühllose Mond stieg strahlenlos wie eine große Wasserblume aus dem trüben Dunst der Pisaner Berge, während ihm gegenüber, nicht größer als er, auf dem äußersten Rand des Tyrrhenischen Meers die Scheibe der Sonne in so wildem Feuer glühte, daß sie sofort zu Asche verbrannte.« – Andrej Belyi schreibt *Die silberne Taube,* aus der ich eben schon zitiert habe, einen düsteren, mit lauter jeder Vernunft abholden Figuren bevölkerten Roman, worin ebenso schmutzige wie innerlich erleuchtete und demütige und fanatische christliche Sektierer am Ende den fast einzigen vernünftigen Menschen grauenhaft umbringen, nachdem sie ihn, unter Umgehung auch seiner Vernunft, mit einer Frau gepaart haben, deren Abscheulichkeit (und da ist Belyi nun groß) blitzartig zugedeckt wird von einer gleißenden sinnlichen Gier – auf dieser Ebene entdeckt Belyi ganze Welten, die fast allen Romanciers bis dahin (Dostojewski ist eine Ausnahme) einfach entgangen zu sein scheinen; in diesem Zusammenhang ist die Perspektive erstaunlich, aus der er etwa das einem Verzückten entströmende Licht beschrei-

ben kann, als wäre es zu sehn, heimlich hat er dann gewissermaßen die Fronten gewechselt, oder doch nicht heimlich: er muß das tun, um zu zeigen, was der Verzückte sieht, und nun tut ers, und es geht. Mit diesen selben das Unsichtbare aufspürenden Augen sieht er den Abend: »In hellem Licht und aufrecht wie ein Recke in glänzender Rüstung schimmerte und funkelte das alte Haus auf dem Hügel über einem wogenden Meer von grünem Laub. Wie ein Schiff die hohen Masten reckte es die vom Abendschein geröteten Säulen, und über ihnen blähte sich die versilberte Kuppel wie ein Segel. Auf dem grünen Meer der Eichenkronen schwamm das Haus fort...«, und dann kommt dem Autor wunderlich in sein großes wahrhaft seherisches Auge Marc Chagall (der jetzt eben, zweiundzwanzigjährig, aus Witebsk und St. Petersburg aufbrach nach Paris), und er schließt den Satz, »... schwamm das Haus fort, weit fort von Peter, zum Horizont; und auf diesem Schiff schwamm Prinzessin Katja von seinem Leben fort.« Als Peter dann erschlagen ist, war »der Morgen kühl; die Bäume flüsterten leise« – so endet das Buch. – Und dann bringt Gide noch die *Enge Pforte* ans Licht, das ist die Geschichte einer Liebe, die daran scheitert, daß das Mädchen lieber in den Himmel will als in die Arme dessen, der sie begehrt: die Pointe dieser Geschichte ist aber, daß dieses Mädchen im Grunde auch begehrt, nämlich den jungen Mann, und sogar mehr als den küsselosen (als den schwanzlosen, wenn ich im richtig verstandenen Bild des Romantitels bleiben sollte) Himmel, und daß der Himmel mehr oder weniger nur ein Vorwand war: hätte der junge Mann sie ein einziges Mal nicht ernst genommen mit ihrer Himmelslust, dann hätten sie beide sehr glücklich werden können: nun aber stirbt das Mädchen still und fromm dahin. So ganz überzeugend ist dieser kleine Roman nicht mehr, wir Leser von heute durchschauen die Sache rascher als der dumme junge Mann, und eben-

 falls interessiert uns nur noch wenig, was damals skandalös war: daß nämlich einer behauptete (oder gelesen werden konnte, als behauptete er das), die puritanische Moral sei im Grund nur eine besonders tückische Art unterdrückter Sexualität – aber man sieht doch, wir haben das beim *Immoralisten* ja schon entdeckt, welch brisanter Themen sich der junge Gide annahm. Übrigens ist dies Buch eins der ersten, die Gide auf normalem Wege publizierte: die Sachen davor hatte er alle als Privatdrucke unter die Freunde gebracht.

Den Nobelpreis gewinnt in diesem Jahre die einundfünfzigjährige Selma Lagerlöf (die den Wölfen die Romane der Staël in die Rachen werfen ließ). – Den Prix Goncourt kriegen Arius und Ary Leblond für ihr Buch *En France*, ich weiß nichts über die beiden und über ihr Buch, und auch Véronique Anglard in ihrem Büchlein über den Prix Goncourt (1993) übergeht sie mit Schweigen.

◆

Geboren wird in diesem Jahr keiner mehr für uns.

1 ◆ 9 ◆ 1 ◆ 0

Grabschrift (143.144.145.146.147.148.149) für BIERBAUM. TWAIN. BJØRN- SON. RENARD. MIKSZÁTH. RAABE. TOLSTOI. Ein halber Friedhof, ich nehme sie alle in der Reihenfolge ihres Weggangs (das sei bloß ein Sprachspiel, sagt Wittgenstein: als ob sie nun, weggegangen, irgendwo noch sein müßten; er hat recht; andrerseits sind sie hier, bei uns; also): vierundfünfzigjährig stirbt in Kötzschenbroda bei Dresden Otto

Julius *B I E R B A U M ,* dessen *Stilpe* sonderbar war, und der einen hübschen Bericht geschrieben hat über  eine *Empfindsame Reise im Automobil,* 1903. – Vierund- siebzigjährig stirbt in Redding in Connecticut, trotz seines großen Ruhms einsam geworden, weil alle tot waren, die er geliebt hatte, Mark *T W A I N ;* erst Setzer, Drucker, dann Lotse auf dem für immer nun beschworenen Mis- sissippi, Reporter, Silbersucher; berühmt durch erste Bücher, heiratete er sehr reich, führte das Leben eines reichen Mannes; geriet dann aber durch schlechte In- vestitionen (ausgerechnet in Setzmaschinen) in Konkurs, und trug nun die Schulden ab mit den Honoraren für große Vortragsreisen; reich hatte er in Hartford gelebt, der Hauptstadt; Redding, ein Kaff, liegt fünfzig Meilen weg irgendwo südwestlich. – In Paris, siebenundsiebzig- jährig, stirbt Bjørnstjerne *B J Ø R N S O N ,* der 1903 den Nobelpreis gewonnen hatte. – Sechsundvierzigjährig stirbt in Paris Jules *R E N A R D ,* dessen so beschwing- ten *Schmarotzer* und dessen so bewegenden *Karottenkopf* oder *Muttersohn* wir nicht vergessen werden, soviel wir auch lesen. – In Budapest (fast alle, denn fast alle be- deuteten etwas, sterben in berühmteren Städten als in denen sie auf die Welt gekommen sind: hier war es Szklabonya), in Budapest, dreiundsechzigjährig, stirbt Kálmán *M I K S Z Á T H ,* gerade nachdem er den gro- ßen Preis der Ungarischen Akademie der Wissenschaften bekommen hatte. – In Braunschweig, neunundsiebzig- jährig, stirbt Wilhelm *R A A B E ,* einer unsrer Liebsten, einer unsrer Besten, wir wollen ihm, wie die Woolf der Eliot, »Rosen und Lorbeer, soviel davon zu schenken nur immer in unsrer Macht steht, aufs Grab legen«. – Und zweiundachtzigjährig, ein furchterweckender Greis, stirbt in Astopowo (hier ist es nicht so mit den Städten) Leo *T O L S T O I ,* so fromm, daß ihn die orthodoxe Kirche exkommunizieren mußte, seine Familie hatte er heimlich selber verlassen; wir haben die *Kosaken* als

1910 einen der schönsten Romane der Welt, als einen ganz unbegreiflich schönen Roman gelesen, dann *Krieg und Frieden*, dann *Anna Karenina*; als er zu denken und zu predigen anfing, haben wir aufgehört ihn zu lesen, er hat unsre Seelen reicher gemacht, das ist genug für ihr Heil; Gott wird ihn schon beruhigt haben.

Mikszáths letztes Buch erscheint, *Die schwarze Stadt,* wieder eine Geschichte aus der Historie des Landes. – Von Georg Hermann kommt ein Gegenwartsroman, *Kubinke*; dieser Kubinke ist ein Friseur, ein junger Mann, der das Pech hat, nach Geld auszusehn, und als er endlich ein Mädchen gefunden hat, das ihn nehmen würde, kommen, nach leichtsinnigen Frühlingsliebesstunden, zwei andre, und verklagen ihn auf zweimal Alimente, und er wird verurteilt; das Mädchen würde ihn immer noch nehmen, unter den kleinen Leuten, sagt Hermann, diskreditiert das Alimentezahlen nicht moralisch, aber er läuft davon und erhängt sich. Hermann ist von großer Direktheit, wenn er diese Frühlings-, diese Sommersehnsüchte nach Lust, nach Liebe beschwört; wie unter den nicht auf Bauern fixierten Romanciers sonst nur Philippe stellt Hermann diese sinnliche Sehnsucht (wir haben das schon in seinem ersten Buch ein bißchen sehn können) als den berechtigtsten aller Lebensausdrücke der unteren Schichten dar – jener Schichten also, und da ist er mit dem Anwalt dieser kleinen Leute, mit Philippe, ganz *d'accord*, die keine große Möglichkeit zu jener Sublimation haben, denen die wohlhabenden, die feineren Schichten (die Philippe kaum hat, die aber Hermann in den Jettchenbüchern sehr schön darstellt) das verdanken, was sie jene Seele nennen, und die, wenn sie spüren, was alle im Frühjahr spüren, mehr wollen, und über das ganze Jahr, als das was alle wollen können. Schön an beiden Autoren ist die

unberedete Selbstverständlichkeit dieses Rechts der sublimationsunfähigen Menschen (Schichten also, wenn das politisch korrekt wäre) auf die Befriedigung ihrer Triebe, und diese Selbstverständlichkeit (ganz anders als etwa bei dem Moralisten Zola) drückt sich so aus, daß der unsublimierte Trieb, wiewohl unbeschönigt, doch so geschildert wird, daß wir sublimationsgewohnten Leser in ihm unser Innerstes wiedererkennen, oder wiedererkennen könnten, wir müssen uns nur dazu befreien: lesend, uns selbst ein wenig erkennend. Jene Näherin, die sich dem reichgewordnen Croquignole hingibt, diese Dienstmädchen, denen Kubinke nicht, und die Kubinke nicht widerstehn können in diesen frühen Nächten, tun alle das, und tun es mit Recht, worin sie das Glück der Stunde sehn; und wenn man sagen wollte, sie sehn eben nur das Glück der Stunde, so würde man doch nur verkennen, daß unser Glück, auf welchem *level* immer, auch das der Stunde ist, oder wir haben keins (man denke an Horaz, an sein *carpe diem:* pflücke die Stunde, hat die Droste das übersetzt). Einmal ist da eine große Stelle, an welcher Kubinke und seine nichtgeschwängerte Liebe wie hinauskommen über sich; Hermann scheint oft (zu oft mitunter) sehr behäbig beinahe zu schreiben (ich möchte sagen: allzu gutzkowisch, allzu raabisch, allzu fontanisch), in so großem *understatement,* daß man fast gar nichts Geschriebnes mehr zu lesen meint; plötzlich aber, unversehens – aber das ist dann die genaue Zeit, unsere Zeit – verdichtet sich alles, und es stellt sich eine überwältigende Gegenwärtigkeit ein; einmal also ist da eine solche Stelle: »Und mählich ging die Sonne drüben hinter den Bäumen nieder und verriet die Stelle, da sie gesunken, nur noch durch ein weißes Strahlen, das in langen Streifen zum Zenit emporflammte; von Osten aber rückte schon die Dämmerung herauf, legte sich wie Rauch und Nebel auf die Fernen, auf das Wasser, um die rötlichen, tanzenden Segel, die immer kleiner und kleiner

 da ganz hinten auf und nieder schwebten. Und das lichtblaue Wasser wurde, so weit der Blick reichte, nun mattgrün und zimtbraun und kirschrot in langen, blanken Streifen; es änderte sich von Minute zu Minute mit dem leuchtenden Abendhimmel. Und während unten um die braunen Föhrenstämme schon die Nacht emporstieg und langsam zu den dunklen Kronen emporkletterte, begannen nun plötzlich wie durch ein Wunder ganz oben die Kanten und Spitzen der Kiefern, die armdicken, gewundenen, kurzen Äste, die die Fächer der Nadeln trugen, rot aufzuglühen; wild, zornig, schwermütig und unheimlich, als glühten sie selbst, als strahlte eine riesige Schmiedeesse ihre irre Glut über sie hin. Je tiefer und melancholischer dies Glühen aber wurde, desto näher rückte unten die Nacht zusammen, umkreiste die beiden, die da an dem Föhrenstamm saßen – wie ein Raubtier, das im jagenden Lauf seine Zirkel immer enger und enger zieht... Und da – unter dem Druck der schönen Schwermut, die das sinkende Licht über Wasser und Land breitete – vollzog sich etwas Seltsames und Ungeahntes: Emil Kubinke...« etc. etc. – wie da, eben, nach den ersten drei Pünktchen, die Wucht der Minute wieder zurückgenommen wird in die wenngleich noch drückende Schönheit der Stunde: das ist ein großer Moment in diesem Roman, der sonst so einfach dahingeht. – Ramuz bringt ein bemerkenswertes autobiographisches Buch heraus, *Aimé Pache, ein Waadtländer Maler*; erzählt wird die Geschichte eines Jungen und dann jungen Mannes, der, gegen viele Widerstände, erst von einem Dorflehrer unterrichtet wird im Zeichnen und Malen, dann nach Paris geht und wirklich zu malen anfängt, auch wenn ihm noch lange nicht das gelingt was er will. Ganz gegen alle sonstige Empfindsamkeit für das natürliche Treiben und das menschliche Eingebettetsein darin gibt es jetzt kräftige Töne anderen Denkens; einmal, als sich seiner Pläne wegen der Junge mit dem Vater ent-

zweit hat und wie sonst draußen herumgeht, heißt es mit einem Male: »Aber wie sehr war er nun plötzlich entzweit mit diesem Himmel, wie entzweit mit allen diesen Dingen! Hart wie Eisen der Himmel über ihm und hart die Bäume, wie in Stein gehauen; und welche Empfindungslosigkeit! Kein Blatt bewegt sich, nirgends Hilfe, der Vogel schweigt. Plötzlich sah er die Welt und wie sie gemacht ist, nicht für uns, sondern gegen uns...« – so aufrührerisch gut war Ramuz bis dahin nicht gewesen. Sehr merkwürdig ist dann, daß der junge Maler, als die Eltern tot sind und der Besitz aufgeteilt werden muß (und er selber hatte sich ganz hart dagegen ausgesprochen, daß das Land, wie die Geschwister wollten, verkauft würde), aus Paris zurückkehrt in sein Heimatdorf (merkwürdig eben, weil das ganz genauso klingt – nur ist es zwei drei Klassen besser – wie bei Hesse Peter Camenzinds Heimkehr nach Nemikon) und den Hof übernimmt; der Unterschied freilich zu Hesses Helden ist, daß Pache offenbar bleiben kann, weil er nun weiß, was er malen soll, während Camenzind als Gastwirt seine dichterische Berufung doch sehr in der Schwebe läßt. – Kellermann aus Fürth ist wieder da, nach der Herzküsserin Ingeborg, und schreibt *Das Meer*, ein ausgesprochen starkes Buch (mit einem Schlag scheinen sie alle aufzuwachen), hier ist der mitreißende Anfang: »Wir hatten alles, was das Herz begehrt. Wir hatten Frauen die Fülle, wir hatten zu trinken, wir hatten Stürme, die mit achtzig Seemeilen Geschwindigkeit dahinfegten. Wir brauchten nichts, merci, hebe dich hinweg...« – das liest sich, daß man weiterlesen will; und am Ende des Buchs sitzt der Ich-Erzähler auf einem großen Dampfschiff, lauscht den Vibrationen der Maschine, den *vibrations*, wie wir das nennen würden, und sagt: »Das war Europas Herz, Europas, woher ich kam!«[24] – H. G. Wells schreibt *Mr. Polly steigt aus*,

---

[24] es gibt Sätze, später, sehr viel später dann auch bei einem Manne wie Ernst Schnabel wieder, die in einem gelassenen Leser durchaus

das ist die schon erwähnte sehr schöne Geschichte von dem kleinen Textilhändler, der, nachdem er mit Rasiermesser und Benzin einen Selbstmord hat vortäuschen wollen, mit dem Erfolg, daß der halbe Ort in Flammen aufgeht und er noch als Held gefeiert wird, weil er eine eklige alte Frau gerettet hat, nun gleichwohl, mutig geworden, das schlechtgehende Geschäft und seine blöde Frau verläßt und am Ufer der Themse eine angenehm fette Frau mit einem Wirtshaus entdeckt; die wird dort bedrängt von einem Burschen, mit dem er sich nun anlegen muß, und er erledigt ihn, selber halbtot; nun lebt er aber schön dahin, jahrelang, ein glücklicher Mensch; als er eines Tages doch, irgendwie mit einem verborgnen schlechten Gewissen, einmal zurückgeht zu seinen Leuten, geht es der Frau viel besser denn je, man hatte eine angeschwemmte Leiche, sicher die des erledigten Bösen, für die seine genommen, und die Frau ist lediglich tief entsetzt, ihn wiederzusehn: und so kehrt er zurück in sein ruhiges Wirtshaus. Das ist witzig, geistvoll, amüsant; nicht so tiefsinnig wie Pirandellos *Mattia Pascal*, nicht so brillant wie Bennetts *Lebendig begraben*, aber sozusagen das hübsche Musical danach. – Die hinreißende Colette schreibt den ersten Roman, in dem sie jenen Ton findet, der uns dann immer wieder dazu bringt, ihre Bücher, viele zum Glück, zu lesen: *La Vagabonde* (man läßt das Wort am besten unübersetzt). Eine sehr gute Varietékünstlerin verläßt ihre unbefriedigende Ehe und geht auf die Bühne zurück: sie lebt wieder auf; aber die Freiheit hat die andre Seite, daß es nicht die schöne Ruhe einer glücklichen Liebe gibt; sie verliebt sich dann, sie ist glück-

---

das Gefühl wachrufen können (das seit Rousseau schlafende Gefühl), daß der Ingenieur und daß die Maschine es sind, die den Menschen zieren, egal, wohin das führen mag (wir haben das ja auch bei d'Annunzio gesehn, romantisch verkleidet, verduset gewissermaßen, aber wir dürfen uns das Lesenkönnen ja nicht nehmen lassen; und es führt ja auch zu gar nichts, Gesellschaft zu fürchten, nur weil man dann mit ihr im selben Glashause sitzt).

lich: aber die Liebe hat die andre Seite, daß sie wieder,
wie die Ehe, die Freiheit bedroht; und so bricht sie die
Liebe ab. Die Erzählerin ist diese Künstlerin selber; die
Colette, die zweifellos ein Stück eignes Leben beschreibt,
kann ganz aufgehn in die Rolle ihrer Protagonistin, und
genau dieses artistisch unmerklich kontrollierte Sichhin-
geben an die Sensualität dessen, der sich öffnen möchte
und doch etwas eignes bleiben, macht ihre sehr swingende
und dem intimen Sprechen und Empfinden sich so unnachahmlich – wenn auch vielleicht nur dem Scheine
nach – nähernde Prosa so reizvoll und spannend, und
ihre Bücher durchlässig für den Reiz der Zärtlichkeit
und Freiheit. – Nun kommt endlich Arnold Bennett,
den wir ja schon ganz gut kennen, mit *Clayhanger*, dem
großen Roman aus den *potteries*, der Industriegegend,
in der Töpferwaren hergestellt werden. Ungeheuer eindrucksvoll sind Bennetts Industrielandschaftsschilderun-
gen (Sie erinnern sich vielleicht, ich hatte auf Parallelen
zu Dickens und zu Pérez Galdós hingewiesen – in seiner
Marianela –, inzwischen kennen wir auch die Bilder,
die Blasco Ibáñez von den nordspanischen Industrien
gegeben hat), und ganz präzise in diese Umgebung ein-
gepaßt, beschreibt Bennett nun minutiös, biographisch
sozusagen[25], den Aufstieg eines jungen einfachen Arbei-
ters zu einem Druckereibesitzer, mit allen Familien- und
Liebesgeschichten dabei, und allen Umständen aus Politik
und Sozialgeschehen; und er beschreibt das alles ganz
außerordentlich spannend, voll sinnlicher Gegenwärtigkeit in jeder Szene, ob sie nun in kleinen Gärten zwischen
den Häusern spielt oder in den winzigen Behausungen
der Arbeiter oder auf den unfreundlich-kalten Straßen

---

[25] das ist ja wirklich eine sehr gute Frage, wie sich eigentlich Biographien zu Romanen verhalten, wenn der Gegenstand der Biographie fiktiv ist (Hildesheimer hat in seinem *Marbot* den nicht gänzlich
geglückten Versuch einer fiktiven Biographie geliefert), oder wenn der
Romancier wirklich eine Biographie will.

 *1910* frühmorgens oder im Dreck der kleinen Fabriken. Kühl und groß und einnehmend sowohl durch die Genauigkeit als auch die unabgelenkte Anteilnahme hebt sich der Roman von früheren Versuchen solcher biographischen Romanschreiberei besonders ab, weil er fast ganz auf jene allzu romanhaft sentimentalen und gewissermaßen den roten Faden bildenden großen Gefühlsgeschichten verzichtet, die etwa, ein besonders krasses Beispiel, Dickens immer benötigt; sehr hilfreich ist hier auch Bennetts Stil, der in seiner oft ironischen und satirischen Färbung dann, und eben auch in der Konzentriertheit des Interesses, an Galsworthy erinnert; auf eine nicht ganz leicht erklärliche Art ist aber Bennett vielleicht doch fesselnder als Galsworthy, am besten liest man sie beide – aber wann, nicht wahr? – Auf Forsters *Howards End* waren wir erst ganz kürzlich gestoßen, vorhin, in diesem Kapitel; dieses Buch spielt nun wieder in den feineren Kreisen, es beginnt in einem englischen Landhaus, und der Sohn eines Geschäftsmanns verliebt sich in eine ganz und gar kultivierte und sehr intellektuelle junge Dame, deren Vater Deutscher ist; immer mehr Personen treten auf, die Verhältnisse zwischen ihnen werden mitunter recht unübersichtlich (sie müssen das werden, der Autor weiß das, ihn trifft keine Schuld, leicht könnte er alle Undurchschaubarkeiten vermeiden), es kommt auch zu recht handfesten Aktionen, zu sonderbaren Schwangerschaften und halben Totschlägen; der Autor bleibt begütigend sichtbar, wir spüren sein Interesse, er meint, daß die menschliche Gesellschaft nur dann menschlich bleibt, wenn alle einander zu verstehen versuchen und nicht hängenbleiben in ihren Standesvorurteilen und persönlichen Borniertheiten. Das ist alles – jetzt einmal abgesehn von der moralisch-humanen Intention – ein wenig nervöser, ausgedachter und gewollter als etwa bei James oder bei der Wharton, aber gerade diese sehr intellektuellen und störbareren und darin für manchen

etwas weniger altmodisch wirkenden Elemente machen
einen großen Reiz dieses so ungemein klugen Romans
aus. – Bleibt, am Schluß dieses Lustrums, eins seiner

sonderbarsten Bücher, Rilkes *Aufzeichnungen des Malte
Laurids Brigge*; hier fehlt jede Handlung oder Geschichte,
wir lesen die tagebuchartigen Aufzeichnungen eines jungen dichtenden Mannes aus Dänemark, den es nach
Paris verschlägt: sicher ist niemals vor diesem Buch das
sozusagen alle Individualität zerstäubende und für eine
wenngleich beinahe autistische Erfahrung so gut wie
unbegreifbare Wesen der Großstadt direkter, unmittelbarer aufgezeichnet worden als hier; auch hat der junge
Mensch, der da redet, eine unheimliche Art, immer dem
zu begegnen, was auch dem Abgebrühteren angst machen
würde, wiche er ihm nicht mit der geübten Geschick-
lichkeit des gelernten Großstädters immer wieder aus –
aber eben dies Ungelernte des Lebens zeigt dem betroff-
nen jungen Mann nun die ganze Macht und auch Magie
dessen, wovor wir für gewöhnlich davonlaufen (wenn
ich mich einer Formulierung Heideggers bedienen darf:
seine *Angst*, oder das, was vorphilosophisch, real ihr zugrunde liegt, ist hier ja ausgedrückt). Nach und nach,
wenn der junge Mann gleichsam in sich selber hinein-
getrieben zu werden scheint durch die Welt, mischen
sich aber immer mehr Privatheiten in seine Erfahrungen,
es scheinen sich dann ganze Geheimwelten einer privaten Mystik geradezu vor eine offne Erfahrung der Welt,
vor ein offnes Erlernen des Lebens zu stellen: dies aber
so raffiniert, daß die Privatmythen ihrerseits nun aussehn können (wenn bis dahin noch kein andrer die Großstadt zu erfahren versucht hätte), als seien sie die neuen
Chiffren jener ersten nun verallgemeinerten Erfahrung,
und fast desavouieren sie nun jede Erfahrung, die sich
ihrer nicht zu bedienen weiß, sich ihrer nicht bedienen
will. Und so ist dann für viele Liebhaber der Modernität und Weltverlorenheit aus diesen Fragmenten einer

 **1910** wunderbar unvoreingenommenen Erfahrung (im ersten Teil des Buchs) einer jener großen Schlüsseltexte geworden, hinter die, wie man dann so sagt (und als ob es eine und sogar noch einlinige Entwicklung des Erfahrens und des Schreibens gäbe), keine andre Erfahrung, kein andres Schreiben mehr zurückdürfe. Aber solche Dogmatisierungen, ganz zu schweigen von ihrer inneren Fragwürdigkeit, würden doch lediglich Wände sein vor möglichen andern, möglicherweise ebenfalls wieder neuen Erfahrungen.

Den Nobelpreis gewinnt in diesem Jahre unser Paul Heyse, er ist jetzt achtzig (unser Freund Fogazzaro gratuliert ihm, selbst Raabe kommt), und geadelt wird er nun auch noch, und obendrein Münchner Ehrenbürger; der letzte Roman von ihm war voriges Jahr erschienen, *Die Geburt der Venus*, ein Künstlerroman, wir haben ihn nicht mehr gelesen, zumal es sich da nicht wirklich um eine Venus handelt, sondern bloß um ein Gemälde, und dies, obgleich der Maler bloß Dagobert heißt. – Den Prix Goncourt erhält der achtundzwanzigjährige im Doubstal geborene Louis Pergaud für sein Buch *De Goupil à Margot*; Pergaud, der 1915 im Krieg starb, machte sich einen Namen mit Büchern, deren Helden Tiere sind.

Geboren wird in Berlin Irmgard Keun, deren unbefangne und schmissig-kecke kleine Romane Anfang der dreißiger Jahre Furore machten.

XXIV

1911 *BIS* 1915

»Dann breitete sich tiefe Stille
aus, und während ich in Schlaf
sank, lichtete das Haus den
Anker für die Reise durch die
Nacht.«

Gide, *Isabelle.*

1 ✦ 9 ✦ 1 ✦ 1

Grabschrift (150.151) für
F O G A Z Z A R O . S P I E L H A G E N .
Knapp drei Wochen vor seinem neunundsechzig-
sten Geburtstag stirbt in Vicenza, woher er auch
gekommen war, berühmt und wohlhabend, Antonio
F O G A Z Z A R O ; ihm war dermaßen an Gott und
der Kirche gelegen, daß seine Werke auf den Index

1911 kamen. Mit großer Lust haben wir seine *Entschwundene kleine Welt* gelesen, danach mit Bewunderung noch, aber mit leichter Distance zu seinen Themen, den anschließenden *Heiligen* und die sonderbare *Leila;* von diesem Buch, oder genauer wohl: nach diesem Buch gab es einmal eine Verfilmung, und es war erstaunlich, mit welcher Bestimmtheit man nach wenigen Einstellungen sagen konnte, hier könne nur Fogazzaro zugrunde liegen; es ist auch beim Lesen so, daß, jedenfalls in den späteren Werken, die Abfolge der Bilder und Szenen und das Sichbewegen der Figuren in ihren Räumen und Landschaften einen ganz eigentümlich schwebend-aufgeladenen Rhythmus haben (man denke an die plaudernden jungen Leute an den Gewässern Brügges): man ist nie im Zweifel, daß Fogazzaro alles lenkt, und ihn wiederum sein Gott. – Einen Tag nach seinem zweiundachtzigsten Geburtstag stirbt in Charlottenburg unser langjähriger Freund Friedrich *S P I E L H A G E N;* andre schrieben – was ihn angeht: namentlich seit den siebziger Jahren – dann die besseren Romane; das Beste von ihm waren sicher seine frühen *Problematischen Naturen,* doch viel zu lernen – auch wenn er diese Art des Lernens nicht sehr geschätzt haben würde – gab es für uns auch, sogar besonders, an den Büchern danach; sehr schön aber, und unvergleichlich viel lebendiger und anschaulicher als etwa Gustav Freytags Erinnerungen, sind seine autobiographischen Rückblicke von 1890, *Finder und Erfinder,* besonders im ersten Band; nicht gekümmert, wie stets, haben wir uns um seine wenngleich in Fachkreisen vielerörterten romantheoretischen Veröffentlichungen; das Problem ist, daß fast immer – es gibt Ausnahmen natürlich, Forster etwa – die Theorien des Romans von denen stammen, denen wir nicht ganz trauen, wenn wir ihre eignen Sachen ansehn; haben sie aber keine eignen Sachen gemacht auf diesem Felde, dann nützen sie uns doppelt nichts, erstens eben deshalb, und zweitens, weil hier keine Theorie ver-

nünftig sein kann, außer sie verteidigt eben das eigne
Romanschreiben[1]. Das nächste Mal in Berlin will ich an
sein Grab.

◆

Biographie (11)

DIE FÜNF. Wir haben sie im Jahre 1901
verlassen, wir wollen sehn, was inzwischen
(Bücher haben wir von den meisten ja gehabt)
aus ihnen geworden ist. – *T h o m a s   M A N N* ist
nach Fertigstellung der *Buddenbrooks* mit Bruder Heinrich nach Florenz gereist (nachdem er sich vom Militärdienst rasch hatte losmachen können, seiner Plattfüße
wegen), danach hat er sich mehrmals am nördlichen
Gardasee erholt; dann hat er Katja Pringsheim geheiratet,
der Vater war Mathematikprofessor und außerordentlich
wohlhabend und gehörte jenen Kreisen an, in die Thomas
Mann, berühmter und berühmter werdend, jetzt hinein-
wollte (er hatte einen sehr verständlichen, fast möchte
man sagen: gewöhnlichen Hang zum behaglich-luxuriö-
sen Leben); der Schwiegervater richtete ihm ein schönes
Haus mit sieben Zimmern ein, das war 1905, das erste
Kind kam im selben Jahre, die nächsten kamen 1906,
1909 und 1910 – in diesem Jahre brachte sich, mit Zyan-
kali (wie nachher gleich Florence bei Ford), die Schwester

---

[1] in Aufzeichnungen zu Spielhagens *Sturmflut* redet Fontane über
die sogenannten Mischcharaktere, und daß die modernen Romanschreiber solche Schwierigkeiten damit haben, sie uns interessant zu
machen: »Das *Leben* braucht dies nicht zu tun, es kann die Achseln
darüber zucken, ob ich die Gestalten, die es mir vorführt, anziehend
finde oder nicht; aber die *Kunst*, im Gegensatz dazu, hat die Aufgabe, mir alle ihre Gebilde, die Engel und die Teufel, le laid et le
beau, das eine wie das andere interessant zu machen. Ist dies bei den
Mischcharakteren nicht möglich, so gehören sie überhaupt nicht in
die Kunst, denn die ersten Gesetze dürfen nicht ihnen zuliebe auf
den Kopf gestellt werden. Es *ist* aber möglich. Nur freilich ist es
schwer...« – ich weiß wieder nicht, ob das so stimmt, aber es klingt
doch sehr vernünftig, wenn mans nimmt erstens als das, was nach
allen Erfahrungen den lesbaren Roman ausmacht, zweitens als das,
was Fontane selber konnte.

1911  Carla um, eine schöne, aber weder im Beruf, sie wollte Schauspielerin sein, noch im Privatleben glückliche Frau (die Lieblingsschwester Heinrichs, Thomas hielt es mehr mit Julia, die einen Münchner Bankier geheiratet hatte, einen Mann, der wieder auf Heinrich nicht so gut zu sprechen war nach dessen Münchenroman *Jagd nach Liebe*; Julia verübte im Jahre 1927 Selbstmord). Mit seinen Veröffentlichungen war Thomas Mann eher zurückhaltend, an Romanen gab es acht Jahre nach den *Buddenbrooks* (Marcel Reich-Ranicki hätte einen solchen Autor längst aufgegeben; der nächste Roman kam erst, ein Fragment dazu, 1922) noch die *Königliche Hoheit* (ein Buch, das wir, wenngleich sehr flüchtig, kennengelernt haben, es gibt so viel Gutes zu lesen in diesen Jahren), dazwischen 1903 ein Novellenbändchen, *Tristan*, und ein eher aber nur zum Lesen geeignetes Theaterstück, *Fiorenza*, 1906. In diesen Jahren unternahm Thomas Mann sehr viele Lesereisen, er las wirklich sehr gern vor. In einem kleinen Essay von 1904, über den *Französischen Einfluß*, gibt es einige an Wagner anknüpfende sehr hellsichtige schriftstellerische Selbstaussagen über das was ich einmal, etwas kritischer als er, die ungeheure Selbstbezüglichkeit seines Schreibens, des Geschriebenen genauer, nennen will (seine erzählende Prosa braucht im Grunde keine Leser, ein Buch wie der Josephsroman genügt absolut sich selber); und in einem Aufsatz über Gabriele Reuter sagt er: »... der kontemplativ-künstlerische Mensch ist wesentlich kein Weltverbesserer. Er will nichts als erkennen und gestalten: tief erkennen und schön gestalten...«; 1906 antwortet er mit dem Aufsatz *Bilse und ich* auf den Vorwurf, privates Leben literarisch zu verarbeiten; hier wiederholt er die These vom tiefen Erkennen und schönen Gestalten und sagt, »und das geduldige und stolze Ertragen der Schmerzen, die von beiden unzertrennlich sind, gibt seinem Leben« – also dem des Künstlers, dem seinen eben – »die sittliche Weihe« –

im Reuteraufsatz war von »sittlicher Genugtuung« die 1911 Rede; es ist hier ganz so, wie er später einmal über Wagner und verwandte Geister sagen wird: er »*liebe* sie und finde es pedantisch, nicht lieben zu können, ohne zu glauben« – man muß ihn wohl lieben, um dieses Reden von Schmerz und Weihe nicht sehr merkwürdig zu finden: keiner der großen Romanciers bisher hatte solche Ideen, und keiner hätte sie auch so geäußert, man denke an James, oder an wen man will: das ist hier alles bei Mann indirekt gegen seine Leser gemeint, aber direkt (einer der Gründe seines Ruhms, denn das jagt ihnen diese kleinen Schauer über den Rücken) für ihre Ohren.[2] Lustig ist jetzt von 1911 der Schlußsatz eines kleinen Textes über Wagner: »Aber noch immer, wenn unverhofft ein Klang, eine beziehungsvolle Wendung aus Wagners Werk mein Ohr trifft[3], erschrecke ich vor Freude, eine Art Heim- und

---

[2] aus dem Jahre 1908 stammt ein längerer *Versuch über das Theater*, hier setzt sich Mann mehr und mehr mit Wagner auseinander, und gegen das Theater heißt es dann einmal (das ist also nach seinem eignen *Fiorenza*-Experiment): »Der Roman ist genauer, vollständiger, wissender, gewissenhafter, tiefer als das Drama, in allem, was die Erkenntnis des Menschen als Leib und Charakter betrifft, und im Gegensatz zu der Anschauung, als sei das Drama das eigentlich plastische Dichtwerk, bekenne ich, daß ich es vielmehr als eine Kunst der *Silhouette* und den *erzählten Menschen* allein als rund, ganz, wirklich und plastisch empfinde« – Gott weiß, ob daran etwas ist, ich glaube, es ist alles ein bißchen übertrieben, aber schön ist es natürlich schon, und wir freuen uns. Aber 1910, über die *Gesellschaftliche Stellung des Schriftstellers in Deutschland*, das stimmt nun natürlich: »Der literarische Geist, gleichviel, ob er sich redend oder gestaltend äußere, ist die vornehmste, die höchste Offenbarung des Menschengeistes überhaupt« – oder? Aus demselben Jahre 1910 gibt es einen sehr guten Aufsatz über die Briefe des alten Fontane, darin zitiert Mann, mit offenkundigem Beifall, dies: »Der Bücher- und Literaturwurm, und wenn er noch so gut und noch so gescheit ist, ist doch immer nur eine Freude für sich selbst, für sich und eine Handvoll Menschen. Die Welt geht drüber weg und lacht dem Leben und der Schönheit zu.« Aber das sind ja auch keine Widersprüche, oder müssen keine sein. Hübsch ist in diesem Aufsatz auch noch der Satz: »Ein großer Maler kann offiziell werden, ein großer Schriftsteller niemals« – das ist aber nun kein Fontanezitat, das schreibt Thomas Mann.
[3] er meint: wenn ich so etwas höre.

1911 Jugendweh kommt mich an, und wieder, wie einstmals, unterliegt mein Geist dem alten klugen und sinnigen, sehnsüchtigen und abgefeimten Zauber.« – *H e i n r i c h M A N N,* kränkelnd, ohne festen Wohnsitz, meistens in Italien, an der Côte d'Azur, in München, in Berlin lebend, einsam, gern unter Leuten, gern feiernd, schreibt und schreibt und publiziert; zwischen 1900 und 1909 bringt er acht Romane heraus, wir haben sie alle kennengelernt, dazu kommen mehrere Bändchen mit Novellen und einige größere Essays, ich habe aus jenem über Flaubert und George Sand zitiert. Seine neuesten Essays, oder literarischen Manifeste und Anfeuerungen (vielleicht nur seiner selbst), sind *Geist und Tat* und *Voltaire – Goethe*; in *Geist und Tat* nennt er, in einer völlig andern Akzentsetzung als Bruder Thomas, wenn der über die Einflüsse französischer Autoren redet, die Franzosen[4] »ein Volk mit literarischen Instinkten, das die Macht bezweifelt, und von so warmem Blut, daß sie ihm unerträglich wird, sobald sie durch die Vernunft widerlegt ist« – das ist von großem Schwung bewegt, dieses Ineins von Instinkt und Blut und Vernunft. Der Geist, heißt es dann weiter, »ist hier nicht das luftige Gespenst, das wir kennen, – und drunten trottet plump das Leben weiter. Der Geist ist das Leben selbst, er bildet es, auf die Gefahr, es abzukürzen« – das ist nun, anders als bei Bruder Thomas, anders als bei Fontane, mehr ein Appell als ein Blick auf die Welt, der ganze essayistische Stil ist ein andrer, das Schreiben hat einen andern Sinn; und am Ende schreibt er dann auch: »… denn der Typus des geistigen Menschen muß der herrschende werden in einem Volk,

---

[4] und Sie erinnern sich, daß er in diesen Jahren Choderlos' *Gefährliche Liebschaften* und Frances *Komödiantengeschichte* übersetzt hatte, dazu kam noch ein Roman von einem gewissen Alfred Capus, *Wer zuletzt lacht* – Capus, 1858 in Aix geboren, er starb 1922, war seit 1894 Redakteur beim *Figaro*, er schrieb politische Artikel und Komödien und eine Reihe sehr gelesner Romane; 1917 wurde er Mitglied der Académie.

das jetzt noch empor will«. In *Voltaire – Goethe* steht

etwas Hübsches über den Roman: »Denn der Roman, diese Enthüllung der weiten Welt, dies große Spiel aller menschlichen Zusammenhänge ist gleichmacherisch von Natur; er wird groß mit der Demokratie, unter der das Drama in seiner aristokratischen Enge abstirbt. Balzac ist der Dichter der kämpfenden Demokratie, Zola der triumphierenden« – Balzac hätte doch wohl gelacht, wenn er sich das hätte nachsagen hören müssen; und ich erinnere mich dunkel einer großen Stelle in Winckelmanns Arbeiten, wo die Rede ist vom Blühen der griechischen Künste allein im Klima der Freiheit, oder so ähnlich, das war auch so ein schöner Traum, denn gestimmt hatte das alles nicht. In jedem der großen französischen Intellektuellen, sagt Heinrich Mann dann (genannt hat er Hugo, Sainte-Beuve, Flaubert, Zola), kehre Voltaire zurück: »... in Deutschland wiederholt, wer es weit bringt, das tatlose, dem Volk unbekannte Leben Goethes.« Er beschreibt, leicht visionär, Zola, dessen Lachen aus den Trümmern der Republik gellen werde, und dann sagt er: »Goethe inzwischen sieht aus der gespensterhaften Höhe, wo die deutschen Geister einander vielleicht verstehen, unbewegt auf sein unbewegtes Land hinab« – schön, dieses *vielleicht* unter den deutschen Geistern da oben; daß unter solchen Umständen sich aber Thomas und Heinrich nicht verstehen würden, hier unten, das braucht kein *vielleicht* mehr. – André *G I D E* hat zwei Romane herausgebracht, wir kennen sie, den *Immoralisten* und *Die enge Pforte*, dazu kommt, nach dem *König Kandaules*, ein neues Theaterstück über *Saul*; einmal reist er nach Deutschland. Immer schon das Ziel aller großen Verführer, seinerzeit wollte Wilde seine Seele, will ihn jetzt Claudel katholisch machen (wir haben das Katholischwerden schon öfter grassieren sehn; dabei hatte Gide nur zugegeben, von einigen größeren religiösen Gedichten Claudels sehr beeindruckt zu sein); Gide, weniger

1911   anfechtbar als er in zehn Jahren sein wird, schreibt dagegen einen seiner geistreichen kleinen Texte, *Die Rückkehr des verlorenen Sohnes* (Rilke, mit dem Gide seit 1909 Briefe wechselt, hat diesen Text dann übersetzt; vorher hatte Gide Teile aus Rilkes *Malte Laurids Brigge* übertragen). 1908 gründet Gide mit einigen Freunden die *Nouvelle Revue Française*[5], kurz *NRF*, aus dieser Gründung geht auch ein gleichnamiger und von Gaston Gallimard geleiteter Verlag hervor, in dem dann *Isabelle* erscheinen wird. Jetzt, 1911, erscheint von Gide, in einer Auflage von zweiundzwanzig Exemplaren, und nicht in Paris, sondern im ferneren Brüssel, die dann erst in den zwanziger Jahren für ein Publikum gedachte Schrift *C.R.D.N.*, das heißt *Corydon*; diesen so entzückend griechisch klingenden Namen hatte Gide sich für einen fiktiven Mediziner ausgedacht, der hier, in vier ebenfalls leicht antikisierenden, sokratisierenden Dialogen, die These verteidigt, daß der Homosexualität überall in der Natur eine sexuelle Begierde zugrunde liegt, die nicht der Fortpflanzung dient: und so sei die Homosexualität ein natürlicher Trieb, den zu unterdrücken ein Unsinn sei, zumal er seit den Tagen der Griechen auch im sozialen und kulturellen Leben wunderbare Früchte hervorgebracht habe. Diese Dialoge, bei denen nicht immer ganz genau zu unterscheiden ist, was Gide ernst und was er ironisch meint, erregten großes Aufsehen, Gide hat noch in späten Jahren gefunden, sie seien eins seiner bedeutendsten Bücher. – Paul *VALÉRY* hatte geheiratet, soweit waren wir gekommen, Gide und Pierre Louÿs waren die Zeugen gewesen. Im Jahre 1903 kommt ein Sohn auf die Welt, vorher sind Valérys umgezogen, er

---

[5] wenn dieser Zeitschriftentitel Sie an etwas erinnert, dann ist das sicher jene *Revue des deux mondes,* an der seinerzeit, in den lang vergangenen dreißiger Jahren, George Sand so aktiv beteiligt war. Zum inneren Kreis der *NRF* gehörte auch, leider nur für Monate, er starb ja früh, Charles-Louis Philippe; ebenfalls dabei war dann jener Roger Martin du Gard, dem Gide später die *Falschmünzer* widmete.

hat seinen Halbtagsjob bei dem Mann von der Agentur, *1911*
es passiert nicht viel, gelegentlich sieht er Degas, sieht
Renoir, kommt mit Pierre Louÿs und eben Gide zusammen, den er mit seiner Frau auch in Cuverville

besucht (Sie erinnern sich: das ist dort, wo wir Madeleine
so nachdenklich aus dem Fenster zum Garten hin haben
schauen sehn), und macht Ferien. 1904 schenkt Renoir
seiner Frau ein Porträt von ihr. 1905 schreibt er an seinen Freund Paul Léautaud[6], er arbeite wenig und lese
nichts. 1906 kommt eine Tochter auf die Welt, zwischendurch muß er immer wieder kleine Militärdienste ableisten, er ist gut in Form und fährt auch Fahrrad. 1908
wirft ihm Degas den großen Fehler vor, alles begreifen
zu wollen; im selben Jahre besucht er Monet in Giverny
und macht Fahrradtouren zu umliegenden Kathedralen,
und er begeistert sich für das Photographieren. Viel mehr
passiert nicht. Irgendwann hat er den Chirurgen Pozzi
kennengelernt, er ahnt nicht, daß er später einmal mit
dessen Tochter Catherine eine Liaison haben wird, wie
soll er das auch ahnen, man sieht das ja den Vätern nicht
an. Und dann, egal, was wir ihn reden hören darüber,
daß er wenig arbeite und nichts lese, sitzt er jeden Morgen
eben ganz früh am Schreibtisch und sinniert und macht
sich Notizen in seinen *Cahiers*[7], eine ist dann auch für

---

[6] Léautaud, Jahrgang 1872, Sohn eines Souffleurs, schrieb Thea-
terkritiken für den *Mercure de France* und die *Nouvelle Revue Française*,
die wir kennen. Sein hinterlassenes Hauptwerk ist ein vielbändiges
Literarisches Tagebuch, worin er sich bemerkenswert freimütig und
unstilisiert über seine Zeitgenossen äußert.

[7] 1902 etwa: »Ein Mann von Wert (in geistiger Hinsicht) ist nach
meiner Meinung einer, der unter sich tausend Bücher begraben hat,
der in zwei Stunden Lesen das Wenige an Kraft aufgesogen hat, das
auf so vielen Seiten umherirrt. Lesen ist eine militärische Operation.«
Wenig später sagt er, oder schreibt er eben morgens für sich auf:
»Die anderen machen Bücher. Ich mache meinen Geist.« Und dann:
»Ich opfere mich innerlich hin für das, was ich sein möchte.« Und
irgendwie ans Militärische anschließend jetzt, und als wär es auf das
Romaneschreiben bezogen: »Aus Gefühlen gezogene Mittel sind, so
argwöhne ich, billig. Nicht der Autor, der andere soll seine Gefühle

1911 uns hier, schade, daß die Brüder Mann, die wir sich eben haben äußern hören über das Romaneschreiben, sie nicht lesen konnten, 1910: »Man muß, um einen Roman zu schreiben, hinreichend dumm sein, um die simplifizierten Schemen (welche einzig sich beschreiben und bewegen lassen) zu verwechseln mit den wirklichen Personen – welche niemals einer einzigen und eindeutigen Betrachtungsweise zugänglich sind. Darin ist die reine Dichtung der Prätention des modernen Romanciers überlegen: sie enthält weniger Illusionen.« Ob das nun stimmt? – Somerset *M A U G H A M* war 1904 nach Frankreich gegangen, als sein ebenfalls schreibender Bruder Harry Selbstmord begangen hatte, und er befreundete sich dort, in Meudon, und blieb dann lebenslang – sechzig Jahre lang – befreundet, mit Gerald Kelly, einem jungen Maler, der in späten Jahren Präsident der Königlichen Akademie war[8]. Anfang 1905 ging Maugham mit einem engen Freund, wohl einem Geliebten, nach Paris, sie machten zusammen auch noch Sommerferien auf Capri, wir wissen, daß Maugham sich dort auskannte. In Paris lernte Maugham dann die Leute kennen, mit deren Hilfe, ob sie ihm nun Bücher lieferten oder ob er sie darin porträtierte, er dann, wir haben das gesehn, den *Magier* schrieb; und er lernte unsern Freund Bennett kennen und schätzen, und der mochte und schätzte ihn und beschrieb ihn: »Er nahm mit Vergnügen zwei Tassen Tee und wollte dann absolut keine dritte: man merkte seiner Stimme an, daß er auf keinen

---

beisteuern. Das Ziel eines – ehrenhaften – Werkes ist einfach und klar: zum Denken bringen. Den Leser gegen seinen Willen zum Denken bringen. Akte im Innern provozieren. Das ist das napoleonische Ziel des Geschriebenen.« – Ich liebe diesen wunderbaren Morgenmenschen, und genauso gern lese ich Romane; ich weiß nicht wer ich bin; und auch nicht wer ich sein möchte.

[8] nach Maughams Tod habe, heißt es, Kelly über ihn gesagt: »Willie was a duck, an absolute duck. A bit of rum towards the end, mind you« – leider kann ich das nicht übersetzen.

Fall eine dritte nehmen würde. Er rauchte wild zwei Zigaretten, schneller als ich eine, und lehnte mit großer Bestimmtheit eine dritte ab. Ich mochte ihn wirklich.« Ende
1905 verließ Maugham Paris, 1906 reiste er, Zeitungs-
aufsätze über die Reise schreibend, über die Schweiz und
Venedig für ein paar Monate nach Ägypten; er fühle sich,
schrieb er einer Freundin, in dem warmen Klima, unter
dem blauen Himmel, in der frischen Luft wie achtzehn.
Im Mai 1906 ging er nach London zurück und zog in
das Haus, in dem inzwischen, etwas feiner geworden, jetzt
jener junge Anwalt residierte, mit dem er davor schon
die Wohnung geteilt hatte. In diesem Jahr traf er eine
schöne Schauspielerin, die es ihm antat durch ihre Vitalität, durch ihr Lächeln, durch ihre runden Linien und
vollen Brüste, wie er sich, vielleicht damit er das nicht
vergäße (oder eben einfach, weil es sich, auch jetzt, so
schön hinschreibt), notierte; sie war gerade noch verheiratet, rasch wurden sie ein Liebespaar, und blieben
das für lange Jahre; sie hieß Ethelwyn, und alle sind sich
einig, daß sie und keine andre jene Rosie ist, die uns in
Cakes and Ale so entzückt (deutsch heißt das Buch meistens *Rosie und die Künstler*, es ist einer seiner besten
Romane[9], 1930); Maugham bat dann in Paris seinen

_____

[9] der selbsterzählende Held dieses Buchs ist Willy Ashenden, ein
Schriftsteller, sicher mit autobiographischen Zügen, jener Ashenden,
der 1928 in einer romanähnlichen Geschichtensammlung (sie erinnert in der Struktur ein bißchen an Schaeffers Band mit den Geschichten um *Joseph Montfort*, 1918, und auch Montfort spielt dann
ja zwei Jahre später im *Helianth* eine große Rolle) als ein für den
Geheimdienst arbeitender Schriftsteller auftritt (auch dieses Buch
gehört zu den schönsten von Maugham); in *Cakes and Ale* schildert
Ashenden wunderschön die erste Liebesstunde mit Rosie, er weint,
sie weint, dann tröstet sie ihn (trösten ist sicher das falsche Wort: sie
macht, daß er nicht mehr weint, er küßt ihre Brüste, sie zieht sich
aus, dann flüstert sie: blas das Licht aus – das ist die Zeit der Liebe
bei Kerzenlicht, es gab noch keinen Dimmer). Die Szene ist hinreißend, und wird besonders schön dadurch, daß in dem Augenblick,
in dem Ashenden mit Rosie sein Schlafzimmer betritt, er im Erzählen
innehält für eine bezaubernde romantheoretische Reflexion; er weiß

1911 Freund Kelly, Ethelwyn zu malen, er tat es, und eines dieser Bilder wiederum, es waren zwei, beschreibt Maugham dann (und wer will hier nun noch unterscheiden zwischen den Realitäten?) eben in *Cakes and Ale*[10]; »sie

---

ja, was kommen wird, nämlich dieses Weinen, und sagt nun, er wünschte, er hätte dieses Buch nicht angefangen mit ihm selber als dem Erzähler, der sich nun, wörtlich, als ein verdammter Idiot darstellen müsse. Dann sagt er, er habe unlängst einen Aufsatz von Evelyn Waugh gelesen, worin dieser erkläre, es sei unwürdig, einen Roman in der ersten Person zu schreiben, ohne aber zu erklären warum; er habe dann seinen Freund Alroy Kear (der, sagt er in einer Parenthese, alles lese, sogar die Bücher, zu denen er Vorworte schreibe) um einige Bücher über die Kunst des Erzählens gebeten; Percy Lubback in dem einen Buch habe geschrieben, man dürfe Romane einzig und allein auf die Art von Henry James schreiben; hierauf, schreibt Ashenden-Maugham, »las ich *Ansichten des Romans* von Mr. E. M. Forster«, – deshalb nun zitiere ich das hier hauptsächlich – »aus dem ich lernte, daß man Romane einzig und allein wie Mr. E. M. Forster schreiben dürfe«, schließlich, sagt er, sei ihm also ganz der Grund verborgen geblieben, »der gewisse Romanciers wie Defoe, Sterne, Thackeray, Dickens, Emily Brontë und Proust, die doch einmal sehr bekannt waren und heute wohl vergessen sind, dazu bewog, sich des Verfahrens zu bedienen, das Mr. Evelyn Waugh beanstandet« – und dann also erzählt er weiter: »Rosie hob ihre Hand und strich sanft über mein Gesicht...« Zu Dickens rasch: anders als Maughams Erwähnung ahnen läßt, gibt es, Sie werden sich erinnern, nur zwei strikt im Ich-Stil erzählte Romane von Dickens, nämlich die *Großen Erwartungen* und den *David Copperfield*, und an letztren will Maugham zweifellos den Leser denken lassen: dieser Roman von Dickens ist aber wirklich beinahe eine Autobiographie, und jeder las ihn so. – Übrigens: erinnern Sie sich noch daran, daß mittelalterliche Romanautoren ihre Erzählungen auch manchmal unterbrechen, Gottfried etwa seinen *Tristan*? und dort, wo man, an entscheidender Stelle, darauf brennt, wie es weitergeht, nämlich in Gottfrieds Fall mit Tristans Schwertleite (das ist der Ritterschlag), macht der Autor plötzlich einen über zweihundert Verse langen Exkurs über seine Vorgänger und ihre Verfahrensweise; natürlich knüpft Maugham dort nicht an, aber eben darum zeigt seine Selbstunterbrechung so schön (und dann ist auch die Herbeizitierung Sternes sehr gut am Platze), daß derlei Exkurse vom Anfang an zum Roman dazugehören (ich glaube, wir wissen inzwischen, daß der Roman grundsätzlich postmodern ist; übrigens, kennen Sie die Kathedrale von Albi?)

[10] dieses Bild, betitelt *Mrs. L in white*, stellt in der Tat eine überaus zauberhafte und sehr attraktive junge Frau dar, man könnte sich leicht in sie verlieben und versteht Maugham.

posierte wunderschön für das Bild«, erinnert sich Kelly, »ganz geduldig, wir taten beide unser Bestes, und ich glaube, Willie mochte das Bild; das Bild malte ich, als ich sehr unter dem Einfluß des großen Whistler stand; aber es war ganz die liebe Sue« – Sue, so nannten sie alle Ethelwyn. Bald darauf, Sie erinnern sich, ich habe das anläßlich des *Magiers* mit Maughams Worten erzählt, wurde Maugham als Stückeschreiber berühmt und wohlhabend; in diesem Augenblick, jetzt, 1911, malt ihn Kelly; Maugham, so hat Kelly später erzählt, sei eines Morgens freudestrahlend in sein Studio gekommen, Kelly wohnte damals in London: er, Maugham also, hatte sich eben einen neuen grauen Zylinder gekauft, und so strahlend habe er ihn malen wollen, habe er ihn malen müssen[11]. –

Von Upton Sinclair erscheint ein schwer verständliches Buch, *Leidweg der Liebe*. – Bennett bringt *Hilda* heraus, die Fortsetzung seiner großen *Clayhanger*-Geschichte. – Vom eben gestorbnen Fogazzaro erscheint das letzte Buch, das dritte seiner Trilogie, *Leila*. – Friedrich Huch schreibt *Enzio*, es geht wieder um einen Knaben, der sehr große Ähnlichkeit hat mit den vorhergehenden Knaben (alle sind, dies der auffallendste der durchgängigen Charakterzüge, unnahbar für die Gleichaltrigen und rätselhaft in ihren Neigungen und Abneigungen) und wie diese am Ende stirbt; ausgeprägter ist hier, fast fühlt man sich an Stendhal erinnert – aber wenn man das tut, liest man Huch nicht weiter, sondern liest Stendhal – die erotische Bindung an die Mutter; der Stil ist wieder, nach dem Zwischenspiel mit *Pitt und Fox*, gestelzt wie

---

[11] tatsächlich ist das Gefühl unvergleichlich, sich eines Morgens einfach einen Hut zu kaufen, zumal im Sommer; und ich verstehe Kelly, wenn er den geliebten Freund nicht wieder wegläßt, ohne ihn zu malen, ehe ihn die andern sehn mit diesem neuen Hut, und diesem Gesicht wohl vor allem unter dem neuen Hut.

sonst. – Schickele bringt einen bezaubernden kleinen Roman heraus, *Meine Freundin Lo*; das Büchlein spielt in Paris, Schickele hat es dort auch geschrieben, eigentlich beschreibt er nur die Stimmung eines Lebens dort, und Lo ist eine junge Schauspielerin, die den Erzähler am Schluß verläßt, alle Geschichten aus Paris gehn im Grunde so, sagt man sich dann. – Satirische, wunderliche und sehr erstaunliche Züge hat Max Beerbohms berühmte *Zuleika Dobson*, mit dem Untertitel: *eine Liebesgeschichte aus Oxford*; die Titelheldin ist eine Zauberkünstlerin, die, nach großen Erfolgen auf dem Kontinent, nach Oxford geht (ihr Großpapa war hier ein legendärer Akademiker); ihre Schönheit bewirkt, daß alle, die ihr verfallen, unerhört den Tod suchen, in der Themse und anderswo, sie aber, unberührt, würde nur den lieben können, der ihr widersteht; das gibt eine Menge Spaß für den klugen Autor, und wirklich auch für den Leser. – *Winter* (*Ethan Frome* im Original) von der großen Edith Wharton spielt einmal nicht in der High-Society, sondern im bäuerlichen Milieu Neuenglands, und erzählt, wie in einem einzigen Atem, die bewegende Geschichte einer von Anfang an von der nächsten Umgebung zum Scheitern verurteilten Liebe, die sich dann selber aufgibt in den Moment des Untergangs. – Joseph Conrad schreibt *Mit den Augen des Westens*, den Roman über jene aus dem Osten kommenden politischen Agenten, den ich schon einmal erwähnt habe, vielleicht erinnern Sie sich: da gab es bei Turgenjew, in *Neuland*, diese eigentlich nicht sehr sympathische, auch unansehnliche Frau, die nach Genf geschickt wurde in politisch-subversiven Angelegenheiten – und da haben wir sie nun, hier in Genf, in den Kreisen, zu denen sie gehört. Held des Buchs ist ein junger Mann, der aus Seelenlagen heraus, die sehr an Dostojewski und an den predigenden Tolstoi denken lassen (Conrad mag sie beide nicht), zu einem Revolutionär wird, dessen Ziele so vage sind, daß jede wenn

nur ausreichend anarchistische Gesinnung sich seiner
bedienen könnte. In einem kleinen Vorwort von 1920
sagt Conrad: »Die erschreckendste Überlegung ist aber,
daß alle diese Gestalten nicht die Erzeugnisse des Außer-
gewöhnlichen, sondern des Gewöhnlichen sind... Die
blutdürstige Dummheit einer Selbstherrschaft, die den
Gedanken der Legalität von sich weist und sich bewußt
auf völlige moralische Anarchie stützt, bewirkt einen nicht
weniger stupiden, ebenso blutrünstigen, rein utopischen
Drang nach Umsturz, der die Zerstörung durch jedes
Mittel will, in der abwegigen Überzeugung, der Einsturz
jeder beliebigen, von Menschenhand errichteten Institution müsse von einem Wandel des menschlichen Herzens
begleitet sein.« Sie erinnern sich sicher, daß Conrad, ein
Pole, seine Eltern in den schlimmen Verhältnissen russischer Verbannung verloren hatte; die schlechte Meinung
über fast alles, was mit der russischen Revolution zusammenhängt, teilt Conrad ganz mit Nabokov, der ja
auch persönlich betroffen war, es ist schade, daß Nabokov den Romancier Conrad so ganz und gar nicht schätzen mochte, er fand zum Beispiel H. G. Wells sehr viel
besser. – Jules Romains schreibt *Jemand stirbt*, aber ich
weiß nicht mehr, wer. – Ein sehr merkwürdiger großer
Roman – wir haben *Josa Gerth* von ihm kennengelernt,
1893 – sind Dauthendeys *Raubmenschen*; ein reicher
Diplomat, den Frauen mögen, reist nach Mexiko (Dauthendey war einmal dort und fühlte sich sehr unwohl),
und drei eindrucksvolle Frauen, die ihm während dieser
Reise etwas bedeuten, sterben dabei gewaltsam und unter
unklaren Umständen. Neben Mexiko, einem grausamen,
todnahen und unverständlichen Land, spielt das Meer
die Hauptrolle in diesem Buch, der Atlant, wie ihn Dauthendey in seiner mitunter erst gewöhnungsbedürftigen
Sprache nennt: »der Atlant war an allem schuld« (beinahe wie bei Thomas Mann die Amme); Mexiko selbst ist
hier ein Land wie durch Fieberschleier hindurch, oder als

 **1911** wäre der Erzähler unterwegs mit jenem Trupp, der damals bei Sealsfield *Süden und Norden* durchreiste wie unter Drogen, und dann, über alle feinfarbenen Impressionen (für die er immer nur steht) weit hinausgehend in große Bilder, kann Dauthendey schreiben (und während ich das zitiere, arbeitet gerade der Popocatepetl wieder einmal mit Rauch und Eruptionen): »Kaum aber schaute ich von der Zeichnung des dunkeln Tales auf und zu dem Popocatepetl und Ixtaccihuatl zurück, da erschrak ich fast. Die weiße Wolke hatte sich wie eine orangerote Lavaglutmasse entzündet, der Himmel war giftgrün geworden, wie eine Grünspankugel leuchtend, die Schlagschatten im Tal wurden indigoblau, und die Krater unten im Tal standen wie blau eingewickelte Zuckerhüte nebeneinander; die Landschaft hatte ein einziger Augenblick verhext. Auf Tausende von Meilen hin waren Farben, orangerot, giftgrün und indigoblau, aufgetaucht. Im Westen spielte die Sonne als ein dreifach farbiger Scheinwerfer und stieß an den Erdrand des schwarzen Hügelwellenlandes, dahinter sie unaufhaltsam hinabsank, so daß die Schatten wie schwarze Strahlen plötzlicher Nacht über mich und die Landschaft fuhren, als würde die Nacht ein zweiter Scheinwerfer, der Strahlen würfe neben der Sonne« – und ganz so, wie dieses Bild mit der Nacht als dem Scheinwerfer schwarzer Strahlen sich herausentwickelt aus Bildern, die er auch sonst hätte finden können, entwirft Dauthendey dann in diesem Roman, fast als könne er gar nichts dafür, grelle und schwer begreifliche Schicksale wie sonst nie: als müsse er ein einziges Mal wenigstens ein Buch machen, das nicht die jungen Mädchen auf ihren Nachttischen finden, wenn sie müde sind vom Ikebana-Blumenstecken. – Gide schreibt *Isabelle*, woraus ich oben zitiert habe: eine sehr schöne schwermütige Geschichte, einen wehmütigen Scherz um eine längst begrabne und immer deutlicher sich als brutal und oberflächlich herausstellende Liebesgeschichte.

Lässig und subtil zeigt Gide eine Erforschungslust des
Erzählens, indem er einen Berichterstatter einführt, der
die ganze Geschichte ihm, Gide, und seinem Freund
Francis Jammes erzählt (den wir kennen mit seinen
Briefen auf himmelblauem Papier und seinem *Röslein*);
er solle, sagt Jammes anfangs zu dem berichtenden
Freund, soviel Unordnung in seinen Bericht bringen wie
er nur wolle; Gide sagt, er solle ja nicht die Sache selber
chronologisch erzählen, sondern so, wie er auf sie allmählich gestoßen sei; in diesem Falle, sagt der Erzähler
(der eigentlich im abendlich die Anker lichtenden Haus
eine romantische Geschichte erleben wollte, aber es war
keine, ganz und gar nicht), in diesem Falle müsse man
ihm aber erlauben, daß er viel von sich selber spreche;
wir tun doch alle nichts anderes, antwortet Jammes (der
mit dem himmelblauen Briefpapier). – Wunderschön ist
nun wirklich, bei all der Vergeblichkeit und der Trauer,
die er ausstrahlt, der kleine Roman *Wellen* von Keyserling;
als Herman Bang dieses Buch gelesen hatte, kurz vor
seinem Tod (den werden wir bald sehn, leider), fragte
er in der *Neuen Rundschau* an, ob er etwas über Keyserling schreiben dürfe; er durfte; und er schrieb, indem er
Keyserling mit Turgenjew verglich, den er über alles
liebte: »Beider Stil hat dieselbe Farbe, ein melancholisches
Silbergrau, in dem ihre Erscheinung sich schwermütig
spiegelt. Ihre Sprache hat denselben Rhythmus, das glei-
tende leise Singen eines Flusses, wenn es dämmert...« –
ein ruhiges schönes unübertriebenes Bild, alle drei waren
sie große Meister im Erfinden solcher Bilder. Eine junge
Frau ist mit einem Maler weggelaufen, im Sommer landen sie an der Ostsee, in der Nähe der adligen Familien,
aus denen die junge Frau stammt; ein junger Mann aus
ihren alten Kreisen verliebt sich in sie, seine Welt, die alte,
sei leer ohne sie, sagt er, und das stimmt. Der Maler,
aus einer ganz andern Welt (wenn er empfindet, rast
oder malt er; die beiden Liebenden oder was sie nun

1911 sind, rauchen eine Zigarette zusammen), fährt nachts bei Sturm auf die See und kommt nicht wieder; das schließt alle Geschichten; ein alter Geheimrat, Zigarrenraucher, bleibt bei der jungen Frau am Strand, auch als die andern wieder abziehn auf ihre Güter, in ihre *Abendlichen Häuser* (ein andres dieser kleinen Wunderwerke Keyserlings, nachher) – so leben dann diese immer noch schönen und von fern so romantischen Frauen in Häusern an Stränden allein, Maupassant und der junge Proust haben sie da dann gefunden und mit Geschichten umsponnen, aber Keyserling wußte, wer sie wirklich einmal gewesen waren. – Und dann noch ein andres kleines Wunderwerk, eines der schönsten Bücher dieser Jahre, *Fermina Marquez* von Valery Larbaud (diesem Freund Gides und Valérys, und vielleicht erinnern Sie sich daran, daß ihm sein Papa sehr viel Geld hinterlassen hatte aus Mineralwasserquellen in Vichy, vielleicht waren es sogar die Quellen selber). Der Roman spielt in einem sehr feinen internationalen Internat in Paris, dorthin begleiten einen scheuen jungen Schüler, den sie dann täglich besuchen, damit er sich eingewöhnt, seine beiden Schwestern, deren eine, die Titelheldin, sechzehn Jahre alt, einen ganz ungewöhnlichen Zauber auf die älteren Internatsschüler ausübt; es entstehen Rivalitäten, der kleine intellektuelle Star der Schule würde brennend gern seinen Trophäen auch die Gunst des Mädchens hinzufügen, das Mädchen widmet sich ihm auch sehr lieb und süß, aber ein schöner aufgeweckter Spanier erobert sie dann. Das Buch enthalte eigne Jugenderinnerungen, heißt es, das wird es, es lebt aus solchen Erinnerungen wie etwa nachher das Buch Alain-Fourniers; Beurteiler finden manchmal, das Buch ähnle Musils *Törleß*, nur sei bei Musil die psychologische Durchleuchtung des jugendlichen Alters sehr viel genauer; das mag sein, ich glaube, daß Larbaud eine andere Idee von Erkenntnis hatte (auch Prousts Idee von Seelenkenntnis ist ja eine andre); sagen läßt sich aber,

daß, wenn denn nun mit Musil verglichen werden soll, *1911*
Larbauds Buch sehr viel schöner ist – aber, was heißt
das, nicht wahr? die Lust beim Lesen ist größer, so könnte
man sagen; oder so: wir erblicken durch eine sehr viel
leichtere durchsichtigere Sprache hindurch wunderbar
anschaulich diese sich klar und sprechend bewegenden
Figuren; oder auch: wir gewinnen von den Larbaudschen
jungen Leuten eine Kenntnis, die, wenngleich sie un-
zerlegt, unanalysiert bleibt, reicher aussieht und reicher
zu machen scheint als die, die Musil eher schätzt. Reicht
das zum Unterscheiden? zum Werten, so oder so? Es ist
auch so, daß, bei gleicher Schwerverführbarkeit durch
bloß beschriebne Menschen, ein Leser sich durch das
Larbaudsche Mädchen wohl eher entzückt fühlen wird
als eine Leserin durch den Musilschen Knaben; nun war
das wohl auch nicht Musils Absicht, gut, insofern ist das
Argument ein bißchen platt erotisch; aber immerhin:
der Musilsche Knabe ist ja tatsächlich so attraktiv wie
das Larbaudsche Mädchen, und hätte sich Musil das
Mädchen vorgenommen, dann wäre womöglich von ihr
für Leser so wenig übriggeblieben wie jetzt für die Leserin von seinem Knaben da ist – was nun? Bleibt wohl am
Ende der Ton, bei Larbaud diese federnde Leichtigkeit
(anders gesagt: er schreibt sehr viel besser als Musil),
bei Musil dieser angelegentliche Ernst, dieser Wahrheits-
wille statt jener Lust an der Erscheinung – und da neigen
dann wohl die einen dahin und die andern hierhin, und
zu diesen gehöre ich.

Den Nobelpreis gewinnt in diesem Jahre Maurice
Maeterlinck, ein Lyriker, Dramatiker und Essayist, viel-
bewundert auch in unsern Kreisen, Freund unsres Villiers
de l'Isle-Adam; er wurde 1862 in Gent geboren, dieser
wundervollen winddurchwehten Stadt, und wurde dann,
ein vielgereister Mann, nach dem Zweiten Weltkrieg PEN-
Präsident; zu seinen berühmten Werken gehören *Pelleas
und Melisande* (nach diesem Drama hat Debussy die Oper

geschrieben), *Das Leben der Bienen*[12], *Die Blinden*, *Der blaue Vogel*; den Nobelpreis erhielt er im frischen Alter von neunundvierzig Jahren, er starb sechsundachtzigjährig bei Nizza. Den Prix Goncourt erhält Alphonse de Châteaubriant, ein damals vierunddreißigjähriger Landadliger aus Rennes, der dann, in späteren Jahren, zivilisationsabgeneigt wie zwar auch ein Mann wie Giono, anders als dieser aber rasse- und bodengläubig, den Nazis verfiel und als verurteilter Kollaborateur nach dem Krieg unter falschem Namen in Tirol untertauchte; seine Bücher spielen immer in der Bretagne; das Buch, für das er den Preis jetzt bekommt, heißt *Monsieur de Lourdines.*

1 ✦ 9 ✦ 1 ✦ 2

Grabschrift (152.153.154.155.156) für **B**ANG. MAY. STRINDBERG. PRUS. MAMIN-SIBIRJAK. Im Januar dieses Jahres stirbt vierundfünfzigjährig während einer Bahnfahrt bei Ogden im Staate Utah, am Großen Salzsee, Herman *BANG,* den wir wie kaum einen andern lieben gelernt haben in den letzten drei Lustren des ausgehenden Jahrhunderts. – Im März stirbt siebzigjährig in Radebeul bei Dresden Karl *MAY.* – Im

---

[12] Maeterlinck war ein leidenschaftlicher Imker, aber wohl auf andre Art als etwa Nabokov ein leidenschaftlicher Schmetterlingsjäger war oder Ernst Jünger ein leidenschaftlicher Entomologe ist; man wird wohl eher (Maeterlinck hat dann später auch über die Termiten und die Ameisen geschrieben) an Michelet denken und seine Monographie über die Vögel (wenn Sie sich freundlich erinnern, da Ihnen die Sache irgendwie sicher bekannt vorkommt: der junge Alexis hat seinerzeit Michelet übersetzt); zwar kümmert sich Maeterlinck ganz anders als Michelet um die wissenschaftliche Kenntnis seines Gegenstandes; diese ist aber nicht sein Ziel, sein Ziel ist ein denkendes Verstehen.

Mai stirbt dreiundsechzigjährig in Stockholm, an Krebs, 1912 August *S T R I N D B E R G ,* Dramatiker, Maler, ein  sehr guter Romancier auch, erst mit seinem *Roten Zimmer,* diesem Spiegel der Intellektuellen seiner Generation, dann mit zwei Romanen draußen am Meer. – Ebenfalls im Mai stirbt vierundsechzigjährig in Warschau Boleslaw *P R U S ,* dessen großartigen Altägyptenroman *Pharao* wir mit großer Lust gelesen haben. – Und in Moskau stirbt, eine Woche nach seinem siebzigsten Geburtstag, Dmitri *M A M I N - S I B I R J A K,* dessen *Priwalowsche Millionen* uns eine ganze Welt erschlossen hatten, von der wir nichts wußten, und dessen düstrer Gräberroman *Gold* uns zum Nachdenken veranlaßt hat über ein ganzes Genre von Romanen.

Hamsun bringt den dritten Band seiner *Wanderer*-Romane heraus, *Die letzte Freude.* – France schreibt einen ungeheuer lebendigen kleinen Roman über die Französische Revolution, *Die Götter dürsten* – ganz und gar unpathetisch, recht wenig euphorisch, man glaubt zu sehn, zu atmen beinahe, was einfache Leute damals an Freiheit spüren mochten, an neuem Glück, und man muß erkennen, wie wenig Rücksicht dieses Glück am Ende findet. – Georg Hermann macht das schöne und sehr gelungene Experiment, in einem Roman *(Dr. Herzfeld),* ohne weitere Einteilung in Kapitel oder andres, einen dreiviertel Tag zu schildern, die Zeit vom frühen Abend bis in den nächsten Vormittag hinein, den zwei Männer damit verbringen, durch Berlin (ein exakt beschriebnes Berlin) zu gehn, in Kneipen zu sitzen, und zu reden und zu reden; der eine Mann, schlecht verheiratet, will Schluß machen mit dem allen, der andre, der Titelheld, offenbar der Autor selber, will ihn, weise, wie er sich vorkommt, davon abhalten, und gerät dabei selber ganz unvermutet in eine Krise, die er beinahe nicht übersteht; sie deutet sich an,

1912 als er, ein Liebhaber der Kunst und der Literatur, plötzlich sagt (und vielleicht erinnern Sie sich an das vorhin bei Thomas Mann zitierte Wort Fontanes): »... es gibt Wesen – noch jung, seidenweich und lebenserfüllter als du – an denen du deswegen mit deinem ganzen Fühlen hängst, weil sie ein Stück von dir sind. – Und wenn wir uns auch oft vortäuschen wollen: wir hätten Besseres eingetauscht, Reineres und Köstlicheres, das uns nicht trügen wird, so vergessen wir darüber doch nie, daß es eigentlich nur ein kümmerlicher Ersatz ist für das, was wir vom Leben erträumt haben und was es uns eben versagt hat« – aber wie gesagt: hier fängt eben seine Krise an. Stilistisch gibt sich dieses so schöne und geglückte Sommernachtexperiment ganz unauffällig; hier fragt man sich dann wirklich, ob Hermann es nicht grundsätzlich – so sehr wir ihn dafür lieben – übertreibt mit seinem schriftstellerischen *understatement.* Hübsch ist noch, aber es hat nichts zu bedeuten, wie hier, ziemlich am Anfang, dasselbe Londoner Embanquement für seine Schönheit gepriesen wird wie gleich dann bei Lawrence. – Otto Flake bringt seinen ersten Roman heraus, *Schritt für Schritt,* darstellend, nicht immer unbedingt fesselnd, die erotische Entwicklung eines jungen Mannes. Flake, ein enger Freund Schickeles[13] damals, lebte überall in jenen Jahren, in Straßburg, in Paris, in London, er lebte vom Schreiben; ein paar Jahre vorher hatte er Dumas' *Kameliendame* übersetzt, er erzählt in seinen Lebenserinnerungen (*Es wird Abend,* 1960), der Verleger habe damals, als der übertragene Text schon gesetzt war, gemerkt, daß Flake ihn gekürzt habe, er habe ihm das vorgeworfen, er, Flake, habe geantwortet (vielleicht erinnern Sie sich, wir

---

[13] Schickele, schreibt Flake, aber das ist jetzt, wo er das schreibt, ein halbes Jahrhundert her, und damals, sagt er, habe er noch kein Tagebuch geführt, also »Schickele trug immer Aspirin, Brom und andere Drogen bei sich, die er schon während der Straßburger Tage in unheimlichen Mengen schluckte. Er hatte schlechte Zähne, litt an Kopfschmerzen, Schlaflosigkeit und Verdauungsbeschwerden.«

haben dieses Problem ganz früher einmal gestreift), »daß der Roman, vollständig gebracht, mit unerträglichen Sentimentalitäten belastet sei. Warum sollte man nicht berechtigt sein, ältere Autoren zu bearbeiten?«[14] Damals, als dann *Schritt für Schritt* erschien, und als er es nun gedruckt vor sich hatte, worauf er doch eigentlich stolz sein wollte, sei ihm das Buch entsetzlich mißglückt vorgekommen, erzählt er. – Von D. H. Lawrence erscheint *Todgeweihtes Herz* (*Trespasser* im Original), das ist eine Liebesgeschichte zwischen zweien, die sich offenbar nicht haben sollen, der Mann ist verheiratet, und die ein paar Tage irgendwo am Meer zusammen verbringen, sie heißen Helena und Siegmund, in der Ferne wird öfter *Die Wacht am Rhein* gespielt, Wagner ist niemals sehr weit weg, sehr sonderbar (einmal heißt es ganz furchtbar: »Der Zug jagte mit gleichmäßigem Getöse wie ein Windhund weiter durch die Ebene nach Norden. Siegmund dachte an den Walkürenritt, dessen Rhythmus ihn füllte«), und wenn nicht die Kultur, und stets die ganz große (hier wirkt Lawrence immer wie ein Jack London für die Gebildeten), den beiden Liebenden Schauer durch die Adern jagt, dann schildert Lawrence jenes winzige Schwanken der Empfindungen, das wir alle kennen; so schrecklich tränen- und tragödiennah wirkt dieses Schwanken dann deshalb, weil er, das ist hier förmlich seine Methode, solche kleinen Empfindungseinbrüche

---

[14] Flake hat sein Leben lang übersetzt, einiges von Balzac (darunter die *Verlorenen Illusionen*; auch da erwischt man ihn öfter einmal bei Auslassungen; meistens aber, nach meinen Stichproben, läßt er weg, was nicht auf Anhieb verständlich war), Stendhals *Rot und Schwarz*, und dann auch zwei Bände jener *Geschichten* des Tallemant des Réaux, die erst jüngst wieder, in einer neuen Übertragung, auf den Markt gekommen sind. Etwas später schrieb Flake für Teubner auf nur 130 Seiten eine *Geschichte des französischen Romans,* und zwar von den Anfängen bis zur Gegenwart, für 500 Mark; er habe sich dabei, schreibt er im Rückblick, so überanstrengt, in einem Winterhalbjahr, daß er, eine Zeitlang, dann regelmäßig in einen Tiefschlaf gefallen sei, sobald elektrisches Licht seine Augen getroffen habe.

aus dem ganzen Gewebe des Gefühls isoliert; der Leser muß meinen, die Frau etwa falle ganz plötzlich aus ihrer Liebe völlig heraus, für Sekunden, etwa weil eine Welle seltsam an ihre Zehen schlägt; das gibt es, natürlich; aber das isolierende Beschreiben (vielleicht ist das sein Handicap: Lawrence kann nur isolierend beschreiben) zerreißt ein Gewebe, das in der Realität der Welle leicht standhalten würde; und hier ins Minimale wie dort in der Eisenbahn ins Maximum bewegt Lawrence sich am liebsten in jenen Extremen, die so gern für die Wahrheit gehalten werden in ihrer reinen Form. – Und Willa Cather, diese junge Frau aus Nebraska, die so gern in die Oper ging und so schreckliche Hüte trug, schreibt ihren ersten Roman, *Alexander's Bridge*, damals lebte die Autorin seit einiger Zeit schon in New York, Sarah Orne Jewett (erinnern Sie sich an das *Land der spitzen Tannen?*) hatte ihr geraten (die Cather hatte schon mehrere Dutzend Erzählungen geschrieben), das Land ihrer Jugend, die Prärie, zum Thema ihrer größeren Arbeiten zu machen, aber die Cather wollte es anders, sie nahm Personen aus jenen Kreisen, in denen sie verkehrte, eine Schauspielerin, einen erfolgreichen Ingenieur und andere, und schrieb eben dieses Buch; später, ganz zu Unrecht, wollte sie von ihm nichts mehr wissen, dabei geht es auch hier schon um eins ihrer großen Themen, nämlich das geisterhafte Doppelleben, das einer zu leben beginnt, wenn er selber vor sich auftaucht wie er war, als er sich noch nicht verloren hatte an die Welt. Hier, in dem Roman (in dem auch eine reale Brücke am Ende einstürzt und ihren Erbauer umbringt), ist die Brücke in seine jungen Jahre eine Schauspielerin, die der Held in London wiedersieht, eine Jugendliebe von vor zehn Jahren: und da geht er nun, auf halbem Wege zu ihr, Nachmittage lang am Themseufer spazieren und sinniert, »und er ging Schulter an Schulter mit einem schattenhaften Kameraden… mit seinem eignen jungen Ich, mit dem Jüngling, der neulich abends auf

den Stufen des Britischen Museums« – dort hatte er sich
damals vor zehn Jahren immer mit seiner Freundin ge-
troffen – »auf ihn gewartet hatte und der, obwohl er sich
still hatte vorüberschleichen wollen, ihn erkannt hatte
und die Treppe hinuntergestiegen war und sich bei ihm
einhakte. Erst sehr lange hinterher begriff Alexander,
daß es für ihn keinen gefährlicheren Kameraden als diesen Jüngling gab.« Ganz am Ende des kleinen Buchs,
als die beiden Liebenden sich für ein Weilchen wiedergefunden haben, schreibt er ihr einen Brief, darin heißt es:
»Es scheint, daß es dem Menschen auf dieser Erde nicht
erlaubt ist, mehr als ein Leben zu führen.«[15] Soviel für
jetzt, wir werden diese Willa Cather noch näher kennenlernen.

Den Nobelpreis gewinnt in diesem Jahr Gerhart
Hauptmann, Jahrgang 62, seit einigen Jahren hauptsächlich wohnhaft im schlesischen Agnetendorf, zwischendurch immer wieder in Berlin, Dresden, in Italien, auf
Hiddensee; berühmt geworden durch eine ganze Reihe
von immer noch sehr berühmten Dramen, hatte er 1910
auch einen Roman herausgebracht, *Der Narr in Christo
Emanuel Quint*, wir haben ihn hier nicht, und in den
zwanziger Jahren wird er weitere Romane schreiben. –
Den Prix Goncourt erhält ein gewisser André Savignon
für den Roman *Les Filles de la pluie*.

---

[15] Henry Louis Mencken, einer der großen Verehrer und Förderer
der Cather, hat die Autorin für den in diesem Satz sich andeutenden
tragischen Schluß des Romans ein wenig getadelt, er habe gefunden,
erzählt Sabine Lietzmann in ihrem Nachwort zu diesem Roman
(innerhalb der wunderbaren Cather-Romanausgabe bei Knaus), ein
Mann könne sehr wohl, und zwar lebenslang, ein Doppelleben führen.
Die Sache mag sein wie sie wolle: doch so zu argumentieren ist natürlich ein bißchen machomäßig, auch wenn selbst die Autorin heimlich
zugestimmt haben wird, denn später, im *Haus des Professors*, findet sie
wenigstens für das Doppelleben im Geiste eine andre Lösung.

Manchmal wollen wir doch sehn, wer geboren wird an Leuten, die wir lieben, jetzt ist es, im indischen Julundur, Lawrence Durrell (ein Freund Henry Millers), der in den dreißiger Jahren mit ersten Romanen und großartigen Reisebüchern hervortrat und in den späten fünfziger Jahren dann die große Alexandria-Tetralogie herausbrachte; seit jenen Jahren lebte er in einem Dorf in der Nähe von Nîmes.

1 ✦ 9 ✦ 1 ✦ 3

Grabschrift (157) für

H U C H . Er stirbt, noch nicht einmal vierzig Jahre alt, in München, ein Freund Thomas Manns, zugleich ein Bewunderer von Stefan George und Ludwig Klages. 1911 waren von ihm, als letztes Buch, und das klingt sehr verlockend, *Drei groteske Komödien* erschienen: *Tristan und Isolde. Lohengrin. Der fliegende Holländer* – schade wieder einmal, daß wir hier nur für Romane da sind.

✦

Hamsun schreibt jetzt einen ganz andern Roman als die mit dem ewigen Wanderer waren, *Kinder ihrer Zeit*; darin erzählt er, wie Stadtleben und der dahinterstehende Kapitalismus das alte gute traditionelle ländlich-patriarchalische Leben zunichte machen; er erzählt das aber ziemlich ironisch, oder eben so, daß von der Ironie, in die er das Neue hüllt, auch etwas abfällt – wenn auch nur wenig – für den Blick auf die ganze Mischung nun des fast tragisch untergehenden Alten und des besinnungslos vorwärtslaufenden Neuen. – Jener Oscar A. H. Schmitz, den wir als den Schwager Kubins kennen, er ist jetzt vierzig und hat sich seit langem schon aus dem Georgekreis

gelöst, er ist gereist, hat in Paris gelebt, jetzt lebt er in 1913
Berlin[16], er hat Gedichte, Dramen, Essaybände, Breviere,
Reisebücher und tausend andre Sachen publiziert, dieser
Oscar A. H. Schmitz bringt jetzt einen umfangreichen
Roman heraus, etwas lüstern machend betitelt: *Wenn
wir Frauen erwachen… Ein Sittenroman aus dem neuen
Deutschland* (in der Neuauflage von 1918 hieß das Buch
dann: *Bürgerliche Bohème. Ein deutscher Sittenroman aus
der Vorkriegszeit*; gewidmet ist das Buch übrigens, Sie
werden es ahnen, dem Freund und Schwager Kubin); der
Roman, der durchaus nicht übel ist, beschreibt, außerordentlich schmissig und keck und gerissen, Künstler
und Künstlerinnen und Geldleute und den schmutzig-
komischen Anhang beider in München und in Italien –
Schmitz ist kein Heinrich Mann, aber seine Satire ist
frech und sehr direkt, und er kann aus solchen Tönen
leicht in ernsthafte und liebevolle Passagen wechseln, in
Geschichten, die er bei Maupassant gelernt haben könnte;
er schmilzt sie nicht zusammen zu wirklich einem Roman,
aber das Gemenge, das er nun liefert, ist amüsant und
rührend und lesenswert. – Ramuz schreibt *Samuel Belet*;
er versetzt sich hier, mit dem Stil der Ich-Erzählung,
in die Rolle eines einfachen Mannes, der, nachdem er
Ruhe gefunden hat als Fischer am Genfer See, sein Leben
rückschauend erzählt – seine Knechtsjahre, die Jahre
dann, in denen er etwas lernen und studieren will –,
das dann abbricht, eine unglücklich ausgehende Liebe
kommt dazwischen, seine Zimmermannsjahre in Paris[17],

---

[16] Flake erwähnt ihn ein einziges Mal, leicht verärgert: als er, Flake,
einen philosophischen Vortrag in Darmstadt gehalten habe, hätten sich
in der ersten Reihe ein Prinz Rohan und eben Oscar A. H. Schmitz
nur durch einen Eingriff des Vorsitzenden der Veranstaltung davon ab-
bringen lassen, auch weiterhin ironische Bemerkungen zu machen.

[17] hier gibt es einmal einen Blick auf die Pariser Kommune, der
ganz dem ähnelt, den Burckhardt hat, als er von den Ausschreitungen
hört: »Die jungen Leute von heute denken nicht mehr an diese Dinge,
und wenn man sie ihnen erzählt, interessiert es sie nicht. Aber wir, wir

und eine traurig endende Ehe, als eben das Glück angefangen zu haben schien. Merkwürdig, wie nachher bei Hofmannsthal, ist da der Hund, der schrecklich und untröstlich heult, als sich hinten im Weiher die Tochter des Hauses mit dem Geliebten, den sie nicht kriegen soll, ertränkt hat. – Joseph Conrad veröffentlicht einen seiner merkwürdigsten und kompliziertesten Romane, *Spiel des Zufalls* (*Chance* im Original); erzählen kann ich ihn hier nicht einmal andeutungsweise, er enthält eine ganz bürgerliche Familiengeschichte, eine dramatische Ehegeschichte auf See, einen Untergang, den Mordversuch eines Zuchthäuslers, der ein bankrottierter einst reicher Mann ist, und die Gelegenheit, die einer ergreift, als sie da ist, und siehe: alles löst sich, auch wenn es wirklich, vor der Gelegenheit, unlösbar war. Niemand wird diesen Roman unausgelesen weglegen, jeder wird sich vom alten Kapitän Marlow, der auch hier wieder der weise aus dem Hintergrund ordnende Erzähler ist, Stunde um Stunde durch diese überaus kunstvolle Geschichte führen lassen. – Lawrence schreibt *Söhne und Liebhaber*, einen seiner berühmtesten Romane; das Buch zieht sich ein bißchen in die Länge, es ist auch wieder

---

haben es erlebt, und es schaudert einen, wenn man daran zurückdenkt!... Sie verbrannten die Bücher, sie verbrannten die Bilder. Sie übergossen die Häuser mit Petrol; sie steckten die Häuser in Brand.« Burckhardt schreibt am 2. Juli 1871 an seinen Freund Friedrich von Preen (er hatte gemeint, der Louvre mit seinen so über alles geliebten Bildern sei abgebrannt): »Nachdem die entsetzlichen Tage... nun einen Monat von uns entfernt liegen, gibt mir, was Sie sagen, sehr von Neuem zu denken. Ja, das Petroleum in den Kellern des Louvre und die Flammen in den übrigen Palästen sind auch eine Äußerung dessen was der Philosoph *Willen zum Leben* heißt; es ist der letzte Wille verrückter Teufel, einen großen Eindruck auf die Welt zu machen... Das große Unheil ist im vorigen Jahrhundert angezettelt worden, hauptsächlich durch Rousseau mit seiner Lehre von der Güte des menschlichen Lebens... In den intelligenten Schichten der abendländischen Nationen war inzwischen die Idee von der Naturgüte umgeschlagen in die des Fortschritts... Die einzige denkbare Heilung wäre: daß endlich der verrückte Optimismus bei Groß und Klein wieder aus den Gehirnen verschwände...«

randvoll mit allem möglichen Pathos, der Autor badet *1913*
regelrecht in den trüben[18] Wassern der Mutterliebe, und
bis zum Ende hin zeigt er auch nicht die Grenzen an, die
solche Liebe, oder die doch wenigstens das Betrachten
einer solchen Liebe haben könnte, sondern, im Gegenteil, erst am allerletzten Ende des Buchs müssen wir erfahren, daß das alles der volle Ernst war; und wenn eine
andre Liebe dazwischenkommt, dann donnert das große
Menschheitspathos daher, wenn es etwa heißt: »Und nach
einem solchen Abend waren beide sehr still, denn sie hatten die Unendlichkeit der Leidenschaft kennengelernt« –
Lawrence redet von solchen Sachen wie ein Gläubiger
von dem Gott, dem allenfalls die menschliche Rezep-
tionskraft Grenzen setzen könnte. Einmal aber wird im
Familiengrab, in das wir schon jemanden haben versenkt
werden sehn, wieder einer gelegt, und wenn Sie zurückdenken an Flauberts Schilderung der Beisetzung der
Sand (»Die braven Landbewohner weinten alle sehr an
ihrem Grab. Auf diesem kleinen Dorffriedhof stand man
bis zu den Knöcheln im Schlamm. Ein sanfter Regen
fiel. Ihre Beerdigung war wie ein Kapitel aus einem ihrer
Bücher«), so werden Sie sich freuen, hier bei Lawrence
dies zu finden: »Sie beerdigten sie bei wildem Sturm
und Regen. Der nasse Lehm glänzte, die weißen Blumen
waren durchnäßt. Annie faßte Pauls Arm und beugte
sich vor. Tief unten sah sie eine dunkle Ecke von Williams
Sarg. Immer tiefer versank der Eichensarg. Der Regen
strömte in das Grab. Das schwarze Trauergefolge mit
den glitzernden Schirmen verließ den Kirchhof, der öde
in dem durchdringenden, kalten Regen dalag.« – Kellermann aus Fürth (*Yester und Li, Ingeborg, Das Meer* – und

---

[18] es muß nicht trüb sein, denken Sie an Stendhal; es kann aber trüb
werden, wenn das Erotische daran langsam schal wird und doch wei-
terexistierend alle anderweitigen erotischen Erfrischungen nun odiös
macht; am Ende sind wir dann bei Anthony Perkins und seiner mumi-
fizierten Mama.

letztres war sehr gut) legt sein berühmtestes Buch vor, den Science-fiction-Roman *Der Tunnel,* den ebenso melodramatischen wie politisch gedachten Bericht vom heroischen und tragischen und dann doch gelingenden Bau eines Eisenbahntunnels zwischen Europa und Nordamerika – Kellermann selbst war ein unermüdlicher Reisender, er kannte Europa, Amerika, Asien (mehrmals hatte er auch Rußland bereist, das große Dichtertraumziel jener Jahre); hier schreibt Kellermann eine verwegne Mischung aus Kolportage, Ingenieursromantik, Arbeitermacht und -ohnmacht (sehr gut sind Streikszenen und Tunneleinstürze), dazwischen mengt er großartig sentimentale und sozusagen gefühlshochwertige Liebesgeschichten; im einzelnen ist das oft ganz furchtbar, im ganzen aber hat das Buch einen bemerkenswerten Schwung, ein sehr gutes *timing,* es gibt schön retardierende Passagen, und Kellermann, sehr viel klüger als jener berüchtigte Hans Dominik, der dann seit den zwanziger Jahren den deutschen Science-fiction-Markt beherrschte, denkt im Buch über den Zusammenhang von Technik und Kapital und Macht und Arbeitern nach, und er tut das, ohne daß die wilde Handlung zu einem bloßen Vorwand für Theorien wird.[19] – Von Belyi haben wir die

---

[19] noch einmal begegnet uns hier mein Freund Werner Fuld, der über Kellermanns *Tunnel* ein- oder zweimal sehr schön und ausführlich geschrieben hat; dieses Buch, sagt er, war damals ein ungeheurer Bestseller, heimlich wohl auch des wie ungewollt eingeflossenen kriegerischen Vokabulars wegen, 1912, als alle Welt (schwer zu begreifen) scharf war auf einen Krieg, auf *action*; schwer zu begreifen eben, das ist es – und das macht nun auch wohl für uns heute, in einer doch wirklich veränderten Seelenlage, diesen Roman zu etwas ganz anderm als er damals zweifellos gewesen ist; wir hier, in diesem Buch, haben es in einer ohne Frage etwas schlichten Art nur mit der jetzigen Gefühlslage zu tun, mit der unsern: und sehn also entsetzlich vieles gar nicht, wovon mein Freund Fuld mit großem Recht sagt, daß es den – historischen, literaturentwicklungsgeschichtlichen – Wert dieses Romans ausmache, und achten bloß auf das, was uns heute an dem Buch noch fesseln könnte. Das tut Fuld natürlich auch, aber er kann dann noch, als auf einen Reiz des Buchs, auf die Art hinweisen, wie es

Silberne Taube gelesen, diese Dorfgeschichte mit dem  **1913** grausamen Mord an dem jungen Mann, dem auf ihrem Hause die Schöne davonschwimmt, als er sie verraten hat; nun schreibt Belyi eins der großen Bücher der Zeit, *Petersburg* – man erlebt in diesem Roman alles Geschehen und allen Hintergrund wie einen wackelnden Reigen flackernder Visionen: ein junger Mann will seinen Vater ermorden, einen alten leicht senilen Politiker, er bewahrt im Auftrag irgendwelcher blöder Anarchisten eine Bombe auf, in wirrem Zustand stellt er die Zeituhr ein, inzwischen aber hat er durch ein verrücktes Auftreten in einem schreienden Gewand (dieser Auftritt wird mehrmals erzählt, aus verschiedenen Perspektiven) ohnehin vor der guten Gesellschaft und dem Geheimdienst die ganze Familie ruiniert, dann geht die Bombe recht zivil los, nichts passiert, ganz anderswo wieder hat bloß ein Mann, den seine mondän-wirre Frau verrückt macht, sich zu erhängen versucht (aber die Gipsdecke bricht), und irgendwo anders ist einer wirklich umgebracht worden; wie Masken einer Nacht, die keiner versteht, taumeln Männer und Frauen durcheinander, Anarchisten und Geheimdienstler sind nicht mehr zu unterscheiden. Belyi erzählt das in Prosastücken, deren verschiedenartige Töne kaum aufeinander abgestimmt sind, er inszeniert die abgebrochnen Szenen wie ein Theater, das keinen Zusammenhang haben soll – aber wie von einem noch einmal dahinterstehenden Kunstverstand geordnet, doch nach Prinzipien, die noch keinen Begriff haben, entsteht

---

auf Bücher antwortet, die vor ihm viel gelesen wurden – auf Bücher, die wir hier gar nicht ansehn würden; Fuld kann zeigen, daß Kellermann ganz großartig die sonst erst viel späteren Schilderungen von Materialschlachten und Bombenchaos vorwegnimmt: wir Leser kennen schon das Vorweggenommene vor der Vorwegnahme, und bleiben kalt. Dagegen spricht nicht Fulds kluge Bemerkung, daß das, was für damals das – inhaltlich – Neue an dem Roman war, erst heute so richtig deutlich wird; Fuld will nicht, daß wir kalt bleiben, wo wir uns erwärmen könnten, wenn wir gebildeter wären, wir Barbaren, wir Banausen wir.

1913 aus diesem Chaos nun ein (man weiß nicht: farbenpräch-
tiges oder doch bloß in tausend finster-grellen Grautönen
gemaltes – wer weiß das bei Träumen?) Bild von so
unmittelbarer (weil wohl von keinem Verstand mehr zu
vermittelnder) Eindrücklichkeit, daß man dann aufwacht,
als hätte der eigne Geist neue Augen gekriegt, und nun
ist nichts mehr allein und nur noch so, wie es vorher war:
es ist noch so, vielleicht, aber wer will schon freiwillig
erblinden, um nur noch bloß die Oberfläche von dem zu
sehn, was doch ist – »und diesem und keinem anderen
Punkt entspringt dieser reißende Strom von Worten, die
dieses Buch bilden«, sagt Belyi gleich zu Beginn, als es
auch einmal heißt: »In dem eichengetäfelten Eßzimmer
rief die Kuckucksuhr Kuckuck.« – Larbaud gleich noch
einmal, nach der *Fermina Marquez*, mit seinem Hauptwerk, *A. O. Barnabooth*, dem *Tagebuch eines Milliardärs*;
der Titelheld, ein junger Südamerikaner, reist tagebuch-
schreibend durch Europa und sucht das Absolute, mit
Eisenbahn und Reiselimousine, damals, als das noch
schön war, und es muß wirklich schön gewesen sein[20].
Er sucht das Absolute in Landschaften, in Städten, vor
allem auf den Lippen schöner Frauen, und das macht

---

[20] und es muß nicht immer ein Rausch dabeigewesen sein wie bei
d'Annunzio: Proust war ein passionierter Autoreisender, Gide ließ
sein Haar im Fahrtwind wehn, das wenige, das er hatte, und wir haben
Henry James in Edith Whartons Auto gesehn; doch, das Autofahren
muß wunderschön gewesen sein (oft ist es das ja noch, ganz unter
uns). Proust: da ist etwa in jenem Dorf eine Kirche, die der Erzähler
gern besucht, in jenem ist ein Haus, das er gern sieht, dort ein kleines
Schloß oder eine schöne Aussicht; jede dieser Stellen ist in einem
Wagen mit einem Pferd ein ganzer Ausflug: wenn der Erzähler die
Kirche sieht, kann er nicht auch noch das Schloß sehn, und so fort;
und nun, mit dem Auto, läßt sich das ganz neue Gefühl erleben,
daß alle diese disparaten Dinge zum Ensemble eines einzigen kleinen
Nachmittags verschmelzen; Proust wertet das gar nicht, sondern er
konstatiert nur, daß die Welt sich für den Autofahrer offenbart wie
nie zuvor, und er läßt seinen Erzähler diese neuen Erfahrungen lustvoll wahrnehmen. Lieber Freund Seume: der Mensch ist nicht zum
Spazierengehn geboren.

ihn groß, denn wo soll das Absolute sonst auch sein? Ich *1913*
glaube, er findet es nicht, jedenfalls nicht in seiner Größe,
denn er ist wunderbar arrogant, und doch auch zu klug,
als daß er verzweifelte, wenn er Europa leer sieht von
Gott und allem was ähnlich groß war: das Absolute,
wird er sich wohl sagen, ist nicht mehr von der Art,
daß wir nichts wären ohne es (wenn Barnabooth einmal
sagt, er suche verzweifelt, dann handelt es sich um ein
Hotel); und er zieht sich, verheiratet, das schon, zurück
auf seine fernen Ländereien. Larbaud will nichts, das
ist der Zauber seiner Prosa, er will nichts zeigen, nichts
beweisen, nichts erklären; Larbaud ist außer wo er erzählt nicht immer leicht zu verstehn, aber seine Freiheit
lag wohl darin (und in dieser Freiheit das Zauberische
seiner Texte), daß er nur schreiben wollte, was ihm vorschwebte, und daß er wirklich nichts andres schrieb als
dies. Natürlich hätte er fünfzig Jahre früher etwas andres
geschrieben als jetzt, ich schäme mich für solche Sätze;
aber es gibt eben keinen Standpunkt (für einen wirklichen
Leser, meine ich, sonst gibt es natürlich welche), der,
wenn die Texte gut sind, noch einmal darüber befinden
könnte, was von dem Wichtigen, das dort bekannt ist wo
es Standpunkte gibt, auch sie nun haben oder eben nicht.
Ja, viel mehr ist dazu eigentlich immer wieder kaum zu
sagen. – Marcel Proust nun, *Unterwegs zu Swann* – damit
beginnt das gewaltige Unternehmen der *Suche nach der
verlorenen Zeit*; es gibt da einen jungen Mann, mit demselben Vornamen wie der Autor, und dieser junge Mann
läßt sich durch nichts, selbst durch das Leben nicht,
ablenken von der großen Idee, das Leben schreibend
erkennen zu wollen: dieses Leben, jetzt, aber mit allem
was ihn und andre hingeführt hat zu diesem Jetzt, und
dem wohin es führen wird. Man weiß nicht, was es dem
jungen Marcel nützen soll, daß er alles durchschauen,
oder daß er von allem wissen will, was es ist hinter dem
was man davon sieht, wenn er doch ohne diese Idee viel

einfacher leben könnte, eben wie die andern auch; man weiß nicht, warum er das Leid, wo er liebt, so gründlich erforschen will, wenn er doch ohne diese Gründlichkeit viel leichter lieben könnte: wenn man eben nicht glaubt, und sich nicht vom schreibenden Marcel Proust, der Muse des jungen Marcel sozusagen, davon überzeugen läßt (aber hier ist eben der Stil die schöne, glückliche Verführung durch den Schein hindurch), daß vielleicht zwar die Wahrheit nicht über dem Leben steht, daß aber das Leben allein doch ein Ungenügen hinterläßt, wenigstens dem, der nicht gleich leugnet, daß zum Leben der Hang gehören kann, durch die Erfahrung hindurch in sich zu gehn. In seiner Begierde des Erkennens ist dieser junge Marcel der reinste unerschrockenste Geist, und in dieser Unerschrockenheit zugleich die selbstloseste Seele, die je von sich selber so ununterbrochen die Rede hat sein lassen. Dabei ist dieser junge Mann fast unsichtbar für die Welt, die er beschreibt; wäre er das nicht, dann würden die Leute, die diese Welt bevölkern, ihn nicht lange in ihr dulden; er kommt immer wieder, er kommt unangemeldet, er bittet um Empfehlungen, er scheut Aufdringlichkeiten nicht, er tritt Leuten sehr nahe, kurz: er benimmt sich wie jemand, der nicht dazugehört und doch ums Leben gern dazugehören würde. Und das Eigenartige ist nun, daß ihm dieser indezenteste aller Wünsche vollkommen erfüllt wird: seine angedeutete Unsichtbarkeit besteht offenbar darin, daß die Gründe, die ihn bewegen, den Zugang zu dieser Welt beinahe zu erzwingen, derart uneigennützig und damit schon beinahe derart außerhalb dieser Welt sind, daß keiner ein richtiges Mittel hat, diesen Bitten um Zugang zu widerstehn. Der junge Erzähler will offenbar gar nichts von dem was sonst alle wollen, und so hat sein Wille (den dabei jeder halten kann wofür er mag) die Unwiderstehlichkeit des Exotischen oder der Unschuld. Und nun durchsinnt und durchdenkt er alles, nichts schreckt ihn ab, nichts macht ihm Angst, nichts scheint ihm verwerflich, nichts aber 1913 auch unverwerflich in dem Sinne, daß es wahr oder richtig oder gut wäre: alle solche Wertungen würden auf  irgendwelchen verschwiegenen Vorurteilen beruhen, und eben solche Vorurteile, wenn er in sich auf sie stößt, läßt dieser junge Mann, läßt der Erzähler nicht gelten: in zwar verschlungnen, aber ganz ruhigen syntaktischen Bewegungen durchfährt und durchzieht er alles so lange, bis es wie getroffen von einer Unendlichkeit immer genauer werdender Anstöße sozusagen zerstäubt. Würde hier nicht, wenn es ein solches Ausruhn für ihn gäbe, der große Windgott des Romanemeers für immer ruhn wollen? – Dieses Jahr ist herrlich und reich, der junge Alain-Fournier bringt den *Großen Kameraden* heraus, den *Großen Meaulnes*[21], auch hier gibt es, wie bei Musil, wie

[21] die erste deutsche Übersetzung, von Arthur Seiffhart, erschien 1930, Rowohlt brachte sie in seinen Taschenbüchern im August 1956 auf den Markt, gleich in 50000 Exemplaren, das war eine der ganz frühen Nummern, nämlich 192; ich habe ein solches Exemplar, ein Freund hat es mir damals geschenkt, wirklich ist das auch ein Buch zum Verschenken unter Freunden; das rauhe dünne Papier ist braungelb geworden mittlerweile, der Druck ist eng und ohne viel Licht, hier geht auf 148 Seiten, was in neuen Ausgaben mehr als 240 Seiten braucht (nach höchstens zehn Seiten ist es dem versunkenen Leser völlig egal, wie schön oder nicht schön das Buch, das er da liest, gedruckt oder gebunden ist; ich verkenne nicht den Wert der Schönheit von Büchern, wenn man sie kauft oder so stehn sieht, wie dürfte ich das auch in diesem Buch gerade: bloß ist es eben genauso wahr, daß das alles doch auch wie vergeht und verweht, wenn man erst einmal liest); und wenn ich mich jetzt an die Lektüre von damals zu erinnern versuche, so ging es um die Träume der Kindheit und Jugend, um die Ängste und Sehnsüchte und Ahnungen dieses Alters, um den merkwürdigen Schauer, den ein Ende dieser träumerischen Zeit schon wie einen Schatten manchmal auf die Reinheit aller Träume und Empfindungen legt; oder wie in die Kindheit und Jugend und ihre Träume da in dem Buch jemand einbricht, der eigentlich hineingehört in diese Welt und ihre schönen Geheimnisse, und doch etwas an sich hat von andern Geheimnissen, von jenen Geheimnissen, die vielleicht schon der heimliche Gegenstand der Träume gewesen sein mögen, aber der noch unbekannte Gegenstand: wie eine Gegend, in die man so gern möchte, aber vielleicht nur möchte, weil in der Sehnsucht über ihr jener verführerische Duft schwebt, den sie so schrecklich verliert,

1913 bei Larbaud, ein Internat, auf dem Lande, in der Sologne. Der Held im Buch, eben jener Meaulnes, ein älterer wissenderer Mitschüler, mit einem dunklen Anflug von Erwachsenheit, sieht einmal nachts im Wald in einem Schlößchen ein schönes Mädchen, auf einer Art Kinderhochzeit, von der der Leser, wenn er auf Umwegen davon erzählt bekommt, nur Bruchstücke erfährt: die Schöne ist offenbar die Schwester eines jungen Mannes, der hier nachts im Wald seine Braut erwartet, und sie dann hier heiraten will. Die Braut kommt aber nicht, der junge Mann erschießt sich beinahe; aber der große Meaulnes, unser Held, redet mit der Schwester, und wie er davon, das sind diese Umwege, seinem Freund erzählt, der im Buch wieder den Erzähler für uns spielt, hat diese Schöne, Yvonne, sich auch in ihn verliebt in dieser sonderbaren ungeglückten Hochzeitsnacht. Meaulnes, als er zurückkommt aus diesem Wald, weiß nicht mehr, wo er war in jener Nacht: und sein Leben ist nun, die Schöne wiederzufinden. Das ganze Buch ist in der Rückschau erzählt: die Kindheit also, die Jugend, die da beschworen wird, ist immer schon vorbei, und ist doppelt verloren; einmal, weil sie vergangen ist; dann aber, schwerer wiegend, weil sie immer schon ganz durchdrungen war im Grunde von der Unmöglichkeit ihrer Träume, oder von einem Verderben, das ihre Träume immer schon durchzog, aber man weiß nicht, ob das so hätte sein müssen, weil Träume das viel-

---

wenn man erst einmal dort ist, im Land der Erwachsenen, wo die Träume wahr zu werden versprechen beim Träumen; wer so hinübergeht in dies andre Land, wie er das sollte, wenn die schon Erwachsenen recht haben, der vermißt jenen Duft nicht mehr, wenn er erwachsen angekommen ist da drüben; wer schon fürchtet, daß alles ganz anders sein wird als in den Sehnsüchten, der bleibt zu lange in den Träumen stecken, oder es reißt ihn jemand zu früh heraus aus diesen Träumen: jemand, der noch zu träumen schien wie wir, und doch schon schmerzlich mehr wußte als wir – so ungefähr hatte ich die damalige Lektüre noch irgendwo in mir, als ich das Buch jetzt wieder in die Hand nahm, oder so kam sie mir aus den angebräunten Blättern der alten Ausgabe entgegen.

leicht an sich haben, oder ob das bloß in diesem traurigen Falle so war; ja man weiß nicht einmal, ob dies wirklich ein trauriger Fall war, oder ob nicht der träumerische Duft über dem Land der Kindheit und Jugend immer so trügerisch ist – oder vielleicht sogar trügerisch sein muß, damit die Träume tief sein können. Der Autor schiebt diesen Freund als einen Erzähler vor, der die Vergeblichkeit jener Träume kennt, der aber weiß, daß es keineswegs schöner ist oder glücklicher macht, nicht mehr zu träumen oder träumen zu müssen, sondern erwachsen zu sein; ach, das waren Träume, das war Wahnsinn, sagt der Erzähler immer wieder; der große Meaulnes war einer, der das Aufwachen nicht ertrug, der romantische Bruder war einer, der steckenblieb in den Träumen und andre mit hineinriß in den Abgrund seines erst kind- lichen und dann erstarrten Egoismus; aber wenn dieser Erzähler dann wiedergibt, was die andern erlebt haben in ihrer Welt, wenn er erzählt, wie er mitgeholfen hat, daß sein Freund Meaulnes die Schöne doch noch finden konnte, und wenn er schließlich von der Schönen selber erzählt, wie er sie zum ersten Mal sieht, und wie schön sie in Wahrheit ist: dann spürt man, daß, wie immer man die Träume werten will, sie doch mindestens so wahr sind wie jenes Leben, das wir dann, erwachsen geworden, wahr und wirklich nennen gegen jene Träume, oder gegen jene Empfindungen, die wir uns vom Leben machen, wenn wir es noch nicht kennen. Aber wenn das gekannte Leben den alten Glanz nicht mehr hat, aber auch keinen neuen, den wir vorher nur nicht gesehn hätten: wie will man dann sagen, oder wer will dann sagen, daß die Träume und Empfindungen damals nichts Wahres waren, oder nicht vielleicht sogar das einzig Wahre? Und je länger die Erzählung dauert, und je komplizierter sie wird, desto weniger auch wird es für den Leser wichtig, die verschachtelte Erzählung so zu enträtseln, daß heraus- käme, wie da irgend etwas wirklich gewesen sein könnte.

1913 Im Gegenteil findet der Leser mehr und mehr, daß er das, was der Autor ihm da erzählen will, völlig verpassen würde, wenn er es sich anders zurechtlegte als es der Freund des großen Meaulnes berichtet. Das ganze Geheimnis, um das es in der Geschichte geht, das wirkliche Geheimnis, das hat nur existiert in dieser traumhaften Dämmerung, und allein in dieser Dämmerung wird es weiterexistieren, wir können es weder ans Licht ziehn noch dürfen wir es abschieben ins Dunkel. Die Geschichte in dem Buch spielt in der Sologne, da ist Alain-Fournier groß geworden; die Sologne ist eine kleine Landschaft unterhalb des gewaltigen Bogens, den die Loire macht, wenn sie nach Westen abbiegt zum Atlant hin: eine unbedeutende Gegend, Wälder, Wiesen, Teiche, Enten drüber, manchmal der Mond, wie das so ist; wenn Sie hinfahren und dieses Buch nicht kennen, werden Sie die Gegend vielleicht gar nicht finden; wenn Sie das Buch gelesen haben und hinfahren, dann werden Sie, plötzlich manchmal, und als wär es egal, was da genau vor Ihren Augen auftaucht, fast einen Schmerz empfinden, so, als könnten Sie jetzt, wenn Sie nur wirklich wollten, fast wie auch der junge Marcel einmal bei Proust, als er über Land fährt, das Wort finden, das von der Welt den Schleier hebt, den man sonst gar nicht sieht. Natürlich, sagen Sie sich dann, natürlich gibt es dieses Wort gar nicht, den Schleier auch nicht, die Sologne ist einfach eine Gegend, dieses Buch hat uns wieder einmal etwas vorgemacht, wie Bücher das so tun. Das ist alles wahr, doch, wirklich; aber so ganz beruhigt einfach ist die Welt doch nicht mehr nach solchen Büchern, in uns oder anderswo steckt mehr. – Grazia Deledda, die wir schon kennen, schreibt ein wunderbar ruhiges und schönes Buch, *Schilf im Wind*; es hat nichts zu bedeuten, wenn ich jetzt kurz bin nach so ewig langen Exkursen. – Die Colette, auf die ich ja nur gelegentlich hinweisen kann, sie hat herrlich viele Bücher geschrieben, bringt *Die Fessel*

heraus. – Dann Willa Cather, wir hatten sie eben erst mit
Alexander's Bridge, jetzt endlich beherzigt sie den Rat der
Kollegin Jewett und kommt mit dem ersten ihrer großen
Präriebücher, *O Pioneers!* (bei uns *Neue Erde* oder *Unter
den Hügeln die kommende Zeit*); sie schildert hier die Land-
gewinnung der ersten Siedlergeneration, ihr langsames
Sichgewöhnen an die karge Landschaft; aber auch in dieses Leben, wie vorhin in das des Brückenbauers, kommt
jener leidvolle Zug, daß nicht alles aufgehn kann was in
einem Menschen angelegt ist: die weibliche Hauptfigur,
die es schließlich fertigbringt, daß die Familie hier eine
Heimat findet, muß auf ein privates Glück verzichten. –
Annette Kolb schreibt einen kleinen Roman, *Das Exemplar*, worin eine junge Frau einen Geliebten hat, einen
Diplomaten, den sie nur selten sieht; um ihn zu sehn, reist
sie nach England, aber kein Zusammentreffen gelingt, sie
sitzt herum, im Hotel, bei Freunden, in allen Stimmungen; sie treffen sich, aber der Bursche hat inzwischen geheiratet, nun muß er nach Amerika; einmal, verwegen und
hingebungsvoll zugleich, in einem Gemisch wieder aus
allen Stimmungen, zwischen denen sie schwebt, sieht sie
ihn noch, er kann nicht anders; dann trennen sie sich.
Ein sehr schönes Buch, leicht, ganz ernsthaft, alles zusammen. – Und Hofmannsthal hört jetzt auf sich abzu-
quälen mit *Andreas oder den Vereinigten*, diesem Roman,
der partout keiner werden wollte, weil er wahrscheinlich
keiner werden konnte, in diesem sonderbaren Venedig,
wo keiner er selber ist, vor allem seit dem Hund damals
im Kärntnerischen, wo der junge Held die schöne Roma
gefunden hat, die Idee seiner Seele, die er nun erst wieder suchen muß, und so weiter und so weiter; das ist alles
ganz wundervoll geschrieben, traumhaft schön ist das
geschrieben, nur wer Kunst will, kann einen Roman so
schreiben wollen, aber wer Romane schreibt, will nicht
vor allem Kunst – so denkt man hier, wahrscheinlich
falsch, auf einer ähnlich falschen Bahn wie dieser Roman:

das steckt an, wir haben das schon öfter gesehn. Zurück also zu Proust, zur Cather, wohin Sie wollen.

Den Nobelpreis gewinnt in diesem Jahre Rabindranath Tagore, ein Lyriker. – Den Prix Goncourt erhält Marc Elder für den Roman *Le Peuple de la mer.*

1 ✦ 9 ✦ 1 ✦ 4

Grabschrift (158.159) für

HEYSE. ALAIN-FOURNIER. Zwei Wochen nach seinem vierundachtzigsten Geburtstag stirbt in München, hoch geehrt, wohlhabend, mit den größten Auszeichnungen bedacht, wenn auch mit der Zeit vielleicht, der sehr schnellebigen (das war sie immer, aber jetzt ist sie es auffällig), ein bißchen dorthin geraten, wo die jüngsten Antiquitäten aufbewahrt werden, Paul *HEYSE;* seine letzten Arbeiten waren Erzählungen und einige wie stets musterhafte Übersetzungen älterer italienischer Autoren. – Und im Wald von Saint-Rémy stirbt (fällt, wie man sagt) knapp zwei Wochen vor seinem achtundzwanzigsten Geburtstag einer unsrer Liebsten, jener Henri-Alban Fournier, den wir als *ALAIN-FOURNIER* kennen.

✦

Hermann Hesse veröffentlicht *Roßhalde,* einen Roman über einen Maler, über die Ehe des Malers und über ein Kind, das dann stirbt (das im Grunde aber nur stirbt, damit der Roman einigermaßen funktioniert); stilistisch ist Hesse hier sonderbar in der Nachfolge Friedrich Huchs. – Ramuz hat einen neuen Roman, ein kurzes Stück, *Die Herrschaft des Bösen,* worin, in eigentümlicher Verstiegenheit, ein Dorf geschildert wird, über das in

Gestalt eines Schuhmachers der Teufel die Macht ge-
winnt und durchaus ohne Subtilitäten und Umschweife
ausübt; man weiß nicht was das alles soll, kann aber
natürlich nicht umhin, das Ganze als eine allegorisie-
rende Vision kommender Schreckensherrschaften zu
lesen; der Text selber, mit einer Mädchenunschuld, die
dann kreuzschlagend den Bösen vertreibt, hält aber einer
solchen forcierten Leserei kaum stand. – Nach dieser
Herrschaft des Bösen der *Aufruhr der Engel* von Anatole
France – das ist eine geistvolle Satire, deren Schönheit
darin besteht, daß sie sich in ihren Figuren verselbstän-
digt; und leicht resigniert erkennt Satan am Ende, daß,
wenn sein Aufstand glückte (an der Seite eines Liebenden
und eines autodidaktischen Geschichtsforschers), er auch
nichts wäre als eben Gott, und wozu dann das alles? –
Mauriac beschreibt das *Gewand des Jünglings*. – Eduard
von Keyserling bringt *Abendliche Häuser*, ich habe das
Buch letzthin bei seinen *Wellen* kurz erwähnt, eines seiner
schönsten Bücher, das zwischen Melancholie und Un-
erbittlichkeit in einer schwerelosen Balance (für die der
Autor gar nichts zu können scheint, es ist, als läge sie rein
in der Sache) jenen Augenblick festhält, in dem der alte
baltische Adel, an dem im Grunde nichts mehr ist, noch
einmal den kühlen Charme entfaltet, der nun als letztes
entschwindet. Nach einem letzten überflüssigen Duell
heißt es: »Egloff schaute ihn an mit einer wunderlichen
Mischung von Mitleid und Verachtung. Es schien fast
widersinnig, daß er so streng und bleich dalag, der arme
Junge konnte selbst im Tode nicht ernstgenommen werden. Egloff wandte sich ab, verabschiedete sich von den
Herren mit einem kühlen Händedruck und ging hinaus,
um zu Bützow in das Automobil zu steigen. Nun kam
die Reise mit ihrem traumhaften Wiedererleben des Erlebten ...« – dieser Duellsieger Egloff erschießt sich dann:
»Der Morgen war wundervoll hell, in den Pappeln der
Allee jubelten die Amseln so laut, als feierten sie heute

ein besonderes Fest. Am Ende der Allee stand das Schloß blendend weiß in der hellen Morgensonne. Ganz still, mit niedergeschlagenen Vorhängen, schlief es noch mitten in dem bunten Blühen seines Gartens, während der stille Zug sich ihm langsam näherte.« Man sieht, was Bang meinte, wenn er von einer Verwandtschaft zwischen Keyserling und Turgenjew sprach, man sieht aber an dieser letzten Stelle auch, wie schwer, ja wie es fast unmöglich ist, nicht mit hineingezogen zu werden in den Untergang des Schönen, in dem man zu Hause war. – Der Vizconde de Lascano Tegui, der wohl in Wahrheit Emilio Lanscanteguy hieß, liest seinen Freunden in Paris (so erzählt er zehn Jahre später bei der Drucklegung) das fiktive intime Tagebuch *Von der Anmut im Schlafe* vor; das Tagebuch ist das eines Mörders (im ersten Satz des Buchs läßt er sich die Hände maniküren, dann geht er ins *Moulin Rouge,* und dort sagt eine Dame über ihn: er habe seine Hände gepflegt, als wolle er einen Mord begehn; die letzten Sätze des Buchs sind: »Hat alles in mir verkehrt geatmet? Unterscheide ich mich so sehr von meinesgleichen?«), und ich will etwas tun, was ich sonst nie tue, und will einen andern über dieses Buch schreiben lassen, nämlich den von uns allen so verehrten und geliebten Walter Boehlich, der es übersetzt[22] und herausgegeben hat; er schreibt, kein Harmoniebedürfnis mildere die vivisektorische Beobachtung andrer und der eignen Seele, die diesem »Tagebuch den Eindruck absoluter Schamlosigkeit aufprägt. Es kennt in der Tat keine Scham mehr, als habe es nie einen Sündenfall gegeben. Die Menschen sind wieder nackt und auf ihre Weise unschuldig. Sie haben sich vom Paradies befreit, wie sie sich von Gott befreit haben, der schon lange tot ist. Eine

---

[22] aus dem Spanischen; Boehlich weiß zu berichten, daß es eine frühe wenngleich allzu geglättete und gereinigte Fassung des Buchs gegeben hat, und zwar von jenem Francis de Miomandre, den wir erst unlängst (1908) den Prix Goncourt haben entgegennehmen sehn.

Ahnung von dem, was der Mensch sein könnte, ›den uns
noch niemand gezeigt hat‹, vermitteln nur noch die Kindheit und der Schlaf, das unbewußte Leben also, in dem
Wahrheit und Anmut sind. Es hat nichts mit dem Bestehenden zu tun, vor dem allein Liebe retten könnte –
die Liebe, die der Tagebuchschreiber nie und nirgends
findet, weil sie aus der Welt getilgt ist...« – Unamuno,
dessen *Frieden im Krieg* von 1897 wir kennen, schreibt,
als ob er ein andrer geworden wäre, *Nebel*, einen hinter-
sinnigen Denkroman, worin eine Figur, die wie aus einem
bis dato über sie verhängten Nebel wirklich für sich selber zu leben – und zu lieben – beginnt, selbstmörderisch
zurückwill in noch weniger als den Nebel, als die Frau,
kaum scheint sie ihn zu wollen, doch wieder zu dem
geht, den sie davor liebte; an dieser Stelle, vor dem Selbstmord, diskutiert nun der Autor mit seiner Figur, und sie
streiten sehr schön, wer nun nebliger ist, die ersonnene
Figur oder ihr Autor, zumal auch dieser doch wohl, sagt
die Figur, nur ein Traum seines Gottes ist, und so weiter,
und wer wen nun zurückschicken dürfe ins Nichts, oder
wohin auch immer, und so weiter; das ist alles so hübsch
wie geistvoll und so tiefsinnig wie verspielt, aber merkwürdigerweise verfangen solche Scherze am Ende doch
nicht so recht (und die Idee, daß ein Autor mit seinen
Figuren redet, verbraucht sich schnell; selbst wenn man
sagen könnte, daß Unamuno der erste wäre damit: für
uns eben nicht mehr, und ob einer der erste mit etwas
war, das hat die Zeit immer schon eingeebnet). – Sinclair
Lewis, neunundzwanzig jetzt, schreibt seinen ersten, gar
nicht erfolgreichen Roman, *Unser Mr. Wrenn*; Wrenn ist
ein kleiner Angestellter, dann heiratet er, am Ende des
Buchs soll er rasch was zu essen holen, seine junge Frau
wartet oben, er hat sie noch geküßt, sie möchte ein Kind,
sie träumt davon, und nun: »Er ging rasch aus der Küche
und musterte, wie immer, das Wohnzimmer mit einem
glückseligen Blick – die Wände mit den roten Tapeten und

der schimmernden Kunsteichentäfelung; die Tellerreihen auf der Anrichte; den Speisetisch mit den fein säuberlich abgestaubten Papierrosen, die in der Vase standen; den Lehnstuhl, und daneben Nellys Näharbeit auf einem kleinwinzigen Rohrtischchen; den großen goldgerahmten Öldruck *Bergesgipfel im Mondlicht.* Er lief schnell die Treppe hinunter und sprang munter durch die Haustür hinaus. Dann blieb er wie gebannt stehn. Jenseits der großen unbebauten Grundstücke im Westen flammte ein ungeheurer Sonnenuntergang am Himmel. Von der Wohnung, die über den East River auf das zahme Grasufer einer Spekulationsvorstadt blickte, war nichts davon zu sehn gewesen. Herrjeh, klagte er, das ist seit einem Monat das erste Mal, daß ich einen Sonnenuntergang seh. Sonst hab ich beim Sonnenuntergang immer von Ritterbannern und Mandalay und lauter so Sachen geträumt. Wehmütig betrachtete der Verbannte sein verlorenes Reich, bis die Oktoberkühle ihn zusammenschauern ließ. Aber er lernte vom Inhaber des Delikatessenladens eine neue Art, Eier zu kochen; und seine Pläne für den Abend – er wollte mit Nelly Dame spielen und ihr das Abendblatt vorlesen – ließen ihn wieder vergnügt vor sich hinlachen, als er mit seiner Siebencent-Portion Kartoffelsalat durch den frischen Herbstwind nach Hause eilte.« Wenn man das so liest, finde ich, dann weiß man immer mehr überhaupt nicht, was der Autor eigentlich will; man weiß nicht, bei diesem Sonnenuntergang mit Kartoffelsalat, ob er sich nun über seinen Helden lustig macht, mit seinen Rittern und seinem Herrjeh darüber bei dem was er sonst nicht sieht vor lauter anderm Ufer und Träumerei, oder ob er halb weint über einen Menschen, der mit diesem entsetzlich kleinen bißchen Glück fröhlich wieder hinaufeilt zu den abgestaubten Papierrosen und dem Öldruck an der Wand und seiner Nelly. Mit diesem Ausdruck vom entsetzlich kleinen bißchen Glück meine ich auch, daß jedenfalls der Leser das für ein entsetzlich geringes Glück halten muß, während es dem Helden doch das ganze Glück bedeutet; aber der Autor zeigt nicht dieses Glück, von innen gewissermaßen, damit wir es spürten (noch einmal will ich an George Moore und seine *Esther Waters* erinnern), sondern er redet bloß von jener Seite dieses Glücks, auf der seine fast verzweifelte Schäbigkeit für uns zu sehn ist – wir haben also nicht den für sich doch glücklichen Helden vor uns, sondern den armen Kerl, wie er da das Bißchen, das zu spüren er zum Glück wohl nur imstand ist in seinem unausgebildeten Dasein, schon für das hält was den Menschen zu dem macht, über den man nun also Bücher schreibt. – *Benkal, der Frauentröster* heißt das kleine Buch, mit dem Schickele sich nun wieder meldet; das ist eine zeitlich (es gibt aber Autos: das ist also eher eine Zukunft) und örtlich nicht festgelegte Parabel, aber man weiß nicht über was; Benkal ist ein Künstler, der scheitert, weil er das Leben für stärker halten muß, als eine Frau weggeht, von der er besessen scheint als einem Bild seiner Idee von ihr, es gibt einen Krieg, es gibt große Epidemien, ein bißchen wie bei Ramuz, ein bißchen wie bei Kubin kann das alles auf Dinge deuten, die die Leser dann in ihrer Realität kennengelernt haben; das Buch selbst ist eher eigentümlich als wirklich gut, und man wird es eher um seines so liebenswürdigen Verfassers willen mögen. – Gide schreibt *Die Verliese des Vatikans*, eines der brillantesten und besten Bücher der Zeit, einen absichtlich und mit spürbarer Lust herrlich verworrenen und durch und durch ironischen Roman um einen sehr komischen klerikalen Betrug und um einen Mord, den ein junger Mann[23] begeht, der zu wissen glaubt, daß nur die Taten etwas taugen, die rein aus sich selber kommen und frei sind von allen Motiven und allen Gedanken an ihre Folgen (die also, in der alten

---

[23] es ist jener, der bei uns im ersten Band in der allerersten Fußnote aufgetaucht ist mit dem Biberhut.

Sprache gesagt, unethisch sind sowohl in grundsätzlicher als auch in pragmatischer Hinsicht), er bringt seinen Schwager um, grundlos, er weiß nicht einmal, daß er mit ihm verschwägert ist: unschuldiger kann man wirklich nicht sein; und so ist er sehr ärgerlich, und mit Recht, als ihm der Stürzende den Biberhut abreißt, auf den er stolz ist, und ihm dafür auch noch den eignen elenden daläßt; der junge Mann irrt sich womöglich in seinem Glauben an diese *actes gratuits*, und gesteht sich am Ende auch so etwas wie einen Irrtum ein: aber das Buch endet ohne den Wiedereintritt des Helden in die durch ihn doch sträflich veränderte Welt (in die wiedereinzutreten auch nichts verlockt, meint Gide ganz ohne Zweifel); er erwacht aus einer schönen Liebesnacht, die wir ihm und dem Mädchen, das ihn liebt, aufrichtig gönnen, und wir sehn nicht mehr, was er nun machen wird. Es ist die schönste Gottlosigkeit, die sich hier darin übt, aus dem alten Europa glitzernde Trümmer zu machen[24], glitzernder als je das heile, ganze Alte war – und die Übung gelingt, und nie mehr, sagen wir uns dann, wollen wir jemandem zuhören, der uns feierlich kommt. –

Den Nobelpreis daraufhin kriegt in diesem Jahr – keiner, es war Krieg urplötzlich oder auch vorausgeahnt; den Prix Goncourt erhält, nachträglich im Jahre 16, Adrien Bertrand für *L'Appel du sol.*

Geboren wird in Hamburg, Sohn eines Polizeibeamten, Arno Schmidt; Heyse stirbt, Arno Schmidt wird geboren, das hat keinen Zusammenhang, das hat nichts zu bedeuten, nein, das ist bloß so, aber das auch wirklich.

---

[24] aber auch die doch fromme schöne schwarzhaarige Rabbinertochter Mirjam in Meyrinks *Golem* (worin auch Hüte durcheinandergehn, aber das nur am Rande) sagt: »Als ob es etwas Herrlicheres geben könnte, als den Boden unter den Füßen zu verlieren! Die Welt ist dazu da, um von uns kaputtgedacht zu werden, hörte ich einmal meinen Vater sagen – dann, dann erst fängt das Leben an.«

1 ✦ 9 ✦ 1 ✦ 5

Grabschrift (160) für

CAPUANA. Sechsundsiebzigjährig stirbt in Catania, am Fuße des Ätna, Luigi Capuana, der große Freund Vergas, wir haben seinen *Marchese von Roccaverdina* gelesen, das war das Buch, worin dem alten tyrannischen Mörder des Mannes, den er zum Scheine seiner Geliebten zum Gatten gegeben hatte, das Gewissen so grausam geschärft wird, und zwar angesichts des Jesusbildes in der eigenen Krypta. Seine Erzählungen, heißt es, habe d'Annunzio geliebt, bis zur Nachahmung hin, aber das sagt uns nichts.

✦

Hamsun schreibt *Die Stadt Segelfoß*, das ist in der Chronologie dieser vom Fortschritt überrollten patriarchalischen Ordnung die Fortschreibung der vorvorjährigen *Kinder ihrer Zeit*; ein wunderlicher Telegraphenmann ist hier sehr schön der Stellvertreter des Autors. – Hesse schreibt eine kleine Dreifacherzählung *Knulp* (die natürlich keiner mit Nabokovs *Pnin* verwechseln wird); Knulp ist ein lieber kleiner Wanderer, er wandert lieb durch ein Bauern- und Mädchenland, er hat auch Witz, vielleicht hat er Gide gelesen, und singt: »Es sitzt ein müder Wandrer / in einer Restauration, / das ist gewiß kein andrer / als der verlorne Sohn.« Am Ende dieses süßen wunderschönen Lallebüchleins stirbt Knulp, und Gott redet mit ihm wie ein lieber alter Gastwirt aus dem Bauern- und Mädchenland: »Also ist nichts mehr zu klagen? fragte Gottes Stimme. Nichts mehr, nickte Knulp. Und alles ist gut? Alles ist, wie es sein soll? Ja, nickte er, es ist alles, wie es sein soll.« – Grazia Deledda schreibt einen ihrer besten Romane, *Marianna Sirca*; darin verliebt sich eine reich gewordene Hirtentochter wild in einen berühmten sardischen Räuber; sie möchte, daß er bürgerlich wird, seine großen Freunde halten ihn davon ab; und dann gehn sie alle zugrunde, die Liebe mit. – Joseph Conrad bringt *Sieg* heraus, das ist keine seiner ganz großen Geschichten. – Von Pirandello erscheinen die *Aufzeichnungen des Kameramanns Serafino Gubbio*, das ist ein mit einem kaum abschätzbaren Abstand zu dem melodramatisch-blutrünstigen Geschehen gegebner Bericht, vermutlich (der Roman ist wirklich entweder nicht völlig gelungen oder abenteuerlich hinterrücks) im Grunde über das Verhältnis zwischen dem Bild und dem, was es abbildet, und auch noch dem, der abbildet: darauf jedenfalls deutet die Person des Erzählers hin, eines Kameramanns, der auch dann noch (aus dem Nachhinein kommentierend) seine Kurbel dreht, als der Tiger den Filmhelden schon verspeist. – Somerset Maugham, erfolgreich inzwischen, gutverdienend, und wahrscheinlich hat er sich zwischendurch noch ein paar schöne Hüte gekauft, auch wenn er für die Arbeit an diesem Buch für eine Weile auf das Schreiben von Theaterstücken verzichtet, legt *Der Menschen Hörigkeit* vor, seinen berühmtesten, darum aber durchaus nicht besten Roman (gemessen natürlich nur an den eignen Maßstäben; ich wenigstens ziehe die ersten beiden vor, ebenso scheint mir *Cakes and Ale* wesentlich geglückter); an beidem, Ruhm und Qualität, ist sicher das autobiographische Element schuld, das kaum einen erzählerischen Abstand erlaubt, oder so: das in einer abstandslosen Erzählung erst die Entstehung eines Weltbewußtseins beschreibt, das dann, anderswo, jenen Abstand ermöglicht. Mit einigen Verschiebungen (so hat der Held einen Klumpfuß, wo der Autor selber unter seinem Stottern litt) schildert Maugham sehr genau seinen eignen Bildungsweg, eindrucksvoll ist seine Zeit in Heidelberg, dann die Zeit, in der er Maler werden wollte und, wie seine ganze Generation, der wiederentdeckten Malerei El Grecos begegnete; titelgebend ist eine über

gräßlich lange Jahre sich hinziehende schlimme Beziehung des Helden zu einer abscheulichen Kellnerin; diese
Figur ist so abstoßend gezeichnet, daß der Roman darunter leidet, da man sich, und zwar vergebens, fragt,
warum der Held nicht davonläuft; die Antwort ist natürlich, daß er nicht davonläuft, weil irgendwann Maugham
nicht davongelaufen ist – das ist die Crux autobiographischen Schreibens, daß man Ehrlichkeit zu honorieren hat
statt der Kunst, die ihr zuliebe ein wenig ausgeblieben
ist[25]. – Georg Hermann hat wieder ein Buch, *Heinrich
Schön jun.*; in einer ununterbrochnen Passage von über
zweihundert Seiten wird erzählt, wie der Titelheld mit
Freunden miterlebt, daß sein Vater noch einmal heiratet,
und zwar eine sehr schöne sehr kapriziöse junge Frau,
klug, sehr gebildet, die sich ganz offenbar in den Sohn
verliebt, wie er sich in sie: das hat ein ganz wunderbares
Tempo, und bei allem Schutz, den der Autor hinter
der Erzählkunst etwa Fontanes sucht, entwickelt er sich
immer mehr – und geht im Erzählstil unmerklich ganz

---

[25] vielleicht hängt das hier angesprochne Problem des autobiographischen Romanschreibens dann auch mit Paul Valérys vorhin
zitierter Eintragung zusammen, daß wirkliche Leute unendlich viel
komplexer sind als erfundne Figuren: dann würde Maugham also hier
die (nach Valéry: dummen) Grenzen des flachen fiktiven Schreibens
überwunden haben. Andrerseits, vielleicht erinnern Sie sich, haben
wir seinerzeit bei Pierre Lotis Kindheitsroman (*Roman* steht im Titel
des Buchs) gefunden, daß wir, wenn der Autor lang und breit erzählt
hat, wie er als junger Mann dann dazu kommt, zur See zu gehn, nicht
im mindesten verstanden haben, warum er das nun tut; das wäre dann
wie bei Maugham; nur läßt Loti durch seinen Tonfall und den Ich-
Erzähl-Stil eben dieses Fehlen eines Darum so wunderbar in der
Schwebe, daß wir uns damit abfinden können. Man könnte sich nun
allenfalls noch fragen, warum Maugham, der sich doch vorhin gerade
noch so schön zum Ich-Erzähl-Stil geäußert hat, ihn hier nicht verwendet; es sieht dann wieder so aus, als sei der Ich-Stil für diesen so
reflektierten Erzähler jene Möglichkeit der Distance, über die er eben
hier, wo er sie erzählend entwickelt, noch nicht verfügen darf: so daß
dieser Roman nur dann besser sein könnte, wenn er genau das nicht
erzählen würde, was er erzählen muß, um zu zeigen, wieviel besser er
sein könnte …

 schön über Fontane hinaus – zu einem subtilen Er-
forscher erotischer Verwunderungen (glänzend nebenbei
etwa die knappe Charakterisierung eines kahnfahrenden
breitschultrigen Fischermädchens, das, einsichtig, kaum
redend, dem Helden eine schöne sexuelle Ruhe bringt,
wenn er sie braucht; bei Hermann heißt sie: die Wulkow:
»sie hatte eine wundervolle Art, die Wulkow, einen Mann
in die Arme zu nehmen«. – Ramuz gönnt seinem Samuel
Belet eine vergleichbare Liebe, Adèle ihr Name, wenn Sie
ihr einmal begegnen; aber, wer weiß, vielleicht liegt das
an dem maskierten Reden, das Ramuz hier übt – Sie erinnern sich bestimmt an diesen Burschen, der im Ich-Stil
als Fischer endet –: Hermann ist da entschieden besser);
natürlich endet die Geschichte traurig: die Liebenden
finden sich auf einer kleinen Insel, einmal, der junge
Mann (ihr Stiefsohn eigentlich) geht dann in Geschäften
nach Amerika, die Geschäfte hätte ein andrer genauso-
gut erledigen können, und stirbt; und die junge Frau ist
dann mit seinem Freund davongegangen. Zu denken
gibt zum Stil Hermanns, daß man sich mitunter ganz
unwillkürlich, in manchen wie beiseitegesprochnen Satz-
folgen, an Arno Schmidt erinnert fühlt, wo sonst doch
Fontane die häufigere Reminiszenz ist; da gäbe es wohl
noch so manches zu sinnen. – Dann wieder Willa Cather,
Der Gesang der Lerche, ein blöder Titel – er ist auch nicht
so gemeint, er bezieht sich auf ein Gemälde, das im Buch
vorkommt, aber gleichwohl, er ist blöde – ein blöder Titel
für ein großes Buch, in dem, ganz von innen gesehn, das
Werden und Leben einer dann erfolgreichen und großen
Sängerin beschrieben wird: wie die Sand für ihre *Consuelo* die berühmte Pauline Viardot, so benutzt auch die
Cather hier als Vorbild für ihre Figur eine berühmte
reale Freundin, Olive Fremstad, eine Wagnersängerin;
die Fremstad war, wie die Nilsson und die Flagstad, von
nordeuropäischer Herkunft, und es ist, besonders für
uns vielerfahrene Leser, sehr hübsch zu sehn, wie nun in

der Geburtsstadt der Sängerin, also in Willa Cathers Nebraska, eine Menge jener sonderbaren Typen wieder als Immigranten auftauchen, die wir in den Romanen Bjørnsons und Lies und andrer dabei beobachtet haben, daß sie im eignen nordischen Land nicht mehr zurechtkamen. Es ist dann, aber das ist eine der großen Stärken überhaupt bei ihr, schön zu sehn, wie die Cather, mit zwei drei Sätzen, die ganz natürlich und zwanglos und auch kunstlos zu sein scheinen, solche und andre Figuren wie aus dem Stand in völliger Lebendigkeit hinstellt – niemand, denkt man dann (aber James war ihr da vorangegangen), hat in dieser Generation so intensiv bei Balzac gelernt wie diese Autorin; und wie ein Nachhausekommen ist es dann, wenn gleich nach solchen Gedanken der Arzt der kleinen Stadt vorgeführt wird, ein (das ist häufig bei der Cather, die da immer ein tiefes Bedauern für diese Männer hat) nicht sehr glücklich verheirateter Mann (seine Frau hat sich übel entwickelt, seit sie ihn hatte); wir kommen in sein eignes Zimmer (ein paar Seiten später heißt es von ihm: »Wenn er abends nicht Whist oder Billard spielte, dann las er. Es war ihm zur Angewohnheit geworden, sich einfach gehenzulassen«), wir sehn da eine lange Reihe einheitlich gebundner Bücher, in einem liest der Doktor gerade, es ist, wir wissen das, sein Name wird nicht genannt, Balzacs *Großer Mann aus der Provinz*, der zweite Teil der *Verlorenen Illusionen*. – Wie von einem Geheimtip ist zuweilen von Dorothy Richardson die Rede, deren *Schatten der Giebel* der erste Teil eines vielbändigen Werks ist, das, rein aus ihrer Perspektive, das Leben einer englischen Lehrerin schildert; hier im ersten Band tritt sie ihre erste Stelle an, in Hannover, in einem kleinen privaten Internat mit internationaler Besetzung, sie unterrichtet Englisch als Fremdsprache; das ist hübsch, aber bei allem Gemunkel[26]

---

[26] das ist ein grausamer Kalauer, den ich nicht vermeiden kann, denn das Buch ist für uns von einer gewissen Clara Munk übersetzt,

1915 doch nicht ganz das was ein solches Gemunkel rechtfertigen würde. – Ganz ähnlich, hier war der große Munkler
gelegentlich Musil, vielleicht weil er auch Robert hieß,
liegt der Fall bei Robert Müllers[27] *Tropen*; der Anlage des

---

und hier haben wir nun einmal einen der nur ganz wenigen Fälle, in
denen eine Übersetzung so schauderhaft geschrieben ist, daß, wo
Goethe einen dünnen Schleier sah, durch den man den schöneren
Leib des Originals ahnt, man jetzt wie von einem Medusenhaupt den
Blick wegwendet und nichts mehr sehn mag. Clara Munk hat nicht
das leiseste Empfinden auch nur für korrektes Deutsch: *wir haben
uns nicht gewagt,* schreibt sie, oder sie schreibt: *gegenüber des Treppen-
absatzes,* oder, wenn sie aufpaßt: *gegenüber von dem ihr zugewiesenen
Vorderzimmer,* von einem Mädchen schreibt sie: *sie wurde sich gewahr,
daß sie schläfrig war,* und dann, als die Heldin sich an einen erinnert,
den sie etwas hat sagen hören: *erinnerte sie sich bei einem Konzert
jemand hatte sagen hören;* und daß dann fortwährend *jemand von
jemandem gefolgt* wird, hält man schon für gelungen. Ich beckmes-
sere nicht, sondern es geht nur darum, daß bei solchen grotesken
Fehlern der Leser in eine Angst gerät, die ihm sogar die Lust nimmt,
hinter diesem Text nach jenem zu suchen, um den es wohl geht; die
Übersetzung ist also nicht weniger gut oder fast schlecht, darüber
könnten wir hinwegsehn, wir haben das oft genug getan, sondern sie
ist einfach in einem Deutsch abgefaßt, das sie auch nicht kann;
ich glaube, es gibt darüber irgendeinen netten Aphorismus von Karl
Kraus.

[27] Müller wurde 1887 in Wien geboren, viel Genaues über seine
frühen Jahre ist nicht bekannt; selber erklärt er zwei dunkle Jahre vor
1911 mit gewaltigen Reisen durchs Innere Südamerikas und Mexikos,
auch seinen Bewunderern ist da aber manches zweifelhaft. Zwischen
1911 und 14 ist er jedoch sehr aktiv im Wiener Kulturleben tätig, dann
meldet er sich an die Front, die Folge ist, daß er bei seiner eignen
Hochzeit nicht dabeisein kann; 1916 wird er schwer verletzt, er kommt
in die Presse- und Propagandaabteilungen des Heeres, 1918 scheidet
er dort aus. Er gründet eine intellektuelle Geheimgesellschaft (der
auch Musil angehört zu haben scheint) und danach ein kommer-
zielles Literaturunternehmen, im Jahre 24 dann einen Verlag, der nicht
funktioniert (»Am nächsten Vormittag«, schreibt Flake in seiner Autobiographie, »besichtigten wir die Räume, die Müller für den Verlag
gemietet hatte; es war eine ganze Flucht. Er wurde mit Herr Direktor
angesprochen, sah wie ein Amerikaner aus und tat alles, um diesem
Eindruck nachzuhelfen. Nach amerikanischer Methode war er aufs
Ganze gegangen, hatte eine Reihe von Aufträgen auf Bücher und
Übersetzungen erteilt und bereits honoriert; große Papiermengen
lagen bereit. Er arbeitete nur mit Telegrammen und Eilbriefen.
Einem Maler hatte er alle Bilder abgekauft und in die Verlagsräume
gehängt...«). Im August dieses Jahres 24 erschießt sich Müller dann.

Buchs nach ein Reisebericht, der aber (die Tropen sind *1915* in uns, schon biologisch, so Müllers Idee) ebensogut fiktiv sein könnte; das gibt sich aus der Ferne alles sehr expressionistisch und verwegen, ist in der Sache aber eher eine beinahe verzweifelte Kraftprotzerei des Gefühls und eines grenzüberschreitenden Denkens, das es sich leicht macht, weil es schon vor diesen Grenzen nichts erkennt; in der Seele hängen bleiben ein paar grelle visionäre Bilder und eine eingeborene Frau von solcher Dünn- heit, daß sie, wie durch die Kleistsche Unendlichkeit hin- durch, fleischlos und metageschlechtlich das Fleisch hef- tiger rührt als alles Schöne, das nach Blooms Meinung deshalb schön ist, weil es rund ist. – Gustav Meyrink schreibt den berühmten *Golem*, eine eigentlich wirklich sehr hübsche Geschichte, die leider den alles ruinieren- den traurigen Fehler hat, sich am Ende als geträumt erkennen geben zu müssen; das ist schlimm, weil dieser Traum keineswegs einer reinen Traumlogik gehorcht, son- dern der Logik alter auflösbarer romantischer Schauer- geschichten; nun soll aber doch alles ein Traum gewesen sein, und das betrügt uns um das heimlich versprochne Wort der schönen Rätsel, man darf gar nicht daran den- ken, wenn man seine Gespenstergeschichten kennt, was ein Mann wie James aus einer solchen Geschichte heraus- geholt hätte; in einem Roman kann das Wort des Rätsels nicht sein: dies war ein Traum, denn das sind Romane ja ohnehin schon; Meyrinck macht es sich viel zu leicht, das nimmt seinem Buch am Ende den feinen Glanz, den manche Einzelheit hatte, vorhin haben wir ja die schöne Tochter des Rabbi die Welt bereden hören. – Alfred Döblin veröffentlicht einen ersten Roman, *Die drei Sprünge des Wang-lun*; dieser historisierende und doch nur mythologisierende Roman (es ist das 18. Jahrhundert, aber eben China, und das ist unendlich weit weg) möchte wohl zeigen, daß die gewollte Ohnmacht des Richtigen auch untergehn muß, so gut wie das Richtige, wenn es sich mit Gewalt durchsetzen will gegen die Macht, die sie beide aber nur zerschlägt. Das ist alles ungemein farbenprächtig, bildert aber sehr viel unkontrollierter als etwa das frühe Ägypten bei Prus (man darf das natürlich nicht vergleichen, das ist klar), ganz anders auch als das Indien Kiplings (das man ebenfalls nicht heranziehen sollte); die Unkontrolliertheit ist aber Methode; die einander jagenden Bilder wollten eine tiefere Realität zeigen, möglichst jene, die immer allem und überall zugrunde liegt; das laugt die Seele ganz schön aus, das beutelt das einfühlsame Herz, das macht das farbensatte Auge trübe, und dann ist es der Verstand müde, auch noch den Sinn zu suchen. Das ist schade, das wird auch bei den nächsten Romanen Döblins noch sehr schade sein, denn man spürt deutlich, daß irgend etwas noch kommen müßte, und das, sagt man sich, muß so gut sein, daß man bis jetzt unmöglich sagen kann, wie es aussehen wird. – Ford Madox Ford, befreundet mit James, Lawrence, Wells, Galsworthy, Koautor des anfangenden Joseph Conrad, angesiedelt im schönen Südengland, wo sie damals alle wohnten, veröffentlicht, nach einigen historischen Romanen und Essays und Gedichten, jetzt, einundvierzigjährig, den Roman *The Good Soldier* (deutsch meistens, nach einem Fordschen Arbeitstitel, *Die allertraurigste Geschichte*), ein glänzendes Buch, von dem man, glaube ich, sagen kann, daß es für dieses Jahrzehnt und das alte Europa, vielleicht auch enger des englischen Europa, ungefähr das ist, was dann Fitzgeralds *Großer Gatsby* für die amerikanischen zwanziger Jahre sein wird. Es gibt da einen Erzähler, von dem sich sehr schwer sagen läßt, ob er nun doch nicht versteht, was da mit ihm passiert ist, oder ob ihn der Autor so klug sein läßt, diese halbe Nichtwissenheit vorzutäuschen – aber wem? warum? müßte man dann fragen. Dieser Erzähler (lassen Sie mich noch einmal diesen wunderbaren Satz zitieren von vorhin, vom Anfang dieses zweiten Bandes:

»Ich stelle mir also vor, ich säße während der nächsten
vierzehn Tage neben dem Kaminfeuer eines Landhauses
und hätte eine mitfühlende Seele mir gegenüber. Und
ich werde mit leiser Stimme weitersprechen, während
das Meer in der Ferne rauscht und über uns die
schwarze Flut des Sturms an den glänzenden Sternen
hinstreicht…«), dieser Erzähler also berichtet, sprunghaft, sich erinnernd, sich wieder erinnernd dazwischen,
an keine Chronologie sich bindend, sie würde auch keine
Wichtigkeit mehr haben, er berichtet also von den Jahren der Freundschaft zwischen ihm und seiner Frau (er
ist Amerikaner) und einem andern Ehepaar, Engländern;
zwischen ihm und seiner Frau spielt sich wenig ab, er
ist reich, sie hat einen Herzfehler (sie hat keinen, aber
der Fehler ist das Dach, unter dem sie treibt, was ihr
Leben ist); das andre Paar, sie wie es aussieht eine Dame,
er ein Offizier und vollendeter Gentleman, spielt das
alles nur – aber da liegt das wundervolle Problem: denn
er ist erotoman und hat ein dem Erzähler verborgnes
Verhältnis mit dessen Frau, sie protegiert dieses immerhin überschaubare Verhältnis und sorgt heimlich dafür,
daß die finanziellen Verhältnisse ihres Mannes, die er selber durch seine Eskapaden völlig zerrüttet hat, wieder
in Ordnung kommen –, nichts ist so wie es scheint, und
der Erzähler weiß nicht, ob nicht die beiden dennoch,
sie eine wahre Lady, wenn auch etwas tigerähnlich, er
ein Gentleman, wenn auch mit einem geheimen Neben-
leben, sind. Alles ist in einer Balance, die nach außen
hin, und eben auch für den Erzähler, eine wohlfundierte,
unangreifbare Solidität ausstrahlt, ganz unbezweifelt –
als alles zusammenbricht; ein junges Mädchen kommt
hinzu, aus Indien, eine Engländerin aber auch sie; die
Frau des Erzählers, die eifersüchtig glaubt sein zu müssen, da ihr Geliebter freundlich mit der Neuen redet,
bringt sich urplötzlich um (jetzt beginnt der Erzähler
sie zu verachten), die Frau des Geliebten sieht ihr ganzes

Gebäude ins Wanken geraten, der Erzähler selber verliebt sich wirklich in das Mädchen, er selber hatte ja noch nichts vom Leben; die Frau, nach dem Tod der geduldeten Rivalin, sorgt dafür, daß das Mädchen für immer zurückgeht nach Indien, ihr Mann bringt sich um, der Erzähler bleibt allein. Hat er alles verstanden? War da überhaupt etwas zu verstehn? Ist nicht die Torheit (ist es überhaupt Torheit? täuschen wir uns nicht selber darüber, was das heißt: die Welt sehn wie sie ist?), ist nicht diese Art Torheit, in der er lebt oder die er fingiert, die einzige Art des Überlebens? Wir müssen das nicht entscheiden, denn das liefe ja bloß darauf hinaus, daß der Autor gleich deutlicher hätte machen können, wie er das meint – eben diese Zweideutigkeit (Ambivalenz wäre hier einmal das richtigere Wort), in der nun alles bleibt, gibt unsern Fragen den Sinn, vorausgesetzt, in ihnen steckt insgeheim wirklich die Hoffnung, keiner könne sie beantworten. Das ganze Buch ist, man möchte sagen: traumhaft genau erzählt (nichts wirkt herbeigeführt wie etwa in den kleinen Rätselhaftigkeiten der späteren Romane Pirandellos), mit einem wunderbaren *timing* im Wechsel der erzählten Zeiten, der Töne, der schwankenden Wertungen; hübsch ist auch hier, wie eben bei der Cather (wir sind ja im selben Bannkreis von James), eine winzige Verneigung vor Balzac: in Bad Nauheim, dort spielt das Buch zum größten Teil, heißt ein Hotelbesitzer Schontz: ganz denselben seltenen Namen hat eine schöne allmählich dann alternde sehr lebenslustige Frau in der *Béatrix*. – Am Ende des Lustrums, wie billig, *Die Fahrt hinaus* von Virginia Woolf, ihr Erstling; hier fahren ein paar Leute mit einem kleinen Schiff in ein exotisches Land, dort wohnen sie in einem sehr merkwürdigen, mehr und mehr surrealen Hotel: einem Hotel, in dem dennoch handfest geflirtet wird, am Ende kriegen sich wohl auch welche, aber das junge Mädchen, das auf dem Schiff war, wird wahnsinnig. Ein bißchen ist das alles wie in einem ganz konventionellen Roman, und doch ist nichts mehr so wie dort (aber wo, und selbst in den konventionellsten Romanen, den sehr guten jedenfalls, ist es das eigentlich noch, nicht wahr?): man merkt nur nicht ganz genau, und auch das erst sehr spät, woran das eigentlich liegt, und dann sieht man auch, daß man fast nichts erzählen kann über einen Inhalt. Virginia Woolf schildert zwar das Leben ihrer Figuren, aber sie schildert es so, als ob sie eigentlich etwas ganz andres erzählen wollte, eine viel wahrere Geschichte sozusagen, eine um so wahrere, je unwirklicher das wird, was ihren Figuren begegnet. Wenn wir Virginia Woolfs Leben und Werk nach guter alter Manier zusammentun, dann sehn wir natürlich, daß sie in diesem Buch immerzu über sich selber schreibt, bis hin zum Wahnsinn des jungen Dings dort auf dem Schiff und im Hotel; aber das reicht ja nicht, und das erklärt nicht die wunderbare Dämmerstimmung dieses Romans, diese erst halbe Helligkeit darin, dieses noch versteckte Gefühl dafür, was eigentlich werden soll oder doch wenigstens werden könnte mit dem Romaneschreiben überhaupt. Natürlich hat Virginia Woolf hinterher dann sehn können, daß sie nicht allein war mit ihren Schwierigkeiten, den objektiven: Pirandello, so können wir das jetzt einmal sehn, versucht herauszukriegen, wo eigentlich der Mensch steckt im Menschen, Joseph Conrad, im *Herz der Finsternis* etwa, oder in der *Schattenlinie*, läßt die ganze gewohnte Welt förmlich untergehn, oder doch an den Rand des Untergangs geraten, Gide unterminiert in den *Verliesen des Vatikans* alle bürgerlichen Realitäten, Ford sieht sie nur noch für die Torheit stehn, Proust bringt den Anfang seiner Suche nach der Wahrheit heraus, Joyce, Jahrgangsgenosse von Virginia Woolf, erblickt im Spiegel des Schreibens, wir werden das sehn, das Porträt des Romanciers als eines jungen Mannes – und im selben Boot, wenn ich so sagen darf bei dieser *Fahrt hinaus*, im selben Boot mit diesen

 allen[28] also Virginia Woolf: selber gefährdeter als sie alle, eine Frau dann noch, wunderbar begabt, heimlich am verwegensten in der scheinbar behütetsten Welt, aus der sie kommt, und schreibt, was sonst keiner gemacht hat von den andern (Proust hörte ja auf mit seinem *Jean Santeuil* wie Joyce mit dem *Stephen Hero*): diesen Roman auf halbem Wege sozusagen, dieses große Stück aus dem Zwischenreich, und das gelingt ihr auch noch, und wesentlich besser als sie damals alle dachten um sie herum, und viel besser als sie selber dachte.[29]

Den Nobelpreis – es ist noch Krieg, aber es kann ja nicht alles aufhören deshalb, und sollen denn die Schriftsteller aufhören zu schreiben, weil Verrückte dem Wahnsinn Lauf lassen? – gewinnt in diesem Jahre Romain Rolland, einer der großen guten Menschen der Literatur (als er an Freud einmal schrieb, es sei doch ein Gott da,

---

[28] bitte, Sie werden daran denken, daß auch ganz andre noch schreiben als diese hier in dem einen Boot, in andern Booten, wenn ich so sagen darf: denken Sie also an Willa Cather, an Edith Wharton, nicht wahr? Alle Uneindeutigkeiten haben immer auch das an sich, daß andre Möglichkeiten dieselbe Wahrheit haben können; es klingt verführerisch, wenn mit einem Male, zu einem bestimmten Zeitpunkt, so viele Große dasselbe zu sagen scheinen über das Vergehn des Bisherigen und damit zugleich über die Ungültigkeit des bisherigen Schreibens; aber man würde sie, man würde auch das Lesen mißverstehn, wenn man, was sie sagen, nicht in denselben Zustand der Ambivalenz setzen würde, den sie meinen.

[29] ich habe oft schon aus den Essays und auch aus den Tagebüchern von Virginia Woolf zitiert, dazu eine Anmerkung: es gibt ja manchmal diese wunderbare Hoffnung, daß wir das was wir so grenzenlos beinahe, so allem Anschein nach ganz mühelos, wie Liebhaber sozusagen, begreifen, daß wir das ein bißchen selber sind – so schön beflügelnd finde ich, wenn ich sie lese, Virginia Woolfs Essays; vielleicht war eben das der jetzt so beglückende Charakter ihres Schreibens: daß sie dem, der das mochte was sie schrieb, das schöne Gefühl gab, er könne sie, da sie ihn liebe, wiederlieben – vielleicht also, abgesehn jetzt einmal von der gebildeten und höflichen Gesellschaft, in der sie verkehrte, vielleicht war ja wirklich ein Wunsch nach Liebe neben dem nach Freiheit durch das Geld, das sie damit verdiente, ein Motiv ihres täglichen Schreibens: ein sehr einnehmendes, selbst noch einmal liebenswürdiges Motiv.

jeder Mensch habe doch Augenblicke solcher, wie er  *1915*
dann sagt: ozeanischen Gefühle in sich, schrieb Freud
zurück, nein, er habe keine solchen ozeanischen Gefühle;
und als Gide schon sah, daß es doch nichts Großes für
die Menschheit wäre mit der bolschewistischen Revolution, verteidigte Rolland sie noch einmal gegen ihn[30],
und daneben dann das ganze indische Wesen und Denken: ein guter großer Mensch). – Den Prix Goncourt
kriegt der dreißigjährige Pariser Autor René Benjamin[31]
für seinen Roman *Gaspard.*

---

[30] »ich nehme mir«, schreibt der im Februar darauf später in sein
Tagebuch, »*Jean-Christophe* wieder vor, von Anfang an, und gebe
mir alle Mühe, inneren Anteil daran zu nehmen, ohne daß dadurch
Romain Rolland, oder zumindest sein Buch, in meiner Wertschätzung
stiege.« In einem undatierten Tagebuchblatt (aber vor 1918) heißt es
über Rolland: »Er ist so vollkommen gutgläubig, daß er einen manchmal beinahe entwaffnet. Er ist ein Naiver, aber ein leidenschaftlicher
Naiver. Schon früh hat er seine Freimütigkeit für eine Tugend gehalten, und, da sie einigermaßen summarisch ist, alles, was andere an
weniger Rudimentärem zu sagen hatten, für Heuchelei. Ich bin mir
sicher, daß ihm diese Haltung allzu oft erst möglich wird durch einen
Mangel an Gefühl und Geschmack, ja sogar an Verständnis für die
Kunst, für Stil und ein gewisses Griechentum, das keine andre Heimat
mehr hat als Frankreich...«
[31] später, Benjamin starb 1948, scheint dieser Autor ein etwas
reaktionärer Polemiker geworden zu sein; unter dem 22. Dezember 42
schreibt Gide in sein Tagebuch (der gleich erscheinende Béraud war
ein Erzähler und Journalist, der sich seit den zwanziger Jahren schon
häufig sehr polemisch gegen Gide ausgesprochen hatte; er wurde
1944 wegen Kollaboration verurteilt): »Monsieur Amphous, unser
liebenswürdiger Nachbar, leiht mir die *Farce de la Sorbonne* von René
Benjamin; eine widerliche Schmähschrift, geistlos, ohne Anmut, dazu
geeignet, Béraud genial erscheinen zu lassen, und mit ebensowenig
Talent wie alles, was ich bis jetzt vom gleichen Autor gelesen habe.«

XXV

1916 *BIS* 1920

1 ✦ 9 ✦ 1 ✦ 6

Grabschrift (161.162) für

LONDON. JAMES. In Glen Ellen in Kalifornien, vierzigjährig, stirbt, durch Selbstmord, Jack LONDON, einer der berühmtesten, meistübersetzten Autoren der Welt. – In London, fast dreiundsiebzigjährig, seit Jahren schwermütig, heimgesucht von den Geistern der Verlorenheit und Einsamkeit, stirbt Henry JAMES. Vierundfünfzigjährig hatte James sich für den Rest seines Lebens in Rye[1] niedergelassen;

---

[1] in Sussex, im englischen Süden, unterhalb von Rye mündet das Flüßchen Rother, das Grenzwasser zwischen Sussex und Kent, bei Winchelsea in den Kanal, knapp zwanzig Kilometer nordöstlich von Hastings; der alte Ort, schreibt *Meyer* kurz nach James' Übersiedlung dorthin, habe »einen kleinen Hafen, eine alte Kirche im normannischen Stil (1882 restauriert), eine Feste (Ypres Tower, aus dem 12. Jahrhundert, jetzt Gefängnis), Schiffbau, Makrelenfang und (1901) 3900 Einwohner. Zum Hafen gehören 55 Schiffe von

1916 das Haus, Lamb House, das er mit Köchin und Haus-
mädchen und Gärtner und einem Butler bezog, er war
unverheiratet, stammte aus dem Anfang des achtzehnten
Jahrhunderts, es muß wunderschöne Räume haben[2]: so
habe ich gelesen, ich selbst war nicht dort in Rye, aber
John Bayley ist dort gewesen; Bayley ist Professor für
englische Literatur in Oxford, und er beschreibt, in einem
kleinen persönlichen Anhang gewissermaßen zu seiner
Rezension von Kaplans James-Biographie[3], wie er einmal, Bayley also, anläßlich eines Vortrags, den er in Rye
gehalten habe, sicher über Henry James, eine Nacht in
dessen Hause verbracht habe, als Ehrenschläfer, sozusagen: und er könne bezeugen, schreibt er nun nach
dieser einen Nacht im alten Schlafzimmer des Dichters,
wie diese wunderschönen Räume wirklich immer noch
heimgesucht seien von jenem Geist der Verlorenheit und
Einsamkeit, unter dem James so gelitten habe in den
letzten Jahren seines Lebens, jenen Jahren, in denen er
dann auch nichts mehr schrieb: er, Bayley, habe sich
am Morgen kaum imstande gefühlt, dem neuen Tag ent-
gegenzusehn: so sei er heimgesucht worden in der Nacht;
dann aber, schreibt er, habe doch der mauerumgebene

1920 Tonnen und 187 Fischerboote. Rye lag ehemals unmittelbar am
Meere.« – James wohnte dort bis 1914, zu Ende dieses Jahres, allzu
geschwächt, ging er nach London. –

[2] James, schreibt Gale in der schon öfter angeführten James-Enzy-
klopädie, habe immer Leute beneidet, Kollegen vor allem, die, reicher
als er, sich angenehme Häuser hätten leisten können; als sein Freund
Henry Adams in London ein Haus bezogen hätte, habe James, in
einem Brief, die Beschreibung dieses Hauses mit der Bemerkung
gekrönt, so eines hoffe er auch eines Tages zu haben – selbst was man
die Schwächen dieses Mannes nennen könnte, sind bei James noch
schöne Freiheiten, finde ich. Sein Besitz in Rye, dieser erfüllte Traum,
hatte ein Gartenhaus, in dem er sehr gern arbeitete, diktierte, und das
einen Teil seiner Bibliothek enthielt: auf dieses Gartenhaus fiel im
August 1940 eine offenbar verirrte deutsche Bombe und zerstörte es.
Das ganze Anwesen gehört jetzt dem National Trust, im Sommer
können wir es mittwochs und sonnabends am Nachmittag besuchen.

[3] von 1992; die Rezension erschien etwas später in der *New York
Review*. Von Kaplan gibt es auch eine Dickens-Biographie, 1988.

weite Garten so anmutig und sonnenbeschienen dagele-
gen; und im Eßzimmer irgendwo habe er, Bayley also,
jenen schlimmen Empfindungen endlich wohl, vielleicht
nach einem Tee, so gut wie ganz wieder entronnen, dann
jenes kleine Verslein gefunden, das Henry James' Neffe
während eines Besuchs hier einmal hingekritzelt habe;
Bayley zitiert es aus dem Gedächtnis, bei Kaplan steht
es nicht, wer weiß, ob Kaplan überhaupt je in Rye war:
»There'll be no algebra in heaven / nor learning dates
and names; / but only playing golden harps / and reading
Henry James« – das ist schön, und dann noch von einem
Neffen, nicht wahr? Bayley sagt nicht oder weiß vielleicht
auch gar nicht, wie alt der liebe Neffe war, als er das
schrieb, oder wann er das schrieb; und vielleicht ist das
Verslein ja von James selber; die Geister der Verlorenheit
und Einsamkeit, so stelle ich mir das vor, werden ihn
heimgesucht haben, er fürchtet noch den Tag, der da nun
wieder kommt; vielleicht ist das aber ein Spätsommertag,
der Garten leuchtet, nun ist auch der Neffe im Haus,
oder im Garten, ja, im Garten wird er sein; die Ferien
gehn zu Ende, der Junge, angesichts des schönen Wetters
und der wohltuenden Muße, flucht über die schon wieder so scheußlich nahe Schulzeit; und nun vertröstet der
Onkel ihn, und sagt, komm, schreib mal, und rate mal:
*There'll be no algebra in heaven / nor learning dates and
names; / but only playing golden harps / and reading – ?* der
Junge hat das hingeschrieben, nun möchte er sofort los-
platzen und möchte sagen: Stevenson, *The Treasure Island*,
Mark Twain, *Huckleberry Finn* – aber irgendwas hält ihn
ab, er zögert, er sieht bei den Antworten, die er geben
möchte, eine unüberwindliche Distanz sich auftun zwischen dem silbernen Shillingstück, das der Onkel beim
Diktieren aus der Tasche geholt hat, und den eignen
Händen, die das Falsche im Begriff sind hinzuschreiben,
er zögert also; und in diesem Moment sagt der Onkel,
immer noch ein wenig benommen von den Schrecken der

 **1916** Nacht, die in unsern Tagen also noch Bayley kennen-gelernt hat, und willens, alles zu tun, was den Tag für ihn so schön machen kann wie doch der ganze Garten schon ist: *and reading – Henry –* und jetzt zögert der hübsche Junge nicht mehr, jetzt sieht er den Reim, das Wort des silbernen Rätsels, und sagt, und schreibt hin: *James.* Das ist schön, sagt der Onkel, lies noch einmal vor, hier ist schon der Shilling, und der Neffe liest, und der Onkel hört zu, als er liest: *There'll be no algebra in heaven | nor learning dates and names; | but only playing golden harps | and reading Henry James…*

◆

Von Blasco Ibáñez erscheinen die *Apokalyptischen Reiter*, ein nicht sonderlich aufregendes und begreiflicherweise nicht sonderlich deutschfreundliches Buch über den jet-zigen Krieg. – Meyrink, dessen *Golem* wir gelesen haben, schreibt *Das grüne Gesicht*, ein wohl ernsthaft gemeintes Buch über mystische Erkenntniswege. – Von Felix Tim-mermans, einem jetzt dreißigjährigen Erzähler, kommt ein kleines Buch, *Pallieter*; der Titelheld scheint ein Bauer zu sein, man denkt fast, man solle an Streuvels denken und seine Bauern, aber dieser hier bei Timmermans ist eigentlich nur Auge und Ohr für die andringenden sinn-lichen Wunder der Welt – ein Flugzeug, in das er dann auch steigt, ist für ihn schöner als ein ganzer Engelchor, und als er einmal, mit seiner Braut, eine Rinderherde hinter sich, in ein Gewitter reitet, singt er den Walküren-ritt Wagners –, kein Bauer bei Streuvels, bei Ramuz, bei Hamsun und andern täte das und wäre so unvermittelt der Autor selber. Von der Erde mit ihren tausend Brüsten ist die Rede, keinen zweien kann Pallieter widerstehn, und dann wieder der Himmel, als einmal zum Beispiel Schwäne an ihm ziehn: »Es war etwas Furchtbares in dieser göttlichen, lichten, stillen Winternacht. Pallieter rührte sich nicht, und er sah und hörte sie weiter sausen

und rauschen, am blühenden Mond vorbei, auf dem sie
sich flüchtig abzeichneten, um dann in dem unendlichen
Winterabend zu verschwinden«, fast wie ET. – Klabund,
sechsundzwanzigjährig, er wurde nur achtunddreißig,
schreibt *Moreau*, den *Roman eines Soldaten*, so der Untertitel (wäre er nicht, würde man das Ganze schwerlich
für einen Roman halten), stilistisch ein Buch ein bißchen in der Art, wie sie einige Jahre später Cendrars
dann schreiben wird; doch wo Cendrars innerhalb seiner
filmisch gesehenen Sequenzen eine sozusagen realistische
Syntax verwendet, verläßt sich Klabund fast ganz auf
ein gedichthaftes Aneinanderreihen von sich aneinander
steigernden episch gedachten Sätzen (Sebald macht das
so ähnlich in seinen großen Gedichten *Nach der Natur*).
Moreau ist ein historischer Held, er war ein französischer
General, der sich erst Napoleon anschloß, dann, als dieser, offenbar aus Eifersucht auf seinen Ruhm, ihn fallenließ, gegen ihn auf seiten der Russen kämpfte; freundlich
von ihm muß man finden, daß er gegen den russischen
Angriff auf Dresden war, aber ihm wurden (das ist diese
kafkasche Syntax, *Ein Brudermord*, aus diesem Jahre 16:
»An und für sich sehr vernünftig, daß Wese weitergeht,
aber er geht ins Messer des Schmar«) – aber ihm wurden,
er hatte sich nicht durchsetzen können, eben bei Dresden
dann beide Beine abgeschossen, und er kam bei dieser
Gelegenheit um; die beiden Beine liegen nun unter einem
alten Denkmal bei Recknitz auf der Höhe, bei Dresden,
sonst ist er in St. Petersburg begraben. Bei Klabund
am Ende – Klabund sagt nicht ob mit Beinen oder ohne
welche – rumort er als reitendes Skelett unter den Soldaten, und als sein Mulatte ihm das berichtet, blickt
Napoleon, schreibt Klabund, »trübe in den grauenden
Morgen« und sagt, »wenn die Soldaten das verfluchte Gespenst gesehn haben, so wird es wohl wahr sein«. – Und
Joyce, der schon seit zwölf Jahren nicht mehr in Irland
lebt und bis jetzt mit Gedichten und glänzenden Kurz-

1916 geschichten auf sich aufmerksam gemacht hat, veröffentlicht *Ein Porträt des Künstlers als junger Mann,* die Neufassung eines beklagenswerterweise verworfenen Manuskripts von 1904 bis 1907; man kann dieses Buch (wie später Teile des *Ulysses,* in einer ähnlichen Vergeschichtlichung – es ist dann so etwas wie die Ontogenese und die Phylogenese, wenn ich das jetzt nicht wieder durcheinanderbringe –) als die syntaktische Darstellung des sich allmählich entwickelnden Bewußtseins und Ichs des Titelhelden lesen, von der Kindheit bis ins Mannesalter; dafür nimmt man dann recht ermüdende Dispute über Gott und den Katholizismus und die Jesuiten und dergleichen in Kauf; auch die können Spaß machen, wo Joyce der Sprache Lust abgewinnt, aber das ist dann wie im Kabarett, und zwischen den Pointen kann man nur auf die nächste warten. –

Den Nobelpreis in diesem Jahr gewinnt Carl Gustav Verner von Heidenstam, ein 1856 in Olshammar/Ørebro geborener Lyriker. – Den Prix Goncourt erhält Henri Barbusse[4] für *Le Feu, Das Feuer;* in diesem außerordentlich

---

[4] Henri Barbusse wurde 1873, Sohn ebenfalls eines Schriftstellers, in Asnières geboren (auch Céline stammt aus Asnières), und gewann als junger Mann einen von Catull Mendès ausgeschriebnen Lyrikwettbewerb; er gehörte zu den Kreisen, die sich um Marcel Schwob und um den Großlyriker Hérédia sammelten, Mitte der neunziger Jahre begeisterte er mit neuerlicher Lyrik den berühmten Catull Mendès noch einmal so sehr, daß der ihm, wie Könige früher jungen Helden, 1898 dann seine jüngste Tochter zur Frau gab – Sie erinnern sich nun ganz gewiß an diesen Catull Mendès, der seinerzeit, in den sechziger Jahren, jene wunderschöne Judith geheiratet hatte, die Tochter unsres Freundes Théophile Gautier; sie hatte sich nach einigen Jahren scheiden lassen; berühmt für uns ist sie auch durch ihre Begeisterung für Wagner, den Komponisten und den Menschen; 1910 wurde sie übrigens in die Académie Goncourt gewählt, sie starb 1917; und es gibt nun zwei Unsicherheiten für uns, erstens die, ob die Tochter, die Catull Mendès dem jungen Barbusse gab, von eben seiner ersten Frau Judith ist oder von einer späteren Frau (eher von einer andern wohl, wenn es damals, 98, die jüngste war), und zweitens, ob Judith ihrerseits noch der preisverleihenden Akademie angehörte, als der Mann der Tochter ihres Exmanns und fast noch ihrer selbst

berühmten Kriegsroman schildert Barbusse das Leben einer Gruppe von Soldaten an der französischen Front im ersten Kriegsjahr; Barbusse ist ein leidenschaftlicher Kriegsgegner, erst gegen Ende des Buchs setzen aber darauf bezogne Reflexionen ein; sonst beschreibt Barbusse einfach (man möchte sagen: er beschreibt einfach, woraus dann Ernst Jünger, der in den *Stahlgewittern* ja exakt dieselbe Sache behandelt, eine gewissermaßen strukturalistische Geschichte macht – Jünger konstruiert jene dann so genannte Materialschlacht, deren simple Teilnehmer und Opfer Barbusse malt), Barbusse also beschreibt einfach das Leben und Reden der Soldaten in den Schützengräben. Deutsch erschien das Buch ganz 1918, drei Kapitel aus dieser Übersetzung veröffentlichte Schickele als erstes Bändchen seiner kleinen *Europäischen Bibliothek* bei Rascher in Zürich, unter dem Titel *Das Frühlicht.*

❖

Geboren wird in diesem Jahre in Bologna, Arztsohn, der große Giorgio Bassani.

---

den Preis bekam. – Barbusse veröffentlichte 1903 und 1907 Romane, die ihm die Bewunderung von Anatole France eintrugen; noch im Krieg dann, nach dem *Feuer*, gründete er einen republikanischen Soldatenbund, nach dem Krieg eine internationale Liga ehemaliger Soldaten; er bereiste Rußland, wohnte dort und veröffentlichte 1930 ein hymnisches Buch über die neue Sowjetunion, dem folgte eine Zola-Biographie, dieser ein lobendes Werk über Stalin (viele west-europäische Intellektuelle gingen damals diesen Weg, unter unsern alten Freunden waren es, zu diesem Zeitpunkt wenigstens noch, etwa Rolland und Gide). Barbusse starb 1935 in Moskau, er erhielt ein Staatsbegräbnis.

Keiner der unsern stirbt.

Couperus schreibt einen undurchsichtigen Roman, *Das schwebende Schachbrett*. – Meyrink schreibt die *Walpurgisnacht*, einen Prager Roman, der in skurrilen, fast wie von Gütersloh benamsten Figuren eine zwischen Hinter- und Wahnsinn flackernde und ebenso erlittene wie affektierte Gemütslage eher unwillkürlich als artistisch ausdrückt. – Sinclair Lewis bringt den *Job* heraus, die sehr ruhig und mit dem für ihn bald typischen halbironischen *understatement* vorgetragene Biographie einer jungen Frau, die es in der Bürowelt zu einer leitenden Position bringt, am Ende im Hotelkettengewerbe; und dann, Lewis mag diese nicht einmal heimtückischen Märchenschlüsse, kriegt sie auch den Mann, den sie liebt, aber irgendwie hatte sie das auch schon fast wieder vergessen. – Upton Sinclair publiziert *König Kohle*, das ist für den Untertagebereich ungefähr das, was er damals schon für die Schlachthöfe gemacht hatte, nur tritt hier die gewerkschaftliche Arbeit noch stärker hervor. Sehr sonderbar und eigentlich unnötig unfreundlich, wenn auch wohl erklärlich aus der vielleicht unvermeidlichen aggressiven Geladenheit des Autors, ist hier einmal ein Angriff auf Jane Austen, ausgerechnet; Mary liest *Stolz und Vorurteil* (Mary ist die Freundin des Helden, Hal), und Sinclair schreibt: »Eine seltsame Laune des Schicksals, die steife, sentimental bebende Schriftstellerin Jane Austen in einem Kohlenbergwerk des wilden Westens! Ein Abenteuer sowohl für Jane als auch für Mary. Wie hatte Mary es aufgefaßt? fragte sich Hal. Hatte sie nach Art kleiner Ladnerinnen in den Szenen verwässert geschilderten Wohllebens geschwelgt?« Das ist ein wenig hinterlistig, denn es ist durchaus möglich, daß Sinclair einen Einwand damit beantwortet hätte, er schreibe hier

gegen die falsche, die Ladnerinnenlektüre der Austen *1917*
an, oder gegen die Lektüre jener, die nun wieder, um
sie besser auszubeuten, den Ladnerinnen solche Bücher
geben, und er schreibe nicht gegen sie, die Austen, selber;
das wäre aber eine bloße Ausflucht, denn immer ist mit
solchen interessegeleiteten undifferenzierten Angriffen
der Autor, ist also die Austen gemeint; und die Ernsthaftigkeit des humanen Engagements der Literatur beweist sich durch ihre Literaturfeindlichkeit. Wir werden
nachher noch einmal darauf zurückkommen. – Edith
Wharton schreibt *Sommer*, wieder, wie die Winter- und
Schlittenfahrtgeschichte, etwas von außerhalb der großen
Städte, eine merkwürdig süße und doch schrecklich traurige Liebesgeschichte, denn am Ende muß das Mädchen
froh sein, den Mann zu kriegen, den sie eigentlich nicht
will, denn sie kann, eine von nirgendwoher, nicht den
haben, der nicht eine von irgendwoher nehmen darf. –
Unser Georg Hermann, ich nenne sein Buch an dieser
Stelle des Titelanklangs wegen, schreibt *Einen Sommer
lang*, eine kleine Geschichte aus der Berliner Sommer-
frische; es passiert nichts, das ist die Schule von Fontane, Bang, Keyserling, mit leichten aber sehr handfesten
Strichen zeichnet Hermann die verschiedenen Schichten,
die sich da treffen und mischen, und läßt fast unmerklich die Geschichte eines jungen Schriftstellers anfangen,
sie wird sich dann durch mehrere Romane hinziehn. –
Ramuz schreibt die *Heilung der Krankheiten*, die Geschichte einer kleinen Marie, die in ihrem Dorf alle
gesund macht, an Leib und Seele, jetzt hat sie aber kein
Kreuz direkt in der Hand wie damals gegen den Schuster,
bei der *Herrschaft des Bösen*; diese Bücher sind nicht so
ganz leicht zu lesen. – Hamsun bringt den *Segen der Erde*
heraus, sein großes Buch über das Glück der Scholle,
und nur ein Bergbauunternehmen stört den Einklang
des einfachen Menschen mit der Natur – es ist schwierig,
sich in dieses Buch hineinzufinden, und es macht beinahe

 **1917** magenkrank, in ihm zu bleiben (denn wir leben alle ganz falsch), besonders wenn man sieht, mit welcher Raffinesse Hamsun das einfache Leben herbeizaubert, und wenn man dann noch sieht, wie ernst er das außerdem noch zu meinen scheint. – *Fürstinnen* ist wieder einer dieser so hinreißenden kleinen Romane, in denen Keyserling seine untergegangne Welt beschreibt: er beschreibt ihren Untergang, ihre große Schönheit, und er beschreibt sie eben im Tone und im wenn auch schon schwankenden Besitz jener Sensibilität, die mit ihr verlorengehen wird. Das sind so Bücher, die auch nicht mehr sein dürften, wie für Hal und Mary eben bei Sinclair die Bücher der Austen; ich erinnere mich dabei, einmal gelesen zu haben, daß Francis Ponge, als ihn seine kommunistischen Freunde angriffen, was das denn solle mit seinen so ganz und gar gesellschaftsabstinenten Texten über die Seife und Steine, antwortete, irgendwelche Leute müßten doch die Sensibilität durch die Härten des Klassenkampfs hindurchretten, und das seien Schriftsteller wie er. Natürlich hat Ponge nur geantwortet, weil er seine Freunde mochte; am liebsten hätte er sicher gar nichts dazu gesagt, denn es läßt sich eigentlich nichts antworten, wenn die Fragen sich auf etwas beziehn, das der Fragende gar nicht will. – Heinrich Mann schreibt *Die Armen*, man könnte sie als so etwas wie eine Fortsetzung des *Untertans* sehen, zumal eine Figur sich durchhält. Der Roman, der das ohnmächtige Proletariat schildern will, ist nicht recht gelungen, man sieht überall sehr deutlich, was der Autor vorhat, aber, wie Schnitzler in einem Brief an Mann in Ausdrücken zwischen Klarheit und Schonung anmerkt: entweder übertreibt Mann ins Symbolische oder in die Karikatur, und das Romanlesen wird zu einem Anschauungsunterricht. – Schnitzler seinerseits, nach dem *Weg ins Freie* von 1908, schreibt jetzt einen Kurzroman, *Doktor Gräsler, Badearzt*; diesem nicht mehr so ganz jungen Arzt, erhängt sich auf Lanzarote, wo er in einem

Hotel immer die Saison über praktiziert, die Schwester,
mit der er zusammenlebt; als er ihre Sachen durchsieht,
entdeckt er aus Briefen, daß sie, die er immer halb für eine
Nonne gehalten hatte, ein außerordentlich reges amou-
röses Leben gelebt hatte, eine der wildesten Amouren war
sein engster Freund gewesen. Wieder zu Hause, und nun
geht die kleine Geschichte eigentlich los, verliebt er sich
in eine junge Frau, die ihm einen Heiratsantrag macht
(er ist kein Hofmannsthalscher *Schwieriger*, Schnitzler hat
nicht die heroisch-auffällige Dezenz Hofmannsthals, man
glaubt ihm eher, daß das so passieren kann); er kriegt
Angst, zieht sich zurück, lebt ein Weilchen mit einer entzückenden kleinen Verkäuferin zusammen, einem wirklich süßen Mädchen (ich bitte um Vergebung für diese
Sprache, aber Schnitzler hat die wunderbare Begabung,
uns immer dieses eine Mal in unserm Leseleben die
Wahrheit zu zeigen hinter den Sentimentalitäten, die
mittlerweile daraus geworden sind); zwischendurch behandelt er ein ansteckend krankes Kind, das eine hinreißend appetitliche Mutter hat, die wieder hat keinen
Mann mehr; als die Krankheit geheilt und die junge Verkäuferin wieder abgezogen ist, will er zu jener jungen
Frau, die ihn wollte, aber die will ihn nun nicht mehr; er
reist eilends zu seiner kleinen Geliebten zurück, die stirbt
aber gerade an der Krankheit, mit der er selber sie angesteckt hatte, als er jenes Kind behandelte; schließlich
landet er bei der hübschen Mutter des wieder gesunden
Kindes, und am Ende fahren sie alle drei nach Lanzarote.
Ein paar Trennungen, ein paar Schmerzen, ein paar Tote,
und wie sonst das Leben so spielt – das ist Schnitzler,
wenn er etwas Heiteres schreibt; er schreibt wunderbar,
leicht und mühelos bringt er zwei Sätze aneinander, von
denen man sonst kaum denken würde (wir dagegen sind
von allem Purismus freigeworden, wir haben Keyserling
lesen gelernt, zum Beispiel), daß sie von ein und demselben Autor stammen, etwa so: »Der Doktor lehnte sich

zurück und sah zum Himmel auf, der dämmerkühl mit
spärlichen Sternen über ihm hing. Er dachte ferner
Zeiten, junger, heiterer Tage, da ihm manches hübsche
Wesen in Liebe angehörte« – mit den *spärlichen Sternen
dämmerkühl* (wer kann das schon außer ihm?) ist genug
gedichtet, wird er sich gesagt haben, nun können wirs
ruhig belassen bei den *hübschen Wesen,* die uns *in Liebe
angehörten* – es muß eine Ökonomie in den Mitteln sein,
und einer, der deutlich machen will, daß er hinkt, muß
nur, wie Max Frisch einmal sagt, jeden dritten Schritt
hinken, sonst hinkt er nicht mehr einfach nur. – Robert
de Traz, den wir schon als den Biographen der Brontë-
Schwestern kennengelernt haben, schreibt *La Puritaine
et l'Amour,* also etwa *Die Puritanerin und die Liebe;* bei
uns heißt dieses Buch charmant und treffend, denn was
sagen uns schon Puritanerinnen, *Genfer Liebe 1913;* Traz'
Titelheldin, eben jene Puritaine, ist eine verheiratete
kinderlose wunderschöne Frau, in allen ethischen und
Fragen der Lebensführung Mittelpunkt einer alten reichen Genfer Familie, rein, voller Selbstvertrauen, gewiß
im Glauben und alles; und die nun, ich will es kurz
machen, verliebt sich unversehens in den jungen Sohn
eines Geschäftsfreundes ihres Mannes; dieser Sohn ist
hübsch, aber dumm, strohdumm, doch er ist ein erfolgreicher Frauenjäger: ein Nichtsnutz; aber verliebt ist
verliebt (das haben wir ja nun wirklich überall studieren
müssen, denken Sie einmal zurück an Thomas Hardy,
an den *Grünen Rand der Welt:* dort liebt die Heldin zum
Verzweifeln den obersten aller derer, die Gott geschaffen
hat, damit die Guten nicht denken, die Schönen wären
für sie), die schöne Puritanerin träumt sich in die Liebe
hinein, sie verführt erst sich, dann den jungen Mann (der
gegen sie im Grunde ganz gleichgültig ist, sie kann an-
und ausziehn was sie will, er bleibt derselbe Dummkopf);
bald aber kommt ihr alter Vater ans Sterben, zum Glück,
möchte man sagen, rasch schläft sie noch einmal mit dem

jungen Mann, obwohl sie schon sehr leidet, bloß weiß sie selber nicht, worunter mehr: unter der Liebesunfähigkeit jenes schönen Dummkopfs oder unter den Stichen ihres Genfer Gewissens, dann schickt sie ihm einen Abschiedszettel (er will ohnehin in die weite Welt), und drei Minuten später stirbt Papa, und das wunderschöne leichte Dreihundertseitenbuch ist aus. – Und Joseph Conrad schreibt die *Schattenlinie*, da hat der Held sich ohne langes Nachdenken als junger Kapitän ein Schiff ausgesucht, das dann in eine entsetzliche vieltägige Flaute hineingerät; es wird dunkel und immer dunkler, Tag und Nacht werden ununterscheidbar, alles Leben zerbricht, die Welt ist weg, bleiern oder im Grunde jenseits aller Bilder liegt dieses schwarze Nichts auf dem Schiff; dann entlädt sich ein fürchterlicher Regen, zwei Leute an Bord sind noch halb wenigstens lebendig, und dann kommt allmählich ein bißchen Wind wie das Leben wieder, Licht auch; und wenn man die Geschichte richtig auslegt, dann ist aus dem jungen Mann dabei ein reifer Mann geworden, aber wir legen hier ja keine Geschichten aus, denn was das Lesen nicht bringt, das bringt eine Auslegung nun gar nicht; ich habe an diese furchtbare Windstille, an dieses schwarze Nichts gedacht, als ich auf den Spuren Hamsuns einmal auf den Lofoten in einen schwarzen Schneesturm geraten bin – aber diese ganze Reisegeschichte wollte ich Ihnen ja ein andermal ausführlich erzählen.

Den Nobelpreis gewinnen in diesem Jahre, wir waren schon öfter darauf gestoßen, unsre Freunde Karl Gjellerup (der die Dresdnerin geheiratet hatte und dann *Minna* schrieb) und Henrik Pontoppidan: ihm verdanken wir den *Hans im Glück*, mit der Schönen, der ganz schwummerig wird, wenn sie vom Laufen erhitzten Männern zu nahe kommt, Bloch hatte das seinerzeit so wunderlich mißverstanden gehabt. – Den Prix Goncourt kriegt Henri Malherbe für *La flamme au poing*.

Grabschrift (163.164) für

K *EYSERLING. DAUTHENDEY.* Dreiundsechzigjährig, blind, gelähmt, einsam, stirbt in München Eduard Graf von *KEY-SERLING,* sein letzter kleiner Roman *Feiertags-kinder* erschien erst ein Jahr nach seinem Tod, es geht wieder um Liebe darin; einmal sitzen die beiden, die sich lieben, obgleich sies eigentlich nicht dürften, unter Bäumen; warten, daß man blüht, das müsse schön sein, sagt die Frau auf etwas hin, das der Mann gesagt hat; und er sagt dann, sie wollten sich nun beide da hineindenken in diese Bäume, »vielleicht spüren wir etwas«. »Nein, es ist nichts«, sagt dann die Frau, sie lächelt dabei, »ich fühle nichts.« »Ich glaube«, sagt er dann, »ich glaube, es wäre so etwas über mich gekommen, aber dann war es wieder fort.« Bei Lawrence würde da die Welt beben, und beide würden über dem blanken Nichts hängen, und wir müßten zittern, ob ihre Liebe sich je davon erholt. Bei Keyserling weht dann ein Wind durch die Birken, und jetzt, sagen sie beide lachend, jetzt spüren sie, was sie für sich sind. – Auf Java, in einem Internierungslager, stirbt, gerade einundfünfzigjährig, Max *DAUTHEN-DEY,* ein großer Reisender, ein Liebhaber fernöstlicher, namentlich japanischer Schönheit; einmal findet er was er sucht im Lied einer Amsel, und schreibt: »Purpurne Inseln in schlummernden Fernen. / Silberne Äste auf mondgrüner Au. / Goldne Lianen auf zu den Sternen. / Von zitternden Welten / sinkt Feuertau.«

✦

Von Galsworthy erscheint, nach langen Jahren, die *Forsyte Saga* endlich fortsetzend als ein sogenanntes Zwischen-spiel *Nachsommer (Indian Summer);* eine fast idyllische

Einlage. – Heinrich Manns *Untertan* erscheint jetzt, verspätet, als Buch nach einer Zeitschriftenveröffentlichung (durch sie rechtfertigen sich die eben genannten *Armen* als eine Fortsetzung); der *Untertan* ist Heinrich Manns berühmtestes Buch geworden und geblieben, man muß kaum etwas darüber sagen, nur glaube ich nicht, daß das sein bestes Buch ist, die ungeheuer scharf umrissenen Figuren erlauben fast keinen Zugang zu ihnen außer dem, den der erbittert zuschauende Geist haben soll. – Thomas Mann, der im Grunde einen Roman drumherum oder daraus machen wollte, oder der das alles in den schon angefangnen (und darüber jetzt verwelkenden) *Zauberberg* womöglich mit hineingenommen, und dann wohl doch nicht mit hineingenommen hätte, veröffentlicht die *Betrachtungen eines Unpolitischen*; gelegentlich wünscht er sogar, und da hat er recht, man nähme dieses Buch als einen Roman für sich; und wenn man ihn so liest: als den Roman der vierjährigen Quälerei eines Geistes, der es aus tausend Gründen (die man lesend ahnen muß) nicht schafft, mit einer Welt zu Rande zu kommen, in der er doch mehr will als nur für sich ein kleines Reservat bewohnen – dann ist dieses Buch unendlich viel mehr, und sehr viel wahrer als der dauernd und oft unerfindlich scheiternde Essay eines Mannes, der einerseits nicht gebildet und andrerseits nicht ungebildet genug ist für die Veränderungen, die er sieht. Auf Gedanken gebracht ist das Buch oft sehr wenig; in der Attitüde kann es manchmal erbittern; es ist auch zu dick; aber diese gewaltig ausufernde Unvorsichtigkeit, worin der Autor schreibend auslebt, warum und wie er ein Nichts zu werden droht zwischen den Zeiten, aus denen er kommt, und denen, in die er nicht will – die macht, für wenige natürlich nur (schlimm, doppelt schlimm gerade für ihn, der doch so gern für viele schrieb), aus diesen wie aus Tagebüchern wütend komprimierten Aufzeichnungen den spannendsten jener Romane, die er dann nicht mehr schrieb, wohl weil die Schreibtugenden, die er schätzte, andre waren als die, von denen er nicht wissen konnte, daß wir sie schätzen würden, nach ihm. – Willa Cather schreibt *Meine Antonia*, eines ihrer berühmtesten Bücher; der sehr gebildete Jugendfreund der Heldin schildert darin diese Antonia, die Tochter eines Immigrantenpaars aus Böhmen (der Vater bringt sich vor lauter Heimweh um), die das harte und enttäuschungsreiche Leben der ersten Pioniere der Prärie mitmacht: sie arbeitet auf dem Feld (wir kennen diese mühselige Arbeit aus *O Pioneers!* von 1913), sie geht in Stellung in der nächsten Stadt (hier gibt es vom Zusammenleben dieser in Stellung lebenden Mädchen in der kleinen Stadt wunderbar stimmungsvolle Bilder), sie wird von einem Mann betrogen; sie geht zurück; an diesem Punkt irgendwann verläßt der Erzähler, Jugendfreund Antonias, die er eigentlich liebt, die Gegend, er komme wieder, sagt er, aber es vergehn zwanzig Jahre, ehe er zurückkehrt; Antonia ist verheiratet, die ältesten Kinder sind schon erwachsen, und sie ist das Leben der ganzen Familie. – Albrecht Schaeffer, von dem wir nachher mehr hören werden, bringt den schon (im Zusammenhang mit Maughams *Ashenden*) erwähnten Band mit Erzählungen um eine einzige Figur heraus, *Josef Montfort* – das sind ganz hinreißend gute Geister- und Gespenstergeschichten mit ein bißchen Sherlock Holmes dabei und viel Freud, mit viel Witz oft auch, einem Element, das nicht häufig ist in Schaeffers Sachen, dann aber um so hübscher glänzt. – Leo Perutz schreibt *Zwischen neun und neun*, einen Vierundzwanzigstundenroman über einen jungen Mann, der die Handschellen, die er aus Versehen verpaßt bekommen hat, schließlich als sein eignes Verhängnis akzeptiert; eine Geschichte zwischen Dostojewski und Prag in einem preußisch-klassischen Stil, im ganzen ein bißchen langweilig, wir sind verwöhnt. – Von Rolland gibt es ein sehr berühmtes Buch, *Meister Breugnon*, worin in einem Stil, der jedenfalls in allen Übersetzungen etwas aufdringlich Altväterisches hat, ein weise gewordner Mann gezeichnet wird (der Autor, wie er in besseren Zeiten sich das Leben gewünscht hätte), der die Welt nimmt, wie sie für den Weisen ist. – Döblin bringt jetzt *Wadzeks Kampf mit der Dampfturbine* heraus, den wunderbaren Roman über das Scheitern eines Berliner Werkbesitzers gegen seinen Konkurrenten und zwischen den Frauen um ihn herum, glänzend geschrieben in einem rein an der sichtbaren Oberfläche verweilenden, diese Oberfläche aber völlig aufbrechenden Stil; also etwa ein Gesicht, einen Körper, Bewegungen beider, sehn wir nicht mehr in dieser gewohnten Glätte, die uns durchsichtig geworden ist für Inneres, sondern diese ganze Glätte verschwindet, sie macht einem beinahe grimassierenden Gestus Platz, der nun gerade jeden Blick dahinter zu einem ganz unsinnigen Unternehmen stempelt.[5] Eine Frau, so sagt etwa der Held auf dem Schiff nach Amerika zum Maschinisten (sie gehn sich beide eigentlich nichts an; man möchte auch sagen: jetzt schwadroniert er, oder

 está... *1918*

---

[5] Man rühmt Döblin deshalb gern nach, hier das psychologisierende Romanschreiben überwunden oder abgeschafft zu haben; das mag sein, doch man sieht nun leicht die Problematik solcher historischen Einordnungen, das Unbefriedigende einer solchen Literaturgeschichte. Denn es ist komisch, irgendeinen älteren Romancier (nehmen Sie einen unsrer großen Freunde, es trifft die meisten) dafür gerühmt zu sehn, er sei (also wer auch immer) der erste große Psychologe des Romans gewesen, wenn man dann einige Lustren später den übernächsten Romancier dafür rühmen hört, er sei der erste gewesen, der das Psychologische im Romanschreiben überwunden habe – wobei wir jetzt noch ganz davon absehn wollen, daß das Ziehen solcher großen Linien auch hier wieder voraussetzt, vieles einfach nicht zu lesen; wo, beispielsweise, bliebe Proust in solchen Linien? – Und es kommt noch hinzu, daß für den, der mehr gelesen hat, manche Überwindung von dem, was eben noch schön war, weil es die Überwindung von etwas anderm gewesen war, dann auch, wenn man nun einmal historisierend dagegenreden will, kaum etwas andres ist als ein Wiederaufnehmen des doppelt Überwundnen – so ließe sich etwa (aber wir hier werden nicht so denken, außer wir werden zum Replizieren genötigt) die Überwindung des chronologischen Erzählens, etwa bei Joyce, leicht als eine Annäherung von hinten an Sterne verstehn; nicht, als ob das nun sonderlich erhellend wäre.

1918 so etwas; aber er redet einfach, er denkt), »eine Frau also... sei etwas Ideelles, Ideales, das heißt etwas Besonderes, Großartiges, Nettes. Unzweifelhaft. Aber dem entspräche nicht das männliche Entgegenkommen, die männliche Kulanz, Reverenz. Man nähme die Frau wie ein gewöhnliches Hottehüpferd, wie einen Salzhering, mit andern Worten, als wenn man mit seinesgleichen verkehre. Ganz zu Unrecht. Völlig zu Unrecht. Verdammenswerte Schlechtigkeit, Ungerechtigkeit. Der ideale Mensch – ob der Maschinist ihn auch verstehe?... Der ideale Mensch, besser gesagt, der nicht begriffsstutzige Mann entfernt die Frau von sich. Sehen Sie so. Weit, in Distanz. Wegen der Kulanz und Ergebenheit. Man setzt sie nicht den gewöhnlichen Dingen aus. Man bezahlt sie, unterhält sie, läßt sie tun, was sie will. Wenn sie sich emanzipieren will, man läßt sie. Sie ist etwas für sich, etwas Besonderes, und darum läßt man sie eben. Man kümmert sich nicht darum... Solle er einmal sagen, was die Hauptsache sei im Umgang mit Frauen? Das Opernglas. Man blicke hindurch, und wenn man heraus habe, in welcher Entfernung die Frau gut, schön und würdig zu erblicken sei, da – mache man einen Kreidestrich oder einen Kohlestrich vor sich auf die Erde und bleibe stehen. Man bewege sich nicht von der Stelle um den geringsten Schritt. O, wir lernen spät den Wert unserer Empfindungen kennen« – man muß, so geht dieser Stil, der allenfalls noch subjektiv sentenziös ist, ganze Passagen zitieren, um den *drive* zu spüren, der hier Erkenntnis macht. Schön ist dann, wenn ganz am Ende solcher Passagen die Frau, die mit dem Frauenkenner nach Amerika geht, zu Wort kommt: »Gaby, die sanfte Person, immer Spielball unter Abenteurern, bramarbasierenden Helden, schweigsamen Filous, kurzatmigen Jobbern, war fasziniert, wie er sich brüstete. Unklar dachte sie: ich will ihn leiten, ich will ihn halten. Er soll Filou werden, ich seine Muse.« – *Tarr* nun, ein Roman jenes schiffgeborenen, vortizistische[6] Porträts malenden wilden Autors Wyndham Lewis, von dem nicht nur Ford Madox Ford, nach  seiner *Allertraurigsten Geschichte*, meinte, er gehöre zu jenen, die nun an der Reihe wären, und sie, die Alten, müßten es nun lassen mit dem Schreiben (sie haben es alle nicht gelassen, natürlich nicht, aber es war ihnen trotzdem sicher ganz ernst mit solchen Reden). Tarr in Lewis' Roman ist ein Künstler in Paris, am Anfang des Jahrhunderts, er bewegt sich in Künstler- und Boheme-kreisen (diese Boheme, uns durch Murger und andre bis hin zu Schmitz vertraut, lernen wir hier in einer neuen Variante kennen; sie ist als auch ziemlich vulgä-res, direkt sich aussprechendes Gegenbild zu den Leuten des Bloomsburykreises konzipiert – vielleicht erinnern Sie sich: ganz früher, als wir zum ersten Male darauf kamen, daß Lewis Porträts gemalt hat, und mehrmals das der Sitwell, hatte ich glaube ich darauf hingewiesen, daß Lewis später, in *Rache für Liebe*, ein glänzend gelungnes schlimmes Bild des Bloomsburylebens malt), er unter-hält sich viel, Tarr also, namentlich mit seinem Gegen-spieler Kreisler, einem Deutschen[7] mit den Vornamen Otto Adolf, einem Scheinkünstler, der dann in Mord und Selbstmord endet, und zwei Frauen; hauptsächlich (nun ja, worüber soll man sich denn auch unterhalten, nicht wahr? Gott und Liebe, ja, das wäre die andre Möglich-keit, aber über erstren: warum noch? über letztre: unter-halten?), hauptsächlich also über Kunst und Leben, und

---

[6] ich glaube, Ezra Pound, wahnsinnig wie sie alle, war es, der der Malweise seines Schützlings diesen Namen gab, 1914 wohl, in einem antifuturistischen Manifest.

[7] Lewis war ganz ungewöhnlich auf Deutschland fixiert, und ging in seiner ungewöhnlichen Exzentrizität so weit (er liebte den Flaubert-schen Elfenbeinturm, glaubte auf ihm nun aber alles tun zu dürfen, mit Distance versteht sich – aber solche Distancen sind irgendwann nicht mehr verständlich –, was unten ohne Distance getan wurde), später Hitler samt Mussolini zu loben, und gerade eigens auch dann noch, als eigentlich (er hätte dieses *eigentlich* sarkastisch in Frage ge-stellt) alles klar war.

1918 Tarr, ein wirklicher reiner Künstler für Lewis, vertritt natürlich die Meinungen seines Autors (das ist ein Punkt, an dem der Roman krankt, er ist tatsächlich lang nicht so gut wie später *Rache für Liebe*); einmal meint Tarr, der Hauptunterschied zwischen der Kunst und dem Leben sei der Tod – das hört sich sehr trivial an, man muß aber darauf kommen, man muß das sehn, wie das die ganz Alten gesehen haben, die Griechen etwa, die zwischen die Götter, die es sonst ja bei ihnen machen wie alle, und die Menschen die Hauptdifferenz setzen, daß die Götter nicht vom Tod betroffen sind; und es ließe sich da nun sehr viel sinnieren etwa darüber, was dann Tod und Sterben im Roman etwa sind[8]. Für den sehr beobachtenden, dann aber an keiner Realität mehr klebenden Duktus der Prosa Lewis' (die darin gewissermaßen auseinandernimmt, was bei einem Manne wie Belyi, in seinem *Petersburg*, eine kompakte und das Irreale selber streifende Einheit ist; und die dann aber auch nach vorn weist auf den schon genannten Malerkollegen Witkiewicz) hier ein Auftritt der einen der beiden Hauptfrauen des Buchs, Anastasya: »Sie tauchte aus dem Tumult erstaunlich unangetastet auf, wie eine Maske, die zum Leben erwacht... Ihre Extravaganz ging über alles hinaus, was Kreisler je im stillen erhofft hatte, flitterbehängt und herausgeputzt wie sie war, einer Prinzessin aus dem Lotterbett gleich, oder einer adligen Mätresse aus dem Gefolge Peters des Großen, kettenrasselnd und auf-

---

[8] lassen Sie mich da rasch wieder auf Sinclair kommen: angesichts seiner Tode, in seinen Büchern, kann er sehr leicht, wir haben das ja gesehn, alles Leben selbst bis zum Tod hin in den Romanen sonst für bloße Kunst halten, die gar nicht herankomme an die wahre Realität: die er in seinen Romanen nun wirklich beschreibe. Weitet er nun den Begriff des Romans aus? oder sind womöglich unter diesem genauen Aspekt jetzt seine Bücher wirklich keine Romane mehr? Klar, Lewis muß ja gar nicht recht haben mit seiner Unterscheidung (zumal er sie in einem Roman macht – das ist aber mehr ein Scherz, denn der Roman darf ja inzwischen Formen wie den Essay in sich enthalten; oder doch nicht so ganz?), aber schön ist sie doch.

gedonnert wie eine furiose, durch schamrote Metro- polen karriolende Schaubudenschönheit. Oft hatte sie ihr  Vergnügen darin gefunden, den Staub und Staat einer Vorfahrin aus ihrem eigenen Innern zutage zu fördern: sie ließ sich dann die Stromwindungen ihres großrussi- schen oder kleinrussischen Blutes hinabtreiben und lebte eine Zeitlang in einer Phantasiegestalt, wie das in Städten an einem majestätischen Fluß möglich scheint.«

Der Nobelpreis wird in diesem Jahre nicht verliehn (wie 1914, und später dann 35, 40, 41, 42 und 43). – Den Prix Goncourt erhält der vierunddreißigjährige Pariser Schriftsteller Georges Duhamel für *Civilisation,* einen Novellenband; Duhamel, Chirurg und medizinischer Wissenschaftler, der im Krieg als Arzt und danach eine Zeitlang in Barbusses Antikriegsbewegungen tätig war, machte sich später durch zwei Romanzyklen einen Namen; fünfbändig erschienen zwischen 1920 und 32 *Vie et aventures de Salavin* (deutsch unter Einzeltiteln), und zehnbändig dann zwischen 1933 und 44 *La Chro- nique des Pasquiers* (übertragen, in drei Teilen zwischen 1952 und 55, von Ernst Sander, dem großen Balzacüber- setzer); 1936 wurde Duhamel in die Académie berufen, er starb 1966.

1 ✦ 9 ✦ 1 ✦ 9

Grabschrift (165) für

G *JELLERUP.* Stirbt also, der arme, zwei- undsechzigjährig in Klotzsche bei Dresden (4200 Einwohner), kaum daß er das schöne Geld von Nobel hat, oder wenigstens seine Hälfte (die andre hat ja Pontoppidan, der macht aber noch ewig weiter).

✦

1919 Conrad veröffentlicht den *Goldenen Pfeil,* eine Liebesgeschichte, wie der Titel dann sagt, wenn man es weiß. –
Hesse schreibt *Demian,* ein merkwürdig (um wenig zu
sagen) antiintellektuelles Werklein, einmal sagt dieser
frühreife Knabe Demian, eine kleine Führerfigurine: »Wir
reden zuviel. Das kluge Reden hat gar keinen Wert, gar
keinen. Man kommt nur von sich selber weg. Von sich
selber wegkommen ist Sünde« – man begreift ja zur
Not was er meint, aber ein bißchen zeitgeisternd albern
und sektiererisch wie alles, was partout nicht von sich
selber wegwill, ist das ja schon. – Ramuz bringt *Es
geschehen Zeichen* heraus, wieder eine Dorfgeschichte,
und jetzt scheint einmal, aber Ramuz hat schreibend
einen hübschen Abstand dazu, die Welt unterzugehn. –
Sinclair Lewis[9] schreibt *Benzinstation,* einen unterhalt-
samen süßen kleinen Liebesroman, er kann auch das:
eine Autopanne, als das Mädchen fährt, der komische
aber nette junge Mann hilft, und so weiter und so weiter,
bis sie sich, bis auf die Hemden naß weil durch einen
Fluß gefahren, endlich küssen können, alles ist ein bißchen wie bei Tucholsky oder bei der Keun, aber auch
wieder nicht ganz so gut, oder wieder wie bei Heinz Rüh-
mann vielleicht. – Upton Sinclair, dagegen sozusagen,
publiziert *Jimmie Higgins,* ein absolut furchterregendes
Buch über einen armen Kerl, der alles so gern richtig
machen möchte und immerzu dermaßen zwischen die
Räder von Arbeit, Krieg, Politik und Polizei gerät, daß
er am Ende, geprügelt und um seinen Verstand gebracht,
wahnsinnig wird; teuflisch ist, daß Sinclair dieses Buch
im Stil und raschen Tempo einer Komödie beginnt, einer

---

[9] ich weiß, daß das nicht leicht ist, jeder bringt sie durcheinander,
hier sind sie noch einmal: erstens also unser Sinclair Lewis, *Main
Street, Babbitt* und so weiter, später wird er den Nobelpreis kriegen;
zweitens, hier wird nun der Vorname zum Nachnamen, Upton Sinclair, das ist der mit den Schlachthöfen, Bergwerken und so weiter;
und drittens Wyndham Lewis, das ist der Irre, den wir eben hatten
mit *Tarr.*

wenngleich womöglich, sagen wir uns, düsteren Komödie, *1919*
düster vielleicht, sagen wir uns dann beim Weiterlesen,
wie etwa Voltaires *Candide* ist; aber der Ton entlarvt sich
mehr und mehr als jene bittere Anklage, die wir schon
kennen bei Sinclair, und die jetzt – zur Demaskierung
natürlich nur – die Attitüde jener Menschenverachtung
wirklich annimmt, um deren Entlarvung es ihr geht;
wieder gehn rein zu Demonstrationszwecken Freunde
und Geliebte zugrunde, es ist nur schwer auszuhalten;
wieder ist der Standpunkt des Autors völlig klar, der Eintritt Amerikas in den Krieg ist gegen die Interessen der
arbeitenden Klasse überall, aber wie soll Higgins das
begreifen, und wenn ers begreift, wie soll er sich wehren:
und so schubsen sie ihn ins Irrenhaus. – Maugham
schreibt *Silbermond und Kupfermünze*, einen im Ich-Stil
wieder, nämlich von einem mit ihm locker befreundeten
Schriftsteller gegebnen Bericht über das Leben eines dem
Schein nach lange Zeit ganz normalen Geschäftsmanns,
der sich plötzlich absetzt und erst in Paris, dann in der
Südsee der Kunst lebt, der Malerei, in der und für die
er sein Genie entdeckt hat; man ahnt, daß hier Gauguin
gemeint ist, man muß daran aber nicht unbedingt denken,
denn Maugham, hinter der Maske jenes Ich-Erzählers
also, beschreibt mit glänzendem Abstand die entsetzliche
Kluft, die da nun mit einem Male aufreißt zwischen dem
Mann, der vorher lebte wie alle, und dem Mann, der dann
dem Künstler freie Bahn lassen muß: buchstäblich über
Leichen hinweg, etwa als sich seinetwegen, als er sie kühl
verläßt (oder nicht eigentlich kühl; er verläßt sie einfach),
die Frau umbringt, die er glaubte (mit Recht glaubte: das
wiederum würde Sinclair niemals wahrhaben) malen zu
müssen, und die er, das hing zusammen, er konnte nichts
tun, auch noch ihrem Mann entfremdet hatte. Jetzt
hat Maugham sich wirklich ganz freigeschrieben (Sie
erinnern sich, wir hatten dieses Problem bei seiner großen Autobiographie, *Der Menschen Hörigkeit*), und jetzt

1919 entfaltet er, aber ganz ohne Stellungnahme, in großartiger Neutralität, seine wirklich durchdringende Menschen-, Geister-, Herzenskenntnis; jetzt besitzt er, auf einem andern *level*, für andre Zwecke, und mit Bewußtsein, dieselbe Mischung aus *coolness* und Souveränität, die seine ganz frühen Romane so ausgezeichnet hatte. – Gide schreibt die *Pastoralsymphonie*, einen nach der *Engen Pforte* nochmaligen und zum Glück letzten Versuch, mit dem christlichen Erbe abzurechnen; ging es dort, Sie werden sich erinnern, um den jungen Mann und das aus lauter verschleierter Begierde ihrem Gott entgegenstrebende junge Mädchen, so geht es hier nun um einen Pfarrer, der sich in sein blindes Pflegekind verliebt; die kann irgendwann wieder sehn und merkt, daß sie entsetzlich betrogen worden ist von dem sich wie das Mädchen in der *Engen Pforte* selbst betrügenden, schlimmer als dort nun aber auch noch die, die ihm vertrauten, betrügenden Pfarrer (denn es ist sein Sohn, der sie wirklich liebt, und die Sehende jetzt liebt ihn); das nicht so Schöne an diesem Buch ist, daß Gide sich bis nahe an die Unerquicklichkeit heran stilistisch dem angleicht was ein solcher Pfarrer, den er hier reden läßt, tatsächlich aus seiner, Gides, Sprache gemacht haben würde; wir kennen dieses Problem der doppelschichtigen Ich-Erzählung namentlich selbstblinder Männer sehr gut seit Machado de Assis, der es besonders im *Dom Casmurro* so hinreißend gelöst hatte; Gide, bei all seiner brillanten Technik, die ihm eine ebenso blendende Lösung zweifellos ermöglicht hätte, scheint sich, beinahe *contre-cœur*, oder als wolle er zeigen, wie ihn beinahe verschlingt was er loswerden will, fast nicht unterscheiden zu können oder zu wollen von dem was er einst im Begriff war zu werden: und so läßt sich das Büchlein entsetzlich leicht mißdeuten. – Mein besonderer Freund, den ich so gern zu dem Ihren machen würde, nämlich Albrecht Schaeffer, schreibt ein Buch, mit dem er zweifellos Ihr Freund nicht werden würde und

meiner nicht geworden wäre, hätte ich nicht vorher das
große Buch von ihm gelesen, das dann nächstes Jahr
kommt (den *Helianth*), es heißt (dieses Buch davor also)
Elli oder sieben Treppen; diese Elli ist eine junge Frau, eine
Studentin in München erst (ein wenig scheint das Ganze
ein Schlüsselroman zu sein, das ist aber nicht wichtig),
die nacheinander sieben Männern in die Hände fällt, abwärts gewissermaßen, von Klippe zu Klippe geworfen
(Schaeffer war ein großer Leser Hölderlins), bis sie am
Ende als Hure an einem Flußbrückengeländer steht, dann
rettet sie (jedenfalls in der zweiten Fassung: Schaeffer war
ein gewaltiger Umarbeiter der eignen Werke) ein Engel;
und wie nun jener Montfort eine herausgelöste Figur aus
dem großen Buch war, so ist Elli das Mädchen, an dem
sich, obwohl es selber dann im Buch nicht vorkommt,
hier einige jener Männerfiguren profilieren, die dann im
Buch eine Rolle spielen – das ist eine charmante Idee, und
sie macht das Buch sozusagen zu einem wunderlichen
Kommentar, zu einem Spiegel, der im Buch selber nicht
mehr steht. – Mit der erzählenden Prosa Giraudoux' bin
ich Ihnen schon öfter einmal leicht schwärmerisch geworden, ich hatte sie in die Tradition Maupassants und
Daudets gestellt, wohinein dann auch die Colette gehörte:
hier ist nun ein erster wenngleich noch antikisierender
Text von ihm (Sie kennen diese antikisierenden Sachen
auch von Gide, etwa bei seinem *Schlechtgefesselten Prometheus*, Gide selbst hatte uns glaube ich einmal auf diese
griechisch-französische Symbiose aufmerksam gemacht,
auf einem Tagebuchblatt gegen Rolland, vorhin), *Elpenor*
– wenn Sie Giraudoux' so wunderbaren nicht stattfinden-
den trojanischen Krieg einmal gesehn haben, dann sollten
Sie wirklich dieses Büchlein lesen, es ist so kurz wie amüsant. – Sherwood Anderson, den Hemingway und alle
dann so verehrten, weil er dieses Buch gemacht hatte,
veröffentlicht *Winesburg, Ohio*, eigentlich eine Reihe von
kleinen Geschichten, die im ganzen aber doch, ob sie das

wollen oder nicht, den Roman einer ländlichen Kleinstadt bilden; in einem ganz simplen Stil erzählt Anderson ganz einfache Geschichten von ganz durchschnittlichen Bewohnern einer völlig unauffälligen kleinen Stadt; das sind keineswegs Idyllen, die meisten Leute sind fast Neurotiker: aber eben darum scheinen die Geschichten so treffend; der Autor liebt seine Leute, aber er sagt das nicht; oft sind die Personen auch nicht auf Anhieb liebenswürdig: aber gibt es, *sub specie aeternitatis* oder unter dem Gesichtspunkt einer Menschenliebe aus Anspruchslosigkeit und Nachbarschaft, überhaupt ganz unliebenswürdige Menschen? Nein, läßt Anderson uns nun mit der Zeit wissen, nein, es war da vieles in ihnen nur verschüttet worden, und nun kommen die Augenblicke, und wären es die des Todes, in denen das klar wird. Der karge Stil, der keine Emotionen durch Adjektive aufkommen lassen will, gewährt nun den Emotionen durch die Ritzen zwischen Subjekt und Prädikat Einlaß, und zwar gewaltigeren als alle Adjektive das bringen – selbst Hemingway hat sich dem ja nicht immer entziehen können, auch wenn er wohl die Gefahr sah, die Anderson vielleicht noch nicht sehen konnte (er war sehr viel weniger Literat als etwa Hemingway). Und so haben wir hier nun ein Buch, das das Dunkel zeigen will, und doch das Licht zeigt, und das cool und unsentimental sein will, und doch unerhört sentimental ist; wir haben gelernt, daß wir die Sentimentalität nicht fürchten wollen, aber es ist hier ein wenig wie mit dem Hegelschen Satz, der nicht lautet, wer denkt, müsse sich hüten, erbaulich zu sein, sondern, wer denkt, müsse sich hüten, erbaulich sein zu wollen. – Proust bringt den zweiten Band der *Recherche* heraus, *Im Schatten junger Mädchenblüte* – man kann Proust nicht erzählen, nichts aber andrerseits möchte man lieber; also: Marcel bekommt Eingang in die Welt Swanns und Odettes, er lernt den Dichter Bergotte kennen; und Marcel kommt an die See, er lernt den Maler Elstir, und er lernt

Albertine kennen. – Grazia Deledda hielt Federigo Tozzi in diesen Jahren für den vielversprechendsten Romancier,  von ihm erscheint jetzt der kleine Roman *Mit geschlossenen Augen.* Tozzis Vater war Gastwirt und ein kleiner Gutsbesitzer, einen solchen Mann schildert Tozzi hier mit fast grausamer Deutlichkeit, man liest dieses Buch deshalb oft als eine halbe Autobiographie, für uns ist das aber nicht weiter wichtig. Hauptfiguren in diesem Buch sind der Sohn dieses Wirts, und dann ein Mädchen, das er schon als Knabe haben will; haben will: ich drücke mich so aus, weil das Wort Liebe oder Verliebtheit hier zu hoch wäre, oder zu abgegriffen, ich will das erklären. Tozzi beschreibt die Welt, in der dieser Junge groß wird, wie mit den Augen eines Menschen gesehn, den sie schreckt und ungeheuer bedrängt. Die Sonne knallt auf das Land wie aus den Bildern van Goghs, wie bei ihm scheint alles sich in Wellen und unheimlich bewegte Linien aufzulösen; Gesichter aus dieser Welt haben nichts was gleichgültig ließe, sie haben etwas gewaltig Sprechendes, auch wenn das was da sprechen möchte, tiefste Sprachlosigkeit sein kann; wenn Gefühle sichtbar werden in einem Gesicht, dann kommen sie unabgemildert zutage wie auf Bildern von Egon Schiele; Häuser stehn nicht einfach da, sondern die Anordnung ihrer Fenster drückt irgendwas aus, auch wenn keiner sagen könnte was; immer wieder, als wenn er was vor sich hätte was er unbedingt deuten müßte, beschreibt Tozzi Landschaften aus Dächern einer Stadt, er beschreibt sie, als könnte keiner ruhig bleiben, der solche Dächer sieht, wirklich sieht, und als bemächtigten diese Landschaften sich ihrerseits jedes Menschen, der dort leben muß. Nichts ist einfach da, alles spricht, schreit, und redet noch, wenn man glaubt, es schweige bloß. Diese ganze Welt ist mit einer ungeheuer schmerzhaften Intensität geschildert, wenn irgendwo der Expressionismus Roman geworden ist, dann hier. Es heißt zwar immer wieder, Tozzi stehe ganz in der Tradition jener Verga und Capuana, die wir kennen, und natürlich stimmt das; aber wenn Verga zum Beispiel wie aus einem fast gewaltsam gelassenen Abstand mit dem gewollten Anschein der Gleichgültigkeit traurige Schicksale auf dem Lande schildert, malt nun eben Tozzi dieselbe Welt in ihrer erschreckenden Innenansicht, oder er malt eben die tödliche Wucht, mit der sie sich in jedem Augenblick auf die Armen wirft, die keine Bildung, keine Abgestumpftheit haben, sich dagegen zu wehren, und gleichgültig und wie abgestumpft nur wirken, weil fast jede Reaktion gleich eine Gewalttat werden würde. Ich will jetzt noch einmal auf das Begehren zurückkommen, das den jungen Sohn des schrecklichen Gastwirts zu dem Mädchen treibt: wo andre Romanhelden ein leises Prickeln verspüren würden, ein Ziehen irgendwo, ein Hingezogensein, da scheint der Anblick oder das vorgestellte Bild bloß dieses Mädchens diesen jungen Menschen zu betasten und zu greifen wie tausend Fangarme eines unsichtbaren Tiers, das ihn nicht länger leben lassen will wie vorher; was uns wie eine ganz winzige Verlockung ist im Gesicht, in einer Bewegung des Mädchens, das ist für ihn ein Glutstrahl von Lust. Anfangs denkt man, Tozzi setze diese Mittel ein, um den Zustand eines Menschen zu definieren, der noch ein halbes Kind ist und dem nichts in der Welt feststeht wie für die Erwachsenen; dann, wenn man sieht, daß das nicht sein kann, denkt man, mit Erschrecken, er schildere hier die Welt mit den Augen eines gestörten Menschen, eines im Grunde Kranken; aber das ist auch nicht so; der junge Mann studiert, er fällt gar nicht so sehr auf unter Fremden, das Mädchen, das ihn eigentlich kaum beachtet, macht eine hübsche kleine Karriere als ausgehaltene Freundin wohlhabender Männer, leider wird sie dann schwanger: also dies ist eine ganz normale Welt; und offenbar will Tozzi nun darauf hinaus, diese Welt so zu sehn, wie einer sie wahrnimmt, dem ihre ganzen

Gewöhnlichkeiten nicht zu hingenommenen Fakten ge-
ronnen sind, sondern der alles so sieht, wie es immer
auch gerade erst geworden ist, und der das nicht so sehn
will, mit Absicht, also als ob ers anders sehn könnte, sondern der das gar nicht anders kann als so sehn. Dieser
Roman endet, als der junge Mann dann in einer Absteige
für Dirnen und Schwangere das Mädchen findet; er sieht
ihren Bauch, und der letzte Satz heißt: »Als er nach einem
heftigen Schwindelanfall, der ihn Ghisola zu Füßen stürzen ließ, wieder zu sich kam, liebte er sie nicht mehr« –
natürlich ist das sentimental und kitschig und ein bißchen
gewollt, große Romanciers nach vielen Büchern würden
das nicht so schreiben[10], aber wenn man das hier liest am

---

[10] große Romanciers sterben in gesetzterem Alter – darüber hatten
wir glaube ich hier schon einmal nachgedacht –, das ist kein Zynismus, weil sie etwa nicht groß wären in jungen Jahren schon, Lyriker
sind das ja oft, Lyriker können ruhig jung abgehn in die Ewigkeit,
in die Unsterblichkeit, Gedichte machen ist leicht; ein Romancier
braucht Welt, und Welt braucht Zeit: Romanciers fangen meistens
mit dem richtigen Schreiben erst später an, und während Lyriker
mit hundert kleinen Seitchen berühmt werden können, schreiben
Romanciers sich erst in unser Herz mit dem dritten oder vierten oder
fünften Buch – die großen Romanciers haben fast immer eine Menge
Bücher geschrieben, aber wenn sie zu jung sterben, dann war dazu
keine Zeit. Mit dieser knappen Darstellung der Unterschiede zwischen den Gattungen verkürze ich das Problem natürlich ein bißchen,
aber Sie ahnen sicher, was ich sagen will. Ich habe Ihnen von Alain-
Fournier erzählt, der einen einzigen wunderbaren Roman geschrieben
hat, und dann, achtundzwanzigjährig, in diesem widerlichen Kriege
starb, 1914; oder denken Sie an Stephen Crane, aus dem vielleicht
was Großes geworden wäre, aber er war erst neunundzwanzig, als er
starb, und Frank Norris war zweiunddreißig, als er abging, und hatte
doch so schöne große Pläne; und nun die großen Überlebenden:
Fontane wurde fast 79, Dostojewski doch wenigstens 60 wie Flaubert,
Tolstoi wurde 82, Raabe wurde 79, Thomas Hardy wurde 87, Meredith wurde 81, Verga wurde 81, Zola doch wenigstens auch über 60,
Henry James wurde 72, Pérez Galdós 76, Anatole France wurde 80,
Conrad wurde 66, Hamsun wußte selber schon nicht mehr, wie alt er
war, als er starb, Maugham wurde 90, Thomas Mann 80, und dann
gibt es ganze Jahrgänge, die gar nicht sterben, etwa der Jahrgang 85:
Mauriac wurde fast 85, Maurois 82, Jules Romains beinahe 87: das
sind alles keine großen Ausnahmen, glauben Sie mir; das mittlere

1919 Ende von zweihundert Seiten, dann spürt man herz-
klopfend deutlich, wie da eine ganze Welt zusammenstürzt, zusammenstürzt vielleicht einfach, weil sie nun
banal wird.

Den Nobelpreis gewinnt in diesem Jahre der mittlerweile vierundsiebzigjährige Carl Spitteler, uns ein lieber
Bekannter seit seinem Leutnant *Conrad* von 1898 und
der *Imago* von 1906; sicher hat Spitteler den Preis nicht
mit diesen kleinen Romanen gewonnen; aber er hat
ihn. – Den Prix Goncourt erhält, wir wissen das und
erinnern uns der freundschaftlichen Mithilfe Léon Daudets, Marcel Proust für eben das zweite Stück seiner
Recherche, Im Schatten junger Mädchenblüte – übrigens,
ganz ehrlich: ist das nicht eigentlich doch ein etwas,
nun, sagen wir: recht voll aus den Saiten gegriffener
Titel? oder ist er wirklich gut, und wir haben nur ein
bißchen Angst davor, gut zu finden, was für befangne
Gemüter (also für andre, wenn wir sie sehn, wie sie uns
unbefangen uns freuen sehn) aussehn könnte wie ein
bißchen doch zu voll aus den Saiten gegriffen? Nein,
ein Mal, antworten wir, antworten wir uns selber, ein
einziges Mal muß ein Buch so heißen dürfen in der
Welt.

Alter derer, die sich durchsetzen konnten, liegt bestimmt bei 63 oder
65 Jahren, da sind dann schon eine Menge Frühvollendete dabei, die
mit fünfzig oder fünfundfünfzig abtraten, und wenn man daneben
dann jene so jung Gestorbenen hält, dann wirken die glaube ich in
den Augen der Alten immer wie so ganz Arme, die nichts mitgekriegt
hatten als eine kaputte Schreibmaschine.

1 ✦ 9 ✦ 2 ✦ 0

Grabschrift (166.167) für

TOZZI. PÉREZ GALDÓS. Gerade siebenunddreißigjährig also stirbt in Rom Federigo *TOZZI;* er hat noch einen Roman hinterlassen, *Das Gehöft,* worin er den Niedergang eines bäuerlichen Anwesens beschreibt: der Alte ist tot, es gibt da eine Frau und eine Geliebte, abgewrackte Gestalten sie alle, denkt man, bis diese Geliebte, auf die keiner von uns, so denkt man, auch nur einen zweiten Blick werfen würde, noch einmal geliebt wird und wiederliebt: es könnte einen grausen, so etwas will man ja gar nicht wissen, und doch bannt uns auch hier wieder Tozzi mit so brennenden Farben und so viel Intensität, daß wir dann kapitulieren und sagen: ja, so lebt wohl der Mensch. Dicke Romane lassen sich nicht in diesem Stil machen, kein Leser hielte das aus: aber diese zweimal zweihundert Seiten gehn wie ungeheure Blitze über die sonst so bewohnbar gemachte Romanwelt hin, man wüßte viel weniger über diese Welt, wenn man sie nicht auch einmal in diesem wilden Licht sähe. – Sechsundsiebzigjährig stirbt nun, fast blind, in Madrid der große Benito *PÉREZ GALDÓS,* Freund, Geliebter, Mitstreiter Emilia Pardo Bazáns, ein Jahrgangsgenosse von Henry James: nun sind sie beide dahin, diese Könige in unserm Reich.

✦

Upton Sinclair ist mit einem neuen Buch da, es heißt *Hundert Prozent,* und beschreibt das Leben eines Mannes, dem die brutalen Methoden der Arbeitgeber rechtzeitig beibringen, wie gut und wie lebenserhaltend es ist (oder jedenfalls also damals war, als jeder Arbeitgeber straflos die Roten verprügeln lassen durfte), auf der Seite der Stärkeren zu sein; das Buch ist in dokumentierten Einzel-

heiten wieder schrecklich, und im Ton, wo es nicht voller Mitleid ist, sehr sarkastisch; im Grunde müßten wir uns spätestens hier nun einmal überlegen was wir eigentlich wollen: die Welt ist voller Schrecken und böser Übel, und es gibt viele in ihr, denen durchaus nicht daran liegt, diese Schrecken und Übel abzuschaffen, wir könnten jeden Monat einen solchen Roman lesen, und wir würden nur, mit guten Gründen, immer überzeugter davon werden, daß auch jede Woche ein solches Buch das Leid auf der Welt weder ausschöpfen noch lindern könnte; andrerseits sind nun diese Romane, wir haben Gründe genug gesehn, wirklich nicht sehr gut. Das macht nichts, ließe sich nun also sagen, was heißt schon, und dann noch bei Romanen, künstlerische Güte angesichts dessen was sie hier aufzeigen? – dagegen ist wenig einzuwenden, und wir sehn ein, daß es keinen Sinn hat, einem so ungeheuer engagierten Mann wie diesem Autor vorzuwerfen, er schreibe nicht auch noch sehr gute Romane; es sind, sagen wir uns, viele Wohnungen in unsers Vaters Hause, und Sinclair wohnt in einem andern Flügel als viele, die wir lieben. Es wäre schön, wenn seine Romane besser wären, aber wenn Romane nun einmal nicht gut sind, dann lieber als durch irgendein blasses Unvermögen dadurch, daß den Autor die drängende Realität beinahe willentlich hinweggehn läßt über unsre Schwäche, nur gute Bücher lesen zu wollen. – Joseph Conrad schreibt *Rettung*, einen Seeroman wieder, etwas mit Liebe auch; aber was immer er schreibt, wenn wir dann solche Sätze lesen: »Im Süden war noch ein fahler Schimmer zu sehn, schwach und traurig wie eine vergehende Erinnerung an erloschenes Sternenlicht. Im Norden, wie um das Unmögliche zu beweisen, zeichnete sich auf der ungeheuerlichen Schwärze des Himmels ein unglaublicherweise noch schwärzerer Fleck ab: das Herz des kommenden Sturms. Die Lichtreflexe im Wasser waren erloschen, und ringsum lag die unsichtbare See

stumm und still, als wäre sie vor Angst plötzlich gestorben«, oder: »Über die Takelage der regungslosen Brigg
strich ein Laut, traurig und erschreckend wie der Seufzer
eines durch den sternenlosen Weltraum wandernden riesigen Geschöpfs«, oder: »In wenigen Minuten war die
Regenbö über die Brigg hinweggetobt, und nun konnte
man sie sehn, wie sie sich, einer grauen senkrechten
Mauer gleich, unter dem wilden Geflüster sich auflösen-
der Wolken in die Nacht entfernte« – wenn wir, was immer
er schreibt, solche Sätze lesen, dann sind wir gebannt,
und wenn Nabokov sagt, das sei doch alles Jugendlitera-
tur, Nabokov, den wir so lieben: nun denn, dann ist es
eben welche. – Unsre geliebte Edith Wharton kommt
mit ihrer berühmten, mit großem Recht so berühmten
Zeit der Unschuld (auch: *Im Himmel weint man nicht*) –
wie fünfzehn Jahre vorher, beim *Haus der Freude*, spielt
dieser Roman wieder in der New Yorker High-Society:
ein sehr guter junger Mann, Anwalt, verlobt mit einem
frischen schicken lieben Mädchen aus seinen Kreisen,
verliebt sich in eine schöne Kusine, eine Europäerin
gewissermaßen, die geschieden von drüben zurückkehrt,
und wunderbar, sie verliebt sich auch in ihn: als ob es
das Glück gäbe; aber seine Kreise, obwohl den meisten
darin dämmert, daß sie nicht das sind was bleiben wird
wie es ist, können diese Liebende nicht wollen anstelle
der lieben schicken Frischen, und schlimmer noch im
Grunde: der junge Mann ist dermaßen innerlich angepaßt, daß er vermutlich, selbst wenn alle um ihn herum
wollen dürften was sie jetzt schon in schwachen Minuten heimlich schön finden, es selber nicht wollen würde;
und so ist der Traum nach den ersten Küssen aus; und
die Schöne geht nach Europa zurück, mit der Wharton
in deren hübschem Automobil; Freund James ist tot,
schade, sicher, aber noch ist die Alte Welt ein schönes
Land zum Leben für diese erfahrenen selbständig gewordenen Frauen. – Knut Hamsun bringt die *Weiber am*

1920 *Brunnen* heraus, die traurig-komische Geschichte eines einbeinig und impotent und kleinbürgerlich seßhaft gewordenen Seemanns, dem seine hübsche Frau immer neue Kinder auf die Welt bringt, braunäugig, blauäugig, je nachdem; leicht ist für den armen Kerl das Leben unter den klatschenden Weibern am Brunnen nicht, aber irgendwie hält er durch, und ganz genau kriegt man nicht heraus, was der Autor dazu nun eigentlich meint – wahrscheinlich ist genau das die Stärke dieses Buchs. – Döblin schreibt den *Wallenstein*, einen sehr umfangreichen historischen Roman, dessen Bestreben zu sein scheint, mit Hilfe einer unübersehbaren Fülle von Einzelheiten den Leser sich völlig verlieren zu lassen sozusagen in die Geschichte selber, die ja auch von keinem Romancier geordnet ist; das ist ein heroischer Versuch, denn noch einmal eine solche Lektüre würde kein vernünftiger Leser beginnen. – Otto Flake veröffentlicht *Nein und Ja*, das ist eigentlich der dritte Teil eines stark autobiographischen, gewissermaßen selbstvergewissernden Romans, dessen erste Teile die von Flake dann wieder zurückgezogene *Stadt des Hirns* bildet (1919); dazwischen lagen noch *Freitagskind*, der erste Teil der sogenannten *Ruland*-Romane, und *Horns Ring* von 1916; das neue Buch spielt in der Schweiz, hier der erste Satz, der deutlich den sonderbar forcierten, aber auch wie vorhin bei Lewis dem Tempo der Zeit nachlaufenden Stil Flakes in diesen Jahren zeigt: »Lauda kam am Nachmittag in Zürich an, Stadt die er nie betreten hatte, und erster neutraler, die er im Krieg betrat, seltsames Gefühl.« Dieser Lauda, so gut Flake wie Tarr, verkehrt auch in ähnlichen Kreisen, der Boheme Zürichs: in Zürich blühte damals der Dadaismus, Hugo Ball tritt verschlüsselt im Buch auf; und auch hier reden sie pausenlos über die Kunst und das Leben, und Frauen sind mehrere auch mit von der Partie. – Galsworthy bringt den zweiten der drei Hauptteile seiner *Forsyte Saga* heraus, *In Fesseln*. – Leo Perutz schreibt den

Marques de Bolibar, ein historisches Kriegsbuch aus der Zeit des napoleonischen Feldzugs in Spanien; er gibt sich wieder große Mühe mit seinem klassischen Stil. – Scott Fitzgerald war in Minnesota in eine Familie hineingeboren worden, die sich insgesamt wohl auf dem absterbenden Ast befand; als Student in Princeton war er arm und hielt sich am liebsten unter reichen Kommilitonen auf; er ist ein literarisch wunderbar begabter Intellektueller, dem es zu seinem großen Ärger nicht gelingt, eine Rolle in der Footballmannschaft zu spielen; er geht unter die Soldaten, kommt aber in keinen Krieg, es ist ein Jammer. Er verliebt sich, aber das schöne Mädchen hat Träume von einem richtig erfolgreichen Mann: und jetzt besteigt er das Pferd und entschließt sich erfolgreich zu werden und schreibt einfach einen Bestseller, *Diesseits vom Paradies*, und nun heiratet das Mädchen ihn, und sie werden zu Trinkern und Verschwendern. Das Buch ist, unerachtet vieler Ähnlichkeiten, bei weitem nicht das was dann der *Große Gatsby* sein wird, keiner verlangt das ja auch, aber wenn man einmal Fitzgerald liebgewonnen hat (ich weiß nicht, ob das der richtige Ausdruck ist, aber vielleicht schon), dann ist auch dieses Buch spannend und sehr schön und eine Erquickung durch die Klugheit und auch Natürlichkeit seines Autors. Am Schluß heißt es vom Helden, den zweimal drei Niederschläge endlich aus seiner erst jugendlichen und dann – wie ihm alle sagen – unerwachsnen Selbstbesessenheit gerissen haben: »Er reckte die Arme zum kristallklaren, strahlenden Himmel. Ich kenne mich, rief er...« – später wird Fitzgerald solche Sätze nicht mehr machen, aber man merkt dann, daß er sie einmal gemacht haben konnte und machen mochte. – Sinclair Lewis schreibt die weltberühmte *Main Street*, das ist die Geschichte einer jungen Frau, einer studierten Bibliothekarin, die einen Arzt heiratet, in seine kleine Stadt geht, es dort nicht aushält, im Krieg mit ihrem Kind in Washington lebt und schließlich zurück-

1920 kehrt zu ihrem Mann in die kleine Stadt; das ist ein wunderbar zweideutiges Buch: Lewis schildert die allmähliche willentliche Anpassung einer gebildeten ehrgeizigen jungen Frau an ein Kleinstadtklima, das sie sonst umbringen oder vertreiben würde; die Wut des Autors gilt natürlich dem bösen Klima der amerikanischen Kleinstadt, aber wenn seine Heldin sich anpaßt, wenn sie also, mit tausend Vorbehalten, die, nur im Innern gelebt, ihrer Seele jene Tiefe geben werden, die in derselben Art von Kleinstadt in den fünfziger Jahren dann die modischen Psychiater auf den Plan rufen wird, wenn seine Heldin also am Ende doch so ist, wie man sie in der kleinen Stadt allein dulden, dann aber auch mögen wird: dann steckt sicher doch auch in dem, was den vernichtendsten Spott tatsächlich verdient, etwas von dem, was dem moralischen Anspruch standhält, der den Spott treibt; gleichwohl bleibt alles offen, und es ist für den Leser nicht herauszubekommen, ob der Autor die junge Frau nun resignieren oder aber irgendwie weise hat werden lassen – wir müßten sie in beiden Fällen bedauern, tun das aber eigentlich gar nicht, und wissen also nichts; wir haben nur etwas erzählt gekriegt. – Proust setzt seine große *Recherche* fort mit der *Welt der Guermantes* – nun ist Marcel unter den feinsten Leuten, unter den schönsten Frauen, und es ist das Wunder seines Blicks, den er sich nicht schärft durch einen Abstand, der ihm gar nicht erlaubt wäre, sondern eben durch die Nähe, durch das bezauberte, entsetzte Leben, das ihn heimsuchen muß, damit er erkennen kann, auf seine Weise. – André Breton und Philippe Soupault begründen, erfinden den Surrealismus mit einem Experiment des automatischen Schreibens, den *Magnetischen Feldern*, Texten, die keinen neuen Stil definieren oder begründen sollen, sondern mehr eine neue Art des Eindringens in Bereiche, die bislang verschlossen waren für ein Erkennen, das erst sehen wollte und dann aufschreiben, was es gesehen hatte. »Bei der

geflügelten Rückkehr des Eselsgerippes auf dem Gesang
der Sterbenden hat alles die Farbe der Wiesen; nur ein
Insekt vergißt sich in den Rosen der Lampe« – da läßt
sich nicht sagen, wie das am besten gelesen wird, auch
nicht, wie man herausbringen kann, ob das gut ist oder
nicht: alles das spielt keine Rolle; es geht wohl um das
reine Produzieren. »Nacht war«, schreibt Soupault sehr
viel später über jene Tage, »Nacht war. André Breton und
ich entkamen ihrer Finsternis nur dank unserer Träume.
Unsere Träume und Alpträume wurden Geschichten, die
wir darzulegen versuchten… Uns kam, dem einen wie
dem andern, zu jenem Zeitpunkt die Versuchung, unsere
Träume nicht zu beschreiben, sondern wiederzugeben,
was wir als ein Ausbrechen betrachteten. Ich erinnere
mich, es war für uns eine echte Erleuchtung. Das ist das
einzige Wort, in der ganzen Wucht und Bedeutung seines
Sinnes, das ich dafür zur Verfügung habe.« Und Breton
erinnert sich: »Im Jahre 1919 hatte sich meine Aufmerksamkeit auf die mehr oder weniger bruchstückhaften
Sätze gerichtet, die in völliger Einsamkeit beim Heran-
nahen des Schlafes für den Geist vernehmbar werden,
ohne daß es möglich ist, in ihnen eine vorher festgelegte
Bestimmung zu entdecken… Was ich hierüber… sage,
zielt vor allem darauf, darzulegen, daß bei Fehlen jedes
kritischen Eingreifens von unsrer Seite die Urteile, denen
wir uns aussetzten, von vornherein danebengingen… Ich
bin auch heute noch überzeugt, daß nichts, was gesagt
oder getan wird, etwas wert ist, wenn es nicht diesem
magischen Diktat gehorcht…« – Und da nun, unbeküm-
mert, aber wie in Trance hat er das geschrieben, bringt
Albrecht Schaeffer[11] seinen *Helianth* heraus, *Bilder aus*

---

[11] er liebte, wenn er photographiert wurde, Posen. 1920 zu Weihnachten, also zum Erscheinen des *Helianth*, schickte er den Kippen-
bergs, dem Verlegerehepaar, ein wunderbares Photo von sich, mit
Widmung, und ganz in Brauntönen: er hat einen dunklen Anzug an,
mit ewig breitem Revers, das Jackett ist so künstlich verrutscht, daß

1920 *dem Leben zweier Menschen von heute und aus der nord-*
deutschen Tiefebene[12]; gegen Ende dieses Werks, durch
das achte Buch, fährt auf den Flüssen und Kanälen der
norddeutschen Tiefebene, zwischen Elbe und Ems, einer
dieser langen dunklen Kähne durch den Spätsommer
und Herbst; das ganze Innere des langen Kahns, dreißig

---

man die Weste schön sieht, der Hemdkragen ist hoch und steif, mit
fast senkrecht fallenden Kragenecken, so daß der Schlips, in diesen
Brauntönen wie genoppt, nicht ganz oben sitzen kann; Schaeffer hat
den linken über den rechten Arm geschlagen, die Hände kommen
aus sehr weiten Ärmeln, die Manschetten sind auf einen einzigen
großen Knopf gearbeitet; man sieht die wunderschöne Armbanduhr,
länglich, eher eckig als oval, in den Fingern dieser Linken hält er eine
weit herabgeglühte Zigarette, zerdrückt, filterlos. Sein Kopf ist ganz
leicht gesenkt, er schaut leise aufwärts dem Betrachter in die Augen;
seine eignen Augen haben etwas lichttechnisch leicht forciert Magi-
sches in sich, man denkt an den jungen Gustav Gründgens – Haare
hat er immer nur wenige, sie setzen hinter einer überhohen Stirn auf
der Kopfmitte an: so daß er, im Halbprofil (im Ganzprofil ließ er sich
nicht gern abbilden, wegen seiner vorn aufgestülpten Nase) einem
Geistlichen mit Hinterhauptkappe ähnelt, von Natur aus also.

[12] so der Untertitel in der ersten Fassung; im amerikanischen Exil,
in den vierziger Jahren, hat Schaeffer das Buch ganz umgeschrieben,
diese Fassung lag siebenundvierzig Jahre ungedruckt herum, die letzten Jahrzehnte immerhin wohlverwahrt und -behütet in Marbach,
dann hat Rolf Bulang sie bei Weidle in Bonn 1995 herausgebracht;
der Untertitel lautet jetzt: *Bilder aus dem Leben zweier Menschen nach
der Jahrhundertwende.* – Ich habe für mich diese neue Fassung ganz
im Vorbeigehn nur mit der Erstfassung verglichen, ich will es so sagen:
in der neuen Fassung sehn die Figuren für den vergleichenden Leser
so aus, als hätten sie alle den ersten Roman zu Ende lesen dürfen,
und seien nun ein Vierteljahrhundert später bittflehend dem in ihr
Leben noch einmal versunkenen Autor ans Herz gegangen. Er hat
sie zugelassen, nun wissen sie manchmal ahnungsvoll Dinge, die ihr
Schöpfer zuerst auch nur ahnte, die er aber wußte, als er seine Welt
noch einmal machen durfte (es muß für Schaeffer etwa 1948 schwer
gewesen sein, einer Figur, die damals bei Wagnerscher Musik ein
leises Schaudern spürte, vorzuenthalten, was Hitler aus Deutschland
gemacht hat – so, andeutungsweise, schreibt sich dann ein Roman in
einen historischen Roman um). Und um mit einem solchen Gedanken fortzufahren, so ist ja der Umstand, daß wir dieses Buch, in
welcher Fassung immer, nun endlich wieder lesen können, schließlich
auch so etwas wie das Glück, eine Geschichte neu zu sehen und zu
schreiben, die sich in das Vergessen eines solchen Buchs verlaufen
konnte.

Meter, wirkt wie ein »unendlicher sanft erleuchteter Raum *1920*
oder Gang«; in die langen dunklen Wände sind Glaskästen
eingebaut, die beleuchtet werden können, Aquarien mit
Wasserpflanzen und Fischen: die also dort sind, wo sonst,
hinter ihnen jetzt, das wirkliche Wasser wäre und ist. Auf
diesem Kahn *Argo* durch das Buch fährt Jason al Manach,
schwarzäugig, ein wunderbarer Kenner aller Dichtungen,
ein unerschöpflicher Erzähler wunderlicher Geschichten,
ein trostreicher Freund aller Leute im Buch, und er weiß
manchmal, was passieren wird; und fährt also auf diesem
leise tuckernden Kahn, auch nachts, so klingt das, durch
das Land, durch das Buch... Gleich am Anfang des
Romans (drei Bände, 1800 Seiten, die erste Fassung hatte
2400 Seiten) fällt auf, daß das Buch im ganzen seltsam
zahlenmagisch aufgeteilt ist, neun Bücher zu jeweils neun
Kapiteln, enthaltend Zeiträume, die nach Stunden oder
Monaten ihrerseits durch neun teilbar sind, und so weiter:
eigentlich macht man so etwas seit Dante nicht mehr,
aber genau solche Anknüpfungen liebt Schaeffer. Man
kann, wenn man sehr viele Romane gelesen hat, sagen,
vielleicht habe ich das auch schon einmal gesagt, daß
jeder Große in diesem Fach nicht zuletzt dadurch groß
ist, daß er Sachen macht, die man eigentlich nicht tun
darf, aber Schaeffer zeichnet sich vor den meisten von
ihnen dadurch aus, daß er fast nur solche Sachen macht.
Am Anfang (der Roman spielt ungefähr in den Jahren
1906 bis 1912) ist da ein junger Prinz, gerade hat er das
Abitur gemacht, er ist verliebt, zweimal kommt ihm, in
wunderbaren Momenten, dazwischen, nämlich zwischen
sich und die Liebste, daß er sein Wasser abschlagen muß,
aber dann geht alles gut, nur daß er fast nichts weiß,
wohinein und alles, aber das schöne Mädchen federt
das lieb ab und macht ihn zum Mann. Sein Vater sagt
ihm, daß er in ein paar Jahren dann das Land regieren
müsse (so etwas wie Niedersachsen), dazu müsse er sich
selber nun erziehen; und das tut er jetzt. Er irrt natürlich

immerzu, zum Beispiel tritt er in eine Verbindung ein, er trinkt, er schläft ein bißchen herum. Aber dann sind wunderbare Freunde da, wir kennen schon Jason, den Tiefebenenkahnfahrer, wir kennen, aus dem eignen Buch mit den schönen Erzählungen, Josef Montfort, wir lernen einen hervorragenden Maler kennen (Mustermenschen allesamt auf ihre Art, ein bißchen wie bei Simmel mitunter, aber Simmel denkt, seine seien real, das denkt Schaeffer nie), einen Musiker, und Frauen, immer wieder Frauen, und vorn dran Renate[13], das vollkommen Schöne an Weiblichkeit (sie ist schon alles, Prinz Georg muß erst alles werden), ungeküßt, begehrt, ein Stern, vielleicht ein bißchen sehr platonisch. Andre Frauen dann auch: eine wahnsinnig Scharfe, eine Sterbenssüße (sie geht unter), eine Sterbensliebende (sie bringt sich um), endlich eine Stolze, Große, er merkt es erst zwölfhundert Seiten später, wir wissen gleich: das wird die Seine werden, wenn er erst der Seine wird geworden sein, und so kommt es dann auch. Er selber zu werden fällt dem Prinzen um so schwerer, als er gar nicht der ist, der er werden soll, nämlich der Sohn seines Vaters, wie der ihm eröffnet (er ist es dann doch, aber das steht wirklich auf einem andern Blatt, tausend Seiten weiter): das gibt große Turbulenzen; dann verliebt er sich auch noch in eine schon anderweitig Vergebene, aber das tun sie alle; und hinzu zu dem allen kommen diese tausend Sachen, die die Welt dem Romandichter so bietet, wenn er nur bedenkenlos, verrückt genug dazu ist: also die traumhaft Schöne,

---

[13] diese Renate und der Prinz Georg sind jene beiden Menschen aus der Tiefebene des Untertitels, rein aus ihrer abwechselnden Perspektive ist das Buch geschrieben; dazu läßt Schaeffer andre Leute mit Briefen, mit Tagebüchern, mit Telephongesprächen zu Wort kommen – das gibt dem Buch eine wunderbare Lebendigkeit, eine schöne Oberfläche. Davon lebt es: einerseits von dieser reizvollen Oberfläche, der ganzen unterhaltenden Romanhaftigkeit; und andrerseits, und das ist nun wohl sein wahres Geheimnis, von der grenzenlosen Unbefangenheit, ja Bedenkenlosigkeit, mit der Schaeffer diese Welt baut.

Renate, liebt vielleicht den Maler, wird aber geliebt von 1920
den Brüdern Montfort (der magische Josef hat einen
tiefgrollenden Bruder), die eine Fabrik haben, aber eine
eingehende; nun hilft der Herzog aus, der Vater: dieser
wahre Traum von einem Mann, wenngleich mit entzweien
Füßen, er ist mal wo runtergefallen – es gibt später eine
große Stelle, man zittert, wenn man sich ihr nahen sieht,
da fallen er und diese Schöne, Renate, einander in Liebe
zu, in die Arme, in den Schoß –, es ist nicht leicht, das
ganz ohne Ironie zu erzählen, wenn man es dann weiß,
aber ist hier die Ironie nicht nur ein Mittel, sich einer
Wahrheit zu erwehren, zu der wir selber es im wirklichen
Leben nicht bringen? Der Herzog hilft aus, wie gesagt;
aber er hilft dem Josef, nicht dem unbeholfnen Erasmus,
den, – aus Mitleid? wir wissen es nicht – die Schöne,
Renate, heiratet: und der nun also noch eifersüchtiger
wird auf Bruder Josef. Der Maler malt die Kapelle
im Montfortschen Garten aus, auf deren Orgel Renate
spielt (eine neugotische Kapelle, so schön geschildert von
Schaeffer, daß wir tatsächlich die totgeboren geglaubte
Schönheit der Neugotik spüren – da beginnt die Größe
dieses Buchs[14]), die kluge gute Ersterkannte des Prinzen,

---

[14] es wird öfter über Malerei geredet in dem Buch, der Maler hier,
Bogner, malt auch Renate, von der wir wirklich gern wüßten, wie sie
aussah – Sie erinnern sich, wie hübsch wir das von jener Schönen
wissen bei Maugham und Ashenden und dem Maler, den es wirklich
und dessen Bild es noch dazu in dem Buch gab; und von Lewis etwa
haben wir diese schönen Porträts der Frauen seiner Welt; und aus der
Umgebung von Maugham, Wells, Ford Madox Ford und James wissen
wir eine Menge über Kunst und Künstler, eine große Rolle spielen
hier Maler wie Rossetti, wir kennen ihre Bilder, wir kennen Photos
ihrer Modelle. Und es ist nun wirklich sehr hübsch, etwa in Rossettis
Bildern, aber auch etwa in denen von Burne-Jones, nach Zügen Re-
nates zu suchen. Ich glaube, bei Tolstois *Anna Karenina* haben wir
uns ganz theoretisch schon einmal mit solchen Fragen beschäftigt,
hier wird nun alles so lebendig und konkret, und es ist schön, vor
allem in Rossettis Frauen, die in allen Spielarten des Eros gleich erfahren aussehn, diese Renate hineinzudenken, die alle küssen wollen
und die keinen küßt, außer den mit den entzweienen Füßen, und
deren Kind wohl doch von keinem ist. Ein andres Spiel wäre, beim

sie hat Singen gelernt, singt immer schöner, der komponierende Freund heiratet ganz verkehrt, der Vater der Ersterkannten ergibt sich dem Trunk, Vater Montfort verblödet, die Söhne schlagen sich tot, das heißt, der Grollende den Magischen, die schöne Singende erblindet, der Vater Herzog wird umgebracht – all diese tausend Dinge; am Ende kriegt die Vollkommene ein Kind, sie weiß nicht von wem, wir wissen es auch nicht, und der Prinz die Seine. Es gibt, beim werdenden Regenten wird Ihnen das womöglich eingefallen sein, einen einzigen und gleich noch dickeren deutschen Roman, der allein diesem vergleichbar wäre, das sind Gutzkows *Ritter vom Geiste* aus dem Jahr 1850 – auch so ein dunkler Kahn auf den nächtlichen Gewässern unsrer Literatur, es ließe sich lange darüber reden... es ließe sich auch über Schaeffer noch lange reden, zum Beispiel darüber, ob dieses ungeheuerliche Buch, in seiner willentlichen (und wenn man gern so möchte: dialektischen) Zeitferne, seiner wunderlichen Antiquiertheit (wenn man bedenkt, was wir sonst alles schon gelesen haben), seiner ausufernden Sprachseligkeit –, ja, ob dieses Buch überhaupt wirklich gut ist... ich weiß es nicht; und ich glaube, daß in solchen Fällen, es sind ja die seltensten, die Kunst des Romanelesens auch darin besteht, davon für einmal (für zweimal, Gutzkow dazugerechnet) nichts wissen zu wollen... (ich mache ungern solche Pünktchen, ich mache so viele auch nur hier...)

Den Nobelpreis gewinnt in diesem Jahre Knut Hamsun, und es ist sehr einnehmend, wie er sich für das Geld

---

Gedanken an diese Renate sich aus der norddeutschen Tiefebene die Mädchen etwa Heinrich Vogelers vorzustellen; schöner sind aber Rossettis; Schaeffer, der ohnehin und namentlich wohl bei seinen erotischen Gedankenspielen eher in Trance war, ich hatte das schon erwähnt, muß mit der Seele ja auch, wenn sie so wanderte, nicht in der Tiefebene geblieben sein, die, wenn Sie an Jason den Kahnfahrer denken, ohnehin mit Leuten bevölkert war, die schwerlich in ihr geboren worden waren – warum also nicht mit Rossettis Frauen?

sofort einen siebensitzigen Cadillac kauft (er haßte Amerika), mit dem er dann möglichst unter alleiniger Benutzung des Gaspedals durch sein Land rauschte; er soll das sehr genossen haben; irgendwann sah er aber ein, daß allein mit dem Schnellfahren auf die Dauer doch kein ruhiges und heiles Weiterkommen war, und dann, heißt es, habe er aufgehört mit dem Autofahren und sich wieder der Neigung davor, nämlich der Kritik an aller Technik, hingegeben; das ist alles etwas makaber; und wenn man an Prousts so sinnfällig-kluges Autofahren denkt, dieses ruhige Indienstnehmen der Technik für das Leben und vor allem die Kunst, dann sieht Hamsun beim Fahren und vorher und hinterher doch eher wie ein Kindskopf aus.[15] – Den Prix Goncourt erhält der fünfunddreißigjährige Ernest Pérochon für *Nêne*; der Autor wurde in der Vendée geboren, meistens beschreibt er das Leben der dortigen Bauern, er starb 1942.

---

[15] man könnte sich, wenn ich so ansehe, was ich über Schaeffers großen Roman geschrieben habe, leicht vorstellen, daß sie dort lediglich reiten und in Kutschen fahren; tatsächlich tun sie auch das, wir wissen (wissen Sie es noch?), daß Georgs Lieblingspferd Uncas hieß nach Cooper; sonst aber (immerhin, das Telephonieren hatte ich erwähnt) fahren sie stundenlang mit Autos durch das Land, sie benutzen Schnellzüge, sogar ein Flugzeug gibt es am Anfang, nachher kommt das aber nicht mehr vor. Schön in diesem Zusammenhang ist auch etwa das Sitzen in Hannoverschen Cafés abends nach dem Theater oder auch sonst am Tage, schön ist überhaupt diese Vorkriegsstadt. – Gestorben ist Schaeffer übrigens, oder für tot zusammengebrochen, in einer Münchner Straßenbahn.

XXVI

1921 BIS 1925

1 · 9 · 2 · 1

Grabschrift (168) für
PARDO BAZÁN. Anderthalb Jahre nach
ihrem Freund, Geliebten, Mitstreiter stirbt neunundsechzigjährig in Madrid Emilia Pardo Bazán,
jene so wunderbar selbstbewußte Frau, die zum Papst
reiste, um sich gegen Mann und Verwandtschaft bestätigen zu lassen, daß sie schreiben durfte, und im wesentlichen was sie wollte; wir haben sie kennengelernt als die
Verfasserin des *Guts Ulloa,* auf dem, als er, alt geworden,
noch einmal hinkommt, der in die ein wenig ganz süß
schielende Gutsherrin beinahe verliebt gewesene kleine
Kaplan ein wunderliches halbwildes Mädchen herum-
springen sieht mit einem schönen Knaben an ihrer Seite
– erinnern Sie sich?

◆

1921 Biographie (12)

 DIE FÜNF. Wir haben sie vor zehn Jahren verlassen, und wir wollen noch einmal einen Blick auf sie werfen, unsre Helden. *Thomas Mann* hatte sich zuletzt über den »abgefeimten Zauber« der Wagnerschen Musik geäußert; 1914 hatte er sich und seiner immer größer werdenden Familie ein Haus gebaut, ich glaube mit dem Geld seines Schwiegervaters, aber natürlich ist es vernünftig, ein solches Geld dafür zu nehmen. Im Jahr darauf, dem zweiten Kriegsjahr, drei Jahre zuvor war noch der berühmte *Tod in Venedig* erschienen, hatte er eine sehr eigenwillige Geschichtsinterpretation geliefert, *Friedrich und die große Koalition*, in einem, ich möchte sagen: vereinsamten Duktus gedacht, empfunden, geschrieben; es heißt dort von Friedrich dem Großen: »Er war ein Opfer. Er meinte zwar, daß er sich geopfert habe: seine Jugend dem Vater, seine Mannesjahre dem Staat. Aber er war im Irrtum, wenn er glaubte, daß es ihm freigestanden hätte, es anders zu halten. Er *war* ein Opfer. Er mußte unrecht tun und ein Leben gegen den Gedanken führen, er durfte nicht Philosoph, sondern mußte König sein, damit eines großen Volkes Erdensendung sich erfülle.« Es ist angenehm, ihn 1917 dann, in einer Zeitungsumfrage, sagen zu hören: »Aber wohler, Gott weiß es, wird mir sein, wenn meine Seele wieder, von Politik gereinigt, Leben und Menschlichkeit wird anschauen dürfen, besser als jetzt wird mein Wesen sich beweisen können...«[1] Wir haben seine *Betrachtungen*

---

[1] und ich erinnere mich, bei Proust irgendwo gefunden zu haben, wie er über sich und seine doch so beachtliche Haltung in der Dreyfus-Affäre schreibt, all dies Sicheinlassen auf solche Sachen sei doch im Grunde auch nur ein Ausweichen vor der Arbeit, dem Schreiben; ja, hier ist die Stelle, aus einer Notiz aus dem Jahre 1899 über die *poetische Schöpfung*; »dieser Geisteszustand«, sagt er erst, »dieser Geisteszustand, in dem er« (also der Dichter) »auf diese leichte Art, wie verzaubert, in jedem Ding die verborgenen Kostbarkeiten findet, ist selten: Daher...« – und jetzt führt Proust, immer mit einem *Daher*

eines Unpolitischen kennengelernt, mit ihrem schon eher **1921** verbitterten Duktus; nach dem Krieg kommen einige etwas unglückliche Arbeiten, *Herr und Hund*, und dann Verse, *Gesang vom Kindchen* – als er verlobt war, war es die *Königliche Hoheit*, jetzt ist er Vater, und nun dieser *Gesang* –, er meinte wohl, das rein Biographische so sich spiegeln und exemplarisch werden zu lassen in Werken (vom Hunde selbst da noch ganz abgesehn) sei das Dichterische, aber es war eben ganz und gar nicht so. – *H e i n r i c h   M A N N* hatten wir sich ganz in die Franzosen einleben sehn, Voltaire hatte er gegen Goethe aufgeboten und Zola gepriesen; er hatte recht erfolgreiche Theaterstücke geschrieben und 1914 eine Schauspielerin geheiratet (Bruder Thomas hatte es abgelehnt, Trauzeuge zu sein, und war überhaupt nicht gekommen), 1915 in seinem großen Aufsatz über Zola[2] war er außerordentlich schonungslos, auch ungerecht sicher umgegangen mit seines Bruders Kriegsenthusiasmus, und der hatte das sehr wohl gemerkt und darauf eben, ungerecht und schonungslos auch er, er aber eben ungeheuer schonungs-

---

eingeleitet, die Tricks des Dichters auf, am Ende: »... Daher die Schlaflosigkeit, der Zweifel, der Rückgriff auf das Beispiel der Meister, die schlechten Werke, die Zuflucht zu allem, was kein Genie erfordert, die Entschuldigungen, die man in der Dreyfus-Affäre findet, die Familienangelegenheiten, eine Leidenschaft, die in Unruhe versetzt hat, ohne zu inspirieren, die Literaturkritik...«; dabei versteht sich, daß hier, wenn davon die Rede ist, wie der Schriftsteller sein Genie brachliegen lassen kann, nur von Schriftstellern die Rede ist, die eines haben; die andern können selbstverständlich alle die Dinge tun, die sie für wichtig halten.

[2] in den *Weißen Blättern*, einer Zeitschrift, die René Schickele, der dort seit 1913 Mitarbeiter war, als Herausgeber leitete, seit die Gründer Schwabach und Blei eingezogen worden waren; das pazifistische Blatt (»Intellektueller... war ein Schimpfwort geworden: es kam an Rang und Schwergewicht gleich nach Pazifist«, lese ich eben in Georg Hermanns *Schnee* von 1921, die Aussage bezieht sich auf die Kriegsjahre) hatte 1916 in die Schweiz gehn müssen, zu Max Rascher (bei ihm, in der *Europäischen Bibliothek*, haben wir die kleinen Kapitel aus Barbusse erscheinen sehn); 1920 war die Zeitschrift dann an Paul Cassirer gelangt.

los auch gegen sich selbst im Grunde, repliziert in seinen *Betrachtungen* – und folgende Frage wäre jetzt hübsch: daß Thomas, anders als Heinrich, so ungeheuer schonungslos ist auch gegen sich selber, macht ihn das nicht groß, größer als jenen? und dann aber, dieselbe Frage andersherum: hatte er nicht auch ungeheuer viel mehr Gründe (die des Unrechts, das man haben kann), schonungslos gegen sich selbst zu sein? und: war es nicht ein bißchen leicht für Heinrich, recht zu haben, da er nun einmal von Anfang an klüger gewesen zu sein schien? aber: ist es verwerflich, nicht erst durch Tonnen von Torheit hindurchzumüssen? und dann steht am Ende der durch die Torheit hindurch klug Gewordene als der Klügere, Weisere da – was ist da los? urteilt da nicht immer der mit der eignen Torheit einst geschlagen Gewesene? und irgendwie macht natürlich der subtile Selbsthader und -haß, aufgeschrieben, am Ende den Leser wirklich klüger als die womöglich richtige Doktrin des immer schon Klugen – aber kommt es in diesen Dingen wirklich auf den Leser an? den Leser, der doch längst klug geworden ist und nicht urteilen muß, an wem er klüger geworden wäre? Dann also erschien der *Untertan* (ein zensierter Vorabdruck, der abgebrochen wurde; 1916 kam ein Privatdruck, 1918 dann das Buch endlich auf den Markt), Heinrich Mann kriegte eine Tochter (das heißt die schöne üppige Maria kriegte sie, die Familie hat jetzt einen festen Wohnsitz in München), er schrieb die etwas verunglückten *Armen*, er bringt 1919 den Essayband *Macht und Mensch* heraus; 1917 macht er einen Versuch, sich mit dem Bruder auszusöhnen, das klappt dann aber erst Anfang der jetzigen zwanziger Jahre. – André *G I D E* hat dem allzu katholisierenden Claudel die Freundschaft entzogen und sich mit Roger Martin du Gard angefreundet, dem er dann die *Falschmünzer* widmen wird; er macht in den Jahren vor dem Krieg Reisen in Italien, Griechenland, der Türkei; im Krieg arbeitet

er in einer Zentrale für Flüchtlingshilfe; er findet in *1921*
Marc Allégret, dem damals fünfzehnjährigen Sohn eines
Pastors aus Cuverville, einen jungen Geliebten, er verreist
mit ihm, seine Frau verbrennt daraufhin alle seine Briefe
(Frauen sind doch wirklich etwas Großes, aber überall
durch die Jahrhunderte hin sieht man sie Geschriebnes
verbrennen); mit Marc Allégret unternahm Gide dann
auch 1925 und 26 die berühmte Reise in den Kongo,
das sehr schöne Tagebuch dieser Reise ist dann, Sie
erinnern sich sicher, Joseph Conrad gewidmet, der 1924
gestorben war; 1920 beginnt er, wieder, wie bei *Corydon*, als einen Privatdruck diesmal in zwölf Exemplaren,
die Publikation einer zweibändigen autobiographischen
Arbeit, *Si le grain ne meurt*, *Stirb und werde*, der zweite
Band erscheint jetzt, 1921, in dreizehn Exemplaren. –
Paul *V A L É R Y* wohnt nach wie vor in Paris; als
der Krieg ausbricht, geht er mit seiner Familie aus den
Pyrenäen weg (seine Frau war dort zur Kur) nach
Banyuls-sur-Mer, an der Bahnlinie Perpignan–Gerona,
zu Maillol; er wartet darauf, eingezogen zu werden, und
schreibt, hauptsächlich an der *Jungen Parze* – das ist
dieses sehr lange Gedicht, von dem wir schon einmal
gehört haben, nämlich aus einem Brief Gides an Valéry,
in welchem Gide einen Brief des gemeinsamen Freundes
Larbaud zitiert: dieser wieder hatte berichtet, wie er an
spanischen Meeresufern jungen Leuten aus der *Jungen
Parze* Verse übersetze…; dieses lange Gedicht erscheint
dann 1917 bei Gallimard. Anfang 1918 sieht Valéry eine
Bombe in den Nachbargarten fallen; 1919 gibt es eine
Lesung von Werken Valérys – Gide und Breton lesen
mit –, veranstaltet hatte die Lesung Léon-Paul Fargue,
ein Schüler und Freund Mallarmés, Mitarbeiter der *Nouvelle Revue Française*, Freund Gides, Förderer der jungen
Surrealisten; Ende dieses Jahres erscheint, wieder bei
Gallimard, seine *Einführung in die Methode Leonardos*,
das alte Büchlein, jetzt in der ersten durch *Anmerkung*

1921 *und Abschweifung* erweiterten Fassung (eine noch einmal erweiterte Fassung erschien dann im Jahre 1929)[3].
1920 – und immer, alle die Jahre hindurch, schreibt er
frühmorgens was er sinnt und denkt in seine *Cahiers* –,

---

[3] im Jahre 1833, als die Sand Sainte-Beuve kennenlernte, habe
ich Ihnen zitiert, was Proust dann später gegen die Methode Sainte-
Beuves einwenden würde, hier noch einmal der Kernsatz: »...diese
Methode verkennt, was ein etwas tieferer Umgang mit uns selbst
uns lehrt: daß ein Buch die Hervorbringung eines anderen Ichs ist
als dessen, das wir in unsern Gewohnheiten, in der Gesellschaft, in
unsern Lastern zutage treten lassen. Wenn wir versuchen wollen,
dieses Ich zu verstehn, so kann uns das nur im Innersten von uns
selbst gelingen, indem wir versuchen, es in uns nachzuschaffen.
Nichts kann uns von dieser Anstrengung unsres Herzens entbinden.«
Und es ist nun sehr bezaubernd zu sehn, wie Valéry jetzt, über
Leonardo, zu ähnlichen Formulierungen kommt: »Ich hatte die
Manie, an Menschen nur die Art, wie sie funktionierten, und an
den Werken nur ihren Entstehungsprozeß zu lieben, ich wußte, daß
diese Werke immer Fälschungen, Arrangements sind, da der Autor
glücklicherweise nie der Mensch ist. Das Leben des einen ist nicht
das Leben des anderen... Das eigentliche Leben eines Menschen,
das immer schlecht definiert ist, sogar für seinen Nachbarn, sogar
für ihn selber, kann nicht zur Erklärung seiner Werke verwendet
werden... Das redliche System, zu dem man gelangt, besteht vielmehr darin, unter Ausschluß all dieser äußerlichen Einzelheiten ein
theoretisches Wesen, ein psychologisches Modell, das mehr oder
weniger grob ausfallen mag, zu ersinnen, ein Modell jedoch, das
auf gewisse Weise unsre eigenen Fähigkeiten vertritt, das Werk, das
wir noch einmal zu schaffen vorhaben, unserem Verständnis auf-
zuschließen...«, und in einer Marginalie, sehr viel später, heißt es,
sehr hübsch für uns, die wir uns doch, wie in einem Spiel, in einem
großen Roman befinden: »Darin besteht das Problem. In dem Versuch zu begreifen, was ein anderer begriffen hat, nicht aber sich nach
ein paar Zeitdokumenten eine Romanfigur auszudenken.« Übrigens
ist auch in andern Punkten diese zweite Fassung von einer so licht-
vollen Klugheit, daß man sich gar nicht davon losreißen mag, man
kann Valéry verstehn, wenn er lieber denkt als Romane liest und seine
Freunde lieber Gedanken hinschreiben sähe als Romane; dennoch,
wenn er nun, so hinreißend klug und schön, über Leonardo schreiben
kann, dieser Mann spreche den Gedanken aus, »die Bildung unsres
Leibes ist ein solches Wunder, daß die Seele, obgleich göttlicher
Natur, sich nur mit der größten schmerzlichen Pein von diesem Leib,
den sie bewohnt, trennt. Und ich glaube wohl, sagt Leonardo, daß
ihre Tränen und ihr Schmerz nicht grundlos sind... Es genügt,
den riesigen Schatten ins Auge zu fassen, den hier eine aufkeimende
Idee vorauswirft: Der Tod, verstanden als ein Unheil für die Seele!

1920 erscheint eines seiner berühmtesten Gedichte, der *Friedhof am Meer*, es heißt dort in der ersten Strophe, in Rilkes Übersetzung: »Das Meer, das Meer, ein immer neues Schenken! / O, die Belohnung, nach dem langen Denken / ein langes Hinschaun auf der Götter Ruhn[4]«. Und in diesem Jahre 1920 beginnt die große Liebesgeschichte zwischen Valéry und Catherine Pozzi (Sie erinnern sich, das ist die Tochter jenes Chirurgen, den Proust in seinen Roman aufgenommen hat); die Pozzi schreibt in ihr Tagebuch: »Paul Valéry erwartet mich im Salon. Er sitzt auf dem Sofa im Hintergrund, ganz schmal, blättert in Zeitschriften, wie man es eben so macht... Ich gehe auf ihn zu... Der Speisesaal war grau und rosa. Einige Damen in Abendkleidern, mit nackten Schultern; ziemlich wenige; die Musik gedämpft, wirklich ein unauffälliger, stiller Luxus... Ich trug ein griechisches Kleid von Vionnet[5]: schwarze Tunika, ohne etwas,

Der Tod des Leibes, eine Beeinträchtigung dieser göttlichen Mitgift! Der Tod, der die Seele bis zu Tränen bewegt, und zwar in ihrem geliebtesten Werk, durch die Zerstörung eines solchen Gebäudes, das sie sich geschaffen hat, um darin zu wohnen...« – dennoch also, bei aller Voreingenommenheit gegen den Roman, und Valéry spricht hier geradezu von einer naturalistischen Philosophie Leonardos, dennoch ist ja eben dies was er da sagt einer der heimlichen und immer klareren Grundgedanken gerade des neuen Romans während der ganzen Jahre, in denen wir ihn hier lesen; ich glaube, man versteht nun auch, daß die mittelalterlichen großen Romanciers, wenn sie, wie etwa Gottfried in seinem *Tristan*, wirklich ernsthafte Liebesgeschichten erzählen, immer atheistisch, ja blasphemisch werden.

[4] der Friedhof in Sète ist gemeint, am Rande der Stadt, am Hang über dem Meer, auf das man blickt; Valéry liegt hier begraben; und wie im Quedlinburger Park an einem kleinen Denkmal für Klopstock Verse von ihm stehn, so hier, auf Valérys Grab, Verse aus diesem *Cimetière marin*, ich habe sie mir damals, als ich an diesem Grab war, aufgeschrieben, aber der Zettel ist verschwunden; ich weiß noch, das Meer, es war ein vorfrühlingswarmer Februartag, blitzte und blinkte, auch ein paar kleine Boote und Schiffe waren zu sehn, und um mich, wie es in dem Gedicht heißt, »um mich mein Meerblick, welcher alles tränkt...«

[5] die Vionnet war eine der Coco Chanels jener Tage.

1921 und für hunderttausend Francs Perlen... Ich wußte, daß unter allen Wesen ich diejenige bin, die die lebenswichtigen Worte sagen würde, die Sie, und nur Sie, o P. V., ahnen... Ich lebe mein Leben. P. V. ist da; es genügt, daß ich existiere. Früher oder später wird er es merken. Als es ans Dessert ging, hat er es gemerkt... Und plötzlich sagt er zu mir, beinahe schüchtern: Haben Sie meine neuesten Verse in der *Nouvelle Revue Française* gelesen?... Ich hätte nämlich gern Ihren Rat. Ich habe etwas Neues gemacht, worüber ich mir Gedanken mache... Langsam, mit einer leicht singenden Stimme, sagt er sie mir auf. Und ich höre mit einer solchen Intensität zu, daß ich in einem bestimmten Augenblick um meinen Gesichtsausdruck fürchtete und mich umdrehte, um zu prüfen, ob man es mir ansah... Diese Verse sind mehr als alles, was ich je von einem lebenden Wesen erhoffte... O mein Reich! O mein einziges Reich! Mein Herz, mein Ziel... o mein Wunder...«; Catherine, als diese Liebe begann, war achtunddreißig, Valéry neunundvierzig; die Verse, um die es da beim ersten Abend geht, sind eben die des *Cimetière marin.* – Somerset *M A U G H A M* hatte sich einen neuen Hut gekauft und sich damit malen lassen, das war das letzte, was wir von ihm gesehn hatten. Die attraktive Schauspielerin mit den schönen Brüsten verließ ihn und heiratete anderweitig, Maugham lernte dann, 1913, Syrie kennen, eine fünfunddreißigjährige ebenso schöne wie erfahrene Frau, schwarzhaarig mit braunen Augen, elegant gekleidet, als sie sich kennenlernten, und sie sagte an jenem Abend, sie würde sehr viel lieber ihm zuhören als ins Theater gehn; Syrie war verheiratet (sie lebte getrennt von ihrem Mann), hatte eine Menge wundervoller Affären gehabt, und galt als eine der interessantesten Frauen Londons; und Maugham war einer der gefeiertsten Theaterschreiber; sie wollte ein Kind von Maugham, um sich scheiden lassen zu können, Maugham machte ihr eines, jahrelang hat die doch so erfahrene Syrie nichts von Maughams homosexueller Neigung gewußt. Bei Kriegsausbruch hatte sich Maugham an Churchill gewandt[6], er wollte an die Front; er kam, gelernter Mediziner, in die Sanitätstruppe, nach Frankreich. Nach der Heirat lernte er jemanden kennen, der eine wichtige Rolle in der englischen Spionage hatte; Maugham sprach mehrere Sprachen, er hatte eine sehr gute Tarnung als berühmter Autor, der im Ausland schrieb, und so schickte man ihn in die Schweiz, wo ein Agent ausgefallen war – er spielte also jetzt ziemlich genau die Rolle Ashendens in den nach ihm benannten Geschichten. 1916 kehrte er nach England zurück, dann ging er mit seinem Geliebten, einem berühmten Schwulen namens Haxton, auf Weltreise, vor allem in die Südsee; Maugham hatte in seiner Jugend mit Leidenschaft Loti und Stevenson gelesen – und dann erst, nach Maughams Rückkehr, heirateten Syrie und Maugham: das sei jedenfalls Maughams größter Fehler gewesen, meinten damals seine Freunde und Freundinnen. Gleich nach der Hochzeit wurde Maugham zu weiterer geheimdienstlicher Tätigkeit nach Rußland geschickt, er reiste über San Francisco und Tokyo nach Wladiwostok (dort lebt ein Weilchen, und dorthin fährt am Ende von Gerhardies *Vergeblichkeit* ungefähr zur selben Zeit noch einmal der junge britische Erzähler, ein Offizier, um das Mädchen wiederzusehn, das er liebt; sie werden sich also alle dort getroffen haben in unserm großen Roman), dann nach St. Petersburg. Ende 1917 kehrte Maugham nach London zurück; er hätte Anfang 1918 noch einmal für den Geheimdienst tätig werden sollen, hatte aber vorher lungenkrank ein Sanatorium in Schottland aufsuchen müssen. Hier, in Abgeschiedenheit und Ruhe und

---

[6] Maugham war sehr klein, er litt darunter, außerdem war er wohl den Glitzerkram des Theaterruhms ein wenig leid, er wollte sich gern anderswo bewähren, wie von Gott für ihn gemacht kam ihm da, sagt sein Biograph Calder, der Krieg.

unbehelligt von Männern und Frauen, und danach auf einem Gutshof in Surrey, schrieb er, nämlich mehrere außerordentlich erfolgreiche Theaterstücke, und dann eben jenen Gauguinroman, für den er genug Anschauung damals 1916 in der Südsee gewonnen hatte. 1919 kaufte er sich eine Wohnung in London, ging gleich darauf aber auf Reisen, nach China jetzt, dann mit Haxton den Yangtse hinauf; und Ende 1920 geht er wieder auf Reisen, wieder mit Haxton: erst nach Hollywood, dann über Honolulu, Manila und Singapur nach Borneo, wo er beinahe umgekommen wäre; in Singapur wieder experimentierte Maugham ein bißchen mit Opium, und dort unten hinten weit weg irgendwo lassen wir ihn, den Helden unter unsern Helden. – Wir lassen sie alle jetzt, unsre Fünf, und wir kehren in diesem Buch, außer sie schreiben noch Bücher, nicht wieder zu ihnen zurück; alle werden sie noch die Wirrnisse der kommenden Zeiten mitmachen, jeder ganz auf seine Art – das war es ja, was sie alle auch in den Wirren bisher schon so faszinierend gemacht hatte, gerade wenn man sie nebeneinander sah. Good bye denn, Ihr Fünf, wir andern hier machen noch ein bißchen weiter.

Galsworthy beendet seine *Forsyte-Saga* mit dem dritten großen Teil, *Zu vermieten*; den nächsten Mehrteiler hat er aber schon im Kopf. – Georg Hermann schreibt eine Fortsetzung zu seinem *Dr. Herzfeld*, *Die Nacht* hieß der erste Teil, der zweite jetzt heißt *Schnee*, eine sehr melancholische Reflexions-Rhapsodie über die Verwandlungen der Menschen in Kriegszeiten; es ist wieder sehr eindrucksvoll, wie weit vom traditionellen Roman weg, oder vom Erzählen weg in den Kern des erzählenden Denkens hinein sich einer bewegen kann, dessen Sprache immer so bleibt, als seien alle Versuche in ihr nur ein dilettierendes Vorgehn. – Proust bringt *Sodom*

und Gomorra heraus, den vierten Teil seiner *Recherche.* – 1921
Unamuno, von dem wir bisher zwei Romane gelesen
haben, *Frieden im Krieg* und *Nebel*, letztres dieser hinter-
sinnige Roman, worin die Hauptfigur mit dem Autor
debattiert, und zwar auf Leben und Tod, bringt *Tante
Tula* heraus, ein wirklich sehr problematisches Buch,
worin der Autor, und das ist im Grund in sich die reinste
Unmöglichkeit (denken Sie an Valéry!), Romanfiguren
seine Idee leben lassen will, wonach die sinnliche Liebe
nichts ist als die Verunreinigung einer Frau durch das
bloß physische Verlangen des Mannes; die Frau in dem
Roman bringt erst den Mann zur Verzweiflung, indem sie
ihn ihre Schwester heiraten und durch ständiges Kinder-
machen umbringen läßt, danach bringt sie das Haus-
mädchen um, indem sie es statt ihrer dem Witwer ins Bett
legt; dann bereut sie ihre Unmenschlichkeit, von der sie
mit einem Male doch einen Begriff zu haben scheint,
erzieht aber alle Kinder ihres geistigen Liebhabers mit
seinen leiblichen Frauen völlig im Sinne ihrer Ideen; natürlich ließe sich sagen, daß ein großer Romancier selbst
eine solche Frau hätte zum Leben bringen können –
andrerseits: welcher große Romancier würde je auf die
Idee gekommen sein, eine solche dem Kopf eines Philosophen entsprungne Frau zu ersinnen (selbst die fromm-
sten und reuevollsten Frauen in den verwegensten der
religiös gedachten Romanunternehmungen Balzacs sind
gegen Tante Tula hinreißend begehrende Sünderinnen)? –
John Dos Passos, der zu einem Studium der Architektur nach Spanien gegangen war, sich erst einem freiwilligen Sanitätskorps angeschlossen hatte, und dann, nachdem die Amerikaner in den Krieg eingegriffen hatten,
als regulärer Sanitäter nach Frankreich und Italien gegangen war, schreibt seinen rasch berühmten ersten Roman,
Drei Soldaten, worin er, noch ganz ohne die kühnen Techniken seiner kommenden Jahre, ziemlich konventionell
die schlimmen Erlebnisse dreier junger Amerikaner im

1921 Krieg schildert[7], und zwar nicht eigentlich ihre Kriegs-
erlebnisse, sondern was mit ihnen passiert als Opfern
der Militärbürokratie und der staatlichen Institutionen,
die mit dem Kapitalismus liiert sind; Dos Passos tut hier
ganz das, was wir Upton Sinclair die ganzen Jahre über
haben tun sehn, nur schreibt er besser, und seine Leute
sind nicht so belehrend-redselig wie bei Sinclair; aber
dafür kommt ihr schweigendes Leiden allzuoft mit jener
Direktheit zu Wort, die man bei einem weniger bewegenden Buch Sentimentalität nennen würde – das Mitgefühl
des Autors nimmt, wir kennen das schon, den allzu
direkten Weg über eine rudimentäre Syntax (ein Verfahren, das wir dann freilich noch wiederfinden in den
erzählenden Passagen von *Manhattan Transfer*; die Absichten des Autors werden dann wieder stärker sichtbar
in der großen Amerika-Trilogie). – Aldous Huxley, ein
glänzend ausgebildeter siebenundzwanzigjähriger junger
Mann, schreibt *Eine Gesellschaft auf dem Lande*, ein außerordentlich geistvolles Büchlein, in welchem sich eine
Handvoll Leute fortwährend unterhält, ein bißchen kennen wir solche Sachen, vielleicht erinnern Sie sich, dunkel
aber sicher nur, an Peacocks Witz, den er seinen Figuren
in der *Nachtmahr-Abtei* gibt (lang lang her, 1818); nur
ist Huxley wenig an gemütvollem Witz gelegen, er deckt,
wenngleich mit großer Höflichkeit, jene heimlich fast
gefährlichen Stimmungen auf, denen Gerhardie dann
(dessen Helden haben wir vorhin mit Maugham zusammen in Wladiwostok gesehn) das Wort Vergeblichkeit
leihen wird. Huxleys Buch bietet, über angedeuteten Abgründen, jenes verblüffend wachmachende Leseerlebnis,
wie es dann auch Evelyn Waugh immer wieder bringen

---

[7] die bedeutenden jungen amerikanischen Autoren, die jetzt debütieren werden, tun das sämtlich mit Romanen vom europäischen
Krieg: Dos Passos fängt an mit diesen *Drei Soldaten*, 1926 folgen
Faulkner mit *Soldatenlohn* und Hemingway mit *Fiesta*, und dann
kommt Hemingway noch einmal mit *Farewell to Arms*.

wird. – Bleibt, für dieses knappe Jahr, aber es wird *1921*
schlimm und schlimmer kommen in diesem und im nächsten Lustrum, ich hätte ein eignes Buch, einen eignen
Band wenigstens anfangen sollen, bleibt also für dieses
erste Jahr Ramón Pérez de Ayala (das ist jener 1880 in
Clarins Oviedo geborene Mann, ein großer Bewunderer
übrigens von Pérez Galdós) mit seinem *Belarmino und
Apolonio*; das sind in einer kleinen Stadt zwei Schuhmacher, der eine ist nebenher ein großer Philosoph (mit
der schönen Idee, für Kosmos immer Wörterbuch und
für Wörterbuch immer Kosmos zu sagen, das ist beinahe wie bei Borges), der andre ein großer Dramatiker;
der eine hat einen Sohn, der andre eine Tochter, beide
lieben sich, aber es treten entsetzliche Intrigen geistlicher und weltlicher Art dazwischen, vor allem geistlicher
Art; schließlich landen die beiden Väter verfeindet im
Armenhaus, und der Sohn, Geistlicher und zu Geld gekommen, muß sie auslösen und miteinander versöhnen.
Diese ganze Geschichte wird nun sehr sonderbar erzählt:
der Autor trifft in einer Pension einen Mann, der ihm
die Schustergeschichte berichtet, selber aber mit in sie
verwickelt ist, während der Autor fortwährend in sie ein-
greift; das alles wirkt nun, auch durch das für uns ein
wenig fremdartige Kolorit und eine spürbare, ja wir
möchten wohl sagen: zivilisatorische Zurückgebliebenheit
dieses fernen Landstrichs, derart spielerisch und balladesk, daß wir zunächst gar nicht merken, daß der Autor
hier mit denselben Mitteln arbeitet, die wir in unsern
Breiten bei Gide und andern schon gesehn und in ihrer
Modernität bewundert haben oder noch sehn und bewundern werden: nur werden diese Mittel hier so in ein
gewissermaßen vertrauliches Erzählen mit hineingenommen, daß sie, anders als oft in unsern Breiten, ganz hinter
das Erzählte zurücktreten. Da mühen sie sich also im
alten Europa ab mit diesen ganzen Kunstformen, sagt
man sich, wenn man solche zauberischen Romane liest,

1921 und dann kommen von den vermeintlichen Rändern her ganz ungemein kluge Männer, wie aus den ganz alten und nur in Vergessenheit geratenen Zentren wirklicher Bildung, bringen ein paar *prima vista* völlig simpel wirkende und erst allmählich sich erschließende Büchelchen mit und fragen: ist es dies, wovon ihr immer redet hier? Am Anfang des nächsten, des letzten Kapitels werden wir diesen Autor noch einmal mit einem Buch erscheinen sehn, und wieder werden wir aufatmen.

Den Nobelpreis gewinnt in diesem Jahre der siebenundsiebzigjährige Anatole France, gerade eben hat er sich munter noch einmal auf eine kleine Reise nach England begeben, sie lieben ihn überall, wir haben seine beiden letzten Romane bewundert, *Die Götter dürsten* und den *Aufruhr der Engel*. – Den Prix Goncourt erhält der vierunddreißigjährige René Maran für *Batouala*; Maran stammt von der Insel Martinique, sein Roman schildert ursprüngliches afrikanisches Leben; Maran selber war in der französischen Kolonialverwaltung tätig, griff sie im Rahmen des Buchs aber derart an, daß er seinen Abschied nehmen mußte – wir werden uns an Multatulis großen Roman aus Java erinnern, auch Multatuli kriegte dann in diesem Falle mit der niederländischen Kolonialverwaltung die größten Schwierigkeiten; man sollte bei Maran aber auch an das denken was dann Gide einige Jahre später an kritischen Tönen bringt, als er aus dem Kongo zurückkehrt: wohin ihn aber die Regierung selbst geschickt hatte.

1 ✦ 9 ✦ 2 ✦ 2

Grabschrift (169.170) für

VERGA. PROUST. Einundachtzigjährig, berühmt, geehrt, aber beschaulich und zurückgezogen seiner Arbeit lebend, stirbt in Catania, zu Füßen des Ätna, Giovanni VERGA, wir haben die *Malavoglia* und den *Mastro Don Gesualdo* von ihm gelesen, das eine war die düstere Fischer-, das andere die nicht weniger düstere Dorf- und Landadelsgeschichte, mit all diesen so von weit her determinierten Gestalten, die, wenn Gott der ist, wofür sie ihn halten, vor ihm einst die Unschuld haben werden, nichts dafür zu können, wenn sie untergehn. – Und in Paris, einundfünfzigjährig, sehr berühmt in den letzten Jahren, stirbt, knapp nach Vollendung seines großen Werks (aber was wäre nicht noch alles zu schreiben gewesen für einen solchen Mann), Marcel PROUST.

✦

Proust hinterläßt die drei letzten Romane seiner *Recherche, Die Gefangene, Die Entflohene, Die wiedergefundene Zeit* – nun wartet er da auf Hörer, auf Leser, dieser wunderbare gewaltigste Redestrom in seiner zauberisch-aufregenden Unwiderstehlichkeit; kein Leseunternehmen kann asketischer aussehn als dieses hier, mit seinen fünfviertel Millionen Wörtern, aber niemals hat der Geist, wenn er sich so ganz auf sich selbst verläßt, sich schöner einlassen können auf die Sinnlichkeit der Welt, und niemals haben die Sinne sich wunderbarer vollsaugen können mit dem belebenden Geist. Es ist wahr, daß wir eine ganze Welt, von der es gerade noch Spuren geben mag, bis in die ihr selber oft verborgensten Einzelheiten hinein erkennen; sehr nachdenklich macht es aber, daß offenbar gerade diese leuchtende Präsenz einer beschworenen

 Welt, und je leuchtender sie ist, dazu dient, sich ganz und gar von ihr zu lösen und innen in sich, dem Erzähler, dem Leser, etwas zu entfalten, dessen Schönheit mit ihr selber kaum zu tun haben kann, außer daß man sagen muß, sie allein in diesem Falle habe sie verursacht. Dieser Roman macht damit, und auch deshalb muß er fast ewig lang sein, das Lesen mehr und mehr zu jenem dunklen Rätsel, das es, wie der lesende Geist selbst, ja tatsächlich ist – das lösende Wort dieses Rätsels sind nur die Bücher, die tiefer hinein in sein Dunkel führen, wir können nicht wünschen, daß dieses Rätsel sich je löst (daß diese Lust je aufhört), daher gibt es ja auch keinen Himmel für uns, und wenn, dann wie bei James jenen, in welchem wir nur noch lesen, unermüdend, und Proust jetzt dazu. – Und nun haben wir die beiden früher einmal uns so erschienenen großen Portalslöwen der großen zwanziger Jahre beisammen, denn Proust also stirbt, und von Joyce erscheint der *Ulysses*, das sicher meistgenannte und bestaunteste Buch dieser Zeit; jeder hat schon von den berühmten letzten siebzig Seiten dieses Buchs gehört: dort findet sich dieser ewige Bettmonolog Mollys, dieser wortwerdende Strom ihres sinnlichen Bewußtseins. Dieses Stück macht die Technik des schriftstellerischen Vorgehens in diesem Roman am deutlichsten: nicht der Autor ist es offenbar, der beschreibend oder charakterisierend redet und den Personen oder Dingen seine Sprache gibt, sondern es sind die Personen und Dinge (und Zeitalter, und Sprachen sogar) selbst, die da zu Worte kommen. Molly am Ende des Buchs stellt sich in einer Sprache dar, die fast nichts zu tun hat mit allen andern Sprachen in diesem Buch – nichts ist im Buch da außer so, daß es von selber sich zu Wort drängt, es gibt keinen, der es schildert, außer auch er wollte selber zu Wort kommen mit dieser Welt, die die seine ist. Das ganze Buch ist fast unsinnig stimmenreich, und es fehlt, wenn ich so sagen darf, nur eine einzige Stimme darin, nämlich die des Autors, die sonst in

Romanen eigentlich die dominierende ist. Der Autor ist
in diesem Buch ganz unsichtbar geworden, er ist weg,
er ist verschwunden, er ist untergegangen, und übriggeblieben ist die Welt als Material: wie dieses Material
sich ordnet, wie es nicht tot bleibt, wie es sich so immer
miteinander abwechselt, daß wir geschockt, gebannt, abgestoßen, hingerissen sind, daß wir eine überwältigende
Komik empfinden und halb trunken und immer wieder
ernüchtert weiter- und weiterlesen: das alles ist selbstverständlich die Wirkung eines großartig organisierenden
Genies – nur eben, daß dieses Genie selber keine Sprache
zu haben scheint. Das gibt einen sehr doppeldeutigen
Effekt: man glaubt einerseits sofort und immer mehr,
daß keine sprachliche Schilderung dieser Welt sie auch
nur annähernd so leibhaft und mächtig präsent machen
könnte, wie dies im Selberzuwortkommen ihrer tausend
Teile geschieht – andrerseits ist diese tausendteilige Welt
entschieden allzu unfaßbar für uns, allzu überwältigend
im schönsten und im gewalttätigen Sinne –, aber weil
sie nun einmal in Worten da ist und im Grunde nur in
Worten, drängt doch alles im Leser danach, sie auch
im ganzen irgendwie in jenen Worten zu begreifen, die
sonst der Autor zu haben hatte (ich beschreibe nur die
Wirkung dieser Prosa, ich sage nicht, daß erzählende
Prosa grundsätzlich so wirken müsse): und da hilft dem
Leser jetzt keiner weiter; zwar kann er sich sagen, daß der
Autor eine Absicht dabei hatte, wenn er ihm jenes Begreifen nicht gab – aber das ist natürlich auch keine große
Hilfe, und ich glaube, der Leser wäre sehr düpiert, wenn
nicht am Ende Mollys wunderlicher Monolog diesen endgültig beruhigenden Trost spendete, ein redender Leib:
ein schöner, ein großer Trick des Autors, aber ein zweites
Mal würde er damit bei uns nicht durchkommen (will
er auch nicht, wollte er auch nicht, nicht wahr? jeder
Roman – wenn noch welche möglich scheinen – ist nun
ein Solitär: eine seltsame Idee). Wenn dieser Autor, der

die eigne Sprache nicht hergibt, wenn also Joyce nicht als der Clown der Welt ein solches Genie wäre, dann würde er sehr einem jener kauzigen Originale ähneln, die uns, im Namen irgendeiner neuen Weisheit, so lange mit ihren Schnurren weiter auf die Neugierfolter spannen, bis wir endlich die Lust auf die Weisheit dahinter verlieren. Joyce ist kein solcher Kauz, Gott bewahre; aber ewig auszuhalten mit ihm, mit ihm allein womöglich, wäre es wirklich kaum. Gut, daß es nun wieder zum Beispiel Proust gibt. – Edith Wharton ist mit einem sehr sehr schönen Unterhaltungsroman da, dem *Flüchtigen Schimmer des Mondes* – sie schreibt wie für sich selber, wenn sie sich lesend ausruhn möchte einmal wie andre auch. – Sinclair Lewis bringt den berühmten *Babbitt* heraus, diese Geschichte des erfolgreichen Immobilienmaklers, der so abscheulich robust aussieht, daß der Leser, der mitunter, ganz wie Babbitts Sohn, fast an der Menschlichkeit dieses Helden zweifelt, gar nicht genug Abfälliges über ihn lesen kann. Babbitt ist laut, ordinär, sentimental, geldgierig, geil und zugleich feige und prüde, er ist chauvinistisch, uneinfühlsam, eklig – er ist der Mann, der genauso sein will wie alle Männer. Er liebt den Erfolg und den Fortschritt, aber wenn es sein muß, könnte er vielleicht auch ein sozialistischer Radikaler sein, vielleicht würde er dann auch McCarthy mögen; er möchte gern mit der Kleinen was anfangen, die ihm, als er in diese Ebene gelangt ist, die Nägel maniküt, aber dann beginnt er eine wilde Geschichte mit exakt jener Frau, auf die alle fliegen würden, mit denen das kecke Mädchen von der Maniküre nichts haben will – und doch ist genau diese Geschichte für Babbitt wirklich etwas wie Liebe, oder was er davon ahnen kann: Babbitt hat eine große Seele, wenn auch nur sehr selten, vielleicht nur am Ende noch einmal gegen seinen Sohn, der es anders machen will als er – aber vielleicht[8]

---

[8] im Roman sonst, sagen wir: bei James, bei der Cather, bei Maugham, bei Conrad ist es so, daß, je mehr die Helden tun, wir ihnen um

hat Babbitt auch immer eine große Seele, und denkt nur, 1922
daß die Seele das ist was nicht geht in seiner Welt. Man
möchte, wenn man sein Leben so vorgeführt bekommt,
nicht Babbitts Freund sein; aber wenn man sieht, daß
fast alle sind wie Babbitt (und das wollte Lewis ja zeigen),
dann ergreift einen doch ein gewisses Mitgefühl mit ihm;
man sucht, weil sie doch zum Menschen gehören, auch
an ihm jene Züge, die man sich selbst und den eignen
Freunden ohne viel Fragen zugesteht, und gewissermaßen am Autor vorbei sieht man in Babbitt dann auch
den Leser, der im Spiegel des Buchs (und das Buch
war ein gigantischer Erfolg), wenn er sich darin wiedererkannte, und womöglich noch gern wiedererkannte,
doch mehr entdeckt haben mußte als nur das was uns
verführen möchte, ihn bloß und dann auch noch höchstens lächerlich zu finden. – Ramuz (den Autor kennen

---

so näher kommen; noch das Überraschendste was sie tun, läßt in
ihrem Innern um so klarer jene Charakterzüge erkennen, die schon
vorher, wenn auch für uns noch verborgen vielleicht, jene Handlun-
gen bestimmt hatten, von denen wir nicht überrascht waren. Man
kann geradezu sagen, daß, je komplizierter eine solche Romanfigur
ist, wir sie am Ende um so glänzender in sich ruhn sehn oder um
so furchtbarer eingeschlossen in ein unentrinnbares Selbst. Ein Mann
wie Lewis dagegen bleibt beim Augenschein; er denkt nicht an einen
festen Punkt im Innern, woran alles hängt: und da auch der Leser an
einen solchen Punkt nun nicht denkt, sieht auch er ihn nicht. Wenn
bei Lewis die Figuren etwas ganz Eignes tun, dann spürt man ihre
Seele; aber beim nächsten Mal ist es wieder diese doch unbekannte
Seele, die sich regt, und am Ende kann diese Seele dann wirklich tun
was sie will. Auch Rührseligkeit und Sentimentalität schaden ihr jetzt
nicht mehr: denn warum sollten Figuren, deren Inneres wir nicht kennen, unwahr sein, wenn sie sentimental sind? Oder genauer: warum
sollte der Autor nicht im Recht sein, wenn er Gefühle für wahr ausgibt, die wir im Glauben an ein Inneres als verlogen verdächtigen
müßten oder jedenfalls für nicht ganz echt halten könnten? – Vielleicht ist eine Weile später Döblins Franz Biberkopf eine ähnlich un-
berechenbare Seele. – Vielleicht dürfte man hinzusetzen, aber wirklich erst nach einem langen Gedankenstrich, daß für Autoren, die
den Übergang von der Satire zur Sentimentalität (also vom haltlosen
Lachen über jemanden hin zum haltlosen Weinen) nicht richtig unter
Kontrolle haben, solche Figuren natürlich man möchte sagen: wie geschaffen sind, wenn sie sie sich nicht selber schüfen.

1922 Sie jetzt, ich will bei der Fülle der andrängenden Bücher die neuen Romane solcher Autoren immer nur noch kurz erwähnen, seien Sie nicht böse!), Ramuz also schreibt einen seiner besten Romane, die *Trennung der Rassen*; wir hören nicht sehr gern von Rassen und solchen Dingen, aber bei Ramuz ist einfach eine schöne Fremde gemeint, die einer sich raubt und nimmt (es ist ein bißchen wie bei Melvilles frühen Südseegeschichten, wo im nächsten Tal schon die wohnen, die uns fressen, wenn wir hinübergeraten sollten), und daraus folgt dann das Unglück; und außerdem: wenn nun einer über ein Thema, das wir nicht mögen, ausgerechnet eines seiner besten Bücher macht, besser als die über unangreifbare Themen: was sollen wir tun? nicht weiterlesen? – William Gerhardie, 1885 in St. Petersburg geboren, von dem wir vorhin schon gehört haben in Verbindung mit Maughams Reise nach Wladiwostok, veröffentlicht nun also *Vergeblichkeit*, einen wunderschönen kleinen Roman über einen jungen Engländer, der in jenen russischen Wirren, mit denen eben Maugham geheimdienstlich zu tun hatte, in die Kreise einer komplett verrückten russischen Großfamilie gerät: er verliebt sich in eine von drei Töchtern, er möchte alles ins Lot bringen, aber je mehr er hineinzusehen glaubt in die Geheimnisse, desto lächerlicher macht er sich bei diesen lieben Irren, die alle wirken, als beschreibe etwa Belyi das, was übriggeblieben ist von Turgenjews abgehalftertem Landadel; schön ist das Buch, weil, obgleich alles wirre Treiben der Zeit[9] in diesen Privatkreisen sich auf dem Grunde einer tiefen Vergeblichkeit abspielt, diese Vergeblichkeit doch die Süße nur grundiert, die das Leben behalten hat, auch wenn es man weiß nicht wohin nur noch führt. – Roger Martin du Gard, der erwähnte Freund Gides, späterer Nobelpreisträger wie

---

[9] einer Zeit grausamer Umstürze; Gerhardie deutet sie nur an, geschändete Tote liegen genug auch bei ihm in den Straßen: dieselben Toten, die Doderer gesehn hat und dann später beschreiben wird.

dieser, bringt die beiden ersten Teile seines großen Werks über die *Thibaults* heraus, eines Porträts gläubiger und nicht gläubiger Pariser Familien zu Beginn des Jahrhunderts, *Das graue Heft* und *Die Besserungsanstalt* – weiträumig gedachte, großangelegte Werke, es ist ihnen aber ergangen wie den ähnlichen Großromanen Rollands, sie sind in der Fülle der guten Bücher dieser Jahre zu dem geworden, das, wenn wir es doch in die Hand nehmen, uns sehr bald sagt, daß wir es lieber für etwas andres wieder weglegen wollen; schade, aber das gibt es; schade aber auch nicht: schade wäre es, wenn solche Bücher die guten wären, und wenn es eben nicht die so viel besseren gäbe. – Virginia Woolf schreibt jetzt das erste ihrer so ganz und gar unverwechselbar eignen Bücher, *Jakobs Zimmer*; das ist, wenn man bei diesen Büchern der Woolf überhaupt von so etwas wie einer Geschichte reden darf, die Geschichte eines jungen Mannes, dessen Zufluchtsort, Wohnsitz seines Geistes, Schnittpunkt aller gewesenen Orte der Seele (wenn das nicht Griechenland ist, wohin er reist), sein Zimmer ist; dem, der ihn sieht (uns, der Autorin), muß es scheinen, daß außer dem Zimmer für einen Menschen wie ihn kein Ort sonst mehr ist in dieser, jetzt, in diesem Kriege, durch diesen Krieg, zerfallenden Welt (sofern etwas Inneres eine Entsprechung in einem anerkannten Äußeren haben soll), und so verläßt der junge Mann dann die Welt, er geht in ihr verloren. Virginia Woolf schreibt einen schwer definierbaren Ton: jetzt im Duktus eines Tagebuchs eines fremden Geistes, der auf die Erde käme, jetzt die Glossen eines klugen Journalisten, jetzt die Reflexe eines Spiegels, den ein Unsichtbarer in die Zimmer, über die Straßen hält, manchmal wie Herman Bang, wenn er mit Jens Peter Jacobsen zusammen zum Aphoristiker geworden wäre, und das alles nach Joyce, obwohl es einfach nur mit Joyce zusammen ist. Einmal kauft sich eine Frau Fieldings *Tom Jones*, und es heißt: »Um zehn Uhr morgens, in einem

Zimmer, das sie gemeinsam mit einer Volksschullehrerin bewohnte, las Fanny Elmer *Tom Jones* – jenes geheimnisvolle Buch. Denn dieses langweilige Zeug (dachte Fanny) über Leute mit wunderlichen Namen mag Jakob. Feine Menschen mögen es. Schlampige Frauen, die sich keine Gedanken darüber machen, wie sie die Beine übereinander schlagen, lesen *Tom Jones* – ein geheimnisvolles Buch; denn Bücher haben etwas an sich, dachte Fanny, was mir, wenn ich gebildet wäre, sicherlich gefallen hätte – viel besser als Ohrringe und Blumen, seufzte sie und dachte an die langen Korridore in der Slade und an den Kostümball nächste Woche. Sie hatte nichts anzuziehen. Die sind etwas Wirkliches, dachte Fanny Elmer und setzte die Füße auf den Kaminsims. Einige Leute sind es. Nick vielleicht, nur war er so dumm. Und Frauen nie – außer Miss Sargent, aber die ging um die Mittagszeit aus und gab sich vornehm. Da saßen sie des Abends ruhig lesend, dachte sie. Sie gingen nicht in die Music-Halls; sie schauten nicht in Ladenfenster; sie trugen nicht die Kleider der andern, wie Robertson, der ihren Schulterumhang getragen hatte und sie seine Weste, was Jakob nur sehr linkisch fertigbrachte; denn ihm gefiel *Tom Jones*.« Wenn innen in mir, denke ich oft bei der Lektüre der Woolf, so etwas säße wie ein unbeirrbarer kleiner Gott, dann würde er Sätze machen wie die Woolf, und ich würde nichts brauchen als ab und zu einen kleinen Kick von ihm.

Den Nobelpreis gewinnt in diesem Jahre Jacinto Benavente, ein sechsundfünfzigjähriger Dramatiker aus Madrid (er lebte bis 1954). – Den Prix Goncourt erhält der 1885 in Lyon geborene Henri Béraud (er lebte, 1944 wegen Kollaboration verurteilt, bis 1958) für *Le Vitriol de lune*, einen im 18. Jahrhundert spielenden historischen Roman.

1 ✦ 9 ✦ 2 ✦ 3

Grabschrift (171.172) für

COUPERUS. LOTI. Sechzigjährig stirbt in De Steeg bei Arnhem Louis Marie Anne COUPERUS, dessen Javaroman *Die stille Kraft* wir seinerzeit, uns auch zurückerinnernd an Multatuli, mit großem Interesse gelesen haben. – Dreiundsiebzigjährig stirbt in Hendaye, unten am Mittelmeer, nahe der spanischen Grenze, wohin er sich gern zurückzog aus seinem sonderbar verwunschnen wahnsinnigen Haus in Rochefort, Pierre LOTI; begraben ließ er sich auf der Ile d'Oléron, gleich an der Küste vor Rochefort; Loti hatte als Junge viel Zeit dort verbracht, seine hugenottischen Vorfahren mütterlicherseits stammten von der Insel. In einem Garten im Hause dieser Vorfahren liegt er nun, mit ins Grab nehmen hatte er nichts wollen als einen Ring seiner schönen türkischen Geliebten Aziyadé (zeitlebens hat er die Türkei gemocht, in Istanbul gibt es ein Café Loti, die erste Pierre-Loti-Gesellschaft gründete sich 1920 in der Türkei) und das Bündel Briefe, das er von ihr hatte (aber sein Sohn, munkelt man, habe das Grab wieder öffnen lassen, so scharf sei er selber auf jenen Ring gewesen; Aziyadé war schon lange tot, damals hatte er ihre Grabstele heimlich vom Friedhof mitgenommen, er hatte eine Kopie aufs Grab gestellt – es ist, als würde man ihm statt ihrer Briefe Fotokopien davon ins Grab gelegt haben –, das Original hatte er im türkischen Salon seines Hauses in Rochefort aufgestellt, heute hängt auf der Stele noch der türkische Hut, den ihm eine andre Freundin dann später einmal von dort mitbrachte); sterben also hatte er in Hendaye wollen, begraben sein hier auf Oléron, »unter Efeu und Lorbeer«, wie es auf einer kleinen Tafel an dem Haus heißt, in das man nicht hineindarf, auch das hatte er so gewünscht.

1923 Das schönste Bauwerk in diesem Ort auf der Ile d'Oléron ist eine große Totenlaterne, man findet diese Bauten, wenn auch lange nicht so schön wie hier, öfter auch auf dem Festland in dieser Gegend: Türme, schlank, innen mit einer schmalen Treppe, oben unter einem Dach sind sie offen, ursprünglich standen sie immer auf Friedhöfen, mit einem Licht drin, damit die auferstandenen Seelen besser nach Hause fänden einst dann. Vor diesen Tagen im Spätoktober, als ich Lotis wegen dort auf der Insel war, hatte es lange geregnet, jetzt war es warm geworden, sehr warm, und eine grausame Mückenplage hatte die Insel und das Küstenland überzogen; man konnte draußen in Cafés sitzen, aber durch Socken und Hemden und Blusen hindurch stachen die Mücken und vertrieben uns Müßige. Gegen Abend stand dann aber ein schöner Mond am Himmel, der Abend kommt ja früh so spät im Jahr, auch wenn es sommerwarm ist, der Mond stand schräg über der wunderschönen Totenlaterne, als ich noch spazierenging nach der Vertreibung durch die Mücken. Diese große Laterne, nicht weit vom Hause seiner Ahnen, in deren Garten er dann aufwacht, wird eines Tages oder Nachts also auch der Seele Lotis leuchten, er wird kommen, mit den Briefen seiner schönen türkischen Geliebten unterm nackten Arm, und er wird zögern, zwischen Mohammed und Jerusalem, und wird wieder, aber zum letzten Mal, wenn nun vielleicht auch für immer, nicht wissen, in welchen wenn überhaupt einen Himmel er soll.

Philippe Soupault, den wir letzthin zusammen mit Breton die *Magnetischen Felder* haben schreiben sehn, den ersten surrealistischen Text[10], schreibt jetzt den ersten

---

[10] Aragon, der Dritte im Bunde, schreibt später darüber: »Paris: Hier erwartete mich ein Ereignis, ein Stern erster Größe: Der Surrealismus war gerade aus der Taufe gehoben worden. Die Sache,

surrealistischen kleinen Roman, *Der schöne Heilige*, einen nicht sehr leicht lesbaren Text, worin ein Autor, nämlich Soupault, die Lebensgeschichte eines Freundes aufzeichnet, von dem er seinerseits Tagebuchblätter mitverarbeitet[11]. – Paul Morand, Jahrgang 1888, ein junger Diplomat, der in London, Rom und Madrid gewirkt hatte und jetzt in Paris im Außenministerium arbeitete, später heiratete er die außerordentlich schöne und elegante[12]

---

nicht der Name. Philippe und André hatten die ersten Seiten der *Magnetischen Felder* geschrieben. Es herrschte eine diamantene Hitze. Juli...« – »So tauchte«, schreibt Aragon dann an andrer Stelle, »dieses unvergleichliche Buch am Morgen des Jahrhunderts auf, in dem die ganze Geschichte der Schreibweisen umgewälzt wird. Nicht mehr das Buch, in dem, wie Mallarmé wollte, die Welt endet, sondern das Buch, womit alles beginnt...«

[11] Aragon, der, zu seinem Leidwesen, bei den *Magnetischen Feldern* ja nicht dabeigewesen war, gehörte sogleich zu den großen Bewunderern der dann rasch aufeinanderfolgenden Romantexte Soupaults, während Breton, der sich dann zum Haupt der surrealistischen Bewegung aufschwang, sich mehr und mehr vom Romaneschreiben distancierte. Noch einmal Aragon, vom Anfang der zwanziger Jahre: »Es war wahrscheinlich gegen Ende März, an einem sonnigen Tag. André Breton und ich hatten Philippe Soupault, mit dem wir den Inhalt der 2. Nummer von *Littérature* besprochen hatten, nach Hause gebracht, in die Rue de Rivoli unweit von der Place de la Concorde. Gegen Abend, unter den Strahlen der tiefstehenden Sonne, die durch die Gitter der Tuilerien fiel, nahm das Gespräch eine plötzliche Wende. Da war plötzlich die Furcht vor dem gefälligen Erfolg. Die Älteren sahen nämlich in uns von vornherein ihre Nachfolger, die Erben. Gide, Valéry, die ganze Mannschaft der *Nouvelle Revue Française*, Jacques Rivière usw. Da sah man eine Karriere wie üblich. Das war schon abgemacht. Die reine Scheiße...«; und das Ende vom Lied, jedenfalls was den armen nach Haus gebrachten Soupault dann anging, war, daß Breton ihn Mitte der zwanziger Jahre aus dem engeren Kreis der Surrealisten ausschloß, »weil ich«, so hat Soupault das dann später kommentiert, »weil ich Romane schrieb und englische Zigaretten rauchte.«

[12] Nadar hat sie photographiert, mit einem Krönchen auf dem dichten Haar, dekolletiert, das Kleid endet in einer Schleppe, vor ihr auf dem Boden; sie steht vor dem gemalten Prospekt einer nahen Landschaft mit Bäumen, rechts geht es ein wenig hinauf, auf älteren Gemälden lagern dort immer Nymphen, bei Renoir hätte Hélène neben genau diesem Baume nichts an; sehr sinnlich immerhin verschränkt sie jetzt vor Nadar leicht, an nackten Armen, die Hände vor

 *1923* Prinzessin Hélène Soutzo, die durch ihn dann zum engeren Bekanntenkreis Prousts gehörte, dieser Morand also, enger Mitarbeiter auch des uns vertrauten Kreises um die *Nouvelle Revue Française,* bringt ein wunderschönes kleines Buch heraus, *Fermé la nuit,* keinen Roman im Grunde, eher wohl eine Sammlung von Skizzen und Reisenotizen ähnlich den vorangegangenen von 1922 mit dem Titel *Ouvert la nuit* (deutsch sind beide Teile zusammen als *Nachtbetrieb* 1926 erschienen); Morand wurde 1968 in die Académie aufgenommen, er starb, achtundachtzigjährig, vielleicht hat ihn der ein und andre meiner Leser noch kennengelernt, 1976. – Von Larbaud gibt es, unter dem – vielleicht nicht ganz unironischen, oder doch wenigstens leicht melancholischen – Titel *Glückliche Liebende,* einen kleinen Band mit Texten[13], von denen man nicht genau weiß und auch nicht zu wissen braucht, was sie eigentlich sind, erzählende Essays, Novellen um eine Person und ihre Liebesgeschichten, ein kleiner Roman... – Liebesgeschichten sind es auf jeden Fall, Geschichten um Liebe, der sich der Liebende am Ende niemals ganz hingibt, wer weiß, was er eigentlich

ihrem Schoß, ihr Gesicht, auf einem wunderschönen Hals, wirkt hübsch verhalten kokett, oder schelmisch, und so, als würde sie sich gleich wieder sehr gern und lebhaft unterhalten.

[13] einer dieser Texte ist übrigens Edouard Dujardin gewidmet, einem 1861 geborenen Schriftsteller, Freund und Schüler Mallarmés, und mit Catull Mendès und Villiers de l'Isle-Adam zusammen einem der großen frühen Bewunderer Wagners; einen beinahe legendären Ruhm unter den Schriftstellern dieser Jahre genoß sein Roman *Geschnittener Lorbeer* von 1888, denn hier, das war und ist noch die allgemeine Meinung, war zum ersten Male jener innere Monolog da, für den dann aber erst Joyce die Lorbeeren erntete – indes war er es, Joyce, der selber für diesen Punkt auf Dujardin hingewiesen und eben Larbaud auf das Buch aufmerksam gemacht hatte, Larbaud, der als einen der Hauptzüge seines Wesens das »ungestrafte Laster des Lesens« bezeichnete. Dujardins Roman selbst ist, wir haben dieses sonderbare Problem derer, die zum ersten Male etwas tun, öfter schon gehabt, nicht so, daß man seinetwegen andre ungelesen lassen müßte; Dujardin wurde sehr alt, er starb fast achtundachtzigjährig 1949 in Paris.

will, wer er eigentlich ist... – ich notiere die Bücher dieser Autoren hier, weil sie in ihrer bewußten Distance zum Roman ihrer Freunde deren artistische Probleme mit dem Genre gleichsam von außen mitdiskutieren. – Die Colette schreibt *Erwachende Herzen,* das ist ihr andres großes Thema neben dem der Freiheit und Liebe der Frauen: da treffen sich, wie eigentlich jeden Sommer, zwei, die letzten Sommer noch Kinder waren; sie treffen sich wie immer irgendwo an der Küste mit sämtlichen Eltern und Geschwistern. Er ist sechzehn oder siebzehn, sie fünfzehn oder sechzehn, und diesmal ist alles anders: wenn sie sich sagen, daß sie sich lieben, dann schwingt für beide jetzt ein merkwürdiger Ernst mit, irgend etwas was sie fast ängstlich macht und doch auch neugierig, oder auch gar nicht eigentlich neugierig, eher unruhig und sonderbar gespannt wie auf etwas, das so oder so kommt, und das ganz anders sein wird als alles was bisher war, schöner, schrecklicher, hinreißender, verzehrender – ganz anders als alles bisher, und doch in Ahnungen schon da. Die beiden also entdecken die Liebe der Erwachsnen, sie entdecken die Lust; einmal zum Beispiel, ganz am Anfang dieser Entdeckungen, läßt sich das Mädchen von einem Felsen gleiten, auf dem sie mit ihrem Freund über dem Wasser steht; er hält sie dann fest, und man könnte grob sagen, daß sie genau das wollte; aber die andre Seite der Wahrheit ist, daß sie den Tod genauso wollte, allenfalls, könnte man noch sagen, jenen Tod eben, den sie noch nicht wirklich kennt, da sie ja eben gerade noch vor den Toren des wirklichen Lebens zu ihm wollte. Fast ist es ewig schade sogar um diesen verhinderten Tod, auch wenn es natürlich genauso ewig schade gewesen wäre dann um diesen unberührten schönen Busen des Mädchens – die Autorin deutet das an, läßt aber alles in der Schwebe, sie stellt sich auf keine Seite, weder die der Unschuld noch die der Lust, sie beschreibt diesen Übergang, den wir selber, wenn er sich bei uns ereignet, ja kaum richtig miterleben, und sie beschreibt ihn mit jener wunderbaren Ernsthaftigkeit, die allen ihren so leicht aussehenden Büchern diesen ungewöhnlichen und fast unerklärlichen Zauber verleiht. – Martin du Gard setzt seine große Familiengeschichte der *Thibaults* mit den *Sommerlichen Tagen* fort; ich hatte Ihnen erzählt, daß Gide mit Martin du Gard sehr befreundet war, und hier nun, in den *Sommerlichen Tagen,* sehen wir in Sommernächten junge pubertierende Menschen ein Büchlein lesen, und abwechselnd erblassen und erröten sie dabei, heranwachsend: der Name des Autors wird nicht genannt, aber sie lesen, ach, lang ist das her (1897 war das), Gides Hymnus von der *Erde, die uns nährt...* – Hamsun schreibt das *Letzte Kapitel,* einen Roman, der in einem Sanatorium spielt, denken Sie an den *Zauberberg,* an Heinrich Manns *Doktor Biebers Versuchung,* später an Cendrars' *Moravagine...* – Joseph Conrad hat noch einen letzten Roman, den *Freibeuter,* eine sehr schöne Geschichte aus der Zeit der Großen Revolution in Frankreich, und hinterläßt *Spannung,* das Fragment eines Romans, in dem Napoleon wohl aufgetreten wäre; es sind nächtliche Hafenszenen von ganz eigentümlicher Stimmung darin, ein wenig erinnern sie an Mármols *Amalia,* wissen Sie noch? – Und es erscheint das *Rosenschlößchen,* ein anmutig-wilder kleiner Roman jenes Ramón Gómez de la Serna, dessen Schriftstellerei sich durch eine wunderbare Unbedenklichkeit auszeichnet, und der, ein wenig exzentrisch, seine Gedichte zum Beispiel gern von Zirkustrapezen herab vortrug; berühmt ist er für seine wunderlichen Aphorismen oder wie man das nennen soll, *Greguerías,* Bilder, Metaphern, die Lichter werfen sollen auf Sachen, die man wenigstens in dieser Beleuchtung und Verbildlichung noch niemals gesehn hatte, und die dieses Licht auch wirklich verblüffend oft werfen. Hier sei wieder Larbauds gedacht und seiner lasterhaften Leserei: er hat nicht bloß Joyce übersetzt,

sondern neben Bennett eben auch Gómez de la Serna. –
Und eines der schönsten Bücher von Willa Cather erscheint (das schönste neben dem *Haus des Professors* von
nachher; ich finde, bei aller Schönheit, daß ihre bei ihr zu
Hause ihren Ruhm ausmachenden reinen Präriestücke,
wie soll ich sagen: weniger von jener Substanz haben,
aus der wir selber sind), *The Lost Lady, Die Frau die sich
verlor*; hier taucht ein junger Leser auf (Leser sind ja im
allgemeinen keine sehr aufregenden Romanfiguren, wie
sollten sie auch, ja: wie wollten sie auch), »er führte, seit
er sie zuerst selbst entdeckt hatte, ein Doppelleben mit
allen seinen unerlaubten[14] Freuden ... diese Bücher waren
ihm nicht ein Zeitvertreib für müßige Stunden, sondern
lebendige Wesen, die man mitten im vollen Leben erfaßt,
deren man hinter der irreführenden Strenge von Form
und Ausdruck inne wird. Er belauschte die Vergangenheit, war eingelassen in die große Welt, die lange, bevor
man der kleinen Städte des Westens gedacht, Glanz und
üppige Sünde und Untergang gekannt hatten. Diese langen Abende unter der Lampe eröffneten ihm ein weites
Feld ...«; dieser junge Leser betet die strahlende Frau
eines der großen Pioniere des Eisenbahnbaus hier in einer
dieser kleinen Städte des Westens an, eines Mannes, der
hier zurückgezogen lebt, seit er eines Tages vom Pferd
gestürzt ist. Dann kommt der Sommer, die Leseabende
werden kürzer, die Anbetung steigt mit der Jahreszeit,
aber siehe da, die Angebetete betrügt ihren Mann, aber
eben nicht mit dem Leser, der bekommt das nur mit,
wer achtet schon auf lesende junge Männer. Der Pionier
kriegt einen Schlaganfall, der junge Leser, abwechselnd
mit der Strahlenden, pflegt ihn, aber die Strahlende betrügt gewissermaßen beide weiter. Irgendwann stirbt der
Alte, das Haus wird verkauft, die Zeiten sind ganz anders,

---

[14] wenn eben auch, mit Larbaud, ungestraften Freuden, es sei
denn also, das Leben komme zu kurz dabei, aber was heißt denn das
schon, nicht wahr? dieses berühmte Leben ...

von der Frau heißt es, man habe sie in Südamerika gesehn, verheiratet und immer noch mit jenem Lachen,
das den jungen Mann einst sogar aus seinen Büchern
hatte reißen können. Niemals hatte die Frau, in ihrer
faszinierenden Eigensucht, Rücksicht auf ihn genommen:
ohne ihn aber, ohne seine sonst ruhmlose Standhaftigkeit,
wäre nichts von ihr ans Licht gelangt. Das ist aber ja
im Grunde kein schlechter Trost für ihn, den Leser, in
dem wir auch uns erkennen müssen: nur eben, daß das
große rauschende Leben, wenn es das ist was es scheint,
doch immer die Sache der andern ist, der Nichtlesen-
den[15]. Und es ist nun eben für den wahren Leser gar
nicht immer leicht zu sehn, denn er ist ja hingerissen vom
beschriebenen Leben, daß eigentlich doch er der einzige
ist, der hier lebt, und daß alle andern die Nichtlebenden
sind, eingeschlossen der so verführerisch doppelgänge-
rische Leser in diesem Buch. Das Rauschende (aber noch
einmal: was ist denn dieses berühmte Rauschende?) freilich des Lebens, das fehlt dem Leser ganz, wenn er so
dasitzt und liest, in dem Punkt geht es ihm wie dem Leser
im Buch, der bloß nachts, wenn es hochkommt, wachen
darf in dem Haus, in welchem er so gern leben würde.
Ein ungestraftes Laster also? – Zwei Romane haben wir
den großen Italo Svevo schon schreiben sehn, *Ein Leben,*
1892, und *Ein Mann wird älter,* 1898; Svevo hatte in
den neunziger Jahren die Tochter eines Lackfabrikanten
geheiratet, in Lacken bereiste er dann England und
Frankreich, doch in Triest, wo er wohnte, lernte er seinen
wahren Freund kennen, Joyce, der damals an der Berlitz-
School Englisch unterrichtete: und Joyce sorgte dann
dafür, daß nicht auch der *Zeno Cosini* im Dunkeln ver-

---

[15] ich bringe Ihnen noch einmal diesen Satz Fontanes: »Der
Bücher- und Literaturwurm, und wenn er noch so gut und noch so
gescheit ist, ist doch immer nur eine Freude für sich selbst, für sich
und eine Handvoll Menschen. Die Welt geht drüber weg und lacht
dem Leben und der Schönheit zu.«

schwand, oder gleich darin blieb, das Wunder- und
Meisterwerk Italo Svevos. Erst will der Held des Buchs
auf 65 Seiten das Rauchen aufgeben, dann erzählt er sein
Leben, er ist bei einem Psychiater in Behandlung; auf
den nächsten 100 Seiten heiratet er von drei Schwestern
exakt die, die er nicht wollte, die nächsten 150 Seiten sind
seinem Ehebruch gewidmet, das bereichert sein Leben,
es scheine ihm nicht richtig, sagt er, glücklich zu sein
mit einer Frau, die er nicht heiraten wollte; die nächsten
150 Seiten lang widmet er sich dem Handel, zusammen
mit seinem Schwager, den er nicht durchschaut; dann
beginnt der Krieg, und unter dem Jahre 1915 notiert der
Patient, nun sei er geheilt, und das nächste Jahr benutzt
er dazu, sehr viel Geld anzuhäufen. Dann kommt ihm
die Vision, irgendeiner werde bald einen Sprengstoff
erfinden, der die ganze Welt in die Luft jage, in einer
Explosion, die keiner mehr hört. Cosinis Beschreibung
der eignen Taten und Empfindungen hat allmählich für
den Leser die ganze Welt in eine eigentümliche Atmosphäre gehüllt: alles ist sehr komisch, alles ist zugleich
aber auch gar nicht komisch, ohne deshalb doch ernsthaft geblieben oder geworden zu sein[16]; es ist ein ganz

---

[16] manchmal denkt man, Svevo mache hier für den Roman das,
was Chaplin für den Film gemacht hat, etwa streichelt der Held unterm Tisch ein Bein, und man darf sicher sein, daß es zwar nicht
das des Tisches ist (insofern gibt es nichts zu lachen), wohl aber das
der falschen Frau, und er küßt eine, und dann hat er zwar die geküßt,
die er küssen wollte, aber er wollte eigentlich eine andre küssen und
weiß gar nicht, warum es nun mit einem Male doch diese geworden
ist. Aber abgesehen selbst von der sehr viel komplexeren Struktur
des Svevoschen Durcheinanders ist das mit Chaplin eine Täuschung.
Chaplins Roheiten, seine Sentimentalität, seine Vergeltungssucht und
Larmoyanz: all das fehlt bei Svevo, und kann fehlen, weil in der
wunderbar klaren Selbstdarstellung dieses *Zeno Cosini* nichts einseitig
bleiben muß. Man rühmt ja die Hintersinnigkeit des Chaplinschen
Humors; hintersinnig oder vieldeutig nennt man hier aber nur den
Umstand, daß Chaplins Filme die Eindeutigkeit ihrer Bilder so vorführen, daß man sie wahrnimmt und sich noch etwas anderes dahinter denken kann; das ist alles, und das macht diesen Hintersinn
ja auch so schlagend und aufs Gemüt gehend. Cosinis Selbstdarstel-

seltener Geist, der da allen Ernst oder Unernst über das
Mittel einer ungreifbaren Komik so sonderbar zuschan-
den macht, daß nicht bloß die Welt aus den Angeln
gerät, sondern auch das Bewußtsein, das sie da aus den
Angeln geraten sieht. Die Welt ist ihre ganze Schwere
losgeworden (vielleicht mit der Schwere auch ihren Sinn,
in der alten Sprache geredet), sie ist leicht. Proust, Joyce,
Svevo – wie soll ich sagen: diese beiden Portalslöwen,
und dieser unwissende Ruderer, der, ja was will er? hindurch, vorbei? entlang? im Kreise herum?

Den Nobelpreis gewinnt in diesem Jahre der achtund-
fünfzigjährige Lyriker und Dramatiker William Butler
Yeats. – Den Prix Goncourt erhält der vierunddreißigjährige Lucien Fabre für *Rabevel*.

1 ✦ 9 ✦ 2 ✦ 4

Grabschrift (173.174.175.176.177) für
MÜLLER. CONRAD. SPITTE-
LER. FRANCE. KAFKA. Siebenunddreißigjährig stirbt, durch eine selbst-
gegebne Kugel, jener Robert *MÜLLER*, dessen
Tropen wir gelesen haben. – Sechsundsechzigjährig stirbt
in Bishopsbourne in Kent Joseph *CONRAD* – über
fünfundzwanzig Jahre lang haben seine großartigen
Bücher uns begleitet und uns die alte kleingewordne

---

lung aber läßt wirklich die verschiedensten Seiten einer Handlung
oder einer kleinen Begebenheit zu Wort kommen, und wenn man
nun noch hinzunimmt, daß Svevo keiner sehenden Masse alle die
Zugeständnisse machen muß, die Chaplin fortwährend macht, dann
ahnt man, wie gewaltig hier die Überlegenheit des geschriebenen
Worts über den Bilderfilm ist. Und dann dieser süße Seim der Sentimentalität, der alles wieder schwer macht...

Welt groß gemacht, von *Almayers Luftschloß* und *Lord* 1924
Jim dann über die politischen Romane hin bis wieder zu
den Seestücken, der *Rettung* etwa; Henry James, der,
wie so viele andre, Ford Madox Ford zum Beispiel, mit
Conrad befreundet war, fand in Conrads Werken, gerade
den Seestücken, oft Parallelen zu den Seestücken Pierre
Lotis, den wir im vergangenen Jahr haben sterben sehn. –
Neunundsiebzigjährig, ein wunderbarer Mann, stirbt in
Luzern Carl S P I T T E L E R, dessen kleine Romane
so lesenswert, und dessen große aus der Ferne angst-
einflößende Epen gleichermaßen von Witz und nietzsche-
schem Geist sprühen. – Achtzigjährig stirbt auf seinem
Gut bei Tours der große Anatole F R A N C E, man
gab ihm ein feierliches Staatsbegräbnis, seine Werke
standen auf dem kirchlichen Index. – Und vier Wochen
ehe er einundvierzig werden konnte, und das wäre doch
wenig genug gewesen, stirbt in einem Sanatorium bei
Wien an Kehlkopftuberkulose Franz K A F K A.

❧

Kafka hinterläßt zwei Romane, das *Schloß* (1926) und
den *Prozeß* (1925). Erinnern Sie sich an den Landvermesser K., dem es partout nicht gelingt, jener An-
stellungsvergewisserung teilhaft zu werden, in der Hoffnung auf welche er überhaupt ins Dorf gekommen ist?
Es ist Winter, das Schloß ist hoch oben, manchmal
kommen Boten herunter, aber die Boten wissen im
Grunde vom Schloß so wenig wie andre auch. Dann
gibt es da die Geliebte des Landvermessers, dann dieses
Mädchen, das mit den andern zusammen im Keller des
Gasthofs lebt und den unseligen Landvermesser gern
bei sich hätte da unten, wo die Herren vom Schloß aus-
und eingehn. Erinnern Sie sich an die unendlich ver-
wickelten Spekulationen über Uniformen und über mögliche Subordinationsgrade unter den Schloßbediensteten?
An die unendlichen Seiten voller Konditionalsätze? Da

1924 schien sich doch wirklich die Unzugänglichkeit des Schlosses in den Spiralen zu spiegeln, in denen die Sätze immer nach einigen Seiten endeten, und die Vergeblichkeit des Eindringens ins Schloß schien ihr Abbild zu haben in den unaufhörlichen Wiederholungen der Sätze, die am Ende im Leser jene wohlverstanden sinnbildliche Ermüdung erzeugte, wie sie wohl endlich den Landvermesser befallen haben mochte, wenn er wieder und wieder merkte, daß alles vergeblich war. Aber bei Licht ist diese Ermüdung beim Lesen ein wirkliches Müdewerden dieser ewig gleichen Syntax, ein Müdewerden dieser ewig um nichts kreisenden Sätze. Ich habe beim Lesen wohl noch einmal sehn können, daß viele dieser Sätze eine verblüffende Vollkommenheit haben; aber ich erinnere mich, daß Kafka die Vollkommenheit seiner Sätze einmal beklagt hat, und ich verstehe jetzt, warum. Und nun kommt eben das dazu (denn gleich anfangs habe ich Sie immer erinnern wollen an früher), was uns früher diese Sachen so lieb gemacht hat: dieses Gefühl, daß sie an jedem Punkt sozusagen über sich hinauszuweisen schienen auf eine uns einleuchtende Befindlichkeit der Welt (vielleicht erinnern Sie sich auch noch an Robert Walser); die schönen leiernden Sätze mit ihrem Einerlei an Stoff gaben keinen Einblick in irgend etwas, wohl aber das tiefe Gefühl eines Einblicks, eines Einblicks sozusagen in ein Dunkel, in welchem ja ohnehin nichts zu unterscheiden gewesen sein würde. Das ist alles immer noch schön in den witzigen und nachdenklichen kleinen Stücken Kafkas; der Roman aber hält das nicht aus, und der Leser gar nicht: je genauer er liest, desto schneller wird er dieses Wesen leid, diesen traurigen Tiefsinn, dieses leere Kreisen im syntaktischen Nichts, dieses bodenlose Verlorengehn in keiner Welt. Schwer zu sagen, wer wir damals waren, als wir das mochten; genießen Sie jetzt den Anblick, wenn Dichter von ihren Sockeln fallen, und bedenken Sie vergnügt, was wir alles haben dulden

müssen von denen, die uns mit Kafka die Welt erklären *1924*
wollten. Mit jedem Dichter, den wir vom Sockel holen,
auf den die Ausleger ihn gestellt haben, wird die Welt
ein bißchen größer und heller. – Joseph Roth veröffentlicht, nachdem er einen kleinen Roman *Das Spinnennetz*
geschrieben hat, zwei Romane, *Die Rebellion* und das
Hotel Savoy. Das Spinnennetz ist ein gesellschaftskritisches
und satirisches politisches Stück, das die Verstrickung
eines jungen Mannes ohne Durchblick in die tatsächlich
schwer durchschaubaren Machenschaften und Intrigen
kleiner und großer Drahtzieher beschreibt; wie in fast
allen diesen frühen Romanen Roths liegt ein Problem
darin, daß seine Figuren (in diesem Punkt bei allen
Ähnlichkeiten anders als die Figuren Heinrich Manns)
grundsätzlich und oft eben auch absichtsvoll nicht zu
Menschen geraten, sondern zu paradigmatischen Cha-
rakteren mit paradigmatischen Biographien; das macht
den Ton brillant und flüssig und glänzend sentenziös,
macht aber, hierin ähnlich den Romanen Sinclairs, die
Figuren als Menschen ein wenig uninteressant; sonderbar ist auch, wohl über die Abstraktion der Figuren und
ihre Verflochtenheit ins Dunkel des wirren Seins, die
Nähe zu Kafka; ich habe im letzten Kapitel aus dessen
Brudermord gelegentlich den schönen Satz zitiert, Sie
erinnern sich bestimmt: »An und für sich sehr vernünftig, daß Wese weitergeht, aber er geht ins Messer des
Schmar« – erinnern Sie sich? In Roths *Rebellion* heißt der
Satz: »Hätte der Herr Arnold, wozu er wohl in der Lage
gewesen wäre, ein Auto genommen, um heimzukommen,
er wäre der letzten Aufregung dieses furchtbaren Tages
entronnen und sein Weg hätte sich nicht unheilvoll mit
jenem des Leierkastenmannes Andreas Pum gekreuzt.
So aber richtet es ein tückisches Geschick ein: daß wir
zugrunde gehen nicht durch unsere Schuld und ohne
daß wir einen Zusammenhang ahnen; durch das blinde
Wüten eines fremden Mannes, dessen Vorleben wir nicht

kennen, an dessen Unglück wir unschuldig sind und dessen Weltanschauung wir sogar teilen. Er ist nun gerade das Instrument in der vernichtenden Hand des Schicksals.« Die sentenziöse Brillanz Roths steigert sich bis vor seinen *Hiob* von 1930 so sehr, daß die Sätze zunehmend nichts mehr treffen, sondern nur noch lustig sind; in der *Rebellion* richtet einer mit dem gealterten Veteranen in Restaurants Toiletten ein, und es heißt: »Er kannte die geheimen Zusammenhänge zwischen Bedürfnisanstalten und Patriotismus und wußte die ornamentale Wirkung eines dekorierten Invaliden im Klosett zu schätzen.« In *Zipper und sein Vater*, dem am bittersten satirischen und bewußt in den Figuren paradigmatisch angelegten Roman von 1928, heißt es vom Bruder des Helden: »Jetzt schien er endgültig verblödet zu sein. Er saß in einem samtenen roten Stuhl, den man aus dem Salon geholt hatte, und aß die Kriegsberichte, die der alte Zipper gelesen hatte.« In *Rechts und links*, 1929, heißt es mit Untertönen der Anmut von einer Frau: »Der liebe Schatten ihrer Jugend weht über ihr Angesicht, wenn sie eine Dummheit sagt wie früher, als sie noch jung und hübsch war.« Aber in dem dann schließlich abgebrochnen *Perlefter* geht das so: »Er sprach gern von den Grausamkeiten der Bolschewiken, und man kann sagen, daß er davon lebte. Er gefiel allen Menschen, die sich über Revolutionen ärgern. Es ist sehr angenehm, gerade diesen Menschen zu gefallen, denn sie sind es, die Geld haben«, oder: »Er gewann im Spiele nur, wenn er trank, er verlor, wenn er nüchtern war, deshalb kam er nie zum Geld, denn er gab es aus, um es einzunehmen« – solche Sätze halten dann keinem Gedanken mehr stand. Das *Hotel Savoy* jetzt von 1924 hat darüber hinaus noch das Handicap, je länger desto mehr offenbar symbolisch oder metaphorisch gemeint zu sein, sehr sehr viel deutlicher als die viel schöner verworrene *Andere Seite* von Kubin, die eben dann mitreißt, wenn sie jede Metaphorik in

der Kraft der Bilder ganz verliert – bei Roth schiebt sich
dagegen die Konstruktion immer mehr in den Vordergrund, und wir fühlen uns düpiert, denn große Metaphern für die Welt brauchen wir nicht, wenn man uns
die Welt gibt. – Ein wenngleich noch sehr wirrer und
sonderbarer Lichtblick ist jetzt Heimito von Doderers
Erstling, *Die Bresche*; Doderer schreibt einen ungemein
kompakten farbenreichen Stil, voll von Bildern, die wie
mit breiten ausholenden Pinselstrichen gemalt sind: ein
kleines Landgasthaus, worin der Held sich ausruhen
kann, steht da wie das Haus, und in dem Haus ist das
Zimmer da wie der Raum, in dem wir immer schon sein
wollten, wenn wir davon träumen mußten, auszuruhn;
nicht, als ob Doderer an eine heile Welt glaubte, ganz
im Gegenteil; aber das Unheil sitzt ja tatsächlich nicht
in jedem Stück Welt, und nicht jeder Blick zersetzt sie.
Bei dem allen ist die Fabel des kleinen Romans merkwürdig: ein junger Mann lebt einmal an seiner Geliebten
einen sadistischen Anfall aus (ein Lebensthema Doderers,
hier hat er große Verwandtschaft mit Powys, der noch
in der *Glastonbury Romance* ein ganzes Kapitel dadurch
ruiniert, daß er seinen eignen Kampf mit dem latenten
Sadismus vorführt: nicht auslebt, sondern vorführt und
eben gewinnt, denn das ist seine, Powys', Idee – Doderer
scheint da einsichtiger –: man müsse diesen Kampf gewinnen, immer), er rennt und fährt, von Leuten verfolgt,
wirr und abgerissen durch die Gegend, prallt von einem
fahrenden Zug herab gegen einen dasitzenden Komponisten, und der (er tritt auch in dem *Jutta-Bamberger*-
Fragment in ähnlich problembegütigender Rolle auf)
bringt ihn wieder zu sich: er habe recht getan, diese
Bresche zu schlagen ins normale Leben, aber die miß-
handelte Geliebte müsse er einfach lassen, erklären könne
man sich da nicht. Das *Jutta-Bamberger*-Fragment, auch
aus dieser Zeit, behandelt Kindheit und Jugend eines
lesbischen Mädchens, das man bald liebt, als sollten

1924 Mädchen so und nicht anders sein; man merkt das Lesbische erst dann, wenn man es schon verstanden hat, ehe man es irgendwie glaubt verstehen zu müssen; hübsch sind hier kleine formale Experimente, etwa des zweispaltigen Schreibens, merkwürdig ist (in den *Dämonen* gibt es das ja auch noch ein bißchen in Phantasien) der große Entwurf eines in einem sehr erweiterten Sinne erotischen Lusthauses, hinreißend, wenngleich selbst fürs Fragment noch gestrichen, eine Liebesszene zwischen zwei Mädchen vor dem Kamin (arme arme kleine nervöse Wälsungens ihr da auf dem Eisbärfell, Kunz und Märit, Siegmund und Sieglind!). – Thomas Mann also, mit dem *Zauberberg* jetzt, sagen wir einfach, in der wunderbaren Fülle dieser Jahre: zwischen Proust und Joyce und Svevo und dann, doch, ja, dem *Großen Gatsby* und *Mrs. Dalloway* und der Cather und den *Falschmünzern,* selbst diesen noch, doch, ja, und dann kommen allmählich also Doderer und Nabokov und Faulkner (und ich reihe gern das Unvergleichbarste in diesem Falle) – ich verstehe Edmund Wilson, der die furchtbarste Kritik, die er einmal an Nabokov übt, in den Satz faßt: da werde er an Thomas Mann erinnert (und da wußte er sich mit Nabokov einig). Ich weiß, wie gut das Buch gemacht ist, ich sehe das wie alle, denen es genügt zu sehn, wie gut ein Buch gemacht ist, und die es deshalb dann aber gleich für groß halten (also weil sie sehen können, wie sie es selber gemacht haben würden); doch ich habe mich zwei- oder dreimal sehr gelangweilt, und nun will ich es lassen, und ich weiß ja, was ich mit solchen Sätzen an Ruf verliere, ich werde unbefangen lesen was Spaß macht, und der ganze *Zauberberg* macht mir keinen – oder hätte ich das alles doch bloß in einer Fußnote sagen sollen? hier ist sie:[17] – Döblin schreibt

---

[17] Thomas Mann also, mit dem *Zauberberg* jetzt, sagen wir einfach, in der wunderbaren Fülle dieser Jahre: zwischen Proust und Joyce und Svevo und dann, doch, ja, dem *Großen Gatsby* und *Mrs. Dalloway*

Berge, Meere und Giganten, eine grauenhaft phantastisch-
irreale Science-fiction-Horrorvision, in der sich am Ende,
in einem enteisten Grönland, die auftauende Großnatur
in entsetzlich coolen Racheakten an der Menschheit
übt. – Von Konstantin Fedin, später einem Freunde
Gorkis (dann war er ein Vertreter des sogenannten sozialistischen Realismus, später Schriftstellerfunktionär und
Abgeordneter für den Obersten Sowjet), gibt es einen
Roman, der verheißungsvoll aussieht (zumal der Autor
die Sache kennen muß, sagt man sich, den Krieg über
war er in Deutschland, bei Nürnberg, interniert zwar,
aber er kannte deutsche Kleinstädte sehr gut) mit seinem Titel *Städte und Jahre,* und jedenfalls bei uns, im
Malikverlag, mit dem hübschen Untertitel: *Roman aus
dem alten Deutschland und dem neuen Rußland* – indes
enttäuscht er doch ziemlich; er zeigt das Schicksal eines
leicht verträumten Intellektuellen und seiner deutschen
Liebsten, und es geht alles schief, aus nichts wird etwas,
leider nun eben auch literarisch nicht, der Autor macht
nette Tricks mit Zeitverschiebungen und solchen damals
doch schon sehr billigen Späßen, aber das nützt gar
nichts, man müht sich unlustig weiter, man hätte es
besser ganz gelassen, nach so vielen Jahrzehnten. – Eine
kleine hübsche Einlage dazwischen: Gaston Leroux, 1868
in Paris geboren (er starb 1927 in Nizza), Erfinder eines

---

und der Cather und den *Falschmünzern,* selbst diesen noch, doch,
ja, und dann kommen allmählich also Doderer und Nabokov und
Faulkner (und ich reihe gern das Unvergleichbarste in diesem Falle) –
ich verstehe Edmund Wilson, der die furchtbarste Kritik, die er einmal
an Nabokov übt, in den Satz faßt: da werde er an Thomas Mann erinnert (und da wußte er sich mit Nabokov einig). Ich weiß, wie gut
das Buch gemacht ist, ich sehe das wie alle, denen es genügt zu sehn,
wie gut ein Buch gemacht ist, und die es deshalb dann aber gleich für
groß halten (also weil sie sehen können, wie sie es selber gemacht
haben würden); doch ich habe mich zwei- oder dreimal sehr gelangweilt, und nun will ich es lassen, und ich weiß ja, was ich mit solchen
Sätzen an Ruf verliere, ich werde unbefangen lesen was Spaß macht,
und der ganze *Zauberberg* macht mir keinen, nein.

**1924** Detektivs namens Rouletabille, der immer so schön auch in Verfilmungen mit seiner ängstlichen Freundin durch brennende Wachsfigurenkabinette rennen kann, Erfinder dann vor allem des gerade heutzutage wieder so berühmten *Phantoms der Oper* (1910), legt einen charmanten kleinen Gruselkriminalroman vor, *Die blutbefleckte Puppe,* er lokalisiert das wunderliche Geschehen, das er uns nahebringt, in Paris, auf der Ile Saint-Louis – eine große Romangegend, Henry James hatte, in einem seiner ersten großen Romane, dem *Amerikaner,* seinen Helden dort die Frau seiner Träume finden lassen, leider mitten unter Leuten, die da nicht bloß *eine* Leiche liegen hatten in den Kellern tief unter den matten Salons mit den verblaßten Seidentapeten – erinnern Sie sich? Auf der Ile Saint-Louis gab und gibt es neben diesen Palästen die kleinen Wohnhäuser und Läden der einfachen Leute, die kleinen Leute wohnen neben den großen, an Paläste grenzen Häuschen und kleine Buden: und genau da spielt dieses Buch. Leroux verzichtet auf historisches Dekor, er bleibt in einer Art Gegenwart: er erwähnt Verlaine und Baudelaire als jüngst verstorbne Künstler dieser Gegenden, Autos fahren herum, es gibt elektrische Lampen: wir müssen uns so etwas wie das proustsche Paris vorstellen. Bewohnt ist dieses Paris, ist diese Ile Saint-Louis nun aber von Gestalten eher hugoscher Herkunft, irgendwie leben sie alle doch nicht ganz in jener Welt, wie wir sie aus den so ungemein sprechenden Schwarzweißphotos jener Tage kennen. Da ist ein Buchbinder, ein leider abscheulich häßlicher junger Mensch, der auch Gedichte der leidenschaftlichsten Sorte schreibt, der liebt ein umwerfend schönes junges Mädchen von gegenüber, die Tochter eines Uhrenmechanikers, der mittels viereckiger Zahnräder sich auf den langen Weg zum *perpetuum mobile* gemacht hat. Die junge Dame ist verlobt, mit einem äußerlich etwas nichtssagenden jungen Gelehrten, der seinerseits dicht daran ist, seine Wissenschaft in

Angst und Schrecken zu versetzen, indem er, dank einer höllischen Verdrehung irgendeines berühmten thermodynamischen Lehrsatzes, Leben aus Wärme schaffen zu können glaubt – hinten in einer Gartenwohnung seines künftigen Schwiegervaters gibt es einen gewaltigen Ofen. Diese Gartenwohnung grenzt an einen jener alten Paläste, darin wohnt, inmitten indisch-großer und singhalesisch-kleiner Diener, in fünfter Generation, nach den Gemälden aber schrecklich ähnlich der ersten Generation, der lebenstrotzende Hausherr, ein Graf oder so etwas, der sich aus Indien eine traumhaft schöne, wenn auch zuweilen etwas sehr durchsichtige englische Lady als Gattin mitgebracht hat. Er hat auch einen Arzt, der in regelmäßigen Abständen die immer wieder grauenhaft anämische Lady herausfüttern muß. Der kleine häßliche Buchbinder wieder, der in seinen Gedichten die schöne Uhrmacherstochter besingt, hat schon mehrfach, sechsmal nämlich, versucht, eine weibliche Gehilfin zu bekommen, alle sind ihm weggelaufen, nach zwei Tagen oder längstens drei Wochen, und keiner hat sie dann je wiedergesehn. Zudem hat dieser häßliche Buchbinder ein Stück weg, ein paar Schnellzugstationen und noch ein paar Bummelzugstationen weg, mitten in Sümpfen, in denen die Reichen gern jagen, eine Hütte: schon lange will ihm die der Graf abkaufen, jener mit der anämischen Gräfin, der kommt nämlich aus jener Gegend, das verkommene Schloß seiner Ahnen steht dort, mit der Gruft im Keller, worin, merkwürdigerweise, seit alters jener Sarg leersteht, worin eigentlich der Stammgraf liegen müßte, jener auf dem Bild, dem der jetzige so erschreckend ähnlich sieht; andre Gräber übrigens, jedenfalls der männlichen Nachkommen, gibt es da unten in der Gruft nicht: alle sind irgendwo im Ausland verstorben, heißt es; und immer wieder also hat sich dann, oft mit den Gehilfinnen, ehe sie ihm dann wegliefen, der häßliche Buchbinder in seiner kleinen verwahrlosten

 **1924** Hütte inmitten der Sümpfe dort aufgehalten. Die schöne junge Uhrmacherstochter, die den häßlichen Buchbinder noch nie beachtet hat, daher der schmachtende Ton seiner Gedichte, holt diesen Dichter eines Tages durch ihr Haus hindurch ins Palais, er solle dort Bücher binden. Vorher aber hatte der arme Buchbinder, oben aus seinem Haus heraus, ins Gartenzimmer der Schönen hineinsehn können, nachts; jener große Ofen brannte dann, und einmal hat er einen wunderschönen Jüngling gesehn, viel schöner als der Verlobte der Angebeteten, den hat sie umarmt, bei Mondschein; aber dann hat den der Vater, der Uhrmacher, auf seinem Weg zum *perpetuum mobile,* erschlagen, auf offener Szene sozusagen, und alle drei, also auch der Verlobte, der das Leben schaffen zu können glaubt, haben den Körper ins Zimmer geschleppt, das mit dem Ofen. Aber am nächsten Tag hat die Schöne kein bißchen bedrückt oder irritiert gewirkt; neben dem Buchbinder, in der Bibliothek des gräflichen Palais, hat sie etwas gezeichnet oder gestochen, nämlich den Kopf jenes schönen Jünglings; und ein paar Tage später hat der dann auch wieder da drüben gestanden, und sie hat ihn wieder umarmt, sogar geküßt. Und dann tönen immer Hilfeschreie durchs Palais, immer wieder kommt die anämische Gräfin und bittet um Rettung vor dem Grafen, und sie läßt durchblicken, daß der scharf auf ihr Blut ist. Soweit, und soweit auch der Spaß; denn es ist klar, daß kein Autor solche Knoten lösen kann, und warum auch, nicht wahr? Bis zu dieser Stelle hin nämlich ist die Form des Buchs die einer fortlaufenden Tagebuchaufzeichnung des jungen häßlichen Buchbinders; er scheint ja irgendwie verstrickt ins Ganze, namentlich in die Sache mit seinen verschwundenen Gehilfinnen, aber bis hierhin, bis zum Ende seiner Aufzeichnungen, bleibt die ganze Geschichte mit ihren drei Handlungssträngen, dem gräflichen Vampir, dem Ofen des Uhrmachers und den Buchbindergehilfinnen, völlig offen; und der Ton, in

dem Leroux das erzählt, ist lässig, er will niemanden in **1924**
irgendeinen Bann ziehn, er suggeriert kaum etwas, er
bedient sich eines fast hingesprochnen, alltäglich-lakoni-
schen Stils, man liest das gern und ganz leicht; und dann
kann man ja aufhören, wie wir. – Galsworthy hat seine
Forsyte-Saga beendet, das wissen wir, jetzt liefert er
doppelt (wieder einen Zyklus, und Figuren bleiben) deren
Fortsetzung, den ersten Teil einer von ihm so genannten
Modernen Komödie, den *Weißen Affen* – Galsworthy ist
darin besser als andere Autoren mit ihren Großprojek-
ten (Rolland, Martin du Gard, auch Schickele dann leider mit seiner elsässischen Trilogie vom *Erbe am Rhein*,
ich schweige von späteren Ägyptereien[18]), daß er detail-
schönes spannendes Erzählen in einem präzisen Milieu
mit großem und völlig uneitlem Witz verbindet, und er
will den Leser nicht besser machen und die Welt auch
nicht. – Giraudoux schreibt einen weiteren seiner so
klugen wie entzückenden Romane, *Juliette im Lande der
Männer* – man hört oft und ja auch gern reden vom
französischen *esprit* zum Beispiel: nirgendwo läßt sich
der müheloser und genauer kennenlernen als in diesen
kleinen Romanen von Giraudoux, vielleicht auch, weil
sie, neben den Dramen, die für Giraudoux wohl die
Hauptsache waren, mitunter fast wie mit links geschrieben wirken: leicht, federnd, graziös, und dann immer
wieder mit diesen wunderbaren Pünktchen... – Emmanuel Bove hat in den zwanziger, dreißiger Jahren kleine
Romane geschrieben, von denen wir heute, wir bei uns,
seit Peter Handke den ersten dieser kleinen Romane,
Meine Freunde, entdeckt und übersetzt hat, mit seinen
damaligen Kollegen finden, daß sie zu den schönsten
Texten aus jenen Jahren gehören; doch als Bove starb,
1945, siebenundvierzigjährig, wurde er offenbar auf der

---

[18] Wilson an Nabokov im Mai 44: »Der letzte Band wird bald erscheinen und hängt über mir wie eine große Teigwolke. Ich werde es
so hindrehen, daß mein Assistent es macht...«

 **1924** Stelle vergessen; über dreißig Jahre lang wußte man offiziell, also in Lexika, aber da selbst in den speziellsten, rein nichts von ihm; dann, Ende der siebziger Jahre, erschienen in Frankreich zögernd wieder einige seiner berühmteren Arbeiten[19]. *Meine Freunde* – das sind kleine Porträts, anhand winziger Beobachtungen, belangloser Geschichten, einmal erzählt einer: »Mein Fall gleicht dem eines Bettlers, der, mitten im Winter, singend auf einer Brücke steht, um Mitternacht. Die Passanten geben nichts, weil sie diese Art, um ein Almosen zu bitten, ein bißchen zu theatralisch finden – genauso denken die Passanten, wenn sie mich auf eine Brüstung gestützt sehen, schwermütig und ohne Beschäftigung: daß ich bloß Theater spiele. Sie haben recht. Und doch: Meinen Sie nicht, daß es etwas ziemlich Trauriges ist, um Mitternacht auf einer Brücke zu stehen und zu betteln, oder sich über eine Brüstung zu lehnen, nur um die Welt auf sich aufmerksam zu machen?« Dann eine kleine Absurdität über einen Mann, der den, der das erzählt, nicht mag, weil der immer so spät aufsteht: »Er ist groß und stark, und seine Kraft kann, so man zu einem entsprechenden Kompliment bereit ist, von Nutzen sein.

---

[19] Dieses Vergessensein, auch wenn es hier nur diese fünfunddreißig Jahre sind, verursacht dem Liebhaber schöner Literatur doch immer ein gewisses Ungemach in der Seele: nun kommt da also einer wieder ans Licht, von dem wir wirklich gar nichts mehr wußten, er hätte verschollen bleiben können, und wir würden, für uns jedenfalls, nichts vermißt haben, obwohl sein Werk, jetzt, wo wirs wieder kennen, die Welt des Lesbaren doch so eindeutig reicher macht; kommt also wie fast aus dem Nichts ans Licht, zu unsern Zeiten, in denen wir doch wirklich denken, es könne so was im Grund gar nicht geben bei dem wunderbaren Gedächtnis, das wir dank aller Archive und Zeitschriften haben: was ist nun, sagen wir uns dann, mit jenen, von denen wir ebensowenig wissen wie noch vor kurzem von diesem Bove, und die durch keinen Zufall wieder ans Licht kommen? oder schlimmer noch: was ist mit jenen, die vielleicht, denn wer will darüber denn nun noch urteilen, genauso gut waren wie dieser Bove, aber niemals auch während des eignen Lebens in der Weise berühmt, daß man von ihnen auch nur sagen könnte, sie seien vergessen gewesen?

Im letzten Jahr hat er den Reisekoffer einer Dame aus der dritten Etage hinuntergetragen, wenn auch unter Schwierigkeiten, denn der Deckel ging nicht zu.« Bove redet immer ganz ruhig, fast in einem Ton, als wolle er abwiegelnd sagen, was er da feststelle, sei doch gar nicht so schlimm, schließlich sei es nun einmal fast überall und bei allen Leuten so wie hier, bei seinem Junggesellen (aus einem späteren Text, 1932). Immer erwischt er seine Helden da, wo dann hinter ihren paar albernen Attitüden nichts mehr steckt, gar nichts: und dabei hat Bove natürlich nichts gegen diese Leute, jedenfalls hat er keine andern Leute, für die er viel mehr übrig hätte. Wenn jener Junggeselle etwa in einem abgekühlten Augenblick von einer Frau, der gegenüber er sich denkbar schlecht benommen hat, sagt, sie sei dumm und eitel, während wir sie gerade noch, eben weil dieser Mann sich wohl so selbstsüchtig verhalten hat, voller Mitgefühl für schön und anteilnehmend gehalten haben, so erfahren wir gleich danach von Bove, daß diese Frau tatsächlich dumm und eitel ist – man fragt sich dann, in der eignen Lesereitelkeit so getroffen wie der Held in seinem Männerdünkel, warum uns, wenn er so über sie denkt, Bove eigentlich interessieren will für seine Figuren: aber wenn man nur ein bißchen ehrlich noch ist, ist man dann natürlich gefangen: man selber liest ja gebannt weiter und immer weiter, offenbar macht Bove aus dem wenigen, das wir alle sind wie seine Helden, soviel Kunst, daß wir wieder lohnend werden, rein beim Lesen jedenfalls, wenn wir also nicht mehr eitel sein müssen.[20] – Edward Morgan Forster (Sie erinnern sich, *Howards End*, 1910), gewichtiger, kommt mit seiner *Passage to India*, jenem Buch,

---

[20] Also der wahre Moralist unter den Romanciers ist der, der, wie Bove, dem Leser sagt: gräm dich nicht darüber, daß du nichts bist: immerhin kannst du das lesen – es braucht schon Mut, diesen Bove zu lesen, aber er stärkt diesen Mut dann auch gewaltig, und er belohnt ihn wirklich groß.

1924 worin eine junge englische Dame mit einem indischen
Arzt Höhlen aufsucht, und bis zum Schluß weiß keiner,
was ihr da passiert ist: das jedenfalls ist das Wichtige
in einem berühmten Film nach diesem Buch, im Buch
selber ist, aber wesentlich präziser als in der dagegen
entsetzlich schwammigen *Stillen Kraft* von Couperus,
die Hauptsache die so schwer verständlich geschlossene
fremde Welt, wie sie hier den kolonialistischen Europäern
sich kaum öffnet, und wenn, dann so, daß sie feindlich
erscheint, und sich wirklich nur einem sozusagen seelischen Blick erschließt, der, fast unter willentlichem Vergessen des gewohnten objektivierenden Erkennens, sich
ganz hingegeben und fast mystisch (wie wir dann sagen
würden) einläßt auf jene Welt, deren glitzernde Atmo-
sphären wir ja noch kennen von Kipling her. Groß ist
Forster dann, wenn er indische Landschaften mit jenem
Auge sieht, dem englische Rasen- und Parkgelände gefallen: das ist dann voll von einer so wunderbar lebendigen Ruhe und Größe, daß dem Leser schon sehr das
Herz klopft.

Den Nobelpreis gewinnt in diesem Jahre Wladislaw
Stanislaw Reymont, ein siebenundfünfzigjähriger Romancier, der im Jahre darauf in Warschau stirbt. Sein
Hauptwerk sind *Die Bauern*, ein ausufernder Dorfroman,
der 1902 zu erscheinen begonnen hatte; es heißt, Reymont habe dem sehr düsteren Bilde, das Zola in der
Erde vom Bauern gezeichnet hatte (wir erinnern uns
seiner so gänzlich unsentimentalen Attitüde hier, und
des Aufruhrs, den das Buch eben deshalb überall hervorrief), ein positives Bild dieser volks- und staatstragenden
Schicht entgegensetzen wollen; für solche Vorhaben, man
denke an Hamsuns *Segen der Erde*, hatte die damalige
Nobelakademie einen Sinn. – Den Prix Goncourt erhält
Thierry Sandre.

1 ✦ 9 ✦ 2 ✦ 5

Grabschrift (178.179) für

L O U Ÿ S . Z E R O M S K I . Vierundfünfzigjährig, verarmt, allein, völlig allein, stirbt in Paris
Pierre *L O U Ÿ S ,* Sie werden ihn nicht vergessen
haben, Sie werden ihn auch nicht vergessen, den Autor
des *Obskuren Objekts der Begierde,* diesen Mann, Freund
Gides, der ihn, später, sehr mittelmäßig fand, aber sagte,
»doch seine Bücher, wenigstens einige davon, waren es
nicht und verrieten irgend etwas Erlesenes, etwas Gött-
liches«; Freund Valérys; ihn liebte die schöne Tochter
des Dichters Hérédia, Marie, die Begründerin der Kanakenakademie[21], er liebte sie auch, er schreibt seinem
Bruder, sie verkörpere die Vollkommenheit, er heiratete
dann aber deren Schwester Louise (Marie mußte ja den
lendenlahmen Dichter Régnier nehmen, doch sie wurde
dann Pierres Geliebte, kriegte auch von ihm ein Kind);
später ließ Louise sich von ihm scheiden, er war halb

---

[21] als seinerzeit Papa Hérédia, nach seinem ersten Gedichtband,
in die große Académie berufen worden war, hatten die etwas aufsässi-
gen und ihres schönen Rechts auf solche Aufsässigkeit sehr bewußten
Töchter unter Führung der ältesten und mit einigen sehr jungen
Autoren im Bunde einen Gegenclub ins Leben gerufen, die *Académie
des Canaques,* die Kanakenakademie, unser Pierre Louÿs war Mitglied,
Paul Valéry ebenfalls, daneben Henri de Régnier, Léon Blum und
Fernand Gregh, ständiger Sekretär der Kanakenakademie war Marcel
Proust, und Präsidentin war eben Marie. Jener Léon Blum übrigens
hatte das Pech, sich durch einen offenbar ungeschickten Aufsatz zu
einem heimlichen Feinde Prousts gemacht zu haben, bis Proust dann
merkte, daß Blum es war, der ihm im Jahre 1920 das Kreuz der Ehrenlegion verschaffte (er selber kriegte es auch in diesem Jahr); Mitte
der dreißiger Jahre war Blum einmal Ministerpräsident. Gregh, ein
Freund Prousts, dem die lächelnde Mitwelt den Begriff *proustifier* verdankte für ein modisch werdendes leicht affektiertes Benehmen, wie
es wohl der junge Proust an sich hatte, verlor durch Proust seinen
Hund Flipot, als sich dieser nämlich bei Prousts Begräbnis (Gregh
hatte die Totenwache gehalten) unter dem Leichenwagen verlor und
von dort weiter in die Menge.

blind geworden, und sehr arm, er hatte große Teile seiner schönen Bibliothek verkaufen müssen. Aus denen, die ihm blieben, Unmengen von Büchern immer noch, las er gern vor, wenn eine Nachbarin ihn besuchte, sie schreibt (ich zitiere aus dem schon genannten Nachwort zum *Obskuren Objekt*): »Er wählte tastend ein Buch und öffnete es an der gesuchten Stelle. Sein Zeigefinger folgte der Zeile, die er hervorheben wollte, und mit einer großen Lupe las er die Verse, die er beglückend fand.« – Kurz nach seinem einundsechzigsten Geburtstag stirbt in Warschau jener Stefan *Z E R O M S K I,* dessen wilde Eisgänge und Wolfsüberfälle und so unendlich verführerische junge Frauen in seinem großen Roman *In Schutt und Asche* uns damals, vor gut zwanzig Jahren, so bewegt hatten.

Blaise Cendrars, dem wir hier schon öfter begegnet sind, veröffentlicht jetzt *Gold,* im Untertitel die *Fabelhafte Geschichte des Generals Johann August Suter* – an eben diese Geschichte waren wir auf dem Totenbett Poes gestoßen: und hier ist sie nun endlich, schön und schwungvoll zu genießen wie ein alter Film. – Da wir gerade beim Film sind, so ist für seine, wie man dann sagt, filmischen Techniken berühmt geworden der Roman *Manhattan Transfer* von John Dos Passos (dessen *Drei Soldaten* wir unlängst kennengelernt haben); erzählt wird hier keine eigentliche Geschichte, sondern es werden lauter Schicksale angedeutet; Leute tauchen auf, man erfährt ihre Geschichte, oder doch kleine Stücke davon, sie kommen miteinander in Berührung, Beziehungen entwickeln sich; manche Figuren treten so häufig auf, und wir erfahren so viel von ihnen, daß man bei ihnen fast von Romanhelden reden möchte; aber im Grunde sind sie nicht sehr viel wichtiger als irgend jemand, den man landläufig, gäbe es eindeutige Romanhelden, eine bloße Randfigur nennen würde, aber eigentlich nur deshalb, weil sein Leben vielleicht sehr kurz ist, oder weil irgendwelche Umstände 1925 sein Inneres und auch sein Äußeres vielleicht nicht zu jener Entfaltung haben kommen lassen, in die wir uns gern verlieren, und die allein uns ja, landläufig wenigstens, interessiert, wenn ein Romancier uns bei Laune halten will. Bei Dos Passos aber sieht es oft so aus, als ob die Figuren, von denen er uns glauben zu machen scheint, sie wären die Hauptfiguren, gar nicht wichtiger sind als Nebenfiguren – alle sind bloß Fährbootgäste, die einen machen ein bißchen mehr aus sich, die andern schaffen es nicht, und natürlich nimmt der Autor dann auch immer wieder Rücksichten auf den Leser und gibt ihm, was er nun einmal zu brauchen glaubt: schön ausgebreitete Liebe, auch wenn die balladesk angedeutete Liebe derer, die keine Zeit haben für große Ausbreitung, doch nicht weniger ist[22]. Die Kürze oder Kargheit

---

[22] – oder ist das etwa nicht so? Sam Peckinpah, jedenfalls glaube ich, daß er es war, hat einmal einen Western gemacht über einen jungen Burschen, der, nach dem Vorbild der Idole seiner Umgebung, ein Pistolenheld werden will; er bildet sich aus, indem er reiten und schießen lernt und den dazugehörigen Charakter entwickelt, dann kommt es zur ersten Konfrontation, aber der Gegner ist eben schon etwas weiter auf dem Wege dahin, wohin unser Held nun nie gelangen wird, und erschießt ihn kurz und schnell. Der Film endet nach vierzig Minuten, es ist ja auch weiter nichts zu erzählen über den jungen Burschen – er war eben genau der Unbekannte, oder genauer: er war einer jener vielen Unbekannten, die ein wahrer, ein wahrgewordener Pistolenheld auf seinem Weg erschießt – und von ihm allein, wenn er so seinen Weg sich geschossen haben wird hin zum großen Showdown nach regelrechten anderthalb Stunden, von ihm allein handelt ein richtiger Western, und eben nicht von denen, die für ihn und uns nichts als Statisten sind. Peckinpahs Film ist ungeheuer sarkastisch allein dadurch schon, daß er einfach aufhört, daß er aufhört, ehe er noch losgehn konnte – Dos Passos will nicht sarkastisch sein, er nimmt die Randopfer am Wege der mehr oder minder großen Weltstadtpistolenhelden mindestens genauso ernst wie diese: das sind auch Menschen, sagt er sich, sagt er uns, selbst wenn er sich vielleicht sagen könnte, daß, wären die Umstände um Winzigkeiten anders, jene Opfer am Rande, wie der junge Bursche bei Peckinpah, wäre er nur ein bißchen später auf diesen Gegner gestoßen, genauso geworden wären wie jene, die nun die große Rolle spielen.

1925 jener Leben, die sich nicht entfalten können, und die im Grunde doch nicht größere menschliche Bedeutung jener Existenzen, die größer und länger währen, bringt Dos Passos nun, im nichtfilmischen Medium, und ohne Sarkasmus, so zur Darstellung, daß er allen Leuten im Prinzip formal denselben Raum gewährt, nur eben dann einen größeren oder einen kleineren; das heißt, es gibt keine eigentliche Haupterzählung, in der Nebenfiguren auftreten, nämlich sofern sie für die Hauptfiguren eine Rolle spielen, sondern jede Figur hat eine Zeit für sich, dann kommt ein Schnitt, also ein Absatz, ein Abbruch, die nächste Figur tritt auf, und so weiter; alle Figuren sind zunächst sie selber, sind nicht perspektivisch gesehn von irgendwelchen wichtigeren Figuren her; wenn aber nun ihr Leben kürzer ist als das andrer Figuren, oder nuancenärmer, unentwickelter, uninteressanter, nicht für Gott sozusagen oder einen Moralisten, aber für den Romanleser, dann verkürzt sich natürlich die Darstellung: sie wird balladenartiger, jedenfalls wenn irgendein Schicksal zuschlägt, sie wird gewissermaßen geballter, in gewisser Hinsicht sogar monumentaler, denn wenn ein Mensch achtzig Seiten zur Verfügung hat, dann läßt sich gemütlich reden, aber bei nur zwei Seiten, und Mensch ist doch Mensch, da gibt es nur die großen Züge, auch wenn diese Züge, hätte man mehr Seiten, kärglich, schmählich wären – und so kommt dann, bei gleichmäßiger Objektivität, gerade in die Bilder der so leicht untergehenden Menschen am Rande eine sonderbare Sentimentalität hinein: je rascher ein armer Arbeiter beim Streiken erschlagen wird, desto einliniger und sentimentaler wird das Bild, in dem er weiterlebt. Einzelnen größeren Abschnitten seines Buchs stellt Dos Passos dann kleine Szenarien voraus, kursiv gesetzte atmosphärische Bilder der Stadt New York, und in diese Atmosphäre hinein kopiert er dann die durcheinanderbewegten Bilder seiner Leute. Das hat Methode, zweifellos, aber alles ist in diesem Buch so wild, so vielfarbig, so durcheinander- **1925**

wogend, daß man dem Autor wie taumelnd folgt, atemlos seiner seis auch didaktisch ausgemünzten eignen Atemlosigkeit, und auch nach so vielen Jahren immer noch gebannt von der doch auch hinreißenden Hemmungslosigkeit dieses Großstadtlebens. – Huxley, den wir vorhin in den blitzenden Dialogen seiner *Gesellschaft auf dem Lande* erlebt haben, bringt ein neues Buch, *Parallelen der Liebe*, lebendig, hinreißend, brillant, mit plastischen Figuren in italienischer Landschaft diesmal – man ahnt nicht richtig, wie ganz und gar unausgeschöpft der Roman auch in seinen unrevolutionierten Formen ist, wenn man nicht Huxley und dann Waugh und andre dieser wunderbar begabten jungen Leute liest. – Maugham macht aus seinen chinesischen Impressionen (Sie erinnern sich seiner Reise dorthin, und den Yangtse hinauf) einen seiner nicht ganz so guten Romane, den *Bunten Schleier*, die Geschichte einer Frau, der der Mann eine kleine dumme Liebelei nicht verzeihen kann: aber an seiner ihr auferlegten Buße wächst sie, er stirbt – wir Leser sind nicht so wie der Mann da, ein kleiner Fehltritt ändert nichts an unsrer Liebe, unsrer Bewunderung (wie haben wir das nicht schon bei Raabe und andern geübt, nicht wahr?). – Heinrich Mann, gewissermaßen als einen dritten Teil zum *Untertan* und zu den *Armen,* schreibt einen sehr umfangreichen Roman, *Der Kopf,* darin will er nun die tonangebende Führungsschicht Deutschlands beschreiben, und wie sie Europa auf den Krieg zugesteuert hat, zwischen Bismarck und 1914; Mann hält die ganze Erzählung in einem sehr konzentrierten Stil, er mischt expressive Kürze mit satirischer Genauigkeit, alle die schon geübten Tugenden der Verknappung und seiner oft sehr auslassenden Schreibweise kommen hinzu, das Ganze verzichtet auf jede gefällige Oberfläche; politische Analysen bleiben in Gesprächen versteckt, man muß sehr konzentriert lesen, wenn man nicht immer wieder

1925

aus dem Text herausfallen will; kein essayistischer Glanz bestrickt, kein leitartikelndes Schreiben beeinträchtigt die Atmosphäre der Reichen und Mächtigen – ein Punkt, den manche politisch mit Mann einigen Kritiker ihm damals, mit einem vorwurfsvollen Hinweis auf große Vorbilder wie etwa Upton Sinclair, vorgeworfen haben. Das große Problem dieses, wenn man sich einmal auf es einläßt: bannenden und ganz hinreißend guten Romans ist: kann hohe Politik, kann große Wirtschaft so gewesen sein? Das ist eine sozusagen maßlos erschreckte Frage, die man sich stellt – als ob man da mit einem Male eine entsetzliche Verschwörung von Anmaßung, Dummheit und Gier nach Macht und Geld aufgedeckt sähe. Nun haben alle aufgedeckten Verschwörungen ganz natürlich den Verdacht gegen sich, daß es so einfach nicht gewesen sein könne, Heinrich Mann hat im Grunde auch keine Theorie einer Verschwörung, fast möchte man sagen, daß er, im Gegenteil, das beinahe unvermeidliche Entstehen von so etwas wie einer Verschwörung zeigt, wenn nämlich Anmaßung, Dummheit und Gier unter bestimmten Umständen zu einer bestimmten Zeit zusammentreffen; gleichwohl sind sowohl das merkwürdige Problem als auch ein gewisses Unbehagen allein an der Möglichkeit solcher Aufdeckungen dadurch nicht ausgeräumt, und belasten das Buch: und zwar um so mehr, je weniger Mann sich des ganzen Romanbombasts bedient, den etwa Zola gerade dort benutzt, wo er in hohe Politik- und Finanzkreise gehn muß; Mann geht sehr viel direkter hinein in den *inner circle* der Macht, umwegloser, näher heran an die Leute dort – und um so störrischer werden wir; nun setzt er alle stilistischen Mittel der schmucklosen Wahrheit ein, die er ganz für sich gewinnen lassen will, ohne fremde Reize – und wir werden störrisch, weil wir uns um den Roman am Roman ein wenig betrogen sehn. Mann ist niemals genialer als in diesem großartigen Buch, aber er hat sich Probleme aufgeladen, die keiner hätte

lösen können, oder so: er hat an seiner Zeit Dinge gesehn,
die ihm das Romanschreiben fast so schwer gemacht
haben wie dann später Brecht das Schreiben über Bäume,
aber nicht aus moralischen Gründen, sondern rein aus
ästhetischen. Anders als der *Zauberberg,* der, nachdem
ihm die *Betrachtungen* das politische Skelett genommen
hatten, sein geschminkt-antiquiertes Wesen zur Schau
tragen konnte, war *Der Kopf* gerade in der Ungetrenntheit
seiner Elemente ein halbes Unding; Heinrich Mann verliert – aber das ist nur der Schein, den das macht, was
uns gefallen soll –, weil er den artistischen Fluchtweg der
Trennung der Elemente verschmäht; und Thomas Mann
gewinnt – aber *nota bene* nur zum Schein –, indem er das
Gräßliche erst herauslöst und sich danach dann gehenläßt. Man muß wohl diesen großen Roman, wenn man
dem Autor gerecht werden will, und wenn man Lust an
einer nicht so am Tage liegenden Größe hat, zusammen-
nehmen mit Büchern, jetzt eben nicht wie dem *Untertan*
und dem *Professor Unrat,* sondern (nach den frühen *Jagd
nach Liebe* und *Zwischen den Rassen* und vor den späten
Henri-Quatre-Romanen) wie der *Großen Sache,* der *Eugénie,* der *Kleinen Stadt* – dann ist Mann einer der Lesenswertesten aus diesen Jahren. – Isolde Kurz schreibt einen
sehr schönen kleinen Roman, den *Caliban,* stilistisch von
fern an einen Friedrich Huch erinnernd, wenn der hätte
unfeierlicher und genauer sein können; in der Sache ist
das eine furchtlos zu Ende erzählte Liebesgeschichte. –
Mauriac hat einen Roman, *Einöde der Liebe,* worin ein
Sohn den Vater nicht richtig mag, und der Vater den
Sohn auch nur auf seine Art, wohl aber verliebt sich der
Sohn in die Geliebte des Vaters, und so fort und so fort,
und alle bleiben allein und unglücklich, weil das, was
sie für Liebe halten, immer nur ein triebabhängiges Bißchen von dem ist, was Mauriac und Gott davon wissen. –
Soupault, der uns fast von Jahr zu Jahr begleitet, ist mit
zweien seiner intensiven Texte dabei, mit der *Reise des*

+ 967 +

1925 *Horace Pirouelle* (der schöne Neger Pirouelle reist nach Grönland; alle Kapitel des Büchleins beginnen mit einer mottohaft vorgetragnen und immer drängender werdenden Bitte nach jenem uns von Gide her bekannten *acte gratuit*, das hat einen Effekt, an dem Komik und stille Wut nicht mehr zu unterscheiden sind), und dann mit dem *Letzten Spiel*, einem sehr schönen Roman über einen wie den Autor selber, der in diesen Jahren in Paris einen schönen großen Roman schreiben will und kaum dazu kommt zwischen Frauen, Bistros und jenen ewigen Wanderungen durch die Pariser Nächte, über die Soupault dann ein paar Jahre später einen seiner besten surrealistisch erzählenden Texte geschrieben hat. – Schickele nimmt mit der *Maria Capponi* (jetzt, am Anfang, hat dieser erste Teil der Trilogie noch den später dem Gesamtwerk vorbehaltnen Titel) seine große Trilogie vom *Erbe am Rhein* in Angriff, eine wundervolle Lektüre einmal für Sie, wenn Sie große Ferien machen wollen irgendwo. – Virginia Woolf bringt *Mrs. Dalloway* heraus, nach *Jakobs Zimmer* den zweiten ihrer neuen Romane, und einen ihrer unwiderstehlichsten, man nehme ihn lyrisch oder satirisch oder seelenerkundend; es passiert kaum etwas, Uhren schlagen (das Buch sollte eine Zeitlang *The Hours* heißen), abends hat die Titelheldin Leute zu sich eingeladen, sie bereitet alles dafür vor, und wir lernen die Eingeladenen kennen – selten hat ein Romancier rein durch die Sprache uns Leute so nahegebracht wie hier die Woolf, und doch schreibt sie nicht verschiedene getrennte Stimmen, sondern es ist eine und dieselbe, ihre Stimme, die da wunderbar moduliert; »bei diesem Buch habe ich beinahe zu viele Ideen. Ich will Leben & Tod, geistige Gesundheit & Wahnsinn zum Ausdruck bringen; ich will Kritik am Gesellschaftssystem üben & es in Aktion vorführen, da wo sie am intensivsten ist... Wahrscheinlich stimmt es jedoch, daß ich keine Begabung für die ›Realität‹ habe. Bis zu einem gewissen Grade

entwirkliche ich sie absichtlich, weil ich der Realität miß-
traue – ihrer Billigkeit. Aber weiter. Habe ich die Kraft
die wahre Wirklichkeit auszudrücken? Oder schreibe ich
Essays über mich selbst?... Ich fühle mich, als würde
ich all meine Ballkleider abstreifen & nackt dastehn – was
meiner Erinnerung nach etwas sehr Angenehmes war« –
in diesen Tagebuchaufzeichnungen vom Juni 24 gehn
Äußerungen über *Jakobs Zimmer* und *Mrs. Dalloway* ineinander über; eben deshalb, möchte man fast sagen,
sind diese einzigartigen Diarien, sind auch gerade ihre
Essays direkt neben den Romanen eine so aufregende,
verzaubernde, klugmachende Lektüre: man geht von
einem Genre ins andre, kaum mag man sich entscheiden (man muß ja auch nicht, wir denken nur immer,
wir müßten urteilen), welches das schönere, das bessere,
gelungnere, substanziellere, künstlerisch tollere ist – bis
man alles für eins nimmt und sich in diesem zitternden Weltentwurf und Sprachelement bewegt wie ein ge-
mischtes Ding aus Autor und dem, was er gemacht hat. –
Willa Cather schreibt das *Haus des Professors*, ihr schönstes Buch. Im Mittelpunkt dieses Buchs steht ein Mann,
ein älterer Mann, ein renommierter Professor, der an
seinem großen Buch arbeitet, das er noch schreiben will,
einem Werk über die Kirche in Mexiko glaube ich, das ist
aber nicht so wichtig. Er arbeitet in dem Haus, in dem er
immer gewohnt hat, seine Familie wohnt in einem neuen
Haus, und allen, seiner Frau und seinem Schwiegersohn
vor allem, ist das alte Haus fast ein Ärgernis. Nun erinnert der Professor sich eines jungen Mannes, der vor
vielen Jahren zu ihm gekommen ist; dieser junge Mann
hatte im Gebirge ein ewig schon verlassenes Indianerdorf
entdeckt: und in der Erinnerung beschwört der Professor
nun diese damals aufgefundne Gestalt des noch jungen
Kontinents herauf, und zugleich die schöne und ruhige
Begeisterung jenes jungen Mannes, und zugleich sich
selbst als den, der noch fast alles vor sich hatte: es ist keine

1925 Trauer in diesem Beschwören, kein Nachweinen, nein, der ältere Mann merkt einfach, daß das normale Erwachsenwerden, das wir alle doch so groß in seiner Gebotenheit finden, und in dem seine eignen Leute auch ganz und gar aufgehn, und in das auch er fast aufgegangen ist, auch immer ein falsches Verraten dessen ist, was wir waren, als wir uns noch nicht festgelegt hatten auf die funktionierende Welt; ein falsches Verraten, sage ich, weil natürlich jedes Älterwerden ein dauerndes Verraten ist: aber wir könnten vielleicht doch genauer wissen, was wir verraten müssen und vor allem was wir nicht verraten dürfen, wenn wir lebendig bleiben wollen. Es muß, sagt sich der Professor, als er das alles überdenkt (und wir hier erinnern uns jenes Ingenieurs in *Alexander's Bridge*, als er seine alte Jugendliebe wiedertrifft, in London, auf den Stufen des Britischen Museums, erinnern Sie sich?), es muß eine gewisse Integrität des Lebens geben, ein richtiges Bündnis des Erwachsenen mit dem noch nicht Erwachsenen, der er war, und den wir alle so entsetzlich leicht darangeben fürs Großwerden. Natürlich redet der Professor, oder redet die Autorin nicht so Sachen wie ich hier, sie erzählt das alles, denken muß der Leser: aber genau diese Sorte Denken ist eigentlich das, was große Romanciers allen bloßen Theoretikern und Philosophen so wunderlich überlegen macht.[23] – Scott Fitzgerald schreibt den *Großen Gatsby*, was soll man dazu

---

[23] Für männliche Zuhörer (so zwischen fünfzig und sechzig) und für Zuhörerinnen, die uns mögen, will ich noch anfügen, daß dieser Professor im Grunde so ziemlich das Größte ist, was man aus unsereinem (Männern, älteren) überhaupt so machen kann, darin ähnelt er der Figur des Strether in den *Gesandten*, diesem vorletzten (und Ihnen genau wie mir sicher unvergeßlichen) der ganz großen Romane von Henry James: und niemals wird eine Frau uns so richtig verstehn, sagen wir uns dann gern, wenn sie James und Cather nicht liest, aber zum Glück reicht es ja, wenn wir ihr dann davon erzählen; man sieht aber auch, wie tief nachwirkend ein solches Verhältnis wie zwischen Lehrer und Schüler (Willa Cather war, hierin der Wharton ähnlich, eine große Verehrerin von Henry James) bei Schriftstellern sein kann;

noch sagen? Die Geschichte vom großen Gatsby erzählt
ein Mann, der in ihr dann nur so ganz am Rande vor-
kommt wie alle diese integrierten erzählenden Zaungäste
des Lebens, die wir schon kennengelernt haben bei James
und bei der Cather (bei ihr damals in der *Lost Lady*),
und es ist sogleich sehr schön, wie der Autor ihn sagen
läßt, er habe den Helden gehaßt und verachtet: denn
die Erzählung zeigt, daß er sich da etwas vormacht; und
da er dann vom schimmernden Gesellschaftsglanz und
von der Pracht des (wenn auch noch so bloß transitori-
schen) Reichtums erzählt, scheint Fitzgerald zu verstehn
zu geben, daß eine integre Moral zwar zu sehr richtigen
Urteilen befähigt und berechtigt, selber aber merkwürdig
kraftlos ist und eigentlich auch unscheinbar in einem gar
nicht schönen und positiven Sinne, wenn nämlich die
Welt ihre Steine und Sterne blitzen läßt. Die *story* des
Buchs ist rasch erzählt und nicht einmal besonders originell: ein junger Mann hat sich einmal und für immer
in ein Mädchen aus der sehr reichen Gesellschaft verliebt, und um sie zu erringen (das Mädchen), kämpft
er sich mit allen Mitteln hoch: er ist jetzt der große
Gatsby. Das Mädchen von einst ist ein Snob geworden,

---

oder wie die Großen untereinander sich loben. Ach ja, und wenn
Gide recht hat mit seiner Theorie, daß die schwulen Schreiber, weil
ihnen nicht in Liebe und Haß verbunden, groß sind im Schildern
von Frauen, dann hat er hier an der lesbischen Cather einen großen
Beistand in ihrem Erfinden von uns Männern. – Willa Cather erhielt
übrigens 1923 den Pulitzerpreis, den drei Jahre später der böse Sinclair Lewis mit großer Geste zurückwies; als Lewis dann aber, nachdem er mit *Main Street* und *Babbitt* weltberühmt geworden war, 1930
als erster Amerikaner den Nobelpreis erhielt, übrigens zum Ärger
vieler seiner Mitbürger, die nicht fanden, daß Amerika mit einem
solch satirischen Hund sehr geehrt würde, da sagte Lewis in seiner
Stockholmer Dankrede, es gebe außer ihm noch eine ganze Reihe
sehr guter Schriftsteller in Amerika, er zählte dann einige auf, am
meisten von ihnen allen den Nobelpreis wirklich verdient habe aber
ohne Zweifel eben Willa Cather. Sinclair Lewis war durchaus kein
sehr zuvorkommender oder netter Mann, aber wo er im Recht zu sein
glaubte, da redete er, und hier war er wohl im Recht.

verheiratet mit einem Egoisten; sie bringt aus Versehen, mit dem Auto, die dumme Geliebte ihres Mannes um, der wiederum bringt den Mann seiner Geliebten dazu, Gatsby, durch dessen Wagen die Frau umkam, als den vermeintlich Schuldigen umzubringen; am Schluß liegt Gatsby tot in seinem Swimmingpool, das große Fest, das Fest der Feste, ist aus, die Gäste sind weg und werden ihn vergessen. Fitzgerald hatte diese Geschichte irgendwo gelesen, oder doch Stücke davon: Kolportage, sicherlich; aber die Erzählung, wenn etwa die Gäste in ihren Autos angerauscht kommen, oder wenn wir den großen Gatsby von nahem sehn, korrupt geworden aus lauter Liebe, ein Hochstapler aus Ehrbegier, ein Snob, um anerkannt zu sein – diese Erzählung hat, auf dem Untergrund einer stillstehenden, still fließenden Vergeblichkeit, einen wahrhaft mitreißenden Rhythmus, und man spürt beim Lesen, und vor allem, wenn man das Buch dann ausgelesen hat, ein unendliches Bedauern darüber, dieses New York der zwanziger Jahre nicht gekannt zu haben, und so gleichsam unvertraut geblieben mit der wirklichen Süße (es ist das Wirkliche an dieser Süße, das sie ausmacht – aber *wirklich*, nicht wahr: was ist das?), unvertraut mit der wirklichen Süße dieses Jahrhunderts nun einem dagegen doch glanzlosen nächsten Jahrtausend entgegengehn zu müssen. – Und dann eben Gide mit seinen *Falschmünzern*; in diesem Buch läßt Gide einen Romancier in Tagebüchern über einen Roman räsonieren, den er über alle die Figuren schreiben will oder schreiben sollte, die neben ihm das Romanpersonal Gides ausmachen: junge Leute, Schüler, angehende Schriftsteller, die in dubiose Gesellschaft geraten, in den Umkreis von schlechten Intellektuellen, von ambitiösen Poeten und weltanschaulichen Schaumschlägern und Falschmünzern (es gibt da auch wirkliche Falschmünzer, Gide hat, wir kennen das aus den *Verliesen*, einen ausgesprochnen Sinn für Burlesken und durchaus unsublime

Effekte[24]), junge Leute, die aber auch von Männern be-
obachtet werden, die sich eher, mehr oder minder erfolg-
reich, mit den alten Werten und Idealen abmühen[25]. Da
nun auch der Romanautor im Buch ja die jungen Leute
erst dabei beobachtet was sie vielleicht einmal in einem
Buch unternehmen könnten, und so sich selber in ihr
Tun und Treiben einmischt und sich immer wieder über-
raschen lassen muß von dem was sie ohne seine fertigen
Pläne machen, läßt Gide ihn, diesen erfundnen Romancier im eignen Roman, alle die Kollegen ein bißchen
desavouieren, die daran festhalten (anders als, in der
Realität, der unsern hier, ein Genie wie Proust, der sein
zweites Ich im Buch entdecken läßt was er erfindet),
der Romanautor wisse was seine Leute im Innersten bewege: der Romancier im Buch (in Gides Buch), wenn er
so gar nicht seiner Figuren sicher sein kann, zeigt ein
wenig, daß die früheren Autoren, die ihre Figuren immer
so schön im Griff zu haben nicht einmal behaupten
mußten, denn es war einfach so, nur Falschmünzer (wunderbare Falschmünzer) menschlicher Charaktere waren.

---

[24] die meisten Großen haben diesen Sinn: James, Proust zum Beispiel: also gerade die, bei denen man ihn nicht vermutet; wir legen
auch die Großen gern nach unserm Vermögen fest, und haben, ehe
wir darauf gestoßen werden, wenig Sinn dafür, daß ihre Größe auch
darin besteht, in sich zu vereinigen was wir nur an getrennten Menschen verwirklicht glauben; das Innere der Großen ist kaum gestylt,
sie halten mühelos in sich aus was in unsern Augen Widersprüche,
Inkonsequenzen, Stillosigkeiten wären – dumme Wörter das alles,
Wörter unsres Unvermögens, unsrer Angst auch vor der Fülle: dessen
was ist, dessen was wir lesen können.
[25] einer von ihnen, ein alter Mann, dessen kleiner Enkel ein Opfer
der Grausamkeit seiner verführten Mitschüler geworden ist, spricht
einmal voller Abscheu von dieser furchtbarsten Tat Gottes, den eignen
Sohn für irgend etwas zu opfern; und man kommt auf den Gedanken,
daß, wenn auf diese äußerste Spitze getrieben, erst der homosexuell
gerichtete Geist erkennen kann (mit dem frühen Pérez Galdós etwa
aus der *Gloria*), welche Gefühligkeit im Christentum herrscht, dann
Gide recht damit hat, daß der wirklich selbständige und freie Mensch
erst im Schwulen ans Licht kommt; oder doch leichter in ihm, und am
vorurteilsfreisten.

Der Erzähler Gide, einen Roman schreibend, worin er sich obendrein selber auch noch ab und zu in das ganze Spiel einmischt, weiß natürlich, daß er damit und also mit dem Schreiben auch dieses Romans kaum etwas andres tut als alle Falschmünzer, Falschmünzerkollegen also; immerhin aber läßt er das ganze Buch schlußlos offen enden, und rettet sich so wenigstens fürs erste vor allen Vorwürfen, die er sich von dem eignen Autor in seinem Buch sonst gefallen lassen müßte. Man sieht, daß ein solcher Roman nur ein einziges Mal funktionieren kann, wir kennen dieses Problem; und solche Bücher beenden natürlich niemals das Romaneschreiben, stürzen es auch kaum um (so sehr sie sich für beides gern ein Weilchen feiern lassen): aber sie beleben doch die ganze literarische Landschaft so sehr, daß viele Kollegen sich wirklich wieder darauf besinnen, wie sehr der Leser von Zeit zu Zeit gern etwas hat, was er noch nicht kennt und gleich durchschaut.[26]

Den Nobelpreis gewinnt in diesem Jahre der neunundsechzigjährige (für ihn selber war das jung, denn er brachte es auf vierundneunzig Jahre) George Bernard Shaw, schade, daß er kaum Romane geschrieben hat außer in seinen jungen Jahren; er selber fand das nicht schade und sagte gelegentlich, er erinnere sich nie ganz ohne Schaudern daran, daß er in jenen Jahren drauf und dran gewesen sei, ein erfolgreicher Romancier zu werden – ach, das sind die sauren Trauben aus der Fabel, Shaw, wenn er Maugham sah, wird das gewußt haben, aber soweit wir wieder wissen, hatte Shaw lediglich einen

---

[26] die Merkwürdigkeit der ernsthaften Literaturkritik zeigt sich in diesem Falle darin, daß Gides wahre Leistung meistens in den Memoiren und Tagebüchern gesehn wird; wahrscheinlich hängt das aber auch damit zusammen (vielleicht weil wir alle Thomas Mann so lieben), daß bei uns eine ostentative moralische Aufrichtigkeit besser honoriert wird als eine blühende Phantasie und die Kunst, mit ihr dann schreibend umzugehn – als arbeiteten auch die Romanciers für den Himmel und nicht für uns.

Blick für Maughams ›Sue‹ Ethelwyn mit den schönen
Brüsten, er hatte sie einmal auf der Bühne irgendwo ge-
sehn. – Den Prix Goncourt kriegt der fünfunddreißig-
jährige Maurice Genevoix (er wurde 1946 in die Académie gewählt) für den Roman *Raboliot*, der die Geschichte
eines Wilddiebs aus der Sologne erzählt: eine Geschichte
aus dem Lande des großen Meaulnes...

Und wir hier gehn jetzt in das letzte Kapitel unsrer
Erzählung.

1 ◆ 9 ◆ 2 ◆ 6

Grabschrift (180.181) für

Z **ANGWILL . RILKE .** Zweiundsechzigjährig stirbt in Midhurst in Sussex Israel
ZANGWILL, Freund Jeromes, wir haben
seinen Roman vom *König der Schnorrer* gelesen. – Gerade
einundfünfzigjährig stirbt bei Montreux Rainer Maria
RILKE, Freund Valérys und Catherine Pozzis; irgendwo schreibt er im *Malte Laurids Brigge:* »In späteren
Jahren geschah es mir bisweilen nachts, daß ich aufwachte, und die Sterne standen so wirklich da und gingen so bedeutend vor, und ich konnte nicht begreifen,
wie man es über sich brachte, soviel Welt zu versäumen.
So ähnlich war mir, glaub ich, zumut, sooft ich von den
Büchern aufsah und hinaus, wo der Sommer war, wo
Abelone rief... Gib her, sagte sie plötzlich wie im Zorn
und nahm mir das Buch aus der Hand und schlug es

1926 richtig dort auf, wo sie wollte. Und dann las sie einen von Bettinens Briefen. Ich weiß nicht, was ich davon verstand, aber es war, als würde mir feierlich versprochen, dieses alles einmal einzusehen« – da ist sie noch einmal, unsre wunderbare Bettina...

✦

Otto Flake legt *Villa U. S. A.* vor, das ist, nach dem *Freitagskind* (oder *Kindheit*, wie er dann hieß), nach *Ruland* und dem *Guten Weg,* der vierte in der Reihe der fünf Romane um Ruland, einen autobiographischen Helden Flakes; das Buch ist nicht schlecht, aber Flake wird gern sentenziös, und das heißt bei ihm: das Leben wird zum Stil, und dieser Stil wird dem Leser vorgemacht wie die Wahrheit, die er nicht hat; Flakes Helden sind lauter Preziöse. – Galsworthy setzt seine Romankomödie fort mit dem *Silbernen Löffel.* – Pirandello schreibt *Einer, keiner, hunderttausend*, einen außerordentlich klugen und witzigen Roman, worin der Held versucht, sich von den Festlegungen freizumachen, die wir immer von den andern erleiden, und der zu werden, den es nicht gibt: der eine, der man zu sein glaubt; nach vielen oft beinahe surrealen Situationen, etwa, als alle ihn für verrückt erklären, landet er in einem Armenhospiz, das er gegründet hat. »Nur so kann ich jetzt leben«, sagt er: »wiedergeboren werden von Augenblick zu Augenblick. Verhindern, daß die Gedanken in mir wieder zu arbeiten beginnen und in meinem Innern leere, eitle Konstruktionen hervorbringen« – natürlich ist dieser Held selber gerade am Ende die reinste Konstruktion seines Erfinders, aber die Radikalität dieses Erfindens hat einen großen Charme; und wenn ganz am Schluß Glocken läuten, die sonst an den Tod erinnern würden, sagt sich der Held: »Ich bedarf dessen nicht mehr, denn ich – ich sterbe mit jedem Augenblick und werde wieder geboren, neu und ohne Erinnerungen: ich lebe, nicht mehr in mir, sondern nur

noch in jedem Ding außerhalb von mir.« Ja, das mußte
wohl einmal gesagt werden. – Lawrence, D. H., der
mit den Söhnen und Liebhabern, schreibt *Die gefiederte
Schlange*, einen Mexikoroman (nach Sealsfield, nach
Dauthendey, soweit sie uns angehn), und zwar, von
einigen beinahe terroristisch fesselnden beschreibenden
Partien mexikanischer Landschaft und magischer Nächte
darin abgesehn, den umständlichsten und langweiligsten
aller Mexikoromane, denn Lawrence will uns koste es
was es wolle davon überzeugen, daß..., ja, daß Europa
und seine Trennung von Geist und Körper und was
immer Europa (jedenfalls was Lawrence davon begreift
in seinem Wüten) da nun trennt, ein Unglück ist gegen
das blutigdunkle Glück, wenn Sex gleich Glaube ist, und
Gott gleich Quetzalcoatl und Huitzilopochtli; Kate, un-
befriedigt aus Europa entflohn, gibt gegen solche Typen
alles auf was in Europa den Stolz der Frau ausmacht,
und ist nun glücklich. Als einmal – er ist, obwohl man
das kaum glauben sollte, allein, schade im Grunde – die
Männlichkeit in ihm tobt wie ein Dämon, heißt es von
Kates Liebhaber und Gott: »Kraftvoll wie der Strahl einer
lautlosen Quelle reckte er sich, drang in wilder Erregung
in die unsichtbare Finsternis[1]. Bis die schwarzen Wogen
über sein Bewußtsein, über seinen Geist dahinströmten,
bis die Wogen der Dunkelheit in sein Gedächtnis, sein
Wesen einbrachen wie steigende Flut, wie Hochflut...
Er schlug die Hände vor das Gesicht und stand ruhig
da in seiner Unbewußtheit, hörte nichts und fühlte
nichts, wußte nichts, wie dunkler Seetang im tiefen Meer.
Ohne Zeit und ohne Welt, in der zeitlosen, weltlosen
Tiefe... Da fuhr er mit den Händen über das Gesicht,
bedeckte den Kopf mit dem Serap[2], ging schweigend, in

---

[1] er ist allein, ich habe mich eben noch einmal vergewissert,
Seite 214 der deutschen Ausgabe.

[2] das ist ein Umhang, im Buch ist ein Wörterverzeichnis, weiß der
Himmel, was wir uns sonst unter einem Serap vorgestellt hätten.

schmerzvolle Aura[3] gehüllt, hinaus, nahm die Trommel und trug sie nach unten.« – Giraudoux schreibt gleich zwei seiner kleinen Romane, nämlich erstens *Simon* (ein Buch, das Walter Boehlich ganz glänzend übersetzt hat – wir kennen ihn ja schon als Übersetzer Bangs und Blichers), zweitens *Bella* (hier ist der Übersetzer Efraim Frisch, einen Roman von ihm werden wir nachher sehn) – dieser Roman gehört, wie ein paar Jahre vorher *Siegfried,* in eine Reihe von Büchern, in denen Giraudoux sich, ohne seine wunderbare federnde Leichtigkeit aufzugeben, mit der Nachbarschaft Frankreichs und Deutschlands beschäftigt; in langen Reflexionen und vor allem auch Reiseskizzen und mehr oder minder flüchtigen Beobachtungen verliert sich dabei oft, ganz unversehens, die Form des Romans so, wie sie das etwa bei Soupault tun kann, und es entstehn erzählend-rhapsodische Texte, die nun ein schönes Korrelat sind sowohl zu den großen traditionellen Unternehmungen auf dem Romanfelde als auch zu den Versuchen, diese Traditionen auf die verschiedenste Art ganz aus den Angeln zu heben. – Bove, an den Grenzen auch er tätig, schreibt *Armand,* einen kleinen der Colette gewidmeten Liebesroman, den wieder Peter Handke übersetzt hat. – Cendrars bringt nach jahrelangen Vorarbeiten *Moravagine* heraus, die hektische Geschichte eines Wahnsinnigen, dem der Erzähler, ein Mediziner, zur Flucht aus einem Schweizer Sanatorium verhilft (auf dieses Sanatorium, das ebenso knapp wie brillant skizziert wird, habe ich Sie schon öfter hingewiesen); danach schlägt dieser Irre sich mordend durch die Welt, als Jack the Ripper, als russischer Revolutionär, als Indianerpriester am Amazonas, als Flieger im Weltkrieg – ein Unschuldiger gewissermaßen, er tut was die Zeit will, er ist kein einzelner;

---

[3] einmal wollte mir, bei einer Massage, die Masseuse meine Aura glätten, aber ich hatte keine: ein Schlemihl für ihre Hände.

er soll, heißt es (jener Mediziner überläßt dem Autor
Cendrars hinterlassne Papiere Moravagines), ein Wörterbuch der Marssprache angefangen haben, es gibt folgende Notiz: »Das einzige Wort der Marssprache wird
phonetisch geschrieben: ke-re-kökö-ko-kex. Es bedeutet,
was man will.« Ein wildes, herrliches Buch. – Aragon,
der schon öfter aufgetretene Dritte im Bunde der Surrealisten (neben Breton also und Soupault), schreibt ein
eignes Buch, *Der Pariser Bauer* (*Le paysan de Paris,* in
einer älteren Übersetzung auch *Pariser Landleben*), ein
wunderschönes Buch, worin Aragon zunächst die Gegend beschreibt, in der er wohnt; danach, und nach einer
langen gedankenreichen Einführung in dieses Projekt[4],
macht er mit Breton und einem andern Freund einen
Nachtspaziergang in der Umgebung von Paris; im kleinen Schlußteil dann gibt es ein hübsches Durcheinander
durcheinandrer Ideen, etwa: »Ich habe Männer sich beklagen hören: Ihre Geliebten hätten nicht das, was das
eigentlich Weibliche ausmache... Sie litten darunter,
daß sie unter der Haut, die sie streichelten, nicht dieses
Erschauern des allgemeinen Gesetzes spürten, das sie
vor Lust vergehen ließe. Nun, ich nicht...« – es ist
schön, es ist wohltuend, so im Lesen die Welt und unsre
Begriffe von ihr völlig sich verflüssigen zu spüren, und
einmal nicht festhalten zu müssen, fixieren zu müssen,
was doch vielleicht wirklich auch gar nicht fest ist. –

---

[4] »Alles Bizarre des Menschen und das Unstete, das Verstörte,
das ihm eigen ist, ließe sich wohl in zwei Silben zusammenfassen:
Garten. Nie, seitdem er sich mit Diamanten schmückt oder ins Blech
bläst, war er auf einen seltsameren Vorschlag, einen verwirrenderen
Einfall gekommen als in dem Augenblick, da er die Gärten erfand.
Ein Bild der Mußestunden legt sich auf den Rasen zu Füßen der
Bäume. Man könnte meinen, daß sich der Mensch dort mit seinem
Blendwerk von Springbrunnen und kleinen Kieselsteinen im legen-
dären Paradies wiederfindet, das er nicht gänzlich vergessen hat. Ihr
Gärten, mit eurer gewölbten Form...« – ach, warum holen Sie sich
nicht rasch das Buch und lesen dort weiter?

1926 Bennett[5] schreibt *Lord Raingo*, einen politischen Roman im Sinne Disraelis oder Trollopes (an dessen *Premierminister* Sie sich bestimmt erinnern); das Buch spielt im Weltkrieg, Raingo, ein Millionär, wird Minister (manche der politischen Einblicke ins Innere des Ministerwerdens erinnern in ihrem leise sarkastischen Witz sehr hübsch an jene charmante englische Fernsehserie, die auch bei uns lange Zeit lief); mehr noch als bei Trollope steht bei Bennett aber die menschliche Figur des Helden im Zentrum, mit Ehefrau und einer wunderschönen Geliebten, und ein bißchen entläuft Bennett dem Herkommen des politischen Romans, wenn am Ende der Tod der Geliebten und der Tod des Helden die Hauptsachen sind. – Gómez de la Serna, dessen *Rosenschlößchen* wir unlängst kennengelernt haben, schreibt den *Torero Caracho*, einen völlig desillusionierenden Stierkampfroman, abhold allen heroisierenden Tendenzen, abhold auch jeder Ehrfurcht vor einer Volksseele, die bei ihm nur ihre Torheit in der Arena und im Torerokult feiert. – Unvergleichlich dann noch einmal Pérez de Ayala, dessen Doppelschusterroman über Belarmino und Apolonio wir gelesen haben (haben Sie ihn gelesen?), er bringt jetzt den *Tiger Juan* heraus; dieser Tiger Juan genannte Held des Buchs ist ein Händler in einer kleinen innerspanischen Stadt, ein Hagestolz, der einen Pflegesohn hat; der verliebt sich in ein Mädchen, das ihn nicht will, und nun beginnt Tiger Juan vor Rachedurst über diese ihm angetane Schmach zu schäumen; aber wie er das Mädchen länger sieht, verliebt er sich, auch er sich in sie: einst hat eine so ausgesehn wie sie, ihretwegen ist er ein Hagestolz geworden; kann er wiederum nun – fast noch einmal: – ihretwegen nicht umkehren auf diesem Weg? Kurzum,

---

[5] und schon sind wir wieder darin in der festen Welt, aber wir sind nicht mehr so ganz dieselben wie vorher noch: und wehe den Romanciers, die uns nehmen möchten, als wären wir nie durch die surrealistischen Gärten gewandert in jenen Nächten!

er heiratet das Mädchen, er statt des Pflegesohns, ihn *1926*
nimmt sie; aber dann sieht es aus, als sei sie mit einem
Verführer durchgebrannt (sie ist es auch, aber unschuldiger als es scheint) – und wahrhaft groß ist nun die
ungeheuerliche Einsamkeit des verlassenen Mannes: in
keinem Roman dieser Jahre (außer bei Tozzi vielleicht)
kommt die Natur so mit ins Spiel wie hier, und wirklich
ist diese innerspanische Natur oder Landschaft eben
tatsächlich eine ganz andre als bei uns, in jenem Sinne,
daß ihre Wildheit sozusagen immer auf dem Sprunge ist,
wir in der unsern sind gezähmt wie sie es eben bei uns
ist; umbringen sogar will sich der Verlassene, aber dann
kommt die Frau zurück, und alles ist gut. Der Pflegesohn
mittlerweile, ein studierter junger Mann, war im Krieg,
er kommt mit einem Holzbein zurück, er ist klug geworden, einmal sagt er: »Der Mensch ist um so intelligen-
ter, je mehr es ihm gelingt, die größtmögliche Zahl indi-
vidueller Leben außer sich, bei andern Menschen also,
das größte Sammelsurium vernünftiger Unvernunft, die
größtmögliche Unvernunft zu rechtfertigen – genau wie
der größte Künstler derjenige ist, der mit der größten
Kraft seine Unvernunft, sein eignes Leben wie fremde
Unvernunft und fremdes Leben, je mehr desto besser
erfühlt und erfühlen läßt, das heißt ausdrückt, denn
das ist dann für die übrigen Menschen so, als würde
ihr eignes Leben vervielfacht, was Umfang und Genuß
betrifft«[6] – das ist wirklich schön gesagt für Romane,
in denen Leute vorkommen, die uns nun wirklich sehr
fremd sind, so fremd, daß wir wirklich nicht mehr sagen
können (was wir ja auch schon lange nicht mehr wollen,
ich will nur noch einmal daran erinnern), es gehe in Romanen um uns, im engeren Sinne. Das Intelligentwerden

---

[6] ich will nicht vergessen, Ihnen am Schluß dieses Kapitels, am
Ende unsrer großen Schiffschau, am Ende unsres Romans, ein ähn-
liches Wort zu bringen, das Balzacs Modeste einmal sagt, erinnern
Sie mich…

 **1926** durch diese Vervielfachung des Lebens erfordert eine nämlich wirklich selbstlose Neugier: und es muß wohl auch diese Neugier sein, die uns von Roman zu Roman treibt; kein System hält dieses große Sammelsurium zusammen, und man stimmt dem holzbeinigen Pflegesohn[7] gern zu, wenn er dann einmal sagt: »Klugheit zeigt sich darin, daß einer nicht weiß, woran er sich halten soll.« – Der andre Lawrence, Thomas Edward, der *of Arabia,* bringt den frauenärmsten aller Romane (wenn dies noch ein Roman ist) heraus, *Die Sieben Säulen der Weisheit*[8], eine ungeheuer eindrucksvolle und seis nun erlogene oder nicht erlogene Schilderung seiner Erlebnisse beim Aufstand der Araber gegen die Türken 1916; Lawrence war bei diesem von den Engländern favorisierten Krieg als Freund Feisals eine entscheidende Figur, vor allem wohl dadurch, daß er eben den Freund Feisal zum Heroen des Aufstands werden ließ, und sicher um den Preis der eignen Identität – sie wird dann, hinter allen großen Aktionen, das dennoch erstaunlich uneitle selbstlose Thema des wunderbaren Buchs: keines Romans, wenn man so will, für uns aber wohl schon eines Romans, jedenfalls aber eines Textes, der, von fern an die grandiosesten Partien in Lotis Sinai und Persien erinnernd, für lange lange Augenblicke alles verdunkeln kann was an rein Erfundenem uns sonst aus der Welt entfernt. – Legendär ist auch (das ist aber ein doch recht törichter Übergang hier von einer Legende zur andern) der Autor Traven, der seine Identität so gut verhüllte, daß er insgesamt damit ein sehr schönes Rätselraten in Gang setzte;

---

[7] holzbeiniger Pflegesohn: was für eine hübsche Metapher für das bißchen Geist in uns so allmählich.

[8] ein erstes vollständiges Manuskript, 1919, sei ihm auf einer Reise abhanden gekommen, ein zweites von 1920 habe er 1922 verbrannt, erzählt Lawrence, der aber auch gern Legenden um sich machte; belegbar ist wieder, daß er das fertige Buch dann 1922 in acht Exemplaren drucken ließ, und eine gestraffte Version (unsre also) eben jetzt 1926 auf den Markt brachte.

er kommt jetzt heraus mit seinem *Totenschiff*, ich glaube dem besten seiner Bücher, sogar bei Licht dem einzig wirklich guten Buch, das er gemacht hat, und worin er die Fahrt eines staatenlosen, für alle die etwas zu sagen haben im Grunde toten Seemanns schildert auf einem Schiff, das gut versichert untergehn soll auf hoher See; der arme Held, ein Ich-Erzähler (der die Fahrt also überleben wird[9]), arbeitet auf dem Schiff als Heizer: diese Passagen vergißt kein Leser mehr. – *Anna* heißt bei Dezsö Kosztolányi, der sich als Lyriker, ein wenig in der Nachfolge Rilkes, und vor allem als Übersetzer Shakespeares, Wildes, Georges und eben Rilkes einen sehr guten Namen gemacht hatte, im Hause eines Buda- pester höheren Beamten, gleich nach den anderthalb Revolutionsjahren dort, ein Dienstmädchen[10], das, selber von dämmerhaftem Bewußtseinszustand, sonst aber eine Perle, um die ganz Budapest die Besitzerin beneidet, plötzlich, nach einem Fest, Herrin und Herrn mit einem großen Messer umbringt; keiner kann die Tat begreifen, sie ist unaufklärlich: ganz so, wie eben auch keiner, vor allem sie selber nicht, ins Innere der Täterin, auch als sies noch nicht war, Licht bringen konnte und kann – für die sozusagen bloß realistischen Mittel des Autors (der noch nichts ahnt von dem was Faulkner dann machen wird) ein recht kühner Versuch des Eindringens ins Dunkel. – Faulkner, den ich eben mit diesem Buch schon erwähnt habe als den Dritten neben Dos Passos und Hemingway

---

[9] jedenfalls sollte man das von Ich-Erzählern – sofern ein Dritter nicht in der beliebten Fiktion ihre Papiere herausgibt, erwarten kön- nen; ich erinnere mich hier an einige berühmte Thriller (von Caine und Chase), die genau diesen heimlichen Kontrakt mit dem Leser brechen und jemanden seine eigne Geschichte erzählen lassen, fast noch den eignen Tod obendrein.
[10] in Budapest machten im Jahre 1880, und diese Zahl wird auch für die weiteren Jahrzehnte gegolten haben, die Dienstmädchen ein Sechstel der arbeitenden Bevölkerung aus – der Autor schreibt da einen realistischen Roman.

1926 (gleich), der mit einem Buch vom großen europäischen Krieg seine Karriere beginnen würde, schreibt *Soldaten-lohn*; das ist die Geschichte eines jungen Mannes, der schwer verwundet und dann erblindend aus Europa in seine Kleinstadt heimkehrt: das Mädchen, das er einmal geliebt hat, will ihn nicht mehr, ganz andre Tänze sind jetzt Mode, nur eine junge Frau hält es bei ihm aus, die auch nirgendwo ein Unterkommen mehr findet; das Buch, besser zwar als die *Drei Soldaten* von Dos Passos, ist noch nicht so gut wie Faulkner später dann Bücher machen wird, einmal aber heißt es von einem jungen Aufschneider sehr hübsch: »Jones war in einem katholischen Waisenhaus aufgewachsen, aber wie Henry James erzielte er durch Weitschweifigkeit den Anschein von Wahrheitsschilderung.« – Hemingway nun beginnt mit *Sturmfluten*, einer sehr hübschen wenn auch etwas ausgedehnten Parodie auf einen Roman von Sherwood Anderson, der, aus dem Jahr davor, 1925, *Dunkles Lachen* hieß und ein wenig im Stile Lawrences (des verkehrten jetzt wieder, D. H.) der Impotenz des weißen Manns die glückliche Sinnlichkeit der Schwarzen entgegensetzte; das fanden die jungen Leute, vielleicht gerade weil sie Anderson sonst so liebten, doch ein bißchen komisch. – Und gleich darauf schlägt Hemingway nun wirklich zu und schreibt *Fiesta*, diesen herrlichen Spanienroman mit dem tatsächlich impotent geschossenen jungen Mann, der aus Europa zurückgekommen ist[11] – bei Hemingway sind die jungen Leute, die im Krieg waren und es nun, wie bei Faulkner, in der eignen Stadt nicht mehr aushalten, weitergewandert nach Europa, nun treffen sie

---

[11] Hemingway selber, anders als Faulkner, der gern an der Front gewesen wäre und sogar nach seiner Ausbildung hinkend zu Hause ankam, behauptend, er hinke wegen einer Kriegswunde, wurde als Sanitäter in Italien wirklich verwundet und war sogar ein Held; er hatte einen noch ärger verwundeten Kameraden mit zurückgeschleppt (steht alles im nächsten Roman, *Farewell to Arms*: *In einem andern Land*).

sich, Männer und Frauen, im schönen Pamplona[12]; zwei Männer, in einer großen bukolischen Sequenz, machen vorher in den Bergen Angelferien. Dieses wundervolle Buch scheint überhaupt kein Geheimnis zu haben, alles ist ganz klar, es gibt auch gar kein kompliziertes Geflecht irgendwelcher Erzählfäden, man merkt kaum, woran es liegt, daß das Buch vom ersten Wort an bis zum letzten so fesselt (*what is this thing called love,* sagt sehr schön Cole Porter); es wird wohl an folgenden zwei Dingen liegen: erstens an einer durch keinerlei verengende Reflexion gestörten und fast unschuldigen Wiedergabe einer sehr facettenreichen Lebensstimmung, und zweitens an einer Romankonstruktion, deren wesentlichstes Element (und darin, wenn sonst in nichts von mir aus, ähnelt es Fitzgeralds *Großem Gatsby*) ein traumhaft sicheres *timing* im Setzen von Erzählrhythmen ist (diesen glänzenden Vorzug vor hundert andern Büchern hat auch sein nächstes Buch, *In einem andern Land* eben, mit dieser großen erschreckend ernüchternden Studie über den europäischen Krieg und dieser geradezu musterhaft tragisch-schönen Liebesgeschichte, die in ihm anfängt und in ihm endet – wer diese beiden Bücher zu jenen rechnet, die er gelesen hat, als er in dem Alter für Hemingway war, der sollte sich den glücklichen Genuß einer zweiten Lektüre gönnen: er wird sich freuen, ein Stück der eignen Seele von einem wirklich großen Autor damals geprägt jetzt zu sehn). – Nabokov schreibt seinen ersten Roman, *Maschenka*, das Buch einer Liebe zwischen zwei ganz jungen Leuten, Kindern fast noch, einer Liebe, die Nabokov, man kann das in seinen wunderbaren Erinnerungen nachlesen, selbst erlebt hat, so weit, daß er sogar Briefe von damals in sein Buch hat mit hineinnehmen können, er schreibt einmal: »Glücklich

---

[12] vor der hölzernen Arena dort steht denkmalähnlich im Freien ein unverkennbarer Kopf Hemingways, des Ehrenstiers der schönen Stadt.

 der Romancier[13], dem es gelingt, einen echten Liebesbrief aus seiner Jugend in einem Roman aufzubewahren, wo er wie eine saubere Kugel in schlaffem Fleisch eingebettet liegt und zwischen den fiktiven Existenzen völlig sicher ist... Tamaras Briefe waren eine unaufhörliche Beschwörung der ländlichen Gegend, die wir beide so genau kannten... in schlichten Worten, deren Geheimnis ich nicht zu enträtseln vermag, konnte ihre Schulmädchenprosa mit volltönender Gewalt jedes leise Rascheln feuchten Laubs, jeden vom Herbst mit Rost überzogenen Farnwedel in der Landschaft um St. Petersburg heraufbeschwören. Warum waren wir so glücklich, als es regnete, fragte sie in einem ihrer letzten Briefe und kehrte damit sozusagen zur reinen Quelle der Rhetorik zurück ...«, und dann schreibt Nabokov: »Tamara, Rußland, der unmerklich in alte Gärten übergehende Naturwald, meine nördlichen Birken und Tannen, der Anblick meiner Mutter, die sich jedesmal, wenn wir für den Sommer aus der Stadt aufs Land zurückkehrten, auf Hände und Knie niederließ, die Erde zu küssen... – indem das Schicksal das alles eines Tages blindlings zusammenraffte und ins Meer warf, trennte es mich ganz und gar von meiner Kindheit.« Im Roman beschreibt er dann diese Tamara[14], jetzt ist sie Maschenka, die Titelheldin (auch die Erinnerungen also, mit dieser Tamara zwischen Walentina und Maschenka, sind fast ein Roman – was könnte hier eigentlich nicht erfunden sein?): »Maschenka hatte entzückende, lebhafte Augenbrauen und eine braune Haut, die von einem sehr feinen Seidenflaum bedeckt war, der ihren Wangen eine besonders warme Tönung gab; sie blähte beim Reden die

---

[13] und dreimal glücklich sein Leser!

[14] die in Wahrheit Walentina hieß; es gibt ein Photo von ihr aus jenen Jugendtagen, es gibt ein Photo des Landhauses, in dem sie sich trafen, ein Photo, sogar mit einem Boot darauf, des kleinen Sees, auf dem sie beide ruderten...

Nasenflügel, stieß immer wieder ein kurzes Lachen aus und sog das Süße aus einem Grashalm; sie sprach schnell und kehlig, mit unerwarteten Brusttönen dazwischen, und in ihrem Halsausschnitt bebte ein Grübchen...«; einmal regnet es, draußen, und es heißt über die beiden jungen Leute und das Grübchen: »Und in dem Tumult der Herbstnacht knöpfte er ihr die Bluse auf und küßte ihre heiße Halsgrube; sie schwieg dazu – nur ihre Augen leuchteten sanft, und unter der Berührung seiner Lippen und des feuchten Nachtwinds wurde die Haut ihrer entblößten Brust langsam kalt...« – nur große Autoren notieren ein solches Kaltwerden der Haut; und nun noch der von Nabokov selbst erwähnte Passus des Briefs seiner Geliebten von damals, mit jener, wie er gesagt hatte: rhetorischen Frage Tamaras, warum sie glücklich gewesen seien, als es geregnet habe: »Vielen, vielen Dank für Deinen guten, lieben südlichen Brief. Warum schreibst Du, daß Du immer noch an mich denkst? Und mich nie vergessen wirst? Nein? Wie gut! Heute ist es angenehm und frisch, eben nach einem Gewitter. Wie damals, weißt Du noch? Möchtest Du nicht gern wieder einmal durch die vertraute Gegend streifen? Ich ja – schrecklich gern. Wie schön war es, bei Regen im herbstlichen Park herumzulaufen. Wie kommt es, daß wir bei schlechtem Wetter damals nicht traurig waren?«[15]

---

[15] Die wirkliche Walentina übrigens, die wirkliche Tamara, die wirkliche Maschenka, wenn Sie so wollen, im Buch heiratet sie dann den Berliner Wohnungsnachbarn ihres Jugendgeliebten, die wirkliche Walentina geriet 1920 in die Hände der sowjetischen politischen Geheimpolizei und heiratete dann einen höheren Offizier dieser Polizei, mehr aus Angst als aus Liebe, wie man vermutet; der starb 1936; Walentina hatte eine Tochter, deren Tochter noch vor einigen Jahren mit wieder einer eignen Tochter als Näherin in Moskau lebte, sagt Dieter E. Zimmer in seinem Nachwort zur *Maschenka*, in der so schönen Nabokovausgabe bei Rowohlt; Walentina selber starb 1967, also zehn Jahre vor Nabokov, der natürlich nichts mehr von ihr erfahren hatte.

1927 Den Nobelpreis gewinnt in diesem Jahr unsre liebe, unsre geliebte Freundin Grazia Deledda; und den Prix Goncourt erhält Henri Deberly für *Le Supplice de Phèdre*.

1 ✦ 9 ✦ 2 ✦ 7

Grabschrift (182.183.184.185.186) für

J*EROME. LEROUX. ROBERTO. SERAO. SOLOGUB*. Achtundsechzigjährig stirbt in Northampton Jerome K. *JEROME,* Freund Zangwills, den wir eben erst begraben haben, Autor jener Bootsfahrt auf der Themse, während welcher einer der drei Freunde beinahe das Grab Peacocks besucht hätte. – Neunundfünfzigjährig stirbt in Nizza jener Gaston *LEROUX,* von dessen blutbefleckter Puppe ich Ihnen vorhin erst einen ausführlichen Begriff zu geben versucht habe. – Sechsundsechzigjährig stirbt in Catania, unter dem berühmten Ätna, Federico De *ROBERTO,* Freund Vergas; wir haben damals seine *Vizekönige* mit großer Lust gelesen. – Einundsiebzigjährig stirbt in Neapel (ihr Papa hatte von dort nach Griechenland gehn müssen aus politischen Gründen, er hatte eine Griechin geheiratet, und sie, Matilde, war dann, dabei hatten wir sie kennengelernt, Telegraphistin gewesen), Matilde *SERAO,* deren Romane uns dann aber leider allzu betulich-moralisierend gewesen waren – schade bei solchen Anfängen. – Vierundsechzigjährig stirbt in St. Petersburg, woher er auch stammte, jener Fjodor *SOLOGUB,* dessen *Kleiner Dämon* aus dem Jahre 1907 uns lange vor Belyi die Sinne dafür schärfen konnte, was der Roman uns alles noch bringen würde weit über das hinaus, womit wir uns doch auch schon begnügt haben würden; ich habe, ich glaube im vorletzten Kapitel, ein Lied gesungen auf die alt-

werdenden Romanschreiber und ihre Welterfahrungen:
aber was wäre die Romankunst, was wären wir Leser, was
wäre die Welt für uns Leser wieder ohne diese himmel-
stürmenden jungen Romanciers wie eben Sologub, Belyi,
Tozzi, Blasco Ibáñez, Pérez de Ayala, Doderer; ja, wir
würden uns begnügen, denn das Neue ahnen nur die,
die es machen werden – wir andern hätten allenfalls das
immer sonderbarer werdende Empfinden, uns leider begnügen zu *müssen*, wir würden womöglich weniger lesen
und immer weniger: dann aber, zu unserm Glück, kommen aus ungesehenen fernen Buchten diese von fremdem
Licht wie brennenden Bücher angesegelt, und was immer
sie bringen, das Leben ist wieder schön.

Valentin Katajew, 1897 in Odessa geboren als Sohn eines
Lehrers, in der späteren Sowjetunion einer der erfolgreichsten Autoren, schreibt die *Defraudanten*[16], den tragi-
komisch-burlesken Roman über zwei halbkluge kleine
Beamte, die mit einer Riesensumme Geld, das sie nur
von der Bank holen sollen, in diesen ersten Jahren
des neuen Rußland, orientierungslos zwischen den alten
Zeiten und den noch formlosen neuen, eine entsetzliche Sauftour beinahe bis in den Kaukasus hinein veranstalten; und sehn Sie nun was aus dem Kaukasus
Lermontows, was aus dem Kaukasus dann des jungen
Tolstoi hier wird im Munde eines reisenden Ingenieurs,
der die beiden trunknen Defraudanten dorthin verführen
will, in einen Luxuszug will er sie setzen (»...ein absolut europäisches Verkehrsmittel: rotes Holz, eigene
Toilette bei jedem Abteil, überall Spiegel, ausgezeichnet
geschultes Personal, ideales Bettzeug, kühle Leintücher,

---

[16] Defraudanten sind Steuer- und Zollhinterzieher, dann aber auch
alle, die Unterschlagungen begehen; in neueren Wörterbüchern ist das
Wort mit allen seinen Ableitungen immer mit dem Vermerk *veraltet*
versehn.

1927 Speisewagen gleich daneben – eine Symphonie der Eindrücke…«): »Also, auf in den Kaukasus, mein Lieber! In den Kaukasus! Sie fahren und durch die Spiegelgläser fliegen Ihnen Panoramen entgegen, die Sie sich gar nicht vorstellen können, eine reine Bildergalerie. Zuerst Wiesen und Steppen und die nebelhaften Umrisse einer Bergkette…« – Pünktchen Katajews – »… dann schᵢitteres Moos und trockenes Gesträuch, dann Haine, in denen die Vöglein zwitschern, und die Hirsche äsen, dann Gebirgsdörfer, die aussehn wie Schwalbennester, und Schafherden, die über die grünen Hügel klettern, und alles mögliche Ähnliche. Ein gewaltiges Schauspiel! Eine byronsche Szenerie!« – Otto Flake schreibt den *Sommerroman,* ein heiteres Buch eigentlich, aber der italienische Faschismus wirft seine Schatten. – Heinrich Mann (Flake war ein großer Bewunderer Manns) veröffentlicht *Mutter Marie,* ein so schönes wie sonderbares Buch, worin am Ende eine reiche Frau mit einem Flecken in der Vergangenheit eine große echt katholische Beichte ablegt; gerade diese scheinbar abseitigen Romane Heinrich Manns würzen aber das ganze Abenteuer der Lektüre dieses Autors. – Sinclair Lewis schreibt *Elmer Gantry,* das auch und vielleicht sogar besonders für unsre Zeit so lehrreiche und witzig-sarkastische Buch über das Emporsteigen eines, ja, soll man sagen: religiösen Scharlatans? Wo ist, wenn da überhaupt eine ist, eigentlich die Grenze zwischen Religion und ihrer Scharlatanerie? – Unsre Willa Cather schreibt *Der Tod kommt zum Erzbischof,* das ist, wie später dann *Der Schatten auf dem Fels,* eines der Bücher, worin die Cather sich mit großen Gestalten der Kirche beschäftigt, also mit der sehr eigentümlichen Prägung, die die katholische Kirche ihren Dienern gibt; ein andres Interesse, das sie bei solchen Forschungen leitet, ist, eine bestimmte Region (Kanada dort, hier Mexiko) im Licht des Geistes zu sehn, der hierher eben den Geist gebracht hat, nämlich den Geist des

Christentums (es ist nicht leicht, dieses Interesse zu beschreiben, die Cather geht hier Wege, auf denen ich ihr
nicht sehr gut folgen kann); man muß nicht annehmen
(dagegen würde ja die Indianerdorfgeschichte im *Haus
des Professors* sprechen), daß die Cather meint, erst die
Missionare hätten Menschen aus den mexikanischen
Indianern gemacht; nur findet sie wohl, daß die Missionare es waren, die aus einem Land, das wir im Zustand
davor gar nicht kennen, das Mexiko gemacht haben, das
wir kennenlernen können: und daher dann das Interesse
an jenen Missionaren, die hier nun, in zwei wunderbaren Gestalten, bei ihrer Arbeit in der Mitte des letzten
Jahrhunderts gezeigt werden; schön ist dabei, wie die
Autorin hier mit denselben Augen, die am Anfang ihrer
Karriere eine auch quasi-historische Landschaft wie die
Prärie der Pioniere vor den unsern erstehen lassen konnten, hier noch mal eine ganz neue Entdeckung macht. –
Hamsun beginnt mit dem *Landstreicher* seine dreiteilige
gleichnamige Romantrilogie – Hamsun scheint jetzt alle
seine zeitkritischen Absichten erledigt zu haben, jetzt
ergibt er sich ganz jener zauberischen Stimmung von
Melancholie und zwischen Lachen und Weinen schwankender Weisheit und Hinterlist, einer Stimmung, die den
Leser dann mehr und mehr einfängt und ihn einmal
auch jenes Nordland erleben lassen will – vielleicht erinnern Sie sich: ich bin dann tatsächlich hingefahren,
aber es war Winter, ich erzähle Ihnen ein andermal
davon. – Hermann Hesse versucht sich im *Steppenwolf*,
und mit sehr bemerkenswertem Erfolg, sowohl in der
Technik des modernen Romans als auch in seinen Themen – man ist sehr verwirrt, seinen Helden beinahe in
Diskotheken zu finden; daß Hesse nicht dieser lauten
schrillen neuen Welt die Wahrheit entreißen kann, die er
immerhin versuchsweise wenigstens in ihr vermutet oder
seinen Helden vermuten läßt, sondern daß er auch diese
Welt nur, nach seiner Art, für eine Stufe hält, auf der

1927 Treppe zu höheren Dingen – diese Voreingenommenheit diskreditiert am Ende dann leider das ganze Buch, das vorher in Einzelheiten und dem Tempo, in dem er sie vortrug, sehr schöne Züge hatte. – Traven, jener Dunkle, schreibt den *Schatz der Sierra Madre,* ein Buch, das dann John Huston mit Humphrey Bogart verfilmt hat, und ich glaube, das war dieser Film, wo am Ende dann der Gold-staub aus den Säcken von den Flanken der Pferde oder Esel sich mischt mit dem Staub der Straße, als alles ver-loren ist. – Sinclair publiziert *Oil!,* sein Buch über die ersten großen Jahrzehnte der amerikanischen Ölgewin-nung, anklägerisch wiederum, auf Änderung dringend, in vielen Einzelstücken aber romanhafter, individuell melodramatischer als die andern Romane, die wir von ihm kennen, mit großen Fahrten durchs Land auch, bei diesem Thema kann er ja nicht unter die Erde gehn oder in Schlachthäusern bleiben. – Faulkner schreibt einen sehr amüsanten Roman, *Moskitos,* worin diese Titeltiere ganz wörtlich gemeint sind: Moskitos plagen auf der Jacht reicher Leute eine Gesellschaft, die dort ein paar Tage verbringt, Mäzene, Literaten, Künstler, dazu kommt ein junges Liebespaar, das dann später zerstochen das Weite sucht; und auf dem Boot redet man pausenlos über alles, eigentlich ganz wie bei Waugh, wie bei Huxley; man muß dieses Buch nicht lesen, Faulkner hat nie wieder so geschrieben, aber man muß die Bücher eines Autors ja auch nicht des Autors wegen lesen. – Schickele setzt seine Elsaß-Trilogie fort mit dem *Blick auf die Vogesen* – und mit einem Male erinnere ich mich daran, daß ich irgendwann einmal in jenen Gegenden war, auf dieser Seite des Rheins eben, und eines Sommerabends mit unendlicher Sehnsucht, als läge drüben die Welt, hinüber-geblickt habe auf die Vogesen, aber ich könnte nicht sagen, ob ich Schickeles Buch da schon gelesen hatte, und daher dann dies Vertrauen der Seele, dort drüben alles zu finden, oder ob ich es noch nicht gelesen hatte,

und daher dann beim Lesen dies Verstehn und Einigsein
mit dem Autor. – Joseph Roth schreibt *Flucht ohne Ende,*
ich habe Ihnen schon einiges von den frühen Büchern
Roths, von ihrer Schreibart und den damit verbundnen
Problemen erzählt, wir können jetzt die Probe darauf
machen. Wir haben 1919, der Held, ein gewisser Franz
Tunda aus Galizien, das ist ja auch die Heimat des
Autors, und im Krieg war auch Roth (Doderer darin
ähnlich) und in Gefangenschaft, dieser Tunda flieht, wie
Doderer, aus einem russischen Gefangenenlager, er versteckt sich bei einem Bauern in Polen, dort erfährt er vom
Kriegsende, nun will er zurück nach Österreich, er war
dort mit einem schönen Mädchen verlobt, das er heiraten wollte, wenn er nach großen gewonnenen Siegen als
schöner Offizier zurückkehren würde, aber diese Träume
schlägt er sich jetzt natürlich alle aus dem Kopf, auch
wenn er ein Photo der jungen Braut immer bei sich trägt.
Deren Vater war ein Fabrikant gewesen, er hatte auch in
den Krieg Waren von hoher Qualität geliefert, ganz un-
sinnigerweise, denn so verdiente er gar nichts am Krieg,
im Gegenteil, er verarmte, dieser Fabrikant aus andern
Zeiten, Roth schreibt: »Der alte Herr stammte aus jener
Zeit, in der ein Wille die Qualität bestimmte und in der
man noch mit Ethik Geld verdiente« – da haben wir
diesen uns vertrauten so stark sentenziösen Stil Roths
in diesen frühen Jahren; leicht überwältigt dann, das
haben wir gesehn, die Satire die Erzählung. Groß kann
dieses Begreifenwollen um fast jeden Preis aber merkwürdigerweise werden, wenn es um Stimmungen geht,
wenn also der Roman sich der Mittel der Poesie bedient: »Er beschloß, die Nacht zu durchwandern. Sie
war klar, kühl, fast winterlich; noch war die Erde nicht
gefroren, aber der Himmel war es schon.« Tunda nun,
aus Polen, wohin er schon gelangt war, wieder in das
uns allmählich vertraute (denken Sie an Doderer oder an
Gerhardie oder Maugham) bürgerkriegswirre Rußland

zurückverschleppt, kämpft dort für die Revolution, er liebt auch eine Revolutionärin, über die es heißt, wenn er sie gerade liebt: »Sie blieb wach und kontrollierte ihre Genüsse wie ein Posten die Geräusche der Nacht«; kurz vorher hat diese Geliebte das Photo der Braut Tundas betrachtet, auch da ist Roth so wunderbar präsent – das ist überhaupt die Stärke dieser vorwärtsdrängenden Prosa –, und sagt von der neuen Geliebten vor diesem Photo: »Es war, als hätte sie das alte, aber für seine Zeit im Verhältnis noch anständig gebaute Modell einer heute schon weit übertroffenen Pistole betrachtet, für moderne, revolutionäre Kriegführung unmöglich zu gebrauchen.« Irgendwo hat Tunda noch eine stille Geliebte, dann schläft er mit einer mondänen Pariserin, langsam aber dämmert ihm, wie allen Heimkehrern in allen Büchern der jungen Autoren damals, in Faulkners *Soldatenlohn* und in Hemingways *Fiesta*, daß er verloren hat. Er geht nach Paris, trifft die Schöne der einen Nacht wieder, und einmal sieht er sogar zufällig seine damalige Verlobte: sie geht an ihm vorbei und erkennt ihn nicht – fast des Guten zuviel, was der junge Autor da bringt, aber das schadet nichts, die Szene ist schnell vorbei wie ein Filmaugenblick. Ganz am Schluß resümiert der Erzähler: »Es war am 27. August 1926 ..., da stand mein Freund Tunda, 32 Jahre alt, gesund und frisch, ein junger, starker Mann von allerhand Talenten, auf dem Platz vor der Madeleine, inmitten der Hauptstadt der Welt, und wußte nicht, was er machen sollte.« Fast überflüssig setzt Roth noch einmal an: »Er hatte keinen Beruf, keine Liebe, keine Lust, keine Hoffnung, keinen Ehrgeiz und nicht einmal Egoismus.« – Und von Witkiewicz, gewissermaßen aus demselben Themenkreis, erscheint nun einer der großartigsten Romane dieser Jahre (Witkiewicz' zweiter großer Roman kommt nachher), *Abschied vom Herbst*; er spielt vorwiegend in Warschau, in den Kreisen einer alkohol- und rauschgiftsüchtigen morbiden Gesell-

schaft, die angesichts der Bedrohung durch die anrücken-
den Revolutionstruppen vollends jeden Halt aufgibt; der
Held des Buchs, ein junger Mann, der gern Künstler
wäre, verliert sich an eine sex- und rauschgiftsüchtige
Schöne, es gibt Orgien, Duelle, Morde und Straßen-
kämpfe wie aus derselben von unerschaffenem Licht
flackernd durchglühten Wahnwelt[17], der ganze Klüngel
flieht in die winterlichen Karpaten; schließlich gehn die
beiden einander Hauptverfallenen, das ist dann eine sehr
sonderbare Sequenz, in den fernen Orient zu neuen
Ekstasen; der junge Mann hält das nicht durch, er kehrt
zurück nach Warschau, wo mittlerweile ein Diktator
herrscht, ein alter Schulfreund des Helden (Sie erinnern
sich hier sicher an Kubins *Andere Seite,* in dessen Traum-
stadt Perle auch ein Schulfreund des Erzählers Diktator
ist); noch einmal flieht der Held, allein jetzt, doch wieder in die Berge, in einem letzten schönen goldenen
Rausch will er dort sterben, aber das gelingt nicht, er
wird erschossen. Stilistisch gibt es wie etwa bei Belyi
diese irgendwie schiefgerückten Realitäten, Witkiewicz
schreibt aber zwischendurch (meistens unterhalten sich
die Leute) in einer geradezu forcierten Trockenheit – das
macht dann jene Außenwelt, wie sie sich in den verwirr-
ten erhitzten Köpfen spiegelt, noch bedrohlicher, und
wir sehn die Welt doppelt in einem Chaos versinken, von
innen und real von außen: und das bringt dann, bei aller
vorgetäuschten Biederkeit und manchmal Bedächtigkeit,
ein ungeheures Tempo ins Buch, einen Sog, in den man
sich zuerst hineinbetrogen sehen mag, dem man sich

---

[17] in einem Vorwort nennt Witkiewicz sein Buch einmal einen
metaphysischen Roman; man muß bei diesem Ausdruck einerseits
an die sogenannte metaphysische Malerei jener Zeit denken, dann
aber auch daran, was aus den Träumen der Metaphysik denn auch
geworden sein kann, wenn Gott, aus dem sie doch alle einmal ge-
sponnen waren, nun tot ist. De Chirico übrigens, der große Meister
der *Pittura Metafisica,* war 1888 geboren worden, drei Jahre nach Witkiewicz.

1927 dann aber anvertraut (ein widersinniges Wort vielleicht, aber es gilt ja auch dem, was der Autor artistisch will) wie einem neuen Schönen, das nun ruhig führen mag wohin es will (und wenn ich vorhin Autoren des Neuen zusammengefaßt habe, wie Belyi, Sologub, Tozzi, Blasco Ibáñez, Pérez de Ayala, Doderer: so gehört dazu jetzt auch dieser Witkiewicz). – Von Bove gibt es ein wunderbares kleines Buch, *Bécon-les-Bruyères,* die poetisch-gelassene Beschreibung eines Pariser Vororts (für uns auch von Peter Handke), unnachahmlich wie schwebend irgendwo zwischen Sachlichkeit und Surrealismus entstanden, ich zitiere Ihnen rasch eine kleine Passage: »Das war die Epoche, wo sogar noch die Erwachsenen wußten, wie viele Millionen Einwohner die Hauptstädte und Rußland hatten; die friedliche Zeit, wo die Statistiken sich mehrten, wo man sich interessierte für die Art und Weise, wie ein jedes Volk seine zum Tode Verurteilten exekutierte, wo die Geographie eine derartige Bedeutung gewonnen hatte, daß in den Atlanten jedes einzelne Land je eine verschiedene Karte für seine Städte, für seine Wasserläufe, für seine Berge, für seine Produkte, für seine Rassen, für seine Departements aufwies, wo allein der Schweizer Almanach Pestalozzi exakt die Zunahme der Ausfuhren angab, zusammen mit der Bevölkerungszahl seines Landes, welches so stolz ist auf die Höhe seiner Gebirge, selbstsicher bei dem Gedanken, daß diese immer die höchsten in Europa bleiben werden. Die Kinder träumten davon, eines Tages würde es, durch die Ausdehnung der Städte, kein Land mehr geben. Alle Köpfe waren voll mit den erreichbaren Höchstgeschwindigkeiten, den Modellfabriken, welche, wenn in ihnen Exkursionen stattfanden, ihren Betrieb nicht einstellten, den Miniatur-Transatlantikdampfern in den Schiffsreisebüros, perfekt nachgemacht (nur daß die Kabinenbetten keine Leintücher hatten), den ersten mechanischen Puppen, deren Gesten, in den Auslagen der Apotheken, so

rasch begannen, daß man stehenblieb in der Hoffnung,
sie würden anders enden, den dehnbaren Aeroplanen,
wo die Räder sich bei der Landung als bloße Attrappen
erwiesen. Es gab sogar Kometen am Himmel. In den
Zeitschriften wurden die letzten Vervollkommnungen an
den Teleskopen beschrieben. Die weltschnellste Eisen-
bahnstrecke war Paris–Boulogne. Wissenschaftliche Re-
vuen erschienen im Monatsrhythmus. Flugzeuge wurden
von Adlern angegriffen, Schwimmer von Haien. Der
Plan für den Tunnel unter dem Ärmelkanal lag bereit
zur Verwirklichung. England war es, das sich der Konstruktion widersetzte. Zu dieser Zeit entstand Bécon-les-
Bruyères. Die Möglichkeit, die Erde in achtzig Tagen
zu umqueren, die weiten Horizonte, die Riesenstädte verlangten nach einem Gegengewicht.« – Soupault (dem
Bove im Ansatz seiner Ortsbeschreibung hier ähnelt)
bringt den *Neger* heraus, die Geschichte zwar eines Dea-
lers, eines Zuhälters, eines Mörders (er ermordet eine
Dirne, die Europa heißt), eines Revolutionssöldners, der
dann wieder in seine Heimat, nach Afrika zurückkehrt:
aber auch die Geschichte eines Mannes, der den, der
hier seine Geschichte aufschreibt, weil er ihm immer wieder begegnet ist (wir kennen diese Technik aus Cendrars'
Moravagine), ungeheuer beeindruckt durch seine fast
grenzenlose innere Freiheit, die ihn wirklich aufbrechen
läßt wohin er will... Einmal, er ist bei einer Frau, heißt
es: »Es ist ja Nacht, und sie ist nackt. Die dunkelrote
Nacht, die spöttische Nacht, die klare Nacht, die Nacht
des Himmels und der Erde, die bleiche Nacht, die tiefe
Nacht, die stille Nacht, die Nacht, auf die man immer
wartet, sie ist treu, die Nacht mit ihrem mondhellen
Mund und ihren Sternenaugen, die Nacht, die Nacht
der Wasserblumen, die Nacht, die fließt und singt, die
Nacht, die ganze Nacht.« Soupault übrigens war mit
Heinrich Mann befreundet, der dann 1928, als der *Neger*
deutsch herauskam, dem Büchlein ein sehr hübsches

Vorwort mitgab; Soupault wiederum revanchierte sich, indem er Manns *Professor Unrat* in Frankreich herausbrachte – eine dieser schönen vernünftigen Freundschaften, wie wir sie bei Proust und den Daudets schon erlebt haben. – Und wieder einer dieser kleinen Romane Giraudoux', *Eglantine,* die Geschichte eines schönen Mädchens, das keine jungen Leute mag, sondern nur ältere Männer, und, als der eine sich ihr nicht erklärt, erst von einem andern sich fast herumkriegen läßt, ehe sie dann beschließt, sich dem ersten nun selber, da ers nicht tut, zu eröffnen (Kenner sagen, und es wird so sein, daß *Eglantine* hier auch allegorisch zu verstehn ist als Frankreich, das nicht recht weiß wohin, nach Osten oder Westen). Übersetzt hat auch diesen kleinen Roman wieder, wie die *Bella,* Efraim Frisch – dessen *Zenobi* ebenfalls in diesem Jahre erscheint, ein hinreißend schönes leichtgeschriebnes Buch (als wäre hier Giraudoux bei uns aufgetaucht) um einen Mann, Zenobi eben, der ungreifbar, ein Abenteurer, ein Hochstapler vielleicht, aber vielleicht kann er auch nicht anders wirken als ein Hochstapler in diesen Zeiten, durch diese Zeiten geht und zwischen schönen Frauen und Emigranten in der feinsten Gesellschaft und in der Halbwelt ein überall gleich bewundertes und beneidenswertes und wie von schönen unbekannten Geistern gelenktes Leben führt; am Ende ist er fort, eine Geliebte forscht nach ihm, sie trifft seinen alten Freund, und der sagt zu ihr: »Ein Mann wie er kann nicht untergegangen sein. Ich kann es nicht glauben...« – Pünktchen jetzt immer von Frisch – »... Die Zeit braucht ihn. Ein russischer Heimkehrer erzählte mir von einem Brigadier der Roten Armee, unter dem er gedient hat. Einzelheiten sind auffallend. Er könnte es sein!... Und hier in der Nähe sprachen sie viel von einem älteren Manne, der mit jungen Schwärmern durch die Wälder zieht, nachts mit ihnen am Feuer sitzt, sie Tänze lehrt und ihnen Reden hält... Auch das könnte er sein!... Ich komme nicht viel hinaus. Die Leute schreiben mir Briefe, die oft Unsinn enthalten und einen verwirren... Und doch meine ich, er könnte plötzlich durch diese Türe da eintreten, so wie Sie heute...«; Frisch starb in Ascona im Exil 1942, seit zwei Jahren war er gelähmt. Kennen Sie Felix Krull? Da sollten Sie Zenobi einmal kennenlernen! – Max Mohr, Jahrgang 1891, aus Würzburg, er hatte in den frühen zwanziger Jahren Erfolge als Theaterautor (er starb 1937 im Exil in Shanghai), schreibt *Venus in den Fischen*, einen kleinen verrückten Roman über eine wirre Entbindung in einem reichen Hause, über zwei, die sich dort finden, über einen Neger, der Astrologie treibt und mit den beiden dann eine astrologische Klinik aufmacht, und so weiter und so weiter, und dann geht alles natürlich schief, aber am Ende haben die zwei sich; das ist hübsch und nett und witzig und alles und trifft auch sicher ein bißchen die Zeit mit ihren Abgeschmacktheiten, das schon, doch, das schon; aber es ist eben alles nicht gut genug, der Witz ist eng, er hat keine Freiheit, wir sind verwöhnt; dafür kann Mohr nichts, natürlich; aber wir können doch auch nichts dafür. – »...und wie es manchmal vorkommt«, geht es in Virginia Woolfs kleinem Roman *Zum Leuchtturm* einer Malerin einmal durch den Sinn, »wenn das Wetter sehr schön ist, wirkten die Klippen, als wären sie sich der Schiffe bewußt, und die Schiffe, als wären sie sich der Klippen bewußt, als signalisierten sie einander irgendeine verschwiegene, nur ihnen verständliche Botschaft.« »Man mochte versuchen, seiner habhaft zu werden«, denkt im Boot die Tochter über den Vater, der unbeirrt vom nahen Leuchtturm ein Buch liest (»Bücher vermehren sich von selbst«, sagt seine Frau) – »doch dann breitete er wie ein Vogel die Flügel aus, segelte er davon, um sich außer Reichweite irgendwo weit weg auf einem einsamen Baumstumpf niederzulassen.« Am Schluß sehn wir die Malerin wieder: »Da war es – ihr Bild. Ja, mit all seinem Grün und Blau, den aufwärts und quer verlaufenden Linien, seinem Versuch, etwas zu werden. Es würde in Dachkammern aufgehängt werden, dachte sie; es würde zerstört werden. Doch was machte das schon?« Virginia Woolf schreibt in diesem Buch die atmendste und ruhigste Prosa; eine beliebige Stelle noch einmal, ein Mädchen hat eine Brosche verloren: »Sie gingen gemeinsam vorweg, Paul und Minta, und er tröstete sie und sagte, er sei berühmt dafür, daß er Dinge fand. Einmal, als kleiner Junge, habe er eine goldene Uhr gefunden. Er werde bei Tagesanbruch aufstehen, und er sei überzeugt, er werde sie wiederfinden. Er malte sich aus, wie es fast dunkel sein würde und er allein am Strand wäre, und irgendwie wäre es ziemlich gefährlich. Trotzdem begann er, ihr zu beteuern, er werde sie bestimmt finden, und sie sagte, es komme überhaupt nicht in Frage, daß er bei Morgengrauen aufstand: sie sei weg: sie wisse das: sie habe so eine Vorahnung gehabt, als sie sie am Nachmittag angesteckt habe. Und er beschloß insgeheim, es ihr nicht zu sagen, sich jedoch im Morgengrauen, wenn alle schliefen, aus dem Haus zu stehlen und, falls er sie nicht fände, nach Edinburgh zu fahren und ihr eine neue zu kaufen, genauso eine, nur schöner. Er würde zeigen, wozu er imstand war. Und als sie auf dem Hügel herauskamen und die Lichter der Stadt unter ihnen erblickten, da wirkten die Lichter, wie sie eins nach dem andern herauskamen, wie Dinge, die er bald erleben würde...«

Den Nobelpreis gewinnt in diesem Jahr der achtundsechzigjährige Philosoph Henri Bergson, Mitglied der Académie, großer Erforscher des Zeitgefühls, und jedem Leser vertraut durch seine große Entdeckung des *Déjà-lu*. – Den Prix Goncourt erhält der vierundvierzigjährige aus Paris stammende Maurice Bedel für *Jérôme, 60° latitude nord*, den Bericht einer Skandinavienreise, vielleicht bin ich also doch ein bißchen spät dran mit der meinen, wenn ich sie Ihnen ein andermal erzählen will...

Grabschrift (187.188.189.190.191) für
SUDERMANN. KLABUND.
BLASCO IBÁÑEZ. SVEVO.
HARDY. Einundsiebzigjährig stirbt in Berlin
Hermann *SUDERMANN*, ein sehr erfolgreicher
Autor, dessen *Frau Sorge* wir kennengelernt haben; in
Marbach, im Literaturarchiv, hat er Bände mit seinen
Werken darin vorn mit einer Widmung versehn, sie
bedeckt, in riesengroßen Buchstaben, und besteht im
Grund fast nur aus seinem Namen, die ganze Seite,
eindrucksvoll, sehr schön eigentlich, das könnte ein
guter Mann gewesen sein, sagt man sich. – Nicht ein-
mal achtunddreißigjährig stirbt in Davos, lungenkrank
wie alle dort, und wenn sies nicht sind, werden sies
KLABUND, dessen *Moreau* wir gelesen haben; er
hat sehr viel geschrieben, dieser merkwürdige Mann,
ich habe von ihm eine *Geschichte der Weltliteratur in einer
Stunde,* und er nennt, schön nach Völkern ist das geordnet, Bennett und Jerome nach Dickens und Thackeray, und freundlicherweise auch George Moore, aber
Hardy hat er nicht, oje. – Dafür hat er, vielleicht lag
ihm an den ganz Gegenwärtigen mehr, aber er hat
ihn mit den falschen Büchern, unsern *BLASCO
IBÁÑEZ,* der nämlich jetzt auch, einen einzigen
Tag vor seinem einundsechzigsten Geburtstag, in Men-
tone stirbt, sehr wohlhabend durch seine Schriftstellerei;
unvergeßlich werden uns seine frühen Bücher bleiben,
die *Scholle* und das *Sumpffieber.* – Aber hat er denn
SVEVO, wenn ihm an den Gegenwärtigen liegt?
Nein; doch auch der stirbt jetzt, sechsundsechzigjährig,
in Motta di Livenza, bei einem Autounfall. »Wenn ich
bedenke«, notiert er einmal, »daß, wenn ich sterbe, mein
Zweifel, mein Kampf mit mir selbst und mit den andern,

meine ganze Neugier und meine ganze Leidenschaft sterben werden, dann denke ich, daß die Welt durch meinen Tod eine große Vereinfachung erfahren wird.« – Und, wie gesagt unerwähnt bei Klabund, stirbt siebenundachtzigjährig in Max Gate in Dorchester Thomas *H A R D Y,* von dem wir so viel gelesen haben, daß wir beinahe eine Epoche nach ihm benennen könnten; seinen letzten Roman, *Jude the Obscure,* mochten die Leser nicht mehr (mit Recht, wie wir sagen müssen, wenn auch wohl – sie damals – aus den falschen Gründen), Hardy konzentrierte sich dann ganz auf Gedichte (und zu Anfang des Jahrhunderts auf ein gewaltiges neunzehnaktiges Drama aus der Zeit Napoleons, worin nach der Schlacht bei Waterloo große Geisterchöre der Menschheit Jammer besingen), wunderbare Gedichte, ich hätte mir gern vorgestellt, daß Borchardt welche davon übersetzt haben würde, aber nichts; als Virginia Woolf 1921 die Aufgabe übernommen hatte, über Hardy für den Tag an dem er sterben würde einen Aufsatz zu schreiben, und nicht recht vorwärtskam damit (es hatte ja auch noch Zeit, wie wir jetzt wissen), notiert sie Ende 23 in ihr Tagebuch, und wir müssen dazu wissen, daß Hardy bis in sein hohes Alter hinein ein leidenschaftlicher Radfahrer war (etwas, das der Woolf und ihren Freunden wohl ziemlich fernlag[18]): »Ich bete, daß er in

---

[18] andrerseits hatte die Woolf im Dezember 1914 einen Brief geschrieben, worin sie ihm für ein Gedicht dankt, das sie damals gelesen, das Hardy aber schon 1897 geschrieben hatte, nämlich das Gedicht *The Schreckhorn,* von Hardy mit dem Untertitel versehn: *With thoughts of Leslie Stephen* – Leslie Stephen war Virginia Woolfs Papa, und hatte, offenbar als erster, eben dieses Schreckhorn bestiegen, einen Gipfel der etwas über 4000 m hohen Schreckhörner, die zur Finsteraarhorngruppe gehören. *Meyer* erwähnt den ersten Besteiger des Finsteraarhorns (Sulger aus Basel, 1842), schweigt sich aber über Leslie Stephen aus, obwohl das Finsteraarhorn nicht einmal lausige 200 m höher ist als das von einem Manne wie Hardy bedichtete und einem Papa wie dem der Woolf erstbestiegene Schreckhorn.

diesem Augenblick gesund & munter an seinem Kamin sitzt. Mögen alle Fahrräder, Bronchialkatarrhe & Grippen von ihm fernbleiben.«

✦

Die Woolf schreibt *Orlando*, ihr Liebes- und Freundschaftsbuch für ihre auch hier bei uns schon vorgekommene Freundin Vita Sackville-West; Orlando ist erst ein Mann, dann eine Frau, und wandert durch die Zeiten von Shakespeare bis jetzt; eine große Szene gibt es, das Eis auf der Themse, und dann wie es schmilzt, sonst ist das Buch ein privates Vergnügen der beiden Liebenden. – Lawrence schreibt seine *Lady Chatterley*, jetzt ist er Wildhüter der Quetzalcoatl und Huitzilopochtli. – Galsworthy bringt die *Moderne Komödie* und damit den ganzen *Forsyte*-Zyklus mit dem *Schwanengesang* zu Ende. – Martin du Gard setzt seinerseits die *Thibaults* fort mit der *Sprechstunde* und *Sorellina*. – Maugham schreibt *Ashenden*, wir haben viel davon gehört, dieser gewissermaßen rhapsodische Roman gehört zu den Sachen, die man lesen muß, wenn man sich (das muß man natürlich nicht) ein Bild davon machen will, was für ein wunderbarer Mann auch noch der Mann war, der, als Maugham genug getan hatte für den Geheimdienst, die Bücher ersann, die Maugham dann unter seinem Namen veröffentlichte. – Evelyn Waugh debütiert mit *Decline and Fall (Auf der schiefen Ebene),* einer ungeheuer temporeichen Gesellschaftssatire, wenn dies das Wort dafür ist: denn Waugh, der keinen der moralisierenden Standpunkte einzunehmen scheint, von denen aus Kritik geübt werden könnte, läßt in einem atemberaubenden Stimmengewirr (ich habe den englischen Titel gegeben, weil dieses Buch, wie auch das nächste, *Vile Bodies*, eben dieses völlig radikalisierten Stilmittels wegen fast unübersetzbar ist) die Extreme der Gesellschaft zu Wort kommen, an das Ohr eines im Grunde harmlosen jungen

1928 Theologen, der ein Tor bleibt, ob er nun in der High-Society Londons verkehrt oder als fälschlich Schuldiger an ihren fatalen Exzessen im Gefängnis sitzt: noch einmal ein glänzender Kunstgriff dieses wenigstens in seinen frühen Jahren blendend guten Autors – man muß jede Gesellschaft selbst um ihre Laster beneiden, wenn die Laster Zungen bewegen wie die Waughs und Huxleys; oder was meinen Sie? – Huxley schreibt den *Kontrapunkt des Lebens*, noch einmal eines dieser Bilder der besseren Gesellschaft jener Jahre, diesmal ein großes Bild. – Ein bißchen so etwas wie ein Panorama der Zeit (irgendwie wollen das natürlich immer die meisten) versucht auch Siegfried Kracauer zu geben, mit *Ginster*, dem Buch über einen jungen Mann, einen angehenden Architekten, der fünfundzwanzig ist, als der Krieg beginnt; am Ende trifft er in Marseille eine adlige Dame, die jetzt Revolutionärin ist; »ich lerne Russisch«, sagt die, »ich möchte im September nach Rußland fahren.« »Ich«, sagt Ginster daraufhin, »ich möchte um keinen Preis länger Architekt bleiben.« Das ganze Buch ist in solchen leicht preziösen Sätzen geschrieben, die jeder für sich eine kleine Pointe sind, die man auskosten soll; tut man das aber, dann bleibt jeder Satz für sich, und man wird das unendliche Auskosten müde. Joseph Roth fand das Buch damals sehr begrüßenswert, das lag aber wohl hauptsächlich an Kracauers gesellschaftskritischen Ideen. – Roth schreibt *Zipper und sein Vater*, dieses (doch anders als eben in der *Flucht ohne Ende*) Buch der wesentlich bloß exemplarischen oder paradigmatischen Lebensläufe, ich habe daraus im letzten Kapitel zitiert. – Upton Sinclair veröffentlicht ein sehr dickes Buch, *Boston*, worin er, in angespanntester Sachlichkeit, mit Dokumenten und großen Reportagen, den berühmten Gerichtsfall Sacco und Vanzetti aufnimmt. – Wassermann aus Fürth veröffentlicht einen großen ambitiösen Kolportageroman, den *Fall Maurizius* – hier nimmt ein Sohn den Fall wieder auf, den

sein Vater offenbar falsch entschieden hatte; als der Vater, *1928*
damals Staatsanwalt, das einsieht, hat er obendrein auch
noch die Gattin gegen sich, und alles bricht zusammen,
seine ganze Welt. – Arthur Schnitzler bringt jetzt *Therese*
heraus, einen Dienstbotinnen- und Gouvernantenroman,
der uns schon öfter begegnet ist; dieser Roman ist in
einhundertundsechs kleine Kapitel eingeteilt, und wenn
man ihn liest, weiß man nicht, ob er nun eigentlich
sehr spannend oder schrecklich langweilig ist, oder ob
nun wahnsinnig viel passiert oder fast überhaupt nichts.
Eigentlich passiert wirklich eine Menge: der Vater eines
jungen Mädchens wird verrückt, ihr Bruder studiert
und wird Antisemit, die Mutter setzt sich ab und wird
Romanschriftstellerin, eine schlechte, für Fortsetzungs-
romane in Tageszeitungen; manchmal gibt es gute Stellen
in den Romanen, dann hat die Mutter der Tochter Liebesbriefe geklaut und sie verwertet. Das Mädchen hat ein
oder zwei Liebeleien, wird schwanger, kriegt ein Kind;
sie nimmt Stellungen als Erzieherin an, zwanzig dreißig
Stellungen, Schnitzler reiht sie uns aneinander wie die
Litanei eines vergeblichen Lebens; manchmal gibt es ein
bißchen Sex mit den Herrschaften oder deren Freunden,
manchmal ein bißchen Sex außerhalb, ein bißchen Halt
gibt ihre älteste Liebe, aber viel tun kann der natürlich
nicht, alte Lieben können nie viel tun. Ein bißchen Glück
kommt doch, die junge Frau kann jetzt Schülerinnen zu
sich kommen lassen, sie macht eine kleine Privatschule
auf, eine sehr charmante Schülerin ist dabei, die dann
den Mann heiratet, von dem unsre Heldin träumt; ein
andrer Mann, viel geeigneter, ja wirklich im Grund der
Mann wenn nicht ihrer Träume, so doch der Mann fürs
Leben, taucht auf: aber der stirbt. Nun vereinsamt sie,
aus ihrem Sohn von früher ist übrigens unter den Leuten,
zu denen sie ihn hat geben müssen, denn sie mußte ja
Geld verdienen, nichts geworden, ja mehr denn nichts,
wie diese Barockdichter das manchmal nennen: am Ende

1928 bringt er die Mutter um. Nicht wahr also: es passiert eine ganze Menge in dem Buch, und doch insofern kaum etwas, als es nämlich nichts in diesem Leben geben kann, das dieses Leben wenden würde: Schnitzler erzählt selbst Liebe und Morde so, daß sich die Tristesse dieses Daseins fast allzusehr auf den Leser überträgt. Jede neue Anstellung der Heldin, und Schnitzler scheut weder Wiederholungen noch überhaupt jede Art von Monotonie, jede neue Anstellung also, jede Suche schon, jede voraussehbare Bemühung nimmt man als Leser fast seufzend zur Kenntnis, und man weiß nicht recht, für wen man mehr bangt: für die Heldin oder für sich selbst. Es muß, sagt man sich am Ende, es muß für den großen Schnitzler ein hartes Stück Entsagung und Selbstlosigkeit gewesen sein, der Glanzarmut eines beschriebnen Lebens so kunstvoll auch noch den Trost der Kunst ganz vorzuenthalten. – Traven der Dunkle ist auch wieder da, oder auch nicht, denn er schreibt die *Baumwollpflücker,* im Geiste Sinclairs ein gewollt lebendiges aber ganz langweiliges weil bierernstes und grausam dilettantisches Buch darüber, wie die Titelhelden versuchen, sich selber zu vergesellschaften gegen ihre Arbeitgeber und Herren, und die süßen Baumwollpflückerhuren tun es auch. – Ganz an scharf und wirklich lebendig gezeichneten Personen orientiert (ich ertappe mich, das muß an der ebenso entsetzlichen wie wundervollen Fülle von Büchern in diesen Jahren liegen, ich ertappe mich schon wieder bei albernen, lächerlichen Übergängen: bitte verzeihen Sie mir!), ganz also an wirkliche Romanmenschen *(wirkliche Romanmenschen!)* hält sich, beinahe wie die Deledda an ihre Landsleute, Castro in seinen *Auswanderern,* worin er schildert – er selber gehörte als Kind schon zu jenen Auswanderern –, wie es seinen spanischen Landsleuten erging, wenn sie, ohne Hoffnung zu Hause, nach Amerika reisten, und desillusioniert zurückkehrten, manchmal in jenem guten Sinne desillusioniert, daß sie jetzt – und das

sind bei Castro dann große schmerzliche Bilder, und sie
machen das Buch zu einer bewegenden Lektüre – einsehn, aber schwer zu sagen mit was für Empfindungen
(und man begreift hier das Entstehn des Schweigens)
einsehn, was die Mühe und Armut im eignen Lande dennoch für sich haben kann. – Heinrich Mann schreibt
Eugénie oder Die Bürgerzeit, ein ganz wunderliches fast
Märchenbuch aus dem Lübeck des späten letzten Jahrhunderts; beinahe *contre-cœur* hinreißend ist dieser kleine
Roman durch die Lässigkeit seines Stils, der an die frühen
Romane Manns erinnert, *Zwischen den Rassen*, *Die Jagd
nach Liebe*; das ist eins dieser Bücher, die man nicht mit
dem Auge lesen darf, das immer aufpaßt, ob der Autor
auch mit dem Boot sitzt, in dem man meint, man
müsse mit den Schreibenden, und sie mit einem sitzen;
wie nachher in der *Großen Sache*, aber viel weniger offenkundig, vertraut der Autor seinem Genius, seiner Phantasie, seiner Muse, und seinen Lesern: erstren allen mit
Recht, den letztren bis anhin kaum. – Edith Wharton
schreibt *Kinder*, auch dies ein merkwürdiges, für sie beinahe abseitiges, dennoch unwiderstehliches Buch, wenn
man sich als einem Lesenden vertraut und nicht dem,
wovon man meint, ein Buch müsse es sein für den, der
man als Lesender sein müßte: ein Amerikaner, der eine
wunderbare Frau liebt, die er jetzt endlich heiraten kann,
weil sie Witwe geworden ist, trifft auf dem Schiff von
Afrika, wo er zu tun hatte, nach Venedig, von wo aus er
zu der Frau ins Gebirge will, auf eine Horde Kinder, Geschwister und Halbgeschwister, die ihr Leben zwischen
den Elternteilen und in großen mondänen Hotels verbringen. Das älteste Kind, das alle andern leitet, fasziniert ihn: ein Mädchen, in das er sich verliebt, ohne daran
zu denken; er nimmt die Kinder, die den Aufstand gegen
die Eltern üben, mit ins Gebirge, die schöne Witwe merkt
natürlich alles, und um es kurz zu machen: am Ende ist
der Mann allein, einmal, am Schluß, von draußen durch

1928 Fensterscheiben hindurch in ein glitzerndes Hotelinneres, ein Ball findet dort statt, sieht er die Kinder noch – ein Spätwerk, die Wharton ist dann 1937 gestorben: ein Buch voll von der ganzen Klugheit noch einmal, die sie immer auf ihre Figuren verschwendete, und geschrieben in diesem wunderbar verläßlichen Ton, den die Großen an sich haben, wenn sie uns Geschichten erzählen können, die uns dann erst ganz allmählich aufgehn. – Hausmann schreibt *Lampioon küßt Mädchen und kleine Birken*: über diesen Autor und auch seine Bücher habe ich seinerzeit, 1898, anläßlich seiner Geburt, eine längere Fußnote gemacht, damit will ichs genug sein lassen. – Maurois schreibt *Wandlungen der Liebe* (ein ungeschickter Titel, im Original heißt das Buch *Climats*), ein ziemlich subtiles und kompliziertes Buch, in dessen erstem Teil ein Mann seine junge lebenslustige Frau zu mehr Ernsthaftigkeit und solchen Sachen erziehen will (sie läuft ihm weg), während er dann in einem zweiten Teil an seiner ernsthaften ethisch hochstehenden zweiten Frau vermißt, was die erste im Überfluß hatte, er wendet sich einer dritten zu, und nichts funktioniert, er macht alles falsch, und vielleicht machen Mann und Frau immer alles falsch, womöglich passen sie einfach nicht zueinander (Maurois sagt das natürlich alles viel seriöser, die Sache ist ja nun auch wirklich ernsthaft genug). – Von unserm Emmanuel Bove kommen gleich drei kleine Bücher heraus: *Dinah*, *Die Liebe des Pierre Neuhart* und *Menschen und Masken*; in *Dinah* gibt es wieder einen dieser Menschen, die alles dafür können, daß sie nicht glücklich sind, und denen Bove so in die Seele blickt, als ob die Indiskretion sein Metier wäre: »Er hatte sein Leben lang auf der Lauer gelegen, eher, um das Glück beim Schopf zu packen, als um seine materielle Zukunft besorgt. Jedes neue Gesicht, das ihm begegnete, hatte in ihm die verrücktesten Hoffnungen geweckt, jede Aufmerksamkeit eine krankhafte Freude, die manchmal eine Woche lang anhielt, ohne

nachzulassen, die immer gleich stark war, und die plötz-  *1928*
lich, bei der ersten Kränkung, verging. Denn jedesmal,
wenn er jemandem zugetan war, wurde er tief enttäuscht.«
In *Menschen und Masken* hat ein Monsieur Dumesnil »die
Angewohnheit, den Leuten zu gratulieren. Er gratulierte
allen. Er gratulierte seinem Sohn, wenn dieser pünktlich
zum Essen kam. Er gratulierte seiner Frau, wenn sie
etwas eingekauft hatte. Die Bedeutung, die er sich bei-
maß, hatte ihn, ohne daß es ihm bewußt war, dazu ver-
leitet, daß er dem Bedürfnis, anderen zu gratulieren,
nicht widerstehen konnte...« – Pierre-Jean Jouve schreibt
ein merkwürdiges kleines Buch, *Die Abenteuer der Catherine Crachat*, im Original mit dem Untertitel *Hécate*,
Hekate also – Hekate war eine Gottheit der Nacht und
der Unterwelt, eine Gottheit der Frauen vor allem, sie
war die Beschützerin aller Zauberinnen und Zauberer,
man opferte ihr, besonders am letzten Tag des Monats,
junge Hunde, schwarze Lämmer und Honig[19]. Catherine bei Jouve ist eine wunderschöne junge Frau, eine
Filmschauspielerin, sehr attraktiv, aber unglücklich, und
mit dem Gefühl behaftet, Unglück zu verbreiten; sehr
klar ist die Geschichte nicht, die Jouve von ihr erzählt
(Jouve, heißt es, erzähle gewissermaßen, was Freud herausgebracht habe – daran wird es liegen), soweit man
sie versteht, liebt Catherine in Paris[20] einen Pierre, ein

---

[19] ein zweites Buch Jouves, von 1931, hat im Original (deutsch
heißt es *Nachtschwarzer Engel*) denselben Titel der *Abenteuer der
Catherine Crachat*, jetzt mit dem Untertitel *Vagadu*; Vagadu, heißt es
in einem Motto, das einer afrikanischen Legende entnommen sein
will, sei »die Kraft, die im Herzen der Menschen wohnt«.

[20] sie wohnt, Jouve läßt es sie selber erzählen und beschreiben, in
der Rue Jacob, das ist zur Seine hin eine kleine Parallelstraße zum
Boulevard Saint-Germain, zwischen der École des Beaux-Arts und
der Charité, oder, wenn Sie vom Louvre her die Seine auf dem Pont
des Arts überquert haben, die dritte Straße rechts; Catherine sagt
nicht, in welcher Nummer sie dort wohnt, ihre Fenster gehn auf einen
Hof mit Kastanien und Springbrunnen in den Ecken. Ich erzähle
das, weil in derselben Rue Jacob, nämlich Nummer 20, in eben diesen

1928 Wunder von Mann, aber sie quält ihn; sie findet dann in Wien eine Freundin, mehrfach verheiratet, mit unzähligen Liebschaften, die sich auf Pierre stürzt, einfach weil Catherine ihn hatte, denn Fanny, so heißt die Freundin, ist im Grunde lesbisch, wie ein bißchen auch Catherine; und schließlich schwört Catherine allem Sinnenglück ab, es reicht ihr jetzt, oder es reicht ihr eben nicht, und konzentriert sich auf die Seele – hier scheint Freud dann bei einigen Kirchenvätern zu Besuch gewesen zu sein. Das Buch bietet eine eher anstrengende und dann sehr zweideutige Lektüre, man spürt, daß man dem Autor in geistig-geistliche Gegenden folgen soll, in denen die Triebe nicht länger die Freiheit knechten, und in denen Erlösung winkt, ein Ding, das wir offenbar brauchen, ob wir nun wollen oder nicht. – Djuna Barnes nun, aus unsrer Fußnote eben, schreibt ein verrücktes Buch, *Ryder*, in irgendeinem balladesk-barocken Stil eigner Erfindung, eine Großfamilie (offenbar die eigne) wirbelt hier umeinander, lauter halbplastische Figuren gewissermaßen wie aus Bildern, die einer in eine legendäre Vergangenheit zurückersonnen hat, und nun treten sie, wie aufs Wort, das der Erzähler ruft, hervor, der... jener... (die Woolf kann manchmal Figuren so kommen lassen,

---

Jahren Natalie Clifford Barney wohnte, in einem ganz offenbar entzückenden kleinen Palais aus dem siebzehnten Jahrhundert, es soll Ninon de Lenclos gehört haben, einer Frau, die für ihre Schönheit und ihre Bildung berühmt war, sehr viele Liebhaber hatte und dort, in der Rue Jacob, einen Salon führte, in dem von Molière bis zu Fontenelle und La Rochefoucauld sich alle Welt traf. Natalie Clifford Barney nun, reich, exzentrisch, lesbisch, aber auch klugen Männern zugetan, war sehr gastlich, an Freitagen zum Tee kamen sie alle, viele darunter, die wir kennen: Anatole France, d'Annunzio, Proust, Rilke, Valéry, Gertrude Stein, die Colette (die damals hinreißend aussah mit Jackett und Schleife, einer Frisur zwischen Mann und Frau und einer Zigarette zwischen den Fingern der rechten Hand), liiert mit der Barney war die Malerin Romaine Brooks, Gast war oft die berühmte Djuna Barnes, jetzt aus dem Jahre 28 gibt es ein hübsches Photo mit der Barnes und der Barney, an einem Balkongeländer, die Sonne scheint.

in ihren starken Sachen, aber auch im *Orlando*), und 1928
dann müssen sie wieder zurück; das ist ein sehr keckes,
sehr sinnliches Vergnügen, ein bißchen lang vielleicht,
und für den animierten Leser, wenn ihn eine gewisse
wunderbar überraschend illuminierende Verwendung der
Adjektive an die Genialität des frühen Joyce in seinem
Stephen Hero erinnert, jetzt, eben bei der Barnes (lange
lange vor dem *Nachtgewächs*) allzuoft begleitet von dem
Gefühl der Verschwendung eines Genies, das ganz und
gar nicht weiß wohin mit sich, und wer wir sein könnten. – Und dann ein Buch, wozu die Idee ihm, erzählt
er, auf der Insel Rügen gekommen sei, als er dort einmal, für Geld, Kinder gehütet habe: *König Dame Bube*
von Nabokov, worin alle Hauptpersonen denn auch
Deutsche sind, Martha, Franz und Dreyer, manchmal
taucht ein junges russisches Paar auf, das sind dann
Nabokov und seine Frau Vera; Franz hat sich in Martha
verliebt – das ist glaube ich seine Tante –, die mit Dreyer
verheiratet ist; Martha will unbedingt mit Franz zusammen Dreyer umbringen, möglichst durch Ertränken
im Meer, sie macht ihn richtig fertig mit dieser Idee,
es wird aber nichts daraus, schließlich stirbt Martha,
sie holt sich im Wasser eine Lungenentzündung; gegen
Ende des Buchs also die Nabokovs, das Glück, wie es da
dem vergeblichen Verlangen nach dem Glück oder was
das geworden wäre, erscheint beim Tanzen: »Die junge
Ausländerin in dem blauen Kleid tanzte mit einem bemerkenswert gut aussehenden Mann mit einer altmodischen Smokingjacke. Franz war dieses Paar schon lange
aufgefallen; flüchtig war er ihrer mehrfach ansichtig
geworden wie eines wiederkehrenden Traumbilds oder
eines hintergründigen Leitmotivs – mal am Strand, mal
in einem Café, mal auf der Promenade. Manchmal trug
der Mann ein Schmetterlingsnetz bei sich. Das Mädchen hatte einen zart geschminkten Mund und zärtliche
graublaue Augen, und ihr Verlobter oder Gatte, schlank,

1928 elegant kahl werdend, voller Verachtung für alles auf der Welt außer ihr, blickte sie stolz an; und Franz beneidete dieses glückliche Paar, beneidete es so sehr, daß der Druck für ihn, wie man leider sagen mußte, noch bitterer wurde, und die Musik hörte auf. Sie gingen an ihm vorbei. Sie redeten laut miteinander. Sie sprachen eine ganz und gar unverständliche Sprache.« Bemerkenswert gut aussehend, elegant kahl werdend, glücklich, und mit einem Schmetterlingsnetz; mit dem Geld übrigens, das Ullstein in Berlin ihm für *König Dame Bube* gezahlt hatte, ging Nabokov dann im Februar 29 über Paris und Perpignan nach Le Boulou und weihte dort seine junge Frau in die Geheimnisse der Schmetterlingsjagd ein; unter den Gästen dort in einem schönen Park war auch ein Priester, der Opernarien sang und eines Tages, als er mit seiner Bibel unter einem Baum saß, die Bibel aufschlug und Nabokov einen Schmetterling zeigte, den er zwischen den Seiten gefangen hatte.

Den Nobelpreis in diesem Jahr gewinnt Sigrid Undset, von der wir nichts kennengelernt haben, ich weiß nicht warum; und den Prix Goncourt erhält der siebenundvierzigjährige Maurice Constantin Weyer für *Un Homme qui penche sur son passé* (deutsch als... *ein Blick zurück und dann...*); der Autor hatte sehr viele Jahre in Kanada verbracht, als Farmer, Jäger, Holzfäller, darüber verfaßte er einen gewaltigen Sechsteiler *(Kanadisches Epos)*, das Buch hier ist der letzte Teil und behandelt die Geschichte einer Liebe, die mit Mordversuchen und Fluchten und dem Tod eines Kindes endet, als ein älterer Liebhaber wieder auftaucht.

Grabschrift (192) für

HOFMANNSTHAL. Hofmannsthal, von dem wir wenig kennen, da aus seinem *Andreas* nichts geworden ist, wohl nichts hat werden können, den wir beiläufig kennengelernt haben als Herausgeber oder jedenfalls einleitende Galionsfigur einer Balzacausgabe (1908 ff. und 1923), stirbt vierundfünfzigjährig in Rodaun; ich blättre in dem Vorwort, und ich finde jetzt eine Stelle, die merkwürdig ist, jetzt, fast am Ende auch unsres Buchs, mit seinen tausend Büchern: bei aller Finsternis des Weltbilds Balzacs, sagt Hofmannsthal da, sei durch sein ganzes Werk doch eine geistige Heiterkeit ergossen (*ergossen:* so schreibt er dann), eine geistige Heiterkeit wirklich, sagt er, ein tiefes Behagen: denn wie, sagt er, »wie wäre es anders zu nennen, was uns, wenn einer dieser Bände uns in die Hand gerät, immer wieder nach vorwärts, nach rückwärts blättern macht, nicht lesen, sondern blättern, worin eine subtilere, erinnerungsvolle Liebe liegt, – und was uns die bloße Aufzählung der Titel dieser hundert Bücher oder das Register der Figuren, die in ihnen auftreten, gelegentlich zu einer Art von summarischer Lektüre macht, deren Genuß komplex und heftig ist, wie der eines geliebten Gedichts?« Ja, wie wäre es anders zu nennen...

✦

Sinclair Lewis schreibt *Dodsworth;* dieser Dodsworth kommt aus derselben Stadt wie unser Babbitt sieben Jahre früher – dem Autor schwebte ein ganzer Romanzyklus vor über das amerikanische Leben, in Europa hatten so etwas ja schon viele gemacht, Balzac, Pérez Galdós, Zola in den alten Zeiten, neuerdings Kollegen von Lewis wie Martin du Gard, Anatole France, Gals-

1929 worthy –, und Dodsworth nun geht, wohlhabend geworden, und damit er was hat vom Leben, nach Europa, nach England, Frankreich, Italien, mit seiner Frau, die aber dumm ist und ganz grauenvoll an allem scheitert was Europa groß gemacht hat, das heißt, sie merkt nicht, daß sie scheitert, sie langweilt sich einfach zu Tode, während ihr Mann, Dodsworth, nicht unbedingt überragend gebildet, doch irgendwo in der Seele spürt, daß da noch etwas andres drin ist als das was es einem leicht machen könnte, gelangweilt wieder abzureisen. Mrs. Dodsworth stürzt sich in Liebesabenteuer und Kaufräusche, sie verläßt ihren nun für sie mitsamt seinem kultivierten Europa langweilig gewordenen Mann, der geht allmählich in sich, es erfüllen ihn immer stärkere Ahnungen von dem was auch für ihn so etwas sein könnte wie das wahre Leben, und am Ende, mit einer Frau wie für ihn gemacht, wie ihm allmählich dämmert, lebt er irgendwo ruhig in Italien, und als seine Frau ihn wiederhaben will, bleibt er da – ein Nachfahre jener Helden bei Henry James, die damals, und als einen der ihren später dann habe ich seinerzeit unsern Dodsworth hier erwähnt, nach Europa gingen; es war ein swingenderer Kontinent damals, bei James, aber es ist auch ein einfacheres Glück, das Dodsworth jetzt braucht, und vielleicht sieht man das daran, daß Dodsworth wirklich bleiben kann, keiner früher konnte das, und kaum einer kann es, im wirklichen Leben, auch jetzt in diesen Jahren. – Roths Romane und Romanfragmente aus diesem Jahre habe ich im letzten Kapitel schon alle genannt: *Rechts und links*, *Der stumme Prophet*, *Perlefter*. – Martin du Gard beendet seine *Thibaults* mit dem eindrucksvollen *Tod des Vaters*. – Hemingway, auch das hatten wir schon, schreibt *Farewell to Arms*, *In einem andern Land*. – René Schickele bringt einen kleinen Roman heraus, *Symphonie für Jazz*, sehr rhythmisch und schwungvoll geschrieben, aber wenn es anders geschrieben wäre, hätte es dieselbe traurige Süße

oder süße Traurigkeit rund um Liebe und Musik und 1929
junge Leute und den Tod. – Jean Giono, der uns seit
Melville lieb und wert ist, schreibt den *Berg der Stummen,*
ein sehr schönes, etwas dunkles manchmal, aber so ein-
drückliches Buch aus den Bergen an der Durance um
ein verstecktes entführtes Mädchen und die Bauern um
es herum, daß man, aus diesen kalten nebligen Gegenden, in denen wir doch meistens wohnen müssen, nichts
will als hin in diese südliche Welt, egal wie stumm und
unnahbar sie da sein mögen und egal, wie höllisch und
drohend dann, wenn man hinfährt, die Gegend noch
durch die Autofenster hindurch unsern armen nichts
mehr aushaltenden Seelen kommt. – Gide schreibt eine
brillante Erzählung, *Die Schule der Frauen,* die sich später,
1930 und 39, durch zwei ergänzende Erzählungen zu
einem Roman ausweitet; Gegenstand ist eine Ehe, die
im ersten Hauptteil mit den Augen der Frau geschildert
wird, die in ihrem katholischen Mann mehr und mehr
einen sehr unangenehmen Egoisten entdeckt; sehr weit
in ihrer Erkenntnis ist sie, wenn sie dann, als ihr ein
Geistlicher von den Wonnen der Entsagung und solchen
Sachen redet, in ihr Tagebuch schreibt: »Und sogleich
wurde ich mir in meiner Not bewußt: ich habe aufgehört,
an Gott zu glauben, zur gleichen Zeit, da ich aufhörte,
an Robert zu glauben. Schon der Gedanke, ihn jenseits
des Grabes als traurigen Lohn für meine Treue wiederzufinden, flößt mir Grauen ein…«; so befreit sich die
Frau allmählich aus den verlogenen Umarmungen, oder
aus dieser Umarmung der Lüge, die ein ganzes Leben
hätte verderben können, die aber kein Leben verderben
muß, wie sie an ihrer Tochter sieht, die ohne solche Er-
bauungen frei aufwächst. – Soupault ist wieder mit einem
Roman da, er heißt *Ein großer Mann* und beschreibt das
Leben eines Automobilherstellers (Soupaults Großonkel
war Renault), dessen schöne und bewunderte Frau beinahe einem schwarzen Sänger verfällt, der dann aber,

1929 müde seiner leichten Siege, Europa verläßt, am Ende sehn wir ihn irgendwo in der Ferne Autorennen fahren; auch in Paris, da müssen sich Lebensgefühle durchgehalten haben seit es Autos gibt, denn Kutschen ließen sich ja nicht so einfach anwerfen, wenn man Lust hatte, man mußte den Kutscher auftreiben, anspannen lassen, und so weiter, auch in Paris war er schon gern sinnlos, wie man dann sagen könnte, durch die Straßen, durch die Gegend gefahren. Auch an diese erzählenden Texte gewöhnt man sich, auch sie entsprechen offenbar einem Lebens- oder Lesegefühl – alle paar Wochen einen solchen Text möchte man lesen, sagt man sich; und es ist dann sehr schön, daß diese Autoren wie Soupault immer weitergeschrieben haben. – Faulkner bringt zwei Bücher heraus, die nun jenen Ton haben, der uns nicht so leicht wieder losläßt: *Sartoris* und *Schall und Wahn*. In *Sartoris* läßt Faulkner zum ersten Male aus dem Dunkel eines unbekannten Landes lauter ganz phantastische Figuren an ein Licht treten, das es bisher in Romanen noch nicht so gab: so flackernd, so wild machend, so geistervoll und schwermütig, so überschwenglich und boshaft; das Buch, das, jedenfalls an der Oberfläche, das Leben eines jungen Mannes schildert, der seelisch ganz traumatisiert aus dem Krieg zurückkehrt und in Auto- und Flugzeugraserei untergeht, ist so gedrängt voll von so lebendigen Figuren (wie aus Träumen oft herandrängenden Figuren aus der Verwandtschaft des Helden – es ist, als ob die Barnes in ihrer *Ryder*-Familie hier Verwandte hätte), daß man hier, wo man nicht mehr nach Gut und Böse und Glück und Tragik und Trauer und Komik unterscheiden mag, jene gewaltige Fülle der Unvernunft, von der wir Pérez de Ayala haben reden hören aus dem Munde des holzbeinigen Sohns seines Tiger Juan, wirklich mit Händen greift. *Schall und Wahn* ist ein Versuch, den ganz allmählich sich aufhellenden Zerfall einer Familie aus den verschiedenen Blickwinkeln ihrer Angehörigen

zu schildern: ein idiotisches Kind erzählt, dann ein unglücklicher junger Mann, dann sein übler Bruder, dann
eine Negerin (nicht zu Wort kommt ein junges schönes wildes Mädchen, heimliches Zentrum des Buchs);
Faulkner charakterisiert seine redenden Figuren durch
ihre unterschiedlichen Redeweisen, wir erinnern uns
natürlich an Joyce, an die Woolf; manches daran, was
damals neu war, rührt uns nicht mehr sehr, wir sind
aber unschuldig an dem fatalen Gesetz, wonach, offenbar jedenfalls in den allermeisten Fällen (denn auch das
Ohr kann kaum zurück in den Zustand der Unschuld
des Hörens), das tausendmal Nachgemachte niemals
mehr das sein kann, was es einmal gewesen sein muß.
Unvergleichlich geblieben (und noch einmal denkt man
an Joyce, an seine Molly am Ende des Buchs) ist lediglich
der Monolog des Idioten am Anfang hier bei Faulkner,
und wenn man diesen Anfang gründlich liest, dann
muß man den Autor doch für immer lieben; und nicht
allein wegen seines so schönen Mitgefühls mit diesem
idiotischen Kind, das haben andre auch schon gehabt,
sondern, und das haben wir bei diesen andern immer
vermißt, wegen seines Muts, auch einem Lallenden, dem
die Welt zerfällt, noch eine Sprache zu geben, die mit
der unsern zusammenhängt: so daß wir wirklich klüger
werden mit dieser Erweiterung unsrer Welt, mit dieser
Erfahrung, daß sie weiter ist als wir dachten. – Döblin,
von dem wir fast nur Experimente kennen, meistens
auch noch lediglich mißglückte oder doch in einem
Nirgendwo endende (die *Drei Sprünge,* den *Wallenstein,*
Berge, Meere und Giganten), nur *Wadzeks Kampf mit der*
Dampfturbine hatte uns vom Genie dieses Erzählers überzeugt, oder wenigstens vom Vorhandensein eines solchen
Genies, Döblin schreibt jetzt, wie aus heiterm Himmel,
Berlin Alexanderplatz, die Geschichte vom Franz Biberkopf –
und schon dieses dativisch-bänkelnde *vom* ist Geist vom
Geist dieses Buchs: des stillosesten Buchs, das wir haben;

1929 Döblin mischt in dieser Großstadtballade bedenkenlos  alles was er schon kann und sonst noch kennt: Werbesprüche, Volkslieder, Bibelgut, Naturkitsch, Bänkelsang und Fallada und Berlinerisch und alles was er Dos Passos und Joyce abgelernt hat; oft ist das Gemisch hinreißend, ebenso oft die schlimmste Sentimentalität: und es ist nun die Größe dieses Buchs, daß es auch darüber keine Bedenken kennt. Das Lausige grenzt an das Erschütternde, der Schmutz ans Reine, das seinerseits wieder kaum von der Dummheit unterschieden ist – und man weiß niemals was daran Kunst ist und was einfach ein Reflex, man will es auch nicht wissen. Biberkopf ist der törichte Held, und weil er töricht ist, wird aus der modernen Großstadt eine bloß schwerer überschaubare kleine Stadt, denn diesem Helden rückt alles auf den Leib, und er sieht nur was er fühlt, ein antiquierter Mann, der jeden Mythos (der modernen Großstadt und so weiter) ruiniert – auch in dieser destruktiven Arbeit liegt nach allem von ihm davor Geschriebnen die schwer begreifbare Größe Döblins in diesem Buch. – John Steinbeck, der erst später gut wird, debütiert mit einer *Handvoll Gold*, einem Kostüm-, einem Abenteuerstück. – Graham Greene debütiert mit *Zwiespalt der Seele*, einem sehr guten Roman unter Schmugglern, worin es um Verrat geht und am Ende um Tod, als aus einem Feigling der werden könnte, den die Liebe als den Besseren in ihm sieht. – Julien Green, dessen Bücher später oft etwas sehr überredend christlich werden, bis in die Bilder hinein, etwa wenn dann frühmorgens über nebligen Kanälen in Paris eine Sonne aufgeht, der man ansieht, daß sie Gott ist – dieser Julien Green schreibt jetzt *Leviathan*, ein durch klassisch-wundervolle Unerlöstheit faszinierendes Buch über einen Mann, der in der französischen Provinz sich in ein leichtes Mädchen verliebt, dann einen alten Mann umbringt, danach in den Armen einer Frau landet, die sich in einer feinen Villa mit ihrem

Ehemann schrecklich langweilt, und schließlich von dieser Frau verraten wird, als sie merkt, daß er immer noch
jenes Mädchen liebt. Das Buch ist hinreißend in den
Schilderungen der Langeweile, etwa einer Wirtshaus-
mittagstafel, in der Darstellung einer aus dieser Langeweile resultierenden krankhaften Neugier, und ganz groß
ist es, wenn der Mann in der Mordnacht durch die Straßen geht, über Fabrikgelände, an Kohlehalden vorbei,
unter Laternenlicht, das ein nasser Wind hin und her
schwanken läßt (das Licht wirklich) und ungewiß macht:
das sind Sachen, die vor Julien Green noch keiner gesehn
zu haben schien, und die jetzt erst wirklich zur Welt dazugehören. – Eugène Dabit, ein Autor ein bißchen wie
Gides Freund Charles-Louis Philippe, an dessen Bücher
Sie sich ganz sicher erinnern werden *(Bubu, Perdrix,
Marie Donadieu, Croquignole),* selber auch wieder ein
Protégé und Freund Gides, mit dem zusammen er 36
die Reise nach Rußland unternahm, schreibt *Hôtel du
Nord, Paris,* ein seinerzeit sehr berühmtes Buch, das
dann fast verschwunden ist hinter dem schönen Film,
den Carné 1938 danach gedreht hat; das Buch besteht
aus lauter kleinen Szenen, in denen Gäste und Bekannte
eines Ehepaars auftreten, das mit einer kleinen Erbschaft
ein kleines schmutziges Hotel übernimmt – wer vor ein
paar Jahrzehnten in Paris war, kennt noch diese Hotels
in der Nähe der großen Bahnhöfe, Dabit kannte sie so
besonders gut, weil sein Vater aus diesem Milieu stammte.
Unter den vielen Menschen, die hier verkehren und arbeiten, sieht es nicht sehr nach großer Menschlichkeit
und nach psychischen Subtilitäten aus, aber wie in so
vielen Romanen, die wir kennengelernt haben, haben
die Leute ihr Glück und ihr Unglück, ihre Arbeit, ihren
Trost. »Wir sind«, so zitiert Dabit aber in einem Motto
des Buchs Jean Guéhenno[21], »wir sind weder liebenswert

---

[21] einem Bekannten auch Gides, Gide drückt aber des öfteren
eine gewisse Ungehaltenheit aus, im Tagebuch, 1937, heißt es einmal:

1929 noch rührend. Jeder von uns, herausgegriffen aus der Masse, wäre nur ein höchst kümmerlicher Romanheld, banal wie sein ganzes Leben. Denn es ist untertan dem allgemeingültigen Gesetz alltäglichen Elends.« Das mit den herausgegriffenen kümmerlichen Romanhelden hatte ja Dos Passos schon ziemlich klar gesehn in seiner dann aber eben dagegen monumentalisierenden Schreibart, wahrscheinlich ist die ganze Passage, die Dabit da zitiert, ein bißchen sinnlos; warum er sie zitiert, ist nicht ganz klar, denn die Szenen, die er dann erzählt, widerlegen den Mottoschreiber, es sei denn, beide, Guéhenno und Dabit, hegten heimlich eine so heroische Idee vom Menschen, daß dagegen keine Realität, zumal in diesem Milieu, bestehen kann. Aber nicht bloß Carnés vielleicht (womöglich bloß durch die Vergangenheit seiner Machart) leicht begütigender Film widerlegt das, sondern Dabits Roman selbst, den im Leser dann doch gleichsam die Engel aller Romanciers ein bißchen gegen irgendwelche schlimmen Ideen des Autors in Schutz nehmen; dieser Roman selbst, indem er eben die einzelnen zu Wort kommen läßt, hat sie immer schon aus der Masse herausgenommen und zu Individuen gemacht: es mögen elende und irgendwie schon banale Individuen sein, die

---

»Eine Seele ist soviel wert wie jede andere, verkündete Guéhenno. Mein Herz und mein Verstand verwahren sich gegen diese ruinöse Formel.« Ein andermal ruft Gide förmlich aus: »In Deinem Bestreben, Guéhenno, nur immer die allgemeinsten, die gewöhnlichsten Gefühle der Menschheit gutzuheißen und zu akzeptieren, gibst du diese der Verarmung preis. – Jedes Streben nach Entindividualisierung zugunsten der Masse ist letztlich für die Masse selbst verhängnisvoll.« Dieser Satz Gides, auch wenn man ihn begreift, ist nicht besonders gut; das hängt mit einem Phänomen zusammen, das wir schon einmal, irgendwo bei Spielhagen, diskutiert haben: es gibt Probleme, die man so, wie sie im Augenblick gestellt werden, nicht diskutieren kann, ohne dümmer zu sein als man ist; Gide diskutiert fast dumm, weil er sich von seinem armen Gegner einen Begriff der Masse vorgeben läßt, den man nicht diskutieren kann, und schon gar nicht so, daß man ihn einfach umdreht. Schuld sind auch hier wieder jene terriblen Simplifikateure: Gide hätte Burckhardt lesen sollen.

kommen und gehn, aber wir erkennen sie wieder; man
müßte eigentlich auch fragen, in welchem Sinne denn
die sogenannte Masse in Romanen auftauchen kann:
sind diese exemplarischen und paradigmatischen Charaktere, denen wir seit einigen Jahren begegnen, Typen
der Masse? Widerlegt die Masse, besonders wenn man
sie feiert[22], den Roman als ein Genre, das dem – womöglich sogar oder prinzipiell egalitären – Bürger gewidmet
war? Ich glaube, wir würden lieber sagen, daß, wie
selbst ein Buch wie dieses von Dabit zeigt, der Roman
alle Doktrinen[23] widerlegt. – Konstantin Waginow, der in
der St. Petersburger Boheme zu Hause ist, veröffentlicht
Werke und Tage des Svistinow, darin will ein junger Autor
einen Roman schreiben, zu diesem Zweck sucht er sich
in seinem Lebenskreis die Figuren seines Romans zusammen (das haben wir schon mehrmals erlebt), und da
das Ganze nun nicht einfach der Roman über die Entstehung eines Romans sein soll, den man dann lesen
könnte, sondern schon der Roman selbst, ist dieser
Roman, verblüffend rasch, und ein wenig enttäuschend
beinahe, schon aus, wenn der Autor die Personen zu-
sammenhat. Mittendrin gibt es aus Zeitungsberichten
genommene kleine Novellen, eine geht so: »Bevor man
irgend etwas schreibt, muß man das zu beschreibende
Ereignis selber erlebt haben. Zu diesem Prinzip bekennt
sich der Schneider Dmitrij Scelin. Er arbeitet schon seit

---

[22] Gide erzählt, daß bei Dabits Beisetzung besonders Aragon den
Toten als einen treuen und überzeugten Parteigänger der Kommunisten gerühmt habe (Gide litt oft darunter, daß er Freunde, die an
irgendeinem Punkt seiner eignen Entwicklung stehngeblieben waren,
dann zurück-, hinter sich lassen mußte, lauter erstarrte Figuren am
Weg).
[23] neulich, als im Jahre 1917 Bücher von Sinclair und Keyserling
aufeinandertrafen, Sinclair hatte gerade eine sonderbare Kritik an
den Romanen der Austen geübt, habe ich Ihnen den Genossen Ponge
zitiert, der gegen seine Freunde die Poesie verteidigte, sie rette die Sensibilität durch den Klassenkampf, hatte er gesagt; hier jetzt schmilzt
der Roman den Frost der Doktrinen weg.

 etwa zwei Jahren an einem Roman aus dem modernen Leben mit allen damit verbundenen Greueln. Vor zwei Monaten schien es Scelin erforderlich, ein Kapitel seines Romans mit dem Selbstmordversuch seines Helden zu vollenden, der sich vergiften wollte. Zu diesem Zweck wollte Scelin selbst die Qualen kosten, die für gewöhnlich ein Selbstmörder durchmacht. Er verschaffte sich Gift, nahm es ein, doch dann verlor er das Bewußtsein. Aus seiner Wohnung brachte man Scelin in das Maria-Magdalenen-Krankenhaus. Dort lag er etwa zwei Monate. Nach seiner Genesung begann Scelin von neuem an seinem Roman zu arbeiten. Nun war es für unseren Helden erforderlich, die Empfindungen eines Selbstmörders zu erfahren, der sich zu ertränken versucht. Heute nacht, um zwei Uhr, stürzte sich Scelin von der Tuckov-Brücke in die kleine Neva. Ein Beamter der Wasserschutzpolizei und die Brückenwächter entdeckten den Ertrinkenden noch rechtzeitig. Mit einem Boot ruderten sie zu Scelin und zogen ihn aus dem Wasser. Bewußtlos wurde der experimentierende Romancier in das besagte Maria-Magdalenen-Krankenhaus eingeliefert. Am Morgen erlangte er dann sein Bewußtsein wieder. Das war noch nicht alles. ›Jetzt muß ich noch erfahren, wie es ist, wenn man sich unter einen Zug wirft. Nur dann werden alle Ereignisse in meinem Roman real und nachfühlbar sein.‹ Schwer hat es ein schriftstellernder Schneider.« In einem westeuropäischen Roman, auch wenn man sich dort diese merkwürdige vorgetäuschte Naivität nicht recht vorstellen könnte, wäre ein solches Kapitelchen etwas Harmloses, vom Helden einmal abgesehn – unter den politischen Umständen, unter denen diese jungen Leningrader Bohemiens schrieben, Bohemiens, die allein ihres Lebensstils wegen schon verdächtig waren, hatten solche Passagen dann bald auch für die Parteizensoren alarmierende Perspektiven – wenn das Leben für den, der es fassen wollte, sich so spiegelte,

dann waren die Spiegel nicht in Ordnung. In einem ironischen kleinen Nachwort zu seinem nächsten Buch sieht Waginow diese Gefahren, er verwahrt sich durch- sichtig und schreibt: »Des Autors Thema ist es gewiß nicht, merkwürdige Leute zu beschreiben, nur um merk- würdige Leute zu beschreiben. Der Autor wirft hier eine ernsthafte Frage auf. Dem Autor dünkt, daß er hier einen eigentümlichen Menschenschlag berührt hat, dem es um die Schattenseiten gesellschaftlicher Tätigkeit zu tun ist.« – Hans Henny Jahnn schreibt *Perrudja*, ein unvollendet gebliebenes, aber auch in diesem Zustand schon recht unlesbares Buch; in nordischen Landschaften arbeitet der Autor mit mächtigen Mythen, angesichts deren man geneigt ist, jede sprachliche Forciertheit hinzunehmen; wenn der Held aber[24] dann mit unserer Welt zu tun kriegt, mit Autos, Flugzeugen und andern selbstverständlichen Realitäten, dann bedient sich sein Autor derselben Sprache: die sich jetzt aber den Dingen nicht anpaßt, sondern sie begreifen zu müssen meint mit gleichsam natürlichen Mitteln; das Ergebnis dieser Ver- gewaltigung ist ungefähr so albern wie in Heideggers *Sein und Zeit* der Versuch, einen Fahrtrichtungsanzeiger am Auto philosophisch zu beschreiben. Die Liebesgeschich- ten in dem Buch sind schwer erträglich, D. H. Lawrence war mit allen seinen Trommeln und sonstigen mexika- nischen und wildhüterischen Hilfsmitteln ein einfacher Mensch gegen Jahnn – dessen ganzes Problem eine Welt- verbesserung zu sein scheint, vor der einem Angst wird, wo man doch bloß einen Roman lesen wollte; man soll eben offenbar nicht bloß immer Romane lesen wollen,

---

[24] er besitzt haufenweise kostbare Steine in seiner Wohnung – ich hatte darauf bei Huysmans einmal vorausgedeutet, weil Des Esseintes in Huysmans' *Gegen den Strich* auch so scharf auf Erlesenheiten ist; Des Esseintes ist aber lediglich ein dekadenter Snob, während Jahnns Perrudja in Steinen, Fellen und dergleichen eine wenn auch herr- scherliche Natürlichkeit sieht gegen das städtische Getriebe und so weiter.

1929 das wird es sein. – Von John Cowper Powys, dessen *Glastonbury Romance*, gleich nach unsrer Zeit, ein ganz wunderbares Buch ist, erscheint *Wolf Solent*; das ist die Geschichte eines naturverbundnen Jünglings, der niemals über irgend etwas nachdenken kann, ohne daß im selben Augenblick (ich glaube, bei Tolstoi habe ich einmal auf diesen sonderbaren Tick hingewiesen) in seiner Augennähe ein Würmchen ein Blättlein entlangkriecht oder ein Käferchen einen Halm emporklettert; Vögel singen viel, und die Frau, die er liebt, vermag eine Amsel zu imitieren, wie ein Frühling in Person; der junge Mann liebt sie aber nicht so ganz, ihr Gesang verstummt, und kommt erst wieder, als irgendein Flegel sie einmal auf seinen Schoß nimmt. Dieses sehr dicke Buch, obwohl ganz entschieden besser als alles, was Jahnn oder sonst Hesse geschrieben haben, gehört mit den Büchern dieser Autoren dennoch eng zusammen, denn alle diese Dichter haben ein Markenzeichen, fast eine kleine Tätowierung, die sie tragen, wohl damit sie sich besser erkennen können in dem Dunkel, worin sie gern leben – alle sind sie Erotomanen, alle preisen sie die weibliche Schönheit, alle sind scharf auf Busen, auf Brüste, und alle nun schwärmen immerfort, wenn sie von Brüsten schwärmen, und als hätten sie noch nie welche gesehn, von den runden, den kugelrunden Brüsten, und damit nicht genug : alle vergleichen immer in demselben Atemzug diese runden Brüste mit irgendwelchen Früchten, und wenn ihnen keine neuen Früchte mehr einfallen, weil die meisten schon von den Kollegen verbraucht sind, dann schreiben sie, wie Jahnn einmal, von den runden Brüsten einfach noch hin: sie seien wie Früchte. Ich habe keine Theorie für dieses Phänomen, aber denken Sie an mich, wenn Sie, wahrlich nicht getrieben von mir, diese Bücher lesen sollten. – Ein gewaltiges Buch auch am Ende dieses Jahres: Thomas Wolfes *Schau heimwärts, Engel* – ganz am Anfang unserer Erzählung hier, bei Voß, bin ich auf dieses Buch schon

einmal gekommen, des herrlich üppigen Südstaaten-essens wegen, das Wolfe da öfter beschreibt. Weit aus-holend und mit großem romantischem Schwung schildert Wolfe Kindheit und Jugend eines werdenden Schrift-stellers – das Ganze ist eine große kaum verhüllte Autobiographie, deren wunderliches Geheimnis darin zu liegen scheint, daß der Held, auch wenn er noch nicht schreibt, doch in jeder Figur entschieden mehr, tausend-mal mehr sieht als eben bloß eine Mutter, einen Vater, Geschwister, Tanten und Onkel: alle sind, bloß indi-viduell ausgeformt, jene großen beinahe mythischen Mächte, die den Menschen gerade durch das was jedem passiert, zu dem machen was dann der große Dichter als das empfinden wird, was eben weit über den einzel-nen hinausgeht. Man muß ein wenig trunken werden können vom Lesen, wenn man etwas haben will von diesem Buch; wenn man das kann, dann ist Wolfe der ausschweifendste und liebenswürdigste aller Gastgeber.

Den Nobelpreis gewinnt in diesem Jahr Thomas Mann. – Den Prix Goncourt erhält der dreißigjährige Marcel Arland für *Heilige Ordnung*; Arland, der 1968 in die Académie gewählt wurde, war viele Jahre lang Mit-arbeiter der *Nouvelle Revue Française*, er schätzte als seine großen Lehrmeister Pascal[25], Dostojewski und Gide, und damals, als er grassierte, soll er, ein merkwürdiges Hobby, den Dadaismus geradezu bekämpft haben.

---

[25] »... der in den Künsten mit Blindheit geschlagen war, der sich nicht vorstellen konnte, daß zwischen Schönheit und geometrischer Anschauung, diesen wenn auch unterschiedlichen Vermögen, ein feiner, und zwar naturgegebener, Zusammenhang besteht; der die Malerei für ein eitles Spiel hielt, der wähnte, daß echte Beredsamkeit der Beredsamkeit spotte; der uns eine Wette anbietet, die alles, was Geschmack, und alles, was Geometrie ist, in ihren Schlund hinab-zieht, und der, nachdem er eine neue Lampe gegen eine alte ein-getauscht hatte, seine Zeit damit vergeudet, Zettel in seine Taschen einzunähen...« – Valéry, in der schon zitierten zweiten Auflage des Leonardo-Aufsatzes mit der Anmerkung und der Abschweifung.

1929

Grabschrift (193.194) für

DOYLE. LAWRENCE. Die beiden letzten, die wir begraben wollen: einundsiebzig-jährig Arthur Conan DOYLE, er stirbt in Crowborough in Sussex; und vierundvierzigjährig David Herbert LAWRENCE, er stirbt, nach einem ruhe-losen Leben, nach zwölf Romanen, an Tuberkulose in Vence bei Nizza; René Schickele hat 1935 einen großen Essay über Lawrence geschrieben, er beginnt mit die-sem Porträt: »Auf einem mageren Hals erhob sich ein schmaler Kopf, an dem die hübsch abgerundeten, gleich-sam gesitteten Faunsohren auffielen. Das ovale, von der Krankheit ausgemergelte Gesicht mit der geraden flei-schigen Nase und der nicht hohen, aber sehr schönen Stirn (seitlich fiel eine Haarsträhne hinein und gab ihr einen artigen Akzent) war von rötlichem Haarwuchs umrahmt, der vom Kopf an den Ohren vorbeilief und in einen kleinen Spitzbart endete. Zwischen Spitzbart und dem mit ihm zusammengewachsenen Schnurrbart schaute ein Mund hervor: klein, schmal und wie ge-salbt mit einer merkwürdig sinnlichen Klugheit[26]. Die Lippen waren etwas vorgeschoben, wie wenn sie leise für sich summten. In den blauen Augen schwamm ein Funken, der die Farbe wechselte.« Am Schluß des Essays sagt Schickele: »Die Frau begräbt ihn im Fried-hof des Städtchens, ganz hinten an der Mauer. Man muß lange suchen, bis man das Grab findet. Es ist klein

---

[26] drei Seiten später sagt Schickele, ich zitiere das, damit man sein Porträt begreift: »Hätte Lawrence nicht das Genie des Dichters, er wäre ein Narr, und man könnte es den Narren überlassen, sich mit ihm zu beschäftigen. Seine Biographie erklärt nicht sein Werk, um-gekehrt erklärt das Werk zum großen Teil sein Leben. So ist es.« Und so erklärt sich natürlich auch nur dem Leser des Werks das Gesicht des Autors.

und schmal, wie Lawrence im Tod gewesen sein mag: das Maß des Menschen, wenn er heimkehrt – ein längliches,  eingefaßtes Stück Erde: das Bildzeichen für menschliche Asche. Das Grab trägt weder Namen noch Schmuck. Eine kleine Steinplatte, an die Friedhofsmauer gelehnt, zeigt einen Phönix aus mattfarbenen Kieseln. Mit einer rührend ungeschickten Bewegung, als entschlüpfte er einem Ei, erhebt er sich aus seiner Asche.«

Hamsun setzt seine *Landstreicher*-Trilogie fort mit *August Weltumsegler.* – Hesse schreibt *Narziß und Goldmund,* einen sonderbar und fast wie in den Anfängen unserer Erzählung ins Mittelalter versetzten Künstlerroman; Hesse schreibt wirklich keine gute Prosa, er schreibt umständlich, geziert, feierlich, betulich (niemals eitel, das ist wahr), und seine Seele ist voll von Botschaften, und sein Kopf voller Gedanken, die noch schlechter gedacht sind als seine Botschaften gefühlt. Aber sowohl hier im *Narziß* als auch im benachbarten *Steppenwolf* gibt es dann Passagen (sie haben immer schon angefangen, wenn man sie bemerkt), in denen eine merkwürdige, meist eine erotische Phantasie plötzlich ganz ungehemmt und sehr genau ausdrückt, wie ihr zumute ist. Die Sprache bekommt dann mit einem Male einen Ton, der, so sehr man sich wehren mag, ins Herz geht; man möchte das gar nicht gern, denn alles bleibt wirr und unklar, aber es ist dann auch eine so betörende Ehrlichkeit mit im Spiel, und so kann man fast gar nicht anders als für ein Weilchen diesem Klang sich öffnen. – Dos Passos beginnt seine ausladende USA-Trilogie mit dem *42. Breitengrad,* worin er hauptsächlich, in einem Querschnitt durch das große Land, Personen aus der Unterschicht zu Wort kommen läßt; das Buch ist, ein wenig schematisch mitunter, in Kapitel über immer wiederkehrende Hauptpersonen eingeteilt,

1930 dazwischen schieben sich sogenannte Kamerafahrten, Wochenschauen und dann ab und zu gewissermaßen exemplarische Porträts bedeutender Amerikaner, balladesk, in poetischem Flattersatz, in ihnen erzeugt Dos Passos mit der monumentalisierenden Knappheit seines Stils bewundernswerte sarkastische Effekte, etwa, wenn er über den großen Industriellen Pierpont Morgan sagt: »Jedes Jahr zu Weihnachten las ihm sein Bibliothekar Dickens' *Christmas Carol* aus dem Originalmanuskript vor.« – Evelyn Waugh, ich habe das Buch letzthin schon erwähnt, schreibt *Vile Bodies*, ... *aber das Fleisch ist schwach.* – Joseph Roth, nach dem Abschied von seinen satirischen Zeitromanen (im *Perlefter*-Fragment, wir haben das gesehn), bringt *Hiob* heraus, ebenfalls, der Name sagt das ja, einen exemplarischen (an einem großen Beispiel orientierten) Lebenslauf, nur jetzt, wegen der Richtung aus der Vergangenheit her, biblisch auch noch, von mächtigerer Schwere; natürlich ist Hiob ein etwas abgegriffener Mythos, und wenn Roth bei seiner modernen Geschichte nun auch nicht sehr viel dafür kann (wenn er einmal Hiob wählt), daß sie sich sozusagen von selbst mit übergroßer Bedeutung auflädt, so ist er selber doch nicht ganz unschuldig daran (Satiriker haben es nicht leicht, wie oben bei Waginow der schriftstellernde Schneider), daß sein Buch unverhältnismäßig sentimental ist[27]. – Giraudoux noch einmal, er schreibt ein hinreißendes kleines Buch, *Die Abenteuer des Jérôme Bardini* (auch: *Die Schule des Hochmuts*), die Geschichte eines Mannes, der, grundlos, wie man sagen möchte, denn er

---

[27] es liegt ein unter Umständen sogar nachdenkliches Problem darin, daß Geschichten über Clowns und über Hiobs immer von Haus aus sentimental sind, und daß man andrerseits natürlich keinem einen Vorwurf daraus machen kann, Clowns und Hiobs für große Bilder des Menschen zu halten. Man gewinnt dann aber eine tiefe Zuneigung zu Leuten wie Hardy, die ihre Menschenmuster in der Antike fanden, einem offenbar wesentlich unverbrauchteren und fast dezenteren Zeitalter der Geschichte.

hat alles was man sich wünschen kann, Familie, Beruf
und Ort verläßt und um die Welt reist; er verliebt sich, er
begegnet einem wirklich unabhängigen vagabundieren-
den Mann, er ist frei, irgendwann kehrt er dann natürlich
zurück. Giraudoux gehört wie Gide zu den schreibenden Geistern, mit denen man sich wunderbar unterhalten kann. – Jean Giono veröffentlicht *Die Ernte*, einen
Roman wieder in der unvergleichlichen Landschaft an
der Durance, um einen eigensinnigen Bauern, der den
kargen und von den andern für nichts gehaltenen Acker
eines Hochplateaus kultiviert (ein altes Thema, oder ein
Urthema der modernen Zeit: Deledda, Hamsun, auch
Capuana war glaube ich beteiligt an diesem Bauern-
aufstand); Giono ist immer groß in seiner Freundschaft
mit den Sprachlosen, hier aber läßt er sich so sehr ein[28],
daß er beinahe nicht wieder zu uns zurückkommt. –
Doderer publiziert *Das Geheimnis des Reichs*, eine ausgesprochen glänzende Beschreibung seiner Gefangenschaft in Sibirien, die in die Zeit jenes russischen Bürger-
kriegs fällt, den wir nun schon öfter erlebt haben (Sie
erinnern sich gewiß an Gerhardie und an Maugham, zu
schweigen von Katajew und andern); Doderer hat dieses
Buch zu seinen Lebzeiten dann nicht mehr drucken
lassen, in den zwanziger Jahren waren aber seine engsten
Freunde in Wien jene, mit denen zusammen er in Sibirien gewesen, mit denen zusammen er von dort geflohen
war. – Musil beginnt mit der Veröffentlichung seines
Manns ohne Eigenschaften, und ich zitiere Ihnen jetzt,
einen hier im Text, den andern unter dem Text, zwei
Romananfänge, ungefähr gleich lang, nahezu aus derselben Zeit, über dasselbe Thema ungefähr, lesen Sie,
nämlich hier oben den Anfang des Musilschen Buchs[29]:

---

[28] Ausleger diagnostizieren in solchen Fällen immer eine Mischung
aus Bibel und Homer.

[29] und hier unten den Anfang von Powys' *Glastonbury Romance*,
1932: »Schlag zwölf an einem gewissen fünften März kam es im

1930 »Über dem Atlantik befand sich ein barometrisches Minimum; es wanderte ostwärts, einem über Rußland lagernden Maximum zu, und verriet noch nicht die Neigung, diesem nördlich auszuweichen. Die Isothermen und Isotheren taten ihre Schuldigkeit. Die Lufttemperatur stand in einem ordnungsgemäßen Verhältnis zur mittleren Jahrestemperatur, zur Temperatur des kältesten wie des wärmsten Monats und zur aperiodischen monatlichen Temperaturschwankung. Der Auf- und Untergang der Sonne, des Mondes, der Lichtwechsel des Mondes, der Venus, des Saturnringes und viele andere bedeutsame Erscheinungen entsprachen ihrer Voraussage in den astronomischen Jahrbüchern. Der Wasserdampf in der Luft hatte seine höchste Spannkraft, und die Feuchtigkeit der Luft war gering. Mit einem Wort, das das Tatsächliche recht gut bezeichnet, wenn es auch etwas altmodisch ist: Es war ein schöner Augusttag des Jahres 1913.« Musil war fünfzig, als dieser Teil des Buchs 1930 erschien; und man hat immer die Lässigkeit bewundert, mit der hier der Himmel auf Fremdwörter gebracht, mit der er wissenschaftlich ausgedrückt worden ist, und wie dann der Autor noch einmal mit eben dieser scheinbaren Exaktheit sein eignes Spiel treibt, bis hin zu dem Schlenker am Schluß, der mit dem Begriff des Altmodischen noch einmal die Ironie verdeutlicht, die der Autor sowohl dem Realen samt seinen höheren Bedingungen als

---

Einzugsbereich der Bahnstation Brandon und zugleich weit über die tiefsten Tiefen des leeren Raums zwischen den entlegensten Sternensystemen hinaus in der schöpferischen Stille des Urgrunds zu einem jener unendlich kleinen Wirbel, die immer dann entstehn, wenn ein lebender Organismus in diesem astronomischen Universum einen ungewöhnlichen Schub der Bewußtseinserweiterung erfährt. In diesem Augenblick übertrug sich etwas, eine Welle, ein Zucken, eine Schwingung – zu fein, um magnetisch, zu unterschwellig, um geistig genannt zu werden – zwischen der Seele eines bestimmten menschlichen Wesens, das einem Waggon dritter Klasse des Zwölf-Uhr-neunzehn-Zugs aus London entstieg, und der göttlich-teuflischen Seele im Urgrund allen Lebens.«

auch der Beschreibung beider angedeihen lassen will.
Beim mehrmaligen Lesen, aus dem Text zurück, und auch
über die Jahre hin, entsteht freilich immer öfter der Ein-
druck einer gewissen Frostigkeit des hier angewandten
Witzes; die Lässigkeit ist ein kleines bißchen zu groß-
städtisch, der Himmel ist ein wenig sehr ubahnweit weg
von den Köpfen der Leute.[30] – Ignazio Silone schreibt
Fontamara, die erschreckende Geschichte der faschisti-
schen Unterdrückung eines kleinen Tagelöhnerdorfs in
den Abruzzen, die Geschichte schließlich eines Mannes aus dem Dorf, der, als er sich zur Wehr setzt, umgebracht wird; Silone schreibt ganz herkömmlich, es
sieht deshalb so aus (es sieht aber nur so aus), als übersetze er, was er erzählt, nicht in adäquate Literatur: aber
in diesem Falle ist es genau diese beinahe unverständliche

---

[30] Powys war, Ostern 1930, als er diesen Anfang hinschrieb, sieben-
undfünfzig, sein Buch erschien 1932. Powys ist nicht sehr elegant und
lässig mit seinen ersten Sätzen; beladen mit tiefsten Tiefen, Stern-
systemen, Urgründen und sämtlichen Universen fällt er wirklich mit
der Tür ins Haus, schwerfällig und wie gefangen in gewaltigen Träumen. Hier gibt es kaum irgendeinen Abstand, es gibt fürs erste auch
gar keinen Witz. Zwar fängt Powys mit jener Realität an, mit der
Musil endet (»Schlag zwölf an einem fünften März...«, gegen Musils
»... es war ein schöner Augusttag« – Musil dafür hatte hoch »über
dem Atlantik« begonnen, in dessen Tiefen Powys dann, auf seine
Weise, nämlich im »Urgrund« endet –), fährt dann aber, Powys also
wieder, wo Musil unten bleibt (»Autos schossen aus schmalen, tiefen
Straßen in die Seichtigkeit heller Plätze...«), gewissermaßen steilauf
in die Sonne, die bei Musil nur in ihren Wirkungen da ist, und
schreibt: »In der Seele der grandiosen, gleißenden Sonne, die ihre
Strahlen auf das Haupt des Mannes ergoß...« – und dann erst sind
wir unten, wissen aber aus den Sätzen, die uns unten haben an-
kommen lassen, daß wir dort nicht bleiben werden, oder doch nicht
bloß dort unten einfach so gelassen. – Nachher löst die ungeheure
Spannung dieses Anfangs bei Powys sich in eine wunderbar weit-
räumige Erzählung, in der (als gerieten wir nun noch einmal an den
Anfang unsres eignen Erzählens) König Artus und der große Merlin
und seine schöne zauberische Nimue sich so in den Alltag mischen, als
steckten sie wirklich darin; und ich will keinen Hehl daraus machen –,
oder nein, ich will es so sagen: *Der Mann ohne Eigenschaften* ist tatsächlich der ideale Roman für die, die im Grunde Romane gar nicht
gern lesen.

1930 Diskrepanz, die den plötzlichen Einbruch der nackten Gewalt durch die eignen Landsleute so ungeheuer spürbar macht. – Heinrich Mann schreibt, als wäre er noch einmal, immer noch, in den Tagen seiner wilden Münchner Jugend, einen ausgelassenen Roman, *Die große Sache*, einen wirren Spaß mit wehrlos nackten Frauen in großen Häusern, in denen getanzt wird, mit Flugzeugen und schnellen Autos, und unter Schiebern und Spekulanten, und mit einer Bombe, wenn es eine ist – im Grunde eine wunderbare Vorlage für einen wilden und burlesken Film. – Maugham schreibt *Rosie und die Künstler (Cakes and Ale)*, wir haben diesen zauberhaftesten und in manchen Dingen auch verwegensten seiner Romane schon im Rahmen seiner Biographie kennengelernt, es kommt in ihm jenes Porträt vor, das er einst im wirklichen Leben (aber was ist das, nicht wahr?) von seiner Freundin hatte malen lassen. – Witkiewicz schreibt *Unersättlichkeit*, das zweite dieser beiden wunderbaren Bücher, die wir ihm verdanken; das Buch spielt während eines großen utopischen Krieges zwischen Europa und Asien (die Chinesen gewinnen schließlich, Europa ist am Ende), und wenn man eine Geschichte ausmachen will in dem abenteuerlichen Durcheinander des Buchs, dann ist es die eines Mannes, der über Mord, Inzest und wieder Mord und durch alle erdenklichen Exzesse hindurch schließlich zum willenlosen Werkzeug der siegenden Chinesen wird; Witkiewicz' Unbedenklichkeit in der Verwendung von Stilen, Textsorten (Reflexionen, pornographischen Schilderungen, Witzen, Erzählungen, was man will) und geschmacklichen Niveaus geht über alles hinaus was wir kennen – gegen ihn sind die Surrealisten (vielleicht sind sie das ja auch wirklich) spielende Kinder in den bewachten Gärten einer zivilisierten Gesellschaft (mag ihr Inneres auch voll aller Revolten gewesen sein). In einer Nachbemerkung zu seinem Roman (Witkiewicz war selten um schnelle theoretische Konstruktionen verlegen)

meint er: »Ohne auf die Frage einzugehn, ob der Roman eine literarische Form ist oder nicht (für mich nicht)...« und so weiter; und Witold Gombrowicz, alter Freund von Witkiewicz, und selber selten um eine schöne Geschichtskonstruktion verlegen, schreibt seinerseits dann in einem kleinen Nachwort zur deutschen Ausgabe des Romans dazu: »Witkacy zertrümmert also die Romanform – und mit welcher über Virginia Woolf, James Joyce und Franz Kafka hinausgehenden Rücksichtslosigkeit...« – ja, dann lieber Witkiewicz selber mit dieser Idee, der Roman sei gar keine Form, mittlerweile ahnen wir ja was ein Romancier damit meint (und wenn er selber dann noch solche Romane schreibt). – Ein großes Buch nun noch von Faulkner, *Als ich im Sterben lag*; es erzählt, wie das weibliche Oberhaupt einer Familie stirbt und dann über Tage hin in einem Sarg zu dem Ort gebracht wird wo das Grab sein soll – diese Reise mit dem Sarg auf dem Wagen, an ein Ziel, an das keiner will außer einer Toten, diese Reise, erzählt von Stimmen, ist die größte und wahnwitzigste und traurigste Reise, die je einer in diesem Jahrhundert nach seinem Tod gemacht hat mit seiner Familie, eine sinnlose Reise vielleicht, aber das ist nicht wichtig; denn nichts geht wie es soll: Flüsse reißen Brücken weg, Scheunen brennen ab, die Leiche beginnt zu verwesen, Familienmitglieder flippen aus; ein wie irre schwankender Zug ist das Ganze: und wie um dieses Schwanken ins Wort zu bringen, ist die Erzählung des Leichenzugs auf über ein Dutzend Figuren verteilt: immer wieder kommen die Angehörigen zu Wort, aber zwischendurch auch fremde Leute, die den Zug ganz von außen zu sehn imstande sind: so wird er dann noch grotesker. Auch hier, wie in *Schall und Wahn* vorhin, sind die redenden Figuren nicht alle auf derselben Bewußtseins- oder Wortmächtigkeitsstufe, aber die Bewußtseine oder Wortmächtigkeiten sind doch mehr einander angeglichen: die beredte Welt ist mehr aus einem Guß,

1930 auch wenn die Unterschiede zwischen den porösesten und den kompaktesten Stücken sehr groß sind; die allzu schmerzenden Spannungen, die es in *Schall und Wahn* gab (und unter denen dieses Buch noch litt), sind gelöst – nur so ist dann wohl auch die geradezu fesselnde Komik verständlich, die dieser Familienzug mit Leiche an sich hat. Von innen besehen ist diese Familie, die da mit der Leiche durchs Land zieht, eine vollkommen begreifbare Einheit: jeder in der Familie könnte mit Recht jeden Außenstehenden für dumm halten, wenn der nicht versteht, worum es hier geht; von außen aber ist dieser Zug eben wegen seiner lediglich internen Vernünftigkeit dermaßen absurd, daß es wirklich einer mächtig diese beiden Ansichten übergreifenden Schriftstellerinstanz bedarf, damit wenigstens wir Leser unsern Geist in der Balance halten können zwischen einem Weinen, das sich haltlos in die Welt verlieren würde, und einem wirren Lachen, mit dem wir uns ganz abwenden würden von der Groteske des Lebens. Faulkner bringt es fertig, daß wir diese Balance halten: unbeirrbar sanft und dunkel und bilderreich durchdringt seine Sprache alle Verstecke der Eigensucht, alle Winkel des Ichs, und indem wir uns aufatmend ganz dieser Welt öffnen, wie sie in den Wörtern der Sprache um uns weht und fließt, verlieren wir uns weder noch entfernen wir uns, sondern bleiben lesend ihr erhalten und uns. – Und am Ende unsrer Erzählung noch zwei Romane von Nabokov[31], *Lushins*

---

[31] »Eines der sonderbarsten Phänomene unserer literarischen Epoche«, so beginnt Sartre in diesem großen philosophischen Ton, der sehr viel mehr weiß als er je wird sagen können, ein kleines Aufsätzchen zu Nathalie Sarrautes *Bildnis einer Unbekannten*, 1957, »ist das sporadische Erscheinen von lebenskräftigen und ganz negativen Werken, die man Antiromane nennen könnte. Dieser Kategorie würde ich die Werke Nabokovs, Evelyn Waughs und in einem gewissen Sinne die *Falschmünzer* zuordnen ... Diese merkwürdigen, schwer zu klassifizierenden Werke zeugen nicht von der Schwäche der Gattung des Romans, sie zeigen nur, daß wir in einer Zeit des Nachdenkens leben und daß der Roman im Begriff ist, über sich selber nachzudenken ...«

Verteidigung und *Der Späher.* Der erste der beiden Ro- mane, es ist der sehr viel umfangreichere, liest sich, die ersten fünfzig achtzig Seiten hindurch, beinahe nur wie die wenngleich sehr gute Geschichte über ein heranwachsendes Schachgenie – tatsächlich ist es auch diese Geschichte, die Nabokov erzählt; aber allmählich, schon ziemlich lange vor dem Zusammenbruch des Spielers in der Pause einer großen entscheidenden Hängepartie, entwickelt sich das was dann den Zustand des Spielers nach dem Zusammenbruch bestimmt: irgendein Wahn im Hintergrund, ein verdrängter Wahn derart, daß einerseits das Schachspielen selber die für den Geist des Mannes tödliche Bedrohung ist, sollte er sich je wieder daran erinnern, daß er vor dem Zusammenbruch ein großes Schachgenie war, ein bißchen über den Weg zu einem Genie hinaus gewissermaßen, und daß andrerseits irgendein Spiel, dem Schach vergleichbar, längst von diesem Mann als seinem Objekt Besitz ergriffen hat; dieses Spiel muß gewaltig sein, verglichen mit dem Schach; andrerseits, wenn es den, den es sich greift, so zu einem halben Idioten macht wie den Spieler hier, kann es nicht das sein was doch, in seiner wahren Gestalt, mehr sein sollte als eine Leidenschaft, die nicht sieht was sie

---

und so weiter; Sartre war kein sehr guter Leser Nabokovs, Nabokov selber schreibt im Jahre 62 einmal an die Londoner *Times*, als es um einen literarischen Kongreß im Rahmen der Edinburgher Festspiele geht, auf dem er, offenbar laut irgendwelchen Ankündigungen, zusammen mit Sartre hätte auftreten sollen, er lege keinen Wert darauf, mit Sartre auf irgendeinem Kongreß in Erscheinung zu treten: »Es erübrigt sich wohl zu betonen, daß mir die ›Probleme des Schriftstellers und die Zukunft des Romans‹, die auf dieser Konferenz erörtert werden sollen, herzlich gleichgültig sind.« Uns mag Sartres Idee vom Antiroman und dem Roman, der über sich nachdenkt, ein letztes Mal daran erinnern, daß von unserer ersten Fußnote an und eben seit spätestens dem *Tristram* und dem fatalistischen *Jacques* der Antiroman und das Nachdenken über den Roman das sind, ohne das der Roman, und soweit wir ihn uns hier erzählt haben, niemals gelebt hat und von uns und den andern vernünftigen Leuten gelesen worden ist.

1930 treibt. Das Ganze dieses Spielerlebens, an der Grenze zum Zusammenbruch und danach, mit den Perspektivenwechseln, da man manchmal die Welt verschwommen sieht mit seinen Augen, manchmal ihn blind schwimmend in einer wenn auch nicht schöneren Welt (es müßte, sagt man sich, ein schöneres größeres Spiel, eine bessere Leidenschaft geben, um aus dieser Welt etwas zu machen), das alles läßt dann immer mehr den ganzen Roman zu einer ungewöhnlich und den Lesenden selber überraschend spannenden Geschichte werden – und es dämmert einem allmählich, daß man wohl etwas anderes sich hat erzählen lassen (wenn das noch ein bloßes Sicherzählenlassen war, alles in allem, und dies Dämmern hinzugerechnet) als bloß noch einmal eine dieser alten Geschichten, wonach ein alterndes Schachgenie sich in einem Anfall des endgültig durchbrechenden Wahnsinns aus dem Fenster stürzt.[32] *Der Späher* ist eine im Grunde überhaupt nicht rätselhafte Geschichte, nur scheint sie so anzufangen, da in ihr, hinterlistig, ein Mann, ein erzählendes Ich, nachdem er, im Beisein zweier Privatschüler, von einem andern Mann verprügelt worden ist (offenbar dem Ehemann einer Geliebten, die es auf eben diese Szene angelegt zu haben scheint), sich erschießen will und dann erschossen zu haben glaubt; er erwacht, und Nabokov macht es nun mit hübscher Naivität glaubhaft, daß dieser Mann meint, ihm als Toten, oder vielmehr seinem weiterexistierenden Bewußtsein setze sich die gewohnte Welt nun allmählich wieder zusammen: wir, ihm dabei zusehend, sehen natürlich (oder glauben doch zu sehn, oder nehmen eben einfach an), daß er ein bißchen danebengeschossen hat und einfach ans Alte

---

[32] erinnern Sie sich, daß Nabokov mit dem Ullsteinhonorar für *König Dame Bube* mit Vera nach Le Boulou gefahren war, und dort hatten sie in einem hübschen Hotel mit Park gewohnt, und er hatte ihr beigebracht, wie man Schmetterlinge jagt? Während dieses Urlaubs schon hat er diesen Schachroman angefangen.

und Vertraute anknüpfend, auch wenn es jetzt natürlich einige blinde Stellen hat, weitermacht; wenn auch nun schärfer beobachtend, nämlich jemanden, von dem wir eigentlich immer schon, wenn wirs dann heraushaben, gewußt haben, daß er selber es ist: nur ohne die alte als selbstverständlich hingenommene feste Identität – die scheint er sich wie blind ins Schwarze treffend weggeschossen zu haben; er beobachtet die Welt, und er kriegt nicht mehr heraus, wer da unter seinem Namen, liebend, aber nicht geliebt herumläuft. Es ist fast, als beobachte er sich in einem Roman, den er selber dadurch in Gang gebracht hat, daß er durch den Schuß auf sich selbst die Idee auslöschte, jene Realität, auf die man schießen könne, sei die einzige, die das ausmache, was für den Geist das Ganze des Seienden ist. Wunderbar, und nun natürlich auch in der gelesenen, in der erzählten Realität (an diesem Punkt waren wir vorher schon, nämlich nicht mehr lediglich in einer einzigen Dimension), wunderbar ist die kleine Geschichte, als der Held (denn nun ist alles ein Roman: in ihm, der nicht bloß beschreibt, spiegelt sich wirklich was wir sind mitsamt der Welt) einem Bekannten, der in Briefen Tagebuch führt, kurz vor dem Abschicken einen Brief wegnehmen will, weil er, mit Recht übrigens, darin erfahren zu können glaubt, wie jener über ihn oder den, den sie nun beide beobachten, denkt; der Briefschreiber also, mit dem großen Brief, dem Manuskript, dem Lebensentwurf des andern in der Hand, macht sich auf den Weg zum Briefkasten; es stürmt ungeheuer; der, der den Brief haben will, lauert dem andern auf, in einem Schatten irgendwo, es ist Nacht; er sieht den andern; nun bläst ihm der ungeheure, der große Wind den Hut vom Kopf, er läuft dem Hut nach, der dem andern, dem mit dem Brief in der Hand, vor die Füße rollt; der hebt ihn auf; und wie der, dem er weggeflogen ist, ihn wieder nimmt, nimmt er dem andern auch, ohne zu fragen, den Brief aus der Hand: er komme ja gleich

1930 am Kasten vorbei, da brauche jener sich nicht mehr zu bemühen, sagt er; der sagt noch, fast ungehalten, woher er denn wisse, wohin der Brief solle, ob wirklich in den Kasten: da hat ihn der andre schon in der Hand, und indem er, schon ein Stück weg von dem Tagebuch-schreiber, tut, als werfe er ihn ein, steckt er ihn in den Mantel, und geht um die Ecke; und in diesem Augen-blick hat der ungeheure Wind aufgehört, »alles war über-raschend still«.

»Mein Gott«, sagt am Ende ihr Vater, »mein Gott, welches Unheil richten doch Romane an...!« Und beschwich-tigend antwortet Modeste – vielleicht nur für das Buch hier, das nun zu Ende geht, und nun müßte ein neues anfangen: »Sie würden nicht geschrieben werden, lieber Vater, wenn wir sie durchlebten; da ist es schon besser, wir lesen sie...«

REGISTER

Das *erste Register, A,* enthält alphabetisch alle Romanciers, deren Bücher hier behandelt werden; die Bücher folgen nach dem Namen des Autors in der Reihenfolge ihres Erscheinens (in der Regel ist die Buchveröffentlichung gemeint, nur in Ausnahmefällen eine vorherige Zeitschriftenpublikation; Bücher, die – beispielsweise bei Fontane, bei Kafka, bei Proust – erst nach dem Tod der Autors erschienen sind, sind hier immer unter dem Todesjahr aufgeführt); die Tausenderzahl nach dem Erscheinungsdatum eines Romans gibt die Wortmenge an, sie ist, nach kurzer Gewöhnung, wesentlich besser vergleichbar als die Zahl der so verschieden großen Seiten in den gedruckten Büchern; über die mitlaufende sogenannte lebende Jahreszahl – oberhalb der kleinen Sonne links und rechts an den Buchseiten – sind dank der *kursiv* herausgehobenen Titel fast mühelos die Stellen aufzufinden, an denen das gesuchte Buch am ausführlichsten vorkommt; nähere Angaben zur

Geburt und dann die Grabschriften der Autoren sind auf dieselbe Weise zu finden, die Daten stehen bei den Autoren.

Das *z w e i t e R e g i s t e r, B,* ist nach Jahren geordnet und enthält neben der Jahreszahl alphabetisch nach den Autoren alle in jenem Jahr erschienenen Romane, dieses Register läßt sich wie ein detaillierteres Inhaltsverzeichnis benutzen, auch wenn, innerhalb eines Jahres, die Reihenfolge der Bücher im Text eine andre sein kann als in diesem Register.

Das *d r i t t e R e g i s t e r, C,* enthält noch einmal alle Autoren, jetzt nach dem Geburtsjahr geordnet.

Ein *l e t z t e s V e r z e i c h n i s, D,* enthält, geordnet nach den Jahren, unter denen man sie findet, kleine biographische Skizzen über einzelne Autoren oder Autorengruppen.

A u t o r e n   n a c h   d e m   A l p h a b e t

Alain-Fournier 1886–1914
Der große Meaulnes, 1913
  (70000)
**Pedro Antonio de Alarcón
y Ariza 1833–1891**
Der Dreispitz, 1874 (26000)
Willibald Alexis 1798–1871
Walladmor, 1824 (175000)
Haus Düsterweg, 1835 (148000)
Die Hosen des Herrn von
  Bredow, 1846 (110000)
Ruhe ist die erste Bürgerpflicht,
  1852 (385000)
**Sherwood Anderson
1876–1941**
Winesburg, Ohio, 1919 (80000)
**Gabriele d'Annunzio
1863–1938**
Lust, 1889 (120000)
Feuer, 1900 (115000)
Vielleicht, vielleicht auch nicht,
  1909 (120000)
**Ludwig Anzengruber
1839–1889**
Der Schandfleck, 1877 (100000)
Der Sternsteinhof, 1885 (85000)
Louis Aragon 1897–1982
Der Pariser Bauer, 1926 (60000)
Achim von Arnim 1781–1831
Hollins Liebeleben, 1802
  (33000)
Gräfin Dolores, 1810 (220000)
Isabella von Ägypten, 1812
  (40000)
Antonsroman, 1812 (85000)
Die Kronenwächter, 1817
  (105000)
Metamorphosen der Gesell-
  schaft, 1826 (35000)

Jane Austen 1775–1817
Kloster Northanger, 1803
  (85000)
Die Watsons, 1804 (20000)
Lady Susan, 1805 (30000)
Verstand und Gefühl, 1811
  (135000)
Stolz und Vorurteil, 1813
  (140000)
Mansfield Park, 1814 (165000)
Emma, 1815 (170000)
Überredung, 1817 (95000)
Sanditon, 1817 (22000)
Hermann Bahr 1863–1934
Die gute Schule, 1890 (62000)
Theater, 1897 (45000)
**Honoré de Balzac
1799–1850**
Die Chouans, 1829 (130000)
Das Haus zum ballspielenden
  Kater, 1830 (24000)
Der Ball von Sceaux, 1830
  (24000)
Vendetta, 1830 (28000)
Gobseck, 1830 (23000)
Eine Doppelte Familie, 1830
  (28000)
Das Chagrinleder, 1831 (104000)
Oberst Chabert, 1832 (24000)
Der Pfarrer von Tours, 1832
  (28000)
Louis Lambert, 1832 (45000)
Die Marañas, 1832 (24000)
Eugénie Grandet, 1833
  (72000)
Der Landarzt, 1833 (95000)
Ferragus, 1834 (51000)
Die Herzogin von Langeais, 1834
  (58000)

Die Frau von 30 Jahren, 1834 (75000)
Der Stein der Weisen, 1834 (80000)
Vater Goriot, 1835 (102000)
Das Mädchen mit den Gold-augen, 1835 (30000)
Der Ehekontrakt, 1835 (57000)
Seraphita, 1835 (60000)
Die Entmündigung, 1836 (32000)
Die Lilie im Tal, 1836 (115000)
Das verstoßene Kind, 1837 (41000)
Die alte Jungfer, 1837 (55000)
Die beiden Dichter, 1837 (58000)
Gambara, 1837) (27000)
César Birotteau, 1837 (125000)
Die Beamten, 1838 (90000)
Wie leichte Mädchen lieben, 1838 (60000)
Das Bankhaus Nucingen, 1838 (28000)
Das Antiquitätenkabinett, 1839 (58000)
Eine Evastochter, 1839 (50000)
Béatrix, 1839/45 (135000)
Massimilla Doni, 1839 (34000)
Ein großer Mann aus der Provinz, 1839 (3115000)
Die Geheimnisse der Fürstin von Cadignan, 1840 (23000)
Pierrette, 1840 (62000)
Der Dorfpfarrer, 1841 (102000)
Katharina von Medici, 1841 (128000)
Eine dunkle Begebenheit, 1842 (80000)
Ursule Mirouët, 1842 (97000)
Memoiren zweier Jung-vermählter, 1842 (90000)
Die falsche Geliebte, 1842 (22000)
Albert Savarus,1842 (47000)
Die Fischerin im Trüben, 1842 (118000)

Die Muse des Départements, 1843 (72000)
Die Leiden des Erfinders, 1843 (76000)
Honorine, 1844 (32000)
Was alte Herren sich die Liebe kosten lassen, 1844 (52000)
Ein Lebensbeginn, 1844 (68000)
Modeste Mignon, 1844 (107000)
Die Bauern, 1844 (135000)
Madame de La Chanterie, 1846 (46000)
Die Kleinbürger, 1846 (75000)
Wohin schlechte Wege führen, 1846 (43000)
Tante Bette, 1847 (175000)
Vetter Pons, 1847 (122000)
Der Abgeordnete von Arcis, 1847 (43000)
Vautrans letztes Abenteuer, 1847 (55000)
Der Aufgenommene, 1847 (42000)

Herman Bang 1857–1912
Am Wege, 1886 (60000)
Stuck, 1887 (105000)
Tine, 1889 (62000)
Ludvigshöhe, 1896 (108000)
Das weiße Haus, 1898 (36000)
Sommerfreuden, 1901 (38000)
Das graue Haus, 1901 (48000)
Michael, 1904 (70000)

Henri Barbusse 1873–1935
Das Feuer, 1916 (115000)

Djuna Barnes 1892–1982
Ryder, 1928 (90000)
Nachtgewächs, 1936 (55000)

Pío Baroja y Nessi 1872–1956
Der Majoratsherr von Labraz, 1903 (75000)
Zalacain der Abenteurer, 1909 (53000)
London, die Stadt des Nebels, 1909 (67000)

William Beckford 1759–1844
Vathek, 1786 (42000)

**Harriet Beecher Stowe
1811–1896**
Onkel Toms Hütte, 1852
(195000)
Max Beerbohm 1872–1956
Suleika Dobson, 1911 (98000)
Andrej Belyi 1880–1934
Die silberne Taube, 1909
(120000)
Petersburg, 1913 (115000)
Arnold Bennett 1867–1931
Lebendig begraben, 1908
(68000)
Clayhanger, 1910 (250000)
Hilda, 1911 (160000)
Lord Raingo, 1926 (120000)
**Otto Julius Bierbaum
1865–1910**
Stilpe, 1897 (70000)
**Bjørnstjerne Bjørnson
1832–1910**
Absalons Haar, 1884 (40000)
Flaggen über Stadt und Hafen,
1884 (125000)
**Vicente Blasco Ibáñez
1867–1928**
Die Scholle, 1898 (65000)
Sumpffieber, 1902 (70000)
Der Eindringling, 1904 (90000)
Die Bodega, 1905 (75000)
Die apokalyptischen Reiter, 1916
(154000)
**Steen Steensen Blicher
1782–1848**
Bruchstücke aus dem Tagebuch
eines Dorfküsters, 1824
(12000)
Paul Bourget 1852–1935
Das gelobte Land, 1892
(90000)
Emmanuel Bove 1898–1945
Meine Freunde, 1924 (45000)
Armand, 1926 (35000)
Bécon-les-Bruyères, 1927
(11000)
Dinah, 1928 (28000)
Menschen und Masken, 1928
(32000)

Pierre Neuhart, 1928 (32000)
Der Junggeselle, 1932 (37000)
Clemens Brentano 1778–1842
Godwi, 1801 (185000)
André Breton 1896–1966
Magnetische Felder, 1920
Anne Brontë 1820–1849
Agnes Grey, 1847 (78000)
Die Herrin von Wildfell Hall, 1848
(200000)
Charlotte Brontë 1816–1855
Der Professor, 1846 (120000)
Jane Eyre, 1847 (185000)
Shirley, 1849 (255000)
Villette, 1853 (215000)
Emily Brontë 1818–1848
Sturmhöhen, 1847 (125000)
**Charles Brockden Brown
1771–1810**
Wieland, 1798 (102000)
Arthur Mervyn, 1799 (170000)
**Edward George Bulwer-Lytton
1803–1873**
Pelham, 1828 (180000)
Zanoni, 1842 (175000)
Dein Roman, 1853 (615000)
Was wird er damit machen?
1859 (450000)
Samuel Butler 1835–1902
Der Weg allen Fleisches, 1884
(175000)
Lord Byron 1788–1824
Childe Harold, 1812
Don Juan, 1819
Luigi Capuana 1839–1915
Der Marchese von Roccaverdina,
1901 (98000)
Lewis Carroll 1832–1898
Alice im Wunderland, 1865
(35000)
Hinter den Spiegeln, 1872 (30000)
Sylvie & Bruno, 1889 (90000)
**Giovanni Giacomo Casanova
1725–1798**
Geschichte meines Lebens, 1789
**José Maria Ferreira de Castro
1898–1974**
Die Auswanderer, 1928 (105000)

Willa Cather 1873–1947
Alexander's Bridge, 1912
 (29000)
O Pioneers, 1913 (60000)
Das Lied der Lerche, 1915
 (140000)
Meine Antonia, 1918 (99000)
Die Frau die sich verlor, 1923
 (43000)
Das Haus des Professors, 1925
 (67000)
Der Tod holt den Erzbischof,
 1927 (82000)
Schatten auf dem Fels, 1931
 (88000)
Blaise Cendrars 1887–1961
Gold, 1925 (30000)
Moravagine, 1926 (80000)
**Miguel Cervantes Saavedra
 1547–1616**
Don Quixote, 1605
**François René Chateaubriand
 1768–1848**
Atala, 1801 (27000)
René, 1802 (12000)
**Alexandre Chatrian
 1826–1890
(& Erckmann)**
Madame Thérèse, 1865 (60000)
**Pierre A. F. Choderlos
 de Laclos 1741–1803**
Gefährliche Liebschaften, 1782
Kate Chopin 1850–1904
Das Erwachen, 1899 (60000)
Clarín 1852–1901
Die Präsidentin, 1884
 (308000)
**Sidonie-Gabrielle Colette
 1873–1954**
La Vagabonde, 1910 (74000)
Die Fessel, 1913 (65000)
Erwachende Herzen, 1923
 (36000)
Wilkie Collins 1824–1889
Die Frau in Weiß, 1860 (295000)
Der rote Schal, 1866 (225000)
Der Monddiamant, 1868
 (200000)

Carlo Collodi 1826–1890
Pinocchio, 1883 (50000)
Joseph Conrad 1857–1924
Almayers Wahn, 1895 (65000)
Der Verdammte der Inseln, 1896
 (107000)
Der Nigger von der Narcissus,
 1897 (64000)
Herz der Finsternis, 1899 (47000)
Lord Jim, 1900 (140000)
Jugend, 1902 (17000)
Nostromo, 1904 (205000)
Der Geheimagent, 1907 (83000)
Mit den Augen des Westens, 1911
 (126000)
Spiel des Zufalls, 1913 (155000)
Sieg, 1915 (130000)
Die Schattenlinie, 1917 (51000)
Der goldene Pfeil, 1919 (105000)
Die Rettung, 1920 (140000)
Der Freibeuter, 1923 (89000)
Spannung, 1923 (85000)
Hermann Conradi 1862–1890
Adam Mensch, 1889 (115000)
**Hendrik Conscience
 1812–1883**
Der Löwe von Flandern, 1838
 (120000)
Goldland, 1855 (110000)
Der Geldteufel, 1859 (96000)
Benjamin Constant 1767–1830
Adolphe, 1806 (33000)
Cécile, 1806 (22000)
**James Fenimore Cooper
 1789–1851**
Der Spion, 1821 (170000)
Der Lotse, 1824 (165000)
Der letzte Mohikaner, 1826
 (158000)
Conanchet, 1829 (180000)
Der Pfadfinder, 1840 (175000)
Satanstoe, 1845 (212000)
Chainbearer, 1845 (202000)
Redskins, 1846 (227000)
**Louis Marie Anne Couperus
 1863–1923**
Die stille Kraft, 1900 (72000)
Heliogabal, 1905 (105000)

Das schwebende Schachbrett,
1917 (86000)
Stephen Crane 1871–1900
Maggie, 1893 (25000)
Georgs Mutter, 1893 (23000)
Die Tapferkeitsmedaille, 1895
(48000)
Eugène Dabit 1898–1936
Hotel du Nord, 1929 (52000)
Alphonse Daudet 1840–1897
Tartarin de Tarascon, 1872
(30000)
Fromont und Risler, 1874
(95000)
Der Nabob, 1877 (180000)
Könige im Exil, 1879 (95000)
Numa Roumestan, 1881 (90000)
Sappho, 1884 (65000)
Max Dauthendey 1867–1918
Josa Gerth, 1893 (45000)
Raubmenschen, 1911
(124000)
Grazia Deledda 1871–1936
Ehrliche Seelen, 1896 (60000)
Die Maske des Priesters, 1903
(56000)
Der Efeu, 1904 (72000)
Schilf im Wind, 1913 (80000)
Marianna Sirca, 1915 (68000)
Die Mutter, 1920 (8000)
Cosima, 1937 (48000)
Charles Dickens 1812–1870
Die Pickwickier, 1837 (428000)
Oliver Twist, 1838 (164000)
Nicholas Nickleby, 1839
(386000)
Barnaby Rudge, 1840 (321000)
Der Raritätenladen, 1841
(293000)
Martin Chuzzlewit, 1844
(375000)
Dombey und Sohn, 1848
(378000)
David Copperfield, 1850
(355000)
Bleakhouse, 1853 (470000)
Harte Zeiten, 1854 (112000)
Klein Dorrit, 1857 (416000)

Geschichte zweier Städte, 1859
(153000)
Große Erwartungen, 1861
(195000)
Unser gemeinsamer Freund, 1865
(410000)
Das Geheimnis des Edwin Drood,
1870 (120000)
Denis Diderot 1713–1784
Die indiskreten Kleinode, 1747
Die Nonne, 1760
Jaques le Fataliste, 1772
Rameaus Neffe, 1774
Benjamin Disraeli 1804–1881
Vivian Grey, 1826 (195000)
Venetia, 1837 (55000)
Coningsby, 1844 (190000)
**Heimito von Doderer
1896–1966**
Die Bresche, 1924 (30000)
Jutta Bamberger, 1924 (43000)
Das Geheimnis des Reichs, 1930
(50000)
Alfred Döblin 1878–1957
Der schwarze Vorhang, 1903
(28000)
Die drei Sprünge des Wang-Lun,
1915 (150000)
Wadzeks Kampf mit der Dampf-
turbine, 1918 (100000)
Wallenstein, 1920 (285000)
Berge, Meere und Giganten, 1924
(194000)
Berlin Alexanderplatz, 1929
(200000)
John Dos Passos 1896–1970
Drei Soldaten, 1921 (133000)
Manhattan Transfer, 1925
(160000)
Der 42. Breitengrad, 1930
(180000)
1919, 1932 (205000)
Die Hochfinanz, 1936 (220000)
Fjodor Dostojewski 1821–1881
Arme Leute, 1846 (60000)
Der Doppelgänger, 1846 (65000)
Das Gut Stepantschikowo, 1859
(98000)

Erniedrigte und Beleidigte, 1861 (178000)
Schuld und Sühne, 1866 (210000)
Der Spieler, 1867 (62000)
Der Idiot, 1868 (220000)
Der ewige Gatte, 1871 (65000)
Die Dämonen, 1873 (320000)
Die Brüder Karamasow, 1880 (390000)
Conan Doyle 1859–1930
Der Hund der Baskervilles, 1902 (70000)
Theodore Dreiser 1871–1945
 Schwester Carrie, 1900 (190000)
Alexandre Dumas père 1802–1870
Die drei Musketiere, 1844 (330000)
Alexandre Dumas fils 1824–1895
Die Kameliendame, 1848 (75000)
José Maria Eça de Queirós 1845–1900
Das Verbrechen des Pater Amaro, 1875 (114000)
Vetter Basilio, 1878 (56000)
Alves & Co., 1879 (31000)
Die Reliquie, 1887 (98000)
Die Mayas, 1888 (270000)
Das berühmte Haus Ramires, 1899 (125000)
Stadt und Gebirg, 1900 (85000)
Joseph von Eichendorff 1788–1857
Ahnung und Gegenwart, 1815 (110000)
Aus dem Leben eines Taugenichts, 1826 (35000)
George Eliot 1819–1880
Adam Bede, 1859 (260000)
Die Mühle am Floss, 1860 (250000)
Silas Marner, 1861 (95000)
Middlemarch, 1871 (400000)
Daniel Deronda, 1876 (390000)

Emile Erckmann 1822–1899 (& Chatrian)
Madame Thérèse, 1865 (60000)
William Faulkner 1897–1962
Soldatenlohn, 1926 (119000)
Moskitos, 1927 (133000)
Sartoris, 1929 (124000)
Schall und Wahn, 1929 (120000)
Als ich im Sterben lag, 1930 (68000)
Konstantin Fedin 1892–1977
Städte und Jahre, 1924 (130000)
Ernest Feydeau 1821–1873
Fanny, 1858 (45000)
Henry Fielding 1707–1754
Joseph Andrews, 1742
Jonathan Wild, 1743
Tom Jones, 1749
Francis Scott Fitzgerald 1896–1940
Diesseits vom Paradies, 1920 (110000)
Der große Gatsby, 1925 (60000)
Otto Flake 1880–1963
Schritt für Schritt, 1912 (80000)
Nein und Ja, 1920 (69000)
Villa USA, 1926 (92000)
Sommerroman, 1927 (83000)
Hortense, 1933 (120000)
Gustave Flaubert 1821–1880
Madame Bovary, 1857 (125000)
Salammbô, 1863 (112000)
L'éducation sentimentale 1869 (165000)
Bouvard und Pécuchet, 1880 (109000)
Antonio Fogazzaro 1842–1911
Entschwundene Kleine Welt, 1896 (130000)
Der Heilige, 1905 (115000)
Leila, 1911 (180000)
Theodor Fontane 1819–1898
Vor dem Sturm, 1878 (270000)
Grete Minde, 1880 (36000)
Ellernklipp, 1881 (42000)
L'Adultera, 1882 (59000)

Schach von Wuthenow, 1882
(50000)
Graf Petöfy, 1884 (70000)
Unterm Birnbaum, 1885
(39000)
Cécile, 1887 (74000)
Irrungen Wirrungen, 1888
(66000)
Quitt, 1890 (92000)
Stine, 1890 (37000)
Unwiederbringlich, 1891
(104000)
Frau Jenny Treibel, 1892 (76000)
Effie Briest, 1895 (121000)
Die Poggenpuhls, 1896 (40000)
Mathilde Möhring, 1896
(42000)
Der Stechlin, 1898 (161000)
Ford Madox Ford 1873–1939
Die allertraurigste Geschichte,
1915 (75000)
**Edward Morgan Forster
1879–1970**
Howards End, 1910 (131000)
Auf der Suche nach Indien, 1924
(142000)
Ugo Foscolo 1778–1827
Jacopo Ortis, 1802 (53000)
**Friedrich de la Motte Fouqué
1777–1843**
Alwin, 1808 (85000)
Der Todesbund, 1811 (48000)
Undine, 1811 (32000)
Der Zauberring, 1813 (150000)
Alethes, 1817 (90000)
Anatole France 1844–1924
Die Schuld Bonnards, 1881
(62000)
Die Bratküche zur Königin
Pédauque, 1893 (80000)
Die Ulme am Wall, 1896 (57000)
Die Probierpuppe, 1897 (57000)
Der Amethystring, 1899 (71000)
Bergeret in Paris, 1901 (66000)
Komödiantengeschichte, 1903
(52000)
Die Insel der Pinguine, 1907
(80000)

Die Götter dürsten, 1912 (86000)
Aufruhr der Engel, 1914 (70000)
Gustav Freytag 1816–1895
Soll und Haben, 1855 (332000)
Die verlorene Handschrift, 1864
(290000)
Efraim Frisch 1873–1942
Zenobi, 1927 (46000)
Eugène Fromentin 1820–1876
Dominique, 1862 (75000)
Antoine Furetière 1619–1688
Der Bürgerroman, 1666
Emile Gaboriau 1832–1873
Der Strick um den Hals, 1873
(205000)
John Galsworthy 1867–1933
Der reiche Mann, 1906 (110000)
Indian Summer, 1918 (25000)
In Fesseln, 1920 (100000)
Zu vermieten, 1921 (85000)
Der weiße Affe, 1924 (118000)
Der Silberlöffel, 1926 (116000)
Schwanengesang, 1928 (125000)
Elizabeth Gaskell 1810–1865
Cranford, 1853 (70000)
Théophile Gautier 1811–1872
Mlle de Maupin, 1835 (100000)
William Gerhardie 1895–1959
Vergeblichkeit, 1922 (65000)
André Gide 1869–1951
Die Hefte des André Walter, 1891
(48000)
Der Immoralist, 1902 (43000)
Die enge Pforte, 1909 (45000)
Isabelle, 1911 (68000)
Die Verliese des Vatikans, 1914
(78000)
Pastoralsymphonie, 1919 (18000)
Die Falschmünzer, 1925 (157000)
Die Schule der Frauen, 1929
(67000)
Jean Giono 1895–1970
Der Berg der Stummen, 1929
(40000)
Ernte, 1930 (37000)
Jean Giraudoux 1882–1944
Elpenor, 1919 (30000)
Siegfried, 1922 (65000)

Juliette, 1924 (42000)
Bella, 1926 (48000)
Simon, 1926 (56000)
Eglantine, 1927 (54000)
Die Schule des Hochmuts, 1930
  (59000)
**George Robert Gissing
1857–1903**
Zeilengeld, 1891 (166000)
**Karl Adolph Gjellerup
1857–1919**
Minna, 1889 (90000)
**Johann Wolfgang Goethe
1749–1832**
Werthers Leiden, 1774 (42000)
Wilhelm Meisters theatralische
  Sendung, 1785 (130000)
Wilhelm Meisters Lehrjahre,
  1795 (240000)
Die Wahlverwandtschaften, 1809
  (98000)
Wilhelm Meisters Wanderjahre,
  1821 (90000)
Nikolai Gogol 1809–1852
Die toten Seelen, 1842 (165000)
Oliver Goldsmith 1728–1774
Der Pfarrer von Wakefield, 1766
**Ramón Gómez de la Serna
1888–1963**
Das Rosenschloß, 1923 (51000)
Torero Caracho, 1926 (58000)
**Jules de Goncourt 1830–1870
(& Edmond)**
Renée Mauperin, 1864 (75000)
Germinie Lacerteux, 1864
  (76000)
Madame Gervaisais, 1869
  (65000)
**Edmond de Goncourt
1822–1896**
Die Brüder Zemganno, 1879
  (56000)
Juliette Faustin, 1882 (64000)
Iwan Gontscharow 1812–1891
Eine alltägliche Geschichte, 1847
  (130000)
Oblomow, 1859 (230000)
Die Schlucht, 1869 (385000)

Maxim Gorki 1868–1936
Die Mutter, 1907 (131000)
Jeremias Gotthelf 1797–1854
Uli der Knecht, 1841 (150000)
Anne Bäbi Jowäger, 1843
  (300000)
Geld und Geist, 1844 (155000)
Der Geltstag, 1846 (135000)
Die Käserei in der Vehfreude,
  1850 (195000)
Julien Green 1900
Leviathan, 1929 (99000)
Graham Greene 1904–1991
Zwiespalt der Seele, 1929
  (87000)
**Karl Ferdinand Gutzkow
1811–1878**
Maha Guru, 1833 (95000)
Wally die Zweiflerin, 1835
  (50000)
Seraphine, 1837 (55000)
Die Ritter vom Geiste, 1850
  (850000)
Der Zauberer von Rom, 1858
  (695000)
Die neuen Serapionsbrüder, 1877
  (195000)
**Friedrich Wilhelm Hackländer
1816–1877**
Handel und Wandel, 1850
  (122000)
Europäisches Sklavenleben, 1854
  (460000)
**Per August Hallström
1866–1960**
Der tote Fall, 1902 (42000)
Knut Hamsun 1859–1952
Björger, 1878 (31000)
Hunger, 1890 (68000)
Mysterien, 1892 (117000)
Redakteur Lynge, 1893 (66000)
Die Neue Erde, 1893 (96000)
Pan, 1894 (50000)
Victoria, 1898 (39000)
Schwärmer, 1904 (31000)
Unter Herbststernen, 1906
  (44000)
Benoni, 1908 (82000)

Rosa, 1908 (70000)
Gedämpftes Saitenspiel, 1909
  (64000)
Die letzte Freude, 1912 (72000)
Kinder ihrer Zeit, 1913 (97000)
Die Stadt Segelfoß, 1915
  (135000)
Segen der Erde, 1917 (158000)
Die Weiber am Brunnen, 1920
  (155000)
Das letzte Kapitel, 1923
  (59000)
Landstreicher, 1927 (180000)
August Weltumsegler, 1930
  (160000)
Thomas Hardy 1840–1928
Blaue Augen, 1873 (155000)
Am grünen Rand der Welt, 1874
  (170000)
Clyms Heimkehr, 1879 (170000)
Der Stabstrompter, 1880
  (115000)
Der Bürgermeister von
  Casterbridge, 1886 (120000)
Die Woodlanders, 150000)
Tess von den d'Urbervilles, 1891
  (187000)
Jude the Obscure, 1895 (180000)
**Manfred Hausmann
1898–1987**
Lampioon küßt Mädchen und
  kleine Birken, 1928 (71000)
**Nathaniel Hawthorne
1804–1864**
Der scharlachrote Buchstabe,
  1850 (90000)
Das Haus der sieben Giebel,
  1851 (115000)
Blithedale Romance, 1852
  (95000)
Der Marmorfaun, 1860
  (160000)
Etherege/Grimshawe, 1861
  (150000)
Septimius/Dolliver, 1863
  (195000)
Wilhelm Heinse 1746–1803
Ardinghello, 1787 (110000)

Ernest Hemingway 1899–1961
Sturmfluten, 1926 (28000)
Fiesta, 1926 (103000)
In einem andern Land, 1929
  (129000)
Georg Hermann 1871–1943
Spielkinder, 1897 (75000)
Aus dem letzten Hause, 1900
  (40000)
Jettchen Gebert, 1906 (150000)
Henriette Jacoby, 1908 (115000)
Kubinke, 1910 (95000)
Dr. Herzfeld. Die Nacht, 1912
  (80000)
Heinrich Schön jun., 1915
  (105000)
Einen Sommer lang, 1917
  (75000)
Dr. Herzfeld. Schnee, 1921
  (95000)
Hermann Hesse 1877–1962
Peter Camenzind, 1904 (43000)
Unterm Rad, 1906 (50000)
Roßhalde, 1914 (52000)
Knulp, 1915 (28000)
Demian, 1919 (48000)
Der Steppenwolf, 1927 (66000)
Narziß und Goldmund, 1930
  (104000)
Paul Heyse 1830–1914
Kinder der Welt, 1873 (250000)
Im Paradiese, 1875 (205000)
ETA Hoffmann 1776–1822
Die Elixiere des Teufels, 1815
  (120000)
Kater Murr, 1820 (152000)
**Hugo von Hofmannsthal
1874–1929**
Andreas, 1913
Friedrich Huch 1873–1913
Wandlungen, 1905 (37000)
Mao, 1907 (50000)
Pitt und Fox, 1909 (105000)
Enzio, 1911 (110000)
Victor Hugo 1802–1885
Der Glöckner von Notre Dame,
  1831 (220000)
Die Elenden, 1862 (590000)

Arbeiter des Meeres, 1866
(170000)
Dreiundneunzig, 1874 (110000)
Aldous Huxley 1894–1963
Die Gesellschaft auf dem Lande,
1921 (70000)
Parallelen der Liebe, 1925
(149000)
Kontrapunkt des Lebens, 1928
(220000)
**Joris-Karl Huysmans
1848–1907**
Marthe, 1876 (28000)
Gegen den Strich, 1884 (74000)
Tief unten, 1891 (115000)
Karl Immermann 1796–1840
Die Epigonen, 1836 (241000)
Münchhausen, 1838 (265000)
**Bernhard Severin Ingemann
1789–1862**
Waldemar der Sieger, 1826
(205000)
Jens Peter Jacobsen 1847–1885
Frau Marie Grubbe, 1876
(85000)
Niels Lyhne, 1880 (84000)
Hans Henny Jahnn 1894–1959
Perrudja, 1929 (260000)
Henry James 1843–1916
Roderick Hudson, 1876
(182000)
Der Amerikaner, 1877 (184000)
Die Europäer, 1878 (65000)
Eine internationale Episode, 1879
(32000)
Daisy Miller, 1879 (27000)
Vertrauen, 1879 (80000)
Bildnis einer Dame, 1881
(227000)
Washington Square, 1881
(80000)
Mrs. Headway, 1883 (35000)
Die Damen in Boston, 1886
(203000)
Prinzessin Casamassima, 1886
(254000)
Die Lehre des Meisters, 1888
(27000)

Die Schätze von Poynton, 1897
(88000)
Maisie, 1897 (124000)
Im Käfig, 1898 (44000)
The Turn of the Screw, 1898
(48000)
Die Flügel der Taube, 1902
(210000)
Die Gesandten, 1903 (176000)
Die goldne Schale, 1904 (235000)
Francis Jammes 1868–1938
Röslein, 1904 (12500)
Alfred Jarry 1873–1907
Die absolute Liebe, 1899
(16000)
Die Dragonerin, 1906 (54000)
Jean Paul 1763–1825
Die unsichtbare Loge, 1793
(155000)
Hesperus, 1795 (250000)
Siebenkäs 1796 (185000)
Quintus Fixlein, 1796 (85000)
Titan, 1800 (330000)
Flegeljahre, 1804 (170000)
Dr. Katzenbergers Badereise,
1809 (90000)
Leben Fibels, 1812 (65000)
Der Komet, 1820 (155000)
**Jerome K. Jerome
1859–1927**
Drei Männer in einem Boot, 1889
(70000)
Sarah Orne Jewett 1849–1909
Das Land der spitzen Tannen,
1896 (365000)
Mór Jókai 1825–1904
Der neue Gutsherr, 1863
(115000)
Goldmensch, 1872 (190000)
Die gelbe Rose, 1893 (37000)
Pierre-Jean Jouve 1887–1976
Catherine Crachat/Hekate, 1928
(45000)
James Joyce 1882–1941
Stephen Hero, 1907 (75000)
Porträt des Künstlers, 1916
(85000)
Ulysses, 1922 (327000)

Franz Kafka 1883–1924
Das Schloß, 1924 (130000)
Der Prozeß, 1924 (80000)
Walentin Katajew 1897–1986
Die Defraudanten, 1927 (52000)
Gottfried Keller 1819–1890
Der grüne Heinrich, 1854
(300000)
Martin Salander, 1886 (95000)
Bernhard Kellermann
1879–1951
Yester und Li, 1904 (60000)
Ingeborg, 1906 (62000)
Das Meer, 1910 (74000)
Der Tunnel, 1913 (101000)
Eduard von Keyserling
1855–1918
Fräulein Rosa Herz, 1887
(110000)
Die dritte Stiege, 1892 (83000)
Beate und Mareile, 1903 (35000)
Dumala, 1908 (35000)
Wellen, 1911 (50000)
Abendliche Häuser, 1914
(53000)
Fürstinnen, 1917 (58000)
Feiertagskinder, 1918 (24000)
Alexander Kielland
1849–1906
Garman & Worse, 1880 (75000)
Kapitän Worse, 1882 (60000)
Rudyard Kipling 1865–1936
Kim, 1901 (115000)
Aleksis Kivi 1834–1872
Die sieben Brüder, 1870
(130000)
Klabund 1890–1928
Moreau, 1916 (16000)
Annette Kolb 1870–1967
Das Exemplar, 1913 (60000)
Dezsö Kosztolányi 1885–1936
Anna, 1926 (78000)
Siegfried Kracauer 1889–1966
Ginster, 1928 (100000)
Alfred Kubin 1877–1959
Die andere Seite, 1909 (70000)
Isolde Kurz 1853–1944
Der Caliban, 1925 (53000)

Marie-Madelaine de Lafayette
1634–1693
Die Prinzessin von Clèves, 1678
(58000)
Selma Lagerlöf 1858–1940
Gösta Berling, 1891 (120000)
Emilio Lanscanteguy 1887–1966
Die Anmut im Schlafe, 1914
(40000)
Valery Larbaud 1881–1957
Fermina Marquez, 1911 (36000)
A. O. Barnabooth, 1913 (102000)
Glückliche Liebende, 1923
(75000)
Heinrich Laube 1806–1884
Das junge Europa, 1833
(200000)
Gräfin Chateaubriant, 1843
(145000)
David Herbert Lawrence
1885–1930
Todgeweihtes Herz, 1912 (80000)
Söhne und Liebhaber, 1913
(190000)
Die gefiederte Schlange, 1926
(156000)
Lady Chatterley, 1928 (150000)
Thomas Edward Lawrence
1888–1935
Die Sieben Säulen der Weisheit,
1926 (280000)
Michael Lermontow 1814–1841
Ein Held unserer Zeit, 1840
(62000)
Wadim, 1840 (47000)
Gaston Leroux 1868–1927
Die blutbefleckte Puppe, 1924
(70000)
Nikolai Leskow 1831–1895
Die Klerisei, 1872 (115000)
Fanny Lewald 1811–1889
Jenny, 1842 (105000)
Sinclair Lewis 1885–1951
Unser Mr. Wrenn, 1914 (85000)
Der Job, 1917 (105000)
Benzinstation, 1919 (90000)
Main Street, 1920 (133000)
Babbitt, 1922 (167000)

Elmer Gantry, 1927 (189000)
Dodsworth, 1929 (159000)
Wyndham Lewis 1884–1957
Tarr, 1918 (130000)
Rache für Liebe, 1937 (148000)
Jonas Lie 1833–1908
Der Malstrom, 1884 (50000)
**Detlev von Liliencron
1844–1909**
Breide Hummelsbüttel, 1887
  (44000)
Jack London 1876–1916
Der Seewolf, 1904 (112000)
Henry Longfellow 1807–1882
Hyperion, 1839 (80000)
Pierre Loti 1850–1923
Mein Bruder Yves, 1883 (85000)
Islandfischer, 1886 (65000)
Madame Chrysanthème, 1887
  (40000)
Roman eines Kindes, 1890
  (65000)
Sahara, 1890 (55000)
Die Wüste, 1895 (45000)
Gen Ispahan, 1904 (80000)
Pierre Louÿs 1870–1925
Dieses obskure Objekt der
  Begierde, 1898 (32000)
König Pausolos, 1901 (90000)
**Joaquim Maria Machado
de Assis 1839–1908**
Die nachträglichen Memoiren
  des Bras Cubas, 1880 (77000)
Quincas Borba, 1891 (90000)
Dom Casmurro, 1899 (75000)
**Dmitri Mamin-Sibirjak
1852–1912**
Die Priwalowschen Millionen,
  1883 (160000)
Gold, 1892 (110000)
Heinrich Mann 1871–1950
In einer Familie, 1894 (64000)
Im Schlaraffenland, 1900
  (140000)
Die Göttinnen, 1902 (240000)
Die Jagd nach Liebe, 1903
  (151000)
Professor Unrat, 1905 (75000)

Zwischen den Rassen, 1907
  (145000)
Die kleine Stadt, 1909 (135000)
Die Armen, 1917 (67000)
Der Untertan, 1918 (151000)
Der Kopf, 1925 (203000)
Mutter Marie, 1927 (55000)
Eugénie, 1928 (67000)
Die große Sache, 1930 (91000)
Thomas Mann 1875–1955
Buddenbrooks, 1901 (228000)
Königliche Hoheit, 1909
  (108000)
Betrachtungen eines
  Unpolitischen, 1918 (210000)
Der Zauberberg, 1924 (298000)
Alessandro Manzoni 1785–1873
Die Verlobten, 1827 (275000)
Pierre Marivaux 1688–1763
Das Leben der Marianne, 1731
José Mármol 1818–1871
Amalia, 1851 (135000)
Frederick Marryat 1792–1848
Das Geisterschiff, 1839 (165000)
Sigismund Rüstig, 1841
**Roger Martin du Gard
1881–1958**
Das graue Heft, 1922 (40000)
Die Besserungsanstalt, 1922
  (58000)
Sommerliche Tage, 1923
  (100000)
Sprechstunde, 1928 (35000)
Sorellina, 1928 (50000)
Der Tod des Vaters, 1929 (58000)
Simo Matavulj 1852–1908
Bakonja Fra Brne, 1892 (75000)
**Charles Robert Maturin
1780–1824**
Melmoth der Wanderer, 1820
  (310000)
Somerset Maugham 1874–1965
Liza von Lambeth, 1897 (39000)
Mrs. Craddock, 1902 (115000)
Der Magier, 1908 (86000)
Der Menschen Hörigkeit, 1915
  (287000)

Silbermond und Kupfermünze, 1919 (88000)
Der bunte Schleier, 1925 (75000)
Ashenden, 1928 (12000)
Rosie unter den Künstlern, 1930 (80000)
Guy de Maupassant 1850–1893
Ein Leben, 1883 (75000)
Yvette, 1884 (27000)
Bel-Ami, 1885 (130000)
Mont-Oriol, 1887 (95000)
Jean und Pierre, 1888 (55000)
Stark wie der Tod, 1889 (75000)
Unser Herz, 1890 (62000)
François Mauriac 1885–1970
Das Gewand des Jünglings, 1914 (46000)
Einöde der Liebe, 1925 (46000)
André Maurois 1885–1967
Climats, 1928 (78000)
Herman Melville 1819–1891
Typee, 1846 (110000)
Omoo, 1847 (110000)
Mardi, 1849 (225000)
Redburn, 1849 (148000)
Weißjacke, 1850 (150000)
Moby Dick, 1851 (235000)
Pierre, 1852 (175000)
Israel Potter, 1855 (70000)
Maskeraden, 1857 (110000)
Billy Budd, 1891 (30000)
George Meredith 1828–1909
Richard Feverel, 1859 (185000)
Rhoda Fleming, 1865 (175000)
Harry Richmond, 1871 (235000)
Beauchamp's Carreer, 1876 (225000)
Der Egoist, 1879 (253000)
Die tragischen Komödianten, 1880 (86000)
Diana vom Kreuzweg, 1885 (175000)
General Ople, 1890 (24000)
Prosper Mérimée 1803–1870
Die Bartholomäusnacht, 1829 (65000)

Gustav Meyrink 1868–1932
Der Golem, 1915 (100000)
Das grüne Gesicht, 1916 (80000)
Walpurgisnacht, 1917 (60000)
Kálmán Mikszáth 1847–1910
Seltsame Ehe, 1900 (115000)
Die schwarze Stadt, 1910 (185000)
Eduard Mörike 1804–1875
Maler Nolten, 1832 (145000)
Max Mohr 1891–1937
Venus in den Fischen, 1927 (80000)
George Moore 1852–1933
Drama in Musselin, 1886 (95000)
Esther Waters, 1894 (160000)
Paul Morand 1888–1976
Nachtbetrieb, 1923 (90000)
Karl Philipp Moritz 1756–1793
Anton Reiser, 1785 (155000)
Andreas Hartknopf, 1786 (30000)
Hartknopfs Predigerjahre, 1790 (26000)
Robert Müller 1887–1924
Tropen, 1915 (110000)
Multatuli 1820–1887
Max Havelaar, 1860 (116000)
Minnebriefe, 1861 (60000)
Henri Murger 1822–1861
Boheme, 1851 (115000)
Robert Musil 1880–1942
Törleß, 1906 (63000)
Der Mann ohne Eigenschaften, 1930 (440000)
Alfred de Musset 1810–1857
Ein Kind des Jahrhunderts, 1836 (100000)
Vladimir Nabokov 1899–1977
Maschenka, 1926 (40000)
König Dame Bube, 1928 (75000)
Lushins Verteidigung, 1930 (75000)
Der Späher, 1930 (26000)
Bozena Nemcová 1820–1862
Die Großmutter, 1855 (97000)
Ippolito Nievo 1831–1861
Pisana, 1858 (366000)

Jean Charles Emmanuel
  Nodier 1780–1844
Jean Sbogar, 1818 (35000)
Die Krümelfee, 1832 (65000)
Frank Norris 1870–1902
Heilloses Gold, 1899 (110000)
Oktopus, 1901 (230000)
Novalis 1772–1801
Heinrich von Ofterdingen, 1800
  (60000)
Emilia Pardo Bazán
  1851–1921
Das Gut Ulloa, 1886 (90000)
Thomas Love Peacock
  1785–1866
Nachtmahr-Abtei, 1818 (32000)
Ramón Pérez de Ayala
  1880–1962
Belarmino und Apolonio, 1921
  (83000)
Tiger Juan, 1926 (99000)
Benito Pérez Galdós
  1843–1920
Doña Perfecta, 1876 (86000)
Gloria, 1877 (162000)
Marianela, 1878 (55000)
Amigo Manso, 1882 (104000)
Fortunata und Jacinta, 1887
  (465000)
Miau, 1888 (116000)
Tristana, 1892 (72000)
Misericordia, 1897 (95000)
Leo Perutz 1884–1957
Zwischen neun und neun, 1918
  (70000)
Charles-Louis Philippe
  1874–1909
Mutter und Kind, 1900 (30000)
Bubu vom Montparnasse, 1901
  (35000)
Vater Perdrix, 1903 (42000)
Marie Donadieu, 1904 (60000)
Croquignole, 1906 (45000)
Luigi Pirandello 1867–1936
Die Ausgestoßene, 1893 (77000)
Mattia Pascal, 1904 (102000)
Serafino Gubbion, 1914
  (85000)

Einer, keiner, hunderttausend,
  1926 (60000)
Alexei Pisemski 1820–1881
Im Strudel, 1872 (180000)
Edgar Allen Poe 1809–1849
Arthur Gordon Pym, 1837
  (75000)
Henrik Pontoppidan 1857–1943
Hans im Glück, 1898 (255000)
Jan Potocki 1761–1815
Die Handschrift von Saragossa,
  1815 (275000)
John Cowper Powys 1872–1963
Wolf Solent, 1929 (285000)
Glastonbury Romance, 1932
  (495000)
Abbé Prévost 1697–1763
Manon Lescaut, 1731 (67000)
Marcel Proust 1871–1922
Jean Santeuil, 1899 (300000)
Unterwegs zu Swann, 1913
  (185000)
Im Schatten junger Mädchen-
  blüte, 1919 (215000)
Die Welt der Guermantes, 1920
  (245000)
Sodom und Gomorra, 1921
  (225000)
Die Gefangene, 1922 (173000)
Die Entflohene, 1922 (118000)
Die wiedergefundene Zeit, 1922
  (155000)
Boleslaw Prus 1847–1912
Pharao, 1895 (245000)
Alexander Puschkin
  1799–1837
Eugen Onegin, 1825
Wilhelm Raabe 1831–1910
Die Chronik der Sperlingsgasse,
  1857 (60000)
Ein Frühling, 1858 (82000)
Die Kinder von Finkenrode, 1859
  (72000)
Nach dem Kriege, 1861 (45000)
Die Leute aus dem Wald, 1863
  (150000)
Der Hungerpastor, 1864
  (165000)

Drei Federn, 1865 (55000)
Abu Telfan, 1868 (145000)
Der Schüdderump, 1870
(130000)
Der Dräumling, 1872 (58000)
Christoph Pechlin, 1873 (85000)
Meister Autor, 1874 (57000)
Horacker, 1876 (52000)
Deutscher Adel, 1878 (56000)
Wunnigel, 1879 (55000)
Alte Nester, 1880 (92000)
Das Horn von Wanza, 1881
(65000)
Fabian und Sebastian, 1882
(70000)
Prinzessin Fisch, 1883 (70000)
Pfisters Mühle, 1884 (63000)
Villa Schönow, 1884 (68000)
Unruhige Gäste, 1886
(50000)
Im alten Eisen, 1887 (63000)
Das Odfeld, 1888 (73000)
Der Lar, 1889 (60000)
Stopfkuchen, 1891 (73000)
Gutmanns Reisen, 1892
(72000)
Kloster Lugau, 1894 (74000)
Die Akten des Vogelsangs, 1896
(64000)
Hastenbeck, 1899 (68000)
Altershausen, 1902 (35000)
François Rabelais 1494–1553
Gargantua, 1534
**Charles Ferdinand Ramuz
1878–1947**
Aline, 1905 (30000)
Jean-Luc der Verfolgte, 1909
(30000)
Aimé Pache, 1910 (95000)
Samuel Belet, 1913 (110000)
Die Herrschaft des Bösen, 1914
(35000)
Die Heilung der Krankheiten,
1917 (38000)
Es geschehen Zeichen, 1919
(28000)
Die Trennung der Rassen, 1922
(43000)

**Philipp Joseph Rehfues
1779–1843**
Scipio Cicala, 1832 (400000)
Die neue Medea, 1836 (300000)
Jules Renard 1864–1910
Der Schmarotzer, 1892 (50000)
Muttersohn, 1894 (43000)
Dorothy Richardson 1873–1957
Im Schatten der Giebel, 1915
(60000)
Samuel Richardson 1689–1761
Pamela, 1740
Clarissa, 1747
Grandison, 1756
Rainer Maria Rilke 1875–1926
Malte Laurids Brigge, 1910
(63000)
Federico De Roberto 1861–1927
Die Vizekönige, 1894 (230000)
Romain Rolland 1866–1944
Jean Christofs Jugend, 1904
(240000)
Meister Breugnon, 1918 (95000)
Jules Romains 1885–1972
Jemand stirbt, 1911 (37000)
Joseph Roth 1894–1939
Das Spinnennetz, 1923 (33000)
Hotel Savoy, 1924 (33000)
Die Rebellion, 1924 (37000)
Flucht ohne Ende, 1927 (42000)
Zipper und sein Vater, 1928
(43000)
Rechts und links, 1929 (66000)
Der stumme Prophet, 1929
(63000)
Perlefter, 1929 (30000)
Hiob, 1930 (40000)
**Jean-Jaques Rousseau
1712–1778**
Julie, 1761
**Abraham Viktor Rydberg
1828–1895**
Singoalla, 1857 (40000)
Marquis de Sade 1740–1814
Justine, 1791
**Antoine de Saint-Exupéry
1900–1944**
Nachtflug, 1931 (23000)

Michael Saltykow 1826–1889
Die Herren Golowlew, 1880
  (112000)
George Sand 1804–1876
Indiana, 1832 (90000)
Lélia, 1833 (70000)
Mauprat, 1837 (115000)
Pauline, 1841 (28000)
Consuelo, 1843 (360000)
Jeanne, 1844 (115000)
Der Müller von Angibault, 1845
  (135000)
Das Teufelsmoor, 1846 (33000)
Lucrezia Floriana, 1847 (60000)
François das Findelkind, 1848
  (56000)
Flavie, 1859 (30000)
Sie und Er, 1859 (78000)
Nanon, 1872 (105000)
Albrecht Schaeffer 1885–1950
Josef Montfort, 1918 (133000)
Elli, 1919 (75000)
Helianth, 1920 (640000)
René Schickele 1883–1940
Der Fremde, 1909 (65000)
Meine Freundin Lo, 1911
  (33000)
Benkal der Frauentröster, 1914
  (36000)
Das Erbe am Rhein, 1925
  (120000)
Blick auf die Vogesen, 1927
  (118000)
Symphonie für Jazz, 1929
  (78000)
Friedrich Schlegel 1772–1829
Lucinde, 1799 (33000)
Oscar A. H. Schmitz
1873–1931
Lothar, 1905 (50000)
Bürgerliche Bohème, 1913
  (145000)
Johann Gottfried Schnabel
1692–1752
Insel Felsenburg, 1731
Arthur Schnitzler 1862–1931
Der Weg ins Freie, 1908
  (136000)

Dr. Gräsler, 1917 (37000)
Therese, 1928 (108000)
Marcel Schwob 1867–1905
Das Buch über Monelle, 1894
  (20000)
Lebensläufe, 1896 (33000)
Walter Scott 1771–1832
Waverley, 1814 (170000)
Old Mortality, 1816 (210000)
Rob Roy, 1817 (185000)
Das Herz von Midlothian, 1818
  (260000)
Ivanhoe, 1820 (185000)
Quentin Durward, 1823
  (200000)
Charles Sealsfield 1793–1864
Tokeah, 1829 (175000)
Der Virey, 1835 (195000)
Morton, 1835 (80000)
Ralph Doughbys Brautfahrt, 1835
  (115000)
Pflanzerleben, 1836 (95000)
Die Farbigen, 1836 (38000)
Nathan der Squatter-Regulator,
  1837 (80000)
Deutsch-amerikanische
  Wahlverwandtschaften, 1839
  (250000)
Das Kajütenbuch, 1841 (138000)
Süden und Norden, 1842
  (210000)
Etienne-Pivert de Senancour
1770–1846
Oberman, 1804 (150000)
Matilde Serao 1856–1927
Schlaraffenland, 1890 (180000)
Es lebe das Leben, 1909 (112000)
Mary Shelley 1797–1851
Frankenstein, 1818 (78000)
Ignazio Silone 1900–1978
Fontamara, 1930 (64000)
Upton Sinclair 1878–1968
Der Dschungel, 1906 (155000)
Leidweg der Liebe, 1911
  (208000)
König Kohle, 1917 (120000)
Jimmie Higgins, 1919 (110000)
100%, 1920 (95000)

Oil, 1927 (241000)
Boston, 1928 (220000)
Tobias Smollett 1721–1771
Roderick Random, 1748
(200000)
Peregrinus Pickle, 1751
Fjodor Sologub 1863–1927
Der kleine Dämon, 1907
(110000)
Philippe Soupault 1897–1990
Magnetische Felder, 1920
Der schöne Heilige, 1923
(36000)
Horace Pirouelle, 1925 (11000)
Das letzte Spiel, 1925 (50000)
Der Neger, 1927 (23000)
Die Nächte von Paris, 1928
(40000)
Ein großer Mann, 1929 (35000)
**Friedrich Spielhagen
1829–1911**
Problematische Naturen, 1861
(245000)
Durch Nacht zum Licht, 1862
(225000)
In Reih und Glied, 1867
(350000)
Hammer und Amboß, 1869
(260000)
Was die Schwalbe sang, 1873
(100000)
Sturmflut, 1876 (250000)
Carl Spitteler 1845–1924
Conrad der Leutnant, 1898
(45000)
Imago, 1906 (50000)
Madame de Staël 1766–1817
Delphine, 1802 (315000)
Corinna, 1807 (190000)
John Steinbeck 1902–1968
Eine Handvoll Gold, 1929
(86000)
Stendhal 1783–1842
Über die Liebe, 1822 (130000)
Armance, 1827 (75000)
Rot und Schwarz, 1830
(210000)
Lucien Leuwen, 1835 (250000)

Henri Brulard, 1836 (110000)
Die Kartause von Parma, 1839
(225000)
Amiel, 1841 (65000)
Laurence Sterne 1713–1768
Tristram Shandy, 1760
Die empfindsame Reise, 1768
**Robert Louis Stevenson
1850–1894**
Die Schatzinsel, 1883 (80000)
Dr. Jekyll und Mr. Hyde, 1886
(26000)
David Balfour, 1886 (90000)
Der Erbe Ballantrae, 1889 (91000)
Die falsche Kiste, 1889 (70000)
Der Ausschlachter, 1892
(150000)
Die Fremden von Falesá, 1892
(30000)
Catriona, 1893 (115000)
Die Herren von Hermiston, 1894
(50000)
Adalbert Stifter 1805–1868
Feldblumen, 1840 (38000)
Die Mappe meines Urgroßvaters,
1841 (28000)
Abdias, 1843 (18000)
Die Narrenburg, 1843 (40000)
Brigitta, 1844 (15000)
Der Hagestolz, 1845 (30000)
Die Schwestern, 1846 (28000)
Der Nachsommer, 1857 (284000)
Witiko, 1865/67 (330000)
Theodor Storm 1817–1888
Der Schimmelreiter, 1888
(40000)
Emil Strauß 1866–1960
Freund Hein, 1902 (65000)
Stijn Streuvels 1871–1969
Knecht Jan, 1902 (65000)
Liebesspiel in Flandern, 1904
(93000)
Der Flachsacker, 1907 (85000)
August Strindberg 1849–1912
Das rote Zimmer, 1879 (96000)
Die Leute auf Hemsö, 1887
(60000)
An offner See, 1890 (70000)

Hermann Sudermann
1857–1928
Frau Sorge, 1887 (90000)
Eugène Sue 1804–1857
Die Geheimnisse von Paris, 1842
 (280000)
Italo Svevo 1861–1928
Ein Leben, 1892 (135000)
Ein Mann wird älter, 1898
 (85000)
Zeno Cosini, 1923 (173000)
William Makepeace Thackeray
1811–1863
Barry Lyndon, 1844 (136000)
Vanity Fair, 1848 (340000)
Pendennis, 1850 (460000)
Rebecca und Rowena, 1850
 (25000)
Henry Esmond, 1852 (165000)
Die Newcomes, 1854 (437000)
Die Virginier, 1858 (370000)
Lovel der Witwer, 1860
 (90000)
Philip, 1862 (285000)
Ludwig Tieck 1773–1853
Abdallah, 1795 (63000)
Peter Lebrecht, 1795 (48000)
William Lovell, 1795 (230000)
Franz Sternbalds Wanderungen,
 1798 (25000)
Der Aufruhr in den Cevennen
 1826 (85000)
Die Vogelscheuche, 1834
 (105000)
Eigensinn und Laune, 1835
 (37000)
Der junge Tischlermeister, 1836
 (125000)
Vittoria Accorombona, 1840
 (108000)
Claude Tillier 1801–1844
Onkel Benjamin, 1843 (85000)
Felix Timmermans
1886–1947
Pallieter, 1916 (65000)
Leo Tolstoi 1828–1910
Familienglück, 1859 (35000)
Die Kosaken, 1863 (63000)

Krieg und Frieden, 1869
 (660000)
Anna Karenina, 1878 (380000)
Niccoló Tommaseo 1802–1874
Treue und Schönheit, 1840
 (8000)
Federigo Tozzi 1883–1920
Mit geschlossenen Augen, 1919
 (63000)
Das Gehöft, 1920 (60000)
Bruno Traven 1890–1969
Das Totenschiff, 1926 (111000)
Der Schatz der Sierra Madre,
 1927 (68000)
Die Baumwollpflücker, 1928
 (88000)
Robert de Traz 1884–1951
Genfer Liebe 1913, 1917
 (110000)
Anthony Trollope 1815–1882
Septimus Harding, 1855 (70000)
Der Premierminister, 1876
 (285000)
Anton Tschechow 1860–1904
Drei Jahre, 1894 (38000)
Iwan Turgenjew 1818–1883
Rudin, 1856 (50000)
Ein Adelsnest, 1859 (60000)
Vorabend, 1860 (60000)
Väter und Söhne, 1862 (75000)
Rauch, 1867 (68000)
Neuland, 1877 (3103000)
Mark Twain 1835–1910
Huckleberry Finn, 1884 (135000)
Miguel de Unamuno 1864–1936
Frieden im Krieg, 1897 (111000)
Nebel, 1914 (81000)
Tante Tula, 1921 (44000)
Konstantin Vaginov 1899–1934
Svistonov, 1929 (55000)
Bambocciade, 1931 (50000)
Juan Valera y Alcalá Galiano
1824–1905
Pepita Jimenez, 1874 (72000)
Ramón Del Valle-Inclán
1866–1936
Der Karlistenkrieg, 1908
 (105000)

Giovanni Verga 1840–1922
Die Malavoglia, 1881 (103000)
Mastro-Don Gesualdo, 1889
  (145000)
Jules Verne 1828–1905
20000 Meilen unter dem Meer,
  1870 (170000)
Die Eissphinx, 1897 (150000)
Alfred de Vigny 1797–1863
Cinq-Mars, 1826 (135000)
**Jean-Marie Villiers
de l'Isle-Adam 1838–1889**
Edisons Eva, 1886 (95000)
Voltaire 1694–1778
Candide, 1759
Der Freimütige, 1767
Die Prinzessin von Babylon,
  1768
Der weiße Stier, 1774
Robert Walser 1878–1956
Geschwister Tanner, 1907
  (93000)
Der Gehülfe, 1908 (82000)
Jakob von Gunten, 1909 (45000)
Jakob Wassermann 1873–1934
Die Juden von Zirndorf, 1897
  (110000)
Caspar Hauser, 1908 (150000)
Der Fall Maurizius, 1928
  (180000)
Evelyn Waugh 1903–1966
Auf der schiefen Ebene, 1928
  (74000)
Vile Bodies, 1930 (77000)
**Herbert George Wells
1866–1946**
Die Zeitmaschine, 1895 (40000)
Kipps, 1905 (160000)
Mr. Polly steigt aus, 1910 (95000)
Johann Carl Wezel 1747–1819
Belphegor, 1776
Edith Wharton 1862–1937
Das Haus der Freude, 1905
  (140000)
Winter, 1911 (40000)
Sommer, 1917 (64000)
Zeit der Unschuld, 1920
  (120000)

Der Schimmer des Mondes, 1922
  (90000)
Die Kinder, 1928 (100000)
**Christoph Martin Wieland
1733–1813**
Don Sylvio, 1764 (115000)
Agathon, 1766 (240000)
Der Goldne Spiegel, 1772
  (135000)
Die Abderiten, 1774 (125000)
Danischmend, 1775 (80000)
Peregrinus Proteus, 1791 (105000)
Aristipp, 1800 (290000)
Oscar Wilde 1854–1900
Das Bildnis des Dorian Gray, 1891
  (102000)
**Stanislaw Ignacy Witkiewicz
1885–1939**
Abschied vom Herbst, 1927
  (150000)
Unersättlichkeit, 1930 (212000)
Thomas Wolfe 1900–1938
Schau heimwärts Engel, 1929
  (280000)
Virginia Woolf 1882–1941
Die Fahrt hinaus, 1915
  (175000)
Jakobs Zimmer, 1922 (60000)
Mrs. Dalloway, 1925 (72000)
Zum Leuchtturm, 1927 (82000)
Orlando, 1928 (83000)
Israel Zangwill 1864–1926
Der König der Schnorrer, 1894
  (45000)
Stefan Zeromski 1864–1925
In Schutt und Asche, 1903
  (300000)
Emile Zola 1840–1902
Thérèse Raquin, 1867 (80000)
Das Glück der Rougon, 1871
  (162000)
Die Beute, 1871 (137000)
Der Bauch von Paris, 1873
  (122000)
Die Eroberung von Plassans, 1874
  (162000)
Das Vergehen des Abbé Mouret,
  1875 (156000)

Seine Exzellenz Eugène Rougon, 1876 (180000)
Der Totschläger, 1877 (90000)
Ein Blatt Liebe, 1878 (140000)
Nana, 1880 (180000)
Ein feines Haus, 1882 (200000)
Paradies der Damen, 1883 (94000)
Die Freude, 1884 (160000)
Germinal, 1885 (209000)
Das Werk, 1886, 145000)
Die Erde, 1887 (220000)
Der Traum, 1888 (65000)
Die Bestie im Menschen, 1890 (80000)
Geld, 1891 (162000)
Der Zusammenbruch, 1892 (230000)
Doktor Pascal, 1893 (50000)

B

Romane nach Jahren

1534 Rabelais, Gargantua
1605 Cervantes, Don Quixote
1666 Furetière, Der Bürgerroman
1678 Lafayette, Die Prinzessin von Clèves
1731 Marivaux, Leben der Marianne
Prévost, Manon Lescaut
Schnabel, Die Insel Felsenburg
1735 Marivaux, Der Bauer im Glück
1740 Richardson, Pamela
1742 Fielding, Joseph Andrews
1743 Fielding, Jonathan Wild
1747 Diderot, Die indiskreten Kleinode
Richardson, Clarissa
1748 Smollett, Roderick Random
1749 Fielding, Tom Jones
1751 Smollett, Peregrinus Pickle
1756 Richardson, Sir Charles Grandison
1759 Voltaire, Candide

1760 Diderot, Die Nonne
Sterne, Tristram Shandy
1761 Rousseau, Julie
1764 Wieland, Don Sylvio
1766 Goldsmith, Vicar of Wakefield
Wieland, Agathon
1767 Voltaire, Der Freimütige
1768 Sterne, Empfindsame Reise
Voltaire, Die Prinzessin von Babylon
1772 Diderot, Jaques le Fataliste
Wieland, Der goldne Spiegel
1774 Diderot, Rameaus Neffe
Goethe, Werthers Leiden
Voltaire, Der weiße Stier
Wieland, Die Abderiten
1775 Wieland, Danischmend
1776 Wezel, Belphegor
1782 Choderlos, Gefährliche Liebschaften
1785 Goethe, Wilhelm Meisters Theatralische Sendung
Moritz, Anton Reiser

1838 Immermann, Münchhausen
Poe, Arthur Gordon Pym
1839 Balzac, Das Antiquitäten-
kabinett
Balzac, Eine Evastochter
Balzac, Béatrix 1 & 2
Balzac, Massimilla Doni
Balzac, Ein großer Mann
aus der Provinz
Dickens, Nicholas Nickleby
Longfellow, Hyperion
Marryat, Das Geisterschiff
Sealsfield, Deutsch-
amerikanische Wahl-
verwandtschaften
Stendhal, Die Kartause von
Parma
1840 Balzac, Die Geheimnisse der
Fürstin von Cadignan
Balzac, Pierrette
Cooper, Der Pfadfinder
Dickens, Barnaby Rudge
Lermontow, Ein Held unsrer
Zeit
Lermontow, Wadim
Stifter, Feldblumen
Tieck, Vittoria Accorom-
bona
Tommaseo, Treue und
Schönheit
1841 Balzac, Der Dorfpfarrer
Balzac, Katharina von
Medici
Dickens, Der Raritätenladen
Gotthelf, Uli der Knecht
Marryat, Sigismund Rüstig
Sand, Pauline
Sealsfield, Das Kajütenbuch
Stendhal, Amiel
Stifter, Die Mappe meines
Urgroßvaters
1842 Balzac, Eine dunkle
Begebenheit
Balzac, Ursule Mirouët
Balzac, Memoiren zweier
Jungvermählter
Balzac, Die falsche Geliebte
Balzac, Albert Savarus

1842 Balzac, Die Fischerin im
Trüben
Bulwer-Lytton, Zanoni
Gogol, Die toten Seelen
Lewald, Jenny
Sand, Consuelo
Sealsfield, Süden und
Norden
Stifter, Abdias
Stifter, Die Narrenburg
Sue, Die Geheimnisse von
Paris
1843 Balzac, Die Leiden des
Erfinders
Balzac, Die Muse des
Départements
Gotthelf, Anne Bäbi Jowäger
Laube, Gräfin Chateaubriant
Stifter, Brigitta
Tillier, Mein Onkel Benjamin
1844 Balzac, Was alte Herren sich
die Liebe kosten lassen
Balzac, Honorine
Balzac, Ein Lebensbeginn
Balzac, Modeste Mignon
Balzac, Die Bauern
Dickens, Martin Chuzzlewit
Disraeli, Coningsby
Dumas, Die drei Musketiere
Gotthelf, Geld und Geist
Sand, Jeanne
Stifter, Der Hagestolz
Thackeray, Barry Lyndon
1845 Balzac, Béatrix 3
Cooper, Satanstoe
Cooper, Chainbearer
Sand, Der Müller von
Angibault
Stifter, Die Schwestern
1846 Alexis, Die Hosen des Herrn
von Bredow
Balzac, Madame de La
Chanterie
Balzac, Wohin schlechte Wege
führen
Balzac, Die Kleinbürger
Brontë Ch, Der Professor
Cooper, Redskins

1846 Dostojewski, Arme Leute
Dostojewski, Der Doppel-
gänger
Gotthelf, Der Geltstag
Melville, Typee
Sand, Das Teufelsmoor
1847 Balzac, Vautrans letztes
Abenteuer
Balzac, Vetter Pons
Balzac, Tante Bette
Balzac, Der Abgeordnete
von Arcis
Balzac, Der Aufgenommene
Brontë A, Agnes Grey
Brontë Ch, Jane Eyre
Brontë E, Sturmhöhe
Goncarov, Eine alltägliche
Geschichte
Melville, Omoo
Sand, Lucrezia Floriana
1848 Brontë A, Herrin von Wild-
fell Hall
Dickens, Dombey und Sohn
Dumas f, Die Kamelien-
dame
Thackeray, Jahrmarkt der
Eitelkeit
1849 Brontë Ch, Shirley
Melville, Mardi
Melville, Redburn
1850 Dickens, David Copperfield
Gotthelf, Die Käserei in der
Vehfreude
Gutzkow, Die Ritter vom
Geist
Hackländer, Handel und
Wandel
Hawthorne, Der scharlach-
rote Buchstabe
Melville, Weißjacke
Sand, François das Findel-
kind
Thackeray, Pendennis
Thackeray, Rebecca und
Rowena
1851 Hawthorne, Das Haus der
sieben Giebel
Mármol, Amalia

1851 Melville, Moby Dick
Murger, Boheme
1852 Alexis, Ruhe ist die erste
Bürgerpflicht
Beecher Stowe, Onkel Toms
Hütte
Hawthorne, Blithedale
Melville, Pierre
Thackeray, Henry Esmond
1853 Brontë Ch, Villette
Bulwer-Lytton, Dein Roman
Dickens, Bleakhouse
Gaskell, Cranford
1854 Dickens, Harte Zeiten
Hackländer, Europäisches
Sklavenleben
Keller, Der grüne Heinrich
Thackeray, Die Newcomes
1855 Conscience, Goldland
Freytag, Soll und Haben
Melville, Israel Potter
Nemcová, Die Großmutter
Trollope, Septimus
Harding
1856 Turgenjew, Rudin
1857 Dickens, Klein Dorrit
Flaubert, Madame Bovary
Melville, Maskeraden
Raabe, Die Chronik der
Sperlingsgasse
Rydberg, Singoalla
Stifter, Der Nachsommer
1858 Feydeau, Fanny
Gutzkow, Der Zauberer von
Rom
Nievo, Pisana
Raabe, Ein Frühling
Thackeray, Die Virginier
1859 Bulwer-Lytton, Was wird er
damit machen?
Conscience, Der Geldteufel
Dickens, Geschichte zweier
Städte
Dostojewski, Stepantschi-
kowo
Eliot, Adam Bede
Gontscharow, Oblomow
Meredith, Richard Feverel

1859 Raabe, Die Kinder von
       Finkenrode
     Sand, Flavie
     Sand, Sie und Er
     Tolstoi, Familienglück
     Turgenjew, Ein Adelsnest
1860 Collins, Die Frau in Weiß
     Eliot, Die Mühle am Floss
     Hawthorne, Der Marmor-
       faun
     Multatuli, Max Havelaar
     Thackeray, Lovel der Witwer
     Turgenjew, Vorabend
1861 Dickens, Große Erwar-
       tungen
     Dostojewski, Erniedrigte
       und Beleidigte
     Eliot, Silas Marner
     Hawthorne, Etherege/
       Grimshawe
     Multatuli, Minnebriefe
     Raabe, Nach dem großen
       Kriege
     Spielhagen, Problematische
       Naturen
1862 Fromentin, Dominique
     Hugo, Die Elenden
     Spielhagen, Durch Nacht
       zum Licht
     Thackeray, Philip
     Turgenjew, Väter und Söhne
1863 Flaubert, Salammbô
     Hawthorne, Septimius/
       Dolliver
     Jokai, Der neue Gutsherr
     Raabe, Die Leute aus dem
       Walde
     Tolstoi, Die Kosaken
1864 Goncourts, Renée Mauperin
     Goncourts, Germinie Lacer-
       teux
     Freytag, Die verlorene
       Handschrift
     Raabe, Der Hungerpastor
1865 Carroll, Alice im Wunder-
       land
     Dickens, Unser gemein-
       samer Freund

1865 Erckmann-Chatrian,
       Madame Thérèse
     Meredith, Rhoda Fleming
     Raabe, Drei Federn
     Stifter, Witiko
1866 Collins, Der rote Schal
     Dostojewski, Schuld und
       Sühne
     Hugo, Arbeiter des Meeres
1867 Dostojewski, Der Spieler
     Spielhagen, In Reih und
       Glied
     Turgenjew, Rauch
     Zola, Thérèse Raquin
1868 Collins, Der Monddiamant
     Dostojewski, Der Idiot
     Raabe, Abu Telfan
1869 Flaubert, L'éducation
       sentimentale
     Goncourts, Madame
       Gervaisais
     Gontscharow, Die Schlucht
     Spielhagen, Hammer und
       Amboß
     Tolstoi, Krieg und Frieden
1870 Dickens, Das Geheimnis des
       Edwin Drood
     Kivi, Die sieben Brüder
     Raabe, Der Schüdderump
     Verne, 20000 Meilen unter
       Meer
1871 Dostojewski, Der ewige
       Gatte
     Eliot, Middlemarch
     Meredith, Harry Richmond
     Zola, Glück der Rougon
     Zola, Die Beute
1872 Carroll, Hinter den Spiegeln
     Daudet, Tartarin von
       Tarascon
     Jókai, Goldmensch
     Leskow, Die Klerisei
     Pisemski, Im Strudel
     Raabe, Der Dräumling
     Sand, Nanon
1873 Dostojewski, Die Dämonen
     Gaboriau, Der Strick um den
       Hals

1897 Unamuno, Frieden
Verne, Die Eissphinx
Wassermann, Die Juden von
Zirndorf
1898 Bang, Das weiße Haus
Blasco Ibáñez, Die Scholle
Fontane, Der Stechlin
Hamsun, Viktoria
James, Im Käfig
James, Die Daumenschraube
Louÿs, Dieses obskure
Objekt der Begierde
Pontoppidan, Hans im
Glück
Spitteler, Conrad der
Leutnant
Svevo, Ein Mann wird älter
1899 Chopin, Das Erwachen
Conrad, Herz der Finsternis
Eça de Queirós, Das
berühmte Haus Ramires
France, Der Amethystring
Jarry, Die absolute Liebe
Machado de Assis, Dom
Casmurro
Norris, Heilloses Gold
Proust, Jean Santeuil
Raabe, Hastenbeck
1900 d'Annunzio, Feuer
Conrad, Lord Jim
Couperus, Die stille Kraft
Dreiser, Schwester Carrie
Eça de Queirós, Stadt und
Gebirg
Hermann, Aus dem letzten
Hause
Mann H, Im Schlaraffenland
Mikszáth, Seltsame Ehe
Philippe, Mutter und Kind
1901 Bang, Sommerfreuden
Bang, Das graue Haus
Capuana, Der Marchese von
Roccaverdina
France, Bergeret in Paris
Kipling, Kim
Louÿs, König Pausolos
Mann Th, Die Budden-
brooks

1901 Norris, Oktopus
Philippe, Bubu vom Mont-
parnasse
1902 Blasco Ibáñez, Sumpffieber
Conrad, Jugend
Doyle, Der Hund der
Baskervilles
Gide, Der Immoralist
Hallström, Der tote Fall
James, Die Flügel der Taube
Mann H, Die Göttinnen
Maugham, Mrs. Craddock
Raabe, Altershausen
Strauß, Freund Hein
Streuvels, Knecht Jan
1903 Baroja, Der Majoratsherr
von Labraz
Deledda, Maske des Priesters
Döblin, Der schwarze
Vorhang
France, Komödianten-
geschichte
James, Die Gesandten
Keyserling, Beate und
Mareile
Mann H, Die Jagd nach
Liebe
Philippe, Vater Perdrix
Zeromski, In Schutt und
Asche
1904 Bang, Michael
Blasco Ibáñez, Der Eindring-
ling
Conrad, Nostromo
Deledda, Der Efeu
Hamsun, Schwärmer
Hesse, Peter Camenzind
James, Die goldene Schale
Jammes, Röslein
Kellermann, Yester und Li
London, Der Seewolf
Loti, Gen Ispahan
Philippe, Marie Donadieu
Pirandello, Mattia Pascal
Rolland, Jean-Christofs
Jugend
Streuvels, Liebesspiel in
Flandern

1912 Hermann, Dr. Herzfeld.
Die Nacht
Lawrence, Todgeweihtes
Herz
1913 Alain-Fournier, Der große
Meaulnes
Belyi, Petersburg
Cather, O Pioneers
Colette, Die Fessel
Conrad, Spiel des Zufalls
Deledda, Schilf im Wind
Hamsun, Kinder ihrer Zeit
Hofmannsthal, Andreas
Kellermann, Der Tunnel
Kolb, Das Exemplar
Larbaud, A. O. Barnabooth
Lawrence, Söhne und Lieb-
haber
Proust, Unterwegs zu Swann
Ramuz, Samuel Belet
Schmitz, Bürgerliche
Bohème
1914 France, Aufruhr der Engel
Gide, Die Verliese des
Vatikans
Hesse, Roßhalde
Keyserling, Abendliche
Häuser
Lanscanteguy, Die Anmut
des Schlafes
Lewis, Unser Mr. Wrenn
Mauriac, Das Gewand des
Jünglings
Ramuz, Die Herrschaft des
Bösen
Schickele, Benkal der
Frauentröster
Unamuno, Nebel
1915 Cather, Das Lied der Lerche
Conrad, Sieg
Deledda, Marianna Sirca
Döblin, Die drei Sprünge
des Wang-Lun
Ford, Die allertraurigste
Geschichte
Hamsun, Die Stadt Segelfoß
Hermann, Heinrich Schön
jun.

1915 Hesse, Knulp
Maugham, Der Menschen
Hörigkeit
Meyrink, Der Golem
Müller, Tropen
Pirandello, Serafino Gubbio
Richardson, Im Schatten der
Giebel
Woolf, Die Fahrt hinaus
1916 Barbusse, Das Feuer
Blasco Ibáñez, Die apoka-
lyptischen Reiter
Joyce, Porträt des Künstlers
Klabund, Moreau
Meyrink, Das grüne Gesicht
Timmermans, Pallieter
1917 Conrad, Die Schattenlinie
Couperus, Das schwebende
Schachbrett
Hamsun, Segen der Erde
Hermann, Einen Sommer
lang
Keyserling, Fürstinnen
Lewis, Der Job
Mann H, Die Armen
Meyrink, Walpurgisnacht
Ramuz, Die Heilung der
Krankheiten
Schnitzler, Dr. Gräsler
Sinclair, König Kohle
Traz, Genfer Liebe 1913
Wharton, Sommer
1918 Cather, Meine Antonia
Döblin, Wadzeks Kampf mit
der Dampfturbine
Galsworthy, Indian Summer
Keyserling, Feiertagskinder
Lewis, Tarr
Mann H, Der Untertan
Mann Th, Betrachtungen
eines Unpolitischen
Perutz, Zwischen neun und
neun
Rolland, Meister Breugnon
Schaeffer, Josef Montfort
1919 Anderson, Winesburg, Ohio
Conrad, Der goldene Pfeil
Gide, Pastoralsymphonie

1919 Giraudoux, Elpenor
Hesse, Demian
Lewis, Benzinstation
Maugham, Silbermond und
Kupfermünze
Proust, Im Schatten junger
Mädchenblüte
Ramuz, Es geschehen
Zeichen
Schaeffer, Elli
Sinclair, Jimmie Higgins
Tozzi, Mit geschlossenen
Augen

1920 Breton/Soupault, Magne-
tische Felder
Conrad, Die Rettung
Deledda, Die Mutter
Döblin, Wallenstein
Fitzgerald, Diesseits vom
Paradies
Flake, Nein und Ja
Galsworthy, In Fesseln
Hamsun, Die Weiber am
Brunnen
Lewis, Main Street
Proust, Die Welt der
Guermantes
Schaeffer, Helianth
Sinclair, 100 Prozent
Tozzi, Das Gehöft
Wharton, Zeit der Unschuld

1921 Dos Passos, Drei Soldaten
Galsworthy, Zu vermieten
Hermann, Dr. Herzfeld.
Schnee
Huxley, Die Gesellschaft auf
dem Lande
Pérez de Ayala, Belarmino
und Apolonio
Proust, Sodom und
Gomorra
Unamuno, Tante Tula

1922 Gerhardie, Vergeblichkeit
Giraudoux, Siegfried
Joyce, Ulysses
Lewis, Babbitt
Martin du Gard, Das graue
Heft

1922 Martin du Gard, Die
Besserungsanstalt
Proust, Die Gefangene
Proust, Die Entflohene
Proust, Die wiedergefundene
Zeit
Ramuz, Die Trennung der
Rassen
Wharton, Der Schimmer
des Mondes
Woolf, Jakobs Zimmer

1923 Cather, Die Frau die sich
verlor
Colette, Erwachende Herzen
Conrad, Der Freibeuter
Conrad, Spannung
Gómez de la Serna, Das
Rosenschloß
Hamsun, Das letzte Kapitel
Larbaud, Glückliche
Liebende
Martin du Gard, Sommer-
liche Tage
Morand, Nachtbetrieb
Roth, Das Spinnennetz
Soupault, Der schöne
Heilige
Svevo, Zeno Cosini

1924 Bove, Meine Freunde
Döblin, Berge, Meere und
Giganten
Doderer, Die Bresche
Doderer, Jutta Bamberger
Fedin, Städte und Jahre
Forster, Auf der Suche nach
Indien
Galsworthy, Der weiße Affe
Giraudoux, Juliette
Kafka, Das Schloß
Kafka, Der Prozeß
Leroux, Die blutbefleckte
Puppe
Mann Th, Der Zauberberg
Roth, Hotel Savoy
Roth, Die Rebellion

1925 Cather, Das Haus des
Professors
Cendrars, Gold

1929 Dabit, Hotel du Nord
Döblin, Berlin Alexander-
platz
Faulkner, Sartoris
Faulkner, Schall und Wahn
Gide, Die Schule der
Frauen
Giono, Der Berg der
Stummen
Green, Leviathan
Greene, Zwiespalt der Seele
Hemingway, In einem
andern Land
Jahnn, Perrudja
Lewis, Dodsworth
Martin du Gard, Der Tod
des Vaters
Powys, Wolf Solent
Roth, Rechts und links
Roth, Der stumme Prophet
Roth, Perlefter
Schickele, Symphonie für
Jazz
Soupault, Ein großer
Mann
Steinbeck, Eine Handvoll
Gold

1929 Vaginov, Werke und Tage
des Svistonov
Wolfe, Schau heimwärts
Engel
1930 Doderer, Das Geheimnis
des Reichs
Dos Passos, Der 42. Breiten-
grad
Faulkner, Als ich im Sterben
lag
Giono, Ernte
Giraudoux, Schule des
Hochmuts
Hamsun, August Welt-
umsegler
Hesse, Narziss
Mann H, Die große Sache
Maugham, Rosie
Musil, Der Mann ohne
Eigenschaften
Nabokov, Lushins Verteidi-
gung
Nabokov, Der Späher
Roth, Hiob
Silone, Fontamara
Waugh, Vile Bodies
Witkiewicz, Unersättlichkeit

Autoren nach Geburtsjahren

Choderlos	1741–1803	Mérimée	1803–1870
Heinse	1746–1803	Disraeli	1804–1881
Wezel	1747–1819	Hawthorne	1804–1864
Goethe	1749–1832	Mörike	1804–1875
Moritz	1756–1793	Sand	1804–1876
Beckford	1759–1844	Sue	1804–1857
Potocki	1761–1815	Stifter	1805–1868
Jean Paul	1763–1825	Laube	1806–1884
Staël	1766–1817	Longfellow	1807–1882
Constant	1767–1830	Gogol	1809–1852
Chateaubriand	1768–1848	Poe	1809–1849
Senancour	1770–1846	Gaskell	1810–1865
Brown	1771–1810	Musset	1810–1857
Scott	1771–1832	Beecher Stowe	1811–1896
Novalis	1772–1801	Gautier	1811–1872
Schlegel	1772–1829	Gutzkow	1811–1878
Tieck	1773–1853	Lewald	1811–1889
Austen	1775–1817	Thackeray	1811–1863
Hoffmann	1776–1822	Conscience	1812–1883
Fouqué	1777–1843	Dickens	1812–1870
Brentano	1778–1842	Gontscharow	1812–1891
Foscolo	1778–1827	Ludwig	1813–1864
Rehfues	1779–1843	Lermontow	1814–1841
Maturin	1780–1824	Trollope	1815–1882
Nodier	1780–1844	Brontë Ch	1816–1855
Arnim	1781–1831	Freytag	1816–1895
Blicher	1782–1848	Hackländer	1816–1877
Stendhal	1783–1842	Storm	1817–1888
Manzoni	1785–1873	Brontë E	1818–1848
Peacock	1785–1866	Mármol	1818–1871
Byron	1788–1824	Turgenjew	1818–1883
Eichendorff	1788–1857	Eliot	1819–1880
Cooper	1789–1851	Fontane	1819–1898
Ingemann	1789–1862	Keller	1819–1890
Marryat	1792–1848	Melville	1819–1891
Sealsfield	1793–1864	Brontë A	1820–1849
Immermann	1796–1840	Fromentin	1820–1876
Gotthelf	1797–1854	Multatuli	1820–1887
Shelley	1797–1851	Nemcová	1820–1862
Vigny	1797–1863	Pisemski	1820–1881
Alexis	1798–1871	Dostojewski	1821–1881
Balzac	1799–1850	Feydeau	1821–1873
Puschkin	1799–1837	Flaubert	1821–1880
Tillier	1801–1844	Erckmann	1822–1899
Dumas p	1802–1870	Goncourt E	1822–1896
Hugo	1802–1885	Murger	1822–1861
Tommaseo	1802–1874	Collins	1824–1889
Bulwer-Lytton	1803–1873	Dumas f	1824–1895

Schwob	1867–1905	Musil	1880–1942
Gorki	1868–1936	Pérez de Ayala	1880–1962
Jammes	1868–1938	Larbaud	1881–1957
Leroux	1868–1927	Martin du Gard	1881–1958
Meyrink	1868–1932	Giraudoux	1882–1944
Osbourne	1868–1947	Joyce	1882–1941
Gide	1869–1951	Woolf	1882–1941
Kolb	1870–1967	Kafka	1883–1924
Louÿs	1870–1925	Schickele	1883–1940
Norris	1870–1902	Tozzi	1883–1920
Crane	1871–1900	Compton-Burnett	1884–1969
Deledda	1871–1936	Lewis W	1884–1957
Dreiser	1871–1945	Perutz	1884–1957
Hermann	1871–1943	Traz	1884–1951
Mann H	1871–1950	Kosztolányi	1885–1936
Proust	1871–1922	Lawrence D H	1885–1930
Streuvels	1871–1969	Lewis S	1885–1951
Valéry	1871–1945	Mauriac	1885–1970
Baroja	1872–1956	Maurois	1885–1967
Beerbohm	1872–1956	Romains	1885–1972
Powys	1872–1963	Schaeffer	1885–1950
Barbusse	1873–1935	Witkiewicz	1885–1939
Cather	1873–1947	Alain-Fournier	1886–1914
Colette	1873–1954	Broch	1886–1951
Ford	1873–1939	Timmermans	1886–1947
Frisch	1873–1942	Cendrars	1887–1961
Huch	1873–1913	Jouve	1887–1976
Jarry	1873–1907	Lanscanteguy	1887–1966
Richardson D	1873–1957	Müller	1887–1924
Schmitz	1873–1931	Gómez de la	
Wassermann	1873–1934	Serna	1888–1963
Hofmannsthal	1874–1929	Lawrence Th E	1888–1935
Maugham	1874–1965	Morand	1888–1976
Philippe	1874–1909	Kracauer	1889–1966
Mann Th	1875–1955	Klabund	1890–1928
Rilke	1875–1926	Traven	1890–1969
Anderson	1876–1941	Mohr	1891–1937
London	1876–1916	Barnes	1892–1982
Hesse	1877–1962	Fedin	1892–1977
Kubin	1877–1959	Huxley	1894–1963
Döblin	1878–1957	Jahnn	1894–1959
Ramuz	1878–1947	Roth	1894–1939
Sinclair	1878–1968	Gerhardie	1895–1959
Walser	1878–1956	Giono	1895–1970
Forster	1879–1970	Breton	1896–1966
Kellermann	1879–1951	Doderer	1896–1966
Belyi	1880–1934	Dos Passos	1896–1970
Flake	1880–1963	Fitzgerald	1896–1940

D

Biographien nach Jahreszahlen

INHALT

»Ein flammendes Plädoyer
für eine hemmungslos
subjektive Leselust« SWR

Rolf Vollmann
Der Roman-Navigator
240 S. • geb. m. SU • DM 49,80
ISBN 3-8218-0575-7

Der Roman-Verführer Rolf Vollmann, leidenschaftlicher Leser von »großer, ansteckender Besessenheit«
(Die Zeit) führt im *Roman-Navigator* auf einem lust-
vollen Streifzug zu den Wurzeln des Genres. Von 1959,
dem Erscheinungsjahr von Günter Grass' »Blech-
trommel«, bis 1759, als Laurence Sternes »Tristram
Shandy« erschien, schöpft Vollmann aus dem Vollen,
stellt Jahr für Jahr einen seiner Lieblinge vor. Da ist
Vertrautes und Bekanntes, Joyce und Goethe, aber
auch Unbekannteres und Wiederzuentdeckendes, wie
Johann Jung-Stilling oder Wyndham Lewis. »Der
›Navigator‹ kreuzt furchtlos und verführerisch über
die Meere der Weltliteratur.« Stuttgarter Zeitung

 *Eichborn.*

Kaiserstraße 66
60329 Frankfurt
Telefon: 069 / 25 60 03-0
Fax: 069 / 25 60 03-30
www.eichborn.de
Wir schicken Ihnen gern ein Verlagsverzeichnis.

James Hamilton-Paterson
Seestücke
380 Seiten
btb 72157

Aus Freude am Lesen

James Hamilton-Paterson

Ein Meeresmosaik zum Staunen: Historie, Mythologie, Literatur, Zoologie und Exkurse über die Absurditäten internationaler Fischfangabkommen vereinen sich mit ganz persönlichen Erlebnissen des Autors zu einem Netz lebenspraller Geschichten. »Unbedingt lesens- und verschenkenswert. Kaum ein Buch hat uns das unergründliche Meer so nahegebracht.«
Rheinischer Merkur

Dava Sobel
Längengrad
240 Seiten
btb 72318

Aus Freude am Lesen

Dava Sobel

Dem unbekannten schottischen Uhrmacher John Harrison gelang im 18. Jahrhundert die Lösung des Längengrad-Problems. Trotz aller Intrigen - große Astronome wie Galileo, Newton und Halley suchten den Schlüssel zu dieser damals schwierigsten nautischen Frage in den Gestirnen - setzte sich seine geniale Erfindung durch. »Ein großer Wurf, den man in einem Rutsch verschlingt.« *Die Welt*